제 4 판

국제법 기본조약집

박 덕 영

박영사

제 4 판 머리말

국제법 수업의 국제조약집 부교재로 사용하기 위하여 만든 국제법 기본조약집이 처음으로 세상에 나온 지 13년, 제3판이 출간된 지도 3년 반의 시간이 흘렀다. 제3판이 나온 이후로 국제조약에 있어서 큰 변화는 없었지만, 제4판에서는 두 가지 정도를 수정하거나 추가하였다.

기본적으로 세월의 흐름에 따른 조약 가입국 수를 새로이 조사하여 반영하였다. 대체로 큰 변화는 없었으나, 비교적 최근에 체결된 파리협정과 나고야 의정서의 경우 가입국 수가 크게 증가하였음을 알 수 있었다. 2020년 6월 10일 기준으로 수정하였음을 밝힌다.

2007년 출간된 이 조약집의 초판에는 학생들이 중요한 법률용어를 영어로 읽힐 수 있도록 한국 헌법 영문본이 전문으로 들어가 있었다. 그러나 그 후 책의 두께를 고려하여 국제법 관련 조항만을 추려 남겼으나, 한국 헌법을 읽는데 한글본은 없고 영문본만 있는 것이 매우 어색하여 이번에 한글본을 추가하여 한영대역으로 배치하였다.

그리고 마음에 들지 않는 몇 가지 용어를 수정하였다. 국가책임 초안에서 reparation의 번역은 손해배상에서 배상으로 수정하였고, necessity와 satisfaction의 경우 국내에서 많이 사용하고 있는 용어 두 가지를 병기하였다. 파리협정에서 NDC는 공식번역본에서 사용하고 있는 국가결정기여 대신에 국가별 기여방안으로, 당사자총회는 당사국총회로 수정하였다.

제4판을 발간함에 있어서 새로이 추가한 조약은 한일 청구권 협정이다. 2018년 10월 30일 강제징용과 관련한 우리 대법원판결이 나온 후 한일 간에 크게 외교적 쟁점이 되고 있어, 한일 청구권 협정을 영문본과 한글본으로 추가하였다. 학생들이 한일 양국이 주장하는 바를 이해하고 법적으로 검토하는 데 도움이 될 것으로 기대한다. 반기문 UN 사무총장 시절에 채택된 SDG 등 새로운 문서를 추가할 것을 고려하였으나, 필자가 곧 발간하는 Essential Documents in International Environmental Law에 담기로 하고, 본서의 두께가 늘어나는 것을 막기 위하여 마음을 접었다.

2009년 우리나라에 로스쿨 제도가 도입된 이래, 대학에서 국제법 수강생이 크게 줄어든 형국이다. 다행히 필자가 재직하고 있는 연세대학교에서는 교양과목인 국제사회와 법이야기 과목의 수강생이 매년 600여 명에 이르러, 여전히 국제사회와 법이라는 주제에 대한 관심이 매우 높음을 보여주고 있다. 본서가 국제사회의 법을 이해하는 데 조금이나마 기여할 수 있기를 기대해 본다.

어려운 법률서적 출판시장 여건에도 불구하고 다시금 제4판의 출간을 허락해 주신 박영사 안종만 회장님과 안상준 대표님, 항상 가교 역할을 해주시는 조성호 이사님, 그리고 제3판에 이어 이번에도 정성스럽게 본서를 편집해 주신 배근하 선생님께 따뜻한 감사의 마음을 전한다. 필자의 조교로서 온갖 허드렛일을 맡아주고 있는 연세대 대학원 석사과정 이신형 군에게 이 자리를 빌려 고맙다는 말을 전하고 싶고, 그의 앞날에 밝은 햇살이 비치기를 기대해 본다.

2020년 6월 연세대 삼성학술정보관 법학연구원장실에서

편저자 **박 덕 영 씀**

제3판 머리말

국제법 수업에 활용하기 위하여 국제법 기본조약집을 영한 대역으로 편집하여 2007년에 출간한 이래 벌써 10년의 세월이 흘렀다. 수업과정에서 학생들에게 국제조약 원문을 읽히면서 수업을 진행하고자 함이 그 목적이었는데, 베스트셀러는 아니었지만 나름대로 꾸준히 독자들의 수요가 있었던 모양이다. 제2판이 소진되어 추가제작을 하는 단계에서 2011년 개정판 출간 이래 몇 가지 주요한 흐름이 생겨 새로운 조약을 일부 추가하게 되었다.

지난 2015년 12월 파리에서 열린 제21차 기후변화협약 당사국총회에서 국제사회의 기후변화대응을 위한 파리협정이 채택되었다. 국제조약으로서는 이례적으로 채택된 지 1년도 안된 2016년 11월 발효를 하게 되어 국제사회의 커다란 관심을 반영하고 있다. 또한 2010년 나고야에서 채택된 나고야의정서는 유전자원에 대한 접근과 이용을 규율하고 있는데 각국의 관련 업계에 미치는 영향이 지대하여 나날이 관심이 증대하고 있다. 우리나라는 지난해 이미 파리협정에 가입하였고, 금년 중으로 나고야의정서에도 가입할 예정이다.

국제경제법 분야와 관련하여 WTO설립협정과 분쟁해결양해는 초판부터 포함되어 있었으나, 금번 개정을 통하여 변호사시험 국제법 과목의 주요 시험범위인 GATT의 주요 조항을 추가하게 되었다. 또한 종군위안부와 소녀상 문제 등 한일 관계와 관련한 예민한 이슈가 지속적으로 제기되고, 강제징용 배상문제, 문화재 반환문제를 둘러싼 각종 소송이 제기되는 등 사회적 관심이 증대하여 1965년 체결된 한일기본조약을 일본어 원문과 함께 추가하였다.

처음 국제조약집을 편집할 때의 마음과 마찬가지로 필자의 기본적인 생각은 우리 학생들이 국제조약 원문을 직접 보면서 국제법을 공부해 주기를 바라는 마음이다. 본서가 조금이나마 그러한 공부 방식에 도움이 되었으면 하는 마음은 예나 지금이나 변함이 없다. 아무쪼록 금번 제3판 출간과 더불어 우리나라의 국제법 연구나 공부에 조금이라도 도움이 되었으면 하는 간절한 마음을 다시 한 번 표하고자 한다.

제3판 출간을 허락해 주신 박영사 안종만 회장님과 조성호 이사님, 추가되는 조약들을 정성스럽게 편집해 주신 배근하 선생님께 감사드리며, 수정사항 교정을 도와준 필자의 조교 연세대학교 대학원 석사과정 유선주 양에게도 고마움을 전한다.

2017년 3월 따스한 봄날을 기다리며

광복관에서 편저자 박 덕 영 씀

개정판 머리말

국제법 강의의 부교재로 사용하기 위하여 국제법 기본조약집을 출간한 지 어느덧 4년가량이 흘렀다. 국내법을 공부할 때 법전을 참조하듯이, 국제법 공부를 하는데 있어서도 반드시 국제조약을 참조하여야 한다는 문화를 확산시켰다는 점에서 출간의 의미를 찾고자 한다.

최근 4년간 변화된 내용을 반영하고, 지난 4년간 강의의 부교재로 사용하면서 부족하다고 느낀 점을 보완하되, 전체 분량을 조금 줄이고자 한 것이 이번 개정판 작업의 주요 고려사항이었다. 이러한 점에서 초판과 비교하여 다음 사항을 추가하거나 변경하였다.

첫째, 외교적 보호에 관한 ILC 초안 및 일방적 선언에 관한 가이드라인, 외교관계에 관한 비엔나협약의 분쟁해결 선택의정서 등을 추가하였다.

둘째, 우리나라와 국제법 관련 내용을 보완하고자 우리나라 영해 및 접속수역법을 해양법 분야에 추가하고, 한미간 범죄인인도조약과 우리나라 범죄인인도법을 추가하였다. 최근 북핵 문제와 관련하여 UN 안보리 결의안 1874 채택을 반영하였다.

셋째, 전반적인 분량을 축소하고자 방대한 조약 전문을 수록하였던 국제형사재판소 규정을 대폭 축소하여 주요조항 위주로 편집하였고, 지난 여름 개최되었던 우간다 회의의 침략범죄 정의 관련 개정사항을 반영하였다. ICC 주요조항 선별작업을 도와주신 한양대학교 최태현 교수님께 감사드린다.

넷째, 지면 절약을 위하여 초판에 있었던 몇몇 조약과 결의안을 삭제하였고, 전문을 수록하였던 한국과 미국의 헌법 부분을 국제법 관련 주요조항으로 축소하여 게재하였다.

최근 정부와 국제법 학계는 로스쿨 제도 도입과 로스쿨 개설 학교의 법학전공 학부과정의 폐지로 인하여 글로벌 시대에 공공재적인 성격을 띠고 있는 국제법 교육이 위축될 것을 크게 우려하고 있다. 이번에 새로이 출간되는 개정판이 국제법에 대한 관심 제고와 학생들의 국제법 공부에 조금이나마 도움이 되고, 길잡이 역할을 할 수 있기를 기대한다.

끝으로 개정판 출간을 허락해주신 박영사 안종만 회장님과 조성호 부장님, 그리고 정성스레 편집을 해주신 문선미 선생님께 다시 한 번 진심으로 감사의 말씀을 올린다.

2010년이 저물어가는 어느 하루

편저자 박 덕 영 씀

머 리 말

지난 해 9월에 WTO 통상조약집을 내놓은 지 6개월 만에 국제법 기본조약집을 출간하게 되었습니다. 그 동안 국제법을 강의하면서 원문으로 구성된 영문조약집이 있으면 좋겠다는 생각을 하여 왔던바, WTO 통상조약집을 사용하면서 영한 대역으로 구성하는 것이 편리하다는 점을 깨달아 금번 국제법 기본조약집도 영한 대역으로 출간하게 되었습니다. WTO 통상조약집이 4년 반 만에 출간된 데 반해, 국제법 기본조약집은 자료 수집을 시작한 지 1년여 만에 세상에 태어나게 되었습니다.

세계는 갈수록 지구촌화되어 가고 있고, 우리가 원하든 원하지 않든 간에 우리는 국제화, 세계화의 큰 흐름 속에 놓여 있습니다. 어차피 그리 되어가는 상황이라면 우리 스스로 자발적으로, 능동적으로 국제화·세계화에 발맞추어 나아가는 것이 현명한 길이 아닌가 하는 생각이 듭니다. 2005년 내려진 대법원 학교급식 조례 판결 등 우리 국내법원에서 국제조약을 판단하는 상황이 늘어나고 있고, 국제사회에서 우리가 국제조약을 활용하여 우리의 국익을 수호하여야 하는 상황도 증가일로에 있으며, 앞으로는 더욱 그러하리라고 생각합니다. 그 동안 '국제법도 법인가'라는 논란이 있어 왔습니다만, 국제법과 국내법의 관계는 갈수록 밀착되어 가고 있습니다.

우리의 법학 교육에 있어서도 세계화 시대의 현실을 반영하여 국제법 교육을 강화하고, 특히 국제법 분야의 경우 한 걸음 더 나아가 국제조약과 국제법원의 판례 등 제 1 차적 자료를 활용한 교육이 강화되었으면 하는 바람을 갖고 있습니다. 교과서 위주의 이론교육이 아니라 실제로 조약 원문과 국제 판례 원본을 읽고, 교수와 학생이 같이 토론하고 서로의 생각을 주고받는 상호지향적인(interactive) 수업을 실현하는 데 본 조약집이 조그마한 디딤돌이 될 수 있기를 기대합니다. 이러한 기대하에 본 조약집에는 각 분야별 주요 국제조약뿐만 아니라, 국제법상 의미 있는 UN 결의안, 나아가 한국과 미국의 영문 헌법까지지도 수록하였습니다.

별로 이익실현이 될 것 같지 않은 본 조약집의 출간을 허락해 주신 박영사 안종만 회장님께 다시 한 번 감사의 말씀을 올리며, 출판 결정과정에서 많은 노력을 기울여 주신 조성호 차장님, 좋은 책으로 태어날 수 있도록 정성스레 편집을 맡아 주신 20년 만에 다시 만난 연세대학교 국제법학회 후배 김선민 차장님께도 따뜻한 감사의 말씀을 올립니다. 그리고 이번에도 숙명여대 대학원에서 국제법을 전공하고 있는 제자들에게 많은 신세를 졌습니다. 지난 1년간 자료수집과 2단 편집을 맡아준 석사과정 김희진 조교와 박민아 조교, 출판과정에서 교정을 도와 준 석사과정 임지연 님과 숙명여대를 졸업하고 고려대학교 석사과정에 진학하는 백지혜 님 모두에게 고맙다는 말을 전하고 싶습니다.

앞에서 밝힌 바와 같이 본서의 출간이 우리 학계의 국제법 연구와 영문 텍스트에 충실한 국제법 교육에 조그마한 도움이 되었으면 하는 작은 바람과 함께 글을 마칩니다.

2007. 2. 5.

박 덕 영 씀

Contents

PART Ⅰ. Basic Treaties in International Law / 1

PART Ⅱ. Law of International Relations / 125

PART Ⅲ. Law of Sea & Civil Aviation / 209

PART Ⅳ. Protection of Human Rights / 371

PART Ⅴ. Protection of Environment / 549

PART Ⅵ. International Trade & Investment / 741

PART Ⅶ. International Criminal Law & Use of Force / 893

PART Ⅷ. United Nations Resolutions on Korea / 1051

PART IX. Korea, Japan and the United States / 1075

PART I

Basic Treaties in International Law

1. Charter of the United Nations (1945)

1. 국제연합 헌장

Date : 26 June 1945
In force : 24 October 1945
States Party : 193
Korea : 18 September 1991 (조약 제1059호)
Link : www.un.org

PREAMBLE

We the people of the United Nations, determined

to save succeeding generations from the scourge of war, which twice in our lifetime has brought untold sorrow to mankind, and

to reaffirm faith in fundamental human rights, in the dignity and worth of the human person, in the equal rights of men and women and of nations large and small, and

to establish conditions under which justice and respect for the obligations arising from treaties and other sources of international law can be maintained, and

to promote social progress and better standards of life in larger freedom,

And for these ends

to practice tolerance and live together in peace with one another as good neighbors, and to unite our strength to maintain international peace and security, and

전　문

우리 연합국 국민들은

우리 일생 중에 두 번이나 말할 수 없는 슬픔을 인류에 가져온 전쟁의 불행에서 다음 세대를 구하고,

기본적 인권, 인간의 존엄 및 가치, 남녀 및 대소 각국의 평등권에 대한 신념을 재확인하며,

정의와 조약 및 기타 국제법의 연원으로부터 발생하는 의무에 대한 존중이 계속 유지될 수 있는 조건을 확립하며,

더 많은 자유 속에서 사회적 진보와 생활수준의 향상을 촉진할 것을 결의하였다.

그리고 이러한 목적을 위하여

관용을 실천하고 선량한 이웃으로서 상호간 평화롭게 같이 생활하며, 국제평화와 안전을 유지하기 위하여 우리들의 힘을 합하며,

to ensure by the acceptance of principles and the institution of methods, that armed force shall not be used, save in the common interest, and

공동이익을 위한 경우 이외에는 무력을 사용하지 아니한다는 것을, 원칙의 수락과 방법의 설정에 의하여, 보장하고,

to employ international machinery for the promotion of the economic and social advancement of all peoples,

모든 국민의 경제적 및 사회적 발전을 촉진하기 위하여 국제기관을 이용한다는 것을 결의하면서,

Have resolved to combine our efforts to accomplish these aims.

이러한 목적을 달성하기 위하여 우리의 노력을 결집할 것을 결정하였다.

Accordingly, our respective Governments, through representatives assembled in the city of San Francisco, who have exhibited their full powers found to be in good and due form, have agreed to the present Charter of the United Nations and do hereby establish an international organization to be known as the United Nations.

따라서 샌프란시스코에 모인, 우리 각자의 정부는, 유효하고 타당한 것으로 인정된 전권위임장을 제시한 대표를 통하여, 이 국제연합헌장에 동의하고, 국제연합이라는 국제기구를 이에 설립한다.

CHAPTER I PURPOSES AND PRINCIPLES

제 1 장 목적과 원칙

Article 1

제 1 조

The Purposes of the United Nations are:

국제연합의 목적은 다음과 같다.

1. To maintain international peace and security, and to that end: to take effective collective measures for the prevention and removal of threats to the peace, and for the suppression of acts of aggression or other breaches of the peace, and to bring about by peaceful means, and in conformity with the principles of justice and international law, adjustment or settlement of international disputes or situations which might lead to a breach of the peace;

1. 국제평화와 안전을 유지하고, 이를 위하여 평화에 대한 위협의 방지, 제거 그리고 침략행위 또는 기타 평화의 파괴를 진압하기 위한 유효한 집단적 조치를 취하고 평화의 파괴로 이를 우려가 있는 국제적 분쟁이나 사태의 조정·해결을 평화적 수단에 의하여 또한 정의와 국제법의 원칙에 따라 실현한다.

2. To develop friendly relations among nations based on respect for the principle of equal rights and self-determination of peoples, and to take other appropriate measures to strengthen universal peace;

2. 사람들의 평등권 및 자결의 원칙의 존중에 기초하여 국가 간의 우호관계를 발전시키며, 세계평화를 강화하기 위한 기타 적절한 조치를 취한다.

3. To achieve international cooperation in solving international problems of an economic, social, cultural, or humanitarian character, and in promoting and encouraging respect for human rights and for fundamental freedoms for all without distinction as to race, sex, language, or religion; and

3. 경제적 · 사회적 · 문화적 또는 인도적 성격의 국제문제를 해결하고 또한 인종 · 성별 · 언어 또는 종교에 따른 차별 없이 모든 사람의 인권 및 기본적 자유에 대한 존중을 촉진하고 장려함에 있어 국제적 협력을 달성한다.

4. To be a center for harmonizing the actions of nations in the attainment of these common ends.

4. 이러한 공동의 목적을 달성함에 있어서 각국의 활동을 조화시키는 중심이 된다.

Article 2

제2조

The Organization and its Members, in pursuit of the Purposes stated in Article 1, shall act in accordance with the following Principles.

이 기구 및 그 회원국은 제1조에 명시한 목적을 추구함에 있어서 다음의 원칙에 따라 행동한다.

1. The Organization is based on the principle of the sovereign equality of all its Members.

1. 이 기구는 모든 회원국의 주권평등의 원칙에 기초한다.

2. All Members, in order to ensure to all of them the rights and benefits resulting from membership, shall fulfill in good faith the obligations assumed by them in accordance with the present Charter.

2. 모든 회원국은 회원국의 지위에서 발생하는 권리와 이익을 그들 모두에 보장하기 위하여, 이 헌장에 따라 부과되는 의무를 성실히 이행한다.

3. All Members shall settle their international disputes by peaceful means in such a manner that international peace

3. 모든 회원국은 그들의 국제분쟁을 국제평화와 안전 그리고 정의를 위태롭게 하지 아니하는 방식으로 평화적 수단에 의하여

and security, and justice, are not endangered.

해결한다.

4. All Members shall refrain in their international relations from the threat or use of force against the territorial integrity or political independence of any state, or in any other manner inconsistent with the Purposes of the United Nations.

4. 모든 회원국은 그 국제관계에 있어서 다른 국가의 영토보전이나 정치적 독립에 대하여 또는 국제연합의 목적과 양립하지 아니하는 어떠한 기타 방식으로도 무력의 위협이나 무력행사를 삼간다.

5. All Members shall give the United Nations every assistance in any action it takes in accordance with the present Charter, and shall refrain from giving assistance to any state against which the United Nations is taking preventive or enforcement action.

5. 모든 회원국은 국제연합이 이 헌장에 따라 취하는 어떠한 조치에 있어서도 모든 원조를 다하며, 국제연합이 방지조치 또는 강제조치를 취하는 대상이 되는 어떠한 국가에 대하여도 원조를 삼간다.

6. The Organization shall ensure that states which are not Members of the United Nations act in accordance with these Principles so far as may be necessary for the maintenance of international peace and security.

6. 기구는 국제연합의 회원국이 아닌 국가가, 국제평화와 안전을 유지하는데 필요한 한, 이러한 원칙에 따라 행동하도록 확보한다.

7. Nothing contained in the present Charter shall authorize the United Nations to intervene in matters which are essentially within the domestic jurisdiction of any state or shall require the Members to submit such matters to settlement under the present Charter; but this principle shall not prejudice the application of enforcement measures under Chapter VII.

7. 이 헌장의 어떠한 규정도 본질적으로 어떤 국가의 국내 관할권 안에 있는 사항에 간섭할 권한을 국제연합에 부여하지 아니하며, 또는 그러한 사항을 이 헌장에 의한 해결에 맡기도록 회원국에 요구하지 아니한다. 다만, 이 원칙은 제7장에 의한 강제조치의 적용을 해하지 아니한다.

CHAPTER Ⅱ MEMBERSHIP

Article 3

The original Members of the United Nations shall be the states which, having participated in the United Nations Conference on International Organization at San Francisco, or having previously signed the Declaration by United Nations of January 1, 1942, sign the present Charter and ratify it in accordance with Article 110.

Article 4

1. Membership in the United Nations is open to all other peace-loving states which accept the obligations contained in the present Charter and, in the judgment of the Organization, are able and willing to carry out these obligations.
2. The admission of any such state to membership in the United Nations will be effected by a decision of the General Assembly upon the recommendation of the Security Council.

Article 5

A member of the United Nations against which preventive or enforcement action has been taken by the Security Council may be suspended from the exercise of the rights and privileges of membership by the General Assembly upon the recommendation of the Security Council. The exercise of these rights and privileges may be restored by the Security Council.

제 2 장 회원국의 지위

제3조

국제연합의 원회원국은, 샌프란시스코에서 국제기구에 관한 연합국 회의에 참가한 국가 또는 1942년 1월 1일의 연합국 선언에 서명한 국가로서, 이 헌장에 서명하고 제110조에 따라 이를 비준한 국가이다.

제4조

1. 국제연합의 회원국 지위는 이 헌장에 규정된 의무를 수락하고, 이러한 의무를 이행할 능력과 의사가 있다고 기구가 판단하는 그 밖의 평화 애호국 모두에 개방된다.
2. 그러한 국가의 국제연합회원국으로의 승인은 안전보장이사회의 권고에 따라 총회의 결정에 의하여 이루어진다.

제5조

안전보장이사회에 의하여 취하여지는 방지조치 또는 강제조치의 대상이 되는 국제연합회원국에 대하여는 총회가 안전보장이사회의 권고에 따라 회원국으로서의 권리와 특권의 행사를 정지시킬 수 있다. 이러한 권리와 특권의 행사는 안전보장이사회에 의하여 회복될 수 있다.

Article 6

A Member of the United Nations which has persistently violated the Principles contained in the present Charter may be expelled from the Organization by the General Assembly upon the recommendation of the Security Council.

제6조

이 헌장에 규정된 원칙을 지속적으로 위반하는 국제연합회원국은 총회가 안전보장이사회의 권고에 따라 기구로부터 제명할 수 있다.

CHAPTER Ⅲ ORGANS

제3장 기 관

Article 7

1. There are established as the principal organs of the United Nations: a General Assembly, a Security Council, an Economic and Social Council, a Trusteeship Council, an International Court of Justice, and a Secretariat.
2. Such subsidiary organs as may be found necessary may be established in accordance with the present Charter.

제7조

1. 국제연합의 주요기관으로서 총회·안전보장이사회·경제사회이사회·신탁통치이사회·국제사법재판소 및 사무국을 설치한다.
2. 필요하다고 인정되는 보조기관은 이 헌장에 따라 설치될 수 있다.

Article 8

The United Nations shall place no restrictions on the eligibility of men and women to participate in any capacity and under conditions of equality in its principal and subsidiary organs.

제8조

국제연합은 남녀가 어떠한 능력으로서든 그리고 평등의 조건으로 그 주요기관 및 보조기관에 참가할 자격이 있음에 대하여 어떠한 제한도 두어서는 아니 된다.

CHAPTER IV THE GENERAL ASSEMBLY

제4장 총 회

Composition

구 성

Article 9

제9조

1. The General Assembly shall consist of all the Members of the United Nations.
2. Each member shall have not more than five representatives in the General Assembly.

1. 총회는 모든 국제연합회원국으로 구성된다.
2. 각 회원국은 총회에 5인 이하의 대표를 가진다.

Functions and Powers

임무 및 권한

Article 10

제10조

The General Assembly may discuss any questions or any matters within the scope of the present Charter or relating to the powers and functions of any organs provided for in the present Charter, and, except as provided in Article 12, may make recommendations to the Members of the United Nations or to the Security Council or to both on any such questions or matters.

총회는 이 헌장의 범위 안에 있거나 또는 이 헌장에 규정된 어떠한 기관의 권한 및 임무에 관한 어떠한 문제 또는 어떠한 사항도 토의할 수 있으며, 그리고 제12조에 규정된 경우를 제외하고는, 그러한 문제 또는 사항에 관하여 국제연합회원국 또는 안전보장이사회 또는 이 양자에 대하여 권고할 수 있다.

Article 11

제11조

1. The General Assembly may consider the general principles of cooperation in the maintenance of international peace and security, including the principles governing disarmament and the regulation of armaments, and may make recommendations with regard to such principles to the Members or to the Security Council or to both.

1. 총회는 국제평화와 안전의 유지에 있어서의 협력의 일반원칙을, 군비축소 및 군비규제를 규율하는 원칙을 포함하여 심의하고, 그러한 원칙과 관련하여 회원국이나 안전보장이사회 또는 이 양자에 대하여 권고할 수 있다.

2. The General Assembly may discuss any questions relating to the maintenance of international peace and security brought before it by any Member of the United Nations, or by the Security Council, or by a state which is not a Member of the United Nations in accordance with Article 35, paragraph 2, and, except as provided in Article 12, may make recommendations with regard to any such questions to the state or states concerned or to the Security Council or to both. Any such question on which action is necessary shall be referred to the Security Council by the General Assembly either before or after discussion.

2. 총회는 국제연합회원국이나 안전보장이사회 또는 제35조 제2항에 따라 국제연합회원국이 아닌 국가에 의하여 총회에 회부된 국제평화와 안전의 유지에 관한 어떠한 문제도 토의할 수 있으며, 제12조에 규정된 경우를 제외하고는 그러한 문제와 관련하여 1 또는 그 이상의 관계국이나 안전보장이사회 또는 이 양자에 대하여 권고할 수 있다. 그러한 문제로서 조치를 필요로 하는 것은 토의의 전 또는 후에 총회에 의하여 안전보장이사회에 회부된다.

3. The General Assembly may call the attention of the Security Council to situations which are likely to endanger international peace and security.

3. 총회는 국제평화와 안전을 위태롭게 할 우려가 있는 사태에 대하여 안전보장이사회의 주의를 환기할 수 있다.

4. The powers of the General Assembly set forth in this Article shall not limit the general scope of Article 10.

4. 이 조에 규정된 총회의 권한은 제10조의 일반적 범위를 제한하지 아니한다.

Article 12

제12조

1. While the Security Council is exercising in respect of any dispute or situation the functions assigned to it in the present Charter, the General Assembly shall not make any recommendation with regard to that dispute or situation unless the Security Council so requests.

1. 안전보장이사회가 어떠한 분쟁 또는 사태와 관련하여 이 헌장에서 부여된 임무를 수행하고 있는 동안에는 총회는 이 분쟁 또는 사태에 관하여 안전보장이사회가 요청하지 아니하는 한 어떠한 권고도 하지 아니한다.

2. The Secretary-General, with the consent of the Security Council, shall notify the General Assembly at each session

2. 사무총장은 안전보장이사회가 다루고 있는 국제평화와 안전의 유지에 관한 어떠한 사항도 안전보장이사회의 동의를 얻어 매

of any matters relative to the maintenance of international peace and security which are being dealt with by the Security Council and shall similarly notify the General Assembly, or the Members of the United Nations if the General Assembly is not in session, immediately the Security Council ceases to deal with such matters.

회기 중 총회에 통고하며, 또한 사무총장은, 안전보장이사회가 그러한 사항을 다루는 것을 중지한 경우, 즉시 총회 또는 총회가 회기 중이 아닐 경우에는 국제연합회원국에 마찬가지로 통고한다.

Article 13

1. The General Assembly shall initiate studies and make recommendations for the purpose of:

(a) promoting international cooperation in the political field and encouraging the progressive development of international law and its codification;

(b) promoting international cooperation in the economic, social, cultural, educational, and health fields, and assisting in the realization of human rights and fundamental freedoms for all without distinction as to race, sex, language, or religion.

2. The further responsibilities, functions and powers of the General Assembly with respect to matters mentioned in paragraph 1(b) above are set forth in Chapters IX and X.

제13조

1. 총회는 다음의 목적을 위하여 연구를 발의하고 권고한다.

가. 정치적 분야에 있어서 국제협력을 촉진하고, 국제법의 점진적 발달 및 그 법전화를 장려하는 것.

나. 경제, 사회, 문화, 교육 및 보건 분야에 있어서 국제협력을 촉진하며 그리고 인종, 성별, 언어 또는 종교에 관한 차별 없이 모든 사람을 위하여 인권 및 기본적 자유를 실현하는데 있어 원조하는 것.

2. 전기 제1항 나호에 규정된 사항에 관한 총회의 추가적 책임, 임무 및 권한은 제9장과 제10장에 규정된다.

Article 14

Subject to the provisions of Article 12, the General Assembly may recommend measures for the peaceful adjustment of any situation, regardless of origin, which it

제14조

제12조 규정에 따를 것을 조건으로 총회는 그 원인에 관계없이 일반적 복지 또는 국가간의 우호관계를 해할 우려가 있다고 인정되는 어떠한 사태도 이의 평화적 조정을 위한

deems likely to impair the general welfare or friendly relations among nations, includeing situations resulting from a violation of the provisions of the present Charter setting forth the Purposes and Principles of the United Nations.

조치를 권고할 수 있다. 이 사태는 국제연합의 목적 및 원칙을 정한 이 헌장규정의 위반으로부터 발생하는 사태를 포함한다.

Article 15

1. The General Assembly shall receive and consider annual and special reports from the Security Council; these reports shall include an account of the measures that the Security Council has decided upon or taken to maintain international peace and security.
2. The General Assembly shall receive and consider reports from the other organs of the United Nations.

제 15 조

1. 총회는 안전보장이사회로부터 연례보고와 특별보고를 받아 심의한다. 이 보고는 안전보장이사회가 국제평화와 안전을 유지하기 위하여 결정하거나 또는 취한 조치의 설명을 포함한다.
2. 총회는 국제연합의 다른 기관으로부터 보고를 받아 심의한다.

Article 16

The General Assembly shall perform such functions with respect to the international trusteeship system as are assigned to it under Chapters XII and XIII, including the approval of the trusteeship agreements for areas not designated as strategic.

제 16 조

총회는 제12장과 제13장에 의하여 부과된 국제신탁통치제도에 관한 임무를 수행한다. 이 임무는 전략지역으로 지정되지 아니한 지역에 관한 신탁통치협정의 승인을 포함한다.

Article 17

1. The General Assembly shall consider and approve the budget of the Organization.
2. The expenses of the Organization shall be borne by the Members as apportioned by the General Assembly.

제 17 조

1. 총회는 기구의 예산을 심의하고 승인한다.
2. 기구의 경비는 총회에서 배정한 바에 따라 회원국이 부담한다.

3. The General Assembly shall consider and approve any financial and budgetary arrangements with specialized agencies referred to in Article 57 and shall examine the administrative budgets of such specialized agencies with a view to making recommendations to the agencies concerned.

3. 총회는 제57조에 규정된 전문기구와의 어떠한 재정약정 및 예산약정도 심의하고 승인하며, 당해 전문기구에 권고할 목적으로 그러한 전문기구의 행정적 예산을 검사한다.

Voting

표 결

Article 18

제18조

1. Each member of the General Assembly shall have one vote.

1. 총회의 각 구성국은 1개의 투표권을 가진다.

2. Decisions of the General Assembly on important questions shall be made by a two-thirds majority of the members present and voting. These questions shall include: recommendations with respect to the maintenance of international peace and security, the election of the non-permanent members of the Security Council, the election of the members of the Economic and Social Council, the election of members of the Trusteeship Council in accordance with paragraph 1(c) of Article 86, the admission of new Members to the United Nations, the suspension of the rights and privileges of membership, the expulsion of Members, questions relating to the operation of the trusteeship system, and budgetary questions.

2. 중요한 문제에 관한 총회의 결정은 출석하여 투표하는 구성국의 3분의 2의 다수로 한다. 이러한 문제는 국제평화와 안전의 유지에 관한 권고, 안전보장이사회의 비상임이사국의 선출, 경제사회이사회의 이사국의 선출, 제86조 제1항 다호에 의한 신탁통치이사회의 이사국의 선출, 신회원국의 국제연합 가입의 승인, 회원국으로서의 권리 및 특권의 정지, 회원국의 제명, 신탁통치제도의 운영에 관한 문제 및 예산문제를 포함한다.

3. Decisions on other questions, Composition including the determination of additional categories of questions to be decided

3. 기타 문제에 관한 결정은 3분의 2의 다수로 결정될 문제의 추가적 부문의 결정을 포함하여 출석하여 투표하는 구성국의 과

by a two-thirds majority, shall be made by a majority of the members present and voting.

반수로 한다.

Article 19

A Member of the United Nations which is in arrears in the payment of its financial contributions to the Organization shall have no vote in the General Assembly if the amount of its arrears equals or exceeds the amount of the contributions due from it for the preceding two full years. The General Assembly may, nevertheless, permit such a Member to vote if it is satisfied that the failure to pay is due to conditions beyond the control of the Member.

제19조

기구에 대한 재정적 분담금의 지불을 연체한 국제연합회원국은 그 연체금액이 그때까지의 만 2년간 그 나라가 지불하였어야 할 분담금의 금액과 같거나 또는 초과하는 경우 총회에서 투표권을 가지지 못한다. 그럼에도 총회는 지불의 불이행이 그 회원국이 제어할 수 없는 사정에 의한 것임이 인정되는 경우 그 회원국의 투표를 허용할 수 있다.

Procedure

절　차

Article 20

The General Assembly shall meet in regular annual sessions and in such special sessions as occasion may require. Special sessions shall be convoked by the Secretary-General at the request of the Security Council or of a majority of the Members of the United Nations.

제20조

총회는 연례정기회기 및 필요한 경우에는 특별회기로서 모인다. 특별회기는 안전보장이사회의 요청 또는 국제연합회원국의 과반수의 요청에 따라 사무총장이 소집한다.

Article 21

The General Assembly shall adopt its own rules of procedure. It shall elect its President for each session.

제21조

총회는 그 자체의 의사규칙을 채택한다. 총회는 매회기마다 의장을 선출한다.

Article 22

The General Assembly may establish such subsidiary organs as it deems necessary

제22조

총회는 그 임무의 수행에 필요하다고 인정되는 보조기관을 설치할 수 있다.

for the performance of its functions.

CHAPTER V THE SECURITY COUNCIL

제 5 장 안전보장이사회

Composition

구 성

Article 23

제23조

1. The Security Council shall consist of fifteen Members of the United Nations. The Republic of China, France, the Union of Soviet Socialist Republics, the United Kingdom of Great Britain and Northern Ireland, and the United States of America shall be permanent members of the Security Council. The General Assembly shall elect ten other Members of the United Nations to be non-permanent members of the Security Council, due regard being specially paid, in the first instance to the contribution of Members of the United Nations to the maintenance of international peace and security and to the other purposes of the Organization, and also to equitable geographical distribution.

1. 안전보장이사회는 15개 국제연합회원국으로 구성된다. 중화민국, 불란서, 소비에트사회주의공화국연방, 영국 및 미합중국은 안전보장이사회의 상임이사국이다. 총회는 먼저 국제평화와 안전의 유지 및 기구의 기타 목적에 대한 국제연합회원국의 공헌과 또한 공평한 지리적 배분을 특별히 고려하여 그 외 10개의 국제연합회원국을 안전보장이사회의 비상임이사국으로 선출한다.

2. The non-permanent members of the Security Council shall be elected for a term of two years. In the first election of the non-permanent members after the increase of the membership of the Security Council from eleven to fifteen, two of the four additional members shall be chosen for a term of one year. A retiring member shall not be eligible for immediate re-election.

2. 안전보장이사회의 비상임이사국은 2년의 임기로 선출된다. 안전보장이사회의 이사국이 11개국에서 15개국으로 증가된 후 최초의 비상임이사국 선출에서는, 추가된 4개 이사국 중 2개 이사국은 1년의 임기로 선출된다. 퇴임이사국은 연이어 재선될 자격을 가지지 아니한다.

3. Each member of the Security Council shall have one representative.

3. 안전보장이사회의 각 이사국은 1인의 대표를 가진다.

Functions and Powers

임무와 권한

Article 24

제24조

1. In order to ensure prompt and effective action by the United Nations, its Members confer on the Security Council primary responsibility for the maintenance of international peace and security, and agree that in carrying out its duties under this responsibility the Security Council acts on their behalf.
2. In discharging these duties the Security Council shall act in accordance with the Purposes and Principles of the United Nations. The specific powers granted to the Security Council for the discharge of these duties are laid down in Chapters VI, VII, VIII, and XII.
3. The Security Council shall submit annual and, when necessary, special reports to the General Assembly for its consideration.

1. 국제연합의 신속하고 효과적인 조치를 확보하기 위하여, 국제연합회원국은 국제평화와 안전의 유지를 위한 일차적 책임을 안전보장이사회에 부여하며, 또한 안전보장이사회가 그 책임 하에 의무를 이행함에 있어 회원국을 대신하여 활동하는 것에 동의한다.
2. 이러한 의무를 이행함에 있어 안전보장이사회는 국제연합의 목적과 원칙에 따라 활동한다. 이러한 의무를 이행하기 위하여 안전보장이사회에 부여된 특정한 권한은 제6장, 제7장, 제8장 및 제12장에 규정된다.
3. 안전보장이사회는 연례보고 및 필요한 경우 특별보고를 총회에 심의하도록 제출한다.

Article 25

제25조

The Members of the United Nations agree to accept and carry out the decisions of the Security Council in accordance with the present Charter.

국제연합회원국은 안전보장이사회의 결정을 이 헌장에 따라 수락하고 이행할 것을 동의한다.

Article 26

제26조

In order to promote the establishment and maintenance of international peace and se-

세계의 인적 및 경제적 자원을 군비를 위하여 최소한으로 전용함으로써 국제평화와 안

curity with the least diversion for armaments of the world's human and economic resources, the Security Council shall be responsible for formulating, with the assistance of the Military Staff Committee referred to in Article 47, plans to be submitted to the Members of the United Nations for the establishment of a system for the regulation of armaments.

전의 확립 및 유지를 촉진하기 위하여, 안전보장이사회는 군비규제체제의 확립을 위하여 국제연합회원국에 제출되는 계획을 제47조에 규정된 군사참모위원회의 원조를 받아 작성할 책임을 진다.

Voting

표 결

Article 27

제27조

1. Each member of the Security Council shall have one vote.
2. Decisions of the Security Council on procedural matters shall be made by an affirmative vote of nine members.
3. Decisions of the Security Council on all other matters shall be made by an affirmative vote of nine members including the concurring votes of the permanent members; provided that, in decisions under Chapter VI, and under paragraph 3 of Article 52, a party to a dispute shall abstain from voting.

1. 안전보장이사회의 각 이사국은 1개의 투표권을 가진다.
2. 절차사항에 관한 안전보장이사회의 결정은 9개 이사국의 찬성투표로써 한다.
3. 그 외 모든 사항에 관한 안전보장이사회의 결정은 상임이사국의 동의 투표를 포함한 9개 이사국의 찬성투표로써 한다. 다만, 제6장 및 제52조 제3항에 의한 결정에 있어서는 분쟁당사국은 투표를 기권한다.

Procedure

절 차

Article 28

제28조

1. The Security Council shall be so organized as to be able to function continuously. Each member of the Security Council shall for this purpose be represented at all times at the seat of the Organization.

1. 안전보장이사회는 계속적으로 임무를 수행할 수 있도록 조직된다. 이를 위하여 안전보장이사회의 각 이사국은 기구의 소재지에 항상 대표를 둔다.

2. The Security Council shall hold periodic meetings at which each of its members may, if it so desires, be represented by a member of the government or by some other specially designated representative.

3. The Security Council may hold meetings at such places other than the seat of the Organization as in its judgment will best facilitate its work.

2. 안전보장이사회는 정기회의를 개최한다. 이 회의에 각 이사국은 희망하는 경우, 각료 또는 특별히 지명된 다른 대표에 의하여 대표될 수 있다.

3. 안전보장이사회는 그 사업을 가장 쉽게 할 수 있다고 판단되는 기구의 소재지외의 장소에서 회의를 개최할 수 있다.

Article 29

The Security Council may establish such subsidiary organs as it deems necessary for the performance of its functions.

제 29 조

안전보장이사회는 그 임무의 수행에 필요하다고 인정되는 보조기관을 설치할 수 있다.

Article 30

The Security Council shall adopt its own rules of procedure, including the method of selecting its President.

제 30 조

안전보장이사회는 의장선출방식을 포함한 그 자체의 의사규칙을 채택한다.

Article 31

Any Member of the United Nations which is not a member of the Security Council may participate, without vote, in the discussion of any question brought before the Security Council whenever the latter considers that the interests of that Member are specially affected.

제 31 조

안전보장이사회의 이사국이 아닌 어떠한 국제연합회원국도 안전보장이사회가 그 회원국의 이해에 특히 영향이 있다고 인정하는 때에는 언제든지 안전보장이사회에 회부된 어떠한 문제의 토의에도 투표권 없이 참가할 수 있다.

Article 32

Any Member of the United Nations which is not a member of the Security Council or any state which is not a Member of the United Nations, if it is a party to a dispute under consideration by the Security Cou-

제 32 조

안전보장이사회의 이사국이 아닌 국제연합회원국 또는 국제연합 회원국이 아닌 어떠한 국가도 안전보장이사회에서 심의 중인 분쟁의 당사자인 경우에는 이 분쟁에 관한 토의에 투표권 없이 참가하도록 초청된다. 안전보

ncil, shall be invited to participate, without vote, in the discussion relating to the dispute. The Security Council shall lay down such conditions as it deems just for the participation of a state which is not a Member of the United Nations.

장이사회는 국제연합회원국이 아닌 국가의 참가에 공정하다고 인정되는 조건을 정한다.

CHAPTER VI PACIFIC SETTLEMENT OF DISPUTES

제 6 장 분쟁의 평화적 해결

Article 33

1. The parties to any dispute, the continuance of which is likely to endanger the maintenance of international peace and security, shall, first of all, seek a solution by negotiation, enquiry, mediation, conciliation, arbitration, judicial settlement, resort to regional agencies or arrangements, or other peaceful means of their own choice.
2. The Security Council shall, when it deems necessary, call upon the parties to settle their dispute by such means.

제 33 조

1. 어떠한 분쟁도 그의 계속이 국제평화와 안전의 유지를 위태롭게 할 우려가 있는 것일 경우, 그 분쟁의 당사자는 우선 교섭, 심사, 중개, 조정, 중재재판, 사법적 해결, 지역적 기관 또는 지역적 협정의 이용 또는 당사자가 선택하는 다른 평화적 수단에 의한 해결을 구한다.
2. 안전보장이사회는 필요하다고 인정하는 경우 당사자에 대하여 그 분쟁을 그러한 수단에 의하여 해결하도록 요청한다.

Article 34

The Security Council may investigate any dispute, or any situation which might lead to international friction or give rise to a dispute, in order to determine whether the continuance of the dispute or situation is likely to endanger the maintenance of international peace and security.

제 34 조

안전보장이사회는 어떠한 분쟁에 관하여도, 또는 국제적 마찰이 되거나 분쟁을 발생하게 할 우려가 있는 어떠한 사태에 관하여도, 그 분쟁 또는 사태의 계속이 국제평화와 안전의 유지를 위태롭게 할 우려가 있는지 여부를 결정하기 위하여 조사할 수 있다.

Article 35

1. Any Member of the United Nations may

제 35 조

1. 국제연합회원국은 어떠한 분쟁에 관하여

bring any dispute, or any situation of the nature referred to in Article 34, to the attention of the Security Council or of the General Assembly.

2. A state which is not a Member of the United Nations may bring to the attention of the Security Council or of the General Assembly any dispute to which it is a party if it accepts in advance, for the purposes of the dispute, the obligations of pacific settlement provided in the present Charter.

3. The proceedings of the General Assembly in respect of matters brought to its attention under this Article will be subject to the provisions of Articles 11 and 12.

도, 또는 제34조에 규정된 성격의 어떠한 사태에 관하여도, 안전보장이사회 또는 총회의 주의를 환기할 수 있다.

2. 국제연합회원국이 아닌 국가는 자국이 당사자인 어떠한 분쟁에 관하여도, 이 헌장에 규정된 평화적 해결의 의무를 그 분쟁에 관하여 미리 수락하는 경우에는 안전보장이사회 또는 총회의 주의를 환기할 수 있다.

3. 이 조에 의하여 주의가 환기된 사항에 관한 총회의 절차는 제11조 및 제12조의 규정에 따른다.

Article 36

1. The Security Council may, at any stage of a dispute of the nature referred to in Article 33 or of a situation of like nature, recommend appropriate procedures or methods of adjustment.

2. The Security Council should take into consideration any procedures for the settlement of the dispute which have already been adopted by the parties.

3. In making recommendations under this Article the Security Council should also take into consideration that legal disputes should as a general rule be referred by the parties to the International Court of Justice in accordance with the provisions of the Statute of the Court.

제36조

1. 안전보장이사회는 제33조에 규정된 성격의 분쟁 또는 유사한 성격의 사태의 어떠한 단계에 있어서도 적절한 조정절차 또는 조정방법을 권고할 수 있다.

2. 안전보장이사회는 당사자가 이미 채택한 분쟁해결절차를 고려하여야 한다.

3. 안전보장이사회는, 이 조에 의하여 권고를 함에 있어서, 일반적으로 법률적 분쟁이 국제사법재판소규정의 규정에 따라 당사자에 의하여 동 재판소에 회부되어야 한다는 점도 또한 고려하여야 한다.

Article 37

1. Should the parties to a dispute of the nature referred to in Article 33 fail to settle it by the means indicated in that Article, they shall refer it to the Security Council.

2. If the Security Council deems that the continuance of the dispute is in fact likely to endanger the maintenance of international peace and security, it shall decide whether to take action under Article 36 or to recommend such terms of settlement as it may consider appropriate.

제37조

1. 제33조에 규정된 성격의 분쟁당사자는, 동조에 규정된 수단에 의하여 분쟁을 해결하지 못하는 경우, 이를 안전보장이사회에 회부한다.

2. 안전보장이사회는 분쟁의 계속이 국제평화와 안전의 유지를 위태롭게 할 우려가 실제로 있다고 인정하는 경우 제36조에 의하여 조치를 취할 것인지 또는 적절하다고 인정되는 해결조건을 권고할 것인지를 결정한다.

Article 38

Without prejudice to the provisions of Articles 33 to 37, the Security Council may, if all the parties to any dispute so request, make recommendations to the parties with a view to a pacific settlement of the dispute.

제38조

제33조 내지 제37조의 규정을 해하지 아니하고, 안전보장이사회는 어떠한 분쟁에 관하여도 모든 당사자가 요청하는 경우, 그 분쟁의 평화적 해결을 위하여 그 당사자에게 권고할 수 있다.

CHAPTER VII ACTION WITH RESPECT TO THREATS TO THE PEACE, BREACHES OF THE PEACE, AND ACTS OF AGGRESSION

제7장 평화에 대한 위협, 평화의 파괴 및 침략행위에 관한 조치

Article 39

The Security Council shall determine the existence of any threat to the peace, breach of the peace, or act of aggression and shall make recommendations, or decide

제39조

안전보장이사회는 평화에 대한 위협, 평화의 파괴 또는 침략행위의 존재를 결정하고, 국제평화와 안전을 유지하거나 이를 회복하기 위하여 권고하거나, 또는 제41조 및 제42조에

what measures shall be taken in accordance with Articles 41 and 42, to maintain or restore international peace and security.

따라 어떠한 조치를 취할 것인지를 결정한다.

Article 40

In order to prevent an aggravation of the situation, the Security Council may, before making the recommendations or deciding upon the measures provided for in Article 39, call upon the parties concerned to comply with such provisional measures as it deems necessary or desirable. Such provisional measures shall be without prejudice to the rights, claims, or position of the parties concerned. The Security Council shall duly take account of failure to comply with such provisional measures.

제40조

사태의 악화를 방지하기 위하여 안전보장이사회는 제39조에 규정된 권고를 하거나 조치를 결정하기 전에 필요하거나 바람직하다고 인정되는 잠정조치에 따르도록 관계당사자에게 요청할 수 있다. 이 잠정조치는 관계당사자의 권리, 청구권 또는 지위를 해하지 아니한다. 안전보장이사회는 그러한 잠정조치의 불이행을 적절히 고려한다.

Article 41

The Security Council may decide what measures not involving the use of armed force are to be employed to give effect to its decisions, and it may call upon the Members of the United Nations to apply such measures. These may include complete or partial interruption of economic relations and of rail, sea, air, postal, telegraphic, radio, and other means of communication, and the severance of diplomatic relations.

제41조

안전보장이사회는 그의 결정을 집행하기 위하여 병력의 사용을 수반하지 아니하는 어떠한 조치를 취하여야 할 것인지를 결정할 수 있으며, 또한 국제연합회원국에 대하여 그러한 조치를 적용하도록 요청할 수 있다. 이 조치는 경제관계 및 철도, 항해, 항공, 우편, 전신, 무선통신 및 다른 교통통신수단의 전부 또는 일부의 중단과 외교관계의 단절을 포함할 수 있다.

Article 42

Should the Security Council consider that measures provided for in Article 41 would be inadequate or have proved to be inadequate, it may take such action by air,

제42조

안전보장이사회는 제41조에 규정된 조치가 불충분할 것으로 인정하거나 또는 불충분한 것으로 판명되었다고 인정하는 경우에는, 국제평화와 안전의 유지 또는 회복에 필요한

sea, or land forces as may be necessary to maintain or restore international peace and security. Such action may include demonstrations, blockade, and other operations by air, sea, or land forces of Members of the United Nations.

공군, 해군 또는 육군에 의한 조치를 취할 수 있다. 그러한 조치는 국제연합회원국의 공군, 해군 또는 육군에 의한 시위, 봉쇄 및 다른 작전을 포함할 수 있다.

Article 43

제43조

1. All Members of the United Nations, in order to contribute to the maintenance of international peace and security, undertake to make available to the Security Council, on its call and in accordance with a special agreement or agreements, armed forces, assistance, and facilities, including rights of passage, necessary for the purpose of maintaining international peace and security.

1. 모든 국제연합회원국은 국제평화와 안전의 유지에 공헌하기 위하여 안전보장이사회의 요청에 의하여 그리고 하나 또는 그 이상의 특별협정에 따라, 국제평화와 안전의 유지 목적상 필요한 병력, 원조 및 통과권을 포함한 편의를 안전보장이사회에 이용하게 할 것을 약속한다.

2. Such agreement or agreements shall govern the numbers and types of forces, their degree of readiness and general location, and the nature of the facilities and assistance to be provided.

2. 그러한 협정은 병력의 수 및 종류, 그 준비정도 및 일반적 배치와 제공될 편의 및 원조의 성격을 규율한다.

3. The agreement or agreements shall be negotiated as soon as possible on the initiative of the Security Council. They shall be concluded between the Security Council and Members or between the Security Council and groups of Members and shall be subject to ratification by the signatory states in accordance with their respective constitutional processes.

3. 그 협정은 안전보장이사회의 발의에 의하여 가능한 한 신속히 교섭되어야 한다. 이 협정은 안전보장이사회와 회원국 간에 또는 안전보장이사회와 회원국집단 간에 체결되며, 서명국 각자의 헌법상의 절차에 따라 동 서명국에 의하여 비준되어야 한다.

Article 44

제44조

When the Security Council has decided to use force it shall, before calling upon a

안전보장이사회는 무력을 사용하기로 결정한 경우 이사회에서 대표되지 아니하는 회원국

Member not represented on it to provide armed forces in fulfillment of the obligations assumed under Article 43, invite that Member, if the Member so desires, to participate in the decisions of the Security Council concerning the employment of contingents of that Member's armed forces.

에게 제43조에 따라 부과된 의무의 이행으로서 병력의 제공을 요청하기 전에 그 회원국이 희망한다면 그 회원국 병력 중 파견부대의 사용에 관한 안전보장이사회의 결정에 참여하도록 그 회원국을 초청한다.

Article 45

In order to enable the United Nations to take urgent military measures Members shall hold immediately available national air-force contingents for combined international enforcement action. The strength and degree of readiness of these contingents and plans for their combined action shall be determined, within the limits laid down in the special agreement or agreements referred to in Article 43, by the Security Council with the assistance of the Military Staff Committee.

제45조

국제연합이 긴급한 군사조치를 취할 수 있도록 하기 위하여, 회원국은 합동의 국제적 강제조치를 위하여 자국의 공군파견부대를 즉시 이용할 수 있도록 유지한다. 이러한 파견부대의 전력과 준비정도 및 합동조치를 위한 계획은 제43조에 규정된 하나 또는 그 이상의 특별협정에 규정된 범위 안에서 군사참모위원회의 도움을 얻어 안전보장이사회가 결정한다.

Article 46

Plans for the application of armed force shall be made by the Security Council with the assistance of the Military Staff Committee.

제46조

병력사용계획은 군사참모위원회의 도움을 얻어 안전보장이사회가 작성한다.

Article 47

1. There shall be established a Military Staff Committee to advise and assist the Security Council on all questions relating to the Security Council's military requirements for the maintenance of international peace and security, the

제47조

1. 국제평화와 안전의 유지를 위한 안진보장이사회의 군사적 필요, 안전보장이사회의 재량에 맡기어진 병력의 사용 및 지휘, 군비규제 그리고 가능한 군비축소에 관한 모든 문제에 관하여 안전보장이사회에 조언하고 도움을 주기 위하여 군사참모위원회

employment and command of forces placed at its disposal, the regulation of armaments, and possible disarmament.

를 설치한다.

2. The Military Staff Committee shall consist of the Chiefs of Staff of the permanent members of the Security Council or their representatives. Any Member of the United Nations not permanently represented on the Committee shall be invited by the Committee to be associated with it when the efficient discharge of the Committee's responsibilities requires the participation of that Member in its work.

2. 군사참모위원회는 안전보장이사회 상임이사국의 참모총장 또는 그의 대표로 구성된다. 이 위원회에 상임위원으로서 대표되지 아니하는 국제연합회원국은 위원회의 책임의 효과적인 수행을 위하여 위원회의 사업에 동 회원국의 참여가 필요한 경우에는 위원회에 의하여 그와 제휴하도록 초청된다.

3. The Military Staff Committee shall be responsible under the Security Council for the strategic direction of any armed forces placed at the disposal of the Security Council. Questions relating to the command of such forces shall be worked out subsequently.

3. 군사참모위원회는 안전보장이사회 하에 안전보장이사회의 재량에 맡기어진 병력의 전략적 지도에 대하여 책임을 진다. 그러한 병력의 지휘에 관한 문제는 추후에 해결한다.

4. The Military Staff Committee, with the authorization of the Security Council and after consultation with appropriate regional agencies, may establish regional subcommittees.

4. 군사참모위원회는 안전보장이사회의 허가를 얻어 그리고 적절한 지역기구와 협의한 후 지역소위원회를 설치할 수 있다.

Article 48

제48조

1. The action required to carry out the decisions of the Security Council for the maintenance of international peace and security shall betaken by all the Members of the United Nations or by some of them, as the Security Council may determine.

1. 국제평화와 안전의 유지를 위한 안전보장이사회의 결정을 이행 하는데 필요한 조치는 안전보장이사회가 정하는 바에 따라 국제연합 회원국의 전부 또는 일부에 의하여 취하여진다.

2. Such decisions shall be carried out by the Members of the United Nations directly and through their action in the appropriate international agencies of which they are members.

2. 그러한 결정은 국제연합회원국에 의하여 직접적으로 또한 국제연합 회원국이 그 구성국인 적절한 국제기관에 있어서의 이들 회원국의 조치를 통하여 이행된다.

Article 49

The Members of the United Nations shall join in affording mutual assistance in carrying out the measures decided upon by the Security Council.

제49조

국제연합회원국은 안전보장이사회가 결정한 조치를 이행함에 있어 상호원조를 제공하는 데에 참여한다.

Article 50

If preventive or enforcement measures against any state are taken by the Security Council, any other state, whether a Member of the United Nations or not, which finds itself confronted with special economic problems arising from the carrying out of those measures shall have the right to consult the Security Council with regard to a solution of those problems.

제50조

안전보장이사회가 어느 국가에 대하여 방지조치 또는 강제조치를 취하는 경우, 국제연합 회원국인지 아닌지를 불문하고 어떠한 다른 국가도 자국이 이 조치의 이행으로부터 발생하는 특별한 경제문제에 직면한 것으로 인정하는 경우, 동 문제의 해결에 관하여 안전보장이사회와 협의할 권리를 가진다.

Article 51

Nothing in the present Charter shall impair the inherent right of individual or collective self-defense if an armed attack occurs against a Member of the United Nations, until the Security Council has taken measures necessary to maintain international peace and security. Measures taken by Members in the exercise of this right of self-defense shall be immediately reported to the Security Council and shall not in any way affect the authority and responsibility of the Security Council under the

제51조

이 헌장의 어떠한 규정도 국제연합회원국에 대하여 무력공격이 발생한 경우, 안전보장이사회가 국제평화와 안전을 유지하기 위하여 필요한 조치를 취할 때까지 개별적 또는 집단적 자위의 고유한 권리를 침해하지 아니한다. 자위권을 행사함에 있어 회원국이 취한 조치는 즉시 안전보장이사회에 보고된다. 또한 이 조치는, 안전보장이사회가 국제평화와 안전의 유지 또는 회복을 위하여 필요하다고 인정하는 조치를 언제든지 취한다는, 이 헌장에 의한 안전보장이사회의 권한과 책임에 어

present Charter to take at any time such action as it deems necessary in order to maintain or restore international peace and security.

떠한 영향도 미치지 아니한다.

CHAPTER Ⅷ REGIONAL ARRANGEMENTS

제8장 지역적 약정

Article 52

제52조

1. Nothing in the present Charter precludes the existence of regional arrangements or agencies for dealing with such matters relating to the maintenance of international peace and security as are appropriate for regional action, provided that such arrangements or agencies and their activities are consistent with the Purposes and Principles of the United Nations.

1. 이 헌장의 어떠한 규정도, 국제평화와 안전의 유지에 관한 사항으로서 지역적 조치에 적합한 사항을 처리하기 위하여 지역적 약정 또는 지역적 기관이 존재하는 것을 배제하지 아니한다. 다만, 이 약정 또는 기관 및 그 활동이 국제연합의 목적과 원칙에 일치하는 것을 조건으로 한다.

2. The Members of the United Nations entering into such arrangements or constituting such agencies shall make every effort to achieve pacific settlement of local disputes through such regional arrangements or by such regional agencies before referring them to the Security Council.

2. 그러한 약정을 체결하거나 그러한 기관을 구성하는 국제연합 회원국은 지역적 분쟁을 안전보장이사회에 회부하기 전에 이 지역적 약정 또는 지역적 기관에 의하여 그 분쟁의 평화적 해결을 성취하기 위하여 모든 노력을 다한다.

3. The Security Council shall encourage the development of pacific settlement of local disputes through such regional arrangements or by such regional agencies either on the initiative of the states concerned or by reference from the Security Council.

3. 안전보장이사회는 관계국의 발의에 의하거나 안전보장이사회의 회부에 의하여 그러한 지역적 약정 또는 지역적 기관에 의한 지역적 분쟁의 평화적 해결의 촉진을 장려한다.

4. This Article in no way impairs the ap-

4. 이 조는 제34조 및 제35조의 적용을 결코

plication of Articles 34 and 35.

해하지 아니한다.

Article 53

제53조

1. The Security Council shall, where appropriate, utilize such regional arrangements or agencies for enforcement action under its authority. But no enforcement action shall be taken under regional arrangements or by regional agencies without the authorization of the Security Council, with the exception of measures against any enemy state, as defined in paragraph 2 of this Article, provided for pursuant to Article 107 or in regional arrangements directed against renewal of aggressive policy on the part of any such state, until such time as the Organization may, on request of the Governments concerned, be charged with the responsibility for preventing further aggression by such a state.

1. 안전보장이사회는 그 권위 하에 취하여지는 강제조치를 위하여 적절한 경우에는 그러한 지역적 약정 또는 지역적 기관을 이용한다. 다만, 안전보장이사회의 허가없이는 어떠한 강제조치도 지역적 약정 또는 지역적 기관에 의하여 취하여져서는 아니된다. 그러나 이 조 제2항에 규정된 어떠한 적국에 대한 조치이든지 제107조에 따라 규정된 것 또는 적국에 의한 침략 정책의 재현에 대비한 지역적 약정에 규정된 것은, 관계정부의 요청에 따라 기구가 그 적국에 의한 새로운 침략을 방지할 책임을 질 때까지는 예외로 한다.

2. The term enemy state as used in paragraph 1 of this Article applies to any state which during the Second World War has been an enemy of any signatory of the present Charter.

2. 이 조 제1항에서 사용된 적국이라는 용어는 제2차 세계대전 중에 이 헌장 서명국의 적국이었던 어떠한 국가에도 적용된다.

Article 54

제54조

The Security Council shall at all times be kept fully informed of activities undertaken or in contemplation under regional arrangements or by regional agencies for the maintenance of international peace and security.

안전보장이사회는 국제평화와 안전의 유지를 위하여 지역적 약정 또는 지역적 기관에 의하여 착수되었거나 또는 계획되고 있는 활동에 대하여 항상 충분히 통보받는다.

CHAPTER IX INTERNATIONAL ECONOMIC AND SOCIAL CO-OPERATION

제 9 장 경제적 및 사회적 국제협력

Article 55

With a view to the creation of conditions of stability and well-being which are necessary for peaceful and friendly relations among nations based on respect for the principle of equal rights and self-determination of peoples, the United Nations shall promote:

(a) higher standards of living, full employment, and conditions of economic and social progress and development;
(b) solutions of international economic, social, health, and related problems; and international cultural and educational co-operation; and
(c) universal respect for, and observance of, human rights and fundamental freedoms for all without distinction as to race, sex, language, or religion.

제 55 조

사람의 평등권 및 자결원칙의 존중에 기초한 국가간의 평화롭고 우호적인 관계에 필요한 안정과 복지의 조건을 창조하기 위하여, 국제연합은 다음을 촉진한다.

가. 보다 높은 생활수준, 완전고용 그리고 경제적 및 사회적 진보와 발전의 조건
나. 경제, 사회, 보건 및 관련국제문제의 해결 그리고 문화 및 교육상의 국제협력
다. 인종, 성별, 언어 또는 종교에 관한 차별 없이 모든 사람을 위한 인권 및 기본적 자유의 보편적 존중과 준수

Article 56

All Members pledge themselves to take joint and separate action in cooperation with the Organization for the achievement of the purposes set forth in Article 55.

제 56 조

모든 회원국은 제55조에 규정된 목적의 달성을 위하여 기구와 협력하여 공동의 조치 및 개별적 조치를 취할 것을 약속한다.

Article 57

1. The various specialized agencies, established by intergovernmental agreement and having wide international responsibilities, as defined in their basic in-

제 57 조

1. 정부간 협정에 의하여 설치되고 경제, 사회, 문화, 교육, 보건 분야 및 관련분야에 있어서 기본적 문서에 정한대로 광범위한 국제적 책임을 지는 각종 전문기구는 제

struments, in economic, social, cultural, educational, health, and related fields, shall be brought into relationship with the United Nations in accordance with the provisions of Article 63.

63조의 규정에 따라 국제연합과 제휴관계를 설정한다.

2. Such agencies thus brought into relationship with the United Nations are hereinafter referred to as specialized agencies.

2. 이와 같이 국제연합과 제휴관계를 설정한 기구는 이하 전문기구라 한다.

Article 58

제58조

The Organization shall make recommendations for the coordination of the policies and activities of the specialized agencies.

기구는 전문기구의 정책과 활동을 조정하기 위하여 권고한다.

Article 59

제59조

The Organization shall, where appropriate, initiate negotiations among the states concerned for the creation of any new specialized agencies required for the accomplishment of the purposes set forth in Article 55.

기구는 적절한 경우 제55조에 규정된 목적의 달성에 필요한 새로운 전문기구를 창설하기 위하여 관계국간의 교섭을 발의한다.

Article 60

제60조

Responsibility for the discharge of the functions of the Organization set forth in this Chapter shall be vested in the General Assembly and, under the authority of the General Assembly, in the Economic and Social Council, which shall have for this purpose the powers set forth in Chapter X.

이 장에서 규정된 기구의 임무를 수행할 책임은 총회와 총회의 권위 하에 경제사회이사회에 부과된다. 경제사회이사회는 이 목적을 위하여 제10장에 규정된 권한을 가진다.

CHAPTER X THE ECONOMIC AND SOCIAL COUNCIL

Composition

Article 61

1. The Economic and Social Council shall consist of fifty-four Members of the United Nations elected by the General Assembly.

2. Subject to the provisions of paragraph 3, eighteen members of the Economic and Social Council shall be elected each year for a term of three years. A retiring member shall be eligible for immediate re-election.

3. At the first election after the increase in the membership of the Economic and Social Council from twenty-seven to fifty-four members, in addition to the members elected in place of the nine members whose term of office expires at the end of that year, twenty-seven additional members shall be elected. Of these twenty-seven additional members, the term of office of nine members so elected shall expire at the end of one year, and of nine other members at the end of two years, in accordance with arrangements made by the General Assembly.

4. Each member of the Economic and Social Council shall have one representative.

제10장 경제사회이사회

구 성

제61조

1. 경제사회이사회는 총회에 의하여 선출된 54개 국제연합회원국으로 구성된다.

2. 제3항의 규정에 따를 것을 조건으로, 경제사회이사회의 18개 이사국은 3년의 임기로 매년 선출된다. 퇴임이사국은 연이어 재선될 자격이 있다.

3. 경제사회이사회의 이사국이 27개국에서 54개국으로 증가된 후 최초의 선거에서는, 그 해 말에 임기가 종료되는 9개 이사국을 대신하여 선출되는 이사국에 더하여, 27개 이사국이 추가로 선출된다. 총회가 정한 약정에 따라, 이러한 추가의 27개 이사국 중 그렇게 선출된 9개 이사국의 임기는 1년의 말에 종료되고, 다른 9개 이사국의 임기는 2년의 말에 종료된다.

4. 경제사회이사회의 각 이사국은 1인의 대표를 가진다.

Functions and Powers

임무와 권한

Article 62

제62조

1. The Economic and Social Council may make or initiate studies and reports with respect to international economic, social, cultural, educational, health, and related matters and may make recommendations with respect to any such matters to the General Assembly, to the Members of the United Nations, and to the specialized agencies concerned.

1. 경제사회이사회는 경제, 사회, 문화, 교육, 보건 및 관련국제사항에 관한 연구 및 보고를 하거나 또는 발의할 수 있으며, 아울러 그러한 사항에 관하여 총회, 국제연합회원국 및 관계전문기구에 권고할 수 있다.

2. It may make recommendations for the purpose of promoting respect for, and observance of, human rights and fundamental freedoms for all.

2. 이사회는 모든 사람을 위한 인권 및 기본적 자유의 존중과 준수를 촉진하기 위하여 권고할 수 있다.

3. It may prepare draft conventions for submission to the General Assembly, with respect to matters falling within its competence.

3. 이사회는 그 권한에 속하는 사항에 관하여 총회에 제출하기 위한 협약안을 작성할 수 있다.

4. It may call, in accordance with the rules prescribed by the United Nations, international conferences on matters falling within its competence.

4. 이사회는 국제연합이 정한 규칙에 따라 그 권한에 속하는 사항에 관하여 국제회의를 소집할 수 있다.

Article 63

제63조

1. The Economic and Social Council may enter into agreements with any of the agencies referred to in Article 57, defining the terms on which the agency concerned shall be brought into relationship with the United Nations. Such agreements shall be subject to approval by the General Assembly.

1. 경제사회이사회는 제57조에 규정된 어떠한 기구와도, 동 기구가 국제연합과 제휴관계를 설정하는 조건을 규정하는 협정을 체결할 수 있다. 그러한 협정은 총회의 승인을 받아야 한다.

2. It may coordinate the activities of the specialized agencies through consultation with and recommendations to such agencies and through recommendations to the General Assembly and to the Members of the United Nations.

2. 이사회는 전문기구와의 협의, 전문기구에 대한 권고 및 총회와 국제연합회원국에 대한 권고를 통하여 전문기구의 활동을 조정할 수 있다.

Article 64

제64조

1. The Economic and Social Council may take appropriate steps to obtain regular reports from the specialized agencies. It may make arrangements with the Members of the United Nations and with the specialized agencies to obtain reports on the steps taken to give effect to its own recommendations and to recommendations on matters falling within its competence made by the General Assembly.

2. It may communicate its observations on these reports to the General Assembly.

1. 경제사회이사회는 전문기구로부터 정기보고를 받기 위한 적절한 조치를 취할 수 있다. 이사회는, 이사회의 권고와 이사회의 권한에 속하는 사항에 관한 총회의 권고를 실시하기 위하여 취하여진 조치에 관하여 보고를 받기 위하여, 국제연합회원국 및 전문기구와 약정을 체결할 수 있다.

2. 이사회는 이러한 보고에 관한 의견을 총회에 통보할 수 있다.

Article 65

제65조

The Economic and Social Council may furnish information to the Security Council and shall assist the Security Council upon its request.

경제사회이사회는 안전보장이사회에 정보를 제공할 수 있으며, 안전보장이사회의 요청이 있을 때에는 이를 원조한다.

Article 66

제66조

1. The Economic and Social Council shall perform such functions as fall within its competence in connection with the carrying out of the recommendations of the General Assembly.

2. It may, with the approval of the General

1. 경제사회이사회는 총회의 권고의 이행과 관련하여 그 권한에 속하는 임무를 수행한다.

2. 이사회는 국제연합회원국의 요청이 있을

Assembly, perform services at the request of Members of the United Nations and at the request of specialized agencies.

때와 전문기구의 요청이 있을 때에는 총회의 승인을 얻어 용역을 제공할 수 있다.

3. It shall perform such other functions as are specified elsewhere in the present Charter or as may be assigned to it by the General Assembly.

3. 이사회는 이 헌장의 다른 곳에 규정되거나 총회에 의하여 이사회에 부과된 다른 임무를 수행한다.

Article 67

제67조

1. Each member of the Economic and Social Council shall have one vote.
2. Decisions of the Economic and Social Council shall be made by a majority of the members present and voting.

1. 경제사회이사회의 각 이사국은 1개의 투표권을 가진다.
2. 경제사회이사회의 결정은 출석하여 투표하는 이사국의 과반수에 의한다.

Procedure

절 차

Article 68

제68조

The Economic and Social Council shall set up commissions in economic and social fields and for the promotion of human rights, and such other commissions as may be required for the performance of its functions.

경제사회이사회는 경제적 및 사회적 분야의 위원회, 인권의 신장을 위한 위원회 및 이사회의 임무수행에 필요한 다른 위원회를 설치한다.

Article 69

제69조

The Economic and Social Council shall invite any Member of the United Nations to participate, without vote, in its deliberations on any matter of particular concern to that Member.

경제사회이사회는 어떠한 국제연합회원국에 대하여도, 그 회원국과 특히 관계가 있는 사항에 관한 심의에 투표권 없이 참가하도록 초청한다.

Article 70

The Economic and Social Council may make arrangements for representatives of the specialized agencies to participate, without vote, in its deliberations and in those of the commissions established by it, and for its representatives to participate in the deliberations of the specialized agencies.

제70조

경제사회이사회는 전문기구의 대표가 이사회의 심의 및 이사회가 설치한 위원회의 심의에 투표권 없이 참가하기 위한 약정과 이사회의 대표가 전문기구의 심의에 참가하기 위한 약정을 체결할 수 있다.

Article 71

The Economic and Social Council may make suitable arrangements for consultation with non-governmental organizations which are concerned with matters within its competence. Such arrangements may be made with international organizations and, where appropriate, with national organizations after consultation with the Member of the United Nations concerned.

제71조

경제사회이사회는 그 권한 내에 있는 사항과 관련이 있는 비정부간 기구와의 협의를 위하여 적절한 약정을 체결할 수 있다. 그러한 약정은 국제기구와 체결할 수 있으며 적절한 경우에는 관련 국제연합회원국과의 협의 후에 국내기구와도 체결할 수 있다.

Article 72

1. The Economic and Social Council shall adopt its own rules of procedure, including the method of selecting its President.

2. The Economic and Social Council shall meet as required in accordance with its rules, which shall include provision for the convening of meetings on the request of a majority of its members.

* * *

제72조

1. 경제사회이사회는 의장의 선정방법을 포함한 그 자체의 의사규칙을 채택한다.

2. 경제사회이사회는 그 규칙에 따라 필요한 때에 회합하며, 동 규칙은 이사국 과반수의 요청에 의한 회의소집의 규정을 포함한다.

* * *

CHAPTER XIV THE INTERNATIONAL COURT OF JUSTICE

제 14 장 국제사법재판소

Article 92

The International Court of Justice shall be the principal judicial organ of the United Nations. It shall function in accordance with the annexed Statute which is based upon the Statute of the Permanent Court of International Justice and forms an integral part of the present Charter.

제 92 조

국제사법재판소는 국제연합의 주요한 사법기관이다. 재판소는 부속된 규정에 따라 임무를 수행한다. 이 규정은 상설국제사법재판소 규정에 기초하며, 이 헌장의 불가분의 일부를 이룬다.

Article 93

1. All Members of the United Nations are ipso facto parties to the Statute of the International Court of Justice.
2. A state which is not a Member of the United Nations may become a party to the Statute of the International Court of Justice on conditions to be determined in each case by the General Assembly upon the recommendation of the Security Council.

제 93 조

1. 모든 국제연합회원국은 국제사법재판소 규정의 당연 당사국이다.
2. 국제연합회원국이 아닌 국가는 안전보장이사회의 권고에 의하여 총회가 각 경우에 결정하는 조건으로 국제사법재판소 규정의 당사국이 될 수 있다.

Article 94

1. Each Member of the United Nations undertakes to comply with the decision of the International Court of Justice in any case to which it is a party.
2. If any party to a case fails to perform the obligations incumbent upon it under a judgment rendered by the Court, the other party may have recourse to the Security Council, which may, if it deems

제 94 조

1. 국제연합의 각 회원국은 자국이 당사자가 되는 어떤 사건에 있어서도 국제사법재판소의 결정에 따를 것을 약속한다.
2. 사건의 당사자가 재판소가 내린 판결에 따라 자국이 부담하는 의무를 이행하지 아니하는 경우에는 타방의 당사자는 안전보장이사회에 호소할 수 있다. 안전보장이사회는 필요하다고 인정하는 경우 판결을 집행

necessary, make recommendations or decide upon measures to be taken to give effect to the judgment.

하기 위하여 권고하거나 취하여야 할 조치를 결정할 수 있다.

Article 95

Nothing in the present Charter shall prevent Members of the United Nations from entrusting the solution of their differences to other tribunals by virtue of agreements already in existence or which may be concluded in the future.

제95조

이 헌장의 어떠한 규정도 국제연합회원국이 그들 간의 분쟁의 해결을 이미 존재하거나 장래에 체결될 협정에 의하여 다른 법원에 의뢰하는 것을 방해하지 아니한다.

Article 96

1. The General Assembly or the Security Council may request the International Court of Justice to give an advisory opinion on any legal question.
2. Other organs of the United Nations and specialized agencies, which may at any time be so authorized by the General Assembly, may also request advisory opinions of the Court on legal questions arising within the scope of their activities.

제96조

1. 총회 또는 안전보장이사회는 어떠한 법적 문제에 관하여도 권고적 의견을 줄 것을 국제사법재판소에 요청할 수 있다.
2. 총회에 의하여 그러한 권한이 부여될 수 있는 국제연합의 다른 기관 및 전문기구도 언제든지 그 활동범위 안에서 발생하는 법적 문제에 관하여 재판소의 권고적 의견을 또한 요청할 수 있다.

CHAPTER XV THE SECRETARIAT

제15장 사 무 국

Article 97

The Secretariat shall comprise a Secretary-General and such staff as the Organization may require. The Secretary-General shall be appointed by the General Assembly upon the recommendation of the Security Council. He shall be the chief administrative officer of the Organization.

제97조

사무국은 1인의 사무총장과 기구가 필요로 하는 직원으로 구성한다. 사무총장은 안전보장이사회의 권고로 총회가 임명한다. 사무총장은 기구의 수석행정직원이다.

Article 98

The Secretary-General shall act in that capacity in all meetings of the General Assembly, of the Security Council, of the Economic and Social Council, and of the Trusteeship Council, and shall perform such other functions as are entrusted to him by these organs. The Secretary-General shall make an annual report to the General Assembly on the work of the Organization.

제98조

사무총장은 총회, 안전보장이사회, 경제사회이사회 및 신탁통치 이사회의 모든 회의에 사무총장의 자격으로 활동하며, 이러한 기관에 의하여 그에게 위임된 다른 임무를 수행한다. 사무총장은 기구의 사업에 관하여 총회에 연례보고를 한다.

Article 99

The Secretary-General may bring to the attention of the Security Council any matter which in his opinion may threaten the maintenance of international peace and security.

제99조

사무총장은 국제평화와 안전의 유지를 위협한다고 그 자신이 인정하는 어떠한 사항에도 안전보장이사회의 주의를 환기할 수 있다.

Article 100

1. In the performance of their duties the Secretary-General and the staff shall not seek or receive instructions from any government or from any other authority external to the Organization. They shall refrain from any action which might reflect on their position as international officials responsible only to the Organization.

2. Each Member of the United Nations undertakes to respect the exclusively international character of the responsibilities of the Secretary-General and the staff and not to seek to influence them in the discharge of their responsibilities.

제100조

1. 사무총장과 직원은 그들의 임무수행에 있어서 어떠한 정부 또는 기구외의 어떠한 다른 당국으로부터도 지시를 구하거나 받지 아니한다. 사무총장과 직원은 기구에 대하여만 책임을 지는 국제공무원으로서의 지위를 손상할 우려가 있는 어떠한 행동도 삼간다.

2. 각 국제연합회원국은 사무총장 및 직원의 책임의 전적으로 국제적인 성격을 존중할 것과 그들의 책임수행에 있어서 그들에게 영향을 행사하려 하지 아니할 것을 약속한다.

Article 101

1. The staff shall be appointed by the Secretary-General under regulations established by the General Assembly.

2. Appropriate staffs shall be permanently assigned to the Economic and Social Council, the Trusteeship Council, and, as required, to other organs of the United Nations. These staffs shall form a part of the Secretariat.

3. The paramount consideration in the employment of the staff and in the determination of the conditions of service shall be the necessity of securing the highest standards of efficiency, competence, and integrity. Due regard shall be paid to the importance of recruiting the staff on as wide a geographical basis as possible.

제101조

1. 직원은 총회가 정한 규칙에 따라 사무총장에 의하여 임명된다.

2. 경제사회이사회, 신탁통치이사회 그리고 필요한 경우에는 국제연합의 다른 기관에 적절한 직원이 상임으로 배속된다. 이 직원은 사무국의 일부를 구성한다.

3. 직원의 고용과 근무조건의 결정에 있어서 가장 중요한 고려사항은 최고수준의 능률, 능력 및 성실성을 확보할 필요성이다. 가능한 한 광범위한 지리적 기초에 근거하여 직원을 채용하는 것의 중요성에 관하여 적절히 고려한다.

CHAPTER XVI MISCELLANEOUS PROVISIONS

Article 102

1. Every treaty and every international agreement entered into by any Member of the United Nations after the present Charter comes into force shall as soon as possible be registered with the Secretariat and published by it.

2. No party to any such treaty or international agreement which has not been registered in accordance with the provisions of paragraph I of this Article

제16장 기타 조항

제102조

1. 이 헌장이 발효한 후 국제연합회원국이 체결하는 모든 조약과 모든 국제협정은 가능한 한 신속히 사무국에 등록되고 사무국에 의하여 공표된다.

2. 이 조 제1항의 규정에 따라 등록되지 아니한 조약 또는 국제협정의 당사국은 국제연합의 어떠한 기관에 대하여도 그 조약 또는 협정을 원용할 수 없다.

may invoke that treaty or agreement before any organ of the United Nations.

Article 103

In the event of a conflict between the obligations of the Members of the United Nations under the present Charter and their obligations under any other international agreement, their obligations under the present Charter shall prevail.

제 103 조

국제연합회원국의 헌장상의 의무와 다른 국제협정상의 의무가 상충되는 경우에는 이 헌장상의 의무가 우선한다.

Article 104

The Organization shall enjoy in the territory of each of its Members such legal capacity as may be necessary for the exercise of its functions and the fulfillment of its purposes.

제 104 조

기구는 그 임무의 수행과 그 목적의 달성을 위하여 필요한 법적 능력을 각 회원국의 영역 안에서 향유한다.

Article 105

1. The Organization shall enjoy in the territory of each of its Members such privileges and immunities as are necessary for the fulfillment of its purposes.
2. Representatives of the Members of the United Nations and officials of the Organization shall similarly enjoy such privileges and immunities as are necessary for the independent exercise of their functions in connection with the Organization.
3. The General Assembly may make recommendations with a view to determining the details of the application of paragraphs 1 and 2 of this Article or

제 105 조

1. 기구는 그 목적의 달성에 필요한 특권 및 면제를 각 회원국의 영역 안에서 향유한다.
2. 국제연합회원국의 대표 및 기구의 직원은 기구와 관련된 그들의 임무를 독립적으로 수행하기 위하여 필요한 특권과 면제를 마찬가지로 향유한다.
3. 총회는 이 조 제1항 및 제2항의 적용세칙을 결정하기 위하여 권고하거나 이 목적을 위하여 국제연합회원국에게 협약을 제안할 수 있다.

may propose conventions to the Members of the United Nations for this purpose.

CHAPTER XVII TRANSITIONAL SECURITY ARRANGEMENTS

제 17 장 과도적 안전보장조치

Article 106

Pending the coming into force of such special agreements referred to in Article 43 as in the opinion of the Security Council enable it to begin the exercise of its responsibilities under Article 42, the parties to the Four−Nation Declaration, signed at Moscow October 30, 1943, and France, shall, in accordance with the provisions of paragraph 5 of that Declaration, consult with one another and as occasion requires with other Members of the United Nations with a view to such joint action on behalf of the Organization as may be necessary for the purpose of maintaining international peace and security.

제 106 조

안전보장이사회가 제42조상의 책임의 수행을 개시할 수 있다고 인정하는 제43조에 규정된 특별협정이 발효할 때까지, 1943년 10월 30일에 모스크바에서 서명된 4개국 선언의 당사국 및 불란서는 그 선언 제5항의 규정에 따라 국제평화와 안전의 유지를 위하여 필요한 공동조치를 기구를 대신하여 취하기 위하여 상호간 및 필요한 경우 다른 국제연합회원국과 협의한다.

Article 107

Nothing in the present Charter shall invalidate or preclude action, in relation to any state which during the Second World War has been an enemy of any signatory to the present Charter, taken or authorized as a result of that war by the Governments having responsibility for such action.

제 107 조

이 헌장의 어떠한 규정도 제2차 세계대전중 이 헌장 서명국의 적이었던 국가에 관한 조치로서, 그러한 조치에 대하여 책임을 지는 정부가 그 전쟁의 결과로서 취하였거나 허가한 것을 무효로 하거나 배제하지 아니한다.

CHAPTER XVIII AMENDMENTS

제18장 개 정

Article 108

Amendments to the present Charter shall come into force for all Members of the United Nations when they have been adopted by a vote of two thirds of the members of the General Assembly and ratified in accordance with their respective constitutional processes by two thirds of the Members of the United Nations, including all the permanent members of the Security Council.

제108조

이 헌장의 개정은 총회 구성국의 3분의 2의 투표에 의하여 채택되고, 안전보장이사회의 모든 상임이사국을 포함한 국제연합회원국의 3분의 2에 의하여 각자의 헌법상 절차에 따라 비준되었을 때, 모든 국제연합회원국에 대하여 발효한다.

Article 109

1. A General Conference of the Members of the United Nations for the purpose of reviewing the present Charter may be held at a date and place to be fixed by a two-thirds vote of the members of the General Assembly and by a vote of any seven members of the Security Council. Each Member of the United Nations shall have one vote in the conference.
2. Any alteration of the present Charter recommended by a two-thirds vote of the conference shall take effect when ratified in accordance with their respective constitutional processes by two thirds of the Members of the United Nations including all the permanent members of the Security Council.
3. If such a conference has not been held before the tenth annual session of the General Assembly following the coming

제109조

1. 이 헌장을 재심의하기 위한 국제연합회원국 전체회의는 총회 구성국의 3분의 2의 투표와 안전보장이사회의 9개 이사국의 투표에 의하여 결정되는 일자 및 장소에서 개최될 수 있다. 각 국제연합회원국은 이 회의에서 1개의 투표권을 가진다.
2. 이 회의의 3분의 2의 투표에 의하여 권고된 이 헌장의 어떠한 변경도, 안전보장이사회의 모든 상임이사국을 포함한 국제연합회원국의 3분의 2에 의하여 그들 각자의 헌법상 절차에 따라 비준되었을 때 발효한다.
3. 그러한 회의가 이 헌장의 발효 후 총회의 제10차 연례회기까지 개최되지 아니하는 경우에는 그러한 회의를 소집하는 제안이

into force of the present Charter, the proposal to call such a conference shall be placed on the agenda of that session of the General Assembly, and the conference shall be held if so decided by a majority vote of the members of the General Assembly and by a vote of any seven members of the Security Council.

총회의 동 회기의 의제에 포함되어야 하며, 회의는 총회 구성국의 과반수의 투표와 안전보장이사회의 7개 이사국의 투표에 의하여 결정되는 경우에 개최된다.

CHAPTER XIX RATIFICATION AND SIGNATURE

제19장 비준 및 서명

Article 110

1. The present Charter shall be ratified by the signatory states in accordance with their respective constitutional processes.

2. The ratifications shall be deposited with the Government of the United States of America, which shall notify all the signatory states of each deposit as well as the Secretary-General of the Organization when he has been appointed.

3. The present Charter shall come into force upon the deposit of ratifications by the Republic of China, France, the Union of Soviet Socialist Republics, the United Kingdom of Great Britain and Northern Ireland, and the United States of America, and by a majority of the other signatory states. A protocol of the ratifications deposited shall thereupon be drawn up by the Government of the United States of America which shall communicate copies thereof to all the signatory states.

제110조

1. 이 헌장은 서명국에 의하여 그들 각자의 헌법상 절차에 따라 비준된다.

2. 비준서는 미합중국 정부에 기탁되며, 동 정부는 모든 서명국과 기구의 사무총장이 임명된 경우에는 사무총장에게 각 기탁을 통고한다.

3. 이 헌장은 중화민국, 불란서, 소비에트사회주의공화국연방, 영국과 미합중국 및 다른 서명국의 과반수가 비준서를 기탁한 때에 발효한다. 비준서 기탁 의정서는 발효시 미합중국 정부가 작성하여 그 등본을 모든 서명국에 송부한다.

UN

4. The states signatory to the present Charter which ratify it after it has come into force will become original Members of the United Nations on the date of the deposit of their respective ratifications.

4. 이 헌장이 발효한 후에 이를 비준한 이 헌장의 서명국은 각자의 비준서 기탁일에 국제연합의 원회원국이 된다.

Article 111

제 111 조

The present Charter, of which the Chinese, French, Russian, English, and Spanish texts are equally authentic, shall remain deposited in the archives of the Government of the United States of America. Duly certified copies thereof shall be transmitted by that Government to the Governments of the other signatory states.

중국어, 불어, 러시아어, 영어 및 스페인어본이 동등하게 정본인 이 헌장은 미합중국 정부의 문서보관소에 기탁된다. 이 헌장의 인증등본은 동 정부가 다른 서명국 정부에 송부한다.

IN FAITH WHEREOF the representatives of the Governments of the United Nations have signed the present Charter.

이상의 증거로서, 연합국 정부의 대표들은 이 헌장에 서명하였다.

DONE AT the city of San Francisco the twenty-sixth day of June, one thousand nine hundred and forty-five.

이상은 1945년 6월 26일 샌프란시스코시에서 작성되었다.

2. Statute of the International Court of Justice (1945)

2. 국제사법재판소 규정

Date : 26 June 1945
In force : 24 October 1945
States Party : 193
Korea : 18 September 1991 (조약 제1059호)
Link : www.icj-cij.org

Article 1

The International Court of Justice established by the Charter of the United Nations as the principal judicial organ of the United Nations shall be constituted and shall function in accordance with the provisions of the present Statute.

제 1 조

국제연합의 주요한 사법기관으로서 국제연합 헌장에 의하여 설립되는 국제사법재판소는 재판소규정의 규정들에 따라 조직되며 임무를 수행한다.

CHAPTER I ORGANIZATION OF THE COURT

제 1 장 재판소의 조직

Article 2

The Court shall be composed of a body of independent judges, elected regardless of their nationality from among persons of high moral character, who possess the qualifications required in their respective countries for appointment to the highest judicial offices, or are juris consults of recognized competence in international law.

제 2 조

재판소는 덕망이 높은 자로서 각 국가에서 최고법관으로 임명되는데 필요한 자격을 가진 자 또는 국제법에 정통하다고 인정된 법률가 중에서 국적에 관계없이 선출되는 독립적 재판관의 일단으로 구성된다.

Article 3

1. The Court shall consist of fifteen members, no two of whom may be nationals

제 3 조

1. 재판소는 15인의 재판관으로 구성된다. 다만, 2인 이상이 동일국의 국민이어서는

of the same state.

2. A person who for the purposes of membership in the Court be regarded as a national of more than one state shall be deemed to be a national of the one in which he ordinarily exercises civil and political rights.

아니 된다.

2. 재판소에서 재판관의 자격을 정함에 있어서 2 이상의 국가의 국민으로 인정될 수 있는 자는 그가 통상적으로 시민적 및 정치적 권리를 행사하는 국가의 국민으로 본다.

Article 4

1. The members of the Court shall be elected by the General Assembly and by the Security Council from a list of persons nominated by the national groups in the Permanent Court of Arbitration, in accordance with the following provisions.

2. In the case of Members of the United Nations not represented in the Permanent Court of Arbitration, candidates shall be nominated by national groups appointed for this purpose by their governments under the same conditions as those prescribed for members of the Permanent Court of Arbitration by Article 44 of the Convention of The Hague of 1907 for the pacific settlement of international disputes.

3. The conditions under which a state which is a party to the present Statute but is not a Member of the United Nations may participate in electing the members of the Court shall, in the absence of a special agreement, be laid down by the General Assembly upon recommendation of the Security Council.

제4조

1. 재판소의 재판관은 상설중재재판소의 국별재판관단이 지명한 자의 명부 중에서 다음의 규정들에 따라 총회 및 안전보장이사회가 선출한다.

2. 상설중재재판소에서 대표되지 아니하는 국제연합회원국의 경우에는, 재판관 후보자는 상설중재재판소 재판관에 관하여 국제분쟁의 평화적 해결을 위한 1907년 헤이그협약 제44조에 규정된 조건과 동일한 조건에 따라 각국 정부가 임명하는 국별재판관단이 지명한다.

3. 재판소규정의 당사국이지만 국제연합의 비회원국인 국가가 재판소의 재판관 선거에 참가할 수 있는 조건은, 특별한 협정이 없는 경우에는, 안전보장 이사회의 권고에 따라 총회가 정한다.

Article 5

1. At least three months before the date of the election, the Secretary-General of the United Nations shall address a written request to the members of the Permanent Court of Arbitration belonging to the states which are parties to the present Statute, and to the members of the national groups appointed under Article 4, paragraph 2, inviting them to undertake, within a given time, by national groups, the nomination of persons in a position to accept the duties of a member of the Court.

2. No group may nominate more than four persons, not more than two of whom shall be of their own nationality, Inno case may the number of candidates nominated by a group be more than double the number of seats to be filled.

제5조

1. 선거일부터 적어도 3월 전에 국제연합사무총장은, 재판소규정의 당사국인 국가에 속하는 상설중재재판소 재판관 및 제4조 제2항에 의하여 임명되는 국별재판관단의 구성원에게, 재판소의 재판관의 직무를 수락할 지위에 있는 자의 지명을 일정한 기간 내에 각 국별재판관단마다 행할 것을 서면으로 요청한다.

2. 어떠한 국별재판관단도 4인을 초과하여 후보자를 지명할 수 없으며, 그 중 3인 이상이 자국국적의 소유자이어서도 아니된다. 어떠한 경우에도 하나의 국별재판관단이 지명하는 후보자의 수는 충원할 재판관석 수의 2배를 초과하여서는 아니 된다.

Article 6

Before making these nominations, each national group is recommended to consult its highest court of justice, its legal faculties and schools of law, and its national academies and national sections of international academies devoted to the study of law.

제6조

이러한 지명을 하기 전에 각 국별재판관단은 자국의 최고법원·법과대학·법률학교 및 법률연구에 종사하는 학술원 및 국제학술원의 자국지부와 협의하도록 권고를 받는다.

Article 7

1. The Secretary-General shall prepare a list in alphabetical order of all the persons thus nominated. Save as provided in Article 12, paragraph 2, these

제7조

1. 사무총장은 이와 같이 지명된 모든 후보자의 명부를 알파벳순으로 작성한다. 제12조 제2항에 규정된 경우를 제외하고 이 후보자들만이 피선될 자격을 가진다.

shall be the only persons eligible.

2. The Secretary-General shall submit this list to the General Assembly and to the Security Council.

2. 사무총장은 이 명부를 총회 및 안전보장이사회에 제출한다.

Article 8

The General Assembly and the Security Council shall proceed independently of one another to elect the members of the Court.

제8조

총회 및 안전보장이사회는 각각 독자적으로 재판소의 재판관을 선출한다.

Article 9

At every election, the electors shall bear in mind not only that the person to be elected should individually possess the qualifications required, but also that in the body as a whole the representation of the main forms of civilization and of the principal legal systems of the world should be assured.

제9조

모든 선거에 있어서 선거인은 피선거인이 개인적으로 필요한 자격을 가져야 할 뿐만 아니라 전체적으로 재판관단이 세계의 주요문명형태 및 주요법체계를 대표하여야 함에 유념한다.

Article 10

1. Those candidates who obtain an absolute majority of votes in the General Assembly and in the Security Council shall be considered as elected.

2. Any vote of the Security Council, whether for the election of judges or for the appointment of members of the conference envisaged in Article 12, shall be taken without any distinction between permanent and non-permanent members of the Security Council.

3. In the event of more than one national of the same state obtaining an absolute

제10조

1. 총회 및 안전보장이사회에서 절대다수표를 얻은 후보자는 당선된 것으로 본다.

2. 안전보장이사회의 투표는, 재판관의 선거를 위한 것이든지 또는 제12조에 규정된 협의회의 구성원의 임명을 위한 것이든지, 안전보장이사회의 상임이사국과 비상임이사국 간에 구별 없이 이루어진다.

3. 2인 이상의 동일국가 국민이 총회 및 안전보장이사회의 투표에서 모두 절대다수표

majority of the votes both of the General Assembly and of the Security Council, the eldest of these only shall be considered as elected.

를 얻은 경우에는 그 중 최연장자만이 당선된 것으로 본다.

Article 11

If, after the first meeting held for the purpose of the election, one or more seats remain to be filled, a second and, if necessary, a third meeting shall take place.

제11조

선거를 위하여 개최된 제1차 회의 후에도 충원되어야 할 1 또는 그 이상의 재판관석이 남는 경우에는 제2차 회의가, 또한 필요한 경우 제3차 회의가 개최된다.

Article 12

1. If, after the third meeting, one or more seats still remain unfilled, a joint conference consisting of six members, three appointed by the General Assembly and three by the Security Council, may be formed at any time at the request of either the General Assembly or the Security Council, for the purpose of choosing by the vote of an absolute majority one name for each seat still vacant, to submit to the General Assembly and the Security Council for their respective acceptance.

2. If the joint conference is unanimously agreed upon any person who fulfills the required conditions, he may be included in its list, even though he was not included in the list of nominations referred to in Article 7.

3. If the joint conference is satisfied that it will not be successful in procuring an election, those members of the Court who have already been elected shall, within a period to be fixed by the

제12조

1. 제3차 회의 후에도 충원되지 아니한 1 또는 그 이상의 재판관석이 여전히 남는 경우에는, 3인은 총회가, 3인은 안전보장이사회가 임명하는 6명으로 구성되는 합동협의회가 각공석당 1인을 절대다수표로써 선정하여 총회 및 안전보장이사회가 각각 수락하도록 하기 위하여 총회 또는 안전보장이사회 중 어느 일방의 요청에 의하여 언제든지 설치될 수 있다.

2. 요구되는 조건을 충족한 자에 대하여 합동협의회가 전원일치로 동의한 경우에는, 제7조에 규정된 지명명부 중에 기재되지 아니한 자라도 협의회의 명부에 기재될 수 있다.

3. 합동협의회가 당선자를 확보할 수 없다고 인정하는 경우에는 이미 선출된 재판소의 재판관들은 총회 또는 안전보장이사회 중 어느 일방에서라도 득표한 후보자 중에서 안전보장이사회가 정하는 기간 내에 선정

Security Council, proceed to fill the vacant seats by selection from among those candidates who have obtained votes either in the General Assembly or in the Security Council.

하여 공석을 충원한다.

4. In the event of an equality of votes among the judges, the eldest judge shall have a casting vote.

4. 재판관간의 투표가 동수인 경우에는 최연장재판관이 결정투표권을 가진다.

Article 13

제 13 조

1. The members of the Court shall be elected for nine years and may be re-elected; provided, however, that of the judges elected at the first election, the terms of judges shall expire at the end of thee years and the terms of five more judges shall expire at the end of six years.

1. 재판소의 재판관은 9년의 임기로 선출되며 재선될 수 있다. 다만, 제1회 선거에서 선출된 재판관 중 5인의 재판관의 임기는 3년 후에 종료되며, 다른 5인의 재판관의 임기는 6년 후에 종료된다.

2. The judges whose terms are to expire at the end of the above-mentioned initial periods of three and six years shall be chosen by lot to be drawn by the Secretary-General immediately after the first election has been completed.

2. 위에 규정된 최초의 3년 및 6년의 기간 후에 임기가 종료되는 재판관은 제1회 선거가 완료된 직후 사무총장이 추첨으로 선정한다.

3. The members of the Court shall continue to discharge their duties until their places have been filled. Though replaced, they shall finish any cases which they may have begun.

3. 재판소의 재판관은 후임자가 충원될 때까지 계속 직무를 수행한다. 충원 후에도 재판관은 이미 착수한 사건을 완결한다.

4. In the case of the resignation of a member of the Court, the resignation shall be addressed to the President of the Court for transmission to the Secretary-General. This last notification makes the place vacant.

4. 재판소의 재판관이 사임하는 경우 사표는 재판소장에게 제출되며, 사무총장에게 전달된다. 이러한 최후의 통고에 의하여 공석이 생긴다.

Article 14

Vacancies shall be filled by the same method as that laid down for the first election, subject to the following provision: the Secretary-General shall, within one month of the occurrence of the vacancy, proceed to issue the invitations provided for in Article 5, and the date of the election shall be fixed by the Security Council.

제14조

공석은 후단의 규정에 따를 것을 조건으로 제1회 선거에 관하여 정한 방법과 동일한 방법으로 충원된다. 사무총장은 공석이 발생한 후 1월 이내에 제5조에 규정된 초청장을 발송하며, 선거일은 안전보장이사회가 정한다.

Article 15

A member of the Court elected to replace a member whose term of office has not expired shall hold office for the remainder of his predecessor's term.

제15조

임기가 종료되지 아니한 재판관을 교체하기 위하여 선출된 재판소의 재판관은 전임자의 잔임기간 동안 재직한다.

Article 16

1. No member of the Court may exercise any political or administrative function, or engage in any other occupation of a professional nature.
2. Any doubt on this point shall be settled by the decision of the Court.

제16조

1. 재판소의 재판관은 정치적 또는 행정적인 어떠한 임무도 수행할 수 없으며, 또는 전문적 성질을 가지는 다른 어떠한 직업에도 종사할 수 없다.
2. 이 점에 관하여 의문이 있는 경우에는 재판소의 결정에 의하여 해결한다.

Article 17

1. No member of the Court may act as agent, counsel, or advocate in any case.
2. No member may participate in the decision of any case in which he has previously taken part as agent, counsel or advocate for one of the parties, or as a member of a national or international

제17조

1. 재판소의 재판관은 어떠한 사건에 있어서도 대리인·법률고문 또는 변호인으로서 행동할 수 없다.
2. 재판소의 재판관은 일방당사자의 대리인·법률고문 또는 변호인으로서, 국내법원 또는 국제법원이 법관으로서, 조사위원회의 위원으로서, 또는 다른 어떠한 자격으로서도, 이전에 그가 관여하였던 사건의 판결

court, or of a commission of enquiry, or in any other capacity.

에 참여할 수 없다.

3. Any doubt on this point shall be settled by the decision of the Court.

3. 이 점에 관하여 의문이 있는 경우에는 재판소의 결정에 의하여 해결한다.

Article 18

제 18 조

1. No member of the Court can be dismissed unless, in the unanimous opinion of the other members, be has ceased to fulfil the required conditions.

1. 재판소의 재판관은, 다른 재판관들이 전원일치의 의견으로써 그가 요구되는 조건을 충족하지 못하게 되었다고 인정하는 경우를 제외하고는, 해임될 수 없다.

2. Formal notification thereof shall be made to the Secretary-General by the Registrar.

2. 해임의 정식통고는 재판소 사무처장이 사무총장에게 한다.

3. This notification makes the place vacant.

3. 이러한 통고에 의하여 공석이 생긴다.

Article 19

제 19 조

The members of the Court, when engaged in the business of the Court, shall enjoy diplomatic privileges and immunities.

재판소의 재판관은 재판소의 업무에 종사하는 동안 외교특권 및 면제를 향유한다.

Article 20

제 20 조

Every member of the Court shall, before taking up his duties, make a solemn declaration in open court that he will exercise his powers impartially and conscientiously.

재판소의 모든 재판관은 직무를 개시하기 전에 자기의 직권을 공평하고 양심적으로 행사할 것을 공개된 법정에서 엄숙히 선언한다.

Article 21

제 21 조

1. The Court shall elect its President and Vice-President for three years; they may be re-elected.

1. 재판소는 3년 임기로 재판소장 및 재판소부소장을 선출한다. 그들은 재선될 수 있다.

2. The Court shall appoint its Registrar

2. 재판소는 재판소 사무처장을 임명하며

and may provide for the appointment of such other officers as may be necessary.

필요한 다른 직원의 임명에 관하여 규정할 수 있다.

Article 22

1. The seat of the Court shall be established at The Hague. This, however, shall not prevent the Court from sitting and exercising its functions elsewhere whenever the Court considers it desirable.
2. The President and the Registrar shall reside at the seat of the Court.

제22조

1. 재판소의 소재지는 헤이그로 한다. 다만, 재판소가 바람직하다고 인정하는 때에는 다른 장소에서 개정하여 그 임무를 수행할 수 있다.
2. 재판소장 및 재판소 사무처장은 재판소의 소재지에 거주한다.

Article 23

1. The Court shall remain permanently in session. except during the judicial vacations, the dates and duration of which shall be fixed by the Court.
2. Members of the Court are entitled to periodic leave, the dates and duration of which shall be fixed by the Court, having in mind the distance between The Hague and the home of each judge.
3. Members of the Court shall be bound, unless they are on leave or prevented from attending by illness or other serious reasons duly explained to the President, to hold themselves permanently at the disposal of the Court.

제23조

1. 재판소는 재판소가 휴가 중인 경우를 제외하고는 항상 개정하며, 휴가의 시기 및 기간은 재판소가 정한다.
2. 재판소의 재판관은 정기휴가의 권리를 가진다. 휴가의 시기 및 기간은 헤이그와 각 재판관의 가정간의 거리를 고려하여 재판소가 정한다.
3. 재판소의 재판관은 휴가 중에 있는 경우이거나 질병 또는 재판소장에 대하여 정당하게 해명할 수 있는 다른 중대한 사유로 인하여 출석할 수 없는 경우를 제외하고는 항상 재판소의 명에 따라야 할 의무를 진다.

Article 24

1. If, for some special reason, a member of the Court considers that he should not take part in the decision of a particular case, he shall so inform the President.

제24조

1. 재판소의 재판관은 특별한 사유로 인하여 특정사건의 결정에 자신이 참여하여서는 아니 된다고 인정하는 경우에는 재판소장에게 그 점에 관하여 통보한다.

2. If the President considers that for some special one of the members of the Court should not sit in a particular case, he shall give him notice accordingly.

2. 재판소장은 재판소의 재판관중의 한 사람이 특별한 사유로 인하여 특정 사건에 참여하여서는 아니 된다고 인정하는 경우에는 그에게 그 점에 관하여 통보한다.

3. If in any such case the member of the Court and the President disagree, the matter shall be settled by the decision of the Court.

3. 그러한 모든 경우에 있어서 재판소의 재판관과 재판소장의 의견이 일치하지 아니하는 때에는 그 문제는 재판소의 결정에 의하여 해결한다.

Article 25

제25조

1. The full Court shall sit except when it is expressly provided otherwise in the present Statute.

1. 재판소규정에 달리 명문의 규정이 있는 경우를 제외하고는 재판소는 전원이 출석하여 개정한다.

2. Subject to the condition that the number of judges available to constitute the Court is not thereby reduced below eleven, the Rules of the Court may provide for allowing one or more judges, according to circumstances and in rotation, to be dispensed from sitting.

2. 재판소를 구성하기 위하여 응할 수 있는 재판관의 수가 11인 미만으로 감소되지 아니할 것을 조건으로, 재판소규칙은 상황에 따라서 또한 윤번으로 1인 또는 그 이상의 재판관의 출석을 면제할 수 있음을 규정할 수 있다.

3. A quorum of nine judges shall suffice to constitute the Court.

3. 재판소를 구성하는데 충분한 재판관의 정족수는 9인으로 한다.

Article 26

제26조

1. The Court may from time to time form one or more chambers, composed of three or more judges as the Court may determine, for dealing with particular categories of cases; for example, labour cases and cases relating to transit and communications.

1. 재판소는 특정한 부류의 사건, 예컨대 노동사건과 통과 및 운수 통신에 관한 사건을 처리하기 위하여 재판소가 결정하는 바에 따라 3인 또는 그 이상의 재판관으로 구성되는 1 또는 그 이상의 소재판부를 수시로 설치할 수 있다.

2. The Court may at any time form a chamber for dealing with a particular

2. 재판소는 특정사건을 처리하기 위한 소재판부를 언제든지 설치할 수 있다. 그러한

case. The number of judges to constitute such a chamber shall be determined by the Court with the approval of the parties.

소재판부를 구성하는 재판관의 수는 당사자의 승인을 얻어 재판소가 결정한다.

3. Cases shall be heard and determined by the chambers provided for in this Article if the parties so request.

3. 당사자가 요청하는 경우에는 이 조에서 규정된 소재판부가 사건을 심리하고 결정한다.

Article 27

제27조

A judgment given by any of the chambers provided for in Articles 26 and 29 shall be considered as rendered by the Court.

제26조 및 제29조에 규정된 소재판부가 선고한 판결은 재판소가 선고한 것으로 본다.

Article 28

제28조

The chambers provided for in Articles 26 and 29 may, with the consent of the parties, sit and exercise their functions elsewhere than at The Hague.

제26조 및 제29조에 규정된 소재판부는 당사자의 동의를 얻어 헤이그 외의 장소에서 개정하여, 그 임무를 수행할 수 있다.

Article 29

제29조

With a view to the speedy dispatch of business, the Court shall form annually a chamber composed of five judges which, at the request of the parties, may hear and determine cases by summary procedure. In addition, two judges shall be selected for the purpose of replacing judges who find it impossible to sit.

업무의 신속한 처리를 위하여 재판소는, 당사자의 요청이 있는 경우 간이소송절차로 사건을 심리하고 결정할 수 있는, 5인의 재판관으로 구성되는 소재판부를 매년 설치한다. 또한 출석할 수 없는 재판관을 교체하기 위하여 2인의 재판관을 선정한다.

Article 30

제30조

1. The Court shall frame rules for carrying out its functions. In particular, it shall lay down rules of procedure.

1. 재판소는 그 임무를 수행하기 위하여 규칙을 정한다. 재판소는 특히 소송절차규칙을 정한다.

2. The Rules of the Court may provide for assessors to sit with the Court or with

2. 재판소규칙은 재판소 또는 그 소재판부에 투표권 없이 출석하는 보좌인에 관하여 규

any of its chambers, without the right to vote.

정할 수 있다.

Article 31

제31조

1. Judges of the nationality of each of the parties shall retain their right to sit in the case before the Court.

2. If the Court includes upon the Bench a judge of the nationality of one of the parties, any other party may choose a person to sit as judge. Such person shall be chosen preferably from among those persons who have been nominated as candidates as provided in Articles 4 and 5.

3. If the Court includes upon the Bench no judge of the nationality of the parties, each of these parties may proceed to choose a judge as provided in paragraph 2 of this Article.

4. The provisions of this Article shall apply to the case of Article 26 and 29. In such cases, the President shall request one or, if necessary two of the members of the Court forming the chamber to give place to the member of the Court of the nationality of the parties concerned, and, failing such, or if they are unable to be present, to the judges specially chosen by the parties.

5. Should there be several parties in the same interest, they shall, for the purpose of the preceding provisions, be reckoned as one party only. Any doubt upon this point shall be settled by the decision of the Court.

1. 각 당사자의 국적재판관은 재판소에 제기된 사건에 출석할 권리를 가진다.

2. 재판소가 그 재판관석에 당사자중 1국의 국적재판관을 포함시키는 경우에는 다른 어느 당사자도 재판관으로서 출석할 1인을 선정할 수 있다. 다만, 그러한 자는 되도록이면 제4조 및 제5조에 규정된 바에 따라 후보자로 지명된 자 중에서 선정된다.

3. 재판소가 그 재판관석에 당사자의 국적재판관을 포함시키지 아니한 경우에는 각 당사자는 제2항에 규정된 바에 따라 재판관을 선정할 수 있다.

4. 이 조의 규정은 제26조 및 제29조의 경우에 적용된다. 그러한 경우에 재판소장은 소재판부를 구성하고 있는 재판관 중 1인 또는 필요한 때에는 2인에 대하여, 관계당사자의 국적재판관에게 또한 그러한 국적재판관이 없거나 출석할 수 없는 때에는 당사자가 특별히 선정하는 재판관에게, 재판관석을 양보할 것을 요청한다.

5. 동일한 이해관계를 가진 수개의 당사자가 있는 경우에, 그 수개의 당사자는 위 규정들의 목적상 단일당사자로 본다. 이 점에 관하여 의문이 있는 경우에는 재판소의 결정에 의하여 해결한다.

6. Judges chosen as laid down in paragraphs 2, 3, and 4 of this Article shall fulfil the conditions required by Articles 2, 17 (paragraph 2), 20, and 24 of the present Statute. They shall take part in the decision on terms of complete equality with their colleagues.

6. 제2항 · 제3항 및 제4항에 규정된 바에 따라 선정되는 재판관은 재판소 규정의 제2조 · 제17조(제2항) · 제20조 및 제24조가 요구하는 조건을 충족하여야 한다. 그러한 재판관은 자기의 동료와 완전히 평등한 조건으로 결정에 참여한다.

Article 32

제32조

1. Each member of the court shall receive an annual salary.

1. 재판소의 각 재판관은 연봉을 받는다.

2. The President shall receive a special annual allowance.

2. 재판소장은 특별 연차수당을 받는다.

3. The Vice-President shall receive a special allowance for every day on which he acts as President.

3. 재판소부소장은 재판소장으로서 활동하는 모든 날짜에 대하여 특별수당을 받는다.

4. The judges chosen under Article 31, other than members of the Court, shall receive compensation for each day on which they exercise their functions.

4. 제31조에 의하여 선정된 재판관으로서 재판소의 재판관이 아닌 자는 자기의 임무를 수행하는 각 날짜에 대하여 보상을 받는다.

5. These salaries, allowances, and compensation shall be fixed by the General Assembly. They may not be decreased during the term of office.

5. 이러한 봉급 · 수당 및 보상은 총회가 정하며 임기 중 감액될 수 없다.

6. The salary of the Registrar shall be fixed by the General Assembly on the proposal of the Court.

6. 재판소 사무처장의 봉급은 재판소의 제의에 따라 총회가 정한다.

7. Regulations made by the General Assembly shall fix the conditions under which retirement pensions may be given to members of the Court and to the Registrar and the conditions under which members of the Court and the Registrar shall have their traveling

7. 재판소의 재판관 및 재판소 사무처장에 대하여 퇴직연금이 지급되는 조건과 재판소의 재판관 및 재판소 사무처장이 그 여비를 상환 받는 조건은 총회가 제정하는 규칙에서 정하여진다.

expenses refunded.

8. The above salaries, allowances, and compensation shall be free of all taxation.

8. 위의 봉급·수당 및 보상은 모든 과세로부터 면제된다.

Article 33

제 33 조

The expenses of the Court shall be borne by the United Nations in such a manner as shall be decided by the General Assembly.

재판소의 경비는 총회가 정하는 방식에 따라 국제연합이 부담한다.

CHAPTER II COMPETENCE OF THE COURT

제 2 장 재판소의 관할

Article 34

제 34 조

1. Only states may be parties in cases before the Court.
2. The Court, subject to and in conformity with its Rules, may request of public international organizations information relevant to cases before it, and shall receive such information presented by such organizations on their own initiative.
3. Whenever the construction of the constituent instrument of a public international organization or of an international convention adopted thereunder is in question in a case before the Court, the Registrar shall so notify the public international organization concerned and shall communicate to it copies of all the written proceedings.

1. 국가만이 재판소에 제기되는 사건의 당사자가 될 수 있다.
2. 재판소는 재판소규칙이 정하는 조건에 따라 공공 국제기구에게 재판소에 제기된 사건과 관련된 정보를 요청할 수 있으며, 또한 그 국제기구가 자발적으로 제공하는 정보를 수령한다.
3. 공공 국제기구의 설립문서 또는 그 문서에 의하여 채택된 국제협약의 해석이 재판소에 제기된 사건에서 문제로 된 때에는 재판소 사무처장은 당해 공공 국제기구에 그 점에 관하여 통고하며, 소송절차상의 모든 서류의 사본을 송부한다.

Article 35

1. The Court shall be open to the states parties to the present Statute.
2. The conditions under which the Court shall be open to other states shall, subject to the special provisions contained in treaties in force, be laid down by the Security Council, but in no case shall such conditions place the parties in position of inequality before the Court.
3. When a state which is not a Member of the United Nations is a party to a case, the Court shall fix the amount which the party is to contribute towards the expenses of the Court. This provision shall not apply if such state is bearing a share of the expenses of the Court.

제35조

1. 재판소는 재판소규정의 당사국에 대하여 개방된다.
2. 재판소를 다른 국가에 대하여 개방하기 위한 조건은 현행 제 조약의 특별한 규정에 따를 것을 조건으로 안전보장이사회가 정한다. 다만, 어떠한 경우에도 그러한 조건은 당사자들을 재판소에 있어서 불평등한 지위에 두게 하는 것이어서는 아니 된다.
3. 국제연합의 회원국이 아닌 국가가 사건의 당사자인 경우에는 재판소는 그 당사자가 재판소의 경비에 대하여 부담할 금액을 정한다. 그러한 국가가 재판소의 경비를 분담하고 있는 경우에는 적용되지 아니한다.

Article 36

1. The jurisdiction of the Court comprises all cases which the parties refer to it and all matters specially provided for in the Charter of the United Nations or in treaties and conventions in force.
2. The states parties to the present Statute may at any time declare that they recognize as compulsory ipso facto and without special agreement, in relation to any other state accepting the same obligation, the jurisdiction of the Court in all legal disputes concerning:

(a) the interpretation of a treaty;
(b) any question of international law;
(c) the existence of any fact which, if

제36조

1. 재판소의 관할은 당사자가 재판소에 회부하는 모든 사건과 국제연합헌장 또는 현행의 제 조약 및 협약에서 특별히 규정된 모든 사항에 미친다.
2. 재판소규정의 당사국은 다음 사항에 관한 모든 법률적 분쟁에 대하여 재판소의 관할을, 동일한 의무를 수락하는 모든 다른 국가와의 관계에 있어서 당연히 또한 특별한 합의 없이도, 강제적인 것으로 인정한다는 것을 언제든지 선언할 수 있다.

가. 조약의 해석
나. 국제법상의 문제
다. 확인되는 경우, 국제의무의 위반에 해당

ICJ

established, would constitute a breach of an international obligation;

하는 사실의 존재

(d) the nature of extent of the reparation to be made for the breach of an international obligation.

라. 국제의무의 위반에 대하여 이루어지는 배상의 성질 또는 범위

3. The declarations referred to above may be made unconditionally or on condition of reciprocity on the part of several or certain states, or for a certain time

3. 위에 규정된 선언은 무조건으로, 수개 국가 또는 일정 국가와의 상호주의의 조건으로, 또는 일정한 기간을 정하여 할 수 있다.

4. Such declarations shall be deposited with the Secretary-General of the United Nations, who shall transmit copies there of to the parties to the Statute and to the Registrar of the Court.

4. 그러한 선언서는 국제연합사무총장에게 기탁되며, 사무총장은 그 사본을 재판소규정의 당사국과 국제사법재판소 사무처장에게 송부한다.

5. Declarations made under Article 36 of the Statute of the Permanent Court of International Justice and which are still in force shall be deemed, as between the parties to the present Statute, to be acceptances of the compulsory jurisdiction of the International Court of Justice for the period which they still have to run and in accordance with their terms.

5. 상설국제사법재판소규정 제36조에 의하여 이루어진 선언으로서 계속 효력을 가지는 것은, 재판소규정의 당사국 사이에서는, 이 선언이 금후 존속하여야 할 기간 동안 그리고 이 선언의 조건에 따라 재판소의 강제적 관할을 수락한 것으로 본다.

6. In the event of a dispute as to whether the Court has jurisdiction, the matter shall be settled by the decision of the Court.

6. 재판소가 관할권을 가지는지의 여부에 관하여 분쟁이 있는 경우에는, 그 문제는 재판소의 결정에 의하여 해결된다.

Article 37

제37조

Whenever a treaty or convention in force provides for reference of a matter to a tribunal to have been instituted by the League of Nations, or to the Permanent Court of International Justice, the matter

현행의 조약 또는 협약이 국제연맹이 설치한 재판소 또는 상설국제사법재판소에 어떤 사항을 회부하는 것을 규정하고 있는 경우에 그 사항은 재판소 규정의 당사국 사이에서는 국제사법재판소에 회부된다.

shall, as between the parties to the present Statute, be referred to the International Court of Justice.

Article 38

1. The Court, whose function is to decide in accordance with international law such disputes as are submitted to it, shall apply:

(a) international conventions, whether general or particular, establishing rules expressly recognized by the contesting states;
(b) international custom, as evidence of a general practice accepted as law;
(c) the general principles of law recognized by civilized nations;
(d) subject to the provisions of Article 59, judicial decisions and the teachings of the most highly qualified publicists of the various nations, as subsidiary means for the determination of rules of law.

2. This provision shall not prejudice the power of the Court to decide a case *ex aequo et bono*, if the parties agree thereto.

제38조

1. 재판소는 재판소에 회부된 분쟁을 국제법에 따라 재판하는 것을 임무로 하며, 다음을 적용한다.

가. 분쟁국에 의하여 명백히 인정된 규칙을 확립하고 있는 일반적인 또는 특별한 국제협약
나. 법으로 수락된 일반관행의 증거로서의 국제관습
다. 문명국에 의하여 인정된 법의 일반원칙
라. 법칙결정의 보조수단으로서, 제59조의 규정을 따를 것을 조건으로 하여, 사법판결 및 각국의 가장 우수한 국제법 학자들의 학설

2. 이 규정은 당사자가 합의하는 경우에 재판소가 형평과 선에 따라 재판하는 권한을 해하지 아니한다.

CHAPTER Ⅲ PROCEDURE

Article 39

1. The official languages of the Court shall be French and English. If the parties agree that the case shall be conducted in French, the judgment shall be delivered in French. If the parties agree that the case shall be conducted in English, the judgment shall be delivered in English.

2. In the absence of an agreement as to which language shall be employed, each party may, in the pleadings, use the language which it prefers; the decision of the Court shall be given in French and English. In this case the Court shall at the same time determine which of the two texts shall be considered as authoritative.

3. The Court shall, at the request of any party, authorize a language other than French or English to be used by that party.

Article 40

1. Cases are brought before the Court, as the case may be, either by the notification of the special agreement or by a written application addressed to the Registrar. In either case the subject of the dispute and the parties shall be indicated.

2. The Registrar shall forthwith communicate the application to all concerned.

제 3 장 소송절차

제 39 조

1. 재판소의 공용어는 불어 및 영어로 한다. 당사자가 사건을 불어로 처리하는 것에 동의하는 경우 판결은 불어로 한다. 당사자가 사건을 영어로 처리하는 것에 동의하는 경우 판결은 영어로 한다.

2. 어떤 공용어를 사용할 것인지에 대한 합의가 없는 경우에, 각 당사자는 자국이 선택하는 공용어를 변론절차에서 사용할 수 있으며, 재판소의 판결은 불어 및 영어로 한다. 이러한 경우에 재판소는 두 개의 본문 중 어느 것을 정본으로 할 것인가를 아울러 결정한다.

3. 재판소는 당사자의 요청이 있는 경우 그 당사자가 불어 또는 영어 외의 언어를 사용하도록 허가한다.

제 40 조

1. 재판소에 대한 사건의 제기는 각 경우에 따라 재판소 사무처장에게 하는 특별한 합의의 통고에 의하여 또는 서면신청에 의하여 이루어진다. 어느 경우에도 분쟁의 주제 및 당사사가 표시된다.

2. 재판소 사무처장은 즉시 그 신청을 모든 이해관계자에게 통보한다.

3. He shall also notify the Members of the United Nations through the Secretary-General, and also any other states entitled to appear before the Court.

3. 재판소 사무처장은 사무총장을 통하여 국제연합회원국에게도 통고하며, 또한 재판소에 출석할 자격이 있는 다른 국가들에게도 통고한다.

Article 41

제41조

1. The Court shall have the power to indicate, if it considers that circumstances so require, any provisional measures which ought to be taken to preserve the respective rights of either party.
2. Pending the final decision, notice of the measures suggested shall forthwith be given to the parties and to the Security Council.

1. 재판소는 사정에 의하여 필요하다고 인정하는 때에는 각 당사자의 각각의 권리를 보전하기 위하여 취하여져야 할 잠정조치를 제시할 권한을 가진다.
2. 종국판결이 있을 때까지, 제시되는 조치는 즉시 당사자 및 안전보장 이사회에 통지된다.

Article 42

제42조

1. The parties shall be represented by agents.
2. They may have the assistance of counsel or advocates before the Court.
3. The agents, counsel, and advocates of parties before the Court shall enjoy the privileges and immunities necessary to the independent exercise of their duties.

1. 당사자는 대리인에 의하여 대표된다.
2. 당사자는 재판소에서 법률고문 또는 변호인의 조력을 받을 수 있다.
3. 재판소에서 당사자의 대리인·법률고문 및 변호인은 자기의 직무를 독립적으로 수행하는데 필요한 특권 및 면제를 향유한다.

Article 43

제43조

1. The procedure shall consist of two parts: written and oral.
2. The written proceedings shall consist of the communication to the Court and to the parties of memorials, counter-memorials and, if necessary, replies; also

1. 소송절차는 서면소송절차 및 구두소송절차의 두 부분으로 구성된다.
2. 서면소송절차는 준비서면·답변서 및 필요한 경우 항변서와 원용할 수 있는 모든 문서 및 서류를 재판소와 당사자에게 송부하는 것으로 이루어진다.

all papers and documents in support.

3. These communications shall be made through the Registrar, in the order and within the time fixed by the Court.

3. 이러한 송부는 재판소가 정하는 순서에 따라 재판소가 정하는 기간 내에 재판소 사무처장을 통하여 이루어진다.

4. A certified copy of every document produced by one party shall be communicated to the other party.

4. 일방당사자가 제출한 모든 서류의 인증사본 1통은 타방당사자에게 송부된다.

5. The oral proceedings shall consist of the hearing by the Court of witnesses, experts, agents, counsel, and advocates.

5. 구두소송절차는 재판소가 증인·감정인·대리인·법률고문 및 변호인에 대하여 심문하는 것으로 이루어진다.

Article 44

제44조

1. For the service of all notices upon persons other than the agents, counsel, and advocates, the Court shall apply direct to the government of the state upon whose territory the notice has to be served.

1. 재판소는 대리인·법률고문 및 변호인외의 자에 대한 모든 통지의 송달을, 그 통지가 송달될 지역이 속하는 국가의 정부에게 직접 한다.

2. The same provision shall apply whenever steps are to be taken to procure evidence on the spot.

2. 위의 규정은 현장에서 증거를 수집하기 위한 조치를 취하여야 할 경우에도 동일하게 적용된다.

Article 45

제45조

The hearing shall be under the control of the President or, if he is unable to preside, of the Vice-President; if neither is able to preside, the senior judge present shall preside.

심리는 재판소장 또는 재판소장이 주재할 수 없는 경우에는 재판소부소장이 지휘한다. 그들 모두가 주재할 수 없을 때에는 출석한 선임재판관이 주재한다.

Article 46

제46조

The hearing in Court shall be public, unless the Court shall decide otherwise, or unless the parties demand that the public be not admitted.

재판소의 구두변론절차는 공개된다. 다만, 재판소가 달리 결정하는 경우 또는 당사자들이 공개하지 아니할 것을 요구하는 경우에는 그러하지 아니한다.

Article 47

1. Minutes shall be made at each hearing and signed by the Registrar and the President.

2. These minutes alone shall be authentic.

제47조

1. 매 심리마다 조서를 작성하고 재판소 사무처장 및 재판소장이 서명한다.

2. 이 조서만이 정본이다.

Article 48

The Court shall make orders for the conduct of the case, shall decide the form and time in which each party must conclude its arguments, and make all arrangements connected with the taking of evidence.

제48조

재판소는 사건의 진행을 위한 명령을 발하고, 각 당사자가 각각의 진술을 종결하여야 할 방식 및 시기를 결정하며, 증거조사에 관련되는 모든 조치를 취한다.

Article 49

The Court may, even before the hearing begins, call upon the agents to produce any document or to supply any explanations. Formal note shall be taken of any refusal.

제49조

재판소는 구두변론절차 개시 전에도 서류를 제출하거나 설명을 할 것을 대리인에게 요청할 수 있다. 거절하는 경우에는 정식으로 이를 기록하여 둔다.

Article 50

The Court may, at any time, entrust any individual, body, bureau, commission, or other organization that it may select, with the task of carrying out an enquiry or giving an expert opinion.

제50조

재판소는 재판소가 선정하는 개인·단체·관공서·위원회 또는 다른 조직에게 조사의 수행 또는 감정의견의 제출을 언제든지 위탁할 수 있다.

Article 51

During the hearing any relevant questions are to be put to the witnesses and experts under the conditions laid down by the Court in the rules of procedure referred to in Article 30.

제51조

구두변론절차 중에는 제30조에 규정된 소송절차규칙에서 재판소가 정한 조건에 따라 증인 및 감정인에게 관련된 모든 질문을 한다.

ICJ

Article 52

After the Court has received the proofs and evidence within the time specified for the purpose, it may refuse to accept any further oral or written evidence that one party may desire to present unless the other side consents.

제52조

재판소는 그 목적을 위하여 정하여진 기간 내에 증거 및 증언을 수령한 후에는, 타방당사자가 동의하지 아니하는 한, 일방당사자가 제출하고자 하는 어떠한 새로운 인증 또는 서증도 그 수리를 거부할 수 있다.

Article 53

1. Whenever one of the parties does not appear before the Court, or fails to defend its case, the other party may call upon the Court to decide in favour of its claim.
2. The Court must, before doing so, satisfy itself, not only that it has jurisdiction in accordance with Article 36 and 37, but also that the claim is well founded in fact and law.

제53조

1. 일방당사자가 재판소에 출석하지 아니하거나 또는 그 사건을 방어하지 아니하는 때에는 타방당사자는 자기의 청구에 유리하게 결정할 것을 재판소에 요청할 수 있다.
2. 재판소는, 그렇게 결정하기 전에, 제36조 및 제37조에 따라 재판소가 관할권을 가지고 있을 뿐만 아니라 그 청구가 사실 및 법에 충분히 근거하고 있음을 확인하여야 한다.

Article 54

1. When, subject to the control of the Court, the agents, counsel, and advocates have completed their presentation of the case, the President shall declare the hearing closed.
2. The Court shall withdraw to consider the judgment.
3. The deliberations of the Court shall take place in private and remain secret.

제54조

1. 재판소의 지휘에 따라 대리인·법률고문 및 변호인이 사건에 관한 진술을 완료한 때에는 재판소장은 심리가 종결되었음을 선언한다.
2. 재판소는 판결을 심의하기 위하여 퇴정한다.
3. 재판소의 평의는 비공개로 이루어지며 비밀로 한다.

Article 55

1. All questions shall be decided by a ma-

제55조

1. 모든 문제는 출석한 재판관의 과반수로 결

jority of the judges present.

정된다.

2. In the event of an equality of votes, the President or the judge who acts in his place shall have a casting vote.

2. 가부동수인 경우에는 재판소장 또는 재판소장을 대리하는 재판관이 결정투표권을 가진다.

Article 56

제56조

1. The judgment shall state the reasons on which it is based.
2. It shall contain the names of the judges who have taken part in the decision.

1. 판결에는 판결이 기초하고 있는 이유를 기재한다.
2. 판결에는 결정에 참여한 재판관의 성명이 포함된다.

Article 57

제57조

If the judgment does not represent in whole or in part the unanimous opinion of the judges, any judge shall be entitled to deliver a separate opinion.

판결이 전부 또는 부분적으로 재판관 전원일치의 의견을 나타내지 아니한 때에는 어떠한 재판관도 개별의견을 제시할 권리를 가진다.

Article 58

제58조

The Judgment shall be signed by the President and by the Registrar. It shall be read in open court, due notice having been given to the agents.

판결에는 재판소장 및 재판소 사무처장이 서명한다. 판결은 대리인에게 적절히 통지된 후 공개된 법정에서 낭독된다.

Article 59

제59조

The decision of the Court has no binding force except between the parties and in respect of that particular case.

재판소의 결정은 당사자 사이와 그 특정사건에 관하여서만 구속력을 가진다.

Article 60

제60조

The judgment is final and without appeal. In the event of dispute as to the meaning or scope of the judgment, the Court shall construe it upon the request of any party.

판결은 종국적이며 상소할 수 없다. 판결의 의미 또는 범위에 관하여 분쟁이 있는 경우에는 재판소는 당사자의 요청에 의하여 이를 해석한다.

ICJ

Article 61

1. An application for revision of a judgment may be made only when it is based upon the discovery of some fact of such a nature as to be a decisive factor, which fact was, when the judgment was given, unknown to the Court and also to the party claiming revision, always provided that such ignorance was not due to negligence.

2. The proceedings for revision shall be opened by a judgment of the Court expressly recording the existence of the new fact, recognizing that it has such a character as to lay the case open to revision, and declaring the application admissible on this ground.

3. The Court may require previous compliance with the terms of the judgment before it admits proceedings in revision.

4. The application for revision must be made at latest within six months of the discovery of the new fact.

5. No application for revision may be made after the lapse of ten years from the date of the judgment.

제61조

1. 판결의 재심청구는 재판소 및 재심을 청구하는 당사자가 판결이 선고되었을 당시에는 알지 못하였던 결정적 요소로 될 성질을 가진 어떤 사실의 발견에 근거하는 때에 한하여 할 수 있다. 다만, 그러한 사실을 알지 못한 것이 과실에 의한 것이 아니었어야 한다.

2. 재심의 소송절차는 새로운 사실이 존재함을 명기하고, 그 새로운 사실이 사건을 재심할 성질의 것임을 인정하고, 또한 재심청구가 이러한 이유로 허용될 수 있음을 선언하고 있는 재판소의 판결에 의하여 개시된다.

3. 재판소는 재심의 소송절차를 허가하기 전에 원판결의 내용을 먼저 준수하도록 요청할 수 있다.

4. 재심청구는 새로운 사실을 발견한 때부터 늦어도 6월 이내에 이루어져야 한다.

5. 판결일로부터 10년이 지난 후에는 재심청구를 할 수 없다.

Article 62

1. Should a state consider that it has an interest of a legal nature which may be affected by the decision in the case, it may submit a request to the Court to be permitted to intervene.

2. It shall be for the Court to decide upon

제62조

1. 사건의 결정에 의하여 영향을 받을 수 있는 법률적 성질의 이해관계가 있다고 인정하는 국가는 재판소에 그 소송에 참가하는 것을 허락하여 주도록 요청할 수 있다.

2. 재판소는 이 요청에 대하여 결정한다.

this request

Article 63

1. Whenever the construction of a convention to which states other than those concerned in the case are parties is in question, the Registrar shall notify all such states forthwith.

2. Every state so notified has the right to intervene in the proceedings; but if it uses this right, the construction given by the judgment will be equally binding upon it.

제63조

1. 사건에 관련된 국가 이외의 다른 국가가 당사국으로 있는 협약의 해석이 문제가 된 경우에는 재판소 사무처장은 즉시 그러한 모든 국가에게 통고한다.

2. 그렇게 통고를 받은 모든 국가는 그 소송절차에 참가할 권리를 가진다. 다만, 이 권리를 행사한 경우에는 판결에 의하여 부여된 해석은 그 국가에 대하여도 동일한 구속력을 가진다.

Article 64

Unless otherwise decided by the Court, each party shall bear its own costs.

제64조

재판소가 달리 결정하지 아니하는 한 각 당사자는 각자의 비용을 부담한다.

CHAPTER IV ADVISORY OPINIONS

제4장 권고적 의견

Article 65

1. The Court may give an advisory opinion on any legal question at the request of whatever body may be authorized by or in accordance with the Charter of the United Nations to make such a request.

2. Questions upon which the advisory opinion of the Court is asked shall be laid before the Court by means of a written request containing an exact statement of the question upon which an opinion is required, and accompanied by all documents likely lo throw light

제65조

1. 재판소는 국제연합헌장에 의하여 또는 이 헌장에 따라 권고적 의견을 요청하는 것을 허가받은 기관이 그러한 요청을 하는 경우에 어떠한 법률문제에 관하여도 권고적 의견을 부여할 수 있다.

2. 재판소의 권고적 의견을 구하는 문제는, 그 의견을 구하는 문제에 대하여 정확하게 기술하고 있는 요청서에 의하여 재판소에 제기된다. 이 요청서에는 그 문제를 명확하게 할 수 있는 모든 서류를 첨부한다.

upon the question.

ICJ

Article 66

1. The Registrar shall forthwith give notice of the request for an advisory opinion to all states entitled to appear before the Court.

2. The Registrar shall also, by means of a special and direct communication, notify any state entitled to appear before the Court or international organization considered by the Court, or, should it not be sitting, by the President, as likely to be able to furnish information on the question, that the Court will be prepared to receive, within a time limit to be fixed by the President, written statements, or to hear, at a public sitting to be held for the purpose, oral statements relating to the question.

3. Should any such state entitled to appear before the Court have failed to receive the special communication referred to in paragraph 2 of this Article, such state may express a desire to submit a written statement or to be heard; and the Court will decide.

4. States and organizations having presented written or oral statements or both shall be permitted to comment on the statements made by other states or organizations in the form, to the extent, and within the time limits which the Court, or, should it not be sitting, the President, shall decide in each particular case. Accordingly, the Registrar

제66조

1. 재판소 사무처장은 권고적 의견이 요청된 사실을 재판소에 출석할 자격이 있는 모든 국가에게 즉시 통지한다.

2. 재판소 사무처장은 또한, 재판소에 출석할 자격이 있는 모든 국가에게, 또는 그 문제에 관한 정보를 제공할 수 있다고 재판소 또는 재판소가 개정중이 아닌 때에는 재판소장이 인정하는 국제기구에게, 재판소장이 정하는 기간 내에, 재판소가 그 문제에 관한 진술서를 수령하거나 또는 그 목적을 위하여 열리는 공개법정에서 그 문제에 관한 구두진술을 청취할 준비가 되어 있음을 특별하고도 직접적인 통신수단에 의하여 통고한다.

3. 재판소에 출석할 자격이 있는 그러한 어떠한 국가도 제2항에 규정된 특별통지를 받지 아니하였을 때에는 진술서를 제출하거나 또는 구두로 진술하기를 희망한다는 것을 표명할 수 있다. 재판소는 이에 관하여 결정한다.

4. 서면 또는 구두진술 또는 양자 모두를 제출한 국가 및 기구는, 재판소 또는 재판소가 개정중이 아닌 때에는 재판소장이 각 특정사건에 있어서 정하는 형식·범위 및 기간 내에 다른 국가 또는 기구가 한 진술에 관하여 의견을 개진하는 것이 허용된다. 따라서 재판소 사무처장은 그러한 진술서를 이와 유사한 진술서를 제출한 국가 및 기구에게 적절한 시기에 송부한다.

shall in due time communicate any such written statements to states and organizations having submitted similar statements.

Article 67

The Court shall deliver its advisory opinions in open court, notice having been given to the Secretary-General and to the representatives of Members of the United Nations, of other states and of international organizations immediately concerned.

제67조

재판소는 사무총장 및 직접 관계가 있는 국제연합회원국·다른 국가 및 국제기구의 대표에게 통지한 후 공개된 법정에서 그 권고적 의견을 발표한다.

Article 68

In the exercise of its advisory functions the Court shall further be guided by the provisions of the present Statute which apply in contentious cases to the extent to which it recognizes them to be applicable.

제68조

권고적 임무를 수행함에 있어서 재판소는 재판소가 적용할 수 있다고 인정하는 범위 안에서 쟁송사건에 적용되는 재판소규정의 규정들에 또한 따른다.

CHAPTER V AMENDMENT

제5장 개 정

Article 69

Amendments to the present Statute shall be effected by the same procedure as is provided by the Charter of the United Nations for amendments to that Charter, subject however to any provisions which the General Assembly upon recommendation of the Security Council may adopt concerning the participation of states which are parties to the present Statute but are not Members of the United Nations.

제69조

재판소규정의 개정은 국제연합헌장이 그 헌장의 개정에 관하여 규정한 절차와 동일한 절차에 의하여 이루어진다. 다만, 재판소규정의 당사국 이면서 국제연합 회원국이 아닌 국가의 참가에 관하여는 안전보장이사회의 권고에 의하여 총회가 채택한 규정에 따른다.

Article 70

The Court shall have power to propose such amendments to the present Statute as it may deem necessary, through written communications to the Secretary-General, for consideration in conformity with the provisions of Article 69.

제70조

재판소는 제69조의 규정에 따른 심의를 위하여 재판소가 필요하다고 인정하는 재판소규정의 개정을, 사무총장에 대한 서면통보로써, 제안할 권한을 가진다.

3. Vienna Convention on the Law of Treaties (1969)

3. 조약법에 관한 비엔나협약

Date : 22 May 1969
In force : 27 January 1980
States Party : 116
Korea : 27 January 1980 (조약 제697호)
Link : www.treaties.un.org

The States Parties to the present Convention,

이 협약의 당사국은,

Considering the fundamental role of treaties in the history of international relations,

국제 관계의 역사에 있어서 조약의 근본적 역할을 고려하고,

Recognizing the ever-increasing importance of treaties as a source of international law and as a means of developing peaceful co-operation among nations, whatever their constitutional and social systems,

제 국가의 헌법상 및 사회적 제도에 관계없이 국제법의 법원으로서 또한 제 국가 간의 평화적 협력을 발전시키는 수단으로서의 조약의 점증하는 중요성을 인정하며,

Noting that the principles of free consent and of good faith and the *pacta sunt servanda* rule are universally recognized,

자유로운 동의와 신의성실의 원칙 및 「약속은 준수하여야 한다」는 규칙이 보편적으로 인정되고 있음에 유의하며,

Affirming that disputes concerning treaties, like other international disputes, should be settled by peaceful means and in conformity with the principles of justice and international law,

다른 국제 분쟁과 같이 조약에 관한 분쟁은 평화적 수단에 의하여 또한 정의와 국제법의 원칙에 의거하여 해결되어야 함을 확인하며, 정의가 유지되며,

Recalling the determination of the peoples of the United Nations to establish conditions under which justice and respect for the obligations arising from treaties can be maintained,

또한 조약으로부터 발생하는 의무에 대한 존중이 유지될 수 있는 조건을 확립하고자 하는 국제연합의 제 국민의 결의를 상기하며,

Having in mind the principles of international law embodied in the Charter of the United Nations, such as the principles of

제 국민의 평등권과 자결, 모든 국가의 주권 평등과 독립, 제 국가의 국내 문제에 대한 불간섭, 힘의 위협 또는 사용의 금지 및 모든

the equal rights and self-determination of peoples, of the sovereign equality and independence of all States, of non-interference in the domestic affairs of States, of the prohibition of the threat or use of force and of universal respect for, and observance of, human rights and fundamental freedoms for all,

자의 인권과 기본적 자유에 대한 보편적 존중과 그 준수의 제 원칙 등 국제연합헌장에 구현된 국제법의 제 원칙에 유념하며,

Believing that the codification and progressive development of the law of treaties achieved in the present Convention will promote the purposes of the United Nations set forth in the Charter, namely, the maintenance of international peace and security, the development of friendly relations and the achievement of co-operation among nations,

이 협약 속에 성취된 조약법의 법전화와 점진적 발전은 국제연합헌장에 규정된 국제연합의 제 목적 즉 국제평화와 안전의 유지, 국가 간의 우호관계의 발전 및 협력의 달성을 촉진할 것임을 확신하며,

Affirming that the rules of customary international law will continue to govern quesions not regulated by the provisions of the present Convention,

관습 국제법의 제 규칙은 이 협약의 제 규정에 의하여 규제되지 아니하는 제 문제를 계속 규율할 것임을 확인하여,

Have agreed as follows:

다음과 같이 합의하였다.

PART I INTRODUCTION

제1부 총 강

Article 1
Scope of the present Convention

제1조
협약의 범위

The present Convention applies to treaties between States.

이 협약은 국가 간의 조약에 적용된다.

Article 2
Use of terms

제2조
용어의 사용

1. For the purposes of the present Con-

1. 이 협약의 목적상,

vention:

(a) "treaty" means an international agreement concluded between States in written form and governed by international law, whether embodied in a single instrument or in two or more related instruments and whatever its particular designation;

가. "조약"이라 함은 단일의 문서에 또는 2 또는 그 이상의 관련문서에 구현되고 있는가에 관계없이 또한 그 특정의 명칭에 관계없이, 서면형식으로 국가 간에 체결되며 또한 국제법에 의하여 규율되는 국제적 합의를 의미한다.

(b) "ratification", "acceptance", "approval" and "accession" mean in each case the international act so named whereby a State establishes on the international plane its consent to be bound by a treaty;

나. "비준," "수락," "승인" 및 "가입"이라 함은 국가가 국제적 측면에서 조약에 대한 국가의 기속적 동의를 확정하는 경우에 각 경우마다 그렇게 불리는 국제적 행위를 의미한다.

(c) "full powers" means a document emanating from the competent authority of a State designating a person or persons to represent the State for negotiating, adopting or authenticating the text of a treaty, for expressing the consent of the State to be bound by a treaty, or for accomplishing any other act with respect to a treaty;

다. "전권위임장"이라 함은 조약문을 교섭·채택 또는 정본인증하기 위한 목적으로 또는 조약에 대한 국가의 기속적 동의를 표시하기 위한 목적으로 또는 조약에 관한 기타의 행위를 달성하기 위한 목적으로 국가를 대표하기 위하여 국가의 권한있는 당국이 1 또는 수명을 지정하는 문서를 의미한다.

(d) "reservation" means a unilateral statement, however phrased or named, made by a State, when signing, ratifying, accepting, approving or acceding to a treaty, whereby it purports to exclude or to modify the legal effect of certain provisions of the treaty in their application to that State;

라. "유보"라 함은 자구 또는 명칭에 관계없이 조약의 서명·비준·수락·승인 또는 가입시에 국가가 그 조약의 일부 규정을 자국에 적용함에 있어서 그 조약의 일부 규정의 법적 효과를 배제하거나 또는 변경시키고자 의도하는 경우에 그 국가가 행하는 일방적 성명을 의미한다.

(e) "negotiating State" means a State which took part in the drawing up and adoption of the text of the treaty;

마. "교섭국"이라 함은 조약문의 작성 및 채택에 참가한 국가를 의미한다.

(f) "contracting State" means a State which has consented to be bound by the treaty, whether or not the treaty has entered into force;

바. "체약국"이라 함은 조약이 효력을 발생하였는지의 여부에 관계없이 그 조약에 대한 기속적 동의를 부여한 국가를 의미한다.

(g) "party" means a State which has consented to be bound by the treaty and for which the treaty is in force;

(h) "third State" means a State not a party to the treaty;

(i) "international organization" means an intergovernmental organization.

2. The provisions of paragraph 1 regarding the use of terms in the present Convention are without prejudice to the use of those terms or to the meanings which may be given to them in the internal law of any State.

사. "당사국"이라 함은 조약에 대한 기속적 동의를 부여하였으며 또한 그에 대하여 그 조약이 발효하고 있는 국가를 의미한다.

아. "제3국"이라 함은 조약의 당사국이 아닌 국가를 의미한다.

자. "국제기구"라 함은 정부 간 기구를 의미한다.

2. 이 협약에 있어서 용어의 사용에 관한 상기 1항의 규정은 어느 국가의 국내법상 그러한 용어의 사용 또는 그러한 용어에 부여될 수 있는 의미를 침해하지 아니한다.

Article 3
International agreements not within the scope of the present Convention

The fact that the present Convention does not apply to international agreements concluded between States and other subjects of international law or between such other subjects of international law, or to international agreements not in written form, shall not affect:

(a) the legal force of such agreements;

(b) the application to them of any of the rules set forth in the present Convention to which they would be subject under international law independently of the Convention;

(c) the application of the Convention to the relations of States as between themselves under international agreements to which other subjects of international law are also parties.

제3조
이 협약의 범위에 속하지 아니하는 국제적 합의

국가와 국제법의 다른 주체간 또는 국제법의 그러한 다른 주체간에 체결되는 국제적 합의 또는 서면형식에 의하지 아니한 국제적 합의에 대하여 이 협약이 적용되지 아니한다는 사실은 다음의 것에 영향을 주지 아니한다.

가. 그러한 합의의 법적 효력.

나. 이 협약과는 별도로 국제법에 따라 그러한 합의가 복종해야 하는 이 협약상의 규칙을 그러한 합의에 적용하는 것.

다. 다른 국제법 주체도 당사자인 국제적 합의에 따라 그러한 국가 간에서 그들의 관계에 이 협약을 적용하는 것.

Article 4
Non-retroactivity of the present Convention

Without prejudice to the application of any rules set forth in the present Convention to which treaties would be subject under international law independently of the Convention, the Convention applies only to treaties which are concluded by States after the entry into force of the present Convention with regard to such States.

제 4 조
협약의 불소급

이 협약과는 별도로 국제법에 따라 조약이 복종해야 하는 이 협약상의 규칙의 적용을 침해함이 없이, 이 협약은 그 발효 후에 국가에 의하여 체결되는 조약에 대해서만 그 국가에 대하여 적용된다.

Article 5
Treaties constituting international organizations and treaties adopted within an international organization

The present Convention applies to any treaty which is the constituent instrument of an international organization and to any treaty adopted within an international organization without prejudice to any relevant rules of the organization.

제 5 조
국제기구를 성립시키는 조약 및 국제기구 내에서 채택되는 조약

이 협약은 국제기구의 관계규칙을 침해함이 없이 국제기구의 성립 문서가 되는 조약과 국제기구 내에서 채택되는 조약에 적용된다.

PART Ⅱ
CONCLUSION AND ENTRY INTO FORCE OF TREATIES

제 2 부 조약의 체결 및 발효

SECTION 1
CONCLUSION OF TREATIES

제 1 절 조약의 체결

Article 6
Capacity of States to conclude treaties

Every State possesses capacity to conclude treaties.

제 6 조
국가의 조약체결능력

모든 국가는 조약을 체결하는 능력을 가진다.

Article 7
Full powers

제7조
전권위임장

1. A person is considered as representing a State for the purpose of adopting or authenticating the text of a treaty or for the purpose of expressing the consent of the State to be bound by a treaty if:

1. 누구나 다음의 경우에는 조약문의 채택 또는 정본인증을 위한 목적으로 또는 조약에 대한 국가의 기속적 동의를 표시하기 위한 목적으로 국가를 대표하는 것으로 간주된다.

(a) he produces appropriate full powers; or

가. 적절한 전권위임장을 제시하는 경우 또는

(b) it appears from the practice of the States concerned or from other circumstances that their intention was to consider that person as representing the State for such purposes and to dispense with full powers.

나. 관계 국가의 관행 또는 기타의 사정으로 보아 상기의 목적을 위하여 그 자가 그 국가를 대표하는 것으로 간주되었으며 또한 전권위임장을 필요로 하지 아니하였던 것이 관계 국가의 의사에서 나타나는 경우

2. In virtue of their functions and without having to produce full powers, the following are considered as representing their State:

2. 다음의 자는 그의 직무상 전권 위임장을 제시하지 않아도 자국을 대표하는 것으로 간주된다.

(a) Heads of State, Heads of Government and Ministers for Foreign Affairs, for the purpose of performing all acts relating to the conclusion of a treaty;

가. 조약의 체결에 관련된 모든 행위를 수행할 목적으로서는 국가원수·정부수반 및 외무부장관

(b) heads of diplomatic missions, for the purpose of adopting the text of a treaty between the accrediting State and the State to which they are accredited;

나. 파견국과 접수국간의 조약문을 채택할 목적으로서는 외교공관장

(c) representatives accredited by States to an international conference or to an international organization or one of its organs, for the purpose of adopting the text of a treaty in that conference, organization or organ.

다. 국제회의·국제기구 또는 그 국제기구의 어느 한 기관 내에서 조약문을 채택할 목적으로서는 국가에 의하여 그 국제회의, 그 국제기구 또는 그 기구의 그 기관에 파견된 대표

Article 8
Subsequent confirmation of an act performed without authorization

An act relating to the conclusion of a treaty performed by a person who cannot be considered under article 7 as authorized to represent a State for that purpose is without legal effect unless afterwards confirmed by that State.

제 8 조
권한 없이 행한 행위의 추인

제7조에 따라 조약체결의 목적으로 국가를 대표하기 위하여 권한을 부여받은 것으로 간주될 수 없는 자가 행한 조약체결에 관한 행위는 그 국가에 의하여 추후 확인되지 아니하는 한 법적 효과를 가지지 아니한다.

Article 9
Adoption of the text

1. The adoption of the text of a treaty takes place by the consent of all the States participating in its drawing up except as provided in paragraph 2.

2. The adoption of the text of a treaty at an international conference takes place by the vote of two-thirds of the States present and voting, unless by the same majority they shall decide to apply a different rule.

제 9 조
조약문의 채택

1. 조약문의 채택은 하기 2항에 규정된 경우를 제외하고 그 작성에 참가한 모든 국가의 동의에 의하여 이루어진다.

2. 국제회의에서의 조약문의 채택은 출석하여 투표하는 국가의 3분의 2의 찬성에 의하여 그 국가들이 다른 규칙을 적용하기로 결정하지 아니하는 한, 출석하여 투표하는 국가의 3분의 2의 다수결에 의하여 이루어진다.

Article 10
Authentication of the text

The text of a treaty is established as authentic and definitive:

(a) by such procedure as may be provided for in the text or agreed upon by the States participating in its drawing up; or

(b) failing such procedure, by the signature, signature ad referendum or initialling by the representatives of

제 10 조
조약문의 정본인증

조약문은 다음의 것에 의하여 정본으로 또한 최종적으로 확정된다.

가. 조약문에 규정되어 있거나 또는 조약문의 작성에 참가한 국가가 합의하는 절차 또는

나. 그러한 절차가 없는 경우에는 조약문의 작성에 참가한 국가의 대표에 의한 조약문 또는 조약문을 포함하는 회의의 최종

those States of the text of the treaty or of the Final Act of a conference incorporating the text.

의정서에의 서명, 「조건부서명」 또는 가서명

Article 11
Means of expressing consent to be bound by a treaty

제 11 조
조약에 대한 기속적 동의의 표시방법

The consent of a State to be bound by a treaty may be expressed by signature, exchange of instruments constituting a treaty, ratification, acceptance, approval or accession, or by any other means if so agreed.

조약에 대한 국가의 기속적 동의는 서명, 조약을 구성하는 문서의 교환, 비준·수락·승인 또는 가입에 의하여 또는 기타의 방법에 관하여 합의하는 경우에 그러한 기타의 방법으로 표시된다.

Article 12
Consent to be bound by a treaty expressed by signature

제 12 조
서명에 의하여 표시되는 조약에 대한 기속적 동의

1. The consent of a State to be bound by a treaty is expressed by the signature of its representative when:

(a) the treaty provides that signature shall have that effect;
(b) it is otherwise established that the negotiating States were agreed that signature should have that effect; or
(c) the intention of the State to give that effect to the signature appears from the full powers of its representative or was expressed during the negotiation.

1. 조약에 대한 국가의 기속적 동의는 다음의 경우에 국가대표에 의한 서명에 의하여 표시된다.

가. 서명의 그러한 효과를 가지는 것으로 그 조약이 규정하고 있는 경우
나. 서명이 그러한 효과를 가져야 하는 것으로 교섭국간에 합의되었음이 달리 확정되는 경우 또는
다. 서명에 그러한 효과를 부여하고자 하는 국가의 의사가 그 대표의 전권위임장으로부터 나타나는 경우 또는 교섭 중에 표시된 경우

2. For the purposes of paragraph 1:

(a) the initialling of a text constitutes a signature of the treaty when it is established that the negotiating States so agreed;

2. 상기 1항의 목적상

가. 조약문의 가서명이 그 조약의 서명을 구성하는 것으로 교섭국간에 합의되었음이 확정되는 경우에 그 가서명은 그 조약문의 서명을 구성한다.

(b) the signature ad referendum of a treaty by a representative, if confirmed by his State, constitutes a full signature of the treaty.

나. 대표에 의한 조약의 「조건부 서명」은 대표의 본국에 의하여 확인되는 경우에 그 조약의 완전한 서명을 구성한다.

Article 13
Consent to be bound by a treaty expressed by an exchange of instruments constituting a treaty

제 13 조
조약을 구성하는 문서의 교환에 의하여 표시되는 조약에 대한 기속적 동의

The consent of States to be bound by a treaty constituted by instruments exchanged between them is expressed by that exchange when:

국가 간에 교환된 문서에 의하여 구성되는 조약에 대한 국가의 기속적 동의는 다음의 경우에 그 교환에 의하여 표시된다.

(a) the instruments provide that their exchange shall have that effect; or

(b) it is otherwise established that those States were agreed that the exchange of instruments should have that effect.

가. 그 교환이 그러한 효과를 가지는 것으로 그 문서가 규정하고 있는 경우 또는

나. 문서의 그러한 교환이 그러한 효과를 가져야 하는 것으로 관계국간에 합의되었음이 달리 확정되는 경우

Article 14
Consent to be bound by a treaty expressed by ratification, acceptance or approval

제 14 조
비준 · 수락 또는 승인에 의하여 표시되는 조약에 대한 기속적 동의

1. The consent of a State to be bound by a treaty is expressed by ratification when:

1. 조약에 대한 국가의 기속적 동의는 다음의 경우에 비준에 의하여 표시된다.

(a) the treaty provides for such consent to be expressed by means of ratification;

(b) it is otherwise established that the negotiating States were agreed that ratification should be required;

(c) the representative of the State has signed the treaty subject to ratification; or

(d) the intention of the State to sign the treaty subject to ratification appears

가. 그러한 동의가 비준에 의하여 표시될 것을 그 조약이 규정하고 있는 경우

나. 비준이 필요한 것으로 교섭국간에 합의되었음이 달리 확정되는 경우

다. 그 국가의 대표가 비준되어야 할 것으로 하여 그 조약에 서명한 경우 또는

라. 비준되어야 할 것으로 하여 그 조약에 서명하고자 하는 그 국가의 의사가 그 대표

from the full powers of its representative or was expressed during the negotiation.

의 전권위임장으로부터 나타나거나 또는 교섭 중에 표시된 경우

2. The consent of a State to be bound by a treaty is expressed by acceptance or approval under conditions similar to those which apply to ratification.

2. 조약에 대한 국가의 기속적 동의는 비준에 적용되는 것과 유사한 조건으로 수락 또는 승인에 의하여 표시된다.

Article 15 Consent to be bound by a treaty expressed by accession

제 15 조 가입에 의하여 표시되는 조약에 대한 기속적 동의

The consent of a State to be bound by a treaty is expressed by accession when:

조약에 대한 국가의 기속적 동의는 다음의 경우에 가입에 의하여 표시된다.

(a) the treaty provides that such consent may be expressed by that State by means of accession;

(b) it is otherwise established that the negotiating States were agreed that such consent may be expressed by that State by means of accession; or

(c) all the parties have subsequently agreed that such consent may be expressed by that State by means of accession.

가. 그러한 동의가 가입의 방법으로 그 국가에 의하여 표시될 수 있음을 그 조약이 규정하고 있는 경우

나. 그러한 동의가 가입의 방법으로 그 국가에 의하여 표시될 수 있음을 교섭국간에 합의하였음이 달리 확정되는 경우

다. 그러한 동의가 가입의 방법으로 그 국가에 의하여 표시될 수 있음을 모든 당사국이 추후 동의한 경우

Article 16 Exchange or deposit of instruments of ratification, acceptance, approval or accession

제 16 조 비준서 · 수락서 · 승인서 또는 가입서의 교환 또는 기탁

Unless the treaty otherwise provides, instruments of ratification, acceptance, approval or accession establish the consent of a State to be bound by a treaty upon:

조약이 달리 규정하지 아니하는 한 비준서 · 수락서 · 승인서 또는 가입서는 다음의 경우에 조약에 대한 국가의 기속적 동의를 확정한다.

(a) their exchange between the contracting States;

(b) their deposit with the depositary; or

가. 체약국간의 그 교환

나. 수락자에의 그 기탁 또는

(c) their notification to the contracting States or to the depositary, if so agreed.

다. 합의되는 경우 체약국 또는 수락자에의 그 통고

Article 17
Consent to be bound by part of a treaty and choice of differing provisions

제 17 조
조약의 일부에 대한 기속적 동의 및 상이한 제 규정의 선택

1. Without prejudice to articles 19 to 23, the consent of a State to be bound by part of a treaty is effective only if the treaty so permits or the other contracting States so agree.

1. 제19조 내지 제23조를 침해함이 없이 조약의 일부에 대한 국가의 기속적 동의는 그 조약이 이를 인정하거나 또는 다른 체약국이 이에 동의하는 경우에만 유효하다.

2. The consent of a State to be bound by a treaty which permits a choice between differing provisions is effective only if it is made clear to which of the provisions the consent relates.

2. 상이한 제 규정의 선택을 허용하는 조약에 대한 국가의 기속적 동의는 그 동의가 어느 규정에 관련되는 것인가에 관하여 명백해지는 경우에만 유효하다.

Article 18
Obligation not to defeat the object and purpose of a treaty prior to its entry into force

제 18 조
조약의 발효 전에 그 조약의 대상과 목적을 저해하지 아니할 의무

A State is obliged to refrain from acts which would defeat the object and purpose of a treaty when:

국가는 다음의 경우에 조약의 대상과 목적을 저해하게 되는 행위를 삼가야 하는 의무를 진다.

(a) it has signed the treaty or has exchanged instruments constituting the treaty subject to ratification, acceptance or approval, until it shall have made its intention clear not to become a party to the treaty; or

(b) it has expressed its consent to be bound by the treaty, pending the entry into force of the treaty and provided that such entry into force is not unduly delayed.

가. 비준·수락 또는 승인되어야 하는 조약에 서명하였거나 또는 그 조약을 구성하는 문서를 교환한 경우에는 그 조약의 당사국이 되지 아니하고자 하는 의사를 명백히 표시할 때까지 또는

나. 그 조약에 대한 그 국가의 기속적 동의를 표시한 경우에는 그 조약이 발효시까지 그리고 그 발효가 부당하게 지연되지 아니할 것을 조건으로 함.

조약법

SECTION 2 RESERVATIONS

Article 19
Formulation of reservations

A State may, when signing, ratifying, accepting, approving or acceding to a treaty, formulate a reservation unless:

(a) the reservation is prohibited by the treaty;
(b) the treaty provides that only specified reservations, which do not include the reservation in question, may be made; or
(c) in cases not falling under subparagraphs (a) and (b), the reservation is incompatible with the object and purpose of the treaty.

Article 20
Acceptance of and objection to reservations

1. A reservation expressly authorized by a treaty does not require any subsequent acceptance by the other contracting States unless the treaty so provides.

2. When it appears from the limited number of the negotiating States and the object and purpose of a treaty that the application of the treaty in its entirety between all the parties is an essential condition of the consent of each one to be bound by the treaty, a reservation requires acceptance by all the parties.

3. When a treaty is a constituent instrument

제2절 유 보

제19조
유보의 형성

국가는 다음의 경우에 해당하지 아니하는 한 조약에 서명·비준·수락·승인 또는 가입할 때에 유보를 형성할 수 있다.

가. 그 조약에 의하여 유보가 금지된 경우
나. 문제의 유보를 포함하지 아니하는 특정의 유보만을 행할 수 있음을 그 조약이 규정하는 경우 또는
다. 상기 세항 (a) 및 (b)에 해당되지 아니하는 경우에는 그 유보가 그 조약의 대상 및 목적과 양립하지 아니하는 경우

제20조
유보의 수락 및 유보에 대한 이의

1. 조약에 의하여 명시적으로 인정된 유보는 다른 체약국에 의한 추후의 수락이 필요한 것으로 그 조약이 규정하지 아니하는 한 그러한 추후의 수락을 필요로 하지 아니한다.

2. 교섭국의 한정된 수와 또한 조약의 대상과 목적으로 보아 그 조약의 전체를 모든 당사국간에 적용하는 것이 조약에 대한 각 당사국의 기속적 동의의 필수적 조건으로 보이는 경우에 유보는 모든 당사국에 의한 수락을 필요로 한다.

3. 조약이 국제기구의 성립문서인 경우로서

of an international organization and unless it otherwise provides, a reservation requires the acceptance of the competent organ of that organization.

그 조약이 달리 규정하지 아니하는 한 유보는 그 기구의 권한 있는 기관에 의한 수락을 필요로 한다.

4. In cases not falling under the preceding paragraphs and unless the treaty otherwise provides:

4. 상기 제 조항에 해당되지 아니하는 경우로서 조약이 달리 규정하지 아니하는 한 다음의 규칙이 적용된다.

(a) acceptance by another contracting State of a reservation constitutes the reserving State a party to the treaty in relation to that other State if or when the treaty is in force for those States;

가. 다른 체약국에 의한 유보의 수락은 그 조약이 유보국과 다른 유보 수락국에 대하여 유효한 경우에 또한 유효한 기간 동안 유보국이 그 다른 유보 수락국과의 관계에 있어서 조약의 당사국이 되도록 한다.

(b) an objection by another contracting State to a reservation does not preclude the entry into force of the treaty as between the objecting and reserving States unless a contrary intention is definitely expressed by the objecting State;

나. 유보에 다른 체약국의 이의는 이의 제기국이 확정적으로 반대의사를 표시하지 아니하는 한 이의 제기국과 유보국간에 있어서의 조약의 발효를 배제하지 아니한다.

(c) an act expressing a State's consent to be bound by the treaty and containing a reservation is effective as soon as at least one other contracting State has accepted the reservation.

다. 조약에 대한 국가의 기속적 동의를 표시하며 또한 유보를 포함하는 행위는 적어도 하나의 다른 체약국이 그 유보를 수락한 경우에 유효하다.

5. For the purposes of paragraphs 2 and 4 and unless the treaty otherwise provides, a reservation is considered to have been accepted by a State if it shall have raised no objection to the reservation by the end of a period of twelve months after it was notified of the reservation or by the date on which it expressed its consent to be bound by the treaty, whichever is later.

5. 상기 2항 및 4항의 목적상 또는 조약이 달리 규정하지 아니하는 한 국가가 유보의 통고를 받은 후 12개월의 기간이 끝날 때까지나 또는 그 조약에 대한 그 국가의 기속적 동의를 표시한 일자까지 중 어느 것이든 나중의 시기까지 그 유보에 대하여 이의를 제기하지 아니한 경우에는 유보가 그 국가에 의하여 수락된 것으로 간주된다.

Article 21
Legal effects of reservations and of objections to reservations

제21조
유보 및 유보에 대한 이의의 법적 효과

1. A reservation established with regard to another party in accordance with articles 19, 20 and 23:

(a) modifies for the reserving State in its relations with that other party the provisions of the treaty to which the reservation relates to the extent of the reservation; and

(b) modifies those provisions to the same extent for that other party in its relations with the reserving State.

2. The reservation does not modify the provisions of the treaty for the other parties to the treaty inter se.

3. When a State objecting to a reservation has not opposed the entry into force of the treaty between itself and the reserving State, the provisions to which the reservation relates do not apply as between the two States to the extent of the reservation.

1. 제19조, 제20조 및 제23조에 따라 다른 당사국에 대하여 성립된 유보는 다음의 법적 효과를 가진다.

가. 유보국과 그 다른 당사국과의 관계에 있어서 유보국에 대해서는 그 유보에 관련되는 조약규정을 그 유보의 범위 내에서 변경한다.

나. 다른 당사국과 유보국과의 관계에 있어서 그 다른 당사국에 대해서는 그러한 조약규정을 동일한 범위 내에서 변경한다.

2. 유보는 「일정 국가간의」 조약에 대한 다른 당사국에 대하여 그 조약규정을 수정하지 아니한다.

3. 유보에 대하여 이의를 제기하는 국가가 동 이의제기국과 유보국간의 조약의 발효에 반대하지 아니하는 경우에 유보에 관련되는 규정은 그 유보의 범위 내에서 양국간에 적용되지 아니한다.

Article 22
Withdrawal of reservations and of objections to reservations

제22조
유보 및 유보에 대한 이의의 철회

1. Unless the treaty otherwise provides, a reservation may be withdrawn at any time and the consent of a State which has accepted the reservation is not required for its withdrawal.

2. Unless the treaty otherwise provides, an

1. 조약이 달리 규정하지 아니하는 한 유보는 언제든지 철회될 수 있으며 또한 그 철회를 위해서는 동 유보를 수락한 국가의 동의가 필요하지 아니하다.

2. 조약이 달리 규정하지 아니하는 한 유보에

objection to a reservation may be withdrawn at any time.

대한 이의는 언제든지 철회될 수 있다.

3. Unless the treaty otherwise provides, or it is otherwise agreed:

3. 조약이 달리 규정하지 아니하는 한 또는 달리 합의되지 아니하는 한 다음의 규칙이 적용된다.

(a) the withdrawal of a reservation becomes operative in relation to another contracting State only when notice of it has been received by that State;
(b) the withdrawal of an objection to a reservation becomes operative only when notice of it has been received by the State which formulated the reservation.

가. 유보의 철회는 다른 체약국이 그 통고를 접수한 때에만 그 체약국에 관하여 시행된다.

나. 유보에 대한 이의의 철회는 동 유보를 형성한 국가가 그 통고를 접수한 때에만 시행된다.

Article 23
Procedure regarding reservations

제23조
유보에 관한 절차

1. A reservation, an express acceptance of a reservation and an objection to a reservation must be formulated in writing and communicated to the contracting States and other States entitled to become parties to the treaty.

1. 유보, 유보의 명시적 수락 및 유보에 대한 이의는 서면으로 형성되어야 하며 또한 체약국 및 조약의 당사국이 될 수 있는 권리를 가진 국가에 통고되어야 한다.

2. If formulated when signing the treaty subject to ratification, acceptance or approval, a reservation must be formally confirmed by the reserving State when expressing its consent to be bound by the treaty. In such a case the reservation shall be considered as having been made on the date of its confirmation.

2. 유보가 비준·수락 또는 승인에 따를 것으로 하여 조약에 서명한 때에 형성된 경우에는 유보국이 그 조약에 대한 기속적 동의를 표시하는 때에 유보국에 의하여 정식으로 확인되어야 한다. 그러한 경우에 유보는 그 확인일자에 형성된 것으로 간주된다.

3. An express acceptance of, or an objection to, a reservation made previously to confirmation of the reservation does

3. 유보의 확인이전에 형성된 유보의 명시적 수락 또는 유보에 대한 이의는 그 자체확인을 필요로 하지 아니한다.

not itself require confirmation.

4. The withdrawal of a reservation or of an objection to a reservation must be formulated in writing.

4. 유보 또는 유보에 대한 이의의 철회는 서면으로 형성되어야 한다.

SECTION 3 ENTRY INTO FORCE AND PROVISIONAL APPLICATION OF TREATIES

제 3 절 조약의 발효 및 잠정적 적용

Article 24
Entry into force

제24조
발 효

1. A treaty enters into force in such manner and upon such date as it may provide or as the negotiating States may agree.

1. 조약은 그 조약이 규정하거나 또는 교섭국이 합의하는 방법으로 또한 그 일자에 발효한다.

2. Failing any such provision or agreement, a treaty enters into force as soon as consent to be bound by the treaty has been established for all the negotiating States.

2. 그러한 규정 또는 합의가 없는 경우에는 조약에 대한 기속적 동의가 모든 교섭국에 대하여 확정되는 대로 그 조약이 발효한다.

3. When the consent of a State to be bound by a treaty is established on a date after the treaty has come into force, the treaty enters into force for that State on that date, unless the treaty otherwise provides.

3. 조약에 대한 국가의 기속적 동의가 그 조약이 발효한 후의 일자에 확정되는 경우에는 그 조약이 달리 규정하지 아니하는 한 그 동의가 확정되는 일자에 그 조약은 그 국가에 대하여 발효한다.

4. The provisions of a treaty regulating the authentication of its text, the establishment of the consent of States to be bound by the treaty, the manner or date of its entry into force, reservations, the functions of the depositary and other matters arising necessarily before the entry into force of the treaty

4. 조약문의 정본인증, 조약에 대한 국가의 기속적 동의의 확정, 조약의 발효방법 또는 일자, 유보, 수탁자의 기능 및 조약의 발효 전에 필연적으로 발생하는 기타의 사항을 규율하는 조약규정은 조약문의 채택시로부터 적용된다.

apply from the time of the adoption of its text.

Article 25
Provisional application

1. A treaty or a part of a treaty is applied provisionally pending its entry into force if:

(a) the treaty itself so provides; or
(b) the negotiating States have in some other manner so agreed.

2. Unless the treaty otherwise provides or the negotiating States have otherwise agreed, the provisional application of a treaty or a part of a treaty with respect to a State shall be terminated if that State notifies the other States between which the treaty is being applied provisionally of its intention not to become a party to the treaty.

제25조
잠정적 적용

1. 다음의 경우에 조약 또는 조약의 일부는 그 발효시까지 잠정적으로 적용된다.

가. 조약 자체가 그렇게 규정하는 경우 또는
나. 교섭국이 다른 방법으로 그렇게 합의한 경우

2. 조약이 달리 규정하지 아니하거나 또는 교섭국이 달리 합의하지 아니한 경우에는 어느 국가가 조약이 잠정적으로 적용되고 있는 다른 국가에 대하여 그 조약의 당사국이 되지 아니하고자 하는 의사를 통고한 경우에 그 국가에 대한 그 조약 또는 그 조약의 일부의 잠정적 적용이 종료된다.

PART Ⅲ
OBSERVANCE, APPLICATION AND INTERPRETATION OF TREATIES

제3부 조약의 준수 · 적용 및 해석

SECTION 1
OBSERVANCE OF TREATIES

제1절 조약의 준수

Article 26
Pacta sunt servanda

Every treaty in force is binding upon the parties to it and must be performed by them in good faith.

제26조
Pacta sunt servanda

유효한 모든 조약은 그 당사국을 구속하며 또한 당사국에 의하여 성실하게 이행되어야 한다.

Article 27
Internal law and observance of treaties

A party may not invoke the provisions of its internal law as justification for its failure to perform a treaty. This rule is without prejudice to article 46.

제27조
국내법과 조약의 준수

어느 당사국도 조약의 불이행에 대한 정당화의 방법으로 그 국내법 규정을 원용해서는 아니된다. 이 규칙은 제46조를 침해하지 아니한다.

SECTION 2
APPLICATION OF TREATIES

제2절 조약의 적용

Article 28
Non-retroactivity of treaties

Unless a different intention appears from the treaty or is otherwise established, its provisions do not bind a party in relation to any act or fact which took place or any situation which ceased to exist before the date of the entry into force of the treaty with respect to that party.

제28조
조약의 불소급

별도의 의사가 조약으로부터 나타나지 아니하거나 또는 달리 확정되지 아니하는 한 그 조약 규정은 그 발효이전에 당사국에 관련하여 발생한 행위나 사실 또는 없어진 사태에 관하여 그 당사국을 구속하지 아니한다.

Article 29
Territorial scope of treaties

Unless a different intention appears from the treaty or is otherwise established, a treaty is binding upon each party in respect of its entire territory.

제29조
조약의 영토적 범위

별도의 의사가 조약으로부터 나타나지 아니하거나 또는 달리 확정되지 아니하는 한 조약은 각 당사국의 전체 영역에 관하여 각 당사국을 구속한다.

Article 30
Application of successive treaties relating to the same subject-matter

1. Subject to Article 103 of the Charter of the United Nations, the rights and obligations of States parties to successive treaties relating to the same subject-

제30조
동일한 주제에 관한 계 적 조약의 적용

1. 국제연합헌장 제103조에 따를 것으로 하여 동일한 주제에 관한 계승적 조약의 당사국의 권리와 의무는 아래의 조항에 의거하여 결정된다.

matter shall be determined in accordance with the following paragraphs.

2. When a treaty specifies that it is subject to, or that it is not to be considered as incompatible with, an earlier or later treaty, the provisions of that other treaty prevail.

2. 조약이 전조약 또는 후조약에 따를 것을 명시하고 있거나 또는 전조약 또는 후조약과 양립하지 아니하는 것으로 간주되지 아니함을 명시하고 있는 경우에는 그 다른 조약의 규정이 우선한다.

3. When all the parties to the earlier treaty are parties also to the later treaty but the earlier treaty is not terminated or suspended in operation under article 59, the earlier treaty applies only to the extent that its provisions are compatible with those of the latter treaty.

3. 전(前)조약의 모든 당사국이 동시에 후(後)조약의 당사국이나 전조약이 제59조에 따라 종료되지 아니하거나 또는 시행정지되지 아니하는 경우에 전(前)조약은 그 규정이 후(後)조약의 규정과 양립하는 범위 내에서만 적용된다.

4. When the parties to the later treaty do not include all the parties to the earlier one:

(a) as between States parties to both treaties the same rule applies as in paragraph 3;

(b) as between a State party to both treaties and a State party to only one of the treaties, the treaty to which both States are parties governs their mutual rights and obligations.

4. 후조약의 당사국이 전조약의 모든 당사국을 포함하지 아니하는 경우에는 다음의 규칙이 적용된다.

가. 양 조약의 당사국간에는 상기 3항과 같은 동일한 규칙이 적용된다.

나. 양 조약의 당사국과 어느 한 조약의 당사국간에는 그 양국이 다 같이 당사국인 조약이 그들 상호간의 권리와 의무를 규율한다.

5. Paragraph 4 is without prejudice to article 41, or to any question of the termination or suspension of the operation of a treaty under article 60 or to any question of responsibility which may arise for a State from the conclusion or application of a treaty the provisions of which are incompatible with its obligations towards another State under another treaty.

5. 상기 4항은 제41조에 대하여 또는 제60조의 규정에 따른 조약의 종료 또는 시행정지에 관한 문제에 대하여 또는 다른 조약에 따른 국가에 대한 어느 국가의 의무와 조약규정이 양립하지 아니하는 조약의 체결 또는 적용으로부터 그 어느 국가에 대하여 야기될 수 있는 책임문제를 침해하지 아니한다.

SECTION 3
INTERPRETATION OF TREATIES

Article 31
General rule of interpretation

1. A treaty shall be interpreted in good faith in accordance with the ordinary meaning to be given to the terms of the treaty in their context and in the light of its object and purpose.

2. The context for the purpose of the interpretation of a treaty shall comprise, in addition to the text, including its preamble and annexes:

(a) any agreement relating to the treaty which was made between all the parties in connection with the conclusion of the treaty;
(b) any instrument which was made by one or more parties in connection with the conclusion of the treaty and accepted by the other parties as an instrument related to the treaty.

3. There shall be taken into account, together with the context:

(a) any subsequent agreement between the parties regarding the interpretation of the treaty or the application of its provisions;
(b) any subsequent practice in the application of the treaty which establishes the agreement of the parties regarding its interpretation;
(c) any relevant rules of international law applicable in the relations between the parties.

제 3 절 조약의 해석

제 31 조
해석의 일반규칙

1. 조약은 조약문의 문맥 및 조약의 대상과 목적으로 보아 그 조약의 용어에 부여되는 통상적 의미에 따라 성실하게 해석되어야 한다.

2. 조약의 해석 목적상 문맥은 조약문에 추가하여 조약의 전문 및 부속서와 함께 다음의 것을 포함한다.

가. 조약의 체결에 관련하여 모든 당사국간에 이루어진 그 조약에 관한 합의
나. 조약의 체결에 관련하여 하나 또는 그 이상의 당사국이 작성하고 또한 다른 당사국이 그 조약이 관련되는 문서로서 수락한 문서

3. 문맥과 함께 다음의 것이 참작되어야 한다.

가. 조약의 해석 또는 그 조약규정의 적용에 관한 당사국간의 추후의 합의
나. 조약의 해석에 관한 당사국의 합의를 확정하는 그 조약 적용에 있어서의 추후의 관행
다. 당사국간의 관계에 적용될 수 있는 국제법의 관련규범

4. A special meaning shall be given to a term if it is established that the parties so intended.

Article 32
Supplementary means of interpretation

Recourse may be had to supplementary means of interpretation, including the preparatory work of the treaty and the circumstances of its conclusion, in order to confirm the meaning resulting from the application of article 31, or to determine the meaning when the interpretation according to article 31:

(a) leaves the meaning ambiguous or obscure; or
(b) leads to a result which is manifestly absurd or unreasonable.

Article 33
Interpretation of treaties authenticated in two or more languages

1. When a treaty has been authenticated in two or more languages, the text is equally authoritative in each language, unless the treaty provides or the parties agree that, in case of divergence, a particular text shall prevail.

2. A version of the treaty in a language other than one of those in which the text was authenticated shall be considered an authentic text only if the treaty so provides or the parties so agree.

3. The terms of the treaty are presumed

4. 당사국의 특별한 의미를 특정용어에 부여하기로 의도하였음이 확정되는 경우에는 그러한 의미가 부여된다.

제32조
해석의 보충적 수단

제31조의 적용으로부터 나오는 의미를 확인하기 위하여 또는 제31조에 따라 해석하면 다음과 같이 되는 경우에 그 의미를 결정하기 위하여 조약의 교섭 기록 및 그 체결시의 사정을 포함한 해석의 보충적 수단에 의존할 수 있다.

가. 의미가 모호해지거나 또는 애매하게 되는 경우 또는
나. 명백히 불투명하거나 또는 불합리한 결과를 초래하는 경우

제33조
둘 또는 그 이상의 언어가 정본인 조약의 해석

1. 조약이 2 또는 그 이상의 언어에 의하여 정본으로 확정된 때에는 상위가 있을 경우에 특정의 조약문이 우선함을 그 조약이 규정하지 아니하거나 또는 당사국이 합의하지 아니하는 한 각 언어로 작성된 조약문은 동등히 유효하다.

2. 조약의 정본으로 사용된 언어중의 어느 하나 이외의 다른 언어로 작성된 조약의 번역문은 이를 정본으로 간주함을 조약이 규정하거나 또는 당사국이 이에 합의하는 경우에만 정본으로 간주된다.

3. 조약의 용어는 각 정본상 동일한 의미를

조약법

to have the same meaning in each authentic text.

가지는 것으로 추정된다.

4. Except where a particular text prevails in accordance with paragraph 1, when a comparison of the authentic texts discloses a difference of meaning which the application of articles 31 and 32 does not remove, the meaning which best reconciles the texts, having regard to the object and purpose of the treaty, shall be adopted.

4. 상기 1항에 의거하여 특정의 조약문이 우선하는 경우를 제외하고, 제31조 및 제32조의 적용으로 제거되지 아니하는 의미의 차이가 정본의 비교에서 노정되는 경우에는 조약의 대상과 목적을 고려하여 최선으로 조약문과 조화되는 의미를 채택한다.

SECTION 4 TREATIES AND THIRD STATES

제 4 절 조약과 제 3 국

Article 34 General rule regarding third States

제 34 조 제 3 국에 관한 일반 규칙

A treaty does not create either obligations or rights for a third State without its consent.

조약은 제3국에 대하여 그 동의 없이는 의무 또는 권리를 창설하지 아니한다.

Article 35 Treaties providing for obligations for third States

제 35 조 제 3 국에 대하여 의무를 규정하는 조약

An obligation arises for a third State from a provision of a treaty if the parties to the treaty intend the provision to be the means of establishing the obligation and the third State expressly accepts that obligation in writing.

조약의 당사국이 조약규정을 제3국에 대하여 의무를 설정하는 수단으로 의도하며 또한 그 제3국이 서면으로 그 의무를 명시적으로 수락하는 경우에는 그 조약의 규정으로부터 그 제3국에 대하여 의무가 발생한다.

Article 36 Treaties providing for rights for third States

제 36 조 제 3 국에 대하여 권리를 규정하는 조약

1. A right arises for a third State from a

1. 조약의 당사국이 제3국 또는 제3국이 속

provision of a treaty if the parties to the treaty intend the provision to accord that right either to the third State, or to a group of States to which it belongs, or to all States, and the third State assents thereto. Its assent shall be presumed so long as the contrary is not indicated, unless the treaty otherwise provides.

하는 국가의 그룹 또는 모든 국가에 대하여 권리를 부여하는 조약규정을 의도하며 또한 그 제3국이 이에 동의하는 경우에는 그 조약의 규정으로부터 그 제3국에 대하여 권리가 발생한다. 조약이 달리 규정하지 아니하는 한 제3국의 동의는 반대의 표시가 없는 동안 있은 것으로 추정된다.

2. A State exercising a right in accordance with paragraph 1 shall comply with the conditions for its exercise provided for in the treaty or established in conformity with the treaty.

2. 상기 1항에 의거하여 권리를 행사하는 국가는 조약에 규정되어 있거나 또는 조약에 의거하여 확정되는 그 권리행사의 조건에 따라야 한다.

Article 37
Revocation or modification of obligations or rights of third States

제 37 조
제 3 국의 의무 또는 권리의 취소 또는 변경

1. When an obligation has arisen for a third State in conformity with article 35, the obligation may be revoked or modified only with the consent of the parties to the treaty and of the third State, unless it is established that they had otherwise agreed.

1. 제35조에 따라 제3국에 대하여 의무가 발생한 때에는 조약의 당사국과 제3국이 달리 합의하였음이 확정되지 아니하는 한 그 의무는 조약의 당사국과 제3국의 동의를 얻는 경우에만 취소 또는 변경될 수 있다.

2. When a right has arisen for a third State in conformity with article 36, the right may not be revoked or modified by the parties if it is established that the right was intended not to be revocable or subject to modification without the consent of the third State.

2. 제36조에 따라 제3국에 대하여 권리가 발생한 때에는 그 권리가 제3국의 동의 없이 취소 또는 변경되어서는 아니 되는 것으로 의도되었음이 확정되는 경우에 그 권리는 당사국에 의하여 취소 또는 변경될 수 없다.

Article 38
Rules in a treaty becoming binding on third States through international custom

제 38 조
국제 관습을 통하여 제 3 국을 구속하게 되는 조약상의 규칙

Nothing in articles 34 to 37 precludes a rule

제34조 내지 제37조의 어느 규정도 조약에

set forth in a treaty from becoming binding upon a third State as a customary rule of international law, recognized as such.

규정된 규칙이 관습 국제법의 규칙으로 인정된 그러한 규칙으로서 제3국을 구속하게 되는 것을 배제하지 아니한다.

PART Ⅳ AMENDMENT AND MODIFICATION OF TREATIES

제 4 부 조약의 개정 및 변경

Article 39
General rule regarding the amendment of treaties

제 39 조
조약의 개정에 관한 일반규칙

A treaty may be amended by agreement between the parties. The rules laid down in Part II apply to such an agreement except in so far as the treaty may otherwise provide.

조약은 당사국간의 합의에 의하여 개정될 수 있다. 제2부에 규정된 규칙은 조약이 달리 규정하는 경우를 제외하고 그러한 합의에 적용된다.

Article 40
Amendment of multilateral treaties

제 40 조
다자조약의 개정

1. Unless the treaty otherwise provides, the amendment of multilateral treaties shall be governed by the following paragraphs.

1. 조약이 달리 규정하지 아니하는 한 다자조약의 개정은 아래의 조항에 의하여 규율된다.

2. Any proposal to amend a multilateral treaty as between all the parties must be notified to all the contracting States, each one of which shall have the right to take part in:

(a) the decision as to the action to be taken in regard to such proposal;
(b) the negotiation and conclusion of any agreement for the amendment of the treaty.

2. 모든 당사국간에서 다자조약을 개정하기 위한 제의는 모든 체약국에 통고되어야 하며 각 체약국은 다음의 것에 참여할 권리를 가진다.

가. 그러한 제의에 관하여 취하여질 조치에 관한 결정
나. 그 조약의 개정을 위한 합의의 교섭 및 성립

3. Every State entitled to become a party to the treaty shall also be entitled to

3. 조약의 당사국이 될 수 있는 권리를 가진 모든 국가는 개정되는 조약의 당사국이 될

become a party to the treaty as amended.

수 있는 권리를 또한 가진다.

4. The amending agreement does not bind any State already a party to the treaty which does not become a party to the amending agreement; article 30, paragraph 4(b), applies in relation to such State.

4. 개정하는 합의는 개정하는 합의의 당사국이 되지 아니하는 조약의 기존 당사국인 어느 국가도 구속하지 아니한다. 그러한 국가에 관해서는 제30조4항(b)가 적용된다.

5. Any State which becomes a party to the treaty after the entry into force of the amending agreement shall, failing an expression of a different intention by that State:

5. 개정하는 합의의 발효 후에 조약의 당사국이 되는 국가는 그 국가에 의한 별도 의사의 표시가 없는 경우에 다음과 같이 간주된다.

(a) be considered as a party to the treaty as amended; and

(b) be considered as a party to the unamended treaty in relation to any party to the treaty not bound by the amending agreement.

가. 개정되는 조약의 당사국으로 간주된다.

나. 개정하는 합의에 의하여 구속되지 아니하는 조약의 당사국과의 관계에 있어서는 개정되지 아니한 조약의 당사국으로 간주된다.

Article 41
Agreements to modify multilateral treaties between certain of the parties only

제41조
일부 당사국에서만 다자조약을 변경하는 합의

1. Two or more of the parties to a multilateral treaty may conclude an agreement to modify the treaty as between themselves alone if:

1. 다자조약의 2 또는 그 이상의 당사국은 다음의 경우에 그 당사국간에서만 조약을 변경하는 합의를 성립시킬 수 있다.

(a) the possibility of such a modification is provided for by the treaty; or

(b) the modification in question is not prohibited by the treaty and:

(i) does not affect the enjoyment by the other parties of their rights under the treaty or the perfor-

가. 그러한 변경의 가능성이 그 조약에 의하여 규정된 경우 또는

나. 문제의 변경이 그 조약에 의하여 금지되지 아니하고 또한

(i) 다른 당사국이 그 조약에 따라 권리를 향유하며 또는 의무를 이행하는 것에 영향을 주지 아니하며

mance of their obligations;

(ii) does not relate to a provision, derogation from which is incompatible with the effective execution of the object and purpose of the treaty as a whole.

(ii) 전체로서의 그 조약의 대상과 목적의 효과적 수행과 일부 변경이 양립하지 아니하는 규정에 관련되지 아니하는 경우

2. Unless in a case falling under paragraph 1(a) the treaty otherwise provides, the parties in question shall notify the other parties of their intention to conclude the agreement and of the modification to the treaty for which it provides.

2. 상기 1항 (a)에 해당하는 경우에 조약이 달리 규정하지 아니하는 한 문제의 당사국은 그 합의를 성립시키고자 하는 의사와 그 합의가 규정하는 그 조약의 변경을 타방당사국에 통고하여야 한다.

PART V INVALIDITY, TERMINATION AND SUSPENSION OF THE OPERATION OF TREATIES

제5부 조약의 무효 · 종료 및 시행정지

SECTION 1 GENERAL PROVISIONS

제1절 일반 규정

Article 42 Validity and continuance in force of treaties

제42조 조약의 적법성 및 효력의 계속

1. The validity of a treaty or of the consent of a State to be bound by a treaty may be impeached only through the application of the present Convention.

2. The termination of a treaty, its denunciation or the withdrawal of a party, may take place only as a result of the application of the provisions of the treaty or of the present Convention. The same rule applies to suspension of the operation of a treaty.

1. 조약의 적법성 또는 조약에 대한 국가의 기속적 동의의 적법성은 이 협약의 적용을 통해서만 부정될 수 있다.

2. 조약의 종료, 그 폐기 또는 당사국의 탈퇴는 그 조약의 규정 또는 이 협약의 적용의 결과로서만 행하여질 수 있다. 동일한 규칙이 조약의 시행정지에 적용된다.

Article 43
Obligations imposed by international law independently of a treaty

The invalidity, termination or denunciation of a treaty, the withdrawal of a party from it, or the suspension of its operation, as a result of the application of the present Convention or of the provisions of the treaty, shall not in any way impair the duty of any State to fulfil any obligation embodied in the treaty to which it would be subject under international law independently of the treaty.

제43조
조약과는 별도로 국제법에 의하여 부과되는 의무

이 협약 또는 조약규정의 적용의 결과로서 조약의 무효·종료 또는 폐기, 조약으로부터의 당사국의 탈퇴 또는 그 시행정지는 그 조약과는 별도로 국제법에 따라 복종해야 하는 의무로서 그 조약에 구현된 것을 이행해야 하는 국가의 책무를 어떠한 방법으로도 경감시키지 아니한다.

Article 44
Separability of treaty provisions

1. A right of a party, provided for in a treaty or arising under article 56, to denounce, withdraw from or suspend the operation of the treaty may be exercised only with respect to the whole treaty unless the treaty otherwise provides or the parties otherwise agree.

2. A ground for invalidating, terminating, withdrawing from or suspending the operation of a treaty recognized in the present Convention may be invoked only with respect to the whole treaty except as provided in the following paragraphs or in article 60.

3. If the ground relates solely to particular clauses, it may be invoked only with respect to those clauses where:

(a) the said clauses are separable from the remainder of the treaty with regard

제44조
조약 규정의 가분성

1. 조약에 규정되어 있거나 또는 제56조에 따라 발생하는 조약의 폐기·탈퇴 또는 시행 정지시킬 수 있는 당사국의 권리는 조약이 달리 규정하지 아니하거나 또는 당사국이 달리 합의하지 아니하는 한 조약 전체에 관해서만 행사될 수 있다.

2. 이 협약에서 인정되는 조약의 부적법화·종료·탈퇴 또는 시행정지의 사유는 아래의 제 조항 또는 제60조에 규정되어 있는 것을 제외하고 조약 전체에 관해서만 원용될 수 있다.

3. 그 사유가 특정의 조항에만 관련되는 경우에는 다음의 경우에 그러한 조항에 관해서만 원용될 수 있다.

가. 당해 조항이 그 적용에 관련하여 그 조약의 잔여 부분으로부터 분리될 수 있으며

조약법

to their application;

(b) it appears from the treaty or is otherwise established that acceptance of those clauses was not an essential basis of the consent of the other party or parties to be bound by the treaty as a whole; and

(c) continued performance of the remainder of the treaty would not be unjust.

나. 당해 조항의 수락이 전체로서의 조약에 대한 1 또는 그 이상의 다른 당사국의 기속적 동의의 필수적 기초가 아니었던 것이 그 조약으로부터 나타나거나 또는 달리 확정되며 또한

다. 그 조약의 잔여부분의 계속적 이행이 부당하지 아니한 경우

4. In cases falling under articles 49 and 50 the State entitled to invoke the fraud or corruption may do so with respect either to the whole treaty or, subject to paragraph 3, to the particular clauses alone.

4. 제49조 및 제50조에 해당하는 경우에 기만 또는 부패를 원용하는 권리를 가진 국가는 조약 전체에 관하여 또는 상기 3항에 따를 것으로 하여 특정의 조항에 관해서만 그렇게 원용할 수 있다.

5. In cases falling under articles 51, 52 and 53, no separation of the provisions of the treaty is permitted.

5. 제51조, 제52조 및 제53조에 해당하는 경우에는 조약규정의 분리가 허용되지 아니한다.

Article 45
Loss of a right to invoke a ground for invalidating, terminating, withdrawing from or suspending the operation of a treaty

제45조
조약의 무효화·종료·탈퇴 또는 그 시행정지의 사유를 원용하는 권리의 상실

A State may no longer invoke a ground for invalidating, terminating, withdrawing from or suspending the operation of a treaty under articles 46 to 50 or articles 60 and 62 if, after becoming aware of the facts:

(a) it shall have expressly agreed that the treaty is valid or remains in force or continues in operation, as the case may be; or

(b) it must by reason of its conduct be considered as having acquiesced in the

국가는 다음의 경우에 사실을 알게 된 후에는 제46조 내지 제50조 또는 제60조 및 제62조에 따라 조약의 부적법화·종료·탈퇴 또는 시행정지의 사유를 원용할 수 없다.

가. 경우에 따라 그 조약이 적법하다는 것 또는 계속 유효하다는 것 또는 계속 시행된다는 것에 그 국가가 명시적으로 동의한 경우 또는

나. 그 국가의 행동으로 보아 조약의 적법성 또는 그 효력이나 시행의 존속을 묵인한

validity of the treaty or in its maintenance in force or in operation, as the case may be.

것으로 간주되어야 하는 경우

SECTION 2 INVALIDITY OF TREATIES

제 2 절 조약의 무효

Article 46 Provisions of internal law regarding competence to conclude treaties

1. A State may not invoke the fact that its consent to be bound by a treaty has been expressed in violation of a provision of its internal law regarding competence to conclude treaties as invalidating its consent unless that violation was manifest and concerned a rule of its internal law of fundamental importance.
2. A violation is manifest if it would be objectively evident to any State conducting itself in the matter in accordance with normal practice and in good faith.

제 46 조 조약 체결권에 관한 국내법 규정

1. 조약 체결권에 관한 국내법 규정의 위반이 명백하며 또한 근본적으로 중요한 국내법 규칙에 관련되지 아니하는 한 국가는 조약에 대한 그 기속적 동의를 무효화하기 위한 것으로 그 동의가 그 국내법 규정에 위반하여 표시되었다는 사실을 원용할 수 없다.
2. 통상의 관행에 의거하고 또한 성실하게 행동하는 어느 국가에 대해서도 위반이 객관적으로 분명한 경우에는 그 위반은 명백한 것이 된다.

Article 47 Specific restrictions on authority to express the consent of a State

If the authority of a representative to express the consent of a State to be bound by a particular treaty has been made subject to a specific restriction, his omission to observe that restriction may not be invoked as invalidating the consent expressed by him unless the restriction was notified to the other negotiating States prior

제 47 조 국가의 동의 표시 권한에 대한 특정한 제한

어느 조약에 대한 국가의 기속적 동의를 표시하는 대표의 권한이 특정의 제한에 따를 것으로 하여 부여된 경우에 그 대표가 그 제한을 준수하지 아니한 것은 그러한 동의를 표시하기 전에 그 제한을 다른 교섭국에 통고하지 아니한 한 그 대표가 표시한 동의를 부적법화하는 것으로 원용될 수 없다.

to his expressing such consent.

Article 48
Error

1. A State may invoke an error in a treaty as invalidating its consent to be bound by the treaty if the error relates to a fact or situation which was assumed by that State to exist at the time when the treaty was concluded and formed an essential basis of its consent to be bound by the treaty.

2. Paragraph 1 shall not apply if the State in question contributed by its own conduct to the error or if the circumstances were such as to put that State on notice of a possible error.

3. An error relating only to the wording of the text of a treaty does not affect its validity; article 79 then applies.

제48조
착 오

1. 조약상의 착오는 그 조약이 체결된 당시에 존재한 것으로 국가가 추정한 사실 또는 사태로서, 그 조약에 대한 국가의 기속적 동의의 본질적 기초를 구성한 것에 관한 경우에 국가는 그 조약에 대한 그 기속적 동의를 무효화하는 것으로 그 착오를 원용할 수 있다.

2. 문제의 국가가 자신의 행동에 의하여 착오를 유발하였거나 또는 그 국가가 있을 수 있는 착오를 감지할 수 있는 등의 사정 하에 있는 경우에는 상기 1항이 적용되지 아니한다.

3. 조약문의 자구에만 관련되는 착오는 조약의 적법성에 영향을 주지 아니한다. 그 경우에는 제79조가 적용된다.

Article 49
Fraud

If a State has been induced to conclude a treaty by the fraudulent conduct of another negotiating State, the State may invoke the fraud as invalidating its consent to be bound by the treaty.

제49조
기 만

국가가 다른 교섭국의 기만적 행위에 의하여 조약을 체결하도록 유인된 경우에 그 국가는 조약에 대한 자신의 기속적 동의를 부적법화하는 것으로 그 기만을 원용할 수 있다.

Article 50
Corruption of a representative of a State

If the expression of a State's consent to be bound by a treaty has been procured through the corruption of its representative

제50조
국가 대표의 부패

조약에 대한 국가의 기속적 동의의 표시가 직접적으로 또는 간접적으로 다른 교섭국에 의한 그 대표의 부패를 통하여 감행된 경우

directly or indirectly by another negotiating State, the State may invoke such corruption as invalidating its consent to be bound by the treaty.

에 그 국가는 조약에 대한 자신의 기속적 동의를 부적법화하는 것으로 그 부패를 원용할 수 있다.

Article 51
Coercion of a representative of a State

The expression of a State's consent to be bound by a treaty which has been procured by the coercion of its representative through acts or threats directed against him shall be without any legal effect.

제51조
국가 대표의 강제

국가 대표에게 정면으로 향한 행동 또는 위협을 통하여 그 대표에 대한 강제에 의하여 감행된 조약에 대한 국가의 기속적 동의표시는 법적 효력을 가지지 아니한다.

Article 52
Coercion of a State by the threat or use of force

A treaty is void if its conclusion has been procured by the threat or use of force in violation of the principles of international law embodied in the Charter of the United Nations.

제52조
위협 또는 무력 사용에 의한 국가의 강제

국제연합헌장에 구현된 국제법의 제 원칙을 위반하여 힘의 위협 또는 사용에 의하여 조약의 체결이 감행된 경우에 그 조약은 무효이다.

Article 53
Treaties conflicting with a peremptory norm of general international law (*jus cogens*)

A treaty is void if, at the time of its conclusion, it conflicts with a peremptory norm of general international law. For the purposes of the present Convention, a peremptory norm of general international law is a norm accepted and recognized by the international community of States as a whole as a norm from which no derogation is permitted and which can be modified only by a subsequent norm of

제53조
일반 국제법의 강행규범과 충돌하는 조약

조약은 그 체결 당시에 일반 국제법의 강행규범과 충돌하는 경우에 무효이다. 이 협약의 목적상 일반 국제법의 강행규범은 그 이탈이 허용되지 아니하며 또한 동일한 성질을 가진 일반 국제법의 추후의 규범에 의해서만 변경될 수 있는 규범으로 전체로서의 국제공동사회가 수락하며 또한 인정하는 규범이다.

general international law having the same character.

SECTION 3
TERMINATION AND SUSPENSION OF THE OPERATION OF TREATIES

제 3 절 조약의 종료 및 시행정지

Article 54
Termination of or withdrawal from a treaty under its provisions or by consent of the parties

제 54 조
조약규정 또는 당사국의 동의에 따른 조약의 종료 또는 조약으로부터의 탈퇴

The termination of a treaty or the withdrawal of a party may take place:

(a) in conformity with the provisions of the treaty; or
(b) at any time by consent of all the parties after consultation with the other contracting States.

조약의 종료 또는 당사국의 탈퇴는 다음의 경우에 행하여질 수 있다.

가. 그 조약의 규정에 의거하는 경우 또는
나. 다른 체약국과 협의한 후에 언제든지 모든 당사국의 동의를 얻는 경우

Article 55
Reduction of the parties to a multilateral treaty below the number necessary for its entry into force

제 55 조
다자조약의 발효에 필요한 수 이하로의 당사국수 감소

Unless the treaty otherwise provides, a multilateral treaty does not terminate by reason only of the fact that the number of the parties falls below the number necessary for its entry into force.

조약이 달리 규정하지 아니하는 한 다자조약은 그 당사국수가 그 발효에 필요한 수 이하로 감소하는 사실만을 이유로 종료하지 아니한다.

Article 56
Denunciation of or withdrawal from a treaty containing no provision regarding termination, denunciation or withdrawal

제 56 조
종료 · 폐기 또는 탈퇴에 관한 규정을 포함하지 아니하는 조약의 폐기 또는 탈퇴

1. A treaty which contains no provision

1. 종료에 관한 규정을 포함하지 아니하며 또

regarding its termination and which does not provide for denunciation or withdrawal is not subject to denunciation or withdrawal unless:

한 폐기 또는 탈퇴를 규정하고 있지 아니하는 조약은 다음의 경우에 해당되지 아니하는 한 폐기 또는 탈퇴가 인정되지 아니한다.

(a) it is established that the parties intended to admit the possibility of denunciation or withdrawal; or

가. 당사국이 폐기 또는 탈퇴의 가능성을 인정하고자 하였음이 확정되는 경우 또는

(b) a right of denunciation or withdrawal may be implied by the nature of the treaty.

나. 폐기 또는 탈퇴의 권리가 조약의 성질상 묵시되는 경우

2. A party shall give not less than twelve months' notice of its intention to denounce or withdraw from a treaty under paragraph 1.

2. 당사국은 상기 1항에 따라 조약의 폐기 또는 탈퇴 의사를 적어도 12개월 전에 통고하여야 한다.

Article 57
Suspension of the operation of a treaty under its provisions or by consent of the parties

제57조
조약 규정 또는 당사국의 동의에 의한 조약의 시행정지

The operation of a treaty in regard to all the parties or to a particular party may be suspended:

모든 당사국 또는 특정의 당사국에 대하여 조약의 시행이 다음의 경우에 정지될 수 있다.

(a) in conformity with the provisions of the treaty or

가. 그 조약의 규정에 의거하는 경우 또는

(b) at any time by consent of all the parties after consultation with the other contracting States.

나. 다른 체약국과 협의한 후에 언제든지 모든 당사국의 동의를 얻는 경우

Article 58
Suspension of the operation of a multilateral treaty by agreement between certain of the parties only

제58조
일부 당사국간만의 합의에 의한 다자조약의 시행정지

1. Two or more parties to a multilateral treaty may conclude an agreement to suspend the operation of provisions of

1. 다자조약의 2 또는 그 이상의 당사국은 다음의 경우에 일시적으로 또한 그 당사국간에서만 조약 규정의 시행을 정지시키기 위

the treaty, temporarily and as between themselves alone, if:

한 합의를 성립시킬 수 있다.

(a) the possibility of such a suspension is provided for by the treaty; or

(b) the suspension in question is not prohibited by the treaty and:

(i) does not affect the enjoyment by the other parties of their rights under the treaty or the performance of their obligations;

(ii) is not incompatible with the object and purpose of the treaty.

가. 그러한 정지의 가능성이 그 조약에 의하여 규정되어 있는 경우 또는

나. 문제의 정지가 조약에 의하여 금지되지 아니하고 또한

(i) 다른 당사국에 의한 조약상의 권리 향유 또는 의무의 이행에 영향을 주지 아니하며

(ii) 그 조약의 대상 및 목적과 양립할 수 없는 것이 아닌 경우

2. Unless in a case falling under paragraph 1(a) the treaty otherwise provides, the parties in question shall notify the other parties of their intention to conclude the agreement and of those provisions of the treaty the operation of which they intend to suspend.

2. 상기 1항 (a)에 해당하는 경우에 조약이 달리 규정하지 아니하는 한 문제의 당사국은 합의를 성립시키고자 하는 그 의사 및 시행을 정지시키고자 하는 조약규정을 타방당사국에 통고하여야 한다.

Article 59
Termination or suspension of the operation of a treaty implied by conclusion of a later treaty

제59조
후(後)조약의 체결에 의하여 묵시되는 조약의 종료 또는 시행정지

1. A treaty shall be considered as terminated if all the parties to it conclude a later treaty relating to the same subject-matter and:

(a) it appears from the later treaty or is otherwise established that the parties intended that the matter should be governed by that treaty; or

(b) the provisions of the later treaty are so far incompatible with those of the earlier one that the two treaties are

1. 조약의 모든 당사국이 동일한 사항에 관한 후(後)조약을 체결하고 또한 아래의 것에 해당하는 경우에 그 조약은 종료한 것으로 간주된다.

가. 후(後)조약에 의하여 그 사항이 규율되어야 함을 당사국이 의도하였음이 그 후(後)조약으로부터 나타나거나 또는 달리 확정되는 경우 또는

나. 후(後)조약의 규정이 전(前)조약의 규정과 근본적으로 양립하지 아니하여 양 조약이 동시에 적용될 수 없는 경우

not capable of being applied at the same time.

2. The earlier treaty shall be considered as only suspended in operation if it appears from the later treaty or is otherwise established that such was the intention of the parties.

2. 전(前)조약을 시행 정지시킨 것만이 당사국의 의사이었음이 후(後)조약으로부터 나타나거나 또는 달리 확정되는 경우에 전(前)조약은 그 시행이 정지된 것만으로 간주된다.

Article 60
Termination or suspension of the operation of a treaty as a consequence of its breach

제 60 조
조약 위반의 결과로서의 조약의 종료 또는 시행정지

1. A material breach of a bilateral treaty by one of the parties entitles the other to invoke the breach as a ground for terminating the treaty or suspending its operation in whole or in part.

1. 양자조약의 일방당사국에 의한 실질적 위반은 그 조약의 종료 또는 시행의 전부 또는 일부의 정지를 위한 사유로서 그 위반을 원용하는 권리를 타방당사국에 부여한다.

2. A material breach of a multilateral treaty by one of the parties entitles:

2. 다자조약의 어느 당사국에 의한 실질적 위반은 관계 당사국이 다음의 조치를 취할 수 있는 권리를 부여한다.

(a) the other parties by unanimous agreement to suspend the operation of the treaty in whole or in part or to terminate it either:
   (i) in the relations between themselves and the defaulting State, or
   (ii) as between all the parties;

가. 다른 당사국이 전원일치의 협의에 의하여
   (i) 그 다른 당사국과 위반국간의 관계에서 또는
   (ii) 모든 당사국간에서 그 조약의 전부 또는 일부를 시행정지 시키거나 또는 그 조약을 종료시키는 권리

(b) a party specially affected by the breach to invoke it as a ground for suspending the operation of the treaty in whole or in part in the relations between itself and the defaulting State;

나. 위반에 의하여 특별히 영향을 받는 당사국이, 그 자신과 위반국간의 관계에 있어서 그 조약의 전부 또는 일부의 시행을 정지시키기 위한 사유로서 그 위반을 원용하는 권리

(c) any party other than the defaulting State

다. 어느 당사국에 의한 조약규정의 실질적

to invoke the breach as a ground for suspending the operation of the treaty in whole or in part with respect to itself if the treaty is of such a character that a material breach of its provisions by one party radically changes the position of every party with respect to the further performance of its obligations under the treaty.

위반으로 그 조약상의 의무의 추후의 이행에 관한 모든 당사국의 입장을 근본적으로 변경시키는 성질의 조약인 경우에, 위반국 이외의 다른 당사국에 관하여 그 조약의 전부 또는 일부의 시행정지를 위한 사유로서 그 다른 당사국에 그 위반을 원용하는 권리

3. A material breach of a treaty, for the purposes of this article, consists in:

(a) a repudiation of the treaty not sanctioned by the present Convention; or

(b) the violation of a provision essential to the accomplishment of the object or purpose of the treaty.

3. 본 조의 목적상, 조약의 실질적 위반은 다음의 경우에 해당한다.

가. 이 협약에 의하여 원용되지 아니하는 조약의 이행 거부 또는

나. 조약의 대상과 목적의 달성에 필수적인 규정의 위반

4. The foregoing paragraphs are without prejudice to any provision in the treaty applicable in the event of a breach.

4. 상기의 제 규정은 위반의 경우에 적용할 수 있는 조약상의 규정을 침해하지 아니한다.

5. Paragraphs 1 to 3 do not apply to provisions relating to the protection of the human person contained in treaties of a humanitarian character, in particular to provisions prohibiting any form of reprisals against persons protected by such treaties.

5. 상기 1항 내지 3항은 인도적 성질의 조약에 포함된 인신의 보호에 관한 규정 특히 그러한 조약에 의하여 보호를 받는 자에 대한 여하한 형태의 복구를 금지하는 규정에 적용되지 아니한다.

Article 61
Supervening impossibility of performance

제61조
후발적 이행불능

1. A party may invoke the impossibility of performing a treaty as a ground for terminating or withdrawing from it if the impossibility results from the per-

1. 조약의 이행불능이 그 조약의 시행에 불가결한 대상의 영구적 소멸 또는 파괴로 인한 경우에 당사국은 그 조약을 종료시키거나 또는 탈퇴하기 위한 사유로서 그 이행

manent disappearance or destruction of an object indispensable for the execution of the treaty. If the impossibility is temporary, it may be invoked only as a ground for suspending the operation of the treaty.

불능을 원용할 수 있다. 그 이행불능이 일시적인 경우에는 조약의 시행정지를 위한 사유로서만 원용될 수 있다.

2. Impossibility of performance may not be invoked by a party as a ground for terminating, withdrawing from or suspending the operation of a treaty if the impossibility is the result of a breach by that party either of an obligation under the treaty or of any other international obligation owed to any other party to the treaty.

2. 이행불능이 이를 원용하는 당사국에 의한 조약상의 의무나 또는 그 조약의 다른 당사국에 대하여 지고 있는 기타의 국제적 의무의 위반의 결과인 경우에 그 이행 불능은 그 조약을 종료시키거나 또는 탈퇴하거나 또는 그 시행을 정지시키기 위한 사유로서 그 당사국에 의하여 원용될 수 없다.

Article 62
Fundamental change of circumstances

제62조
사정의 근본적 변경

1. A fundamental change of circumstances which has occurred with regard to those existing at the time of the conclusion of a treaty, and which was not foreseen by the parties, may not be invoked as a ground for terminating or withdrawing from the treaty unless:

(a) the existence of those circumstances constituted an essential basis of the consent of the parties to be bound by the treaty; and
(b) the effect of the change is radically to transform the extent of obligations still to be performed under the treaty.

1. 조약의 체결 당시에 존재한 사정에 관하여 발생하였으며 또한 당사국에 의하여 예견되지 아니한 사정의 근본적 변경은 다음 경우에 해당되지 아니하는 한 조약을 종료시키거나 또는 탈퇴하기 위한 사유로서 원용될 수 없다.

가. 그러한 사정의 존재가 그 조약에 대한 당사국의 기속적 동의의 본질적 기초를 구성하였으며 또한

나. 그 조약에 따라 계속 이행되어야 할 의무의 범위를 그 변경의 효과가 급격하게 변환시키는 경우

2. A fundamental change of circumstances may not be invoked as a ground for terminating or withdrawing from a treaty:

2. 사정의 근본적 변경은 다음의 경우에는 조약을 종료시키거나 또는 탈퇴하는 사유로서 원용될 수 없다.

(a) if the treaty establishes a boundary; or

(b) if the fundamental change is the result of a breach by the party invoking it either of an obligation under the treaty or of any other international obligation owed to any other party to the treaty.

가. 그 조약이 경계선을 확정하는 경우 또는

나. 근본적 변경이 이를 원용하는 당사국에 의한 조약상의 의무나 또는 그 조약의 다른 당사국에 대하여 지고 있는 기타의 국제적 의무의 위반의 결과인 경우

3. If, under the foregoing paragraphs, a party may invoke a fundamental change of circumstances as a ground for terminating or withdrawing from a treaty it may also invoke the change as a ground for suspending the operation of the treaty.

3. 상기의 제 조항에 따라 당사국이 조약을 종료시키거나 또는 탈퇴하기 위한 사유로서 사정의 근본적 변경을 원용할 수 있는 경우에 그 당사국은 그 조약의 시행을 정지시키기 위한 사유로서 그 변경을 또한 원용할 수 있다.

Article 63
Severance of diplomatic or consular relations

The severance of diplomatic or consular relations between parties to a treaty does not affect the legal relations established between them by the treaty except in so far as the existence of diplomatic or consular relations is indispensable for the application of the treaty.

제 63 조
외교 또는 영사 관계의 단절

조약 당사국간의 외교 또는 영사 관계의 단절은 외교 또는 영사 관계의 존재가 그 조약의 적용에 불가결한 경우를 제외하고 그 조약에 의하여 그 당사국간에 확립된 법적 관계에 영향을 주지 아니한다.

Article 64
Emergence of a new peremptory norm of general international law (*jus cogens*)

If a new peremptory norm of general international law emerges, any existing treaty which is in conflict with that norm becomes void and terminates.

제 64 조
일반 국제법의 새로운 강행규범 출현

일반 국제법의 새로운 강행규범이 출현하는 경우에 그 규범과 충돌하는 현행 조약은 무효로 되어 종료한다.

SECTION 4 PROCEDURE

Article 65
Procedure to be followed with respect to invalidity, termination, withdrawal from or suspension of the operation of a treaty

1. A party which, under the provisions of the present Convention, invokes either a defect in its consent to be bound by a treaty or a ground for impeaching the validity of a treaty, terminating it, withdrawing from it or suspending its operation, must notify the other parties of its claim. The notification shall indicate the measure proposed to be taken with respect to the treaty and the reasons therefor.

2. If, after the expiry of a period which, except in cases of special urgency, shall not be less than three months after the receipt of the notification, no party has raised any objection, the party making the notification may carry out in the manner provided in article 67 the measure which it has proposed.

3. If, however, objection has been raised by any other party, the parties shall seek a solution through the means indicated in article 33 of the Charter of the United Nations.

4. Nothing in the foregoing paragraphs shall affect the rights or obligations of the parties under any provisions in force binding the parties with regard to the settlement of disputes.

제4절 절 차

제65조
조약의 무효·종료·탈퇴 또는 시행정지에 관하여 취해지는 절차

1. 이 협약의 규정에 따라 조약에 대한 국가의 기속적 동의상의 허가를 원용하거나 또는 조약의 적법성을 부정하거나 조약을 종료시키거나 조약으로부터 탈퇴하거나 또는 그 시행을 정지시키기 위한 사유를 원용하는 당사국은 다른 당사국에 대하여 그 주장을 통고하여야 한다. 그 통고에는 그 조약에 관하여 취하고자 제의하는 조치 및 그 이유를 표시하여야 한다.

2. 특별히 긴급한 경우를 제외하고 그 통고의 접수 후 3개월 이상의 기간이 경과한 후에 어느 당사국도 이의를 제기하지 아니한 경우에는 그 통고를 행한 당사국은 제67조에 규정된 방법으로 그 당사국이 제의한 조치를 실행할 수 있다.

3. 다만, 다른 당사국에 의하여 이의가 제기된 경우에 당사국은 국제연합헌장 제33조에 열거되어 있는 수단을 통한 해결을 도모하여야 한다.

4. 상기 제 조항의 어느 규정도 분쟁의 해결에 관하여 당사국을 구속하는 유효한 규정에 따른 당사국의 권리 또는 의무에 영향을 주지 아니한다.

5. Without prejudice to article 45, the fact that a State has not previously made the notification prescribed in paragraph 1 shall not prevent it from making such notification in answer to another party claiming performance of the treaty or alleging its violation.

5. 제45조를 침해함이 없이 어느 국가가 상기 1항에 규정된 통고를 사전에 행하지 아니한 사실은 조약의 이행을 요구하거나 또는 조약의 위반을 주장하는 다른 당사국에 대한 회답으로서 그 국가가 그러한 통고를 행하는 것을 막지 아니한다.

Article 66
Procedures for judicial settlement, arbitration and conciliation

제66조
사법적 해결, 중재 재판 및 조정을 위한 절차

If, under paragraph 3 of article 65, no solution has been reached within a period of 12 months following the date on which the objection was raised, the following procedures shall be followed:

이의가 제기된 일자로부터 12개월의 기간 내에 제65조 3항에 따라 해결에 도달하지 못한 경우에는 다음의 절차를 진행하여야 한다.

(a) any one of the parties to a dispute concerning the application or the interpretation of articles 53 or 64 may, by a written application, submit it to the International Court of Justice for a decision unless the parties by common consent agree to submit the dispute to arbitration;

(b) any one of the parties to a dispute concerning the application or the interpretation of any of the other articles in Part V of the present Convention may set in motion the procedure specified in the Annex to the Convention by submitting a request to that effect to the Secretary-General of the United Nations.

가. 제53조 또는 제64조의 적용 또는 해석에 관한 분쟁의 어느 한 당사국은 제 당사국이 공동의 동의에 의하여 분쟁을 중재 재판에 부탁하기로 합의하지 아니하는 한 분쟁을 국제사법재판소에 결정을 위하여 서면 신청으로써 부탁할 수 있다.

나. 이 협약 제5부의 다른 제 조항의 적용 또는 해석에 관한 분쟁의 어느 한 당사국은 협약의 부속서에 명시된 절차의 취지로 요구서를 국제연합사무총장에게 제출함으로써 그러한 절차를 개시할 수 있다.

Article 67
Instruments for declaring invalid, terminating, withdrawing from or suspending the operation of a treaty

1. The notification provided for under article 65 paragraph 1 must be made in writing.

2. Any act declaring invalid, terminating, withdrawing from or suspending the operation of a treaty pursuant to the provisions of the treaty or of paragraphs 2 or 3 of article 65 shall be carried out through an instrument communicated to the other parties. If the instrument is not signed by the Head of State, Head of Government or Minister for Foreign Affairs, the representative of the State communicating it may be called upon to produce full powers.

제67조
조약의 무효선언 · 종료 · 탈퇴 또는 시행정지를 위한 문서

1. 제65조 1항에 따라 규정된 통고는 서면으로 행하여져야 한다.

2. 조약의 규정 또는 제65조 2항 또는 3항의 규정에 따른 그 조약의 무효선언 · 종료 · 탈퇴 또는 시행정지에 관한 행위는 다른 당사국에 전달되는 문서를 통하여 이행하여야 한다. 동 문서가 국가원수 · 정부수반 또는 외무부장관에 의하여 서명되지 아니한 경우에는 이를 전달하는 국가의 대표에게 전권 위임장을 제시하도록 요구할 수 있다.

Article 68
Revocation of notifications and instruments provided for in articles 65 and 67

A notification or instrument provided for in articles 65 or 67 may be revoked at any time before it takes effect.

제68조
제65조 및 제67조에 규정된 통고와 문서의 철회

제65조 또는 제67조에 규정된 통고 또는 문서는 그 효력을 발생하기 전에 언제든지 철회될 수 있다.

SECTION 5
CONSEQUENCES OF THE INVALIDITY, TERMINATION OR SUSPENSION OF THE OPERATION OF A TREATY

제 5 절
조약의 무효 · 종료 또는 시행정지의 효과

Article 69
Consequences of the invalidity of a treaty

1. A treaty the invalidity of which is established under the present Convention is void. The provisions of a void treaty have no legal force.

2. If acts have nevertheless been performed in reliance on such a treaty:

(a) each party may require any other party to establish as far as possible in their mutual relations the position that would have existed if the acts had not been performed;
(b) acts performed in good faith before the invalidity was invoked are not rendered unlawful by reason only of the invalidity of the treaty.

3. In cases falling under articles 49, 50, 51 or 52, paragraph 2 does not apply with respect to the party to which the fraud, the act of corruption or the coercion is imputable.

4. In the case of the invalidity of a particular State's consent to be bound by a multilateral treaty, the foregoing rules apply in the relations between that State and the parties to the treaty.

제 69 조
조약의 무효의 효과

1. 이 협약에 의거하여 그 무효가 확정되는 조약은 무효이다. 무효인 조약의 규정은 법적 효력을 가지지 아니한다.

2. 다만, 그러한 조약에 의존하여 행위가 실행된 경우에는 다음의 규칙이 적용된다.

가. 각 당사국은 그 행위가 실행되지 아니하였더라면 존재하였을 상태를 당사국의 상호관계에 있어서 가능한 한 확립하도록 다른 당사국에 요구할 수 있다.

나. 무효가 원용되기 전에 성실히 실행된 행위는 그 조약의 무효만을 이유로 불법화되지 아니한다.

3. 제49조, 제50조, 제51조 또는 제52조에 해당하는 경우에는 기만·부패행위 또는 강제의 책임이 귀속되는 당사국에 관하여 상기 2항이 적용되지 아니한다.

4. 다자조약에 대한 특정 국가의 기속적 동의의 무효의 경우에 상기의 제 규칙은 그 국가와 그 조약의 당사국간의 관계에 있어서 적용된다.

Article 70
Consequences of the termination of a treaty

1. Unless the treaty otherwise provides or the parties otherwise agree, the termination of a treaty under its provisions or in accordance with the present Convention:

(a) releases the parties from any obligation further to perform the treaty;
(b) does not affect any right, obligation or legal situation of the parties created through the execution of the treaty prior to its termination.

2. If a State denounces or withdraws from a multilateral treaty, paragraph 1 applies in the relations between that State and each of the other parties to the treaty from the date when such denunciation or withdrawal takes effect.

제70조
조약의 종료 효과

1. 조약이 달리 규정하지 아니하거나 또는 당사국이 달리 합의하지 아니하는 한 조약의 규정에 따르거나 또는 이 협약에 의거한 그 조약의 종료는 다음의 효과를 가져 온다.

가. 당사국에 대하여 추후 그 조약을 이행할 의무를 해제한다.
나. 조약의 종료 전에 그 조약의 시행을 통하여 생긴 당사국의 권리·의무 또는 법적 상태에 영향을 주지 아니한다.

2. 국가가 다자조약을 폐기하거나 또는 탈퇴하는 경우에는 그 폐기 또는 탈퇴가 효력을 발생하는 일자로부터 그 국가와 그 조약의 다른 각 당사국간의 관계에 있어서 상기 1항이 적용된다.

Article 71
Consequences of the invalidity of a treaty which conflict with a peremptory norm of general international law

1. In the case of a treaty which is void under article 53 the parties shall:

(a) eliminate as far as possible the consequences of any act performed in reliance on any provision which conflicts with the peremptory norm of general international law; and
(b) bring their mutual relations into conformity with the peremptory norm of general international law.

제71조
일반 국제법의 강행규범과 충돌하는 조약의 무효의 효과

1. 제53조에 따라 무효인 조약의 경우에 당사국은 다음의 조치를 취한다.

가. 일반 국제법의 강행규범과 충돌하는 규정에 의존하여 행하여진 행위의 결과를 가능한 한 제거하며 또한

나. 당사국의 상호관계를 일반국제법의 강행규범과 일치시키도록 한다.

2. In the case of a treaty which becomes void and terminates under article 64, the termination of the treaty:

(a) releases the parties from any obligation further to perform the treaty;

(b) does not affect any right, obligation or legal situation of the parties created through the execution of the treaty prior to its termination; provided that those rights, obligations or situations may thereafter be maintained only to the extent that their maintenance is not in itself in conflict with the new peremptory norm of general international law.

2. 제64조에 따라 무효로 되어 종료하는 조약의 경우에 그 조약의 종료는 다음의 효과를 가져 온다.

가. 당사국에 대하여 추후 그 조약을 이행할 의무를 해제한다.

나. 조약의 종료 전에 그 조약의 시행을 통하여 생긴 당사국의 권리·의무 또는 법적 상태에 영향을 주지 아니한다. 다만, 그러한 권리·의무 또는 상태는 그 유지 자체가 일반 국제법의 새로운 강행규범과 충돌하지 아니하는 범위 내에서만 그 이후 유지될 수 있을 것을 조건으로 한다.

Article 72
Consequences of the suspension of the operation of a treaty

1. Unless the treaty otherwise provides or the parties otherwise agree, the suspension of the operation of a treaty under its provisions or in accordance with the present Convention:

(a) releases the parties between which the operation of the treaty is suspended from the obligation to perform the treaty in their mutual relations during the period of the suspension;

(b) does not otherwise affect the legal relations between the parties established by the treaty.

2. During the period of the suspension the parties shall refrain from acts tending to obstruct the resumption of the operation of the treaty.

제72조
조약의 시행정지 효과

1. 조약이 달리 규정하지 아니하거나 또는 당사국이 달리 합의하지 아니하는 한 조약의 규정에 따르거나 또는 이 협약에 의거한 그 조약의 시행정지는 다음의 효과를 가져 온다.

가. 조약의 시행이 정지되어 있는 당사국에 대해서는 동 정지기간 동안 그 상호관계에 있어서 그 조약을 이행할 의무를 해제한다.

나. 그 조약에 의하여 확립된 당사국간의 법적 관계에 달리 영향을 주지 아니한다.

2. 시행정지 기간 동안 당사국은 그 조약의 시행 재개를 방해하게 되는 행위를 삼가하여야 한다.

PART VI
MISCELLANEOUS PROVISIONS

제6부 기타 조항

Article 73
Cases of State succession, State responsibility and outbreak of hostilities

The provisions of the present Convention shall not prejudge any question that may arise in regard to a treaty from a succession of States or from the international responsibility of a State or from the outbreak of hostilities between States.

제73조
국가승계 · 국가책임 및 적대행위 발발의 경우

이 협약의 규정은 국가승계·국가의 국제책임 또는 국가 간의 적대행위의 발발로부터 조약에 관하여 발생될 수 있는 문제를 예단하지 아니한다.

Article 74
Diplomatic and consular relations and the conclusion of treaties

The severance or absence of diplomatic or consular relations between two or more States does not prevent the conclusion of treaties between those States. The conclusion of a treaty does not in itself affect the situation in regard to diplomatic or consular relations.

제74조
외교 및 영사 관계와 조약의 체결

2개국 또는 그 이상의 국가 간의 외교 또는 영사관계의 단절 또는 부재는 그러한 국가 간의 조약체결을 막지 아니한다. 조약의 체결은 그 자체 외교 또는 영사관계에 관련된 상태에 영향을 주지 아니한다.

Article 75
Case of an aggressor State

The provisions of the present Convention are without prejudice to any obligation in relation to a treaty which may arise for an aggressor State in consequence of measures taken in conformity with the Charter of the United Nations with reference to that State's aggression.

제75조
침략국의 경우

이 협약의 규정은 국제연합헌장에 의거하여 침략국의 침략에 관하여 취해진 조치의 결과로서 그 침략국에 대하여 발생될 수 있는 조약상의 의무를 침해하지 아니한다.

PART Ⅶ DEPOSITARIES, NOTIFICATIONS, CORRECTIONS AND EGISTRATION

제 7 부 수탁자 · 통고 · 정정 및 등록

Article 76 Depositaries of treaties

제76조 조약의 수탁자

1. The designation of the depositary of a treaty may be made by the negotiating States, either in the treaty itself or in some other manner. The depositary may be one or more States, an international organization or the chief administrative officer of the organization.

1. 조약의 수탁자는 조약 그 자체 속에 또는 기타의 방법으로 교섭국에 의하여 지정될 수 있다. 수탁자는 1 또는 그 이상의 국가·국제기구 또는 국제기구의 수석 행정관이 될 수 있다.

2. The functions of the depositary of a treaty are international in character and the depositary is under an obligation to act impartially in their performance. In particular, the fact that a treaty has not entered into force between certain of the parties or that a difference has appeared between a State and a depositary with regard to the performance of the latter's functions shall not affect that obligation.

2. 조약의 수탁자의 기능은 성질상 국제적이며 또한 수탁자는 그 기능을 수행함에 있어서 공평하게 행동할 의무를 진다. 특히, 조약이 일부 당사국간에 발효하지 아니하였거나 또는 수탁자의 기능의 수행에 관하여 국가와 수탁자간에 의견의 차이가 발생한 사실은 그러한 의무에 영향을 주지 아니한다.

Article 77 Functions of depositaries

제77조 수탁자의 기능

1. The functions of a depositary, unless otherwise provided in the treaty or agreed by the contracting States, comprise in particular:

1. 달리 조약에 규정되어 있지 아니하거나 또는 체약국이 합의하지 아니하는 한 수탁자의 기능은 특히 다음의 것을 포함한다.

(a) keeping custody of the original text of the treaty and of any full powers delivered to the depositary;

가. 수탁자에 송달된 조약 및 전권 위임장의 원본 보관

(b) preparing certified copies of the original text and preparing any further text of the treaty in such additional lan-

나. 원본의 인증등본 작성, 조약에 의하여 요구될 수 있는 추가의 언어에 의한 조약문 작성 및 조약의 당사국과 당사국이 될 수

guages as may be required by the treaty and transmitting them to the parties and to the States entitled to become parties to the treaty;

있는 권리를 가진 국가에의 그 전달

(c) receiving any signatures to the treaty and receiving and keeping custody of any instruments, notifications and communications relating to it;

다. 조약에 대한 서명의 접수 및 조약에 관련된 문서·통고 및 통첩의 접수와 보관

(d) examining whether the signature or any instrument, notification or communication relating to the treaty is in due and proper form and, if need be, bringing the matter to the attention of the State in question;

라. 서명 또는 조약에 관련된 문서·통고 또는 통첩이 정당하고 또한 적절한 형식으로 된 것인가의 검토 및 필요한 경우에 문제점에 대하여 당해 국가의 주의 환기

(e) informing the parties and the States entitled to become parties to the treaty of acts, notifications and communications relating to the treaty;

마. 조약의 당사국 및 당사국이 될 수 있는 권리를 가진 국가에 대한 그 조약에 관련된 행위의 통고 및 통첩의 통보

(f) informing the States entitled to become parties to the treaty when the number of signatures or of instruments of ratification, acceptance, approval or accession required for the entry into force of the treaty has been received or deposited;

바. 조약의 발효에 필요한 수의 서명 또는 비준서·수락서·승인서 또는 가입서가 접수되거나 또는 기탁되는 경우에 조약의 당사국이 될 수 있는 권리를 가진 국가에의 통보

(g) registering the treaty with the Secretariat of the United Nations;

사. 국제연합사무국에의 조약의 등록

(h) performing the functions specified in other provisions of the present Convention.

아. 이 협약의 다른 규정에 명시된 기능의 수행

2. In the event of any difference appearing between a State and the depositary as to the performance of the latter's functions, the depositary shall bring the question to the attention of the signatory States and the contracting States or, where appropriate, of the competent organ of the international organization concerned.

2. 수탁자의 기능의 수행에 관하여 국가와 수탁자간에 발생하는 의견의 차이의 경우에 수탁자는 그 문제에 대하여 서명국과 체약국 또는 적절한 경우에는 관계 국제기구의 권한 있는 기관의 주의를 환기시킨다.

Article 78
Notifications and communications

Except as the treaty or the present Convention otherwise provide, any notification or communication to be made by any State under the present Convention shall:

(a) if there is no depositary, be transmitted direct to the States for which it is intended, or if there is a depositary, to the latter;

(b) be considered as having been made by the State in question only upon its receipt by the State to which it was transmitted or, as the case may be, upon its receipt by the depositary;

(c) if transmitted to a depositary, be considered as received by the State for which it was intended only when the latter State has been informed by the depositary in accordance with article 77, paragraph 1 (e).

제78조
통고 및 통첩

조약 또는 이 협약이 달리 규정하는 경우를 제외하고 이 협약에 따라 국가가 행하는 통고 또는 통첩은 다음과 같이 취급된다.

가. 수탁자가 없는 경우에는 통고 또는 통첩은 받을 국가에 직접 전달되며 수탁자가 있는 경우에는 수탁자에게 전달된다.

나. 전달 대상 국가가 통고 또는 통첩을 접수한 때에만 또는 경우에 따라 수탁자가 접수한 때에만 문제의 국가가 그 통고 또는 통첩을 행한 것으로 간주된다.

다. 수탁자에게 전달된 경우에는 전달 대상 국가가 제77조 1항 (e)에 의거하여 수탁자로부터 통보받은 경우에만 그 국가가 접수한 것으로 간주된다.

Article 79
Correction of errors in texts or in certified copies of treaties

1. Where, after the authentication of the text of a treaty, the signatory States and the contracting States are agreed that it contains an error, the error shall, unless they decide upon some other means of correction, be corrected:

(a) by having the appropriate correction made in the text and causing the correction to be initialled by duly authorized representatives;

제79조
조약문 또는 인증등본상의 착오 정정

1. 조약문의 정본인증 후 그 속에 착오가 있다는 것에 서명국 및 체약국이 합의하는 경우에는 그들이 다른 정정방법에 관하여 결정하지 아니하는 한 착오는 다음과 같이 정정된다.

가. 착오문에 적당한 정정을 가하고 정당히 권한을 위임받은 대표가 그 정정에 가서명하는 것

(b) by executing or exchanging an instrument or instruments setting out the correction which it has been agreed to make; or

(c) by executing a corrected text of the whole treaty by the same procedure as in the case of the original text.

나. 합의된 정정을 기재한 1 또는 그 이상의 문서에 효력을 부여하거나 또는 이를 교환하는 것

다. 원본의 경우와 동일한 절차에 의하여 조약 전체의 정정본을 작성하는 것

2. Where the treaty is one for which there is a depositary, the latter shall notify the signatory States and the contracting States of the error and of the proposal to correct it and shall specify an appropriate time-limit within which objection to the proposed correction may be raised. If, on the expiry of the time-limit:

2. 수탁자가 있는 조약의 경우에 수탁자는 서명국 및 체약국에 대하여 착오와 그 정정 제안을 통보하며 또한 제안된 정정에 대하여 이의를 제기할 수 있는 적절한 기한을 명시한다. 그 기한이 만료되면 다음의 조치가 취하여진다.

(a) no objection has been raised, the depositary shall make and initial the correction in the text and shall execute a *proces-verbal* of the rectification of the text and communicate a copy of it to the parties and to the States entitled to become parties to the treaty;

(b) an objection has been raised, the depositary shall communicate the objection to the signatory States and to the contracting States.

가. 이의가 제기되지 아니한 경우에 수탁자는 착오문에 정정을 가하고 이에 가서명하며 또한 착오문의 정정 「경위서」를 작성하여 그 사본을 조약의 당사국 및 조약의 당사국이 될 수 있는 권리를 가진 국가에 송부한다.

나. 이의가 제기된 경우에 수탁자는 그 이의를 서명국 및 체약국에 송부한다.

3. The rules in paragraphs 1 and 2 apply also where the text has been authenticated in two or more languages and it appears that there is a lack of concordance which the signatory States and the contracting States agree should be corrected.

3. 조약문이 2 또는 그 이상의 언어로 정본인증되고 또한 서명국 및 체약국간의 합의로써 정정되어야 할 합치의 결여가 있다고 보이는 경우에는 상기 1항 및 2항의 규칙이 또한 적용된다.

4. The corrected text replaces the defec-

4. 정정본은 서명국 및 체약국이 달리 결정하

tive text *ab initio*, unless the signatory States and the contracting States otherwise decide.

지 아니하는 한「처음부터」흠결본을 대치한다.

5. The correction of the text of a treaty that has been registered shall be notified to the Secretariat of the United Nations.

5. 등록된 조약문의 정정은 국제연합사무국에 통고된다.

6. Where an error is discovered in a certified copy of a treaty, the depositary shall execute a *proces-verbal* specifying the rectification and communicate a copy of it to the signatory States and to the contracting States.

6. 조약의 인증등본에서 착오가 발견되는 경우에 수탁자는 정정을 명시하는「경위서」를 작성하며 또한 그 사본을 서명국 및 체약국에 송부한다.

Article 80
Registration and publication of treaties

제80조
조약의 등록 및 발간

1. Treaties shall, after their entry into force, be transmitted to the Secretariat of the United Nations for registration or filing and recording, as the case may be, and for publication.

1. 조약은 그 발효 후에 경우에 따라 등록 또는 편철과 기록을 위하여 또한 발간을 위하여 국제연합사무국에 송부된다.

2. The designation of a depositary shall constitute authorization for it to perform the acts specified in the preceding paragraph.

2. 수탁자의 지정은 상기 전항에 명시된 행위를 수탁자가 수행할 수 있는 권한을 부여하게 된다.

PART VIII FINAL PROVISIONS

제8부 최종조항

Article 81
Signature

제81조
서 명

The present Convention shall be open for signature by all States Members of the United Nations or of any of the specialized agencies or of the International Atomic Energy Agency or parties to the Statute of

이 협약은 국제연합 또는 전문기구중의 어느 하나 또는 국제원자력기구의 모든 회원국 또는 국제사법재판소 규정의 당사국 및 국제연합총회에 의하여 이 협약의 당사국이 되도록 초청된 기타의 국가에 의한 서명을 위하여

the International Court of Justice, and by any other State invited by the General Assembly of the United Nations to become a party to the Convention, as follows: until 30 November 1969, at the Federal Ministry for Foreign Affairs of the Republic of Austria, and subsequently, until 30 April 1970, at United Nations Headquarters, New York.

다음과 같이 개방된다. 즉 1969년 1월 30일까지는 오스트리아 공화국의 연방 외무부에서 개방되며 또한 그 이후 1970년 4월 30일까지는 뉴욕의 국제연합본부에서 개방된다.

Article 82
Ratification

The present Convention is subject to ratification. The instruments of ratification shall be deposited with the Secretary-General of the United Nations.

제82조
비 준

이 협약은 비준되어야 한다. 비준서는 국제연합사무총장에게 기탁된다.

Article 83
Accession

The present Convention shall remain open for accession by any State belonging to any of the categories mentioned in article 81. The instruments of accession shall be deposited with the Secretary-General of the United Nations.

제83조
가 입

이 협약은 제81조에 언급된 카테고리의 어느 하나에 속하는 국가에 의한 가입을 위하여 계속 개방된다. 가입서는 국제연합사무총장에게 기탁된다.

Article 84
Entry into force

1. The present Convention shall enter into force on the thirtieth day following the date of deposit of the thirty-fifth instrument of ratification or accession.
2. For each State ratifying or acceding to the Convention after the deposit of the thirty-fifth instrument of ratification

제84조
발 효

1. 이 협약은 35번째의 비준서 또는 가입서가 기탁된 날로부터 30일 후에 발효한다.
2. 35번째의 비준서 또는 가입서가 기탁된 후 이 협약에 비준하거나 또는 가입하는 각 국가에 대하여 이 협약은 그 국가에 의

or accession, the Convention shall enter into force on the thirtieth day after deposit by such State of its instrument of ratification or accession.

한 비준서 또는 가입서의 기탁으로부터 30일 후에 발효한다.

Article 85
Authentic texts

The original of the present Convention, of which the Chinese, English, French, Russian and Spanish texts are equally authentic, shall be deposited with the Secretary-General of the United Nations.

제85조
정 본

중국어 · 영어 · 불어 · 노어 및 서반아어본이 동등히 정본인 이 협약의 원본은 국제연합사무총장에게 기탁된다.

IN WITNESS WHEREOF the undersigned Plenipotentiaries, being duly authorized thereto by their respective Governments, have signed the present Convention.

이상의 증거로, 하기 전권대표는 각자의 정부에 의하여 정당히 권한을 위임받아 이 협약에 서명하였다.

DONE AT Vienna, this twenty-third day of May, one thousand nine hundred and sixty-nine.

일천구백육십구년 오월 이십삼일 비엔나에서 작성되었다.

PART II

Law of International Relations

4. Vienna Convention on Diplomatic Relations (1961)

4. 외교관계에 관한 비엔나협약

Date : 18 April 1961
In force : 24 April 1964
States Party : 190
Korea : 27 January 1971 (조약 제365호)
Link : www.treaties.un.org

The States Parties to the present Convention,

본 협약의 당사국은,

Recalling that peoples of all nations from ancient times have recognized the status of diplomatic agents,

고대로부터 모든 국가의 국민이 외교관의 신분을 인정하였음을 상기하고,

Having in mind the purposes and principles of the Charter of the United Nations concerning the sovereign equality of States, the maintenance of international peace and security, and the promotion of friendly relations among nations,

국가의 주권평등, 국제평화와 안전의 유지 및 국가간의 우호관계의 증진에 관한 국제연합 헌장의 목적과 원칙을 명심하고,

Believing that an international convention on diplomatic intercourse, privileges and immunities would contribute to the development of friendly relations among nations, irrespective of their differing constitutional and social systems,

외교교섭, 특권 및 면제에 관한 국제협약의 여러 국가의 상이한 헌법체계와 사회제도에도 불구하고, 국가간의 우호관계의 발전에 기여할 것임을 확신하고,

Realizing that the purpose of such privileges and immunities is not to benefit individuals but to ensure the efficient performance of the functions of diplomatic missions as representing States,

이러한 특권과 면제의 목적이 개인의 이익을 위함이 아니라 국가를 대표하는 외교공관직무의 효율적 수행을 보장하기 위한 것임을 인식하며,

Affirming that the rules of customary international law should continue to govern questions not expressly regulated by the

본 협약의 규정에 명시적으로 규제되지 아니한 문제에는 국제관습법의 규칙이 계속 지배하여야 함을 확인하며,

provisions of the present Convention,

Have agreed as follows :

다음과 같이 합의하였다.

Article 1

제 1 조

For the purpose of the present Convention, the following expressions shall have the meanings hereunder assigned to them.

본 협약의 적용상 하기 표현은 다음에서 정한 의미를 가진다.

(a) the "head of the mission" is the person charged by the sending State with the duty of acting in that capacity;
(b) the "members of the mission" are the head of the mission and the members of the staff of the mission;
(c) the "members of the staff of the mission" are the members of the diplomatic staff, of the administrative and technical staff and of the service staff of the mission;
(d) the "members of the diplomatic staff" are the members of the staff of the mission having diplomatic rank;
(e) a "diplomatic agent" is the head of the mission or a member of the diplomatic staff of the mission;
(f) the "members of the administrative and technical staff" are the members of the staff of the mission employed in the administrative and technical service of the mission;
(g) the "members of the service staff" are the members of the staff of the mission in the domestic service of the mission;
(h) a "private servant" is a person who is in the domestic service of a member of the mission and who is not an em-

가. "공관장"이라 함은 파견국이 그러한 자격으로 행동할 임무를 부여한 자를 말한다.
나. "공관원"이라 함은 공관장과 공관직원을 말한다.
다. "공관직원"이라 함은 공관의 외교직원, 행정 및 기능직원 그리고 노무직원을 말한다.
라. "외교직원"은 외교관의 직급을 가진 공관직원을 말한다.
마. "외교관"이라 함은 공관장이나 공관의 외교직원을 말한다.
바. "행정 및 기능직원"이라 함은 공관의 행정 및 기능업무에 고용된 공관직원을 말한다.
사. "노무직원"이라 함은 공관의 관내역무에 종사하는 공관직원을 말한다.
아. "개인 사용인"이라 함은 공관직원의 가사에 종사하며 파견국의 피고용인이 아닌 자를 말한다.

ployee of the sending State;

(i) the "premises of the mission" are the buildings or parts of buildings and the land ancillary thereto, irrespective of ownership, used for the purposes of the mission including the residence of the head of the mission.

자. "공관지역"이라 함은 소유자 여하를 불문하고, 공관장의 주거를 포함하여 공관의 목적으로 사용되는 건물과 건물의 부분 및 부속토지를 말한다.

Article 2

제2조

The establishment of diplomatic relations between States, and of permanent diplomatic missions, takes place by mutual consent.

국가간의 외교관계의 수립 및 상설 외교공관의 설치는 상호 합의에 의하여 이루어진다.

Article 3

제3조

1. The functions of a diplomatic mission consist *inter alia* in:

(a) representing the sending State in the receiving State;

(b) protecting in the receiving State the interests of the sending State and of its nationals, within the limits permitted by international law;

(c) negotiating with the Government of the receiving State;

(d) ascertaining by all lawful means conditions and developments in the receiving State, and reporting thereon to the Government of the sending State;

(e) promoting friendly relations between the sending State and the receiving State, and developing their economic, cultural and scientific relations.

1. 외교사절의 직무는 특히 아래와 같은 것을 포함한다.

가. 접수국에서의 파견국의 대표

나. 접수국에 있어서, 국제법이 허용하는 한도 내에서, 파견국과 파견국 국민의 이익보호

다. 접수국 정부와의 교섭

라. 모든 합법적인 방법에 의한 접수국의 사정과 발전의 확인 및 파견국 정부에 대한 상기 사항의 보고

마. 접수국과 파견국간의 우호관계 증진 및 양국간의 경제, 문화 및 과학관계의 발전

2. Nothing in the present Convention shall be construed as preventing the perfor-

2. 본 협약의 어떠한 규정도 외교공관에 의한 영사업무의 수행을 방해하는 것으로 해석

mance of consular functions by a diplomatic mission.

되지 아니한다.

Article 4

제4조

1. The sending State must make certain that the *agrément* of the receiving State has been given for the person it proposes to accredit as head of the mission to that State.

1. 파견국은 공관장으로 파견하고자 제의한 자에 대하여 접수국의 아그레망(*agrément*)이 부여되었음을 확인하여야 한다.

2. The receiving State is not obliged to give reasons to the sending State for a refusal of *agrément*.

2. 접수국은 아그레망을 거절한 이유를 파견국에 제시할 의무를 지지 아니한다.

Article 5

제5조

1. The sending State may, after it has given due notification to the receiving States concerned, accredit a head of mission or assign any member of the diplomatic staff, as the case may be, to more than one State, unless there is express objection by any of the receiving States.

1. 파견국은 관계접수국들에 적절한 통고를 행한 후 접수국 중 어느 국가의 명백한 반대가 없는 한, 사정에 따라서 1개국 이상의 국가에 1인의 공관장을 파견하거나 외교직원을 임명할 수 있다.

2. If the sending State accredits a head of mission to one or more other States it may establish a diplomatic mission headed by a "*chargé d'affaires*" *ad interim* in each State where the head of mission has not his permanent seat.

2. 파견국이 1개국 또는 그 이상의 국가에 1인의 공관장을 파견하는 경우, 파견국은 공관장이 상주하지 아니하는 각국에 대사대리를 장으로 하는 외교공관을 설치할 수 있다.

3. A head of mission or any member of the diplomatic staff of the mission may act as representative of the sending State to any international organization.

3. 공관장이나 공관의 외교직원은 어떠한 국제기구에 대하여서도 파견국의 대표로서 행동할 수 있다.

Article 6

Two or more States may accredit the same person as head of mission to another State, unless objection is offered by the receiving State.

제6조

2개국 또는 그 이상의 국가는, 접수국의 반대가 없는 한, 동일한 자를 공관장으로 타국에 파견할 수 있다.

Article 7

Subject to the provisions of Articles 5, 8, 9 and 11, the sending State may freely appoint the members of the staff of the mission. In the case of military, naval or air attaches, the receiving State may require their names to be submitted beforehand, for its approval.

제7조

제5조, 제8조, 제9조 및 제11조의 규정에 따를 것을 조건으로, 파견국은 자유로이 공관직원을 임명할 수 있다. 육·해·공군의 무관인 경우에는, 접수국은 그의 승인을 위하여 사전에 그들의 명단 제출을 요구할 수 있다.

Article 8

1. Members of the diplomatic staff of the mission should in principle be of the nationality of the sending State.
2. Members of the diplomatic staff of the mission may not be appointed from among persons having the nationality of the receiving State, except with the consent of that State which may be withdrawn at any time.
3. The receiving State may reserve the same right with regard to nationals of a third State who are not also nationals of the sending State.

제8조

1. 공관의 외교직원은 원칙적으로 파견국의 국적을 가진 자이어야 한다.
2. 공관의 외교직원은 언제라도 철회할 수 있는 접수국 측의 동의가 있는 경우를 제외하고는 접수국의 국적을 가진 자 중에서 임명하여서는 아니된다.
3. 접수국은 파견국의 국민이 아닌 제3국의 국민에 관하여서도 동일한 권리를 유보할 수 있다.

Article 9

1. The receiving State may at any time and without having to explain its decision, notify the sending State that

제9조

1. 접수국은, 언제든지 그리고 그 결정을 설명할 필요 없이, 공관장이나 또는 기타 공관의 외교직원이 부적절한 인물(*persona*

the head of the mission or any member of the diplomatic staff of the mission is *persona non grata* or that any other member of the staff of the mission is not acceptable. In any such case, the sending State shall, as appropriate, either recall the person concerned or terminate his functions with the mission. A person may be declared non grata or not acceptable before arriving in the territory of the receiving State.

non grata)이며, 또는 기타의 공관직원을 받아들일 수 없는 인물이라고 파견국에 통고할 수 있다. 이와 같은 경우에, 파견국은 적절히 관계자를 소환하거나 또는 그의 공관직무를 종료시켜야 한다. 접수국은 누구라도 접수국의 영역에 도착하기 전에 부적절한 인물 또는 받아들일 수 없는 인물로 선언할 수 있다.

2. If the sending State refuses of fails within a reasonable period to carry out its obligations under paragraph 1 of this Article, the receiving State may refuse to recognize the person concerned as a member of the mission.

2. 파견국이 본조 제1항에 의한 의무의 이행을 거절하거나 또는 상당한 기일 내에 이행하지 못하는 경우에는, 접수국은 관계자를 공관원으로 인정함을 거부할 수 있다.

Article 10

제 10 조

1. The Ministry for Foreign Affairs of the receiving State, or such other ministry as may be agreed, shall be notified of:

(a) the appointment of members of the mission, their arrival and their final departure or the termination of their functions with the mission;

(b) the arrival and final departure of a person belonging to the family of a member of the mission and, where appropriate, the fact that a person becomes or ceases to be a member of the family of a member of the mission;

(c) the arrival and final departure of private servants in the employ of persons referred to in sub-paragraph (a) of this paragraph and, where appropriate, the fact that they are leav-

1. 접수국의 외무부 또는 합의되는 기타 부처는 다음과 같은 통고를 받는다.

가. 공관원의 임명, 그들의 도착과 최종 출발 또는 그들의 공관 직무의 종료.

나. 공관원의 가족에 속하는 자의 도착 및 최종 출발, 그리고 적당한 경우, 어떤 사람이 공관원의 가족의 일원이 되거나 또는 되지 않게 되는 사실.

다. 본항 (a)에 언급된 자에게 고용된 개인사용인의 도착과 최종 출발 그리고, 적당한 경우, 그들의 고용인과 해약을 하게 되는 사실.

ing the employ of such persons;

(d) the engagement and discharge of persons resident in the receiving State as members of the mission or private servants entitled to privileges and immunities.

라. 특권 및 면제를 받을 권리를 가진 공관원이나 개인 사용인으로서 접수국에 거주하는 자의 고용 및 해고.

2. Where possible, prior notification of arrival and final departure shall also be given.

2. 가능하면, 도착과 최종 출발의 사전 통고도 하여야 한다.

Article 11

제 11 조

1. In the absence of specific agreement as to the size of the mission, the receiving State may require that the size of a mission be kept within limits considered by it to be reasonable and normal, having regard to circumstances and conditions in the receiving State and to the needs of the particular mission.

1. 공관 규모에 관한 특별한 합의가 없는 경우에는, 접수국은 자국의 사정과 조건 및 당해 공관의 필요성을 감안하여, 합리적이며, 정상적이라고 인정되는 범위 내에서 공관의 규모를 유지할 것을 요구할 수 있다.

2. The receiving State may equally, within similar bounds and on a non discriminatory basis, refuse to accept officials of a particular category.

2. 접수국은 또한 유사한 범위 내에서 그리고 무차별의 기초 위에서, 특정 범주에 속하는 직원의 접수를 거부할 수 있다.

Article 12

제 12 조

The sending State may not, without the prior express consent of the receiving State, establish offices forming part of the mission in localities other than those in which the mission itself is established.

파견국은 접수국의 명시적인 사전 동의가 없이는 공관이 설립된 이외의 다른 장소에 공관의 일부를 구성하는 사무소를 설치할 수 없다.

Article 13

제 13 조

1. The head of the mission is considered as having taken up his functions in the receiving State either when he has pre-

1. 공관장은 일률적으로 적용되는 접수국의 일반적 관행에 따라 자기의 신임장을 제정하였을 때 또는 그의 도착을 통고하고 신

sented his credentials or when he has notified his arrival and a true copy of his credentials has been presented to the Ministry for Foreign Affairs of the receiving State, or such other ministry as may be agreed, in accordance with the practice prevailing in the receiving State which shall be applied in a uniform manner.

임장을 제정하였을 때 또는 그의 도착을 통고하고 신임장의 진정등본을 접수국의 외무부 또는 합의된 기타 부처에 제출하였을 때에 접수국에서 그의 직무를 개시한 것으로 간주된다.

2. The order of presentation of credentials or of a true copy thereof will be determined by the date and time of the arrival of the head of the mission.

2. 신임장이나 또는 신임장의 진정등본 제출 순서는 공관장의 도착 일자와 시간에 의하여 결정한다.

Article 14

제 14 조

1. Heads of mission are divided into three classes, namely:

(a) that of ambassadors or nuncios accredited to Heads of State, and other heads of mission of equivalent rank;
(b) that of envoys, ministers and internuncios accredited to Heads of State;
(c) that of "*chargé d'affaires*" accredited to Ministers for Foreign Affairs.

1. 공관장은 다음의 3가지 계급으로 구분된다.

가. 국가원수에게 파견된 대사 또는 교황청대사, 그리고 동등한 계급을 가진 기타의 공관장.
나. 국가원수에게 파견된 공사 또는 교황청 공사.
다. 외무부장관에게 파견된 대리공사.

2. Except as concerns precedence and etiquette, there shall be no differentiation between heads of mission by reason of their class.

2. 서열 및 의례에 관계되는 것을 제외하고는, 그들의 계급으로 인한 공관장간의 차별이 있어서는 아니된다.

Article 15

제 15 조

The class to which the heads of their missions are to be assigned shall be agreed between States.

공관장에게 부여되는 계급은 국가간의 합의로 정한다.

Article 16

1. Heads of mission shall take precedence in their respective classes in the order of the date and time of taking up their functions in accordance with Article 13.

2. Alterations in the credentials of a head of mission not involving any change of class shall not affect his precedence.

3. This article is without prejudice to any practice accepted by the receiving State regarding the precedence of the representative of the Holy See.

제 16 조

1. 공관장은 제13조의 규정에 의거하여 그 직무를 개시한 일자와 시간의 순서로 각자의 해당계급 내의 서열이 정하여진다.

2. 계급의 변동에 관련되지 아니한 공관장의 신임장 변경은 그의 서열에 영향을 미치지 아니한다.

3. 본조는 교황청대표의 서열에 관하여 접수국에 의하여 승인된 어떠한 관행도 침해하지 아니한다.

Article 17

The precedence of the members of the diplomatic staff of the mission shall be notified by the head of the mission to the Ministry for Foreign Affairs or such other ministry as may be agreed.

제 17 조

공관장은 공관의 외교직원의 서열을 외무부 또는 합의되는 기타 부처에 통고한다.

Article 18

The procedure to be observed in each State for the reception of heads of mission shall be uniform in respect of each class.

제 18 조

공관장의 접수를 위하여 각국에서 준수되는 절차는 각 계급에 관하여 일률적이어야 한다.

Article 19

1. If the post of head of the mission is vacant, or if the head of the mission is unable to perform his functions, a "*chargé d'affaires*" *ad interim* shall act provisionally as head of the mission. The name of the "*chargé d'affaires*" *ad interim* shall be notified, either by the head of the mission or, in case he is

제 19 조

1. 공관장이 공석이거나 또는 공관장이 그의 직무를 수행할 수 없을 경우에는 대사대리가 잠정적으로 공관장으로서 행동한다. 대사대리의 성명은, 공관장이나 또는 공관장이 할 수 없는 경우에는, 파견국의 외무부가 접수국의 외무부 또는 합의된 기타 부처에 통고한다.

unable to do so, by the Ministry for Foreign Affairs of the sending State to the Ministry for Foreign Affairs of the receiving State or such other ministry as may be agreed.

2. In cases where no member of the diplomatic staff of the mission is present in the receiving State, a member of the administrative and technical staff may, with the consent of the receiving State, be designated by the sending State to be in charge of the current administrative affairs of the mission.

2. 접수국에 공관의 외교직원이 없는 경우에는, 파견국은 접수국의 동의를 얻어 행정 및 기능직원을, 공관의 일상관리사무를 담당하도록 지명할 수 있다.

Article 20

The mission and its head shall have the right to use the flag and emblem of the sending State on the premises of the mission, including the residence of the head of the mission, and on his means of transport.

제 20 조

공관과 공관장은 공관장의 주거를 포함한 공관지역 및 공관장의 수송수단에 파견국의 국기 및 문장을 사용할 권리를 가진다.

Article 21

1. The receiving State shall either facilitate the acquisition on its territory, in accordance with its laws, by the sending State of premises necessary for its mission or assist the latter in obtaining accommodation in some other way.

2. It shall also, where necessary, assist missions in obtaining suitable accommodation for their members.

제 21 조

1. 접수국은, 그 법률에 따라, 파견국이 공관을 위하여 필요로 하는 공관지역을 접수국의 영토에서 취득함을 용이하게 하거나 또는 기타 방법으로 파견국이 시설을 획득하는데 있어서 이를 원조하여야 한다.

2. 접수국은 또한 필요한 경우, 공관이 그들의 관원을 위하여 적당한 시설을 획득하는데 있어서 이를 원조하여야 한다.

Article 22

1. The premises of the mission shall be

제 22 조

1. 공관지역은 불가침이다. 접수국의 관헌은

inviolable. The agents of the receiving State may not enter them, except with the consent of the head of the mission.

공관장의 동의없이는 공관지역에 들어가지 못한다.

2. The receiving State is under a special duty to take all appropriate steps to protect the premises of the mission against any intrusion or damage and to prevent any disturbance of the peace of the mission or impairment of its dignity.

2. 접수국은 어떠한 침입이나 손해에 대하여도 공관지역을 보호하며 공관의 안녕을 교란시키거나 품위의 손상을 방지하기 위하여 모든 적절한 조치를 취할 특별한 의무를 가진다.

3. The premises of the mission, their furnishings and other property thereon and the means of transport of the mission shall be immune from search, requisition, attachment or execution.

3. 공관지역과 동 지역 내에 있는 비품류 및 기타 재산과 공관의 수송수단은 수색, 징발, 차압 또는 강제집행으로부터 면제된다.

Article 23

제23조

1. The sending State and the head of the mission shall be exempt from all national, regional or municipal dues and taxes in respect of the premises of the mission, whether owned or leased, other than such as represent payment for specific services rendered.

1. 파견국 및 공관장은, 특정 용역의 제공에 대한 지불의 성격을 가진 것을 제외하고는, 소유 또는 임차여하를 불문하고 공관지역에 대한 국가, 지방 또는 지방자치단체의 모든 조세와 부과금으로부터 면제된다.

2. The exemption from taxation referred to in this Article shall not apply to such dues and taxes payable under the law of the receiving State by persons contracting with the sending State or the head of the mission.

2. 본 조에 규정된 조세의 면제는, 파견국 또는 공관장과 계약을 체결하는 자가 접수국의 법률에 따라 납부하여야 하는 조세나 부과금에는 적용되지 아니한다.

Article 24

제24조

The archives and documents of the mission shall be inviolable at any time and wherever they may be.

공관의 문서 및 서류는 어느 때나 그리고 어느 곳에서나 불가침이다.

Article 25

The receiving State shall accord full facilities for the performance of the functions of the mission.

제25조

접수국은 공관의 직무수행을 위하여 충분한 편의를 제공하여야 한다.

Article 26

Subject to its laws and regulations concerning zones entry into which is prohibited or regulated for reasons of national security, the receiving State shall ensure to all members of the mission freedom of movement and travel in its territory.

제26조

국가안전을 이유로 출입이 금지되어 있거나 또는 규제된 지역에 관한 법령에 따를 것을 조건으로 하여 접수국은 모든 공관원에게 대하여, 접수국 영토 내에서의 이동과 여행의 자유를 보장하여야 한다.

Article 27

1. The receiving State shall permit and protect free communication on the part of the mission for all official purposes. In communicating with the Government and the other missions and consulates of the sending State, wherever situated, the mission may employ all appropriate means, including diplomatic couriers and messages in code or cipher. However, the mission may install and use a wireless transmitter only with the consent of the receiving State.

2. The official correspondence of the mission shall be inviolable. Official correspondence means all correspondence relating to the mission and its functions.

3. The diplomatic bag shall not be opened or detained.

4. The packages constituting the diplomatic bag must bear visible external marks

제27조

1. 접수국은 공용을 위한 공관의 자유로운 통신을 허용하며 보호하여야 한다. 공관은 자국 정부 및 소재여하를 불문한 기타의 자국 공관이나 영사관과 통신을 함에 있어서, 외교 신서사 및 암호 또는 부호로 된 통신문을 포함한 모든 적절한 방법을 사용할 수 있다. 다만, 공관은 접수국의 동의를 얻어야만 무선송신기를 설치하고 사용할 수 있다.

2. 공관의 공용통신문은 불가침이다. 공용통신문이라 함은 공관 및 그 직무에 관련된 모든 통신문을 의미한다.

3. 외교행낭은 개봉되거나 유치되지 아니한다.

4. 외교행낭을 구성하는 포장물은 그 특성을 외부에서 식별할 수 있는 표지를 달아야

of their character and may contain only diplomatic documents or articles intended for official use.

하며 공용을 목적으로 한 외교문서나 물품만을 넣을 수 있다.

5. The diplomatic courier, who shall be provided with an official document indicating his status and the number of packages constituting the diplomatic bag, shall be protected by the receiving State in the performance of his functions. He shall enjoy personal inviolability and shall not be liable to any form of arrest or detention.

5. 외교신서사는 그의 신분 및 외교행낭을 구성하는 포장물의 수를 표시하는 공문서를 소지하여야 하며, 그의 직무를 수행함에 있어서 접수국의 보호를 받는다. 외교신서사는 신체의 불가침을 향유하며 어떠한 형태의 체포나 구금도 당하지 아니한다.

6. The sending State or the mission may designate diplomatic couriers ad hoc. In such cases the provisions of paragraph 5 of this Article shall also apply, except that the immunities therein mentioned shall cease to apply when such a courier has delivered to the consignee the diplomatic bag in his charge.

6. 파견국 또는 공관은 임시 외교신서사를 지정할 수 있다. 이러한 경우에는 본조 제5항의 규정이 또한 적용된다. 다만, 동 신서사가 자신의 책임하에 있는 외교행낭을 수취인에게 인도하였을 때에는 제5항에 규정된 면제가 적용되지 아니한다.

7. A diplomatic bag may be entrusted to the captain of a commercial aircraft scheduled to land at an authorized port of entry. Heshall be provided with an official document indicating the number of packages constituting the bag but he shall not be considered to be a diplomatic courier. The mission may send one of its members to take possession of the diplomatic bag directly and freely from the captain of the aircraft.

7. 외교행낭은 공인된 입국항에 착륙하게 되어 있는 상업용 항공기의 기장에게 위탁할 수 있다. 동 기장은 행낭을 구성하는 포장물의 수를 표시하는 공문서를 소지하여야 하나 외교신서사로 간주되지는 아니한다. 공관은 항공기 기장으로부터 직접으로 또는 자유롭게 외교행낭을 수령하기 위하여 공관직원을 파견할 수 있다.

Article 28

The fees and charges levied by the mission in the course of its official duties shall be exempt from all dues and taxes.

제28조

공관이 자신의 공무를 수행함에 있어서 부과한 수수료와 요금은 모든 부과금과 조세로부터 면제된다.

Article 29

The person of a diplomatic agent shall be inviolable. He shall not beliable to any form of arrest or detention. The receiving State shall treat him with due respect and shall take all appropriate steps to prevent any attack on his person, freedom or dignity.

제29조

외교관의 신체는 불가침이다. 외교관은 어떠한 형태의 체포 또는 구금을 당하지 아니한다. 접수국은 상당한 경의로서 외교관을 대우하여야 하며 또한 그의 신체, 자유 또는 품위에 대한 여하한 침해를 방지하기 위하여 모든 적절한 조치를 취하여야 한다.

Article 30

1. The private residence of a diplomatic agent shall enjoy the same inviolability and protection as the premises of the mission.

2. His papers, correspondence and, except as provided in paragraph 3 of Article 31, his property, shall likewise enjoy inviolability.

제30조

1. 외교관의 개인주거는 공관지역과 동일한 불가침과 보호를 향유한다.

2. 외교관의 서류, 통신문 그리고 제31조 제3항에 규정된 경우를 제외한 그의 재산도 동일하게 불가침권을 향유한다.

Article 31

1. A diplomatic agent shall enjoy immunity from the criminal jurisdiction of the receiving State. He shall also enjoy immunity from its civil and administrative jurisdiction, except in the case of:

(a) a real action relating to private immovable property situated in the territory of the receiving State, unless he holds it on behalf of the sending State for the purposes of the mission;
(b) an action relating to succession in which the diplomatic agent is involved as executor, administrator, heir or legatee as a private person and not on

제31조

1. 외교관은 접수국의 형사재판관할권으로부터의 면제를 향유한다. 외교관은 또한, 다음 경우를 제외하고는 접수국의 민사 및 행정재판관할권으로부터의 면제를 향유한다.

(a) 접수국의 영역 내에 있는 개인부동산에 관한 부동산 소송. 단, 외교관이 공관의 목적을 위하여 파견국을 대신하여 소유하는 경우는 예외이다.

(b) 외교관이 파견국을 대신하지 아니하고 개인으로서 유언집행인, 유산관리인, 상속인 또는 유산수취인으로서 관련된 상속에 관한 소송.

behalf of the sending State;

(c) an action relating to any professional or commercial activity exercised by the diplomatic agent in the receiving State outside his official functions.

(c) 접수국에서 외교관이 그의 공적직무 이외로 행한 전문적 또는 상업적 활동에 관한 소송.

2. A diplomatic agent is not obliged to give evidence as a witness.

2. 외교관은 증인으로서 증언을 행할 의무를 지지 아니한다.

3. No measures of execution may be taken in respect of a diplomatic agent except in the cases coming under subparagraphs (a), (b) and (c) of paragraph 1 of this Article, and provided that the measures concerned can be taken without infringing the inviolability of his person or of his residence.

3. 본조 제1항 (a), (b) 및 (c)에 해당되는 경우를 제외하고는, 외교관에 대하여 여하한 강제집행조치를 취할 수 없다. 전기의 강제집행조치는 외교관의 신체나 주거의 불가침을 침해하지 않는 경우에 취할 수 있다.

4. The immunity of a diplomatic agent from the jurisdiction of the receiving State does not exempt him from the jurisdiction of the sending State.

4. 접수국의 재판관할권으로부터 외교관을 면제하는 것은 파견국의 재판관할권으로부터 외교관을 면제하는 것은 아니다.

Article 32

제32조

1. The immunity from jurisdiction of diplomatic agents and of persons enjoying immunity under Article 37 may be waived by the sending State.

1. 파견국은 외교관 및 제37조에 따라 면제를 향유하는 자에 대한 재판관할권의 면제를 포기할 수 있다.

2. Waiver must always be express.

2. 포기는 언제나 명시적이어야 한다.

3. The initiation of proceedings by a diplomatic agent of by a person enjoying immunity from jurisdiction under Article 37 shall preclude him from invoking immunity from jurisdiction in respect of any counter-claim directly connected with the principal claim.

3. 외교관과 제37조에 따라 재판관할권의 면제를 향유하는 자가 소송을 제기한 경우에는 본소에 직접 관련된 반소에 관하여 재판관할권의 면제를 원용할 수 없다.

4. Waiver of immunity from jurisdiction in

4. 민사 또는 행정소송에 관한 재판관할권으

respect of civil or administrative proceedings shall not be held to imply waiver of immunity in respect of the execution of the judgment, for which a separate waiver shall be necessary.

로부터의 면제의 포기는 동 판결의 집행에 관한 면제의 포기를 의미하는 것으로 간주되지 아니한다. 판결의 집행으로부터의 면제를 포기하기 위하여서는 별도의 포기를 필요로 한다.

Article 33

1. Subject to the provisions of paragraph 3 of this Article, a diplomatic agent shall with respect to services rendered for the sending State be exempt from social security provisions which may be in force in the receiving State.

2. The exemption provided for in paragraph 1 of this Article shall also apply to private servants who are in the sole employ of a diplomatic agent, on condition:

(a) that they are not nationals of or permanently resident in the receiving State, and

(b) that they are covered by the social security provisions which may be in force in the sending State or a third State.

3. A diplomatic agent who employs persons to whom the exemption provided for in paragraph 2 of this Article does not apply shall observe the obligations which the social security provision of the receiving State impose upon employers.

4. The exemption provided for in paragraphs 1 and 2 of this Article shall not preclude voluntary participation in the

제33조

1. 본 조 제3항의 규정에 따를 것을 조건으로 외교관은 파견국을 위하여 제공된 역무에 관하여 접수국에서 시행되는 사회보장의 규정으로부터 면제된다.

2. 본조 제1항에 규정된 면제는, 아래의 조건으로 외교관에게 전적으로 고용된 개인사용인에게도 적용된다.

가. 개인사용인이 접수국의 국민이거나 또는 영주자가 아닐 것.

나. 개인사용인이 파견국 또는 제3국에서 시행되는 사회보장규정의 적용을 받고 있을 것.

3. 본조 제2항에 규정된 면제가 적용되지 아니하는 자를 고용하는 외교관은 접수국의 사회보장규정이 고용주에게 부과하는 제 의무를 준수하여야 한다.

4. 본조 제1항 및 제2항에 규정된 면제는, 접수국의 승인을 받는다는 조건으로 접수국의 사회보장제도에 자발적으로 참여함을

social security system of the receiving State provided that such participation is permitted by that State.

방해하지 아니한다.

5. The provisions of this Article shall not affect bilateral or multilateral agreements concerning social security concluded previously and shall not prevent the conclusion of such agreements in the future.

5. 본 조의 규정은 사회보장에 관하여 이미 체결된 양자 또는 다자협정에 영향을 주지 아니하며, 또한 장차 이러한 협정의 체결을 방해하지 아니한다.

Article 34

제 34 조

A diplomatic agent shall be exempt from all dues and taxes, personal or real, national, regional or municipal, except:

외교관은 다음의 경우를 제외하고는, 국가, 지방 또는 지방자치단체의 모든 인적 또는 물적 부과금과 조세로부터 면제된다.

(a) indirect taxes of a kind which are normally incorporated in the price of goods or services;

가. 상품 또는 용역의 가격에 통상 포함되는 종류의 간접세.

(b) dues and taxes on private immovable property situated in the territory of the receiving State, unless he holds it on behalf of the sending State for the purposes of the mission;

나. 접수국의 영역 내에 있는 사유 부동산에 대한 부과금 및 조세. 단, 공관의 목적을 위하여 파견국을 대신하여 소유하는 경우는 예외이다.

(c) estate, succession or inheritance duties levied by the receiving State, subject to the provisions of paragraph 4 of Article 39;

다. 제39조 제4항의 규정에 따를 것을 조건으로, 접수국이 부과하는 재산세, 상속세 또는 유산세.

(d) dues and taxes on private income having its source in the receiving State and capital taxes on investments made in commercial undertakings in the receiving State;

라. 접수국에 원천을 둔 개인소득에 대한 부과금과 조세 및 접수국에서 상업상의 사업에 행한 투자에 대한 자본세.

(e) charges levied for specific services rendered;

마. 특별한 용역의 제공에 부과된 요금.

(f) registration, court or record fees, mortgage dues and stamp duty, with respect to immovable property, subject

바. 제23조의 규정에 따를 것을 조건으로 부동산에 관하여 부과되는 등기세, 법원의 수수료 또는 기록수수료, 담보세 및

to the provisions of Article 23.

인지세.

Article 35

The receiving State shall exempt diplomatic agents from all personal services, from all public service of any kind whatsoever, and from military obligations such as those connected with requisitioning, military contributions and billeting.

제35조

접수국은, 외교관에 대하여 모든 인적역무와 종류여하를 불문한 일체의 공공역무 및 징발, 군사상의 기부 그리고 숙사제공 명령에 관련된 군사상의 의무로부터 면제하여야 한다.

Article 36

1. The receiving State shall, in accordance with such laws and regulations as it may adopt, permit entry of and grant exemption from all customs duties, taxes, and related charges other than charges for storage, cartage and similar services, on:

(a) articles for the official use of the mission;

(b) articles for the personal use of a diplomatic agent or members of his family forming part of his household, including articles intended for his establishment.

2. The personal baggage of a diplomatic agent shall be exempt from inspection, unless there are serious grounds for presuming that it contains articles not covered by the exemptions mentioned in paragraph 1 of this Article, or articles the import or export of which is prohibited by the law or controlled by the quarantine regulations of the receiving State. Such inspection shall be conducted only in the presence of the

제36조

1. 접수국은, 동국이 제정하는 법령에 따라서, 하기 물품의 반입을 허용하며 모든 관세 및 조세와 기타 관련되는 과징금을 면제한다. 단, 보관, 운반 및 이와 유사한 역무에 대한 과징금은 그러하지 아니하다.

가. 공관의 공용을 위한 물품.

나. 외교관의 거주용 물품을 포함하여 외교관이나 또는 그의 세대를 구성하는 가족의 개인사용을 위한 물품.

2. 외교관의 개인수하물은 검열에서 면제된다. 단, 본조 제1항에서 언급한 면제에 포함되지 아니하는 물품이 있거나, 또는 접수국의 법률로서 수출입이 금지되어 있거나, 접수국의 검역규정에 의하여 통제된 물품을 포함하고 있다고 추정할만한 중대한 이유가 있는 경우에는 그러하지 아니하다. 전기의 검열은 외교관이나 또는 그가 권한을 위임한 대리인의 입회하에서만 행하여야 한다.

diplomatic agent or of his authorized representative.

Article 37

1. The members of the family of a diplomatic agent forming part of his household shall, if they are not nationals of the receiving State, enjoy the privileges and immunities specified in Articles 29 to 36.

2. Members of the administrative and technical staff of the mission, together with members of their families forming part of their respective households, shall, if they are not nationals of or permanently resident in the receiving State, enjoy the privileges and immunities specified in Articles 29 to 35, except that the immunity from civil and administrative jurisdiction of the receiving State specified in paragraph 1 of Article 31 shall not extend to acts performed outside the course of their duties. They shall also enjoy the privileges specified in Article 36, paragraph 1, in respect of articles imported at the time of first installation.

3. Members of the service staff of the mission who are not nationals of or permanently resident in the receiving State shall enjoy immunity in respect of acts performed in the course of their duties, exemption from dues and taxes on the emoluments they receive by reason of their employment and the exemption contained in Article 33.

제37조

1. 외교관의 세대를 구성하는 그의 가족은, 접수국의 국민이 아닌 경우, 제29조에서 제36조까지 명시된 특권과 면제를 향유한다.

2. 공관의 행정 및 기능직원은, 그들의 각 세대를 구성하는 가족과 더불어, 접수국의 국민이나 영주자가 아닌 경우, 제29조에서 제35조까지 명시된 특권과 면제를 향유한다. 단, 제31조 제1항에 명시된 접수국의 민사 및 행정재판관할권으로부터의 면제는 그들의 직무 이외에 행한 행위에는 적용되지 아니한다. 그들은 또한 처음 부임할 때에 수입한 물품에 관하여 제36조 제1항에 명시된 특권을 향유한다.

3. 접수국의 국민이나 영주자가 아닌 공관의 노무직원은, 그들의 직무 중에 행한 행위에 관하여 면제를 향유하며 그들이 취업으로 인하여 받는 보수에 대한 부과금이나 조세로부터 면제되고, 제33조에 포함된 면제를 향유한다.

4. Private servants of members of the mission shall, if they are not nationals of or permanently resident in the receiving State, be exempt from dues and taxes on the emoluments they receive by reason of their employment. In other respects, they may enjoy privileges and immunities only to the extent admitted by the receiving State. However, the ceiving State must exercise its jurisdiction over those persons in such a manner as not to interfere unduly with the performance of the functions of the mission.

4. 공관원의 개인사용인은, 접수국의 국민이나 영주자가 아닌 경우, 그들이 취업으로 인하여 받는 보수에 대한 부과금이나 조세로부터 면제된다. 그 이외의 점에 대하여, 그들은 접수국이 인정하는 범위에서만 특권과 면제를 향유할 수 있다. 단, 접수국은 공관의 직무수행을 부당하게 간섭하지 않는 방법으로 이러한 자에 대한 관할권을 행사하여야 한다.

Article 38

제38조

1. Except insofar as additional privileges and immunities may be granted by the receiving State, a diplomatic agent who is a national of or permanently resident in that State shall enjoy only immunity from jurisdiction, and inviolability, in respect of official acts performed in the exercise of his functions.

1. 접수국이 추가로 특권과 면제를 부여하는 경우를 제외하고는 접수국의 국민이나 영주자인 외교관은 그의 직무수행 중에 행한 공적 행위에 대하여서만 재판관할권 면제 및 불가침권을 향유한다.

2. Other members of the staff of the mission and private servants who are nationals of or permanently resident in the receiving State shall enjoy privileges and immunities only to the extent admitted by the receiving State. However, the receiving State must exercise its jurisdiction over those persons in such a manner as not to interfere unduly with the performance of the functions of the mission.

2. 접수국의 국민이나 영주자인 기타의 공관직원과 개인사용인은 접수국이 인정하는 범위에서만 특권과 면제를 향유한다. 단, 접수국은 공관의 직무수행을 부당하게 간섭하지 않는 방법으로 이러한 자에 대한 관할권을 행사하여야 한다.

Article 39

1. Every person entitled to privileges and immunities shall enjoy them from the moment he enters the territory of the receiving State on proceeding to take up his post or, if already in its territory, from the moment when his appointment is notified to the Ministry for Foreign Affairs or such other ministry as may be agreed.

2. When the functions of a person enjoying privileges and immunities have come to an end, such privileges and immunities shall normally cease at the moment when he leaves the country, or on expiry of a reasonable period in which to do so, but shall subsist until that time, even in case of armed conflict. However, with respect to acts performed by such a person in the exercise of his functions as a member of the mission, immunity shall continue to subsist.

3. In case of the death of a member of the mission, the members of his family shall continue to enjoy the privileges and immunities to which they are entitled until the expiry of a reasonable period in which to leave the country.

4. In the event of the death of a member of the mission not a national of or permanently resident in the receiving State or a member of his family forming part of his household, the receiving State shall permit the withdrawal of the movable property of the deceased, with

제 39 조

1. 특권 및 면제를 받을 권리가 있는 자는, 그가 부임차 접수국의 영역에 들어간 순간부터, 또는 이미 접수국의 영역 내에 있을 경우에는, 그의 임명을 외무부나 또는 합의된 기타 부처에 통고한 순간부터 특권과 면제를 향유한다.

2. 특권과 면제를 향유하는 자의 직무가 종료하게 되면, 그 특권과 면제는 통상 그가 접수국에서 퇴거하거나 또는 퇴거에 요하는 상당한 기간이 만료하였을 때에 소멸하나, 무력분쟁의 경우일지라도 그 시기까지는 존속한다. 단, 공관원으로서의 직무수행 중에 그가 행한 행위에 관하여는 재판관할권으로부터의 면제가 계속 존속한다.

3. 공관원이 사망하는 경우에, 그의 가족은 접수국을 퇴거하는데 요하는 상당한 기간이 만료할 때까지 그들의 권리인 특권과 면제를 계속 향유한다.

4. 접수국의 국민이나 영주자가 아닌 공관원이나 또는 그의 세대를 구성하는 가족이 사망하는 경우에, 접수국은 자국에서 취득한 재산으로서 그의 사망시에 그 수출이 금지된 재산을 제외하고는 사망인의 동산의 반출을 허용하여야 한다. 사망자가 공관원 또는 공관원의 가족으로서 접수국에

the exception of any property acquired in the country the export of which was prohibited at the time of his death. Estate, succession and inheritance duties shall not be levied on movable property the presence of which in the receiving State was due solely to the presence there of the deceased as a member of the mission or as a member of the family of a member of the mission.

체재하였음에 전적으로 연유하여 동국에 존재하는 동산에는 재산세, 상속세 및 유산세는 부과되지 아니한다.

Article 40

1. If a diplomatic agent passes through or is in the territory of a third State, which has granted him a passport visa if such visa was necessary, while proceeding to take up or to return to his post, or when returning to his own country, the third State shall accord himinviolability and such other immunities as may be required to ensure his transit or return. The same shall apply in the case of any members of his family enjoying privileges and immunities who are accompanying the diplomatic agent, or traveling separately to join him or to return to their country.

2. In circumstances similar to those specified in paragraph 1 of this Article, third States shall not hinder the passage of members of the administrative and technical or service staff of a mission, and of members of their families, through their territories.

3. Third State shall accord to official correspondence and other official commu-

제40조

1. 외교관이 부임, 귀임 또는 본국으로 귀국하는 도중, 여권사증이 필요한 경우 그에게 여권사증을 부여한 제3국을 통과하거나 또는 제3국의 영역 내에 있을 경우에, 제3국은 그에게 불가침권과 그의 통과나 귀국을 보장함에 필요한 기타 면제를 부여하여야 한다. 동 규정은 특권이나 면제를 향유하는 외교관의 가족이 동 외교관을 동반하거나 그와 합류하거나 자국에 귀국하기 위하여 별도로 여행하는 경우에도 적용된다.

2. 본조 제1항에 명시된 것과 유사한 사정 하에서 제3국은, 공관의 행정 및 기능직원 또는 노무직원과 그들의 족이 그 영토를 통과함을 방해하여서는 아니된다.

3. 제3국은 암호 또는 부호로 된 통신문을 포함하여 통과중인 공문서와 기타 공용통신

nications in transit, including messages in code or cipher, the same freedom and protection as is accorded by the receiving State. They shall accord to diplomatic couriers, who have been granted a passport visa if such visa was necessary, and diplomatic bags in transit the same inviolability and protection as the receiving State is bound to accord.

에 대하여 접수국이 허여하는 동일한 자유와 보호를 부여하여야 한다. 제3국은, 사증이 필요한 경우 여권사증이 부여된 외교신서사와 통과중인 외교 행낭에 대하여 접수국이 부여하여야 하는 동일한 불가침권과 보호를 부여하여야 한다.

4. The obligations of third States under paragraphs 1, 2 and 3 of this Article shall also apply to the persons mentioned respectively in those paragraphs, and to official communications and diplomatic bags, whose presence in the territory of the third State is due to force majeure.

4. 본조 제1항, 제2항, 및 제3항에 따른 제3국의 의무는 전기 각항에서 언급한 자와 공용통신 및 외교행낭이 불가항력으로 제3국의 영역 내에 들어간 경우에도 적용된다.

Article 41

제41조

1. Without prejudice to their privileges and immunities, it is the duty of all persons enjoying such privileges and immunities to respect the laws and regulations of the receiving State. They also have a duty not to interfere in the internal affairs of that State.

1. 그들의 특권과 면제를 침해하지 아니하는 한, 접수국의 법령을 존중하는 것은 이와 같은 특권과 면제를 향유하는 모든 자의 의무이다. 그들은 또한 접수국의 내정에 개입하여서는 아니될 의무를 진다.

2. All official business with the receiving State entrusted to the mission by the sending State shall be conducted with or through the Ministry for Foreign Affairs of the receiving State or such other ministry as may be agreed.

2. 파견국이 공관에 위임한 접수국과의 모든 공적 사무는 접수국의 외무부 또는 합의되는 기타 부처를 통해서 행하여진다.

3. The premises of the mission must not be used in any manner incompatible with the functions of the mission as laid down in the present Convention or by

3. 공관지역은 본 협약, 일반국제법상의 기타 규칙 또는 파견국과 접수국간에 유효한 특별 협정에 규정된 공관의 직무와 양립할 수 없는 여하한 방법으로도 사용되어서는

other rules of general international law or by any special agreements in force between the sending and the receiving State.

아니된다.

Article 42

A diplomatic agent shall not in the receiving State practice for personal profit any professional or commercial activity.

제42조

외교관은 접수국에서 개인적 영리를 위한 어떠한 직업적 또는 상업적 활동도 하여서는 아니된다.

Article 43

The function of a diplomatic agent comes to an end, *inter alia*:

(a) on notification by the sending State to the receiving State that the function of the diplomatic agent has come to an end;
(b) on notification by the receiving State to the sending State that, in accordance with paragraph 2 of Article 9, it refuses to recognize the diplomatic agent as a member of the mission.

제43조

외교관의 직무는 특히 다음의 경우에 종료한다.

가. 파견국이 당해 외교관의 직무가 종료되었음을 접수국에 통고한 때.
나. 접수국이 제9조 제2항에 따라 당해 외교관을 공관원으로서 인정하기를 거부함을 파견국에 통고한 때.

Article 44

The receiving State must, even in case of armed conflict, grant facilities in order to enable persons enjoying privileges and immunities, other than nationals of the receiving State, and members of the families of such persons irrespective of their nationality, to leave at the earliest possible moment. It must, in particular, in case of need, place at their disposal the necessary means of transport for themselves and their property.

제44조

접수국은, 무력충돌의 경우에라도, 접수국의 국민이 아닌 자로서 특권과 면제를 향유하는 자와 국적에 관계없이 이러한 자의 가족이 가능한 한 조속히 퇴거할 수 있도록 편의를 제공하여야 한다. 특히 필요한 경우에는, 그들 자신과 그들의 재산을 위하여 필요한 수송수단을 수의로 사용할 수 있도록 제공하여야 한다.

Article 45

If diplomatic relations are broken off between two States, or if a mission is permanently or temporarily recalled:

(a) the receiving State must, even in case of armed conflict, respect and protect the premises of the mission, together with its property and archives

(b) the sending State may entrust the custody of the premises of the mission, together with its property and archives, to a third State acceptable to the receiving State;

(c) the sending State may entrust the protection of its interests and those of its nationals to a third State acceptable to the receiving State.

제45조

2개국 간의 외교관계가 단절되거나, 또는 공관이 영구적으로 또는 잠정적으로 소환되는 경우에,

가. 접수국은, 무력충돌의 경우에라도, 공관의 재산 및 문서와 더불어 공관지역을 존중하고 보호하여야 한다.

나. 파견국은 공관의 재산 및 문서와 더불어 공관지역의 보관을 접수국이 수락할 수 있는 제3국에 위탁할 수 있다.

다. 파견국은 자국 및 자국민의 이익보호를, 접수국이 수락할 수 있는 제3국에 위탁할 수 있다.

Article 46

A sending State may with the prior consent of a receiving State, and at the request of a third State not represented in the receiving State, undertake the temporary protection of the interests of the third State and of its nationals.

제46조

파견국은 접수국의 사전 동의를 얻고, 또한 그 접수국에 공관을 가지지 아니한 제3국의 요청에 따라 제3국과 그 국민의 이익을 잠정적으로 보호할 수 있다.

Article 47

1. In the application of the provisions of the present Convention, the receiving State shall not discriminate as between States.

2. However, discrimination shall not be regarded as taking place:

(a) where the receiving State applies any

제47조

1. 접수국은 본 협약의 조항을 적용함에 있어서 국가간에 차별을 두어서는 아니된다.

2. 다만, 다음의 경우에는 차별을 두는 것으로 간주되지 아니한다.

가. 파견국이 본 협약의 어느 조항을 파견국

of the provisions of the present Convention restrictively because of a restrictive application of that provision to its mission in the sending State;

(b) where by custom or agreement States extend to each other more favourable treatment than is required by the provisions of the present Convention.

내에 있는 접수국의 공관에 제한적으로 적용한다는 것을 이유로, 접수국이 동 조항을 제한적으로 적용하는 경우.

나. 관습이나 합의에 의하여 각국이 본 협약의 조항이 요구하는 것보다 더욱 유리한 대우를 상호 부여하는 경우.

Article 48

The present Convention shall be open for signature by all States Members of the United Nations or of any of the specialized agencies or Partiesto the Statute of the International Court of Justice, and by any other State invited by the General Assembly of the United Nations to become a Party to the Convention, as follows: until 31 October 1961 at the Federal Ministry for Foreign Affairs of Austria and subsequently, until 31 March 1962, at the United Nations Headquarters in New York.

제48조

본 협약은, 모든 국제연합 회원국 또는 국제연합 전문기구의 회원국과 국제사법재판소 규정의 당사국, 그리고 국제연합총회가 본 협약의 당사국이 되도록 초청한 기타 국가에 의한 서명을 위하여 다음과 같이 즉, 1961년 10월 31일까지는 오스트리아외무성에서 그리고 그 후 1962년 3월 31일까지는 뉴욕에 있는 국제연합본부에서 개방된다.

Article 49

The present Convention is subject to ratification. The instruments of ratification shall be deposited with the Secretary-General of the United Nations.

제49조

본 협약은 비준되어야 한다. 비준서는 국제연합 사무총장에게 기탁된다.

Article 50

The present Convention shall remain open for accession by any State belonging to any of the four categories mentioned in Article 48. The instruments of accession shall be deposited with the Secretary-General of the United Nations.

제50조

본 협약은 제48조에 언급된 4개의 범주 중 어느 하나에 속하는 국가의 가입을 위하여 개방된다. 가입서는 국제연합 사무총장에게 기탁된다.

Article 51

1. The present Convention shall enter into force on the thirtieth day following the date of deposit of the twenty-second instrument of ratification or accession with the Secretary-General of the United Nations.

2. For each State ratifying or acceding to the Convention after the deposit of the twenty-second instrument of ratification or accession, the Convention shall enter into force on the thirtieth day after deposit by such State of its instrument of ratification or accession.

제51조

1. 본 협약은, 22번째 국가의 비준서 또는 가입서가 국제연합 사무총장에게 기탁된 일자로부터 30일이 되는 날에 발효한다.

2. 22번째 국가의 비준서 또는 가입서가 기탁된 후에 본 협약을 비준하거나 이에 가입하는 각 국가에 대하여는, 본 협약은 이러한 국가가 비준서나 가입서를 기탁한 일자로부터 30일이 되는 날에 발효한다.

Article 52

The Secretary-General of the United Nations shall inform all States belonging to any of the four categories mentioned in Article 48:

(a) of signatures to the present Convention and of the deposit of instruments of ratification or accession, in accordance with Articles 48, 49 and 50;
(b) of the date on which the present Convention will enter into force, in accordance with Article 51.

제52조

국제연합 사무총장은 제48조에 언급된 4개의 범주 중 어느 하나에 속하는 모든 국가에 대하여 다음 사항을 통고하여야 한다.

가. 제48조, 제49조 및 제50조에 따른 본 협약에 대한 서명과 비준서 또는 가입서의 기탁.

나. 제51조에 따른 본 협약의 발효 일자.

Article 53

The original of the present Convention, of which the Chinese, English, French, Russian and Spanish texts are equally authentic, shall be deposited with the Secretary-General of the United Nations, who shall send certified copies thereof to all States

제53조

중국어, 영어, 불어, 노어 및 서반아어본이 동등히 정본인 본 협약의 원본은 국제연합 사무총장에게 기탁되어야 하며, 국제연합 사무총장은 본 협약의 인증등본을 제48조에 언급된 4개의 범주 중 어느 하나에 속하는 모든 국가에 송부하여야 한다.

belonging to any of the four categories mentioned in Article 48.

IN WITNESS WHEREOF the undersigned Plenipotentiaries, being duly authorized thereto by their respective Governments, have signed the present Convention.

이상의 증거로서 각기 자국정부에 의하여 정당한 권한을 위임받은 하기 전권위원은 본 협약에 서명하였다.

DONE AT VIENNA, this eighteenth day of April one thousand nine hundred and sixty-one.

1961년 4월 18일 비엔나에서 작성하였다.

4-1. Optional Protocol to the Vienna Convention on Diplomatic Relations Concerning the Compulsory Settlement of Disputes (1961)

Date : 18 April 1961
In force : 24 April 1964
States Party : 70
Korea : 24 February 1977 (조약 제589호)
Link : www.treaties.un.org

The States Parties to the present Protocol and to the Vienna Convention on Diplomatic Relations, hereinafter referred to as "the Convention", adopted by the United Nations Conference held at Vienna from 2 March to 14 April 1961,

Expressing their wish to resort in all matters concerning them in respect of any dispute arising out of the interpretation or application of the Convention to the compulsory jurisdiction of the International Court of Justice, unless some other form of settlement has been agreed upon by the parties within a reasonable period,

Have agreed as follows:

Article 1

Disputes arising out of the interpretation or application of the Convention shall lie within the compulsory jurisdiction of the International Court of Justice and may accordingly be brought before the Court by an application made by any party to the dispute being a Party to the present Protocol.

Article 2

The parties may agree, within a period of two months after one party has notified its opinion to the other that a dispute exists, to resort not to the International Court of Justice but to an arbitral tribunal. After the expiry of the said period, either party may bring the dispute before the Court by an application.

Article 3

1. Within the same period of two months, the parties may agree to adopt a conciliation procedure before resorting to the International Court of Justice.

2. The conciliation commission shall make its recommendations within five months after its appointment. If its recommendations are not accepted by the parties to the dispute within two months after they have been delivered, either party may bring the dispute before the Court by an application.

Article 4

States Parties to the Convention, to the Optional Protocol concerning Acquisition of Nationality, and to the present Protocol may at any time declare that they will extend the provisions of the present Protocol to disputes arising out of the interpretation or application of the Optional Protocol concerning Acquisition of Nationality. Such declarations shall be notified to the Secretary-General of the United Nations.

Article 5

The present Protocol shall be open for signature by all States which may become Parties to the Convention, as follows: until 31 October 1961 at the Federal Ministry for Foreign Affairs of Austria and subsequently, until 31 March 1962, at the United Nations Headquarters in New York.

Article 6

The present Protocol is subject to ratification. The instruments of ratification shall be deposited with the Secretary-General of the United Nations.

Article 7

The present Protocol shall remain open for accession by all States which may become Parties to the Convention. The instru ments of accession shall be deposited with the Secretary-General of the United Nations.

Article 8

1. The present Protocol shall enter into force on the same day as the Convention or on the thirtieth day following the date of deposit of the second instrument of ratification or accession to the Protocol with the Secretary-General of the United Nations, whichever day is the later.

2. For each State ratifying or acceding to the present Protocol after its entry into force in accordance with paragraph 1 of this Article, the Protocol shall enter into force on the thirtieth day after deposit by such State of its instrument of ratification or accession.

Article 9

The Secretary-General of the United Nations shall inform all States which may become Parties to the Convention:

(a) of signatures to the present Protocol and of the deposit of instruments of ratification or accession, in accordance with Articles 5, 6 and 7;
(b) of declarations made in accordance with Article 4 of the present Protocol;
(c) of the date on which the present Protocol will enter into force, in accordance with Article 8.

Article 10

The original of the present Protocol, of which the Chinese, English, French, Russian and Spanish texts are equally authentic, shall be deposited with the Secretary-General of the United Nations, who shall send certified copies thereof to all States referred to in Article 5.

IN WITNESS WHEREOF the undersigned Plenipotentiaries, being duly authorized thereto by their respective Governments, have signed the present Protocol.

DONE at Vienna, this eighteenth day of April one thousand nine hundred and sixty-one.

5. Declaration on Principles of International Law Concerning Friendly Relations and Co-operation Among States in Accordance with the Charter of the United Nations (1970)

UN General Assembly Resolution 2625
Date : 24 October 1970
Link : http://www.un.org/documents

PREAMBLE

The General Assembly,

Reaffirming in the terms of the Charter of the United Nations that the maintenance of international peace and security and the development of friendly relations and co-operation between nations are among the fundamental purposes of the United Nations,

Recalling that the peoples of the United Nations are determined to practise tolerance and live together in peace with one another as good neighbours,

Bearing in mind the importance of maintaining and strengthening international peace founded upon freedom, equality, justice and respect for fundamental human rights and of developing friendly relations among nations irrespective of their political, economic and social systems or the levels of their development,

Bearing in mind also the paramount importance of the Charter of the United Nations in the promotion of the rule of law among nations,

Considering that the faithful observance of the principles of international law concerning friendly relations and co-operation among States and the fulfillment in good faith of the obligations assumed by States, in accordance with the Charter, is of the greatest importance for the maintenance of international peace and security and for the implementation of the other purposes of the United Nations,

Noting that the great political, economic and social changes and scientific progress which have taken place in the world since the adoption of the Charter give increased importance to these principles and to the need for their more effective application in the conduct of States wherever carried on,

Recalling the established principle that outer space, including the Moon and other celestial bodies, is not subject to national appropriation by claim of sovereignty, by means of use or occupation, or by any other means, and mindful of the fact that consideration is being given in the United Nations to the question of establishing other appropriate provisions similarly inspired,

Convinced that the strict observance by States of the obligation not to intervene in the affairs of any other State is an essential condition to ensure that nations live together in peace with one another, since the practice of any form of intervention not only violates the spirit and letter of the Charter, but also leads to the creation of situations which threaten international peace and security,

Recalling the duty of States to refrain in their international relations from military, political, economic or any other form of coercion aimed against the political independence or territorial integrity of any State,

Considering it essential that all States shall refrain in their international relations from the threat or use of force against the territorial integrity or political independence of any State, or in any other manner inconsistent with the purpose of the United Nations,

Considering it equally essential that all States shall settle their international disputes by peaceful means in accordance with the Charter,

Reaffirming, in accordance with the Charter, the basic importance of sovereign equality and stressing that the purposes of the United Nations can be implemented only if States enjoy sovereign equality and comply fully with the requirements of this principle in their international relations,

Convinced that the subjection of peoples to alien subjugation, domination and exploitation constitutes a major obstacle to the promotion of international peace and security,

Convinced that the principle of equal rights and self-determination of peoples constitutes a significant contribution to contemporary international law, and that its effective application is of paramount importance for the promotion of friendly relations among States, based on respect for the principle of sovereign equality,

Convinced in consequence that any attempt aimed at the partial or total disruption of the national unity and territorial integrity of a State or country or of its political independence is incompatible with the purposes and principles of the Charter,

Considering the provisions of the Charter as a whole and taking into account the role of relevant resolutions adopted by the competent organs of the United Nations relating to the content of the principles,

Considering that the progressive development and codification of the following principles:

(a) The principle that States shall refrain in their international relations from the threat or use of force against the territorial integrity or political independence of any State, or in any other manner inconsistent with the purpose of the United Nations,
(b) The principle that States shall settle their international disputes by peaceful means in such a manner that international peace and security and justice are not endangered,
(c) The duty not to intervene in matters within the domestic jurisdiction of any State, in accordance with the Charter,

(d) The duty of States to co-operate with one another in accordance with the Charter,
(e) The principle of equal rights and self-determination of peoples,
(f) The principle of sovereign equality of States,
(g) The principle that States shall fulfil in good faith the obligations assumed by them in accordance with the Charter,

so as to secure their more effective application within the international community, would promote the realization of the purposes of the United Nations,

Having considered the principles of international law relating to friendly relations and co-operation among States,

1. Solemnly proclaims the following principles:

The principle that States shall refrain in their international relations from the threat or use of force against the territorial integrity or political independence of any State, or in any other manner inconsistent with the purpose of the United Nations

Every State has the duty to refrain in its international relations from the threat or use of force against the territorial integrity or political independence of any State, or in any other manner inconsistent with the purposes of the United Nations. Such a threat or use of force constitutes a violation of international law and the Charter of the United Nations and shall never be employed as a means of settling international issues.

A war of aggression constitutes a crime against the peace, for which there is responsibility under international law.

In accordance with the purposes and principles of the United Nations, States have the duty to refrain from propaganda for wars of aggression.

Every State has the duty to refrain from the threat or use of force to violate the existing international boundaries of another State or as a means of solving international disputes, including territorial disputes and problems concerning frontiers of States.

Every State likewise has the duty to refrain from the threat or use of force to violate international lines of demarcation, such as armistice lines, established by or pursuant to an international agreement to which it is a party or which it is otherwise bound to respect.

Nothing in the foregoing shall be construed as prejudicing the positions of the parties concerned with regard to the status and effects of such lines under their special regimes or as affecting their temporary character.

States have a duty to refrain from acts of reprisal involving the use of force.

Every State has the duty to refrain from

any forcible action which deprives peoples referred to in the elaboration of the principle of equal rights and self-determination of their right to self-determination and freedom and independence.

Every State has the duty to refrain from organizing or encouraging the organization of irregular forces or armed bands, including mercenaries, for incursion into the territory of another State.

Every State has the duty to refrain from organizing, instigating, assisting or participating in acts of civil strife or terrorist acts in another State or acquiescing in organized activities within its territory directed towards the commission of such acts, when the acts referred to in the present paragraph involve a threat or use of force.

The territory of a State shall not be the object of military occupation resulting from the use of force in contravention of the provisions of the Charter. The territory of a State shall not be the object of acquisition by another State resulting from the threat or use of force. No territorial acquisition resulting from the threat or use of force shall be recognized as legal. Nothing in the foregoing shall be construed as affecting:

(a) Provisions of the Charter or any international agreement prior to the Charter regime and valid under international law; or
(b) The powers of the Security Council under the Charter.

All States shall pursue in good faith negotiations for the early conclusion of a universal treaty on general and complete disarmament under effective international control and strive to adopt appropriate measures to reduce international tensions and strengthen confidence among States.

All States shall comply in good faith with their obligations under the generally recognized principles and rules of international law with respect to the maintenance of international peace and security, and shall endeavour to make the United Nations security system based on the Charter more effective.

Nothing in the foregoing paragraphs shall be construed as enlarging or diminishing in any way the scope of the provisions of the Charter concerning cases in which the use of force is lawful.

The principle that States shall settle their international disputes by peaceful means in such a manner that international peace and security and justice are not endangered

Every State shall settle its international disputes with other States by peaceful means in such a manner that international peace and security and justice are not endangered.

States shall accordingly seek early and just settlement of their international disputes by negotiation, inquiry, mediation, conciliation, arbitration, judicial settlement, resort to regional agencies or arrangements or other peaceful means of their choice. In seeking such a settlement the parties shall agree upon such peaceful means as may be appropriate to the circumstances and nature of the dispute.

The parties to a dispute have the duty, in the event of failure to reach a solution by any one of the above peaceful means, to continue to seek a settlement of the dispute by other peaceful means agreed upon by them.

States parties to an international dispute, as well as other States, shall refrain from any action which may aggravate the situation so as to endanger the maintenance of international peace and security, and shall act in accordance with the purposes and principles of the United Nations.

International disputes shall be settled on the basis of the sovereign equality of States and in accordance with the principle of free choice of means. Recourse to, or acceptance of, a settlement procedure freely agreed to by States with regard to existing or future disputes to which they are parties shall not be regarded as incompatible with sovereign equality.

Nothing in the foregoing paragraphs prejudices or derogates from the applicable provisions of the Charter, in particular those relating to the pacific settlement of international disputes.

The principle concerning the duty not to intervene in matters within the domestic jurisdiction of any State, in accordance with the Charter

No State or group of States has the right to intervene, directly or indirectly, for any reason whatever, in the internal or external affairs of any other State. Consequently, armed intervention and all other forms of interference or attempted threats against the personality of the State or against its political, economic and cultural elements, are in violation of international law.

No State may use or encourage the use of economic, political or any other type of measures to coerce another State in order to obtain from it the subordination of the exercise of its sovereign rights and to secure from it advantages of any kind.

Also, no State shall organize, assist, foment, finance, incite or tolerate subversive, terrorist or armed activities directed towards the violent overthrow of the regime of another State, or interfere in civil strife in another State.

The use of force to deprive peoples of their national identity constitutes a violation of their inalienable rights and of the principle of non-intervention.

Every State has an inalienable right to choose its political, economic, social and cultural systems, without interference in any form by another State.

Nothing in the foregoing paragraphs shall

be construed as affecting the relevant provisions of the Charter relating to the maintenance of international peace and security.

The duty of States to co-operate with one another in accordance with the Charter

States have the duty to co-operate with one another, irrespective of the differences in their political, economic and social systems, in the various spheres of international relations, in order to maintain international peace and security and to promote international economic stability and progress, the general welfare of nations and international co-operation free from discrimination based on such differences. To this end:

(a) States shall co-operate with other States in the maintenance of international peace and security;
(b) States shall co-operate in the promotion of universal respect for, and observance of, human rights and fundamental freedoms for all, and in the elimination of all forms of racial discrimination and all forms of religious intolerance;
(c) States shall conduct their international relations in the economic, social, cultural, technical and trade fields in accordance with the principles of sovereign equality and non-intervention;
(d) States Members of the United Nations have the duty to take joint and separate action in co-operation with the United Nations in accordance with the relevant provisions of the Charter.

States should co-operate in the economic, social and cultural fields as well as in the field of science and technology and for the promotion of international cultural and educational progress. States should co-operate in the promotion of economic growth throughout the world, especially that of the developing countries.

The principle of equal rights and self-determination of peoples

By virtue of the principle of equal rights and self-determination of peoples enshrined in the Charter of the United Nations, all peoples have the right freely to determine, without external interference, their political status and to pursue their economic, social and cultural development, and every State has the duty to respect this right in accordance with the provisions of the Charter.

Every State has the duty to promote, through joint and separate action, realization of the principle of equal rights and self-determination of peoples, in accordance with the provisions of the Charter, and to render assistance to the United Nations in carrying out the responsibilities entrusted to it by the Charter regarding the implementation of the principle, in order:

(a) To promote friendly relations and co-operation among States; and
(b) To bring a speedy end to colonialism, having due regard to the freely expressed will of the peoples concerned;

and bearing in mind that the subjection of peoples to alien subjugation, domination and exploitation constitutes a violation of the principle, as well as a denial of fundamental human rights, and is contrary to the Charter.

Every State has the duty to promote through joint and separate action universal respect for and observance of human rights and fundamental freedoms in accordance with the Charter.

The establishment of a sovereign and independent State, the free association or integration with an independent State or the emergence into any other political status freely determined by a people constitute modes of implementing the right of self determination by that people.

Every State has the duty to refrain from any forcible action which deprives peoples referred to above in the elaboration of the present principle of their right to self-determination and freedom and independence. In their actions against, and resistance to, such forcible action in pursuit of the exercise of their right to self-determination, such peoples are entitled to seek and to receive support in accordance with the purposes and principles of the Charter.

The territory of a colony or other Non-Self-Governing Territory has, under the Charter, a status separate and distinct from the territory of the State administering it; and such separate and distinct status under the Charter shall exist until the people of the colony or Non-Self-Governing Territory have exercised their right of self-determination in accordance with the Charter, and particularly its purposes and principles.

Nothing in the foregoing paragraphs shall be construed as authorizing or encouraging any action which would dismember or impair, totally or in part, the territorial integrity or political unity of sovereign and independent States conducting themselves in compliance with the principle of equal rights and self-determination of peoples as described above and thus possessed of a government representing the whole people belonging to the territory without distinction as to race, creed, or colour.

Every State shall refrain from any action aimed at the partial or total disruption of the national unity and territorial integrity of any other State or country.

The principle of sovereign equality of States

All States enjoy sovereign equality. They have equal rights and duties and are equal members of the international community, notwithstanding differences of an economic, social, political or other nature. In particular, sovereign equality includes the following elements:

(a) States are juridically equal;
(b) Each State enjoys the rights inherent in full sovereignty;
(c) Each State has the duty to respect the

personality of other States;

(d) The territorial integrity and political independence of the State are inviolable;

(e) Each State has the right freely to choose and develop its political, social, economic and cultural systems;

(f) Each State has the duty to comply fully and in good faith with its international obligations and to live in peace with other States.

The principle that States shall fulfil in good faith the obligations assumed by them in accordance with the Charter

Every State has the duty to fulfil in good faith the obligations assumed by it in accordance with the Charter of the United Nations.

Every State has the duty to fulfil in good faith its obligations under the generally recognized principles and rules of international law.

Every State has the duty to fulfil in good faith its obligations under international agreements valid under the generally recognized principles and rules of international law.

Where obligations arising under international agreements are in conflict with the obligations of Members of the United Nations under the Charter of the United Nations, the obligations under the Charter shall prevail.

GENERAL PART

2. Declares that:

In their interpretation and application the above principles are interrelated and each principle should be construed in the context of the other principles.

Nothing in this Declaration shall be construed as prejudicing in any manner the provisions of the Charter or the rights and duties of Members States under the Charter or the rights of peoples under the Charter, taking into account the elaboration of these rights in this Declaration.

3. Declares further that:

The principles of the Charter which are embodied in this Declaration constitute basic principles of international law, and consequently appeals to all States to be guided by these principles in their international conduct and to develop their mutual relations on the basis of the strict observance of these principles.

6. ILC Draft Articles on Responsibility of States for Internationally Wrongful Acts (2001)

Date : 31 May 2001
Link : www.un.org/law/ilc

6. "국제위법행위에 대한 국가책임"에 관한 국제법위원회 초안

번역: 서울국제법연구회 번역과 김석현, 「국제법상 국가책임」에 게재된 번역을 참조하여 일부 수정하였음

PART ONE THE INTERNATIONALLY WRONGFUL ACT OF A STATE

제 1 부 국제위법행위

CHAPTER I GENERAL PRINCIPLES

제 1 장 일반원칙

Article 1 Responsibility of a State for its internationally wrongful acts

Every internationally wrongful act of a State entails the international responsibility of that State.

제 1 조 국제위법행위에 대한 국가책임

국가의 모든 국제위법행위는 그 국가의 국제책임을 발생시킨다.

Article 2 Elements of an internationally wrongful act of a State

There is an internationally wrongful act of a State when conduct consisting of an action or omission:

(a) Is attributable to the State under international law; and
(b) Constitutes a breach of an international obligation of the State.

제 2 조 국가의 국제위법행위의 요건

작위 또는 부작위를 구성하는 행위가 다음과 같은 경우 국가의 국제위법행위가 존재한다.

(a) 국제법에 따라 국가에 귀속될 수 있으며,

(b) 그 국가의 국제의무 위반을 구성하는 경우.

Article 3
Characterization of an act of a State as internationally wrongful

The characterization of an act of a State as internationally wrongful is governed by international law. Such characterization is not affected by the characterization of the same act as lawful by internal law.

제3조
국가행위의 국제위법행위로의 결정

국가행위의 국제위법성은 국제법에 의하여 결정된다. 그러한 결정은 그 행위의 국내법상 적법성에 의하여 영향받지 않는다.

CHAPTER II
ATTRIBUTION OF CONDUCT TO A STATE

제2장
행위의 국가로의 귀속

Article 4
Conduct of organs of a State

1. The conduct of any State organ shall be considered an act of that State under international law, whether the organ exercises legislative, executive, judicial or any other functions, whatever position it holds in the organization of the State, and whatever its character as an organ of the central government or of a territorial unit of the State.
2. An organ includes any person or entity which has that status in accordance with the internal law of the State.

제4조
국가기관의 행위

1. 모든 국가기관의 행위는 국제법상 그 국가의 행위로 간주된다. 이는 그 기관이 입법, 행정, 사법 또는 기타 다른 기능을 수행하는지 여부, 그 기관이 국가조직상 어떠한 위치를 차지하고 있는지 여부, 그 기관의 성격이 중앙정부기관 또는 지방정부기관인지를 불문한다.
2. 기관은 당해 국가의 국내법에 따라 그 같은 지위를 가진 모든 개인 또는 단체를 포함한다.

Article 5
Conduct of persons or entities exercising elements of governmental authority

The conduct of a person or entity which is not an organ of the State under article 4 but which is empowered by the law of that

제5조
정부권한(공권력)을 행사하는 개인 또는 단체의 행위

제4조에 따른 국가기관은 아니지만 당해 국가의 법에 의하여 정부권한(공권력)을 행사할 권한을 부여받은 개인 또는 단체의 행위

State to exercise elements of the governmental authority shall be considered an act of the State under international law, provided the person or entity is acting in that capacity in the particular instance.

는 국제법상 당해 국가의 행위로 간주된다. 단, 이는 그 개인 또는 단체가 구체적 경우에 있어서 그러한 자격으로 행동하는 경우에 한한다.

Article 6
Conduct of organs placed at the disposal of a State by another State

The conduct of an organ placed at the disposal of a State by another State shall be considered an act of the former State under international law if the organ is acting in the exercise of elements of the governmental authority of the State at whose disposal it is placed.

제 6 조
타국에 의하여 한 국가의 처분에 맡겨진 기관의 행위

타국에 의하여 한 국가의 처분에 맡겨진 기관의 행위는, 그 기관이 자신이 그 처분에 맡겨진 국가의 정부권한(공권력)의 행사로서 행동하는 경우, 국제법상 처분국의 행위로 간주된다.

Article 7
Excess of authority or contravention of instructions

The conduct of an organ of a State or of a person or entity empowered to exercise elements of the governmental authority shall be considered an act of the State under international law if the organ, person or entity acts in that capacity, even if it exceeds its authority or contravenes instructions.

제 7 조
월권 또는 지시위반

국가기관 또는 정부권한(공권력)을 행사하도록 권한을 위임받은 개인 또는 단체의 행위는 그 기관, 개인 또는 단체가 그 자격으로 행동하는 경우, 그 행위자가 자신의 권한을 넘어서거나 또는 지시를 위반한다 하더라도, 국제법상 그 국가의 행위로 간주된다.

Article 8
Conduct directed or controlled by a State

The conduct of a person or group of persons shall be considered an act of a State under international law if the person or group of persons is in fact acting on the

제 8 조
국가에 의하여 지시 또는 통제된 행위

사인 또는 사인단체의 행위는 그들이 그 행위를 수행함에 있어서 사실상 한 국가의 지시를 받거나 그 지시 또는 통제 하에서 행동하는 경우 국제법상 그 국가의 행위로 간주

instructions of, or under the direction or control of, that State in carrying out the conduct.

된다.

Article 9
Conduct carried out in the absence or default of the official authorities

The conduct of a person or group of persons shall be considered an act of a State under international law if the person or group of persons is in fact exercising elements of the governmental authority in the absence or default of the official authorities and in circumstances such as to call for the exercise of those elements of authority.

제9조
공적기관의 부재 또는 직무이행이 불가능한 상태에서 수행된 행위

사인 또는 사인단체가 공적기관의 부재 또는 직무이행이 불가능한 때, 정부권한(공권력)의 행사가 요구되는 상황에서 사실상 그러한 권한을 행사하는 경우, 그러한 사인 또는 사인단체의 행위는 국제법상 국가의 행위로 간주된다.

Article 10
Conduct of an insurrectional or other movement

1. The conduct of an insurrectional movement which becomes the new government of a State shall be considered an act of that State under international law.

2. The conduct of a movement, insurrectional or other, which succeeds in establishing a new State in part of the territory of a pre-existing State or in a territory under its administration shall be considered an act of the new State under international law.

3. This article is without prejudice to the attribution to a State of any conduct, however related to that of the movement concerned, which is to be considered an

제10조
반란단체 또는 다른 단체의 행위

1. 한 국가의 신정부를 구성하게 되는 반란단체의 행위는 국제법상 그 국가의 행위로 본다.

2. 기존 국가의 영토의 일부 또는 그 국가의 관할하의 영토에서 신생국 수립에 성공한 반란단체 또는 기타 단체의 행위는 국제법상 그 신생국의 행위로 본다.

3. 본 조는 문제된 단체의 행위와 어떻게 관련되었든, 제4조 내지 제9조에 의하여 그 국가의 행위로 간주될 수 있는 모든 행위가 국가로 귀속되는 것에 영향을 미치지

act of that State by virtue of articles 4 to 9.

않는다.

Article 11
Conduct acknowledged and adopted by a State as its own

Conduct which is not attributable to a State under the preceding articles shall nevertheless be considered an act of that State under international law if and to the extent that the State acknowledges and adopts the conduct in question as its own.

제 11 조
국가에 의하여 자국의 행위로 인정되고 수락된 행위

위 조항들에 의하여 국가로 귀속될 수 없는 행위라도 국가가 문제의 행위를 자국의 행위로 인정하고 수락하는 경우, 그 범위 내에서는 국제법상 그 국가의 행위로 본다.

CHAPTER Ⅲ BREACH OF INTERNATIONAL OBLIGATION

제 3 장 국제의무의 위반

Article 12
Existence of a breach of an international obligation

There is a breach of an international obligation by a State when an act of that State is not in conformity with what is required of it by that obligation, regardless of its origin or character.

제 12 조
국제의무 위반의 존재

국가의 행위가 국제의무에 의하여 요구되는 바와 합치되지 않는 경우, 그 의무의 연원 또는 성격과는 관계없이, 그 국가의 국제의무 위반이 존재한다.

Article 13
International obligation in force for a State

An act of a State does not constitute a breach of an international obligation unless the State is bound by the obligation in question at the time the act occurs.

제 13 조
국가에게 구속력 있는 국제의무

행위의 발생시 국가가 당해 의무에 구속되지 아니한다면, 국가의 행위는 국제의무 위반에 해당하지 아니한다.

국가책임

Article 14
Extension in time of the breach of an international obligation

1. The breach of an international obligation by an act of a State not having a continuing character occurs at the moment when the act is performed, even if its effects continue.

2. The breach of an international obligation by an act of a State having a continuing character extends over the entire period during which the act continues and remains not in conformity with the international obligation.

3. The breach of an international obligation requiring a State to prevent a given event occurs when the event occurs and extends over the entire period during which the event continues and remains not in conformity with that obligation.

제 14 조
국제의무 위반의 시간적 연장

1. 지속적 성격을 갖지 않는 국가행위로 인한 국제의무의 위반은, 그 효과가 지속된다 할지라도 그 행위가 수행된 시점에 발생한다.

2. 지속적 성격을 갖는 국가행위로 인한 국제의무의 위반은, 그 행위가 지속되고 국제의무와 합치하지 않는 상태로 남아 있는 전 기간 동안에 걸쳐 연장된다.

3. 국가에게 일정한 사건을 방지할 것을 요구하는 국제의무의 위반은 그러한 사건이 발생하는 때에 발생하며, 그러한 사건이 계속되어 그 의무와 불합치하는 상태로 남아 있는 전 기간 동안에 걸쳐 연장된다.

Article 15
Breach consisting of a composite act

1. The breach of an international obligation by a State through a series of actions or omissions defined in aggregate as wrongful, occurs when the action or omission occurs which, taken with the other actions or omissions, is sufficient to constitute the wrongful act.

2. In such a case, the breach extends over the entire period starting with the first of the actions or omissions of the series and lasts for as long as these actions or omissions are repeated and remain not

제 15 조
복합적 행위에 의한 위반

1. 총체적으로 위법한 것으로 정의되는 일련의 작위 또는 부작위를 통한 국가의 국제의무 위반은 다른 작위 또는 부작위와 함께 위법행위를 구성하기에 충분한 작위 또는 부작위가 발생하였을 때 성립한다.

2. 이와 같은 경우, 위반은 일련의 작위 또는 부작위가 처음 발생한 시기부터 그러한 작위 또는 부작위가 반복되고 국제의무에 불합치하는 상태로 남아 있는 전 기간 동안 계속된다.

in conformity with the international obligation.

CHAPTER Ⅳ RESPONSIBILITY OF A STATE IN CONNECTION WITH THE ACT OF ANOTHER STATE

제 4 장 타국의 행위와 관련된 국가책임

Article 16 Aid or assistance in the commission of an internationally wrongful act

제 16 조 국제위법행위의 실행에 대한 지원 또는 원조

A State which aids or assists another State in the commission of an internationally wrongful act by the latter is internationally responsible for doing so if:

국제위법행위를 실행하는 타국을 지원하거나 원조하는 국가는 다음의 경우 그 같이 행동하는 데 대하여 국제적으로 책임을 진다.

(a) That State does so with knowledge of the circumstances of the internationally wrongful act; and
(b) The act would be internationally wrongful if committed by that State.

(a) 당해 국가가 그 국제위법행위의 상황을 인식하고 그 같이 행동하며,
(b) 당해 국가가 실행하였더라도 그 행위는 국제적으로 위법할 경우.

Article 17 Direction and control exercised over the commission of an internationally wrongful act

제 17 조 국제위법행위를 실행하는데 행사한 지시 및 통제

A State which directs and controls another State in the commission of an internationally wrongful act by the latter is internationally responsible for that act if:

타국이 국제위법행위를 실행하도록 타국을 지시하고 통제한 국가는 다음의 경우 그 행위에 대하여 국제적으로 책임을 진다.

(a) That State does so with knowledge of the circumstances of the internationally wrongful act; and
(b) The act would be internationally wrongful if committed by that State.

(a) 당해 국가가 그 국제위법행위의 상황을 인식하고 그 같이 행동하며,
(b) 당해 국가가 실행하였더라도 그 행위는 국제적으로 위법할 경우.

Article 18
Coercion of another State

A State which coerces another State to commit an act is internationally responsible for that act if:

(a) The act would, but for the coercion, be an internationally wrongful act of the coerced State; and
(b) The coercing State does so with knowledge of the circumstances of the act.

제 18 조
타국에 대한 강제

타국으로 하여금 어떠한 행위를 실행하도록 강제한 국가는 다음의 경우 그 행위에 대하여 국제적으로 책임을 진다.

(a) 그러한 강제가 없었다면 그 행위는 피강제국의 국제위법행위가 될 것이며,
(b) 강제국은 그 행위의 상황을 인식하고 강제하였을 것.

Article 19
Effect of this chapter

This chapter is without prejudice to the international responsibility, under other provisions of these articles, of the State which commits the act in question, or of any other State.

제 19 조
본 장의 효과

본 장은 문제의 행위를 실행한 국가 또는 기타 국가들에게 본 조항들의 타 규정에 의하여 부과되는 국제책임에 영향을 미치지 않는다.

CHAPTER V
CIRCUMSTANCES PRECLUDING WRONGFULNESS

제 5 장
위법성 조각사유

Article 20
Consent

Valid consent by a State to the commission of a given act by another State precludes the wrongfulness of that act in relation to the former State to the extent that the act remains within the limits of that consent.

제 20 조
동 의

한 국가가 타국의 행위실행에 대해서 한 유효한 동의는 그 행위가 그 동의의 범위 내에서 실행되는 한, 전자의 국가와 관련하여 그 행위의 위법성이 조각된다.

Article 21
Self-defence

The wrongfulness of an act of a State is precluded if the act constitutes a lawful

제 21 조
자 위

국가의 행위가 국제연합 헌장과 합치되는 합법적 자위조치에 해당한다면, 그 국가행위의

measure of self-defence taken in conformity with the Charter of the United Nations.

위법성이 조각된다.

Article 22
Countermeasures in respect of an internationally wrongful act

제22조
국제위법행위에 대한 대응조치

The wrongfulness of an act of a State not in conformity with an international obligation towards another State is precluded if and to the extent that the act constitutes a countermeasure taken against the latter State in accordance with chapter II of Part Three.

국가의 행위가 제3부 제2장에 따른 타국에 대한 대응조치에 해당하는 경우, 그 범위 내에서는 타국에 대한 국제의무와 합치되지 않는 국가행위의 위법성이 조각된다.

Article 23
Force majeure

제23조
불가항력

1. The wrongfulness of an act of a State not in conformity with an international obligation of that State is precluded if the act is due to force majeure, that is the occurrence of an irresistible force or of an unforeseen event, beyond the control of the State, making it materially impossible in the circumstances to perform the obligation.

1. 행위가 불가항력, 즉 그 상황에서의 의무이행을 실질적으로 불가능하게 만드는 국가의 통제를 넘어서는 저항할 수 없는 힘 또는 예상하지 못한 사건의 발생에 기인한 경우에는 국제의무와 합치되지 않는 국가행위의 위법성이 조각된다.

2. Paragraph 1 does not apply if:

(a) The situation of force majeure is due, either alone or in combination with other factors, to the conduct of the State invoking it; or

(b) The State has assumed the risk of that situation occurring.

2. 제1항은 다음의 경우에는 적용되지 아니한다.

(a) 불가항력의 상황이 이를 원용하는 국가의 행위에만 의하거나 또는 다른 요소와 결합된 행위에서 기인하는 경우,

(b) 당해 국가가 그 같은 상황발생의 위험을 수락한 경우.

Article 24
Distress

제24조
위 난

1. The wrongfulness of an act of a State

1. 행위자가 위난 상황에 처하여 자신이나 그

not in conformity with an international obligation of that State is precluded if the author of the act in question has no other reasonable way, in a situation of distress, of saving the author's life or the lives of other persons entrusted to the author's care.

의 보호 하에 맡겨진 다른 사람들의 생명을 구하기 위한 다른 합리적 방법이 없는 경우, 당해 국가의 국제의무와 합치되지 아니하는 국가행위의 위법성이 조각된다.

2. Paragraph 1 does not apply if:

(a) The situation of distress is due, either alone or in combination with other factors, to the conduct of the State invoking it; or

(b) The act in question is likely to create a comparable or greater peril.

2. 다음의 경우에는 제1항이 적용되지 아니한다.

(a) 위난상황이 이를 원용하는 국가의 행위만에 의하거나 또는 다른 요소와 결합된 행위에서 기인하는 경우,

(b) 문제된 행위가 그에 상당하거나 또는 더욱 커다란 위험을 발생시킬 우려가 있는 경우.

Article 25
Necessity

제25조
필 요 성 / 긴급피난

1. Necessity may not be invoked by a State as a ground for precluding the wrongfulness of an act not in conformity with an international obligation of that State unless the act:

(a) Is the only way for the State to safeguard an essential interest against a grave and imminent peril; and

(b) Does not seriously impair an essential interest of the State or States towards which the obligation exists, or of the international community as a whole.

1. 필요성은 다음의 경우를 제외하고는 국가의 국제의무에 합치되지 않는 행위의 위법성을 조각시키기 위한 사유로 원용될 수 없다.

(a) 그 행위가 중대하고 급박한 위험으로부터 국가의 본질적 이익을 보호하기 위한 유일한 방법인 경우, 그리고

(b) 그 행위가 의무이행의 상대국(들) 또는 국제공동체 전체의 본질적 이익을 심각하게 훼손하지 않는 경우.

2. In any case, necessity may not be invoked by a State as a ground for precluding wrongfulness if:

(a) The international obligation in question

2. 어떠한 상황에서도, 필요성은 다음의 경우에는 국가의 위법성을 조각시키기 위한 사유로 원용될 수 없다.

(a) 문제된 국제의무가 필요성의 원용 가능

excludes the possibility of invoking necessity; or
(b) The State has contributed to the situation of necessity.

성을 배제하는 경우, 또는
(b) 그 국가가 필요성 상황의 발생에 기여한 경우.

Article 26
Compliance with peremptory norms

Nothing in this chapter precludes the wrongfulness of any act of a State which is not in conformity with an obligation arising under a peremptory norm of general international law.

제26조
강행규범의 준수

본 장의 어느 부분도 일반 국제법상의 강행규범에 따라 발생하는 의무와 합치되지 않는 어떠한 국가행위에 대해서도 위법성을 조각시키지 않는다.

Article 27
Consequences of invoking a circumstance precluding wrongfulness

The invocation of a circumstance precluding wrongfulness in accordance with this chapter is without prejudice to:

(a) Compliance with the obligation in question, if and to the extent that the circumstance precluding wrongfulness no longer exists;
(b) The question of compensation for any material loss caused by the act in question.

제27조
위법성 조각사유 원용의 결과

본 장에 따른 위법성 조각사유의 원용은 다음 사항에 영향을 미치지 않는다.

(a) 위법성 조각사유가 더 이상 존재하지 않는 경우, 그 범위 내에서 문제된 의무의 준수,
(b) 문제된 행위로 인하여 야기된 모든 실질적 손실에 대한 보상문제.

PART TWO CONTENT OF THE INTERNATIONAL RESPONSIBILITY OF A STATE

제 2 부 국가의 국제책임의 내용

CHAPTER I GENERAL PRINCIPLES

제 1 장 일반원칙

Article 28
Legal consequences of an internationally wrongful act

The international responsibility of a State which is entailed by an internationally wrongful act in accordance with the provisions of Part One involves legal consequences as set out in this Part.

제 28 조
국제위법행위의 법적 결과

제1부의 규정들에 따라 국제위법행위에 의하여 발생된 국가의 국제책임은 본 부에 규정된 법적 결과를 수반한다.

Article 29
Continued duty of performance

The legal consequences of an internationally wrongful act under this Part do not affect the continued duty of the responsible State to perform the obligation breached.

제 29 조
이행의무의 존속

본 부에 의한 국제위법행위의 법적 결과는 위반된 의무를 이행해야 할 책임국의 계속적 의무에 영향을 주지 않는다.

Article 30
Cessation and non-repetition

The State responsible for the internationally wrongful act is under an obligation:

(a) To cease that act, if it is continuing;
(b) To offer appropriate assurances and guarantees of non-repetition, if circumstances so require.

제 30 조
중지 및 재발방지

국제위법행위에 책임이 있는 국가는 다음의 의무를 진다.

(a) 행위가 계속되고 있다면, 이를 중지할 것.
(b) 상황에 따라 필요한 경우에는, 재발방지에 관한 적절한 보증 및 보장을 제공할 것.

Article 31
Reparation

1. The responsible State is under an obligation to make full reparation for the injury caused by the internationally wrongful act.

2. Injury includes any damage, whether material or moral, caused by the internationally wrongful act of a State.

제 31 조
배상

1. 책임국은 국제위법행위로 인한 피해에 대하여 완전한 배상의무를 진다.

2. 피해는 국가의 국제위법행위로 인한 물질적 또는 정신적 손해를 모두 포괄한다.

Article 32
Irrelevance of internal law

The responsible State may not rely on the provisions of its internal law as justification for failure to comply with its obligations under this Part.

제 32 조
국내법과의 무관성

책임국은 본 부에 따른 의무를 준수하지 못한 것을 정당화하기 위하여 국내법 규정에 의존할 수 없다.

Article 33
Scope of international obligations set out in this Part

1. The obligations of the responsible State set out in this Part may be owed to another State, to several States, or to the international community as a whole, depending in particular on the character and content of the international obligation and on the circumstances of the breach.

2. This Part is without prejudice to any right, arising from the international responsibility of a State, which may accrue directly to any person or entity other than a State.

제 33 조
본 부에 규정된 국제의무의 범위

1. 본 부에 규정된 책임국의 의무는 특히 국제의무의 성격과 내용 및 위반상황에 따라 다른 한 국가나 복수의 국가들 또는 국제공동체 전체를 상대로 부과된다.

2. 본 부는 국가의 국제책임에 따라 국가가 아닌 개인이나 단체에 대하여 직접 부여될 수 있는 어떠한 권리에 영향을 미치지 않는다.

CHAPTER Ⅱ REPARATION FOR INJURY

제 2 장 피해에 대한 배상

Article 34 Forms of reparation

Full reparation for the injury caused by the internationally wrongful act shall take the form of restitution, compensation and satisfaction, either singly or in combination, in accordance with the provisions of this chapter.

제 34 조 배상의 유형

국제위법행위로 인한 피해에 대한 완전한 배상은 본 장의 규정에 따라 원상회복, 금전배상, 만족의 형식을 단독적으로 또는 복합적으로 취한다.

Article 35 Restitution

A State responsible for an internationally wrongful act is under an obligation to make restitution, that is, to re-establish the situation which existed before the wrongful act was committed, provided and to the extent that restitution:

(a) Is not materially impossible;

(b) Does not involve a burden out of all proportion to the benefit deriving from restitution instead of compensation.

제 35 조 원상회복

국제위법행위에 책임이 있는 국가는 원상회복, 즉 그 위법행위가 실행되기 전에 존재하던 상황을 복구할 의무를 부담한다. 단, 이는 다음과 같은 경우에 한한다.

(a) 원상회복이 실질적으로 불가능하지 않은 경우,

(b) 금전배상 대신 원상회복에 따른 이익에 비하여 원상회복이 현저히 불균형한 부담을 수반하지 않는 경우.

Article 36 Compensation

1. The State responsible for an internationally wrongful act is under an obligation to compensate for the damage caused thereby, insofar as such damage is not made good by restitution.

2. The compensation shall cover any financially assessable damage including loss

제 36 조 금전배상

1. 국제위법행위에 책임이 있는 국가는 그로 인한 손해가 원상회복에 의하여 전보되지 않는 범위 내에서는, 금전배상을 해야 할 의무를 부담한다.

2. 금전배상은 확정될 수 있는 범위 내의 상실이익을 포함하여 금전적으로 산정될 수

of profits insofar as it is established.

있는 모든 손해를 포함한다.

Article 37
Satisfaction

1. The State responsible for an internationally wrongful act is under an obligation to give satisfaction for the injury caused by that act insofar as it cannot be made good by restitution or compensation.

2. Satisfaction may consist in an acknowledgement of the breach, an expression of regret, a formal apology or another appropriate modality.

3. Satisfaction shall not be out of proportion to the injury and may not take a form humiliating to the responsible State.

제37조
만족 / 사죄

1. 국제위법행위에 책임이 있는 국가는 그 행위로 인한 피해가 원상회복 또는 금전배상으로 전보될 수 없는 경우, 이에 대하여 만족을 제공할 의무를 진다.

2. 만족은 위반의 인정, 유감의 표시, 공식사과 또는 기타 적절한 방식으로 행해질 수 있다.

3. 만족은 피해와 불균형을 이루어서는 아니되며, 책임국에게 모욕이 되는 형태를 취해서는 안 된다.

Article 38
Interest

1. Interest on any principal sum due under this chapter shall be payable when necessary in order to ensure full reparation. The interest rate and mode of calculation shall be set so as to achieve that result.

2. Interest runs from the date when the principal sum should have been paid until the date the obligation to pay is fulfilled.

제38조
이 자

1. 완전한 배상을 확보하기 위하여 필요한 경우에는 본 장에 의하여 지급되어야 하는 원금에 대한 이자를 지급하여야 한다. 이율 및 계산방법은 그러한 결과를 달성시킬 수 있도록 정하여야 한다.

2. 이자는 원금이 지급되었어야 할 일자로부터 지불의무가 이행된 날까지 부과된다.

Article 39
Contribution to the injury

In the determination of reparation, account shall be taken of the contribution to the injury by wilful or negligent action or omis-

제39조
피해에 대한 기여

손해배상을 결정함에 있어서는, 피해국 또는 손해배상 요구와 관련된 모든 개인 또는 단체의 고의 또는 과실에 의한 작위 또는 부작

sion of the injured State or any person or entity in relation to whom reparation is sought.

위가 피해에 기여한 바를 참작하여야 한다.

CHAPTER Ⅲ SERIOUS BREACHS OF OBLIGATIONS UNDER PEREMPTORY NORMS OF GENERAL INTERNATIONAL LAW

제 3 장 일반 국제법상의 강행규범 의무의 중대한 위반

Article 40 Application of this chapter

1. This chapter applies to the international responsibility which is entailed by a serious breach by a State of an obligation arising under a peremptory norm of general international law.

2. A breach of such an obligation is serious if it involves a gross or systematic failure by the responsible State to fulfil the obligation.

제40조 본 장의 적용

1. 본 장은 일반 국제법상의 강행규범에 의하여 부과된 의무에 대한 국가의 중대한 위반에 따른 국제책임에 적용된다.

2. 그러한 의무의 위반은 그것이 책임국에 그 의무의 총체적 또는 조직적인 불이행이 수반되는 경우에 중대한 것으로 본다.

Article 41 Particular consequences of a serious breach of an obligation under this chapter

1. States shall cooperate to bring to an end through lawful means any serious breach within the meaning of article 40.

2. No State shall recognize as lawful a situation created by a serious breach within the meaning of article 40, nor render aid or assistance in maintaining that situation.

제41조 본 장상의 의무의 중대한 위반의 특별한 결과

1. 국가들은 제40조상의 의미에 해당하는 모든 중대한 위반을 합법적 수단을 통하여 종료시키기 위해 협력하여야 한다.

2. 어떠한 국가도 제40조상의 의미에 해당하는 중대한 위반에 의하여 발생한 상황을 적법한 것으로 인정한다거나 또는 그러한 상황의 유지를 위한 원조나 지원을 하여서는 아니된다.

3. This article is without prejudice to the other consequences referred to in this Part and to such further consequences that a breach to which this chapter applies may entail under international law.

3. 본 조는 본 부에서 언급된 다른 결과 및 본 장이 적용되는 위반이 발생시키는 결과에 영향을 미치지 않는다.

PART THREE THE IMPLEMENTATION OF THE INTERNATIOL RESPONSIBILITY OF A STATE

제 3 부 국가의 국제책임의 이행

CHAPTER I INVOCATION OF RESPONSIBILITY OF A STATE

제 1 장 국가책임의 추궁

Article 42 Invocation of responsibility by an injured State

제 42 조 피해국에 의한 책임추궁

A State is entitled as an injured State to invoke the responsibility of another State if the obligation breached is owed to:

(a) That State individually; or

(b) A group of States including that State, or the international community as a whole, and the breach of the obligation:

(i) Specially affects that State; or

(ii) Is of such a character as radically to change the position of all the other States to which the obligation is owed with respect to the further performance of the obligation.

국가는 다음의 경우 피해국으로서 타국의 책임을 추궁할 수 있다.

(a) 위반된 의무가 개별적으로 그 국가를 상대로 하는 것이거나, 또는

(b) 위반된 의무가 당해 국가를 포함하는 일단의 국가들 또는 국제공동체 전체를 상대로 하는 것이며, 그 의무의 위반이

(i) 당해 국가에 특별히 영향을 주거나, 또는

(ii) 그 의무가 상대로 하는 모든 다른 국가들의 입장을 그 의무의 추후 이행과 관련하여 급격하게 변경시키는 성질을 지닌 경우.

Article 43
Notice of claim by an injured State

1. An injured State which invokes the responsibility of another State shall give notice of its claim to that State.

2. The injured State may specify in particular:

(a) The conduct that the responsible State should take in order to cease the wrongful act, if it is continuing;
(b) What form reparation should take in accordance with the provisions of Part Two.

제43조
피해국에 의한 청구권의 통지

1. 타국의 책임을 추궁하는 피해국은 그 국가에게 자국의 청구권을 통지하여야 한다.

2. 피해국은 특히 다음 사항을 적시할 수 있다.

(a) 위법행위가 계속되고 있는 경우, 그 중지를 위하여 책임국이 취하여야 할 행위,
(b) 제2부의 규정에 따라 취하여져야 할 손해배상의 형태.

Article 44
Admissibility of claims

The responsibility of a State may not be invoked if:

(a) The claim is not brought in accordance with any applicable rule relating to the nationality of claims;
(b) The claim is one to which the rule of exhaustion of local remedies applies and any available and effective local remedy has not been exhausted.

제44조
청구의 수리가능성

다음의 경우에는 국가책임이 추궁될 수 없다.

(a) 당해 청구가 청구의 국적성과 관련하여 적용되는 원칙에 따라 제기되지 아니한 경우,
(b) 당해 청구가 국내적 구제완료의 원칙의 적용되고, 이용가능하고 효과적인 모든 국내적 구제가 완료되지 않은 경우.

Article 45
Loss of the right to invoke responsibility

The responsibility of a State may not be invoked if:

(a) The injured State has validly waived the claim;

제45조
책임을 추궁할 권리의 상실

다음의 경우에는 국가책임이 추궁되지 않는다.

(a) 피해국이 유효하게 청구를 포기한 경우,

(b) The injured State is to be considered as having, by reason of its conduct, validly acquiesced in the lapse of the claim.

(b) 피해국이 자신의 행위에 의하여 청구권의 소멸에 유효하게 묵인한 것으로 간주되는 경우.

Article 46
Plurality of injured States

Where several States are injured by the same internationally wrongful act, each injured State may separately invoke the responsibility of the State which has committed the internationally wrongful act.

제46조
복수의 피해국

동일한 국제위법행위에 의하여 복수의 국가가 피해를 입었을 경우, 각 피해국은 개별적으로 국제위법행위를 실행한 국가의 책임을 개별적으로 추궁할 수 있다.

Article 47
Plurality of responsible States

1. Where several States are responsible for the same internationally wrongful act, the responsibility of each State may be invoked in relation to that act.

2. Paragraph 1:

(a) Does not permit any injured State to recover, by way of compensation, more than the damage it has suffered;
(b) Is without prejudice to any right of recourse against the other responsible States.

제47조
복수의 책임국

1. 복수의 국가가 동일한 국제위법행위에 책임이 있을 경우, 그 행위에 관하여는 각 국가의 책임이 추궁될 수 있다.

2. 제1항은

(a) 어떠한 피해국도 금전배상을 통하여 자신이 입은 손해 이상으로 배상받는 것을 허용하지 아니한다.
(b) 다른 책임국에게 구상할 권리에 영향을 미치지 않는다.

Article 48
Invocation of responsibility by a State other than an injured State

1. Any State other than an injured State is entitled to invoke the responsibility of another State in accordance with paragraph 2 if:

제48조
피해국 이외의 국가에 의한 책임 추궁

1. 다음과 같은 경우, 피해국 이외의 어떠한 국가도 제2항에 따라 타국의 책임을 추궁할 수 있다.

(a) The obligation breached is owed to a group of States including that State, and is established for the protection of a collective interest of the group; or

(b) The obligation breached is owed to the international community as a whole.

(a) 위반된 의무가 당해 국가를 포함한 국가 집단에 대하여 부담하는 것이고, 그 의무는 그 국가들의 집단적 이익의 보호를 위하여 수립된 경우, 또는

(b) 위반된 의무가 국제공동체 전체에 대하여 부담하는 것일 경우.

2. Any State entitled to invoke responsibility under paragraph 1 may claim from the responsible State:

(a) Cessation of the internationally wrongful act, and assurances and guarantees of non-repetition in accordance with article 30; and

(b) Performance of the obligation of reparation in accordance with the preceding articles, in the interest of the injured State or of the beneficiaries of the obligation breached.

2. 제1항에 따라 책임을 추궁할 수 있는 국가는 책임국에 대하여 다음을 청구할 수 있다.

(a) 제30조에 따른 국제위법행위의 중지와 재발방지의 보증 및 보장, 그리고

(b) 위의 조항들에 따라 피해국이나 위반된 의무의 수혜자를 위한 배상의무의 이행.

3. The requirements for the invocation of responsibility by an injured State under articles 43, 44 and 45 apply to an invocation of responsibility by a State entitled to do so under paragraph 1.

3. 제43조, 제44조, 제45조에 의한 피해국의 책임추궁 요건들은 제1항에 따라 권리가 부여된 국가의 책임추궁에도 적용된다.

CHAPTER II COUNTERMEASURES

제 2 장 대응조치

Article 49 Object and limits of countermeasures

제 49 조 대응조치의 목적과 한계

1. An injured State may only take countermeasures against a State which is responsible for an internationally wrongful act in order to induce that State to comply with its obligations under Part Two.

1. 피해국은 오직 국제위법행위에 책임있는 국가가 제2부에 따른 의무를 준수하도록 하기 위하여 당해국가에 대한 대응조치를 취할 수 있다.

2. Countermeasures are limited to the non-performance for the time being of international obligations of the State taking the measures towards the responsible State.

2. 대응조치는 조치를 취하는 국가가 책임국에 대한 국제의무를 당분간 이행하지 않는 것에 한정된다.

3. Countermeasures shall, as far as possible, be taken in such a way as to permit the resumption of performance of the obligations in question.

3. 대응조치는 가능한 한 문제된 의무의 이행을 재개시킬 수 있는 방법으로 취해져야 한다.

Article 50
Obligations not affected by countermeasures

제 50 조
대응조치에 의하여 영향받지 않는 의무

1. Countermeasures shall not affect:

(a) The obligation to refrain from the threat or use of force as embodied in the Charter of the United Nations;
(b) Obligations for the protection of fundamental human rights;
(c) Obligations of a humanitarian character prohibiting reprisals;
(d) Other obligations under peremptory norms of general international law.

1. 대응조치는 다음에 대하여 영향을 주어서는 안 된다.

(a) 국제연합 헌장에 구현되어 있는 무력의 위협 또는 무력의 행사를 삼갈 의무,
(b) 기본적 인권을 보호할 의무,
(c) 복구가 금지되는 인도적 성격의 의무,
(d) 일반국제법상의 강행규범에 따른 기타 의무.

2. A State taking countermeasures is not relieved from fulfilling its obligations:

(a) Under any dispute settlement procedure applicable between it and the responsible State;
(b) To respect the inviolability of diplomatic or consular agents, premises, archives and documents.

2. 대응조치를 취하는 국가는 다음 의무의 이행으로부터 면제되지 아니한다.

(a) 자국과 책임국간에 적용되는 분쟁해결절차에 따를 의무,
(b) 외교사절 또는 영사, 공관지역, 문서 및 서류의 불가침을 존중할 의무.

Article 51
Proportionality

제 51 조
비 례 성

Countermeasures must be commensurate

대응조치는 국제위법행위의 심각성과 문제되

with the injury suffered, taking into account the gravity of the internationally wrongful act and the rights in question.

는 권리를 고려하여, 입은 피해에 비례하여야 한다.

Article 52
Conditions relating to resort to countermeasures

제52조
대응조치에의 호소를 위한 요건

1. Before taking countermeasures, an injured State shall:

(a) Call on the responsible State, in accordance with article 43, to fulfil its obligations under Part Two;
(b) Notify the responsible State of any decision to take countermeasures and offer to negotiate with that State.

2. Notwithstanding paragraph 1 (b), the injured State may take such urgent countermeasures as are necessary to preserve its rights.

3. Countermeasures may not be taken, and if already taken must be suspended without undue delay if:

(a) The internationally wrongful act has ceased; and
(b) The dispute is pending before a court or tribunal which has the authority to make decisions binding on the parties.

4. Paragraph 3 does not apply if the responsible State fails to implement the dispute settlement procedures in good faith.

1. 대응조치를 취하기에 앞서 피해국은

(a) 제43조에 따라 책임국에게 제2부상의 의무를 이행할 것을 요구하여야 하고,
(b) 대응조치를 취하기로 한 모든 결정을 책임국에게 통고하고, 당해 국가에 협상을 제안하여야 한다.

2. 제1항 (b)호에도 불구하고 피해국은 자국의 권리를 보호하기 위하여 필요한 긴급 대응조치를 취할 수 있다.

3. 다음의 경우에는 대응조치가 취하여질 수 없고, 이미 취해진 경우라면 지체없이 중단되어야 한다.

(a) 국제위법행위가 중지되었고,
(b) 분쟁이 당사자에게 구속력있는 결정을 내릴 수 있는 권한을 가진 법원 또는 재판소에 계속중인 경우.

4. 제3항은 책임국이 분쟁해결절차를 신의성실하게 이행하지 않는 경우에는 적용되지 않는다.

Article 53
Termination of countermeasures

Countermeasures shall be terminated as soon as the responsible State has complied with its obligations under Part Two in relation to the internationally wrongful act.

제 53 조
대응조치의 종료

책임국이 국제위법행위와 관련하여 제2부상의 의무를 이행한다면, 대응조치는 즉시 종료되어야 한다.

Article 54
Measures taken by States other than an injured State

This chapter does not prejudice the right of any State, entitled under article 48, paragraph 1 to invoke the responsibility of another State, to take lawful measures against that State to ensure cessation of the breach and reparation in the interest of the injured State or of the beneficiaries of the obligation breached.

제 54 조
피해국 이외의 국가에 의하여 취하여지는 조치

본 장은 위반행위의 중지 및 피해국 또는 위반의무의 수혜자를 위한 배상을 확보하기 위하여 제48조 제1항에 따라 타국의 책임을 추궁할 권리가 있는 모든 국가가 그 타국에 대하여 합법적 조치를 취할 권리에 영향을 미치지 않는다.

PART FOUR
GENERAL PROVISIONS

Article 55
Lex specialis

These articles do not apply where and to the extent that the conditions for the existence of an internationally wrongful act or the content or implementation of the international responsibility of a State are governed by special rules of international law.

제 4 부
일반 조항

제 55 조
특 별 법

본 조항들은 국제위법행위의 성립요건과 국가의 국제책임의 내용이나 이행이 국제법상의 특별원칙의 지배를 받는 경우, 그 범위 내에서는 적용되지 아니한다.

Article 56
Questions of State responsibility not regulated by these articles

The applicable rules of international law continue to govern questions concerning the responsibility of a State for an internationally wrongful act to the extent that they are not regulated by these articles.

제 56 조
본 조항들에 의하여 규율되지 않는 국가책임의 문제

본 조항들에 의하여 규율되지 않은 범위에서는 국제법의 적용가능한 원칙들이 국제위법행위에 관한 국가책임상의 문제들을 계속하여 지배한다.

Article 57
Responsibility of an international organization

These articles are without prejudice to any question of the responsibility under international law of an international organization, or of any State for the conduct of an international organization.

제 57 조
국제기구의 책임

본 조항들은 국제기구 또는 국제기구의 행위에 관한 국가의 국제법상의 어떠한 책임문제에도 영향을 미치지 않는다.

Article 58
Individual responsibility

These articles are without prejudice to any question of the individual responsibility under international law of any person acting on behalf of a State.

제 58 조
개인의 책임

본 조항들은 국가를 대표하여 행동하는 개인의 국제법상 개인적 책임과 관련된 여하한 문제에도 영향을 미치지 않는다.

Article 59
Charter of the United Nations

These articles are without prejudice to the Charter of the United Nations.

제 59 조
국제연합 헌장

본 조항들은 국제연합 헌장에 영향을 미치지 않는다.

6-1. ILC Draft Articles on Diplomatic Protection (2006)

PART ONE
GENERAL PROVISIONS

Article 1
Definition and scope

For the purposes of the present draft articles, diplomatic protection consists of the invocation by a State, through diplomatic action or other means of peaceful settlement, of the responsibility of another State for an injury caused by an internationally wrongful act of that State to a natural or legal person that is a national of the former State with a view to the implementation of such responsibility.

Article 2
Right to exercise diplomatic protection

A State has the right to exercise diplomatic protection in accordance with the present draft articles.

PART TWO
NATIONALITY

CHAPTER I
GENERAL PRINCIPLES

Article 3
Protection by the State of nationality

1. The State entitled to exercise diplomatic protection is the State of nationality.

2. Notwithstanding paragraph 1, diplomatic protection may be exercised by a State in respect of a person that is not its national in accordance with draft article 8.

CHAPTER Ⅱ
NATURAL PERSONS

Article 4
State of nationality of a natural person

For the purposes of the diplomatic protection of a natural person, a State of nationality means a State whose nationality that person has acquired, in accordance with the law of that State, by birth, descent, naturalization, succession of States or in any other manner, not inconsistent with international law.

Article 5
Continuous nationality of a natural person

1. A State is entitled to exercise diplomatic protection in respect of a person who was a national of that State continuously from the date of injury to the date of the official presentation of the claim. Continuity is presumed if that nationality existed at both these dates.

2. Notwithstanding paragraph 1, a State may exercise diplomatic protection in respect of a person who is its national

at the date of the official presentation of the claim but was not a national at the date of injury, provided that the person had the nationality of a predecessor State or lost his or her previous nationality and acquired, for a reason unrelated to the bringing of the claim, the nationality of the former State in a manner not inconsistent with international law.

3. Diplomatic protection shall not be exercised by the present State of nationality in respect of a person against a former State of nationality of that person for an injury caused when that person was a national of the former State of nationality and not of the present State of nationality.

4. A State is no longer entitled to exercise diplomatic protection in respect of a person who acquires the nationality of the State against which the claim is brought after the date of the official presentation of the claim.

Article 6
Multiple nationality and claim against a third State

1. Any State of which a dual or multiple national is a national may exercise diplomatic protection in respect of that national against a State of which that person is not a national.

2. Two or more States of nationality may jointly exercise diplomatic protection in respect of a dual or multiple national.

Article 7
Multiple nationality and claim against a State of nationality

A State of nationality may not exercise diplomatic protection in respect of a person against a State of which that person is also a national unless the nationality of the former State is predominant, both at the date of injury and at the date of the official presentation of the claim.

Article 8
Stateless persons and refugees

1. A State may exercise diplomatic protection in respect of a stateless person who, at the date of injury and at the date of the official presentation of the claim, is lawfully and habitually resident in that State.

2. A State may exercise diplomatic protection in respect of a person who is recognized as a refugee by that State, in accordance with internationally accepted standards, when that person, at the date of injury and at the date of the official presentation of the claim, is lawfully and habitually resident in that State.

3. Paragraph 2 does not apply in respect of an injury caused by an internationally wrongful act of the State of nationality of the refugee.

CHAPTER Ⅲ
LEGAL PERSONS

Article 9
State of nationality of a corporation

For the purposes of the diplomatic protection of a corporation, the State of nationality means the State under whose law the corporation was incorporated. However, when the corporation is controlled by nationals of another State or States and has no substantial business activities in the State of incorporation, and the seat of management and the financial control of the corporation are both located in another State, that State shall be regarded as the State of nationality.

Article 10
Continuous nationality of a corporation

1. A State is entitled to exercise diplomatic protection in respect of a corporation that was a national of that State, or its predecessor State, continuously from the date of injury to the date of the official presentation of the claim. Continuity is presumed if that nationality existed at both these dates.

2. A State is no longer entitled to exercise diplomatic protection in respect of a corporation that acquires the nationality of the State against which the claim is brought after the presentation of the claim.

3. Notwithstanding paragraph 1, a State continues to be entitled to exercise diplomatic protection in respect of a corporation which was its national at the date of injury and which, as the result of the injury, has ceased to exist according to the law of the State of incorporation.

Article 11
Protection of shareholders

A State of nationality of shareholders in a corporation shall not be entitled to exercise diplomatic protection in respect of such shareholders in the case of an injury to the corporation unless:

(a) The corporation has ceased to exist according to the law of the State of incorporation for a reason unrelated to the injury; or

(b) The corporation had, at the date of injury, the nationality of the State alleged to be responsible for causing the injury, and incorporation in that State was required by it as a precondition for doing business there.

Article 12
Direct injury to shareholders

To the extent that an internationally wrongful act of a State causes direct injury to the rights of shareholders as such, as distinct from those of the corporation itself, the State of nationality of any such shareholders is entitled to exercise diplomatic protection in respect of its nationals.

Article 13
Other legal persons

The principles contained in this chapter shall be applicable, as appropriate, to the diplomatic protection of legal persons other than corporations.

PART THREE
LOCAL REMEDIES

Article 14
Exhaustion of local remedies

1. A State may not present an international claim in respect of an injury to a national or other person referred to in draft article 8 before the injured person has, subject to draft article 15, exhausted all local remedies.

2. “Local remedies” means legal remedies which are open to an injured person before the judicial or administrative courts or bodies, whether ordinary or special, of the State alleged to be responsible for causing the injury.

3. Local remedies shall be exhausted where an international claim, or request for a declaratory judgement related to the claim, is brought preponderantly on the basis of an injury to a national or other person referred to in draft article 8.

Article 15
Exceptions to the local remedies rule

Local remedies do not need to be exhausted where:

(a) There are no reasonably available local remedies to provide effective redress, or the local remedies provide no reasonable possibility of such redress;

(b) There is undue delay in the remedial process which is attributable to the State alleged to be responsible;

(c) There was no relevant connection between the injured person and the State alleged to be responsible at the date of injury;

(d) The injured person is manifestly precluded from pursuing local remedies; or

(e) The State alleged to be responsible has waived the requirement that local remedies be exhausted.

PART FOUR
MISCELLANEOUS PROVISIONS

Article 16
Actions or procedures other than diplomatic protection

The rights of States, natural persons, legal persons or other entities to resort under international law to actions or procedures other than diplomatic protection to secure redress for injury suffered as a result of an internationally wrongful act, are not affected by the present draft articles.

Article 17
Special rules of international law

The present draft articles do not apply to the extent that they are inconsistent with special rules of international law, such as treaty provisions for the protection of investments.

Article 18
Protection of ships' crews

The right of the State of nationality of the members of the crew of a ship to exercise diplomatic protection is not affected by the right of the State of nationality of a ship to seek redress on behalf of such crew members, irrespective of their nationality, when they have been injured in connection with an injury to the vessel resulting from an internationally wrongful act.

Article 19
Recommended practice

A State entitled to exercise diplomatic protection according to the present draft articles, should:

(a) Give due consideration to the possibility of exercising diplomatic protection, especially when a significant injury has occurred;

(b) Take into account, wherever feasible, the views of injured persons with regard to resort to diplomatic protection and the reparation to be sought; and

(c) Transfer to the injured person any compensation obtained for the injury from the responsible State subject to any reasonable deductions.

6-2. Guiding Principles applicable to Unilateral Declarations of States capable of creating Legal Obligations (2006)

The International Law Commission,

Noting that States may find themselves bound by their unilateral behaviour on the international plane,

Noting that behaviours capable of legally binding States may take the form of formal declarations or mere informal conduct including, in certain situations, silence, on which other States may reasonably rely,

Noting also that the question whether a unilateral behaviour by the State binds it in a given situation depends on the circumstances of the case,

Noting also that in practice, it is often difficult to establish whether the legal effects stemming from the unilateral behaviour of a State are the consequence of the intent that it has expressed or depend on the expectations that its conduct has raised among other subjects of international law,

Adopts the following Guiding Principles which relate only to unilateral acts stricto sensu, i.e. those taking the form of formal declarations formulated by a State with the intent to produce obligations under international law,

1. Declarations publicly made and manifesting the will to be bound may have the effect of creating legal obligations. When the conditions for this are met, the binding character of such declarations is based on good faith; States concerned may then take them into consideration and rely on them; such States are entitled to require that such obligations be respected;

2. Any State possesses capacity to undertake legal obligations through unilateral declarations;

3. To determine the legal effects of such declarations, it is necessary to take account of their content, of all the factual circumstances in which they were made, and of the reactions to which they gave rise;

4. A unilateral declaration binds the State internationally only if it is made by an authority vested with the power to do so. By virtue of their functions, heads of State, heads of Government and ministers for foreign affairs are competent to formulate such declarations. Other persons representing the State in specified areas may be authorized to bind it, through their declarations, in areas falling within their competence;

5. Unilateral declarations may be formulated orally or in writing;

6. Unilateral declarations may be addressed to the international community as a

whole, to one or several States or to other entities;

7. A unilateral declaration entails obligations for the formulating State only if it is stated in clear and specific terms. In the case of doubt as to the scope of the obligations resulting from such a declaration, such obligations must be interpreted in a restrictive manner. In interpreting the content of such obligations, weight shall be given first and foremost to the text of the declaration, together with the context and the circumstances in which it was formulated;

8. A unilateral declaration which is in conflict with a peremptory norm of general international law is void;

9. No obligation may result for other States from the unilateral declaration of a State. However, the other State or States concerned may incur obligations in relation to such a unilateral declaration to the extent that they clearly accepted such a declaration;

10. A unilateral declaration that has created legal obligations for the State making the declaration cannot be revoked arbitrarily. In assessing whether a revocation would be arbitrary, consideration should be given to:

(i) Any specific terms of the declaration relating to revocation;

(ii) The extent to which those to whom the obligations are owed have relied on such obligations;

(iii) The extent to which there has been a fundamental change in the circumstances.

7. United Nations Convention on Jurisdictional Immunities of States and Their Property (2004)

Date : 2 December 2004
Link : www.treaties.un.org

The States Parties to the present Convention,

Considering that the jurisdictional immunities of States and their property are generally accepted as a principle of customary international law,

Having in mind the principles of international law embodied in the Charter of the United Nations,

Believing that an international convention on the jurisdictional immunities of States and their property would enhance the rule of law and legal certainty, particularly in dealings of States with natural or juridical persons, and would contribute to the codification and development of international law and the harmonization of practice in this area,

Taking into account developments in State practice with regard to the jurisdictional immunities of States and their property,

Affirming that the rules of customary international law continue to govern matters not regulated by the provisions of the present Convention,

Have agreed as follows:

CHAPTER I
INTRODUCTION

Article 1
Scope of the present Convention

The present Convention applies to the immunity of a State and its property from the jurisdiction of the courts of another State.

Article 2
Use of terms

1. For the purposes of the present Convention:

(a) "court" means any organ of a State, however named, entitled to exercise judicial functions;
(b) "State" means:
   (i) the State and its various organs of government;
   (ii) constituent units of a federal State or political subdivisions of the State, which are entitled to perform acts in the exercise of sovereign authority, and are acting in that capacity;
   (iii) agencies or instrumentalities of the State or other entities, to the extent that they are entitled to perform and are actually performing acts in the exercise of sovereign authority of the State;
   (iv) representatives of the State acting in that capacity;
(c) "commercial transaction" means:
   (i) any commercial contract or transaction for the sale of goods or sup-

ply of services;

(ii) any contract for a loan or other transaction of a financial nature, including any obligation of guarantee or of indemnity in respect of any such loan or transaction;

(iii) any other contract or transaction of a commercial, industrial, trading or professional nature, but not including a contract of employment of persons.

2. In determining whether a contract or transaction is a "commercial transaction" under paragraph 1 (c), reference should be made primarily to the nature of the contract or transaction, but its purpose should also be taken into account if the parties to the contract or transaction have so agreed, or if, in the practice of the State of the forum, that purpose is relevant to determining the non-commercial character of the contract or transaction.

3. The provisions of paragraphs 1 and 2 regarding the use of terms in the present Convention are without prejudice to the use of those terms or to the meanings which may be given to them in other international instruments or in the internal law of any State.

Article 3
Privileges and immunities not affected by the present Convention

1. The present Convention is without prejudice to the privileges and immunities enjoyed by a State under international law in relation to the exercise of the functions of:

(a) its diplomatic missions, consular posts, special missions, missions to international organizations or delegations to organs of international organizations or to international conferences; and

(b) persons connected with them.

2. The present Convention is without prejudice to privileges and immunities accorded under international law to heads of State ratione personae.

3. The present Convention is without prejudice to the immunities enjoyed by a State under international law with respect to aircraft or space objects owned or operated by a State.

Article 4
Non-retroactivity of the present Convention

Without prejudice to the application of any rules set forth in the present Convention to which jurisdictional immunities of States and their property are subject under international law independently of the present Convention, the present Convention shall not apply to any question of jurisdictional immunities of States or their property arising in a proceeding instituted against a State before a court of another State prior to the entry into force of the present Convention for the States concerned.

주권면제

CHAPTER II
GENERAL PRINCIPLES

Article 5
State immunity

A State enjoys immunity, in respect of itself and its property, from the jurisdiction of the courts of another State subject to the provisions of the present Convention.

Article 6
Modalities for giving effect to State immunity

1. A State shall give effect to State immunity under article 5 by refraining from exercising jurisdiction in a proceeding before its courts against another State and to that end shall ensure that its courts determine on their own initiative that the immunity of that other State under article 5 is respected.

2. A proceeding before a court of a State shall be considered to have been instituted against another State if that other State:

(a) is named as a party to that proceeding; or
(b) is not named as a party to the proceeding but the proceeding in effect seeks to affect the property, rights, interests or activities of that other State.

Article 7
Express consent to exercise of jurisdiction

1. A State cannot invoke immunity from jurisdiction in a proceeding before a court of another State with regard to a matter or case if it has expressly consented to the exercise of jurisdiction by the court with regard to the matter or case:

(a) by international agreement;
(b) in a written contract; or
(c) by a declaration before the court or by a written communication in a specific proceeding.

2. Agreement by a State for the application of the law of another State shall not be interpreted as consent to the exercise of jurisdiction by the courts of that other State.

Article 8
Effect of participation in a proceeding before a court

1. A State cannot invoke immunity from jurisdiction in a proceeding before a court of another State if it has:

(a) itself instituted the proceeding; or
(b) intervened in the proceeding or taken any other step relating to the merits.

However, if the State satisfies the court that it could not have acquired knowledge of facts on which a claim to immunity can be based until after it took such a step, it can claim immunity based on those facts, provided it does so at the earliest possible moment.

2. A State shall not be considered to have consented to the exercise of jurisdiction

by a court of another State if it intervenes in a proceeding or takes any other step for the sole purpose of:

(a) invoking immunity; or
(b) asserting a right or interest in property at issue in the proceeding.

3. The appearance of a representative of a State before a court of another State as a witness shall not be interpreted as consent by the former State to the exercise of jurisdiction by the court.

4. Failure on the part of a State to enter an appearance in a proceeding before a court of another State shall not be interpreted as consent by the former State to the exercise of jurisdiction by the court.

Article 9
Counterclaims

1. A State instituting a proceeding before a court of another State cannot invoke immunity from the jurisdiction of the court in respect of any counterclaim arising out of the same legal relationship or facts as the principal claim.

2. A State intervening to present a claim ina proceeding before a court of another State cannot invoke immunity from the jurisdiction of the court in respect of any counterclaim arising out of the same legal relationship or facts as the claim presented by the State.

3. A State making a counterclaim in a proceeding instituted against it before a court of another State cannot invoke immunity from the jurisdiction of the court in respect of the principal claim.

CHAPTER Ⅲ
PROCEEDINGS IN WHICH STATE IMMUNITY CANNOT BE INVOKED

Article 10
Commercial transactions

1. If a State engages in a commercial transaction with a foreign natural or juridical person and, by virtue of the applicable rules of private international law, differences relating to the commercial transaction fall within the jurisdiction of a court of another State, the State cannot invoke immunity from that jurisdiction in a proceeding arising out of that commercial transaction.

2. Paragraph 1 does not apply:

(a) in the case of a commercial transaction between States; or
(b) if the parties to the commercial transaction have expressly agreed otherwise.

3. Where a State enterprise or other entity established by a State which has an independent legal personality and is capable of:

(a) suing or being sued; and
(b) acquiring, owning or possessing and disposing of property, including property which that State has authorized it to

operate or manage, is involved in a proceeding which relates to a commercial transaction in which that entity is engaged, the immunity from jurisdiction enjoyed by that State shall not be affected.

Article 11
Contracts of employment

1. Unless otherwise agreed between the States concerned, a State cannot invoke immunity from jurisdiction before a court of another State which is otherwise competent in a proceeding which relates to a contract of employment between the State and an individual for work performed or to be performed, in whole or in part, in the territory of that other State.

2. Paragraph 1 does not apply if:

(a) the employee has been recruited to perform particular functions in the exercise of governmental authority;
(b) the employee is:
  (i) a diplomatic agent, as defined in the Vienna Convention on Diplomatic Relations of 1961;
  (ii) a consular officer, as defined in the Vienna Convention on Consular Relations of 1963;
  (iii) a member of the diplomatic staff of a permanent mission to an international organization or of a special mission, or is recruited to represent a State at an international conference; or
  (iv) any other person enjoying diplomatic immunity;
(c) the subject-matter of the proceeding is the recruitment, renewal of employment or reinstatement of an individual;
(d) the subject-matter of the proceeding is the dismissal or termination of employment of an individual and, as determined by the head of State, the head of Government or the Minister for Foreign Affairs of the employer State, such a proceeding would interfere with the security interests of that State
(e) the employee is a national of the employer State at the time when the proceeding is instituted, unless this person has the permanent residence in the State of the forum; or
(f) the employer State and the employee have otherwise agreed in writing, subject to any considerations of public policy conferring on the courts of the State of the forum exclusive jurisdiction by reason of the subject-matter of the proceeding.

Article 12
Personal injuries and damage to property

Unless otherwise agreed between the States concerned, a State cannot invoke immunity from jurisdiction before a court of another State which is otherwise competent in a proceeding which relates to pecuniary compensation for death or injury to the person, or damage to or loss of tangible property, caused by an act or omission which is alleged to be attributable to the State, if the act or omission occurred in whole or in part in the territory of that other State and if the author of the act or omission was present in that territory at the time of the act or omission.

Article 13
Ownership, possession and use of property

Unless otherwise agreed between the States concerned, a State cannot invoke immunity from jurisdiction before a court of another State which is otherwise competent in a proceeding which relates to the determination of:

(a) any right or interest of the State in, or its possession or use of, or any obligation of the State arising out of its interest in, or its possession or use of, immovable property situated in the State of the forum;
(b) any right or interest of the State in movable or immovable property arising by way of succession, gift or bona vacantia; or
(c) any right or interest of the State in the administration of property, such as trust property, the estate of a bankrupt or the property of a company in the event of its winding up

Article 14
Intellectual and industrial property

Unless otherwise agreed between the States concerned, a State cannot invoke immunity from jurisdiction before a court of another State which is otherwise competent in a proceeding which relates to:

(a) the determination of any right of the State in a patent, industrial design, trade name or business name, trademark, copyright or any other form of intellectual or industrial property which enjoys a measure of legal protection, even if provisional, in the State of the forum; or
(b) an alleged infringement by the State, in the territory of the State of the forum, of a right of the nature mentioned in subparagraph (a) which belongs to a third person and is protected in the State of the forum.

Article 15
Participation in companies or other collective bodies

1. A State cannot invoke immunity from jurisdiction before a court of another State which is otherwise competent in a proceeding which relates to its participation in a company or other collective body, whether incorporated or unincorporated, being a proceeding concerning the relationship between the State and the body or the other participants therein, provided that the body:

(a) has participants other than States or international organizations; and
(b) is incorporated or constituted under the law of the State of the forum or has its seat or principal place of business in that State.

2. A State can, however, invoke immunity from jurisdiction in such a proceeding if the States concerned have so agreed or if the parties to the dispute have so provided by an agreement in writing or if the instrument establishing or regulating the body in question contains provisions to that effect.

Article 16
Ships owned or operated by a State

1. Unless otherwise agreed between the States concerned, a State which owns or operates a ship cannot invoke immunity from jurisdiction before a court of another State which is otherwise competent in a proceeding which relates to the operation of that ship if, at the time the cause of action arose, the ship was used for other than government non−commercial purposes.

2. Paragraph 1 does not apply to warships, or naval auxiliaries, nor does it apply to other vessels owned or operated by a State and used, for the time being, only on government non−commercial service.

3. Unless otherwise agreed between the States concerned, a State cannot invoke immunity from jurisdiction before a court of another State which is otherwise competent in a proceeding which relates to the carriage of cargo on board a ship owned or operated by that State if, at the time the cause of action arose, the ship was used for other than government non−commercial purposes.

4. Paragraph 3 does not apply to any cargo carried on board the ships referred to in paragraph 2, nor does it apply to any cargo owned by a State and used or intended for use exclusively for government non−commercial purposes.

5. States may plead all measures of defence, prescription and limitation of liability which are available to private ships and cargoes and their owners.

6. If in a proceeding there arises a question relating to the government and non−commercial character of a ship owned or operated by a State or cargo owned by a State, a certificate signed by a diplomatic representative or other competent authority of that State and communicated to the court shall serve as evidence of the character of that ship or cargo.

Article 17
Effect of an arbitration agreement

If a State enters into an agreement in writing with a foreign natural or juridical person to submit to arbitration differences relating to a commercial transaction, that State cannot invoke immunity from jurisdiction before a court of another State which is otherwise competent in a proceeding which relates to

(a) the validity, interpretation or application of the arbitration agreement;
(b) the arbitration procedure; or
(c) the confirmation or the setting aside of the award, unless the arbitration

agreement otherwise provides.

CHAPTER IV STATE IMMUNITY FROM MEASURES OF CONSTRAINT IN CONNECTION WITH PROCEEDINGS BEFORE A COURT

Article 18 State immunity from pre-judgment measures of constraint

No pre−judgment measures of constraint, such as attachment or arrest, against property of a State may be taken in connection with a proceeding before a court of another State unless and except to the extent that:

(a) the State has expressly consented to the taking of such measures as indicated:
  (i) by international agreement;
  (ii) by an arbitration agreement or in a written contract; or
  (iii) by a declaration before the court or by a written communication after a dispute between the parties has arisen; or
(b) the State has allocated or earmarked property for the satisfaction of the claim which is the object of that proceeding.

Article 19 State immunity from post-judgment measures of constraint

No post−judgment measures of constraint, such as attachment, arrest or execution, against property of a State may be taken in connection with a proceeding before a court of another State unless and except to the extent that:

(a) the State has expressly consented to the taking of such measures as indicated:
  (i) by international agreement;
  (ii) by an arbitration agreement or in a written contract; or
  (iii) by a declaration before the court or by a written communication after a dispute between the parties has arisen; or
(b) the State has allocated or earmarked property for the satisfaction of the claim which is the object of that proceeding; or
(c) it has been established that the property is specifically in use or intended for use by the State for other than government non−commercial purposes and is in the territory of the State of the forum, provided that post−judgment measures of constraint may only be taken against property that has a connection with the entity against which the proceeding was directed.

Article 20 Effect of consent to jurisdiction to measures of constraint

Where consent to the measures of constraint is required under articles 18 and 19, consent to the exercise of jurisdiction under article 7 shall not imply consent to

주권면제

the taking of measures of constraint.

Article 21
Specific categories of property

1. The following categories, in particular, of property of a State shall not be considered as property specifically in use or intended for use by the State for other than government non-commercial purposes under article 19, subparagraph (c):

(a) property, including any bank account, which is used or intended for use in the performance of the functions of the diplomatic mission of the State or its consular posts, special missions, missions to international organizations or delegations to organs of international organizations or to international conference

(b) property of a military character or used or intended for use in the performance of military function

(c) property of the central bank or other monetary authority of the State;

(d) property forming part of the cultural heritage of the State or part of its archives and not placed or intended to be placed on sale;

(e) property forming part of an exhibition of objects of scientific, cultural or historical interest and not placed or intended to be placed on sale.

2. Paragraph 1 is without prejudice to article 18 and article 19, subparagraphs (a) and (b).

CHAPTER V
MISCELLANEOUS PROVISIONS

Article 22
Service of process

1. Service of process by writ or other document instituting a proceeding against a State shall be effected:

(a) in accordance with any applicable international convention binding on the State of the forum and the State concerned; or

(b) in accordance with any special arrangement for service between the claimant and the State concerned, if not precluded by the law of the State of the forum; or

(c) in the absence of such a convention or special arrangement

(i) by transmission through diplomatic channels to the Ministry of Foreign Affairs of the State concerned; or

(ii) by any other means accepted by the State concerned, if not precluded by the law of the State of the forum.

2. Service of process referred to in paragraph 1 (c) (i) is deemed to have been effected by receipt of the documents by the Ministry of Foreign Affairs.

3. These documents shall be accompanied, if necessary, by a translation into the official language, or one of the official languages, of the State concerned.

4. Any State that enters an appearance on

the merits in a proceeding instituted against it may not thereafter assert that service of process did not comply with the provisions of paragraphs 1 and 3.

Article 23
Default judgment

1. A default judgment shall not be rendered against a State unless the court has found that:

(a) the requirements laid down in article 22, paragraphs 1 and 3, have been complied with;
(b) a period of not less than four months has expired from the date on which the service of the writ or other document instituting a proceeding has been effected or deemed to have been effected in accordance with article 22, paragraphs 1 and 2; and
(c) the present Convention does not preclude it from exercising jurisdiction.

2. A copy of any default judgment rendered against a State, accompanied if necessary by a translation into the official language or one of the official languages of the State concerned, shall be transmitted to it through one of the means specified in article 22, paragraph 1, and in accordance with the provisions of that paragraph.

3. The time-limit for applying to have a default judgment set aside shall not be less than four months and shall begin to run from the date on which the copy of the judgment is received or is deemed to have been received by the State concerned.

Article 24
Privileges and immunities during court proceedings

1. Any failure or refusal by a State to comply with an order of a court of another State enjoining it to perform or refrain from performing a specific act or to produce any document or disclose any other information for the purposes of a proceeding shall entail no consequences other than those which may result from such conduct in relation to the merits of the case. In particular, no fine or penalty shall be imposed on the State by reason of such failure or refusal.

2. A State shall not be required to provide any security, bond or deposit, however described, to guarantee the payment of judicial costs or expenses in any proceeding to which it is a respondent party before a court of another State.

CHAPTER VI FINAL CLAUSES

Article 25
Annex

The annex to the present Convention forms an integral part of the Convention.

Article 26
Other international agreements

Nothing in the present Convention shall affect the rights and obligations of States

Parties under existing international agreements which relate to matters dealt with in the present Convention as between the parties to those agreements.

Article 27
Settlement of disputes

1. States Parties shall endeavour to settle disputes concerning the interpretation or application of the present Convention through negotiation.

2. Any dispute between two or more States Parties concerning the interpretation or application of the present Convention which cannot be settled through negotiation within six months shall, at the request of any of those States Parties, be submitted to arbitration. If, six months after the date of the request for arbitration, those States Parties are unable to agree on the organization of the arbitration, any of those States Parties may refer the dispute to the International Court of Justice by request in accordance with the Statute of the Court.

3. Each State Party may, at the time of signature, ratification, acceptance or approval of, or accession to, the present Convention, declare that it does not consider itself bound by paragraph 2. The other States Parties shall not be bound by paragraph 2 with respect to any State Party which has made such a declaration.

4. Any State Party that has made a declaration in accordance with paragraph 3 may at any time withdraw that declaration by notification to the Secretary-General of the United Nations.

Article 28
Signature

The present Convention shall be open for signature by all States until 17 January 2007, at United Nations Headquarters, New York.

Article 29
Ratification, acceptance, approval or accession

1. The present Convention shall be subject to ratification, acceptance or approval.

2. The present Convention shall remain open for accession by any State.

3. The instruments of ratification, acceptance, approval or accession shall be deposited with the Secretary-General of the United Nations.

Article 30
Entry into force

1. The present Convention shall enter into force on the thirtieth day following the date of deposit of the thirtieth instrument of ratification, acceptance, approval or accession with the Secretary-General of the United Nations.

2. For each State ratifying, accepting, approving or acceding to the present Con-

vention after the deposit of the thirtieth instrument of ratification, acceptance, approval or accession, the Convention shall enter into force on the thirtieth day after the deposit by such State of its instrument of ratification, acceptance, approval or accession.

Article 31
Denunciation

1. Any State Party may denounce the present Convention by written notification to the Secretary-General of the United Nations.

2. Denunciation shall take effect one year following the date on which notification is received by the Secretary-General of the United Nations. The present Convention shall, however, continue to apply to any question of jurisdictional immunities of States or their property arising in a proceeding instituted against a State before a court of another State prior to the date on which the denunciation takes effect for any of the States concerned.

3. The denunciation shall not in any way affect the duty of any State Party to fulfil any obligation embodied in the present Convention to which it would be subject under international law independently of the present Convention.

Article 32
Depositary and notifications

1. The Secretary-General of the United Nations is designated the depositary of the present Convention.

2. As depositary of the present Convention, the Secretary-General of the United Nations shall inform all States of the following:

(a) signatures of the present Convention and the deposit of instruments of ratification, acceptance, approval or accession or notifications of denunciation, in accordance with articles 29 and 31;
(b) the date on which the present Convention will enter into force, in accordance with article 30;
(c) any acts, notifications or communications relating to the present Convention.

Article 33
Authentic texts

The Arabic, Chinese, English, French, Russian and Spanish texts of the present Convention are equally authentic.

IN WITNESS WHEREOF, the undersigned, being duly authorized thereto by their respective Governments, have signed this Convention opened for signature at United Nations Headquarters in New York on 17 January 2005.

ANNEX TO THE CONVENTION

Understandings with respect to certain provisions of the Convention

The present annex is for the purpose of setting out understandings relating to the provisions concerned.

With respect to article 10

The term "immunity" in article 10 is to be understood in the context of the present Convention as a whole.

Article 10, paragraph 3, does not prejudge the question of "piercing the corporate veil", questions relating to a situation where a State entity has deliberately misrepresented its financial position or subsequently reduced its assets to avoid satisfying a claim, or other related issues.

With respect to article 11

The reference in article 11, paragraph 2 (d), to the "security interests" of the employer State is intended primarily to address matters of national security and the security of diplomatic missions and consular posts.

Under article 41 of the 1961 Vienna Convention on Diplomatic Relations and article 55 of the 1963 Vienna Convention on Consular Relations, all persons referred to in those articles have the duty to respect the laws and regulations, including labour laws, of the host country. At the same time, under article 38 of the 1961 Vienna Convention on Diplomatic Relations and article 71 of the 1963 Vienna Convention on Consular Relations, the receiving State has a duty to exercise its jurisdiction in such a manner as not to interfere unduly with the performance of the functions of the mission or the consular post.

With respect to articles 13 and 14

The expression "determination" is used to refer not only to the ascertainment or verification of the existence of the rights protected, but also to the evaluation or assessment of the substance, including content, scope and extent, of such rights.

With respect to article 17

The expression "commercial transaction" includes investment matters.

With respect to article 19

The expression "entity" in subparagraph (c) means the State as an independent legal personality, a constituent unit of a federal State, a subdivision of a State, an agency or instrumentality of a State or other entity, which enjoys independent legal personality.

The words "property that has a connection with the entity" in subparagraph (c) are to be understood as broader than ownership or possession.

Article 19 does not prejudge the question of "piercing the corporate veil", questions relating to a situation where a State entity has deliberately misrepresented its financial position or subsequently reduced its assets to avoid satisfying a claim, or other related issues.

PART Ⅲ

Law of Sea & Civil Aviation

8. United Nations Convention on the Law of the Sea (1982)

8. 해양법에 관한 국제연합 협약

Date : 10 December 1982
In force : 16 November 1994
States Party : 168
Korea : 28 February 1996 (조약 제1328호)
Link :www.un.org/Depts/los

PREAMBLE

The States Parties to this Convention,

이 협약의 당사국은,

Prompted by the desire to settle, in a spirit of mutual understanding and cooperation, all issues relating to the law of the sea and aware of the historic significance of this Convention as an important contribution to the maintenance of peace, justice and progress for all peoples of the world,

해양법과 관련된 모든 문제를 상호이해와 협력의 정신으로 해결하고자 하는 희망에 따라, 또한 세계 모든 사람들을 위한 평화·정의 및 진보의 유지에 대한 중대한 공헌의 하나로서 이 협약이 가지는 역사적 의의를 인식하고,

Noting that developments since the United Nations Conferences on the Law of the Sea held at Geneva in 1958 and 1960 have accentuated the need for a new and generally acceptable Convention on the law of the sea,

1958년과 1960년에 제네바에서 개최된 국제연합해양법회의 이래의 발전에 따라 새롭고도 일반적으로 수락될 수 있는 해양법협약의 필요성이 강조되고 있음에 유의하고,

Conscious that the problems of ocean space are closely interrelated and need to be considered as a whole,

해양의 여러 문제가 서로 밀접하게 관련되어 있으며 전체로서 고려되어야 할 필요성이 있음을 인식하고,

Recognizing the desirability of establishing through this Convention, with due regard for the sovereignty of all States, a legal order for the seas and oceans which will

이 협약을 통하여 모든 국가의 주권을 적절히 고려하면서, 국제교통의 촉진, 해양의 평화적 이용, 해양자원의 공평하고도 효율적인 활용, 해양생물자원의 보존, 그리고 해양환경

facilitate international communication, and will promote the peaceful uses of the seas and oceans, the equitable and efficient utilization of their resources, the conservation of their living resources, and the study, protection and preservation of the marine environment,

의 연구, 보호 및 보전을 촉진하기 위하여 해양에 대한 법질서를 확립하는 것이 바람직함을 인식하고,

Bearing in mind that the achievement of these goals will contribute to the realization of a just and equitable international economic order which takes into account the interests and needs of mankind as a whole and, in particular, the special interests and needs of developing countries, whether coastal or land-locked,

이러한 목적의 달성이 인류 전체의 이익과 필요, 특히 연안국이거나 내륙국이거나 관계없이 개발도상국의 특별한 이익과 필요를 고려한 공정하고도 공평한 국제경제질서의 실현에 기여할 것이라는 점을 유념하고,

Desiring by this Convention to develop the principles embodied in resolution 2749 (XXV) of 17 December 1970 in which the General Assembly of the United Nations solemnly declared inter ail that the area of the sea-bed and ocean floor and the subsoil thereof, beyond the limits of national jurisdiction, as well as its resources, are the common heritage of mankind, the exploration and exploitation of which shall be carried out for the benefit of mankind as a whole, irrespective of the geographic allocation of States,

국제연합총회가 국가관할권 한계 밖의 해저·해상 및 그 하층토 지역은 그 자원과 함께 인류공동유산이며, 이에 대한 탐사와 개발은 국가의 지리적 위치에 관계없이 인류전체의 이익을 위하여 수행되어야 한다고 특별히 엄숙하게 선언한 1970년 12월 17일자 결의 제2749(XXV)호에 구현된 여러 원칙을 이 협약에 의하여 발전시킬 것을 희망하고,

Believing that the codification and progressive development of the law of the sea achieved in this Convention will contribute to the strengthening of peace, security, co-operation and friendly relations among all nations in conformity with the principles of justice and equal rights and will promote the economic and social advancement of all peoples of the world, in accor-

이 협약이 이룩한 해양법의 법전화와 점진적 발달이 정의와 평등권의 원칙에 따라 모든 국가간에 평화·안전·협력 및 우호관계의 강화에 기여하고 국제연합헌장에 규정된 국제연합의 목적과 원칙에 따라 세계 모든 사람들의 경제적·사회적 진보를 증진할 것임을 믿으며,

dance with the Purposes and Principles of the United Nations as set forth in the Charter,

Affirming that matters not regulated by this Convention continue to be governed by the rules and principles of general international law,

이 협약에 의하여 규율되지 아니한 사항은 일반국제법의 규칙과 원칙에 의하여 계속 규율될 것임을 확인하며,

Have agreed as follows:

다음과 같이 합의하였다.

PART I INTRODUCTION

제1부 총 칙

Article 1
Use of terms and scope

제1조
용어의 사용과 적용범위

1. For the purposes of this Convention:

(1) "Area" means the sea-bed and ocean floor and subsoil thereof beyond the limits of national jurisdiction;
(2) "Authority" means the International Sea-Bed Authority;
(3) "activities in the Area" means all activities of exploration for, and exploitation of, the resources of the Area;
(4) "pollution of the marine environment" means the introduction by man, directly or indirectly, of substances or energy into the marine environment, including estuaries, which results or is likely to result in such deleterious effects as harm to living resources and marine life, hazards to human health, hindrance to marine activities, includeing fishing and other legitimate uses of the sea, impairment of quality for use of sea water and reduction of amenities;

1. 이 협약에서,

(1) "심해저"라 함은 국가관할권 한계 밖의 해저·해상 및 그 하층토를 말한다.

(2) "해저기구"라 함은 국제해저기구를 말한다.

(3) "심해저활동"이라 함은 심해저자원을 탐사하고 개발하는 모든 활동을 말한다.

(4) "해양환경오염"이라 함은 생물자원과 해양생물에 대한 손상, 인간의 건강에 대한 위험, 어업과 그 밖의 적법한 해양이용을 포함한 해양활동에 대한 장애, 해수이용에 의한 수질악화 및 쾌적도 감소 등과 같은 해로운 결과를 가져오거나 가져올 가능성이 있는 물질이나 에너지를 인간이 직접적으로 또는 간접적으로 강어귀를 포함한 해양환경에 들여오는 것을 말한다.

해양법

(5) (a) "dumping" means:

(i) any deliberate disposal of wastes or other matter from vessels, aircraft, platforms or other manmade structures at sea;

(ii) any deliberate disposal of vessels, aircraft, platforms or other man-made structures at sea

(b) "dumping" does not include:

(i) the disposal of wastes or other matter incidental to, or derived from the normal operations of vessels, aircraft, platforms or other man-made structures at sea and their equipment, other than wastes or other matter transported by or to vessels, aircraft, platforms or other man-made structures at sea, operating for the purpose of disposal of such matter or derived from the treatment of such wastes or other matter on such vessels, aircraft, platforms or structures;

(ii) placement of matter for a purpose other than the mere disposal thereof, provided that such placement is not contrary to the aims of this Convention.

(5) 가. "투기"라 함은 다음을 말한다.

(i) 선박·항공기·플랫폼 또는 그 밖의 인공해양구조물로부터 폐기물이나 그 밖의 물질을 고의로 버리는 행위

(ii) 선박·항공기·플랫폼 또는 그 밖의 인공해양구조물을 고의로 버리는 행위

나. "투기"에는 다음이 포함되지 아니한다.

(i) 선박·항공기·플랫폼 또는 그 밖의 인공해양구조물 및 이들 장비의 통상적인 운용에 따라 발생되는 폐기물이나 그 밖의 물질의 폐기. 단, 폐기물이나 그 밖의 물질을 버릴 목적으로 운용되는 선박·항공기·플랫폼 또는 그 밖의 인공해양구조물에 의하여 운송되거나 이들에게 운송된 폐기물이나 그 밖의 물질, 이러한 선박·항공기·플랫폼 또는 그 밖의 인공해양구조물에서 이러한 폐기물 또는 그 밖의 물질을 처리함에 따라 발생되는 폐기물이나 그 밖의 물질은 제외

(ii) 이 협약의 목적에 어긋나지 아니하는 단순한 폐기를 목적으로 하지 아니하는 물질의 유치

2. (1) "States Parties" means States which have consented to be bound by this Convention and for which this Convention is in force.

(2) This Convention applies mutatis mutandis to the entities referred to in Article 305, paragraph 1(b), (c), (d), (e) and (f), which become Parties to this Convention in accordance with the conditions relevant to each, and to that

2. (1) "당사국"이라 함은 이 협약에 기속받기로 동의하고 이 협약이 발효하고 있는 국가를 말한다.

(2) 이 협약은 제305조 제1항 (b), (c), (d), (e) 및 (f)에 해당하는 주체로서 각기 관련되는 조건에 따라 이 협약의 당사자가 된 주체에 대하여 준용되며, 그러한 경우 "당사국"이라 함은 이러한 주체를 포함한다.

extent "States Parties" refers to those entities.

PART Ⅱ TERRITORIAL SEA AND CONTIGUOUS ZONE

제 2 부 영해와 접속수역

SECTION 1 GENERAL PROVISIONS

제 1 절 총 칙

Article 2
Legal status of the territorial sea, of the air space over the territorial sea and of its bed and subsoil

제 2 조
영해, 영해의 상공·해저 및 하층토의 법적 지위

1. The sovereignty of a coastal State extends, beyond its land territory and internal waters and, in the case of an archipelagic State, its archipelagic waters, to an adjacent belt of sea, described as the territorial sea.

1. 연안국의 주권은 영토와 내수 밖의 영해라고 하는 인접해역, 군도국가의 경우에는 군도수역 밖의 영해라고 하는 인접해역에까지 미친다.

2. This sovereignty extends to the air space over the territorial sea as well as to Its bed and subsoil.

2. 이러한 주권은 영해의 상공·해저 및 하층토에까지 미친다.

3. The sovereignty over the territorial sea is exercised subject to this Convention and to other rules of international law.

3. 영해에 대한 주권은 이 협약과 그 밖의 국제법규칙에 따라 행사된다.

SECTION 2 LIMITS OF THE TERRITORIAL SEA

제 2 절 영해의 한계

Article 3
Breadth of the territorial sea

제 3 조
영해의 폭

Every State has the right to establish the breadth of its territorial sea up to a limit

모든 국가는 이 협약에 따라 결정된 기선으로부터 12해리를 넘지 아니하는 범위에서 영

해양법

not exceeding 12 nautical miles, measured from baselines determined in accordance with this Convention.

해의 폭을 설정할 권리를 가진다.

Article 4
Outer limit of the territorial sea

The outer limit of the territorial sea is the line every point of which is at a distance from the nearest point of the baseline equal to the breadth of the territorial sea.

제4조
영해의 바깥한계

영해의 바깥한계는 기선상의 가장 가까운 점으로부터 영해의 폭과 같은 거리에 있는 모든 점을 연결한 선으로 한다.

Article 5
Normal baseline

Except where otherwise provided in this Convention, the normal baseline for measuring the breadth of the territorial sea is the low-water line along the coast as marked on large-scale charts officially recognized by the coastal State.

제5조
통상기선

영해의 폭을 측정하기 위한 통상기선은 이 협약에 달리 규정된 경우를 제외하고는 연안국이 공인한 대축척해도에 표시된 해안의 저조선으로 한다.

Article 6
Reefs

In the case of islands situated on atolls or of islands having fringing reefs, the baseline for measuring the breadth of the territorial sea is these award low-water line of the reef, as shown by the appropriate symbol on charts officially recognized by the coastal State.

제6조
암 초

환초상에 위치한 섬 또는 가장자리에 암초를 가진 섬의 경우, 영해의 폭을 측정하기 위한 기선(이하 "영해기선"이라 함)은 연안국이 공인한 해도상에 적절한 기호로 표시된 암초의 바다쪽 저조선으로 한다.

Article 7
Straight baselines

1. In localities where the coastline is deeply indented and cut into, or if there is a fringe of islands along the coast in its immediate vicinity, the method of

제7조
직선기선

1. 해안선이 깊게 굴곡이 지거나 잘려들어간 지역, 또는 해안을 따라 아주 가까이 섬이 흩어져 있는 지역에서는 영해기선을 설정함에 있어서 적절한 지점을 연결하는 직선

straight baselines joining appropriate points may be employed in drawing the baseline from which the breadth of the territorial sea is measured.

기선의 방법이 사용될 수 있다.

2. Where because of the presence of a delta and other natural conditions the coastline is highly unstable, the appropriate points may be selected along the furthest seaward extent of the low-water line and, notwithstanding subsequent regression of the low-water line, the straight baselines shall remain effective until changed by the coastal State in accordance with this Convention.

2. 삼각주가 있거나 그 밖의 자연조건으로 인하여 해안선이 매우 불안정한 곳에서는, 바다쪽 가장 바깥 저조선을 따라 적절한 지점을 선택할 수 있으며, 그 후 저조선이 후퇴하더라도 직선기선은 이 협약에 따라 연안국에 의하여 수정될 때까지 유효하다.

3. The drawing of straight baselines must not depart to any appreciable extent from the general direction of the coast, and the sea areas lying within the lines must be sufficiently closely linked to the land domain to be subject to the regime of internal waters.

3. 직선기선은 해안의 일반적 방향으로부터 현저히 벗어나게 설정할 수 없으며, 직선기선 안에 있는 해역은 내수제도에 의하여 규율될 수 있을 만큼 육지와 충분히 밀접하게 관련되어야 한다.

4. Straight baselines shall not be drawn to and from low-tide elevations, unless lighthouses or similar installations which are permanently above sea level have been built on them or except in instances where the drawing of baselines to and from such elevations has received general international recognition.

4. 직선기선은 간조노출지까지 또는 간조노출지로부터 설정할 수 없다. 다만, 영구적으로 해면위에 있는 등대나 이와 유사한 시설이 간조노출지에 세워진 경우 또는 간조노출지 사이의 기선설정이 일반적으로 국제적인 승인을 받은 경우에는 그러하지 아니하다.

5. Where the method of straight baselines is applicable under paragraph 1, account may be taken, in determining particular baselines, of economic interests peculiar to the region concerned, the reality and the importance of which are clearly evidenced by long usage.

5. 제1항의 직선기선의 방법을 적용하는 경우, 특정한 기선을 결정함에 있어서 그 지역에 특유한 경제적 이익이 있다는 사실과 그 중요성이 오랜 관행에 의하여 명백히 증명된 경우 그 경제적 이익을 고려할 수 있다.

6. The system of straight baselines may not be applied by a State in such a manner as to cut off the territorial sea of another State from the high seas or an exclusive economic zone.

6. 어떠한 국가도 다른 국가의 영해를 공해나 배타적경제수역으로부터 격리시키는 방식으로 직선기선제도를 적용할 수 없다.

Article 8
Internal waters

제8조
내 수

1. Except as provided in Part IV, waters on the land ward side of the baseline of the territorial sea form part of the internal waters of the State.

2. Where the establishment of a straight baseline in accordance with the method set forth in Article 7 has the effect of enclosing as internal waters areas which had not previously been considered as such, a right of innocent passage as provided in this Convention shall exist in those waters.

1. 제4부에 규정된 경우를 제외하고는 영해기선의 육지쪽 수역은 그 국가의 내수의 일부를 구성한다.

2. 제7조에 규정된 방법에 따라 직선기선을 설정함으로써 종전에 내수가 아니었던 수역이 내수에 포함되는 경우, 이 협약에 규정된 무해통항권이 그 수역에서 계속 인정된다.

Article 9
Mouths of rivers

제9조
하 구

If a river flows directly into the sea, the baseline shall be a straight line across the mouth of the river between points on the low−water line of its banks.

강이 직접 바다로 유입하는 경우, 기선은 양쪽 강둑의 저조선상의 지점을 하구를 가로질러 연결한 직선으로 한다.

Article 10
Bays

제10조
만

1. This article relates only to bays the coasts of which belong to a single State.

2. For the purposes of this Convention, a bay is a well−marked indentation whose penetration is in such proportion to the

1. 이 조는 그 해안이 한 국가에 속하는 만에 한하여 적용한다.

2. 이 협약에서 만이라 함은 그 들어간 정도가 입구의 폭에 비하여 현저하여 육지로 둘러싸인 수역을 형성하고, 해안의 단순한

width of its mouth as to contain land-locked waters and constitute more than a mere curvature of the coast. An indentation shall not, however, be regarded as a bay unless its area is as large as, or larger than, that of the semi-circle whose diameter is a line drawn across the mouth of that indentation.

굴곡 이상인 뚜렷한 만입을 말한다. 그러나 만입 면적이 만입의 입구를 가로질러 연결한 선을 지름으로 하는 반원의 넓이에 미치지 못하는 경우, 그러한 만입은 만으로 보지 아니한다.

3. For the purpose of measurement, the area of an indentation is that lying between the low-water mark around the shore of the indentation and a line joining the low-water mark of its natural entrance points. Where, because of the presence of islands, an indentation has more than one mouth, the semicircle shall be drawn on a line as long as the sum total of the lengths of the lines across the different mouths. Islands within an indentation shall be included as if they were part of the water area of the indentation.

3. 측량의 목적상 만입면적이라 함은 만입해안의 저조선과 만입의 자연적 입구의 양쪽 저조지점을 연결하는 선 사이에 위치한 수역의 넓이를 말한다. 섬이 있어서 만이 둘 이상의 입구를 가지는 경우에는 각각의 입구를 가로질러 연결하는 선의 길이의 합계와 같은 길이인 선상에 반원을 그려야 한다. 만입의 안에 있는 섬은 만입수역의 일부로 본다.

4. If the distance between the low-water marks of the natural entrance points of a bay does not exceed 24 nautical miles, a closing line may be drawn between these two low-water marks, and the waters enclosed thereby shall be considered as internal waters.

4. 만의 자연적 입구 양쪽의 저조지점간의 거리가 24해리를 넘지 아니하는 경우, 폐쇄선을 두 저조지점간에 그을 수 있으며, 이 안에 포함된 수역은 내수로 본다.

5. Where the distance between the low-water marks of the natural entrance points of a bay exceeds 24 nautical miles, a straight baseline of 24 nautical miles shall be drawn within the bay in such a manner as to enclose the maximum area of water that is possible with a line of

5. 만의 자연적 입구 양쪽의 저조지점간의 거리가 24해리를 넘는 경우, 24해리의 직선으로서 가능한 한 최대의 수역을 둘러싸는 방식으로 만안에 24해리 직선기선을 그어야 한다.

that length.

6. The foregoing provisions do not apply to so-called "historic" bays, or in any case where the system of straight baselines provided for in Article 7 is applied.

6. 전항의 규정들은 이른바 "역사적" 만에 대하여 또는 제7조에 규정된 직선기선제도가 적용되는 경우에는 적용하지 아니한다.

Article 11
Ports

제11조
항 구

For the purpose of delimiting the territorial sea, the outermost permanent harbour works which form an integral part of the harbour system are regarded as forming part of the coast. Off-shore installations and artificial islands shall not be considered as permanent harbour works.

영해의 경계를 획정함에 있어서, 항만체계의 불가분의 일부를 구성하는 가장 바깥의 영구적인 항만시설은 해안의 일부를 구성하는 것으로 본다. 근해시설과 인공섬은 영구적인 항만시설로 보지 아니한다.

Article 12
Roadsteads

제12조
정 박 지

Roadsteads which are normally used for the loading, unloading and anchoring of ships, and which would otherwise be situated wholly or partly outside the outer limit of the territorial sea, are included in the territorial sea.

선박이 화물을 싣고, 내리고, 닻을 내리기 위하여 통상적으로 사용되는 정박지는 전부 또는 일부가 영해의 바깥한계 밖에 있는 경우에도 영해에 포함된다.

Article 13
Low-tide elevations

제13조
간조노출지

1. A low-tide elevation is a naturally formed area of land which is surrounded by and above water at low tide but submerged at high tide. Where a low-tide elevation is situated wholly or partly at a distance not exceeding the breadth of the territorial sea from the mainland or an island, the low-water line on that ele-

1. 간조노출지는 썰물일 때에는 물로 둘러싸여 물위에 노출되나 밀물일 때에는 물에 잠기는 자연적으로 형성된 육지지역을 말한다. 간조노출지의 전부 또는 일부가 본토나 섬으로부터 영해의 폭을 넘지 아니하는 거리에 위치하는 경우, 그 간조노출지의 저조선을 영해기선으로 사용할 수

vation may be used as the baseline for measuring the breadth of the territorial sea.

있다.

2. Where a low-tide elevation is wholly situated at a distance exceeding the breadth of the territorial sea from the mainland or an island, it has no territorial sea of its own.

2. 간조노출지 전부가 본토나 섬으로부터 영해의 폭을 넘는 거리에 위치하는 경우, 그 간조노출지는 자체의 영해를 가지지 아니한다.

Article 14
Combination of methods for determining baselines

The coastal State may determine baselines in turn by any of the methods provided for in the foregoing articles to suit different conditions.

제 14 조
기선결정 방법의 혼합

연안국은 서로 다른 조건에 적합하도록 앞의 각 조에 규정된 방법을 교대로 사용하여 기선을 결정할 수 있다.

Article 15
Delimitation of the territorial sea between states with opposite or adjacent coasts

Where the coasts of two States are opposite or adjacent to each other, neither of the two States is entitled, failing agreement between them to the contrary, to extend its territorial sea beyond the median line every point of which is equidistant from the nearest points on the baselines from which the breadth of the territorial seas of each of the two States is measured. The above provision does not apply, however, where it is necessary by reason of historic title or other special circumstances to delimit the territorial seas of the two States in a way which is at variance therewith.

제15 조
대향국간 또는 인접국간의 영해의 경계획정

두 국가의 해안이 서로 마주보고 있거나 인접하고 있는 경우, 양국간 달리 합의하지 않는 한 양국의 각각의 영해 기선상의 가장 가까운 점으로부터 같은 거리에 있는 모든 점을 연결한 중간선 밖으로 영해를 확장할 수 없다. 다만, 위의 규정은 역사적 권원이나 그 밖의 특별한 사정에 의하여 이와 다른 방법으로 양국의 영해의 경계를 획정할 필요가 있는 경우에는 적용하지 아니한다.

Article 16
Charts and lists of geographical co-ordinates

1. The baselines for measuring the breadth of the territorial sea determined in accordance with Articles 7, 9 and 10, or the limits derived therefrom, and the lines of delimitation drawn in accordance with articles 12 and 15 shall be shown on charts of a scale or scales adequate for ascertaining their position. Alternatively, a list of geographical co-ordinates of points, specifying the geodetic datum, may be substituted.

2. The coastal State shall give due publicity to such charts or lists of geographical co-ordinates and shall deposit a copy of each such chart or list with the Secretary-General of the United Nations.

제 16 조
해도와 지리적 좌표목록

1. 제7조, 제9조 및 제10조에 따라 결정되는 영해기선 또는 그로부터 도출된 한계, 그리고 제12조 및 제15조에 따라 그어진 경계선은 그 위치를 확인하기에 적합한 축척의 해도에 표시되어야 한다. 또는 측지자료를 명기한 각 지점의 지리적 좌표목록으로 이를 대체할 수 있다.

2. 연안국은 이러한 해도나 지리적 좌표목록을 적절히 공표하고, 그 사본을 국제연합 사무총장에게 기탁한다.

SECTION 3 INNOCENT PASSAGE IN THE TERRITORIAL SEA

제 3 절 영해에서의 무해통항

SUBSECTION A RULES APPLICABLE TO ALL SHIPS

제 1 관 모든 선박에 적용되는 규칙

Article 17
Right of innocent passage

Subject to this Convention, ships of all States, whether coastal or land-locked, enjoy the right of innocent passage through the territorial sea.

제 17 조
무해통항권

연안국이거나 내륙국이거나 관계없이 모든 국가의 선박은 이 협약에 따라, 영해에서 무해통항권을 향유한다.

Article 18
Meaning of passage

1. Passage means navigation through the territorial sea for the purpose of:

(a) traversing that sea without entering internal waters or calling at a roadstead or port facility outside internal waters; or
(b) proceeding to or from internal waters or a call at such road stead or port facility.

2. Passage shall be continuous and expeditious. However, passage includes stopping and anchoring, but only in so far as the same are incidental to ordinary navigation or are rendered necessary by force majeure or distress or for the purpose of rendering assistance to persons, ships or aircraft in danger or distress.

제 18 조
통항의 의미

1. 통항이라 함은 다음의 목적을 위하여 영해를 지나서 항행함을 말한다.

(a) 내수에 들어가지 아니하거나 내수 밖의 정박지나 항구시설에 기항하지 아니하고 영해를 횡단하는 것; 또는

(b) 내수를 향하여 또는 내수로부터 항진하거나 또는 이러한 정박지나 항구시설에 기항하는 것

2. 통항은 계속적이고 신속하여야 한다. 다만, 정선이나 닻을 내리는 행위가 통상적인 항행에 부수되는 경우, 불가항력이나 조난으로 인하여 필요한 경우, 또는 위험하거나 조난상태에 있는 인명·선박 또는 항공기를 구조하기 위한 경우에는 통항에 포함된다.

Article 19
Meaning of innocent passage

1. Passage is innocent so long as it is not prejudicial to the peace, good order or security of the coastal State. Such passage shall take place in conformity with this Convention and with other rules of international law.

2. Passage of a foreign ship shall be considered to be prejudicial to the peace, good order or security of the coastal State if in the territorial sea it engages in any of the following activities:

(a) any threat or use of force against the

제 19 조
무해통항의 의미

1. 통항은 연안국의 평화, 공공질서 또는 안전을 해치지 아니하는 한 무해하다. 이러한 통항은 이 협약과 그 밖의 국제법규칙에 따라 이루어진다.

2. 외국선박이 영해에서 다음의 어느 활동에 종사하는 경우, 외국선박의 통항은 연안국의 평화, 공공질서 또는 안전을 해치는 것으로 본다.

가. 연안국의 주권, 영토보전 또는 정치적 독

sovereignty, territorial integrity or political independence of the coastal State, or in any other manner in violation of the principles of international law embodied in the Charter of the United Nations;

립에 반하거나, 또는 국제연합헌장에 구현된 국제법의 원칙에 위반되는 그 밖의 방식에 의한 무력의 위협이나 무력의 행사

(b) any exercise or practice with weapons of any kind;

나. 무기를 사용하는 훈련이나 연습

(c) any act aimed at collecting information to the prejudice of the defence or security of the coastal State;

다. 연안국의 국방이나 안전에 해가 되는 정보수집을 목적으로 하는 행위

(d) any act of propaganda aimed at affecting the defence or security of the coastal State;

라. 연안국의 국방이나 안전에 해로운 영향을 미칠 것을 목적으로 하는 선전행위

(e) the launching, landing or taking on board of any aircraft;

마. 항공기의 선상 발진·착륙 또는 탑재

(f) the launching, landing or taking on board of any military device;

바. 군사기기의 선상 발진·착륙 또는 탑재

(g) the loading or unloading of any commodity, currency or person contrary to the customs, fiscal, immigration or sanitary laws and regulations of the coastal State;

사. 연안국의 관세·재정·출입국관리 또는 위생에 관한 법령에 위반되는 물품이나 통화를 싣고 내리는 행위 또는 사람의 승선이나 하선

(h) any act of wilful and serious pollution contrary to this Convention;

아. 이 협약에 위배되는 고의적이고도 중대한 오염행위

(i) any fishing activities;

자. 어로활동

(j) the carrying out of research or survey activities;

차. 조사활동이나 측량활동의 수행

(k) any act aimed at interfering with any systems of communication or any other facilities or installations of the coastal State;

카. 연안국의 통신체계 또는 그 밖의 설비·시설물에 대한 방해를 목적으로 하는 행위

(l) any other activity not having a direct bearing on passage.

타. 통항과 직접 관련이 없는 그 밖의 활동

Article 20
Submarines and other underwater vehicles

제20조
잠수함과 그 밖의 잠수항행기기

In the territorial sea, submarines and other

잠수함과 그 밖의 잠수항행기기는 영해에서

underwater vehicles are required to navigate on the surface and to show their flag.

해면 위로 국기를 게양하고 항행한다.

Article 21
Laws and regulations of the coastal state relating to innocent passage

제21조
무해통항에 관한 연안국의 법령

1. The coastal State may adopt laws and regulations, in conformity with the provisions of this Convention and other rules of international law, relating to innocent passage through the territorial sea, in respect of all or any of the following:

(a) the safety of navigation and the regulation of maritime traffic;
(b) the protection of navigational aids and facilities and other facilities or installations;
(c) the protection of cables and pipelines;
(d) the conservation of the living resources of the sea;
(e) the prevention of infringement of the fisheries laws and regulations of the coastal State;
(f) the preservation of the environment of the coastal State and the prevention, reduction and control of pollution thereof;
(g) marine scientific research and hydrographic surveys;
(h) the prevention of infringement of the customs, fiscal, immigration or sanitary laws and regulations of the coastal State.

2. Such laws and regulations shall not apply to the design, construction, manning or equipment of foreign ships un-

1. 연안국은 이 협약의 규정과 그 밖의 국제법규칙에 따라 다음 각호의 전부 또는 일부에 대하여 영해에서의 무해통항에 관한 법령을 제정할 수 있다.

가. 항행의 안전과 해상교통의 규제
나. 항행보조수단과 설비 및 그 밖의 설비나 시설의 보호
다. 해저전선과 관선의 보호
라. 해양생물자원의 보존
마. 연안국의 어업법령 위반방지
바. 연안국의 환경보전과 연안국 환경오염의 방지, 경감 및 통제
사. 해양과학조사와 수로측량
아. 연안국의 관세·재정·출입국관리 또는 위생에 관한 법령의 위반방지

2. 이러한 법령이 일반적으로 수락된 국제규칙이나 기준을 시행하는 것이 아닌 한 외국선박의 설계, 구조, 인원배치 또는 장비

less they are giving effect to generally accepted international rules or standards.

에 대하여 적용하지 아니한다.

3. The coastal State shall give due publicity to all such laws and regulations.

3. 연안국은 이러한 모든 법령을 적절히 공표하여야 한다.

4. Foreign ships exercising the right of innocent passage through the territorial sea shall comply with all such laws and regulations and all generally accepted international regulations relating to the prevention of collisions at sea.

4. 외국선박이 영해에서 무해통항권을 행사하는 경우, 이러한 모든 법령과 해상충돌방지에 관하여 일반적으로 수락된 모든 국제규칙을 준수하여야 한다.

Article 22
Sea lanes and traffic separation schemes in the territorial sea

제22조
영해내의 항로대와 통항분리방식

1. The coastal State may, where necessary having regard to the safety of navigation, require foreign ships exercising the right of innocent passage through its territorial sea to use such sea lanes and traffic separation schemes as it may designate or prescribe for the regulation of the passage of ships.

1. 연안국은 항행의 안전을 위하여 필요한 경우 자국의 영해에서 무해통항권을 행사하는 외국선박에 대하여 선박통항을 규제하기 위하여 지정된 항로대와 규정된 통항분리방식을 이용하도록 요구할 수 있다.

2. In particular, tankers, nuclear-powered ships and ships carrying nuclear or other inherently dangerous or noxious substances or materials may be required to confine their passage to such sea lanes.

2. 특히 유조선, 핵추진선박 및 핵물질 또는 본래 위험하거나 유독한 그 밖의 물질이나 재료를 운반중인 선박에 대하여서는 이러한 항로대만을 통항하도록 요구할 수 있다.

3. In the designation of sea lanes and the prescription of traffic separation schemes under this article, the coastal State shall take into account:

3. 연안국은 이 조에 따라 항로대를 지정하고 통항분리방식을 규정함에 있어서 다음 사항을 고려한다.

(a) the recommendations of the competent international organization;
(b) any channelscustomarily used for in-

가. 권한있는 국제기구의 권고
나. 국제항행에 관습적으로 이용되고 있는

ternational navigation;

수로

(c) the special characteristics of particular ships and channels; and

다. 특정한 선박과 수로의 특성

(d) the density of traffic.

라. 선박교통량

4. The coastal State shall clearly indicate such sea lanes and traffic separation schemes on charts to which due publicity shall be given.

4. 연안국은 이러한 항로대와 통항분리방식을 해도에 명시하고 이를 적절히 공표한다.

Article 23
Foreign nuclear-powered ships and ships carrying nuclear of other inherently dangerous or noxious substances

제23조
외국의 핵추진선박과 핵물질 또는 본래 위험하거나 유독한 그 밖의 물질을 운반하는 선박

Foreign nuclear-powered ships and ships carrying nuclear or other inherently dangerous or noxious substances shall, when exercising the right of innocent passage through the territorial sea, carry documents and observe special precautionary measures established for such ships by international agreements.

외국의 핵추진선박과 핵물질 또는 본래 위험하거나 유독한 그 밖의 물질을 운반중인 선박은 영해에서 무해통항권을 행사하는 경우, 이러한 선박에 대하여 국제협정이 정한 서류를 휴대하고 또한 국제협정에 의하여 확립된 특별예방조치를 준수한다.

Article 24
Duties of the coastal state

제24조
연안국의 의무

1. The coastal State shall not hamper the innocent passage of foreign ships through the territorial sea except in accordance with this Convention. In particular, in the application of this Convention or of any laws or regulations adopted in conformity with this Convention, the coastal State shall not:

1. 연안국은 이 협약에 의하지 아니하고는 영해에서 외국선박의 무해통항을 방해하지 아니한다. 특히, 연안국은 이 협약이나 이 협약에 따라 제정된 법령을 적용함에 있어 다음 사항을 행하지 아니한다.

(a) impose requirements on foreign ships which have the practical effect of denying or impairing the right of innocent

가. 외국선박에 대하여 실질적으로 무해통항권을 부인하거나 침해하는 효과를 가져오는 요건의 부과

passage; or

(b) discriminate in form or in fact against the ships of any State or against ships carrying cargoes to, from or on behalf of any State.

2. The coastal State shall give appropriate publicity to any danger to navigation, of which it has knowledge, within its territorial sea.

나. 특정국의 선박, 또는 특정국으로 화물을 반입·반출하거나 특정국을 위하여 화물을 운반하는 선박에 대한 형식상 또는 실질상의 차별

2. 연안국은 자국이 인지하고 있는 자국 영해에서의 통항에 관한 위험을 적절히 공표한다.

Article 25
Rights of protection of the coastal state

제25조
연안국의 보호권

1. The coastal State may take the necessary steps in its territorial sea to prevent passage which is not innocent.

2. In the case of ships proceeding to internal waters or a call at a port facility outside internal waters, the coastal State also has the right to take the necessary steps to prevent any breach of the conditions to which admission of those ships to internal waters or such a call is subject.

3. The coastal State may, without discrimination in form or in fact among foreign ships, suspend temporarily in specified areas of its territorial sea the innocent passage of foreign ships if such suspension is essential for the protection of its security, including weapons exercises. Such suspension shall take effect only after having been duly published.

1. 연안국은 무해하지 아니한 통항을 방지하기 위하여 필요한 조치를 자국 영해에서 취할 수 있다.

2. 연안국은 선박이 내수를 향하여 항행하거나 내수 밖의 항구시설에 기항하고자 하는 경우, 그 선박이 내수로 들어가기 위하여 또는 그러한 항구시설에 기항하기 위하여 따라야 할 허가조건을 위반하는 것을 방지하기 위하여 필요한 조치를 취할 권리를 가진다.

3. 연안국은 무기를 사용하는 훈련을 포함하여 자국의 안전보호상 긴요한 경우에는 영해의 지정된 수역에서 외국선박을 형식상 또는 실질상 차별하지 아니하고 무해통항을 일시적으로 정지시킬 수 있다. 이러한 정지조치는 적절히 공표한 후에만 효력을 가진다.

Article 26
Charges which may be levied upon foreign ships

1. No charge may be levied upon foreign ships by reason only of their passage through the territorial sea.

2. Charges may be levied upon a foreign ship passing through the territorial sea as payment only for specific services rendered to the ship. These charges shall be levied without discrimination.

제26조
외국선박에 부과할 수 있는 수수료

1. 외국선박에 대하여 영해의 통항만을 이유로 어떠한 수수료도 부과할 수 없다.

2. 수수료는 영해를 통항하는 외국선박에 제공된 특별한 용역에 대한 대가로서만 그 선박에 대하여 부과할 수 있다. 이러한 수수료는 차별없이 부과된다.

SUBSECTION B RULES APPLICABLE TO MERCHANT SHIPS AND GOVERNMENT SHIPS OPERATED FOR COMMERCIAL PURPOSES

제2관 상선과 상업용 정부선박에 적용되는 규칙

Article 27
Criminal jurisdiction on board a foreign ship

1. The criminal jurisdiction of the coastal State should not be exercised on board a foreign ship passing through the territorial sea to arrest any person or to conduct any investigation in connection with any crime committed on board the ship during its passage, save only in the following cases:

(a) if the consequences of the crime extend to the coastal State;
(b) if the crime is of a kind to disturb the peace of the country or the good order of the territorial sea;
(c) if the assistance of the local authorities

제27조
외국선박 내에서의 형사관할권

1. 연안국의 형사관할권은 오직 다음의 각호의 경우를 제외하고는 영해를 통항하고 있는 외국선박의 선박 내에서 통항중에 발생한 어떠한 범죄와 관련하여 사람을 체포하거나 수사를 수행하기 위하여 그 선박 내에서 행사될 수 없다.

가. 범죄의 결과가 연안국에 미치는 경우

나. 범죄가 연안국의 평화나 영해의 공공질서를 교란하는 종류인 경우

다. 그 선박의 선장이나 기국의 외교관 또는

has been requested by the master of the ship or by a diplomatic agent or consular officer of the flag State; or

(d) if such measures are necessary for the suppression of illicit traffic in narcotic drugs or psychotropic substances.

영사가 현지 당국에 지원을 요청한 경우

라. 마약이나 향정신성물질의 불법거래를 진압하기 위하여 필요한 경우

2. The above provisions do not affect the right of the coastal State to take any steps authorized by its laws for the purpose of an arrest or investigation on board a foreign ship passing through the territorial sea after leaving internal waters.

2. 위의 규정은 내수를 떠나 영해를 통항중인 외국선박 내에서의 체포나 수사를 목적으로 자국법이 허용한 조치를 취할 수 있는 연안국의 권리에 영향을 미치지 아니한다.

3. In the cases provided for in paragraphs 1 and 2, the coastal State shall, if the master so requests, notify a diplomatic agent or consular officer of the flag State before taking any steps, and shall facilitate contact between such agent or officer and the ship's crew. In cases of emergency this notification may be communicated while the measures are being taken.

3. 제1항 및 제2항에 규정된 경우, 연안국은 선장이 요청하면 어떠한 조치라도 이를 취하기 전에 선박기국의 외교관이나 영사에게 통고하고, 이들과 승무원간의 연락이 용이하도록 한다. 긴급한 경우 이러한 통고는 조치를 취하는 동안에 이루어질 수도 있다.

4. In considering whether or in what manner an arrest should be made, the local authorities shall have due regard to the interests of navigation.

4. 현지당국은 체포여부나 체포방식을 고려함에 있어 통항의 이익을 적절히 고려한다.

5. Except as provided in Part XII or with respect to violations of laws and regulations adopted in accordance with Part V, the coastal State may not take any steps on board a foreign ship passing through the territorial sea to arrest any person or to conduct any investigation in connection with any

5. 제12부에 규정된 경우나 제5부에 따라 제정된 법령위반의 경우를 제외하고는, 연안국은 외국선박이 외국의 항구로부터 내수에 들어오지 아니하고 단순히 영해를 통과하는 경우, 그 선박이 영해에 들어오기 전에 발생한 범죄와 관련하여 사람을 체포하거나 수사를 하기 위하여 영해를 통항중인 외국선박 내에서 어떠한 조치도 취할 수

crime committed before the ship entered the territorial sea, if the ship, proceeding from a foreign port, is only passing through the territorial sea without entering internal waters.

없다.

Article 28
Civil jurisdiction in relation to foreign ships

1. The coastal State should not stop or divert a foreign ship passing through the territorial sea for the purpose of exercising civil jurisdiction in relation to a person on board the ship.

2. The coastal State may not levy execution against or arrest the ship for the purpose of any civil proceedings, save only in respect of obligations or liabilities assumed or incurred by the ship itself in the course or for the purpose of its voyage through the waters of the coastal State.

3. Paragraph 2 is without prejudice to the right of the coastal State, in accordance with its laws, to levy execution against or to arrest, for the purpose of any civil proceedings, a foreign ship lying in the territorial sea, or passing through the territorial sea after leaving internal waters.

제28조
외국선박과 관련한 민사관할권

1. 연안국은 영해를 통항중인 외국선박 내에 있는 사람에 대한 민사관할권을 행사하기 위하여 그 선박을 정지시키거나 항로를 변경시킬 수 없다.

2. 연안국은 외국선박이 연안국 수역을 항행하는 동안이나 그 수역을 항행하기 위하여 선박 스스로 부담하거나 초래한 의무 또는 책임에 관한 경우를 제외하고는 민사소송절차를 위하여 그 선박에 대한 강제집행이나 나포를 할 수 없다.

3. 제2항의 규정은 영해에 정박하고 있거나 내수를 떠나 영해를 통항중인 외국선박에 대하여 자국법에 따라 민사소송절차를 위하여 강제집행이나 나포를 할 수 있는 연안국의 권리를 침해하지 아니한다.

SUBSECTION C RULES APPLICABLE TO WARSHIPS AND OTHER GOVERNMENT SHIPS OPERATED FOR NON-COMMERCIAL PURPOSES

Article 29 Definition of warships

For the purposes of this Convention, "warship" means a ship belonging to the armed forces of a State bearing the external marks distinguishing such ships of its nationality, under the command of an officer duly commissioned by the government of the State and whose name appears in the appropriate service list or its equivalent, and manned by a crew which is under regular armed forces discipline.

Article 30 Non-compliance by warships with the laws and regulations of the coastal state

If any warship does not comply with the laws and regulations of the coastal State concerning passage through the territorial sea and disregards any request for compliance therewith which is made to it, the coastal State may require it to leave the territorial sea immediately.

Article 31 Responsibility of the flag state for damage caused by a warship or other government ship operated for non-commercial purposes

The flag State shall bear international re-

제 3 관 군함과 그 밖의 비상업용 정부선박에 적용되는 규칙

제 29 조 군함의 정의

이 협약에서 "군함"이라 함은 어느 한 국가의 군대에 속한 선박으로서, 그 국가의 국적을 구별할 수 있는 외부표지가 있으며, 그 국가의 정부에 의하여 정식으로 임명되고 그 성명이 그 국가의 적절한 군적부나 이와 동등한 명부에 등재되어 있는 장교의 지휘 아래 있으며 정규군 군율에 따르는 승무원이 배치된 선박을 말한다.

제 30 조 군함의 연안국 법령위반

군함이 영해통항에 관한 연안국의 법령을 준수하지 아니하고 그 군함에 대한 연안국의 법령준수 요구를 무시하는 경우, 연안국은 그 군함에 대하여 영해에서 즉시 퇴거할 것을 요구할 수 있다.

제 31 조 군함이나 그 밖의 비상업용 정부선박에 의한 손해에 대한 기국의 책임

기국은 군함이나 그 밖의 비상업용 정부선박

sponsibility for any loss or damage to the coastal State resulting from the noncompliance by a warship or other government ship operated for non-commercial purposes with the laws and regulations of the coastal State concerning passage through the territorial sea or with the provisions of this Convention or other rules of international law.

이 영해통항에 관한 연안국의 법령 또는 이 협약이나 그 밖의 국제법규칙을 준수하지 아니함으로써 연안국에게 입힌 어떠한 손실이나 손해에 대하여도 국제책임을 진다.

Article 32
Immunities of warships and other government ships operated for non-commercial purposes

제32조
군함과 그 밖의 비상업용 정부선박의 면제

With such exceptions as are contained in subsection A and in Articles 30 and 31, nothing in this Convention affects the immunities of warships and other government ships operated for non-commercial purposes.

제1관, 제30조 및 제31조에 규정된 경우를 제외하고는 이 협약의 어떠한 규정도 군함과 그 밖의 비상업용 정부선박의 면제에 영향을 미치지 아니한다.

SECTION 4 CONTIGUOUS ZONE

제4절 접속수역

Article 33
Contiguous zone

제33조
접속수역

1. In a zone contiguous to its territorial sea, described as the contiguous zone, the coastal State may exercise the control necessary to:

(a) prevent infringement of its customs, fiscal, immigration or sanitary laws and regulations within its territory or territorial sea;
(b) punish infringement of the above laws and regulations committed within its

1. 연안국은 영해에 접속해 있는 수역으로서 접속수역이라고 불리는 수역에서 다음을 위하여 필요한 통제를 할 수 있다.

가. 연안국의 영토나 영해에서의 관세·재정·출입국관리 또는 위생에 관한 법령의 위반방지

나. 연안국의 영토나 영해에서 발생한 위의 법령 위반에 대한 처벌

territory or territorial sea.

2. The contiguous zone may not extend beyond 24 nautical miles from the baselines from which the breadth of the territorial sea is measured.

2. 접속수역은 영해기선으로부터 24해리 밖으로 확장할 수 없다.

PART Ⅲ STRAITS USED FOR INTERNATIONAL NAVIGATION

제3부 국제항행에 이용되는 해협

SECTION 1 GENERAL PROVISIONS

제1절 총 칙

Article 34
Legal status of waters forming straits used for international navigation

제34조
국제항행에 이용되는 해협을 형성하는 수역의 법적 지위

1. The regime of passage through straits used for international navigation established in this Part shall not in other respects affect the legal status of the waters forming such straits or the exercise by the States bordering the straits of their sovereignty or jurisdiction over such waters and their air space, bed and subsoil.

1. 이 부에서 수립된 국제항행에 이용되는 해협의 통항제도는 이러한 해협을 형성하는 수역의 법적 지위 또는 그 수역과 그 수역의 상공·해저 및 하층토에 대한 해협연안국의 주권이나 관할권의 행사에 영향을 미치지 아니한다.

2. The sovereignty or jurisdiction of the States bordering the straits is exercised subject to this Part and to other rules of international law.

2. 해협연안국의 주권이나 관할권은 이 부와 그 밖의 국제법규칙에 따라 행사된다.

Article 35
Scope of this part

제35조
이 부의 적용범위

Nothing in this Part affects:

이 부의 어떠한 규정도 다음에 영향을 미치지 아니한다.

(a) any areas of internal waters within a strait, except where the establishment

가. 제7조에 규정된 방법에 따라 직선기선을 설정함으로써 종전에는 내수가 아니었던

of a straight baseline in accordance with the method set forth in Article 7 has the effect of enclosing as internal waters areas which had not previously been considered as such;

수역이 내수에 포함되는 곳을 제외한 해협안의 내수의 모든 수역.

(b) the legal status of the waters beyond the territorial seas of States bordering straits as exclusive economic zones or high seas; or

나. 해협연안국의 영해 바깥수역이 배타적경제수역 또는 공해로서 가지는 법적 지위.

(c) the legal regime in straits in which passage is regulated in whole or in part by long-standing international conventions in force specifically relating to such straits.

다. 특정해협에 관하여 장기간에 걸쳐 유효한 국제협약에 따라 통항이 전체적 또는 부분적으로 규제되고 있는 해협의 법제도.

Article 36
High seas routes or routes through exclusive economic zones through straits used for international navigation

This Part does not apply to a strait used for international navigation if there exists through the strait a route through the high seas or through an exclusive economic zone of similar convenience with respect to navigational and hydrographical characteristics; in such routes, the other relevant Parts of this Convention, including the provisions regarding the freedoms of navigation and overflight, apply.

제36조
국제항행에 이용되는 해협을 통한 공해 통과항로 또는 배타적경제수역 통과항로

항행상 및 수로상 특성에서 유사한 편의가 있는 공해 통과항로나 배타적경제수역 통과항로가 국제항행에 이용되는 해협 안에 있는 경우, 이 부를 그 해협에 적용하지 아니한다. 이러한 항로에 있어서는 통항 및 상공비행의 자유에 관한 규정을 포함한 이 협약의 다른 관련 부를 적용한다.

SECTION 2 TRANSIT PASSAGE

제2절 통과통항

Article 37
Scope of this section

This section applies to straits which are used for international navigation between one part of the high seas or an exclusive

제37조
이 절의 적용범위

이 절은 공해나 배타적경제수역의 일부와 공해나 배타적경제수역의 다른 부분간의 국제항행에 이용되는 해협에 적용한다.

economic zone and another part of the high seas or an exclusive economic zone.

Article 38
Right of transit passage

1. In straits referred to in Article 37, all ships and aircraft enjoy the right of transit passage, which shall not be impeded; except that, if the strait is formed by an island of a State bordering the strait and its mainland, transit passage shall not apply if there exists seaward of the island a route through the high seas or through an exclusive economic zone of similar convenience with respect to navigational and hydrographical characteristics.

2. Transit passage means the exercise in accordance with this Part of the freedom of navigation and overflight solely for the purpose of continuous and expeditious transit of the strait between one part of the high seas or an exclusive economic zone and another part of the high seas or an exclusive economic zone. However, the requirement of continuous and expeditious transit does not preclude passage through the strait for the purpose of entering, leaving or returning from a State bordering the strait, subject to the conditions of entry to that State.

3. Any activity which is not an exercise of the right of transit passage through a strait remains subject to the other applicable provisions of this Convention.

제38조
통과통항권

1. 제37조에 언급된 해협 내에서, 모든 선박과 항공기는 방해받지 아니하는 통과통항권을 향유한다. 다만, 해협이 해협연안국의 섬과 본토에 의하여 형성되어 있는 경우, 항행상 및 수로상 특성에서 유사한 편의가 있는 공해 통과항로나 배타적경제수역 통과항로가 그 섬의 바다쪽에 있으면 통과통항을 적용하지 아니한다.

2. 통과통항이라 함은 공해 또는 배타적경제수역의 일부와 공해 또는 배타적 경제수역의 다른 부분간의 해협을 오직 계속적으로 신속히 통과할 목적으로 이 부에 따라 항행과 상공비행의 자유를 행사함을 말한다. 다만, 계속적이고 신속한 통과의 요건은 해협연안국의 입국조건에 따라서 그 국가에 들어가거나 그 국가로부터 나오거나 되돌아가는 것을 목적으로 하는 해협통항을 배제하지 아니한다.

3. 해협의 통과통항권의 행사가 아닌 활동은 이 협약의 다른 적용가능한 규정에 따른다.

Article 39
Duties of ships and aircraft during transit passage

1. Ships and aircraft, while exercising the right of transit passage, shall:

(a) proceed without delay through or over the strait;

(b) refrain from any threat or use of force against the sovereignty, territorial integrity or political independence of States bordering the strait, or in any other manner in violation of the principles of international law embodied in the Charter of the United Nations;

(c) refrain from any activities other than those incident to their normal modes of continuous and expeditious transit unless rendered necessary by force majeure or by distress;

(d) comply with other relevant provisions of this Part.

2. Ships in transit passage shall:

(a) comply with generally accepted international regulations, procedures and practices for safety at sea, including the International Regulations for Preventing Collisions at Sea;

(b) comply with generally accepted international regulations, procedures and practices for the prevention, reduction and control of pollution from ships.

3. Aircraft in transit passage shall:

(a) observe the Rules of the Air estab-

제39조
통과통항중인 선박과 항공기의 의무

1. 선박과 항공기는 통과통항권을 행사함에 있어서 다음과 같이 하여야 한다.

가. 해협 또는 그 상공의 지체없는 항진

나. 해협연안국의 주권, 영토보전 또는 정치적 독립에 반하거나, 또는 국제연합헌장에 구현된 국제법의 원칙에 위반되는 그 밖의 방식에 의한 무력의 위협이나 무력의 행사의 자제

다. 불가항력 또는 조난으로 인하여 필요한 경우를 제외하고는 계속적이고 신속한 통과의 통상적인 방식에 따르지 아니하는 활동의 자제

라. 이 부의 그 밖의 관련규정 준수

2. 통과통항중인 선박은 다음과 같이 하여야 한다.

가. 해상충돌방지를 위한 국제규칙을 포함하여 해상안전을 위하여 일반적으로 수락된 국제규칙, 절차 및 관행의 준수

나. 선박에 의한 오염의 방지, 경감 및 통제를 위하여 일반적으로 수락된 국제규칙, 절차 및 관행의 준수

3. 통과통항중인 항공기는 다음과 같이 하여야 한다.

가. 국제민간항공기구가 제정한 민간항공기

lished by the International Civil Aviation Organization as they apply to civil aircraft; state aircraft will normally comply with such safety measures and will at all times operate with due regard for the safety of navigation;

(b) at all times monitor the radio frequency assigned by the competent internationally designated air traffic control authority or the appropriate international distress radio frequency.

에 적용되는 항공규칙 준수. 국가 항공기도 통상적으로 이러한 안전조치를 준수하고 항상 비행의 안전을 적절히 고려하여 운항

나. 국제적으로 지정된 권한있는 항공교통통제기구가 배정한 무선주파수나 적절한 국제조난 무선주파수의 상시 청취

Article 40
Research and survey activities

During transit passage, foreign ships, including marine scientific research and hydrographic survey ships, may not carry out any research or survey activities without the prior authorization of the States bordering straits.

제40조
조사 및 측량활동

해양과학조사선과 수로측량선을 포함한 외국선박은 통과통항중 해협연안국의 사전허가 없이 어떠한 조사활동이나 측량활동도 수행할 수 없다.

Article 41
Sea lanes and traffic separation schemes in straits used for international navigation

1. In conformity with this Part, States bordering straits may designate sea lanes and prescribe traffic separation schemes for navigation in straits where necessary to promote the safe passage of ships.

2. Such States may, when circumstances require, and after giving due publicity thereto, substitute other sea lanes or traffic separation schemes for any sea lanes or traffic separation schemes previously designated or prescribed by them.

3. Such sea lanes and traffic separation

제41조
국제항행에 이용되는 해협의 항로대와 통항분리방식

1. 해협연안국은 선박의 안전통항을 촉진하기 위하여 필요한 경우, 이 부에 따라 해협내 항행을 위하여 항로대를 지정하고 통항분리방식을 설정할 수 있다.

2. 해협연안국은 필요한 경우, 적절히 공표한 후, 이미 지정되거나 설정되어 있는 항로대나 통항분리방식을 다른 항로대나 통항분리방식으로 대체할 수 있다.

3. 이러한 항로대와 통항분리방식은 일반적

schemes shall conform to generally accepted international regulations.

으로 수락된 국제규칙에 따른다.

4. Before designating or substituting sea lanes or prescribing or substituting traffic separation schemes, States bordering straits shall refer proposals to the competent international organization with a view to their adoption. The organization may adopt only such sea lanes and traffic separation schemes as may be agreed with the States bordering the straits, after which the States may designate, prescribe or substitute them.

4. 해협연안국은 항로대를 지정 · 대체하거나 통항분리방식을 설정 · 대체하기에 앞서 권한있는 국제기구가 이를 채택하도록 제안한다. 국제기구는 해협연안국과 합의된 항로대와 통항분리방식만을 채택할 수 있으며, 그 후 해협연안국은 이를 지정, 설정 또는 대체할 수 있다.

5. In respect of a strait where sea lanes or traffic separation schemes through the waters of two or more States bordering the strait are being proposed, the States concerned shall co-operate in formulating proposals in consultation with the competent international organization.

5. 2개국 이상의 해협연안국의 수역을 통과하는 항로대나 통항분리방식이 제안된 해협에 대하여는, 관계국은 권한있는 국제기구와의 협의하에 제안을 작성하기 위하여 협력한다.

6. States bordering straits shall clearly indicate all sea lanes and traffic separation schemes designated or prescribed by them on charts to which due publicity shall be given.

6. 해협연안국은 자국이 지정하거나 설정한 모든 항로대와 통항분리방식을 해도에 명시하고 이 해도를 적절히 공표한다.

7. Ships in transit passage shall respect applicable sea lanes and traffic separation schemes established in accordance with this article.

7. 통과통항중인 선박은 이 조에 따라 설정되어 적용되는 항로대와 통항분리방식을 준수한다.

Article 42
Laws and regulations of states bordering straits relating to transit passage

제42조
통과통항에 관한 해협연안국의 법령

1. Subject to the provisions of this section,

1. 이 절의 규정에 따라 해협연안국은 다음의

States bordering straits may adopt laws and regulations relating to transit passage through straits, in respect of all or any of the following:

전부 또는 일부에 관하여 해협의 통과통항에 관한 법령을 제정할 수 있다.

(a) the safety of navigation and the regulation of maritime traffic, as provided in Article 41;

가. 제41조에 규정된 항행의 안전과 해상교통의 규제

(b) the prevention, reduction and control of pollution, by giving effect to applicable international regulations regarding the discharge of oil, oily wastes and other noxious substances in the strait;

나. 해협에서의 유류, 유류폐기물 및 그 밖의 유독성물질의 배출에 관하여 적용하는 국제규칙을 시행함으로써 오염의 방지·경감 및 통제

(c) with respect to fishing vessels, the prevention of fishing, including the stowage of fishing gear;

다. 어선에 관하여서는 어로의 금지(어구의 적재에 관한 규제 포함)

(d) the loading or unloading of any commodity, currency or person in contravention of the customs, fiscal, immigration or sanitary laws and regulations of States bordering straits.

라. 해협연안국의 관세·재정·출입국관리 또는 위생에 관한 법령에 위반되는 상품이나 화폐를 싣고 내리는 행위 또는 사람의 승선과 하선

2. Such laws and regulations shall not discriminate in form or in fact among foreign ships or in their application have the practical effect of denying, hampering or impairing the right of transit passage as defined in this section.

2. 이러한 법령은 외국선박을 형식상 또는 실질상으로 차별하지 아니하며, 그 적용에 있어서 이 절에 규정된 통과통항권을 부정, 방해 또는 침해하는 실질적인 효과를 가져오지 아니한다.

3. States bordering straits shall give due publicity to all such laws and regulations.

3. 해협연안국은 이러한 모든 법령을 적절히 공표한다.

4. Foreign ships exercising the right of transit passage shall comply with such laws and regulations.

4. 통과통항권을 행사하는 외국선박은 이러한 법령을 준수한다.

5. The flag State of a ship or the State of registry of an aircraft entitled to sovereign immunity which acts in a man-

5. 주권면제를 향유하는 선박의 기국 또는 항공기의 등록국은 그 선박이나 항공기가 이러한 법령이나 이 부의 다른 규정에 위배

ner contrary to such laws and regulations or other provisions of this Part shall bear international responsibility for any loss or damage which results to States bordering straits.

되는 방식으로 행동한 경우 그로 인하여 해협연안국이 입은 손실 또는 손해에 대하여 국제책임을 진다.

Article 43
Navigational and safety aids and other improvements and the prevention, reduction and control of pollution

제43조
항행 및 안전보조시설, 그 밖의 개선시설과오염의 방지·경감 및 통제

User States and States bordering a strait should by agreement co-operate:

(a) in the establishment and maintenance in a strait of necessary navigational and safety aids or other improvements in aid of international navigation; and
(b) for the prevention, reduction and control of pollution from ships.

해협이용국과 해협연안국은 합의에 의하여 다음을 위하여 서로 협력한다.

가. 항행 및 안전보조시설 또는 국제항행에 유용한 그 밖의 개선시설의 해협 내 설치와 유지

나. 선박에 의한 오염의 방지·경감 및 통제

Article 44
Duties of states bordering straits

제44조
해협연안국의 의무

States bordering straits shall not hamper transit passage and shall give appropriate publicity to any danger to navigation or overflight within or over the strait of which they have knowledge. There shall be no suspension of transit passage.

해협연안국은 통과통항권을 방해할 수 없으며 자국이 인지하고 있는 해협 내 또는 해협 상공에 있어서의 항행이나 비행에 관한 위험을 적절히 공표한다. 통과통항은 정지될 수 없다.

SECTION 3 INNOCENT PASSAGE

제3절 무해통항

Article 45
Innocent passage

제45조
무해통항

1. The regime of innocent passage, in accordance with Part II, section 3 shall apply in straits used for international

1. 제2부 제3절에 규정된 무해통항제도는 국제항행에 이용되는 다음 해협에 적용된다.

해양법

navigation:

(a) excluded from the application of the regime of transit passage under Article 38, paragraph 1; or
(b) between a part of the high seas or an exclusive economic zone and the territorial sea of a foreign State.

가. 제38조 제1항에 규정된 통과통항제도가 적용되지 아니하는 해협
나. 공해 또는 배타적경제수역의 일부와 외국의 영해와의 사이에 있는 해협

2. There shall be no suspension of innocent passage through such straits.

2. 이러한 해협을 통한 무해통항은 정지될 수 없다.

PART Ⅳ ARCHIPELAGIC STATES

제 4 부 군도국가

Article 46
Use of terms

제46조
용어의 사용

For the purposes of this Convention:

(a) “archipelagic State” means a State constituted wholly by one or more archipelagos and may include other islands;

(b) “archipelago” means a group of islands, including parts of islands, interconnecting waters and other natural features which are so closely interrelated that such islands, waters and other natural features form an intrinsic geographical, economic and political entity, or which historically have been regarded as such.

이 협약에서,

가. “군도국가”라 함은 전체적으로 하나 또는 둘 이상의 군도로 구성된 국가를 말하며, 그 밖의 섬을 포함할 수 있다.

나. “군도”라 함은 섬의 무리(섬들의 일부를 포함), 연결된 수역 및 그 밖의 자연지형으로서, 이들이 서로 밀접하게 관련되어 있어 그러한 섬, 수역 및 그 밖의 자연지형이 고유한 지리적·경제적 또는 정치적 단일체를 이루고 있거나 또는 역사적으로 그러한 단일체로 인정되어 온 것을 말한다.

Article 47
Archipelagic baselines

제47조
군도기선

1. An archipelagic State may draw straight archipelagic baselines joining the outermost points of the outermost islands

1. 군도국가는 군도의 가장 바깥쪽 섬의 가장 바깥점과 드러난 암초의 가장 바깥점을 연결한 직선군도기선을 그을 수 있다. 다만,

and drying reefs of the archipelago provided that within such baselines are included the main islands and an area in which the ratio of the area of the water to the area of the land, including atolls, is between 1 to 1 and 9 to 1.

이러한 기선 안에는 주요한 섬을 포함하며 수역의 면적과 육지면적(환초 포함)의 비율이 1대 1에서 9대 1 사이어야 한다.

2. The length of such baselines shall not exceed 100 nautical miles, except that up to 3 per cent of the total number of baselines enclosing any archipelago may exceed that length, up to a maximum length of 125 nautical miles.

2. 이러한 기선의 길이는 100해리를 넘을 수 없다. 다만, 군도를 둘러싼 기선 총 수의 3퍼센트까지는 그 길이가 100해리를 넘어 최장 125해리까지 될 수 있다.

3. The drawing of such baselines shall not depart to any appreciable extent from the general configuration of the archipelago.

3. 이러한 기선은 군도의 일반적 윤곽으로부터 현저히 벗어날 수 없다.

4. Such baselines shall not be drawn to and from low-tide elevations, unless lighthouses or similar installations which are permanently above sea level have been built on them or where a low-tide elevation is situated wholly or partly at a distance not exceeding the breadth of the territorial sea from the nearest island.

4. 이러한 기선은 간조노출지와 연결하여 설정할 수 없다. 다만, 영구적으로 해면위에 있는 등대나 이와 유사한 시설이 간조노출지에 설치되어 있거나, 전체적 또는 부분적으로 간조노출지가 가장 가까운 섬으로부터 영해폭을 넘지 아니하는 거리에 있는 경우에는 그러하지 아니하다.

5. The system of such baselines shall not be applied by an archipelagic State in such a manner as to cut off from the high seas or the exclusive economic zone the territorial sea of another State.

5. 군도국가는 다른 국가의 영해를 공해나 배타적경제수역으로부터 격리시키는 방식으로 이러한 기선제도를 적용할 수 없다.

6. If a part of the archipelagic waters of an archipelagic State lies between two parts of an immediately adjacent neighbouring State, existing rights and all other legitimate interests which the latter State has traditionally exercised in

6. 군도국가의 군도수역의 어느 일부가 바로 이웃한 국가의 두 부분 사이에 있는 경우, 이웃한 국가가 이러한 수역에서 전통적으로 행사하여 온 기존의 권리와 그 밖의 모든 합법적인 이익 및 관련국간의 합의에

such waters and all rights stipulated by agreement between those States shall continue and be respected.

의하여 규정된 모든 권리는 계속하여 존중된다.

7. For the purpose of computing the ratio of water to land under paragraph 1, land areas may include waters lying within the fringing reefs of islands and atolls, including that part of a steep-sided oceanic plateau which is enclosed or nearly enclosed by a chain of limestone islands and drying reefs lying on the perimeter of the plateau.

7. 제1항에 규정된 수역과 육지의 비율을 산정함에 있어서 육지면적은 섬을 둘러싸고 있는 암초와 환초 안쪽에 있는 수역을 포함할 수 있으며, 또한 급경사가 있는 해양고원에 있어서는 그 주변에 있는 일련의 석회암 섬과 드러난 암초에 의하여 둘러싸여 있거나 거의 둘러싸인 수역도 포함할 수 있다.

8. The baselines drawn in accordance with this article shall be shown on charts of a scale or scales adequate for ascertaining their position. Alternatively, lists of geographical co-ordinates of points, specifying the geodetic datum, may be substituted.

8. 이 조에 따라 그은 기선은 그 위치를 확인하기에 적절한 축척의 해도에 표시한다. 이는 측지자료를 명기한 각 지점의 지리적 좌표목록으로 대체할 수 있다.

9. The archipelagic State shall give due publicity to such charts or lists of geographical co-ordinates and shall deposit a copy of each such chart or list with the Secretary-General of the United Nations.

9. 군도국가는 이러한 해도나 지리적 좌표목록을 적절히 공표하고, 그 사본을 국제연합 사무총장에게 기탁한다.

Article 48
Measurement of the breadth of the territorial sea, the contiguous zone, the exclusive economic zone and the continental shelf

제48조
영해, 접속수역, 배타적경제수역과 대륙붕의 폭의 측정

The breadth of the territorial sea, the contiguous zone, the exclusive economic zone and the continental shelf shall be measured from archipelagic baselines drawn in accordance with article 47.

영해, 접속수역, 배타적경제수역과 대륙붕의 폭은 제47조에 따라 그은 군도기선으로부터 측정한다.

Article 49
Legal status of archipelagic waters, of the air space over archipelagic waters and of their bed and subsoil

1. The sovereignty of an archipelagic State extends to the waters enclosed by the archipelagic baselines drawn in accordance with Article 47, described as archipelagic waters, regardless of their depth or distance from the coast.
2. This sovereignty extends to the air space over the archipelagic waters, as well as to their bed and subsoil, and the resources contained therein.
3. This sovereignty is exercised subject to this Part.
4. The regime of archipelagic sea lanes passage established in this Part shall not in other respects affect the status of the archipelagic waters, including the sea lanes, or the exercise by the archipelagic State of its sovereignty over such waters and their air space, bed and subsoil, and the resources contained therein.

제49조
군도수역과 그 상공·해저 및 하층토의 법적 지위

1. 군도국가의 주권은 군도수역의 깊이나 해안으로부터의 거리에 관계없이 제47조에 따라 그은 군도기선에 의하여 둘러싸인 군도수역이라고 불리는 수역에 미친다.
2. 이러한 주권은 군도수역의 상공·해저와 하층토 및 이에 포함된 자원에까지 미친다.
3. 이러한 주권은 이 부에 따라 행사된다.
4. 이 부에 따라서 설정된 군도항로대 통항제도는 다른 면에 있어서 군도항로를 포함한 군도수역의 지위 또는 군도수역, 군도수역의 상공·해저 및 하층토와 이에 포함된 자원에 대한 군도국가의 주권행사에 영향을 미치지 아니한다.

Article 50
Delimitation of internal waters

Within its archipelagic waters, the archipelagic State may draw closing lines for the delimitation of internal waters, in accordance with Articles 9, 10 and 11.

제50조
내수의 경계획정

군도수역에서 군도국가는 제9조, 제10조 및 제11조에 따라 내수의 경계를 획정하기 위한 폐쇄선을 그을 수 있다.

Article 51
Existing agreements, traditional fishing rights and existing submarine cables

1. Without prejudice to article 49, an archipelagic State shall respect existing agreements with other States and shall recognize traditional fishing rights and other legitimate activities of the immediately adjacent neighbouring States in certain areas falling within archipelagic waters. The terms and conditions for the exercise of such rights and activities, including the nature, the extent and the areas to which they apply, shall, at the request of any of the States concerned, be regulated by bilateral agreements between them. Such rights shall not be transferred to or shared with third States or their nationals.

2. An archipelagic State shall respect existing submarine cables laid by other States and passing through its waters without making a landfall. An archipelagic State shall permit the maintenance and replacement of such cables upon receiving due notice of their location and the intention to repair or replace them.

제51조
현행협정, 전통적 어업권과 기존해저전선

1. 제49조를 침해하지 아니하고, 군도국가는 다른 국가와의 현행협정을 존중하고 군도수역의 일정한 수역에 있어서 바로 이웃한 국가의 전통적 어업권과 그 밖의 적법한 활동을 인정한다. 이러한 권리와 활동의 성질·범위와 적용지역 뿐만 아니라 그 행사의 조건은 관련국의 요청에 따라 그들 서로간의 양자협정으로 규율한다. 이러한 권리는 제3국이나 제3국의 국민에게 이전되거나 공유되지 아니한다.

2. 군도국가는 다른 국가가 부설한 기존 해저전선이 육지에 닿지 아니하고 자국수역을 통과하는 경우 이를 존중한다. 군도국가는 이러한 전선의 위치 및 이에 대한 수리 또는 교체 의사를 적절히 통지받은 경우, 그 전선의 유지와 교체를 허용한다.

해양법

Article 52
Right of innocent passage

1. Subject to article 53 and without prejudice to Article 50, ships of all States enjoy the right of innocent passage through archipelagic waters, in accordance with Part II, section 3.

2. The archipelagic State may, without dis-

제52조
무해통항권

1. 제53조에 따르고 제50조를 침해하지 아니할 것을 조건으로, 모든 국가의 선박은 제2부 제3절에 따라 군도수역에서 무해통항권을 향유한다.

2. 군도국가는 자국의 안전을 보장하기 위하

crimination in form or in fact among foreign ships, suspend temporarily in specified areas of its archipelagic waters the innocent passage of foreign ships if such suspension is essential for the protection of its security. Such suspension shall take effect only after having been duly published.

여 불가피한 경우에는 외국선박간에 형식상 또는 실질상 차별하지 아니하고 군도수역의 특정수역에서 외국선박의 무해통항을 일시적으로 정지시킬 수 있다. 이러한 정지조치는 적절히 공표한 후에만 효력을 가진다.

Article 53
Right of archipelagic sea lanes passage

제 53 조
군도항로대 통항권

1. An archipelagic State may designate sea lanes and air routes thereabove, suitable for the continuous and expeditious passage of foreign ships and aircraft through or over its archipelagic waters and the adjacent territorial sea.

1. 군도국가는 자국의 군도수역과 이와 인접한 영해나 그 상공을 통과하는 외국선박과 항공기의 계속적이고 신속한 통항에 적합한 항로대와 항공로를 지정할 수 있다.

2. All ships and aircraft enjoy the right of archipelagic sea lanes passage in such sea lanes and air routes.

2. 모든 선박과 항공기는 이러한 항로대와 항공로에서 군도항로대 통항권을 향유한다.

3. Archipelagic sea lanes passage means the exercise in accordance with this Convention of the rights of navigation and over flight in the normal mode solely for the purpose of continuous, expeditious and unobstructed transit between one part of the high seas or an exclusive economic zone and another part of the high seas or an exclusive economic zone.

3. 군도항로대 통항이라 함은 공해나 배타적 경제수역의 어느 한 부분과 공해나 배타적 경제수역의 다른 부분과의 사이에서 오로지 계속적이고 신속하게 방해받지 아니하고 통과하기 위한 목적으로 통상적 방식의 항행권과 비행권을 이 협약에 따라 행사함을 말한다.

4. Such sea lanes and air routes shall traverse the archipelagic waters and the adjacent territorial sea and shall include all normal passage routes used as routes for international navigation or over flight through or over archipelagic waters

4. 이러한 항로대와 항공로는 군도수역 및 이와 인접한 영해를 횡단하는 것으로서 군도수역의 국제항행로 또는 그 상공비행로로 사용되는 모든 통상적인 통항로를 포함하며, 선박에 관하여서는 이러한 통항로 안의 모든 통상적인 항행수로를 포함한다.

and, within such routes, so far as ships are concerned, all normalnavigational channels, provided that duplication of routes of similar convenience between the same entry and exit points shall not be necessary.

다만, 동일한 입구지점과 출구지점 사이에 유사한 편의가 있는 통로를 중복하여 둘 필요는 없다.

5. Such sea lanes and air routes shall be defined by a series of continuous axis lines from the entry points of passage routes to the exit points. Ships and aircraft in archipelagic sea lanes passage shall not deviate more than 25 nautical miles to either side of such axis lines during passage, provided that such ships and aircraft shall not navigate closer to the coasts than 10 per cent of the distance between the nearest points on islands bordering the sea lane.

5. 이러한 항로대와 항공로는 통항로의 입구지점으로부터 출구지점까지의 일련의 연속축선에 의하여 정한다. 군도항로대를 통항중인 선박과 항공기는 통항중 이러한 축선의 어느쪽으로나 25해리 이상을 벗어날 수 없다. 다만, 이러한 선박과 항공기는 항로대에 접하고 있는 섬과 섬 사이의 가장 가까운 지점을 연결한 거리의 10퍼센트 지점보다 해안에 접근하여 항행할 수 없다.

6. An archipelagic State which designates sea lanes under this article may also prescribe traffic separation schemes for the safe passage of ships through narrow channels in such sea lanes.

6. 이 조에 따라 항로대를 지정하는 군도국가는 그러한 항로대 안의 좁은 수로에서 선박의 안전통항을 위하여 통항분리방식을 설정할 수 있다.

7. An archipelagic State may, when circumstances require, after giving due publicity thereto, substitute other sea lanes or traffic separation schemes for any sea lanes or traffic separation schemes previously designated or prescribed by it.

7. 군도국가는 필요한 경우, 적절히 공표한 후 이미 지정되거나 설정된 항로대나 통항분리방식을 다른 항로대나 통항분리방식으로 대체할 수 있다.

8. Such sea lanes and traffic separation schemes shall conform to generally accepted international regulations.

8. 이러한 항로대와 통항분리방식은 일반적으로 수락된 국제규칙을 따른다.

9. In designating or substituting sea lanes or prescribing or substituting traffic separation schemes, an archipelagic State

9. 항로대를 지정·대체하거나 통항분리방식을 설정·대체함에 있어 군도국가는 권한 있는 국제기구에 제안을 회부하여 채택되

shall refer proposals to the competent international organization with a view to their adoption. The organization may adopt only such sea lanes and traffic separation schemes as may be agreed with the archipelagic State, after which the archipelagic State may designate, prescribe or substitute them.

도록 한다. 그 국제기구는 군도국가가 동의한 항로대와 통항분리방식만을 채택할 수 있으며, 그 후 군도국가는 이를 지정·설정 또는 대체할 수 있다.

10. The archipelagic State shall clearly indicate the axis of the sea lanes and the traffic separation schemes designated or prescribed by it on charts to which due publicity shall be given.

10. 군도국가는 자국이 지정하거나 설정한 항로대와 통항분리방식의 축을 해도에 명시하고 이를 적절히 공표한다.

11. Ships in archipelagic sea lanes passage shall respect applicable sea planes and traffic separation schemes established in accordance with this article.

11. 군도항로대를 통항중인 선박은 이 조에 따라 수립되고 적용되는 항로대와 통항분리방식을 존중한다.

12. If an archipelagic State does not designate sea lanes or air routes, the right of archipelagic sea lanes passage may be exercised through the routes normally used for internal navigation.

12. 군도국가가 항로대나 항공로를 지정하지 아니한 경우, 군도항로대 통항권은 국제항행에 통상적으로 사용되는 통로를 통하여 행사될 수 있다.

Article 54
Duties of ships and aircraft during their passage, research and survey activities, duties of the archipelagic state and laws and regulations of the archipelagic state relating to archipelagic sea lanes passage

Articles 39, 40, 42 and 44 apply mutatis mutandis to archipelagic sea lanes passage.

제54조
통항·조사측량활동중인 선박과 항공기의 의무, 군도국가의 의무 및 군도항로대 통항에 관한 군도국가의 법령

제39조, 제40조, 제42조 및 제44조는 군도항로대 통항에 준용한다.

PART V EXCLUSIVE ECONOMIC ZONE

Article 55 Specific legal regime of the exclusive economic zone

The exclusive economic zone is an area beyond and adjacent to the territorial sea, subject to the specific legal regime established in this Part, under which the rights and jurisdiction of the coastal State and the rights and freedoms of other States are governed by the relevant provisions of this Convention.

Article 56 Rights, jurisdiction and duties of the coastal state in the exclusive economic zone

1. In the exclusive economic zone, the coastal State has:

(a) sovereign rights for the purpose of exploring and exploiting, conserving and managing the natural resources, whether living or non-living, of the waters superjacent to the sea-bed and of the sea-bed and its subsoil, and with regard to other activities for the economic exploitation and exploration of the zone, such as the production of energy from the water, currents and winds;

(b) jurisdiction as provided for in the relevant provisions of this Convention with regard to:

(i) the establishment and use of artificial islands, installations and struc-

제5부 배타적경제수역

제55조 배타적경제수역의 특별한 법제도

배타적경제수역은 영해 밖에 인접한 수역으로서, 연안국의 권리와 관할권 및 다른 국가의 권리와 자유가 이 협약의 관련규정에 의하여 규율되도록 이 부에서 수립된 특별한 법제도에 따른다.

해양법

제56조 배타적경제수역에서의 연안국의 권리, 관할권 및 의무

1. 배타적경제수역에서 연안국은 다음의 권리와 의무를 갖는다.

가. 해저의 상부수역, 해저 및 그 하층토의 생물이나 무생물 등 천연자원의 탐사, 개발, 보존 및 관리를 목적으로 하는 주권적 권리와 해수·해류 및 해풍을 이용한 에너지생산과 같은 이 수역의 경제적 개발과 탐사를 위한 그 밖의 활동에 관한 주권적 권리

나. 이 협약의 관련규정에 규정된 다음 사항에 관한 관할권

(i) 인공섬, 시설 및 구조물의 설치와 사용

tures;
(ii) marine scientific research;
(iii) the protection and preservation of the marine environment;
(c) other rights and duties provided for in this Convention.

(ii) 해양과학조사
(iii) 해양환경의 보호와 보전
다. 이 협약에 규정된 그 밖의 권리와 의무

2. In exercising its rights and performing its duties under this Convention in the exclusive economic zone, the coastal State shall have due regard to the rights and duties of other States and shall act in a manner compatible with the provisions of this Convention.

2. 이 협약상 배타적경제수역에서의 권리행사와 의무이행에 있어서, 연안국은 다른 국가의 권리와 의무를 적절히 고려하고, 이 협약의 규정에 따르는 방식으로 행동한다.

3. The rights set out in this article with respect to the sea-bed and subsoil shall be exercised in accordance with Part VI.

3. 해저와 하층토에 관하여 이 조에 규정된 권리는 제6부에 따라 행사된다.

Article 57
Breadth of the exclusive economic zone

The exclusive economic zone shall not extend beyond 200 nautical miles from the baselines from which the breadth of the territorial sea is measured.

제 57 조
배타적경제수역의 폭

배타적경제수역은 영해기선으로부터 200해리를 넘을 수 없다.

Article 58
Rights and duties of other states in the exclusive economic zone

1. In the exclusive economic zone all States, whether coastal or land-locked, enjoy, subject to the relevant provisions of this Convention, the freedoms referred to in article 87 of navigation and over flight and of the laying of submarine cables and pipelines, and other internationally lawful uses of the sea

제 58 조
배타적경제수역에서의 다른 국가의 권리와 의무

1. 연안국이거나 내륙국이거나 관계없이, 모든 국가는, 이 협약의 관련규정에 따를 것을 조건으로, 배타적경제수역에서 제87조에 규정된 항행·상공비행의 자유, 해저전선·관선부설의 자유 및 선박·항공기·해저전선·관선의 운용 등과 같이 이러한 자유와 관련되는 것으로서 이 협약의 다른 규정과 양립하는 그 밖의 국제적으로 적법

related to these freedoms, such as those associated with the operation of ships, aircraft and submarine cables and pipelines, and compatible with the other provisions of this Convention.

한 해양 이용의 자유를 향유한다.

2. Articles 88 to 115 and other pertinent rules of international law apply to the exclusive economic zone in so far as they are not incompatible with this Part.

2. 제88조부터 제115조까지의 규정과 그 밖의 국제법의 적절한 규칙은 이 부에 배치되지 아니하는 한 배타적경제수역에 적용된다.

3. In exercising their rights and performing their duties under this Convention in the exclusive economic zone, States shall have due regard to the rights and duties of the coastal State and shall comply with the laws and regulations adopted by the coastal State in accordance with the provisions of this Convention and other rules of international law in so far as they are not incompatible with this Part.

3. 이 협약상 배타적경제수역에서 권리행사와 의무를 이행함에 있어서, 각국은 연안국의 권리와 의무를 적절하게 고려하고, 이 부의 규정과 배치되지 아니하는 한 이 협약의 규정과 그 밖의 국제법규칙에 따라 연안국이 채택한 법령을 준수한다.

Article 59
Basis for the resolution of conflicts regarding the attribution of rights and jurisdiction in the exclusive economic zone

제59조
배타적경제수역에서의 권리와 관할권의 귀속에 관한마찰 해결의 기초

In cases where this Convention does not attribute rights or jurisdiction to the coastal State or to other States within the exclusive economic zone, and a conflict arises between the interests of the coastal State and any other State or States, the conflict should be resolved on the basis of equity and in the light of all the relevant circumstances, taking into account the respective importance of the interests in-

이 협약에 의하여 배타적경제수역에서의 권리나 관할권이 연안국이나 다른 국가에 귀속되지 아니하고 또한 연안국과 다른 국가간 이해관계를 둘러싼 마찰이 발생한 경우, 그 마찰은 당사자의 이익과 국제사회 전체의 이익의 중요성을 각각 고려하면서 형평에 입각하여 모든 관련상황에 비추어 해결한다.

volved to the parties as well as to the international community as a whole.

Article 60
Artificial islands, installations and structures in the exclusive economic zone

1. In the exclusive economic zone, the coastal State shall have the exclusive right to construct and to authorize and regulate the construction, operation and use of:

(a) artificial islands;
(b) installations and structures for the purposes provided for in article 56 and other economic purposes;
(c) installations and structures which may interfere with the exercise of the rights of the coastal State in the zone.

2. The coastal State shall have exclusive jurisdiction over such artificial islands installations and structures, including jurisdiction with regard to customs fiscal health, safety and immigration laws and regulations.

3. Due notice must be given of the construction of such artificial islands, installations or structures, and permanent means for giving warning of their presence must be maintained. Any installations or structures which are abandoned or disused shall be removed to ensure safety of navigation, taking into account any generally accepted international standards established in this regard by the competent international or-

제 60 조
배타적경제수역에서의 인공섬, 시설 및 구조물

1. 배타적경제수역에서 연안국은 다음을 건설하고, 이에 관한 건설·운용 및 사용을 허가하고 규제하는 배타적 권리를 가진다.

가. 인공섬
나. 제56조에 규정된 목적과 그 밖의 경제적 목적을 위한 시설과 구조물
다. 배타적경제수역에서 연안국의 권리행사를 방해할 수 있는 시설과 구조물

2. 연안국은 이러한 인공섬, 시설 및 구조물에 대하여 관세·재정·위생·안전 및 출입국관리 법령에 관한 관할권을 포함한 배타적 관할권을 가진다.

3. 이러한 인공섬·시설 또는 구조물의 건설은 적절히 공시하고, 이러한 것이 있다는 사실을 경고하기 위한 영구적 수단을 유지한다. 버려졌거나 사용되지 아니하는 시설이나 구조물은 항행의 안전을 보장하기 위하여 제거하며, 이 경우 이와 관련하여 권한있는 국제기구에 의하여 수립되어 일반적으로 수락된 국제기준을 고려한다. 이러한 제거작업을 수행함에 있어서 어로·해양환경 보호 및 다른 국가의 권리와 의무

ganization. Such removal shall also have due regard to fishing, the protection of the marine environment and the rights and duties of other States. Appropriate publicity shall be given to the depth, position and dimensions of any installations or structures not entirely removed.

를 적절히 고려한다. 완전히 제거되지 아니한 시설 또는 구조물의 깊이, 위치 및 규모는 적절히 공표한다.

4. The coastal State may, where necessary, establish reasonable safety zones around such artificial islands, installations and structures in which it may take appropriate measures to ensure the safety both of navigation and of the artificial islands, installations and structures.

4. 연안국은 필요한 경우 항행의 안전과 인공섬·설 및 구조물의 안전을 보장하기 위하여 이러한 인공섬·시설 및 구조물의 주위에 적절한 조치를 취할 수 있는 합리적인 안전수역을 설치할 수 있다.

5. The breadth of the safety zones shall be determined by the coastal State, taking into account applicable international standards. Such zones shall be designed to ensure that they are reasonably related to the nature and function of the artificial islands, installations or structures, and shall not exceed a distance of 500 metres around them, measured from each point of their outer edge, except as authorized by generally accepted international standards or as recommended by the competent international organization. Due notice shall be given of the extent of safety zones.

5. 연안국은 적용가능한 국제기준을 고려하여 안전수역의 폭을 결정한다. 이러한 수역은 인공섬·시설 또는 구조물의 성격 및 기능과 합리적으로 연관되도록 설정되고, 일반적으로 수락된 국제기준에 의하여 허용되거나 권한있는 국제기구가 권고한 경우를 제외하고는 그 바깥쪽 끝의 각 점으로부터 측정하여 500미터를 넘을 수 없다. 안전수역의 범위는 적절히 공시한다.

6. All ships must respect these safety zones and shall comply with generally accepted international standards regarding navigation in the vicinity of artificial islands, installations, structures and safety zones.

6. 모든 선박은 이러한 안전수역을 존중하며 인공섬·시설·구조물 및 안전수역 주변에서 일반적으로 수락된 항행에 관한 국제기준을 준수한다.

7. Artificial islands, installations and struc-

7. 인공섬·시설·구조물 및 그 주위의 안전

tures and the safety zones around them may not be established where interference may be caused to the use of recognized sea lanes essential to international navigation.

수역은 승인된 국제항행에 필수적인 항로대 이용을 방해할 수 있는 곳에 설치할 수 없다.

8. Artificial islands, installations and structures do not possess the status of islands. They have no territorial sea of their own, and their presence does not affect the delimitation of the territorial sea, the exclusive economic zone or the continental shelf.

8. 인공섬·시설 및 구조물은 섬의 지위를 가지지 아니한다. 이들은 자체의 영해를 가지지 아니하며 이들의 존재가 영해, 배타적경제수역 또는 대륙붕의 경계획정에 영향을 미치지 아니한다.

Article 61
Conservation of the living resources

제61조
생물자원의 보존

1. The coastal State shall determine the allowable catch of the living resources in its exclusive economic zone.

1. 연안국은 자국의 배타적경제수역에서의 생물자원의 허용 어획량을 결정한다.

2. The coastal State, taking into account the best scientific evidence available to it, shall ensure through proper conservation and management measures that the maintenance of the living resources in the exclusive economic zone is not endangered by over-exploitation. As appropriate, the coastal State and competent international organizations, whether subregional, regional or global, shall cooperate to this end.

2. 연안국은 자국이 이용가능한 최선의 과학적 증거를 고려하여, 남획으로 인하여 배타적경제수역에서 생물자원의 유지가 위태롭게 되지 아니하도록 적절한 보존·관리조치를 통하여 보장한다. 적절한 경우, 연안국과 권한있는 소지역적·지역적 또는 지구적 국제기구는 이를 위하여 협력한다.

3. Such measures shall also be designed to maintain or restore populations of harvested species at levels which can produce the maximum sustainable yield, as qualified by relevant environmental and economic factors, including the economic needs of coastal fishing com-

3. 이러한 조치는 최대지속생산량을 가져올 수 있는 수준으로 어획대상 어종의 자원량이 유지·회복되도록 계획한다. 이러한 조치를 취함에 있어서 연안어업지역의 경제적 필요와 개발도상국의 특별한 요구를 포함한 환경적·제적 관련 요인에 의하여 입증되고 또한 어로방식·어족간의 상호의존

munities and the special requirements of developing States, and taking into account fishing patterns, the interdependence of stocks and any generally recommended international minimum standards, whether subregional, regional or global.

성 및 소지역적·지역적 또는 지구적 기준 등 어느 기준에서 보나 일반적으로 권고된 국제적 최소기준을 고려한다.

4. In taking such measures the coastal State shall take into consideration the effects on species associated with or dependent upon harvested species with a view to maintaining or restoring populations of such associated or dependent species above levels at which their reproduction may become seriously threatened.

4. 이러한 조치를 취함에 있어서 연안국은 어획되는 어종에 연관되거나 종속되는 어종의 자원량의 생산량이 중대하게 위태롭게 되지 아니할 수준 이상으로 유지·회복하기 위하여 연관어종이나 종속어종에 미치는 영향을 고려한다.

5. Available scientific information, catch and fishing effort statistics, and other data relevant to the conservation of fish stocks shall be contributed and exchanged on a regular basis through competent international organizations, whether subregional, regional or global, where appropriate and with participation by all States concerned, including States whose nationals are allowed to fish in the exclusive economic zone.

5. 이용가능한 과학적 정보, 어획량과 어업활동 통계 및 수산자원의 보존과 관련된 그 밖의 자료는 배타적경제수역에서 그 국민의 입어가 허용된 국가를 포함한 모든 관련국의 참여아래 적절히 권한있는 소지역적·지역적 또는 지구적 국제기구를 통하여 정기적으로 제공되고 교환된다.

Article 62
Utilization of the living resources

제62조
생물자원의 이용

1. The coastal State shall promote the objective of optimum utilization of the living resources in the exclusive economic zone without prejudice to Article 61.

1. 연안국은 제61조의 규정을 침해하지 아니하고 배타적경제수역에서 생물자원의 최적이용목표를 달성한다.

2. The coastal State shall determine its capacity to harvest the living resources

2. 연안국은 배타적경제수역의 생물자원에 관한 자국의 어획능력을 결정한다. 연안국

of the exclusive economic zone. Where the coastal State does not have the capacity to harvest the entire allowable catch, it shall, through agreements or other arrangements and pursuant to the terms, conditions, laws and regulations referred to in paragraph 4, give other States access to the surplus of the allowable catch, having particular regard to the provisions of Articles 69 and 70, especially in relation to the developing States mentioned therein.

이 전체 허용 어획량을 어획할 능력이 없는 경우, 협정이나 그 밖의 약정을 통하여 제4항에 언급된 조건과 법령에 따라 허용 어획량의 잉여량에 관한 다른 국가의 입어를 허용한다. 이 경우 연안국은 제69조 및 제70조의 규정, 특히 이러한 규정이 언급한 개발도상국에 대해 특별히 고려한다.

3. In giving access to other States to its exclusive economic zone under this article the coastal State shall take into account all relevant factors, including, inter alia, the significance of the living resources of the area to the economy of the coastal State concerned and its other national interests, the provisions of Articles 69 and 70, the requirements of developing States in the subregion or region in harvesting part of the surplus and the need to minimize economic dislocation in States whose nationals have habitually fished in the zone or which have made substantial efforts in research and identification of stocks.

3. 이 조에 따라 배타적경제수역에서 다른 국가의 입어를 허용함에 있어서, 연안국은 모든 관련 요소를 고려한다. 특히 그 수역의 생물자원이 연안국의 경제와 그 밖의 국가이익에 미치는 중요성, 제69조 및 제70조의 규정, 잉여자원 어획에 관한 소지역내 또는 지역내 개발도상국의 요구 및 소속 국민이 그 수역에서 관습적으로 어로행위를 하여 왔거나 어족의 조사와 식별을 위하여 실질적인 노력을 기울여 온 국가의 경제적 혼란을 극소화할 필요성을 고려한다.

4. Nationals of other States fishing in the exclusive economic zone shall comply with the conservation measures and with the other terms and conditions established in the laws and regulations of the coastal State. These laws and regulations shall be consistent with this Convention and may relate, inter alia, to the following:

4. 배타적경제수역에서 어로행위를 하는 다른 국가의 국민은 연안국의 법령에 의하여 수립된 보존조치와 그 밖의 조건을 준수한다. 이러한 법령은 이 협약에 부합하여야 하며 특히 다음 사항에 관련될 수 있다.

해양법

(a) licensing of fishermen, fishing vessels and equipment, including payment of fees and other forms of remuneration, which, in the case of developing coastal States, may consist of adequate compensation in the field of financing, equipment and technology relating to the fishing industry;

가. 어부에 대한 조업허가, 어선과 조업장비의 허가(이러한 허가조치에는 수수료나 다른 형태의 보상금 지급이 포함되며, 개발도상연안국의 경우 수산업에 관한 금융·장비 및 기술분야에 있어서 적절한 보상으로 이루어질 수 있다)

(b) determining the species which may be caught, and fixing quotas of catch, whether in relation to particular stocks or groups of stocks or catch per vessel over a period of time or to the catch by nationals of any State during a specified period;

나. 어획가능한 어종의 결정 및 어획할당량의 결정(특정한 어족, 어족의 무리, 또는 특정기간 동안 어선당 어획량 또는 특정기간 동안 어느 국가의 국민에 의한 어획량으로 산정되는 어획할당량)

(c) regulating seasons and areas of fishing, the types, sizes and amount of gear, and the types, sizes and number of fishing vessels that may be used;

다. 어로기, 어로수역, 어구의 종류·크기 및 수량, 그리고 사용가능한 어선의 종류·크기 및 척수의 규제

(d) fixing the age and size of fish and other species that may be caught;

라. 어획가능한 어류와 그 밖의 어종의 연령과 크기의 결정

(e) specifying information required of fishing vessels, including catch and effort statistics and vessel position reports;

마. 어선에 대하여 요구되는 정보(어획량과 어업활동 통계 및 어선위치 보고 포함)

(f) requiring, under the authorization and control of the coastal State, the conduct of specified fisheries research programmes and regulating the conduct of such research, including the sampling of catches, disposition of samples and reporting of associated scientific data;

바. 연안국의 허가와 통제에 따른 특정한 어업조사계획의 실시요구와 이러한 조사(어획물의 견본작성, 견본의 처리 및 관련 과학조사자료 보고를 포함)실시의 규제

(g) the placing of observers or traineeson board such vessels by the coastal State;

사. 연안국에 의한 감시원이나 훈련원의 어선에의 승선배치

(h) the landing of all or any part of the catch by such vessels in the ports of the coastal State;

아. 이러한 어선에 의한 어획물의 전부나 일부를 연안국의 항구에 내리는 행위

(i) terms and conditions relating to joint ventures or other co-operative arrange-

자. 합작사업이나 그 밖의 협력약정에 관한 조건

ments;

(j) requirements for the training of personnel and the transfer of fisheries technology, including enhancement of the coastal State's capability of undertaking fisheries research;

(k) enforcement procedures.

5. Coastal States shall give due notice of conservation and management laws and regulations.

차. 연안국의 어로조사 수행능력 강화를 포함한 인원훈련과 어로기술의 이전조건

카. 시행절차

5. 연안국은 보존과 관리에 관한 법령을 적절히 공시한다.

Article 63
Stocks occurring within the exclusive economic of two or more coastal states or both within the exclusive economic zone and in an area beyond and adjacent to it

1. Where the same stock or stocks of associated species occur within the exclusive economic zones of two or more coastal States, these States shall seek, either directly or through appropriate sub regional or regional organizations, to agree upon the measures necessary to co-ordinate and ensure the conservation and development of such stocks without prejudice to the other provisions of this Part.

2. Where the same stock or stocks of associated species occur both within the exclusive economic zone and in an area beyond and adjacent to the zone, the coastal State and the States fishing for such stocks in the adjacent area shall seek, either directly or through appropriate sub regional or regional organizations, to agree upon the measures nec-

제63조
2개국 이상 연안국의 배타적경제수역에 걸쳐 출현하거나 배타적경제수역과 그 바깥의 인접수역에 걸쳐 출현하는 어족

1. 동일어족이나 이와 연관된 어종의 어족이 2개국 이상 연안국의 배타적경제수역에 걸쳐 출현하는 경우, 이러한 연안국들은, 이 부의 다른 규정을 침해하지 아니하고, 직접 또는 적절한 소지역기구나 지역기구를 통하여 이러한 어족의 보존과 개발을 조정하고 보장하는 데 필요한 조치에 합의하도록 노력한다.

2. 동일어족 또는 이와 연관된 어종의 어족이 배타적경제수역과 그 바깥의 인접수역에 걸쳐 출현하는 경우, 연안국과 인접수역에서 이러한 어족을 어획하는 국가는 직접 또는 적절한 소지역기구나 지역기구를 통하여 인접수역에서 이러한 어족의 보존에 필요한 조치에 합의하도록 노력한다.

essary for the conservation of these stocks in the adjacent area.

Article 64
Highly migratory species

1. The coastal State and other States whose nationals fish in the region for the highly migratory species listed in Annex I shall co-operate directly or through appropriate international organizations with a view to ensuring conservation and promoting the objective of optimum utilization of such species throughout the region, both within and beyond the exclusive economic zone. In regions for which no appropriate international organization exists, the coastal State and other States whose nationals harvest these species in the region shall co-operate to establish such an organization and participate in its work.

2. The provisions of paragraph 1 apply in addition to the other provisions of this Part.

제64조
고도회유성 어종

1. 연안국과 제1부속서에 열거된 고도회유성 어종을 어획하는 국민이 있는 그 밖의 국가는 배타적경제수역과 그 바깥의 인접수역에서 그러한 어종의 보존을 보장하고 최적이용목표를 달성하기 위하여 직접 또는 적절한 국제기구를 통하여 협력한다. 적절한 국제기구가 없는 지역에서는 연안국과 같은 수역에서 이러한 어종을 어획하는 국민이 있는 그 밖의 국가는 이러한 기구를 설립하고 그 사업에 참여하도록 노력한다.

2. 제1항의 규정은 이 부의 다른 규정과 함께 적용한다.

Article 65
Marine mammals

Nothing in this Part restricts the right of a coastal State or the competence of an international organization, as appropriate, to prohibit, limit or regulate the exploitation of marine mammals more strictly than provided for in this Part. States shall co-operate with a view to the conservation of marine mammals and in the case of cetaceans shall in particular work through the appropriate international organizations for

제65조
해양 포유동물

이 부의 어떠한 규정도, 적절한 경우, 이 부에 규정된 것보다 더 엄격하게 해양포유동물의 포획을 금지·제한 또는 규제할 수 있는 연안국의 권리나 국제기구의 권한을 제한하지 아니한다. 각국은 해양포유동물의 보존을 위하여 노력하며, 특히 고래류의 경우 그 보존·관리 및 연구를 위하여 적절한 국제기구를 통하여 노력한다.

their conservation, management and study.

Article 66
Anadromous stocks

1. States in whose rivers anadromous stocks originate shall have the primary interest in and responsibility for such stocks.

2. The State of origin of anadromous stocks shall ensure their conservation by the establishment of appropriate regulatory measures for fishing in all waters landward of the outer limits of its exclusive economic zone and for fishing provided for in paragraph 3(b). The State of origin may, after consultations with the other States referred to in paragraphs 3 and 4 fishing these stocks, establish total allowable catches for stocks originating in its rivers.

3. (a) Fisheries for anadromous stocks shall be conducted only in waters landward of the outer limits of exclusive economic zones, except in cases where this provision would result in economic dislocation for a State other than the State of origin. With respect to such fishing beyond the outer limits of the exclusive economic zone, States concerned shall maintain consultations with a view to achieving agreement on terms and conditions of such fishing giving due regard to the conservation requirements and the needs of the State of origin in respect of these stocks.

(b) The State of origin shall co-operate

제 66 조
소하성 어족

1. 소하성 어족이 기원하는 하천의 국가는 이 어족에 대한 일차적 이익과 책임을 가진다.

2. 소하성 어족의 기원국은 자국의 배타적경제수역 바깥한계의 육지쪽 모든 수역에서의 어로와 제3항 (b)에 규정된 어로에 관하여 적절한 규제조치를 수립함으로써 그 어족의 보존을 보장한다. 기원국은 이러한 어족을 어획하는 제3항과 제4항에 언급된 다른 국가와 협의한 후 자국 하천에서 기원하는 어족에 대한 총허용 어획량을 결정할 수 있다.

3. 가. 이 규정으로 인하여 기원국 이외의 국가에 경제적 혼란이 초래되는 경우를 제외하고는, 소하성 어족의 어획은 배타적경제수역 바깥한계의 육지쪽 수역에서만 행하여진다. 배타적경제수역 바깥한계 밖의 어획에 관하여 관련국은 그 어족에 관한 기원국의 보존요건 및 필요를 적절히 고려하여 어로조건에 관한 합의에 도달하기 위한 협의를 유지한다.

나. 기원국은 소하성 어족을 어획하는 다른

해양법

in minimizing economic dislocation in such other States fishing these stocks, taking into account the normal catch and the mode of operations of such States, and all the areas in which such fishing has occurred.

(c) States referred to in subparagraph (b), participating by agreement with the State of origin in measures to renew anadromous stocks, particularly by expenditures for that purpose, shall be given special consideration by the State of origin in the harvesting of stocks originating in its rivers.

(d) Enforcement of regulations regarding anadromous stocks beyond the exclusive economic zone shall be by agreement between the State of origin and the other States concerned.

4. In cases where anadromous stocks migrate into or through the waters landward of the outer limits of the exclusive economic zone of a State other than the State of origin, such State shall cooperate with the State of origin with regard to the conservation and management of such stocks.

5. The State of origin of anadromous stocks and other States fishing these stocks shall make arrangements for the implementation of the provisions of this article, where appropriate, through regional organizations.

국가의 통상적인 어획량, 조업방법 및 모든 조업실시지역을 고려하여 이들 국가의 경제적 혼란을 최소화하도록 협력한다.

다. (나)에 언급된 국가가 기원국과의 합의에 의하여, 특히 그 경비분담 등 소하성 어족을 재생산시키는 조치에 참여하는 경우, 이러한 국가에 대하여 기원국은 자국의 하천에서 기원한 그 어족의 어획에 있어서 특별한 고려를 한다.

라. 배타적경제수역 바깥의 소하성 어족에 관한 규칙은 기원국과 다른 관련국과의 합의에 의하여 시행한다.

4. 소하성 어족이 기원국이 아닌 국가의 배타적경제수역 바깥한계의 육지쪽 수역을 통하여 회유하는 경우 이러한 국가는 그 어족의 보존과 관리에 관하여 기원국과 협력한다.

5. 소하성 어족의 기원국과 이를 어획하는 그 밖의 국가는 이 조의 규정을 이행하기 위하여 적절한 경우 지역기구를 통하여 약정을 체결한다.

Article 67
Catadromous species

1. A coastal State in whose waters cata-

제67조
강하성 어종

1. 강하성 어종이 그 생존기간의 대부분을

해양법

dromous species spend the greater part of their life cycle shall have responsibility for the management of these species and shall ensure the ingress and egress of migrating fish.

보내는 수역의 연안국은 그 어종의 관리에 대한 책임을 지며 회유어의 출입을 보장한다.

2. Harvesting of catadromous species shall be conducted only in waters landward of the outer limits of exclusive economic zones. When conducted in exclusive economic zones, harvesting shall be subject to this article and the other provisions of this Convention concerning fishing in these zones.

2. 강하성 어종의 어획은 배타적경제수역 바깥한계의 육지쪽 수역에서만 행하여진다. 배타적경제수역에서 어획이 행하여지는 경우 이 조의 규정 및 배타적경제수역 내 어획에 관한 이 협약의 그 밖의 규정에 따른다.

3. In cases where catadromous fish migrate through the exclusive economic zone of another State, whether as juvenile or maturing fish, the management, including harvesting, of such fish shall be regulated by agreement between the State mentioned in paragraph 1 and the other State concerned. Such agreement shall ensure the rational management of the species and take into account the responsibilities of the State mentioned in paragraph I for the maintenance of these species.

3. 강하성 어종이 치어로서 또는 성어로서 다른 국가의 배타적경제수역을 회유하는 경우, 어획을 포함한 그 어종에 대한 관리는 제1항에 언급된 국가와 그 밖의 관련국간의 합의에 따라 규제된다. 이러한 합의는 강하성 어종의 합리적 관리를 보장하고 이의 유지를 위하여 제1항에 언급된 국가의 책임을 고려한다.

해양법

Article 68
Sedentary species

제68조
정착성 어종

This Part does not apply to sedentary species as defined in Article 77, paragraph 4.

이 부는 제77조 제4항에서 정의한 정착성 어종에는 적용하지 아니한다.

Article 69
Right fo land-locked states

제69조
내륙국의 권리

1. Land-locked States shall have the right

1. 내륙국은 모든 관련국의 경제적·지리적

to participate, on an equitable basis, in the exploitation of an appropriate part of the surplus of the living resources of the exclusive economic zones of coastal States of the same subregion or region, taking into account the relevant economic and geographical circumstances of all the States concerned and in conformity with the provisions of this article and of articles 61 and 62.

관련상황을 고려하고 이 조 및 제61조, 제62조의 규정에 따라 형평에 입각하여 동일한 소지역이나 지역 내 연안국의 배타적경제수역의 생물자원 잉여량중 적절한 양의 개발에 참여할 권리를 가진다.

2. The terms and modalities of such participation shall be established by the States concerned through bilateral, sub regional or regional agreements taking into account, inter alia:

2. 이러한 참여조건과 방식은 특히 아래 사항을 고려하여 양자협정, 소지역 또는 지역협정을 통하여 관련국에 의하여 수립된다.

(a) the need to avoid effects detrimental to fishing communities or fishing industries of the coastal State;

가. 연안국의 지역어업사회 및 수산업에 해로운 영향을 회피할 필요

(b) the extent to which the land-locked State, in accordance with the provisions of this article, is participating or is entitled to participate under existing bilateral, sub regional or regional agreements in the exploitation of living resources of the exclusive economic zones of other coastal States;

나. 이 조의 규정에 따라 내륙국이 기존의 양자협정, 소지역 또는 지역협정에 따라 다른 연안국의 배타적경제수역의 생물자원 개발에 참여하고 있는 정도 또는 참여할 수 있는 자격의 정도

(c) the extent to which other land-locked States and geographically disadvantaged States are participating in the exploitation of the living resources of the exclusive economic zone of the coastal State and the consequent need to avoid a particular burden for any single coastal State or a part of it;

다. 다른 내륙국과 지리적 불리국이 연안국의 배타적경제수역의 생물자원개발에 참여하고 있는 정도 및 그 결과로 단일 연안국이 특별한 부담 또는 그 일부를 지게 되는 것을 회피할 필요

(d) the nutritional needs of the populations of the respective States.

라. 각국 주민의 영양상 필요

3. When the harvesting capacity of a

3. 연안국의 어획능력이 자국 배타적경제수

coastal State approaches a point which would enable it to harvest the entire allowable catch of the living resources in its exclusive economic zone, the coastal State and other States concerned shall co-operate in the establishment of equitable arrangements on a bilateral, sub regional or regional basis to allow for participation of developing land-locked States of the same subregion or region in the exploitation of the living resources of the exclusive economic zones of coastal States of the subregion or region, as may be appropriate in the circumstances and on terms satisfactory to all parties. In the implementation of this provision the factors mentioned in paragraph 2 shall also be taken into account.

역 내에 있는 생물자원의 허용 어획량 전체를 어획할 수 있는 수준에 도달한 경우, 연안국과 그 밖의 관련국은 양국간, 소지역적 또는 지역적 기초에 입각하여 상황에 적절하고 모든 당사국이 만족하는 조건으로 동일한 소지역 또는 지역 내에 있는 개발도상내륙국이 그 소지역 또는 지역 내 연안국의 배타적경제수역의 생물자원개발에 참여하는 것을 허용하는 공평한 약정을 체결하도록 협력한다. 이 규정을 이행함에 있어서 제2항에 규정한 사항도 함께 고려한다.

4. Developed land-locked States shall, under the provisions of this article, be entitled to participate in the exploitation of living resources only in the exclusive economic zones of developed coastal States of the same subregion or region having regard to the extent to which the coastal State, in giving access to other States to the living resources of its exclusive economic zone, has taken into account the need to minimize detrimental effects on fishing communities and economic dislocation in states whose nationals have habitually fished in the zone.

4. 이 조의 규정에 따라 선진내륙국은 동일한 소지역 또는 지역 내 선진연안국의 배타적경제수역에 한하여 생물자원 개발에 참여할 수 있다. 이 때 그 선진내륙국은 그 선진 연안국이 자국의 배타적경제수역의 생물자원에 대한 다른 국가의 접근을 허용함에 있어서, 관습적으로 그 수역에서 조업하여 온 국민이 있는 국가의 지역어업사회에 미칠 해로운 영향과 경제적 혼란을 최소화할 필요를 고려하여 온 정도를 참작한다.

5. The above provisions are without prejudice to arrangements agreed upon in sub regions or regions where the coastal States may grant to land-locked

5. 위의 규정은 연안국이 배타적경제수역의 생물자원개발을 위한 평등한 권리나 우선적 권리를 동일한 소지역 또는 지역 내의 내륙국에 부여하는 소지역 또는 지역 내에

States of the same subregion or region equal or preferential rights for the exploitation of the living resources in the exclusive economic zones.

서 합의된 약정을 적용하는 것을 침해하지 아니한다.

Article 70
Right of geographically disadvantaged states

제 70 조
지리적 불리국의 권리

1. Geographically disadvantaged States shall have the right to participate, on an equitable basis, in the exploitation of an appropriate part of the surplus of the living resources of the exclusive economic zones of coastal States of the same subregion or region, taking into account the relevant economic and geographical circumstances of all the States concerned and in conformity with the provisions of this article and of articles 61 and 62.

1. 지리적 불리국은 모든 관련국의 경제적·지리적 상황을 고려하고 이 조 및 제61조, 제62조의 규정에 따라 동일한 소지역 또는 지역 내에 있는 연안국의 배타적경제수역의 생물자원 잉여량중 적절한 양의 개발에 공평하게 참여할 권리를 가진다.

2. For the purposes of this Part, "geographically disadvantaged States" means coastal States, including States bordering enclosed or semi-enclosed seas, whose geographical situation makes them dependent upon the exploitation of the living resources of the exclusive economic zones of other States in the subregion or region for adequate supplies of fish for the nutritional purposes of their populations or parts thereof, and coastal States which can claim no exclusive economic zones of their own.

2. 이 부에서 "지리적 불리국"이라 함은 폐쇄해나 반폐쇄해에 접한 국가를 포함한 연안국으로서, 그 지리적 여건으로 인하여 자국주민 또는 그 일부의 영양상 목적을 위하여 충분한 어류공급을 소지역 또는 지역 내에 있는 다른 국가의 배타적경제수역 내 생물자원의 개발에 의존하여야 하거나, 자국의 배타적경제수역을 주장할 수 없는 연안국을 말한다.

3. The terms and modalities of such participation shall be established by the States concerned through bilateral, sub regional or regional agreements taking into account, inter alia:

3. 이러한 참여의 조건과 방식은 특히 아래 사항을 고려하여 양자협정, 소지역 또는 지역협정을 통하여 관련국에 의하여 확립된다.

(a) the need to avoid effects detrimental to fishing communities or fishing industries of the coastal State;

(b) the extent to which the geographically disadvantaged State, in accordance with the provisions of this article, is participating or is entitled to participate under existing bilateral, sub regional or regional agreements in the exploitation of living resources of the exclusive economic zones of other coastal States;

(c) the extent to which other geographically disadvantaged States and land-locked States are participating in the exploitation of the living resources of the exclusive economic zone of the coastal State and the consequent need to avoid a particular burden for any single coastal State or a part of it;

(d) the nutritional needs of the populations of the respective States.

4. When the harvesting capacity of a coastal State approaches a point which would enable it to harvest the entire allowable catch of the living resources in its exclusive economic zone, the coastal State and other States concerned shall co-operate in the establishment of equitable arrangements on a bilateral, sub regional or regional basis to allow for participation of developing geographically disadvantaged States of the same subregion or region in the exploitation of the living resources of the exclusive economic zones of coastal States of the subregion or region, as may be appropriate in the circumstances and on terms satisfactory to all parties. In the

가. 연안국의 지역어업사회 및 수산업에 해로운 영향을 회피할 필요

나. 이 조의 규정에 따라 지리적 불리국이 기존의 양자협정, 소지역 또는 지역협정에 따라 다른 연안국의 배타적경제수역의 생물자원개발에 참여하고 있는 정도 또는 참여할 수 있는 자격의 정도

다. 다른 지리적 불리국과 내륙국이 연안국의 배타적경제수역의 생물자원의 개발에 참여하고 있는 정도 및 그 결과로 단일 연안국이 특별한 부담 또는 그 일부를 지게 되는 것을 회피할 필요

라. 각국 주민의 영양상 필요

4. 연안국의 어획능력이 자국의 배타적경제수역 생물자원의 허용 어획량 전체를 어획할 수 있는 수준에 도달한 경우, 연안국과 그 밖의 관련국은 양국 간, 소지역적 또는 지역적 기초에 입각하여 상황에 적절하고 모든 당사국이 만족하는 조건으로, 동일한 소지역이나 지역 내에 있는 연안국의 배타적경제수역 생물자원 개발에 참여를 허용하는 공평한 약정을 체결하도록 협력한다. 이 규정을 이행함에 있어서 제3항에 규정한 사항도 함께 고려한다.

implementation of this provision the factors mentioned in paragraph 3 shall also be taken into account.

5. Developed geographically disadvantaged States shall, under the provisions of this article, be entitled to participate in the exploitation of living resources only in the exclusive economic zones of developed coastal States of the same subregion or region having regard to the extent to which the coastal State, in giving access to other States to the living resources of its exclusive economic zone, has taken into account the need to minimize detrimental effects on fishing communities and economic dislocation in States whose nationals have habitually fished in the zone.

5. 이 조의 규정에 따라 선진지리적불리국은 동일한 소지역 또는 지역 내에 있는 선진연안국의 배타적경제수역에 한하여 생물자원의 개발에 참여할 수 있다. 이 때 그 선진지리적불리국은 그 선진연안국이 자국의 배타적경제수역의 생물자원에 대하여 다른 국가의 입어를 허용함에 있어서, 소속국민이 오랫동안 그 수역에서 조업하여 온 국가의 지역어업사회에 미칠 해로운 영향과 경제적 혼란을 최소화할 필요를 고려하여 온 정도를 참작한다.

6. The above provisions are without prejudice to arrangements agreed upon in sub regions or regions where the coastal States may grant to geographically disadvantaged States of the same subregion or region equal or preferential rights for the exploitation of the living resources in the exclusive economic zones.

6. 위의 규정은 연안국이 배타적경제수역의 생물자원 개발을 위한 평등한 권리나 우선적 권리를 동일한 소지역 또는 지역 내의 지리적불리국에 부여하는 소지역 또는 지역 내에서 합의된 약정을 적용하는 것을 침해하지 아니한다.

Article 71
Non-applicability of articles 69 and 70

The provisions of Articles 69 and 70 do not apply in the case of a coastal State whose economy is overwhelmingly dependent on the exploitation of the living resources of its exclusive economic zone.

제71조
제69조와 제70조 적용의 배제

제69조와 제70조의 규정은 연안국의 경제가 배타적경제수역의 생물자원개발에 크게 의존하고 있는 경우에는 적용하지 아니한다.

Article 72
Restrictions on transfer of rights

1. Rights provided under Articles 69 and 70 to exploit living resources shall not be directly or indirectly transferred to third States or their nationals by lease or licence, by establishing joint ventures or in any other manner which has the effect of such transfer unless otherwise agreed by the States concerned.

2. The foregoing provision does not preclude the States concerned from obtaining technical or financial assistance from third States or international organizations in order to facilitate the exercise of the rights pursuant to Articles 69 and 70, provided that it does not have the effect referred to in paragraph 1.

제72조
권리이전의 제한

1. 제69조와 제70조에 규정한 생물자원개발 권리는 관계국이 달리 합의하지 아니하는 한, 임대차나 면허, 합작사업의 설립 또는 권리 이전의 효과를 가지는 그 밖의 방법에 의하여 제3국이나 그 국민에게 직접적으로 또는 간접적으로 이전될 수 없다.

2. 제1항의 규정은 동항에서 언급된 효과를 가지지 아니하는 한, 관련국이 제69조와 제70조의 규정에 따른 권리의 행사를 용이하게 하기 위하여 제3국이나 국제기구로부터 기술적·재정적 원조를 받는 것을 방해하지 아니한다.

Article 73
Enforcement of laws and regulations of the coastal state

1. The coastal State may, in the exercise of its sovereign rights to explore, exploit, conserve and manage the living resources in the exclusive economic zone, take such measures, including boarding, inspection, arrest and judicial proceedings, as may be necessary to ensure compliance with the laws and regulations adopted by it in conformity with this Convention.

2. Arrested vessels and their crews shall be promptly released upon the posting of reasonable bond or other security.

제73조
연안국법령의 시행

1. 연안국은 배타적경제수역의 생물자원을 탐사·개발·보존 및 관리하는 주권적 권리를 행사함에 있어서, 이 협약에 부합되게 채택한 자국법령을 준수하도록 보장하기 위하여 승선, 검색, 나포 및 사법절차를 포함하여 필요한 조치를 취할 수 있다.

2. 나포된 선박과 승무원은 적절한 보석금이나 그 밖의 보증금을 예치한 뒤에는 즉시 석방된다.

3. Coastal State penalties for violations of fisheries laws and regulations in the exclusive economic zone may not include imprisonment, in the absence of agreements to the contrary by the States concerned, or any other form of corporal punishment.

4. In cases of arrest or detention of foreign vessels the coastal State shall promptly notify the flag State, through appropriate channels, of the action taken and of any penalties subsequently imposed.

3. 배타적경제수역에서 어업법령 위반에 대한 연안국의 처벌에는, 관련국간 달리 합의하지 아니하는 한, 금고 또는 다른 형태의 체형이 포함되지 아니한다.

4. 외국선박을 나포하거나 억류한 경우, 그 연안국은 적절한 경로를 통하여 취하여진 조치와 그 후에 부과된 처벌에 관하여 기국에 신속히 통고한다.

Article 74
Delimitation of the exclusive ecomomic zone between states with opposite or adjacent coasts

1. The delimitation of the exclusive economic zone between States with opposite or adjacent coasts shall be effected by agreement on the basis of international law, as referred to in Article 38 of the Statute of the International Court of Justice, in order to achieve an equitable solution.

2. If no agreement can be reached within a reasonable period of time, the States concerned shall resort to the procedures provided for in Part XV.

3. Pending agreement as provided for in paragraph 1, the States concerned, in a spirit of understanding and co-operation, shall make every effort to enter into provisional arrangements of a practical nature and, during this transitional period, not to jeopardize or hamper the reach-

제74조
대향국간 또는 인접국간의 배타적경제수역의 경계획정

1. 서로 마주보고 있거나 인접한 연안을 가진 국가간의 배타적경제수역 경계획정은 공평한 해결에 이르기 위하여, 국제사법재판소규정 제38조에 언급된 국제법을 기초로 하는 합의에 의하여 이루어진다.

2. 상당한 기간 내에 합의에 이르지 못할 경우 관련국은 제15부에 규정된 절차에 회부한다.

3. 제1항에 규정된 합의에 이르는 동안, 관련국은 이해와 상호협력의 정신으로 실질적인 잠정약정을 체결할 수 있도록 모든 노력을 다하며, 과도적인 기간 동안 최종 합의에 이르는 것을 위태롭게 하거나 방해하지 아니한다. 이러한 약정은 최종적인 경

ing of the final agreement. Such arrangements shall be without prejudice to the final delimitation.

계획정에 영향을 미치지 아니한다.

4. Where there is an agreement in force between the States concerned, questions relating to the delimitation of the exclusive economic zone shall be determined in accordance with the provisions of that agreement.

4. 관련국간에 발효중인 협정이 있는 경우, 배타적경제수역의 경계획정에 관련된 사항은 그 협정의 규정에 따라 결정된다.

Article 75
Charts and lists of geographical co-ordinates

제75조
해도와 지리적 좌표목록

1. Subject to this Part, the outer limit lines of the exclusive and the lines of delimitation drawn in accordance with Article 74 shall be shown on charts of a scale or scales adequate for ascertaining their position. Where appropriate, lists of geographical co-ordinates of points, specifying the geodetic datum, may be substituted for such outer limit lines or lines of delimitation.

1. 이 부에 따라 배타적경제수역의 바깥한계선 및 제75조에 따라 그은 경계획정선은 그 위치를 확인하기에 적합한 축척의 해도에 표시된다. 적절한 경우 이러한 바깥한계선이나 경계획정선은 측지자료를 명기한 각 지점의 지리적 좌표목록으로 대체할 수 있다.

2. The coastal State shall give due publicity to such charts or lists of geographical co-ordinates and shall deposit a copy of each such chart or list with the Secretary-General of the United Nations.

2. 연안국은 이러한 해도나 지리적 좌표목록을 적절히 공표하고 그 사본을 국제연합 사무총장에게 기탁한다.

해양법

PART Ⅵ
CONTINENTAL SHELF

제6부 대 륙 붕

Article 76
Definition of the continental shelf

제76조
대륙붕의 정의

1. The continental shelf of a coastal State

1. 연안국의 대륙붕은 영해 밖으로 영토의 자

comprises the sea-bed and subsoil of the submarine areas that extend beyond its territorial sea throughout the natural prolongation of its land territory to the outer edge of the continental margin, or to a distance of 200 nautical miles from the baselines from which the breadth of the territorial sea is measured where the outer edge of the continental margin does not extend up to that distance.

연적 연장에 따라 대륙변계의 바깥끝 까지, 또는 대륙변계의 바깥끝이 200해리에 미치지 아니하는 경우, 영해기선으로부터 200해리까지의 해저지역의 해저와 하층토로 이루어진다.

2. The continental shelf of a coastal State shall not extend beyond the limits provided for in paragraphs 4 to 6.

2. 연안국의 대륙붕은 제4항부터 제6항까지 규정한 한계 밖으로 확장될 수 없다.

3. The continental margin comprises the submerged prolongation of the land mass of the coastal State, and consists of the sea-bed and subsoil of the shelf the slope and the rise. It does not include the deep ocean floor with its oceanic ridges or the subsoil thereof.

3. 대륙변계는 연안국 육지의 해면 아래쪽 연장으로서, 대륙붕·대륙사면·대륙융기의 해저와 하층토로 이루어진다. 대륙변계는 해양산맥을 포함한 심해대양저나 그 하층토를 포함하지 아니한다.

4. (a) For the purposes of this Convention, the coastal State shall establish the outer edge of the continental margin wherever the margin extends beyond 200 nautical miles from the baselines from which the breadth of the territorial sea is measured, by either:

(i) a line delineated in accordance with paragraph 7 by reference to the outermost fixed points at each of which the thickness of sedimentary rocks is at least 1 per cent of the shortest distance from such point to the foot of the continental slope; or

(ii) a line delineated in accordance with paragraph 7 by reference to fixed

4. 가. 이 협약의 목적상 연안국은 대륙변계가 영해기선으로부터 200해리 밖까지 확장되는 곳에서는 아래 선중 어느 하나로 대륙변계의 바깥끝을 정한다.

(i) 퇴적암의 두께가 그 가장 바깥 고정점으로부터 대륙사면의 끝까지를 연결한 가장 가까운 거리의 최소한 1퍼센트인 가장 바깥 고정점을 제7항에 따라 연결한 선

(ii) 대륙사면의 끝으로부터 60해리를 넘지 아니하는 고정점을 제7항에 따라

points not more than 60 nautical miles from the foot of the continental slope.

(b) In the absence of evidence to the contrary, the foot of the continental slope shall be determined as the point of maximum change in the gradient at its base.

5. The fixed points comprising the line of the outer limits of the continental shelf on the sea-bed, drawn in accordance with paragraph 4(a)(I) and (ii), either shall not exceed 350 nautical miles from the baselines from which the breadth of the territorial sea is measured or shall not exceed 100 nautical miles from the 2,500 metre isobath, which is a line connecting the depth of 2,500 metres.

6. Notwithstanding the provisions of paragraph 5, on submarine ridges, the outer limit of the continental shelf shall not exceed 350 nautical miles from the baselines from which the breadth of the territorial sea is measured. This paragraph does not apply to submarine elevations that are natural components of the continental margin, such as its plateaux, rises, caps, banks and spurs.

7. The coastal State shall delineate the outer limits of its continental shelf, where that shelf extends beyond 200 nautical miles from the baselines from which the breadth of the territorial sea is measured, by straight lines not exceeding 60 nautical miles in length, connecting fixed points, defined by coordinates of la-

연결한 선

나. 반대의 증거가 없는 경우, 대륙사면의 끝은 그 기저에서 경사도의 최대변경점으로 결정된다.

5. 제4항 가. (i)과 (ii)의 규정에 따라 그은 해저에 있는 대륙붕의 바깥한계선을 이루는 고정점은 영해기선으로부터 350해리를 넘거나 2500미터 수심을 연결하는 선인 2500미터 등심선으로부터 100해리를 넘을 수 없다.

6. 제5항의 규정에도 불구하고 해저산맥에서는 대륙붕의 바깥한계는 영해기선으로부터 350해리를 넘을 수 없다. 이 항은 해양고원·융기·캡·해퇴 및 해저돌출부와 같은 대륙변계의 자연적 구성요소인 해저고지에는 적용하지 아니한다.

7. 대륙붕이 영해기선으로부터 200해리 밖으로 확장되는 경우, 연안국은 경도와 위도 좌표로 표시된 고정점을 연결하여 그 길이가 60해리를 넘지 아니하는 직선으로 대륙붕의 바깥한계를 그어야 한다.

titude and longitude.

8. Information on the limits of the continental shelf beyond 200 nautical miles from the baselines from which the breadth of the territorial sea is measured shall be submitted by the coastal State to the Commission on the Limits of the Continental Shelf set up under Annex II on the basis of equitable geographical representation. The Commission shall make recommendations to coastal States on matters related to the establishment of the outer limits of their continental shelf. The limits of the shelf established by a coastal State on the basis of these recommendations shall be final and binding.

8. 연안국은 영해기선으로부터 200해리를 넘는 대륙붕의 한계에 관한 정보를 공평한 지리적 배분의 원칙에 입각하여 제2부속서에 따라 설립된 대륙붕한계위원회에 제출한다. 위원회는 대륙붕의 바깥한계 설정에 관련된 사항에 관하여 연안국에 권고를 행한다. 이러한 권고를 기초로 연안국이 확정한 대륙붕의 한계는 최종적이며 구속력을 가진다.

9. The coastal State shall deposit with the Secretary-General of the United Nations charts and relevant information, including geodetic data, permanently describing the outer limits of its continental shelf. The Secretary-General shall give due publicity thereto.

9. 연안국은 측지자료를 비롯하여 항구적으로 자국 대륙붕의 바깥한계를 표시하는 해도와 관련정보를 국제연합사무총장에게 기탁한다. 국제연합사무총장은 이를 적절히 공표한다.

10. The provisions of this article are without prejudice to the question of delimitation of the continental shelf between States with opposite or adjacent coasts.

10. 이 조의 규정은 서로 마주보고 있거나 이웃한 연안국의 대륙붕경계 획정문제에 영향을 미치지 아니한다.

Article 77
Rights of the coastal state over the continental shelf

제 77 조
대륙붕에 대한 연안국의 권리

1. The coastal State exercises over the continental shelf sovereign rights for the purpose of exploring it and exploiting its natural resources.

1. 연안국은 대륙붕을 탐사하고 그 천연자원을 개발할 수 있는 대륙붕에 대한 주권적 권리를 행사한다.

해양법

2. The rights referred to in paragraph 1 are exclusive in the sense that if the coastal State does not explore the continental shelf or exploit its natural resources, no one may undertake these activities without the express consent of the coastal State.

2. 제1항에 언급된 권리는 연안국이 대륙붕을 탐사하지 아니하거나 그 천연자원을 개발하지 아니하더라도 다른 국가는 연안국의 명시적인 동의없이는 이러한 활동을 할 수 없다는 의미에서 배타적 권리이다.

3. The rights of the coastal State over the continental shelf do not depend on occupation, effective or notional, or on any express proclamation.

3. 대륙붕에 대한 연안국의 권리는 실효적이거나 관념적인 점유 또는 명시적 선언에 의존하지 아니한다.

4. The natural resources referred to in this Part consist of the mineral and other non-living resources of the seabed and subsoil together with living organisms belonging to sedentary species, that is to say, organisms which, at the harvestable stage, either are immobile on or under these a-bed or are unable to move except in c·onstant physical contact with these a-bed or the subsoil.

4. 이 부에서 규정한 천연자원은 해저와 하층토의 광물, 그 밖의 무생물자원 및 정착성 어종에 속하는 생물체, 즉 수확가능단계에서 해저표면 또는 그 아래에서 움직이지 아니하거나 또는 해저나 하층토에 항상 밀착하지 아니하고는 움직일 수 없는 생물체로 구성된다.

Article 78
Legal status of the superjacent waters and air space and the rights and freedoms of other states

제78조
상부수역과 상공의 법적 지위 및 다른 국가의 권리와 자유

1. The rights of the coastal State over the continental shelf do not affect the legal status of the superjacent waters or of the air space above those waters.

1. 대륙붕에 대한 연안국의 권리는 그 상부수역이나 수역 상공의 법적 지위에 영향을 미치지 아니한다.

2. The exercise of the rights of the coastal State over the continental shelf must not infringe or result in any unjustifiable interference with navigation and other rights and freedoms of other States as provided for in this Convention.

2. 대륙붕에 대한 연안국의 권리행사는 다른 국가의 항행의 권리 및 이 협약에 규정한 다른 권리와 자유를 침해하거나 부당한 방해를 초래하지 아니한다.

해양법

Article 79
Submarine cables and pipelines on the continental shelf

1. All States are entitled to lay submarine cables and pipelines on the continental shelf, in accordance with the provisions of this article.

2. Subject to its right to take reasonable measures for the exploration of the continental shelf, the exploitation of its natural resources and the prevention, reduction and control of pollution from pipelines, the coastal State may not impede the laying or maintenance of such cables or pipelines.

3. The delineation of the course for the laying of such pipelines on the continental shelf is subject to the consent of the coastal State.

4. Nothing in this Part affects the right of the coastal State to establish conditions for cables or pipelines entering its territory or territorial sea, or its jurisdiction over cables and pipelines constructed or used in connection with the exploration of its continental shelf or exploitation of its resources or the operations of artificial islands, installations and structures under its jurisdiction.

5. When laying submarine cables or pipelines, States shall have due regard to cables or pipelines already in position. In particular, possibilities of repairing existing cables or pipelines shall not be prejudiced.

제79조
대륙붕에서의 해저전선과 관선

1. 모든 국가는 이 조의 규정에 따라 대륙붕에서 해저전선과 관선을 부설할 자격을 가진다.

2. 연안국은 대륙붕의 탐사와 대륙붕의 천연자원 개발, 그리고 관선에 의한 오염의 방지, 경감 및 통제를 위한 합리적 조치를 취할 권리에 따라 이러한 전선이나 관선의 부설이나 유지를 방해할 수 없다.

3. 대륙붕에서 위의 관선 부설경로의 설정은 연안국의 동의를 받아야 한다.

4. 이 부의 어떠한 규정도 자국 영토나 영해를 거쳐가는 전선이나 관선에 대한 조건을 설정하는 연안국의 권리, 대륙붕의 탐사나 그 자원의 개발 또는 자국 관할권 아래에 있는 인공섬·시설 및 구조물의 운용과 관련하여 부설하거나 사용하는 전선과 관선에 대한 연안국의 관할권에 영향을 미치지 아니한다.

5. 각국은 해저전선이나 관선을 부설함에 있어서 이미 설치된 전선이나 관선을 적절히 고려한다. 특히 기존전선이나 관선을 수리할 가능성을 방해하지 아니한다.

Article 80
Artificial islands, installations and structures on the continental shelf

Article 60 applies mutatis mutandis to artificial islands, installations and structures on the continental shelf.

제80조
대륙붕상의 인공섬 · 시설 및 구조물

제60조의 규정은 대륙붕상의 인공섬·시설 및 구조물에 준용한다.

Article 81
Drilling on the continental shelf

The coastal State shall have the exclusive right to authorize and regulate drilling on the continental shelf for all purposes.

제81조
대륙붕시추

연안국은 대륙붕에서 모든 목적의 시추를 허가하고 규제할 배타적 권리를 가진다.

Article 82
Payments and contributions with respect to the exploitation of the continental shelf beyond 200 nautical miles

1. The coastal State shall make payments or contributions in kind in respect of the exploitation of the non-living resources of the continental shelf beyond 200 nautical miles from the baselines from which the breadth of the territorial sea is measured.

2. The payments and contributions shall be made annually with respect to all production at a site after the first five years of production at that site. For the sixth year, the rate of payment or contribution shall be 1 per cent of the value or volume of production at the site. The rate shall increase by 1 per cent for each subsequent year until the twelfth year and shall remain at 7 per cent thereafter. Production does not in-

제82조
200해리 밖의 대륙붕개발에 따른 금전지급 및 현물공여

1. 연안국은 영해기선으로부터 200해리 밖에 있는 대륙붕의 무생물 자원 개발에 관하여 금전을 지급하거나 현물을 공여한다.

2. 금전지급과 현물공여는 생산개시 5년 후부터 그 광구에서 생산되는 모든 생산물에 대하여 매년 납부된다. 6년째의 금전지급이나 현물공여의 비율은 생산물의 가격이나 물량의 1퍼센트로 유지한다. 그 비율은 12년째까지 매년 1퍼센트씩 증가시키고 그 이후에는 7퍼센트로 한다. 생산물의 개발을 위하여 사용한 자원은 포함하지 아니한다.

clude resources used in connection with exploitation.

3. A developing State which is a net importer of a mineral resource produced from its continental shelf is exempt from making such payments or contributions in respect of that mineral resource.

3. 자국의 대륙붕에서 생산되는 광물자원의 순수입국인 개발도상국은 그 광물자원에 대한 금전지급이나 현물공여로부터 면제된다.

4. The payments or contributions shall be made through the Authority, which shall distribute them to States Parties to this Convention, on the basis of equitable sharing criteria, taking into account the interests and needs of developing States, particularly the least developed and the land-locked among them.

4. 금전지급과 현물공여는 해저기구를 통하여 이루어지며, 해저기구는 이를 개발도상국 특히 개발도상국 중 최저개발국 및 내륙국의 이익과 필요를 고려하고 공평분배의 기준에 입각하여 이 협약의 당사국에게 분배한다.

Article 83
Delimitation of the continental shelf between states with opposite or adjacent coasts

제83조
대향국간 또는 인접국간의 대륙붕의 경계획정

1. The delimitation of the continental shelf between States with opposite or adjacent coasts shall be effected by agreement on the basis of international law, as referred to in Article 38 of the Statute of the International Court of Justice, in order to achieve an equitable solution.

1. 서로 마주보고 있거나 인접한 연안국간의 대륙붕 경계획정은 공평한 해결에 이르기 위하여, 국제사법재판소규정 제38조에 언급된 국제법을 기초로 하여 합의에 의하여 이루어진다.

2. If no agreement can be reached within a reasonable period of time, the States concerned shall resort to the procedures provided for in Part XV.

2. 상당한 기간 내에 합의에 이르지 못할 경우, 관련국은 제15부에 규정된 절차에 회부한다.

3. Pending agreement as provided for in paragraph 1, the States concerned, in a spirit of understanding and co-operation, shall make every effort to enter into

3. 제1항에 규정된 합의에 이르는 동안 관련국은, 이해와 상호협력의 정신으로, 실질적인 잠정약정을 체결할 수 있도록 모든

provisional arrangements of a practical nature and, during this transitional period, not to jeopardize or hamper the reaching of the final agreement. Such arrangements shall be without prejudice to the final delimitation.

노력을 다하며, 과도적인 기간 동안 최종 합의에 이르는 것을 위태롭게 하거나 방해하지 아니한다. 이러한 약정은 최종적 경계획정에 영향을 미치지 아니한다.

4. Where there is an agreement in force between the States concerned, questions relating to the delimitation of the continental shelf shall be determined in accordance with the provisions of that agreement.

4. 관련국간에 발효중인 협정이 있는 경우, 대륙붕의 경계획정에 관련된 문제는 그 협정의 규정에 따라 결정된다.

Article 84 Charts and lists of geographical co-ordinates

제84조 해도와 지리적 좌표목록

1. Subject to this Part, the outer limit lines of the continental shelf and the lines of delimitation drawn in accordance with article 83 shall be shown on charts of a scale or scales adequate for ascertaining their position. Where appropriate, lists of geographical co-ordinates of points, specifying the geodetic datum, may be substituted for such outer limit lines or lines of delimitation.

1. 이 부에 따라 대륙붕의 바깥한계선과 제83조에 따라 그은 경계획정선은 그 위치를 확인하기에 적합한 축척의 해도에 표시한다. 적절한 경우 이러한 바깥한계선이나 경계획정선은 측지자료를 명기한 각 지점의 지리적 좌표목록으로 대체할 수 있다.

2. The coastal State shall give due publicity to such charts or lists of graphical co-ordinates and shall deposit a copy of each such chart or list with the Secretary-General of the United Nations and, in the case of those showing the outer limit lines of the continental shelf, with the Secretary-General of the Authority.

2. 연안국은 이러한 해도나 지리적 좌표목록을 적절히 공표하고 그 사본을 국제연합 사무총장에게 기탁하며, 대륙붕의 바깥한계선을 표시하는 해도나 좌표목록의 경우에는 이를 해저기구 사무총장에게 기탁한다.

Article 85
Tunnelling

This Part does not prejudice the right of the coastal State to exploit the subsoil by means of tunnelling, irrespective of the depth of water above the subsoil.

제85조
굴 착

이 부의 규정은 하층토 상부의 수심에 관계없이 굴착에 의하여 하층토를 개발하는 연안국의 권리를 침해하지 아니한다.

PART Ⅶ HIGH SEAS

제7부 공 해

SECTION 1 GENERAL PROVISIONS

제1절 총 칙

Article 86
Application of the provisions of this part

The provisions of this Part apply to all parts of the sea that are not included in the exclusive economic zone, in the territorial sea or in the internal waters of a State, or in the archipelagic waters of an archipelagic State. This article does not entail any abridgement of the freedoms enjoyed by all States in the exclusive economic zone in accordance with article 58.

제86조
이 부 규정의 적용

이 부의 규정은 어느 한 국가의 배타적경제수역·영해·내수 또는 군도국가의 군도 수역에 속하지 아니하는 바다의 모든 부분에 적용된다. 이 조는 제58조에 따라 배타적경제수역에서 모든 국가가 향유하는 자유에 제약을 가져오지 아니한다.

Article 87
Freedom of the high seas

1. The high seas are open to all States, whether coastal or land-locked. Freedom of the high seas is exercised under the conditions laid down by this Convention and by other rules of international law. It comprises, inter alia, both for coastal and land-locked States:

(a) freedom of navigation;

제87조
공해의 자유

1. 공해는 연안국이거나 내륙국이거나 관계없이 모든 국가에 개방된다. 공해의 자유는 이 협약과 그 밖의 국제법규칙이 정하는 조건에 따라 행사된다. 연안국과 내륙국이 향유하는 공해의 자유는 특히 다음의 자유를 포함한다.

가. 항행의 자유

(b) freedom of over flight;
(c) freedom to lay submarine cables and pipelines, subject to Part VI;
(d) freedom to construct artificial islands and other installations permitted under international law, subject to Part VI;
(e) freedom of fishing, subject to the conditions laid down in section 2;
(f) freedom of scientific research, subject to PartsVI and XIII.

나. 상공비행의 자유
다. 제6부에 따른 해저전선과 관선 부설의 자유
라. 제6부에 따라 국제법상 허용되는 인공섬과 그 밖의 시설 건설의 자유
마. 제2절에 정하여진 조건에 따른 어로의 자유
바. 제6부와 제13부에 따른 과학조사의 자유

2. These freedoms shall be exercised by all States with due regard for the interests of other States in their exercise of the freedom of the high seas, and also with due regard for the rights under this Convention with respect to activities in the Area.

2. 모든 국가는 이러한 자유를 행사함에 있어서 공해의 자유의 행사에 관한 다른 국가의 이익 및 심해저활동과 관련된 이 협약상의 다른 국가의 권리를 적절히 고려한다.

Article 88
Reservation of the high seas for peaceful purposes

The high seas shall be reserved for peaceful purposes.

제 88 조
평화적 목적을 위한 공해의 보존

공해는 평화적 목적을 위하여 보존된다.

Article 89
Invalidity of claims of sovereignty over the high seas

No State may validly purport to subject any part of the high seas to its sovereignty.

제 89 조
공해에 대한 주권주장의 무효

어떠한 국가라도 유효하게 공해의 어느 부분을 자국의 주권아래 둘 수 없다.

Article 90
Right of navigation

Every State, whether coastal or land-locked, has the right to sail ships flying its flag on the high seas.

제 90 조
항행의 권리

연안국이거나 내륙국이거나 관계없이 모든 국가는 공해에서 자국기를 게양한 선박을 항행시킬 권리를 가진다.

Article 91
Nationality of ships

1. Every State shall fix the conditions for the grant of its nationality to ships, for the registration of ships in its territory, and for the right to fly its flag. Ships have the nationality of the State whose flag they are entitled to fly. There must exist a genuine link between the State and the ship.

2. Every State shall issue to ships to which it has granted the right to fly its flag documents to that effect.

제 91 조
선박의 국적

1. 모든 국가는 선박에 대한 자국국적의 부여, 자국영토에서의 선박의 등록 및 자국기를 게양할 권리에 관한 조건을 정한다. 어느 국기를 게양할 자격이 있는 선박은 그 국가의 국적을 가진다. 그 국가와 선박간에는 진정한 관련이 있어야 한다.

2. 모든 국가는 그 국기를 게양할 권리를 부여한 선박에 대하여 그러한 취지의 서류를 발급한다.

Article 92
Status of ships

1. Ships shall sail under the flag of one State only and, save in exceptional cases expressly provided for in international treaties or in this Convention, shall be subject to its exclusive jurisdiction on the high seas. A ship may not change its flag during a voyage or while in a port of call, save in the case of a real transfer of ownership or change of registry.

2. A ship which sails under the flags of two or more States, using them according to convenience, may not claim any of the nationalities in question with respect to any other State, and may be assimilated to a ship without nationality.

제 92 조
선박의 지위

1. 국제조약이나 이 협약에 명시적으로 규정된 예외적인 경우를 제외하고는 선박은 어느 한 국가의 국기만을 게양하고 항행하며 공해에서 그 국가의 배타적인 관할권에 속한다. 선박은 진정한 소유권 이전 또는 등록변경의 경우를 제외하고는 항행중이나 기항중에 그 국기를 바꿀 수 없다.

2. 2개국 이상의 국기를 편의에 따라 게양하고 항행하는 선박은 다른 국가에 대하여 그 어느 국적도 주장할 수 없으며 무국적선으로 취급될 수 있다.

Article 93
Ships flying the flag of the United Nations, its specialized agencies and the international atomic energy agency

The preceding articles do not prejudice the question of ships employed on the official service of the United Nations, its specialized agencies or the International Atomic Energy Agency, flying the flag of the organization.

제93조
국제연합, 국제연합전문기구와 국제원자력기구의 기를 게양한 선박

앞의 조항들은 국제연합, 국제연합 전문기구 또는 국제원자력기구의 기를 게양하고 그 기구의 공무에 사용되는 선박에 관련된 문제에는 영향을 미치지 아니한다.

Article 94
Duties of the flag state

1. Every State shall effectively exercise its jurisdiction and control in administrative, technical and social matters over ships flying its flag.

2. In particular every State shall:

(a) maintain a register of ships containing the names and particulars of ships flying its flag, except those which are excluded from generally accepted international regulations on account of their small size; and

(b) assume jurisdiction under its internal law over each ship flying its nag and its master, officers and crew in respect of administrative, technical and social matters concerning the ship.

3. Every State shall take such measures for ships flying its flag as are necessary to ensure safety at sea with regard, inter alia, to:

(a) the construction, equipment and sea-

제94조
기국의 의무

1. 모든 국가는 자국기를 게양한 선박에 대하여 행정적·기술적·사회적 사항에 관하여 유효하게 자국의 관할권을 행사하고 통제한다.

2. 모든 국가는 특히,

가. 일반적으로 수락된 국제규칙이 적용되지 아니하는 소형 선박을 제외하고는 자국기를 게양한 선명과 세부사항을 포함하는 선박등록대장을 유지한다.

나. 선박에 관련된 행정적·기술적·사회적 사항과 관련하여 자국기를 게양한 선박, 그 선박의 선장, 사관과 선원에 대한 관할권을 자국의 국내법에 따라 행사한다.

3. 모든 국가는 자국기를 게양한 선박에 대하여 해상안전을 확보하기 위하여 필요한 조치로서 특히 다음 사항에 관한 조치를 취한다.

가. 선박의 건조, 장비 및 감항성

해양법

worthiness of ships;

(b) the manning of ships, labour conditions and the training of crews, taking into account the applicable international instruments;

(c) the use of signals, the maintenance of communications and the prevention of collisions.

나. 적용가능한 국제문서를 고려한 선박의 인원배치, 선원의 근로조건 및 훈련

다. 신호의 사용, 통신의 유지 및 충돌의 방지

4. Such measures shall include those necessary to ensure:

4. 이러한 조치는 다음을 보장하기 위하여 필요한 사항을 포함한다.

(a) that each ship, before registration and thereafter at appropriate intervals, is surveyed by a qualified surveyor of ships, and has on board such charts, nautical publications and navigational equipment and instruments as are appropriate for the safe navigation of the ship;

가. 각 선박은 등록전과 등록후 적당한 기간마다 자격있는 선박검사원에 의한 검사를 받아야하며, 선박의 안전항행에 적합한 해도·항행간행물과 항행장비 및 항행도구를 선상에 보유한다.

(b) that each ship is in the charge of a master and officers who possess appropriate qualifications, in particular in seamanship, navigation, communications and marine engineering, and that the crew is appropriate in qualification and numbers for the type, size, machinery and equipment of the ship;

나. 각 선박은 적합한 자격, 특히 선박조종술·항행·통신·선박공학에 관한 적합한 자격을 가지고 있는 선장과 사관의 책임아래 있고, 선원은 그 자격과 인원수가 선박의 형태·크기·기관 및 장비에 비추어 적합하여야 한다.

(c) that the master, officers and, to the extent appropriate, the crew are fully conversant with and required to observe the applicable international regulations concerning the safety of life at sea, the prevention of collisions, the prevention, reduction and control of marine pollution, and the maintenance of communications by radio.

다. 선장·사관 및 적합한 범위의 선원은 해상에서의 인명안전, 충돌의 방지, 해양오염의 방지·경감·통제 및 무선통신의 유지와 관련하여 적용가능한 국제규칙에 완전히 정통하고 또한 이를 준수한다.

5. In taking the measures called for in paragraphs 3 and 4 each State is required

5. 제3항과 제4항에서 요구되는 조치를 취함에 있어서, 각국은 일반적으로 수락된 국

to conform to generally accepted international regulations, procedures and practices and to take any steps which may be necessary to secure their observance.

제적인 규제 조치, 절차 및 관행을 따르고, 이를 준수하기 위하여 필요한 조치를 취한다.

6. A State which has clear grounds to believe that proper jurisdiction and control with respect to a ship have not been exercised may report the facts to the flag State. Upon receiving such a report, the flag State shall investigate the matter and, if appropriate, take any action necessary to remedy the situation.

6. 선박에 관한 적절한 관할권이나 통제가 행하여지지 않았다고 믿을 만한 충분한 근거를 가지고 있는 국가는 기국에 그러한 사실을 통보할 수 있다. 기국은 이러한 통보를 접수한 즉시 그 사실을 조사하고, 적절한 경우, 상황을 개선하기 위하여 필요한 조치를 취한다.

7. Each State shall cause an inquiry to be held by or before a suitably qualified person or persons into every marine casualty or incident of navigation on the high seas involving a ship flying its flag and causing loss of life or serious injury to nationals of another State or serious damage to ships or installations of another State or to the marine environment. The flag State and the other State shall co-operate in the conduct of any inquiry held by that other State into any such marine casualty or incident of navigation.

7. 각국은 다른 국가의 국민에 대한 인명손실이나 중대한 상해, 다른 국가의 선박이나 시설, 또는 해양환경에 대한 중대한 손해를 일으킨 공해상의 해난이나 항행사고에 관하여 자국기를 게양한 선박이 관계되는 모든 경우, 적절한 자격을 갖춘 사람에 의하여 또는 그 입회 아래 조사가 실시되도록 한다. 기국 및 다른 관련국은 이러한 해난이나 항행사고에 관한 그 다른 관련국의 조사실시에 서로 협력한다.

Article 95
Immunity of warships on the high seas

Warships on the high seas have complete immunity from the jurisdiction of any State other than the flag State.

제95조
공해상 군함의 면제

공해에 있는 군함은 기국외의 어떠한 국가의 관할권으로부터도 완전히 면제된다.

해양법

Article 96
Immunity of ships used only on government non-commercial service

Ships owned or operated by a State and used only on government non-commercial service shall, on the high seas, have complete immunity from the jurisdiction of any State other than the flag State.

제96조
정부의 비상업적 업무에만 사용되는 선박의 면제

국가가 소유하거나 운용하는 선박으로서 정부의 비상업적 업무에만 사용되는 선박은 공해에서 기국외의 어떠한 국가의 관할권으로부터도 완전히 면제된다.

Article 97
Penal jurisdiction in matters of collision or any other incident of navigation

1. In the event of a collision or any other incident of navigation concerning a ship on the high seas, involving the penal or disciplinary responsibility of the master or of any other person in the service of the ship, no penal or disciplinary proceedings may be instituted against such person except before the judicial or administrative authorities either of the flag State or of the State of which such person is a national.

2. In disciplinary matters, the State which has issued a master's certificate or a certificate of competence or licence shall alone be competent, after due legal process, to pronounce the withdrawal of such certificates, even if the holder is not a national of the State which issued them.

3. No arrest or detention of the ship, even as a measure of investigation, shall be ordered by any authorities other than those of the flag State.

제97조
충돌 또는 그 밖의 항행사고에 관한 형사관할권

1. 공해에서 발생한 선박의 충돌 또는 선박에 관련된 그 밖의 항행사고로 인하여 선장 또는 그 선박에서 근무하는 그 밖의 사람의 형사책임이나 징계책임이 발생하는 경우, 관련자에 대한 형사 또는 징계 절차는 그 선박의 기국이나 그 관련자의 국적국의 사법 또는 행정당국 외에서는 제기될 수 없다.

2. 징계문제와 관련, 선장증명서, 자격증 또는 면허증을 발급한 국가만이 적법절차를 거친 후, 이러한 증명서의 소지자가 자국 국민이 아니더라도, 이러한 증명서를 무효화할 권한이 있다.

3. 선박의 나포나 억류는 비록 조사를 위한 조치이더라도 기국이 아닌 국가의 당국은 이를 명령할 수 없다.

Article 98
Duty to render assistance

1. Every State shall require the master of a ship flying its flag, in so far as he can do so without serious danger to the ship, the crew or the passengers:

(a) to render assistance to any person found at sea in danger of being lost;
(b) to proceed with all possible speed to the rescue of persons in distress, if informed of their need of assistance, in so far as such action may reasonably be expected of him;
(c) after a collision, to render assistance to the other ship, its crew and its passengers and, where possible, to inform the other ship of the name of his own ship, its port of registry and the nearest port at which it will call.

2. Every coastal State shall promote the establishment, operation and maintenance of an adequate and effective search and rescue service regarding safety on and over the sea and, where circumstances so require, by way of mutual regional arrangements co-operate with neighbouring States for this purpose.

제98조
지원제공의무

1. 모든 국가는 자국국기를 게양한 선박의 선장에 대하여 선박·선원 또는 승객에 대한 중대한 위험이 없는 한 다음 사항을 행하도록 요구한다.

가. 바다에서 발견된 실종위험이 있는 사람에 대한 지원제공
나. 지원할 필요가 있다고 통보받은 경우 선장이 그러한 행동을 하리라고 합리적으로 기대되는 한도 내에서 가능한 전속력 항진하여 조난자를 구조하는 것
다. 충돌 후 상대선박·선원·승객에 대한 지원제공 및 가능한 경우 자기선박의 명칭·등록항 그리고 가장 가까운 기항예정지를 상대선박에 통보

2. 모든 연안국은 해상안전에 관한 적절하고도 실효적인 수색·구조기관의 설치·운영 및 유지를 촉진시키고, 필요한 경우 이를 위하여 지역약정의 형태로 인접국과 서로 협력한다.

Article 99
Prohibition of the transport of slaves

Every State shall take effective measures to prevent and punish the transport of slaves in ships authorized to fly its flag and to prevent the unlawful use of its flag for that purpose. Any slave taking refuge on board any ship, whatever its flag, shall

제99조
노예수송금지

모든 국가는 자국기 게양이 허가된 선박에 의한 노예수송을 방지하고 처벌하며 자국기가 그러한 목적으로 불법사용되는 것을 방지하기 위하여 실효적인 조치를 취한다. 선박에 피난한 노예는 그 선박의 기국이 어느 나라

ipso facto be free.

이건 피난사실 자체로써 자유이다.

Article 100
Duty to co-operate in the repression of piracy

제 100 조
해적행위 진압을 위한 협력의무

All States shall co-operate to the fullest possible extent in the repression of piracy on the high seas or in any other place outside the jurisdiction of any State.

모든 국가는 공해나 국가 관할권 밖의 어떠한 곳에서라도 해적행위를 진압하는데 최대한 협력한다.

Article 101
Definition of piracy

제 101 조
해적행위의 정의

Piracy consists of any of the following acts:

해적행위라 함은 다음 행위를 말한다.

(a) any illegal acts of violence or detention, or any act of depredation, committed for private ends by the crew or the passengers of a private ship or a private aircraft, and directed:

(i) on the high seas, against another ship or aircraft, or against persons or property on board such ship or aircraft;

(ii) against a ship, aircraft, persons or property in a place outside the jurisdiction of any State;

가. 민간선박 또는 민간항공기의 승무원이나 승객이 사적 목적으로 다음에 대하여 범하는 불법적 폭력행위, 억류 또는 약탈행위

(i) 공해상의 다른 선박이나 항공기 또는 그 선박이나 항공기 내의 사람이나 재산

(ii) 국가 관할권에 속하지 아니하는 곳에 있는 선박·항공기·사람이나 재산

(b) any act of voluntary participation in the operation of a ship or of an aircraft with knowledge of facts making it a pirate ship or aircraft;

나. 어느 선박 또는 항공기가 해적선 또는 해적항공기가 되는 활동을 하고 있다는 사실을 알고서도 자발적으로 그러한 활동에 참여하는 모든 행위

(c) any act of inciting or of intentionally facilitating an act described in subparagraph (a) or (b).

다. (가) 와 (나)에 규정된 행위를 교사하거나 고의적으로 방조하는 모든 행위

해양법

Article 102
Piracy by a warship, government ship or government aircraft whose crew has mutinied

The acts of piracy, as defined in Article 101, committed by a warship, government ship or government aircraft whose crew has mutinied and taken control of the ship or aircraft are assimilated to acts committed by a private ship or aircraft.

제 102 조
승무원이 반란을 일으킨 군함 · 정부선박 · 정부항공기에 의한 해적행위

승무원이 반란을 일으켜 그 지배하에 있는 군함 · 정부선박 · 정부항공기가 제101조에 정의된 해적행위를 하는 경우, 그러한 행위는 민간선박 또는 민간항공기에 의한 행위로 본다.

Article 103
Definition of a pirate ship or aircraft

A ship or aircraft is considered a pirate ship or aircraft if it is intended by the persons in dominant control to be used for the purpose of committing one of the acts referred to in Article 101. The same applies if the ship or aircraft has been used to commit any such act, so long as it remains under the control of the persons guilty of that act.

제 103 조
해적선 · 해적항공기의 정의

선박 또는 항공기를 실효적으로 통제하고 있는 자가 제101조에 언급된 어느 한 행위를 목적으로 그 선박이나 항공기를 사용하려는 경우, 그 선박 또는 항공기는 해적선이나 해적항공기로 본다. 선박이나 항공기가 이러한 행위를 위하여 사용된 경우로서 그 선박이나 항공기가 그러한 행위에 대해 책임있는 자의 지배하에 있는 한 또한 같다.

Article 104
Retention or loss of the nationality of a pirate ship or aircraft

A ship or aircraft may retain its nationality although it has become a pirate ship or aircraft. The retention or loss of nationality is determined by the law of the State from which such nationality was derived.

제 104 조
해적선 · 해적항공기의 국적 보유 또는 상실

선박 또는 항공기가 해적선 또는 해적항공기가 된 경우에도 그 국적을 보유할 수 있다. 국적의 보유나 상실은 그 국적을 부여한 국가의 법률에 의하여 결정된다.

Article 105
Seizure of a pirate ship or aircraft

On the high seas, or in any other place

제 105 조
해적선 · 해적항공기의 나포

모든 국가는 공해 또는 국가 관할권 밖의 어

outside the jurisdiction of any State, every State may seize a pirate ship or aircraft, or a ship or aircraft taken by piracy and under the control of pirates, and arrest the persons and seize the property on board. The courts of the State which carried out the seizure may decide upon the penalties to be imposed, and may also determine the action to be taken with regard to the ships, aircraft or property, subject to the rights of third parties acting in good faith.

떠한 곳에서라도, 해적선·해적항공기 또는 해적행위에 의하여 탈취되어 해적의 지배하에 있는 선박·항공기를 나포하고, 그 선박과 항공기내에 있는 사람을 체포하고, 재산을 압수할 수 있다. 나포를 행한 국가의 법원은 부과될 형벌을 결정하며, 선의의 제3자의 권리를 존중할 것을 조건으로 그 선박·항공기 또는 재산에 대하여 취할 조치를 결정할 수 있다.

Article 106
Liability for seizure without adequate grounds

Where the seizure of a ship or aircraft on suspicion of piracy has been effected without adequate grounds, the State making the seizure shall be liable to the State the nationality of which is possessed by the ship or aircraft for any loss or damage caused by the seizure.

제 106 조
충분한 근거없는 나포에 따르는 책임

해적행위의 혐의가 있는 선박이나 항공기의 나포가 충분한 근거가 없이 행하여진 경우, 나포를 행한 국가는 그 선박이나 항공기의 국적국에 대하여 나포로 인하여 발생한 손실 또는 손해에 대한 책임을 진다.

Article 107
Ships and aircraft which are entitled to seize on account of piracy

A seizure on account of piracy may be carried out only by warships or military aircraft, or other ships or aircraft clearly marked and identifiable as being on government service and authorized to that effect.

제 107 조
해적행위를 이유로 나포할 권한이 있는 선박과 항공기

해적행위를 이유로 한 나포는 군함·군용항공기 또는 정부업무를 수행중인 것으로 명백히 표시되고 식별이 가능하며 그러한 권한이 부여된 그 밖의 선박이나 항공기만이 행할 수 있다.

Article 108
Illicit traffic in narcotic drugs or psychotropic substances

1. All States shall co-operate in the sup-

제 108 조
마약이나 향정신성물질의 불법거래

1. 모든 국가는 공해에서 선박에 의하여 국제

pression of illicit traffic in narcotic drugs and psychotropic substances engaged in by ships on the high seas contrary to international conventions.

2. Any State which has reasonable grounds for believing that a ship flying its flag is engaged in illicit traffic in narcotic drugs or psychotropic substances may request the co-operation of other States to suppress such traffic.

협약을 위반하여 행하여지는 마약과 향정신성물질의 불법거래를 진압하기 위하여 협력한다.

2. 자국기를 게양한 선박이 마약이나 향정신성물질의 불법거래에 종사하고 있다고 믿을 만한 합리적인 근거를 가지고 있는 국가는 다른 국가에 대하여 이러한 거래의 진압을 위한 협력을 요청할 수 있다.

Article 109
Unauthorized broadcasting from the high seas

1. All States shall co-operate in the suppression of unauthorized broadcasting from the high seas.

2. For the purposes of this Convention, "unauthorized broadcasting" means the transmission of sound radio or television broadcasts from a ship or installation on the high seas intended for reception by the general public contrary to international regulations, but excluding the transmission of distress calls.

3. Any person engaged in unauthorized broadcasting may be prosecuted before the court of:

(a) the flag State of the ship;
(b) the State of registry of the installation;
(c) the State of which the person is a national;
(d) any State where the transmissions can be received; or
(e) any State where authorized radio com-

제109조
공해로부터의 무허가방송

1. 모든 국가는 공해로부터의 무허가방송을 진압하는데 협력한다.

2. 이 협약에서 "무허가방송"이라 함은 국제규정을 위배하여 일반대중의 수신을 목적으로 공해상의 선박이나 시설로부터 음성무선방송이나 텔레비전방송을 송신함을 말한다. 다만, 조난신호의 송신은 제외한다.

3. 무허가방송에 종사하는 자는 다음 국가의 법원에 기소될 수 있다.

가. 선박의 기국
나. 시설의 등록국
다. 종사자의 국적국
라. 송신이 수신될 수 있는 국가
마. 허가된 무선통신이 방해받는 국가

munication is suffering interference.

4. On the high seas, a State having jurisdiction in accordance with paragraph 3 may, in conformity with article 110, arrest any person or ship engaged in unauthorized broadcasting and seize the broadcasting apparatus.

4. 제3항에 따라 관할권을 가지는 국가는 무허가방송에 종사하는 사람이나 선박을 제110조의 규정에 따라 공해에서 체포하거나 나포하고 방송기기를 압수할 수 있다.

Article 110
Right of visit

제 110 조
임 검 권

1. Except where acts of interference derive from powers conferred by treaty, a warship which encounters on the high seas a foreign ship, other than a ship entitled to complete immunity in accordance with Articles 95 and 96, is not justified in boarding it unless there is reasonable ground for suspecting that:

(a) the ship is engaged in piracy;
(b) the ship is engaged in the slave trade;
(c) the ship is engaged in unauthorized broadcasting and the flag State of the warship has jurisdiction under Article 109;
(d) the ship is without nationality; or
(e) though flying a foreign flag or refusing to show its flag, the ship is, in reality, of the same nationality as the warship.

1. 제95조와 제96조에 따라 완전한 면제를 가지는 선박을 제외한 외국선박을 공해에서 만난 군함은 다음과 같은 혐의를 가지고 있다는 합리적 근거가 없는 한 그 선박을 임검하는 것은 정당화되지 아니한다. 다만, 간섭행위가 조약에 따라 부여된 권한에 의한 경우는 제외한다.

가. 그 선박의 해적행위에의 종사
나. 그 선박의 노예거래에의 종사
다. 그 선박의 무허가방송에의 종사 및 군함 기국이 제109조에 따른 관할권 보유
라. 무국적선
마. 선박이 외국기를 게양하고 있거나 국기제시를 거절하였음에도 불구하고 실질적으로 군함과 같은 국적 보유

2. In the cases provided for in paragraph 1, the warship may proceed to verify the ship's right to fly its flag. To this end, it may send a boat under the command of an officer to the suspected ship. If suspicion remains after the documents have been checked, it may pro-

2. 제1항에 규정된 경우에 있어서 군함은 그 선박이 그 국기를 게양할 권리를 가지는가를 확인할 수 있다. 이러한 목적을 위하여 군함은 혐의선박에 대하여 장교의 지휘 아래 보조선을 파견할 수 있다. 서류를 검열한 후에도 혐의가 남아있는 경우, 가능

ceed to a further examination on board the ship, which must be carried out with all possible consideration.

한 한 신중하게 그 선박 내에서 계속하여 검사를 진행할 수 있다.

3. If the suspicions prove to be unfounded, and provided that the ship boarded has not committed any act justifying them, it shall be compensated for any loss or damage that may have been sustained.

3. 혐의가 근거없는 것으로 밝혀지고 또한 임검을 받은 선박이 그 혐의를 입증할 어떠한 행위도 행하지 아니한 경우에는 그 선박이 입은 모든 손실이나 피해에 대하여 보상을 받는다.

4. These provisions apply mutatis mutandis to military aircraft.

4. 이러한 규정은 군용항공기에 준용한다.

5. These provisions also apply to any other duly authorized ships or aircraft clearly marked and identifiable as being on government service.

5. 이러한 규정은 또한 정부 업무에 사용 중인 것으로 명백히 표시되어 식별이 가능하며 정당하게 권한이 부여된 그 밖의 모든 선박이나 항공기에도 적용한다.

Article 111
Right of hot pursuit

제111조
추적권

1. The hot pursuit of a foreign ship may be undertaken when the competent authorities of the coastal State have good reason to believe that the ship has violated the laws and regulations of that State. Such pursuit must be commenced when the foreign ship or one of its boats is within the internal waters, the archipelagic waters, the territorial sea or the contiguous zone of the pursuing State, and may only be continued outside the territorial sea or the contiguous zone if the pursuit has not been interrupted. It is not necessary that, at the time when the foreign ship within the territorial sea or the contiguous zone receives the order to stop, the ship giving the order should likewise be within the territorial sea or the conti-

1. 외국선박에 대한 추적은 연안국의 권한있는 당국이 그 선박이 자국의 법령을 위반한 것으로 믿을 만한 충분한 이유가 있을 때 행사할 수 있다. 이러한 추적은 외국선박이나 그 선박의 보조선이 추적국의 내수·군도수역·영해 또는 접속수역에 있을 때 시작되고 또한 추적이 중단되지 아니한 경우에 한하여 영해나 접속수역 밖으로 계속될 수 있다. 영해나 접속수역에 있는 외국선박이 정선명령을 받았을 때 정선명령을 한 선박은 반드시 영해나 접속수역에 있어야 할 필요는 없다. 외국선박이 제33조에 정의된 접속수역에 있을 경우 추적은 그 수역을 설정함으로써 보호하려는 권리가 침해되는 경우에 한하여 행할 수 있다.

guous zone. If the foreign ship is within a contiguous zone, as defined in article 33, the pursuit may only be undertaken if there has been a violation of the rights for the protection of which the zone was established.

2. The right of hot pursuit shall apply mutatis mutandis to violations in the exclusive economic zone or on the continental shelf, including safety zones around continental shelf installations, of the laws and regulations of the coastal State applicable in accordance with this Convention to the exclusive economic zone or the continental shelf, including such safety zones.

2. 추적권은 배타적경제수역이나 대륙붕(대륙붕시설 주변의 안전수역 포함)에서 이 협약에 따라 배타적경제수역이나 대륙붕(이러한 안전수역 포함)에 적용될 수 있는 연안국의 법령을 위반한 경우에 준용한다.

3. The right of hot pursuit ceases as soon as the ship pursued enters the territorial sea of its own State or of a third State.

3. 추적권은 추적당하는 선박이 그 국적국 또는 제3국의 영해에 들어감과 동시에 소멸한다.

4. Hot pursuit is not deemed to have begun unless the pursuing ship has satisfied itself by such practicable means as may be available that the ship pursued or one of its boats or other craft working as a team and using the ship pursued as a mother ship is within the limits of the territorial sea, or, as the case may be, within the contiguous zone or the exclusive economic zone or above the continental shelf. The pursuit may only be commenced after a visual or auditory signal to stop has been given at a distance which enables it to be seen or heard by the foreign ship.

4. 추적당하는 선박이나 그 선박의 보조선이 또는 추적당하는 선박을 모선으로 사용하면서 한 선단을 형성하여 활동하는 그 밖의 보조선이 영해의 한계 내에 있거나, 경우에 따라서는, 접속수역·배타적경제수역 한계내에 또는 대륙붕 상부에 있다는 사실을 추적선박이 이용가능한 실제적인 방법으로 확인하지 아니하는 한, 추적은 시작된 것으로 인정되지 아니한다. 추적은 시각이나 음향 정선신호가 외국선박이 보거나 들을 수 있는 거리에서 발신된 후 비로소 이를 시작할 수 있다.

5. The right of hot pursuit may be exercised only by warships or military air-

5. 추적권은 군함·군용항공기 또는 정부업무에 사용 중인 것으로 명백히 표시되어

craft, or other ships or aircraft clearly marked and identifiable as being on government service and authorized to that effect.

식별이 가능하며 그러한 권한이 부여된 그 밖의 선박이나 항공기에 의하여서만 행사될 수 있다.

6. Where hot pursuit is effected by an aircraft:

(a) the provisions of paragraphs 1 to 4 shall apply mutatis mutandis,

(b) the aircraft giving the order to stop must itself actively pursue the ship until a ship or another aircraft of the coastal State, summoned by the aircraft, arrives to take over the pursuit, unless the aircraft is itself able to arrest the ship. It does not suffice to justify an arrest outside the territorial sea that the ship was merely sighted by the aircraft as an offender or suspected offender, if it was not both ordered to stop and pursued by the aircraft itself or other aircraft or ships which continue the pursuit without interruption.

6. 추적이 항공기에 의하여 행하여지는 경우

가. 제1항부터 제4항까지의 규정을 준용한다.

나. 정선명령을 한 항공기는 선박을 직접 나포할 수 있는 경우를 제외하고는 그 항공기가 요청한 연안국의 선박이나 다른 항공기가 도착하여 추적을 인수할 때까지 그 선박을 스스로 적극적으로 추적한다. 선박의 범법사실 또는 범법혐의가 항공기에 의하여 발견되었더라도, 그 항공기에 의하여 또는 중단없이 계속하여 그 추적을 행한 다른 항공기나 선박에 의하여 정선명령을 받고 추적당하지 아니하는 한, 영해 밖에서의 나포를 정당화시킬 수 없다.

7. The release of a ship arrested within the jurisdiction of a State and escorted to a port of that State for the purposes of an inquiry before the competent authorities may not be claimed solely on the ground that the ship, in the course of its voyage, was escorted across a portion of the exclusive economic zone or the high seas, if the cir cumstances rendered this necessary.

7. 어느 국가의 관할권 내에서 나포되어 권한 있는 당국의 심리를 받기 위하여 그 국가의 항구에 호송된 선박은 부득이한 사정에 의하여 그 항행도중에 배타적경제수역의 어느 한 부분이나 공해의 어느 한 부분을 통하여 호송되었다는 이유만으로 그 석방을 주장할 수 없다.

8. Where a ship has been stopped or arrested outside the territorial sea in circumstances which do not justify the exercise of the right of hot pursuit, it

8. 추적권의 행사가 정당화되지 아니하는 상황에서 선박이 영해 밖에서 정지되거나 나포된 경우, 그 선박은 이로 인하여 받은 모든 손실이나 피해를 보상받는다.

shall be compensated for any loss or damage that may have been thereby sustained.

Article 112
Right to lay submarine cables and pipelines

1. All States are entitled to lay submarine cables and pipelines on the bed of the high seas beyond the continental shelf.

2. Article 79, paragraph 5, applies to such cables and pipelines.

제112조
해저전선 · 관선의 부설권

1. 모든 국가는 대륙붕 밖의 공해 해저에서 해저전선과 관선을 부설할 수 있다.

2. 제79조 제5항은 이러한 전선과 관선에 적용된다.

Article 113
Breaking or injury of a submarine cable or pipeline

Every State shall adopt the laws and regulations necessary to provide that the breaking or injury by a ship flying its flag or by a person subject to its jurisdiction of a submarine cable beneath the high seas done willfully or through culpable negligence, in such a manner as to be liable to interrupt or obstruct telegraphic or telephonic communications, and similarly the breaking or injury of a submarine pipeline or high-voltage power cable, shall be a punishable offence. This provision shall apply also to conduct calculated or likely to result in such breaking or injury. However, it shall not apply to any break or injury caused by persons who acted merely with the legitimate object of saving their lives or their ships, after having taken all necessary precautions to avoid such break or injury.

제113조
해저전선 · 관선의 파괴 및 훼손

모든 국가는 자국기를 게양한 선박이나 자국의 관할권에 속하는 사람이 전신이나 전화통신을 차단하거나 방해할 우려가 있는 방법으로 공해 밑에 있는 해저전선을 고의나 과실로 파괴하거나 훼손하는 행위와 이와 유사한 방식으로 해저관선이나 고압전선을 파괴하거나 훼손하는 행위는 처벌가능한 범죄를 구성한다는 사실을 규정하기 위하여 필요한 법령을 제정한다. 또한 이 조의 규정은 이러한 파괴 및 훼손을 기도하였거나 초래할 가능성이 있는 행위에도 적용한다. 다만, 이 조의 규정은 이러한 파괴 및 훼손을 피하기 위하여 필요한 모든 예방조치를 취한 후 자신의 생명이나 선박을 구하기 위하여 오직 적법한 목적으로 행동한 사람에 의하여 발생한 파괴 및 훼손에 대하여는 적용하지 아니한다.

Article 114
Breaking or injury by owners of a submarine cable or pipeline of another submarine cable or pipeline

Every State shall adopt the laws and regulations necessary to provide that, if persons subject to its jurisdiction who are the owners of a submarine cable or pipeline beneath the high seas, in laying or repairing that cable or pipeline, cause a break in or injury to another cable or pipeline, they shall bear the cost of the repairs.

제 114 조
해저전선 · 관선 소유자에 의한 다른 해저전선 · 관선의 파괴 및 훼손

모든 국가는 자국의 관할권에 속하는 사람으로서 공해 밑에 있는 해저전선이나 관선의 소유자가 전선이나 관선을 부설 · 수리 도중 다른 전선이나 관선을 파괴하거나 훼손한 경우, 수리비용을 부담하도록 규정하기 위하여 필요한 법령을 제정한다.

Article 115
Indemnity for loss incurred in avoiding injury to a submarine cable or pipeline

Every State shall adopt the laws and regulations necessary to ensure that the owners of ships who can prove that they have sacrificed an anchor, a net or any other fishing gear, in order to avoid injuring a submarine cable or pipeline, shall be indemnified by the owner of the cable or pipeline, provided that the owner of the ship has taken all reasonable precautionary measures beforehand.

제 115 조
해저전선 · 관선 훼손을 피하는 데 따르는 손실의 보상

모든 국가는 선박의 소유자가 해저전선이나 관선의 훼손을 회피하기 위하여 닻, 어망 또는 그 밖의 어구를 멸실하였음을 입증할 수 있을 때에는 그 선박소유자가 사전에 모든 합리적인 예방조치를 취하였음을 조건으로 하여 그 전선이나 관선의 소유자로부터 보상을 받을 수 있도록 보장하기 위하여 필요한 법령을 제정한다.

SECTION 2 CONSERVATION AND MANAGEMENT OF THE LIVING RESOURCES OF THE HIGH SEAS

제 2 절
공해생물자원의 관리 및 보존

Article 116
Right to fish on the high seas

All States have the right for their nationals

제 116 조
공해어업권

모든 국가는 다음의 규정을 지킬 것을 조건

to engage in fishing on the high seas subject to:

(a) their treaty obligations;
(b) the rights and duties as well as the interests of coastal States provided for, inter alia, in Article 63, paragraph 2, and Articles 64 to 67; and
(c) the provisions of this section.

으로 자국민이 공해에서 어업에 종사하도록 할 권리를 가진다.

가. 자국의 조약상의 의무
나. 특히 제63조 제2항과 제64조부터 제67조까지의 규정된 연안국의 권리, 의무 및 이익
다. 이 절의 규정

Article 117
Duty of states to adopt with respect to their national measures for the conservation of the living resources of the high seas

All States have the duty to take, or to co-operate with other States in taking, such measures for their respective nationals as may be necessary for the conservation of the living resources of the high seas.

제117조
자국민을 대상으로 공해생물자원 보존조치를 취할 국가의 의무

모든 국가는 자국민을 대상으로 공해생물자원 보존에 필요한 조치를 취하거나, 그러한 조치를 취하기 위하여 다른 국가와 협력할 의무가 있다.

Article 118
Co-operation of states in the conservation and management of living resources

States shall co-operate with each other in the conservation and management of living resources in the areas of the high seas. States whose nationals exploit identical living resources, or different living resources in the same area, shall enter into negotiations with a view to taking the measures necessary for the conservation of the living resources concerned. They shall, as appropriate, cooperate to establish sub regional or regional fisheries organizations to this end.

제118조
생물자원의 보존·관리를 위한 국가간 협력

모든 국가는 공해수역에서 생물자원의 보존·관리를 위하여 서로 협력한다. 동일한 생물자원이나 동일수역에서의 다른 생물자원을 이용하는 국민이 있는 모든 국가는 관련생물자원의 보존에 필요한 조치를 취하기 위한 교섭을 시작한다. 이를 위하여 적절한 경우 그 국가는 소지역 또는 지역어업기구를 설립하는 데 서로 협력한다.

Article 119
Conservation of the living resources of the high seas

1. In determining the allowable catch and establishing other conservation measures for the living resources in the high seas, States shall:

(a) take measures which are designed, on the best scientific evidence available to the States concerned, to maintain or restore populations of harvested species at levels which can produce the maximum sustainable yield, as qualified by relevant environmental and economic factors, including the special requirements of developing States, and taking into account fishing patterns, the interdependence of stocks and any generally recommended international minimum standards, whether sub regional, regional or global;

(b) take into consideration the effects on species associated with or dependent upon harvested species with a view to maintaining or restoring populations of such associated or dependent species above levels at which their reproduction may become seriously threatened.

2. Available scientific information, catch and fishing effort statistics, and other data relevant to the conservation of fish stocks shall be contributed and exchanged on a regular basis through competent international organizations, whether sub regional, regional or global, where appropriate and with parti-

제 119 조
공해생물자원 보존

1. 공해생물자원의 허용 어획량을 결정하고 그 밖의 보존조치를 수립함에 있어서 국가는 다음 사항을 행한다.

가. 개발도상국의 특별한 요구를 포함한 환경적·경제적 관련요소에 따라 제한되고 어업형태·어족간 서로 의존하고 있는 정도 및 소지역적·지역적 또는 지구적이거나에 관계없이 일반적으로 권고된 국제최저기준을 고려하여 최대지속 생산량을 실현시킬 수 있는 수준으로, 어획하는 어종의 자원량을 유지·회복하도록 관계국이 이용가능한 최선의 과학적 증거를 기초로 하여 계획된 조치를 취한다.

나. 어획하는 어종과 관련되거나 이에 부수되는 어종의 자원량의 재생산이 뚜렷하게 위태롭게 되지 아니할 수준이상으로 유지·회복시키기 위하여 연관어종이나 종속어종에 미치는 영향을 고려한다.

2. 이용가능한 과학적 정보, 어획량 및 어업활동 통계와 수산자원보존에 관련된 그 밖의 자료는 적절한 경우 모든 관련국이 참여한 가운데 권한있는 소지역적·지역적 또는 지구적 국제기구를 통하여 정기적으로 제공되고 교환된다.

cipation by all States concerned.

3. States concerned shall ensure that conservation measures and their implementation do not discriminate in form or in fact against the fishermen of any State.

3. 관계국은 보존조치와 그 시행에 있어서 어떠한 국가의 어민에 대하여서도 형식상 또는 실질상의 차별이 없도록 보장한다.

Article 120
Marine mammals

Article 65 also applies to the conservation and management of marine mammals in the high seas.

제120조
해양포유동물

제65조는 공해의 해양포유동물의 보존과 관리에도 적용한다.

PART VIII REGIME OF ISLANDS

제8부 섬 제 도

Article 121
Regime of islands

1. An island is a naturally formed area of land, surrounded by water, which is above water at high tide.

2. Except as provided for in paragraph 3, the territorial sea, the contiguous zone, the exclusive economic zone and the continental shelf of an island are determined in accordance with the provisions of this Convention applicable to other land territory.

3. Rocks which cannot sustain human habitation or economic life of their own shall have no exclusive economic zone or continental shelf.

제121조
섬 제 도

1. 섬이라 함은 바닷물로 둘러싸여 있으며, 밀물일 때에도 수면위에 있는, 자연적으로 형성된 육지지역을 말한다.

2. 제3항에 규정된 경우를 제외하고는 섬의 영해, 접속수역, 배타적경제수역 및 대륙붕은 다른 영토에 적용가능한 이 협약의 규정에 따라 결정한다.

3. 인간이 거주할 수 없거나 독자적인 경제활동을 유지할 수 없는 암석은 배타적경제수역이나 대륙붕을 가지지 아니한다.

PART IX ENCLOSED OR SEMI-ENCLOSED SEAS

제 9 부 폐쇄해 · 반폐쇄해

Article 122 Definition

For the purposes of this Convention, "enclosed or semi-enclosed sea" means a gulf, basin or sea surrounded by two or more States and connected to another sea or the ocean by a narrow outlet or consisting entirely or primarily of the territorial seas and exclusive economic zones of two or more coastal States.

제 122 조 정 의

이 협약에서 "폐쇄해 또는 반폐쇄해"라 함은 2개국 이상에 의하여 둘러싸이고 좁은 출구에 의하여 다른 바다나 대양에 연결되거나, 또는 전체나 그 대부분이 2개국 이상 연안국의 영해와 배타적경제수역으로 이루어진 만, 내만 또는 바다를 말한다.

Article 123 Co-operation of states bordering enclosed or semi-enclosed seas

States bordering an enclosed or semienclosed sea should co-operate with each other in the exercise of their rights and in the performance of their duties under this Convention. To this end they shall endeavour, directly or through an appropriate regional organization:

(a) to co-ordinate the management, conservation, exploration and exploitation of the living resources of the sea;

(b) to co-ordinate the implementation of their rights and duties with respect to the protection and preservation of the marine environment;

(c) to co-ordinate their scientific research policies and undertake where appropriate joint programmes of scientific research in the area;

(d) to invite, as appropriate, other inter-

제 123 조 폐쇄해 · 반폐쇄해 연안국간 협력

폐쇄해 또는 반폐쇄해 연안국은 이 협약에 따른 권리행사와 의무이행에 있어서 서로 협력한다. 이러한 목적을 위하여 이들 국가는 직접적으로 또는 적절한 지역기구를 통하여 다음을 위하여 노력한다.

가. 해양생물자원의 관리 · 보존 · 탐사 및 이용 조정

나. 해양환경보호 · 보전에 관한 권리의무 이행의 조정

다. 과학조사정책의 조정 및 적절한 경우 해역에서의 공동과학조사계획의 실시

라. 이 조의 규정을 시행함에 있어서 적절한

ested States or international organizations to co-operate with them in furtherance of the provisions of this article.

경우 서로 협력하기 위한 다른 이해 관계국이나 국제기구의 초청

PART X RIGHT OF ACCESS OF LAND-LOCKED STATES TO AND FROM THE SEA AND FREEDOM OF TRANSIT

제 10 부 내륙국의 해양출입권과 통과의 자유

Article 124 Use of terms

제 124 조 용어의 사용

1. For the purposes of this Convention:

(a) "land-locked State" means a State which has no sea-coast;

(b) "transitState" means a State, with or without a sea-coast, situated between a land-locked State and the sea, through whose territory traffic in transit passes;

(c) "traffic in transit" means transit of persons, baggage, goods and means of transport across the territory of one or more transit States, when the passage across such territory, with or without trans-shipment, warehousing, breaking bulk or change in the mode of transport, is only a portion of a complete journey which begins or terminates within the territory of the land-locked State;

(d) "means of transport" means:

(i) railway rolling stock, sea, lake and river craft and road vehicles;

(ii) where local conditions so require, porters and pack animals.

1. 이 협약에서,

가. "내륙국"이라 함은 해안이 없는 국가를 말한다.

나. "통과국"이라 함은 해안이 있고 없음에 관계없이 내륙국과 바다 사이에 위치하여 그 영토를 통하여 통과교통이 이루어지는 국가를 말한다.

다. "통과교통"이라 함은 물건을 옮겨 싣거나, 창고에 넣거나, 짐을 분할하거나, 또는 운송방식을 바꾸거나 관계없이, 내륙국의 영토에서 시작하거나 끝나는 전체 운송과정의 한 부분으로서 1개국 이상의 통과국의 영토를 지나는 사람, 화물, 상품 및 운송수단의 통과를 말한다.

라. "운송수단"이라 함은 다음을 말한다.

(i) 철도차량, 해양용·호수용·하천용 선박 및 육로차량

(ii) 현지사정에 따라서는 운반인이나 운반용 동물

2. Land-locked States and transit States may, by agreement between them, include as means of transport pipelines and gas lines and means of transport other than those included in paragraph 1.

2. 내륙국과 통과국은 상호 합의에 의하여 운송수단으로 관선·가스관 및 제1항에 포함된 것 이외의 다른 운송수단을 포함시킬 수 있다.

Article 125
Right of access to and from the sea and freedom of transit

제 125 조
해양출입권과 통과의 자유

1. Land-locked States shall have the right of access to and from the sea for the purpose of exercising the rights provided for in this Convention includeing those relating to the freedom of the high seas and the common heritage of mankind. To this end, land-locked States shall enjoy freedom of transit through the territory of transit States by all means of transport.

1. 내륙국은 공해의 자유와 인류의 공동유산에 관한 권리를 비롯하여 이 협약에 규정된 권리를 행사하기 위한 해양출입권을 가진다. 이를 위하여 내륙국은 모든 수송수단에 의하여 통과국의 영토를 지나는 통과의 자유를 향유한다.

2. The terms and modalities for exercising freedom of transit shall be agreed between the land-locked States and transit States concerned through bilateral, sub regional or regional agreements.

2. 통과의 자유를 행사하기 위한 조건과 방식은 내륙국과 관련통과국 사이의 양자협정이나 소지역적·지역적 협정을 통하여 합의된다.

3. Transit States, in the exercise of their full sovereignty over their territory, shall have the right to take all measures necessary to ensure that the rights and facilities provided for in this Part for land-locked States shall in no way infringe their legitimate interests.

3. 통과국은 자국영토에 대한 완전한 주권을 행사함에 있어서 이 부에서 내륙국을 위하여 규정된 권리와 편의가 어떠한 방법으로든 통과국의 적법한 이익을 침해하지 아니하도록 보장하기 위하여 필요한 모든 조치를 취할 권리를 가진다.

Article 126
Exclusion of application of the most-favoured-nation clause

제 126 조
최혜국대우조항의 적용제외

The provisions of this Convention, as well

특수한 지리적 위치를 이유로 하여 내륙국의

as special agreements relating to the exercise of the right of access to and from the sea, establishing rights and facilities on account of the special geographical position of land-locked States are excluded from the application of the most-favoured-nation clause.

권리와 편의를 설정하고 있는 이 협약의 규정과 해양출입권의 행사에 관한 특별협정은 최혜국대우조항의 적용으로부터 제외된다.

Article 127
Customs cuties, taxes and other charges

제 127 조
관세 · 조세와 그 밖의 부과금

1. Traffic in transit shall not be subject to any customs duties, taxes or other charges except charges levied for specific services rendered in connection with such traffic.

2. Means of transport in transit and other facilities provided for and used by land-locked States shall not be subject to taxes or charges higher than those levied for the use of means of transport of the transit State.

1. 통과교통에 대하여는 이와 관련하여 제공된 특별한 용역에 대하여 징수되는 부과금을 제외하고는 어떠한 관세 · 조세 또는 그 밖의 부과금도 징수되지 아니한다.

2. 내륙국을 위하여 제공되고 또한 내륙국에 의하여 사용되는 통과운송수단과 그 밖의 시설에 대하여서는 통과국의 운송수단의 사용에 따라 징수되는 것보다 높은 조세나 부과금이 징수되지 아니한다.

Article 128
Free zones and other customs facilities

제 128 조
자유지역과 그 밖의 세관시설

For the convenience of traffic in transit, free zones or other customs facilities may be provided at the ports of entry and exit in the transit States, by agreement between those States and the land-locked States.

통과교통의 편의를 위하여 자유지역이나 그 밖의 세관시설을 통과국과 내륙국간 협정에 따라 그러한 통과국 내의 출입항에 설치할 수 있다.

Article 129
Co-operation in the construction and improvement of means of transport

제 129 조
운송수단의 건조 · 개선을 위한 협력

Where there are no means of transport in transit States to give effect to the free-

통과국에 통과의 자유를 실행할 수 있는 운송수단이 없거나 항구시설과 장비를 비롯한

dom of transit or where the existing means, including the port installations and equipment, are inadequate in any respect, the transit States and land-locked States concerned may co-operate in constructing or improving them.

기존 수단이 어느 면에서든 불충분한 경우, 통과국과 관련내륙국은 이를 건조하고 개선하는 데 서로 협력할 수 있다.

Article 130
Measures to avoid or eliminate delays or other difficulties of a technical nature in traffic in transit

1. Transit States shall take all appropriate measures to avoid delays or other difficulties of a technical nature in traffic in transit.
2. Should such delays or difficulties occur, the competent authorities of the transit States and land-locked States concerned shall co-operate towards their expeditious elimination.

제 130 조
통과교통에 있어서 기술상의 지연 · 곤란을 회피 · 제거하기 위한 조치

1. 통과국은 통과교통에 있어서 지연 또는 그 밖의 기술상의 곤란을 피하기 위하여 적절한 모든 조치를 취한다.
2. 이러한 지연이나 곤란이 발생한 경우 관련 통과국과 내륙국의 권한있는 당국은 이를 신속히 제거하기 위하여 서로 협력한다.

Article 131
Equal treatment in maritime ports

Ships flying the flag of land-locked States shall enjoy treatment equal to that accorded to other foreign ships in maritime ports.

제 131 조
해항에 있어서 동등대우

내륙국의 국기를 게양한 선박은 해항에서 다른 외국선박에 부여된 것과 동등한 대우를 받는다.

Article 132
Grant of greater transit facilities

This Convention does not entail in any way the withdrawal of transit facilities which are greater than those provided for in this Convention and which are agreed between States Parties to this Convention or granted by a State Party. This Con-

제 132 조
통과편의 확대허용

이 협약은 어떠한 경우에도 이 협약당사국간의 합의에 의하여 또는 어느 한 당사국에 의하여 부여된 통과편의로서 이 협약에 규정된 것 이상의 통과편의를 철회하는 결과를 초래하지 아니한다. 또한 이 협약은 장래에 더 많은 통과편의를 부여하는 것을 방해하지 아

vention also does not preclude such grant of greater facilities in the future.

니한다.

PART XI THE AREA

제11부 심 해 저

SECTION 1 GENERAL PROVISIONS

제1절 총　칙

Article 133
Use of terms

제133조
용어의 사용

For the purposes of this Part:

(a) "resources" means all solid, liquid or gaseous mineral resources in situ in the Area at or beneath the sea-bed, including polymetallic nodules;

(b) resources, when recovered from the Area, are referred to as "minerals".

이 부에서,

가. "자원"이라 함은 복합금속단괴를 비롯하여, 심해저의 해저나 해저 아래에 있는 자연상태의 모든 고체성, 액체성 또는 기체성 광물자원을 말한다.

나. 자원이 심해저로부터 채취된 경우 이를 "광물"이라 한다.

해양법

Article 134
Scope of this Part

제134조
이 부의 적용범위

1. This Part applies to the Area.

2. Activities in the Area shall be governed by the provisions of this Part.

3. The requirements concerning deposit of, and publicity to be given to, the charts or lists of geographical co-ordinates showing the limits referred to in Article 1, paragraph 1 (1), are set forth in Part VI.

4. Nothing in this article affects the establishment of the outer limits of the continental shelf in accordance with Part VI or the validity of agreements relating to delimitation between States

1. 이 부는 심해저에 적용된다.

2. 심해저활동은 이 부의 규정에 의하여 규율된다.

3. 제1조 제1항 (1)에 언급된 한계를 표시하는 해도나 지리적 좌표목록의 기탁과 공표에 관한 요건은 제6부에 규정한다.

4. 이 조의 규정은 제6부에 따른 대륙붕의 바깥한계 설정이나 해안을 마주하거나 해안이 인접한 국가간의 경계획정에 관한 협정의 효력에 영향을 미치지 아니한다.

with opposite or adjacent coasts.

Article 135
Legal status of the superjacent waters and air space

Neither this Part nor any rights granted or exercised pursuant there to shall affect the legal status of the waters superjacent to the Area or that of the air space above those waters.

제 135 조
상부수역과 상공의 법적 지위

이 부 또는 이 부에 따라 부여되거나 행사되는 어떠한 권리도 심해저 상부수역이나 상공의 법적 지위에 영향을 미치지 아니한다.

SECTION 2 PRINCIPLES GOVERNING THE AREA

제 2 절 심해저를 규율하는 원칙

Article 136
Common heritage of mankind

The Area and its resources are the common heritage of mankind.

제 136 조
인류의 공동유산

심해저와 그 자원은 인류의 공동유산이다.

Article 137
Legal status of the area and its resources

1. No State shall claim or exercise sovereignty or sovereign rights over any part of the Area or its resources, nor shall any State or natural or juridical person appropriate any part thereof. No such claim or exercise of sovereignty or sovereign rights nor such appropriation shall be recognized.

2. All rights in the resources of the Area are vested in mankind as a whole on whose behalf the Authority shall act. These resources are not subject to alienation. The minerals recovered from the Area, however, may only be alien-

제 137 조
심해저와 그 자원의 법적 지위

1. 어떠한 국가도 심해저나 그 자원의 어떠한 부분에 대하여 주권이나 주권적 권리를 주장하거나 행사할 수 없으며, 어떠한 국가·자연인·법인도 이를 자신의 것으로 독점할 수 없다. 이와 같은 주권, 주권적 권리의 주장·행사 또는 독점은 인정되지 아니한다.

2. 심해저 자원에 대한 모든 권리는 인류 전체에게 부여된 것이며, 해저기구는 인류 전체를 위하여 활동한다. 이러한 자원은 양도의 대상이 될 수 없다. 다만, 심해저로부터 채취된 광물은 이 부와 해저기구의 규칙, 규정 및 절차에 의하여서만 양도할

ated in accordance with this Part and the rules, regulations and procedures of the Authority.

수 있다.

3. No State or natural or juridical person shall claim, acquire or exercise rights with respect to the minerals recovered from the Area except in accordance with this Part. Otherwise, no such claim, acquisition or exercise of such rights shall be recognized.

3. 국가, 자연인 또는 법인은 이 부에 의하지 아니하고는 심해저로부터 채취된 광물에 대하여 권리를 주장, 취득 또는 행사할 수 없다. 이 부에 의하지 아니한 권리의 주장, 취득 및 행사는 인정되지 아니한다.

Article 138 General conduct of states in relation to the area

제 138 조 심해저에 관한 국가의 일반적 행위

The general conduct of States in relation to the Area shall be in accordance with the provisions of this Part, the principles embodied in the Charter of the United Nations and other rules of international law in the interests of maintaining peace and security and promoting international co-operation and mutual understanding.

심해저에 관한 국가의 일반적 행위는 이 부의 규정, 국제연합헌장에 구현된 원칙 및 그 밖의 국제법 규칙에 따라 평화와 안전의 유지 및 국제협력과 상호이해의 증진을 위하여 수행되어야 한다.

Article 139 Responsibility to ensure compliance and liability for damage

제 139 조 협약준수의무 및 손해배상책임

1. States Parties shall have the responsibility to ensure that activities in the Area, whether carried out by States Parties, or state enterprises or natural or juridical persons which possess the nationality of States Parties or are effectively controlled by them or their nationals, shall be carried out in conformity with this Part. The same responsibility applies to international organizations for activities in the Area

1. 당사국은 당사국이나 국영기업에 의하여 수행되거나, 당사국의 국적을 가지거나 당사국 또는 그 국민에 의하여 실효적으로 지배되는 자연인 또는 법인에 의하여 수행되는 심해저활동이 이 부에 따라 수행되도록 보장할 의무를 진다. 국제기구가 수행하는 심해저활동에 있어서는 그 국제기구가 동일한 의무를 진다.

carried out by such organizations.

2. Without prejudice to the rules of international law and Annex III, Article 22, damage caused by the failure of a State Party or international organization to carry out its responsibilities under this Part shall entail liability, States Parties or international organizations acting together shall bear joint and several liability. A State Party shall not however be liable for damage caused by any failure to comply with this Part by a person whom it has sponsored under Article 153, paragraph 2(b), if the State Party has taken all necessary and appropriate measures to secure effective compliance under Article 153, paragraph 4, and Annex III, Article 4, paragraph 4.

2. 국제법의 규칙과 제3부속서 제22조를 침해하지 아니하고, 당사국이나 국제기구는 이 부에 따른 의무를 이행하지 아니함으로써 발생한 손해에 대한 책임을 지며, 이와 함께 활동하는 당사국이나 국제기구는 연대책임 및 개별책임을 진다. 다만, 당사국이 제153조 제4항과 제3부속서 제4조 제4항의 규정에 따라 실효적인 준수를 보장하기 위하여 필요하고 적절한 모든 조치를 취한 경우에는, 그 당사국이 제153조 제2항 (b)의 규정에 따라 보증한 자가 이 부의 규정을 준수하지 아니하여 발생한 손해에 대하여는 책임을 지지 아니한다.

3. States Parties that are members of international organizations shall take appropriate measures to ensure the implementation of this article with respect to such organizations.

3. 국제기구의 회원국인 당사국은 그 국제기구와 관련하여 이 조의 이행을 보장하기 위한 적절한 조치를 취한다.

Article 140
Benefit of mankind

1. Activities in the Area shall, as specifically provided for in this Part, be carried out for the benefit of mankind as a whole, irrespective of the geographical location of States, whether coastal or land-locked, and taking into particular consideration the interests and needs of developing States and of peoples who have not attained full independence or other self-governing status recognized

제 140 조
인류의 이익

1. 심해저활동은 이 부에 특별히 규정된 바와 같이 연안국이나 내륙국 등 국가의 지리적 위치에 관계없이 인류전체의 이익을 위하여 수행하며, 개발도상국의 이익과 필요 및 국제연합총회 결의 제1514(XV)호와 그 밖의 국제연합총회의 관련결의에 따라 국제연합에 의하여 승인된 완전독립 또는 그 밖의 자치적 지위를 획득하지 못한 주민의 이익과 필요를 특별히 고려한다.

by the United Nations in accordance with General Assembly resolution 1514 (XV) and other relevant General Assembly resolutions.

2. The Authority shall provide for the equitable sharing of financial and other economic benefits derived from activities in the Area through any appropriate mechanism on a non-discriminatory basis, in accordance with Article 160, paragraph 2 (f) (i).

2. 해저기구는 심해저활동으로부터 나오는 재정적 이익과 그 밖의 경제적 이익이 제160조 제2항 (f), (i)의 규정에 따라 적절한 제도를 통하여 차별없이 공평하게 배분되도록 한다.

Article 141
Use of the area exclusively for peaceful purposes

The Area shall be open to use exclusively for peaceful purposes by all States, whether coastal or land-locked, without discrimination and without prejudice to the other provisions of this Part.

제141조
심해저의 평화적 이용

심해저는 연안국이거나 내륙국이거나 관계없이 모든 국가가 차별없이, 이 부의 다른 규정을 침해하지 아니하고, 오로지 평화적 목적을 위하여 이용하도록 개방된다.

Article 142
Rights and legitimate interests of coastal states

1. Activities in the Area, with respect to resource deposits in the Area which lie across limits of national jurisdiction, shall be conducted with due regard to the rights and legitimate interests of any coastal State across whose jurisdiction such deposits lie.

2. Consultations, including a system of prior notification, shall be maintained with the State concerned, with a view to avoiding infringement of such rights and interests. In cases where activities

제142조
연안국의 권리와 적법한 이익

1. 국가관할권 한계에 걸쳐 존재하는 심해저자원의 광상에 대한 심해저활동은 이러한 광상이 그 관할권에 걸쳐 존재하는 모든 연안국의 권리와 정당한 이익을 적절히 고려하여 수행된다.

2. 이러한 권리와 이익의 침해를 방지하기 위하여 관련국 사이에 사전통고제도를 포함한 협의를 유지한다. 심해저활동이 국가관할권 내에 있는 자원의 개발을 초래할 경

in the Area may result in the exploitation of resources lying within national jurisdiction, the prior consent of the coastal State concerned shall be required.

우에는 관련 연안국의 사전동의를 필요로 한다.

3. Neither this Part nor any rights granted or exercised pursuant there to shall affect the rights of coastal States to take such measures consistent with the relevant provisions of Part XII as may be necessary to prevent, mitigate or eliminate grave and imminent danger to their coastline, or related interests from pollution or threat thereof or from other hazardous occurrences resulting from or caused by any activities in the Area.

3. 이 부 및 이 부에 따라 부여되거나 행사되는 어떠한 권리도 심해저활동으로부터 초래되거나 야기되는 오염이나 오염발생의 위험, 그 밖의 위험한 사태로부터 자국의 연안이나 관련 이익에 대한 중대하고도 급박한 위험을 방지, 경감 및 제거하기 위하여 제12부의 관련규정에 따라 필요한 조치를 취할 연안국의 권리에 영향을 미치지 아니한다.

Article 143
Marine scientific research

제 143 조
해양과학조사

1. Marine scientific research in the Area shall be carried out exclusively for peaceful purposes and for the benefit of mankind as a whole in accordance with Part XIII.

1. 심해저에서의 해양과학조사는 제13부에 따라 오로지 평화적 목적과 인류전체의 이익을 위하여 수행된다.

2. The Authority may carry out marine scientific research concerning the Area and its resources, and may enter into contracts for that purpose. The Authority shall promote and encourage the conduct of marine scientific research in the Area, and shall co-ordinate and disseminate the results of such research and analysis when available.

2. 해저기구는 심해저와 그 자원에 관한 해양과학조사를 수행할 수 있고 이 목적을 위한 계약을 체결할 수 있다. 해저기구는 심해저에서 해양과학조사의 수행을 증진하고 장려하며, 이용 가능한 경우 이러한 조사와 분석의 결과를 조정하고 보급한다.

3. States Parties may carry out marine scientific research in the Area. States Parties shall promote international co-

3. 당사국은 심해저에서 해양과학조사를 수행할 수 있다. 당사국은 아래 방법에 따라 심해저에서의 해양과학조사를 위한 국제

operation in marine scientific research in the Area by:

협력을 증진한다.

(a) participating in international programmes and encouraging co-operation in marine scientific research by personnel of different countries and of the Authority;

가. 국제계획 참여 및 여러 국가와 해저기구 직원에 의하여 수행되는 해양과학조사를 위한 협력의 장려

(b) ensuring that programmes are developed through the Authority or other international organizations as appropriate for the benefit of developing States and technologically less developed States with a view to:

나. 다음의 목적을 위하여 해저기구 또는 그 밖의 적절한 국제기구를 통하여 개발도상국과 기술 후진국의 이익을 위한 계획이 개발되도록 보장

(i) strengthening their research capabilities;

(i) 이러한 국가의 조사능력 강화

(ii) training their personnel and the personnel of the Authority in the techniques and applications of research;

(ii) 조사기술과 응용분야에 있어서 이러한 국가와 해저기구 직원의 훈련

(iii) fostering the employment of their qualified personnel in research in the Area;

(iii) 심해저조사분야에 있어서 이러한 국가의 자격있는 인원의 고용 촉진

(c) effectively disseminating the results of research and analysis when available, through the Authority or other international channels when appropriate.

다. 해저기구나 그 밖의 국제경로를 통하여 적절한 시기에 이용 가능한 조사·분석 결과를 효과적으로 보급

Article 144
Transfer of technology

제144조
기술이전

1. The Authority shall take measures in accordance with this Convention:

1. 해저기구는 이 협약에 따라 다음을 위한 조치를 취한다.

(a) to acquire technology and scientific knowledge relating to activities in the Area; and

가. 심해저활동과 관련된 기술과 과학지식 획득

(b) to promote and encourage the transfer to developing States of such techno-

나. 모든 당사국이 이익을 얻도록 개발도상국에 대한 그러한 기술과 과학지식의 이전

logy and scientific knowledge so that all States Parties benefit therefrom.

의 증진 및 장려

2. To this end the Authority and States Parties shall cooperate in promoting the transfer of technology and scientific knowledge relating to activities in the Area so that the Enterprise and all States Parties may benefit therefrom. In particular they shall initiate and promote:

2. 이러한 목적을 위하여 해저기구와 당사국은 심해저공사와 모든 당사국이 이익을 얻도록 심해저활동과 관련된 기술과 과학지식의 이전을 증진하기 위하여 상호 협력한다. 특히 다음 사항을 제안하고 증진한다.

(a) programmes for the transfer of technology to the Enterprise and to developing States with regard to activities in the Area, including, inter alia, facilitating the access of the Enterprise and of developing States to the relevant technology, under fair and reasonable terms and conditions;

가. 심해저공사와 개발도상국에 대한 심해저활동 관련 기술이전계획(특히 심해저공사와 개발도상국이 공평하고 합리적인 조건 아래 관련 기술을 획득할 수 있도록 돕는 것을 포함)

(b) measures directed towards the advancement of the technology of the Enterprise and the domestic technology of developing States, particularly by providing opportunities to personnel from the Enterprise and from developing States for training in marine science and technology and for their full participation in activities in the Area.

나. 심해저공사의 기술과 개발도상국의 국내기술 향상을 목적으로 한 조치(특히 심해저공사와 개발도상국의 인원에 대하여 해양과학기술에 관한 훈련과 심해저활동에 전면적으로 참여하는 기회 제공)

해양법

Article 145
Protection of the marine environment

제 145 조
해양환경보호

Necessary measures shall be taken in accordance with this Convention with respect to activities in the Area to ensure effective protection for the marine environment from harmful effects which may arise from such activities. To this end the Authority

심해저활동에 따라 초래될 수 있는 해로운 영향으로부터 해양환경을 효과적으로 보호하기 위하여 이 협약에 따라 심해저활동에 관하여 필요한 조치를 취한다. 이를 위하여 해저기구는 특히 다음의 목적을 위한 적절한

shall adopt appropriate rules, regulations and procedures for inter alia:

(a) the prevention, reduction and control of pollution and other hazards to the marine environment, including the coastline, and of interference with the ecological balance of the marine environment, particular attention being paid to the need for protection from harmful effects of such activities as drilling, dredging, excavation, disposal of waste, construction and operation or maintenance of installations, pipelines and other devices related to such activities;

(b) the protection and conservation of the natural resources of the Area and the prevention of damage to the flora and fauna of the marine environment.

규칙, 규정 및 절차를 채택한다.

가. 해안을 포함한 해양환경에 대한 오염과 그 밖의 위험 및 해양환경의 생태학적 균형에 대한 영향의 방지·경감 및 통제(시추·준설·굴착 및 폐기물투기, 이러한 활동에 관련된 시설, 관선과 그 밖의 장비의 건설·운용·유지와 같은 활동에 의한 해로운 영향으로부터 해양을 보호할 필요성에 특별히 유의함)

나. 심해저 천연자원의 보호, 보존 및 해양환경의 동식물군에 대한 피해 방지

Article 146
Protection of human life

With respect to activities in the Area, necessary measures shall be taken to ensure effective protection of human life. To this end the Authority shall adopt appropriate rules, regulations and procedures to supplement existing international law as embodied in relevant treaties.

제 146 조
인명보호

심해저활동과 관련하여 인명을 효과적으로 보호하기 위하여 필요한 조치를 취한다. 이를 위하여 해저기구는 관련 조약에 구현된 기존 국제법을 보충할 적절한 규칙, 규정 및 절차를 채택한다.

Article 147
Accommodation of activities in the area and in the marine environment

1. Activities in the Area shall be carried out with reasonable regard for other activities in the marine environment.

제 147 조
심해저와 해양환경에서의 활동조정

1. 심해저활동은 해양환경에서의 다른 활동을 합리적으로 고려하여 수행된다.

2. Installations used for carrying out activities in the Area shall be subject to the following conditions:

(a) such installations shall be erected, emplaced and removed solely in accordance with this Part and subject to the rules, regulations and procedures of the Authority. Due notice must be given of the erection, emplacement and removal of such installations, and permanent means for giving warning of their presence must be maintained;

(b) such installations may not be established where interference may be caused to the use of recognized sea lanes essential to international navigation or in areas of intense fishing activity;

(c) safety zones shall be established around such installations with appropriate markings to ensure the safety of both navigation and the installations. The configuration and location of such safety zones shall not be such as to form a belt impeding the lawful access of shipping to particular maritime zones or navigation along international sea lanes;

(d) such installations shall be used exclusively for peaceful purposes;

(e) such installations do not possess the status of islands. They have no territorial sea of their own, and their presence does not affect the delimitation of the territorial sea, the exclusive economic zone or the continental shelf.

3. Other activities in the marine environ-

2. 심해저활동에 사용되는 시설은 다음의 조건을 충족하여야 한다.

가. 이러한 시설은 이 부의 규정과 해저기구의 규칙, 규정 및 절차에 따라서만 건조·설치·제거되며, 이러한 시설의 건조·설치·제거는 적절하게 통지되고, 또한 그 존재에 관한 항구적 경고수단이 유지되어야 한다.

나. 이러한 시설은 국제항행에 필수적인 것으로 인정된 항로대의 사용을 방해할 수 있는 해역이나 어로활동이 집중되는 해역에는 설치할 수 없다.

다. 이러한 시설 주위에는 항행과 설비의 안전을 보장하기 위하여 적절한 표지를 갖춘 안전수역을 설정한다. 이러한 안전수역의 형태와 위치는 특정 해역으로 향하는 합법적인 해운이나 국제항로대를 통한 항행을 방해하는 띠를 형성하는 방식으로 설정될 수 없다.

라. 이러한 시설은 오로지 평화적 목적을 위하여 사용된다.

마. 이러한 시설은 섬의 지위를 가지지 아니한다. 이러한 시설은 자체의 영해를 가지지 아니하며, 그 존재가 영해·배타적경제수역 또는 대륙붕의 경계획정에 영향을 미치지 아니한다.

3. 해양환경에서의 다른 활동은 심해저활동

ment shall be conducted with reasonable regard for activities in the Area.

을 합리적으로 고려하여 수행된다.

Article 148
Participation of developing states in activities in the area

The effective participation of developing States in activities in the Area shall be promoted as specifically provided for in this Part, having due regard to their special interests and needs, and in particular to the special need of the landlocked and geographically disadvantaged among them to overcome obstacles arising from their disadvantaged location, including remoteness from the Area and difficulty of access to and from it.

제 148 조
개발도상국의 심해저활동 참여

개발도상국의 특수한 이익과 필요, 특히 개발도상국중 내륙국이나 지리적불리국이 심해저로부터의 원격성 또는 접근의 어려움 등 불리한 위치로 인한 장애를 극복하여야 하는 특별한 필요를 적절히 고려하여, 이 부에서 특별히 정한 바에 따라 개발도상국이 심해저활동에 효과적으로 참여하도록 조장한다.

Article 149
Archaeological and historical objects

All objects of an archaeological and historical nature found in the Area shall be preserved or disposed of for the benefit of mankind as a whole, particular regard being paid to the preferential rights of the State or country of origin, or the State of cultural origin, or the State of historical and archaeological origin.

[partly omitted]

제 149 조
고고학적 · 역사적 유물

심해저에서 발견된 고고학적 · 역사적 성격을 가진 모든 물건은 인류전체의 이익을 위하여 보존하거나 처분하며, 특히, 기원국, 문화적 기원국 또는 역사적 · 고고학적 기원국의 우선적 권리를 특별히 고려한다.

[심해저, 해양오염 등 이하 생략]

PART XV SETTLEMENT OF DISPUTES

SECTION 1 GENERAL PROVISIONS

Article 279
Obligation to settle disputes by peaceful means

States Parties shall settle any dispute between them concerning the interpretation or application of this Convention by peaceful means in accordance with Article 2, paragraph 3, of the Charter of the United Nations and, to this end, shall seek a solution by the means indicated in Article 33, paragraph 1, of the Charter.

Article 280
Settlement of disputes by any peaceful means chosen by the parties

Nothing in this Part impairs the right of any States Parties to agree at any time to settle a dispute between them concerning the interpretation or application of this Convention by any peaceful means of their own choice.

Article 281
Procedure where no settlement has been reached by the parties

1. If the States Parties which are parties to a dispute concerning the interpretation or application of this Convention have agreed to seek settlement of the dispute by a peaceful means of their

제 15 부 분쟁의 해결

제 1 절 총　　칙

제 279 조
평화적 수단에 의한 분쟁해결의무

당사국은 이 협약의 해석이나 적용에 관한 당사국간의 모든 분쟁을 국제연합헌장 제2조 제3항의 규정에 따라 평화적 수단에 의하여 해결하여야 하고, 이를 위하여 헌장 제33조 제1항에 제시된 수단에 의한 해결을 추구한다.

제 280 조
당사자가 선택한 평화적 수단에 의한 분쟁해결

이 부의 어떠한 규정도 당사국이 언제라도 이 협약의 해석이나 적용에 관한 당사국간의 분쟁을 스스로 선택하는 평화적 수단에 의하여 해결하기로 합의할 수 있는 권리를 침해하지 아니한다.

제 281 조
당사자간 합의가 이루어지지 아니한 경우의 절차

1. 이 협약의 해석이나 적용에 관한 분쟁의 당사자인 당사국이 스스로 선택한 평화적 수단에 의한 분쟁해결을 추구하기로 합의한 경우, 이 부에 규정된 절차는 그 수단에 의하여 해결이 이루어지지 아니하고 당사

own choice, the procedures provided for in this Part apply only where no settlement has been reached by recourse to such means and the agreement between the parties does not exclude any further procedure.

자간의 합의로 그 밖의 다른 절차를 배제하지 아니하는 경우에만 적용된다.

2. If the parties have also agreed on a time−limit, paragraph 1 applies only upon the expiration of that time−limit.

2. 당사자가 기한을 두기로 합의한 경우, 제1항은 그 기한이 만료한 때에 한하여 적용한다.

Article 282
Obligation under general, regional or bilateral agreements

제282조
일반협정 · 지역협정 · 양자협정상의 의무

If the States Parties which are parties to a dispute concerning the interpretation or application of this Convention have agreed, through a general, regional or bilateral agreement or otherwise, that such dispute shall, at the request of any party to the dispute, be submitted to a procedure that entails a binding decision, that procedure shall apply in lieu of the procedures provided for in this Part, unless the parties to the dispute otherwise agree.

이 협약의 해석이나 적용에 관한 분쟁의 당사자인 당사국들이 일반협정 · 지역협정 · 양자협정을 통하여 또는 다른 방법으로 어느 한 분쟁당사자의 요청에 따라 구속력있는 결정을 초래하는 절차에 그 분쟁을 회부하기로 합의한 경우, 그 분쟁당사자가 달리 합의하지 아니하는 한, 이 부에 규정된 절차 대신 그 절차가 적용된다.

Article 283
Obligation to exchange views

제283조
의견교환의무

1. When a dispute arises between States Parties concerning the interpretation or application of this Convention, the parties to the dispute shall proceed expeditiously to an exchange of views regarding its settlement by negotiation or other peaceful means.

1. 이 협약의 해석이나 적용에 관하여 당사국간 분쟁이 일어나는 경우, 분쟁당사자는 교섭이나 그 밖의 평화적 수단에 의한 분쟁의 해결에 관한 의견을 신속히 교환한다.

2. The parties shall also proceed expeditiously to an exchange of views where

2. 당사자는 이러한 분쟁의 해결절차에 의하여 해결에 도달하지 못하였거나 또는 해결

a procedure for the settlement of such a dispute has been terminated without a settlement or where a settlement has been reached and the circumstances require consultation regarding the manner of implementing the settlement.

에 도달하였으나 해결의 이행방식에 관한 협의를 필요로 하는 상황인 경우, 의견을 신속히 교환한다.

Article 284
Conciliation

제284조
조 정

1. A State Party which is a party to a dispute concerning the interpretation or application of this Convention may invite the other party or parties to submit the dispute to conciliation in accordance with the procedure under Annex V, section 1, or another conciliation procedure.

1. 이 협약의 해석이나 적용에 관한 분쟁당사자인 당사국은 제5부속서 제1절에 규정된 절차나 그 밖의 조정절차에 따라 다른 당사자에게 그 분쟁을 조정에 회부하도록 요청할 수 있다.

2. If the invitation is accepted and if the parties agree upon the conciliation procedure to be applied, any party may sub mit the dispute to that procedure.

2. 이러한 요청이 수락되고 당사자가 적용할 조정절차에 합의한 경우, 어느 당사자라도 그 분쟁을 조정절차에 회부할 수 있다.

3. If the invitation is not accepted or the parties do not agree upon the procedure, the conciliation proceedings shall be deemed to be terminated.

3. 이러한 요청이 수락되지 아니하거나 당사자가 조정절차에 합의하지 아니하는 경우, 조정이 종료된 것으로 본다.

4. Unless the parties otherwise agree, when a dispute has been submitted to conciliation, the proceedings may be terminated only in accordance with the agreed conciliation procedure.

4. 당사자가 달리 합의하지 아니하는 한, 분쟁이 조정에 회부된 때에는 조정은 합의된 조정절차에 따라서만 종료될 수 있다.

Article 285
Application of this section to disputes submitted pursuant to Part XI

제285조
제11부에 따라 회부된 분쟁에 대한 이 절의 적용

This section applies to any dispute which pursuant to Part XI, section 5, is to be

이 절은 제11부 제5절에 의거하여 이 부에 규정된 절차에 따라 해결하는 모든 분쟁에

해양법

settled in accordance with procedures provided for in this Part. If an entity other than a State Party is a party to such a dispute, this section applies mutatis mutandis.

적용한다. 국가가 아닌 주체가 이러한 분쟁의 당사자인 경우에도 이 절을 준용한다.

SECTION 2
COMPULSORY PROCEDURES ENTAILING BINDING DECISIONS

제 2 절
구속력있는 결정을 수반하는 강제절차

Article 286
Application of procedures under this section

제 286 조
이 절에 따른 절차의 적용

Subject to section 3, any dispute concerning the interpretation or application of this Convention shall, where no settlement has been reached by recourse to section 1, be submitted at the request of any party to the dispute to the court or tribunal having jurisdiction under this section.

이 협약의 해석이나 적용에 관한 분쟁이 제1절에 따른 방법으로 해결이 이루어지지 아니하는 경우, 제3절에 따를 것을 조건으로, 어느 한 분쟁당사자의 요청이 있으면 이 절에 의하여 관할권을 가지는 재판소에 회부된다.

Article 287
Choice of procedure

제 287 조
절차의 선택

1. When signing, ratifying or acceding to this Convention or at any time thereafter, a State shall be free to choose, by means of a written declaration, one or more of the following means for the settlement of disputes concerning the interpretation or application of this Convention:

(a) the International Tribunal for the Law of the Sea established in accordance with Annex VI;
(b) the International Court of Justice;
(c) an arbitral tribunal constituted in accordance with Annex VII;

1. 어떠한 국가도 이 협약의 서명, 비준, 가입시 또는 그 이후 언제라도, 서면 선언에 의하여 이 협약의 해석이나 적용에 관한 분쟁의 해결을 위하여 다음 수단중의 어느 하나 또는 그 이상을 자유롭게 선택할 수 있다.

가. 제6부속서에 따라 설립된 국제해양법재판소
나. 국제사법재판소
다. 제7부속서에 따라 구성된 중재재판

(d) a special arbitral tribunal constituted in accordance with Annex VIII for one or more of the categories of disputes specified therein.

라. 제8부속서에 규정된 하나 또는 그 이상의 종류의 분쟁해결을 위하여 그 부속서에 따라 구성된 특별중재재판.

2. A declaration made under paragraph 1 shall not affect or be affected by the obligation of a State Party to accept the jurisdiction of the Sea-Bed Disputes Chamber of the International Tribunal for the Law of the Sea to the extent and in the manner provided for in Part XI, section 5.

2. 제1항에 따라 행한 선언은 제11부 제5절에 규정된 범위와 방식에 따라 국제해양법재판소 해저분쟁재판부의 관할권을 수락하여야 하는 당사국의 의무에 영향을 미치지 아니하거나 또는 이로부터 영향을 받지 아니한다.

3. A State Party, which is a party to a dispute not covered by a declaration in force, shall be deemed to have accepted arbitration in accordance with Annex VII.

3. 유효한 선언에 포함되어 있지 아니한 분쟁의 당사자인 당사국은 제7부속서에 따른 중재를 수락한 것으로 본다.

해양법

4. If the parties to a dispute have accepted the same procedure for the settlement of the dispute, it may be submitted only to that procedure, unless the parties otherwise agree.

4. 분쟁당사자가 그 분쟁에 관하여 동일한 분쟁해결절차를 수락한 경우, 당사자간 달리 합의하지 아니하는 한, 그 분쟁은 그 절차에만 회부될 수 있다.

5. If the parties to a dispute have not accepted the same procedure for the settlement of the dispute, it may be submitted only to arbitration in accordance with Annex VII, unless the parties otherwise agree.

5. 분쟁당사자가 그 분쟁에 관하여 동일한 분쟁해결절차를 수락하지 아니한 경우, 당사자간 달리 합의하지 아니하는 한, 그 분쟁은 제7부속서에 따른 중재에만 회부될 수 있다.

6. A declaration made under paragraph 1 shall remain in force until three months after notice of revocation has been deposited with the Secretary-General of the United Nations.

6. 제1항에 따라 행한 선언은 취소통고가 국제연합사무총장에게 기탁된 후 3개월까지 효력을 가진다.

7. A new declaration, a notice of revocation or the expiry of a declaration does

7. 새로운 선언, 선언의 취소 또는 종료의 통고는 당사자간 달리 합의하지 아니하는

not in any way affect proceedings pending before a court or tribunal having jurisdiction under this article, unless the parties otherwise agree.

한, 이 조에 따른 관할권을 가지는 재판소에 계류중인 소송에 어떠한 영향도 미치지 아니한다.

8. Declarations and notices referred to in this article shall be deposited with the Secretary-General of the United Nations, who shall transmit copies thereof to the States Parties.

8. 이 조에 언급된 선언과 통고는 국제연합사무총장에게 기탁되어야 하며, 사무총장은 그 사본을 당사국에 전달한다.

Article 288
Jurisdiction

제288조
관 할 권

해양법

1. A court or tribunal referred to in Article 287 shall have jurisdiction over any dispute concerning the interpretation or application of this Convention which is submitted to it in accordance with this Part.

1. 제287조에 언급된 재판소는 이 부에 따라 재판소에 회부되는 이 협약의 해석이나 적용에 관한 분쟁에 대하여 관할권을 가진다.

2. A court or tribunal referred to in Article 287 shall also have jurisdiction over any dispute concerning the interpretation or application of an international agreement related to the purposes of this Convention, which is submitted to it in accordance with the agreement.

2. 제287조에 언급된 재판소는 이 협약의 목적과 관련된 국제협정의 해석이나 적용에 관한 분쟁으로서 그 국제협정에 따라 재판소에 회부된 분쟁에 대하여 관할권을 가진다.

3. The Sea-Bed Disputes Chamber of the International Tribunal for the Law of the Sea established in accordance with Annex VI, and any other chamber or arbitral tribunal referred to in Part XI, section 5, shall have jurisdiction in any matter which is submitted to it in accordance therewith.

3. 제6부속서에 따라 설립된 국제해양법재판소 해저분쟁재판부와 제11부 제5절에 언급된 그 밖의 모든 재판부나 중재재판소는 제11부 제5절에 따라 회부된 모든 문제에 대하여 관할권을 가진다.

4. In the event of a dispute as to whether a court or tribunal has jurisdiction, the matter shall be settled by decision of

4. 재판소가 관할권을 가지는지 여부에 관한 분쟁이 있는 경우, 그 문제는 그 재판소의 결정에 의하여 해결한다.

that court or tribunal.

Article 289
Experts

In any dispute involving scientific or technical matters, a court or tribunal exercising jurisdiction under this section may, at the request of a party or proprio motu, select in consultation with the parties no fewer than two scientific or technical experts chosen preferably from the relevant list prepared in accordance with Annex VIII, Article 2, to sit with the court or tribunal but without the right to vote.

제289조
전 문 가

과학·기술적 문제를 수반하는 분쟁에 있어서 이 절에 따라 관할권을 행사하는 재판소는 어느 한 분쟁당사자의 요청이나 재판소의 직권에 의하여 당사자와의 협의를 거쳐 우선적으로 제8부속서 제2조에 따라 준비된 관련 명부로부터 투표권 없이 재판에 참여하는 2인 이상의 과학·기술전문가를 선임할 수 있다.

Article 290
Provisional measures

1. If a dispute has been duly submitted to a court or tribunal which considers that prima facie it has jurisdiction under this Part or Part XI, section 5, the court or tribunal may prescribe any provisional measures which it considers appropriate under the circumstances to preserve the respective rights of the parties to the dispute or to prevent serious harm to the marine environment, pending the final decision.

2. Provisional measures may be modified or revoked as soon as the circumstances justifying them have changed or ceased to exist.

3. Provisional measures may be prescribed, modified or revoked under this article only at the request of a party to the dispute and after the parties have been

제290조
잠정조치

1. 어느 재판소에 정당하게 회부된 분쟁에 대하여 그 재판소가 일응 이 부나 제11부 제5절에 따라 관할권을 가지는 것으로 판단하는 경우, 그 재판소는 최종 판결이 날 때까지 각 분쟁당사자의 이익을 보전하기 위하여 또는 해양환경에 대한 중대한 손상을 방지하기 위하여 그 상황에서 적절하다고 판단하는 잠정 조치를 명령할 수 있다.

2. 잠정조치는 이를 정당화하는 상황이 변화하거나 소멸하는 즉시 변경하거나 철회할 수 있다.

3. 잠정조치는 어느 한 분쟁당사자의 요청이 있는 경우에만 모든 당사자에게 진술의 기회를 준 후 이 조에 따라 명령·변경 또는 철회할 수 있다.

given an opportunity to be heard.

4. The court or tribunal shall forthwith give notice to the parties to the dispute, and to such other States Parties as it considers appropriate, of the prescription, modification or revocation of provisional measures.

4. 재판소는 분쟁당사자와 재판소가 적절하다고 인정하는 그 밖의 당사국에게 잠정조치의 명령, 변경 또는 철회를 즉시 통지한다.

5. Pending the constitution of an arbitral tribunal to which a dispute is being submitted under this section, any court or tribunal agreed upon by the parties or, failing such agreement within two weeks from the date of the request for provisional measures, the International Tribunal for the Law of the Sea or, with respect to activities in the Area, the Sea-Bed Disputes Chamber, may prescribe, modify or revoke provisional measures in accordance with this article if it considers that prima facie the tribunal which is to be constituted would have jurisdiction and that the urgency of the situation so requires. Once constituted, the tribunal to which the dispute has been submitted may modify, revoke or affirm those provisional measures, acting in conformity with paragraphs 1 to 4.

5. 이 절에 따라 분쟁이 회부되는 중재재판소가 구성되는 동안 잠정조치의 요청이 있는 경우 당사자가 합의하는 재판소가, 만일 잠정조치의 요청이 있은 후 2주일 이내에 이러한 합의가 이루어지지 아니하는 경우에는 국제해양법재판소(또는 심해저활동에 관하여서는 해저분쟁재판부)가, 이 조에 따라 잠정조치를 명령, 변경 또는 철회할 수 있다. 다만, 이는 장차 구성될 중재재판소가 일응 관할권을 가지고 있고 상황이 긴급하여 필요하다고 인정된 경우에 한한다. 분쟁이 회부된 중재재판소는 구성 즉시 제1항부터 제4항까지에 따라 그 잠정조치를 변경, 철회 또는 확인할 수 있다.

6. The parties to the dispute shall comply promptly with any provisional measures prescribed under this article.

6. 분쟁당사자는 이 조의 규정에 따라 명령된 잠정조치를 신속히 이행한다.

Article 291
Access

제 291 조
분쟁해결절차의 개방

1. All the dispute settlement procedures specified in this Part shall be open to States Parties.

1. 이 부에 규정된 모든 분쟁해결절차는 당사국에게 개방된다.

해양법

2. The dispute settlement procedures specified in this Part shall be open to entities other than States Parties only as specifically provided for in this Convention.

2. 이 부에 규정된 분쟁해결절차는 이 협약에 특별히 규정된 경우에만 당사국 이외의 주체에게 개방된다.

Article 292
Prompt release of vessels and crews

1. Where the authorities of a State Party have detained a vessel flying the flag of another State Party and it is alleged that the detaining State has not complied with the provisions of this Convention for the prompt release of the vessel or its crew upon the posting of a reasonable bond or other financial security, the question of release from detention may be submitted to any court or tribunal agreed upon by the parties or, failing such agreement within 10 days from the time of detention, to a court or tribunal accepted by the detaining State under article 287 or to the International Tribunal for the Law of the Sea, unless the parties otherwise agree.

2. The application for release may be made only by or on behalf of the Flag State of the vessel.

3. The court or tribunal shall deal without delay with the application for release and shall deal only with the question of release, without prejudice to the merits of any case before the appropriate domestic forum against the vessel, its owner or its crew. The authorities of the detaining State remain competent to

제292조
선박·선원의 신속한 석방

1. 어느 한 당사국의 당국이 다른 당사국의 국기를 게양한 선박을 억류하고 있고, 적정한 보석금이나 그 밖의 금융 보증이 예치되었음에도 불구하고 억류국이 선박이나 선원을 신속히 석방해야 할 이 협약상의 규정을 준수하지 아니하였다고 주장되는 경우, 당사국간 달리 합의되지 아니하는 한, 억류로부터의 석방문제는 당사국간 합의된 재판소에 회부될 수 있으며, 만일 그러한 합의가 억류일로부터 10일 이내에 이루어지지 아니하면 제287조에 따라 억류국이 수락한 재판소나 국제해양법재판소에 회부될 수 있다.

2. 석방신청은 선박의 기국에 의하여 또는 기국을 대리하여서만 할 수 있다.

3. 재판소는 지체없이 석방신청을 처리하고, 선박과 그 소유자 또는 선원에 대한 적절한 국내법정에서의 사건의 심리에 영향을 미침이 없이 석방문제만을 처리한다. 억류국의 당국은 선박이나 승무원을 언제라도 석방할 수 있는 권한을 가진다.

release the vessel or its crew at any time.

4. Upon the posting of the bond or other financial security determined by the court or tribunal, the authorities of the detaining State shall comply promptly with the decision of the court or tribunal concerning the release of the vessel or its crew.

4. 재판소가 결정한 보석금이나 그 밖의 금융보증이 예치되는 즉시 억류국의 당국은 선박이나 선원들의 석방에 관한 재판소의 결정을 신속히 이행한다.

Article 293
Applicable law

제293조
적용법규

1. A court or tribunal having jurisdiction under this section shall apply this Convention and other rules of international law not incompatible with this Convention.

2. Paragraph 1 does not prejudice the power of the court or tribunal having jurisdiction under this section to decide a case ex aequo et bono, if the parties so agree.

1. 이 절에 따라 관할권을 가지는 재판소는 이 협약 및 이 협약과 상충되지 아니하는 그 밖의 국제법규칙을 적용한다.

2. 당사자가 합의한 경우, 제1항은 이 절에 따라 관할권을 가지는 재판소가 형평과 선에 기초하여 재판하는 권한을 침해하지 아니한다.

Article 294
Preliminary proceedings

제294조
예비절차

1. A court or tribunal provided for in article 287 to which an application is made in respect of a dispute referred to in article 297 shall determine at the request of a party, or may determine proprio motu, whether the claim constitutes an abuse of legal process or whether prima facie it is well founded. If the court or tribunal determines that the claim constitutes an abuse of legal process or is prima facie unfounded, it

1. 제287조에 규정된 재판소에 제297조에 언급된 분쟁에 관한 신청이 접수된 경우, 그 재판소는 어느 한 당사자의 요청에 따라 청구가 법적 절차의 남용에 해당되는 지의 여부나 청구에 일응 정당한 근거가 있는지의 여부를 결정하여야 하며, 재판소의 직권으로 이를 결정할 수도 있다. 재판소는 청구가 법적 절차의 남용에 해당하거나 또는 일응 근거가 없다고 결정한 경우, 그 사건에 관하여 더 이상의 조치를 취할 수

shall take no further action in the case.

없다.

2. Upon receipt of the application, the court or tribunal shall immediately notify the other party or parties of the application, and shall fix a reasonable time-limit within which they may request it to make a determination in accordance with paragraph 1.

2. 재판소는 신청을 접수한 즉시 다른 당사자에게 그 신청을 신속히 통지하여야 하며 다른 당사자가 제1항에 따라 재판소의 결정을 요청할 수 있는 합리적인 기한을 정한다.

3. Nothing in this article affects the right of any party to a dispute to make preliminary objections in accordance with the applicable rules of procedure.

3. 이 조의 어떠한 규정도 적용가능한 절차규칙에 따라 선결적 항변을 제기할 수 있는 분쟁당사자의 권리에 영향을 미치지 아니한다.

Article 295
Exhaustion of local remedies

Any dispute between States Parties concerning the interpretation or application of this Convention may be submitted to the procedures provided for in this section only after local remedies have been exhausted where this is required by international law.

제 295 조
국내적 구제의 완료

이 협약의 해석이나 적용에 관한 당사국간의 분쟁은 국제법상 국내적 구제가 완료되어야 하는 경우에는 이러한 절차를 완료한 후에만 규정된 절차에 회부될 수 있다.

Article 296
Finality and binding force of decisions

1. Any decision rendered by a court or tribunal having jurisdiction under this section shall be final and shall be complied with by all the parties to the dispute.

2. Any such decision shall have no binding force except between the parties and in respect of that particular dispute.

제 296 조
판결의 종국성과 구속력

1. 이 절에 따라 관할권을 가지는 재판소의 판결은 종국적이며 분쟁당사자에 의하여 준수되어야 한다.

2. 어떠한 판결도 그 특정 분쟁과 당사자 외에는 구속력을 가지지 아니한다.

SECTION 3
LIMITATIONS AND EXCEPTIONS TO APPLICABILITY OF SECTION 2

Article 297
Limitations on applicability of section 2

1. Disputes concerning the interpretation or application of this Convention with regard to the exercise by a coastal State of its sovereign rights or jurisdiction provided for in this Convention shall be subject to the procedures provided for in section 2 in the following cases:

(a) when it is alleged that a coastal State has acted in contravention of the provisions of this Convention in regard to the freedoms and rights of navigation, overflight or the laying of submarine cables and pipelines, or in regard to other internationally lawful uses of the sea specified in Article 58;

(b) when it is alleged that a State in exercising the aforementioned freedoms, rights or uses has acted in contravention of this Convention or of laws or regulations adopted by the coastal State in conformity with this Convention and other rules of international law not incompatible with this Convention; or

(c) when it is alleged that a coastal State has acted in contravention of specified international rules and standards for the protection and preservation of the marine environment which are applicable to the coastal State and which have been established by this Conven-

제 3 절
제 2 절 적용의 제한과 예외

제 297 조
제 2 절 적용의 제한

1. 이 협약에 규정된 연안국의 주권적 권리 또는 관할권 행사와 관련된 이 협약의 해석이나 적용에 관한 분쟁으로서 다음의 각 경우 제2절에 규정된 절차에 따른다.

가. 연안국이 항해·상공비행의 자유와 권리, 해저전선·해저관선 부설의 자유와 권리 또는 제58조에 명시된 그 밖의 국제적으로 적법한 해양이용권에 관한 이 협약의 규정에 위반되는 행위를 하였다고 주장되는 경우.

나. 어느 한 국가가 앞에 언급된 자유, 권리 또는 이용권을 행사함에 있어서 이 협약 또는 이 협약 및 이 협약과 상충하지 아니하는 그 밖의 국제법규칙에 부합하여 연안국이 채택한 법령에 위반되는 행위를 하였다고 주장되는 경우.

다. 연안국이 이 협약에 의하여 수립되었거나 또는 권한있는 국제기구나 외교회의를 통하여 이 협약에 부합되게 수립되어 연안국에 적용되는 해양환경의 보호와 보전을 위한 특정의 규칙과 기준에 위반되는 행위를 하였다고 주장된 경우.

해양법

tion or through a competent international organization or diplomatic conference in accordance with this Convention.

2. (a) Disputes concerning the interpretation or application of the provisions of this Convention with regard to marine scientific research shall be settled in accordance with section 2, except that the coastal State shall not be obliged to accept the submission to such settlement of any dispute arising out of:
   (i) the exercise by the coastal State of a right or discretion in accordance with Article 246, or
   (ii) a decision by the coastal State to order suspension or cessation of a research project in accordance with Article 253.
   (b) A dispute arising from an allegation by the researching State that with respect to a specific project the coastal State is not exercising its rights under Articles 246 and 253 in a manner compatible with this Convention shall be submitted, at the request of either party, to conciliation under Annex V, section 2, provided that the conciliation commission shall not call in question the exercise by the coastal State of its discretion to designate specific areas as referred to in Article 246, paragraph 6, or of its discretion to withhold consent in accordance with Article 246, paragraph 5.

2. 가. 해양과학조사와 관련한 이 협약의 규정의 해석이나 적용에 관한 분쟁은 제2절에 따라 해결된다. 다만, 연안국은 다음의 경우로부터 발생하는 분쟁에 대하여는 제2절에 규정된 절차에 회부할 것을 수락할 의무를 지지 아니한다.
   (i) 제246조에 따르는 연안국의 권리나 재량권의 행사
   (ii) 제253조에 따르는 조사계획의 정지나 중지를 명령하는 연안국의 결정
   나. 특정 조사계획에 관하여 연안국이 제246조와 제253조에 의한 권리를 이 협약과 양립하는 방식으로 행사하고 있지 않다고 조사국이 주장함으로써 발생하는 분쟁은 어느 한 당사국의 요청이 있는 경우, 제5부속서 제2절에 규정된 조정에 회부되어야 한다. 다만, 조정위원회는 제246조 제6항에 언급된 특정 지역을 지정할 수 있는 연안국의 재량권 행사나 제246조 제5항에 따라 동의를 거부할 수 있는 연안국의 재량권 행사를 문제삼지 아니하여야 한다.

3. (a) Disputes concerning the interpretation or application of the provisions

3. 가. 어업과 관련된 이 협약 규정의 해석이나 적용에 관한 분쟁은 제2절에 따라 해결

해양법

of this Convention with regard to fisheries shall be settled in accordance with section 2, except that the coastal State shall not be obliged to accept the submission to such settlement of any dispute relating to its sovereign rights with respect to the living resources in the exclusive economic zone or their exercise, including its discretionary powers for determining the allowable catch, its harvesting capacity, the allocation of surpluses to other States and the terms and conditions established in its conservation and management laws and regulations.

된다. 다만, 연안국은 배타적경제수역의 생물자원에 대한 자국의 주권적 권리 및 그 행사(허용 어획량, 자국의 어획능력, 다른 국가에 대한 잉여량 할당 및 자국의 보존관리법에서 정하는 조건을 결정할 재량권 포함)에 관련된 분쟁을 그러한 해결절차에 회부할 것을 수락할 의무를 지지 아니한다.

(b) Where no settlement has been reached by recourse to section 1 of this Part, a dispute shall be submitted to conciliation under Annex V, section 2, at the request of any party to the dispute, when it is alleged that:

나. 이 부 제1절에 의하여 해결되지 아니하는 분쟁은 다음과 같은 주장이 있는 경우, 어느 한 분쟁당사자의 요청이 있으면 제5부속서 제2절에 따른 조정에 회부된다.

(i) a coastal State has manifestly failed to comply with its obligations to ensure through proper conservation and management measures that the maintenance of the living resources in the exclusive economic zone is not seriously endangered;

(i) 연안국이 적절한 보존·관리조치를 통하여 배타적경제수역의 생물자원의 유지가 심각하게 위협받지 아니하도록 보장할 의무를 명백히 이행하지 아니하였다는 주장

(ii) a coastal State has arbitrarily refused to determine, at the request of another State, the allowable catch and its capacity to harvest living resources with respect to stocks which that other State is interested in fishing, or

(ii) 연안국이 다른 국가의 어획에 관심을 가지고 있는 어종의 허용 어획량과 자국의 생물자원 어획능력 결정을 그 다른 국가의 요청에도 불구하고 자의적으로 거부하였다는 주장

(iii) a coastal State has arbitrarily refused to allocate to any State, under Articles 62, 69 and 70 and under

(iii) 연안국이 존재한다고 선언한 잉여분의 전부나 일부를 제62조, 제69조 및 제70조에 따라, 또한 연안국이 이 협

the terms and conditions established by the coastal State consistent with this Convention, the whole or part of the surplus it has declared to exist.

약에 부합되게 정한 조건에 따라 다른 국가에게 할당할 것을 자의적으로 거부하였다는 주장

(c) In no case shall the conciliation commission substitute its discretion for that of the coastal State.

다. 어떠한 경우에도 조정위원회는 그 재량권으로써 연안국의 재량권을 대체할 수 없다.

(d) The report of the conciliation commission shall be communicated to the appropriate international organizations.

라. 조정위원회의 보고서는 적절한 국제기구에 송부된다.

(e) In negotiating agreements pursuant to articles 69 and 70, States Parties, unless they otherwise agree, shall include a clause on measures which they shall take in order to minimize the possibility of a disagreement concerning the interpretation or application of the agreement, and on how they should proceed if a disagreement nevertheless arises.

마. 당사국은, 제69조와 제70조에 따라 협정을 교섭함에 있어, 달리 합의하지 아니하는 한, 협정의 해석이나 적용에 관한 의견 불일치의 가능성을 최소화하기 위한 조치에 관한 조항과 그럼에도 불구하고 발생하는 경우에 대처하기 위한 절차에 관한 조항을 포함시켜야 한다.

해양법

Article 298
Optional exceptions to applicability of section 2

제 298 조
제 2 절 적용의 선택적 예외

1. When signing, ratifying or acceding to this Convention or at any time thereafter, a State may, without prejudice to the obligations arising under section 1, declare in writing that it does not accept any one or more of the procedures provided for in section 2 with respect to one or more of the following categories of disputes:

1. 국가는 제1절에 의하여 발생하는 의무에 영향을 미침이 없이 이 협약 서명, 비준, 가입시 또는 그 이후 어느 때라도 다음 분쟁의 범주 중 어느 하나 또는 그 이상에 관하여 제2절에 규정된 절차 중 어느 하나 또는 그 이상을 수락하지 아니한다는 것을 서면선언할 수 있다.

(a) (i) disputes concerning the interpretation or application of articles 15, 74 and 83 relating to sea boundary

가. (i) 해양경계획정과 관련된 제15조, 제74조 및 제83조의 해석이나 적용에 관한 분쟁 또는 역사적 만 및 권원과

delimitations, or those involving historic bays or titles, provided that a State having made such a declaration shall, when such a dispute arises subsequent to the entry into force of this Convention and where no agreement within a reasonable period of time is reached in negotiations between the parties, at the request of any party to the dispute, accept submission of the matter to conciliation under Annex V, section 2; and provided further that any dispute that necessarily involves the concurrent consideration of any unsettled dispute concerning sovereignty or other rights over continental or insular land territory shall be excluded from such submission;

관련된 분쟁. 다만, 이러한 분쟁이 이 협약 발효 후 발생하고 합리적 기간 내에 당사자간의 교섭에 의하여 합의가 이루어지지 아니하는 경우, 어느 한 당사자의 요청이 있으면 이러한 선언을 행한 국가는 그 사건을 제5부속서 제2절에 따른 조정에 회부할 것을 수락하여야 하나, 육지영토 또는 도서영토에 대한 주권이나 그 밖의 권리에 관한 미해결분쟁이 반드시 함께 검토되어야 하는 분쟁은 이러한 회부로부터 제외된다.

(ii) after the conciliation commission haspresented its report, which shall state the reasons on which it is based, the parties shall negotiate an agreement on the basis of that report; if these negotiations do not result in an agreement, the parties shall, by mutual consent, submit the question to one of the procedures provided for in section 2, unless the parties otherwise agree;

(ii) 조정위원회가 보고서(그 근거가 되는 이유 명시)를 제출한 후, 당사자는 이러한 보고서를 기초로 합의에 이르기 위하여 교섭한다. 교섭이 합의에 이르지 못하는 경우, 당사자는, 달리 합의하지 아니하는 한, 상호 동의에 의해 제2절에 규정된 어느 한 절차에 그 문제를 회부한다.

(iii) this subparagraph does not apply to any sea boundary dispute finally settled by an arrangement between the parties, or to any such dispute which is to be settled in accordance with a bilateral or multilateral agreement binding upon those parties;

(iii) 이 호는 당사자간의 약정에 따라 종국적으로 해결된 해양경계분쟁, 또는 당사자를 구속하는 양자협정이나 다자협정에 따라 해결되어야 하는 어떠한 해양경계분쟁에도 적용되지 아니한다.

(b) disputes concerning military activities, including military activities by government vessels and aircraft engaged in non-commercial service, and disputes concerning law enforcement activities in regard to the exercise of sovereign rights or jurisdiction excluded from the jurisdiction of a court or tribunal under Article 297, paragraph 2 or 3;

나. 군사활동(비상업용 업무를 수행중인 정부 선박과 항공기에 의한 군사활동 포함)에 관한 분쟁 및 주권적 권리나 관할권의 행사와 관련된 법집행활동에 관한 분쟁으로서 제297조 제2항 또는 제3항에 따라 재판소의 관할권으로부터 제외된 분쟁

(c) disputes in respect of which the Security Council of the United Nations is exercising the functions assigned to it by the Charter of the United Nations, unless the Security Council decides to remove the matter from its agenda or calls upon the parties to settle it by the means provided for in this Convention.

다. 국제연합안전보장이사회가 국제연합헌장에 따라 부여받은 권한을 수행하고 있는 분쟁. 다만, 안전보장이사회가 그 문제를 의제로부터 제외하기로 결정하는 경우 또는 당사국에게 이 협약에 규정된 수단에 따라 그 문제를 해결하도록 요청한 경우에는 그러하지 아니하다.

해양법

2. A State Party which has made a declaration under paragraph 1 may at anytime withdraw it, or agree to submit a dispute excluded by such declaration to any procedure specified in this Convention.

2. 제1항에 따른 선언을 행한 당사국은 언제라도 이를 철회할 수 있으며, 또한 그 선언에 따라 제외되는 분쟁을 이 협약에 규정된 절차에 회부하기로 합의할 수 있다.

3. A State Party which has made a declaration under paragraph 1 shall not be entitled to submit any dispute falling within the excepted category of disputes to any procedure in this Convention as against another State Party, without the consent of that party.

3. 제1항에 따라 선언을 행한 당사국은 다른 당사국을 상대방으로 하는 분쟁으로서 제외된 분쟁의 범주에 속하는 분쟁을 그 다른 당사국의 동의 없이 이 협약의 절차에 회부할 수 없다.

4. If one of the States Parties has made a declaration under paragraph 1(a), any other State Party may submit any dispute falling within an excepted category against the declarant party to the procedure specified in such declaration.

4. 어느 한 당사국이 제1항 (a)에 따라 선언을 행한 경우, 다른 모든 당사국은 제외된 범주에 속하는 분쟁을 선언당사국을 상대방으로 하여 그 선언에 명시된 절차에 회부할 수 있다.

5. A new declaration, or the withdrawal of a declaration, does not in anyway affect proceedings pending before a court or tribunal in accordance with this article, unless the parties otherwise agree.

5. 새로운 선언이나 선언의 철회는, 당사자가 달리 합의하지 아니하는 한, 이 조에 따라 재판소에 계류중인 소송절차에 어떠한 영향도 미치지 아니한다.

6. Declarations and notices of withdrawal of declarations under this article shall be deposited with the Secretary-General of the United Nations, who shall transmit copies thereof to the States Parties.

6. 이 조에 따라 행한 선언이나 그 철회의 통지는 국제연합사무총장에게 기탁하며, 국제연합사무총장은 당사국에게 그 사본을 전달한다.

Article 299
Right of the parties to agree upon a procedure

제 299 조
분쟁해결절차에 관하여 합의할 수 있는 당사국의 권리

1. A dispute excluded under article 297 or excepted by a declaration made under article 298 from the dispute settlement procedures provided for in section 2 may be submitted to such procedures only by agreement of the parties to the dispute.

1. 제297조에 따라 배제되거나 제298조에 따른 선언으로 제2절에 규정된 분쟁해결절차로부터 제외된 분쟁은 분쟁당사자간의 합의에 의하여만 이러한 절차에 회부될 수 있다.

2. Nothing in this section impairs the right of the parties to the dispute to agree to some other procedure for the settlement of such dispute or to reach an amicable settlement.

2. 이 절의 어떠한 규정도 이러한 분쟁의 해결을 위하여 다른 절차에 합의하거나 우호적 해결에 이를 수 있는 분쟁당사자의 권리를 침해하지 아니한다.

PART XVI GENERAL PROVISIONS

제 16 부 일반규정

Article 300
Good faith and abuse of rights

제 300 조
신의성실과 권리남용

States Parties shall fulfil in good faith the obligations assumed under this Convention and shall exercise the rights, jurisdiction and freedoms recognized in this Conven-

당사국은 이 협약에 따른 의무를 성실하게 이행하여야 하며, 이 협약이 인정하고 있는 권리, 관할권 및 자유를 권리남용에 해당되지 아니하도록 행사한다.

tion in a manner which would not constitute an abuse of right.

Article 301
Peaceful uses of the seas

In exercising their rights and performing their duties under this Convention, States Parties shall refrain from any threat or use of force against the territorial integrity or political independence of any State, or in any other manner inconsistent with the principles of international law embodied in the Charter of the United Nations.

제 301 조
해양의 평화적 이용

이 협약에 따른 권리행사와 의무이행에 있어서 당사국은 다른 국가의 영토보전 또는 정치적 독립에 해가 되거나 또는 국제연합헌장에 구현된 국제법의 원칙에 부합되지 아니하는 방식에 의한 무력의 위협이나 행사를 삼가야 한다.

Article 302
Disclosure of information

Without prejudice to the right of a State Party to resort to the procedures for the settlement of disputes provided for in this Convention, nothing in this Convention shall be deemed to require a State Party, in the fulfillment of its obligations under this Convention, to supply information the disclosure of which is contrary to the essential interests of its security.

제 302 조
정보의 공개

이 협약에 규정된 분쟁해결절차를 이용할 수 있는 당사국의 권리를 침해하지 아니하고 이 협약의 어떠한 규정도 당사국이 이 협약상의 의무를 이행함에 있어서, 공개될 경우 자국의 중대한 안보 이익에 반하는 정보를 제공하도록 요구하는 것으로 보지 아니한다.

Article 303
Archaeological and historical objects found at sea

1. States have the duty to protect objects of an archaeological and historical nature found at sea and shall cooperate for this purpose.

2. In order to control traffic in such objects, the coastal State may, in applying article 33, presume that their removal from

제 303 조
해양에서 발견된 고고학적 · 역사적 유물

1. 각국은 해양에서 발견된 고고학적 · 역사적 유물을 보호할 의무를 지며, 이를 위하여 서로 협력한다.

2. 이러한 유물의 거래를 통제하기 위하여 연안국은 제33조를 적용함에 있어서, 연안국

the sea-bed in the zone referred to in that article without its approval would result in an infringement within its territory or territorial sea of the laws and regulations referred to in that article.

의 승인없이 제33조에 규정된 수역의 해저로부터 유물을 반출하는 것을 제33조에 언급된 자국의 영토나 영해에서의 자국 법령 위반으로 추정할 수 있다.

3. Nothing in this article affects the rights of identifiable owners, the law of salvage or other rules of admiralty, or laws and practices with respect to cultural exchanges.

3. 이 조의 어떠한 규정도 확인가능한 소유주의 권리, 해난구조법 또는 그 밖의 해사규칙, 또는 문화교류에 관한 법률과 관행에 영향을 미치지 아니한다.

4. This article is without prejudice to other international agreements and rules of international law regarding the protection of objects of an archaeological and historical nature.

4. 이 조는 고고학적·역사적 유물의 보호에 관한 그 밖의 국제협정과 국제법규칙을 침해하지 아니한다.

Article 304
Responsibility and liability for damage

The provisions of this Convention regarding responsibility and liability for damage are without prejudice to the application of existing rules and the development of further rules regarding responsibility and liability under international law.

제 304 조
손해배상책임

손해배상책임에 관한 이 협약의 규정은 국제법상 책임에 관한 기존 규칙의 적용과 장래 이러한 규칙의 발전을 저해하지 아니한다.

PART XVII FINAL PROVISIONS

제 17 부 최종조항

Article 305
Signature

1. This Convention shall be open for signature by:

(a) all States;
(b) Namibia, represented by the United

제 305 조
서 명

1. 이 협약은 다음에 의한 서명을 위하여 개방된다.

가. 모든 국가
나. 국제연합나미비아위원회에 의하여 대표

Nations Council for Namibia;

(c) all self-governing associated States which have chosen that status in an act of self-determination supervised and approved by the United Nations in accordance with General Assembly resolution 1514 (XV) and which have competence over the matters governed by this Convention, including the competence to enter into treaties in respect of those matters

(d) all self-governing associated States which, in accordance with their respective instruments of association, have competence over the matters governed by this Convention, including the competence to enter into treaties in respect of those matters;

(e) all territories which enjoy full internal self-government, recognized as such by the United Nations, but have not attained full independence in accordance with General Assembly resolution 1514 (XV) and which have competence over the matters governed by this Convention, including the competence to enter into treaties in respect of those matters;

(f) international organizations, in accordance with Annex IX.

2. This Convention shall remain open for signature until 9 December 1984 at the Ministry of Foreign Affairs of Jamaica and also, from 1 July 1983 until 9 December 1984, at United Nations Headquarters in New York.

되는 나미비아

다. 국제연합총회 결의 제1514(XV)호에 따라 국제연합에 의하여 감독되고 승인되는 민족자결 행위로서 그 지위를 선택하고, 이 협약에 의하여 규율되는 사항에 관한 권한(그러한 사항에 관한 조약체결권 포함)을 가지는 모든 자치연합국

라. 각각의 연합문서에 따라 이 협약에 의해 규율되는 사항에 관한 권한(조약체결권 포함)을 가지는 모든 자치연합국

마. 완전한 국내자치를 누리고 있어 국제연합에 의하여 그러하게 승인되고 있으나, 국제연합총회 결의 제1514(XV)호에 따른 완전한 독립을 얻지 못하고, 이 협약에 의하여 규율되는 사항에 관한 권한(그러한 사항에 관한 조약체결권 포함)을 가지는 모든 영토

바. 제9부속서에 따른 국제기구

2. 이 협약은 1984년 12월 9일까지는 자마이카 외무부에서, 1983년 7월 1일부터 1984년 12월 9일까지 뉴욕에 있는 국제연합본부에서 서명을 위하여 개방된다.

Article 306
Ratification and formal confirmation

This Convention is subject to ratification by States and the other entities referred to in Article 305, paragraph 1 (b), (c), (d) and (e), and to formal confirmation, in accordance with Annex IX, by the entities referred to in Article 305, paragraph 1 (f). The instruments of ratification and of formal confirmation shall be deposited with the Secretary-General of the United Nations.

제306조
비준과 공식확인

이 협약은 국가 및 제305조 제1항 (b), (c), (d), (e)에 언급된 그 밖의 주체에 의하여 비준되고 제305조 제1항 (f)에 언급된 주체에 의하여 제9부속서에 따라 공식확인되어야 한다. 비준서와 공식확인서는 국제연합사무총장에게 기탁된다.

Article 307
Accession

This Convention shall remain open for accession by States and the other entities referred to in Article 305. Accession by the entities referred to in Article 305, paragraph 1 (f), shall be in accordance with Annex IX. The instruments of accession shall be deposited with the secretary-general of the United Nations.

제307조
가 입

협약은 국가 및 제305조에 언급된 그 밖의 주체에 의한 가입을 위하여 개방된다. 제305조 제1항 (f)에 규정된 주체에 의한 가입은 제9부속서에 따른다. 가입서는 국제연합사무총장에게 기탁된다.

Article 308
Entry into force

1. This Convention shall enter into force 12 months after the date of deposit of the sixtieth instrument of ratification or accession.

2. For each State ratifying or acceding to this Convention after the deposit of the sixtieth instrument of ratification or accession, the Convention shall enter into force on the thirtieth day following the

제308조
발 효

1. 이 협약은 60번째 비준서나 가입서가 기탁된 날로부터 12개월 후 발효한다.

2. 이 협약은 60번째 비준서나 가입서가 기탁된 후 비준 또는 가입하는 국가에 대하여, 제1항의 규정을 따를 것을 조건으로, 비준서 또는 가입서 기탁 후 30일째 발효한다.

deposit of its instrument of ratification or accession, subject to paragraph 1.

3. The Assembly of the Authority shall meet on the date of entry into force of this Convention and shall elect the Council of the Authority. The first Council shall be constituted in a manner consistent with the purpose of Article 161 if the provisions of that article cannot be strictly applied.

3. 해저기구 총회는 이 협약의 발효일에 개최되며 해저기구 이사회의 이사국을 선출한다. 이사회 제1회기는 제161조의 규정을 엄격하게 적용할 수 없는 경우 제161조의 목적에 합치하는 방식으로 구성된다.

4. The rules, regulations and procedures drafted by the Preparatory Commission shall apply provisionally pending their formal adoption by the Authority in accordance with Part XI.

4. 준비위원회에 의하여 기초된 규칙, 규정 및 절차는 제11부에 따라 해저기구가 정식 채택할 때까지 잠정적으로 적용된다.

5. The Authority and its organs shall act in accordance with resolution II of the Third United Nations Conference on the Law of the Sea relating to preparatory investment and with decisions of the Preparatory Commission taken pursuant to that resolution.

5. 해저기구와 그 기관은 선행투자와 관련한 제3차 국제연합해양법회의의 결의 Ⅱ와 그 결의에 따라 준비위원회가 내린 결정에 따라 행동한다.

Article 309
Reservation and exceptions

No reservations or exceptions may be made to this Convention unless expressly permitted by other articles of this Convention.

제309조
유보와 예외

이 협약의 다른 조항에 의하여 명시적으로 허용되지 아니하는 한 이 협약에 대한 유보나 예외는 허용되지 아니한다.

Article 310
Declarations and statements

Article 309 does not preclude a State, when signing, ratifying or acceding to this Convention, from making declarations or

제310조
선언과 성명

제309조는 어떠한 국가가 특히 자국의 국내법령을 이 협약의 규정과 조화시킬 목적으로 이 협약의 서명, 비준, 가입시 그 표현이나

statements, however phrased or named, with a view, inter alia, to the harmonization of its laws and regulations with the provisions of this Convention, provided that such declarations or statements do not purport to exclude or to modify the legal effect of the provisions of this Convention in their application to that State.

명칭에 관계없이 선언이나 성명을 행하는 것을 배제하지 아니한다. 다만, 그러한 선언이나 성명은 그 당사국에 대하여 이 협약의 규정을 적용함에 있어서 협약규정의 법적 효과를 배제하거나 변경시키려고 의도하지 아니하여야 한다.

Article 311
Relation to other conventions and international agreements

1. This Convention shall prevail, as between States Parties, over the Geneva Conventions on the Law of the Sea of 29 April 1958.

2. This Convention shall not alter the rights and obligations of States Parties which arise from other agreements compatible with this Convention and which do not affect the enjoyment by other States Parties of their rights or the performance of their obligations under this Convention.

3. Two or more States Parties may conclude agreements modifying or suspending the operation of provisions of this Convention, applicable solely to the relations between them, provided that such agreements do not relate to a provision derogation from which is incompatible with the effective execution of the object and purpose of this Convention, and provided further that such agreements shall not affect the application of the basic principles embodied herein, and that the provisions of such

제311조
다른 협약 · 국제협정과의 관계

1. 이 협약은 당사국간에 있어 1958년 4월 29일자 해양법에 관한 제네바협약에 우선한다.

2. 이 협약은 이 협약과 양립가능한 다른 협정으로부터 발생하거나 또는 다른 당사국이 이 협약상의 권리를 행사하거나 의무를 이행함에 영향을 미치지 아니하는 당사국의 권리와 의무를 변경하지 아니한다.

3. 2개국 이상의 당사국은 오직 그들 상호관계에만 적용되는 협정으로서 이 협약의 규정의 적용을 변경하거나 정지시키는 협정을 체결할 수 있다. 다만, 이러한 협정은 이 협약의 목적과 대상의 효과적 이행과 양립하지 않는 조항 일탈에 관한 것이어서는 아니되며, 이 협약에 구현된 기본원칙의 적용에 영향을 미치지 아니하며, 그 협정의 규정이 이 협약 상 다른 당사국의 권리행사나 의무이행에 영향을 미치지 아니하여야 한다.

agreements do not affect the enjoyment by other States Parties of their rights or the performance of their obligations under this Convention.

4. States Parties intending to conclude an agreement referred to in paragraph 3 shall notify the other States Parties through the depositary of this Convention of their intention to conclude the agreement and of the modification or suspension for which it provides.

4. 제3항에 언급된 협정을 체결하고자 하는 당사국은 이 협약의 수탁자를 통하여 협정 체결의사 및 그 협정이 규정하고 있는 이 협약에 대한 변경이나 정지를 다른 모든 당사국에 통고하여야 한다.

5. This article does not affect international agreements expressly permitted or preserved by other articles of this Convention.

5. 이 조는 이 협약의 다른 규정에 의하여 명시적으로 허용되거나 보장되어 있는 국제협정에 영향을 미치지 아니한다.

6. States Parties agree that there shall be no amendments to the basic principle relating to the common heritage of mankind set forth in Article 136 and that they shall not be party to any agreement in derogation thereof.

6. 당사국은 제136조에 규정된 인류공동유산에 관한 기본원칙에 대한 어떠한 개정도 있을 수 없으며, 이 기본원칙을 일탈하는 어떠한 협정의 당사국도 되지 아니한다는 데 합의한다.

Article 312
Amendment

1. After the expiry of a period of 10 years from the date of entry inter office of this Convention, a State Party may, by written communication addressed to the Secretary-General of the United Nations, propose specific amendments to this Convention, other than those relating to activities in the Area, and request the convening of a conference to consider such proposed amendments. The Secretary-General shall circulate such communication to all States Parties. If,

제312조
개 정

1. 당사국은 이 협약 발효일로부터 10년이 지난 후 국제연합사무총장에 대한 서면통보를 통하여 심해저활동 관련규정을 제외한 이 협약의 규정에 대한 개정안을 제안하고 그 개정안을 다룰 회의의 소집을 요청할 수 있다. 사무총장은 이러한 통보를 모든 당사국에 회람한다. 통보 회람일로부터 12개월 이내에 당사국의 1/2 이상이 요청에 긍정적인 답변을 한 경우 사무총장은 회의를 소집한다.

within 12 months from the date of the circulation of the communication, not less than one half of the States Parties reply favourably to the request, the Secretary-General shall convene the conference.

2. The decision-making procedure applicable at the amendment conference shall be the same as that applicable at the Third United Nations Conference on the Law of the Sea unless otherwise decided by the conference. The conference should make every effort to reach agreement on any amendments byway of consensus and there should be no voting on them until all efforts at consensus have been exhausted.

2. 개정회의에 적용하는 의사결정절차는 그 회의에서 달리 결정하지 아니하는 한, 제3차 국제연합해양법회의에 적용된 의사결정절차와 동일하다. 개정회의는 어떠한 개정안에 대하여서도 컨센서스에 의한 합의에 이르기 위한 모든 노력을 다하여야 하며, 컨센서스를 위한 모든 노력이 끝날 때까지 표결하지 아니한다.

Article 313
Amendment by simplified procedure

1. A State Party may, by written communication addressed to the secretary-general of the United Nations, propose an amendment to this Convention, other than an amendment relating to activities in the Area, to be adopted by the simplified procedure set forth in this article without convening a conference. The Secretary-General shall circulate the communication to all States Parties.

2. If, within a period of 12 months from the date of the circulation of the communication, a State Party objects to the proposed amendment or to the proposal for its adoption by the simplified procedure, the amendment shall be considered rejected. The Secretary-

제313조
약식절차에 의한 개정

1. 당사국은 국제연합사무총장에 대한 서면 통보를 통하여 심해저활동 관련규정을 제외한 이 협약의 규정에 대한 개정안을 회의를 소집하지 아니하고 이 조에 규정하는 약식절차에 의하여 채택되도록 제안할 수 있다. 사무총장은 이러한 통보를 모든 당사국에 회람한다.

2. 이러한 통보가 회람된 후 12개월 이내에 어느 한 당사국이 개정안에 대하여 또는 약식절차를 통한 개정안 채택 제의에 대하여 반대하는 경우, 그 개정안은 기각된 것으로 본다. 사무총장은 모든 당사국에 즉시 이를 통고한다.

General shall immediately notify all States Parties accordingly.

3. If, 12 months from the date of the circulation of the communication, no State Party has objected to the proposed amendment or to the proposal for its adoption by the simplified procedure, the proposed amendment shall re considered adopted. The Secretary-General shall notify all States Parties that the proposed amendment has been adopted.

3. 이러한 통보가 회람된 후 12개월이 경과할 때까지 어떠한 당사국도 개정안에 대하여 또는 약식절차를 통한 개정안 채택 제안에 근거하여 반대하지 아니하는 경우, 그 개정안은 채택된 것으로 본다. 사무총장은 모든 당사국에게 개정안이 채택되었음을 통고한다.

Article 314
Amendments to the provisions of this convention relating exclusively to activities in the area

제314조
심해저활동에만 관련된 규정의 개정

1. A State Party may, by written communication addressed to the Secretary-General of the Authority, propose an amendment to the provisions of This Convention relating exclusively to activities in the Area, including Annex VI, section 4. The Secretary-General shall circulate such communication to all States Parties. The proposed amendment shall be subject to approval by the Assembly following its approval by the Council. Representatives of States Parties in those organs shall have full powers to consider and approve the proposed amendment. The proposed amendment as approved by the Council and the Assembly shall be considered adopted.

1. 당사국은 해저기구 사무총장에 대한 서면통보를 통하여 심해저활동에만 관련된 협약규정(제6부속서 제4절을 포함)에 대한 개정을 제안할 수 있다. 사무총장은 이러한 통보를 모든 당사국에 회람한다. 개정안은 이사회의 승인 후 총회의 승인을 받는다. 이러한 기관에서 당사국 대표는 제안된 개정안을 검토하고 승인할 전권을 가진다. 이사회와 총회에 의하여 승인된 개정안은 채택된 것으로 본다.

2. Before approving any amendment under paragraph 1, the Council and the Assembly shall ensure that it does not prej-

2. 제1항의 규정에 따라 개정안을 승인하기에 앞서 이사회와 총회는 그 개정안이 제155조에 따른 재검토회의 이전에는 심해

udice the system of exploration for and exploitation of the resources of the Area, pending the Review Conference in accordance with Article 155.

저자원의 탐사·개발체제를 침해하지 아니하도록 보장한다. 〈이행협정부속서 제4절 참조〉

Article 315
Signature, ratification of accession to and authentic texts of amendments

제 315 조
개정안의 서명·비준·가입과 정본

1. Once adopted, amendments to this Convention shall be open for signature by States Parties for 12 months from the date of adoption, at United Nations Headquarters in New York, unless otherwise provided in the amendment itself.

1. 이 협약에 따라 채택된 개정안은 개정안 자체에 달리 규정되지 아니하는 한, 당사국에 의한 서명을 위하여 채택일로부터 12개월 동안 뉴욕에 있는 국제연합본부에서 개방된다.

2. Articles 306, 307 and 320 apply to all amendments to this Convention.

2. 제306조, 제307조 및 제320조는 이 협약에 대한 모든 개정에 적용된다.

Article 316
Entry into force of amendments

제 316 조
개정의 발효

1. Amendments to this Convention, other than those referred to in paragraph 5, shall enter into force for the States Parties ratifying or acceding to them on the thirtieth day following the deposit of instruments of ratification or accession by two thirds of the States Parties or by 60 States Parties, whichever is greater. Such amendments shall not affect the enjoyment by other States Parties of their rights or the performance of their obligations under this Convention.

1. 제5항에 언급된 개정을 제외한 이 협약에 대한 개정은 당사국의 3분의 2 또는 60개 당사국 중 더 많은 수의 비준서 또는 가입서가 기탁된 후 30일째 되는 날에 이를 비준하거나 가입한 국가에 대하여 발효한다. 그러한 개정은 이 협약하에서 다른 당사국들이 향유하는 권리 또는 의무이행에 영향을 미치지 않는다.

2. An amendment may provide that a larger number of ratifications or accessions shall be required for its entry into force than are required by this article.

2. 개정은 그 효력발생을 위하여 이 조가 요구하는 것보다 더 많은 수의 비준·가입을 필요로 함을 규정할 수 있다.

3. For each State Party ratifying or acceding to an amendment referred to in paragraph 1 after the deposit of the required number of instruments of ratification or accession, the amendment shall enter into force on the thirtieth day following the deposit of its instrument of ratification or accession.

3. 필요한 수의 비준서나 가입서가 기탁된 후 제1항에 규정된 개정에 비준하거나 가입하는 당사국에 대하여는, 개정은 비준서 또는 가입서가 기탁된 후 30일째 발효한다.

4. A State which becomes a Party to this Convention after the entry into office of an amendment in accordance with paragraph 1 shall, failing an expression of a different intention by that State:

4. 제1항에 따른 개정의 발효 이후 이 협약의 당사국이 된 국가는 그 국가에 의한 다른 의사표시가 없는 한,

(a) be considered as a Party to this Convention as so amended; and

가. 개정된 이 협약의 당사국으로 본다.

(b) be considered as a Party to the unamended Convention in relation to any State Party not bound by the amendment.

나. 개정에 기속되지 아니한 협약당사국에 대하여는 개정되지 아니한 협약의 당사국으로 본다.

5. Any amendment relating exclusively to activities in the Area and any amendment to Annex VI shall enter into force for all States Parties one year following the deposit of instruments of ratification or accession by three fourths of the States Parties.

5. 심해저활동에만 관련된 개정과 제6부속서에 대한 개정은 당사국 4분의 3의 비준서나 가입서가 기탁된 후 1년이 되는 날부터 모든 당사국에게 발효한다.

6. A State which becomes a Party to this Convention after the entry into office of amendments in accordance with paragraph 5 shall be considered as a Party to this Convention as so amended.

6. 제5항에 따른 개정의 발효 후 이 협약의 당사국이 된 국가는 개정된 이 협약의 당사국으로 본다.

Article 317
Denunciation

제317조
폐 기

1. A State Party may, by written notifi-

1. 당사국은 국제연합사무총장에 대한 서면

cation addressed to the Secretary-General of the United Nations, denounce this Convention and may indicate its reasons. Failure to indicate reasons shall not affect the validity of the denunciation. The denunciation shall take effect one year after the date of receipt of the notification, unless the notification specifies a later date.

통고를 통하여 이 협약을 폐기하고 그 이유를 명시할 수 있다. 폐기이유를 명시하지 아니하여도 폐기의 효력에 영향을 미치지 아니한다. 폐기는 통고서에 폐기일자를 더 늦게 지정하지 아니하는 한, 통고수령일 후 1년이 지난날부터 유효한다.

2. A State shall not be discharged by reason of the denunciation from the financial and contractual obligations which accrued while it was a Party to this Convention, nor shall the denunciation affect any right, obligation or legal situation of that State created through the execution of this Convention prior to its termination for that State.

2. 어떠한 당사국도 폐기를 이유로 당사국이었던 중에 발생한 재정적 의무와 계약상 의무로부터 면제되지 아니하며, 폐기는 이 협약이 그 국가에 대하여 종료되기 전에 이 협약의 시행을 통하여 발생한 그 당사국의 권리, 의무 또는 법적 상황에 영향을 미치지 아니한다.

3. The denunciation shall not in any way affect the duty of any State Party to fulfil any obligation embodied in this Convention to which it would be subject under international law independently of this Convention.

3. 폐기는 이 협약에 구현된 의무로서 이 협약과는 관계없이 국제법에 따라 부과된 의무를 이행해야 할 당사국의 의무에 어떠한 영향도 미치지 아니한다.

Article 318
Status of annexes

제 318 조
부속서의 지위

The Annexes form an integral part of this Convention and, unless expressly provided otherwise, a reference to this Convention or to one of its Parts includes a reference to the Annexes relating thereto.

부속서는 이 협약과 불가분의 일체를 이루며, 명시적으로 달리 규정되지 아니하는 한, 협약이나 협약의 각부에 대한 언급은 이와 관련된 부속서에 대한 언급을 포함한다.

Article 319
Depositary

제 319 조
수 탁 자

1. The Secretary-General of the United

1. 국제연합사무총장은 이 협약과 이에 대한

Nations shall be the depositary of this Convention and amendments thereto.

개정의 수탁자가 된다.

2. In addition to his functions as depositary, the Secretary-General shall:

2. 사무총장은 수탁자로서의 기능 이외에 다음을 수행한다.

(a) report to all States Parties, the Authority and competent international organizations on issues of a general nature that have arisen with respect to this Convention;

가. 이 협약과 관련하여 발생한 일반적 성격의 문제를 모든 당사국, 해저기구 및 권한있는 국제기구에 보고

(b) notify the Authority of ratifications and formal confirmations of and accessions to this Convention and amendments thereto, as well as of denunciations of this Convention;

나. 이 협약에 대한 비준, 공식확인, 가입, 개정 및 폐기에 관하여 해저기구에 통고

(c) notify States Parties of agreements in accordance with Article 311, paragraph 4;

다. 제311조 제4항에 따른 협정을 당사국에 통고

(d) circulate amendments adopted in accordance with this Convention to States Parties for ratification or accession;

라. 이 협약에 따라 채택된 개정의 비준이나 가입을 위하여 당사국에 회람

(e) convene necessary meetings of States Parties in accordance with this Convention.

마. 이 협약에 따라 필요한 당사국회의의 소집

3. (a) The Secretary-General shall also transmit to the observers referred to in Article 156:

(i) reports referred to in paragraph 2 (a);

(ii) notifications referred to in paragraph 2 (b) and (c); and

(iii) texts of amendments referred to in paragraph 2 (d), for their information.

(b) The Secretary-General shall also invite those observers to participate as observers at meetings of States Parties referred to in paragraph 2(e).

3. 가. 사무총장은 제156조에 언급된 옵서버에게 다음을 전달한다.

(i) 제2항 (가)에 언급된 보고

(ii) 제2항 (나)와 (다)에 언급된 통고

(iii) 제2항 (라)에 언급된 개정문안(옵서버 참고용)

나. 사무총장은 이러한 옵서버를 제2항 (마)에 언급된 당사국회의에 옵서버로 참가하도록 초청한다.

Article 320
Authentic texts

The original of this Convention, of which the Arabic, Chinese, English, French, Russian and Spanish texts are equally authentic, shall, subject to article 305, paragraph 2, be deposited with the Secretary-General of the United Nations.

IN WITNESS WHEREOF, the undersigned Plenipotentiaries, being duly authorized thereto, have signed this Convention.

DONE AT MONTEGO BAY, this tenth day of December, one thousand nine hundred and eighty-two.

제320조
정 본

아랍어, 중국어, 영어, 불어, 노어 및 스페인어본을 동등하게 정본으로 하는 이 협약의 원본은 제305조 제2항에 따라 국제연합사무총장에게 기탁된다.

이상의 증거로서 다음의 전권대표들은 정당히 권한을 위임받아 이 협약에 서명하였다.

1982년 12월 10일 몬테고베이에서 작성되었다.

8-1. 대한민국과 일본국간의 어업에 관한 협정 (신어업협정) (1998)

Date : 28 November 1998
In force : 22 January 1999 (조약 제1477호)

대한민국과 일본국은,

해양생물자원의 합리적인 보존·관리 및 최적이용의 중요성을 인식하고, 1965년 6월 22일 도오꾜오에서 서명된 "대한민국과일본국간의어업에관한 협정"을 기초로 유지되어 왔던 양국간 어업분야에 있어서의 협력관계의 전통을 상기하고,

양국이1982년 12월 10일 작성된 "해양법에 관한국제연합협약"(이하 "국제연합해양법협약"이라 한다)의 당사국임을 유념하고,
국제연합해양법협약에 기초하여, 양국간 새로운 어업질서를 확립하고, 양국간에 어업분야에서의 협력관계를 더욱 발전시킬 것을 희망하여, 다음과 같이 합의하였다.

제1조

이 협정은 대한민국의 배타적경제수역과 일본국의 배타적경제수역(이하 "협정수역"이라 한다)에 적용한다.

제2조

각 체약국은 호혜의 원칙에 입각하여 이 협정 및 자국의 관계법령에 따라 자국의 배타적경제수역에서 타방체약국 국민 및 어선이 어획하는 것을 허가한다.

제3조

1. 각 체약국은 자국의 배타적경제수역에서의 타방체약국 국민 및 어선의 어획이 인정되는 어종·어획할당량·조업구역 및 기타 조업에 관한 구체적인 조건을 매년 결정하고, 이 결정을 타방체약국에 서면으로 통보한다.

2. 각 체약국은 제1항의 결정을 함에 있어서, 제12조의 규정에 의하여 설치되는 한·일 어업공동위원회의 협의결과를 존중하고, 자국의 배타적경제수역에서의 해양생물자원의 상태, 자국의 어획능력, 상호입어의 상황 및 기타 관련요소를 고려한다.

제4조

1. 각 체약국의 권한있는 당국은 타방체약국으로부터 제3조에서 규정하는 결정에 관하여 서면에 의한 통보를 받은 후, 타방체약국의 배타적경제수역에서 어획하는 것을 희망하는 자국의 국민 및 어선에 대한 허가증 발급을 타방체약국의 권한있는 당국에 신청한다. 해당 타방체약국의 권한있는 당국은 이 협정 및 어업에 관한 자국의 관계법령에 따라 이 허가증을 발급한다.

2. 허가를 받은 어선은 허가증을 조타실의 보이기 쉬운 장소에 게시하고 어선의 표지를 명확히 표시하여 조업한다.

3. 각 체약국의 권한있는 당국은 허가증의 신청 및 발급, 어획실적에 관한 보고, 어선의 표지 및 조업일지의 기재에 관한 규칙

해양법

을 포함한 절차규칙을 타방체약국의 권한있는 당국에 서면으로 통보한다.

4. 각 체약국의 권한있는 당국은 입어료 및 허가증 발급에 관한 타당한 요금을 징수할 수 있다.

제5조

1. 각 체약국의 국민 및 어선이 타방체약국의 배타적경제수역에서 어획할 때에는 이 협정 및 어업에 관한 타방체약국의 관계법령을 준수한다.

2. 각 체약국은 자국의 국민 및 어선이 타방체약국의 배타적경제수역에서 어획할 때에는 제3조의 규정에 따라 타방체약국이 결정하는 타방체약국의 배타적경제수역에서의 조업에 관한 구체적인 조건과 이 협정의 규정을 준수하도록 필요한 조치를 취한다. 이 조치는 타방체약국의 배타적경제수역에서의 자국의 국민 및 어선에 대한 임검·정선 및 기타의 단속을 포함하지 아니한다.

제6조

1. 각 체약국은 타방체약국의 국민 및 어선이 자국의 배타적경제수역에서 어획할 때에는 제3조의 규정에 따라 자국이 결정하는 자국의 배타적경제수역에서의 조업에 관한 구체적인 조건과 이 협정의 규정을 준수하도록 국제법에 따라 자국의 배타적경제수역에서 필요한 조치를 취할 수 있다.

2. 각 체약국의 권한있는 당국은 제1항의 조치로서 타방체약국의 어선 및 그 승무원을 나포 또는 억류한 경우에는 취하여진 조치 및 그 후 부과된 벌에 관하여 외교경로를 통하여 타방체약국에 신속히 통보한다.

3. 나포 또는 억류된 어선 및 그 승무원은 적절한 담보금 또는 그 제공을 보증하는 서류를 제출한 후에는 신속히 석방된다.

4. 각 체약국은 어업에 관한 자국의 관계법령에서 정하는 해양생물자원의 보존조치 및 기타 조건을 타방체약국에 지체없이 통보한다.

제7조

1. 각 체약국은 다음 각목의 점을 순차적으로 직선으로 연결하는 선에 의한 자국측의 협정수역에서 어업에 관한 주권적 권리를 행사하며, 제2조 내지 제6조의 규정의 적용상도 이 수역을 자국의 배타적경제수역으로 간주한다.

가. 북위 32도 57.0분, 동경 127도 41.1분의 점
나. 북위 32도 57.5분, 동경 127도 41.9분의 점
다. 북위 33도 01.3분, 동경 127도 44.0분의 점
라. 북위 33도 08.7분, 동경 127도 48.3분의 점
마. 북위 33도 13.7분, 동경 127도 51.6분의 점
바. 북위 33도 16.2분, 동경 127도 52.3분의 점
사. 북위 33도 45.1분, 동경 128도 21.7분의 점
아. 북위 33도 47.4분, 동경 128도 25.5분의 점
자. 북위 33도 50.4분, 동경 128도 26.1분의 점
차. 북위 34도 08.2분, 동경 128도 41.3분의 점
카. 북위 34도 13.0분, 동경 128도 47.6분의 점
타. 북위 34도 18.0분, 동경 128도 52.8분의 점
파. 북위 34도 18.5분, 동경 128도 53.3분의 점
하. 북위 34도 24.5분, 동경 128도 57.3분의 점
거. 북위 34도 27.6분, 동경 128도 59.4분의 점
너. 북위 34도 29.2분, 동경 129도 00.2분의 점
더. 북위 34도 32.1분, 동경 129도 00.8분의 점

러. 북위 34도 32.6분, 동경 129도 00.8분의 점
머. 북위 34도 40.3분, 동경 129도 03.1분의 점
버. 북위 34도 49.7분, 동경 129도 12.1분의 점
서. 북위 34도 50.6분, 동경 129도 13.0분의 점
어. 북위 34도 52.4분, 동경 129도 15.8분의 점
저. 북위 34도 54.3분, 동경 129도 18.4분의 점
처. 북위 34도 57.0분, 동경 129도 21.7분의 점
커. 북위 34도 57.6분, 동경 129도 22.6분의 점
터. 북위 34도 58.6분, 동경 129도 25.3분의 점
퍼. 북위 35도 01.2분, 동경 129도 32.9분의 점
허. 북위 35도 04.1분, 동경 129도 40.7분의 점
고. 북위 35도 06.8분, 동경 130도 07.5분의 점
노. 북위 35도 07.0분, 동경 130도 16.4분의 점
도. 북위 35도 18.2분, 동경 130도 23.3분의 점
로. 북위 35도 33.7분, 동경 130도 34.1분의 점
모. 북위 35도 42.3분, 동경 130도 42.7분의 점
보. 북위 36도 03.8분, 동경 131도 08.3분의 점
소. 북위 36도 10.0분, 동경 131도 15.9분의 점

2. 각 체약국은 제1항의 선에 의한 타방체약국측의 협정수역에서 어업에 관한 주권적 권리를 행사하지 아니하며, 제2조 내지 제6조의 규정의 적용상도 이 수역을 타방체약국의 배타적경제수역으로 간주한다.

제8조

제2조 내지 제6조의 규정은 협정수역 중 다음 가목 및 나목의 수역에는 적용하지 아니한다.

가. 제9조 제1항에서 정하는 수역
나. 제9조 제2항에서 정하는 수역

제9조

1. 다음 각목의 점을 순차적으로 직선으로 연결하는 선에 의하여 둘러싸이는 수역에 있어서는 부속서 I 의 제2항의 규정을 적용한다.

가. 북위 36도 10.0분, 동경 131도 15.9분의 점
나. 북위 35도 33.75분, 동경 131도 46.5분의 점
다. 북위 35도 59.5분, 동경 132도 13.7분의 점
라. 북위 36도 18.5분, 동경 132도 13.7분의 점
마. 북위 36도 56.2분, 동경 132도 55.8분의 점
바. 북위 36도 56.2분, 동경 135도 30.0분의 점
사. 북위 38도 37.0분, 동경 135도 30.0분의 점
아. 북위 39도 51.75분, 동경 134도 11.5분의 점
자. 북위 38도 37.0분, 동경 132도 59.8분의 점
차. 북위 38도 37.0분, 동경 131도 40.0분의 점
카. 북위 37도 25.5분, 동경 131도 40.0분의 점
타. 북위 37도 08.0분, 동경 131도 34.0분의 점
파. 북위 36도 52.0분, 동경 131도 10.0분의 점
하. 북위 36도 52.0분, 동경 130도 22.5분의 점
거. 북위 36도 10.0분, 동경 130도 22.5분의 점
너. 북위 36도 10.0분, 동경 131도 15.9분의 점

2. 다음 각목의 선에 의하여 둘러싸이는 수역 중 대한민국의 배타적경제수역의 최남단의 위도선 이북의 수역에 있어서는 부속서 I 의 제3항의 규정을 적용한다.

가. 북위 32도 57.0분, 동경 127도 41.1분의 점과 북위 32도 34.0분, 동경 127도 9.0분의 점을 연결하는 직선
나. 북위 32도 34.0분, 동경 127도 9.0분의 점과 북위 31도 0.0분, 동경 125도 51.5분의 점을 연결하는 직선
다. 북위 31도 0.0분, 동경 125도 51.5분의 점에서 시작하여 북위 30도 56.0분, 동경 125도 52.0분의 점을 통과하는 직선
라. 북위 32도 57.0분, 동경 127도 41.1분의 점과 북위 31도 20.0분, 동경 127도 13.0분의 점을 연결하는 직선
마. 북위 31도 20.0분, 동경 127도 13.0분의

해양법

점에서 시작하여 북위 31도 0.0분, 동경 127도 5.0분의 점을 통과하는 직선

제10조

양 체약국은 협정수역에서의 해양생물자원의 합리적인 보존·관리 및 최적 이용에 관하여 상호 협력한다. 이 협력은 해당 해양생물자원의 통계학적 정보와 수산업 자료의 교환을 포함한다.

제11조

1. 양 체약국은 각각 자국의 국민과 어선에 대하여 항행에 관한 국제법규의 준수, 양 체약국 어선간 조업의 안전과 질서의 유지 및 해상에서의 양 체약국 어선간 사고의 원활하고 신속한 해결을 위하여 적절한 조치를 취한다.

2. 제1항에 열거한 목적을 위하여 양 체약국의 관계당국은 가능한 한 긴밀하게 상호 연락하고 협력한다.

제12조

1. 양 체약국은 이 협정의 목적을 효율적으로 달성하기 위하여 한·일 어업공동위원회(이하 "위원회"라 한다)를 설치한다.

2. 위원회는 양 체약국 정부가 각각 임명하는 1인의 대표 및 1인의 위원으로 구성되며, 필요한 경우 전문가로 구성되는 하부기구를 설치할 수 있다.

3. 위원회는 매년 1회 양국에서 교대로 개최하고 양 체약국이 합의할 경우에는 임시로 개최할 수 있다. 제2항의 하부기구가 설치되는 경우에는 해당 하부기구는 위원회의 양 체약국 정부대표의 합의에 의하여 언제라도 개최할 수 있다.

4. 위원회는 다음 사항에 관하여 협의하고, 협의결과를 양 체약국에 권고한다. 양 체약국은 위원회의 권고를 존중한다.

가. 제3조에 규정하는 조업에 대한 구체적인 조건에 관한 사항
나. 조업질서유지에 관한 사항
다. 해양생물자원의 실태에 관한 사항
라. 양국간 어업분야에서의 협력에 관한 사항
마. 제9조 제1항에서 정하는 수역에서의 해양생물자원의 보존·관리에 관한 사항
바. 기타 이 협정의 실시와 관련되는 사항

5. 위원회는 제9조 제2항에서 정하는 수역에서의 해양생물자원의 보존·관리에 관한 사항에 관하여 협의하고 결정한다.

6. 위원회의 모든 권고 및 결정은 양 체약국 정부의 대표간의 합의에 의하여서만 이를 한다.

제13조

1. 이 협정의 해석이나 적용에 관한 양 체약국간의 분쟁은 먼저 협의에 의하여 해결한다.

2. 제1항에서 언급하는 분쟁이 협의에 의하여 해결되지 아니하는 경우에는 그러한 분쟁은 양 체약국의 동의에 의하여 다음에 정하는 절차에 따라 해결한다.

가. 어느 일방체약국의 정부가 타방체약국의 정부로부터 분쟁의 원인이 기재된 당해 분쟁의 중재를 요청하는 공문을 받은 경

해양법

우에 있어서 그 요청에 응하는 통보를 타방체약국 정부에 대하여 행할 때에는 그 분쟁은 그 통보를 받은 날부터 30일의 기간 내에 각 체약국 정부가 임명하는 각 1인의 중재위원과 이와 같이 선정된 2인의 중재위원이 그 기간 후 30일 이내에 합의하는 제3의 중재위원 또는 그 기간 후 30일 이내에 그 2인의 중재위원이 합의하는 제3국의 정부가 지명하는 제3의 중재위원과의 3인의 중재위원으로 구성된 중재위원회에 결정을 위하여 회부된다. 다만, 제3의 중재위원은 어느 일방체약국의 국민이어서는 아니된다.

나. 어느 일방체약국의 정부가 가.에서 정하고 있는 기간 내에 중재위원을 임명하지 못한 경우, 또는 제3의 중재위원 또는 제3국에 대하여 가.에서 정하고 있는 기간 내에 합의되지 아니하는 경우, 중재위원회는각 경우에 있어서의 가.에서 정하고 있는 기간 후 30일 이내에 각 체약국 정부가 선정하는 국가의 정부가 지명하는 각 1인의 중재위원과 이들 정부가 협의에 의하여 결정하는 제3국 정부가 지명하는 제3의 중재위원으로 구성된다.

다. 각 체약국은 자국의 정부가 임명한 중재위원 또는 자국의 정부가 선정하는 국가의 정부가 지명하는 중재위원에 관한 비용 및 자국의 정부가 중재에 참가하는 비용을 각각 부담한다. 제3의 중재위원이 그 직무를 수행하기 위한 비용은 양 체약국이 절반씩 부담한다.

라. 양 체약국 정부는 이 조의 규정에 의한 중재위원회의 다수결에 의한 결정에 따른다.

제14조

이 협정의 부속서Ⅰ 및 부속서 Ⅱ는 이 협정의 불가분의 일부를 이룬다.

제15조

이 협정의 어떠한 규정도 어업에 관한 사항 외의 국제법상 문제에 관한 각 체약국의 입장을 해하는 것으로 간주되어서는 아니된다.

제16조

1. 이 협정은 비준되어야 한다. 비준서는 가능한 한 신속히 서울에서 교환한다. 이 협정은 비준서를 교환하는 날부터 효력을 발생한다.

2. 이 협정은 효력이 발생하는 날부터 3년간 효력을 가진다. 그 이후에는 어느 일방체약국도 이 협정을 종료시킬 의사를 타방체약국에 서면으로 통고할 수 있으며, 이 협정은 그러한 통고가 있는 날부터 6월 후에 종료하며, 그와 같이 종료하지 아니하는 한 계속 효력을 가진다.

제17조

1965년 6월 22일 도오꾜오에서 서명된 "대한민국과일본국간의어업에관한협정"은 이 협정이 발효하는 날에 그 효력을 상실한다.
이상의 증거로 아래 대표는 각자의 정부로부터 정당한 위임을 받아 이 협정에 서명하였다.
1998년 11월 28일 가고시마에서 동등하게 정본인 한국어 및 일본어로 각 2부를 작성하였다.

대한민국을 위하여 일본국을 위하여

부 속 서 I

1. 양 체약국은 배타적경제수역의 조속한 경계획정을 위하여 성의를 가지고 계속 교섭한다.

2. 양 체약국은 이 협정 제9조 제1항에서 정하는 수역에서 해양생물자원의 유지가 과도한 개발에 의하여 위협받지 아니하도록 하기 위하여 다음 각목의 규정에 따라 협력한다.

가. 각 체약국은 이 수역에서 타방체약국 국민 및 어선에 대하여 어업에 관한 자국의 관계법령을 적용하지 아니한다.
나. 각 체약국은 이 협정 제12조의 규정에 의하여 설치되는 한·일어업공동위원회(이하 "위원회"라 한다)의 협의결과에 따른 권고를 존중하여, 이 수역에서의 해양생물자원의 보존 및 어업종류별 어선의 최고조업척수를 포함하는 적절한 관리에 필요한 조치를 자국 국민 및 어선에 대하여 취한다.
다. 각 체약국은 이 수역에서 각각 자국 국민 및 어선에 대하여 실시하고 있는 조치를 타방체약국에 통보하고, 양 체약국은 위원회의 자국 정부대표를 나목의 권고를 위한 협의에 참가시킴에 있어서 그 통보내용을 충분히 배려하도록 한다.
라. 각 체약국은 이 수역에서 어획하는 자국의 국민 및 어선에 의한 어업 종류별 및 어종별 어획량 기타 관련정보를 타방체약국에 제공한다.
마. 일방체약국은 타방체약국의 국민 및 어선이 이 수역에서 타방체약국이 나목의 규정에 따라 실시하는 조치를 위반하고 있는 것을 발견한 경우, 그 사실 및 관련상황을 타방체약국에 통보할 수 있다. 해당 타방체약국은 자국의 국민 및 어선을 단속함에 있어서 그 통보와 관련된 사실을 확인하고 필요한 조치를 취한 후 그 결과를 해당 일방체약국에 통보한다.

3. 양 체약국은 이 협정 제9조 제2항에서 정하는 수역에서 해양생물자원의 유지가 과도한 개발에 의하여 위협받지 아니하도록 하기 위하여 다음 각목의 규정에 따라 협력한다.

가. 각 체약국은 이 수역에서 타방체약국 국민 및 어선에 대하여 어업에 관한 자국의 관계법령을 적용하지 아니한다.
나. 각 체약국은 위원회의 결정에 따라, 이 수역에서의 해양생물자원의 보존 및 어업종류별 어선의 최고조업척수를 포함하는 적절한 관리에 필요한 조치를 자국 국민 및 어선에 대하여 취한다.
다. 각 체약국은 이 수역에서 각각 자국 국민 및 어선에 대하여 실시하고 있는 조치를 타방체약국에 통보하고, 양 체약국은 위원회의 자국 정부대표를 나목의 결정을 위한 협의에 참가시킴에 있어서 그 통보내용을 충분히 배려하도록 한다.
라. 각 체약국은 이 수역에서 어획하는 자국의 국민 및 어선에 의한 어업 종류별 및 어종별 어획량 기타 관련정보를 타방체약국에 제공한다.
마. 일방체약국은 타방체약국의 국민 및 어선이 이 수역에서 타방체약국이 나목의 규정에 따라 실시하는 조치를 위반하고 있는 것을 발견한 경우, 그 사실 및 관련상황을 타방체약국에 통보할 수 있다. 해당 타방체약국은 자국의 국민 및 어선을 단속함에 있어서 그 통보와 관련된 사실을 확인하고 필요한 조치를 취한 후 그 결과를 해당 일방체약국에 통보한다.

부 속 서 Ⅱ

1. 각 체약국은 이 협정 제9조 제1항 및 제2항에서 정하는 수역을 기준으로 자국측의 협정수역에서 어업에 관한 주권적 권리를 행사하며, 이 협정 제2조 내지 제6조의 규정의 적용상도 이 수역을 자국의 배타적 경제수역으로 간주한다.

2. 각 체약국은 이 협정 제9조 제1항 및 제2항에서 정하는 수역을 기준으로 타방체약국측의 협정수역에서 어업에 관한 주권적 권리를 행사하지 아니하며, 이 협정 제2조 내지 제6조의 규정의 적용상도 이 수역을 타방체약국의 배타적경제수역으로 간주한다.

3. 제1항 및 제2항의 규정은 다음 각목의 점을 순차적으로 직선으로 연결하는 선의 북서쪽 수역의 일부 협정수역에는 적용되지 아니한다. 또한 각 체약국은 이 수역에 있어서는 어업에 관한 자국의 관계법령을 타방체약국의 국민 및 어선에 대하여 적용하지 아니한다.

가. 북위 38도 37.0분, 동경 131도 40.0분의 점
나. 북위 38도 37.0분, 동경 132도 59.8분의 점
다. 북위 39도 51.75분, 동경 134도 11.5분의 점

합의의사록

대한민국 정부 대표 및 일본국 정부 대표는 금일 서명된 대한민국과 일본국간의 어업에 관한 협정(이하 "협정"이라 한다)의 관계 조항과 관련하여 다음 사항을 기록하는 것에 합의하였다.

1. 양국 정부는 동중국해에 있어서 원활한 어업질서를 유지하기 위하여 긴밀히 협력한다.

2. 대한민국 정부는 협정 제9조 제2항에서 정하는 수역의 설정과 관련하여, 동중국해의 일부 수역에 있어서 일본국이 제3국과 구축한 어업관계가 손상되지 않도록 일본국 정부에 대하여 협력할 의향을 가진다. 다만 이는 일본국이 당해 제3국과 체결한 어업협정에 관한 대한민국의 입장을 해하는 것으로 간주되어서는 아니된다.

3. 일본국 정부는 협정 제9조 제2항에서 정하는 수역의 설정과 관련하여, 대한민국의 국민 및 어선이 동중국해의 다른 일부 수역에 있어서 일본국이 제3국과 구축한 어업관계하에서 일정 어업활동이 가능하도록 당해 제3국 정부에 대하여 협력을 구할 의향을 가진다.

4. 양국 정부는 협정 및 양국이 각각 제3국과 체결하였거나 또는 체결할 어업협정에 기초하여 동중국해에 있어서 원활한 어업질서를 유지하기 위한 구체적인 방안을 협정 제12조에 의거하여 설치되는 한·일 어업공동위원회 및 당해 제3국과의 어업협정에 의거하여 설치되는 유사한 공동위원회를 통하여 협의할 의향을 가진다.

가고시마, 1998년 11월 28일
대한민국 정부를 위하여
본국 정부를 위하여

8-2. 영해 및 접속수역법 (1977)

[법률 제4986호, 1995. 12. 6, 일부개정]

제1조
영해의 범위

대한민국의 영해는 기선으로부터 측정하여 그 외측 12해리의 선까지에 이르는 수역으로 한다. 다만, 대통령령이 정하는 바에 따라 일정수역에 있어서는 12해리이내에서 영해의 범위를 따로 정할 수 있다.

제2조
기 선

① 영해의 폭을 측정하기 위한 통상의 기선은 대한민국이 공식적으로 인정한 대축척해도에 표시된 해안의 저조선으로 한다.
② 지리적 특수사정이 있는 수역에 있어서는 대통령령으로 정하는 기점을 연결하는 직선을 기선으로 할 수 있다.

제3조
내 수

영해의 폭을 측정하기 위한 기선으로부터 육지측에 있는 수역은 내수로 한다.

제3조의 2
접속수역의 범위

대한민국의 접속수역은 기선으로부터 측정하여 그 외측 24해리의 선까지에 이르는 수역에서 대한민국의 영해를 제외한 수역으로 한다. 다만, 대통령령이 정하는 바에 따라 일정수역에 있어서는 기선으로부터 24해리이내에서 접속수역의 범위를 따로 정할 수 있다.

제4조
인접 또는 대향국과의 경계선

대한민국과 인접하거나 대향하고 있는 국가와의 영해 및 접속수역의 경계선은 관계국과의 별도의 합의가 없는 한 양국이 각기 영해의 폭을 측정하는 기선상의 가장 가까운 지점으로부터 같은 거리에 있는 모든 점을 연결하는 중간선으로 한다.

제5조
외국선박의 통항

① 외국선박은 대한민국의 평화·공공질서 또는 안전보장을 해치지 아니하는 한 대한민국의 영해를 무해통항할 수 있다. 외국의 군함 또는 비상업용정부선박이 영해를 통항하고자 할 때에는 대통령령이 정하는 바에 따라 관계당국에 사전통고하여야 한다.
② 외국선박이 그 통항시 다음 각호의 행위를 하는 경우에는 대한민국의 평화·공공질서 또는 안전보장을 해치는 것으로 본다. 다만, 제2호 내지 제5호·제11호 및 제13호의 행위로서 관계당국의 허가·승인 또는 동의를 얻은 경우에는 그러하지 아니하다.
  1. 대한민국의 주권·영토보전 또는 독립에 대한 여하한 힘의 위협이나 행사 기타 국제연합헌장에 구현된 국제법원칙을 위반한 방법으로 행하는 여하한 힘의 위협이나 행사

2. 무기를 사용하여 행하는 훈련 또는 연습
3. 항공기의 이함·착함 또는 탑재
4. 군사기기의 발진·착함 또는 탑재
5. 잠수항행
6. 대한민국의 안전보장에 유해한 정보를 수집
7. 대한민국의 안전보장에 유해한 선전·선동
8. 대한민국의 관세·재정·출입국관리 또는 보건·위생법규에 위반되는 물품이나 통화의 양·적하 또는 사람의 승·하선
9. 대통령령이 정하는 기준을 초과하는 오염물질의 배출
10. 어로
11. 조사 또는 측량
12. 대한민국 통신체제의 방해 또는 설비 및 시설물의 훼손
13. 통항과 직접 관련없는 행위로서 대통령령이 정하는 것

③ 대한민국의 안전보장을 위하여 필요하다고 인정되는 경우에는 대통령령이 정하는 바에 따라 일정수역을 정하여 외국선박의 무해통항을 일시적으로 정지시킬 수 있다.

제6조
정 선 등

외국선박(외국의 군함 및 비상업용정부선박을 제외한다. 이하 같다)이 제5조의 규정을 위반한 혐의가 있다고 인정되는 때에는 관계당국은 정선·검색·나포 기타 필요한 명령이나 조치를 할 수 있다.

제6조의 2
접속수역에서의 관계당국의 권한

대한민국의 접속수역에서 관계당국은 다음 각호의 목적에 필요한 범위안에서 법령이 정하는 바에 따라 그 직무권한을 행사할 수 있다.

1. 대한민국의 영토 또는 영해에서 관세·재정·출입국관리 또는 보건·위생에 관한 대한민국의 법규를 위반하는 행위의 방지
2. 대한민국의 영토 또는 영해에서 관세·재정·출입국관리 또는 보건·위생에 관한 대한민국의 법규를 위반한 행위의 제재

제7조
벌 칙

① 제5조 제2항 또는 제3항의 규정을 위반한 외국선박의 승무원 기타 승선자는 5년이하의 징역 또는 2억원이하의 벌금에 처하고 정상이 중한 때에는 당해 선박·기재·채포물 기타 위반물품을 몰수할 수 있다.

② 제6조의 규정에 의한 명령이나 조치를 거부·방해 또는 기피한 외국선박의 승무원 기타 승선자는 2년이하의 징역 또는 1,000만원이하의 벌금에 처한다.

③ 제1항 및 제2항의 경우 징역형과 벌금형은 이를 병과할 수 있다.

④ 이 조의 적용에 있어서 그 행위가 이 법 이외의 다른 법률에 규정된 죄에 해당하는 경우에는 그 중 가장 중한 형으로 처벌한다.

제8조
군함등에 대한 특례

외국의 군함이나 비상업용정부선박 또는 그 승무원 기타 승선자가 이 법이나 기타 다른 법령을 위반한 때에는 이의 시정이나 영해로부터의 퇴거을 요구할 수 있다.

부칙 <제4986호, 1995. 12. 6>

이 법은 공포한 날부터 1년의 범위내에서 대통령령이 정하는 날부터 시행한다.

9. Montreal Convention for the Suppression of Unlawful Acts Against the Safety of Civil Aviation (1971)

9. 민간항공의 안전에 대한 불법적 행위의 억제를 위한 협약

Date : 23 September 1971
In force : 26 January 1973
States Party : 188
Korea : 1 September 1973
Link : www.icao.int

The States Parties to the Convention,

Considering that unlawful acts against the safety of civil aviation jeopardize the safety of persons and property, seriously affect the operation of air services, and undercmine the confidence of the peoples of the world in the safety of civil aviation; Considering that the occurrence of such acts is a matter of grave concern;

Considering that, for the purpose of deterring such acts, there is an urgent need to provide appropriate measures for punishment of offenders;

Have agreed as follows:

本 협약 당사국들은,

민간항공의 안전에 대한 불법적 행위가 인명 및 재산의 안전에 위해를 가하고, 항공업무의 수행에 중대한 영향을 미치며, 또한 민간항공의 안전에 대한 세계인민의 신뢰를 저해하는 것임을 고려하고, 그러한 행위의 발생이 중대한 관심사임을 고려하고:

그러한 행위를 방지하기 위하여 범인들의 처벌에 관한 적절한 조치를 규정할 긴박한 필요성이 있음을 고려하여,

다음과 같이 합의하였다.

Article 1

1. Any person commits an offence if he unlawfully and intentionally:

(a) performs an act of violence against a person on board an aircraft in flight if that act is likely to endanger the safety of that aircraft; or

제1조

1. 여하한 자도 불법적으로 그리고 고의적으로:

가. 비행중인 항공기에 탑승한 자에 대하여 폭력 행위를 행하고 그 행위가 그 항공기의 안전에 위해를 가할 가능성이 있는 경우; 또는

항공기납치

(b) destroys an aircraft in service or causes damage to such an aircraft which renders it incapable of flight or which is likely to endanger its safety in flight; or

(c) places or causes to be placed on an aircraft in service, by any means whatsoever, a device or substance which is likely to destroy that aircraft, or to cause damage to it which renders it incapable of flight, or to cause damage to it which is likely to endanger its safety in flight; or

(d) destroys or damages air navigation facilities or interferes with their operation, if any such act is likely to endanger the safety of aircraft in flight; or

(e) communicates information which he knows to be false, thereby endangering the safety of an aircraft in flight.

2. Any person also commits an offence if he:

(a) attempts to commit any of the offences mentioned in paragraph 1 of this Article; or

(b) is an accomplice of a person who commits or attempts to commit any such offence.

나. 운항중인 항공기를 파괴하는 경우 또는 그러한 비행기를 훼손하여 비행을 불가능하게 하거나 또는 비행의 안전에 위해를 줄 가능성이 있는 경우; 또는

다. 여하한 방법에 의하여서라도, 운항중인 항공기상에 그 항공기를 파괴할 가능성이 있거나 또는 그 항공기를 훼손하여 비행을 불가능하게 할 가능성이 있거나 또는 그 항공기를 훼손하여 비행의 안전에 위해를 줄 가능성이 있는 장치나 물질을 설치하거나 또는 설치되도록 하는 경우; 또는

라. 항공시설을 파괴 혹은 손상하거나 또는 그 운용을 방해하고 그러한 행위가 비행중인 항공기의 안전에 위해를 줄 가능성이 있는 경우; 또는

마. 그가 허위임을 아는 정보를 교신하여, 그에 의하여 비행중인 항공기의 안전에 위해를 주는 경우에는 범죄를 범한 것으로 한다.

2. 여하한 자도 다음의 경우 범죄를 범한 것으로 한다.

가. 본조 1항에 규정된 범죄를 범하려고 시도한 경우; 또는

나. 그러한 범죄를 범하거나 또는 범하려고 시도하는 자의 공범자인 경우

Article 2

For the purposes of this Convention:

(a) an aircraft is considered to be in flight at any time from the moment when all its external doors are closed following

제2조

본 협약의 목적을 위하여:

가. 항공기는 탑승 후 모든 외부의 문이 닫힌 순간으로부터 하기를 위하여 그러한 문이 열려지는 순간까지의 어떠한 시간에

embarkation until the moment when any such door is opened for disembarkation; in the case of a forced landing, the flight shall be deemed to continue until the competent authorities take over the responsibility for the aircraft and for persons and property on board;

도 비행중에 있는 것으로 본다. 강제착륙의 경우, 비행은 관계당국이 항공기와 기상의 인원 및 재산에 대한 책임을 인수할 때까지 계속하는 것으로 본다;

(b) an aircraft is considered to be in service from the beginning of the preflight preparation of the aircraft by ground personnel or by the crew for a specific flight until twenty-four hours after any landing; the period of service shall, in any event, extend for the entire period during which the aircraft is in flight as defined in paragraph (a) of this Article.

나. 항공기는 일정 비행을 위하여 지상원 혹은 승무원에 의하여 항공기의 비행 전 준비가 시작된 때부터 착륙 후 24시간까지 운항 중에 있는 것으로 본다. 운항의 기간은, 어떠한 경우에도, 항공기가 본조 1항에 규정된 비행 중에 있는 전 기간 동안 계속된다.

Article 3

Each Contracting State undertakes to make the offences mentioned in Article 1 punishable by severe penalties.

제3조

각 체약국은 제1조에 규정된 범죄를 엄중한 형벌로 처벌할 수 있도록 할 의무를 진다.

Article 4

1. This Convention shall not apply to aircraft used in military, customs or police services.

2. In the cases contemplated in subparagraphs (a), (b), (c) and (e) of paragraph 1 of Article 1, this Convention shall apply, irrespective of whether the aircraft is engaged in an international or domestic flight, only if:

(a) the place of take-off or landing, actual or intended, of the aircraft is situated outside the territory of the State of registration of that aircraft; or

제4조

1. 본 협약은 군사, 세관 또는 경찰 업무에 사용되는 항공기에는 적용되지 아니한다.

2. 제1조 1항의 세항 (가), (나), (다) 및 (마)에 규정된 경우에 있어서, 본 협약은 항공기가 국제 또는 국내선에 종사하는지를 불문하고:

가. 항공기의 실제 또는 예정된 이륙 또는 착륙 장소가 그 항공기의 등록국가의 영토 외에 위치한 경우; 또는

(b) the offence is committed in the territory of a State other than the State of registration of the aircraft.

나. 범죄가 그 항공기 등록국가 이외의 국가 영토 내에서 범하여진 경우에만 적용된다.

3. Notwithstanding paragraph 2 of this Article, in the cases contemplated in subparagraphs (a), (b), (c) and (e) of paragraph 1 of Article 1, this Convention shall also apply if the offender or the alleged offender is found in the territory of a State other than the State of registration of the aircraft.

3. 본조 2항에 불구하고 제1조 1항 세항 (가), (나), (다) 및 (마)에 규정된 경우에 있어서, 본 협약은 범인 및 범죄 혐의자가 항공기 등록 국가 이외의 국가 영토 내에서 발견된 경우에도 적용된다.

4. With respect to the States mentioned in Article 9 and in the cases mentioned in subparagraphs (a), (b), (c) and (e) of paragraph 1 of Article 1, this Convention shall not apply if the places referred to in subparagraph (a) of paragraph 2 of this Article are situated within the territory of the same State where that State is one of those referred to in Article 9, unless the offence is committed or the offender or alleged offender is found in the territory of a State other than that State.

4. 제9조에 언급된 국가와 관련하여 또한 제1조 1항 세항 (가), (나), (다) 및 (마)에 언급된 경우에 있어서, 본 협약은 본조 2항 세항 (가)에 규정된 장소들이 제9조에 규정된 국가의 하나에 해당하는 국가의 영토 내에 위치한 경우에는, 그 국가 이외의 국가 영토 내에서 범죄가 범하여지거나 또는 범인이나 범죄 혐의자가 발견되지 아니하는 한, 적용되지 아니한다.

항공기납치

5. In the cases contemplated in subparagraph (d) of paragraph 1 of Article 1, this Convention shall apply only if the air navigation facilities are used in international air navigation.

5. 제1조 1항 세항 (라)에 언급된 경우에 있어서, 본 협약은 항공시설이 국제 항공에 사용되는 경우에만 적용된다.

6. The provisions of paragraphs 2, 3, 4and 5 of this Article shall also apply in the cases contemplated in paragraph 2 of Article 1.

6. 본조 2, 3, 4 및 5항의 규정들은 제1조 2항에 언급된 경우에도 적용된다.

Article 5

제5조

1. Each Contracting State shall take such

1. 각 체약국은 다음과 같은 경우에 있어서

measures as may be necessary to establish its jurisdiction over the offences in the following cases:

(a) when the offence is committed in the territory of that State;

(b) when the offence is committed against or on board an aircraft registered in that State;

(c) when the aircraft on board which the offence is committed lands in its territory with the alleged offender still on board;

(d) when the offence is committed against or on board an aircraft leased without crew to a lessee who has his principal place of business or, if the lessee has no such place of business, his permanent residence, in that State.

2. Each Contracting State shall likewise take such measures as may be necessary to establish its jurisdiction over the offences mentioned in Article 1, paragraph 1 (a), (b) and (c), and in Article 1, paragraph 2, in so far as that paragraph relates to those offences, in the case where the alleged offender is present in its territory and it does not extradite him pursuant to Article 8 to any of the States mentioned in paragraph 1 of this Article.

3. This Convention does not exclude any criminal jurisdiction exercised in accordance with national law.

범죄에 대한 관할권을 확립하기 위하여 필요한 제반 조치를 취하여야 한다.

가. 범죄가 그 국가의 영토 내에서 범하여진 경우.

나. 범죄가 그 국가에 등록된 항공기에 대하여 또는 기상에서 범하여진 경우.

다. 범죄가 기상에서 범하여지고 있는 항공기가 아직 기상에 있는 범죄 혐의자와 함께 그 영토 내에 착륙한 경우.

라. 범죄가 주된 사업장소 또는 그러한 사업장소를 가지지 않은 경우에는 영구 주소를 그 국가 내에 가진 임차인에게 승무원 없이 임대된 항공기에 대하여 또는 기상에서 범하여진 경우.

2. 각 체약국은 범죄 혐의자가 그 영토 내에 소재하고 있으며, 그를 제8조에 따라 본조 1항에 언급된 어떠한 국가에도 인도하지 않는 경우에 있어서, 제1조 1항 (가), (나) 및 (다)에 언급된 범죄에 관하여 또한 제1조 2항에 언급된 범죄에 관하여, 동조가 그러한 범죄에 효력을 미치는 한, 그 관할권을 확립하기 위하여 필요한 제반조치를 또한 취하여야 한다.

3. 본 협약은 국내법에 따라 행사되는 어떠한 형사 관할권도 배제하지 아니한다.

Article 6

제 6 조

1. Upon being satisfied that the circum-

1. 사정이 그와 같이 허용한다고 인정한 경

stances so warrant, any Contracting State in the territory of which the offender or the alleged offender is present, shall take him into custody or take other measures to ensure his presence. The custody and other measures shall be as provided in the law of that State but may only be continued for such time as is necessary to enable any criminal or extradition proceedings to be instituted.

우, 범인 및 범죄 협의자가 그 영토 내에 소재하고 있는 체약국은 그를 구치하거나 그의 신병확보를 위한 기타 조치를 취하여야 한다. 동 구치 및 기타 조치는 그 국가의 국내법에 규정된 바에 따라야 하나, 형사 또는 인도 절차를 취함에 필요한 시간 동안만 계속될 수 있다.

2. Such State shall immediately make a preliminary enquiry into the facts.

2. 그러한 국가는 사실에 대한 예비 조사를 즉시 행하여야 한다.

3. Any person in custody pursuant to paragraph 1 of this Article shall be assisted in communicating immediately with the nearest appropriate representative of the State of which he is a national.

3. 본조 1항에 따라 구치 중에 있는 어떠한 자도 최근거리에 있는 그 본국의 적절한 대표와 즉시 연락을 취하는데 도움을 받아야 한다.

4. When a State, pursuant to this Article, has taken a person into custody, it shall immediately notify the States mentioned in Article 5, paragraph 1, the State of nationality of the detained person and, if it considers it advisable, any other interested State of the fact that such person is in custody and of the circumstances which warrant his detention. The State which makes the preliminary enquiry contemplated in paragraph 2 of this Article shall promptly report its findings to the said States and shall indicate whether it intends to exercise jurisdiction.

4. 본 조에 의거하여 체약국이 어떠한 자를 구치하였을 때, 그 국가는 제5조 1항에 언급된 국가, 피 구치자가 국적을 가진 국가 및 타당하다고 생각할 경우 기타 관계국가에 대하여 그와 같은 자가 구치되어 있다는 사실과 그의 구치를 정당화하는 사정을 즉시 통고하여야 한다. 본조 2항에 규정된 예비조사를 행한 국가는 전기 국가에 대하여 그 조사 결과를 즉시 보고 하여야 하며, 그 관할권을 행사할 의도가 있는지의 여부를 명시하여야 한다.

Article 7

제7조

The Contracting State in the territory of which the alleged offender is found shall,

그 영토 내에서 범죄 협의자가 발견된 체약국은 만약 동인을 인도하지 않은 경우, 예외

if it does not extradite him, be obliged, without exception whatsoever and whether or not the offence was committed in its territory, to submit the case to its competent authorities for the purpose of prosecution. Those authorities shall take their decision in the same manner as in the case of any ordinary offence of a serious nature under the law of that State.

없이 또한 그 영토 내에서 범죄가 범하여진 것인지 여부를 불문하고, 소추를 하기 위하여 권한 있는 당국에 동 사건을 회부하여야 한다. 그러한 당국은 그 국가의 법률상 중대한 성질의 일반 범죄의 경우에 있어서와 같은 방법으로 그 결정을 내려야 한다.

Article 8

1. The offences shall be deemed to be included as extraditable offences in any extradition treaty existing between Contracting States. Contracting States undertake to include the offences as extraditable offences in every extradition treaty to be concluded between them.
2. If a Contracting State which makes extradition conditional on the existence of a treaty receives a request for extradition from another Contracting State with which it has no extradition treaty, it may at its option consider this Convention as the legal basis for extradition in respect of the offences. Extradition shall be subject to the other conditions provided by the law of the requested State.
3. Contracting States which do not make extradition conditional on the existence of a treaty shall recognize the offences as extraditable offences between themselves subject to the conditions provided by the law of the requested State.
4. Each of the offences shall be treated, for the purpose of extradition between

제8조

1. 범죄는 체약국간에 현존하는 인도 조약상의 인도 범죄에 포함되는 것으로 간주된다. 체약국은 범죄를 그들 사이에 체결될 모든 인도조약에 인도범죄로 포함할 의무를 진다.
2. 인도에 관하여 조약의 존재를 조건으로 하는 체약국이 상호 인도조약을 체결하지 않은 타 체약국으로부터 인도 요청을 받은 경우에는, 그 선택에 따라 본 협약을 범죄에 관한 인도를 위한 법적인 근거로서 간주할 수 있다. 인도는 피 요청국의 법률에 규정된 기타 제 조건에 따라야 한다.
3. 인도에 관하여 조약의 존재를 조건으로 하지 않는 체약국들은 피 요청국의 법률에 규정된 제조건에 따를 것을 조건으로 범죄를 동 국가들 간의 인도범죄로 인정하여야 한다.
4. 각 범죄는, 체약국간의 인도 목적을 위하여, 그것이 발생한 장소에서뿐만 아니라

Contracting States, as if it had been committed not only in the place in which it occurred but also in the territories of the States required to establish their jurisdiction in accordance with Article 5, paragraph 1 (b), (c) and (d).

제5조 1항 (나), (다) 및 (라)에 의거하여 그 관할권을 확립하도록 되어 있는 국가의 영토 내에서 범하여진 것처럼 취급된다.

Article 9

The Contracting States which establish joint air transport operating organizations or international operating agencies, which operate aircraft which are subject to joint or international registration shall, by appropriate means, designate for each aircraft the State among them which shall exercise the jurisdiction and have the attributes of the State of registration for the purpose of this Convention and shall give notice thereof to the International Civil Aviation Organization which shall communicate the notice to all States Parties to this Convention.

제9조

공동 또는 국제 등록에 따라 항공기를 운영하는 공동 항공운수 운영기구 또는 국제운영기관을 설치한 체약국들은 적절한 방법에 따라 각 항공기에 대하여 관할권을 행사하고 본 협약의 목적을 위하여 등록국가의 자격을 가지는 국가는 당해국 중에서 지명하여야 하며 또한 국제민간항공기구에 그에 관한 통고를 하여야 하며, 동 기구는 본 협약의 전 체약국에 동 통고를 전달하여야 한다.

항공기납치

Article 10

1. Contracting States shall, in accordance with international and national law, endeavour to take all practicable measure for the purpose of preventing the offences mentioned in Article 1.

2. When, due to the commission of one of the offences mentioned in Article 1, a flight has been delayed or interrupted, any Contracting State in whose territory the aircraft or passengers or crew are present shall facilitate the continuation of the journey of the passengers

제10조

1. 체약국은, 국제법 및 국내법에 따라, 제1조에 언급된 범죄를 방지하기 위한 모든 실행 가능한 조치를 취하도록 노력하여야 한다.

2. 제1조에 언급된 범죄의 하나를 범함으로써, 비행이 지연되거나 또는 중단된 경우, 항공기, 승객 또는 승무원이 자국 내에 소재하고 있는 어떠한 체약국도 실행이 가능한 한 조속히 승객 및 승무원의 여행의 계속을 용이하게 하여야 하며, 항공기 및 그 화물을 정당한 점유권자에게 지체없이 반

and crew as soon as practicable, and shall without delay return the aircraft and its cargo to the persons lawfully entitled to possession.

환하여야 한다.

Article 11

제11조

1. Contracting States shall afford one another the greatest measure of assistance in connection with criminal proceedings brought in respect of the offences. The law of the State requested shall apply in all cases.

1. 체약국들은 범죄와 관련하여 제기된 형사소송절차에 관하여 상호간 최대의 협조를 제공하여야 한다. 피요청국의 법률은 모든 경우에 있어서 적용된다.

2. The provisions of paragraph 1 of this Article shall not affect obligations under any other treaty, bilateral or multilateral, which governs or will govern, in whole or in part, mutual assistance in criminal matters.

2. 본조 1항의 규정은 형사문제에 있어서 전반적 또는 부분적인 상호 협조를 규정하거나 또는 규정할 그 밖의 어떠한 양자 또는 다자조약상의 의무에 영향을 미치지 아니한다.

Article 12

제12조

Any Contracting State having reason to believe that one of the offences mentioned in Article 1 will be committed shall, in accordance with its national law, furnish any relevant information in its possession to those States which it believes would be the States mentioned in Article 5, paragraph 1.

제1조에 언급된 범죄의 하나가 범하여질 것이라는 것을 믿게 할 만한 이유를 가지고 있는 어떠한 체약국도, 그 국내법에 따라 제5조 1항에 언급된 국가에 해당한다고 믿어지는 국가들에게 그 소유하고 있는 관계정보를 제공하여야 한다.

Article 13

제13조

Each Contracting State shall in accordance with its national law report to the Council of the International Civil Aviation Organization as promptly as possible any relevant information in its possession concerning:

각 체약국은 그 국내법에 의거하여 국제민간항공기구 이사회에 그 국가가 소유하고 있는 다음에 관한 어떠한 관계 정보도 가능한 한 조속히 보고하여야 한다.

항공기납치

(a) the circumstances of the offence;
(b) the action taken pursuant to Article 10, paragraph 2;
(c) the measures taken in relation to the offender or the alleged offender and, in particular, the results of any extradition proceedings or other legal proceedings.

가. 범죄의 상황.
나. 제10조 2항에 의거하여 취하여진 조치.
다. 범인 또는 범죄 혐의자에 대하여 취하여진 조치, 또한 특히 인도절차 기타 법적 절차의 결과.

Article 14

1. Any dispute between two or more Contracting States concerning the interpretation or application of this Convention which cannot be settled through negotiation, shall, at the request of one of them, be submitted to arbitration. If within six months from the date of the request for arbitration the Parties are unable to agree on the organization of the arbitration, any one of those Parties may refer the dispute to the International Court of Justice by request in conformity with the Statute of the Court.

2. Each State may at the time of signature or ratification of this Convention or accession thereto, declare that it does not consider itself bound by the preceding paragraph. The other Contracting States shall not be bound by the preceding paragraph with respect to any Contracting State having made such a reservation.

3. Any Contracting State having made a reservation in accordance with the preceding paragraph may at any time withdraw this reservation by notification to the Depositary Governments.

제 14 조

1. 협상을 통하여 해결될 수 없는 본 협약의 해석 또는 적용에 관한 2개국 또는 그 이상의 체약국들간의 어떠한 분쟁도 그들 중 일국가의 요청에 의하여 중재에 회부된다. 중재 요청일로부터 6개월 이내에 체약국들이 중재구성에 합의하지 못할 경우에는, 그들 당사국 중의 어느 일국가가 국제사법재판소에 동 재판소 규정에 따라 분쟁을 부탁할 수 있다.

2. 각 체약국은 본 협약의 서명, 비준, 또는 가입 시에 자국이 전항 규정에 구속되지 아니한 것으로 본다는 것을 선언할 수 있다. 타방 체약국들은 그러한 유보를 행한 체약국에 관하여 전항 규정에 의한 구속을 받지 아니한다.

3. 전항 규정에 의거하여 유보를 행한 어떠한 체약국도 수탁정부에 대한 통고로써 동 유보를 언제든지 철회할 수 있다.

Article 15

1. This Convention shall be open for signature at Montreal on 23 September 1971, by States participating in the International Conference on Air Law held at Montreal from 8 to 23 September 1971 (hereinafter referred to as the Montreal Conference). After 10 October 1971, the Convention shall be open to all States for signature in Moscow, London and Washington. Any State which does not sign this Convention before its entry into force in accordance with paragraph 3 of this Article may accede to it at any time.

2. This Convention shall be subject to ratification by the signatory States. Instruments of ratification and instruments of accession shall be deposited with the Governments of the Union of Soviet Socialist Republics, the United Kingdom of Great Britain and Northern Ireland, and the United States of America, which are hereby designated the Depositary Governments.

3. This Convention shall enter into force thirty days following the date of the deposit of instruments of ratification by ten States signatory to this Convention which participated in the Montreal Conference.

4. For other States, this Convention shall enter into force on the date of entry into force of this Convention in accordance with paragraph 3 of this Article, or thirty days following the date of de-

제15조

1. 본 협약은 1971년 9월 8일부터 23일까지 몬트리올에서 개최된 항공법에 관한 국제회의(이하 몬트리올 회의라 한다)에 참가한 국가들에 대하여 1971년 9월 23일 몬트리올에서 서명을 위하여 개방된다. 1971년 10월 10일 이후 본 협약은 모스크바, 런던 및 워싱턴에서 서명을 위하여 모든 국가에 개방된다. 본조 3항에 따른 발효 이전에 본 협약에 서명하지 않은 어떠한 국가도 언제든지 본 협약에 가입할 수 있다.

2. 본 협약은 서명국에 의한 비준을 받아야 한다. 비준서 및 가입서는 이에 수탁정부로 지정된 소련, 영국 및 미국 정부에 기탁되어야 한다.

3. 본 협약은 몬트리올 회의에 참석한 본 협약의 10개 서명국에 의한 비준서 기탁일로부터 30일 후에 효력을 발생한다.

4. 기타 국가들에 대하여, 본 협약은 본조 3항에 따른 본 협약의 발효일자 또는 당해국의 비준서 또는 가입서 기탁일자 후 30일 중에서 나중의 일자에 효력을 발생한다.

posit of their instruments of ratification or accession, whichever is later.

5. The Depositary Governments shall promptly inform all signatory andacceding States of the date of each signature, the date of deposit of each instrument of ratification or accession, the date of entry into force of this Convention, and other notices.

5. 수탁정부들은 모든 서명 및 가입국에 대하여 서명일자, 비준서 또는 가입서의 기탁일자, 본 협약의 발효일자 및 기타 통고를 즉시 통보하여야 한다.

6. As soon as this Convention comes into force, itshall be registered by the Depositary Governments pursuant to Article 102 of the Convention on International Civil Aviation (Chicago, 1944).

6. 본 협약은 발효하는 즉시 국제연합 헌장 제102조에 따라, 또한 국제민간항공협약(시카고, 1944) 제83조에 따라 수탁정부들에 의하여 등록되어야 한다.

Article 16

제 16 조

1. Any Contracting State may denounce this Convention by written notification to the Depositary Governments.

1. 어떠한 체약국도 수탁정부들에 대한 서면 통고로써 본 협약을 폐기할 수 있다.

2. Denunciation shall take effect six months following the date on which notification is received by the Depositary Governments.

2. 폐기는 수탁정부들에 의하여 통고가 접수된 일자로부터 6개월 후에 효력을 발생한다.

IN WITNESS WHEREOF the undersigned Plenipotentiaries, being duly authorized thereto by their Governments, have signed this Convention.

이상의 증거로써 하기 전권대표들은, 그들 정부로부터 정당히 권한을 위임받아 본 협약에 서명하였다.

DONE AT Montreal, this twenty-third day of September, one thousand nine hundred and seventy-one, in three originals, each being drawn up in four authentic texts in the English, French, Russian and Spanish languages.

일천구백칠십일년 구월 이십삼일, 각기 영어, 불어, 노어 및 서반아어로 공정히 작성된 정본 3부로 작성하였다.

Part IV

Protection of Human Rights

10. Universal Declaration of Human Rights (1948)

10. 세 계 인 권 선 언

Date : 10 December 1948
Link : www.ohchr.org

PREAMBLE

전 문

Whereas recognition of the inherent dignity and of the equal and inalienable rights of all members of the human family is the foundation of freedom, justice and peace in the world,

인류 가족 모든 구성원의 고유한 존엄성과 평등하고 양도할 수 없는 권리를 인정하는 것이 세계의 자유, 정의, 평화의 기초가 됨을 인정하며,

Whereas disregard and contempt for human rights have resulted in barbarous acts which have outraged the conscience of mankind, and the advent of a world in which human beings shall enjoy freedom of speech and belief and freedom from fear and want has been proclaimed as the highest aspiration of the common people,

인권에 대한 무시와 경멸은 인류의 양심을 짓밟는 야만적 행위를 결과하였으며, 인류가 언론의 자유, 신념의 자유, 공포와 궁핍으로부터의 자유를 향유하는 세계의 도래가 일반인의 지고한 열망으로 천명되었으며,

Whereas it is essential, if man is not to be compelled to have recourse, as a last resort, to rebellion against tyranny and oppression, that human rights should be protected by the rule of law,

사람들이 폭정과 억압에 대항하는 마지막 수단으로서 반란에 호소하도록 강요받지 않으려면, 인권이 법에 의한 지배에 의하여 보호되어야 함이 필수적이며,

Whereas it is essential to promote the development of friendly relations between nations,

국가 간의 친선관계의 발전을 촉진시키는 것이 긴요하며,

Whereas the peoples of the United Nations have in the Charter reaffirmed their faith in fundamental human rights, in the dignity and worth of the human person and in the

국제연합의 여러 국민들은 그 헌장에서 기본적 인권과, 인간의 존엄과 가치, 남녀의 평등한 권리에 대한 신념을 재확인하였으며 더욱 폭넓은 자유 속에서 사회적 진보와 생활수준

equal rights of men and women and have determined to promote social progress and better standards of life in larger freedom, Whereas Member States have pledged themselves to achieve, in cooperation with the United Nations, the promotion of universal respect for and observance of human rights and fundamental freedoms,

의 개선을 촉진할 것을 다짐하였으며, 회원국들은 국제연합과 협력하여 인권과 기본적 자유에 대한 보편적 존중과 준수의 증진을 달성할 것을 서약하였으며,

Whereas a common understanding of these rights and freedoms is of the greatest importance for the full realization of this pledge,

이들 권리와 자유에 대한 공통의 이해가 이러한 서약의 이행을 위하여 가장 중요하므로,

Now, therefore, The General Assembly, Proclaims this Universal Declaration of Human Rights as a common standard of achievement for all peoples and all nations, to the end that every individual and every organ of society, keeping this Declaration constantly in mind, shall strive by teaching and education to promote respect for these rights and freedoms and by progressive measures, national and international, to secure their universal and effective recognition and observance, both among the peoples of Member States themselves and among the peoples of territories under their jurisdiction.

따라서 이제국제연합 총회는 모든 개인과 사회의 각 기관은 세계인권선언을 항상 마음속에 간직한 채, 교육과 학업을 통하여 이러한 권리와 자유에 대한 존중을 신장시키기 위하여 노력하고 점진적인 국내적 및 국제적 조치를 통하여 회원국 국민 및 회원국 관할하의 영토의 국민들 양자 모두에게 권리와 자유의 보편적이고 효과적인 인정과 준수를 보장하기 위하여 힘쓰도록, 모든 국민들과 국가에 대한 공통의 기준으로서 본 세계인권선언을 선포한다.

Article 1

All human beings are born free and equal in dignity and rights. They are endowed with reason and conscience and should act towards one another in a spirit of brotherhood.

제 1 조

모든 사람은 태어날 때부터 자유롭고, 존엄성과 권리에 있어서 평등하다. 사람은 이성과 양심을 부여받았으며 서로에게 형제의 정신으로 대하여야 한다.

Article 2

Everyone is entitled to all the rights and

제 2 조

모든 사람은 인종, 피부색, 성, 언어, 종교,

freedoms set forth in this Declaration, without distinction of any kind, such as race, colour, sex, language, religion, political or other opinion, national or social origin, property, birth or other status. Furthermore, no distinction shall be made on the basis of the political, jurisdictional or international status of the country or territory to which a person belongs, whether it be independent, trust, non-self-governing or under any other limitation of sovereignty.

정치적 또는 그 밖의 견해, 민족적 또는 사회적 출신, 재산, 출생, 기타의 지위 등에 따른 어떠한 종류의 구별도 없이, 이 선언에 제시된 모든 권리와 자유를 누릴 자격이 있다. 나아가 개인이 속한 나라나 영역이 독립국이든 신탁통치지역이든, 비자치지역이든 또는 그 밖의 다른 주권상의 제한을 받고 있는 지역이든, 그 나라나 영역의 정치적·사법적·국제적 지위를 근거로 차별이 행하여져서는 아니된다.

Article 3

Everyone has the right to life, liberty and security of person.

제 3 조

모든 사람은 생명권과 신체의 자유와 안전을 누릴 권리가 있다.

Article 4

No one shall be held in slavery or servitude; slavery and the slave trade shall be prohibited in all their forms.

제 4 조

어느 누구도 노예나 예속상태에 놓여지지 아니한다. 모든 형태의 노예제도 및 노예매매는 금지된다.

Article 5

No one shall be subjected to torture or to cruel, inhuman or degrading treatment or punishment.

제 5 조

어느 누구도 고문이나, 잔혹하거나, 비인도적이거나, 모욕적인 취급 또는 형벌을 받지 아니한다.

Article 6

Everyone has the right to recognition everywhere as a person before the law.

제 6 조

모든 사람은 어디에서나 법 앞에 인간으로서 인정받을 권리를 가진다.

Article 7

All are equal before the law and are entitled without any discrimination to equal protection of the law. All are entitled to

제 7 조

모든 사람은 법 앞에 평등하고, 어떠한 차별도 없이 법의 평등한 보호를 받을 권리를 가진다. 모든 사람은 이 선언을 위반하는 어떠

equal protection against any discrimination in violation of this Declaration and against any incitement to such discrimination.

한 차별에 대하여도, 또한 어떠한 차별의 선동에 대하여도 평등한 보호를 받을 권리를 가진다.

Article 8

제 8 조

Everyone has the right to an effective remedy by the competent national tribunals for acts violating the fundamental rights granted him by the constitution or by law.

모든 사람은 헌법 또는 법률이 부여하는 기본권을 침해하는 행위에 대하여 담당 국가법원에 의하여 효과적인 구제를 받을 권리를 가진다.

Article 9

제 9 조

No one shall be subjected to arbitrary arrest, detention or exile.

어느 누구도 자의적인 체포, 구금 또는 추방을 당하지 아니한다.

Article 10

제 10 조

Everyone is entitled in full equality to a fair and public hearing by an independent and impartial tribunal, in the determination of his rights and obligations and of any criminal charge against him.

모든 사람은 자신의 권리와 의무, 그리고 자신에 대한 형사상의 혐의를 결정함에 있어서 독립적이고 편견 없는 법정에서 공정하고도 공개적인 심문을 전적으로 평등하게 받을 권리를 가진다.

Article 11

제 11 조

1. Everyone charged with a penal offence has the right to be presumed innocent until proved guilty according to law in a public trial at which he has had all the guarantees necessary for his defence.
2. No one shall be held guilty of any penal offence on account of any act or omission which did not constitute a penal offence, under national or international law, at the time when it was committed. Nor shall a heavier penalty be imposed than the one that was applicable at the

1. 형사범죄로 소추당한 모든 사람은 자신의 변호를 위하여 필요한 모든 장치를 갖춘 공개된 재판에서 법률에 따라 유죄로 입증될 때까지 무죄로 추정받을 권리를 가진다.
2. 어느 누구도 행위시의 국내법 또는 국제법상으로 범죄를 구성하지 아니하는 작위 또는 부작위를 이유로 유죄로 되지 아니한다. 또한 범죄가 행하여진 때에 적용될 수 있는 형벌보다 무거운 형벌이 부과되지 아니한다.

time the penal offence was committed.

Article 12

No one shall be subjected to arbitrary interference with his privacy, family, home or correspondence, nor to attacks upon his honour and reputation. Everyone has the right to the protection of the law against such interference or attacks.

제12조

어느 누구도 자신의 사생활, 가정, 주거 또는 통신에 대하여 자의적인 간섭을 받지 않으며, 자신의 명예와 신용에 대하여 공격을 받지 아니한다. 모든 사람은 그러한 간섭과 공격에 대하여 법률의 보호를 받을 권리를 가진다.

Article 13

1. Everyone has the right to freedom of movement and residence within the borders of each State.
2. Everyone has the right to leave any country, including his own, and to return to his country.

제13조

1. 모든 사람은 각국의 영역 내에서 이전과 거주의 자유에 관한 권리를 가진다.
2. 모든 사람은 자국을 포함한 어떤 나라로부터도 출국할 권리가 있으며, 또한 자국으로 돌아올 권리를 가진다.

Article 14

1. Everyone has the right to seek and to enjoy in other countries asylum from persecution.
2. This right may not be invoked in the case of prosecutions genuinely arising from non-political crimes or from acts contrary to the purposes and principles of the United Nations.

제14조

1. 모든 사람은 박해를 피하여 타국에서 피난처를 구하고 비호를 향유할 권리를 가진다.
2. 이 권리는 비정치적인 범죄 또는 국제연합의 목적과 원칙에 반하는 행위만으로 인하여 제기된 소추의 경우에도 활용될 수 없다.

Article 15

1. Everyone has the right to a nationality.
2. No one shall be arbitrarily deprived of his nationality nor denied the right to change his nationality.

제15조

1. 모든 사람은 국적을 가질 권리를 가진다.
2. 어느 누구도 자의적으로 자신의 국적을 박탈당하거나 그의 국적을 바꿀 권리를 부인당하지 아니한다.

Article 16

1. Men and women of full age, without any limitation due to race, nationality or religion, have the right to marry and to found a family. They are entitled to equal rights as to marriage, during marriage and at its dissolution.

2. Marriage shall be entered into only with the free and full consent of the intending spouses.

3. The family is the natural and fundamental group unit of society and is entitled to protection by society and the State.

제 16 조

1. 성년에 이른 남녀는 인종, 국적 또는 종교에 따른 어떠한 제한도 받지 않고 혼인하여 가정을 이룰 권리를 가진다. 이들은 혼인 기간 중 및 그 해소시 혼인에 관하여 동등한 권리를 가진다.

2. 결혼은 양 당사자의 자유롭고도 완전한 합의에 의하여만 성립된다.

3. 가정은 사회의 자연적이며 기초적인 구성단위이며, 사회와 국가의 보호를 받을 권리를 가진다.

Article 17

1. Everyone has the right to own property alone as well as in association with others.

2. No one shall be arbitrarily deprived of his property.

제 17 조

1. 모든 사람은 단독으로는 물론 타인과 공동으로 자신의 재산을 소유할 권리를 가진다.

2. 어느 누구도 자신의 재산을 자의적으로 박탈당하지 아니한다.

Article 18

Everyone has the right to freedom of thought, conscience and religion; this right includes freedom to change his religion or belief, and freedom, either alone or in community with others and in public or private, to manifest his religion or belief in teaching, practice, worship and observance.

제 18 조

모든 사람은 사상, 양심 및 종교의 자유에 대한 권리를 가진다. 이러한 권리는 자신의 종교 또는 신념을 바꿀 자유와 선교, 행사, 예배, 의식에 있어서 단독으로 또는 다른 사람과 공동으로, 공적으로 또는 사적으로 자신의 종교나 신념을 포명하는 자유를 포함한다.

Article 19

Everyone has the right to freedom of opinion and expression; this right includes freedom to hold opinions without inter-

제 19 조

모든 사람은 의견과 표현의 자유에 관한 권리를 가진다. 이 권리는 간섭받지 않고 의견을 가질 자유와 모든 매체를 통하여 국경에

ference and to seek, receive and impart information and ideas through any media and regardless of frontiers.

관계없이 정보와 사상을 추구하고, 접수하고, 전달하는 자유를 포함한다.

Article 20

1. Everyone has the right to freedom of peaceful assembly and association.
2. No one may be compelled to belong to an association.

제20조

1. 모든 사람은 평화적 집회와 결사의 자유에 관한 권리를 가진다.
2. 어느 누구도 어떤 결사에 소속될 것을 강요받지 아니한다.

Article 21

1. Everyone has the right to take part in the government of his country, directly or through freely chosen representatives.
2. Everyone has the right to equal access to public service in his country.
3. The will of the people shall be the basis of the authority of government; this will shall be expressed in periodic and genuine elections which shall be by universal and equal suffrage and shall be held by secret vote or by equivalent free voting procedures.

제21조

1. 모든 사람은 직접 또는 자유롭게 선출된 대표를 통하여 자국의 통치에 참여할 권리를 가진다.
2. 모든 사람은 자국의 공무에 취임할 동등한 권리를 가진다.
3. 국민의 의사는 정부의 권위의 기초가 된다. 이 의사는 보통 및 평등 선거권에 의거하며, 또한 비밀투표 또는 이와 동등한 자유로운 투표 절차에 따라 실시되는 정기적이고 진정한 선거를 통하여 표현된다.

Article 22

Everyone, as a member of society, has the right to social security and is entitled to realization, through national effort and international co-operation and in accordance with the organization and resources of each State, of the economic, social and cultural rights indispensable for his dignity and the free development of his personality.

제22조

모든 사람은 사회의 일원으로서 사회보장제도에 관한 권리를 가지며, 국가적 노력과 국제적 협력을 통하여 그리고 각 국의 조직과 자원에 따라 자신의 존엄성과 인격의 자유로운 발전을 위하여 불가결한 경제적·사회적·문화적 권리의 실현에 관한 권리를 가진다.

Article 23

1. Everyone has the right to work, to free choice of employment, to just and favourable conditions of work and to protection against unemployment.
2. Everyone, without any discrimination, has the right to equal pay for equal work.
3. Everyone who works has the right to just and favourable remuneration ensuring for himself and his family an existence worthy of human dignity, and supplemented, if necessary, by other means of social protection.
4. Everyone has the right to form and to join trade unions for the protection of his interests.

제23조

1. 모든 사람은 근로의 권리, 자유로운 직업 선택권, 공정하고 유리한 근로조건에 관한 권리 및 실업으로부터 보호받을 권리를 가진다.
2. 모든 사람은 어떠한 차별도 받지 않고 동등한 노동에 대하여 동등한 보수를 받을 권리를 가진다.
3. 모든 근로자는 자신과 가족에게 인간적 존엄에 합당한 생활을 보장하여 주며, 필요한 경우 다른 사회적 보호의 수단에 의하여 보완되는, 정당하고 유리한 보수를 받을 권리를 가진다.
4. 모든 사람은 자신의 이익을 보호하기 위하여 노동조합을 결성하고, 가입할 권리를 가진다.

Article 24

Everyone has the right to rest and leisure, including reasonable limitation of working hours and periodic holidays with pay.

제24조

모든 사람은 근로의 합리적 제한과 정기적인 유급휴일을 포함한 휴식과 여가에 관한 권리를 가진다.

Article 25

1. Everyone has the right to a standard of living adequate for the health and well-being of himself and of his family, including food, clothing, housing and medical care and necessary social services, and the right to security in the event of unemployment, sickness, disability, widowhood, old age or other lack of livelihood in circumstances beyond his control.

제25조

1. 모든 사람은 식량, 의복, 주택, 의료, 필수적인 사회역무를 포함하여 자신과 가족의 건강과 안녕에 적합한 생활수준을 누릴 권리를 가지며, 실업, 질병, 불구, 배우자와의 사별, 노령, 그 밖의 자신이 통제할 수 없는 상황에서의 다른 생계결핍의 경우 사회보장을 누릴 권리를 가진다.

2. Motherhood and childhood are entitled to special care and assistance. All children, whether born in or out of wedlock, shall enjoy the same social protection.

2. 모자는 특별한 보살핌과 도움을 받을 권리를 가진다. 모든 어린이는 부모의 혼인 여부에 관계없이 동등한 사회적 보호를 향유한다.

Article 26

제26조

1. Everyone has the right to education. Education shall be free, at least in the elementary and fundamental stages. Elementary education shall be compulsory. Technical and professional education shall be made generally available and higher education shall be equally accessible to all on the basis of merit.

2. Education shall be directed to the full development of the human personality and to the strengthening of respect for human rights and fundamental freedoms. It shall promote understanding, tolerance and friendship among all nations, racial or religious groups, and shall further the activities of the United Nations for the maintenance of peace.

3. Parents have a prior right to choose the kind of education that shall be given to their children.

1. 모든 사람은 교육을 받을 권리를 가진다. 교육은 최소한 초등 기초단계에서는 무상이어야 한다. 초등교육은 의무적이어야 한다. 기술교육과 직업교육은 일반적으로 이용할 수 있어야 하며, 고등교육도 능력에 따라 모든 사람에게 평등하게 개방되어야 한다.

2. 교육은 인격의 완전한 발전과 인권 및 기본적 자유에 대한 존중의 강화를 목표로 하여야 한다. 교육은 모든 국가들과 인종적 또는 종교적 집단 간에 있어서 이해, 관용 및 친선을 증진시키고 평화를 유지하기 위한 국제연합의 활동을 촉진시켜야 한다.

3. 부모는 자녀에게 제공되는 교육의 종류를 선택함에 있어서 우선권을 가진다.

Article 27

제27조

1. Everyone has the right freely to participate in the cultural life of the community, to enjoy the arts and to share in scientific advancement and its benefits.

2. Everyone has the right to the protection of the moral and material interests re-

1. 모든 사람은 공동체의 문화생활에 자유롭게 참여하고, 예술을 감상하며, 과학의 진보와 그 혜택을 향유할 권리를 가진다.

2. 모든 사람은 자신이 창조한 모든 과학적·문학적·예술적 창작물에서 생기는 정신적·

sulting from any scientific, literary or artistic production of which he is the author.

물리적 이익을 보호받을 권리를 가진다.

Article 28

Everyone is entitled to a social and international order in which the rights and freedoms set forth in this Declaration can be fully realized.

제28조

모든 사람은 이 선언에 제시된 권리와 자유가 완전히 실현될 수 있는 사회적 및 국제적 질서에 대한 권리를 가진다.

Article 29

1. Everyone has duties to the community in which alone the free and full development of his personality is possible.
2. In the exercise of his rights and freedoms, everyone shall be subject only to such limitations as are determined by law solely for the purpose of securing due recognition and respect for the rights and freedoms of others and of meeting the just requirements of morality, public order and the general welfare in a democratic society.
3. These rights and freedoms may in no case be exercised contrary to the purposes and principles of the United Nations.

제29조

1. 모든 사람은 그 안에서만 자신의 인격을 자유롭고 완전하게 발전시킬 수 있는 공동체에 대하여 의무를 부담한다.
2. 모든 사람은 자신의 권리와 자유를 행사함에 있어서, 타인의 권리와 자유에 대한 적절한 인정과 존중을 보장하고, 민주사회에서의 도덕심, 공공질서, 일반의 복지를 위하여 정당한 필요를 충족시키기 위한 목적에서만 법률에 규정된 제한을 받는다.
3. 이러한 권리와 자유는 어떤 경우에도 국제연합의 목적과 원칙에 반하여 행사될 수 없다.

Article 30

Nothing in this Declaration may be interpreted as implying for any State, group or person any right to engage in any activity or to perform any act aimed at the destruction of any of the rights and freedoms set forth herein.

제30조

이 선언의 그 어떠한 조항도 특정 국가, 집단 또는 개인이 이 선언에 규정된 어떠한 권리와 자유를 파괴할 목적의 활동에 종사하거나, 또는 그와 같은 행위를 행할 어떠한 권리도 가지는 것으로 해석되지 아니한다.

11. Convention relating to the Status of Refugees (1951)

11. 난민의 지위에 관한 협약

Date : 28 July 1951
In force : 22 April 1954
States Party : 146
Korea : 20 November 1962 (조약 제100호)
Link : www.unhcr.org

PREAMBLE

전 문

The High Contracting Parties,

체약국은,

Considering that the Charter of the United Nations and the Universal Declaration of Human Rights approved on 10 December 1948 by the General Assembly have affirmed the principle that human beings shall enjoy fundamental rights and freedoms without discrimination,

국제연합헌장과 1948년 12월 10일 국제연합 총회에 의하여 승인된 세계인권선언이, 인간은 차별없이 기본적인 권리와 자유를 향유한다는 원칙을 확인하였음을 고려하고,

Considering that the United Nations has, on various occasions, manifested its profound concern for refugees and endeavoured to assure refugees the widest possible exercise of these fundamental rights and freedoms,

국제연합이 수차에 걸쳐 난민에 대한 깊은 관심을 표명하였고, 또한 난민에게 이러한 기본적인 권리와 자유의 가능한 한 광범위한 행사를 보장하려고 노력하였음을 고려하며,

Considering that it is desirable to revise and consolidate previous international agreements relating to the status of refugees and to extend the scope of and protection accorded by such instruments by means of a new agreement,

난민의 지위에 관한 종전의 국제협정들을 개정하고 통합하고, 또한 그러한 문서의 적용범위와 그러한 문서에서 정하여진 보호를 새로운 협정에서 확대하는 것이 바람직함을 고려하며,

Considering that the grant of asylum may place unduly heavy burdens on certain coun-

난민에 대한 비호의 부여가 특정 국가에 부당하게 과중한 부담이 될 가능성이 있고, 또

tries, and that a satisfactory solution of a problem of which the United Nations has recognized the international scope and nature cannot therefore be achieved without international co-operation,

한 국제적 범위와 성격을 가진다고 국제연합이 인정하는 문제에 관한 만족할 만한 해결은 국제협력이 없이는 성취될 수 없다는 것을 고려하며,

Expressing the wish that all States, recognizing the social and humanitarian nature of the problem of refugees, will do everything within their power to prevent this problem from becoming a cause of tension between States,

모든 국가가 난민문제의 사회적, 인도적 성격을 인식하고, 이 문제가 국가간의 긴장의 원인이 되는 것을 방지하기 위하여 가능한 모든 조치를 취할 것을 희망하며,

Noting that the United Nations High Commissioner for Refugees is charged with the task of supervising international conventions providing for the protection of refugees, and recognizing that the effective co-ordination of measures taken to deal with this problem will depend upon the co-operation of States with the High Commissioner,

국제연합 난민고등판무관이 난민의 보호에 관하여 정하는 국제협약의 적용을 감독하는 임무를 가지고 있다는 것을 유의하고, 또한 각국과 국제 연합 난민고등판무관과의 협력에 의하여 난민문제를 다루기 위하여 취하여진 조치의 효과적인 조정이 가능하게 될 것임을 인정하며,

Have agreed as follows:

다음과 같이 합의하였다.

CHAPTER I GENERAL PROVISIONS

제 1 장 일반규정

Article 1 Definition of the term "refugee"

제 1 조 "난민"이라는 용어의 정의

A. For the purposes of the present Convention, the term "refugee" shall apply to any person who:

A. 이 협약의 적용상, "난민"이라는 용어는 다음과 같은 자에게 적용된다.

(1) Has been considered a refugee under the Arrangements of 12 May 1926 and 30 June 1928 or under the Conventions of 28 October 1933 and 10

(1) 1926년 5월 12일 및 1928년 6월 30일의 약정 또는 1933년 10월 28일 및 2월 10일의 협약, 1939년 9월 14일의 의정서 또는 국제난민기구헌장에 의하여 난

February 1938, the Protocol of 14 September 1939 or the Constitution of the International Refugee Organization; Decisions of non-eligibility taken by the International Refugee Organization during the period of its activities shall not prevent the status of refugee being accorded to persons who fulfil the conditions of paragraph 2 of this section;

민으로 인정되고 있는 자. 국제난민기구가 그 활동 기간 중에 행한 부적격 결정은 당해 자가 (2)의 조건을 충족시키는 경우 당해자가 난민의 지위를 부여하는 것을 방해하지 아니한다.

(2) As a result of events occurring before 1 January 1951 and owing to well-founded fear of being persecuted for reasons of race, religion, nationality, membership of a particular social group or political opinion, is outside the country of his nationality and is unable or, owing to such fear, is unwilling to avail himself of the protection of that country; or who, not having a nationality and being outside the country of his former habitual residence as a result of such events, is unable or, owing to such fear, is unwilling to return to it.

In the case of a person who has more than one nationality, the term "the country of his nationality" shall mean each of the countries of which he is a national, and a person shall not be deemed to be lacking the protection of the country of his nationality if, without any valid reason based on well-founded fear, he has not availed himself of the protection of one of the countries of which he is a national.

(2) 1951년 1월 1일 이전에 발생한 사건의 결과로서, 또한 인종, 종교, 국적 또는 특정 사회집단의 구성원 신분 또는 정치적 의견을 이유로 박해를 받을 우려가 있다는 충분한 이유가 있는 공포로 인하여 국적국 밖에 있는 자로서 그 국적국의 보호를 받을 수 없거나 또는 그러한 공포로 인하여 그 국적 국의 보호를 받는 것을 원하지 아니하는 자 및 이들 사건의 결과로서 상주국가 밖에 있는 무국적자로서 종전의 상주 국가로 돌아갈 수 없거나 또는 그러한 공포로 인하여 종전의 상주국가로 돌아가는 것을 원하지 아니하는 자.

둘 이상의 국적을 가진 자의 경우에, "국적국"이라 함은 그가 국적을 가지고 있는 국가 각각을 말하며, 충분한 이유가 있는 공포에 기초한 정당한 이유 없이 어느 하나의 국적국의 보호를 받지 않았다면 당해자에게 국적국의 보호가 없는 것으로 인정되지 아니한다.

B. (1) For the purposes of this Convention, the words "events occurring before 1 January 1951" in article 1, section A,

B. (1) 이 협약의 적용상 제1조 A의 "1951년 1월 1일 이전에 발생한 사건"이라는 용어는 다음 중 어느 하나를 의미하는 것

shall be understood to mean either (a) "events occurring in Europe before 1 January 1951"; or (b) "events occurring in Europe or elsewhere before 1 January 1951", and each Contracting State shall make a declaration at the time of signature, ratification or accession, specifying which of these meanings it applies for the purpose of its obligations under this Convention.

(2) Any Contracting State which has adopted alternative (a) may at any time extend its obligations by adopting alternative (b) by means of a notification addressed to the Secretary-General of the United Nations.

C. This Convention shall cease to apply to any person falling under the terms of section A if:

(1) He has voluntarily re-availed himself of the protection of the country of his nationality; or

(2) Having lost his nationality, he has voluntarily re-acquired it, or

(3) He has acquired a new nationality, and enjoys the protection of the country of his new nationality; or

(4) He has voluntarily re-established himself in the country which he left or outside which he remained owing to fear of persecution; or

(5) He can no longer, because the circumstances in connection with which he has been recognized as a refugee have ceased to exist, continue to refuse to avail himself of the protection of the

으로 이해된다. (a) 1951년 1월 1일 이전에 유럽에서 발생한 사건" 또는 (b) "1951년 1월 1일 이전에 유럽 또는 기타 지역에서 발생한 사건" 각 체약국은 서명, 비준 또는 가입 시에 이 협약상의 의무를 이행함에 있어서 상기중 어느 규정을 적용할 것인가를 선택하는 선언을 행한다.

(2) (a) 규정을 적용할 것을 선택한 체약국은 언제든지 (b) 규정을 적용할 것을 선택한다는 것을 국제연합 사무총장에게 통고함으로써 그 의무를 확대할 수 있다.

C. 이 협약은 A의 요건에 해당하는 자에게 다음의 어느 것에 해당하는 경우 적용이 종지된다.

(1) 임의로 국적국의 보호를 다시 받고 있는 경우, 또는

(2) 국적을 상실한 후 임의로 국적을 회복한 경우, 또는

(3) 새로운 국적을 취득하고, 또한 새로운 국적국의 보호를 받고 있는 경우, 또는

(4) 박해를 받을 우려가 있다고 하는 공포 때문에 정주하고 있는 국가를 떠나거나 또는 그 국가밖에 체류하고 있었으나 그 국가에서 임의로 다시 정주하게 된 경우, 또는

(5) 난민으로 인정되어온 근거사유가 소멸되었기 때문에 국적국의 보호를 받는 것을 거부할 수 없게 된 경우. 다만, 이 조항은 이 조 A(1)에 해당하는 난민으로서 국적

country of his nationality;
Provided that this paragraph shall not apply to a refugee falling under section A (1) of this article who is able to invoke compelling reasons arising out of previous persecution for refusing to avail himself of the protection of the country of nationality;

국의 보호를 받는 것을 거부한 이유로서 과거의 박해에 기인하는 어쩔 수 없는 사정을 원용할 수 있는 자에게는 적용하지 아니한다.

(6) Being a person who has no nationality he is, because of the circumstances in connection with which he has been recognized as a refugee have ceased to exist, able to return to the country of his former habitual residence;
Provided that this paragraph shall not apply to a refugee falling under section A (1) of this article who is able to invoke compelling reasons arising out of previous persecution for refusing to return to the country of his former habitual residence.

(6) 국적이 없는 자로서, 난민으로 인정되어 온 근거사유가 소멸되었기 때문에 종전의 상주 국가에 되돌아올 수 있을 경우. 다만 이 조항은 이 조 A(1)에 해당하는 난민으로서 종전의 상주국가에 돌아오기를 거부한 이유로서 과거의 박해에 기인하는 어쩔 수 없는 사정을 원용할 수 있는 자에게는 적용하지 아니한다.

난민

D. This Convention shall not apply to persons who are at present receiving from organs or agencies of the United Nations other than the United Nations High Commissioner for Refugees protection or assistance.
When such protection or assistance has ceased for any reason, without the position of such persons being definitively settled in accordance with the relevant resolutions adopted by the General Assembly of the United Nations, these persons shall ipso facto be entitled to the benefits of this Convention.

D. 이 협약은 국제연합 난민고등판무관외에 국제연합의 기관이나 또는 기구로부터 보호 또는 원조를 현재 받고 있는 자에게는 적용하지 아니한다.

그러한 보호 또는 원조를 현재 받고 있는 자의 지위에 관한 문제가 국제연합총회에 의하여 채택된 관련 결의에 따라 최종적으로 해결됨이 없이 그러한 보호 또는 원조의 부여가 종지되는 경우 그 자는 그 사실에 의하여 이 협약에 의하여 부여되는 이익을 받을 자격이 있다.

E. This Convention shall not apply to a per-

E. 이 협약은 거주국의 권한 있는 기관에 의

son who is recognized by the competent authorities of the country in which he has taken residence as having the rights and obligations which are attached to the possession of the nationality of that country.

하여 그 국가의 국적을 보유하는 데에 따른 권리 및 의무를 가진 것으로 인정되는 자에게는 적용하지 아니한다.

F. The provisions of this Convention shall not apply to any person with respect to whom there are serious reasons for considering that:

F. 이 협약의 규정은 다음의 어느 것에 해당한다고 간주될 상당한 이유가 있는 자에게는 적용하지 아니한다.

(a) he has committed a crime against peace, a war crime, or a crime against humanity, as defined in the international instruments drawn up to make provision in respect of such crimes;

(a) 평화에 대한 범죄, 전쟁범죄 또는 인도에 대한 범죄에 관하여 규정하는 국제문서에 정하여진 그러한 범죄를 범한 자.

(b) he has committed a serious nonpolitical crime outside the country of refuge prior to his admission to that country as a refugee;

(b) 난민으로서 피난국에 입국하는 것이 허가되기 전에 그 국가 밖에서 중대한 비정치적 범죄를 범한 자.

(c) he has been guilty of acts contrary to the purposes and principles of the United Nations.

(c) 국제연합의 목적과 원칙에 반하는 행위를 행한 자.

Article 2
General obligations

제2조
일반적 의무

Every refugee has duties to the country in which he finds himself, which require in particular that he conform to its laws and regulations as well as to measures taken for the maintenance of public order.

모든 난민은 자신이 체재하는 국가에 대하여 특히 그 국가의 법령을 준수할 의무 및 공공질서를 유지하기 위한 조치에 따를 의무를 진다.

Article 3
Non-discrimination

제3조
무 차 별

The Contracting States shall apply the provisions of this Convention to refugees without discrimination as to race, religion or

체약국은 난민에게 인종, 종교 또는 출신국에 의한 차별 없이 이 협약의 규정을 적용한다.

country of origin.

Article 4
Religion

The Contracting States shall accord to refugees within their territories treatment at least as favourable as that accorded to their nationals with respect to freedom to practice their religion and freedom as regards the religious education of their children.

제4조
종 교

체약국은 그 영역 내의 난민에게 종교를 실천하는 자유 및 자녀의 종교적 교육에 관한 자유에 대하여 적어도 자국민에게 부여하는 대우와 동등한 호의적 대우를 부여한다.

Article 5
Rights granted apart from this convention

Nothing in this Convention shall be deemed to impair any rights and benefits granted by a Contracting State to refugees apart from this Convention.

제5조
이 협약과는 관계없이 부여되는 권리

이 협약의 어떠한 규정도 체약국이 이 협약과는 관계없이 난민에게 부여하는 권리와 이익을 저해하는 것으로 해석되지 아니한다.

Article 6
The term "in the same circumstances"

For the purposes of this Convention, the term "in the same circumstances" implies that any requirements (including requirements as to length and conditions of sojourn or residence) which the particular individual would have to fulfil for the enjoyment of the right in question, if he were not a refugee, must be fulfilled by him, with the exception of requirements which by their nature a refugee is incapable of fulfilling.

제6조
"동일한 사정하에서"라는 용어

이 협약의 적용상, "동일한 사정하에서"라는 용어는, 그 성격상 난민이 충족시킬 수 없는 요건을 제외하고, 특정 개인이 그가 난민이 아니라고 할 경우에 특정 권리를 향유하기 위하여 충족시켜야 하는 요건(체재 또는 거주의 기간과 조건에 관한 요건을 포함한다)이 충족되어야 한다는 것을 의미한다.

Article 7
Exemption from reciprocity

1. Except where this Convention contains

제7조
상호주의로부터의 면제

1. 체약국은 난민에게 이 협약이 더 유리한

more favourable provisions, a Contracting State shall accord to refugees the same treatment as it accorded to aliens generally.

규정을 두고 있는 경우를 제외하고, 일반적으로 외국인에게 부여하는 대우와 동등한 대우를 부여한다.

2. After a period of three years' residence, all refugees shall enjoy exemption from legislative reciprocity in the territory of the Contracting States.

2. 모든 난민은 어떠한 체약국의 영역 내에서 3년간 거주한 후 그 체약국의 영역 내에서 입법상의 상호주의로부터의 면제를 받는다.

3. Each Contracting State shall continue to accord to refugees the rights and benefits to which they were already entitled, in the absence of reciprocity, at the date of entry into force of this Convention for that State.

3. 각 체약국은 자국에 관하여 이 협약이 발효하는 날에 상호주의의 적용 없이 난민에게 이미 인정되고 있는 권리와 이익이 존재하는 경우 그 권리와 이익을 계속 부여한다.

4. The Contracting States shall consider favourably the possibility of according to refugees, in the absence of reciprocity, rights and benefits beyond those to which they are entitled according to paragraphs 2 and 3, and to extending exemption from reciprocity to refugees who do not fulfil the conditions provided for in paragraphs 2 and 3.

4. 체약국은 제2항 및 제3항에 따라 인정되고 있는 권리와 이익 이외의 권리와 이익을 상호주의의 적용 없이 난민에게 부여할 가능성과 제2항에 규정하는 거주의 조건을 충족시키지 못하고 있는 난민과 제3항에 규정하는 권리와 이익이 인정되고 있지 아니한 난민에게도 상호주의로부터의 면제를 적용할 가능성을 호의적으로 고려한다.

5. The provisions of paragraphs 2 and 3 apply both to the rights and benefits referred to in articles 13, 18, 19, 21 and 22 of this Convention and to rights and benefits for which this Convention does not provide.

5. 제2항 및 3항의 규정은 이 협약의 제13조, 제18조, 제19조, 제21조 및 제22조에 규정하는 권리와 이익 및 이 협약에서 규정하고 있지 아니하는 권리와 이익에 관하여서도 적용한다.

Article 8
Exemption from exemption from exceptional measures

제8조
예외적 조치의 면제

With regard to exceptional measures which may be taken against the person, property

체약국은 특정한 외국 국민의 신체, 재산 또는 이익에 대하여 취하여지는 예외적 조치에

or interests of nationals of a foreign State, the Contracting States shall not apply such measures to a refugee who is formally a national of the said State solely on account of such nationality. Contracting States which, under their legislation, are prevented from applying the general principle expressed in this article, shall, in appropriate cases, grant exemptions in favour of such refugees.

관하여, 형식상 당해 외국의 국민인 난민에 대하여 단순히 그의 국적만을 이유로 그 조치를 적용하여서는 아니된다. 법제상 이 조에 명시된 일반원칙을 적용할 수 없는 체약국은 적당한 경우 그러한 난민을 위하여 그 예외적 조치를 한다.

Article 9
Provisional measures

Nothing in this Convention shall prevent a Contracting State, in time of war or other grave and exceptional circumstances, from taking provisionally measures which it considers to be essential to the national security in the case of a particular person, pending a determination by the Contracting State that that person is in fact a refugee and that the continuance of such measures is necessary in his case in the interests of national security.

제 9 조
잠정조치

이 협약의 어떠한 규정도 체약국이 전시 또는 기타 중대하고 예외적인 상황에 처하여, 특정 개인에 관하여 국가안보를 위하여 불가결하다고 인정되는 조치를 잠정적으로 취하는 것을 방해하는 것은 아니다. 다만, 그 조치는 특정 개인이 사실상 난민인가의 여부, 또한 그 특정 개인에 관하여 불가결하다고 인정되는 조치를 계속 적용하는 것이 국가안보를 위하여 필요한 것인가의 여부를 체약국이 결정할 때까지에 한한다.

난민

Article 10
Continuity of residence

1. Where a refugee has been forcibly displaced during the Second World War and removed to the territory of a Contracting State, and is resident there, the period of such enforced sojourn shall be considered to have been lawful residence within that territory.

2. Where a refugee has been forcibly displaced during the Second World War from

제 10 조
거주의 계속

1. 제2차 세계대전중에 강제로 퇴거되어 어느 체약국의 영역으로 이동되어서 그 영역 내에 거주하고 있는 난민은 그러한 강제체류기간은 합법적으로 그 영역 내에서 거주한 것으로 본다.

2. 난민이 제2차 세계대전중에 어느 체약국의 영역으로부터 강제로 퇴거되었다가 이

the territory of a Contracting State and has, prior to the date of entry into force of this Convention, returned there for the purpose of taking up residence, the period of residence before and after such enforced displacement shall be regarded as one uninterrupted period for any purposes for which uninterrupted residence is required.

협약의 발효일 이전에 거주를 위하여 그 영역 내로 귀환한 경우 그러한 강제퇴거 전후의 거주기간은 계속적인 거주가 요건이 되는 어떠한 경우에 있어서도 계속된 하나의 기간으로 본다.

Article 11
Refugee seamen

In the case of refugees regularly serving as crew members on board a ship flying the flag of a Contracting State, that State shall give sympathetic consideration to their establishment on its territory and the issue of travel documents to them or their temporary admission to its territory particularly with a view to facilitating their establishment in another country.

제 11 조
난민선원

체약국은 자국을 기국으로 하는 선박에 승선하고 있는 선원으로서 정규적으로 근무 중인 난민에 관하여서는 자국의 영역에서 정주하는 것에 관하여 호의적으로 고려하고, 특히 타국에서의 정주를 용이하게 하기 위한 여행증명서를 발급하거나 또는 자국의 영역에 일시적으로 입국하는 것을 허락하는 것에 관하여 호의적으로 고려한다.

난민

CHAPTER II JURIDICAL STATUS

제 2 장 법적 지위

Article 12
Personal status

1. The personal status of a refugee shall be governed by the law of the country of his domicile or, if he has no domicile, by the law of the country of his residence.

2. Rights previously acquired by a refugee and dependent on personal status, more particularly rights attaching to marriage, shall be respected by a Contracting State, subject to compliance, if this be neces-

제 12 조
개인적 지위

1. 난민의 개인적 지위는 주소지 국가의 법률에 의하거나 또는 주소가 없는 경우에는 거소지 국가의 법률에 의하여 규율된다.

2. 난민이 이미 취득한 권리로서 개인적 지위에 따르는 것, 특히 혼인에 따르는 권리는 난민이 체약국의 법률에 정하여진 절차에 따르는 것이 필요한 경우 이들에 따를 것을 조건으로 하여 그 체약국에 의하여 존

sary, with the formalities required by the law of that State, provided that the right in question is one which would have been recognized by the law of that State had he not become a refugee.

중된다. 다만, 문제의 권리는 난민이 되지 않았을 경우일지라도 그 체약국의 법률에 의하여 인정된 것이어야 한다.

Article 13
Movable and immovable property

The Contracting States shall accord to a refugee treatment as favourable as possible and, in any event, not less favourable than that accorded to aliens generally in the same circumstances, as regards the acquisition of movable and immovable property and other rights pertaining thereto, and to leases and other contracts relating to movable and immovable property.

제 13 조
동산 및 부동산

체약국은 난민에게 동산 및 부동산의 소유권과 이에 관한 기타 권리의 취득 및 동산과 부동산에 관한 임대차 및 기타의 계약에 관하여 가능한 한 유리한 대우를 부여하고, 어떠한 경우에 있어서도, 동일한 사정 하에서 일반적으로 외국인에게 부여되는 대우보다 불리하지 아니한 대우를 부여 한다.

Article 14
Artistic rights and industrial property

In respect of the protection of industrial property, such as inventions, designs or models, trade marks, trade names, and of rights in literary, artistic, and scientific works, a refugee shall be accorded in the country in which he has his habitual residence the same protection as is accorded to nationals of that country. In the territory of any other Contracting State, he shall be accorded the same protection as is accorded in that territory to nationals of the country in which he has his habitual residence.

제 14 조
저작권 및 산업재산권

난민은 발명, 의장, 상표, 상호 등의 공업소유권의 보호 및 문학적 예술적 및 학술적 저작물에 대한 권리의 보호에 관하여, 상거소를 가지는 국가에서 그 국가의 국민에게 부여되는 보호와 동일한 보호를 부여받는다. 기타 체약국의 영역에 있어서도 그 난민이 상거소를 가지는 국가의 국민에게 그 체약국의 영역에서 부여되는 보호와 동일한 보호를 부여받는다.

Article 15
Right of association

As regards non-political and non-profit-

제 15 조
결사의 권리

체약국은 합법적으로 그 영역 내에 체재하는

making associations and trade unions the Contracting States shall accord to refugees lawfully staying in their territory the most favourable treatment accorded to nationals of a foreign country, in the same circumstances.

난민에게 비정치적이고 비영리적인 단체와 노동조합에 관한 사항에 관하여 동일한 사정하에서 외국 국민에게 부여하는 대우 중 가장 유리한 대우를 부여한다.

Article 16
Access to courts

제 16 조
재판을 받을 권리

1. A refugee shall have free access to the courts of law on the territory of all Contracting States.

1. 난민은 모든 체약국의 영역에서 자유로이 재판을 받을 권리를 가진다.

2. A refugee shall enjoy in the Contracting State in which he has his habitual residence the same treatment as a national in matters pertaining to access to the Courts, including legal assistance and exemption from cautio judicatum solvi.

2. 난민은 상거소를 가지는 체약국에서 법률구조와 소송비용의 담보 면제를 포함하여 재판을 받을 권리에 관한 사항에 있어서 그 체약국의 국민에게 부여되는 대우와 동일한 대우를 부여받는다.

3. A refugee shall be accorded in the matters referred to in paragraph 2 in countries other than that in which he has his habitual residence the treatment granted to a national of the country of his habitual residence.

3. 난민은 상거소를 가지는 체약국 이외의 체약국에서 제2항에 규정하는 사항에 관하여 그 상거소를 가지는 체약국의 국민에게 부여되는 대우와 동일한 대우를 부여받는다.

CHAPTER III
GAINFUL EMPLOYMENT

제 3 장 유급직업

Article 17
Wage-earning employment

제 17 조
임금이 지급되는 직업

1. The Contracting State shall accord to refugees lawfully staying in their territory the most favourable treatment accorded to nationals of a foreign country in the same circumstances, as regards

1. 체약국은 합법적으로 그 영역 내에 체재하는 난민에게, 임금이 지급되는 직업에 종사할 권리에 관하여, 동일한 사정 하에서 외국 국민에게 부여되는 대우 중 가장 유리한 대우를 부여한다.

the right to engage in wageearning employment.

2. In any case, restrictive measures imposed on aliens or the employment of aliens for the protection of the national labour market shall not be applied to a refugee who was already exempt from them at the date of entry into force of this Convention for the Contracting State concerned, or who fulfills one of the following conditions:

(a) He has completed three years' residence in the country;
(b) He has a spouse possessing the nationality of the country of residence. A refugee may not invoke the benefits of this provision if he has abandoned his spouse;
(c) He has one or more children possessing the nationality of the country of residence.

3. The Contracting States shall give sympathetic consideration to assimilating the rights of all refugees with regard to wage-earning employment to those of nationals, and in particular of those refugees who have entered their territory pursuant to programmes of labour recruitment or under immigration schemes.

2. 어떠한 경우에 있어서도, 체약국이 국내 노동시장의 보호를 위하여 외국인 또는 외국인의 고용에 관하여 취하는 제한적 조치는 그 체약국에 대하여 이 협약이 발효하는 날에 이미 그 조치로부터 면제된 난민이나, 또는 다음의 조건중 어느 하나를 충족시키는 난민에게는 적용되지 아니한다.

(a) 그 체약국에서 3년 이상 거주하고 있는 자.
(b) 그 난민이 거주하고 있는 체약국의 국적을 가진 배우자가 있는 자. 난민이 그 배우자를 유기한 경우에는 이 조항에 의한 이익을 원용하지 못한다.
(c) 그 난민이 거주하고 있는 체약국의 국적을 가진 1명 또는 그 이상의 자녀를 가진 자.

3. 체약국은 임금이 지급되는 직업에 관하여 모든 난민, 특히 노동자 모집계획 또는 이주민계획에 따라 그 영역 내에 입국한 난민의 권리를 자국민의 권리와 동일하게 할 것을 호의적으로 고려한다.

Article 18
Self-employment

The Contracting States shall accord to a refugee lawfully in their territory treatment as favourable as possible and, in any event, not less favourable than that ac-

제 18 조
자 영 업

체약국은 합법적으로 그 영역 내에 있는 난민에게 독립하여 농업, 공업, 수공업 및 상업에 종사하는 권리 및 상업상, 산업상 회사를 설립할 권리에 관하여 가능한 한 유리한 대

corded to aliens generally in the same circumstances, as regards the right to engage on his own account in agriculture, industry, handicrafts and commerce and to establish commercial and industrial companies.

우를 부여하고, 어떠한 경우에 있어서도 동일한 사정 하에서 일반적으로 외국인에게 부여하는 대우보다 불리하지 아니한 대우를 부여한다.

Article 19
Liberal professions

제 19 조
자 유 업

1. Each Contracting State shall accord to refugees lawfully staying in their territory who hold diplomas recognized by the competent authorities of that State, and who are desirous of practicing a liberal profession, treatment as favourable as possible and, in any event, not less favourable than that accorded to aliens generally in the same circumstances.

2. The Contracting States shall use their best endeavours consistently with their laws and constitutions to secure the settlement of such refugees in the territories, other than the metropolitan territory, for whose international relations they are responsible.

1. 각 체약국은 합법적으로 그 영역 내에 체재하는 난민으로서 그 체약국의 권한 있는 기관이 승인한 자격 증서를 가지고 자유업에 종사할 것을 희망하는 자에게 가능한 한 유리한 대우를 부여하고, 어떠한 경우에 있어서도 동일한 사정 하에서 일반적으로 외국인에게 부여하는 대우보다 불리하지 아니한 대우를 부여한다.

2. 체약국은 본토 지역 이외에 자국이 국제관계에서 책임을 가지는 영역 내에서 상기한 난민이 정주하는 것을 확보하기 위하여 자국의 헌법과 법률에 따라 최선의 노력을 한다.

CHAPTER Ⅳ WELFARE

제 4 장 복 지

Article 20
Rationing

제 20 조
배 급

Where a rationing system exists, which applies to the population at large and regulates the general distribution of products in short supply, refugees shall be accorded the same treatment as nationals.

공급이 부족한 물자의 분배를 규제하는 것으로서 주민전체에 적용되는 배급제도가 존재하는 경우, 난민은 그 배급제도의 적용에 있어서 내국민에게 부여되는 대우와 동일한 대우를 부여받는다.

Article 21
Housing

As regards housing, the Contracting States, in so far as the matter is regulated by laws or regulations or is subject to the control of public authorities, shall accord to refugees lawfully staying in their territory treatment as favourable as possible and, in any event, not less favourable than that accorded to aliens generally in the same circumstances.

제21조
주 거

체약국은 주거에 관한 사항이 법령의 규제를 받거나 또는 공공기관의 관리하에 있는 경우 합법적으로 그 영역 내에 체재하는 난민에게 주거에 관하여 가능한 한 유리한 대우를 부여하고, 어떠한 경우에 있어서도 동일한 사정하에서 일반적으로 외국인에게 부여하는 대우보다 불리하지 아니한 대우를 부여한다.

Article 22
Public education

1. The Contracting States shall accord to refugees the same treatment as is accorded to nationals with respect to elementary education.

2. The Contracting States shall accord to refugees treatment as favourable as possible, and, in any event, not less favourable than that accorded to aliens generally in the same circumstances, with respect to education other than elementary education and, in particular, as regards access to studies, the recognition of foreign school certificates, diplomas and degrees, the remission of fees and charges and the award of scholarships.

제22조
공공교육

1. 체약국은 난민에게 초등교육에 대하여 자국민에게 부여하는 대우와 동일한 대우를 부여한다.

2. 체약국은 난민에게 초등교육 이외의 교육, 특히 수학의 기회, 학업에 관한 증명서, 자격증서 및 학위로서 외국에서 수여된 것의 승인, 수업료 기타 납부금의 감면 및 장학금의 급여에 관하여 가능한 한 유리한 대우를 부여하고, 어떠한 경우에 있어서도 동일한 사정하에서 일반적으로 외국인에게 부여하는 대우보다 불리하지 아니한 대우를 부여한다.

Article 23
Public relief

The Contracting States shall accord to refugees lawfully staying in their territory the same treatment with respect to public

제23조
공공구제

체약국은 합법적으로 그 영역 내에 체재하는 난민에게, 공공구제와 공적원조에 관하여 자국민에게 부여하는 대우와 동일한 대우를 부

relief and assistance as is accorded to their nationals.

여한다.

Article 24
Labour legislation and social security

제24조
노동법제와 사회보장

1. The Contracting States shall accord to refugees lawfully staying in their territory the same treatment as is accorded to nationals in respect of the following matters:

1. 체약국은 합법적으로 그 영역 내에 체재하는 난민에게, 다음 사항에 관하여 자국민에게 부여하는 대우와 동일한 대우를 부여한다.

(a) In so far as such matters are governed by laws or regulations or are subject to the control of administrative authorities: remuneration, including family allowances where these form part of remuneration, hours of work, overtime arrangements, holidays with pay, restrictions on home work, minimum age of employment, apprenticeship and training, women's work and the work of young persons, and the enjoyment of the benefits of collective bargaining;

(a) 보수의 일부를 구성하는 가족수당을 포함한 보수, 노동시간, 시간외 노동, 유급휴가, 가내노동에 관한 제한, 최저고용연령, 견습과 훈련, 여성과 연소자의 노동 및 단체교섭의 이익향유에 관한 사항으로서 법령의 규율을 받거나 또는 행정기관의 관리하에 있는 것.

(b) Social security (legal provisions in respect of employment injury, occupational diseases, maternity, sickness, disability, old age, death, unemployment, family responsibilities and any other contingency which, according to national laws or regulations, is covered by a social security scheme), subject to the following limitations:

(b) 사회보장(산업재해, 직업병, 출산, 질병, 폐질, 노령, 사망, 실업, 가족부양 기타 국내법령에 따라 사회보장제도의 대상이 되는 급부사유에 관한 법규). 다만, 다음의 조치를 취하는 것을 방해하지 아니한다.

(i) There may be appropriate arrangements for the maintenance of acquired rights and rights in course of acquisition;

(i) 취득한 권리와 취득과정중에 있는 권리의 유지를 위하여 적절한 조치를 취하는 것.

(ii) National laws or regulations of the country of residence may prescribe special arrangements concerning

(ii) 거주하고 있는 체약국의 국내법령이 공공자금에서 전액 지급되는 급부의 전부 또는 일부에 관하여, 또한 통상

난민

benefits or portions of benefits which are payable wholly out of public funds, and concerning allowances paid to persons who do not fulfil the contribution conditions prescribed for the award of a normal pension.

의 연금의 수급을 위하여 필요한 기여조건을 충족시키지 못하는 자에게 지급되는 수당에 관하여 특별한 조치를 정하는 것.

2. The right to compensation for the death of a refugee resulting from employment injury or from occupational disease shall not be affected by the fact that the residence of the beneficiary is outside the territory of the Contracting State.

2. 산업재해 또는 직업병에서 기인하는 난민의 사망에 대한 보상을 받을 권리는 그의 권리를 취득하는 자가 체약국의 영역 밖에 거주하고 있다는 사실로 인하여 영향을 받지 아니한다.

3. The Contracting States shall extend to refugees the benefits of agreements concluded between them, or which may be concluded between them in the future, concerning the maintenance of acquired rights and rights in the process of acquisition in regard to social security, subject only to the conditions which apply to nationals of the States signatory to the agreements in question.

3. 체약국은 취득되거나 또는 취득의 과정중에 있는 사회보장에 관한 권리의 유지에 관하여 다른 체약국간에 이미 체결한 협정 또는 장차 체결할 문제의 협정의 서명국의 국민에게 적용될 조건을 난민이 충족시키고 있는 한 그 협정에 의한 이익과 동일한 이익을 그 난민에게 부여한다.

4. The Contracting States will give sympathetic consideration to ex tending to refugees so far as possible the benefits of similar agreements which may at any time be in force between such Contracting States and non-contracting States.

4. 체약국은 상기한 체약국과 비체약국 간에 현재 유효하거나 장래 유효하게 될 유사한 협정에 의한 이익과 동일한 이익을 가능한 한 난민에게 부여하는 것을 호의적으로 고려한다.

CHAPTER V ADMINISTRATIVE MEASURES

제 5 장 행정적 조치

Article 25 Administrative assistance

제 25 조 행정적 원조

1. When the exercise of a right by a re-

1. 난민이 그의 권리를 행사함에 있어서 통상

난민

fugee would normally require the assistance of authorities of a foreign country to whom he cannot have recourse, the Contracting States in whose territory he is residing shall arrange that such assistance be afforded to him by their own authorities or by an international authority.

적으로 외국기관의 원조를 필요로 하는 경우 그 기관의 원조를 구할 수 없을 때에는 그 난민이 거주하고 있는 체약국은 자국의 기관 또는 국제기관에 의하여 그러한 원조가 난민에게 부여되도록 조치한다.

2. The authority or authorities mentioned in paragraph 1 shall deliver or cause to be delivered under their supervision to refugees such documents or certifications as would normally be delivered to aliens by or through their national authorities.

2. 제1항에서 말하는 자국의 기관 또는 국제기관은 난민에게 외국인이 통상적으로 본국의 기관으로부터 또는 이를 통하여 발급받은 문서 또는 증명서를 발급하거나 또는 그 감독 하에 이들 문서 또는 증명서를 발급받도록 한다.

3. Documents or certifications so delivered shall stand in the stead of the official instruments delivered to aliens by or through their national authorities, and shall be given credence in the absence of proof to the contrary.

3. 상기와 같이 발급된 문서 또는 증명서는 외국인이 본국의 기관으로부터 또는 이를 통하여 발급 받은 공문서에 대신하는 것으로 하고, 반증이 없는 한 신빙성을 가진다.

난민

4. Subject to such exceptional treatment as may be granted to indigent persons, fees may be charged for the services mentioned herein, but such fees shall be moderate and commensurate with those charged to nationals for similar services.

4. 궁핍한 자에 대한 예외적인 대우를 하는 경우 이에 따를 것을 조건으로 하여, 이 조에 규정하는 사무에 대하여 수수료를 징수할 수 있다. 그러나 그러한 수수료는 타당하고 또한 동종의 사무에 대하여 자국민에게 징수하는 수수료에 상응하는 것이어야 한다.

5. The provisions of this article shall be without prejudice to articles 27 and 28.

5. 이 조의 규정은 제27조 및 제28조의 적용을 방해하지 아니한다.

Article 26
Freedom of movement

Each Contracting State shall accord to refugees lawfully in its territory the right to choose their place of residence to move

제26조
이동의 자유

각 체약국은 합법적으로 그 영역 내에 있는 난민에게 그 난민이 동일한 사정 하에서 일반적으로 외국인에게 적용되는 규제에 따를

freely within its territory, subject to any regulations applicable to aliens generally in the same circumstances.

것을 조건으로 하여 거주지를 선택할 권리 및 그 체약국의 영역 내에서 자유로이 이동할 권리를 부여한다.

Article 27
Identity papers

The Contracting States shall issue identity papers to any refugee in their territory who does not possess a valid travel document.

제 27 조
신분증명서

체약국은 그 영역 내에 있는 난민으로서 유효한 여행증명서를 소지하고 있지 아니한 자에게 신분증명서를 발급한다.

Article 28
Travel documents

1. The Contracting States shall issue to refugees lawfully staying in their territory travel documents for the purpose of travel outside their territory, unless compelling reasons of national security or public order otherwise require, and the provisions of the Schedule to this Convention shall apply with respect to such documents. The Contracting States may issue such a travel document to any other refugee in their territory; they shall in particular give sympathetic consideration to the issue of such a travel document to refugees in their territory who are unable to obtain a travel document from the country of their lawful residence.

2. Travel documents issued to refugees under previous international agreements by parties thereto shall be recognized and treated by the Contracting States in the same way as if they had been issued pursuant to this article.

제 28 조
여행증명서

1. 체약국은 합법적으로 그 영역 내에 체재하는 난민에게 국가안보 또는 공공질서를 위하여 어쩔 수 없는 이유가 있는 경우를 제외하고는, 그 영역 외로의 여행을 위한 여행증명서를 발급하고, 이 여행증명서에 관하여서는 이 협정 부속서의 규정을 적용한다. 체약국은 그 영역 내에 있는 다른 난민에게도 이러한 여행증명서를 발급할 수 있으며, 또한 체약국은 특히 그 영역 내에 있는 난민으로서 합법적으로 거주하고 있는 국가로부터 여행증명서를 받을 수 없는 자에게 이러한 여행증명서의 발급에 관하여 호의적으로 고려한다.

2. 종전의 국제협정의 체약국이 국제협정이 정한 바에 따라 난민에게 발급한 여행증명서는 이 협약의 체약국에 의하여 유효한 것으로 인정되고 또한 이 조에 따라 발급된 것으로 취급된다.

Article 29
Fiscal charges

1. The Contracting States shall not impose upon refugees duties, charges or taxes, of any description whatsoever, other or higher than those which are or may be levied on their nationals in similar situations.

2. Nothing in the above paragraph shall prevent the application to refugees of the laws and regulations concerning charges in respect of the issue to aliens of administrative documents including identity papers.

제 29 조
재정상의 부과금

1. 체약국은 난민에게 유사한 상태에 있는 자국민에게 과하고 있거나 또는 과해질 조세 기타 공과금(명칭 여하를 불문한다) 이외의 공과금을 과하지 아니한다. 또한 조세 기타 공과금에 대하여 유사한 상태에 있는 자국민에게 과하는 금액보다도 고액의 것을 과하지 아니한다.

2. 전항의 규정은 행정기관이 외국인에게 발급하는 신분증명서를 포함한 문서의 발급에 대한 수수료에 관한 법령을 난민에게 적용하는 것을 방해하지 아니한다.

Article 30
Transfer of assets

1. A Contracting State shall, in conformity with its laws and regulations, permit refugees to transfer assets which they have brought into its territory, to another country where they have been admitted for the purposes of resettlement.

2. A Contracting State shall give sympathetic consideration to the application of refugees for permission to transfer assets wherever they may be and which are necessary for their resettlement in another country to which they have been admitted.

제 30 조
자산의 이전

1. 체약국은 자국의 법령에 따라 난민이 그 영역 내로 반입한 자산을 정주하기 위하여 입국허가를 받은 다른 국가로 이전하는 것을 허가한다.

2. 체약국은 난민이 입국 허가된 타국에서 정주하기 위하여 필요한 자산에 대하여 그 소재지를 불문하고 그 난민으로부터 그 자산의 이전허가 신청이 있는 경우 그 신청을 호의적으로 고려한다.

Article 31
Refugees unlawfully in the country of refuge

1. The Contracting States shall not impose

제 31 조
피난국에 불법으로 있는 난민

1. 체약국은 그 생명 또는 자유가 제1조의 의

penalties, on account of their illegal entry or presence, on refugees who, coming directly from a territory where their life or freedom was threatened in the sense of article 1, enter or are present in their territory without authorization, provided they present themselves without delay to the authorities and show good cause for their illegal entry or presence.

미에 있어서 위협되고 있는 영역으로부터 직접 온 난민으로서 허가 없이 그 영역에 입국하거나 또는 그 영역 내에 있는 자에 대하여 불법으로 입국하거나 또는 불법으로 있는 것을 이유로 형벌을 과하여서는 아니 된다. 다만, 그 난민이 지체 없이 당국에 출두하고 또한 불법으로 입국하거나 또는 불법으로 있는 것에 대한 상당한 이유를 제시할 것을 조건으로 한다.

2. The Contracting States shall not apply to the movements of such refugees restrictions other than those which are necessary and such restrictions shall only be applied until their status in the country is regularized or they obtain admission into another country. The Contracting States shall allow such refugees a reasonable period and all the necessary facilities to obtain admission into another country.

2. 체약국은 상기한 난민의 이동에 대하여 필요한 제한이외의 제한을 과하지 아니하며 또한 그러한 제한은 그 난민의 체약국에 있어서의 체재가 합법적인 것이 될 때까지 또는 그 난민이 타국에의 입국허가를 획득할 때까지만 적용된다. 체약국은 그러한 난민에게 타국에의 입국허가를 획득하기 위하여 타당하다고 인정되는 기간과 이를 위하여 필요한 모든 편의를 부여한다.

Article 32
Expulsion

제32조
추 방

1. The Contracting States shall not expel a refugee lawfully in their territory save on grounds of national security or public order.

1. 체약국은 국가안보 또는 공공질서를 이유로 하는 경우를 제외하고 합법적으로 그 영역에 있는 난민을 추방하여서는 아니 된다.

2. The expulsion of such a refugee shall be only in pursuance of a decision reached in accordance with due process of law. Except where compelling reasons of national security otherwise require, the refugee shall be allowed to submit evidence to clear himself, and to appeal to and be represented for the purpose before competent authority or a person or persons

2. 이러한 난민의 추방은 법률에 정하여진 절차에 따라 이루어진 결정에 의하여서만 행하여진다. 국가안보를 위하여 불가피한 이유가 있는 경우를 제외하고 그 난민은 추방될 이유가 없다는 것을 밝히는 증거를 제출하고, 또한 권한 있는 기관 또는 그 기관이 특별히 지명하는 자에게 이의를 신청하고 이 목적을 위한 대리인을 세우는

specially designated by the competent authority.

것이 인정된다.

3. The Contracting States shall allow such a refugee a reasonable period within which to seek legal admission into another country. The Contracting States reserve the right to apply during that period such internal measures as they may deem necessary.

3. 체약국은 상기 난민에게 타국가에의 합법적인 입국허가를 구하기 위하여 타당하다고 인정되는 기간을 부여한다. 체약국은 그 기간 동안 동국이 필요하다고 인정하는 국내조치를 취할 권리를 유보한다.

Article 33
Prohibition of expulsion or return ("refoulement")

제33조
추방 또는 송환의 금지

1. No Contracting State shall expel or return ("refouler") a refugee in any manner whatsoever to the frontiers of territories where his life or freedom would be threatened on account of his race, religion, nationality, membership of a particular social group or political opinion.

2. The benefit of the present provision may not, however, be claimed by a refugee whom there are reasonable grounds for regarding as a danger to the security of the country in which he is, or who, having been convicted by a final judgment of a particularly serious crime, constitutes a danger to the community of that country.

1. 체약국은 난민을 어떠한 방법으로도 인종, 종교, 국적, 특정사회 집단의 구성원신분 또는 정치적 의견을 이유로 그 생명이나 자유가 위협받을 우려가 있는 영역의 국경으로 추방하거나 송환하여서는 아니 된다.

2. 체약국에 있는 난민으로서 그 국가의 안보에 위험하다고 인정되기에 충분한 상당한 이유가 있는 자 또는 특히 중대한 범죄에 관하여 유죄의 판결이 확정되고 그 국가공동체에 대하여 위험한 존재가 된 자는 이 규정의 이익을 요구하지 못한다.

Article 34
Naturalization

The Contracting States shall as far as possible facilitate the assimilation and naturalization of refugees. They shall in particular make every effort to expedite naturalization proceedings and to reduce as far as

제34조
귀 화

체약국은 난민의 동화 및 귀화를 가능한 한 장려한다. 체약국은 특히 귀화 절차를 신속히 행하기 위하여 또한 이러한 절차에 따른 수수료 및 비용을 가능한 한 경감시키기 위하여 모든 노력을 다한다.

possible the charges and costs of such proceedings.

CHAPTER Ⅵ EXECUTORY AND TRANSITORY PROVISIONS

제 6 장 실시 및 경과규정

Article 35
Co-operation of the national authorities with the United Nations

제 35 조
국내당국과 국제연합과의 협력

1. The Contracting States undertake to co-operate with the Office of the United Nations High Commissioner for Refugees, or any other agency of the United Nations which may succeed it, in the exercise of its functions, and shall in particular facilitate its duty of supervising the application of the provisions of this Convention.

1. 체약국은 국제연합 난민고등판무관 사무국 또는 그를 승계하는 국제연합의 다른 기관의 임무의 수행에 있어서 이들 기관과 협력할 것을 약속하고, 특히 이들 기관이 이 협약의 규정을 적용하는 것을 감독하는 책무의 수행에 있어서 이들 기관에게 편의를 제공한다.

2. In order to enable the Office of the High Commissioner or any other agency of the United Nations which may succeed it, to make reports to the competent organs of the United Nations, the Contracting States undertake to provide them in the appropriate form with information and statistical data requested concerning:

2. 체약국은 국제연합 난민고등판무관 사무국 또는 그를 승계하는 국제연합의 다른 기관이 국제연합의 관할기관에 보고하는 것을 용이하게 하기 위하여 요청에 따라 다음 사항에 관한 정보와 통계를 적당한 양식으로 제공할 것을 약속한다.

(a) the condition of refugees,
(b) the implementation of this Convention, and
(c) laws, regulations and decrees which are, or may hereafter be, in force relating to refugees.

(a) 난민의 상태
(b) 이 협약의 실시상황
(c) 난민에 관한 현행법령 및 장차 시행될 법령

Article 36
Information on national legislation

제 36 조
국내법령에 관한 정보

The Contracting States shall communicate

체약국은 국제연합 사무총장에게 이 협약의

to the Secretary-General of the United Nations the laws and regulations which they may adopt to ensure the application of this Convention.

적용을 확보하기 위하여 제정하는 법령을 송부한다.

Article 37
Relation to previous conventions

Without prejudice to article 28, paragraph 2, of this Convention, this Convention replaces, as between parties to it, the Arrangements of 5 July 1922, 31 May 1924, 12 May 1926, 30 June 1928 and 30 July 1935, the Conventions of 28 October 1933 and 10 February 1938, the Protocol of 14 September 1939 and the Agreement of 15 October 1946.

제 37 조
종전의 협약과의 관계

이 협약의 제28조 제2항을 침해함이 없이, 이 협약은 체약국 사이에서 1922년 7월 5일, 1924년 5월 31일, 1926년 5월 12일, 1928년 6월 30일 및 1935년 7월 30일의 협약, 1933년 10월 28일 및 1938년 2월 10일의 협약, 1939년 9월 14일의 의정서 및 1946년 10월 15일의 협약을 대신한다.

CHAPTER VII FINAL CLAUSES

제 7 장 최종조항

Article 38
Settlement of disputes

Any dispute between parties to this Convention relating to its interpretation or application, which cannot be settled by other means, shall be referred to the International Court of Justice at the request of any one of the parties to the dispute.

제 38 조
분쟁의 해결

이 협약의 해석 또는 적용에 관한 협약 당사국간의 분쟁으로서 다른 방법에 의하여 해결될 수 없는 것은 분쟁당사국 중 어느 일당사국의 요청에 의하여 국제사법재판소에 부탁된다.

Article 39
Signature, ratification and accession

1. This Convention shall be opened for signature at Geneva on 28 July 1951 and shall thereafter be deposited with the Secretary-General of the United Nations. It shall be open for signature at

제 39 조
서명, 비준 및 가입

1. 이 협약은 1951년 7월 28일에 제네바에서 서명을 위하여 개방되고, 그 후 국제연합 사무총장에게 기탁된다. 이 협약은 1951년 7월 28일부터 동년 8월 31일까지 국제연합 구주사무국에서, 동년 9월 17일

the European Office of the United Nations from 28 July to 31 August 1951 and shall be reopened for signature at the Headquarters of the United Nations from 17 September 1951 to 31 December 1952.

부터 1952년 12월 31일까지 국제연합본부에서 서명을 위하여 다시 개방된다.

2. This Convention shall be open for signature on behalf of all States Members of the United Nations, and also on behalf of any other State invited to attend the Conference of Plenipotentiaries on the Status of Refugees and Stateless Persons or to which an invitation to sign will have been addressed by the General Assembly. It shall be ratified and the instruments of ratification shall be deposited with the Secretary-General of the United Nations.

2. 이 협약은 국제연합의 모든 회원국과 난민 및 무국적자의 지위에 관한 전권회의에 참석하도록 초청된 국가 또는 총회에 의하여 서명하도록 초청받은 국가의 서명을 위하여 개방된다. 이 협약은 비준되어야 하고, 비준서는 국제연합 사무총장에게 기탁된다.

3. This Convention shall be open from 28 July 1951 for accession by the States referred to in paragraph 2 of this article. Accession shall be effected by the deposit of an instrument of accession with the Secretary-General of the United Nations.

3. 이 협약은 본조 제2항에 언급된 국가들의 가입을 위해 1951년 7월 28일부터 개방된다. 가입은 국제연합 사무총장에게 가입서를 기탁함으로써 효력을 발생한다.

난민

Article 40
Territorial application clause

1. Any State may, at the time of signature, ratification or accession, declare that this Convention shall extend to all or any of the territories for the international relations of which it is responsible. Such a declaration shall take effect when the Convention enters into force for the State concerned.

제40조
적용지역조항

1. 어떠한 국가도 서명, 비준 또는 가입시에 자국이 국제관계에 책임을 지는 영역의 전부 또는 일부에 관하여 이 협약을 적용한다는 것을 선언할 수 있다. 이러한 선언은 이 협약이 그 국가에 대하여 발효할 때 효력을 발생한다.

2. At any time thereafter any such extension shall be made by notification addressed to the Secretary-General of the United Nations and shall take effect as from the ninetieth day after the day of receipt by the Secretary-General of the United Nations of this notification, or as from the date of entry into force of the Convention for the State concerned, whichever is the later.

2. 그 후에는 국제연합 사무총장에게 언제든지 통고함으로써 그러한 적용을 행하고 또한 그 적용은 국제연합 사무총장이 통고를 수령한 날로부터 90일 후 또는 그 국가에 대하여 이 협약이 발효하는 날의 양자 중 늦은 날로부터 효력을 발생한다.

3. With respect to those territories to which this Convention is not extended at the time of signature, ratification or accession, each State concerned shall consider the possibility of taking the necessary steps in order to extend the application of this Convention to such territories, subject, where necessary for constitutional reasons, to the consent of the Governments of such territories.

3. 관계 국가는 서명, 비준 또는 가입시에 이 협약이 적용되지 아니하는 영역에 관하여 이 협약을 적용시키기 위하여 헌법상의 이유로 필요한 경우 그러한 영역의 정부의 동의를 조건으로 하여 필요한 조치를 취할 가능성을 검토한다.

Article 41
Federal clause

In the case of a Federal or non-unitary State, the following provisions shall apply:

(a) With respect to those articles of this Convention that come within the legislative jurisdiction of the federal legislative authority, the obligations of the Federal Government shall to this extent be the same as those of Parties which are not Federal States;

(b) With respect to those articles of this Convention that come within the legislative jurisdiction of constituent States, provinces or cantons which are not, under the constitutional system of the

제41조
연방조항

체약국이 연방제 또는 비단일제 국가인 경우에는 다음 규정을 적용한다.

(a) 이 협약의 규정으로서 그 실시가 연방의 입법기관의 입법권의 범위 내에 속하는 것에 관하여서는, 연방정부의 의무는 연방제국가가 아닌 체약국의 의무와 동일한 것으로 한다.

(b) 이 협약의 규정으로서 그 실시가 연방구성국, 주 또는 현의 입법권의 범위 내에 속하고 또한 연방의 헌법제도상 구성국, 주 또는 현이 입법조치를 취할 의무가 없는 것에 관하여서는 연방 정부는 구성국,

federation, bound to take legislative action, the Federal Government shall bring such articles with a favourable recommendation to the notice of the appropriate authorities of states, provinces or cantons at the earliest possible moment.

주 또는 현의 적당한 기관에 대하여 가능한 한 빨리 호의적인 권고와 함께 그 규정을 통보한다.

(c) A Federal State Party to this Convention shall, at the request of any other Contracting State transmitted through the Secretary-General of the United Nations, supply a statement of the law and practice of the Federation and its constituent units in regard to any particular provision of the Convention showing the extent to which effect has been given to that provision by legislative or other action.

(c) 이 협약의 체약국인 연방제국가는 국제연합 사무총장을 통하여 이 협약의 다른 체약국으로부터 요청이 있는 경우, 이 협약의 규정의 실시에 관한 연방과 그 구성단위의 법령 및 관행에 관한 설명을 제시하고, 또한 입법 기타의 조치에 의하여 이 협약의 규정이 실시되고 있는 정도를 보여준다.

Article 42
Reservations

제42조
유 보

1. At the time of signature, ratification or accession, any State may make reservations to articles of the Convention other than to articles 1, 3, 4, 16(1), 33, 36-46 inclusive.

1. 어떠한 국가도 서명, 비준 또는 가입시에 이 협약의 제1조, 제3조, 제16조(1), 제33조, 제36조 내지 제46조 규정 외에는 협약 규정의 적용에 관하여 유보할 수 있다.

2. Any State making a reservation in accordance with paragraph 1 of this article may at any time withdraw the reservation by a communication to that effect addressed to the Secretary-General of the United Nations.

2. 이 조 제1항에 따라 유보를 행한 국가는 국제연합 사무총장에 대한 통고로써 당해 유보를 언제든지 철회할 수 있다.

Article 43
Entry into force

제43조
발 효

1. This Convention shall come into force

1. 이 협약은 여섯 번째의 비준서 또는 가입서

on the ninetieth day following the day of deposit of the sixth instrument of ratification or accession.

가 기탁된 날로부터 90일 후에 발효한다.

2. For each State ratifying or acceding to the Convention after the deposit of the sixth instrument of ratification or accession, the Convention shall enter into force on the ninetieth day following the date of deposit by such State of its instrument or ratification or accession.

2. 이 협약은 여섯 번째의 비준서 또는 가입서가 기탁된 후 비준 또는 가입하는 국가에 대하여는 그 비준서 또는 가입서가 기탁된 날로부터 90일 후에 발효한다.

Article 44
Denunciation

제44조
폐 기

1. Any Contracting State may denounce this Convention at any time by a notification addressed to the Secretary-General of the United Nations.

1. 어떠한 체약국도 국제연합 사무총장에 대한 통고로써 이 협약을 언제든지 폐기할 수 있다.

2. Such denunciation shall take effect for the Contracting State concerned one year from the date upon which it is received by the Secretary-General of the United Nations.

2. 폐기는 국제연합 사무총장이 통고를 접수한 날로부터 1년 후에 당해체약국에 대하여 효력을 발생한다.

3. Any State which has made a declaration or notification under article 40 may, at any time thereafter, by a notification to the Secretary-General of the United Nations, declare that the Convention shall cease to extend to such territory one year after the date of receipt of the notification by the Secretary-General.

3. 제40조에 따라 선언 또는 통고를 행한 국가는 그 후 언제든지 국제연합 사무총장에 대한 통고로써 상기한 영역에 이 협약의 적용을 종지한다는 선언을 할 수 있다. 그 선언은 국제연합 사무총장이 통고를 접수한 날로부터 1년 후에 효력을 발생한다.

Article 45
Revision

제45조
개 정

1. Any Contracting State may request revision of this Convention at any time by a

1. 어떠한 체약국도 국제연합 사무총장에 대한 통고로써 언제든지 이 협약의 개정을

notification addressed to the Secretary-General of the United Nations.

요청할 수 있다.

2. The General Assembly of the United Nations shall recommend the steps, if any, to be taken in respect of such request.

2. 국제연합총회는 상기 요청에 관하여 조치가 필요한 경우 이를 권고한다.

Article 46 Notifications by the Secretary General of the United Nations

제46조 국제연합 사무총장에 의한 통보

The Secretary-General of the United Nations shall inform all Members of the United Nations and non-member States referred to in article 39:

국제연합 사무총장은 국제연합의 모든 회원국과 제39조에 규정한 비회원국에 대하여 다음 사항을 통보한다.

(a) Of declarations and notifications in accordance with section B of article 1;
(b) Of signatures, ratification and accessions in accordance with article 39;
(c) Of declarations and notifications in accordance with article 40;
(d) Of reservations and withdrawals in accordance with article 42;
(e) Of the date on which this Convention will come into force in accordance with article 43;
(f) Of denunciations and notifications in accordance with article 44;
(g) Of requests for revision in accordance with article 45.

(a) 제1조 B에 의한 선언 및 통고
(b) 제39조에 의한 서명, 비준 및 가입
(c) 제40조에 의한 선언 및 통고
(d) 제42조에 의한 유보 및 철회
(e) 제43조에 의한 이 협약의 발효일
(f) 제44조에 의한 폐기 및 통고
(g) 제45조에 의한 개정의 요청

IN FAITH WHEREOF the undersigned, duly authorized, have signed this Convention on behalf of their respective Governments,

이상의 증거로서 하기 서명자는 각자의 정부로부터 정당하게 위임을 받아 이 협약에 서명하였다.

DONE AT Geneva, this twenty-eighth day of July, one thousand nine hundred and fifty-one, in a single copy, of which the

일천구백오십일년 칠월 이십팔일 제네바에서 모두 정본인 영어, 불란서어로 본서 1통을 작성하였다. 본서는 국제연합 문서보존소에 기

난민

English and French texts are equally authentic and which shall remain deposited in the archives of the United Nations, and certified true copies of which shall be delivered to all Members of the United Nations and to the non-member States referred to in article 39.

탁되고, 그 인증등본은 국제연합의 모든 회원국과 제39조에 규정된 비회원국에 송부된다.

11-1. Protocol relating to the Status of Refugees (1967)

11-1. 난민의 지위에 관한 의정서

Date : 31 January 1967
In force : 4 October 1967
States Party : 147
Korea : 3 December 1992 (조약 제1115호)
Link : www.unhcr.org

The States Parties to the present Protocol,

이 의정서의 당사국은,

Considering that the Convention relating to the Status of Refugees done at Geneva on 28 July 1951(hereinafter referred to as the Convention) covers only those persons who have become refugees as a result of events occurring before 1January 1951,

1951년 7월 28일 제네바에서 작성된 난민의 지위에 관한 협약(이하 협약이라 한다)이 1951년 1월 1일 전에 발생한 사건의 결과로서 난민이 된 자에게만 적용된다는 것을 고려하고,

Considering that new refugee situations have arisen since the Convention was adopted and that the refugees concerned may therefore not fall within the scope of the Convention,

협약이 채택된 후 새로운 사태에 의하여 난민이 발생하였으며, 따라서 이들 난민은 협약의 적용을 받을 수 없음을 고려하며,

Considering that it is desirable that equal status should be enjoyed by all refugees covered by the definition in the Convention irrespective of the dateline 1 January 1951,

1951년 1월 1일 이전이라는 제한에 관계없이 협약의 정의에 해당되는 모든 난민이 동등한 지위를 향유함이 바람직하다고 고려하여,

Have agreed as follows:

다음과 같이 합의하였다.

Article 1
General provision

제1조
총 칙

1. The States Parties to the present Protocol undertake to apply articles 2 to

1. 이 의정서의 당사국은 이하에서 정의된 난민에 대하여 협약의 제2조에서 제34조까

난민

34 inclusive of the Convention to refugees as hereinafter defined.

지를 적용할 것을 약속한다.

2. For the purpose of the present Protocol, the term "refugee" shall, except as regards the application of paragraph 3 of this article, mean any person within the definition of article I of the Convention as if the words "As a result of events occurring before 1 January 1951 and…" and the words "…as a result of such events," in article 1 A (2) were omitted.

2. 이 의정서의 적용상, "난민"이라는 용어는, 이 조 제3항의 적용에 관한 것을 제외하고, 협약 제1조 A(2)에서 "1951년 1월 1일 전에 발생한 사건의 결과로서 또한…"이라는 표현과 "…그러한 사건의 결과로서"라는 표현이 생략되어 있는 것으로 볼 경우 협약 제1조의 정의에 해당하는 모든 자를 말한다.

3. The present Protocol shall be applied by the States Parties hereto without any geographic limitation, save that existing declarations made by States already Parties to the Convention in accordance with article 1 B (1) (a) of the Convention, shall, unless extended under article 1 B (2) thereof, apply also under the present Protocol.

3. 이 의정서는 이 의정서의 당사국에 의하여 어떠한 지리적 제한도 없이 적용된다. 다만, 이미 협약의 당사국이 된 국가로서 협약 제1조 B(1) (a)를 적용한다는 선언을 행하고 있는 경우에 그 선언은 동조 B(2)에 따라 그 국가의 의무가 확대되지 아니하는 한, 이 의정서 하에서도 적용된다.

Article 2
Co-operation of the national authorities with the United Nations

제2조
국내당국과 국제연합과의 협력

1. The States Parties to the present Protocol undertake to cooperate with the Office of the United Nations High Commissioner for Refugees, or any other agency of the United Nations which may succeed it, in the exercise of its functions, and shall in particular facilitate its duty of supervising the application of the provisions of the present Protocol.

1. 이 의정서의 당사국은 국제연합 난민고등판무관 사무국 또는 이를 승계하는 국제연합의 다른 기관의 임무 수행에 있어서 이들 기관과 협력할 것을 약속하고, 특히 이들 기관이 이 의정서 규정의 적용을 감독하는 책무의 수행에 있어서 이들 기관에 편의를 제공한다.

2. In order to enable the Office of the High Commissioner or any other agency of the United Nations which may succeed it,

2. 이 의정서의 당사국은 국제연합 난민고등판무관 사무국 또는 이를 승계하는 국제연합의 다른 기관이 국제연합의 관할기관

to make reports to the competent organs of the United Nations, the States Parties to the present Protocol undertake to provide them with the information and statistical data requested, in the appropriate form, concerning:

(a) The condition of refugees;
(b) The implementation of the present Protocol;
(c) Laws, regulations and decrees which are, or may hereafter be, in force relating to refugees.

에 보고하는 것을 용이하게 하기 위하여 요청에 따라 다음 사항에 관한 정보와 통계자료를 적당한 양식으로 제공할 것을 약속한다.

(a) 난민의 상태
(b) 이 의정서의 실시상황
(c) 난민에 관한 현행법령 및 장래 시행될 법령

Article 3
Information on national legislation

The States Parties to the present Protocol shall communicate to the Secretary-General of the United Nations the laws and regulations which they may adopt to ensure the application of the present Protocol.

제3조
국내법령에 관한 정보

이 의정서의 당사국은 국제연합 사무총장에게 이 의정서의 적용을 확보하기 위하여 제정하는 법령을 송부한다.

Article 4
Settlement of disputes

Any dispute between States Parties to the present Protocol which relates to its interpretation or application and which cannot be settled by other means shall be referred to the International Court of Justice at the request of any one of the parties to the dispute.

제4조
분쟁의 해결

이 의정서의 해석 또는 적용에 관한 이 의정서 당사국간의 분쟁으로서 다른 방법에 의하여 해결될 수 없는 것은 분쟁당사국 중 어느 일 당사국의 요청에 의하여 국제사법재판소에 부탁된다.

Article 5
Accession

The present Protocol shall be open for accession on behalf of all States Parties to the Convention and of any other State Mem-

제5조
가 입

이 의정서는 협약의 모든 당사국과 이들 당사국 이외의 국가로서 국제 연합 또는 국제연합 전문기구의 회원국 또는 국제연합 총회

ber of the United Nations or member of any of the specialized agencies or to which an invitation to accede may have been addressed by the General Assembly of the United Nations. Accession shall be effected by the deposit of an instrument of accession with the Secretary-General of the United Nations.

에 의하여 이 의정서에 가입하도록 초청받은 국가에 의한 가입을 위하여 개방된다. 가입은 가입서를 국제연합 사무총장에게 기탁함으로써 이루어진다.

Article 6
Federal clause

In the case of a Federal or non-unitary State, the following provisions shall apply:

(a) With respect to those articles of the Convention to be applied in accordance with article 1, paragraph 1, of the present Protocol that come within the legislative jurisdiction of the federal legislative authority, the obligations of the Federal Government shall to this extent be the same as those of States Parties which are not Federal States;

(b) With respect to those articles of the Convention to be applied in accordance with article 1, paragraph 1, of the present Protocol that come within the legislative jurisdiction of constituent States, provinces or cantons which are not, under the constitutional system of the Federation, bound to take legislative action, the Federal Government shall bring such articles with a favourable recommendation to the notice of the appropriate authorities of States, provinces or cantons at the earliest possible moment;

제6조
연방조항

연방제 또는 비단일제 국가인 경우에는 다음 규정을 적용한다.

(a) 이 의정서의 제1조 제1항에 따라 적용되는 협약의 규정으로서 이들 규정의 실시가 연방의 입법기관의 입법권의 범위 내에 속하는 것에 관하여서는, 연방 정부의 의무는 연방제를 취하고 있지 아니하고 있는 이 의정서의 당사국의 의무와 동일한 것으로 한다.

(b) 이 의정서의 제1조 제1항에 따라 적용되는 협약의 규정으로서 이들 규정의 실시가 구성국, 주 또는 현의 입법권의 범위 내에 속하고 또한 연방의 헌법제도상 구성국, 주 또는 현이 입법 조치를 취할 의무가 없는 것에 관하여, 연방정부는 구성국, 주 또는 현의 적당한 기관에 대하여 가능한 한 빠른 시기에 호의적인 권고와 함께 그 규정을 통보한다.

(c) A Federal State Party to the present Protocol shall, at the request of any other State Party hereto transmitted through the Secretary-General of the United Nations, supply a statement of the law and practice of the Federation and its constituent units in regard to any particular provision of the Convention to be applied in accordance with article1, paragraph 1, of the present Protocol, showing the extent to which effect has been given to that provision by legislative or other action.

(c) 이 의정서의 당사국인 연방제 국가는, 이 의정서의 기타 당사국으로부터 국제연합 사무총장을 통한 요청이 있는 경우, 제1조 제1항에 따라 적용되는 협약 규정의 실시에 관한 연방과 그 구성단위의 법령 및 관행에 관한 설명을 제공하고, 입법 기타의 조치에 의하여 이들 규정이 실시되고 있는 정도를 제시한다.

Article 7
Reservations and declarations

제7조
유보와 선언

1. At the time of accession, any State may make reservations in respect of article 4 of the present Protocol and in respect of the application in accordance with article 1 of the present Protocol of any provisions of the Convention other than those contained in articles 1, 3, 4, 16 (1) and 33 thereof, provided that in the case of a State Party to the Convention reservations made under this article shall not extend to refugees in respect of whom the Convention applies.

1. 어떠한 국가도 이 의정서에 가입시 이 의정서 제4조에 관하여, 또한 협약의 제1조, 제3조, 제4조, 제16조 제1항 및 제33조 규정을 제외하고 이 의정서의 제1조에 따른 협약 규정의 적용에 관하여 유보할 수 있다. 다만, 협약의 당사국이 이 조에 따라 행한 유보는 협약의 적용을 받는 난민에게는 미치지 아니한다.

2. Reservations made by States Parties to the Convention in accordance with article 42 thereof shall, unless withdrawn, be applicable in relation to their obligations under the present Protocol.

2. 협약 제42조에 따라 협약의 당사국이 협약에 대하여 행한 유보는 철회되지 아니하는 한 이 의정서에 따른 의무에 관하여서도 적용된다.

3. Any State making a reservation in accordance with paragraph 1 of this article may at any time withdraw such reservation by a communication to that ef-

3. 이 조 제1항에 따라 유보를 행한 국가는 국제연합 사무총장에 대한 통고로써 당해 유보를 언제든지 철회할 수 있다.

난민

fect addressed to the Secretary General of the United Nations.

4. Declarations made under article 40, paragraphs 1 and 2, of the Convention by a State Party thereto which accedes to the present Protocol shall be deemed to apply in respect of the present Protocol, unless upon accession a notification to the contrary is addressed by the State Party concerned to the Secretary-General of the United Nations. The provisions of article 40, paragraphs 2 and 3, and of article 44, paragraph 3, of the Convention shall be deemed to apply mutatis mutandis to the present Protocol.

4. 협약의 당사국으로서 이 의정서에 가입한 국가가 협약 제40조 제1항 또는 제2항에 따라 행한 선언은, 가입 시 당해당사국이 국제연합 사무총장에게 반대의 통고를 하지 아니하는 한, 이 의정서에 관하여도 적용되는 것으로 간주된다. 협약 제40조 제2항과 제3항 및 제44조 제3항의 규정은 이 의정서에 준용된다.

Article 8
Entry into Protocol

1. The present Protocol shall come into force on the day of deposit of the sixth instrument of accession.

2. For each State acceding to the Protocol after the deposit of the sixth instrument of accession, the Protocol shall come into force on the date of deposit by such State of its instrument of accession.

제8조
발 효

1. 이 의정서는 여섯 번째의 가입서가 기탁된 날에 발효한다.

2. 이 의정서는 여섯 번째의 가입서가 기탁된 후 가입하는 국가에 대하여는 그 가입서가 기탁된 날에 발효한다.

난민

Article 9
Denunciation

1. Any State Party hereto may denounce this Protocol at any time by a notification addressed to the Secretary-General of the United Nations.

2. Such denunciation shall take effect for

제9조
폐 기

1. 이 의정서의 어떠한 당사국도 국제연합 사무총장에 대한 통고로써 이 의정서를 언제든지 폐기할 수 있다.

2. 폐기는 국제연합 사무총장이 통고를 접수

the State Party concerned one year from the date on which it is received by the Secretary-General of the United Nations.

한 날로부터 1년 후에 관계당사국에 대하여 효력을 발생한다.

Article 10
Notifications by the Secretary-General of the United Nations

The Secretary-General of the United Nations shall inform the States referred to in article 5 above of the date of entry into force, accessions, reservations and withdrawals of reservations to and denunciations of the present Protocol, and of declarations and notifications relating hereto.

제 10 조
국제연합 사무총장에 의한 통보

국제연합 사무총장은 상기 제5조에 규정하는 국가에 대하여 이 의정서의 발효일자, 가입, 유보, 유보의 철회, 폐기 및 이에 관계된 선언 및 통고를 통보한다.

Article 11
Deposit in the archives of the Secretariat of the United Nations

A copy of the present Protocol, of which the Chinese, English, French, Russian and Spanish texts are equally authentic, signed by the President of the General Assembly and by the Secretary-General of the United Nations, shall be deposited in the archives of the Secretariat of the United Nations. The Secretary-General will transmit certified copies thereof to all States Members of the United Nations and to the other States referred to in article 5 above.

제 11 조
국제연합 사무국 문서보존소에의 기탁

중국어, 영어, 불란서어, 러시아어 및 서반아어본이 동등히 정본인 이 의정서의 본서는, 국제연합 총회의장과 사무총장이 서명한 후 국제연합 사무국 문서보존소에 기탁된다. 사무총장은 그 인증등본을 국제연합의 모든 회원국과 상기 제5조에 규정하는 기타 국가들에게 송부한다.

12. International Covenant on Economic, Social and Cultural Rights (1966)

12. 경제적 · 사회적 및 문화적 권리에 관한 국제규약

Date : 16 December 1966
In force : 3 January 1976
States Party : 170
Korea : 10 July 1990 (조약 제1006호)
Link : www.ohchr.org/english/law/cescr.htm

ICESCR

PREAMBLE

The States Parties to the present Covenant,

Considering that, in accordance with the principles proclaimed in the Charter of the United Nations, recognition of the inherent dignity and of the equal and inalienable rights of all members of the human family is the foundation of freedom, justice and peace in the world,

Recognizing that these rights derive from the inherent dignity of the human person,

Recognizing that, in accordance with the Universal Declaration of Human Rights, the ideal of free human beings enjoying freedom from fear and want can only be achieved if conditions are created whereby everyone may enjoy his economic, social and cultural rights, as well as his civil and political rights,

Considering the obligation of States under the Charter of the United Nations to promote universal respect for, and observance of, human rights and freedoms,

전 문

이 규약의 당사국은,

국제연합헌장에 선언된 원칙에 따라 인류사회의 모든 구성원의 고유의 존엄성 및 평등하고 양도할 수 없는 권리를 인정하는 것이 세계의 자유, 정의 및 평화의 기초가 됨을 고려하고,

이러한 권리는 인간의 고유한 존엄성으로부터 유래함을 인정하며,

세계인권선언에 따라 공포와 결핍으로부터의 자유를 향유하는 자유 인간의 이상은 모든 사람이 자신의 시민적, 정치적 권리 뿐만 아니라 경제적, 사회적 및 문화적 권리를 향유할 수 있는 여건이 조성되는 경우에만 성취될 수 있음을 인정하며,

인권과 자유에 대한 보편적 존중과 준수를 촉진시킬 국제연합헌장상의 국가의 의무를 고려하며,

Realizing that the individual, having duties to other individuals and to the community to which he belongs, is under a responsibility to strive for the promotion and observance of the rights recognized in the present Covenant,

타 개인과 자기가 속한 사회에 대한 의무를 지고 있는 개인은, 이 규약에서 인정된 권리의 증진과 준수를 위하여 노력하여야할 책임이 있음을 인식하여,

Agree upon the following articles:

다음 조문들에 합의한다.

PART I

제 1 부

Article 1

제 1 조

1. All peoples have the right of self-determination. By virtue of that right they freely determine their political status and freely pursue their economic, social and cultural development.

1. 모든 인민은 자결권을 가진다. 이 권리에 기초하여 모든 인민은 그들의 정치적 지위를 자유로이 결정하고, 또한 그들의 경제적, 사회적 및 문화적 발전을 자유로이 추구한다.

2. All peoples may, for their own ends, freely dispose of their natural wealth and resources without prejudice to any obligations arising out of international economic co-operation, based upon the principle of mutual benefit, and international law. In no case may a people be deprived of its own means of subsistence.

2. 모든 인민은, 호혜의 원칙에 입각한 국제경제협력으로부터 발생하는 의무 및 국제법상의 의무에 위반하지 아니하는 한, 그들 자신의 목적을 위하여 그들의 천연의 부와 자원을 자유로이 처분할 수 있다. 어떠한 경우에도 인민은 그들의 생존수단을 박탈당하지 아니한다.

3. The States Parties to the present Covenant, including those having responsibility for the administration of Non-Self-Governing and Trust Territories, shall promote the realization of the right of self-determination, and shall respect that right, in conformity with the provisions of the Charter of the United Nations.

3. 비자치지역 및 신탁통치지역의 행정책임을 맡고 있는 국가들을 포함하여 이 규약의 당사국은 국제연합헌장의 규정에 따라 자결권의 실현을 촉진하고 동 권리를 존중하여야 한다.

PART Ⅱ

제 2 부

Article 2

제 2 조

1. Each State Party to the present Covenant undertakes to take steps, individually and through international assistance and co-operation, especially economic and technical, to the maximum of its available resources, with a view to achieving progressively the full realization of the rights recognized in the present Covenant by all appropriate means, including particularly the adoption of legislative measures.

1. 이 규약의 각 당사국은 특히 입법조치의 채택을 포함한 모든 적절한 수단에 의하여 이 규약에서 인정된 권리의 완전한 실현을 점진적으로 달성하기 위하여, 개별적으로 또한 특히 경제적, 기술적인 국제지원과 국제협력을 통하여, 자국의 가용 자원이 허용하는 최대한도까지 조치를 취할 것을 약속한다.

2. The States Parties to the present Covenant undertake to guarantee that the rights enunciated in the present Covenant will be exercised without discrimination of any kind as to race, colour, sex, language, religion, political or other opinion, national or social origin, property, birth or other status.

2. 이 규약의 당사국은 이 규약에서 선언된 권리들이 인종, 피부색, 성, 언어, 종교, 정치적 또는 기타의 의견, 민족적 또는 사회적 출신, 재산, 출생 또는 기타의 신분등에 의한 어떠한 종류의 차별도 없이 행사되도록 보장할 것을 약속한다.

3. Developing countries, with due regard to human rights and their national economy, may determine to what extent they would guarantee the economic rights recognized in the present Covenant to non-nationals.

3. 개발도상국은, 인권과 국가 경제를 충분히 고려하여 이 규약에서 인정된 경제적 권리를 어느 정도까지 자국의 국민이 아닌 자에게 보장할 것인가를 결정할 수 있다.

ICESCR

Article 3

제 3 조

The States Parties to the present Covenant undertake to ensure the equal right of men and women to the enjoyment of all economic, social and cultural rights set forth in the present Covenant.

이 규약의 당사국은 이 규약에 규정된 모든 경제적, 사회적 및 문화적 권리를 향유함에 있어서 남녀에게 동등한 권리를 확보할 것을 약속한다.

Article 4

The States Parties to the present Covenant recognize that, in the enjoyment of those rights provided by the State in conformity with the present Covenant, the State may subject such rights only to such limitations as are determined by law only in so far as this may be compatible with the nature of these rights and solely for the purpose of promoting the general welfare in a democratic society.

제4조

이 규약의 당사국은, 국가가 이 규약에 따라 부여하는 권리를 향유함에 있어서, 그러한 권리의 본질과 양립할 수 있는 한도 내에서, 또한 오직 민주 사회에서의 공공복리증진의 목적으로 반드시 법률에 의하여 정하여지는 제한에 의해서만, 그러한 권리를 제한할 수 있음을 인정한다.

Article 5

1. Nothing in the present Covenant may be interpreted as implying for any State, group or person any right to engage in any activity or to perform any act aimed at the destruction of any of the rights or freedoms recognized herein, or at their limitation to a greater extent than is provided for in the present Covenant.
2. No restriction upon or derogation from any of the fundamental human rights recognized or existing in any country in virtue of law, conventions, regulations or custom shall be admitted on the pretext that the present Covenant does not recognize such rights or that it recognizes them to a lesser extent.

제5조

1. 이 규약의 어떠한 규정도 국가, 집단 또는 개인이 이 규약에서 인정되는 권리 및 자유를 파괴하거나, 또는 이 규약에서 규정된 제한의 범위를 넘어 제한하는 것을 목적으로 하는 활동에 종사하거나 또는 그와 같은 것을 목적으로 하는 행위를 행할 권리를 가지는 것으로 해석되지 아니한다.
2. 이 규약의 어떠한 당사국에서 법률, 협정, 규칙 또는 관습에 의하여 인정되거나 또는 현존하고 있는 기본적 인권에 대하여는, 이 규약이 그러한 권리를 인정하지 아니하거나 또는 그 인정의 범위가 보다 협소하다는 것을 구실로 동 권리를 제한하거나 또는 훼손하는 것이 허용되지 아니한다.

ICESCR

PART Ⅲ

Article 6

1. The States Parties to the present Covenant recognize the right to work, which

제3부

제6조

1. 이 규약의 당사국은, 모든 사람이 자유로이 선택하거나 수락하는 노동에 의하여 생

includes the right of everyone to the opportunity to gain his living by work which he freely chooses or accepts, and will take appropriate steps to safeguard this right.

계를 영위할 권리를 포함하는 근로의 권리를 인정하며, 동 권리를 보호하기 위하여 적절한 조치를 취한다.

2. The steps to be taken by a State Party to the present Covenant to achieve the full realization of this right shall include technical and vocational guidance and training programmes, policies and techniques to achieve steady economic, social and cultural development and full and productive employment under conditions safeguarding fundamental political and economic freedoms to the individual.

2. 이 규약의 당사국이 근로권의 완전한 실현을 달성하기 위하여 취하는 제반조치에는 개인에게 기본적인 정치적, 경제적 자유를 보장하는 조건하에서 착실한 경제적, 사회적, 문화적 발전과 생산적인 완전고용을 달성하기 위한 기술 및 직업의 지도, 훈련계획, 정책 및 기술이 포함되어야 한다.

Article 7

제7조

The States Parties to the present Covenant recognize the right of everyone to the enjoyment of just and favourable conditions of work which ensure, in particular:

(a) Remuneration which provides all workers, as a minimum, with:
  (i) Fair wages and equal remuneration for work of equal value without distinction of any kind, in particular women being guaranteed conditions of work not inferior to those enjoyed by men, with equal pay for equal work;
  (ii) A decent living for themselves and their families in accordance with the provisions of the present Covenant;

(b) Safe and healthy working conditions;

(c) Equal opportunity for everyone to be

이 규약의 당사국은 특히 다음사항이 확보되는 공정하고 유리한 근로조건을 모든 사람이 향유할 권리를 가지는 것을 인정한다.

(a) 모든 근로자에게 최소한 다음의 것을 제공하는 보수
  (i) 공정한 임금과 어떠한 종류의 차별도 없는 동등한 가치의 노동에 대한 동등한 보수, 특히 여성에게 대하여는 동등한 노동에 대한 동등한 보수와 함께 남성이 향유하는 것보다 열등하지 아니한 근로조건의 보장
  (ii) 이 규약의 규정에 따른 근로자 자신과 그 가족의 품위 있는 생활

(b) 안전하고 건강한 근로조건

(c) 연공서열 및 능력 이외의 다른 고려에

promoted in his employment to an appropriate higher level, subject to no considerations other than those of seniority and competence;

(d) Rest, leisure and reasonable limitation of working hours and periodic holidays with pay, as well as remuneration for public holidays.

의하지 아니하고, 모든 사람이 자기의 직장에서 적절한 상위직으로 승진할 수 있는 동등한 기회

(d) 휴식, 여가 및 근로시간의 합리적 제한, 공휴일에 대한 보수와 정기적인 유급 휴일

Article 8

1. The States Parties to the present Covenant undertake to ensure:

(a) The right of everyone to form trade unions and join the trade union of his choice, subject only to the rules of the organization concerned, for the promotion and protection of his economic and social interests. No restrictions may be placed on the exercise of this right other than those prescribed by law and which are necessary in a democratic society in the interests of national security or public order or for the protection of the rights and freedoms of others;

(b) The right of trade unions to establish national federations or confederations and the right of the latter to form or join international trade-union organizations;

(c) The right of trade unions to function freely subject to no limitations other than those prescribed by law and which are necessary in a democratic society in the interests of national security or public order or for the protection of the rights and freedoms of others;

제8조

1. 이 규약의 당사국은 다음의 권리를 확보할 것을 약속한다.

(a) 모든 사람은 그의 경제적, 사회적 이익을 증진하고 보호하기 위하여 관계단체의 규칙에만 따를 것을 조건으로 노동조합을 결성하고, 그가 선택한 노동조합에 가입하는 권리. 그러한 권리의 행사에 대하여는 법률로 정하여진 것 이외의 또한 국가안보 또는 공공질서를 위하여 또는 타인의 권리와 자유를 보호하기 위하여 민주 사회에서 필요한 것 이외의 어떠한 제한도 과할 수 없다.

(b) 노동조합이 전국적인 연합 또는 총연합을 설립하는 권리 및 총연합이 국제노동조합조직을 결성하거나 또는 가입하는 권리

(c) 노동조합은 법률로 정하여진 것 이외의 또한 국가안보, 공공질서를 위하거나 또는 타인의 권리와 자유를 보호하기 위하여 민주사회에서 필요한 제한이외의 어떠한 제한도 받지 아니하고 자유로이 활동할 권리

ICESCR

(d) The right to strike, provided that it is exercised in conformity with the laws of the particular country.

(d) 특정국가의 법률에 따라 행사될 것을 조건으로 파업을 할 수 있는 권리

2. This article shall not prevent the imposition of lawful restrictions on the exercise of these rights by members of the armed forces or of the police or of the administration of the State.

2. 이 조는 군인, 경찰 구성원 또는 행정관리가 전기한 권리들을 행사하는 것에 대하여 합법적인 제한을 부과하는 것을 방해하지 아니한다.

3. Nothing in this article shall authorize States Parties to the International Labour Organisation Convention of 1948 concerning Freedom of Association and Protection of the Right to Organize to take legislative measures which would prejudice, or apply the law in such a manner as would prejudice, the guarantees provided for in that Convention.

3. 이 조의 어떠한 규정도 결사의 자유 및 단결권의 보호에 관한 1948년의 국제노동기구협약의 당사국이 동 협약에 규정된 보장을 저해하려는 입법조치를 취하도록 하거나, 또는 이를 저해하려는 방법으로 법률을 적용할 것을 허용하지 아니한다.

Article 9

제9조

The States Parties to the present Covenant recognize the right of everyone to social security, including social insurance.

이 규약의 당사국은 모든 사람이 사회보험을 포함한 사회보장에 대한 권리를 가지는 것을 인정한다.

Article 10

제10조

The States Parties to the present Covenant recognize that:

이 규약의 당사국은 다음 사항을 인정한다.

1. The widest possible protection and assistance should be accorded to the family, which is the natural and fundamental group unit of society, particularly for its establishment and while it is responsible for the care and education of dependent children. Marriage must be entered into with the free consent of the intending spouses.

1. 사회의 자연적이고 기초적인 단위인 가정에 대하여는, 특히 가정의 성립을 위하여 그리고 가정이 부양 어린이의 양육과 교육에 책임을 맡고 있는 동안에는 가능한 한 광범위한 보호와 지원이 부여된다. 혼인은 혼인의사를 가진 양 당사자의 자유로운 동의하에 성립된다.

2. Special protection should be accorded to mothers during a reasonable period before and after childbirth. During such period working mothers should be accorded paid leave or leave with adequate social security benefits.

2. 임산부에게는 분만전후의 적당한 기간 동안 특별한 보호가 부여된다. 동 기간중의 근로 임산부에게는 유급휴가 또는 적당한 사회보장의 혜택이 있는 휴가가 부여된다.

3. Special measures of protection and assistance should be taken on behalf of all children and young persons without any discrimination for reasons of parentage or other conditions. Children and young persons should be protected from economic and social exploitation. Their employment in work harmful to their morals or health or dangerous to life or likely to hamper their normal development should be punishable by law. States should also set age limits below which the paid employment of child labour should be prohibited and punishable by law.

3. 가문 또는 기타 조건에 의한 어떠한 차별도 없이, 모든 어린이와 연소자를 위하여 특별한 보호와 원조의 조치가 취하여 진다. 어린이와 연소자는 경제적, 사회적 착취로부터 보호된다. 어린이와 연소자를 도덕 또는 건강에 유해하거나 또는 생명에 위험하거나 또는 정상적 발육을 저해할 우려가 있는 노동에 고용하는 것은 법률에 의하여 처벌할 수 있다. 당사국은 또한 연령제한을 정하여 그 연령에 달하지 않은 어린이에 대한 유급노동에의 고용이 법률로 금지되고 처벌될 수 있도록 한다.

ICESCR

Article 11

제 11 조

1. The States Parties to the present Covenant recognize the right of everyone to an adequate standard of living for himself and his family, including adequate food, clothing and housing, and to the continuous improvement of living conditions. The States Parties will take appropriate steps to ensure the realization of this right, recognizing to this effect the essential importance of international co-operation based on free consent.

1. 이 규약의 당사국은 모든 사람이 적당한 식량, 의복 및 주택을 포함하여 자기자신과 가정을 위한 적당한 생활수준을 누릴 권리와 생활조건을 지속적으로 개선할 권리를 가지는 것을 인정한다. 당사국은 그러한 취지에서 자유로운 동의에 입각한 국제적 협력의 본질적인 중요성을 인정하고, 그 권리의 실현을 확보하기 위한 적당한 조치를 취한다.

2. The States Parties to the present Covenant, recognizing the fundamental right

2. 이 규약의 당사국은 기아로부터의 해방이라는 모든 사람의 기본적인 권리를 인정하

of everyone to be free from hunger, shall take, individually and through international co-operation, the measures, including specific programmes, which are needed:

고, 개별적으로 또는 국제협력을 통하여 아래 사항을 위하여 구체적 계획을 포함하는 필요한 조치를 취한다.

(a) To improve methods of production, conservation and distribution of food by making full use of technical and scientific knowledge, by disseminating knowledge of the principles of nutrition and by developing or reforming agrarian systems in such a way as to achieve the most efficient development and utilization of natural resources;

(a) 과학·기술 지식을 충분히 활용하고, 영양에 관한 원칙에 대한 지식을 보급하고, 천연자원을 가장 효율적으로 개발하고 이용할 수 있도록 농지제도를 발전시키거나 개혁함으로써 식량의 생산, 보존 및 분배의 방법을 개선할 것

(b) Taking into account the problems of both food-importing and food-exporting countries, to ensure an equitable distribution of world food supplies in relation to need.

(b) 식량수입국 및 식량수출국 쌍방의 문제를 고려하여 필요에 따라 세계식량공급의 공평한 분배를 확보할 것

Article 12

제 12 조

1. The States Parties to the present Covenant recognize the right of everyone to the enjoyment of the highest attainable standard of physical and mental health.

1. 이 규약의 당사국은 모든 사람이 도달 가능한 최고 수준의 신체적·정신적 건강을 향유할 권리를 가지는 것을 인정한다.

2. The steps to be taken by the States Parties to the present Covenant to achieve the full realization of this right shall include those necessary for:

2. 이 규약당사국이 동 권리의 완전한 실현을 달성하기 위하여 취할 조치에는 다음 사항을 위하여 필요한 조치가 포함된다.

(a) The provision for the reduction of the stillbirth-rate and of infant mortality and for the healthy development of the child;

(a) 사산율과 유아사망률의 감소 및 어린이의 건강한 발육

(b) The improvement of all aspects of environmental and industrial hygiene;

(b) 환경 및 산업위생의 모든 부문의 개선

(c) The prevention, treatment and control

(c) 전염병, 풍토병, 직업병 및 기타 질병의

of epidemic, endemic, occupational and other diseases;

(d) The creation of conditions which would assure to all medical service and medical attention in the event of sickness.

예방, 치료 및 통제

(d) 질병 발생 시 모든 사람에게 의료와 간호를 확보할 여건의 조성

Article 13

제 13 조

1. The States Parties to the present Covenant recognize the right of everyone to education. They agree that education shall be directed to the full development of the human personality and the sense of its dignity, and shall strengthen the respect for human rights and fundamental freedoms. They further agree that education shall enable all persons to participate effectively in a free society, promote understanding, tolerance and friendship among all nations and all racial, ethnic or religious groups, and further the activities of the United Nations for the maintenance of peace.

1. 이 규약의 당사국은 모든 사람이 교육에 대한 권리를 가지는 것을 인정한다. 당사국은 교육이 인격과 인격의 존엄성에 대한 의식이 완전히 발전되는 방향으로 나아가야 하며, 교육이 인권과 기본적 자유를 더욱 존중하여야 한다는 것에 동의한다. 당사국은 나아가서 교육에 의하여 모든 사람이 자유사회에 효율적으로 참여하며, 민족간에 있어서나 모든 인종적, 종족적 또는 종교적 집단간에 있어서 이해, 관용 및 친선을 증진시키고, 평화유지를 위한 국제연합의 활동을 증진시킬 수 있도록 하는 것에 동의한다.

2. The States Parties to the present Covenant recognize that, with a view to achieving the full realization of this right:

(a) Primary education shall be compulsory and available free to all;

(b) Secondary education in its different forms, including technical and vocational secondary education, shall be made generally available and accessible to all by every appropriate means, and in particular by the progressive introduction of free education;

(c) Higher education shall be made equally

2. 이 규약의 당사국은 동 권리의 완전한 실현을 달성하기 위하여 다음 사항을 인정한다.

(a) 초등교육은 모든 사람에게 무상 의무교육으로 실시된다.

(b) 기술 및 직업 중등교육을 포함하여 여러가지 형태의 중등 교육은, 모든 적당한 수단에 의하여, 특히 무상교육의 점진적 도입에 의하여 모든 사람이 일반적으로 이용할 수 있도록 하고, 또한 모든 사람에게 개방된다.

(c) 고등교육은, 모든 적당한 수단에 의하여,

ICESCR

accessible to all, on the basis of capacity, by every appropriate means, and in particular by the progressive introduction of free education;

특히 무상교육의 점진적 도입에 의하여, 능력에 기초하여 모든 사람에게 동등하게 개방된다.

(d) Fundamental education shall be encouraged or intensified as far as possible for those persons who have not received or completed the whole period of their primary education

(d) 기본교육은 초등교육을 받지 못하였거나 또는 초등교육의 전기간을 이수하지 못한 사람들을 위하여 가능한 한 장려되고 강화된다.

(e) The development of a system of schools at all levels shall be actively pursued, an adequate fellowship system shall be established, and the material conditions of teaching staff shall be continuously improved.

(e) 모든 단계에 있어서 학교제도의 발전이 적극적으로 추구되고, 적당한 연구·장학제도가 수립되며, 교직원의 물질적 처우는 계속적으로 개선된다.

3. The States Parties to the present Covenant undertake to have respect for the liberty of parents and, when applicable, legal guardians to choose for their children schools, other than those established by the public authorities, which conform to such minimum educational standards as may be laid down or approved by the State and to ensure the religious and moral education of their children in conformity with their own convictions.

3. 이 규약의 당사국은 부모 또는 경우에 따라서 법정후견인이 그들 자녀를 위하여 공공기관에 의하여 설립된 학교 이외의 학교로서 국가가 정하거나 승인하는 최소한도의 교육수준에 부합하는 학교를 선택하는 자유 및 그들의 신념에 따라 자녀의 종교적, 도덕적 교육을 확보할 수 있는 자유를 존중할 것을 약속한다.

ICESCR

4. No part of this article shall be construed so as to interfere with the liberty of individuals and bodies to establish and direct educational institutions, subject always to the observance of the principles set forth in paragraph 1 of this article and to the requirement that the education given in such institutions shall conform to such minimum standards as may be laid down by the State.

4. 이 조의 어떠한 부분도 항상 이 조 제1항에 규정된 원칙을 준수하고, 그 교육기관에서의 교육이 국가가 결정하는 최소한의 기준에 일치한다는 요건 하에서, 개인과 단체가 교육기관을 설립, 운영할 수 있는 자유를 간섭하는 것으로 해석되지 아니한다.

Article 14

Each State Party to the present Covenant which, at the time of becoming a Party, has not been able to secure in its metropolitan territory or other territories under its jurisdiction compulsory primary education, free of charge, undertakes, within two years, to work out and adopt a detailed plan of action for the progressive implementation, within a reasonable number of years, to be fixed in the plan, of the principle of compulsory education free of charge for all.

제14조

이 규약의 당사국이 되는 때 그 본토나 자국 관할 내에 있는 기타 영토에서 무상으로 초등의무교육을 확보할 수 없는 각 당사국은 계획상에 정해질 합리적인 연한 이내에 모든 사람에 대한 무상의무교육 원칙을 점진적으로 시행하기 위한 세부실천계획을 2년 이내에 입안, 채택할 것을 약속한다.

Article 15

1. The States Parties to the present Covenant recognize the right of everyone:

(a) To take part in cultural life;
(b) To enjoy the benefits of scientific progress and its applications;
(c) To benefit from the protection of the moral and material interests resulting from any scientific, literary or artistic production of which he is the author.

2. The steps to be taken by the States Parties to the present Covenant to achieve the full realization of this right shall include those necessary for the conservation, the development and the diffusion of science and culture.

3. The States Parties to the present Covenant undertake to respect the freedom indispensable for scientific research and creative activity.

4. The States Parties to the present Cove-

제15조

1. 이 규약의 당사국은 모든 사람의 다음 권리를 인정한다.

(a) 문화생활에 참여할 권리
(b) 과학의 진보 및 응용으로부터 이익을 향유할 권리
(c) 자기가 저작한 모든 과학적, 문학적 또는 예술적 창작품으로부터 생기는 정신적, 물질적 이익의 보호로부터 이익을 받을 권리

2. 이 규약의 당사국이 그러한 권리의 완전한 실현을 달성하기 위하여 취하는 조치에는 과학과 문화의 보존, 발전 및 보급에 필요한 제반조치가 포함된다.

3. 이 규약의 당사국은 과학적 연구와 창조적 활동에 필수불가결한 자유를 존중할 것을 약속한다.

4. 이 규약의 당사국은 국제적 접촉의 장려와

nant recognize the benefits to be derived from the encouragement and development of international contacts and co-operation in the scientific and cultural fields.

발전 및 과학과 문화 분야에서의 협력으로부터 이익이 초래됨을 인정한다.

PART Ⅳ

제 4 부

Article 16

제 16 조

1. The States Parties to the present Covenant undertake to submit in conformity with this part of the Covenant reports on the measures which they have adopted and the progress made in achieving the observance of the rights recognized herein.

1. 이 규약의 당사국은 규약에서 인정된 권리의 준수를 실현하기 위하여 취한 조치와 성취된 진전사항에 관한 보고서를 이 부의 규정에 따라 제출할 것을 약속한다.

2. (a) All reports shall be submitted to the Secretary-General of the United Nations, who shall transmit copies to the Economic and Social Council for consideration in accordance with the provisions of the present Covenant;

(b) The Secretary-General of the United Nations shall also transmit to the specialized agencies copies of the reports, or any relevant parts therefrom, from States Parties to the present Covenant which are also members of these specialized agencies in so far as these reports, or parts therefrom, relate to any matters which fall within the responsibilities of the said agencies in accordance with their constitutional instruments.

2. (a) 모든 보고서는 국제연합사무총장에게 제출된다. 사무총장은 이 규약의 규정에 따라, 경제사회이사회가 심의할 수 있도록 보고서 사본을 동 이사회에 송부한다.

(b) 국제연합사무총장은 이 규약의 당사국으로서 국제연합전문기구의 회원국인 국가가 제출한 보고서 또는 보고서 내용의 일부가 전문기구의 창설규정에 따라 동 전문기구의 책임에 속하는 문제와 관계가 있는 경우, 동 보고서 사본 또는 그 내용중의 관련 부분의 사본을 동 전문기구에 송부한다.

Article 17

1. The States Parties to the present Covenant shall furnish their reports in stages, in accordance with a programme to be established by the Economic and Social Council within one year of the entry into force of the present Covenant after consultation with the States Parties and the specialized agencies concerned.

2. Reports may indicate factors and difficulties affecting the degree of fulfillment of obligations under the present Covenant.

3. Where relevant information has previously been furnished to the United Nations or to any specialized agency by any State Party to the present Covenant, it will not be necessary to reproduce that information, but a precise reference to the information so furnished will suffice.

제 17 조

1. 이 규약의 당사국은 경제사회이사회가 규약당사국 및 관련 전문기구와 협의한 후, 이 규약의 발효 후 1년 이내에 수립하는 계획에 따라, 자국의 보고서를 각 단계별로 제출한다.

2. 동 보고서는 이 규약상의 의무의 이행정도에 영향을 미치는 요소 및 장애를 지적할 수 있다.

3. 이 규약의 당사국이 이미 국제연합 또는 전문기구에 관련 정보를 제출한 경우에는, 동일한 정보를 다시 작성하지 않고 동 정보에 대한 정확한 언급으로서 족하다.

ICESCR

Article 18

Pursuant toits responsibilities under the Charter of the United Nations in the field of human rights and fundamental freedoms, the Economic and Social Council may make arrangements with the specialized agencies in respect of their reporting to it on the progress made in achieving the observance of the provisions of the present Covenant falling within the scope of their activities. These reports may include particulars of decisions and recommendations on such implementation adopted by their competent organs.

제 18 조

경제사회이사회는 인권과 기본적 자유의 분야에서의 국제연합헌장상의 책임에 따라, 전문기구가 동 기구의 활동영역에 속하는 이 규약 규정의 준수를 달성하기 위하여 성취된 진전사항을 이사회에 보고하는 것과 관련하여, 당해 전문기구와 협정을 체결할 수 있다. 그러한 보고서에는 전문기구의 권한 있는 기관이 채택한 규정의 행에 관한 결정 및 권고의 상세를 포함할 수 있다.

Article 19

The Economic and Social Council may transmit to the Commission on Human Rights for study and general recommendation or, as appropriate, for information the reports concerning human rights submitted by States in accordance with articles 16 and 17, and those concerning human rights submitted by the specialized agencies in accordance with article 18.

제 19 조

경제사회이사회는 제16조 및 제17조에 따라 각국이 제출하는 인권에 관한 보고서 및 제18조에 따라 전문기구가 제출하는 인권에 관한 보고서중 국제연합 인권위원회의 검토, 일반적 권고, 또는 정보를 위하여 적당한 보고서를 인권위원회에 송부할 수 있다.

Article 20

The States Parties to the present Covenant and the specialized agencies concerned may submit comments to the Economic and Social Council on any general recommendation under article 19 or reference to such general recommendation in any report of the Commission on Human Rights or any documentation referred to therein.

제 20 조

이 규약의 당사국과 관련 전문기구는 제19조에 의한 일반적 권고에 대한 의견 또는 국제연합인권위원회의 보고서 또는 보고서에서 언급된 어떠한 문서에서도 그와 같은 일반적 권고에 대하여 언급하고 있는 부분에 관한 의견을 경제사회이사회에 제출할 수 있다.

ICESCR

Article 21

The Economic and Social Council may submit from time to time to the General Assembly reports with recommendations of a general nature and a summary of the information received from the States Parties to the present Covenant and the specialized agencies on the measures taken and the progress made in achieving general observance of the rights recognized in the present Covenant.

제 21 조

경제사회이사회는 일반적 성격의 권고를 포함하는 보고서와 이 규약에서 인정된 권리의 일반적 준수를 달성하기 위하여 취한 조치 및 성취된 진전사항에 관하여 이 규약의 당사국 및 전문기구로부터 입수한 정보의 개요를 수시로 총회에 제출할 수 있다.

Article 22

The Economic and Social Council may bring

제 22 조

경제사회이사회는 이 규약의 제4부에서 언급

to the attention of other organs of the United Nations, their subsidiary organs and specialized agencies concerned with furnishing technical assistance any matters arising out of the reports referred to in this part of the present Covenant which may assist such bodies in deciding, each within its field of competence, on the advisability of international measures likely to contribute to the effective progressive implementation of the present Covenant.

된 보고서에서 생기는 문제로서, 국제연합의 타 기관, 그 보조기관 및 기술원조의 제공에 관여하는 전문기구가 각기 그 권한 내에서 이 규약의 효과적, 점진적 실시에 기여할 수 있는 국제적 조치의 타당성을 결정하는데 도움이 될 수 있는 문제에 대하여 그들의 주의를 환기시킬 수 있다.

Article 23

The States Parties to the present Covenant agree that international action for the achievement of the rights recognized in the present Covenant includes such methods as the conclusion of conventions, the adoption of recommendations, the furnishing of technical assistance and the holding of regional meetings and technical meetings for the purpose of consultation and study organized in conjunction with the Governments concerned.

제 23 조

이 규약의 당사국은 이 규약에서 인정된 권리의 실현을 위한 국제적 조치에는 협약의 체결, 권고의 채택, 기술원조의 제공 및 관계 정부와 협력하여 조직된 협의와 연구를 목적으로 하는 지역별 회의 및 기술적 회의의 개최와 같은 방안이 포함된다는 것에 동의한다.

ICESCR

Article 24

Nothing in the present Covenant shall be interpreted as impairing the provisions of the Charter of the United Nations and of the constitutions of the specialized agencies which define the respective responsibilities of the various organs of the United Nations and of the specialized agencies in regard to the matters dealt with in the present Covenant.

제 24 조

이 규약의 어떠한 규정도 이 규약에서 취급되는 문제에 관하여 국제연합의 여러 기관과 전문기구의 책임을 각각 명시하고 있는 국제연합헌장 및 전문기구헌장의 규정을 침해하는 것으로 해석되지 아니한다.

Article 25

Nothing in the present Covenant shall be interpreted as impairing the inherent right of all peoples to enjoy and utilize fully and freely their natural wealth and resources.

제 25 조

이 규약의 어떠한 규정도 모든 사람이 그들의 천연적 부와 자원을 충분히, 자유로이 향유하고, 이용할 수 있는 고유의 권리를 침해하는 것으로 해석되지 아니한다.

PART V

제 5 부

Article 26

1. The present Covenant is open for signature by any State Member of the United Nations or member of any of its specialized agencies, by any State Party to the Statute of the International Court of Justice, and by any other State which has been invited by the General Assembly of the United Nations to become a party to the present Covenant.
2. The present Covenant is subject to ratification. Instruments of ratification shall be deposited with the Secretary-General of the United Nations.
3. The present Covenant shall be open to accession by any State referred to in paragraph 1 of this article.
4. Accession shall be effected by the deposit of an instrument of accession with the Secretary-General of the United Nations.
5. The Secretary-General of the United Nations shall inform all States which have signed the present Covenant or acceded to it of the deposit of each in-

제 26 조

1. 이 규약은 국제연합의 모든 회원국, 전문기구의 모든 회원국, 국제사법재판소 규정의 모든 당사국 또한 국제연합총회가 이 규약에 가입하도록 초청한 기타 모든 국가들의 서명을 위하여 개방된다.
2. 이 규약은 비준되어야 한다. 비준서는 국제연합사무총장에게 기탁된다.
3. 이 규약은 이 조 제1항에서 언급된 모든 국가들의 가입을 위하여 개방된다.
4. 가입은 가입서를 국제연합사무총장에게 기탁함으로써 이루어진다.
5. 국제연합사무총장은 이 규약에 서명 또는 가입한 모든 국가들에게 각 비준서 또는 가입서의 기탁을 통보한다.

strument of ratification or accession.

Article 27

1. The present Covenant shall enter into force three months after the date of the deposit with the Secretary-General of the United Nations of the thirty-fifth instrument of ratification or instrument of accession.

2. For each State ratifying the present Covenant or acceding to it after the deposit of the thirty-fifth instrument of ratification or instrument of accession, the present Covenant shall enter into force three months after the date of the deposit of its own instrument of ratification or instrument of accession.

제27조

1. 이 규약은 35번째의 비준서 또는 가입서가 국제연합사무총장에게 기탁된 날로부터 3개월 후에 발효한다.

2. 35번째 비준서 또는 가입서의 기탁 후에 이 규약을 비준하거나 또는 이 규약에 가입하는 국가에 대하여는, 이 규약은 그 국가의 비준서 또는 가입서가 기탁된 날로부터 3개월 후에 발효한다.

Article 28

The provisions of the present Covenant shall extend to all parts of federal States without any limitations or exceptions.

제28조

이 규약의 규정은 어떠한 제한이나 예외없이 연방국가의 모든 지역에 적용된다.

ICESCR

Article 29

1. Any State Party to the present Covenant may propose an amendment and file it with the Secretary-General of the United Nations. The Secretary-General shall thereupon communicate any proposed amendments to the States Parties to the present Covenant with a request that they notify him whether they favour a conference of States Parties for the purpose of considering and voting upon the proposals. In the event that at least one third of the States Parties favours

제29조

1. 이 규약의 당사국은 개정안을 제안하고 이를 국제연합사무총장에게 제출할 수 있다. 사무총장은 개정안을 접수하는 대로, 각 당사국에게 동 제안을 심의하고 표결에 회부하기 위한 당사국회의 개최에 찬성하는지에 관한 의견을 사무총장에게 통보하여 줄 것을 요청하는 것과 함께, 개정안을 이 규약의 각 당사국에게 송부한다. 당사국 중 최소 3분의 1이 당사국회의 개최에 찬성하는 경우, 사무총장은 국제연합의 주관하에 동 회의를 소집한다. 동 회의에 출석

such a conference, the Secretary-General shall convene the conference under the auspices of the United Nations. Any amendment adopted by a majority of the States Parties present and voting at the conference shall be submitted to the General Assembly of the United Nations for approval.

하고 표결한 당사국의 과반수에 의하여 채택된 개정안은 그 승인을 위하여 국제연합총회에 제출된다.

2. Amendments shall come into force when they have been approved by the General Assembly of the United Nations and accepted by a two-thirds majority of the States Parties to the present Covenant in accordance with their respective constitutional processes.

2. 개정안은 국제연합총회의 승인을 얻고, 각기 자국의 헌법절차에 따라 이 규약당사국의 3분의 2의 다수가 수락하는 때 발효한다.

3. When amendments come into force they shall be binding on those States Parties which have accepted them, other States Parties still being bound by the provisions of the present Covenant and any earlier amendment which they have accepted.

3. 개정안은 발효시 이를 수락한 당사국을 구속하며, 여타 당사국은 계속하여 이 규약의 규정 및 이미 수락한 그 이전의 모든 개정에 의하여 구속된다.

Article 30

제30조

Irrespective of the notifications made under article 26, paragraph 5, the Secretary-General of the United Nations shall inform all States referred to in paragraph 1 of the same article of the following particulars:

제26조 제5항에 의한 통보에 관계없이, 국제연합사무총장은 동조 제1항에서 언급된 모든 국가에 다음을 통보한다.

(a) Signatures, ratifications and accessions under article 26;
(b) The date of the entry into force of the present Covenant under article 27 and the date of the entry into force of any amendments under article 29.

(a) 제26조에 의한 서명, 비준 및 가입
(b) 제27조에 의한 이 규약의 발효일자 및 제29조에 의한 모든 개정의 발효일

Article 31

1. The present Covenant, of which the Chinese, English, French, Russian and Spanish texts are equally authentic, shall be deposited in the archives of the United Nations.

2. The Secretary-General of the United Nations shall transmit certified copies of the present Covenant to all States referred to in article 26.

제31조

1. 이 규약은 중국어, 영어, 불어, 러시아어 및 서반아어본이 동등히 정본이며, 국제연합 문서보존소에 기탁된다.

2. 국제연합사무총장은 제26조에서 언급된 모든 국가들에게 이 규약의 인증등본을 송부한다.

13. International Covenant on Civil and Political Rights (1966)

13. 시민적 및 정치적 권리에 관한 국제규약

Date : 16 December 1966
In force : 23 March 1976
States Party : 173
Korea : 10 July 1990 (조약 제1007호)
Link : www.ohchr.org/english/law/ccpr.htm

PREAMBLE

전 문

The States Parties to the present Covenant,

이 규약의 당사국은,

Considering that, in accordance with the principles proclaimed in the Charter of the United Nations, recognition of the inherent dignity and of the equal and inalienable rights of all members of the human family is the foundation of freedom, justice and peace in the world,

국제연합헌장에 선언된 원칙에 따라 인류사회의 모든 구성원의 고유의 존엄성 및 평등하고 양도할 수 없는 권리를 인정하는 것이 세계의 자유, 정의 및 평화의 기초가 됨을 고려하고,

Recognizing that these rights derive from the inherent dignity of the human person,

이러한 권리는 인간의 고유한 존엄성으로부터 유래함을 인정하며,

Recognizing that, in accordance with the Universal Declaration of Human Rights, the ideal of free human beings enjoying civil and political freedom and freedom from fear and want can only be achieved if conditions are created whereby everyone may enjoy his civil and political rights, as well as his economic, social and cultural rights,

세계인권선언에 따라 시민적, 정치적 자유 및 공포와 결핍으로부터의 자유를 향유하는 자유인간의 이상은 모든 사람이 자신의 경제적, 사회적 및 문화적 권리뿐만 아니라 시민적 및 정치적 권리를 향유할 수 있는 여건이 조성되는 경우에만 성취될 수 있음을 인정하며,

Considering the obligation of States under the Charter of the United Nations to promote universal respect for, and observance

인권과 자유에 대한 보편적 존중과 준수를 촉진시킬 국제연합헌장상의 국가의 의무를

of, human rights and freedoms,

Realizing that the individual, having duties toother individuals and to the community to which he belongs, is under a responsibility to strive for the promotion and observance of the rights recognized in the present Covenant,

Agree upon the following articles:

고려하며,

타 개인과 자기가 속한 사회에 대한 의무를 지고 있는 개인은, 이 규약에서 인정된 권리의 증진과 준수를 위하여 노력하여야 할 책임이 있음을 인식하여,

다음의 조문들에 합의한다.

PART I

Article 1

1. All peoples have the right of self-determination. By virtue of that right they freely determine their political status and freely pursue their economic, social and cultural development.

2. All peoples may, for their own ends, freely dispose of their natural wealth and resources without prejudice to any obligations arising out of international economic co-operation, based upon the principle of mutual benefit, and international law. In no case may a people be deprived of its own means of subsistence.

3. The States Parties to the present Covenant, including those having responsibility for the administration of Non-Self-Governing and Trust Territories, shall promote the realization of the right of self-determination, and shall respect that right, in conformity with the provisions of the Charter of the United Nations.

제1부

제1조

1. 모든 사람은 자결권을 가진다. 이 권리에 기초하여 모든 사람은 그들의 정치적 지위를 자유로이 결정하고, 또한 그들의 경제적, 사회적 및 문화적 발전을 자유로이 추구한다.

2. 모든 사람은, 호혜의 원칙에 입각한 국제적 경제협력으로부터 발생하는 의무 및 국제법상의 의무에 위반하지 아니하는 한, 그들 자신의 목적을 위하여 그들의 천연의 부와 자원을 자유로이 처분할 수 있다. 어떠한 경우에도 사람은 그들의 생존수단을 박탈당하지 아니한다.

3. 비자치지역 및 신탁통치지역의 행정책임을 맡고 있는 국가들을 포함하여 이 규약의 당사국은 국제연합헌장의 규정에 따라 자결권의 실현을 촉진하고 동 권리를 존중하여야 한다.

PART Ⅱ

Article 2

1. Each State Party to the present Covenant undertakes to respect and to ensure to all individuals within its territory and subject to its jurisdiction the rights recognized in the present Covenant, without distinction of any kind, such as race, colour, sex, language, religion, political or other opinion, national or social origin, property, birth or other status.

2. Where not already provided for by existing legislative or other measures, each State Party to the present Covenant undertakes to take the necessary steps, in accordance with its constitutional processes and with the provisions of the present Covenant, to adopt such legislative or other measures as may be necessary to give effect to the rights recognized in the present Covenant.

3. Each State Party to the present Covenant undertakes:

(a) To ensure that any person whose rights or freedoms as herein recognized are violated shall have an effective remedy, notwithstanding that the violation has been committed by persons acting in an official capacity;

(b) To ensure that any person claiming such a remedy shall have his right thereto determined by competent judicial, administrative or legislative authorities, or by any other competent authority provided for by the legal

제2부

제2조

1. 이 규약의 각 당사국은 자국의 영토 내에 있으며, 그 관할권 하에 있는 모든 개인에 대하여 인종, 피부색, 성, 언어, 종교, 정치적 또는 기타의 의견, 민족적 또는 사회적 출신, 재산, 출생 또는 기타의 신분 등에 의한 어떠한 종류의 차별도 없이 이 규약에서 인정되는 권리들을 존중하고 확보할 것을 약속한다.

2. 이 규약의 각 당사국은 현행의 입법조치 또는 기타 조치에 의하여 아직 규정되어 있지 아니한 경우, 이 규약에서 인정되는 권리들을 실현하기 위하여 필요한 입법조치 또는 기타 조치를 취하기 위하여 자국의 헌법상의 절차 및 이 규약의 규정에 따라 필요한 조치를 취할 것을 약속한다.

3. 이 규약의 각 당사국은 다음의 조치를 취할 것을 약속한다.

(a) 이 규약에서 인정되는 권리 또는 자유를 침해당한 사람에 대하여, 그러한 침해가 공무집행중인 자에 의하여 자행된 것이라 할지라도 효과적인 구제조치를 받도록 확보할 것.

(b) 그러한 구제조치를 청구하는 개인에 대하여, 권한 있는 사법, 행정 또는 입법 당국 또는 당해 국가의 법률제도가 정하는 기타 권한 있는 당국에 의하여 그 권리가 결정될 것을 확보하고, 또한 사법적 구제조치의 가능성을 발전시킬 것.

ICCPR

system of the State, and to develop the possibilities of judicial remedy;

(c) To ensure that the competent authorities shall enforce such remedies when granted.

(c) 그러한 구제조치가 허용되는 경우, 권한 있는 당국이 이를 집행할 것을 확보할 것.

Article 3

The States Parties to the present Covenant undertake to ensure the equal right of men and women to the enjoyment of all civil and political rights set forth in the present Covenant.

제3조

이 규약의 당사국은 이 규약에서 규정된 모든 시민적 및 정치적 권리를 향유함에 있어서 남녀에게 동등한 권리를 확보할 것을 약속한다.

Article 4

1. In time of public emergency which threatens the life of the nation and the existence of which is officially proclaimed, the States Parties to the present Covenant may take measures derogating from their obligations under the present Covenant to the extent strictly required by the exigencies of the situation, provided that such measures are not inconsistent with their other obligations under international law and do not involve discrimination solely on the ground of race, colour, sex, language, religion or social origin.

2. No derogation from articles 6, 7, 8 (paragraphs 1 and 2), 11, 15, 16 and 18 may be made under this provision.

3. Any State Party to the present Covenant availing itself of the right of derogation shall immediately inform the other States Parties to the present Covenant, through the intermediary of the

제4조

1. 국민의 생존을 위협하는 공공의 비상사태의 경우에 있어서 그러한 비상사태의 존재가 공식으로 선포되어 있을 때에는 이 규약의 당사국은 당해 사태의 긴급성에 의하여 엄격히 요구되는 한도 내에서 이 규약상의 의무를 위반하는 조치를 취할 수 있다. 다만, 그러한 조치는 당해국의 국제법상의 여타 의무에 저촉되어서는 아니되며, 또한 인종, 피부색, 성, 언어, 종교 또는 사회적 출신만을 이유로 하는 차별을 포함하여서는 아니된다.

2. 전항의 규정은 제6조, 제7조, 제8조(제1항 및 제2항), 제11조, 제15조, 제16조 및 제18조에 대한 위반을 허용하지 아니한다.

3. 의무를 위반하는 조치를 취할 권리를 행사하는 이 규약의 당사국은, 위반하는 규정 및 위반하게 된 이유를, 국제연합사무총장을 통하여 이 규약의 타 당사국들에게 즉

ICCPR

Secretary-General of the United Nations, of the provisions from which it has derogated and of the reasons by which it was actuated. A further communication shall be made, through the same intermediary, on the date on which it terminates such derogation.

시 통지한다. 또한 당사국은 그러한 위반이 종료되는 날에 동일한 경로를 통하여 그 내용을 통지한다.

Article 5

1. Nothing in the present Covenant may be interpreted as implying for any State, group or person any right to engage in any activity or perform any act aimed at the destruction of any of the rights and freedoms recognized herein or at their limitation to a greater extent than is provided for in the present Covenant.

2. There shall be no restriction upon or derogation from any of the fundamental human rights recognized or existing in any State Party to the present Covenant pursuant to law, conventions, regulations or custom on the pretext that the present Covenant does not recognize such rights or that it recognizes them to a lesser extent.

제5조

1. 이 규약의 어떠한 규정도 국가, 집단 또는 개인이 이 규약에서 인정되는 권리 및 자유를 파괴하거나, 또는 이 규약에서 규정된 제한의 범위를 넘어 제한하는 것을 목적으로 하는 활동에 종사하거나 또는 그와 같은 것을 목적으로 하는 행위를 행할 권리를 가지는 것으로 해석되지 아니한다.

2. 이 규약의 어떠한 당사국에서 법률, 협정, 규칙 또는 관습에 의하여 인정되거나 또는 현존하고 있는 기본적 인권에 대하여는, 이 규약이 그러한 권리를 인정하지 아니하거나 또는 그 인정의 범위가 보다 협소하다는 것을 구실로 동 권리를 제한하거나 또는 훼손하여서는 아니 된다.

ICCPR

PART Ⅲ

Article 6

1. Every human being has the inherent right to life. This right shall be protected by law. No one shall be arbitrarily deprived of his life.

제3부

제6조

1. 모든 인간은 고유한 생명권을 가진다. 이 권리는 법률에 의하여 보호된다. 어느 누구도 자의적으로 자신의 생명을 박탈당하지 아니한다.

2. In countries which have not abolished the death penalty, sentence of death may be imposed only for the most serious crimes in accordance with the law in force at the time of the commission of the crime and not contrary to the provisions of the present Covenant and to the Convention on the Prevention and Punishment of the Crime of Genocide. This penalty can only be carried out pursuant to a final judgement rendered by a competent court.

2. 사형을 폐지하지 아니하고 있는 국가에 있어서 사형은 범죄 당시의 현행법에 따라서 또한 이 규약의 규정과 집단살해죄의 방지 및 처벌에 관한 협약에 저촉되지 아니하는 법률에 의하여 가장 중한 범죄에 대해서만 선고될 수 있다. 이 형벌은 권한있는 법원이 내린 최종판결에 의하여서만 집행될 수 있다.

3. When deprivation of life constitutes the crime of genocide, it is understood that nothing in this article shall authorize any State Party to the present Covenant to derogate in any way from any obligation assumed under the provisions of the Convention on the Prevention and Punishment of the Crime of Genocide.

3. 생명의 박탈이 집단살해죄를 구성하는 경우에는 이 조의 어떠한 규정도 이 규약의 당사국이 집단살해죄의 방지 및 처벌에 관한 협약의 규정에 따라 지고 있는 의무를 어떠한 방법으로도 위반하는 것을 허용하는 것은 아니라고 이해한다.

4. Anyone sentenced to death shall have the right to seek pardon or commutation of the sentence. Amnesty, pardon or commutation of the sentence of death may be granted in all cases.

4. 사형을 선고받은 사람은 누구나 사면 또는 감형을 청구할 권리를 가진다. 사형선고에 대한 일반사면, 특별사면 또는 감형은 모든 경우에 부여될 수 있다.

5. Sentence of death shall not be imposed for crimes committed by persons below eighteen years of age and shall not be carried out on pregnant women.

5. 사형선고는 18세 미만의 자가 범한 범죄에 대하여 과하여져서는 아니 되며, 또한 임산부에 대하여 집행되어서는 아니 된다.

6. Nothing in this article shall be invoked to delay or to prevent the abolition of capital punishment by any State Party to the present Covenant.

6. 이 규약의 어떠한 규정도 이 규약의 당사국에 의하여 사형의 폐지를 지연시키거나 또는 방해하기 위하여 원용되어서는 아니 된다.

Article 7

제7조

No one shall be subjected to torture or to

어느 누구도 고문 또는 잔혹한, 비인도적인

cruel, inhuman or degrading treatment or punishment. In particular, no one shall be subjected without his free consent to medical or scientific experimentation.

또는 굴욕적인 취급 또는 형벌을 받지 아니한다. 특히 누구든지 자신의 자유로운 동의 없이 의학적 또는 과학적 실험을 받지 아니한다.

Article 8

1. No one shall be held in slavery; slavery and the slave-trade in all their forms shall be prohibited.
2. No one shall be held in servitude.
3. (a) No one shall be required to perform forced or compulsory labour;

(b) Paragraph 3 (a) shall not be held to preclude, in countries where imprisonment with hard labour may be imposed as a punishment for a crime, the performance of hard labour in pursuance of a sentence to such punishment by a competent court;

(c) For the purpose of this paragraph the term "forced or compulsory labour" shall not include;

(i) Any work or service, not referred to in subparagraph (b), normally required of a person who is under detention in consequence of a lawful order of a court, or of a person during conditional release from such detention;

(ii) Any service of a military character and, in countries where conscientious objection is recognized, any national service required by law of conscientious objectors;

(iii) Any service exacted in cases of emergency or calamity threatening

제8조

1. 어느 누구도 노예상태에 놓여지지 아니한다. 모든 형태의 노예제도 및 노예매매는 금지된다.
2. 어느 누구도 예속상태에 놓여지지 아니한다.
3. (a) 어느 누구도 강제노동을 하도록 요구되지 아니한다.

(b) 제3항 (a)의 규정은 범죄에 대한 형벌로 중노동을 수반한 구금형을 부과할 수 있는 국가에서, 권한 있는 법원에 의하여 그러한 형의 선고에 따른 중노동을 시키는 것을 금지하는 것으로 해석되지 아니한다.

(c) 이 항의 적용상 "강제노동"이라는 용어는 다음 사항을 포함하지 아니한다.

(i) (b)에서 언급되지 아니한 작업 또는 역무로서 법원의 합법적 명령에 의하여 억류되어 있는 자 또는 그러한 억류로부터 조건부 석방 중에 있는 자에게 통상적으로 요구되는 것

(ii) 군사적 성격의 역무 및 양심적 병역거부가 인정되고 있는 국가에 있어서는 양심적 병역거부자에게 법률에 의하여 요구되는 국민적 역무

(iii) 공동사회의 존립 또는 복지를 위협하는 긴급사태 또는 재난시에 요구

ICCPR

the life or well-being of the community;

(iv) Any work or service which forms part of normal civil obligations.

되는 역무

(iv) 시민으로서 통상적인 의무를 구성하는 작업 또는 역무

Article 9

제9조

1. Everyone has the right to liberty and security of person. No one shall be subjected to arbitrary arrest or detention. No one shall be deprived of his liberty except on such grounds and in accordance with such procedure as are established by law.

1. 모든 사람은 신체의 자유와 안전에 대한 권리를 가진다. 누구든지 자의적으로 체포되거나 또는 억류되지 아니한다. 어느 누구도 법률로 정한 이유 및 절차에 따르지 아니하고는 그 자유를 박탈당하지 아니한다.

2. Anyone who is arrested shall be informed, at the time of arrest, of the reasons for his arrest and shall be promptly informed of any charges against him.

2. 체포된 사람은 누구든지 체포시에 체포이유를 통고받으며, 또한 그에 대한 피의 사실을 신속히 통고받는다.

3. Anyone arrested or detained on a criminal charge shall be brought promptly before a judge or other officer authorized by law to exercise judicial power and shall be entitled to trial within a reasonable time or to release. It shall not be the general rule that persons awaiting trial shall be detained in custody, but release may be subject to guarantees to appear for trial, at any other stage of the judicial proceedings, and, should occasion arise, for execution of the judgement.

3. 형사상의 죄의 혐의로 체포되거나 또는 억류된 사람은 법관 또는 법률에 의하여 사법권을 행사할 권한을 부여받은 기타 관헌에게 신속히 회부되어야 하며, 또한 그는 합리적인 기간 내에 재판을 받거나 또는 석방될 권리를 가진다. 재판에 회부되는 사람을 억류하는 것이 일반적인 원칙이 되어서는 아니 되며, 석방은 재판 기타 사법적 절차의 모든 단계에서 출두 및 필요한 경우 판결의 집행을 위하여 출두할 것이라는 보증을 조건으로 이루어질 수 있다.

4. Anyone who is deprived of his liberty by arrest or detention shall be entitled to take proceedings before a court, in order that court may decide without delay on the lawfulness of his detention and order his release if the detention is

4. 체포 또는 억류에 의하여 자유를 박탈당한 사람은 누구든지, 법원이 그의 억류의 합법성을 지체 없이 결정하고, 그의 억류가 합법적이 아닌 경우에는 그의 석방을 명령할 수 있도록 하기 위하여, 법원에 절차를 취할 권리를 가진다.

ICCPR

not lawful.

5. Anyone who has been the victim of unlawful arrest or detention shall have an enforceable right to compensation.

5. 불법적인 체포 또는 억류의 희생이 된 사람은 누구든지 보상을 받을 권리를 가진다.

Article 10

제10조

1. All persons deprived of their liberty shall be treated with humanity and with respect for the inherent dignity of the human person.

1. 자유를 박탈당한 모든 사람은 인도적으로 또한 인간의 고유한 존엄성을 존중하여 취급된다.

2. (a) Accused persons shall, save in exceptional circumstances, be segregated from convicted persons and shall be subject to separate treatment appropriate to their status as unconvicted persons;
(b) Accused juvenile persons shall be separated from adults and brought as speedily as possible for adjudication.

2. (a) 피고인은 예외적인 사정이 있는 경우를 제외하고는 기결수와 격리되며, 또한 유죄의 판결을 받고 있지 아니한 자로서의 지위에 상응하는 별도의 취급을 받는다.
(b) 미성년 피고인은 성인과 격리되며 또한 가능한 한 신속히 재판에 회부된다.

3. The penitentiary system shall comprise treatment of prisoners the essential aim of which shall be their reformation and social rehabilitation. Juvenile offenders shall be segregated from adults and be accorded treatment appropriate to their age and legal status.

3. 교도소 수감제도는 재소자들의 교정과 사회복귀를 기본적인 목적으로 하는 처우를 포함한다. 미성년 범죄자는 성인과 격리되며 또한 그들의 연령 및 법적 지위에 상응하는 대우가 부여된다.

ICCPR

Article 11

제11조

No one shall be imprisoned merely on the ground of inability to fulfil a contractual obligation.

어느 누구도 계약상 의무의 이행불능만을 이유로 구금되지 아니한다.

Article 12

제12조

1. Everyone lawfully within the territory of a State shall, within that territory, have the right to liberty of movement

1. 합법적으로 어느 국가의 영역 내에 있는 모든 사람은, 그 영역 내에서 이동의 자유 및 거주의 자유에 관한 권리를 가진다.

and freedom to choose his residence.

2. Everyone shall be free to leave any country, including his own.

2. 모든 사람은 자국을 포함하여 어떠한 나라로부터도 자유로이 퇴거할 수 있다.

3. The above-mentioned rights shall not be subject to any restrictions except those which are provided by law, are necessary to protect national security, public order (ordre public), public health or morals or the rights and freedoms of others, and are consistent with the other rights recognized in the present Covenant.

3. 상기 권리는 법률에 의하여 규정되고, 국가안보, 공공질서, 공중보건 또는 도덕 또는 타인의 권리와 자유를 보호하기 위하여 필요하고, 또한 이 규약에서 인정되는 기타 권리와 양립되는 것을 제외하고는 어떠한 제한도 받지 아니한다.

4. No one shall be arbitrarily deprived of the right to enter his own country.

4. 어느 누구도 자국에 돌아올 권리를 자의적으로 박탈당하지 아니한다.

Article 13

An alien lawfully in the territory of a State Party to the present Covenant may be expelled therefrom only in pursuance of a decision reached in accordance with law and shall, except where compelling reasons of national security otherwise require, be allowed to submit the reasons against his expulsion and to have his case reviewed by, and be represented for the purpose before, the competent authority or a person or persons especially designated by the competent authority.

제13조

합법적으로 이 규약의 당사국의 영역 내에 있는 외국인은, 법률에 따라 이루어진 결정에 의하여서만 그 영역으로부터 추방될 수 있으며, 또한 국가안보상 불가피하게 달리 요구되는 경우를 제외하고는 자기의 추방에 반대하는 이유를 제시할 수 있고 또한 권한 있는 당국 또는 동 당국에 의하여 특별히 지명된 자에 의하여 자기의 사안이 심사되는 것이 인정되며, 또한 이를 위하여 그 당국 또는 사람 앞에서 다른 사람이 그를 대리하는 것이 인정된다.

Article 14

1. All persons shall be equal before the courts and tribunals. In the determination of any criminal charge against him, or of his rights and obligations in a suit at law, everyone shall be entitled to a fair and public hearing by a competent,

제14조

1. 모든 사람은 재판에 있어서 평등하다. 모든 사람은 그에 대한 형사상의 죄의 결정 또는 민사상의 권리 및 의무의 다툼에 관한 결정을 위하여 법률에 의하여 설치된 권한 있는 독립적이고 공평한 법원에 의한 공정한 공개심리를 받을 권리를 가진다.

independent and impartial tribunal established by law. The press and the public may be excluded from all or part of a trial for reasons of morals, public order (ordre public) or national security in a democratic society, or when the interest of the private lives of the parties so requires, or to the extent strictly necessary in the opinion of the court in special circumstances where publicity would prejudice the interests of justice; but any judgement rendered in a criminal case or in a suit at law shall be made public except where the interest of juvenile persons otherwise requires or the proceedings concern matrimonial disputes or the guardianship of children.

보도기관 및 공중에 대하여서는, 민주 사회에 있어서 도덕, 공공질서 또는 국가안보를 이유로 하거나 또는 당사자들의 사생활의 이익을 위하여 필요한 경우, 또는 공개가 사법상 이익을 해할 특별한 사정이 있는 경우 법원의 견해로 엄격히 필요하다고 판단되는 한도에서 재판의 전부 또는 일부를 공개하지 않을 수 있다. 다만, 형사소송 기타 소송에서 선고되는 판결은 미성년자의 이익을 위하여 필요한 경우 또는 당해 절차가 혼인관계의 분쟁이나 아동의 후견문제에 관한 경우를 제외하고는 공개된다.

2. Everyone charged with a criminal offence shall have the right to be presumed innocent until proved guilty according to law.

2. 모든 형사피의자는 법률에 따라 유죄가 입증될 때까지 무죄로 추정 받을 권리를 가진다.

ICCPR

3. In the determination of any criminal charge against him, everyone shall be entitled to the following minimum guarantees, in full equality:

3. 모든 사람은 그에 대한 형사상의 죄를 결정함에 있어서 적어도 다음과 같은 보장을 완전 평등하게 받을 권리를 가진다.

(a) To be informed promptly and in detail in a language which he understands of the nature and cause of the charge against him;

(a) 그에 대한 죄의 성질 및 이유에 관하여 그가 이해하는 언어로 신속하고 상세하게 통고받을 것

(b) To have adequate time and facilities for the preparation of his defence and to communicate with counsel of his own choosing;

(b) 변호의 준비를 위하여 충분한 시간과 편의를 가질 것과 본인이 선임한 변호인과 연락을 취할 것

(c) To be tried without undue delay;

(c) 부당하게 지체됨이 없이 재판을 받을 것

(d) To be tried in his presence, and to defend himself in person or through legal assistance of his own choosing;

(d) 본인의 출석 하에 재판을 받으며, 또한 직접 또는 본인이 선임하는 자의 법적 조력을 통하여 변호할 것. 만약 법적 조

to be informed, if he does not have legal assistance, of this right; and to have legal assistance assigned to him, in any case where the interests of justice so require, and without payment by him in any such case if he does not have sufficient means to pay for it;

(e) To examine, or have examined, the witnesses against him and to obtain the attendance and examination of witnesses on his behalf under the same conditions as witnesses against him;

(f) To have the free assistance of an interpreter if he cannot understand or speak the language used in court;

(g) Not to be compelled to testify against himself or to confess guilt.

4. In the case of juvenile persons, the procedure shall be such as will take account of their age and the desirability of promoting their rehabilitation.

5. Everyone convicted of a crime shall have the right to his conviction and sentence being reviewed by a higher tribunal according to law.

6. When a person has by a final decision been convicted of a criminal offence and when subsequently his conviction has been reversed or he has been pardoned on the ground that a new or newly discovered fact shows conclusively that there has been a miscarriage of justice, the person who has suffered punishment as a result of such conviction shall be compensated according to law, unless it is proved that the non-disclosure of the unknown fact in time is wholly or partly

력을 받지 못하는 경우 변호인의 조력을 받을 권리에 대하여 통지를 받을 것. 사법상의 이익을 위하여 필요한 경우 및 충분한 지불수단을 가지고 있지 못하는 경우 본인이 그 비용을 부담하지 아니하고 법적 조력이 그에게 주어지도록 할 것.

(e) 자기에게 불리한 증인을 신문하거나 또는 신문받도록 할 것과 자기에게 불리한 증인과 동일한 조건으로 자기를 위한 증인을 출석시키도록 하고 또한 신문받도록 할 것.

(f) 법정에서 사용되는 언어를 이해하지 못하거나 또는 말할 수 없는 경우에는 무료로 통역의 조력을 받을 것.

(g) 자기에게 불리한 진술 또는 유죄의 자백을 강요당하지 아니할 것.

4. 미성년자의 경우에는 그 절차가 그들의 연령을 고려하고 또한 그들의 갱생을 촉진하고자 하는 요망을 고려한 것이어야 한다.

5. 유죄판결을 받은 모든 사람은 법률에 따라 그 판결 및 형벌에 대하여 상급 법원에서 재심을 받을 권리를 가진다.

6. 어떤 사람이 확정판결에 의하여 유죄판결을 받았으나, 그 후 새로운 사실 또는 새로 발견된 사실에 의하여 오심이 있었음을 결정적으로 입증함으로써 그에 대한 유죄판결이 파기되었거나 또는 사면을 받았을 경우에는 유죄판결의 결과 형벌을 받은 자는 법률에 따라 보상을 받는다. 다만, 그 알지 못한 사실이 적시에 밝혀지지 않은 것이 전체적으로 또는 부분적으로 그에게 책임이 있었다는 것이 증명된 경우에는 그러하지 아니한다.

attributable to him.

7. No one shall be liable to be tried or punished again for an offence for which he has already been finally convicted or acquitted in accordance with the law and penal procedure of each country.

7. 어느 누구도 각국의 법률 및 형사절차에 따라 이미 확정적으로 유죄 또는 무죄선고를 받은 행위에 관하여서는 다시 재판 또는 처벌을 받지 아니한다.

Article 15

제15조

1. No one shall be held guilty of any criminal offence on account of any act or omission which did not constitute a criminal offence, under national or international law, at the time when it was committed. Nor shall a heavier penalty be imposed than the one that was applicable at the time when the criminal offence was committed. If, subsequent to the commission of the offence, provision is made by law for the imposition of the lighter penalty, the offender shall benefit thereby.

1. 어느 누구도 행위시의 국내법 또는 국제법에 의하여 범죄를 구성하지 아니하는 작위 또는 부작위를 이유로 유죄로 되지 아니한다. 또한 어느 누구도 범죄가 행하여진 때에 적용될 수 있는 형벌보다도 중한 형벌을 받지 아니한다. 범죄인은 범죄가 행하여진 후에 보다 가벼운 형을 부과하도록 하는 규정이 법률에 정해진 경우에는 그 혜택을 받는다.

2. Nothing in this article shall prejudice the trial and punishment of any person for any act or omission which, at the time when it was committed, was criminal according to the general principles of law recognized by the community of nations.

2. 이 조의 어떠한 규정도 국제사회에 의하여 인정된 법의 일반원칙에 따라 그 행위 시에 범죄를 구성하는 작위 또는 부작위를 이유로 당해인을 재판하고 처벌하는 것을 방해하지 아니한다.

Article 16

제16조

Everyone shall have the right to recognition everywhere as a person before the law.

모든 사람은 어디에서나 법 앞에 인간으로서 인정받을 권리를 가진다.

Article 17

제17조

1. No one shall be subjected to arbitrary

1. 어느 누구도 그의 사생활, 가정, 주거 또는

or unlawful interference with his privacy, family, home or correspondence, nor to unlawful attacks on his honour and reputation.

통신에 대하여 자의적이거나 불법적인 간섭을 받거나 또는 그의 명예와 신용에 대한 불법적인 비난을 받지 아니한다.

2. Everyone has the right to the protection of the law against such interference or attacks.

2. 모든 사람은 그러한 간섭 또는 비난에 대하여 법의 보호를 받을 권리를 가진다.

Article 18

제 18 조

1. Everyone shall have the right to freedom of thought, conscience and religion. This right shall include freedom to have or to adopt a religion or belief of his choice, and freedom, either individually or in community with others and in public or private, to manifest his religion or belief in worship, observance, practice and teaching.

1. 모든 사람은 사상, 양심 및 종교의 자유에 대한 권리를 가진다. 이러한 권리는 스스로 선택하는 종교나 신념을 가지거나 받아들일 자유와 단독으로 또는 다른 사람과 공동으로, 공적 또는 사적으로 예배, 의식, 행사 및 선교에 의하여 그의 종교나 신념을 표명하는 자유를 포함한다.

2. No one shall be subject to coercion which would impair his freedom to have or to adopt a religion or belief of his choice.

2. 어느 누구도 스스로 선택하는 종교나 신념을 가지거나 받아들일 자유를 침해하게 될 강제를 받지 아니한다.

3. Freedom to manifest one's religion or beliefs may be subject only to such limitations as are prescribed by law and are necessary to protect public safety, order, health, or morals or the fundamental rights and freedoms of others.

3. 자신의 종교나 신념을 표명하는 자유는, 법률에 규정되고 공공의 안전, 질서, 공중보건, 도덕 또는 타인의 기본적 권리 및 자유를 보호하기 위하여 필요한 경우에만 제한받을 수 있다.

4. The States Parties to the present Covenant undertake to have respect for the liberty of parents and, when applicable, legal guardians to ensure the religious and moral education of their children in conformity with their own convictions.

4. 이 규약의 당사국은 부모 또는 경우에 따라 법정 후견인이 그들의 신념에 따라 자녀의 종교적, 도덕적 교육을 확보할 자유를 존중할 것을 약속한다.

Article 19

1. Everyone shall have the right to hold opinions without interference.

2. Everyone shall have the right to freedom of expression; this right shall include freedom to seek, receive and impart information and ideas of all kinds, regardless of frontiers, either orally, in writing or in print, in the form of art, or through any other media of his choice.

3. The exercise of the rights provided for in paragraph 2 of this article carries with it special duties and responsibilities. It may therefore be subject to certain restrictions, but these shall only be such as are provided by law and are necessary:

(a) For respect of the rights or reputations of others;
(b) For the protection of national security or of public order (ordre public), or of public health or morals.

제19조

1. 모든 사람은 간섭받지 아니하고 의견을 가질 권리를 가진다.

2. 모든 사람은 표현의 자유에 대한 권리를 가진다. 이 권리는 구두, 서면 또는 인쇄, 예술의 형태 또는 스스로 선택하는 기타의 방법을 통하여 국경에 관계없이 모든 종류의 정보와 사상을 추구하고 접수하며 전달하는 자유를 포함한다.

3. 이 조 제2항에 규정된 권리의 행사에는 특별한 의무와 책임이 따른다. 따라서 그러한 권리의 행사는 일정한 제한을 받을 수 있다. 다만, 그 제한은 법률에 의하여 규정되고 또한 다음 사항을 위하여 필요한 경우에만 한정된다.

(a) 타인의 권리 또는 신용의 존중
(b) 국가안보 또는 공공질서 또는 공중보건 또는 도덕의 보호

ICCPR

Article 20

1. Any propaganda for war shall be prohibited by law.

2. Any advocacy of national, racial or religious hatred that constitutes incitement to discrimination, hostility or violence shall be prohibited by law.

제20조

1. 전쟁을 위한 어떠한 선전도 법률에 의하여 금지된다.

2. 차별, 적의 또는 폭력의 선동이 될 민족적, 인종적 또는 종교적 증오의 고취는 법률에 의하여 금지된다.

Article 21

The right of peaceful assembly shall be

제21조

평화적인 집회의 권리가 인정된다. 이 권리의

recognized. No restrictions may be placed on the exercise of this right other than those imposed in conformity with the law and which are necessary in a democratic society in the interests of national security or public safety, public order (order public), the protection of public health or morals or the protection of the rights and freedoms of others.

행사에 대하여는 법률에 따라 부과되고, 또한 국가안보 또는 공공의 안전, 공공질서, 공중보건 또는 도덕의 보호 또는 타인의 권리 및 자유의 보호를 위하여 민주사회에서 필요한 것 이외의 어떠한 제한도 과하여져서는 아니된다.

Article 22

1. Everyone shall have the right to freedom of association with others, including the right to form and join trade unions for the protection of his interests.

2. No restrictions may be placed on the exercise of this right other than those which are prescribed by law and which are necessary in a democratic society in the interests of national security or public safety, public order (ordre public), the protection of public health or morals or the protection of the rights and freedoms of others. This article shall not prevent the imposition of lawful restrictions on members of the armed forces and of the police in their exercise of this right.

3. Nothing in this article shall authorize States Parties to the International Labour Organisation Convention of 1948 concerning Freedom of Association and Protection of the Right to Organize to take legislative measures which would prejudice, or to apply the law in such a manner as to prejudice, the guarantees provided for in that Convention.

제22조

1. 모든 사람은 자기의 이익을 보호하기 위하여 노동조합을 결성하고 이에 가입하는 권리를 포함하여 다른 사람과의 결사의 자유에 대한 권리를 갖는다.

2. 이 권리의 행사에 대하여는 법률에 의하여 규정되고, 국가안보 또는 공공의 안전, 공공질서, 공중보건 또는 도덕의 보호 또는 타인의 권리 및 자유의 보호를 위하여 민주사회에서 필요한 것 이외의 어떠한 제한도 과하여져서는 아니 된다. 이 조는 군대와 경찰의 구성원이 이 권리를 행사하는 데 대하여 합법적인 제한을 부과하는 것을 방해하지 아니한다.

3. 이 조의 어떠한 규정도 결사의 자유 및 단결권의 보호에 관한 1948년의 국제노동기구협약의 당사국이 동 협약에 규정하는 보장을 저해하려는 입법조치를 취하도록 하거나 또는 이를 저해하려는 방법으로 법률을 적용할 것을 허용하는 것은 아니다.

Article 23

1. The family is the natural and fundamental group unit of society and is entitled to protection by society and the State.

2. The right of men and women of marriageable age to marry and to found a family shall be recognized.

3. No marriage shall be entered into without the free and full consent of the intending spouses.

4. States Parties to the present Covenant shall take appropriate steps to ensure equality of rights and responsibilities of spouses as to marriage, during marriage and at its dissolution. In the case of dissolution, provision shall be made for the necessary protection of any children.

제23조

1. 가정은 사회의 자연적이며 기초적인 단위이고, 사회와 국가의 보호를 받을 권리를 가진다.

2. 혼인적령의 남녀가 혼인을 하고, 가정을 구성할 권리가 인정된다.

3. 혼인은 양당사자의 자유롭고 완전한 합의 없이는 성립되지 아니한다.

4. 이 규약의 당사국은 혼인기간 중 및 혼인 해소 시에 혼인에 대한 배우자의 권리 및 책임의 평등을 확보하기 위하여 적절한 조치를 취한다. 혼인해소의 경우에는 자녀에 대한 필요한 보호를 위한 조치를 취한다.

Article 24

ICCPR

1. Every child shall have, without any discrimination as to race, colour, sex, language, religion, national or social origin, property or birth, the right to such measures of protection as are required by his status as a minor, on the part of his family, society and the State.

2. Every child shall be registered immediately after birth and shall have a name.

3. Every child has the right to acquire a nationality.

제24조

1. 모든 어린이는 인종, 피부색, 성, 언어, 종교, 민족적 또는 사회적 출신, 재산 또는 출생에 관하여 어떠한 차별도 받지 아니하고 자신의 가족, 사회 및 국가에 대하여 미성년자로서의 지위로 인하여 요구되는 보호조치를 받을 권리를 가진다.

2. 모든 어린이는 출생 후 즉시 등록되고, 성명을 가진다.

3. 모든 어린이는 국적을 취득할 권리를 가진다.

Article 25

Every citizen shall have the right and the

제25조

모든 시민은 제2조에 규정하는 어떠한 차별

opportunity, without any of the distinctions mentioned in article 2 and without unreasonable restrictions:

(a) To take part in the conduct of public affairs, directly or through freely chosen representatives;
(b) To vote and to be elected at genuine periodic elections which shall be by universal and equal suffrage and shall be held by secret ballot, guaranteeing the free expression of the will of the electors;
(c) To have access, on general terms of equality, to public service in his country.

이나 또는 불합리한 제한도 받지 아니하고 다음의 권리 및 기회를 가진다.

(a) 직접 또는 자유로이 선출한 대표자를 통하여 정치에 참여하는 것.
(b) 보통, 평등 선거권에 따라 비밀투표에 의하여 행하여지고, 선거인의 의사의 자유로운 표명을 보장하는 진정한 정기적 선거에서 투표하거나 피선되는 것.
(c) 일반적인 평등 조건하에 자국의 공무에 취임하는 것.

Article 26

All persons are equal before the law and are entitled without any discrimination to the equal protection of the law. In this respect, the law shall prohibit any discrimination and guarantee to all persons equal and effective protection against discrimination on any ground such as race, colour, sex, language, religion, political or other opinion, national or social origin, property, birth or other status.

제26조

모든 사람은 법 앞에 평등하고 어떠한 차별도 없이 법의 평등한 보호를 받을 권리를 가진다. 이를 위하여 법률은 모든 차별을 금지하고, 인종, 피부색, 성, 언어, 종교, 정치적, 또는 기타의 의견, 민족적 또는 사회적 출신, 재산, 출생 또는 기타의 신분 등의 어떠한 이유에 의한 차별에 대하여도 평등하고 효과적인 보호를 모든 사람에게 보장한다.

Article 27

In those States in which ethnic, religious or linguistic minorities exist, persons belonging to such minorities shall not be denied the right, in community with the other members of their group, to enjoy their own culture, to profess and practise their own religion, or to use their own language.

제27조

종족적, 종교적 또는 언어적 소수민족이 존재하는 국가에 있어서는 그러한 소수민족에 속하는 사람들에게 그 집단의 다른 구성원들과 함께 그들 자신의 문화를 향유하고, 그들 자신의 종교를 표명하고 실행하거나 또는 그들 자신의 언어를 사용할 권리가 부인되지 아니한다.

PART Ⅳ

Article 28

1. There shall be established a Human Rights Committee (hereafter referred to in the present Covenant as the Committee). It shall consist of eighteen members and shall carry out the functions hereinafter provided.

2. The Committee shall be composed of nationals of the States Parties to the present Covenant who shall be persons of high moral character and recognized competence in the field of human rights, consideration being given to the usefulness of the participation of some persons having legal experience.

3. The members of the Committee shall be elected and shall serve in their personal capacity.

제 4 부

제28조

1. 인권이사회(이하 이 규약에서 이사회라 한다)를 설치한다. 이사회는 18인의 위원으로 구성되며 이하에 규정된 임무를 행한다.

2. 이사회는 고매한 인격을 가지고 인권분야에서 능력이 인정된 이 규약의 당사국의 국민들로 구성하고, 법률적 경험을 가진 약간명의 인사의 참여가 유익할 것이라는 점을 고려한다.

3. 이사회의 위원은 개인적 자격으로 선출되고, 직무를 수행한다.

Article 29

1. The members of the Committee shall be elected by secret ballot from a list of persons possessing the qualifications prescribed in article 28 and nominated for the purpose by the States Parties to the present Covenant.

2. Each State Party to the present Covenant may nominate not more than two persons. These persons shall be nationals of the nominating State.

3. A person shall be eligible for renomination.

제29조

1. 이사회의 위원은 제28조에 규정된 자격을 가지고 이 규약의 당사국에 의하여 선거를 위하여 지명된 자의 명단 중에서 비밀투표에 의하여 선출된다.

2. 이 규약의 각 당사국은 2인 이하의 자를 지명할 수 있다. 이러한 자는 지명하는 국가의 국민이어야 한다.

3. 동일인이 재지명받을 수 있다.

Article 30

1. The initial election shall be held no later than six months after the date of the entry into force of the present Covenant.

2. At least four months before the date of each election to the Committee, other than an election to fill a vacancy declared in accordance with article 34, the Secretary-General of the United Nations shall address a written invitation to the States Parties to the present Covenant to submit their nominations for membership of the Committee within three months.

3. The Secretary-General of the United Nations shall prepare a list in alphabetical order of all the persons thus nominated, with an indication of the States Parties which have nominated them, and shall submit it to the States Parties to the present Covenant no later than one month before the date of each election.

4. Elections of the members of the Committee shall be held at a meeting of the States Parties to the present Covenant convened by the Secretary General of the United Nations at the Headquarters of the United Nations. At that meeting, for which two thirds of the States Parties to the present Covenant shall constitute a quorum, the persons elected to the Committee shall be those nominees who obtain the largest number of votes and an absolute majority of the votes of the representatives of States Parties

제30조

1. 최초의 선거는 이 규약의 발효일로부터 6개월 이내에 실시된다.

2. 국제연합사무총장은, 제34조에 따라 선언된 결원의 보충선거를 제외하고는, 이사회의 구성을 위한 각 선거일의 최소 4개월 전에, 이 규약당사국이 3개월 이내에 위원회의 위원후보 지명을 제출하도록 하기 위하여 당사국에 서면 초청장을 발송한다.

3. 국제연합사무총장은, 이와 같이 지명된 후보들을 지명국 이름의 명시와 함께 알파벳순으로 명단을 작성하여 늦어도 선거일 1개월 전에 동 명단을 이 규약당사국에게 송부한다.

4. 이사회 위원의 선거는 국제연합사무총장이 국제연합 본부에서 소집한 이 규약당사국회합에서 실시된다. 이 회합은 이 규약당사국의 3분의 2를 정족수로 하고, 출석하여 투표하는 당사국 대표의 최대다수표 및 절대다수표를 획득하는 후보가 위원으로 선출된다.

ICCPR

present and voting.

Article 31

1. The Committee may not include more than one national of the same State.

2. In the election of the Committee, consideration shall be given to equitable geographical distribution of membership and to the representation of the different forms of civilization and of the principal legal systems.

제31조

1. 이사회는 동일국가의 국민을 2인 이상 포함할 수 없다.

2. 이사회의 선거에 있어서는 위원의 공평한 지리적 안배와 상이한 문명형태 및 주요한 법률체계가 대표되도록 고려한다.

Article 32

1. The members of the Committee shall be elected for a term of four years. They shall be eligible for re-election if renominated. However, the terms of nine of the members elected at the first election shall expire at the end of two years; immediately after the first election, the names of these nine members shall be chosen by lot by the Chairman of the meeting referred to in article 30, paragraph 4.

2. Elections at the expiry of office shall be held in accordance with the preceding articles of this part of the present Covenant.

제32조

1. 이사회의 위원은 4년 임기로 선출된다. 모든 위원은 재지명된 경우에 재선될 수 있다. 다만, 최초의 선거에서 선출된 위원 중 9인의 임기는 2년 후에 종료된다. 이들 9인 위원의 명단은 최초 선거후 즉시 제30조 제4항에 언급된 회합의 의장에 의하여 추첨으로 선정된다.

2. 임기 만료시의 선거는 이 규약 제4부의 전기 조문들의 규정에 따라 실시된다.

ICCPR

Article 33

1. If, in the unanimous opinion of the other members, a member of the Committee has ceased to carry out his functions for any cause other than absence of a temporary character, the Chairman of the

제33조

1. 이사회의 어느 한 위원이 그의 임무를 수행할 수 없는 것이 일시적 성격의 결석이 아닌 다른 이유로 인한 것이라고 다른 위원 전원이 생각할 경우, 이사회의 의장은 국제연합사무총장에게 이를 통보하며, 사무총

Committee shall notify the Secretary-General of the United Nations, who shall then declare the seat of that member to be vacant.

장은 이때 동 위원의 궐석을 선언한다.

2. In the event of the death or the resignation of a member of the Committee, the Chairman shall immediately notify the Secretary-General of the United Nations, who shall declare the seat vacant from the date of death or the date on which the resignation takes effect.

2. 이사회의 위원이 사망 또는 사임한 경우, 의장은 국제연합 사무총장에게 이를 즉시 통보하여야 하며, 사무총장은 사망일 또는 사임의 효력발생일로부터 그 좌석의 궐석을 선언한다.

Article 34

제34조

1. When a vacancy is declared in accordance with article 33 and if the term of office of the member to be replaced does not expire within six months of the declaration of the vacancy, the Secretary-General of the United Nations shall notify each of the States Parties to the present Covenant, which may within two months submit nominations in accordance with article 29 for the purpose of filling the vacancy.

1. 제33조에 의해 궐석이 선언되고, 교체될 궐석위원의 잔여임기가 궐석 선언일로부터 6개월 이내에 종료되지 아니할 때에는, 국제연합사무총장은 이 규약의 각 당사국에게 이를 통보하며, 각 당사국은 궐석을 충원하기 위하여 제29조에 따라서 2개월 이내에 후보자의 지명서를 제출할 수 있다.

2. The Secretary-General of the United Nations shall prepare a list in alphabetical order of the persons thus nominated and shall submit it to the States Parties to the present Covenant. The election to fill the vacancy shall then take place in accordance with the relevant provisions of this part of the present Covenant.

2. 국제연합사무총장은 이와 같이 지명된 후보들의 명단을 알파벳순으로 작성, 이를 이 규약의 당사국에게 송부한다. 보궐선거는 이 규약 제4부의 관계규정에 따라 실시된다.

3. A member of the Committee elected to fill a vacancy declared in accordance with article 33 shall hold office for the

3. 제33조에 따라 선언되는 궐석을 충원하기 위하여 선출되는 위원은 동조의 규정에 따라 궐석위원의 잔여임기 동안 재직한다.

remainder of the term of the member who vacated the seat on the Committee under the provisions of that article.

Article 35

The members of the Committee shall, with the approval of the General Assembly of the United Nations, receive emoluments from United Nations resources on such terms and conditions as the General Assembly may decide, having regard to the importance of the Committee's responsibilities.

제35조

이사회의 위원들은 국제연합총회가 이사회의 책임의 중요성을 고려하여 결정하게 될 조건에 따라, 국제연합의 재원에서 동 총회의 승인을 얻어 보수를 받는다.

Article 36

The Secretary-General of the United Nations shall provide the necessary staff and facilities for the effective performance of the functions of the Committee under the present Covenant.

제36조

국제연합사무총장은 이 규정상 이사회의 효과적인 기능수행을 위하여 필요한 직원과 편의를 제공한다.

Article 37

1. The Secretary-General of the United Nations shall convene the initial meeting of the Committee at the Headquarters of the United Nations.

2. After its initial meeting, the Committee shall meet at such times as shall be provided in its rules of procedure.

3. The Committee shall normally meet at the Headquarters of the United Nations or at the United Nations Office at Geneva.

제37조

1. 국제연합사무총장은 이사회의 최초 회의를 국제연합본부에서 소집한다.

2. 최초회의 이후에는, 이사회는 이사회의 절차규칙이 정하는 시기에 회합한다.

3. 이사회는 통상 국제연합본부나 제네바 소재 국제연합사무소에서 회합을 가진다.

Article 38

Every member of the Committee shall, before taking up his duties, make a solemn declaration in open committee that he will perform his functions impartially and conscientiously.

제38조

이사회의 각 위원은 취임에 앞서 이사회의 공개석상에서 자기의 직무를 공평하고 양심적으로 수행할 것을 엄숙히 선언한다.

Article 39

1. The Committee shall elect its officers for a term of two years. They may be re-elected.

2. The Committee shall establish its own rules of procedure, but these rules shall provide, inter alia, that:

(a) Twelve members shall constitute a quorum;
(b) Decisions of the Committee shall be made by a majority vote of the members present.

제39조

1. 이사회는 임기2년의 임원을 선출한다. 임원은 재선될 수 있다.

2. 이사회는 자체의 절차규칙을 제정하며 이 규칙은 특히 다음 사항을 규정한다.

(a) 의사정족수는 위원 12인으로 한다.

(b) 이사회의 의결은 출석위원 과반수의 투표로 한다.

ICCPR

Article 40

1. The States Parties to the present Covenant undertake to submit reports on the measures they have adopted which give effect to the rights recognized herein and on the progress made in the enjoyment of those rights:

(a) Within one year of the entry into force of the present Covenant for the States Parties concerned;
(b) Thereafter whenever the Committee so requests.

2. All reports shall be submitted to the

제40조

1. 이 규약의 당사국은 규약에서 인정된 권리를 실현하기 위하여 취한 조치와 그러한 권리를 향유함에 있어서 성취된 진전사항에 관한 보고서를 다음과 같이 제출할 것을 약속한다.

(a) 관계당사국에 대하여는 이 규약의 발효 후 1년 이내

(b) 그 이후에는 이사회가 요청하는 때

2. 모든 보고서는 국제연합사무총장에게 제

Secretary-General of the United Nations, who shall transmit them to the Committee for consideration. Reports shall indicate the factors and difficulties, if any, affecting the implementation of the present Covenant.

출되며 사무총장은 이를 이사회가 심의할 수 있도록 이사회에 송부한다. 동 보고서에는 이 규약의 이행에 영향을 미치는 요소와 장애가 있을 경우, 이를 기재한다.

3. The Secretary-General of the United Nations may, after consultation with the Committee, transmit to the specialized agencies concerned copies of such parts of the reports as may fall within their field of competence.

3. 국제연합사무총장은 이사회와의 협의 후 해당전문기구에 그 전문기구의 권한의 분야에 속하는 보고서 관련 부분의 사본을 송부한다.

4. The Committee shall study the reports submitted by the States Parties to the present Covenant. It shall transmit its reports, and such general comments as it may consider appropriate, to the States Parties. The Committee may also transmit to the Economic and Social Council these comments along with the copies of the reports it has received from States Parties to the present Covenant.

4. 이사회는 이 규약의 당사국에 의하여 제출된 보고서를 검토한다. 이사회는 이사회 자체의 보고서와 이사회가 적당하다고 간주하는 일반적 의견을 당사국에게 송부한다. 이사회는 또한 이 규약의 당사국으로부터 접수한 보고서 사본과 함께 동 일반적 의견을 경제사회이사회에 제출할 수 있다.

5. The States Parties to the present Covenant may submit to the Committee observations on any comments that may be made in accordance with paragraph 4 of this article.

5. 이 규약의 당사국은 본조 제4항에 따라 표명된 의견에 대한 견해를 이사회에 제출할 수 있다.

Article 41

제41조

1. A State Party to the present Covenant may at any time declare under this article that it recognizes the competence of the Committee to receive and consider communications to the effect that a State Party claims that another State Party is

1. 이 규약의 당사국은 타 당사국이 이 규약상의 의무를 이행하지 아니하고 있다고 주장하는 일 당사국의 통보를 접수, 심리하는 이사회의 권한을 인정한다는 것을 이 조에 의하여 언제든지 선언할 수 있다. 이 조의 통보는 이 규약의 당사국 중 자국에

not fulfilling its obligations under the present Covenant. Communications under this article may be received and considered only if submitted by a State Party which has made a declaration recognizing in regard to itself the competence of the Committee. No communication shall be received by the Committee if it concerns a State Party which has not made such a declaration. Communications received under this article shall be dealt with in accordance with the following procedure:

(a) If a State Party to the present Covenant considers that another State Party is not giving effect to the provisions of the present Covenant, it may, by written communication, bring the matter to the attention of that State Party. Within three months after the receipt of the communication the receiving State shall afford the State which sent the communication an explanation, or any other statement in writing clarifying the matter which should include, to the extent possible and pertinent, reference to domestic procedures and remedies taken, pending, or available in the matter;

(b) If the matter is not adjusted to the satisfaction of both States Parties concerned within six months after the receipt by the receiving State of the initial communication, either State shall have the right to refer the matter to the Committee, by notice given to the Committee and to the other State;

(c) The Committee shall deal with a matter referred to it only after it has

대한 이사회의 그러한 권한의 인정을 선언한 당사국에 의하여 제출될 경우에만 접수, 심리될 수 있다. 이사회는 그러한 선언을 행하지 아니한 당사국에 관한 통보는 접수하지 아니한다. 이 조에 따라 접수된 통보는 다음의 절차에 따라 처리된다.

(a) 이 규약의 당사국은 타 당사국이 이 규약의 규정을 이행하고 있지 아니하다고 생각할 경우에는, 서면통보에 의하여 이 문제에 관하여 그 당사국의 주의를 환기시킬 수 있다. 통보를 접수한 국가는 통보를 접수한 후 3개월 이내에 당해문제를 해명하는 설명서 또는 기타 진술을 서면으로 통보한 국가에 송부한다. 그러한 해명서에는 가능하고 적절한 범위 내에서, 동 국가가 당해문제와 관련하여 이미 취하였든가, 현재 취하고 있든가 또는 취할 국내절차와 구제수단에 관한 언급이 포함된다.

(b) 통보를 접수한 국가가 최초의 통보를 접수한 후 6개월 이내에 당해문제가 관련 당사국 쌍방에게 만족스럽게 조정되지 아니할 경우에는, 양 당사국 중 일방에 의한 이사회와 타 당사국에 대한 통고로 당해문제를 이사회에 회부할 권리를 가진다.

(c) 이사회는, 이사회에 회부된 문제의 처리에 있어서, 일반적으로 승인된 국제법의

ICCPR

ascertained that all available domestic remedies have been invoked and exhausted in the matter, in conformity with the generally recognized principles of international law. This shall not be the rule where the application of the remedies is unreasonably prolonged;

원칙에 따라 모든 가능한 국내적 구제절차가 원용되고 완료되었음을 확인한 다음에만 그 문제를 처리한다. 다만, 구제수단의 적용이 부당하게 지연되고 있을 경우에는 그러하지 아니한다.

(d) The Committee shall hold closed meetings when examining communications under this article;

(d) 이사회가 이 조에 의한 통보를 심사할 경우에는 비공개 토의를 가진다.

(e) Subject to the provisions of subparagraph (c), the Committee shall make available its good offices to the States Parties concerned with a view to a friendly solution of the matter on the basis of respect for human rights and fundamental freedoms as recognized in the present Covenant;

(e) (c)의 규정에 따를 것을 조건으로, 이사회는 이 규약에서 인정된 인권과 기본적 자유에 대한 존중의 기초위에서 문제를 우호적으로 해결하기 위하여 관계당사국에게 주선을 제공한다.

(f) In any matter referred to it, the Committee may call upon the States Parties concerned, referred to in subparagraph (b), to supply any relevant information;

(f) 이사회는 회부받은 어떠한 문제에 관하여도 (b)에 언급된 관계당사국들에게 모든 관련정보를 제출할 것을 요청할 수 있다.

ICCPR

(g) The States Parties concerned, referred to in subparagraph (b), shall have the right to be represented when the matter is being considered in the Committee and to make submissions orally and/or in writing;

(g) (b)에서 언급된 관계당사국은 당해문제가 이사회에서 심의되고 있는 동안 자국의 대표를 참석시키고 구두 또는 서면으로 의견을 제출할 권리를 가진다.

(h) The Committee shall, within twelve months after the date of receipt of notice under subparagraph (b), submit a report:

(h) 이사회는 (b)에 의한 통보의 접수일로부터 12개월 이내에 보고서를 제출한다.

(i) If a solution within the terms of subparagraph (e) is reached, the Committee shall confine its report to a brief statement of the facts and of the solution reached;

(i) (e)의 규정에 따라 해결에 도달한 경우에는 이사회는 보고서를 사실과 도달된 해결에 관한 간략한 설명에만 국한시킨다.

(ii) If a solution within the terms of subparagraph (e) is not reached, the Committee shall confine its report to a brief statement of the facts; the written submissions and record of the oral submissions made by the States Parties concerned shall be attached to the report. In every matter, the report shall be communicated to the States Parties concerned.

(ii) (e)의 규정에 따라 해결에 도달하지 못한 경우에는 이사회는 보고서를 사실에 관한 간략한 설명에만 국한시키고 관계당사국이 제출한 서면 의견과 구두 의견의 기록을 동 보고서에 첨부시킨다. 모든 경우에 보고서는 관계당사국에 통보된다.

2. The provisions of this article shall come into force when ten States Parties to the present Covenant have made declarations under paragraph 1 of this article. Such declarations shall be deposited by the States Parties with the Secretary-General of the United Nations, who shall transmit copies thereof to the other States Parties. A declaration may be withdrawn at any time by notification to the Secretary-General. Such a withdrawal shall not prejudice the consideration of any matter which is the subject of a communication already transmitted under this article; no further communication by any State Party shall be received after the notification of withdrawal of the declaration has been received by the Secretary-General, unless the State Party concerned has made a new declaration.

2. 이 조의 제규정은 이 규약의 10개 당사국이 이 조 제1항에 따른 선언을 하였을 때 발효된다. 당사국은 동 선언문을 국제연합 사무총장에게 기탁하며, 사무총장은 선언문의 사본을 타 당사국에 송부한다. 이와 같은 선언은 사무총장에 대한 통고에 의하여 언제든지 철회될 수 있다. 이 철회는 이 조에 의하여 이미 송부된 통보에 따른 어떠한 문제의 심의도 방해하지 아니한다. 어떠한 당사국에 의한 추후의 통보는 사무총장이 선언 철회의 통고를 접수한 후에는 관계당사국이 새로운 선언을 하지 아니하는 한 접수되지 아니한다.

ICCPR

Article 42

제42조

1. (a) If a matter referred to the Committee in accordance with article 41 is not resolved to the satisfaction of the

1. (a) 제41조에 따라 이사회에 회부된 문제가 관계당사국들에 만족스럽게 타결되지 못하는 경우에는 이사회는 관계당사국의

States Parties concerned, the Committee may, with the prior consent of the States Parties concerned, appoint an ad hoc Conciliation Commission (hereinafter referred to as the Commission). The good offices of the Commission shall be made available to the States Parties concerned with a view to an amicable solution of the matter on the basis of respect for the present Covenant;

(b) The Commission shall consist of five persons acceptable to the States Parties concerned. If the States Parties concerned fail to reach agreement within three months on all or part of the composition of the Commission, the members of the Commission concerning whom no agreement has been reached shall be elected by secret ballot by a two-thirds majority vote of the Committee from among its members.

2. The members of the Commission shall serve in their personal capacity. They shall not be nationals of the States Parties concerned, or of a State not Party to the present Covenant, or of a State Party which has not made a declaration under article 41.

3. The Commission shall elect its own Chairman and adopt its own rules of procedure.

4. The meetings of the Commission shall normally be held at the Headquarters of the United Nations or at the United Nations Office at Geneva. However, they may be held at such other convenient

사전 동의를 얻어 특별조정위원회(이하 조정위원회라 한다)를 임명할 수 있다. 조정위원회는 이 규약의 존중에 기초하여 당해문제를 우호적으로 해결하기 위하여 관계당사국에게 주선을 제공한다.

(b) 조정위원회는 관계당사국에게 모두 수락될 수 있는 5인의 위원으로 구성된다. 관계당사국이 3개월 이내에 조정위원회의 전부 또는 일부의 구성에 관하여 합의에 이르지 못하는 경우에는, 합의를 보지 못하는 조정위원회의 위원은 비밀투표에 의하여 인권이사회 위원 중에서 인권이사회 위원 3분의 2의 다수결투표로 선출된다.

2. 조정위원회의 위원은 개인자격으로 직무를 수행한다. 동 위원은 관계당사국, 이 규약의 비당사국 또는 제41조에 의한 선언을 행하지 아니한 당사국의 국민이어서는 아니된다.

3. 조정위원회는 자체의 의장을 선출하고 또한 자체의 절차규칙을 채택한다.

4. 조정위원회의 회의는 통상 국제연합본부 또는 제네바 소재 국제연합사무소에서 개최된다. 그러나 동 회의는 조정위원회가 국제연합사무총장 및 관계당사국과 협의하여 결정하는 기타 편리한 장소에서도 개

places as the Commission may determine in consultation with the Secretary-General of the United Nations and the States Parties concerned.

최될 수 있다.

5. The secretariat provided in accordance with article 36 shall also service the commissions appointed under this article.

5. 제36조에 따라 설치된 사무국은 이 조에서 임명된 조정위원회에 대하여도 역무를 제공한다.

6. The information received and collated by the Committee shall be made available to the Commission and the Commission may call upon the States Parties concerned to supply any other relevant information.

6. 이사회가 접수하여 정리한 정보는 조정위원회가 이용할 수 있으며, 조정위원회는 관계당사국에게 기타 관련 자료의 제출을 요구할 수 있다.

7. When the Commission has fully considered the matter, but in any event not later than twelve months after having been seized of the matter, it shall submit to the Chairman of the Committee a report for communication to the States Parties concerned:

7. 조정위원회는 문제를 충분히 검토한 후, 또는 당해문제를 접수한 후, 어떠한 경우에도 12개월 이내에, 관계당사국에 통보하기 위하여 인권이사회의 위원장에게 보고서를 제출한다.

ICCPR

(a) If the Commission is unable to complete its consideration of the matter within twelve months, it shall confine its report to a brief statement of the status of its consideration of the matter;

(a) 조정위원회가 12개월 이내에 당해문제에 대한 심의를 종료할 수 없을 경우, 조정위원회는 보고서를 당해문제의 심의현황에 관한 간략한 설명에 국한시킨다.

(b) If an amicable solution to the matter on the basis of respect for human rights as recognized in the present Covenant is reached, the Commission shall confine its report to a brief statement of the facts and of the solution reached;

(b) 조정위원회가 이 규약에서 인정된 인권의 존중에 기초하여 당해문제에 대한 우호적인 해결에 도달한 경우, 조정위원회는 보고서를 사실과 도달한 해결에 관한 간략한 설명에 국한시킨다.

(c) If a solution within the terms of subparagraph (b) is not reached, the Commission's report shall embody its fin-

(c) 조정위원회가 (b)의 규정에 의한 해결에 도달하지 못한 경우, 조정위원회의 보고서는 관계 당국 간의 쟁점에 관계되

dings on all questions of fact relevant to the issues between the States Parties concerned, and its views on the possibilities of an amicable solution of the matter. This report shall also contain the written submissions and a record of the oral submissions made by the States Parties concerned;

는 모든 사실문제에 대한 자체의 조사결과 및 문제의 우호적인 해결 가능성에 관한 견해를 기술한다. 동 보고서는 또한 관계당사국이 제출한 서면 의견 및 구두의견의 기록을 포함한다.

(d) If the Commission's report is submitted under subparagraph (c), the States Parties concerned shall, within three months of the receipt of the report, notify the Chairman of the Committee whether or not they accept the contents of the report of the Commission.

(d) 1(c)에 의하여 조정위원회의 보고서가 제출되는 경우, 관계당사국은 동 보고서의 접수로부터 3개월 이내에 인권이사회의 위원장에게 조정위원회의 보고서 내용의 수락여부를 통고한다.

8. The provisions of this article are without prejudice to the responsibilities of the Committee under article 41.

8. 이 조의 규정은 제41조에 의한 이사회의 책임을 침해하지 아니한다.

9. The States Parties concerned shall share equally all the expenses of the members of the Commission in accordance with estimates to be provided by the Secretary-General of the United Nations.

9. 관계당사국은 국제연합사무총장이 제출하는 견적에 따라 조정위원회의 모든 경비를 균등히 분담한다.

ICCPR

10. The Secretary-General of the United Nations shall be empowered to pay the expenses of the members of the Commission, if necessary, before reimbursement by the States Parties concerned, in accordance with paragraph 9 of this article.

10. 국제연합사무총장은 필요한 경우, 이 조 제9항에 의하여 관계당사국이 분담금을 납입하기 전에 조정위원회의 위원의 경비를 지급할 수 있는 권한을 가진다.

Article 43

제43조

The members of the Committee, and of the ad hoc conciliation commissions which may be appointed under article 42, shall be entitled to the facilities, privileges and

이사회의 위원과 제42조에 의하여 임명되는 특별조정위원회의 위원은 국제연합의 특권 및 면제에 관한 협약의 관계 조항에 규정된 바에 따라 국제연합을 위한 직무를 행하는 전

immunities of experts on mission for the United Nations as laid down in the relevant sections of the Convention on the Privileges and Immunities of the United Nations.

문가로서의 편의, 특권 및 면제를 향유한다.

Article 44

The provisions for the implementation of the present Covenant shall apply without prejudice to the procedures prescribed in the field of human rights by or under the constituent instruments and the conventions of the United Nations and of the specialized agencies and shall not prevent the States Parties to the present Covenant from having recourse to other procedures for settling a dispute in accordance with general or special international agreements in force between them.

제44조

이 규약의 이행에 관한 규정은 국제연합과 그 전문기구의 설립헌장 및 협약에 의하여 또는 헌장 및 협약 하에서의 인권분야에 규정된 절차의 적용을 방해하지 아니하고, 이 규약당사국이 당사국간에 발효 중인 일반적인 또는 특별한 국제협정에 따라 분쟁의 해결을 위하여 다른 절차를 이용하는 것을 방해하지 아니한다.

Article 45

The Committee shall submit to the General Assembly of the United Nations, through the Economic and Social Council, an annual report on its activities.

제45조

이사회는 그 활동에 관한 연례보고서를 경제사회이사회를 통하여 국제연합총회에 제출한다.

ICCPR

PART V

Article 46

Nothing in the present Covenant shall be interpreted as impairing the provisions of the Charter of the United Nations and of the constitutions of the specialized agencies which define the respective responsibilities of the various organs of the United Na-

제5부

제46조

이 규약의 어떠한 규정도 이 규약에서 취급되는 문제에 관하여 국제연합의 여러 기관과 전문기구의 책임을 각각 명시하고 있는 국제연합헌장 및 전문기구헌장의 규정을 침해하는 것으로 해석되지 아니한다.

tions and of the specialized agencies in regard to the matters dealt with in the present Covenant.

Article 47

Nothing in the present Covenant shall be interpreted as impairing the inherent right of all peoples to enjoy and utilize fully and freely their natural wealth and resources.

제47조

이 규약의 어떠한 규정도 모든 사람이 그들의 천연적 부와 자원을 충분히 자유로이 향유하고, 이용할 수 있는 고유의 권리를 침해하는 것으로 해석되지 아니한다.

PART VI

Article 48

1. The present Covenant is open for signature by any State Member of the United Nations or member of any of its specialized agencies, by any State Party to the Statute of the International Court of Justice, and by any other State which has been invited by the General Assembly of the United Nations to become a Party to the present Covenant.
2. The present Covenant is subject to ratification. Instruments of ratification shall be deposited with the Secretary-General of the United Nations.
3. The present Covenant shall be open to accession by any State referred to in paragraph 1 of this article.
4. Accession shall be effected by the deposit of an instrument of accession with the Secretary-General of the United Nations.

제6부

제48조

1. 이 규약은 국제연합의 모든 회원국, 전문기구의 모든 회원국, 국제사법재판소 규정의 모든 당사국 또한 국제연합총회가 이 규약에 가입하도록 초청한 기타 모든 국가들의 서명을 위하여 개방된다.
2. 이 규약은 비준되어야 한다. 비준서는 국제연합사무총장에게 기탁된다.
3. 이 규약은 이 조 제1항에서 언급된 모든 국가들의 가입을 위하여 개방된다.
4. 가입은 가입서를 국제연합사무총장에게 기탁함으로써 이루어진다.

5. The Secretary-General of the United Nations shall inform all States which have signed this Covenant or acceded to it of the deposit of each instrument of ratification or accession.

5. 국제연합사무총장은 이 규약에 서명 또는 가입한 모든 국가들에게 각 비준서 또는 가입서의 기탁을 통보한다.

Article 49

제49조

1. The present Covenant shall enter into force three months after the date of the deposit with the Secretary-General of the United Nations of the thirty-fifth instrument of ratification or instrument of accession.

2. For each State ratifying the present Covenant or acceding to it after the deposit of the thirty-fifth instrument of ratification or instrument of accession, the present Covenant shall enter into force three months after the date of the deposit of its own instrument of ratification or instrument of accession.

1. 이 규약은 35번째의 비준서 또는 가입서가 국제연합사무총장에게 기탁되는 날로부터 3개월 후에 발효한다.

2. 35번째의 비준서 또는 가입서의 기탁 후에 이 규약을 비준하거나 또는 이 조약에 가입하는 국가에 대하여는, 이 규약은 그 국가의 비준서 또는 가입서가 기탁된 날로부터 3개월 후에 발효한다.

ICCPR

Article 50

제50조

The provisions of the present Covenant shall extend to all parts of federal States without any limitations or exceptions.

이 규약의 규정은 어떠한 제한이나 예외 없이 연방국가의 모든 지역에 적용된다.

Article 51

제51조

1. Any State Party to the present Covenant may propose an amendment and file it with the Secretary-General of the United Nations. The Secretary-General of the United Nations shall thereupon communicate any proposed amendments to the States Parties to the present Covenant with a request that they notify

1. 이 규약의 당사국은 개정안을 제안하고 이를 국제연합사무총장에게 제출할 수 있다. 사무총장은 개정안을 접수하는 대로, 각 당사국에게 동 제안을 심의하고 표결에 회부하기 위한 당사국회의 개최에 찬성하는지에 관한 의견을 사무총장에게 통보하여 줄 것을 요청하는 것과 함께, 개정안을 이

him whether they favour a conference of States Parties for the purpose of considering and voting upon the proposals. In the event that at least one third of the States Parties favours such a conference, the Secretary-General shall convene the conference under the auspices of the United Nations. Any amendment adopted by a majority of the States Parties present and voting at the conference shall be submitted to the General Assembly of the United Nations for approval.

규약의 각 당사국에게 송부한다. 당사국 중 최소 3분의 1이 당사국회의 개최에 찬성하는 경우, 사무총장은 국제연합의 주관하에 동 회의를 소집한다. 동 회의에 출석하고 표결한 당사국의 과반수에 의하여 채택된 개정안은 그 승인을 위하여 국제연합총회에 제출된다.

2. Amendments shall come into force when they have been approved by the General Assembly of the United Nations and accepted by a two-thirds majority of the States Parties to the present Covenant in accordance with their respective constitutional processes.

2. 개정안은 국제연합총회의 승인을 얻고, 각기 자국의 헌법상 절차에 따라 이 규약당사국의 3분의 2의 다수가 수락하는 때 발효한다.

3. When amendments come into force, they shall be binding on those States Parties which have accepted them, other States Parties still being bound by the provisions of the present Covenant and any earlier amendment which they have accepted.

3. 개정안은 발효시 이를 수락한 당사국을 구속하고, 여타 당사국은 계속하여 이 규약의 규정 및 이미 수락한 그 이전의 모든 개정에 의하여 구속된다.

Article 52

제52조

Irrespective of the notifications made under article 48, paragraph 5, the Secretary-General of the United Nations shall inform all States referred to in paragraph 1 of the same article of the following particulars:

제48조 제5항에 의한 통보에 관계없이, 국제연합사무총장은 동조 제1항에서 언급된 모든 국가에 다음을 통보한다.

(a) Signatures, ratifications and accessions under article 48;

(a) 제48조에 의한 서명, 비준 및 가입

(b) The date of the entry into force of the present Covenant under article 49 and the date of the entry into force of any amendments under article 51.

(b) 제49조에 의한 이 규약의 발효일자 및 제51조에 의한 모든 개정의 발효일자

Article 53

제53조

1. The present Covenant, of which the Chinese, English, French, Russian and Spanish texts are equally authentic, shall be deposited in the archives of the United Nations.

2. The Secretary-General of the United Nations shall transmit certified copies of the present Covenant to all States referred to in article 48.

1. 이 규약은 중국어, 영어, 불어, 러시아어 및 서반아어본이 동등히 정본이며 국제연합 문서보존소에 기탁된다.

2. 국제연합사무총장은 제48조에서 언급된 모든 국가들에게 이 규약의 인증등본을 송부한다.

In faith whereof the undersigned, being duly authorized thereto by their respective Governments, have signed the present Covenant, nineteenth day of December, one thousand nine hundred and sixty-six.

이상의 증거로, 하기서명자들은 각자의 정부에 의하여 정당히 권한을 위임받아 일천구백육십육년 십이월 십구일 뉴욕에서 서명을 위하여 개방된 이 규약에 서명하였다.

13-1. Optional Protocol to the International Covenant on Civil and Political Rights (1966)

13-1. 시민적 및 정치적 권리에 관한 국제규약 선택의정서

Date : 16 December 1966
In force : 23 March 1976
States Party : 116
Korea : 10 July 1990 (조약 제1008호)
Link:www.ohchr.org/english/law/ccpr-one.htm

The States Parties to the present Protocol, Considering that in order further to achieve the purposes of the International Covenant on Civil and Political Rights (hereinafter referred to as the Covenant) and the implementation of its provisions it would be appropriate to enable the Human Rights Committee set up in part IV of the Covenant (hereinafter referred to as the Committee) to receive and consider, as provided in the present Protocol, communications from individuals claiming to be victims of violations of any of the rights set forth in the Covenant,

이 의정서의 당사국은 시민적 및 정치적 권리에 관한 규약(이하 "규약"이라 칭한다)의 목적 및 그 제규정의 이행을 더욱 잘 달성하기 위하여 규약 제4부에서 설치된 인권이사회(이하 "이사회"라 칭한다)가 규약에 규정된 권리에 대한 침해의 희생자임을 주장하는 개인으로부터의 통보를 이 의정서의 규정에 따라 접수하고 심리하도록 하는 것이 적절함을 고려하여,

Have agreed as follows:

다음과 같이 합의하였다.

Article 1

제1조

A State Party to the Covenant that becomes a Party to the present Protocol recognizes the competence of the Committee to receive and consider communications from individuals subject to its jurisdiction who claim to be victims of a violation by that State Party of any of the rights set forth in the Covenant. No communication shall be received by the Committee if it

이 의정서의 당사국이 된 규약당사국은 그 관할권에 속하는 자로서 동국에 의한 규약에 규정된 권리에 대한 침해의 희생자임을 주장하는 개인으로부터의 통보를 접수하고 심리하는 이사회의 권한을 인정한다. 이사회는 이 의정서의 당사국이 아닌 규약당사국에 관한 어떠한 통보도 접수하지 않는다.

concerns a State Party to the Covenant which is not a Party to the present Protocol.

Article 2

Subject to the provisions of article 1, individuals who claim that any of their rights enumerated in the Covenant have been violated and who have exhausted all available domestic remedies may submit a written communication to the Committee for consideration.

제2조

제1조에 따를 것을 조건으로, 규약에 열거된 어떤 권리가 침해되었다고 주장하는 개인들은 모든 이용가능한 국내적 구제조치를 완료하였을 경우, 이사회에 심리를 위한 서면통보를 제출할 수 있다.

Article 3

The Committee shall consider inadmissible any communication under the present Protocol which is anonymous, or which it considers to be an abuse of the right of submission of such communications or to be incompatible with the provisions of the Covenant.

제3조

이사회는 이 의정서에 따른 통보가 익명이거나, 통보제출권의 남용 또는 규약규정과 양립할 수 없는 것으로 간주될 경우에는 그러한 통보를 허용할 수 없는 것으로 간주한다.

Article 4

1. Subject to the provisions of article 3, the Committee shall bring any communications submitted to it under the present Protocol to the attention of the State Party to the present Protocol alleged to be violating any provision of the Covenant.
2. Within six months, the receiving State shall submit to the Committee written explanations or statements clarifying the matter and the remedy, if any, that may have been taken by that State.

제4조

1. 제3조에 따를 것을 조건으로, 이사회는 이 의정서에 따라 제출된 통보에 대하여 규약규정을 위반하고 있는 것으로 주장되는 당사국의 주의를 환기한다.
2. 이 당사국은 6개월 이내에 그 문제 및 취하여진 구제조치가 있는 경우 이를 설명하는 서면 설명서 또는 진술서를 이사회에 제출한다.

Article 5

1. The Committee shall consider communications received under the present Protocol in the light of all written information made available to it by the individual and by the State Party concerned.

2. The Committee shall not consider any communication from an individual unless it has ascertained that:

(a) The same matter is not being examined under another procedure of international investigation or settlement;
(b) The individual has exhausted all available domestic remedies. This shall not be the rule where the application of the remedies is unreasonably prolonged.

3. The Committee shall hold closed meetings when examining communications under the present Protocol.

4. The Committee shall forward its views to the State Party concerned and to the individual.

제5조

1. 이사회는 개인 및 관련당사국으로부터 입수된 모든 서면정보를 참고하여, 이 의정서에 따라 접수된 통보를 심리한다.

2. 이사회는 다음 사항을 확인한 경우가 아니면 개인으로부터의 어떠한 통보도 심리하지 않는다.

(a) 동일 문제가 다른 국제적 조사 또는 해결절차에 따라 심사되고 있지 않을 것.

(b) 개인이 모든 이용 가능한 국내적 구제조치를 완료하였을 것. 다만, 이 규칙은 구제조치의 적용이 불합리하게 지연되는 경우에는 적용되지 않는다.

3. 이사회는 이 의정서에 따라 통보를 심사할 때에는 비공개 회의를 갖는다.

4. 이사회는 관련당사국과 개인에게 이사회의 견해를 송부한다.

ICCPR

Article 6

The Committee shall include in its annual report under article 45 of the Covenant a summary of its activities under the present Protocol.

제6조

이사회는 규약 제45조에 의한 연례보고서에 이 의정서에 따른 활동의 개요를 포함한다.

Article 7

Pending the achievement of the objectives of resolution 1514(XV) adopted by the General Assembly of the United Nations on

제7조

이 의정서의 규정은 1960년 12월 14일 국제연합총회에 의하여 채택된 식민지와 그 인민에 대한 독립부여 선언에 관한 결의 1514

14 December 1960 concerning the Declaration on the Granting of Independence to Colonial Countries and Peoples, the provisions of the present Protocol shall in no way limit the right of petition granted to these peoples by the Charter of the United Nations and other international conventions and instruments under the United Nations and its specialized agencies.

(XV)의 목적이 달성될 때까지 국제연합헌장과 국제연합 및 그 전문기관 하에서 체결된 여타 국제협약과 문서에 의하여 이들에게 부여된 청원권을 어떤 경우에도 제안하지 않는다.

Article 8

1. The present Protocol is open for signature by any State which has signed the Covenant.
2. The present Protocol is subject to ratification by any State which has ratified or acceded to the Covenant. Instruments of ratification shall be deposited with the Secretary–General of the United Nations.
3. The present Protocol shall be open to accession by any State which has ratified or acceded to the Covenant.
4. Accession shall be effected by the deposit of an instrument of accession with the Secretary–General of the United Nations.
5. The Secretary–General of the United Nations shall inform all States which have signed the present Protocol or acceded to it of the deposit of each instrument of ratification or accession.

제8조

1. 이 의정서는 규약에 서명한 모든 국가들의 서명을 위하여 개방된다.
2. 이 의정서는 규약을 비준하였거나 이에 가입한 국가들에 의하여 비준되어야 한다. 비준서는 국제연합사무총장에게 기탁된다.
3. 이 의정서는 규약을 비준하였거나 이에 가입한 모든 국가들의 가입을 위하여 개방된다.
4. 가입은 가입서를 국제연합사무총장에게 기탁함으로써 발효한다.
5. 국제연합사무총장은 이 의정서에 서명 또는 가입한 모든 국가들에게 각 비준서 또는 가입서의 기탁을 통보한다.

ICCPR

Article 9

1. Subject to the entry into force of the

제9조

1. 규약의 효력발생을 조건으로, 이 의정서는

Covenant, the present Protocol shall enter into force three months after the date of the deposit with the Secretary-General of the United Nations of the tenth instrument of ratification or instrument of accession.

10번째 비준서 또는 가입서가 국제연합사무총장에게 기탁된 날로부터 3개월 후에 발효한다.

2. For each State ratifying the present Protocol or acceding to it after the deposit of the tenth instrument of ratification or instrument of accession, the present Protocol shall enter into force three months after the date of the deposit of its own instrument of ratification or instrument of accession.

2. 10번째 비준서 또는 가입서 기탁 후에 이 의정서를 비준하거나 또는 이에 가입하는 국가에 대하여, 이 의정서는 그 국가의 비준서 또는 가입서가 기탁된 날로부터 3개월 후에 발효한다.

Article 10

The provisions of the present Protocol shall extend to all parts of federal States without any limitations or exceptions.

제 10 조

이 의정서의 규정은 어떠한 제한이나 예외없이 연방국가의 모든 지역에 적용된다.

Article 11

1. Any State Party to the present Protocol may propose an amendment and file it with the Secretary-General of the United Nations. The Secretary-General shall thereupon communicate any proposed amendments to the States Parties to the present Protocol with a request that they notify him whether they favour a conference of States Parties for the purpose of considering and voting upon the proposal. In the event that at least one third of the States Parties favours such a conference, the Secretary-General shall convene the conference under the auspices of the United Nations. Any amendment adopted by a majority of the

제 11 조

1. 이 의정서 당사국은 개정안을 제안하고 이를 국제연합사무총장에게 제출할 수 있다. 사무총장은 개정안을 접수하는 대로, 각 당사국에게 동 제안을 심의하고 표결에 회부하기 위한 당사국회의 개최에 찬성하는지에 관한 의견을 사무총장에게 통보하여 줄 것을 요청하는 것과 함께 개정안을 이 규약의 각 당사국에게 송부한다. 당사국중 최소한 3분의 1이 당사국회의 개최에 찬성하는 경우에, 사무총장은 국제연합의 주관하에 이 회의를 소집한다. 이 회의에 출석하여 표결하는 당사국의 과반수에 의하여 채택된 개정안은 그 승인을 위하여 국제연합총회에 제출된다.

States Parties present and voting at the conference shall be submitted to the General Assembly of the United Nations for approval.

2. Amendments shall come into force when they have been approved by the General Assembly of the United Nations and accepted by a two-thirds majority of the States Parties to the present Protocol in accordance with their respective constitutional processes.

2. 개정안은 국제연합총회의 승인을 얻고, 각기 자국의 헌법상 절차에 따라 이 의정서 당사국의 3분의 2 다수가 수락하는 때 발효한다.

3. When amendments come into force, they shall be binding on those States Parties which have accepted them, other States Parties still being bound by the provisions of the present Protocol and any earlier amendment which they have accepted.

3. 개정안은 발효시 이를 수락한 당사국을 구속하고, 여타 당사국은 계속하여 이 의정서의 규정 및 이미 수락한 그 이전의 모든 개정에 의하여 구속된다.

Article 12

제12조

1. Any State Party may denounce the present Protocol at any time by written notification addressed to the Secretary-General of the United Nations. Denunciation shall take effect three months after the date of receipt of the notification by the Secretary-General.

1. 당사국은 언제든지 국제연합사무총장에 대한 서면통보에 의하여 이 의정서를 폐기할 수 있다. 폐기는 사무총장이 통보를 접수한 날로부터 3개월 후에 효력을 발생한다.

2. Denunciation shall be without prejudice to the continued application of the provisions of the present Protocol to any communication submitted under article 2 before the effective date of denunciation.

2. 폐기는 동 폐기가 발효하기 전에는 제2조에 의해 제출된 통보에 대하여 이 의정서의 규정이 계속적으로 적용하는 것을 침해하지 않는다.

Article 13

제13조

Irrespective of the notifications made un-

제8조 제5항에 의한 통보에 관계없이, 국제

ICCPR

der article 8, paragraph 5, of the present Protocol, the Secretary-General of the United Nations shall inform all States referred to in article 48, paragraph 1, of the Covenant of the following particulars:

(a) Signatures, ratifications and accessions under article 8;
(b) The date of the entry into force of the present Protocol under article 9 and the date of the entry into force of any amendments under article 11;
(c) Denunciations under article 12.

연합사무총장은 규약 제48조 제1항에서 언급된 모든 국가에 다음을 통보한다.

(a) 제18조에 따른 서명, 비준 및 가입
(b) 제9조에 따른 이 의정서의 발효일자 및 제11조에 의한 모든 개정의 발효일자
(c) 제12조에 따른 폐기

Article 14

1. The present Protocol, of which the Chinese, English, French, Russian and Spanish texts are equally authentic, shall be deposited in the archives of the United Nations.

2. The Secretary-General of the United Nations shall transmit certified copies of the present Protocol to all States referred to in article 48 of the Covenant.

제 14 조

1. 이 의정서는 중국어, 영어, 불어, 러시아어 및 서반아어본이 동등히 정본이며 국제연합 문서보존소에 기탁된다.

2. 국제연합사무총장은 규약 제48조에서 언급된 모든 국가들에게 이 의정서의 인증등본을 송부한다.

13-2. Second Optional Protocol to the International Covenant on Civil and Political Rights, Aiming at the Abolition of the Death Penalty (1990)

Date : 15 December 1989
In force : 11 July 1991
States Party : 88
Link : www.ohchr.org/english/law/ccpr-death.htm

The States Parties to the present Protocol,

Believing that abolition of the death penalty contributes to enhancement of human dignitydignity and progressive development of human rights,

Recalling article 3 of the Universal Declaration of Human Rights, adopted on 10 December 1948, and article 6 of the International Covenant on Civil and Political Rights, adopted on 16 December 1966,

Noting that article 6 of the International Covenant on Civil and Political Rights refers to abolition of the death penalty in terms that strongly suggest that abolition is desirable,

Convinced that all measures of abolition of the death penalty should be considered as progress in the enjoyment of the right to life,

Desirous to undertake hereby an international commitment to abolish the death penalty,

Have agreed as follows:

Article 1

1. No one within the jurisdiction of a State Party to the present Protocol shall be executed.
2. Each State Party shall take all necessary measures to abolish the death penalty within its jurisdiction.

Article 2

1. No reservation is admissible to the present Protocol, except for a reservation made at the time of ratification or accession that provides for the application of the death penalty in time of war pursuant to a conviction for a most serious crime of a military nature committed during wartime.
2. The State Party making such a reservation shall at the time of ratification or accession communicate to the Secretary-General of the United Nations the relevant provisions of its national legislation applicable during wartime.
3. The State Party having made such a reservation shall notify the Secretary-General of the United Nations of any beginning or ending of a state of war applicable to its territory.

Article 3

The States Parties to the present Protocol shall include in the reports they submit to the Human Rights Committee, in accordance with Article 40 of the Covenant, information on the measures that they have adopted to give effect to the present Protocol.

Article 4

With respect to the States Parties to the Covenant that have made a declaration under Article 41, the competence of the Human Rights Committee to receive and consider communications when a State Party claims that another State Party is not fulfilling its obligations shall extend to the provisions of the present Protocol, unless the State Party concerned has made a statement to the contrary at the moment of ratification or accession.

Article 5

With respect to the States Parties to the first Optional Protocol to the International Covenant on Civil and Political Rights adopted on 16 December 1966, the competence of the Human Rights Committee to receive and consider communications from individuals subject to its jurisdiction shall extend to the provisions of the present Protocol, unless the State Party concerned has made a statement to the contrary at the moment of ratification or accession.

Article 6

1. The provisions of the present Protocol shall apply as additional provisions to the Covenant.

2. Without prejudice to the possibility of a reservation under Article 2 of the present Protocol, the right guaranteed in Article 1, paragraph 1, of the present Protocol shall not be subject to any derogation under Article 4 of the Covenant.

Article 7

1. The present Protocol is open for signature by any State that has signed the Covenant.

2. The present Protocol is subject to ratification by any State that has ratified the Covenant or acceded to it. Instruments of ratification shall be deposited with the Secretary-General of the United Nations.

3. The present Protocol shall be open to accession by any State that has ratified the Covenant or acceded to it.

4. Accession shall be effected by the deposit of an instrument of accession with the Secretary-General of the United Nations.

5. The Secretary-General of the United Nations shall inform all States that have signed the present Protocol or acceded to it of the deposit of each instrument of ratification or accession.

Article 8

1. The present Protocol shall enter into force three months after the date of the deposit with the Secretary-General of the United Nations of the tenth instrument of ratification or accession.

2. For each State ratifying the present Protocol or acceding to it after the deposit of the tenth instrument of ratification or accession, the present Protocol shall enter into force three months after the date of the deposit of its own instrument of ratification or accession.

Article 9

The provisions of the present Protocol shall extend to all parts of federal States without any limitations or exceptions.

Article 10

The Secretary-General of the United Nations shall inform all States referred to in Article 48, paragraph 1, of the Covenant of the following particulars:

(a) Reservations, communications and notifications under Article 2 of the present Protocol;
(b) Statements made under articles 4 or 5 of the present Protocol;
(c) Signatures, ratifications and accessions under Article 7 of the present Protocol:
(d) The date of the entry into force of the present Protocol under Article 8 thereof.

Article 11

1. The present Protocol, of which the Arabic, Chinese, English, French, Russian and Spanish texts are equally authentic, shall be deposited in the archives of the United Nations.

2. The Secretary-General of the United Nations shall transmit certified copies of the present Protocol to all States referred to in Article 48 of the Covenant.

14. Convention for the Protection of Human Rights and Fundamental Freedoms (1950)

Date : 4 November 1950
In force : 3 September 1953
States Party : 47
Link : www.conventions.coe.int

The governments signatory hereto, being members of the Council of Europe,

Considering the Universal Declaration of Human Rights proclaimed by the General Assembly of the United Nations on 10th December 1948;

Considering that this Declarationaims at securing the universal and effective recognition and observance of the Rights therein declared;

Considering that the aim of the Council of Europe is the achievement of greater unity between its members and that one of the methods by which that aim is to be pursued is the maintenance and further realisation of human rights and fundamental freedoms;

Reaffirming their profound belief in those fundamental freedoms which are the foundation of justice and peace in the world and are best maintained on the one hand by an effective political democracy and on the other by a common understanding and observance of the human rights upon which they depend;

Being resolved, as the governments of European countries which are like minded and have a common heritage of political traditions, ideals, freedom and the rule of law, to take the first steps for the collective enforcement of certain of the rights stated in the Universal Declaration,

Have agreed as follows:

Article 1
Obligation to respect human rights

The High Contracting Parties shall secure to everyone within their jurisdiction the rights and freedoms defined in Section I of this Convention.

SECTION 1
RIGHTS AND FREEDOMS

Article 2
Right to life

1. Everyone's right to life shall be protected by law. No one shall be deprived of his life intentionally save in the execution of a sentence of a court following his conviction of a crime for which this penalty is provided by law.

2. Deprivation of life shall not be regarded as inflicted in contravention of this Article when it results from the use of force which is no more than absolutely necessary:

(a) in defence of any person from unlawful violence;

(b) in order to effect a lawful arrest or to prevent the escape of a person lawfully detained;
(c) in action lawfully taken for the purpose of quelling a riot or insurrection.

Article 3

Prohibition of torture

No one shall be subjected to torture or to inhuman or degrading treatment or punishment.

Article 4

Prohibition of slavery and forced labour

1. No one shall be held in slavery or servitude.

2. No one shall be required to perform forced or compulsory labour.

3. For the purpose of this article the term "forced or compulsory labour" shall not include:

(a) any work required to be done in the ordinary course of detention imposed according to the provisions of Article 5 of this Convention or during conditional release from such detention;
(b) any service of a military character or, in case of conscientious objectors in countries where they are recognised, service exacted instead of compulsory military service;
(c) any service exacted in case of an emergency or calamity threatening the life or well being of the community;
(d) any work or service which forms part of normal civic obligations.

Article 5
Right to liberty and security

1. Everyone has the right to liberty and security of person. No one shall be deprived of his liberty save in the following cases and in accordance with a procedure prescribed by law:

(a) the lawful detention of a person after conviction by a competent court;
(b) the lawful arrest or detention of a person for non compliance with the lawful order of a court or in order to secure the fulfillment of any obligation prescribed by law;
(c) the lawful arrest or detention of a person effected for the purpose of bringing him before the competent legal authority on reasonable suspicion of having committed an offence or when it is reasonably considered necessary to prevent his committing an offence or fleeing after having done so;
(d) the detention of a minor by lawful order for the purpose of educational supervision or his lawful detention for the purpose of bringing him before the competent legal authority;
(e) the lawful detention of persons for the prevention of the spreading of infectious diseases, of persons of unsound mind, alcoholics or drug addicts or vagrants;
(f) the lawful arrest or detention of a per-

son to prevent his effecting an unauthorised entry into the country or of a person against whom action is being taken with a view to deportation or extradition.

2. Everyone who is arrested shall be informed promptly, in a language which he understands, of the reasons for his arrest and of any charge against him.

3. Everyone arrested or detained in accordance with the provisions of paragraph 1.c of this article shall be brought promptly before a judge or other officer authorised by law to exercise judicial power and shall be entitled to trial within a reasonable time or to release pending trial. Release may be conditioned by guarantees to appear for trial.

4. Everyone who is deprived of his liberty by arrest or detention shall be entitled to take proceedings by which the lawfulness of his detention shall be decided speedily by a court and his release ordered if the detention is not lawful.

5. Everyone who has been the victim of arrest or detention in contravention of the provisions of this article shall have an enforceable right to compensation.

Article 6
Right to a fair trial

1. In the determination of his civil rights and obligations or of any criminal charge against him, everyone is entitled to a fair and public hearing within a reasonable time by an independent and impartial tribunal established by law. Judgment shall be pronounced publicly but the press and public may be excluded from all or part of the trial in the interests of morals, public order or national security in a democratic society, where the interests of juveniles or the protection of the private life of the parties so require, or to the extent strictly necessary in the opinion of the court in special circumstances where publicity would prejudice the interests of justice.

2. Everyone charged with a criminal offence shall be presumed innocent until proved guilty according to law.

3. Everyone charged with a criminal offence has the following minimum rights:

(a) to be informed promptly, in a language which he understands and in detail, of the nature and cause of the accusation against him;
(b) to have adequate time and facilities for the preparation of his defence;
(c) to defend himself in person or through legal assistance of his own choosing or, if he has not sufficient means to pay for legal assistance, to be given it free when the interests of justice so require;
(d) to examine or have examined witnesses against him and to obtain the attendance and examination of witnesses on his behalf under the same conditions as witnesses against him;

(e) to have the free assistance of an interpreter if he cannot understand or speak the language used in court.

Article 7
No punishment without law

1. No one shall be held guilty of any criminal offence on account of any act or omission which did not constitute a criminal offence under national or international law at the time when it was committed. Nor shall a heavier penalty be imposed than the one that was applicable at the time the criminal offence was committed.

2. This article shall not prejudice the trial and punishment of any person for any act or omission which, at the time when it was committed, was criminal according to the general principles of law recognised by civilised nations.

Article 8
Right to respect for private and family life

1. Everyone has the right to respect for his private and family life, his home and his correspondence.

2. There shall be no interference by a public authority with the exercise of this right except such as is in accordance with the law and is necessary in a democratic society in the interests of national security, public safety or the economic well being of the country, for the prevention of disorder or crime, for the protection of health or morals, or for the protection of the rights and freedoms of others.

Article 9
Freedom of thought, conscience and religion

1. Everyone has the right to freedom of thought, conscience and religion; this right includes freedom to change his religion or belief and freedom, either alone or in community with others and in public or private, to manifest his religion or belief, in worship, teaching, practice and observance.

2. Freedom to manifest one's religion or beliefs shall be subject only to such limitations as are prescribed by law and are necessary in a democratic society in the interests of public safety, for the protection of public order, health or morals, or for the protection of the rights and freedoms of others.

Article 10
Freedom of expression

1. Everyone has the right to freedom of expression. This right shall include freedom to hold opinions and to receive and impart information and ideas without interference by public authority and regardless of frontiers. This article shall not prevent States from requiring the li-

censing of broadcasting, television or cinema enterprises.

2. The exercise of these freedoms, since it carries with it duties and responsibilities, may be subject to such formalities, conditions, restrictions or penalties as are prescribed by law and are necessary in a democratic society, in the interests of national security, territorial integrity or public safety, for the prevention of disorder or crime, for the protection of health or morals, for the protection of the reputation or rights of others, for preventing the disclosure of information received in confidence, or for maintaining the authority and impartiality of the judiciary.

Article 11
Freedom of assembly and association

1. Everyone has the right to freedom of peaceful assembly and to freedom of association with others, including the right to form and to join trade unions for the protection of his interests.

2. No restrictions shall be placed on the exercise of these rights other than such as are prescribed by law and are necessary in a democratic society in the interests of national security or public safety, for the prevention of disorder or crime, for the protection of health or morals or for the protection of the rights and freedoms of others. This article shall not prevent the imposition of lawful restrictions on the exercise of these rights by members of the armed forces, of the police or of the administration of the State.

Article 12
Right to marry

Men and women of marriageable age have the right to marry and to found a family, according to the national laws governing the exercise of this right.

Article 13
Right to an effective remedy

Everyone whose rights and freedoms as set forth in this Convention are violated shall have an effective remedy before a national authority notwithstanding that the violation has been committed by persons acting in an official capacity.

Article 14
Prohibition of discrimination

The enjoyment of the rights and freedoms set forth in this Convention shall be secured without discrimination on any ground such as sex, race, colour, language, religion, political or other opinion, national or social origin, association with a national minority, property, birth or other status.

Article 15
Derogation in time of emergency

1. In time of war or other public emergency threatening the life of the nation any

High Contracting Party may take measures derogating from its obligations under this Convention to the extent strictly required by the exigencies of the situation, provided that such measures are not inconsistent with its other obligations under international law.

2. No derogation from Article 2, except in respect of deaths resulting from lawful acts of war, or from Articles 3, 4 (paragraph 1) and 7 shall be made under this provision.

3. Any High Contracting Party availing itself of this right of derogation shall keep the Secretary General of the Council of Europe fully informed of the measures which it has taken and the reasons therefor. It shall also inform the Secretary General of the Council of Europe when such measures have ceased to operate and the provisions of the Convention are again being fully executed.

Article 16
Restrictions on political activity of aliens

Nothing in Articles 10, 11 and 14 shall be regarded as preventing the High Conatracting Parties from imposing restrictions on the political activity of aliens.

Article 17
Prohibition of abuse of rights

Nothing in this Convention may be interpreted as implying for any State, group or person any right to engage in any activity or perform any act aimed at the destruction of any of the rights and freedoms set forth herein or at their limitation to a greater extent than is provided for in the Convention.

Article 18
Limitation on use of restrictions on rights

The restrictions permitted under this Convention to the said rights and freedoms shall not be applied for any purpose other than those for which they have been prescribed.

SECTION 2 EUROPEAN COURT OF HUMAN RIGHTS

Article 19
Establishment of the Court

To ensure the observance of the engagements undertaken by the High Contracting Parties in the Convention and the Protocols thereto, there shall be set up a European Court of Human Rights, hereinafter referred to as "the Court". It shall function on a permanent basis.

Article 20
Number of judges

The Court shall consist of a number of judges equal to that of the High Contracting Parties.

Article 21
Criteria for office

1. The judges shall be of high moral cha-

racter and must either possess the qualifications required for appointment to high judicial office or be juris consults of recognised competence.

2. The judges shall sit on the Court in their individual capacity.

3. During their term of office the judges shall not engage in any activity which is incompatible with their independence, impartiality or with the demands of a full-time office; all questions arising from the application of this paragraph shall be decided by the Court.

Article 22
Election of judges

1. The judges shall be elected by the Parliamentary Assembly with respect to each High Contracting Party by a majority of votes cast from a list of three candidates nominated by the High Contracting Party.

2. The same procedure shall be followed to complete the Court in the event of the accession of new High Contracting Parties and in filling casual vacancies.

Article 23
Terms of office

1. The judges shall be elected for a period of six years. They may be reelected. However, the terms of office of one-half of the judges elected at the first election shall expire at the end of three years.

2. The judges whose terms of office are to expire at the end of the initial period of three years shall be chosen by lot by the Secretary General of the Council of Europe immediately after their election.

3. In order to ensure that, as far as possible, the terms of office of one-half of the judges are renewed every three years, the Parliamentary Assembly may decide, before proceeding to any subsequent election, that the term or terms of office of one or more judges to be elected shall be for a period other than six years but not more than nine and not less than three years.

4. In cases where more than one term of office is involved and where the Parliamentary Assembly applies the preceding paragraph, the allocation of the terms of office shall be effected by a drawing of lots by the Secretary General of the Council of Europe immediately after the election.

5. A judge elected to replace a judge whose term of office has not expired shall hold office for the remainder of his predecessor's term.

6. The terms of office of judges shall expire when they reach the age of 70.

7. The judges shall hold office until replaced. They shall, however, continue to deal with such cases as they already

have under consideration.

Article 24
Dismissal

No judge may be dismissed from his office unless the other judges decide by a majority of two-thirds that he has ceased to fulfil the required conditions.

Article 25
Registry and legal secretaries

The Court shall have a registry, the functions and organisation of which shall be laid down in the rules of the Court. The Court shall be assisted by legal secretaries.

Article 26
Plenary Court

The plenary Court shall

(a) elect its President and one or two Vice-Presidents for a period of three years; they may be re-elected;
(b) set up Chambers, constituted for a fixed period of time;
(c) elect the Presidents of the Chambers of the Court; they may be re-elected;
(d) adopt the rules of the Court, and
(e) elect the Registrar and one or more Deputy Registrars.

Article 27
Committees, Chambers and Grand Chamber

1. To consider cases brought before it, the Court shall sit in committees of three judges, in Chambers of seven judges and in a Grand Chamber of seventeen judges. The Court's Chambers shall set up committees for a fixed period of time.

2. There shall sit as an ex officio member of the Chamber and the Grand Chamber the judge elected in respect of the State Party concerned or, if there is none or if he is unable to sit, a person of its choice who shall sit in the capacity of judge.

3. The Grand Chamber shall also include the President of the Court, the Vice-Presidents, the Presidents of the Chambers and other judges chosen in accordance with the rules of the Court. When a case is referred to the Grand Chamber under Article 43, no judge from the Chamber which rendered the judgment shall sit in the Grand Chamber, with the exception of the President of the Chamber and the judge who sat in respect of the State Party concerned.

Article 28
Declarations of inadmissibility by committees

A committee may, by a unanimous vote, declare inadmissible or strike out of its list of cases an application submitted under Article 34 where such a decision can be taken without further examination. The decision shall be final.

Article 29
Decisions by Chambers on admissibility and merits

1. If no decision is taken under Article 28, a Chamber shall decide on the admissibility and merits of individual applications submitted under Article 34.

2. A Chamber shall decide on the admissibility and merits of inter-State applications submitted under Article 33.

3. The decision on admissibility shall be taken separately unless the Court, in exceptional cases, decides otherwise.

Article 30
Relinquishment of jurisdiction to the Grand Chamber

Where a case pending before a Chamber raises a serious question affecting the interpretation of the Convention or the protocols thereto, or where the resolution of a question before the Chamber might have a result inconsistent with a judgment previously delivered by the Court, the Chamber may, at any time before it has rendered its judgment, relinquish jurisdiction in favour of the Grand Chamber, unless one of the parties to the case objects.

Article 31
Powers of the Grand Chamber

The Grand Chamber shall:

(a) determine applications submitted either under Article 33 or Article 34 when a Chamber has relinquished jurisdiction under Article 30 or when the case has been referred to it under Article 43; and

(b) consider requests for advisory opinions submitted under Article 47.

Article 32
Jurisdiction of the Court

1. The jurisdiction of the Court shall extend to all matters concerning the interpretation and application of the Convention and the protocols thereto which are referred to it as provided in Articles 33, 34 and 47.

2. In the event of dispute as to whether the Court has jurisdiction, the Court shall decide.

Article 33
Inter-State cases

Any High Contracting Party may refer to the Court any alleged breach of the provisions of the Convention and the protocols thereto by another High Contracting Party.

Article 34
Individual applications

The Court may receive applications from any person, non-governmental organisation or group of individuals claiming to be the victim of a violation by one of the High Contracting Parties of the rights set forth in the Convention or the protocols thereto. The High Contracting Parties undertake not to hinder in any way the effective exercise of this right.

Article 35
Admissibility criteria

1. The Court may only deal with the matter after all domestic remedies have been exhausted, according to the generally recognised rules of international law, and within a period of six months from the date on which the final decision was taken.

2. The Court shall not deal with any application submitted under Article 34 that:

(a) is anonymous; or
(b) is substantially the same as a matter that has already been examined by the Court or has already been submitted to another procedure of international investigation or settlement and contains no relevant new information.

3. The Court shall declare inadmissible any individual application submitted under Article 34 which it considers incompatible with the provisions of the Convention or the protocols thereto, manifestly ill-founded, or an abuse of the right of application.

4. The Court shall reject any application which it considers inadmissible under this Article. It may do so at any stage of the proceedings.

Article 36
Third party intervention

1. In all cases before a Chamber or the Grand Chamber, a High Contracting Party one of whose nationals is an applicant shall have the right to submit written comments and to take part in hearings.

2. The President of the Court may, in the interest of the proper administration of justice, invite any High Contracting Party which is not a party to the proceedings or any person concerned who is not the applicant to submit written comments or take part in hearings.

Article 37
Striking out applications

1. The Court may at any stage of the proceedings decide to strike an application out of its list of cases where the circumstances lead to the conclusion that

(a) the applicant does not intend to pursue his application; or
(b) the matter has been resolved; or
(c) for any other reason established by the Court, it is no longer justified to continue the examination of the application.
However, the Court shall continue the examination of the application if respect for human rights as defined in the Convention and the protocols thereto so requires.

2. The Court may decide to restore an ap-

plication to its list of cases if it considers that the circumstances justify such a course.

Article 38
Examination of the case and friendly settlement proceedings

1. If the Court declares the application admissible, it shall

(a) pursue the examination of the case, together with the representatives of the parties, and if need be, undertake an investigation, for the effective conduct of which the States concerned shall furnish all necessary facilities;
(b) place itself at the disposal of the parties concerned with a view to securing a friendly settlement of the matter on the basis of respect for human rights as defined in the Convention and the protocols thereto.

2. Proceedings conducted under paragraph 1.b shall be confidential.

Article 39
Finding of a friendly settlement

If a friendly settlement is effected, the Court shall strike the case out of its list by means of a decision which shall be confined to a brief statement of the facts and of the solution reached.

Article 40
Public hearings and access to documents

1. Hearings shall be in public unless the Court in exceptional circumstances decides otherwise.

2. Documents deposited with the Registrar shall be accessible to the public unless the President of the Court decides otherwise.

Article 41
Just satisfaction

If the Court finds that there has been a violation of the Convention or the protocols thereto, and if the internal law of the High Contracting Party concerned allows only partial reparation to be made, the Court shall, if necessary, afford just satisfaction to the injured party.

Article 42
Judgments of Chambers

Judgments of Chambers shall become final in accordance with the provisions of Article 44, paragraph 2.

Article 43
Referral to the Grand Chamber

1. Within a period of three months from the date of the judgment of the Chamber, any party to the case may, in exceptional cases, request that the case be referred to the Grand Chamber.

2. A panel of five judges of the Grand Chamber shall accept the request if the case raises a serious question affecting the interpretation or application of the

Convention or the protocols thereto, or a serious issue of general importance.

3. If the panel accepts the request, the Grand Chamber shall decide the case by means of a judgment.

Article 44
Final judgments

1. The judgment of the Grand Chamber shall be final.

2. The judgment of a Chamber shall become final:

(a) when the parties declare that they will not request that the case be referred to the Grand Chamber; or
(b) three months after the date of the judgment, if reference of the case to the Grand Chamber has not been requested; or
(c) when the panel of the Grand Chamber rejects the request to refer under Article 43.

3. The final judgment shall be published.

Article 45
Reasons for judgments and decisions

1. Reasons shall be given for judgments as well as for decisions declaring applications admissible or inadmissible.

2. If a judgment does not represent, in whole or in part, the unanimous opinion of the judges, any judge shall be entitled to deliver a separate opinion.

Article 46
Binding force and execution of judgments

1. The High Contracting Parties undertake to abide by the final judgment of the Court in any case to which they are parties.

2. The final judgment of the Court shall be transmitted to the Committee of Ministers, which shall supervise its execution.

Article 47
Advisory opinions

1. The Court may, at the request of the Committee of Ministers, give advisory opinions on legal questions concerning the interpretation of the Convention and the protocols thereto.

2. Such opinions shall not deal with any question relating to the content or scope of the rights or freedoms defined in Section I of the Convention and the protocols thereto, or with any other question which the Court or the Committee of Ministers might have to consider in consequence of any such proceedings as could be instituted in accordance with the Convention.

3. Decisions of the Committee of Ministers to request an advisory opinion of the Court shall require a majority vote of the representatives entitled to sit on the Committee.

Article 48
Advisory jurisdiction of the Court

The Court shall decide whether a request for an advisory opinion submitted by the Committee of Ministers is within its competence as defined in Article 47.

Article 49
Reasons for advisory opinions

1. Reasons shall be given for advisory opinions of the Court.

2. If the advisory opinion does not represent, in whole or in part, the unanimous opinion of the judges, any judge shall be entitled to deliver a separate opinion.

3. Advisory opinions of the Court shall be communicated to the Committee of Ministers.

Article 50
Expenditure on the Court

The expenditure on the Court shall be borne by the Council of Europe.

Article 51
Privileges and immunities of judges

The judges shall be entitled, during the exercise of their functions, to the privileges and immunities provided for in Article 40 of the Statute of the Council of Europe and in the agreements made thereunder.

SECTION 3
MISCELLANEOUS PROVISIONS

Article 52
Inquiries by the Secretary General

On receipt of a request from the Secretary General of the Council of Europe any High Contracting Party shall furnish an explanation of the manner in which its internal law ensures the effective implementation of any of the provisions of the Convention.

Article 53
Safeguard for existing human rights

Nothing in this Convention shall be construed as limiting or derogating from any of the human rights and fundamental freedoms which may be ensured under the laws of any High Contracting Party or under any other agreement to which it is a Party.

Article 54
Powers of the Committee of Ministers

Nothing in this Convention shall prejudice the powers conferred on the Committee of Ministers by the Statute of the Council of Europe.

Article 55
Exclusion of other means of dispute settlement

The High Contracting Parties agree that, except by special agreement, they will not avail themselves of treaties, conventions or declarations in force between them for the purpose of submitting, by way of petition, a dispute arising out of the interpretation or application of this Convention to a means of settlement other than those provided for in this Convention.

Article 56
Territorial application

1. Any State may at the time of its ratification or at any time thereafter declare by notification addressed to the Secretary General of the Council of Europe that the present Convention shall, subject to paragraph 4 of this Article, extend to all or any of the territories for whose international relations it is responsible.

2. The Convention shall extend to the territory or territories named in the notification as from the thirtieth day after the receipt of this notification by the Secretary General of the Council of Europe.

3. The provisions of this Convention shall be applied in such territories with due regard, however, to local requirements.

4. Any State which has made a declaration in accordance with paragraph 1 of this article may at any time thereafter declare on behalf of one or more of the territories to which the declaration relates that it accepts the competence of the Court to receive applications from individuals, non-governmental organisations or groups of individuals as provided by Article 34 of the Convention.

Article 57
Reservations

1. Any State may, when signing this Convention or when depositing its instrument of ratification, make a reservation in respect of any particular provision of the Convention to the extent that any law then in force in its territory is not in conformity with the provision. Reservations of a general character shall not be permitted under this article.

2. Any reservation made under this article shall contain a brief statement of the law concerned.

Article 58
Denunciation

1. A High Contracting Party may denounce the present Convention only after the expiry of five years from the date on which it became a party to it and after six months' notice contained in a notification addressed to the Secretary General of the Council of Europe, who shall inform the other High Contracting Parties.

2. Such a denunciation shall not have the effect of releasing the High Contracting Party concerned from its obligations under this Convention in respect of any act which, being capable of constituting a violation of such obligations, may have

been performed by it before the date at which the denunciation became effective.

3. Any High Contracting Party which shall cease to be a member of the Council of Europe shall cease to be a Party to this Convention under the same conditions.

4. The Convention may be denounced in accordance with the provisions of the preceding paragraphs in respect of any territory to which it has been declared to extend under the terms of Article 56.

Article 59
Signature and ratification

1. This Convention shall be open to the signature of the members of the Council of Europe. It shall be ratified. Ratifications shall be deposited with the Secretary General of the Council of Europe.

2. The present Convention shall come into force after the deposit of ten instruments of ratification.

3. As regards any signatory ratifying subsequently, the Convention shall come into force at the date of the deposit of its instrument of ratification.

4. The Secretary General of the Council of Europe shall notify all the members of the Council of Europe of the entry into force of the Convention, the names of the High Contracting Parties who have ratified it, and the deposit of all instruments of ratification which may be effected subsequently.

DONE AT Rome this 4th day of November 1950, in English and French, both texts being equally authentic, in a single copy which shall remain deposited in the archives of the Council of Europe. The Secretary General shall transmit certified copies to each of the signatories.

14-1. Twelfth Protocol (2002)

Date : 4 November 2000
In force : 1 April 2005
States Party : 20
Link : www.conventions.coe.int

The member States of the Council of Europe signatory hereto,

Having regard to the fundamental principle according to which all persons are equal before the law and are entitled to the equal protection of the law;

Being resolved to take further steps to promote the equality of all persons through the collective enforcement of a general prohibition of discrimination by means of the Convention for the Protection of Human Rights and Fundamental Freedoms signed at Rome on 4 November 1950 (hereinafter referred to as "the Convention");

Reaffirming that the principle of non-discrimination does not prevent States Parties from taking measures in order to promote full and effective equality, provided that there is an objective and reasonable justification for those measures,

Have agreed as follows:

Article 1
General prohibition of discrimination

1. The enjoyment of any right set forth by law shall be secured without discrimination on any ground such as sex, race, colour, language, religion, political or other opinion, national or social origin, association with a national minority, property, birth or other status.

2. No one shall be discriminated against by any public authority on any ground such as those mentioned in paragraph 1.

Article 2
Territorial application

1. Any State may, at the time of signature or when depositing its instrument of ratification, acceptance or approval, specify the territory or territories to which this Protocol shall apply.

2. Any State may at any later date, by a declaration addressed to the Secretary General of the Council of Europe, extend the application of this Protocol to any other territory specified in the declaration. In respect of such territory the Protocol shall enter into force on the first day of the month following the expiration of a period of three months after the date of receipt by the Secretary General of such declaration.

3. Any declaration made under the two preceding paragraphs may, in respect of any territory specified in such declaration, be withdrawn or modified by a notification addressed to the Secretary General of the Council of Europe. The

withdrawal or modification shall become effective on the first day of the month following the expiration of a period of three months after the date of receipt of such notification by the Secretary General.

4. A declaration made in accordance with this article shall be deemed to have been made in accordance with paragraph 1 of Article 56 of the Convention.

5. Any State which has made a declaration in accordance with paragraph 1 or 2 of this article may at any time thereafter declare on behalf of one or more of the territories to which the declaration relates that it accepts the competence of the Court to receive applications from individuals, non-governmental organisations or groups of individuals as provided by Article 34 of the Convention in respect of Article 1 of this Protocol.

Article 3
Relationship to the Convention

As between the States Parties, the provisions of Articles 1 and 2 of this Protocol shall be regarded as additional articles to the Convention, and all the provisions of the Convention shall apply accordingly.

Article 4
Signature and ratification

This Protocol shall be open for signature by member States of the Council of Europe which have signed the Convention. It is subject to ratification, acceptance or approval. A member State of the Council of Europe may not ratify, accept or approve this Protocol without previously or simultaneously ratifying the Convention. Instruments of ratification, acceptance or approval shall be deposited with the Secretary General of the Council of Europe.

Article 5
Entry into force

1. This Protocol shall enter into force on the first day of the month following the expiration of a period of three months after the date on which ten member States of the Council of Europe have expressed their consent to be bound by the Protocol in accordance with the provisions of Article 4.

2. In respect of any member State which subsequently expresses its consent to be bound by it, the Protocol shall enter into force on the first day of the month following the expiration of a period of three months after the date of the deposit of the instrument of ratification, acceptance or approval.

Article 6
Depositary functions

The Secretary General of the Council of Europe shall notify all the member States of the Council of Europe of:

(a) any signature;
(b) the deposit of any instrument of rati-

fication, acceptance or approval;

(c) any date of entry into force of this Protocol in accordance with Articles 2 and 5;

(d) any other act, notification or communication relating to this Protocol.

IN WITNESS WHEREOF the undersigned, being duly authorised thereto, have signed this Protocol.

DONE AT Rome, this 4th day of November 2000, in English and in French, both texts being equally authentic, in a single copy which shall be deposited in the archives of the Council of Europe. The Secretary General of the Council of Europe shall transmit certified copies to each member State of the Council of Europe.

14-2. Thirteenth Protocol (2002)

Date : 3 May 2002
In force : 1 July 2003
States Party : 44
Link : www.conventions.coe.int

The member States of the Council of Europe signatory hereto,

Convinced that everyone's right to life is a basic value in a democratic society and that the abolition of the death penalty is essential for the protection of this right and for the full recognition of the inherent dignity of all human beings;

Wishing to strengthen the protection of the right to life guaranteed by the Convention for the Protection of Human Rights and Fundamental Freedoms signed at Rome on 4 November 1950 (hereinafter referred to as "the Convention");

Noting that Protocol No.6 to the Convention, concerning the Abolition of the Death Penalty, signed at Strasbourg on 28 April 1983, does not exclude the death penalty in respect of acts committed in time of war or of imminent threat of war;

Being resolved to take the final step in order to abolish the death penalty in all circumstances,

Have agreed as follows:

Article 1
Abolition of the death penalty

The death penalty shall be abolished. No one shall be condemned to such penalty or executed.

Article 2
Prohibition of derogations

No derogation from the provisions of this Protocol shall be made under Article 15 of the Convention.

Article 3
Prohibition of reservations

No reservation may be made under Article 57 of the Convention in respect of the provisions of this Protocol.

Article 4
Territorial application

1. Any State may, at the time of signature or when depositing its instrument of ratification, acceptance or approval, specify the territory or territories to which this Protocol shall apply.

2. Any State may at any later date, by a declaration addressed to the Secretary General of the Council of Europe, extend the application of this Protocol to any

other territory specified in the declaration. In respect of such territory the Protocol shall enter into force on the first day of the month following the expiration of a period of three months after the date of receipt of such declaration by the Secretary General.

3. Any declaration made under the two preceding paragraphs may, in respect of any territory specified in such declaration, be withdrawn or modified by a notification addressed to the Secretary General. The withdrawal or modification shall become effective on the first day of the month following the expiration of a period of three months after the date of receipt of such notification by the Secretary General.

Article 5
Relationship to the Convention

As between the States Parties the provisions of Articles 1 to 4 of this Protocol shall be regarded as additional articles to the Convention, and all the provisions of the Convention shall apply accordingly.

Article 6
Signature and ratification

This Protocol shall be open for signature by member States of the Council of Europe which have signed the Convention. It is subject to ratification, acceptance or approval. A member State of the Council of Europe may not ratify, accept or approve this Protocol without previously or simultaneously ratifying the Convention. Instruments of ratification, acceptance or approval shall be deposited with the Secretary General of the Council of Europe.

Article 7
Entry into force

1. This Protocol shall enter into force on the first day of the month following the expiration of a period of three months after the date on which ten member States of the Council of Europe have expressed their consent to be bound by the Protocol in accordance with the provisions of Article 6.

2. In respect of any member State which subsequently expresses its consent to be bound by it, the Protocol shall enter into force on the first day of the month following the expiration of a period of three months after the date of the deposit of the instrument of ratification, acceptance or approval.

Article 8
Depositary functions

The Secretary General of the Council of Europe shall notify all the member States of the Council of Europe of:

(a) any signature;
(b) the deposit of any instrument of ratifi-

cation, acceptance or approval;

(c) any date of entry into force of this Protocol in accordance with Articles 4 and 7;

(d) any other act, notification or communication relating to this Protocol.

IN WITNESS WHEREOF the undersigned, being duly authorised thereto, have signed this Protocol.

DONE AT Vilnius, this 3rd day of May 2002, in English and in French, both texts being equally authentic, in a single copy which shall be deposited in the archives of the Council of Europe. The Secretary General of the Council of Europe shall transmit certified copies to each member State of the Council of Europe.

14-3. Fourteenth Protocol (2004)

Date : 13 May 2004
In force : Not in force
States Party : 47
Link : www.conventions.coe.int

PREAMBLE

The member States of the Council of Europe, signatories to this Protocol to the Convention for the Protection of Human Rights and Fundamental Freedoms, signed at Rome on 4 November 1950 (hereinafter referred to as "the Convention"),

Having regard to Resolution No. 1 and the Declaration adopted at the European Ministerial Conference on Human Rights, held in Rome on 3 and 4 November 2000;

Having regard to the Declarations adopted by the Committee of Ministers on 8 November 2001, 7 November 2002 and 15 May 2003, at their 109th, 111th and 112 th Sessions, respectively;

Having regard to Opinion No. 251 (2004) adopted by the Parliamentary Assembly of the Council of Europe on 28 April 2004;

Considering the urgent need to amend certain provisions of the Convention in order to maintain and improve the efficiency of the control system for the long term, mainly in the light of the continuing increase in the workload of the European Court of Human Rights and the Committee of Ministers of the Council of Europe;

Considering, in particular, the need to ensure that the Court can continue to play its pre-eminent role in protecting human rights in Europe,

Have agreed as follows:

Article 1

Paragraph 2 of Article 22 of the Convention shall be deleted. 1

Article 2

Article 23 of the Convention shall be amended to read as follows:

"Article 23 Terms of office and dismissal

1. The judges shall be elected for a period of nine years. They may not be re-elected.
2. The terms of office of judges shall expire when they reach the age of 70.
3. The judges shall hold office until replaced. They shall, however, continue to deal with such cases as they already have under consideration.
4. No judge may be dismissed from office unless the other judges decide by a majority of two-thirds that judge has ceased to fulfil the required conditions."

Article 3

Article 24 of the Convention shall be

ECHR

deleted.

Article 4

Article 25 of the Convention shall become Article 24 and its text shall be amended to read as follows:

"Article 24 Registry and rapporteurs

1. The Court shall have a registry, the functions and organisation of which shall be laid down in the rules of the Court.
2. When sitting in a single-judge formation, the Court shall be assisted by rapporteurs who shall function under the authority of the President of the Court. They shall form part of the Court's registry."

Article 5

Article 26 of the Convention shall become Article 25 ("Plenary Court") and its text shall be amended as follows:

1. At the end of paragraph d, the comma shall be replaced by a semi-colon and the word "and" shall be deleted.
2. At the end of paragraph e, the full stop shall be replaced by a semi-colon.
3. A new paragraph f shall be added which shall read as follows:
   "f. make any request under Article 26, paragraph 2."

Article 6

Article 27 of the Convention shall become Article 26 and its text shall be amended to read as follows:

"Article 26 Single-judge formation, committees, Chambers and Grand Chamber

1. To consider cases brought before it, the Court shall sit in a single-judge formation, in committees of three judges, in Chambers of seven judges and in a Grand Chamber of seventeen judges. The Court's Chambers shall set up committees for a fixed period of time.
2. At the request of the plenary Court, the Committee of Ministers may, by a unanimous decision and for a fixed period, reduce to five the number of judges of the Chambers.
3. When sitting as a single judge, a judge shall not examine any application against the High Contracting Party in respect of which that judge has been elected.
4. There shall sit as an ex officio member of the Chamber and the Grand Chamber the judge elected in respect of the High Contracting Party concerned. If there is none or if that judge is unable to sit, a person chosen by the President of the Court from a list submitted in advance by that Party shall sit in the capacity of judge.
5. The Grand Chamber shall also include

the President of the Court, the Vice-residents, the Presidents of the Chambers and other judges chosen in accordance with the rules of the Court. When a case is referred to the Grand Chamber under Article 43, no judge from the Chamber which rendered the judgment shall sit in the Grand Chamber, with the exception of the President of the Chamber and the judge who sat in respect of the High Contracting Party concerned."

Article 7

After the new Article 26, a new Article 27 shall be inserted into the Convention, which shall read as follows:

"Article 27 Competence of single judges

1. A single judge may declare inadmisble or strike out of the Court's list of cases an application submitted under Article 34, where such a decision can be taken without further examination.

2. The decision shall be final.

3. If the single judge does not declare an application inadmissible or strike it out, that judge shall forward it to a committee or to a Chamber for further examination."

Article 8

Article 28 of the Convention shall be amended to read as follows:

"Article 28 Competence of committees

1. In respect of an application submitted under Article 34, a committee may, by a unanimous vote,

(a) declare it inadmissible or strike it out of its list of cases, where such decision can be taken without further examination; or
(b) declare it admissible and render at the same time a judgment on the merits, if the underlying question in the case, concerning the interpretation or the application of the Convention or the Protocols thereto, is already the subject of well-established case-law of the Court.

2. Decisions and judgments under paragraph 1 shall be final.

3. If the judge elected in respect of the High Contracting Party concerned is not a member of the committee, the committee may at any stage of the proceedings invite that judge to take the place of one of the members of the committee, having regard to all relevant factors, including whether that Party has contested the application of the procedure under paragraph 1.b."

Article 9

Article 29 of the Convention shall be amended as follows:

1. Paragraph 1 shall be amended to read

as follows: "If no decision is taken under Article 27 or 28, or no judgment rendered under Article 28, a Chamber shall decide on the admissibility and merits of individual applications submitted under Article 34. The decision on admissibility may be taken separately."

2. At the end of paragraph 2 a new sentence shall be added which shall read as follows: "The decision on admissibility shall be taken separately unless the Court, in exceptional cases, decides otherwise."

3. Paragraph 3 shall be deleted.

Article 10

Article 31 of the Convention shall be amended as follows:

1. At the end of paragraph a, the word "and" shall be deleted.

2. Paragraph b shall become paragraph c and a new paragraph b shall be inserted and shall read as follows:

"b. decide on issues referred to the Court by the Committee of Ministers in accordance with Article 46, paragraph 4; and."

Article 11

Article 32 of the Convention shall be amended as follows:

At the end of paragraph 1, a comma and the number 46 shall be inserted after the number 34.

Article 12

Paragraph 3 of Article 35 of the Convention shall be amended to read as follows:

"3. The Court shall declare inadmissible any individual application submitted under Article 34 if it considers that:

(a) the application is incompatible with the provisions of the Convention or the Protocols thereto, manifestly ill-founded, or an abuse of the right of individual application; or
(b) the applicant has not suffered a significant disadvantage, unless respect for human rights as defined in the Convention and the Protocols thereto requires an examination of the application on the merits and provided that no case may be rejected on this ground which has not been duly considered by a domestic tribunal."

Article 13

A new paragraph 3 shall be added at the end of Article 36 of the Convention, which shall read as follows:

"3. In all cases before a Chamber or the Grand Chamber, the Council of Europe Commissioner for Human Rights may submit written comments and take part in hearings."

Article 14

Article 38 of the Convention shall be amended to read as follows:

"Article 38 Examination of the case

The Court shall examine the case together with the representatives of the parties and, if need be, undertake an investigation, for the effective conduct of which the High Contracting Parties concerned shall furnish all necessary facilities."

Article 15

Article 39 of the Convention shall be amended to read as follows:

"Article 39 Friendly settlements

1. At any stage of the proceedings, the Court may place itself at the disposal of the parties concerned with a view to securing a friendly settlement of the matter on the basis of respect for human rights as defined in the Convention and the Protocols thereto.
2. Proceedings conducted under paragraph 1 shall be confidential.
3. If a friendly settlement is effected, the Court shall strike the case out of its list by means of a decision which shall be confined to a brief statement of the facts and of the solution reached.
4. This decision shall be transmitted to the Committee of Ministers, which shall supervise the execution of the terms of the friendly settlement as set out in the decision."

Article 16

Article 46 of the Convention shall be amended to read as follows:

"Article 46 Binding force and execution of judgments

1. The High Contracting Parties undertake to abide by the final judgment of the Court in any case to which they are parties.
2. The final judgment of the Court shall be transmitted to the Committee of Ministers, which shall supervise its execution.
3. If the Committee of Ministers considers that the supervision of the execution of a final judgment is hindered by a problem of interpretation of the judgment, it may refer the matter to the Court for a ruling on the question of interpretation. A referral decision shall require a majority vote of two thirds of the representatives entitled to sit on the Committee.
4. If the Committee of Ministers considers that a High Contracting Party refuses to abide by a final judgment in a case to which it is a party, it may, after serving formal notice on that Party and by decision adopted by a majority vote

of two thirds of the representatives entitled to sit on the Committee, refer to the Court the question whether that Party has failed to fulfil its obligation under paragraph 1.

5. If the Court finds a violation of paragraph 1, it shall refer the case to the Committee of Ministers for consideration of the measures to be taken. If the Court finds no violation of paragraph 1, it shall refer the case to the Committee of Ministers, which shall close its examination of the case."

Article 17

Article 59 of the Convention shall be amended as follows:

1. A new paragraph 2 shall be inserted which shall read as follows:
   "2. The European Union may accede to this Convention."

2. Paragraphs 2, 3 and 4 shall become paragraphs 3, 4 and 5 respectively.
   Final and transitional provisions

Article 18

1. This Protocol shall be open for signature by member States of the Council of Europe signatories to the Convention, which may express their consent to be bound by

(a) signature without reservation as to ratification, acceptance or approval; or

(b) signature subject to ratification, acceptance or approval, followed by ratification, acceptance or approval.

2. The instruments of ratification, acceptance or approval shall be deposited with the Secretary General of the Council of Europe.

Article 19

This Protocol shall enter into force on the first day of the month following the expiration of a period of three months after the date on which all Parties to the Convention have expressed their consent to be bound by the Protocol, in accordance with the provisions of Article 18.

Article 20

1. From the date of the entry into force of this Protocol, its provisions shall apply to all applications pending before the Court as well as to all judgments whose execution is under supervision by the Committee of Ministers.

2. The new admissibility criterion inserted by Article 12 of this Protocol in Article 35, paragraph 3.b of the Convention, shall not apply to applications declared admissible before the entry into force of the Protocol. In the two years following the entry into force of this Protocol, the new admissibility criterion may only be applied by Chambers and the Grand Chamber of the Court.

Article 21

The term of office of judges serving their first term of office on the date of entry into force of this Protocol shall be extended ipso jure so as to amount to a total period of nine years. The other judges shall complete their term of office, which shall be extended ipso jure by two years.

Article 22

The Secretary General of the Council of Europe shall notify the member States of the Council of Europe of:

(a) any signature;
(b) the deposit of any instrument of ratification, acceptance or approval;
(c) the date of entry into force of this Protocol in accordance with Article 19 and
(d) any other act, notification or communication relating to this Protocol.

IN WITNESS WHEREOF, the undersigned, being duly authorised thereto, have signed this Protocol.

DONE AT Strasbourg, this 13th day of May 2004, in English and in French, both texts being equally authentic, in a single copy which shall be deposited in the archives of the Council of Europe. The Secretary General of the Council of Europe shall transmit certified copies to each member State of the Council of Europe.

15. Convention on the Protection and Promotion of the Diversity of Cultural Expressions (2005)

Date : 20 October 2005
In force : 18 March 2007
State Party : 148
Korea : 1 July 2010 (조약 제2008호)
Link : www.unesco.org

PREAMBLE

The General Conference of the United Nations Educational, Scientific and Cultural Organization, meeting in Paris from 3 to 21 October 2005 at its 33rd session,

Affirming that cultural diversity is a defining characteristic of humanity,

Conscious that cultural diversity forms a common heritage of humanity and should be cherished and preserved for the benefit of all,

Being aware that cultural diversity creates a rich and varied world, which increases the range of choices and nurtures human capacities and values, and therefore is a mainspring for sustainable development for communities, peoples and nations,

Recalling that cultural diversity, flourishing within a framework of democracy, tolerance, social justice and mutual respect between peoples and cultures, is indispensable for peace and security at the local, national and international levels,

Celebrating the importance of cultural di-

15. 문화적 표현의 다양성 보호와 증진 협약

번역 : 유네스코 한국위원회

전 문

2005년 10월 3일부터 10월 21일까지 파리에서 개최된 국제연합 교육과학문화기구(이하 '유네스코'라 함) 제33차 총회는

문화다양성이 인류의 중요한 특성임을 확인하고,

문화다양성은 인류 공동의 유산이며, 모든 이들의 이익을 위하여 소중히 하고 보존되어야 한다는 점을 깨닫고,

문화다양성은 선택의 범위를 넓히고 인간의 능력과 가치를 육성해 주는 풍요롭고 다양한 세계를 창조하며, 그러므로 공동체, 민족, 국가의 지속가능한 발전을 위한 원천임을 인식하고,

민주주의, 관용, 사회 정의, 그리고 사람과 문화간의 상호 존중의 틀 안에서 번성하는 문화다양성이 지방, 국가, 국제적 차원에서 평화와 안전을 위하여 필수불가결하다는 점을 상기하며,

「세계인권선언」과 보편적으로 승인된 다른

versity for the full realization of human rights and fundamental freedoms proclaimed in the Universal Declaration of Human Rights and other universally recognized instruments,

문서에서 선언된 인권과 기본적 자유의 완전한 실현을 위한 문화다양성의 중요성을 기리고,

Emphasizing the need to incorporate culture as a strategic element in national and international development policies, as well as in international development cooperation, taking into account also the United Nations Millennium Declaration (2000) with its special emphasis on poverty eradication,

특히, 빈곤퇴치에 역점을 둔 「유엔새천년선언(2000)」을 고려하여, 국가 및 국제 개발 정책 뿐 아니라 국제 개발협력에 있어 전략적인 요소로서 문화를 통합시킬 필요성을 강조하며,

Taking into account that culture takes diverse forms across time and space and that this diversity is embodied in the uniqueness and plurality of the identities and cultural expressions of the peoples and societies making up humanity,

문화는 시간과 공간을 넘어서 다양한 양식을 가지며, 그 다양성은 인류를 구성하는 사람과 사회의 정체성과 문화적 표현의 독특성과 다원성에서 구현된다는 점을 고려하여,

Recognizing the importance of traditional knowledge as a source of intangible and material wealth, and in particular the knowledge systems of indigenous peoples, and its positive contribution to sustainable development, as well as the need for its adequate protection and promotion,

무형 및 물질적인 풍요의 원천인 전통지식, 특히 토착민 지식체계의 중요성과 지속가능한 발전에 대한 전통지식의 기여 그리고 그 전통지식의 적절한 보호와 증진의 필요성을 인식하고,

Recognizing the need to take measures to protect the diversity of cultural expressions, including its contents, especially in situations where cultural expressions may be threatened by the possibility of extinction or serious impairment,

특히, 소멸과 심각한 훼손 가능성으로 문화적 표현이 위협 받는 곳에서 문화 콘텐츠를 포함한 문화적 표현의 다양성을 보호하기 위한 조치를 취해야 할 필요성을 인식하며,

Emphasizing the importance of culture for social cohesion in general, and in particular its potential for the enhancement of the status and role of women in society,

일반적으로 사회의 통합을 위한 문화의 중요성, 특히 사회에서 여성의 지위와 역할을 강화하기 위한 잠재력을 강조하며,

Being aware that cultural diversity is

문화다양성이 생각의 자유로운 유통으로 강

strengthened by the free flow of ideas, and that it is nurtured by constant exchanges and interaction between cultures,

화되고 문화간 지속적인 교류와 상호작용을 통해 육성된다는 점을 인식하고,

Reaffirming that freedom of thought, expression and information as well as diversity of the media enable cultural expressions to flourish within societies,

사회 안에서 문화적 표현을 풍요롭게 하는 미디어의 다양성과 함께 사상, 표현, 정보의 자유를 재확인하고,

Recognizing that the diversity of cultural expressions, including traditional cultural expressions, is an important factor that allows individuals and peoples to express and to share with others their ideas and values,

전통적 문화 표현을 포함한 문화적 표현의 다양성이 민족과 개인들로 하여금 생각과 가치를 표현하고 남들과 공유하도록 하는 중요한 요인임을 인정하고,

Recalling that linguistic diversity is a fundamental element of cultural diversity, and reaffirming the fundamental role that education plays in the protection and promotion of cultural expressions,

언어의 다양성이 문화다양성의 기본 요소임을 상기하고, 문화적 표현의 보호와 증진에 있어 교육이 담당하는 기본적인 역할을 재확인하며,

Taking into account the importance of the vitality of cultures, including for persons belonging to minorities and indigenous peoples, manifested in their freedom to create, disseminate and distribute their traditional cultural expressions and to have access thereto, so as to benefit them for their own development,

발전을 위하여 전통적 문화 표현을 자유롭게 창조, 보급, 배포하고, 그 문화적 표현들을 활용하는데 있어서, 특히 소수자와 토착민을 포함한 모든 사람들에게 문화가 갖는 힘의 중요성을 고려하고,

Emphasizing the vital role of cultural interaction and creativity, which nurture and renew cultural expressions and enhance the role played by those involved in the development of culture for the progress of society at large,

문화적 표현을 육성하고 새롭게 하며, 전반적인 사회 진보를 목적으로 문화의 발전에 관련된 사람들의 역할을 강화해 주는 문화적 상호작용과 창의성의 중요한 역할을 강조하며,

Recognizing the importance of intellectual property rights in sustaining those involved in cultural creativity,

문화적 창조 활동에 관련된 사람들을 뒷받침하는 데 있어서 지적재산권의 중요성을 인정하고,

Being convinced that cultural activities, goods and services have both an economic and a cultural nature, because they convey identities, values and meanings, and must therefore not be treated as solely having commercial value,

정체성, 가치, 의미를 전달하는 문화 활동, 상품 및 서비스는 경제적 속성과 문화적 속성을 함께 지니며, 그러므로 단순한 상업적 가치로 취급되지 않아야 함을 확인하며,

Noting that while the processes of globalization, which have been facilitated by the rapid development of information and communication technologies, afford unprecedented conditions for enhanced interaction between cultures, also represent a challenge for cultural diversity, namely in view of risks of imbalances between rich and poor countries,

정보통신의 급속한 발전으로 촉진된 세계화의 과정이 문화간 상호작용의 강화를 위한 전례 없는 여건을 제공하는 한편, 부국과 빈국 사이의 불균형을 야기한다는 점에서 문화다양성에 대한 도전이 된다는 것을 주목하며,

Being aware of UNESCO's specific mandate to ensure respect for the diversity of cultures and to recommend such international agreements as may be necessary to promote the free flow of ideas by word and image,

유네스코가 문화다양성에 대한 존중을 보장하고 언어와 이미지에 의한 생각의 자유로운 유통을 촉진하는데 필요한 국제 협정을 권고하는 특정의 위임사항을 인식하고,

Referring to the provisions of the international instruments adopted by UNESCO relating to cultural diversity and the exercise of cultural rights, and in particular the Universal Declaration on Cultural Diversity of 2001,

문화다양성 및 문화권의 행사와 관련하여 유네스코가 채택한 국제 규범, 특히 2001년 「세계문화다양성 선언」의 규정들을 참고하여,

문화다양성

Adopts this Convention on 20 October 2005.

2005년 10월 20일 이 협약을 채택한다.

I. OBJECTIVES AND GUIDING PRINCIPLES

I. 목적과 지도원칙

Article 1
Objectives

제 1 조
목　적

The objectives of this Convention are:

이 협약의 목적은 다음과 같다.

(a) to protect and promote the diversity of cultural expressions;

(b) to create the conditions for cultures to flourish and to freely interact in a mutually beneficial manner;

(c) to encourage dialogue among cultures with a view to ensuring wider and balanced cultural exchanges in the world in favour of intercultural respect and a culture of peace;

(d) to foster interculturality in order to develop cultural interaction in the spirit of building bridges among peoples;

(e) to promote respect for the diversity of cultural expressions and raise awareness of its value at the local, national and international levels;

(f) to reaffirm the importance of the link between culture and development for all countries, particularly for developing countries and to support actions undertaken nationally and internationally to secure recognition of the true value of this link;

(g) to give recognition to the distinctive nature of cultural activities, goods and services as vehicles of identity, values and meaning;

(h) to reaffirm the sovereign rights of States to maintain, adopt and implement policies and measures that they deem appropriate for the protection and promotion of the diversity of cultural expressions on their territory

(i) to strengthen international cooperation and solidarity in a spirit of partnership with a view, in particular, to enhancing the capacities of developing countries in order to protect and promote the

가. 문화적 표현의 다양성 보호와 증진

나. 문화를 풍요롭게 하고 호혜적인 방식으로 자유롭게 상호작용할 수 있는 여건 형성

다. 문화간 존중과 평화의 문화 추구를 목적으로 보다 광범위하고 균형잡힌 문화교류를 위한 문화간 대화 장려

라. 민족간 유대 형성의 정신을 바탕으로 문화간 상호작용을 원활히 하기 위한 문화상호성 강화

마. 문화적 표현의 다양성에 대한 존중의식을 드높이고 지방, 국가, 국제적 차원에서 그 가치에 대한 인식 증진

바. 모든 국가, 특히 개발도상국에서 문화와 발전간 연관성의 중요성을 재확인하고, 그 연관성이 지닌 진정한 가치에 대한 인식을 확고히 하기 위한 국가적, 국제적 활동 지원

사. 정체성, 가치, 의미를 전달하는 매개체로서 문화 활동, 상품 및 서비스의 특수한 성격에 대한 인정

아. 자국 영토 내에서 문화적 표현의 다양성을 보호하고 증진하기 위한 적절한 정책과 조치를 유지, 채택, 실행하는 데 있어서 국가의 주권적 권리 재확인

자. 문화적 표현의 다양성을 보호하고 증진하기 위한 개발도상국의 역량 강화를 목적으로 한 파트너십에 기반한 국제적 협력과 연대의 강화

diversity of cultural expressions.

Article 2
Guiding Principles

1. Principle of respect for human rights and fundamental freedoms

Cultural diversity can be protected and promoted only if human rights and fundamental freedoms, such as freedom of expression, information and communication, as well as the ability of individuals to choose cultural expressions, are guaranteed. No one may invoke the provisions of this Convention in order to infringe human rights and fundamental freedoms as enshrined in the Universal Declaration of Human Rights or guaranteed by international law or to limit the scope thereof.

2. Principle of sovereignty

States have, in accordance with the Charter of the United Nations and the principles of international law, the sovereign right to adopt measures and policies to protect and promote the diversity of cultural expressions within their territory.

3. Principle of equal dignity of and respect for all cultures

The protection and promotion of the diversity of cultural expressions presuppose the recognition of equal dignity of and respect for all cultures, including the cultures of persons belonging to

제 2 조
지도원칙

1. 인권 및 기본적 자유에 대한 존중 원칙

문화다양성은 문화적 표현을 선택하는 개인들의 능력뿐만 아니라 인권 및 표현, 정보통신의 자유 등 기본적 자유가 보장될 때 비로소 보호되고 증진될 수 있다. 「세계인권선언」에 명시되고 국제법에 의하여 보장된 인권과 기본적 자유를 침해하거나 그 범위를 제한할 목적으로 이 협약의 규정을 원용할 수 없다.

2. 주권의 원칙

국가는 유엔헌장과 국제법의 원칙에 따라 자국 영토 내에서 문화적 표현의 다양성을 보호하고 증진하기 위한 조치와 정책을 채택하는 주권적 권리를 가진다.

3. 모든 문화에 대한 동등한 존엄성 인정과 존중 원칙

문화적 표현의 다양성 보호와 증진은 소수자와 토착민의 문화를 포함한 모든 문화에 대한 동등한 존엄성의 인정과 존중이 전제되어야 한다.

minorities and indigenous peoples.

4. Principle of international solidarity and cooperation

International cooperation and solidarity should be aimed at enabling countries, especially developing countries, to create and strengthen their means of cultural expression, including their cultural industries, whether nascent or established, at the local, national and international levels.

4. 국제적 연대와 협력 원칙

국제적 협력과 연대는 국가, 특히 개발도상국으로 하여금 지방, 국가, 국제적 차원에서 초기단계에 있거나 확립되어 있는 문화산업을 포함한 문화적 표현의 수단을 마련하고 강화하는데 목표를 두어야 한다.

5. Principle of the complementarity of economic and cultural aspects of development

Since culture is one of the mainsprings of development, the cultural aspects of development are as important as its economic aspects, which individuals and peoples have the fundamental right to participate in and enjoy.

5. 발전의 경제적, 문화적 측면의 상호 보완성 원칙

문화는 발전의 원천이므로 발전의 문화적 측면은 경제적 측면만큼 중요하며, 개인과 국민들은 이에 참여하고 향유할 수 있는 기본적 권리를 갖는다.

6. Principle of sustainable development

Cultural diversity is a rich asset for individuals and societies. The protection, promotion and maintenance of cultural diversity are an essential requirement for sustainable development for the benefit of present and future generations.

6. 지속가능한 발전 원칙

문화다양성은 개인과 사회의 풍요한 자산이다. 문화다양성의 보호, 증진, 유지는 현재와 미래세대의 복리를 위한 지속가능한 발전의 필수 요건이다.

7. Principle of equitable access

Equitable access to a rich and diversified range of cultural expressions from all over the world and access of cultures to the means of expressions and

7. 형평한 접근의 원칙

전세계의 풍부하고 다양한 문화적 표현에 대한 형평한 접근과 그 표현과 보급 수단에 대한 문화의 접근은 문화다양성을 진흥하고 상호이해를 장려하는 중요한 요소들

dissemination constitute important elements for enhancing cultural diversity and encouraging mutual understanding.

이다.

8. Principle of openness and balance

When States adopt measures to support the diversity of cultural expressions, they should seek to promote, in an appropriate manner, openness to other cultures of the world and to ensure that these measures are geared to the objectives pursued under the present Convention.

8. 개방성과 균형성 원칙

국가가 문화적 표현의 다양성을 지원하기 위한 조치를 채택할 때, 세계의 다른 문화에 대한 개방성을 증진하기 위한 적절한 방법을 강구해야 하며, 그러한 조치는 이 협약이 추구하는 목표의 달성에 기여하도록 하여야 한다.

Ⅱ. SCOPE OF APPLICATION

Article 3
Scope of application

This Convention shall apply to the policies and measures adopted by the Parties related to the protection and promotion of the diversity of cultural expressions.

Ⅱ. 적용범위

제3조
적용범위

이 협약은 문화적 표현의 다양성을 보호하고 증진하는 것과 관련하여 당사국이 채택한 정책과 조치에 적용된다.

Ⅲ. DEFINITIONS

Article 4
Definitions

For the purposes of this Convention, it is understood that:

1. Cultural diversity

"Cultural diversity" refers to the manifold ways in which the cultures of groups and societies find expression. These expressions are passed on with-

Ⅲ. 정　의

제4조
정　의

이 협약의 목적상, 용어들은 다음과 같이 해석된다.

1. 문화다양성

"문화다양성"은 집단과 사회의 문화가 표현되는 다양한 방식을 말한다. 이러한 표현들은 집단 및 사회의 내부 또는 집단 및 사회 상호간에 전해진다.

in and among groups and societies.

Cultural diversity is made manifest not only through the varied ways in which the cultural heritage of humanity is expressed, augmented and transmitted through the variety of cultural expressions but also through diverse modes of artistic creation, production, dissemination, distribution and enjoyment, whatever the means and technologies used.

문화다양성은 여러 가지 문화적 표현을 통해 인류의 문화유산을 표현하고, 풍요롭게 하며, 전달하는 데 사용되는 다양한 방식뿐 아니라, 그 방법과 기술이 무엇이든지 간에 문화적 표현의 다양한 형태의 예술적 창조, 생산, 보급, 배포 및 향유를 통해서도 명확하게 나타난다.

2. Cultural Content

"Cultural content" refers to the symbolic meaning, artistic dimension and cultural values that originate from or express cultural identities.

2. 문화 콘텐츠

"문화 콘텐츠"는 문화적 정체성에서 비롯되거나 이를 표현하는 상징적 의미, 예술적 영역, 그리고 문화적 가치를 말한다.

3. Cultural expressions

"Cultural expressions" are those expressions that result from the creativity of individuals, groups and societies, and that have cultural content.

3. 문화적 표현

"문화적 표현"은 문화 콘텐츠를 지닌 개인, 집단, 사회의 창의적 활동의 결과물이다.

4. Cultural activities, goods and services

"Cultural activities, goods and services" refers to those activities, goods and services, which at the time they are considered as a specific attribute, use or purpose, embody or convey cultural expressions, irrespective of the commercial value they may have. Cultural activities may be an end in themselves, or they may contribute to the production of cultural goods and services.

4. 문화 활동, 상품 및 서비스

"문화 활동, 상품 및 서비스"는 그 상업적 가치와 상관없이 그 당시 문화적 표현을 사용하고 목적으로 하며, 또 그것들을 구체화하고 전달하는 것을 특징으로 하는 활동, 상품 및 서비스를 말한다. 문화 활동은 그 자체가 목적이 되거나 문화 상품과 서비스의 생산에 기여한다.

5. Cultural industries

"Cultural industries" refers to industries producing and distributing cultural goods or services as defined in paragraph 4 above.

5. 문화산업

"문화산업"은 위 4항에서 정의한 바와 같이 문화 상품 또는 서비스를 생산, 배포하는 산업을 말한다.

6. Cultural policies and measures

"Cultural policies and measures" refers to those policies and measures related to culture, whether at the local, national, regional or international level that are either focused on culture as such or are designed to have a direct effect on cultural expressions of individuals, groups or societies, including on the creation, production, dissemination, distribution of and access to cultural activities, goods and services.

6. 문화정책과 조치

"문화 정책과 조치"는, 문화 그 자체를 목적으로 하거나, 문화 활동, 상품 및 서비스의 창조, 생산, 보급, 배포 및 접근 등의 분야에서 개인, 집단, 사회 등의 문화적 표현에 직접적인 영향을 미치는 것을 목적으로, 지방, 국가, 지역 그리고 국제적 차원에서 이루어지는 문화와 관련된 정책과 조치를 말한다.

7. Protection

"Protection" means the adoption of measures aimed at the preservation, safeguarding and enhancement of the diversity of cultural expressions.
"Protect" means to adopt such measures.

7. 보　　호

"보호"는 문화적 표현의 다양성을 보존, 보호, 진흥하기 위한 목적으로 한 조치들의 채택을 의미한다.

"보호하다"는 이러한 조치들을 채택하는 것을 의미한다.

8. Interculturality

"Interculturality" refers to the existence and equitable interaction of diverse cultures and the possibility of generating shared cultural expressions through dialogue and mutual respect.

8. 상호문화성

"상호문화성"은 다양한 문화의 존재와 문화간의 형평한 상호작용 그리고 대화와 상호존중을 통한 문화적 표현의 공유 가능성을 말한다.

IV. RIGHTS AND OBLIGATIONS OF PARTIES

IV. 당사국의 권리와 의무

Article 5
General rule regarding rights and obligations

제5조
권리 및 의무의 일반규칙

1. The Parties, in conformity with the Charter of the United Nations, the principles of international law and universally recognized human rights instruments, reaffirm their sovereign right to formulate and implement their cultural policies and to adopt measures to protect and promote the diversity of cultural expressions and to strengthen international cooperation to achieve the purposes of this Convention.

1. 당사국은 유엔헌장과 국제법의 원칙, 그리고 보편적으로 승인된 인권 문서가 정하는 바에 따라, 문화적 표현의 다양성을 보호하고 증진하기 위한 문화정책을 마련하고 실행하며 조치를 채택하고, 이 협약의 목적을 달성하기 위하여 국제적 협력을 강화하는데 있어서 주권적 권리가 있음을 재확인한다.

2. When a Party implements policies and takes measures to protect and promote the diversity of cultural expressions within its territory, its policies and measures shall be consistent with the provisions of this Convention.

2. 당사국이 자국 영토 내에서 문화적 표현의 다양성을 보호하고 증진하기 위한 정책을 실행하고 조치를 취하는 데 있어 동 정책과 조치는 이 협약의 규정에 부합해야 한다.

문화다양성

Article 6
Rights of Parties at the national level

제6조
국가적 차원의 당사국 권리

1. Within the framework of its cultural policies and measures as defined in Article 4.6 and taking into account its own particular circumstances and needs, each Party may adopt measures aimed at protecting and promoting the diversity of cultural expressions within its territory.

1. 각 당사국은 제4조 6항에서 정한 문화정책과 조치의 틀 안에서 자국의 특수한 상황과 필요성을 고려하여, 그 영토 내에서 문화적 표현의 다양성 보호 및 증진을 목적으로 하는 조치를 채택할 수 있다.

2. Such measures may include the following:

2. 그 조치는 다음을 포함한다.

(a) regulatory measures aimed at protecting and promoting diversity of cultural expressions;

가. 문화적 표현의 다양성 보호와 증진을 위한 규제 조치

(b) measures that, in an appropriate manner, provide opportunities for domestic cultural activities, goods and services among all those available within the national territory for their creation, production, dissemination, distribution and enjoyment of such domestic cultural activities, goods and services, including provisions relating to the language used for such activities, goods and services;

나. 문화 활동, 상품 및 서비스에 사용되는 언어에 대한 조치를 포함하여, 당사국 영토 내의 모든 문화 활동, 서비스 및 상품 가운데 자국의 것이 창조, 생산, 보급, 배포 및 향유되도록 적절한 방법으로 기회를 제공하는 조치

(c) measures aimed at providing domestic independent cultural industries and activities in the informal sector effective access to the means of production, dissemination and distribution of cultural activities, goods and services;

다. 비공식 부문에서 이루어지는 자국의 독립적 문화산업과 활동이 문화 활동, 상품 및 서비스의 생산, 보급 및 배포 수단에 효과적으로 접근할 수 있도록 하는 조치

(d) measures aimed at providing public financial assistance;

라. 공공 재정지원을 위한 조치

(e) measures aimed at encouraging non-profit organizations, as well as public and private institutions and artists and other cultural professionals, to develop and promote the free exchange and circulation of ideas, cultural expressions and cultural activities, goods and services, and to stimulate both the creative and entrepreneurial spirit in their activities;

마. 비영리 조직 및 공공, 민간 기관, 그리고 예술가와 문화전문가들이 생각, 문화적 표현, 문화 활동, 상품 및 서비스를 자유롭게 교환하고 유통할 수 있도록 하고 또 그들의 활동에 창의적이고 기업가적 정신을 고무하도록 장려하는 조치

(f) measures aimed at establishing and supporting public institutions, as appropriate;

바. 공공 기관의 설립, 지원을 위한 적절한 조치

(g) measures aimed at nurturing and supporting artists and others involved in the creation of cultural expressions;

사. 예술가 및 그 밖의 문화적 표현의 창조 활동에 종사하는 사람들을 양성하고 지원하기 위한 조치

(h) measures aimed at enhancing diversity of the media including through public service broadcasting.

아. 공공 방송의 활용 등 미디어의 다양성 증진을 위한 조치

Article 7
Measures to promote cultural expressions

제7조
문화적 표현의 증진을 위한 조치

1. Parties shall endeavour to create in their territory an environment that encourages individuals and social groups:

1. 당사국은 자국 영토 내에서 개인과 사회집단이 다음의 사항을 할 수 있는 환경을 조성하기 위하여 노력한다.

(a) to create, produce, disseminate, distribute and have access to their own cultural expressions, paying due attention to the special circumstances and needs of women as well as various social groups, including persons belonging to minorities and indigenous peoples;

가. 소수자나 토착민 등 다양한 사회집단과 여성들의 특수한 상황이나 요구를 충분히 고려하여, 당사국의 문화적 표현의 창조, 생산, 보급 및 배포와 그 활용을 위한 기회 제공

(b) to have access to diverse cultural expressions from within their territory as well as from other countries of the world.

나. 자국 영토 내 그리고 세계 다른 나라의 다양한 문화적 표현에 접근할 수 있는 기회 제공

2. Parties shall also endeavour to recognize the important contribution of artists, others involved in the creative process, cultural communities, and organizations that support their work, and their central role in nurturing the diversity of cultural expressions.

2. 당사국은 예술가 및 그 밖의 창조 과정에 참여하는 사람, 문화적 공동체와 그들의 활동을 지원하는 기관들의 중요한 기여와 문화적 표현의 다양성을 위한 그들의 중심적 역할을 인식하기 위하여 노력해야 한다.

Article 8
Measures to protect cultural expressions

제8조
문화적 표현의 보호를 위한 조치

1. Without prejudice to the provisions of Articles 5 and 6, a Party may determine those special situations where cultural expressions on its territory are at

1. 이 협약 제5조와 제6조를 해함이 없이, 당사국은 자국 영토 내의 문화적 표현이 소멸위기나 심각한 위험에 처해 있거나, 긴급한 보호조치가 필요한 경우 이를 특

risk of extinction, under serious threat, or otherwise in need of urgent safeguarding.

수한 상황으로 정할 수 있다.

2. Parties may take all appropriate measures to protect and preserve cultural expressions in situations referred to in paragraph 1 in a manner consistent with the provisions of this Convention.

2. 당사국은 이 협약의 규정에 부합하는 방법으로 위 1항에서 정한 상황에 놓인 문화적 표현을 보호하기 위하여 모든 적절한 조치를 취할 수 있다.

3. Parties shall report to the Intergovernmental Committee all measures taken to meet the exigencies of the situation, and the Committee may make appropriate recommendations.

3. 당사국은 이러한 상황에 대해 취한 모든 조치들을 정부간 위원회에 보고해야 하며, 동 위원회는 적절한 권고를 할 수 있다.

Article 9
Information sharing and transparency

Parties shall:

(a) provide appropriate information in their reports to UNESCO every four years on measures taken to protect and promote the diversity of cultural expressions within their territory and at the international level;
(b) designate a point of contact responsible for information sharing in relation to this Convention;
(c) share and exchange information relating to the protection and promotion of the diversity of cultural expressions.

제 9 조
정보공유와 투명성

당사국은

가. 자국 영토 안 그리고 국제적 차원에서 문화적 표현의 다양성을 보호하고 증진하기 위하여 취한 조치들에 관한 필요한 정보를 보고서 형태로 4년마다 유네스코에 제출해야 한다.

나. 이 협약과 관련하여 정보공유를 책임지는 연락 포인트를 지정해야 한다.

다. 문화적 표현의 다양성 보호와 증진에 관한 정보를 공유하고 교류해야 한다.

Article 10
Education and public awareness

Parties shall:

(a) encourage and promote understanding of the importance of the protection and

제 10 조
교육과 공공 의식

당사국은

가. 교육프로그램, 인식제고프로그램을 통해 문화적 표현의 다양성 보호와 증진의 중

promotion of the diversity of cultural expressions, inter alia, through educational and greater public awareness programmes;

요성에 대한 이해를 장려하고 증진해야 한다.

(b) cooperate with other Parties and international and regional organizations in achieving the purpose of this article;

나. 동 조항의 목적을 위하여 타 당사국 및 국제적, 지역적 기구와 협력해야 한다.

(c) endeavour to encourage creativity and strengthen production capacities by setting up educational, training and exchange programmes in the field of cultural industries. These measures should be implemented in a manner that does not have a negative impact on traditional forms of production.

다. 문화산업 분야에서 교육, 훈련 및 교류 프로그램을 실시하여 창의성을 높이고 생산력을 강화하기 위한 노력을 기울여야 한다. 이러한 조치들은 생산의 전통적 방식에 부정적인 영향을 주지 않는 방식으로 시행되어야 한다.

Article 11
Participation of civil society

Parties acknowledge the fundamental role of civil society in protecting and promoting the diversity of cultural expressions. Parties shall encourage the active participation of civil society in their efforts to achieve the objectives of this Convention.

제11조
시민사회의 참여

당사국은 문화적 표현의 다양성을 보호하고 증진하는 데 있어 시민사회의 중요한 역할을 인정한다. 당사국은 이 협약의 목적을 달성하기 위한 당사국의 노력에 시민사회가 적극적으로 참여할 수 있도록 장려한다.

Article 12
Promotion of international cooperation

Parties shall endeavour to strengthen their bilateral, regional and international cooperation for the creation of conditions conducive to the promotion of the diversity of cultural expressions, taking particular account of the situations referred to in Articles 8 and 17, notably in order to:

제12조
국제협력의 증진

당사국은, 특히 다음의 목적을 달성하기 위하여 제8조와 제17조에서 정한 상황을 유념하면서, 문화적 표현의 다양성 증진에 필요한 여건 조성을 위하여 양자간, 지역적, 국제적 협력 강화를 위하여 노력한다.

(a) facilitate dialogue among Parties on cultural policy;

가. 당사국간 문화정책과 조치에 대한 대화 촉진

(b) enhance public sector strategic and management capacities in cultural public sector institutions, through professional and international cultural exchanges and sharing of best practices;
(c) reinforce partnerships with and among civil society, non-governmental organizations and the private sector in fostering and promoting the diversity of cultural expressions;
(d) promote the use of new technologies, encourage partnerships to enhance information sharing and cultural understanding, and foster the diversity of cultural expressions;
(e) encourage the conclusion of co-production and co-distribution agreements.

나. 전문적, 국제적인 문화교류와 모범사례 공유를 통한 문화분야 공공 기관의 공공부문 전략 및 경영 능력의 강화

다. 문화적 표현의 다양성 강화 및 증진에 있어 시민단체, 비정부 기구, 민간부문 간의 파트너십 강화

라. 정보공유 및 문화적 이해를 드높이고 문화적 표현의 다양성을 증진하기 위한 신기술의 활용 촉진 및 파트너십의 권장

마. 공동 제작 및 공동 배급에 관한 협정의 체결 장려

Article 13
Integration of culture in sustainable development

Parties shall endeavour to integrate culture in their development policies at all levels for the creation of conditions conducive to sustainable development and, within this framework, foster aspects relating to the protection and promotion of the diversity of cultural expressions.

제 13 조
지속가능한 발전과 문화

당사국은 지속가능한 발전에 필요한 여건 조성을 위하여 모든 차원에서 문화를 자국의 발전정책에 통합하기 위하여 노력해야 하고, 이러한 기틀 안에서 문화적 표현의 다양성 보호와 증진에 관련된 측면을 장려한다.

문화다양성

Article 14
Cooperation for development

Parties shall endeavour to support cooperation for sustainable development and poverty reduction, especially in relation to the specific needs of developing countries, in order to foster the emergence of a dynamic cultural sector by, inter alia, the following means:

제 14 조
발전을 위한 협력

당사국은, 특히 역동적 문화분야의 출현을 촉진하고자 하는 개발도상국의 특수한 요구와 관련하여, 다음의 방법으로 지속가능한 발전과 빈곤감축을 위한 협력을 지원하기 위하여 노력한다.

(a) The strengthening of the cultural industries in developing countries through:

(i) creating and strengthening cultural production and distribution capacities in developing countries;

(ii) facilitating wider access to the global market and international distribution networks for their cultural activities, goods and services;

(iii) enabling the emergence of viable local and regional markets;

(iv) adopting, where possible, appropriate measures in developed countries with a view to facilitating access to their territory for the cultural activities, goods and services of developing countries;

(v) providing support for creative work and facilitating the mobility, to the extent possible, of artists from the developing world;

(vi) encouraging appropriate collaboration between developed and developing countries in the areas, inter alia, of music and film;

(b) Capacity-building through the exchange of information, experience and expertise as well as the training of human resources in developing countries, in the public and private sector relating to, inter alia, strategic and management capacities, policy development and implementation, promotion and distribution of cultural expressions, small-, medium- and micro-enterprise development, the use of technology, and skills development and transfer.

가. 개발도상국의 문화산업 강화

(i) 개발도상국의 문화 생산 및 배급 역량 형성과 강화

(ii) 개발도상국의 문화 활동, 상품 및 서비스에 대한 세계시장 및 국제적 배급망에 대한 접근성 확대

(iii) 적합한 지방 및 지역 시장 형성

(iv) 가능한 경우, 개발도상국의 문화 활동, 상품 및 서비스의 선진국 진입을 활성화하기 위한 선진국의 적절한 조치 채택

(v) 가능한 범위 내에서, 개발도상국 예술가의 창조 작업과 이동성 증진을 위한 지원 제공

(vi) 특히, 음악 및 영화분야에서 선진국과 개발도상국간 적절한 협력 장려

나. 전략과 경영 역량, 정책 개발과 시행, 문화적 표현의 배포 증진, 중소·영세기업 발전, 기술 활용, 기능 개발과 이전 등과 관련하여, 개발도상국 내 공공 및 민간 부문에서의 정보, 경험 및 전문지식의 교류와 인적자원 훈련을 통한 역량강화

(c) Technology transfer through the introduction of appropriate incentive measures for the transfer of technology and know-how, especially in the areas of cultural industries and enterprises.

다. 특히, 문화산업과 기업 분야에서 적절한 장려 조치를 통한 기술과 지식의 이전

(d) Financial support through:

(i) the establishment of an International Fund for Cultural Diversity as provided in Article 18;
(ii) the provision of official development assistance, as appropriate, including technical assistance, to stimulate and support creativity;
(iii) other forms of financial assistance such as low interest loans, grants and other funding mechanisms.

라. 재정지원

(i) 제18조에 따른 국제 문화다양성 기금의 설치

(ii) 기술 지원을 포함하여 창의성을 독려하고 지원할 수 있는 적절한 공적개발원조의 제공

(iii) 저리대출, 보조금 및 기타 기금조성 기제 등 그 외 형태의 재정지원

Article 15
Collaborative arrangements

Parties shall encourage the development of partnerships, between and within the public and private sectors and non-profit organizations, in order to cooperate with developing countries in the enhancement of their capacities in the protection and promotion of the diversity of cultural expressions. These innovative partnerships shall, according to the practical needs of developing countries, emphasize the further development of infrastructure, human resources and policies, as well as the exchange of cultural activities, goods and services.

제 15 조
협력관계

당사국은 개발도상국이 문화적 표현의 다양성 보호와 증진을 위한 역량을 강화할 수 있도록 공공, 민간 부문 및 비영리 기구간의 파트너십 개발을 장려한다. 이와 같은 혁신적인 파트너십은 개발도상국의 실질적 요구에 따라 문화 활동, 상품 및 서비스의 교류뿐만 아니라 기반 시설, 인적자원 및 정책 등의 발전에 역점을 둔다.

문화다양성

Article 16
Preferential treatment for developing countries

Developed countries shall facilitate cultu-

제 16 조
개발도상국 우대

선진국은 적절한 제도적, 합법적 틀을 통하여

ral exchanges with developing countries by granting, through the appropriate institutional and legal frameworks, preferential treatment to artists and other cultural professionals and practitioners, as well as cultural goods and services from developing countries.

개발도상국의 문화 상품 및 서비스뿐 아니라 예술가, 문화 전문가, 활동가 등에게 우선적 대우를 허용함으로써 개발도상국과의 문화교류를 촉진한다.

Article 17
International cooperation in situations of serious threat to cultural expressions

제 17 조
문화적 표현의 심각한 위협 상황과 국제협력

Parties shall cooperate in providing assistance to each other, and, in particular to developing countries, in situations referred to under Article 8.

당사국은 서로, 특히 제8조에서 정한 상황에 있는 개발도상국을 지원하고 협조한다.

Article 18
International Fund for Cultural Diversity

제 18 조
국제 문화다양성 기금

1. An "International Fund for Cultural Diversity," hereinafter referred to as "the Fund," is hereby established.

1. "국제 문화다양성 기금" (이하, "기금")을 설치한다.

2. The Fund shall consist of funds-in-trust established in accordance with the Financial Regulations of UNESCO.

2. 기금은 유네스코 재정 규칙에 따라 신탁기금을 구성한다.

3. The resources of the Fund shall consist of:

3. 기금의 재원은 다음의 것으로 구성된다.

(a) voluntary contributions made by Parties;
(b) funds appropriated for this purpose by the General Conference of UNESCO;
(c) contributions, gifts or bequests by other States; organizations and programmes of the United Nations system, other regional or international organizations; and public or private bodies or

가. 당사국에 의한 자발적 분담금
나. 유네스코 총회에서 승인된 동 목적에 적합한 기금
다. 국가, 유엔체제 내의 기구와 프로그램, 여타 지역 및 국제 기구, 공공 및 민간 단체, 또는 개인들에 의한 기부금, 증여 또는 유증

individuals;

(d) any interest due on resources of the Fund;

(e) funds raised through collections and receipts from events organized for the benefit of the Fund;

(f) any other resources authorized by the Fund's regulations.

4. The use of resources of the Fund shall be decided by the Intergovernmental Committee on the basis of guidelines determined by the Conference of Parties referred to in Article 22.

5. The Intergovernmental Committee may accept contributions and other forms of assistance for general and specific purposes relating to specific projects, provided that those projects have been approved by it.

6. No political, economic or other conditions that are incompatible with the objectives of this Convention may be attached to contributions made to the Fund.

7. Parties shall endeavour to provide voluntary contributions on a regular basis towards the implementation of this Convention.

라. 기금의 재원으로부터의 이자

마. 모금 및 기금을 위하여 기획된 행사에 의한 수입

바. 기금 규칙에 의하여 승인된 기타의 재원

4. 동 기금의 활용은 당사국 총회에서 결의된 운영지침에 근거하여 정부간 위원회가 결정한다.

5. 정부간 위원회는 동 위원회가 승인한 사업일 경우, 특정한 사업에 대한 일반적, 구체적 목적을 위하여 기부금 또는 다른 형태의 지원을 받아들일 수 있다.

6. 동 기금의 기부금에는 이 협약의 목적과 배치되는 정치적, 경제적 또는 다른 조건이 따를 수 없다.

7. 당사국은 이 협약의 이행을 위한 정기적이고 자발적인 기부금을 제공하기 위하여 노력한다.

문화다양성

Article 19
Exchange, analysis and dissemination of information

1. Parties agree to exchange information and share expertise concerning data collection and statistics on the diversity of cultural expressions as well as on best

제 19 조
정보의 교류, 분석 및 배포

1. 당사국은 문화적 표현의 다양성 및 그 보호와 증진을 위한 모범사례에 관한 데이터 수집과 통계에 있어서 정보 교류와 전문성 공유에 동의한다.

practices for its protection and promotion.

2. UNESCO shall facilitate, through the use of existing mechanisms within the Secretariat, the collection, analysis and dissemination of all relevant information, statistics and best practices.

3. UNESCO shall also establish and update a data bank on different sectors and governmental, private and non-profit organizations involved in the area of cultural expressions.

4. To facilitate the collection of data, UNESCO shall pay particular attention to capacity-building and the strengthening of expertise for Parties that submit a request for such assistance.

5. The collection of information identified in this Article shall complement the information collected under the provisions of Article 9.

2. 유네스코는 사무국 내 기존 기제를 활용하여 관련된 모든 정보, 통계 및 모범사례의 수집, 분석 및 배포를 원활하게 한다.

3. 또한, 유네스코는 문화적 표현의 영역과 관련된 정부, 민간 및 비영리 기구 등 여러 부문에 대한 데이터 뱅크를 설치하고 최신 정보로 갱신한다.

4. 데이터 수집을 원활히 하기 위하여 유네스코는 지원을 요청하는 당사국의 역량 및 전문성 강화에 특별히 유념한다.

5. 동 조항에 의한 정보 수집은 제9조의 규정에 따른 정보 수집을 보완한다.

V. RELATIONSHIP TO OTHER INSTRUMENTS

Article 20
Relationship to other treaties: mutual supportiveness, complementarity and nonsubordination

1. Parties recognize that they shall perform in good faith their obligations under this Convention and all other treaties to which they are parties. Accordingly, without subordinating this Convention to any

V. 다른 조약과의 관계

제20조
다른 조약과의 관계: 상호지원성, 보완성 및 비종속성

1. 당사국은 이 협약 및 자신들이 당사국으로 되어 있는 다른 모든 조약 상의 의무를 성실히 이행할 것을 인정한다. 따라서, 당사국은 이 협약을 다른 어떤 조약에도 종속시키지 않으면서,

other treaty,

(a) they shall foster mutual supportiveness between this Convention and the other treaties to which they are parties; and
(b) when interpreting and applying the other treaties to which they are parties or when entering into other international obligations, Parties shall take into account the relevant provisions of this Convention.

가. 이 협약과 자신들이 당사국인 다른 조약 간의 상호보완성을 증진하고,

나. 자신들이 당사국인 다른 조약들을 해석, 적용하거나 다른 국제적인 의무를 부담할 때, 이 협약의 관련 규정들을 고려한다.

2. Nothing in this Convention shall be interpreted as modifying rights and obligations of the Parties under any other treaties to which they are parties.

2. 이 협약 상의 어떠한 규정도 자신들이 당사국인 다른 여타 조약 상의 권리 및 의무를 변경하는 것으로 해석되지 않는다.

Article 21
International consultation and coordination

제21조
국제적 협의와 협력

Parties undertake to promote the objectives and principles of this Convention in other international forums. For this purpose, Parties shall consult each other, as appropriate, bearing in mind these objectives and principles.

당사국은 다른 국제 무대에서 이 협약의 원칙과 목적을 증진시킬 것을 약속한다. 이러한 목적을 위하여, 당사국은 필요할 경우 목적과 원칙을 명심하면서 협의에 응한다.

문화다양성

Ⅵ. ORGANS OF THE CONVENTION

Ⅵ. 협약의 기관

Article 22
Conference of Parties

제22조
당사국 총회

1. A Conference of Parties shall be established. The Conference of Parties shall be the plenary and supreme body of this Convention.

1. 당사국 총회가 설치된다. 당사국 총회는 이 협약의 전체회의이며 최고 기구이다.

2. The Conference of Parties shall meet in

2. 당사국 총회는 가능한 한 유네스코 총회

ordinary session every two years in conjunction with the General Conference of UNESCO to the extent possible. It may meet in extraordinary session if it so decides or if the Intergovernmental Committee receives a request to that effect from at least one third of the Parties.

중에 2년마다 정기회의로 개최된다. 당사국 총회에서 결정되거나 정부간 위원회에 당사국 3분의 1 이상의 요청이 있을 경우 특별회의를 개최할 수도 있다.

3. The Conference of Parties shall adopt its own rules of procedure.

3. 당사국 총회는 자체 절차규정을 채택한다.

4. The functions of the Conference of Parties shall be, inter alia:

4. 당사국 총회의 기능은 다음과 같다.

(a) to elect the Members of the Intergovernmental Committee;
(b) to receive and examine reports of the Parties to the Convention transmitted by the Intergovernmental Committee;
(c) to approve the operational guidelines prepared upon its request by the Intergovernmental Committee;
(d) to take whatever other measures it may consider necessary to further the objectives of this Convention.

가. 정부간 위원회 위원국 선출

나. 정부간 위원회가 제출한 협약 당사국 보고서의 수령과 검토

다. 당사국 총회의 요청에 따라 정부간 위원회가 마련한 운영 지침의 승인

라. 이 협약의 목적을 위하여 필요하다고 인정되는 그 밖의 모든 방법의 조치 강구

문화다양성

Article 23
Intergovernmental Committee

제23조
정부간 위원회

1. An Intergovernmental Committee for the Protection and Promotion of the Diversity of Cultural Expressions (hereinafter referred to as "the Intergovernmental Committee") shall be established within UNESCO. It shall be composed of representatives of 18 States Parties to the Convention, elected for a term of four years by the Conference of Parties upon entry into force of this Convention pursuant to Article 29.

1. 문화적 표현의 다양성 보호와 증진을 위한 정부간 위원회(이하 "정부간 위원회"라 함)는 유네스코 내에 설치된다. 동 위원회는 제29조에 따라 이 협약 발효시 열린 당사국 총회에서 4년 임기로 선출된 18개 당사국의 대표로 구성된다.

2. The Intergovernmental Committee shall meet annually.

2. 정부간 위원회는 매년 개최된다.

3. The Intergovernmental Committee shall function under the authority and guidance of, and be accountable to the Conference of Parties.

3. 정부간 위원회는 당사국 총회의 권한과 지시 아래 운영되며, 당사국 총회에 대하여 책무를 지닌다.

4. The Members of the Intergovernmental Committee shall be increased to 24 once the number of Parties to the Convention reaches 50.

4. 협약 당사국의 수가 50개에 이르는 경우 정부간 위원회의 위원국 수는 24개로 증가한다.

5. The election of Members of the Intergovernmental Committee shall be based on the principles of equitable geographical representation as well as rotation.

5. 정부간 위원회의 위원국 선출은 형평한 지리적 대표성과 순환제 원칙에 근거한다.

6. Without prejudice to the other responsibilities conferred upon it by this Convention, the functions of the Intergovernmental Committee shall be:

6. 이 협약에 의해 부과된 다른 책임을 해함이 없이, 위원회의 기능은 다음과 같다.

(a) to promote the objectives of this Convention and to encourage and monitor the implementation thereof;

가. 이 협약의 목적 추구 및 그 이행의 촉진과 감시

(b) to prepare and submit for approval by the Conference of Parties, upon its request, the operational guidelines for the implementation and application of the provisions of the Convention;

나. 당사국 총회의 요청이 있는 경우 당사국 총회의 승인을 받기 위하여 이 협약 규정의 이행과 적용을 위한 운영지침의 마련과 제출

(c) to transmit to the Conference of Parties reports from Parties to the Convention, together with its comments and a summary of their contents;

다. 당사국 총회에 의견 및 요약본과 함께 당사국 보고서 제출

(d) to make appropriate recommendations to be taken in situations brought to its attention by Parties to the Convention in accordance with relevant provisions of the Convention, in particular Article 8;

라. 이 협약의 관련 규정, 특히 제8조가 정한 바에 따라 당사국이 유의해야 하는 상황에서 취해야 할 적절한 권고

문화다양성

(e) to establish procedures and other mechanisms for consultation aimed at promoting the objectives and principles of this Convention in other international forums;

(f) to perform any other tasks as may be requested by the Conference of Parties.

마. 다른 국제무대에서 이 협약의 목적 및 원칙 증진을 위한 협의 절차와 기제의 마련

바. 당사국 총회가 요청하는 기타 모든 과제의 수행

7. The Intergovernmental Committee, in accordance with its rules of procedure, may invite at any time public or private organizations or individuals to participate in its meetings for consultation on specific issues.

7. 정부간 위원회는 그 절차규정에 따라 특정 사항에 관한 협의를 목적으로 언제든지 공공 및 민간 기구 혹은 개인들에게 위원회의 회의 참석을 요청할 수 있다.

8. The Intergovernmental Committee shall prepare and submit to the Conference of Parties, for approval, its own rules of procedure.

8. 정부간 위원회는 당사국 총회의 승인을 위하여 자체 절차규정을 제출한다.

Article 24 UNESCO Secretariat

제24조 유네스코 사무국

1. The organs of the Convention shall be assisted by the UNESCO Secretariat.

1. 이 협약의 기구는 유네스코 사무국의 지원을 받는다.

2. The Secretariat shall prepare the documentation of the Conference of Parties and the Intergovernmental Committee as well as the agenda of their meetings and shall assist in and report on the implementation of their decisions.

2. 유네스코 사무국은 당사국 총회와 정부간 위원회의 문서 및 의사일정을 준비하고 그 결정사항의 이행을 지원하고 보고한다.

Ⅶ. FINAL CLAUSES

Ⅶ. 최종조항

Article 25 Settlement of disputes

제25조 분쟁해결

1. In the event of a dispute between Par-

1. 이 협약의 해석 또는 적용과 관련하여 당

ties to this Convention concerning the interpretation or the application of the Convention, the Parties shall seek a solution by negotiation.

사국들 사이에 분쟁이 발생하는 경우 분쟁 당사국들은 교섭을 통해 해결책을 찾는다.

2. If the Parties concerned cannot reach agreement by negotiation, they may jointly seek the good offices of, or request mediation by, a third party.

2. 분쟁 당사국들이 교섭을 통해 합의에 이르지 못할 경우 분쟁 당사국들은 공동으로 제3자의 주선을 모색하거나 중개를 요청할 수 있다.

3. If good offices or mediation are not undertaken or if there is no settlement by negotiation, good offices or mediation, a Party may have recourse to conciliation in accordance with the procedure laid down in the Annex of this Convention. The Parties shall consider in good faith the proposal made by the Conciliation Commission for the resolution of the dispute.

3. 주선이나 중개가 이루어지지 않는 경우, 혹은 교섭이나 주선, 중개를 통해 해결되지 않는 경우, 당사국은 이 협약 부속서의 규정절차에 따라 조정에 의지할 수 있다. 분쟁 당사국들은 분쟁해결을 위한 조정 위원회의 제안을 성실히 고려한다.

4. Each Party may, at the time of ratification, acceptance, approval or accession, declare that it does not recognize the conciliation procedure provided for above. Any Party having made such a declaration may, at any time, withdraw this declaration by notification to the Director-General of UNESCO.

4. 각 당사국은 비준, 수락, 승인, 가입시 위의 조정절차를 수락하지 않음을 표명할 수 있다. 이러한 표명을 행한 당사국은 유네스코 사무총장에게 통고서를 통해 언제든지 그 표명을 철회할 수 있다.

문화다양성

Article 26
Ratification, acceptance, approval or accession by Member States

제26조
회원국의 비준, 수락, 승인이나 가입

1. This Convention shall be subject to ratification, acceptance, approval or accession by Member States of UNESCO in accordance with their respective constitutional procedures.

1. 이 협약은 유네스코 회원국 각자의 헌법절차에 따라 비준, 수락, 승인되거나 가입되어야 한다.

2. The instruments of ratification, acceptance, approval or accession shall be deposited with the Director-General of UNESCO.

2. 비준서, 수락서, 승인서, 가입서는 유네스코 사무총장에 기탁된다.

Article 27
Accession

제27조
가 입

1. This Convention shall be open to accession by all States not Members of UNESCO but members of the United Nations, or of any of its specialized agencies, that are invited by the General Conference of UNESCO to accede to it.

1. 이 협약은 유네스코의 비회원국이지만 유네스코 총회가 가입을 초청한 유엔이나 그 전문기구의 회원국 모두의 가입을 위하여 개방된다.

2. This Convention shall also be open to accession by territories which enjoy full internal self government recognized as such by the United Nations, but which have not attained full independence in accordance with General Assembly resolution 1514 (XV), and which have competence over the matters governed by this Convention, including the competence to enter into treaties in respect of such matters.

2. 유엔 총회 결의안 1514(XV)에 따라, 완전한 독립을 얻지 못하였지만 유엔에 의해 승인된 완전한 내적 자치권을 가지며 조약체결 능력을 비롯하여 이 협약이 다루는 문제에 대한 권한을 가진 영토 역시 이 협약의 가입을 위하여 개방된다.

3. The following provisions apply to regional economic integration organizations:

(a) This Convention shall also be open to accession by any regional economic integration organization, which shall, except as provided below, be fully bound by the provisions of the Convention in the same manner as States Parties;

(b) In the event that one or more Member States of such an organization is also Party to the Convention, the organization and such Member State or States

3. 다음 규정은 지역경제통합기구에 적용된다.

가. 어떤 지역경제통합기구도 이 협약에 가입할 수 있으며, 아래 규정된 것을 제외하고는, 이 협약의 규정에 대하여 국가와 마찬가지로 완전히 기속된다.

나. 동 기구의 회원국 하나 이상이 협약 당사국이 되었을 경우, 해당 기구와 회원국 또는 국가는 협약의 의무사항을 이행하기 위한 책임을 정한다. 이러한 책임배분

shall decide on their responsibility for the performance of their obligations under the Convention. Such distribution of responsibility shall take effect following completion of the notification procedure described in subparagraph (c). The organization and the Member States shall not be entitled to exercise rights under the Convention concurrently. In addition, regional economic integration organizations, in matters within their competence, shall exercise their rights to vote with a number of votes equal to the number of their Member States that are Parties to this Convention. Such an organization shall not exercise its right to vote if any of its Member States exercises its right, and vice-versa;

은 (다)항에서 정한 통고절차를 완료함으로써 효력을 갖는다. 해당 기구와 회원국은 협약 상의 권리를 경합적으로 행사할 수 없다. 또한, 지역경제통합기구는 그들의 위임 범위 내에서 회원국 중 이 협약의 당사국 수와 동수의 투표권을 행사한다. 동 기구의 회원국 중 하나라도 그 투표권을 행사할 경우 동 기구는 그 투표권을 가질 수 없고, 이는 반대의 경우도 마찬가지다.

(c) A regional economic integration organization and its Member State or States which have agreed on a distribution of responsibilities as provided in subparagraph (b) shall inform the Parties of any such proposed distribution of responsibilities in the following manner:

(i) in their instrument of accession, such organization shall declare with specificity, the distribution of their responsibilities with respect to matters governed by the Convention;

(ii) in the event of any later modification of their respective responsibilities, the regional economic integration organization shall inform the depositary of any such proposed modification of their respective responsibilities; the depositary shall in turn inform the Parties of such

다. (나)항에서 정한 바와 같이 책임배분에 동의한 지역경제통합기구와 회원국 또는 국가는 다음과 같이 제안된 책임배분을 해당 당사국에게 알린다.

(i) 해당 기구는 가입문서에 협약에 대한 책임배분을 구체적으로 표명한다.

(ii) 차후 책임을 변경하고자 할 경우, 해당 기구는 각각의 책임에 대한 변경사항을 기탁소에 알리고, 기탁소는 그 변경사항을 당사국에 통보한다.

문화다양성

modification;

(d) Member States of a regional economic integration organization which become Parties to this Convention shall be presumed to retain competence over all matters in respect of which transfers of competence to the organization have not been specifically declared or informed to the depositary;

라. 이 협약의 당사국이 되는 지역경제통합기구의 회원국은 동 기구에 대한 권한의 이전이 구체적으로 기탁소에 표명되거나 통보되지 않은 모든 사안에 대해서 권한을 가지는 것으로 간주된다.

(e) "Regional economic integration organizations" means an organization constituted by sovereign States, members of the United Nations or of any of its specialized agencies, to which those States have transferred competence in respect of matters governed by this Convention and which has been duly authorized, in accordance with its internal procedures, to become a Party to it.

마. "지역경제통합기구"는 해당 지역의 주권국가, 유엔이나 유엔 전문기구의 회원국들이 구성한 기구로서, 회원국으로부터 이 협약이 관장하는 사안에 대한 권한을 이양 받고, 그 내부적인 절차에 따라 이 협약의 당사국이 되는 자격을 갖는다.

4. The instrument of accession shall be deposited with the Director-General of UNESCO.

4. 가입서는 유네스코 사무총장에 기탁된다.

Article 28
Point of contact

제28조
연락 포인트

Upon becoming Parties to this Convention, each Party shall designate a point of contact as referred to in Article 9.

협약의 당사국이 되면, 각 당사국은 제9조에서 정한 "연락 포인트"를 지정해야 한다.

Article 29
Entry into force

제29조
발 효

1. This Convention shall enter into force three months after the date of deposit of the thirtieth instrument of ratification, acceptance, approval or accession,

1. 이 협약은 30번째의 비준서, 수락서, 승인서, 가입서가 기탁된 일자로부터 3개월 후 동 일자 또는 그 이전에 비준서, 수락서, 승인서, 가입서를 기탁한 국가 또는 지역

but only with respect to those States or regional economic integration organizations that have deposited their respective instruments of ratification, acceptance, approval, or accession on or before that date. It shall enter into force with respect to any other Party three months after the deposit of its instrument of ratification, acceptance, approval or accession.

경제통합기구에 대해서만 발효한다. 그 외의 당사국에 대해서는 비준서, 수락서, 승인서, 가입서의 기탁으로부터 3개월 후 발효한다.

2. For the purposes of this Article, any instrument deposited by a regional economic integration organization shall not be counted as additional to those deposited by Member States of the organization.

2. 동 조항의 목적을 위하여 지역경제통합기구가 기탁한 어떤 문서도 동 기구의 회원국이 기탁한 문서에 부가적으로 고려하지 않는다.

Article 30
Federal or non-unitary constitutional systems

제30조
연방제 또는 비단일적 헌법체제

Recognizing that international agreements are equally binding on Parties regardless of their constitutional systems, the following provisions shall apply to Parties which have a federal or nonunitary constitutional system:

국제 협정이 당사국의 헌법 체제와 상관없이 동일한 구속력을 갖는다는 것을 인식하여, 다음의 규정은 연방제 또는 비단일적 헌법체제를 가진 이 협약 당사국에 대하여 적용된다.

(a) with regard to the provisions of this Convention, the implementation of which comes under the legal jurisdiction of the federal or central legislative power, the obligations of the federal or central government shall be the same as for those Parties which are not federal States;

(b) with regard to the provisions of the Convention, the implementation of which comes under the jurisdiction of individual constituent units such as States,

가. 그 실시가 연방 또는 중앙의 입법권의 법적 관할 하에 있는 이 협약 규정에 관하여는 연방 또는 중앙정부의 의무는 연방국이 아닌 당사국의 경우와 동일하다.

나. 그 실시가 연방의 헌법제도에 의하여 입법조치를 취할 의무를 지지 아니하는 개별 단위 즉, 국가, 지방 또는 군의 법적 관할 하에 있는 이 협약 규정에 관하여

문화다양성

counties, provinces, or cantons which are not obliged by the constitutional system of the federation to take legislative measures, the federal government shall inform, as necessary, the competent authorities of constituent units such as States, counties, provinces or cantons of the said provisions, with its recommendation for their adoption.

는, 연방정부가 동 구성 단위 즉, 국가, 지방 또는 군의 권한 있는 당국에게 동 규정의 채택을 위한 권고와 함께 동 규정을, 필요에 따라, 통보한다.

Article 31
Denunciation

1. Any Party to this Convention may denounce this Convention.
2. The denunciation shall be notified by an instrument in writing deposited with the Director-General of UNESCO.
3. The denunciation shall take effect 12 months after the receipt of the instrument of denunciation. It shall in no way affect the financial obligations of the Party denouncing the Convention until the date on which the withdrawal takes effect.

제31조
폐기 통고

1. 이 협약의 어떤 당사국도 이 협약을 폐기할 수 있다.
2. 폐기는 서면으로 통고하며 동 문서는 유네스코 사무총장에 기탁된다.
3. 폐기는 폐기통고서의 접수로부터 12개월 후 효력을 발생한다. 폐기는 탈퇴가 효력을 발생하는 일자까지는 폐기를 행하는 국가의 재정상의 의무에 영향을 주지 아니한다.

문화다양성

Article 32
Depositary functions

The Director-General of UNESCO, as the Depositary of this Convention, shall inform the Member States of the Organization, the States not members of the Organization and regional economic integration organizations referred to in Article 27, as well as the United Nations, of the deposit of all the instruments of ratification, acceptance, approval or accession provided for in Articles

제32조
기탁소 기능

유네스코 사무총장은 이 협약의 기탁소로서 동 기구의 회원국, 제27조에서 정한 동 기구 비회원국과 지역경제통합기구 및 유엔에 제26조 및 제27조에 규정된 모든 비준서, 수락서, 승인서, 가입서의 기탁 그리고 제31조에 규정된 폐기를 통보한다.

26 and 27, and of the denunciations provided for in Article 31.

Article 33
Amendments

1. A Party to this Convention may, by written communication addressed to the Director−General, propose amendments to this Convention. The Director−General shall circulate such communication to all Parties. If, within six months from the date of dispatch of the communication, no less than one half of the Parties reply favourably to the request, the Director−General shall present such proposal to the next session of the Conference of Parties for discussion and possible adoption.

2. Amendments shall be adopted by a two−thirds majority of Parties present and voting.

3. Once adopted, amendments to this Convention shall be submitted to the Parties for ratification, acceptance, approval or accession.

4. For Parties which have ratified, accepted, approved or acceded to them, amendments to this Convention shall enter into force three months after the deposit of the instruments referred to in paragraph 3 of this Article by two thirds of the Parties. Thereafter, for each Party that ratifies, accepts, approves or accedes to an amendment, the said amendment shall enter into force three months after the date of deposit by that Party of its in-

제 33 조
개 정

1. 이 협약의 당사국은 이 협약의 개정을 서면으로 사무총장에 제안할 수 있다. 사무총장은 이를 모든 당사국에게 공지한다. 공지문의 송부 일로부터 6개월 내에 동 제안에 대해 당사국 과반수 이상이 찬성할 경우, 사무총장은 토의 및 채택 여부를 위하여 차기 당사국 총회에 동 개정안을 제출한다.

2. 개정안은 출석하여 투표하는 당사국 3분의 2의 찬성에 의하여 채택된다.

3. 이 협약의 개정안이 일단 채택되면 비준, 수락, 승인, 가입을 위하여 당사국에 제출된다.

4. 이 협약의 개정안을 비준, 수락, 승인, 가입한 당사국에 대하여, 이 협약의 개정안은 당사국 3분의 2 이상이 동조 3항에서 언급한 문서를 기탁한 지 3개월 후부터 효력을 발생한다. 그 후 개정안에 대해 비준, 수락, 승인, 가입한 각 당사국에 대하여, 당해 개정안은 당해 당사국이 비준서, 수락서, 승인서, 가입서를 기탁한 지 3개월부터 효력을 발생한다.

문화다양성

strument of ratification, acceptance, approval or accession.

5. The procedure set out in paragraphs 3 and 4 shall not apply to amendments to Article 23 concerning the number of Members of the Intergovernmental Committee. These amendments shall enter into force at the time they are adopted.

6. A State or a regional economic integration organization referred to in Article 27 which becomes a Party to this Convention after the entry into force of amendments in conformity with paragraph 4 of this Article shall, failing an expression of different intention, be considered to be:

(a) Party to this Convention as so amended; and
(b) a Party to the unamended Convention in relation to any Party not bound by the amendments.

5. 3항, 4항에서 정한 절차는 정부간 위원회의 위원국 수와 관련한 제23조의 개정에는 적용되지 않는다. 이 개정안은 회원국이 채택하는 때부터 효력을 발생한다.

6. 제27조에 언급된 바의, 동조 4항에 따라 개정안이 효력을 발생한 후 이 협약의 당사자가 되는 국가와 지역경제통합기구는, 다른 의도를 지닌 표현이 없는 한, 다음과 같이 간주된다.

가. 개정된 이 협약의 당사자
나. 개정안의 기속을 받지 않는 모든 당사자에 대해서는 개정되지 않은 협약의 당사자

Article 34
Authoritative texts

This Convention has been drawn up in Arabic, Chinese, English, French, Russian and Spanish, all six texts being equally authoritative.

제34조
정 본

이 협약은 아랍어, 중국어, 영어, 프랑스어, 러시아어 및 스페인어로 작성되며 이들 6개본은 동등히 정본이다.

Article 35
Registration

In conformity with Article 102 of the Charter of the United Nations, this Convention shall be registered with the Secretariat of the United Nations at the request of the Director-General of UNESCO.

제35조
등 록

유엔 헌장 102조에 따라 이 협약은 유네스코 사무총장의 요청에 의하여 유엔 사무국에 등록된다.

ANNEX
CONCILIATION PROCEDURE

Article 1
Conciliation

A Conciliation Commission shall be created upon the request of one of the Parties to the dispute. The Commission shall, unless the Parties otherwise agree, be composed of five members, two appointed by each Party concerned and a President chosen jointly by those members.

Article 2
Members of the Commission

In disputes between more than two Parties, Parties in the same interest shall appoint their members of the Commission jointly by agreement. Where two or more Parties have separate interests or there is a disagreement as to whether they are of the same interest, they shall appoint their members separately.

Article 3
Appointments

If any appointments by the Parties are not made within two months of the date of the request to create a Conciliation Commission, the Director-General of UNESCO shall, if asked to do so by the Party that made the request, make those appointments within a further two-month period.

Article 4
President of the Commission

If a President of the Conciliation Com-

부 속 서
조정절차

제1조
조정위원회

조정위원회는 분쟁 당사국들 가운데 한 쪽의 요청에 의해 구성된다. 동 위원회는 당사국들 간의 별도의 결정이 없는 경우, 당사국이 지명한 각 2명의 위원과 그 위원들에 의해 선정된 의장 등 5명의 위원으로 구성된다.

제2조
위원회 위원

분쟁 당사국이 둘 이상인 경우 이해관계가 동일한 당사국들은 합의에 의해 공동으로 위원을 지명한다. 둘 혹은 그 이상의 당사국들 간에 이해관계가 다르거나, 이해관계가 동일한지 여부에 대해 서로 의견이 일치하지 않는 경우에 당사국들은 위원을 각자 지명한다.

제3조
지 명

조정위원회 구성을 요청한 날로부터 2개월 내에 당사국들에 의한 지명이 이루어지지 않는다면, 동 위원회 구성을 요청한 당사국의 요구가 있을 경우, 유네스코 사무총장은 향후 2개월 이내에 위원을 지명한다.

제4조
조정위원회 위원장

조정위원회 위원의 지명이 완료된 후 2개월

문화다양성

mission has not been chosen within two months of the last of the members of the Commission being appointed, the Director-General of UNESCO shall, if asked to do so by a Party, designate a President within a further two-month period.

이내에 동 위원회 위원장이 선정되지 않는다면, 유네스코 사무총장은 어느 당사국의 요청이 있을 경우, 향후 2개월 이내에 위원장을 지명한다.

Article 5
Decisions

The Conciliation Commission shall take its decisions by majority vote of its members. It shall, unless the Parties to the dispute otherwise agree, determine its own procedure. It shall render a proposal for resolution of the dispute, which the Parties shall consider in good faith.

제5조
결 정

조정위원회는 위원 투표의 과반수에 의하여 의사를 결정한다. 분쟁 당사국들간에 별도의 결정이 없는 경우, 동 위원회는 스스로 절차를 정한다. 위원회는 분쟁해결을 위한 제안을 행하고, 당사국들은 이를 성실히 고려한다.

Article 6
Disagreements

A disagreement as to whether the Conciliation Commission has competence shall be decided by the Commission.

제6조
의견불일치

조정위원회가 권한을 갖는지에 대해 의견이 일치하지 않을 경우, 그 사항은 위원회가 결정한다.

Part V

Protection of Environment

16. Declaration of the United Nations Conference on the Human Environment (1972)

Date : 16 June 1972
Link : www.un.org/documents

The United Nations Conference on the Human Environment,

Having met at Stockholm from 5 to 16 June 1972,

Having considered the need for a common outlook and for common principles to inspire and guide the peoples of the world in the preservation and enhancement of the human environment,

Proclaims that:

1. Man is both creature and moulder of his environment, which gives him physical sustenance and affords him the opportunity for intellectual, moral, social and spiritual growth. In the long and tortuous evolution of the human race on this planet a stage has been reached when, through the rapid acceleration of science and technology, man has acquired the power to transform his environment in countless ways and on an unprecedented scale. Both aspects of man's environment, the natural and the man-made, are essential to his well-being and to the enjoyment of basic human rights—even the right to life itself.

2. The protection and improvement of the human environment is a major issue which affects the well-being of peoples and economic development throughout the world; it is the urgent desire of the peoples of the whole world and the duty of all Governments.

3. Man has constantly to sum up experience and go on discovering, inventing, creating and advancing. In our time, man's capability to transform his surroundings, if used wisely, can bring to all peoples the benefits of development and the opportunity to enhance the quality of life. Wrongly or heedlessly applied, the same power can do incalculable harm to human beings and the human environment. We see around us growing evidence of man-made harm in many regions of the earth: dangerous levels of pollution in water, air, earth and living beings; major and undesirable disturbances to the ecological balance of the biosphere; destruction and depletion of irreplaceable resources; and gross deficiencies, harmful to the physical, mental and social health of man, in the man-made environment, particularly in the living and working environment.

4. In the developing countries most of the environmental problems are caused by under-development. Millions continue to live far below the minimum levels required for a decent human existence, deprived of adequate food and clothing, shelter and education, health and sani-

tation. Therefore, the developing countries must direct their efforts to development, bearing in mind their priorities and the need to safeguard and improve the environment. For the same purpose, the industrialized countries should make efforts to reduce the gap themselves and the developing countries. In the industrialized countries, environmental problems are generally related to industrialization and technological development.

5. The natural growth of population continuously presents problems for the preservation of the environment, and adequate policies and measures should be adopted, as appropriate, to face these problems. Of all things in the world, people are the most precious. It is the people that propel social progress, create social wealth, develop science and technology and, through their hard work, continuously transform the human environment. Along with social progress and the advance of production, science and technology, the capability of man to improve the environment increases with each passing day.

6. A point has been reached in history when we must shape our actions throughout the world with a more prudent care for their environmental consequences. Through ignorance or indifference we can do massive and irreversible harm to the earthly environment on which our life and well-being depend. Conversely, through fuller knowledge and wiser action, we can achieve for ourselves and our posterity a better life in an environment more in keeping with human needs and hopes. There are broad vistas for the enhancement of environmental quality and the creation of a good life. What is needed is an enthusiastic but calm state of mind and intense but orderly work. For the purpose of attaining freedom in the world of nature, man must use knowledge to build, in collaboration with nature, a better environment. To defend and improve the human environment for present and future generations has become an imperative goal for mankind—a goal to be pursued together with, and in harmony with, the established and fundamental goals of peace and of worldwide economic and social development.

7. To achieve this environmental goal will demand the acceptance of responsibility by citizens and communities and by enterprises and institutions at every level; all sharing equitably in common efforts. Individuals in all walks of life as well as organizations in many fields, by their values and the sum of their actions, will shape the world environment of the future.

Local and national governments will bear the greatest burden for large-scale environmental policy and action within their jurisdictions. International co-operation is also needed in order to raise resources to support the developing countries in carrying out their responsibilities in this field. A growing class of environmental problems, because they are regional or global in extent or because they affect the common international realm, will require extensive co-operation among nations and action by international organizations in the common interest.

The Conference calls upon Governments and peoples to exert common efforts for the preservation and improvement of the human environment, for the benefit of all the people and for their posterity.

Principles

States the common conviction that:

Principle 1

Man has the fundamental right to freedom, equality and adequate conditions of life, in an environment of a quality that permits a life of dignity and well-being, and he bears a solemn responsibility to protect and improve the environment for present and future generations. In this respect, policies promoting or perpetuating apartheid, racial segregation, discrimination, colonial and other forms of oppression and foreign domination stand condemned and must be eliminated.

원칙 1

인간은 품위 있고 행복한 생활을 가능하게 하는 환경 속에서 자유, 평등과 적당한 수준의 생활보건을 향유할 기본적 권리를 가지며, 현 세대 및 다음 세대를 위해 환경을 보호, 개선할 엄숙한 책임을 진다. 이 점에서 인권차별, 인권 분리, 차별대우, 식민정책 및 그 밖의 형태의 억압이나 외국 지배를 영속화하려고 하거나 추구하는 정책은 규탄되어야 하며 배척되어야 한다.

Principle 2

The natural resources of the earth, including the air, water, land, flora and fauna and especially representative samples of natural ecosystems, must be safeguarded for the benefit of present and future generations through careful planning or management, as appropriate.

원칙 2

대기, 물, 토양, 동식물군과 특히 자연생태계의 대표적 표본 종 등을 포함하는 지구상의 천연 자원은 현재 및 장차의 세대를 위하여 세심한 계획, 적절한 관리를 통해 보호되어야 한다.

Stockholm

Principle 3

The capacity of the earth to produce vital renewable resources must be maintained

원칙 3

중요한 재생이 가능한 자원을 생산하는 지구의 능력은 유지되어야 하며, 가능한 한 회복

and, wherever practicable, restored or improved.

또는 개선되어야 한다.

Principle 4

Man has a special responsibility to safeguard and wisely manage the heritage of wildlife and its habitat, which are now gravely imperilled by a combination of adverse factors. Nature conservation, including wildlife, must therefore receive importance in planning for economic development.

원칙 4

인간은 여러 악조건의 복합작용으로 현재 심각한 위기에 처한 야생동물 및 그 서식지를 보호하고 현명하게 관리할 특별한 책임이 있다. 따라서 야생생물을 포함하는 자연의 보존은 경제개발 계획에서 중요한 위치를 정하여야 한다.

Principle 5

The non-renewable resources of the earth must be employed in such a way as to guard against the danger of their future exhaustion and to ensure that benefits from such employment are shared by all mankind.

원칙 5

지구상의 재생이 불가능한 자원은 장래 고갈의 위험에 대처할 수 있는 방법으로 활용되어야 하며 그로부터 얻는 이익은 인류가 공유하여야 한다.

Principle 6

The discharge of toxic substances or of other substances and the release of heat, in such quantities or concentrations as to exceed the capacity of the environment to render them harmless, must be halted in order to ensure that serious or irreversible damage is not inflicted upon ecosystems. The just struggle of the peoples of all countries against pollution should be supported.

원칙 6

환경의 능력을 초과할 정도의 양이나 고농도의 유독 물질 또는 기타 물질의 배출 및 열의 방출은 생태계에 심각하고도 돌이킬 수 없는 피해를 끼치기 않도록 하기 위해서 지양되어야 한다. 모든 국가 국민들의 오염 방지를 위한 정당한 투쟁은 지지를 받아야 한다.

Principle 7

States shall take all possible steps to prevent pollution of the seas by substances

원칙 7

모든 국가들은 인류 건강에 위해를 야기시키고 생물자원과 해양동물에 해독을 끼치며 쾌

that are liable to create hazards to human health, to harm living resources and marine life, to damage amenities or to interfere with other legitimate uses of the sea.

적함을 손상시키거나 그 밖에 다른 해양의 올바른 활용을 방해하는 물질들에 의한 해양 오염을 방지하기 위하여 가능한 모든 조치를 취하지 않으면 안 된다.

Principle 8

Economic and social development is essential for ensuring a favourable living and working environment for man and for creating conditions on earth that are necessary for the improvement of the quality of life.

원칙 8

경제와 사회 개발은 인류의 바람직한 생활 및 노동환경을 유지하기 위하여 불가결한 것이며 또한 생활의 질적 향상에 필요한 제 조건을 지구상에 확보하기 위하여 필수적인 것이다.

Principle 9

Environmental deficiencies generated by the conditions of under-development and natural disasters pose grave problems and can best be remedied by accelerated development through the transfer of substantial quantities of financial and technological assistance as a supplement to the domestic effort of the developing countries and such timely assistance as may be required.

원칙 9

자연의 재해와 저개발상태에서 발생되는 환경상의 결함은 중대한 문제를 제기하고 있으며 이와 같은 결함은 개도국 자체의 국내적인 노력에 대한 보충으로 충실한 재정적, 기술적인 원조제공을 통한 개발의 촉진에 의하여서 가장 잘 시정될 수 있으며 또 이러한 시의 적절한 원조가 필요할 것이다.

Principle 10

For the developing countries, stability of prices and adequate earnings for primary commodities and raw materials are essential to environmental management since economic factors as well as ecological processes must be taken into account.

원칙 10

개도국들을 위해서는 경제적 요소와 생태계학적 과정을 고려하지 않으면 안 되는 까닭에 물가 안정과 일차 생산품 및 원료를 구입할 수 있는 적정 수입이 환경 관리를 위해 필요 불가결하다.

Principle 11

The environmental policies of all States should enhance and not adversely affect

원칙 11

모든 국가의 환경대책은 개발도상국의 현재와 장래의 개발의 가능성을 향상시키는 것이

the present or future development potential of developing countries, nor should they hamper the attainment of better living conditions for all, and appropriate steps should be taken by States and international organizations with a view to reaching agreement on meeting the possible national and international economic consequences resulting from the application of environmental measures.

어야 되며 결코 이에 악영향을 미치거나 모든 사람의 보다 나은 생활 조건의 달성을 방해하여서는 안 된다. 또한 국가 및 국제기구는 환경조치를 적용함으로서 나타날 국내 및 국가 간의 경제적 영향에 대처한 합의에 도달하기 위하여 적당한 조치를 취하지 않으면 안 된다.

Principle 12

Resources should be made available to preserve and improve the environment, taking into account the circumstances and particular requirements of developing countries and any costs which may emanate from their incorporating environmental safeguards into their development planning and the need for making available to them, upon their request, additional international technical and financial assistance for this purpose.

원칙 12

모든 자원은 개도국의 사정과 특수한 필요성 그리고 그들의 개발 계획에 환경 보호조치를 융합시킴으로서 발생되는 비용을 고려에 넣고 환경 보호와 향상을 위해서 제공되어야 하고 또 이 목적을 위하여 개도국의 요구한다면 추가적인 기술과 재정상의 국제원조를 제공할 필요가 있다.

Principle 13

Stockholm

In order to achieve a more rational management of resources and thus to improve the environment, States should adopt an integrated and co-ordinated approach to their development planning so as to ensure that development is compatible with the need to protect and improve environment for the benefit of their population.

원칙 13

보다 합리적인 자원의 관리와 이로 인한 환경의 향상을 기하여 위하여 모든 국가는 그들의 개발계획에 종합적이고 조정된 시책을 적용함으로서 그들 국민의 이익을 위하여 개발과 인간 환경의 보호 및 개선의 필요성간에는 모순됨이 없다는 것을 확실히 하지 않으면 안 된다.

Principle 14

Rational planning constitutes an essential

원칙 14

합리적인 계획은 개발의 필요성과 환경 보호

tool for reconciling any conflict between the needs of development and the need to protect and improve the environment.

및 개선의 필요성간에 모순을 조정하기 위하여 필요 불가결한 수단이다.

Principle 15

Planning must be applied to human settlements and urbanization with a view to avoiding adverse effects on the environment and obtaining maximum social, economic and environmental benefits for all. In this respect, projects which are designed for colonialist and racist domination must be abandoned.

원칙 15

환경에 미치는 악영향을 피하고 모든 국민의 사회적, 경제적 및 환경상의 이익을 최대한 확보하기 위하여 인간 거주 및 도시 계획이 적용되지 않으면 안 된다. 이 점에 있어서 식민주의 및 인권 차별주의를 위해서 계획된 시도는 포기되어야 한다.

Principle 16

Demographic policies which are without prejudice to basic human rights and which are deemed appropriate by Governments concerned should be applied in those regions where the rate of population growth or excessive population concentrations are likely to have adverse effects on the environment of the human environment and impede development.

원칙 16

인구증가율이나 인구과밀화로 인하여 환경상 및 개발에 악영향을 미칠 지역 또는 인구의 감소로 인간 환경의 향상과 개발에 장애를 가져오는 지역들에서는 기본적 인권을 치매한다는 일이 없이 관계 정부에 의해서 적당하다고 인정되는 인구정책이 실시되어야 한다.

Principle 17

Appropriate national institutions must be entrusted with the task of planning, managing or controlling the environmental resources of States with a view to enhancing environmental quality.

원칙 17

환경의 질을 향상시키기 위해 국가의 환경자원을 계획, 관리 또는 규제하는 임무가 그 국가의 적당한 기관에 부과되어야 한다.

Principle 18

Science and technology, as part of their contribution to economic and social devel-

원칙 18

과학과 기술은 경제 및 사회 발전에 공헌함에 있어 환경에 대한 위해를 파악, 회피, 규

opment, must be applied to the identification, avoidance and control of environmental risks and the solution of environmental problems and for the common good of mankind.

제하며, 환경문제 해결과 인류 공동선을 추구하기 위하여 응용되어야만 한다.

Principle 19

Education in environmental matters, for the younger generation as well as adults, giving due consideration to the underprivileged, is essential in order to broaden the basis for an enlightened opinion and responsible conduct by individuals, enterprises and communities in protecting and improving the environment in its full human dimension. It is also essential that mass media of communications avoid contributing to the deterioration of the environment, but, on the contrary, disseminate information of an educational nature on the need to protect and improve the environment in order to enable man to develop in every respect.

원칙 19

환경문제에 대한 교육, 젊은 세대와 함께 성인층을 대상으로 특히 사회의 하류층에 충분한 배려를 하여야 하는 교육은 환경을 완전한 인류의 차원에서 보호 개선함에 있어 개인 기업 및 지역사회가 취해야 할 책임있는 행동과 계몽된 여론의 기반을 확대함에 필요 불가결하다. 통신의 대중수단이 환경악화에 원인이 됨을 피하고 반면에 모든 면에서 인류발전이 가능토록 하기 위하여 환경을 개선하고 보호하는 필요성에서 교육의 성격을 지닌 정보를 전파함이 또한 필요 불가결하다.

Principle 20

Scientific research and development in the context of environmental problems, both national and multinational, must be promoted in all countries, especially the developing countries. In this connexion, the free flow of up−to−date scientific information and transfer of experience must be supported and assisted, to facilitate the solution of environmental problems; environmental technologies should be made available to developing countries on terms which would encourage their wide dissemination without

원칙 20

환경문제에 관한 국가 내 또는 다국가 간의 과학적 연구 개발은 모든 국가에서 장려되어야 하며 특히 개발도상국가에서는 더욱 그러하다. 최신 과학지식, 경험의 자유로운 전파는 환경문제 해결을 용이하게 하기 위하여 지원 및 협조가 있어야 하며 환경에 관한 기술은 개도국에서 경제적 부담 없이 광범하게 보급되는 조건으로 활용할 수 있어야 한다.

constituting an economic burden on the developing countries.

Principle 21

States have, in accordance with the Charter of the United Nations and the principles of international law, the sovereign right to exploit their own resources pursuant to their own environmental policies, and the responsibility to ensure that activities within their jurisdiction or control do not cause damage to the environment of other States or of areas beyond the limits of national jurisdiction.

원칙 21

모든 국가는 국제연합 헌장 및 국제법의 원칙에 의해 자국의 자원을 그 환경정책에 따라 개발할 주권을 보유함과 동시에 자국의 관할권 내의 활동이나 규제가 타국의 환경이나 자국 관할권 외의 지역에 피해를 야기시키는 일이 없도록 할 책임이 있다.

Principle 22

States shall co-operate to develop further the international law regarding liability and compensation for the victims of pollution and other environmental damage caused by activities within the jurisdiction or control of such States to areas beyond their jurisdiction.

원칙 22

모든 국가는 자국의 관할권 및 규제권이 미치는 범위 내에서의 활동이 자국 관할권 내의 지역에 미친 오염 기타 환경 피해의 희생자들에 대한 책임 및 보상에 관한 국제성을 보다 진전시키도록 협력하지 않으면 안 된다.

Principle 23

Without prejudice to such criteria as may be agreed upon by the international community, or to standards which will have to be determined nationally, it will be essential in all cases to consider the systems of values prevailing in each country, and the extent of the applicability of standards which are valid for the most advanced countries but which maybe inappropriate and of unwarranted social cost for the developing countries.

원칙 23

장차 국제사회에서 합의가 이루어질 수 있는 환경기준 또는 국가 별로 결정되어야 할 일반기준에 구애함이 없이 현재 각 국에서 지배적인 가치체계를 고려하고, 또한 선진국에서는 유효하지만 개도국에서는 부적합하거나 부당한 사회적 비용이 될 수 있는 여러 가지 기준을 어느 정도까지 적용할 수 있는가를 항상 고려하는 것이 필요하다.

Principle 24

International matters concerning the protection and improvement of the environment should be handled in a co-operative spirit by all countries, big and small, on an equal footing. Co-operation through multilateral or bilateral arrangements or other appropriate means is essential to effectively control, prevent, reduce and eliminate adverse environmental effects resulting from activities conducted in all spheres, in such a way that due account is taken of the sovereignty and interests of all States.

원칙 24

환경보존 및 개선에 관한 국제문제는 대소를 막론하고 모든 국가가 평등한 입장에 입각한 협조정신으로 다루어야만 한다. 양국 간 또는 다국 간의 조정 기타 적절한 조치를 통한 협조는 세계 각처에서 행해진 활동으로 초래된 환경에 대한 악영향을 방지, 제거, 감소시키거나 효과적으로 규제하기 위하여 필요 불가결하다. 이와 같은 협조에는 모든 국가의 주권과 이익을 충분히 고려하여야 한다.

Principle 25

States shall ensure that international organizations play a co-ordinated, efficient and dynamic role for the protection and improvement of the environment.

원칙 25

각 국은 국제기구가 환경보호와 개선을 위하여 협조적이고 능률적이며 또한 강력한 역할을 할 수 있도록 보장하여야 한다.

Principle 26

Man and his environment must be spared the effects of nuclear weapons and all other means of mass destruction. States must strive to reach prompt agreement, in the relevant international organs, on the elimination and complete destruction of such weapons.

원칙 26

인간과 그의 환경은 핵무기의 영향과 다른 모든 대량 파괴의 수단으로부터 구제되어야 한다. 모든 국가는 국제기구의 테두리 내에서 그러한 무기의 제거와 완전파괴에 신속한 합의가 이루어지도록 노력하지 않으면 안 된다.

17. The Rio Declaration on Environment and Development (1992)

17. 환경과 개발에 관한 리우선언

Date : 14 June 1992
Link : www.un.org/documents

PREAMBLE

전 문

The United Nations Conference on Environment and Development, Having met at Rio de Janeiro from 3 to 14 June 1992,

유엔환경개발회의가 1992년 6월 3일-14일간 리우데자네이로에서 개최되었으며;

Reaffirming the Declaration of the United Nations Conference on the Human Environment, adopted at Stockholm on 16 June 1972, a/and seeking to build upon it,

1972년 스톡홀름에서 채택된 'UN 인간환경회의선언'을 재확인하고 이를 더욱 확고히 할 것을 추구하여;

With the goal of establishing a new and equitable global partnership through the creation of new levels of cooperation among States, key sectors of societies and people,

모든 국가와 사회의 주요 분야, 그리고 모든 사람들 사이의 새로운 차원의 협력을 창조함으로써 새롭고 공평한 범세계적 동반자 관계를 수립할 목적으로;

Working towards international agreements which respect the interests of all and protect the integrity of the global environmental and developmental system,

모두의 이익을 존중하고 또한 지구의 환경 및 개발체제의 통합성을 보호하기 위한 국제협정체결을 위하여 노력하며;

Recognizing the integral and interdependent nature of the Earth, our home,

우리들의 삶의 터전인 지구의 통합적이며 상호의존적인 성격을 인식하면서;

Proclaims that:

다음과 같이 선언한다:

Principle 1

원칙 1

Human beings are at the centre of concerns for sustainable development. They are en-

인간을 중심으로 지속가능한 개발이 논의되어야 한다. 인간은 자연과 조화를 이룬 건강

titled to a healthy and productive life in harmony with nature.

하고 생산적인 삶을 향유하여야 한다.

Principle 2

States have, in accordance with the Charter of the United Nations and the principles of international law, the sovereign right to exploit their own resources pursuant to their own environmental and developmental policies, and the responsibility to ensure that activities within their jurisdiction or control do not cause damage to the environment of other States or of areas beyond the limits of national jurisdiction.

원칙 2

각 국가는 유엔헌장과 국제법 원칙에 조화를 이루면서 자국의 환경 및 개발정책에 따라 자국의 자원을 개발할 수 있는 주권적 권리를 갖고 있으며 자국의 관리구역 또한 통제범위 내에서의 활동이 다른 국가나 관할범위 외부지역의 환경에 피해를 끼치지 않도록 할 책임을 갖고 있다.

Principle 3

The right to development must be fulfilled so as to equitably meet developmental and environmental needs of present and future generations.

원칙 3

개발의 권리는 개발과 환경에 대한 현세대와 미래세대의 요구를 공평하게 충족할 수 있도록 실현되어야 한다.

Principle 4

In order to achieve sustainable development, environmental protection shall constitute an integral part of the development process and cannot be considered in isolation from it.

원칙 4

지속가능한 개발을 성취하기 위하여 환경보호는 개발과정의 중요한 일부를 구성하며 개발과정과 분리시켜 고려되어서는 안 된다.

Principle 5

All States and all people shall cooperate in the essential task of eradicating poverty as an indispensable requirement for sustainable development, in order to decrease the disparities in standards of living and better meet the needs of the majority of the people of the world.

원칙 5

모든 국가와 국민은 생활수준의 격차를 줄이고 세계 대다수의 사람들의 기본수요를 충족시키기 위하여 지속가능한 개발의 필수요건인 빈곤의 퇴치라는 중대한 과업을 위해 협력하여야 한다.

Principle 6

The special situation and needs of developing countries, particularly the least developed and those most environmentally vulnerable, shall be given special priority. International actions in the field of environment and development should also address the interests and needs of all countries.

원칙 6

개발도상국, 특히 최빈개도국과 환경적으로 침해받기 쉬운 개도국의 특수상황과 환경보전의 필요성은 특별히 우선적으로 고려의 대상이 되어야 한다. 또한 환경과 개발 분야에 있어서의 국제적 활동은 모든 나라의 이익과 요구를 반영하여야 한다.

Principle 7

States shall cooperate in a spirit of global partnership to conserve, protect and restore the health and integrity of the Earth's ecosystem. In view of the different contributions to global environmental degradation, States have common but differentiated responsibilities. The developed countries acknowledge the responsibility that they bear in the international pursuit of sustainable development in view of the pressures their societies place on the global environment and of the technologies and financial resources they command.

원칙 7

각 국가는 지구생태계의 건강과 안전성을 보존, 보호 및 회복시키기 위하여 범세계적 동반자의 정신으로 협력하여야 함. 지구의 환경악화에 대한 제각기 다른 책임을 고려하여, 각 국가는 공동의 그러나 차이가 나는 책임을 가진다. 선진국들은 그들이 지구환경에 끼친 영향과 그들이 소유하고 있는 기술 및 재정적 자원을 고려하여 지속가능한 개발을 추구하기 위한 국제적 노력에 있어서 분담하여야 할 책임을 인식한다.

Principle 8

To achieve sustainable development and a higher quality of life for all people, States should reduce and eliminate unsustainable patterns of production and consumption and promote appropriate demographic policies.

원칙 8

지속가능한 개발과 모든 사람의 보다 나은 생활의 질을 추구하기 위하여 각 국가는 지속불가능한 생산과 소비 패턴을 줄이고 제거하여야 하며 적절한 인구정책을 촉진하여야 한다.

리우선언

Principle 9

States should cooperate to strengthen endogenous capacity-building for sustainable

원칙 9

각 국가는 과학적, 기술적 지식의 교환을 통하여 과학적 이해를 향상시키고 새롭고 혁신

development by improving scientific understanding through exchanges of scientific and technological knowledge, and by enhancing the development, adaptation, diffusion and transfer of technologies, includeing new and innovative technologies.

적인 기술을 포함한 기술의 개발, 적용, 존속, 전파 그리고 이전을 증진시킴으로써 지속가능한 개발을 위한 내재적 능력을 형성, 강화하도록 협력하여야 한다.

Principle 10

Environmental issues are best handled with the participation of all concerned citizens, at the relevant level. At the national level, each individual shall have appropriate access to information concerning the environment that is held by public authorities, including information on hazardous materials and activities in their communities, and the opportunity to participate in decision-making processes. States shall facilitate and encourage public awareness and participation by making information widely available. Effective access to judicial and administrative proceedings, including redress and remedy, shall be provided.

원칙 10

환경문제는 적절한 수준의 모든 관계 시민들의 참여가 있을 때 가장 효과적으로 다루어진다. 국가차원에서 각 개인은 지역사회에서의 유해물질과 처리에 관한 정보를 포함하여 공공기관이 가지고 있는 환경정보에 적절히 접근하고 의사결정과정에 참여할 수 있는 기회를 부여받아야 한다. 각 국가는 정보를 광범위하게 제공함으로써 공동의 인식과 참여를 촉진하고 증진시켜야 한다. 피해의 구제와 배상 등 사법 및 행정적 절차에 효과적으로 접근할 수 있어야 한다.

Principle 11

States shall enact effective environmental legislation. Environmental standards, management objectives and priorities should reflect the environmental and developmental context to which they apply. Standards applied by some countries may be inappropriate and of unwarranted economic and social cost to other countries, in particular developing countries.

원칙 11

각 국가는 효과적인 환경법칙을 규정하여야 한다. 환경기준, 관리목적, 그리고 우선순위는 이들이 적용되는 환경과 개발의 정황이 반영되어야 한다. 어느 한 국가에서 채택된 기준은 다른 국가, 특히 개도국에게 부적당하거나 지나치게 경제·사회적 비용을 초래할 수도 있다.

리우선언

Principle 12

States should cooperate to promote a sup-

원칙 12

각 국가는 환경악화문제에 적절히 대처하기

portive and open international economic system that would lead to economic growth and sustainable development in all countries, to better address the problems of environmental degradation. Trade policy measures for environmental purposes should not constitute a means of arbitrary or unjustifiable discrimination or a disguised restriction on international trade. Unilateral actions to deal with environmental challenges outside the jurisdiction of the importing country should be avoided. Environmental measures addressing transboundary or global environmental problems should, as far as possible, be based on an international consensus.

위하여, 모든 국가의 경제성장과 지속가능한 개발을 도모함에 있어 도움이 되고 개방적인 국제경제체제를 증진시키도록 협력하여야 한다. 환경적 목적을 위한 무역정책수단은 국제무역에 대하여 자의적 또는 부당한 차별적 조치나 위장된 제한을 포함해서는 안 된다. 수입국 관할지역 밖의 환경적 문제에 대응하기 위한 일방적 조치는 회피되어야 한다. 국경을 초월하거나 지구적 차원의 환경문제에 대처하는 환경적 조치는 가능한 한 국제적 합의에 기초하여야 한다.

Principle 13

States shall develop national law regarding liability and compensation for the victims of pollution and other environmental damage. States shall also cooperate in an expeditious and more determined manner to develop further international law regarding liability and compensation for adverse effects of environmental damage caused by activities within their jurisdiction or control to areas beyond their jurisdiction.

원칙 13

각 국가는 환경오염이나 기타 환경위해의 피해자에 대한 책임과 배상에 관한 국제법을 발전시켜야 한다. 각 국가는 자국의 관할권 또는 통제지역 내에서의 활동이 자국의 관리범위 이외 지역에 초래한 악영향에 대한 책임과 배상에 관한 국제법을 보다 발전시키기 위하여 신속하고 확실한 방법으로 협력하여야 한다.

Principle 14

States should effectively cooperate to discourage or prevent the relocation and transfer to other States of any activities and substances that cause severe environmental degradation or are found to be harmful to human health.

원칙 14

각 국가는 환경악화를 심각하게 초래하거나 인간의 건강에 위해한 것으로 밝혀진 활동이나 물질을 다른 국가로 재배치 또는 이전하는 것을 억제하거나 예방하기 위하여 효율적으로 협력하여야 한다.

Principle 15

In order to protect the environment, the precautionary approach shall be widely applied by States according to their capabilities. Where there are threats of serious or irreversible damage, lack of full scientific certainty shall not be used as a reason for postponing cost-effective measures to prevent environmental degradation.

원칙 15

환경을 보호하기 이하여 각 국가의 능력에 따라 예방적 조치가 널리 실시되어야 한다. 심각한 또는 회복 불가능한 피해의 우려가 있을 경우, 과학적 불확실성이 환경악화를 지양하기 위한 비용/효과적인 조치를 지연시키는 구실로 이용되어서는 안 된다.

Principle 16

National authorities should endeavour to promote the internalization of environmental costs and the use of economic instruments, taking into account the approach that the polluter should, in principle, bear the cost of pollution, with due regard to the public interest and without distorting international trade and investment.

원칙 16

국가 당국은 오염자가 원칙적으로 오염의 비용을 부담하여야 한다는 원칙을 고려하여 환경비용의 내부화와 경제적 수단의 이용을 증진시키도록 노력하여야 한다. 이에 있어서 공공이익을 적절히 고려하여야 하며 국제무역과 투자를 왜곡시키지 않아야 한다.

Principle 17

Environmental impact assessment, as a national instrument, shall be undertaken for proposed activities that are likely to have a significant adverse impact on the environment and are subject to a decision of a competent national authority.

원칙 17

환경에 심각한 악영향을 초래할 가능성이 있으며 관할 국가당국의 의사결정을 필요로 하는 사업계획에 대하여 환경영향평가가 국가적 제도로서 실시되어야 한다.

Principle 18

States shall immediately notify other States of any natural disasters or other emergencies that are likely to produce sudden harmful effects on the environment of those States. Every effort shall be made by the international community to help States so afflicted.

원칙 18

각 국가는 다른 국가의 환경에 급격한 위해를 초래할 수 있는 어떠한 자연재해나 기타의 긴급사태를 상대방 국가에 즉시 통고해야 한다. 국제사회는 이러한 피해를 입은 국가를 돕기 위하여 모든 노력을 기울여야 한다.

Principle 19

States shall provide prior and timely notification and relevant information to potentially affected States on activities that may have a significant adverse transboundary environmental effect and shall consult with those States at an early stage and in good faith.

원칙 19

각 국가는 국경을 넘어서 환경에 심각한 악영향을 초래할 수 있는 활동에 대하여 피해가 예상되는 국가에게 시기적절한 사전 통고 및 관련 정보를 제공하여야 하며 초기단계에서 성실하게 이들 국가와 협의하여야 한다.

Principle 20

Women have a vital role in environmental management and development. Their full participation is therefore essential to achieve sustainable development.

원칙 20

여성은 환경관리 및 개발에 있어서 중대한 역할을 수행한다. 따라서 지속가능한 개발을 달성하기 위해서는 그들의 적극적인 참여가 필수적이다.

Principle 21

The creativity, ideals and courage of the youth of the world should be mobilized to forge a global partnership in order to achieve sustainable development and ensure a better future for all.

원칙 21

지속가능한 개발을 성취하고 모두의 밝은 미래를 보장하기 위하여 전 세계 청년들의 독창성, 이상, 그리고 용기가 결집되어 범세계적 동반자 관계가 구축되어야 한다.

Principle 22

Indigenous people and their communities and other local communities have a vital role in environmental management and development because of their knowledge and traditional practices. States should recognize and duly support their identity, culture and interests and enable their effective participation in the achievement of sustainable development.

원칙 22

토착민과 그들의 사회, 그리고 기타의 지역사회는 그들의 지식과 전통적 관행으로 인하여 환경관리와 개발에 있어서 중요한 역할을 수행한다. 각 국가는 그들의 존재와 문화 및 이익을 인정하고 적절히 지지하여야 하며, 또한 지속가능한 개발을 성취하기 위하여 그들의 효과적인 참여가 가능하도록 하여야 한다.

Principle 23

The environment and natural resources of

원칙 23

압제, 지배 및 점령 하에 있는 국민의 환경과

people under oppression, domination and occupation shall be protected.

자연자원은 보호되어야 한다.

Principle 24

Warfare is inherently destructive of sustainable development. tates shall therefore respect international law providing protection for the environment in times of armed conflict and cooperate in its further development, as necessary.

원칙 24

전쟁은 본질적으로 지속가능한 개발을 파괴한다. 따라서 각 국가는 무력 분쟁시 환경의 보호를 규정하는 국제법을 존중하여야 하며 필요한 경우에는 이의 발전을 위하여 협력하여야 한다.

Principle 25

Peace, development and environmental protection are interdependent and indivisible.

원칙 25

평화, 발전, 환경보호는 상호의존적이며 불가분의 관계에 있다.

Principle 26

States shall resolve all their environmental disputes peacefully and by appropriate means in accordance with the Charter of the United Nations.

원칙 26

국가는 그들의 환경 분쟁을 유엔헌장에 따라 평화적으로 또한 적절한 방법으로 해결하여야 한다.

Principle 27

States and people shall cooperate in good faith and in a spirit of partnership in the fulfilment of the principles embodied in this Declaration and in the further development of international law in the field of sustainable development.

원칙 27

각 국가와 국민들은 이 선언에 구현된 원칙을 준수하고 지속가능한 개발 분야에 있어서의 관련 국제법을 한층 발전시키기 위하여 성실하고 동반자적 정신으로 협력하여야 한다.

18. United Nations Framework Convention on Climate Change (1992)

18. 기후변화에 관한 국제연합 기본협약

Date : 9 May 1992
In force : 21 March 1994
States Party : 197
Korea : 21 March 1994 (조약 제1213호)
Link : www.unfccc.int

The Parties to this Convention,

이 협약의 당사자는,

Acknowledging that change in the Earth's climate and its adverse effects are a common concern of humankind, Concerned that human activities have been substantially increasing the atmospheric concentrations of greenhouse gases, that these increases enhance the natural greenhouse effect, and that this will result on average in an additional warming of the Earth's surface and atmosphere and may adversely affect natural ecosystems and humankind,

지구의 기후변화와 이로 인한 부정적 효과가 인류의 공통 관심사임을 인정하고, 인간활동이 대기중의 온실가스 농도를 현저히 증가시켜 왔으며, 이로 인해 자연적 온실효과가 증대되고 이것이 평균적으로 지구표면 및 대기를 추가적으로 온난화시켜 자연생태계와 인류에게 부정적 영향을 미칠 수 있음을 우려하며,

Noting that the largest share of historical and current global emissions of greenhouse gases has originated in developed countries, that per capita emissions in developing countries are still relatively low and that the share of global emissions originating in developing countries will grow to meet their social and development needs,

과거와 현재의 지구전체 온실가스의 큰 부분이 선진국에서 배출되었다는 것과 개발도상국의 1인당 배출량은 아직 비교적 적으나 지구전체의 배출에서 차지하는 개발도상국의 배출비율이 그들의 사회적 및 개발의 요구를 충족시키기 위하여 증가할 것임을 주목하고,

기후변화

Aware of the role and importance in terrestrial and marine ecosystems of sinks and reservoirs of greenhouse gases,

육지와 해양 생태계에서 온실가스의 흡수원과 저장소가 하는 역할과 중요성을 인식하며,

Noting that there are many uncertainties in predictions of climate change, particul-

기후변화에 대한 예측, 특히 그 시기·규모 및 지역적 양태에 대한 예측에 불확실성이

arly with regard to the timing, magnitude and regional patterns thereof,

많음을 주목하고,

Acknowledging that the global nature of climate change calls for the widest possible cooperation by all countries and their participation in an effective and appropriate international response, in accordance with their common but differentiated responsibilities and respective capabilities and their social and economic conditions,

기후변화의 세계적 성격에 대응하기 위하여는 모든 국가가 그들의 공통적이면서도 그 정도에 차이가 나는 책임, 각각의 능력 및 사회적·경제적 여건에 따라 가능한 모든 협력을 다하여 효과적이고 적절한 국제적 대응에 참여하는 것이 필요함을 인정하며,

Recalling the pertinent provisions of the Declaration of the United Nations Conference on the Human Environment, adopted at Stockholm on 16 June 1972,

1972년 6월 16일 스톡홀름에서 채택된 국제연합인간환경회의 선언의 관련규정을 상기하고,

Recalling also that States have, in accordance with the Charter of the United Nations and the principles of international law, the sovereign right to exploit their own resources pursuant to their own environmental and developmental policies, and the responsibility to ensure that activities within their jurisdiction or control do not cause damage to the environment of other States or of areas beyond the limits of national jurisdiction,

국가는 국제연합헌장과 국제법의 원칙에 따라 고유의 환경정책과 개발정책에 입각하여 자기나라의 자원을 개발할 주권적 권리를 가지며, 자기나라의 관할 혹은 통제지역 안의 활동 때문에 다른 국가나 관할권 이원지역의 환경에 피해가 발생하지 아니하도록 보장할 책임이 있음을 또한 상기하며,

Reaffirming the principle of sovereignty of States in international cooperation to address climate change,

기후변화에 대응하기 위한 국제협력에 있어서 국가주권원칙을 재확인하고,

Recognizing that States should enact effective environmental legislation, that environmental standards, management objectives and priorities should reflect the environmental and developmental context to which they apply, and that standards applied by some countries may be inappropriate

국가는 효과적인 환경법령을 제정하여야 하며, 환경기준과 관리의 목적 및 우선순위는 이들이 적용되는 환경 및 개발상황을 반영하여야 하며, 어떠한 국가에 의하여 적용된 기준이 다른 국가, 특히 개발도상국에 대해서는 부적절하며 또한 부당한 경제적·사회적 비용을 유발할 수도 있다는 것을 인식하며,

and of unwarranted economic and social cost to other countries, in particular developing countries,

Recalling the provisions of General Assembly resolution 44/228 of 22 December 1989 on the United Nations Conference on Environment and Development, and resolutions 43/53 of 6 December 1988, 44/207 of 22 December 1989, 45/212 of 21 December 1990 and 46/169 of 19 December 1991 on protection of global climate for present and future generations of mankind,

국제연합 환경개발회의에 관한 1989년 12월 22일 총회 결의 44/228호, 인류의 현재 및 미래 세대를 위한 지구기후의 보호에 관한 1988년 12월 6일 결의 43/53호, 1989년 12월 22일 결의 44/207호, 1990년 12월 21일 결의 45/212호 및 1991년 12월 19일 결의 46/169호의 규정을 상기하고,

Recalling also the provisions of General Assembly resolution 44/206 of 22 December 1989 on the possible adverse effects of sea-level rise on islands and coastal areas, particularly low-lying coastal areas and the pertinent provisions of General Assembly resolution 44/172 of 19 December 1989 on the implementation of the Plan of Action to Combat Desertification,

해수면 상승이 도서 및 해안지역, 특히 저지대 해안지역에 가져올 수 있는 부정적 효과에 관한 1989년 12월 22일 총회결의 44/206호의 규정과 사막화 방지 실천계획의 이행에 관한 1989년 12월 19일의 총회결의 44/172호의 관련규정을 또한 상기하며,

Recalling further the Vienna Convention for the Protection of the Ozone Layer, 1985, and the Montreal Protocol on Substances that Deplete the Ozone Layer, 1987, as adjusted and amended on 29 June 1990,

1985년의 오존층보호를위한비엔나협약, 1990년 6월 29일에 개정된 1987년의 오존층파괴물질에관한몬트리올의정서를 또한 상기하고,

Noting the Ministerial Declaration of the Second World Climate Conference adopted on 7 November 1990,

1990년 11월 7일 채택된 제2차 세계기후회의 각료선언을 주목하며,

Conscious of the valuable analytical work being conducted by many States on climate change and of the important contributions of the World Meteorological Organization, the United Nations Environment Programme

많은 국가가 행한 기후변화에 관한 귀중한 분석작업과 세계기상기구·국제연합환경계획 및 국제연합체제 안의 그 밖의 기구들, 그리고 그 밖의 국제적 및 정부간 기구가 과학연구결과의 교환과 연구의 조정에서 이룩한 중

and other organs, organizations and bodies of the United Nations system, as well as other international and intergovernmental bodies, to the exchange of results of scientific research and the coordination of research,

요한 기여를 의식하고,

Recognizing that steps required to understand and address climate change will be environmentally, socially and economically most effective if they are based on relevant scientific, technical and economic considerations and continually re-evaluated in the light of new findings in these areas,

기후변화를 이해하고 이에 대응하기 위하여 필요한 조치는 관련 과학적·기술적 및 경제적 고려에 바탕을 두고 이러한 분야의 새로운 발견에 비추어 계속적으로 재평가될 경우에 환경적·사회적 및 경제적으로 가장 효과적이라는 것을 인식하며,

Recognizing that various actions to address climate change can be justified economically in their own right and can also help in solving other environmental problems,

기후변화에 대응하기 위한 다양한 조치는 그 자체만으로도 경제적으로 정당화될 수 있으며, 또한 그 밖의 환경문제를 해결하는 데 도움을 줄 수 있음을 인식하고,

Recognizing also the need for developed countries to take immediate action in a flexible manner on the basis of clear priorities, as a first step towards comprehensive response strategies at the global, national and, where agreed, regional levels that take into account all greenhouse gases, with due consideration of their relative contributions to the enhancement of the greenhouse effect,

선진국이 온실효과의 증대에 대한 자기나라의 상대적 책임을 정당히 고려하여 세계적·국가적 그리고 합의되는 경우 지역적 차원에서의 모든 온실가스에 대한 종합대응전략의 첫 단계로서 명확한 우선순위에 입각하여 신축성 있게 신속한 조치를 취할 필요성을 또한 인식하며,

Recognizing further that low-lying and other small island countries, countries with low-lying coastal, arid and semiarid areas or areas liable to floods, drought and desertification, and developing countries with fragile mountainous ecosystems are particularly vulnerable to the adverse effects of climate change,

저지대 국가 및 군소 도서국가, 저지대 연안지역·건조지역·반건조지역 또는 홍수·가뭄 및 사막화에 취약한 지역을 가지고 있는 국가, 그리고 연약한 산악생태계를 가지고 있는 개발도상국이 특별히 기후변화의 부정적 효과에 취약하다는 것을 또한 인식하고,

Recognizing the special difficulties of those countries, especially developing countries,

그 경제가 특별히 화석연료의 생산·사용 및 수출에 의존하고 있는 국가, 특히 개발도상국

whose economies are particularly dependent on fossil fuel production, use and exportation, as a consequence of action taken on limiting greenhouse gas emissions,

이 온실가스 배출을 제한하기 위하여 취한 조치로 인해 겪을 특별한 어려움을 인식하며,

Affirming that responses to climate change should be coordinated with social and economic development in an integrated manner with a view to avoiding adverse impacts on he latter, taking into full account the legitimate priority needs of developing countries for the achievement of sustained economic growth and the eradication of poverty,

기후변화에 대한 대응은 사회적 및 경제적 발전에 대한 부정적인 영향을 피하기 위하여, 특히 개발도상국의 지속적인 경제성장 달성과 빈곤퇴치를 위한 정당하고 우선적인 요구를 충분히 고려하여 사회적 및 경제적 발전과 통합적인 방식으로 조정되어야 한다는 것을 확인하고,

Recognizing that all countries, especially developing countries, need access to resources required to achieve sustainable social and economic development and that, in order for developing countries to progress towards that goal, their energy consumption will need to grow taking into account the possibilities for achieving greater energy efficiency and for controlling greenhouse gas emissions in general, including through the application of new technologies on terms which make such an application economically and socially beneficial,

모든 국가, 특히 개발도상국은 지속가능한 사회적 및 경제적 발전을 달성하는 데 필요한 자원에의 접근을 필요로 하며, 개발도상국이 이러한 목적을 달성하기 위해서는, 경제적 및 사회적으로 유리한 조건의 신기술의 적용 등을 통하여 더 높은 에너지 효율성을 달성하고 온실가스 배출량을 전반적으로 통제할 수 있으리라는 가능성을 고려하는 한편, 개발도상국의 에너지 소비가 증가할 필요가 있을 것임을 인식하며,

Determined to protect the climate system for present and future generations,

현재와 미래의 세대를 위하여 기후체계를 보호할 것을 결의하여,

Have agreed as follows:

다음과 같이 합의하였다.

Article 1
Definitions

제 1 조
정 의

For the purposes of this Convention:

이 협약의 목적상,

1. "Adverse effects of climate change"

1. "기후변화의 부정적 효과"라 함은 기후변

means changes in the physical environment or biota resulting from climate change which have significant deleterious effects on the composition, resilience or productivity of natural and managed ecosystems or on the operation of socio-economic systems or on human health and welfare.

화에 기인한 물리적 환경 또는 생물상의 변화로서 자연적 생태계 및 관리되는 생태계의 구성·회복력 또는 생산성, 사회경제체제의 운용 또는 인간의 건강과 복지에 대하여 현저히 해로운 효과를 야기하는 것을 말한다.

2. "Climate change" means a change of climate which is attributed directly or indirectly to human activity that alters the composition of the global atmosphere and which is in addition to natural climate variability observed over comparable time periods.

2. "기후변화"라 함은 인간활동에 직접 또는 간접으로 기인하여 지구대기의 구성을 변화시키는 상당한 기간 동안 관측된 자연적 기후 가변성에 추가하여 일어나는 기후의 변화를 말한다.

3. "Climate system" means the totality of the atmosphere, hydrosphere, biosphere and geosphere and their interactions.

3. "기후체계"라 함은 대기권, 수권, 생물권과 지리권 그리고 이들의 상호작용의 총체를 말한다.

4. "Emissions" means the release of greenhouse gases and/or their precursors into the atmosphere over a specified area and period of time.

4. "배출"이라 함은 특정지역에 특정기간 동안 온실가스 및/또는 그 전구물질을 대기중으로 방출하는 것을 말한다.

5. "Greenhouse gases" means those gaseous constituents of the atmosphere, both natural and anthropogenic, that absorb and re-emit infrared radiation.

5. "온실가스"라 함은 적외선을 흡수하여 재방출하는 천연 및 인공의 기체성의 대기구성물을 말한다.

6. "Regional economic integration organization" means an organization constituted by sovereign States of a given region which has competence in respect of matters governed by this Convention or its protocols and has been duly authorized, in accordance with its internal procedures, to sign, ratify, accept, approve or accede to the instruments concerned.

6. "지역경제통합기구"라 함은 이 협약 및 부속의정서가 규율하는 사항에 관하여 권한을 가지며, 또한 내부절차에 따라 정당하게 권한을 위임받아 관련문서에 서명·비준·수락·승인 또는 가입할 수 있는 특정지역의 주권국가들로 구성된 기구를 말한다.

7. "Reservoir" means a component or components of the climate system where a greenhouse gas or a precursor of a greenhouse gas is stored.

8. "Sink" means any process, activity or mechanism which removes a greenhouse gas, an aerosol or a precursor of a greenhouse gas from the atmosphere.

9. "Source" means any process or activity which releases a greenhouse gas, an aerosol or a precursor of a greenhouse gas into the atmosphere.

7. "저장소"라 함은 온실가스 또는 그 전구물질이 저장되는 기후 체계의 하나 또는 그 이상의 구성요소들을 말한다.

8. "흡수원"이라 함은 대기로부터 온실가스, 그 연무질 또는 전구물질을 제거하는 모든 과정 · 활동 또는 체계를 말한다.

9. "배출원"이라 함은 대기중으로 온실가스, 그 연무질 또는 전구물질을 방출하는 모든 과정 또는 활동을 말한다.

Article 2
Objective

The ultimate objective of this Convention and any related legal instruments that the Conference of the Parties may adopt is to achieve, in accordance with the relevant provisions of the Convention, stabilization of greenhouse gas concentrations in the atmosphere at a level that would prevent dangerous anthropogenic interference with the climate system. Such a level should be achieved within a time-frame sufficient to allow ecosystems to adapt naturally to climate change, to ensure that food production is not threatened and to enable economic development to proceed in a sustainable manner.

제2조
목 적

이 협약과 당사국총회가 채택하는 모든 관련 법적 문서의 궁극적 목적은, 협약의 관련규정에 따라, 기후체계가 위험한 인위적 간섭을 받지 않는 수준으로 대기중 온실가스 농도의 안정화를 달성하는 것이다. 그러한 수준은 생태계가 자연적으로 기후변화에 적응하고 식량생산이 위협받지 않으며 경제개발이 지속가능한 방식으로 진행되도록 할 수 있기에 충분한 기간 내에 달성되어야 한다.

Article 3
Principles

In their actions to achieve the objective of the Convention and to implement its pro-

제3조
원 칙

협약의 목적을 달성하고 그 규정을 이행하기 위한 행동에 있어서, 당사자는 무엇보다도 다

visions, the Parties shall be guided, inter alia, by the following:

음 원칙에 따른다.

1. The Parties should protect the climate system for the benefit of present and future generations of humankind, on the basis of equity and in accordance with their common but differentiated responsibilities and respective capabilities. Accordingly, the developed country Parties should take the lead in combating climate change and the adverse effects thereof.

1. 당사자는 형평에 입각하고 공통적이면서도 그 정도에 차이가 나는 책임과 각각의 능력에 따라 인류의 현재 및 미래 세대의 이익을 위하여 기후체계를 보호해야 한다. 따라서, 선진국인 당사자는 기후변화 및 그 부정적 효과에 대처하는 데 있어 선도적 역할을 해야 한다.

2. The specific needs and special circumstances of developing country Parties, especially those that are particularly vulnerable to the adverse effects of climate change, and of those Parties, especially developing country Parties, that would have to bear a disproportionate or abnormal burden under the Convention, should be given full consideration.

2. 기후변화의 부정적 효과에 특별히 취약한 국가 등 개발도상국인 당사자와, 개발도상국인 당사자를 포함하여 이 협약에 따라 불균형적이며 지나친 부담을 지게 되는 당사자의 특수한 필요와 특별한 상황은 충분히 고려되어야 한다.

3. The Parties should take precautionary measures to anticipate, prevent or minimize the causes of climate change and mitigate its adverse effects. Where there are threats of serious or irreversible damage, lack of full scientific certainty should not be used as a reason for postponing such measures, taking into account that policies and measures to deal with climate change should be cost-effective so as to ensure global benefits at the lowest possible cost. To achieve this, such policies and measures should take into account different socio-economic contexts, be comprehensive, cover all relevant sources, sinks and reservoirs

3. 당사자는 기후변화의 원인을 예견·방지 및 최소화하고 그 부정적 효과를 완화하기 위한 예방조치를 취하여야 한다. 심각하거나 회복할 수 없는 손상의 위협이 있는 경우, 충분한 과학적 확실성이 없다는 이유로 이러한 조치를 연기하여서는 아니되며, 기후변화를 다루는 정책과 조치는 최저비용으로 세계적 이익을 보장할 수 있도록 비용효과적이어야 한다. 이 목적을 달성하기 위하여, 이러한 정책과 조치는 서로 다른 사회경제적 상황을 고려하여야 하고, 종합적이어야 하며, 온실가스의 모든 관련 배출원·흡수원 및 저장소 그리고 적응 조치를 포함하여야 하며, 모든 경제분야를 포괄하여야 한다. 기후변화에 대한 대응노

of greenhouse gases and adaptation, and comprise all economic sectors. Efforts to address climate change may be carried out cooperatively by interested Parties.

4. The Parties have a right to, and should, promote sustainable development. Policies and measures to protect the climate system against human-induced change should be appropriate for the specific conditions of each Party and should be integrated with national development programmes, taking into account that economic development is essential for adopting measures to address climate change.

5. The Parties should cooperate to promote a supportive and open international economic system that would lead to sustainable economic growth and development in all Parties, particularly developing country Parties, thus enabling them better to address the problems of climate change. Measures taken to combat climate change, including unilateral ones, should not constitute a means of arbitrary or unjustifiable discrimination or a disguised restriction on international trade.

력은 이해 당사자가 협동하여 수행할 수 있다.

4. 당사자는 지속가능한 발전을 증진할 권리를 보유하며 또한 증진하여야 한다. 경제발전이 기후변화에 대응하는 조치를 취하는 데 필수적임을 고려하여, 인간활동으로 야기된 기후변화로부터 기후체계를 보호하기 위한 정책과 조치는 각 당사자의 특수한 상황에 적절하여야 하며 국가개발계획과 통합되어야 한다.

5. 당사자는 모든 당사자, 특히 개발도상국인 당사자가 지속적 경제 성장과 발전을 이룩하고 그럼으로써 기후변화문제에 더 잘 대응할 수 있도록 하는 지지적이며 개방적인 국제경제체제를 촉진하기 위하여 협력한다. 일방적 조치를 포함하여 기후변화에 대처하기 위하여 취한 조치는 국제무역에 대한 자의적 또는 정당화할 수 없는 차별수단이나 위장된 제한수단이 되어서는 아니된다.

Article 4
Commitments

1. All Parties, taking into account their common but differentiated responsibilities and their specific national and regional development priorities, objectives and circumstances, shall:

(a) Develop, periodically update, publish

제4조
공 약

1. 모든 당사자는 공통적이면서도 그 정도에 차이가 나는 책임과 자기나라의 특수한 국가적, 지역적 개발우선순위·목적 및 상황을 고려하여 다음 사항을 수행한다.

가. 당사국총회가 합의하는 비교가능한 방법

기후변화

and make available to the Conference of the Parties, in accordance with Article 12, national inventories of anthropogenic emissions by sources and removals by sinks of all greenhouse gases not controlled by the Montreal Protocol, using comparable methodologies to be agreed upon by the Conference of the Parties;

론을 사용하여, 몬트리올의정서에 의하여 규제되지 않는 모든 온실가스의 배출원에 따른 인위적 배출과 흡수원에 따른 제거에 관한 국가통계를 제12조에 따라 작성, 정기적으로 갱신 및 공표하고 당사국 총회에 통보한다.

(b) Formulate, implement, publish and regularly update national and, where appropriate, regional programmes containing measures to mitigate climate change by addressing anthropogenic emissions by sources and removals by sinks of all greenhouse gases not controlled by the Montreal Protocol, and measures to facilitate adequate adaptation to climate change;

나. 몬트리올의정서에 의하여 규제되지 않는 모든 온실가스의 배출원에 따른 인위적 배출의 방지와 흡수원에 따른 제거를 통하여 기후변화를 완화하는 조치와 기후변화에 충분한 적응을 용이하게 하는 조치를 포함한 국가적 및 적절한 경우 지역적 계획을 수립·실시·공표하고 정기적으로 갱신한다.

(c) Promote and cooperate in the development, application and diffusion, includeing transfer, of technologies, practices and processes that control, reduce or prevent anthropogenic emissions of greenhouse gases not controlled by the Montreal Protocol in all relevant sectors, including the energy, transport, industry, agriculture, forestry and waste management sectors;

다. 에너지·수송·산업·농업·임업 그리고 폐기물관리분야를 포함한 모든 관련분야에서 몬트리올의정서에 의하여 규제되지 않는 온실가스의 인위적 배출을 규제·감축 또는 방지하는 기술·관행 및 공정을 개발·적용하고, 이전을 포함하여 확산시키는 것을 촉진하고 협력한다.

(d) Promote sustainable management, and promote and cooperate in the conservation and enhancement, as appropriate, of sinks and reservoirs of all greenhouse gases not controlled by the Montreal Protocol, including biomass, forests and oceans as well as other terrestrial, coastal and marine ecosystems;

라. 생물자원·산림·해양과 그 밖의 육상·연안 및 해양 생태계 등 몬트리올의정서에 의하여 규제되지 않는 온실가스의 흡수원과 저장소의 지속가능한 관리를 촉진하고 또한 적절한 보존 및 강화를 촉진하며 이를 위해 협력한다.

(e) Cooperate in preparing for adaptation to the impacts of climate change; de-

마. 기후변화의 영향에 대한 적응을 준비하는데 협력한다. 즉, 연안관리·수자원 및 농

velop and elaborate appropriate and integrated plans for coastal zone management, water resources and agriculture, and for the protection and rehabilitation of areas, particularly in Africa, affected by drought and desertification, as well as floods;

업을 위한 계획 그리고 특히 아프리카 등 가뭄·사막화 및 홍수에 의하여 영향받는 지역의 보호와 복구를 위한 적절한 통합 계획을 개발하고 발전시킨다.

(f) Take climate change considerations into account, to the extent feasible, in their relevant social, economic and environmental policies and actions, and employ appropriate methods, for example impact assessments, formulated and determined nationally, with a view to minimizing adverse effects on the economy, on public health and on the quality of the environment, of projects or measures undertaken by them to mitigate or adapt to climate change;

바. 관련 사회·경제 및 환경정책과 조치에서 가능한 한 기후 변화를 고려하며, 기후변화를 완화하고 이에 적응하기 위하여 채택한 사업과 조치가 경제·공중보건 및 환경의 질에 미치는 부정적 효과를 최소화할 수 있도록, 예를 들어 영향평가와 같은, 국가적으로 입안되고 결정된 적절한 방법을 사용한다.

(g) Promote and cooperate in scientific, technological, technical, socio-economic and other research, systematic observation and development of data archives related to the climate system and intended to further the understanding and to reduce or eliminate the remaining uncertainties regarding the causes, effects, magnitude and timing of climate change and the economic and social consequences of various response strategies;

사. 기후변화의 원인·결과·규모·시기 및 여러 대응전략의 경제적·사회적 결과에 관한 이해를 증진시키고 또한 이에 관한 잔존 불확실성을 축소·제거하기 위하여 기후체계와 관련된 과학적·기술적·기능적·사회경제적 및 그 밖의 조사, 체계적 관측 그리고 자료보관소의 설치를 촉진하고 협력한다.

(h) Promote and cooperate in the full, open and prompt exchange of relevant scientific, technological, technical, socio-economic and legal information related to the climate system and climate change, and to the economic and social consequences of various response strategies;

아. 기후체계와 기후변화, 그리고 여러 대응전략의 경제적·사회적 결과와 관련된 과학적·기술적·기능적·사회 경제적 및 법률적 정보의 포괄적, 공개적 그리고 신속한 교환을 촉진하고 협력한다.

(i) Promote and cooperate in education, training and public awareness related to climate change and encourage the widest participation in this process, including that of non-governmental organizations; and

자. 기후변화에 관한 교육, 훈련 및 홍보를 촉진하고 협력하며, 이러한 과정에 비정부간기구 등의 광범위한 참여를 장려한다.

(j) Communicate to the Conference of the Parties information related to implementation, in accordance with Article 12.

차. 제12조에 따라 이행관련 정보를 당사국총회에 통보한다.

2. The developed country Parties and other Parties included in Annex I commit themselves specifically as provided for in the following:

2. 부속서 1에 포함된, 선진국인 당사자와 그 밖의 당사자는 특히 다음에 규정된 사항을 수행할 것에 합의한다.

(a) Each of these Parties shall adopt national policies and take corresponding measures on the mitigation of climate change, by limiting its anthropogenic emissions of greenhouse gases and protecting and enhancing its greenhouse gas sinks and reservoirs. These policies and measures will demonstrate that developed countries are taking the lead in modifying longer-term trends in anthropogenic emissions consistent with the objective of the Convention, recognizing that the return by the end of the present decade to earlier levels of anthropogenic emissions of carbon dioxide and other greenhouse gases not controlled by the Montreal Protocol would contribute to such modification, and taking into account the differences in these Parties' starting points and approaches, economic structures and resource bases, the need to maintain strong and sustainable economic growth, available technologies and other indivi-

가. 당사자는 온실가스의 인위적 배출을 제한하고 온실가스의 흡수원과 저장소를 보호·강화함으로써 기후변화의 완화에 관한 국가정책을 채택하고 이에 상응하는 조치를 취한다. 이러한 정책과 조치를 취함으로써 선진국은 이 협약의 목적에 부합하도록 인위적 배출의 장기적 추세를 수정하는데 선도적 역할을 수행함을 증명한다. 선진국은 이러한 역할을 수행함에 있어 이산화탄소와 몬트리올의정서에 의하여 규제되지 않는 그 밖의 온실가스의 인위적 배출을 1990년대 말까지 종전 수준으로 회복시키는 것이 그러한 수정에 기여함을 인식하고 각 당사자의 출발점 및 접근 방법·경제구조 그리고 자원기반의 차이, 강력하고 지속 가능한 경제성장을 유지할 필요성, 가용기술 그리고 여타 개별적 상황, 아울러 이 목적에 대한 세계적 노력에 각 당사자가 공평하고 적절하게 기여할 필요성을 고려한다. 선진국인 당사자는 그 밖의 당사자와 이러한 정책과 조치를 공동으로 이행할 수

dual circumstances, as well as the need for equitable and appropriate contributions by each of these Parties to the global effort regarding that objective. These Parties may implement such policies and measures jointly with other Parties and may assist other Parties in contributing to the achievement of the objective of the Convention and, in particular, that of this subparagraph;

있으며, 또한 그 밖의 당사자가 협약의 목적, 특히 본호의 목적을 달성하는데 기여하도록 지원할 수 있다.

(b) In order to promote progress to this end, each of these Parties shall communicate, within six months of the entry into force of the Convention for it and periodically thereafter, and in accordance with Article 12, detailed information on its policies and measures referred to in subparagraph (a) above, as well as on its resulting projected anthropogenic emissions by sources and removals by sinks of greenhouse gases not controlled by the Montreal Protocol for the period referred to in subparagraph (a), with the aim of returning individually or jointly to their 1990 levels these anthropogenic emissions of carbon dioxide and other greenhouse gases not controlled by the Montreal Protocol. This information will be reviewed by the Conference of the Parties, at its first session and periodically thereafter, in accordance with Article 7;

나. 이러한 목적달성을 촉진하기 위하여 당사자는 이산화탄소와 몬트리올의정서에 의하여 규제되지 않는 그 밖의 온실가스의 인위적 배출을 개별적 또는 공동으로 1990년 수준으로 회복시키기 위한 목적으로, 가호에 언급된 정책 및 조치에 관한 상세한 정보와, 가호에 언급된 기간동안에 이러한 정책과 조치의 결과로 나타나는 몬트리올의정서에 의하여 규제되지 않는 온실가스의 배출원에 따른 인위적 배출과 흡수원에 따른 제거에 관한 상세한 정보를 협약이 자기나라에 대하여 발효한 후 6월 이내에, 또한 그 이후에는 정기적으로 제12조에 따라 통보한다. 당사국총회는 제7조에 따라 제1차 회기에서, 또한 그 이후에는 정기적으로 이러한 정보를 검토한다.

(c) Calculations of emissions by sources and removals by sinks of greenhouse gases for the purposes of subparagraph (b) above should take into account the best available scientific knowledge, including of the effective capa-

다. 나호의 목적상 온실가스의 배출원에 따른 배출과 흡수원에 따른 제거에 관한 계산은 흡수원의 유효용량 및 기후변화에 대한 가스종별 기여도를 포함하는 최대한으로 이용가능한 과학적 지식을 고려하여야 한다. 당사국총회는 제1차 회기에서

city of sinks and the respective contributions of such gases to climate change. The Conference of the Parties shall consider and agree on methodologies for these calculations at its first session and review them regularly thereafter;

이러한 계산방식에 대해 심의, 합의하고 그 이후에는 정기적으로 이를 검토한다.

(d) The Conference of the Parties shall, at its first session, review the adequacy of subparagraphs (a) and (b) above. Such review shall be carried out in the light of the best available scientific information and assessment on climate change and its impacts, as well as relevant technical, social and economic information. Based on this review, the Conference of the Parties shall take appropriate action, which may include the adoption of amendments to the commitments in subparagraphs (a) and (b) above. The Conference of the Parties, at its first session, shall also take decisions regarding criteria for joint implementation as indicated in subparagraph (a) above. A second review of subparagraphs (a) and (b) shall take place not later than 31 December 1998, and thereafter at regular intervals determined by the Conference of the Parties, until the objective of the Convention is met;

라. 당사국총회는 제1차 회기에서 가호와 나호의 조치가 충분한 지를 검토한다. 이러한 검토는 기후변화와 그 영향에 대한 최대한으로 이용가능한 과학적 정보 및 평가와 아울러 관련 기술적·사회적 및 경제적 정보를 고려하여 수행한다. 이러한 검토에 입각하여 당사국총회는 적절한 조치를 취하며, 이에는 가호 및 나호의 공약에 대한 개정의 채택이 포함될 수 있다. 당사국총회는 제1차 회기에서 가호에 규정된 공동이행에 관한 기준을 또한 결정한다. 가호와 나호에 대한 제2차 검토는 1998년 12월 31일 이전에 실시하며, 그 이후에는 이 협약의 목적이 달성될 때까지 당사국총회가 결정하는 일정한 간격으로 실시한다.

(e) Each of these Parties shall :

(i) Coordinate as appropriate with other such Parties, relevant economic and administrative instruments developed to achieve the objective of the Convention; and

(ii) Identify and periodically review its own policies and practices which

마. 당사자는 다음을 수행한다.

(i) 협약의 목적을 달성하기 위하여 개발된 관련 경제적 및 행정적 수단들을 적절히 그 밖의 당사자와 조정한다.

(ii) 몬트리올의정서에 의하여 규제되지 않는 온실가스의 인위적 배출수준의

encourage activities that lead to greater levels of anthropogenic emissions of greenhouse gases not controlled by the Montreal Protocol than would otherwise occur;

증가를 초래하는 활동을 조장하는 정책과 관행을 찾아내어 정기적으로 검토한다.

(f) The Conference of the Parties shall review, not later than 31 December 1998, available information with a view to taking decisions regarding such amendments to the lists in Annexes I and II as may be appropriate, with the approval of the Party concerned;

바. 당사국총회는 관련 당사자의 승인을 얻어 부속서 1·2의 명단을 적절히 수정할지를 결정하기 위하여 1998년 12월 31일 이전에 이용 가능한 정보를 검토한다.

(g) Any Party not included in Annex I may, in its instrument of ratification, acceptance, approval or accession, or at any time thereafter, notify the Depositary that it intends to be bound by subparagraphs (a) and (b) above. The Depositary shall inform the other signatories and Parties of any such notification.

사. 부속서 1에 포함되지 않은 당사자는 비준서·수락서·승인서 또는 가입서에서, 그리고 그 이후에는 언제든지 가호와 나호에 구속받고자 하는 의사를 수탁자에게 통고할 수 있다. 수탁자는 그러한 통고를 서명자 또는 당사자에게 통보한다.

3. The developed country Parties and other developed Parties included in Annex II shall provide new and additional financial resources to meet the agreed full costs incurred by developing country Parties in complying with their obligations under Article 12, paragraph 1. They shall also provide such financial resources, including for the transfer of technology, needed by the developing country Parties to meet the agreed full incremental costs of implementing measures that are covered by paragraph 1 of this Article and that are agreed between a developing country Party and the international entity or entities referred to in Article 11, in accordance

3. 부속서 2에 포함된, 선진국인 당사자와 그 밖의 선진당사자는 개발도상국이 제12조 제1항에 따른 공약을 이행하는 데에서 부담하는 합의된 만큼의 모든 비용을 충족시키기 위하여 새로운 추가적 재원을 제공한다. 이러한 당사자는 또한 기술이전을 위한 비용을 포함하여, 본조 제1항에 규정된 것으로서 개발도상국이 제11조에 언급된 국제기구 또는 국제기구들과 합의한 조치를 이행하는 데에서 발생하는, 합의된 만큼의 모든 부가비용을 충족시키기 위하여 제11조에 따라 개발도상국인 당사자가 필요로 하는 새로운 추가적 재원을 제공한다. 이러한 공약의 이행에는 자금 흐름의 충분성과 예측 가능성 및 선진국인 당사자간의 적절한 부

with that Article. The implementation of these commitments shall take into account the need for adequacy and predictability in the flow of funds and the importance of appropriate burden sharing among the developed country Parties.

담배분의 중요성을 고려한다.

4. The developed country Parties and other developed Parties included in Annex II shall also assist the developing country Parties that are particularly vulnerable to the adverse effects of climate change in meeting costs of adaptation to those adverse effects.

4. 부속서 2에 포함된, 선진국인 당사자와 그 밖의 선진당사자는 또한 기후변화의 부정적 효과에 특히 취약한 개발도상국인 당사자가 이러한 부정적 효과에 적응하는 비용을 부담할 수 있도록 지원한다.

5. The developed country Parties and other developed Parties included in Annex II shall take all practicable steps to promote, facilitate and finance, as appropriate, the transfer of, or access to, environmentally sound technologies and knowhow to other Parties, particularly developing country Parties, to enable them to implement the provisions of the Convention. In this process, the developed country Parties shall support the development and enhancement of endogenous capacities and technologies of developing country Parties. Other Parties and organizations in a position to do so may also assist in facilitating the transfer of such technologies.

5. 부속서 2에 포함된, 선진국인 당사자와 그 밖의 선진당사자는 다른 당사자, 특히 개발도상국인 당사자가 이 협약의 규정을 이행할 수 있도록 환경적으로 건전한 기술과 노우하우의 이전 또는 이에 대한 접근을 적절히 증진·촉진하며, 그리고 이에 필요한 재원을 제공하기 위한 모든 실행 가능한 조치를 취한다. 이러한 과정에서 선진국인 당사자는 개발도상국인 당사자의 내생적 능력과 기술의 개발 및 향상을 지원한다. 지원할 수 있는 위치에 있는 그 밖의 당사자와 기구도 이러한 기술이전을 용이하게 하도록 지원할 수 있다.

6. In the implementation of their commitments under paragraph 2 above, a certain degree of flexibility shall be allowed by the Conference of the Parties to the Parties included in Annex I undergoing the process of transition to a market

6. 제2항의 공약을 이행하는 데 있어, 부속서 1에 포함된 당사자로서 시장경제로의 이행과정에 있는 당사자에 대해서는 기후변화에 대응하는 능력을 향상시키도록 당사국총회로부터 어느 정도의 융통성이 허용되며, 이에는 기준으로 선정된 몬트리올의

economy, in order to enhance the ability of these Parties to address climate change, including with regard to the historical level of anthropogenic emissions of greenhouse gases not controlled by the Montreal Protocol chosen as a reference.

정서에 의해 규제되지 않는 온실가스의 과거 인위적 배출수준에 관한 사항이 포함된다.

7. The extent to which developing country Parties will effectively implement their commitments under the Convention will depend on the effective implementation by developed country Parties of their commitments under the Convention related to financial resources and transfer of technology and will take fully into account that economic and social development and poverty eradication are the first and overriding priorities of the developing country Parties.

7. 개발도상국인 당사자의 협약에 따른 공약의 효과적 이행정도는 선진국인 당사자가 재원 및 기술이전에 관한 협약상의 공약을 얼마나 효과적으로 이행할 지에 달려있으며, 경제적·사회적 개발과 빈곤 퇴치가 개발도상국의 제1차적이며 가장 앞서는 우선순위임을 충분히 고려한다.

8. In the implementation of the commitments in this Article, the Parties shall give full consideration to what actions are necessary under the Convention, including actions related to funding, insurance and the transfer of technology, to meet the specific needs and concerns of developing country Parties arising from the adverse effects of climate change and/or the impact of the implementation of response measures, especially on:

8. 본조의 공약을 이행하는 데 있어, 당사자는 특히 다음에 열거한 각 지역에 대한 기후변화의 부정적 효과 그리고/또는 대응조치의 이행에 따른 영향으로부터 발생하는 개발도상국인 당사자의 특수한 필요와 관심을 충족시키기 위하여 재원제공, 보험 그리고 기술이전과 관련된 조치를 포함하여 이 협약에 따라 어떠한 조치가 필요한 지를 충분히 고려한다.

(a) Small island countries;
(b) Countries with low-lying coastal areas;
(c) Countries with arid and semi-arid areas, forested areas and areas liable to forest decay;
(d) Countries with areas prone to natural disasters;

가. 소도서국가
나. 저지대 연안을 보유한 국가
다. 건조·반건조지역, 산림지역 및 산림황폐에 취약한 지역을 보유한 국가
라. 자연재해에 취약한 지역을 보유한 국가

(e) Countries with areas liable to drought and desertification;

(f) Countries with areas of high urban atmospheric pollution;

(g) Countries with areas with fragile ecosystems, including mountainous ecosystems;

(h) Countries whose economies are highly dependent on income generated from the production, processing and export, and/or on consumption of fossil fuels and associated energy-intensive products; and

(i) Land-locked and transit countries. Further, the Conference of the Parties may take actions, as appropriate, with respect to this paragraph.

마. 가뭄과 사막화에 취약한 지역을 보유한 국가

바. 도시대기가 고도로 오염된 지역을 보유한 국가

사. 산악 생태계를 포함하여 연약한 생태계 지역을 보유한 국가

아. 화석연료와 이에 연관된 에너지 집약적 생산품의 생산·가공 및 수출로부터 얻는 소득에, 그리고/또는 화석연료와 이에 연관된 에너지 집약적 생산품의 소비에 크게 의존하는 경제를 보유한 국가

자. 내륙국과 경유국 또한, 당사국총회는 본 항과 관련하여 적절한 조치를 취할 수 있다.

9. The Parties shall take full account of the specific needs and special situations of the least developed countries in their actions with regard to funding and transfer of technology.

9. 당사자는 재원제공 및 기술이전과 관련된 조치에서 최빈국의 특수한 필요와 특별한 상황을 충분히 고려한다.

10. The Parties shall, in accordance with Article 10, take into consideration in the implementation of the commitments of the Convention the situation of Parties, particularly developing country Parties, with economies that are vulnerable to the adverse effects of the implementation of measures to respond to climate change. This applies notably to Parties with economies that are highly dependent on income generated from the production, processing and export, and/or consumption of fossil fuels and associated energy-intensive products and/or the use of fossil fuels for which such

10. 당사자는, 협약의 공약을 이행함에 있어, 기후변화에 대응하기 위한 조치의 이행에 따라 발생하는 부정적 효과에 취약한 경제를 가진 당사자, 특히 개발도상국인 당사자의 여건을 제10조에 따라 고려한다. 이는 화석연료와 이에 연관된 에너지 집약적 생산품의 생산·가공 및 수출로부터 발생하는 소득에 크게 의존하는, 그리고/또는 화석연료와 이에 연관된 에너지 집약적 생산품의 소비에 크게 의존하는, 그리고/또는 다른 대체에너지로 전환하는 데 심각한 어려움을 갖고 있어 화석 연료 사용에 크게 의존하는 경제를 보유한 당사자에게 특히 적용된다.

Parties have serious difficulties in switching to alternatives.

Article 5
Research and systematic observation

In carrying out their commitments under Article 4, paragraph 1(g), the Parties shall:

(a) Support and further develop, as appropriate, international and intergovernmental programmes and networks or organizations aimed at defining, conducting, assessing and financing research, data collection and systematic observation, taking into account the need to minimize duplication of effort;

(b) Support international and intergovernmental efforts to strengthen systematic observation and national scientific and technical research capacities and capabilities, particularly in developing countries, and to promote access to, and the exchange of, data and analyses thereof obtained from areas beyond national jurisdiction; and

(c) Take into account the particular concerns and needs of developing countries and cooperate in improving their endogenous capacities and capabilities to participate in the efforts referred to in subparagraphs (a) and (b) above.

제5조
조사 및 체계적 관측

제4조 제1항 사호의 공약을 이행함에 있어, 당사자는 다음과 같이 한다.

가. 노력의 중복을 최소화할 필요성을 고려하여 조사·자료 수집 및 체계적 관측에 관한 정의수립·실시·평가 및 경비지원을 목적으로 하는 국제적 및 정부간 계획·조직 또는 기구를 적절히 지원하고 더욱 발전시킨다.

나. 특히 개발도상국에 있어서 체계적 관측과 국가의 과학·기술 조사역량과 능력을 강화하며, 국가관할권 이원지역에서 획득된 자료 및 그 분석결과에의 접근 및 교환을 촉진하는 국제적 및 정부간 노력을 지원한다.

다. 개발도상국의 특별한 관심과 필요를 고려하며, 가호 및 나호에 언급된 노력에 참여하기 위한 개발도상국의 내생적 역량과 능력을 향상시키는 데 협력한다.

기후변화

Article 6
Education, training and public awareness

In carrying out their commitments under Article 4, paragraph 1(i), the Parties shall:

(a) Promote and facilitate at the national

제6조
교육, 훈련 및 홍보

제4조 제1항 자호의 공약을 이행함에 있어, 당사자는 다음과 같이 한다.

가. 국내적 차원 및 적절한 경우 소지역적 및

and, as appropriate, subregional and regional levels, and in accordance with national laws and regulations, and within their respective capacities

지역적 차원에서 국내법령에 따라, 또한 각자의 능력 안에서 다음 사항을 촉진하고 장려한다.

(i) The development and implementation of educational and public awareness programmes on climate change and its effects;

(i) 기후변화와 그 효과에 관한 교육 및 홍보계획의 개발과 실시

(ii) Public access to information on climate change and its effects;

(ii) 기후변화와 그 효과에 관한 정보에의 공공의 접근

(iii) Public participation in addressing climate change and its effects and developing adequate responses; and

(iii) 기후변화와 그 효과에 대응하고 적절한 대응책을 개발하는 데 대한 공공의 참여

(iv) Training of scientific, technical and managerial personnel.

(iv) 과학·기술 및 관리요원의 양성

(b) Cooperate in and promote, at the international level, and, where appropriate, using existing bodies:

나. 국제적 차원에서 그리고 적절한 경우 기존기구를 이용하여 다음 사항에서 협력하고 이를 촉진한다.

(i) The development and exchange of educational and public awareness material on climate change and its effects; and

(i) 기후변화와 그 효과에 관한 교육 및 홍보 자료의 개발과 교환

(ii) The development and implementation of education and training programmes, including the strengthening of national institutions and the exchange or secondment of personnel to train experts in this field, in particular for developing countries.

(ii) 특히 개발도상국을 위하여 이 분야의 전문가를 양성할 국내기관의 강화와 요원의 교류 또는 파견을 포함하는 교육·훈련계획의 개발과 실시

Article 7
Conference of the Parties

제 7 조
당사국총회

1. A Conference of the Parties is hereby established.

1. 당사국총회를 이에 설치한다.

2. The Conference of the Parties, as the supreme body of this Convention, shall

2. 당사국총회는 협약의 최고기구로서 협약 및 당사국총회가 채택하는 관련 법적 문서

keep under regular review the implementation of the Convention and any related legal instruments that the Conference of the Parties may adopt, and shall make, within its mandate, the decisions necessary to promote the effective implementation of the Convention. To this end, it shall:

의 이행상황을 정기적으로 검토하며, 권한의 범위 안에서 협약의 효과적 이행 촉진에 필요한 결정을 한다. 이를 위하여 당사국총회는 다음을 수행한다.

(a) Periodically examine the obligations of the Parties and the institutional arrangements under the Convention, in the light of the objective of the Convention, the experience gained in its implementation and the evolution of scientific and technological knowledge;

가. 협약의 목적, 협약의 이행과정에서 얻은 경험 및 과학·기술지식의 발전에 비추어 협약에 따른 당사자의 공약과 제도적 장치를 정기적으로 검토한다.

(b) Promote and facilitate the exchange of information on measures adopted by the Parties to address climate change and its effects, taking into account the differing circumstances, responsibilities and capabilities of the Parties and their respective commitments under the Convention;

나. 당사자의 서로 다른 여건·책임 및 능력과 협약상의 각자의 공약을 고려하여, 기후변화와 그 효과에 대응하기 위하여 당사자가 채택한 조치에 관한 정보의 교환을 촉진하고 용이하게 한다.

(c) Facilitate, at the request of two or more Parties, the coordination of measures adopted by them to address climate change and its effects, taking into account the differing circumstances, responsibilities and capabilities of the Parties and their respective commitments under the Convention;

다. 둘 또는 그 이상의 당사자의 요청이 있는 경우, 당사자의 서로 다른 여건·책임 및 능력과 협약에 따른 각자의 공약을 고려하여, 기후변화 및 그 효과에 대응하기 위하여 당사자가 채택한 조치의 조정을 용이하게 한다.

(d) Promote and guide, in accordance with the objective and provisions of the Convention, the development and periodic refinement of comparable methodologies, to be agreed on by the Conference of the Parties, inter alia, for preparing inventories of greenhouse gas emis-

라. 협약의 목적과 규정에 따라, 특히 온실가스의 배출원에 따른 배출 및 흡수원에 따른 제거에 관한 목록을 작성하고, 온실가스의 배출을 제한하고 제거를 강화하는 조치의 유효성을 평가하기 위한, 당사국총회에서 합의될 비교 가능한 방법론의 개발 및 정기적 개선을 촉진하고

sions by sources and removals by sinks, and for evaluating the effectiveness of measures to limit the emissions and enhance the removals of these gases;

지도한다.

(e) Assess, on the basis of all information made available to it in accordance with the provisions of the Convention, the implementation of the Convention by the Parties, the overall effects of the measures taken pursuant to the Convention, in particular environmental, economic and social effects as well as their cumulative impacts and the extent to which progress towards the objective of the Convention is being achieved;

마. 협약의 규정에 따라 제공된 모든 정보에 입각하여 당사자의 협약 이행상황, 협약에 따라 취한 조치의 전반적 효과, 특히 누적적 효과를 포함한 환경적·경제적·사회적 효과 및 협약의 목적 성취도를 평가한다.

(f) Consider and adopt regular reports on the implementation of the Convention and ensure their publication;

바. 협약의 이행에 관한 정기보고서를 심의, 채택하고 공표한다.

(g) Make recommendations on any matters necessary for the implementation of the Convention;

사. 협약의 이행에 필요한 모든 사항에 대하여 권고한다.

(h) Seek to mobilize financial resources in accordance with Article 4, paragraphs 3, 4 and 5, and Article 11;

아. 제4조 제3항·제4항·제5항 및 제11조에 따라 재원의 동원을 추구한다.

(i) Establish such subsidiary bodies as are deemed necessary for the implementation of the Convention;

자. 협약의 이행에 필요하다고 판단되는 보조기관을 설치한다.

(j) Review reports submitted by its subsidiary bodies and provide guidance to them;

차. 보조기관이 제출하는 보고서를 검토하고 지침을 준다.

(k) Agree upon and adopt, by consensus, rules of procedure and financial rules for itself and for any subsidiary bodies;

카. 총회 및 보조기관의 의사규칙 및 재정규칙을 콘센서스로 합의하여 채택한다.

(l) Seek and utilize, where appropriate, the services and cooperation of, and information provided by, competent international organizations and intergovernmental and non-governmental bod-

타. 적절한 경우, 권한있는 국제기구·정부간 기구 및 비정부간 기구의 지원과 협력 및 이들 기구에 의해 제공되는 정보를 입수하여 이용한다.

ies; and

(m) Exercise such other functions as are required for the achievement of the objective of the Convention as well as all other functions assigned to it under the Convention.

파. 협약에 따라 부여된 모든 기능과 협약의 목적달성을 위하여 요구되는 그 밖의 기능을 수행한다.

3. The Conference of the Parties shall, at its first session, adopt its own rules of procedure as well as those of the subsidiary bodies established by the Convention, which shall include decision-making procedures for matters not already covered by decision-making procedures stipulated in the Convention. Such procedures may include specified majorities required for the adoption of particular decisions.

3. 당사국총회는 제1차 회기에서 총회 및 협약에 의하여 설치되는 보조기관의 의사규칙을 채택하며, 이 의사규칙은 협약에 규정된 의사 결정절차에서 다루지 않는 문제에 관한 의사결정절차를 포함한다. 이 절차에는 특별한 결정의 채택에 필요한 특정 의결정족수를 포함할 수 있다.

4. The first session of the Conference of the Parties shall be convened by the interim secretariat referred to in Article 21 and shall take place not later than one year after the date of entry into force of the Convention. Thereafter, ordinary sessions of the Conference of the Parties shall be held every year unless otherwise decided by the Conference of the Parties.

4. 당사국총회 제1차 회기는 제21조에 규정된 임시사무국이 소집하며 협약 발효 후 1년 이내에 개최한다. 그 이후에는 당사국총회가 달리 결정하지 아니하는 한, 당사국총회 정기회기는 매년 개최된다.

5. Extraordinary sessions of the Conference of the Parties shall be held at such other times as may be deemed necessary by the Conference, or at the written request of any Party, provided that, within six months of the request being communicated to the Parties by the secretariat, it is supported by at least one third of the Parties.

5. 당사국총회 특별회기는 총회가 필요하다고 인정하는 때에 또는 당사자의 서면요청에 의하여 개최한다. 다만, 이러한 서면요청은 사무국이 이를 당사자에게 통보한 후 6월 이내에 최소한 당사자 3분의 1의 지지를 받아야 한다.

6. The United Nations, its specialized agencies and the International Atomic Energy Agency, as well as any State member thereof or observers thereto not Party to the Convention, may be represented at sessions of the Conference of the Parties as observers. Any body or agency, whether national or international, governmental or non-governmental, which is qualified in matters covered by the Convention, and which has informed the secretariat of its wish to be represented at a session of the Conference of the Parties as an observer, may be so admitted unless at least one third of the Parties present object. The admission and participation of observers shall be subject to the rules of procedure adopted by the Conference of the Parties.

6. 국제연합 · 국제연합전문기구 · 국제원자력기구 및 이들 기구의 회원국 또는 옵서버인 비당사자는 당사국총회 회기에 옵서버로 참석할 수 있다. 협약과 관련된 분야에서 자격을 갖춘 국내적 또는 국제적 기구나 기관 및 정부간 또는 비정부간 기구나 기관이 당사국총회 회기에 옵서버로서 참석할 희망을 사무국에 통보한 경우, 최소한 출석 당사자 3분의 1이 반대하지 아니하는 한 참석이 허용될 수 있다. 옵서버의 참석허용 및 회의참가는 당사국총회가 채택한 의사규칙에 따른다.

Article 8
Secretariat

1. A secretariat is hereby established.

2. The functions of the secretariat shall be:

(a) To make arrangements for sessions of the Conference of the Parties and its subsidiary bodies established under the Convention and to provide them with services as required;
(b) To compile and transmit reports submitted to it;
(c) Tofacilitate assistance to the Parties, particularly developing country Parties, on request, in the compilation and communication of information required in accordance with the provisions of the

제8조
사 무 국

1. 사무국을 이에 설치한다.

2. 사무국의 기능은 다음과 같다.

가. 당사국총회 및 협약에 따라 설치되는 총회 보조기관의 회의준비와 이에 필요한 지원 제공

나. 사무국에 제출된 보고서의 취합 및 전달

다. 요청이 있을 경우, 당사자 특히 개발도상국인 당사자가 협약규정에 따라 요구되는 정보를 취합, 통보하는 데 있어 이에 대한 지원 촉진

Convention;

(d) To prepare reports on its activities and present them to the Conference of the Parties;

라. 활동보고서의 작성 및 당사국총회에 대한 제출

(e) To ensure the necessary coordination with the secretariats of other relevant international bodies;

마. 다른 유관 국제기구 사무국과의 필요한 협조 확보

(f) To enter, under the overall guidance of the Conference of the Parties, into such administrative and contractual arrangements as may be required for the effective discharge of its functions; and

바. 당사국총회의 전반적인 지침에 따라 효과적인 기능 수행에 필요한 행정적·계약적 약정 체결

(g) To perform the other secretariat functions specified in the Convention and in any of its protocols and such other functions as may be determined by the Conference of the Parties.

사. 협약과 부속의정서에 규정된 그 밖의 사무국 기능과 당사국총회가 결정하는 그 밖의 기능 수행

3. The Conference of the Parties, at its first session, shall designate a permanent secretariat and make arrangements for its functioning.

3. 당사국총회는 제1차 회기에서 상설사무국을 지정하고 그 기능 수행에 필요한 준비를 한다.

Article 9
Subsidiary body for scientific and technological advice

제9조
과학·기술자문 보조기관

1. A subsidiary body for scientific and technological advice is hereby established to provide the Conference of the Parties and, as appropriate, its other subsidiary bodies with timely information and advice on scientific and technological matters relating to the Convention. This body shall be open to participation by all Parties and shall be multidisciplinary. It shall comprise government representatives competent in the relevant field of

1. 당사국총회와 적절한 경우 그 밖의 보조기관에 협약과 관련된 과학·기술문제에 관한 시의적절한 정보와 자문을 제공하기 위하여 과학·기술자문 보조기관을 이에 설치한다. 이 기관은 모든 당사자의 참여에 개방되며 여러 전문분야로 이루어진다. 이 기관은 유관 전문 분야의 권한있는 정부대표로 구성된다. 이 기관은 모든 작업상황에 관하여 당사국총회에 정기적으로 보고한다.

expertise. It shall report regularly to the Conference of the Parties on all aspects of its work.

2. Under the guidance of the Conference of the Parties, and drawing upon existing competent international bodies, this body shall:

(a) Provide assessments of the state of scientific knowledge relating to climate change and its effects;
(b) Prepare scientific assessments on the effects of measures taken in the implementation of the Convention;
(c) Identify innovative, efficient and state-of-the-art technologies and know-how and advise on the ways and means of promoting development and/or transferring such technologies;
(d) Provide advice on scientific programmes, international cooperation in research and development related to climate change, as well as on ways and means of supporting endogenous capacity building in developing countries; and
(e) Respond to scientific, technological and methodological questions that the Conference of the Parties and its subsidiary bodies may put to the body.

3. The functions and terms of reference of this body may be further elaborated by the Conference of the Parties.

2. 당사국총회의 지침에 따라, 그리고 권한있는 국제기구의 협력을 얻어 이 기관은 다음 사항을 수행한다.

가. 기후변화와 그 효과에 관한 과학지식의 현황에 대한 평가를 제공한다.

나. 협약의 이행과정에서 취한 조치의 효과에 대한 과학적 평가를 준비한다.

다. 혁신적·효율적인 첨단기술과 노우하우를 파악하고 그러한 기술의 개발 및/또는 이전을 촉진하는 방법과 수단에 관하여 자문한다.

라. 기후변화와 관련된 과학계획 및 연구개발을 위한 국제협력에 관한 자문과 개발도상국의 내생적 역량 형성을 지원하는 방법 및 수단에 관한 자문을 제공한다.

마. 당사국총회와 그 보조기관이 제기하는 과학적·기술적 및 방법론적 질문에 답변한다.

3. 이 기관의 기능과 권한은 당사국총회에서 더 구체화할 수 있다.

기후변화

Article 10
Subsidiary body for implementation

1. A subsidiary body for implementation is

제 10 조
이행을 위한 보조기관

1. 당사국총회가 협약의 효과적 이행상황을

hereby established to assist the Conference of the Parties in the assessment and review of the effective implementation of the Convention. This body shall be open to participation by all Parties and comprise government representatives who are experts on matters related to climate change. It shall report regularly to the Conference of the Parties on all aspects of its work.

평가하고 검토하는 것을 지원하기 위하여 이행을 위한 보조기관을 이에 설치한다. 이 기관은 모든 당사자의 참여에 개방되며 기후변화 분야의 전문가인 정부대표로 구성된다. 이 기관은 모든 작업상황에 관하여 당사자 총회에 정기적으로 보고한다.

2. Under the guidance of the Conference of the Parties, this body shall:

2. 당사국총회의 지침에 따라, 이 기관은 다음 사항을 수행한다.

(a) Consider the information communicated in accordance with Article 12, paragraph 1, to assess the overall aggregated effect of the steps taken by the Parties in the light of the latest scientific assessments concerning climate change;

가. 당사자가 취한 조치의 전반적인 종합적 효과를 평가하기 위하여, 제12조 제1항에 따라 통보된 정보를 기후변화에 관한 최신의 과학적 평가에 비추어 심의한다.

(b) Consider the information communicated in accordance with Article 12, paragraph 2, in order to assist the Conference of the Parties in carrying out the reviews required by Article 4, paragraph 2(d); and

나. 당사국총회가 제4조 제2항 나호에 규정된 검토를 수행하는 것을 지원하기 위하여, 제12조 제2항에 따라 통보된 정보를 심의한다.

(c) Assist the Conference of the Parties, as appropriate, in the preparation and implementation of its decisions.

다. 적절한 경우, 당사국총회가 결의를 준비하고 이행하는 데 있어 이를 지원한다.

Article 11
Financial mechanism

제11조
재정지원체제

1. A mechanism for the provision of financial resources on a grant or concessional basis, including for the transfer of technology, is hereby defined. It shall function under the guidance of and be accoun-

1. 기술이전을 포함하여 무상 또는 양허성 조건의 재원제공을 위한 지원체제를 이에 규정한다. 이 지원체제는 협약에 관련되는 정책, 계획의 우선순위 및 자격기준을 결정하는 당사국총회의 지침에 따라 기능을

table to the Conference of the Parties, which shall decide on its policies, programme priorities and eligibility criteria related to this Convention. Its operation shall be entrusted to one or more existing international entities.

수행하고 총회에 책임을 진다. 그 운영은 하나 또는 그 이상의 기존 국제기구에 위탁된다.

2. The financial mechanism shall have an equitable and balanced representation of all Parties within a transparent system of governance.

2. 재정지원체제는 투명한 관리제도 안에서 모든 당사자가 공평하고 균형있는 대표성을 갖는다.

3. The Conference of the Parties and the entity or entities entrusted with the operation of the financial mechanism shall agree upon arrangements to give effect to the above paragraphs, which shall include the following:

3. 당사국총회와 재정지원체제의 운영을 위탁받은 기구는 상기 두 항에 효력을 부여하기 위하여 다음 사항을 포함하는 운영요령에 합의한다.

(a) Modalities to ensure that the funded projects to address climate change are in conformity with the policies, programme priorities and eligibility criteria established by the Conference of the Parties;

가. 기후변화를 다루기 위한 재원제공사업이 당사국총회가 마련한 정책, 계획의 우선순위 및 자격기준에 부합하도록 보장하는 방식

(b) Modalities by which a particular funding decision may be reconsidered in light of these policies, programme priorities and eligibility criteria;

나. 특정 재원제공 결정을 이러한 정책, 계획의 우선순위 및 자격기준에 비추어 재심의하는 방식

(c) Provision by the entity or entities of regular reports to the Conference of the Parties on its funding operations, which is consistent with the requirement for accountability set out in paragraph 1 above; and

다. 제1항에 규정된 책임요건과 부합하게, 운영을 맡은 기구가 재원제공활동에 관한 정기보고서를 당사국총회에 제출하는 것

(d) Determination in a predictable and identifiable manner of the amount of funding necessary and available for the implementation of this Convention and the conditions under which that amount

라. 예측 가능하고 확인 가능한 방식으로 협약이행에 필요한 이용 가능한 재원제공액을 결정하고, 이 금액을 정기적으로 검토하는 조건에 관해 결정하는 것

shall be periodically reviewed.

4. The Conference of the Parties shall make arrangements to implement the above-mentioned provisions at its first session, reviewing and taking into account the interim arrangements referred to in Article 21, paragraph 3, and shall decide whether these interim arrangements shall be maintained. Within four years thereafter, the Conference of the Parties shall review the financial mechanism and take appropriate measures.

4. 당사국총회는 제21조 제3항에 언급된 임시조치를 검토, 심의하여 제1차 회기에서 상기 규정의 이행을 위한 준비를 하고 임시조치의 유지여부를 결정한다. 그로부터 4년이내에 당사국총회는 재정지원체제에 대해 검토하고 적절한 조치를 취한다.

5. The developed country Parties may also provide and developing country Parties avail themselves of, financial resources related to the implementation of the Convention through bilateral, regional and other multilateral channels.

5. 선진국인 당사자는 또한 협약이행과 관련된 재원을 양자적, 지역적 및 그 밖의 다자적 경로를 통하여 제공하고, 개발도상국인 당사자는 이를 이용할 수 있다.

Article 12
Communication of information related to implementation

제 12 조
이행관련 정보의 통보

1. In accordance with Article 4, paragraph 1, each Party shall communicate to the Conference of the Parties, through the secretariat, the following elements of information:

(a) A national inventory of anthropogenic emissions by sources and removals by sinks of all greenhouse gases not controlled by the Montreal Protocol, to the extent its capacities permit, using comparable methodologies to be promoted and agreed upon by the Conference of the Parties;

(b) A general description of steps taken or envisaged by the Party to implement

1. 제4조 제1항에 따라, 당사자는 사무국을 통하여 다음 사항의 정보를 당사국총회에 통보한다.

가. 당사국총회에서 지지·합의할 비교 가능한 방법론을 이용하여 능력이 허용하는 한도 내에서 작성한 몬트리올의정서에 의해 규제되지 않는 모든 온실가스의 배출원에 따른 인위적 배출과 흡수원에 따른 제거에 관한 국가통계

나. 협약이행을 위하여 당사자가 취했거나 계획중인 조치의 일반적인 서술

the Convention; and

(c) Any other information that the Party considers relevant to the achievement of the objective of the Convention and suitable for inclusion in its communication, including, if feasible, material relevant for calculations of global emission trends.

다. 당사자가 협약 목적의 달성에 관련되고 통보에 포함시키는 것이 적합하다고 판단하는 그 밖의 정보. 이는 가능한 경우 세계적 배출추세 산출에 관련되는 자료를 포함함.

2. Each developed country Party and each other Party included in Annex I shall incorporate in its communication the following elements of information:

2. 부속서 1에 포함된, 선진국인 당사자와 그 밖의 당사자는 통보에 다음 사항의 정보를 포함한다.

(a) A detailed description of the policies and measures that it has adopted to implement its commitment under Article 4, paragraphs 2(a) and 2(b); and

가. 제4조 제2항 가호·나호의 공약이행을 위하여 채택한 정책 및 조치의 상세한 서술

(b) A specific estimate of the effects that the policies and measures referred to in subparagraph (a) immediately above will have on anthropogenic emissions by its sources and removals by its sinks of greenhouse gases during the period referred to in Article 4, paragraph 2 (a).

나. 상기 가호에 언급된 정책 및 조치가 제4조 제2항 가호에 언급된 기간 동안 온실가스의 배출원에 따른 인위적 배출 및 흡수원에 따른 제거에 미치는 효과에 대한 상세한 평가

3. In addition, each developed country Party and each other developed Party included in Annex II shall incorporate details of measures taken in accordance with Article 4, paragraphs 3, 4 and 5.

3. 또한 부속서 2에 포함된, 선진국인 당사자와 그 밖의 선진 당사자는 제4조 제3항·제4항 및 제5항에 따라 취한 조치의 상세내용을 포함한다.

4. Developing country Parties may, on a voluntary basis, propose projects for financing, including specific technologies, materials, equipment, techniques or practices that would be needed to implement such projects, along with, if possible, an estimate of all incremental costs, of the reductions of emissions and in-

4. 개발도상국인 당사자는 자발적으로 사업이행에 필요한 특정 기술·재료·장비·공법 또는 관행을 포함하는 재원제공사업을 제안할 수 있으며, 이러한 제안에는 가능한 경우 모든 부가비용에 대한 견적, 온실가스의 배출저감 및 제거증가에 대한 견적, 그리고 이로 인한 이익에 대한 평가를

crements of removals of greenhouse gases, as well as an estimate of the consequent benefits.

포함한다.

5. Each developed country Party and each other Party included in Annex I shall make its initial communication within six months of the entry into force of the Convention for that Party. Each Party not so listed shall make its initial communication within three years of the entry into force of the Convention for that Party, or of the availability of financial resources in accordance with Article 4, paragraph 3. Parties that are least developed countries may make their initial communication at their discretion. The frequency of subsequent communications by all Parties shall be determined by the Conference of the Parties, taking into account the differentiated timetable set by this paragraph.

5. 부속서 1에 포함된, 선진국인 당사자와 그 밖의 당사자는 그 당사자에 대하여 협약이 발효한 후 6월 이내에 최초의 통보를 행한다. 그 밖의 당사자는 그 당사자에 대한 협약발효 후 3년 이내에, 또는 제4조 제3항에 따른 재원을 이용할 수 있는 때로부터 3년 이내에 최초의 통보를 행한다. 최빈국인 당사자는 자신의 재량에 따라 최초의 통보를 행한다. 모든 당사자의 그 후의 통보의 빈도는 당사국총회가 결정하며, 이에는 이 항에 규정된 차등적 일정을 고려한다.

6. Information communicated by Parties under this Article shall be transmitted by the secretariat as soon as possible to the Conference of the Parties and to any subsidiary bodies concerned. If necessary, the procedures for the communication of information may be further considered by the Conference of the Parties.

6. 사무국은 본조에 따라 당사자가 통보한 정보를 당사국총회와 유관 보조기관에 가급적 신속히 전달한다. 필요하다면, 당사국총회는 정보의 통보절차를 추가로 심의할 수 있다.

7. From its first session, the Conference of the Parties shall arrange for the provision to developing country Parties of technical and financial support, on request, in compiling and communicating information under this Article, as well as in identifying the technical and fi-

7. 당사국총회는 제1차 회기부터 개발도상국인 당사자가 본조에 따라 정보를 취합 및 통보하고 제4조에 따른 제안사업 및 대응조치와 연관된 기술적·재정적 소요를 판단하는 데 필요한 기술·재정지원을 요청에 따라 개발도상국인 당사자에게 제공하는 것을 주선한다. 그 밖의 당사자, 권한있

nancial needs associated with proposed projects and response measures under Article 4. Such support may be provided by other Parties, by competent international organizations and by the secretariat, as appropriate.

는 국제기구 및 사무국은 적절한 경우 이러한 지원을 제공할 수 있다.

8. Any group of Parties may, subject to guidelines adopted by the Conference of the Parties, and to prior notification to the Conference of the Parties, make a joint communication in fulfilment of their obligations under this Article, provided that such a communication includes information on the fulfilment by each of these Parties of its individual obligations under the Convention.

8. 당사자로 구성된 집단은 당사국총회가 채택한 지침에 따르고 당사국총회에 사전통고하는 조건으로, 본조에 따른 공약을 이행하기 위하여 공동으로 통보를 행할 수 있다. 단, 이러한 통보에는 협약에 따른 각 당사자의 개별적 공약이행에 관한 정보가 포함되는 것을 조건으로 한다.

9. Information received by the secretariat that is designated by a Party as confidential, in accordance with criteria to be established by the Conference of the Parties, shall be aggregated by the secretariat to protect its confidentiality before being made available to any of the bodies involved in the communication and review of information.

9. 사무국이 접수한 정보중 당사자가 당사국총회에 의해 설정되는 기준에 따라 비밀로 지정한 정보는 정보통보와 검토에 관여하는 기관에 제공되기 전에 비밀보호를 위하여 사무국이 취합한다.

10. Subject to paragraph 9 above, and without prejudice to the ability of any Party to make public its communication at any time, the secretariat shall make communications by Parties under this Article publicly available at the time they are submitted to the Conference of the Parties.

10. 제9항에 따를 것을 조건으로, 그리고 통보한 정보를 언제든지 공표할 수 있는 당사자의 능력에 영향을 미치지 아니하고, 사무국은 본조에 따라 당사자가 통보한 정보가 당사국총회에 제출되는 시점에 공개적 이용이 가능하도록 한다.

Article 13
Resolution of questions regarding implementation

The Conference of the Parties shall, at its first session, consider the establishment of a multilateral consultative process, available to Parties on their request, for the resolution of questions regarding the implementation of the Convention.

제 13 조
이행관련 문제의 해결

당사국총회는 제1차 회기에서 이 협약의 이행관련 문제의 해결을 위하여, 당사자의 요청으로 이용가능한, 다자간 협의절차의 수립을 심의한다.

Article 14
Settlement of disputes

1. In the event of a dispute between any two or more Parties concerning the interpretation or application of the Convention, the Parties concerned shall seek a settlement of the dispute through negotiation or any other peaceful means of their own choice.

2. When ratifying, accepting, approving or acceding to the Convention, or at any time thereafter, a Party which is not a regional economic integration organization may declare in a written instrument submitted to the Depositary that, in respect of any dispute concerning the interpretation or application of the Convention, it recognizes as compulsory ipso facto and without special agreement, in relation to any Party accepting the same obligation:

(a) Submission of the dispute to the International Court of Justice, and/or

(b) Arbitration in accordance with procedures to be adopted by the Conference of the Parties as soon as practicable,

제 14 조
분쟁해결

1. 이 협약의 해석 또는 적용에 관하여 둘 또는 그 이상의 당사자간에 분쟁이 있는 경우, 관련 당사자는 교섭 또는 스스로 선택하는 그 밖의 평화적 방법을 통하여 분쟁의 해결을 모색한다.

2. 이 협약의 비준·수락·승인 또는 가입시, 그리고 그 후 언제든지, 지역경제통합기구가 아닌 당사자는 협약의 해석이나 적용에 관한 분쟁에 있어서 동일한 의무를 수락하는 당사자와의 관계에서 다음을 특별한 합의없이, 선언하였다는 사실만으로, 의무적인 것으로 인정함을 수탁자에게 서면으로 선언할 수 있다.

가. 분쟁의 국제사법재판소 회부 그리고/또는

나. 당사국총회가 가능한 한 신속히 중재에 관한 부속서 형태로 채택할 절차에 따른 중재지역경제통합기구인 당사자는 나호

기후변화

in an annex on arbitration. A Party which is a regional economic integration organization may make a declaration with like effect in relation to arbitration in accordance with the procedures referred to in subparagraph (b) above.

에서 언급된 절차에 따른 중재와 관련하여 유사한 효력을 가지는 선언을 행할 수 있다.

3. A declaration made under paragraph 2 above shall remain in force until it expires in accordance with its terms or until three months after written notice of its revocation has been deposited with the Depositary.

3. 제2항에 따라 행해진 선언은 선언의 조건에 따라 기한이 만료될 때까지, 또는 서면 철회통고가 수탁자에게 기탁된 후 3월까지 유효하다.

4. A new declaration, a notice of revocation or the expiry of a declaration shall not in any way affect proceedings pending before the International Court of Justice or the arbitral tribunal, unless the parties to the dispute otherwise agree.

4. 새로운 선언, 선언의 철회통고 또는 선언의 기한만료는 분쟁 당사자가 달리 합의하지 아니하는 한, 국제사법재판소 또는 중재재판소에서 진행중인 소송에 대하여 어떠한 영향도 미치지 아니한다.

5. Subject to the operation of paragraph 2 above, if after twelve months following notification by one Party to another that a dispute exists between them, the Parties concerned have not been able to settle their dispute through the means mentioned in paragraph 1 above, the dispute shall be submitted, at the request of any of the parties to the dispute, to conciliation.

5. 제2항의 운용에 따를 것을 조건으로, 일방당사자가 타방 당사자에게 그들간에 분쟁이 존재하고 있음을 통고한 후 12월 동안 분쟁당사자가 제1항에 언급된 수단을 통하여 분쟁을 해결하지 못한 경우, 그 분쟁은 분쟁당사자 일방의 요청에 의하여 조정에 회부된다.

6. A conciliation commission shall be created upon the request of one of the parties to the dispute. The commission shall be composed of an equal number of members appointed by each party concerned and a chairman chosen jointly by the members appointed by each party. The commission shall render a recom-

6. 조정위원회는 분쟁당사자 일방의 요청에 따라 설치된다. 위원회는 관련당사자 각각에 의하여 임명된 동수의 위원과 각 당사자에 의해 임명된 위원들이 공동으로 선출한 의장으로 구성된다. 위원회는 권고적 판정을 내리고, 당사자는 이를 성실히 고려한다.

mendatory award, which the parties shall consider in good faith.

7. Additional procedures relating to conciliation shall be adopted by the Conference of the Parties, as soon as practicable, in an annex on conciliation.

8. The provisions of this Article shall apply to any related legal instrument which the Conference of the Parties may adopt, unless the instrument provides otherwise.

7. 당사국총회는 가능한 한 신속히 조정에 관한 부속서 형태로 조정과 관련된 추가절차를 채택한다.

8. 본조의 규정은 해당문서가 달리 규정하지 아니하는 한, 당사국총회가 채택하는 모든 관련 법적 문서에 적용된다.

Article 15
Amendments to the convention

1. Any Party may propose amendments to the Convention.

2. Amendments to the Convention shall be adopted at an ordinary session of the Conference of the Parties. The text of any proposed amendment to the Convention shall be communicated to the Parties by the secretariat at least six months before the meeting at which it is proposed for adoption. The secretariat shall also communicate proposed amendments to the signatories to the Convention and, for information, to the Depositary.

3. The Parties shall make every effort to reach agreement on any proposed amendment to the Convention by consensus. If all efforts at consensus have been exhausted, and no agreement reached, the amendment shall as a last resort be adopted by a three-fourths

제 15 조
협약의 개정

1. 모든 당사자는 협약의 개정안을 제안할 수 있다.

2. 협약 개정안은 당사국총회의 정기회기에서 채택된다. 사무국은 제안된 협약개정안을 늦어도 채택회의가 개최되기 6월 전에 당사자에게 통보한다. 또한 사무국은 제안된 개정안을 이 협약 서명자 그리고 참고로 수탁자에게도 통보한다.

3. 당사자는 제안된 협약 개정안이 콘센서스에 의하여 합의에 도달하도록 모든 노력을 다한다. 콘센서스를 위한 모든 노력을 다하였으나 합의에 도달하지 못한 경우, 개정안은 최종적으로 회의에 출석·투표한 당사자 4분의 3의 다수결로 채택된다. 사무국은 채택된 개정안을 수탁자에게 통보

majority vote of the Parties present and voting at the meeting. The adopted amendment shall be communicated by the secretariat to the Depositary, who shall circulate it to all Parties for their acceptance.

하며, 수탁자는 수락을 위하여 이를 모든 당사자에게 배포한다.

4. Instruments of acceptance in respect of an amendment shall be deposited with the Depositary. An amendment adopted in accordance with paragraph 3 above shall enter into force for those Parties having accepted it on the ninetieth day after the date of receipt by the Depositary of an instrument of acceptance by at least three fourths of the Parties to the Convention.

4. 개정안에 대한 수락서는 수탁자에게 기탁된다. 제3항에 따라 채택된 개정안은 최소한 협약당사자 4분의 3의 수락서가 수탁자에게 접수된 후 90일째 되는 날부터 수락한 당사자에 대하여 발효한다.

5. The amendment shall enter into force for any other Party on the ninetieth day after the date on which that Party deposits with the Depositary its instrument of acceptance of the said amendment.

5. 그 밖의 당사자가 그 후에 수탁자에게 수락서를 기탁하는 경우, 개정안은 기탁일 후 90일째 되는 날부터 그 당사자에 대하여 발효한다.

6. For the purposes of this Article, "Parties present and voting" means Parties present and casting an affirmative or negative vote.

6. 본조의 목적상 "출석·투표한 당사자"라 함은 회의에 출석하여 찬성 또는 반대 투표를 한 당사자를 말한다.

기후변화

Article 16
Adoption and amendment of annexes to the convention

제 16 조
부속서의 채택 및 개정

1. Annexes to the Convention shall form an integral part thereof and, unless otherwise expressly provided, a reference to the Convention constitutes at the same time a reference to any annexes thereto. Without prejudice to the provisions

1. 협약의 부속서는 협약의 불가분의 일부를 구성하며, 협약이 언급되는 경우 명시적으로 달리 규정하지 아니하는 한, 이는 동시에 부속서도 언급하는 것으로 본다. 이러한 부속서는 제14조 제2항 나호 및 제7항의 규정에 영향을 미치지 아니하고, 목록·

of Article 14, paragraphs 2(b) and 7, such annexes shall be restricted to lists, forms and any other material of a descriptive nature that is of a scientific, technical, procedural or administrative character.

양식 및 과학적·기술적·절차적 또는 행정적 특성을 가진 서술적 성격의 그 밖의 자료에 제한된다.

2. Annexes to the Convention shall be proposed and adopted in accordance with the procedure set forth in Article 15, paragraphs 2, 3 and 4.

2. 협약의 부속서는 제15조 제2항·제3항 및 제4항에 규정된 절차에 따라 제안되고 채택된다.

3. An annex that has been adopted in accordance with paragraph 2 above shall enter into force for all Parties to the Convention six months after the date of the communication by the Depositary to such Parties of the adoption of the annex, except for those Parties that have notified the Depositary, in writing, within that period of their non-acceptance of the annex. The annex shall enter into force for Parties which withdraw their notification of non-acceptance on the ninetieth day after the date on which withdrawal of such notification has been received by the Depositary.

3. 제2항에 따라 채택된 부속서는, 수탁자가 부속서의 채택을 당사국에 통보한 날부터 6월 후에, 동 기간 내에 부속서를 수락하지 않음을 수탁자에게 서면으로 통고한 당사자를 제외한 모든 당사자에 대하여 발효한다. 부속서는 불수락 통고를 철회한 당사자에 대하여는 수탁자의 통고철회 접수일 후 90일째 되는 날부터 발효한다.

4. The proposal, adoption and entry into force of amendments to annexes to the Convention shall be subject to the same procedure as that for the proposal, adoption and entry into force of annexes to the Convention in accordance with paragraphs 2 and 3 above.

4. 협약 부속서의 개정안의 제안·채택 및 발효는 제2항 및 제3항에 따른 협약 부속서의 제안·채택 및 발효와 동일한 절차를 따른다.

5. If the adoption of an annex or an amendment to an annex involves an amendment to the Convention, that annex or amendment to an annex shall not enter

5. 부속서 또는 부속서 개정안의 채택이 협약의 개정을 수반하는 경우, 협약의 개정안이 발효할 때까지 부속서 또는 부속서 개정안은 발효하지 아니한다.

into force until such time as the amendment to the Convention enters into force.

Article 17
Protocols

1. The Conference of the Parties may, at any ordinary session, adopt protocols to the Convention.

2. The text of any proposed protocol shall be communicated to the Parties by the secretariat at least six months before such a session.

3. The requirements for the entry into force of any protocol shall be established by that instrument.

4. Only Parties to the Convention may be Parties to a protocol.

5. Decisions under any protocol shall be taken only by the Parties to the protocol concerned.

제 17 조
의 정 서

1. 당사국총회는 정기회기에서 협약에 대한 의정서를 채택할 수 있다.

2. 사무국은 제안된 의정서의 문안을 늦어도 회기가 개최되기 6월 전에 당사자에게 통보한다.

3. 의정서의 발효요건은 그 문서에 규정한다.

4. 협약의 당사자만이 의정서의 당사자가 될 수 있다.

5. 의정서에 따른 결정은 관련 의정서의 당사자만이 할 수 있다.

Article 18
Right to vote

1. Each Party to the Convention shall have one vote, except as provided for in paragraph 2 below.

2. Regional economic integration organizations, in matters within their competence, shall exercise their right to vote with a number of votes equal to the number of their member States that are Parties to the Convention. Such an organization shall not exercise its right to vote if any of its member States

제 18 조
투 표 권

1. 협약의 당사자는 제2항에 규정된 경우를 제외하고는 하나의 투표권을 가진다.

2. 지역경제통합기구는 그 기구의 권한사항에 대하여 협약의 당사자인 기구 회원국의 수와 동수의 투표권을 행사한다. 기구 회원국의 어느 한 나라라도 투표권을 행사하는 경우, 기구는 투표권을 행사할 수 없으며 그 반대의 경우도 또한 같다.

exercises its right, and vice versa.

Article 19
Depositary

The Secretary-General of the United Nations shall be the Depositary of the Convention and of protocols adopted in accordance with Article 17.

제19조
수 탁 자

국제연합사무총장은 이 협약과 협약 제17조에 따라 채택되는 의정서의 수탁자가 된다.

Article 20
Signature

This Convention shall be open for signature by States Members of the United Nations or of any of its specialized agencies or that are Parties to the Statute of the International Court of Justice and by regional economic integration organizations at Rio de Janeiro, during the United Nations Conference on Environment and Development, and thereafter at United Nations Headquarters in New York from 20 June 1992 to 19 June 1993.

제20조
서 명

이 협약은 국제연합 환경개발회의 기간 중에는 리우데자네이로에서, 1992년 6월 20일부터 1993년 6월 19일까지는 뉴욕의 국제연합 본부에서 국제연합 또는 그 전문기구의 회원국, 국제사법재판소 규정 당사자 및 지역경제통합기구의 서명을 위하여 개방된다.

Article 21
Interim arrangements

1. The secretariat functions referred to in Article 8 will be carried out on an interim basis by the secretariat established by the General Assembly of the United Nations in its resolution 45/212 of 21 December 1990, until the completion of the first session of the Conference of the Parties.

2. The head of the interim secretariat referred to in paragraph 1 above will cooperate closely with the Intergovern-

제21조
임시조치

1. 제8조에 언급된 사무국의 기능은 당사국총회의 제1차 회기 종료시까지는 1990년 12월 21일 국제연합총회결의 45/212호에 의해 설립된 사무국에 의하여 임시로 수행된다.

2. 제1항에 언급된 임시사무국의 장은 기후변화에 관한 정부간 협의체가 객관적인 과학적·기술적 자문의 요구에 따를 수 있도

mental Panel on Climate Change to ensure that the Panel can respond to the need for objective scientific and technical advice. Other relevant scientific bodies could also be consulted.

록 하기 위하여 협의체와 긴밀히 협력한다. 다른 관련 과학기구들과도 또한 협의할 수 있다.

3. The Global Environment Facility of the United Nations Development Programme, the United Nations Environment Programme and the International Bank for Reconstruction and Development shall be the international entity entrusted with the operation of the financial mechanism referred to in Article 11 on an interim basis. In this connection, the Global Environment Facility should be appropriately restructured and its membership made universal to enable it to fulfil the requirements of Article 11.

3. 국제연합개발계획, 국제연합환경계획 및 국제부흥개발은행에 의하여 운영되고 있는 지구환경기금은 임시적으로 제11조에 언급된 재정지원체제의 운영을 위탁받는 국제기구가 된다. 이와 관련, 지구 환경기금은 제11조의 요건을 충족할 수 있도록 적절히 재구성되어야 하고 그 회원자격을 보편화하여야 한다.

Article 22
Ratification, acceptance, approval or accession

제22조
비준 · 수락 · 승인 또는 가입

1. The Convention shall be subject to ratification, acceptance, approval or accession by States and by regional economic integration organizations. It shall be open for accession from the day after the date on which the Convention is closed for signature. Instruments of ratification, acceptance, approval or accession shall be deposited with the Depositary.

1. 협약은 국가 및 지역경제통합기구에 의해 비준 · 수락 · 승인 또는 가입된다. 협약은 서명기간이 종료된 다음 날부터 가입을 위하여 개방된다. 비준서 · 수락서 · 승인서 또는 가입서는 수탁자에게 기탁된다.

2. Any regional economic integration organization which becomes a Party to the Convention without any of its member States being a Party shall be bound by all the obligations under the Convention. In the case of such organizations, one

2. 협약의 당사자가 되는 지역경제통합기구는, 기구 회원국 중 어느 한 국가도 협약의 당사자가 아닌 경우, 협약에 따른 모든 의무에 구속된다. 기구의 하나 또는 그 이상의 회원국이 협약의 당사자인 경우, 기

or more of whose member States is a Party to the Convention, the organization and its member States shall decide on their respective responsibilities for the performance of their obligations under the Convention. In such cases, the organization and the member States shall not be entitled to exercise rights under the Convention concurrently.

구와 기구 회원국은 협약에 따른 의무를 수행하기 위한 각각의 책임을 결정한다. 이러한 경우, 기구와 기구회원국은 협약에 따른 권리를 동시에 행사할 수는 없다.

3. In their instruments of ratification, acceptance, approval or accession, regional economic integration organizations shall declare the extent of their competence with respect to the matters governed by the Convention. These organizations shall also inform the Depositary, who shall in turn inform the Parties, of any substantial modification in the extent of their competence.

3. 지역경제통합기구는 그 비준서·수락서·승인서 또는 가입서에 협약이 규율하는 사항에 관한 기구의 권한범위를 선언한다. 또한 기구는 권한범위의 실질적 변동에 관하여 수탁자에게 통보하며, 수탁자는 이를 당사자에게 통보한다.

Article 23
Entry into force

제23조
발　효

1. The Convention shall enter into force on the ninetieth day after the date of deposit of the fiftieth instrument of ratification, acceptance, approval or accession.

1. 협약은 50번째의 비준서·수락서·승인서 또는 가입서의 기탁일 후 90일째 되는 날부터 발효한다.

2. For each State or regional economic integration organization that ratifies, accepts or approves the Convention or accedes thereto after the deposit of the fiftieth instrument of ratification, acceptance, approval or accession, the Convention shall enter into force on the ninetieth day after the date of deposit by such State or regional economic integration organization of its instrument of ratification, acceptance, approval or accession.

2. 50번째의 비준서·수락서·승인서 또는 가입서가 기탁된 후 협약을 비준·수락·승인 또는 가입하는 국가 또는 지역경제통합 기구에 대하여, 협약은 그 국가 또는 지역경제통합기구의 비준서·수락서·승인서 또는 가입서 기탁일 후 90일째 되는 날부터 발효한다.

3. For the purposes of paragraphs 1 and 2 above, any instrument deposited by a regional economic integration organization shall not be counted as additional to those deposited by States members of the organization.

3. 제1항 및 제2항의 목적상 지역경제통합기구가 기탁하는 문서는 기구 회원국이 기탁하는 문서에 추가되는 것으로 보지 아니한다.

Article 24
Reservations

No reservations may be made to the Convention.

제24조
유 보

협약에 대하여는 어떤 유보도 행할 수 없다.

Article 25
Withdrawal

1. At any time after three years from the date on which the Convention has entered into force for a Party, that Party may withdraw from the Convention by giving written notification to the Depositary.

2. Any such withdrawal shall take effect upon expiry of one year from the date of receipt by the Depositary of the notification of withdrawal, or on such later date as may be specified in the notification of withdrawal.

3. Any Party that withdraws from the Convention shall be considered as also having withdrawn from any protocol to which it is a Party.

제25조
탈 퇴

1. 당사자는 협약이 자기나라에 대하여 발효한 날부터 3년이 경과한 후에는 언제든지 수탁자에게 서면통고를 함으로써 협약으로부터 탈퇴할 수 있다.

2. 탈퇴는 수탁자가 탈퇴통고를 접수한 날부터 1년의 기한 만료일 또는 탈퇴통고서에 더 늦은 날짜가 명시된 경우에는 그 늦은 날에 발효한다.

3. 협약으로부터 탈퇴한 당사자는 당사자가 되어 있는 모든 의정서로부터도 탈퇴한 것으로 본다.

Article 26
Authentic texts

The original of this Convention, of which the Arabic, Chinese, English, French, Russian and Spanish texts are equally authentic,

제26조
정 본

아랍어 · 중국어 · 영어 · 불어 · 러시아어 및 서반아어본이 동등하게 정본인 이 협약의 원본은 국제연합사무총장에게 기탁된다.

shall be deposited with the Secretary-General of the United Nations.

IN WITNESS WHEREOF the undersigned, being duly authorized to that effect, have signed this Convention.

이상의 증거로 정당하게 권한을 위임받은 아래 서명자가 협약에 서명하였다.

DONE AT New York this ninth day of May one thousand nine hundred and ninety-two.

일천구백구십이년 오월 구일 뉴욕에서 작성하였다.

Annex Ⅰ

Australia	Austria	Belarus[a]
Belgium	Bulgaria[a]	Canada
Croatia[a]*	Czech Republic[a]*	Denmark
European Economic Community		Estonia[a]
Finland	France	Germany
Greece	Hungary[a]	Iceland
Ireland	Italy	Japan
Latvia[a]	Liechtenstein*	Lithuaniaa
Luxembourg	Monaco*	Netherlands
New Zealand	Norway	Poland[a]
Portugal	Romania[a]	Russian Federation[a]
Slovakia[a]*	Slovenia[a]*	Spain
Sweden	Switzerland	Turkey
Ukraine[a]	United Kingdom	United States

[a] Countries that are undergoing the process of transition to a market economy.

* Publisher's note : Countries added to Annex I by an amendment that entered into force on 13 August 1998, pursuant to decision 4/CP.3 adopted at COP.3.

Annex Ⅱ

Australia	Austria	Belgium
Canada	Denmark	European Economic Community
Finland	France	Germany
Greece	Iceland	Ireland
Italy	Japan	Luxembourg
Netherlands	New Zealand	Norway
Portugal	Spain	Sweden
Switzerland	United Kingdom	United States

* Publisher's note: Turkey was deleted from Annex Ⅱ by an amendment that entered into force 28 June 2002, pursuant to decision 26/CP.7 adopted at COP.7.

18-1. Kyoto Protocol to the United Nations Framework Convention on Climate Change (1997)

18-1. 기후변화에 관한 국제연합 기본협약에 대한 교토의정서

Date : 11 December 1997
In force : 16 February 2005
States Party : 192
Korea : 16 February 2005 (조약 제1706호)
Link : www.unfccc.int

The Parties to this Protocol,

이 의정서의 당사자는,

Being Parties to the United Nations Framework Convention on Climate Change, hereinafter referred to as "the Convention",

기후변화에 관한 국제연합 기본협약(이하 "협약"이라 한다)의 당사자로서,

In pursuit of the ultimate objective of the Convention as stated in its Article 2,

협약 제2조에 규정된 협약의 궁극적 목적을 추구하고,

Recalling the provisions of the Convention,

협약의 규정을 상기하며,

Being guided by Article 3 of the Convention,

협약 제3조와,

Pursuant to the Berlin Mandate adopted by decision 1/CP.1 of the Conference of the Parties to the Convention at its first session,

협약의 규정에 의한 당사국총회 제1차 회기에서 결정 1/CP.1호로 채택된 베를린위임에 따라,

Have agreed as follows:

다음과 같이 합의하였다.

Article 1

제 1 조

For the purposes of this Protocol, the definitions contained in Article 1 of the Convention shall apply. In addition:

이 의정서의 목적상, 협약 제1조의 정의규정이 적용된다. 추가로,

1. "Conference of the Parties" means the

1. "당사국총회"라 함은 협약의 규정에 의한

Conference of the Parties to the Convention.

2. "Convention" means the United Nations Framework Convention on Climate Change, adopted in New York on 9 May 1992.

3. "Intergovernmental Panel on Climate Change" means the Intergovernmental Panel on Climate Change established in 1988 jointly by the World Meteorological Organization and the Nations Environment Programme.

4. "Montreal Protocol" means the Montreal Protocol on Substances that Deplete the Ozone Layer, adopted in Montreal on 16 September 1987 and as subsequently adjusted and amended.

5. "Parties present and voting" means Parties present and casting an affirmative or negative vote.

6. "Party" means, unless the context otherwise indicates, a Party to this Protocol.

7. "Party included in Annex I" means a Party included in Annex I to the Convention, as may be amended, or a Party which has made a notification under Article 4, paragraph 2(g), of the Convention.

당사국총회를 말한다.

2. "협약"이라 함은 1992년 5월 9일 뉴욕에서 채택된 기후변화에 관한 국제연합 기본협약을 말한다.

3. "기후변화에 관한 정부간 패널"이라 함은 세계기상기구 및 국제연합 환경계획이 1988년에 공동으로 설립한 기후변화에 관한 정부간 패널을 말한다.

4. "몬트리올의정서"라 함은 1987년 9월 16일 몬트리올에서 채택되고 그 이후 조정·개정된 오존층파괴물질에 관한 몬트리올의정서를 말한다.

5. "출석하여 투표하는 당사자"라 함은 회의에 출석하여 찬성이나 반대투표를 하는 당사자를 말한다.

6. "당사자"라 함은 문맥상 다른 의미로 사용되지 아니하는 한, 이 의정서의 당사자를 말한다.

7. "부속서 1의 당사자"라 함은 협약의 부속서 1(당해 부속서가 개정되는 경우에는 그 개정부속서를 말한다)에 포함된 당사자 및 협약 제4조 제2항 사목에 의하여 통고한 당사자를 말한다.

Article 2

1. Each Party included in Annex I, in achieving its quantified emission limitation and reduction commitments under

제2조

1. 부속서 1의 당사자는 제3조의 규정에 의한 수량적 배출량의 제한·감축을 위한 공약을 달성함에 있어 지속가능한 개발을

Article 3, in order to promote sustainable development, shall:

(a) Implement and/or further elaborate policies and measures in accordance with its national circumstances, such as:

(i) Enhancement of energy efficiency in relevant sectors of the national economy;

(ii) Protection and enhancement of sinks and reservoirs of greenhouse gases not controlled by the Montreal Protocol, taking into account its commitments under relevant international environmental agreements; promotion of sustainable forest management practices, afforestation and

(iii) Promotion of sustainable forms of agriculture in light of climate change considerations;

(iv) Research on, and promotion, development and increased use of, new and renewable forms of energy, of carbon dioxide sequestration technologies and of advanced and innovative environmentally sound technologies;

(v) Progressive reduction or phasing out of market imperfections, fiscal incentives, tax and duty exemptions and subsidies in all greenhouse gas sectors that run counter to the objective of the Convention application of market instruments;

(vi) Encouragement of appropriate reforms in relevant sectors aimed at promoting policies and measures which limit or reduce emissions of

촉진하기 위하여 다음 각목의 사항을 수행한다.

가. 자국의 여건에 따라 다음과 같은 정책·조치를 이행하고/이행하거나 더욱 발전시킨다.

(1) 자국 경제의 관련 부문에서 에너지의 효율성을 향상시킬 것

(2) 관련 국제환경협정상 자국의 공약을 고려하면서, 온실가스(몬트리올의정서에 의하여 규제되는 것을 제외한다)의 흡수원 및 저장소를 보호·강화하고, 지속가능한 산림관리 작업과 신규조림 및 재조림을 촉진할 것

(3) 기후변화요소를 고려한 지속가능한 형태의 농업을 촉진할 것

(4) 신규 및 재생 가능한 형태의 에너지와 이산화탄소의 격리기술 및 선진적·혁신적이며 환경적으로 건전한 기술에 대한 연구·촉진·개발 및 그 이용을 증진할 것

(5) 모든 온실가스의 배출부문에 있어서 협약의 목적에 위배되는 시장의 불완전성, 재정적 유인, 세금·관세의 면제 및 보조금 등을 점진적으로 감축하거나 단계적으로 폐지하며, 시장적 기제를 적용할 것

(6) 온실가스(몬트리올의정서에 의하여 규제되는 것을 제외한다)의 배출량을 제한·감축하는 정책 및 조치를

greenhouse gases not controlled by the Montreal Protocol;

(vii) Measures to limit and/or reduce emissions of greenhouse gases not controlled by the Montreal Protocol in the transport sector;

(viii) Limitation and/or reduction of methane emissions through recovery and in waste management, as well as in the production, transport and distribution of energy;

(b) Cooperate with other such Parties to enhance the individual and combined effectiveness of their policies and measures adopted under this Article, pursuant to Article 4, paragraph 2(e)(i), of the Convention. To this end, these Parties shall take steps to share their experience and exchange information on such policies and measures, including developing ways of improving their comparability, transparency and effectiveness. The Conference of the Parties serving as the meeting of the Parties to this Protocol shall, at its first session or as soon as practicable thereafter, consider ways to facilitate such cooperation, taking into account relevant information.

2. The Parties included in Annex I shall pursue limitation or reduction of emissions of greenhouse gases not controlled by the Montreal Protocol from aviation and marine bunker fuels, working through the International Civil Aviation Organization and the International Maritime Organization, respectively.

촉진하기 위하여 관련 부문의 적절한 개선을 장려할 것

(7) 수송부문에서 온실가스(몬트리올의정서에 의하여 규제되는 것을 제외한다)의 배출량을 제한 및/또는 감축하는 조치를 취할 것

(8) 폐기물의 관리와 에너지의 생산·수송·분배 과정에서의 회수 및 사용을 통하여 메탄의 배출량을 제한 및/또는 감축할 것

나. 이 조에서 채택되는 정책 및 조치의 개별적·복합적 효과를 증대하기 위하여 협약 제4조 제2항 마목(1)에 따라 다른 부속서 1의 당사자들과 협력한다. 이를 위하여, 이들 당사자는 이러한 정책 및 조치에 관한 경험을 공유하고 정보를 교환하기 위한 조치를 이행하되, 이에는 정책 및 조치의 비교가능성·투명성 및 그 효과를 개선하기 위한 방안의 개발이 포함된다. 이 의정서의 당사자회의의 역할을 수행하는 당사국총회는 제1차 회기 또는 그 이후에 가능한 한 신속히 모든 관련 정보를 고려하여, 이러한 협력을 촉진하기 위한 방안을 검토한다.

2. 부속서 1의 당사자는 국제민간항공기구 및 국제해사기구에서의 활동을 통하여, 항공기용 및 선박용 연료로부터 각각 발생하는 온실가스(몬트리올의정서에 의하여 규제되는 것을 제외한다) 배출량의 제한·감축을 추구한다.

3. The Parties included in Annex I shall strive to implement policies and measures under this Article in such a way as to minimize adverse effects, including the adverse effects of climate change, effects on international trade, and social, environmental and economic impacts on other Parties, especially developing country Parties and in particular those identified in Article 4, paragraphs 8 and 9, of the Convention, taking into account Article 3 of the Convention. The Conference of the Parties serving as the meeting of the Parties to this Protocol may take further action, as appropriate, to promote the implementation of the provisions of this paragraph.

3. 부속서 1의 당사자는 이 조의 규정에 의한 정책 및 조치를 이행하기 위하여 노력하되, 협약 제3조를 고려하여 기후변화의 부정적 효과, 국제통상에 미치는 영향, 다른 당사자들, 특히 개발도상국인 당사자들과 그 중에서도 협약 제4조 제8항 및 제9항에 규정된 당사자들에 대한 사회적·환경적·경제적 영향 등을 포함한 부정적 영향을 최소화하는 방식으로 이행하기 위하여 노력한다. 이 의정서의 당사자회의의 역할을 수행하는 당사국총회는 이 항의 이행을 촉진하기 위하여 적절한 경우 추가적 조치를 취할 수 있다.

4. The Conference of the Parties serving as the meeting of the Parties to this Protocol, if it decides that it would be beneficial to coordinate any of the policies and measures in paragraph 1(a) above, taking into account different national circumstances and potential effects, shall consider ways and means to elaborate the coordination of such policies and measures.

4. 이 의정서의 당사자회의의 역할을 수행하는 당사국총회는, 각국의 상이한 여건과 잠재적 영향을 고려하여 제1항 가목의 정책 및 조치를 조정하는 것이 유익하다고 결정하는 경우에는, 이러한 정책 및 조치를 조정하기 위한 방안 및 수단을 검토한다.

Article 3

제3조

1. The Parties included in Annex I shall, individually or jointly, ensure that their aggregate carbon dioxide equivalent emissions of the greenhouse gases listed in A do not exceed their assigned amounts, calculated pursuant to their quantified emission limitation and reduction commitments inscribed in Annex

1. 부속서 1의 당사자는, 이들 당사자에 의한 부속서 가에 규정된 온실가스의 총 인위적 배출량을 이산화탄소를 기준으로 환산한 배출량에 대하여 이를 2008년부터 2012년까지의 공약기간 동안 1990년도 수준의 5퍼센트 이상 감축하기 위하여, 이러한 총 배출량이 이 조 및 부속서 나에 규정된 이들 당사자의 수량적 배출량의 제한·감축

B and in accordance with the provisions of this Article, with a view to reducing their overall emissions of such gases by at least 5 per cent below 1990 levels in the commitment period 2008 to 2012.

을 위한 공약에 따라 계산되는 배출허용량을 초과하지 아니하도록 개별 또는 공동으로 보장한다.

2. Each Party included in Annex I shall, by 2005, have made demonstrable progress in achieving its commitments under this Protocol.

2. 부속서 1의 당사자는 2005년까지 이 의정서상의 공약을 달성하는 데 따른 가시적 진전을 제시하여야 한다.

3. The net changes in greenhouse gas emissions by sources and removals by sinks resulting from direct humaninduced land-use change and forestry activities, limited to afforestation, reforestation and deforestation since 1990, measured as verifiable changes in carbon stocks in each commitment period, shall be used to meet the commitments under this Article of each Party included in Annex I. The greenhouse gas emissions by sources and removals by sinks associated with those activities shall be reported in a transparent and verifiable manner and reviewed in accordance with Articles 7 and 8.

3. 인위적 · 직접적인 토지이용의 변화와 임업활동(1990년 이후의 신규조림 · 재조림 및 산림전용에 한한다)에 기인하는 온실가스의 배출원에 의한 배출량과 흡수원에 의한 제거량간의 순변화량은 각 공약기간마다 탄소저장량의 검증가능한 변화량으로 측정되며, 부속서 1의 당사자가 이 조의 공약을 달성하는데 사용된다. 이러한 활동과 연관되는 온실가스의 배출원에 의한 배출량 및 흡수원에 의한 제거량은 투명하고 검증가능한 방식으로 보고되며, 제7조 및 제8조에 따라 검토된다.

4. Prior to the first session of the Conference of the Parties serving as the meeting of the Parties to this Protocol, each Party included in Annex I shall provide, for consideration by the Subsidiary Body for Scientific and Technological Advice, data to establish its level of carbon stocks in 1990 and to enable an estimate to be made of its changes in carbon stocks in subsequent years. The Conference of the Parties serving as the meeting of the Parties to

4. 이 의정서의 당사자회의의 역할을 수행하는 당사국총회의 제1차 회기 전에 부속서 1의 당사자는 과학 · 기술자문 보조기관의 검토를 위하여 자국의 1990년도 탄소저장량의 수준을 설정하고, 다음 연도의 탄소저장량의 변화에 대한 추산을 가능하게 하는 자료를 제공한다. 이 의정서의 당사자회의의 역할을 수행하는 당사국총회는 제1차 회기 또는 그 이후에 가능한 한 조속히 농지 · 토지이용변화 및 임업부문에서 온실가스의 배출원에 의한 배출량 및 흡수

this Protocol shall, at its first session or as soon as practicable thereafter, decide upon modalities, rules and guidelines as to how, and which, additional humaninduced activities related to changes in greenhouse gas emissions by sources and removals by sinks in the agricultural soil sand the land-use change and forestry categories shall be added to, or subtracted from, the assigned amounts for Parties included in Annex I, taking into account uncertainties, transparency in reporting, verifiability, the methodological work of the Intergovernmental Panel on Climate Change, the advice provided by the Subsidiary Body for Scientific and Technological Advice in accordance with Article 5 and the decisions of the Conference of the Parties. Such a decision shall apply in the second and subsequent commitment periods. A Party may choose to apply such a decision on these additional humaninduced activities for its first commitment period, provided that these activities have taken place since 1990.

원에 의한 제거량의 변화와 관련된 추가적인 인위적 활동 중 어느 활동을 어떤 방법으로 부속서 1의 당사자의 배출허용량에 추가하거나 공제할 것인지에 관한 방식·규칙 및 지침을 결정한다. 이러한 결정을 함에 있어서는 불확실성, 보고의 투명성, 검증가능성, 기후변화에 관한 정부간 패널의 방법론적 작업, 제5조에 따른 과학·기술자문 보조기관의 자문 및 당사국총회의 결정들이 고려되며, 동 결정은 제2차 공약기간 및 후속의 공약기간에 대하여 적용된다. 당사자는 추가적인 인위적 활동이 1990년 이후에 이루어진 경우에는, 위의 결정을 제1차 공약기간에 대하여 적용하는 것을 선택할 수 있다.

5. The Parties included in Annex I undergoing the process of transition to a market economy whose base year or period was established pursuant to decision 9/CP.2 of the Conference of the Parties at its second session shall use that base year or period for the implementation of their commitments under this Article. Any other Party included in Annex Iundergoing the process of transition to a market economy which has not yet submitted its first national

5. 시장경제로의 이행과정에 있는 부속서 1의 당사자로서 당사국총회 제2차 회기의 결정 9/CP.2에 따라 그 이행의 기준연도 또는 기간이 설정된 당사자는 이 조에 따른 공약을 이행함에 있어 그 기준연도 또는 기간을 사용한다. 시장경제로의 이행과정에 있는 부속서 1의 당사자로서 협약 제12조에 따른 제1차 국가보고서를 제출하지 아니한 그 밖의 당사자는 이 조에 따른 공약을 이행함에 있어 1990년도 이외의 역사적 기준연도 또는 기간을 사용할 의사

communication under Article 12 of the Convention may also notify the Conference of the Parties serving as the meeting of the Parties to this Protocol that it intends to use an historical base year or period other than 1990 for the implementation of its commitments under this Article. The Conference of the Parties serving as the meeting of the Parties to this Protocol shall decide on the acceptance of such notification.

가 있음을 이 의정서의 당사자회의의 역할을 수행하는 당사국총회에 통고할 수 있다. 동 당사국총회는 이러한 통고의 수락여부를 결정한다.

6. Taking into account Article 4, paragraph 6, of the Convention, in the implementation of their commitments under this Protocol other than those under this Article, a certain degree of flexibility shall be allowed by the Conference of the Parties serving as the meeting of the Parties to this Protocol to the Parties included in Annex I undergoing the process of transition to a market economy.

6. 이 의정서의 당사자회의의 역할을 수행하는 당사국총회는 협약 제4조 제6항을 고려하여, 시장경제로의 이행과정에 있는 부속서 1의 당사자에 대하여 이 의정서상의 공약(이 조에 따른 공약을 제외한다)을 이행함에 있어 일정한 융통성을 허용한다.

7. In the first quantified emission limitation and reduction commitment period, from 2008 to 2012, the assigned amount for each Party included in Annex I shall be equal to the percentage inscribed for it in Annex B of its aggregate anthropogenic carbon dioxide equivalent emissions of the greenhouse gases listed in Annex A in 1990, or the base year or period determined in accordance with paragraph 5 above, multiplied by five. Those Parties included in Annex I for whom land-use change and forestry constituted a net source of greenhouse gas emissions in 1990 shall

7. 제1차 수량적 배출량의 제한·감축을 위한 공약기간인 2008년부터 2012년까지 부속서 1의 당사자별 배출허용량은 1990년도나 제5항에 따라 결정된 기준연도 또는 기간에 당해 당사자가 배출한 부속서 가에 규정된 온실가스의 총 인위적 배출량을 이산화탄소를 기준으로 환산한 배출량에 부속서 나에 규정된 당사자별 백분율을 곱한 후 다시 5를 곱하여 산정한다. 토지이용변화와 임업이 1990년도에 온실가스의 순 배출원을 구성한 부속서 1의 당사자는 자국의 배출허용량을 산정함에 있어서 1990년도의 토지이용변화에 기인한, 배출원에 의한 총 인위적 배출량을 이

include in their 1990 emissions base year or period the aggregate anthropogenic carbon dioxide equivalent emissions by sources minus removals by sinks in 1990 from land-use change for the purposes of calculating their assigned amount.

산화탄소를 기준으로 환산한 배출량에서 흡수원에 의한 제거량을 공제한 양을 자국의 1990년도나 기준연도 또는 기간의 배출량에 포함시킨다.

8. Any Party included in Annex I may use 1995 as its base year for hydrofluorocarbons, perfluorocarbons and sulphur hexafluoride, for the purposes of the calculation referred to in paragraph 7 above.

8. 부속서 1의 당사자는 제7항에 규정된 계산을 위하여 수소불화탄소·과불화탄소 및 육불화황에 대하여 1995년도를 기준연도로 사용할 수 있다.

9. Commitments for subsequent periods for Parties included in Annex I shall be established in amendments to Annex B to this Protocol, which shall be adopted in accordance with the provisions of Article 21, paragraph 7. The Conference of the Parties serving as the meeting of the Parties to this Protocol shall initiate the consideration of such commitments at least seven years before the end of the first commitment period referred to in paragraph 1 above.

9. 후속기간에 대한 부속서 1의 당사자의 공약은 제21조 제7항에 따라 채택되는 이 의정서 부속서 나의 개정을 통하여 정하여지며, 이 의정서의 당사자회의의 역할을 수행하는 당사국총회는 제1항에 규정된 제1차 공약기간이 종료하기 최소 7년 전에 이러한 공약에 대한 검토를 개시한다.

10. Any emission reduction units, or any part of an assigned amount, which a Party acquires from another Party in accordance with the provisions of Article 6 or of Article 17 shall be added to the assigned amount for the acquiring Party.

10. 제6조 또는 제17조의 규정에 따라 일방당사자가 타방당사자로부터 취득하는 배출량의 감축단위 또는 배출허용량의 일부는 이를 취득하는 당사자의 배출허용량에 추가된다.

11. Any emission reduction units, or any part of an assigned amount, which a Party transfers to another Party in accordance with the provisions of Article 6 or of Article 17 shall be subtracted from the assigned amount for the trans-

11. 제6조 또는 제17조의 규정에 따라 일방당사자가 타방당사자에게 이전하는 배출량의 감축단위 또는 배출허용량의 일부는 이를 이전하는 당사자의 배출허용량에서 공제된다.

ferring Party.

12. Any certified emission reductions which a Party acquires from another Party in accordance with the provisions of Article 12 shall be added to the assigned amount for the acquiring Party.

12. 제12조의 규정에 따라 일방당사자가 타방당사자로부터 취득하는 인증받은 배출감축량은 이를 취득하는 당사자의 배출허용량에 추가된다.

13. If the emissions of a Party included in Annex I in a commitment period are less than its assigned amount under this Article, this difference shall, on request of that Party, be added to the assigned amount for that Party for subsequent commitment periods.

13. 일정 공약기간 동안 부속서 1의 당사자의 배출량이 이 조에 따른 배출허용량보다 적을 경우, 그 차이는 당해 당사자의 요청에 따라 동 당사자의 후속 공약기간의 배출허용량에 추가된다.

14. Each Party included in Annex I shall strive to implement the commitments mentioned in paragraph 1 above in such a way as to minimize adverse social, environmental and economic impacts on developing country Parties, particularly those identified in Article 4, paragraphs 8 and 9, of the Convention. In line with relevant decisions of the Conference of the Parties on the implementation of those paragraphs, the Conference of the Parties serving as the meeting of the Parties to this Protocol shall, at its first session, consider what actions are necessary to minimize the adverse effects of climate change and/or the impacts of response on Parties referred to in those paragraphs. Among the issues to be considered shall be the establishment of funding, insurance and transfer of technology.

14. 부속서 1의 당사자는 제1항에 규정된 공약을 이행함에 있어서 개발도상국인 당사자들, 특히 협약 제4조 제8항 및 제9항에 규정된 당사자들에게 미치는 사회적·환경적·경제적인 부정적 영향을 최소화하는 방식으로 이행하기 위하여 노력하여야 한다. 협약 제4조 제8항 및 제9항의 이행에 관한 당사국총회의 관련 결정들에 따라, 이 의정서의 당사자회의의 역할을 수행하는 당사국총회는 제1차 회기에서 협약 제4조 제8항 및 제9항에 규정된 당사자들에 대하여 기후변화의 부정적 효과 및/또는 대응조치의 영향을 최소화하기 위하여 어떠한 조치가 필요한지를 검토하며, 그 검토사항에는 기금의 설립, 보험 및 기술이전이 포함된다.

Article 4

1. Any Parties included in Annex I that have reached an agreement to fulfil their commitments under Article 3 jointly, shall be deemed to have met those commitments provided that their total combined aggregate anthropogenic carbon dioxide equivalent emissions of the greenhouse gases listed in Annex A do not exceed their assigned amounts calculated pursuant to their quantified emission limitation and reduction commitments inscribed in Annex B and in accordance with the provisions of Article 3. The respective emission level allocated to each of the Parties to the agreement shall be set out in that agreement.

2. The Parties to any such agreement shall notify the secretariat of the terms of the agreement on the date of deposit of their instruments of ratification, acceptance or approval of this Protocol, or accession thereto. The secretariat shall in turn inform the Parties and signatories to the Convention of the terms of the agreement.

3. Any such agreement shall remain in operation for the duration of the commitment period specified in Article 3, paragraph 7.

4. If Parties acting jointly do so in the framework of, and together with, a regional economic integration organization, any alteration in the composition of the organization after adoption of this Protocol shall not affect existing com-

제4조

1. 제3조상의 공약을 공동으로 이행하기로 합의한 부속서 1의 당사자들은, 이들 당사자에 의한 부속서 가에 규정된 온실가스의 총 인위적 배출량을 이산화탄소 기준으로 환산하여 합산한 총 배출량이 제3조 및 부속서 나에 규정된 수량적 배출량의 제한·감축을 위한 공약에 따라 계산된 그들의 배출허용량을 초과하지 아니하는 경우에는, 당해 공약을 이행한 것으로 간주된다. 그러한 합의를 한 각 당사자의 배출허용량의 수준은 그 합의에서 정하여진다.

2. 그러한 합의를 한 당사자들은 이 의정서의 비준서·수락서·승인서 또는 가입서의 기탁일에 합의된 내용을 사무국에 통고한다. 사무국은 협약의 당사자 및 서명자에게 그 합의된 내용을 통보한다.

3. 그러한 합의는 제3조 제7항에 명시된 공약기간 동안에만 유효하다.

4. 공동으로 공약을 이행하는 당사자들이 지역경제통합기구의 틀 안에서 동 기구와 함께 공약을 이행하는 경우, 이 의정서의 채택 이후에 이루어지는 동 기구 구성상의 변동은 동 의정서상의 기존 공약에 아무런 영향을 미치지 아니한다. 지역경제통합기

mitments under this Protocol. Any alteration in the composition of the organization shall only apply for the purposes of those commitments under Article 3 that are adopted subsequent to that alteration.

5. In the event of failure by the Parties to such an agreement to achieve their total combined level of emission reductions, each Party to that agreement shall be responsible for its level of emissions set out in the agreement.

6. If Parties acting jointly do so in the framework of, and together with, a regional economic integration organization which is itself a Party to this Protocol, each member State of that regional economic integration organization individually, and together with the regional economic integration organization acting in accordance with Article 24, shall, in the event of failure to achieve the total combined level of emission reductions, be responsible for its level of emissions as notified in accordance with this Article.

구의 구성상의 모든 변동은 그 변동 이후에 채택되는 제3조상의 공약에 대하여만 적용된다.

5. 그러한 합의의 당사자들이 그들 각각의 배출감축량을 합산한 감축량수준을 달성하지 못하는 때에는, 그러한 합의를 한 각 당사자는 그 합의에서 정하여진 자국의 배출량 수준에 대하여 책임을 진다.

6. 공동으로 공약을 이행하는 당사자들이 이 의정서의 당사자인 지역경제통합기구의 틀 안에서 동 기구와 함께 공약을 이행하는 경우, 그들 각각의 배출감축량을 합산한 감축량 수준을 달성하지 못하는 때에는, 지역경제통합기구의 각 회원국은 개별적으로, 또한 제24조에 따라 행동하는 지역경제통합기구와 함께, 이 조에 따라 통고된 자국의 배출량 수준에 대하여 책임을 진다.

Article 5

1. Each Party included in Annex I shall have in place, no later than one year prior to the start of the first commitment period, a national system for the estimation of anthropogenic emissions by sources and removals by sinks of all greenhouse gases not controlled by the Montreal Protocol. Guidelines for such national systems, which shall incorporate

제5조

1. 부속서 1의 당사자는 늦어도 제1차 공약기간이 개시되기 일년 전까지 모든 온실가스(몬트리올의정서에 의하여 규제되는 것을 제외한다)의 배출원에 의한 인위적 배출량과 흡수원에 의한 제거량을 추산하기 위한 국가제도를 마련한다. 이 의정서의 당사자회의의 역할을 수행하는 당사국총회는 제1차 회기에서 제2항에 규정된 방

the methodologies specified in paragraph 2 below, shall be decided upon by the Conference of theserving as the meeting of the Parties to this Protocol at its first session.

법론이 반영된 국가제도에 관한 지침을 결정한다.

2. Methodologies for estimating anthropogenic emissions by sources and removals by sinks of all greenhouse gases not controlled by the Montreal Protocol shall be those accepted by the Intergovernmental Panel on Climate Change and agreed upon by the Conference of the Parties at its third session. Where such methodologies are not used, appropriate adjustments shall be applied according to methodologies agreed upon by the Conference of the Parties serving as the meeting of the Parties to this Protocol at its first session. Based on the work of, inter alia, the Intergovernmental Panel on Climate Change and advice provided by the Subsidiary Body for Scientific and Technological Advice, the Conference of the Parties serving as the meeting of the Parties to this Protocol shall regularly review and, as appropriate, revise such methodologies and adjustments, taking fully into account any relevant decisions by the Conference of the Parties. Any revision to methodologies or adjustments shall be used only for the purposes of ascertaining compliance with commitments under Article 3 in respect of any commitment period adopted subsequent to that revision.

2. 모든 온실가스(몬트리올의정서에 의하여 규제되는 것을 제외한다)의 배출원에 의한 인위적 배출량과 흡수원에 의한 제거량을 추산하기 위한 방법론은 기후변화에 관한 정부간 패널이 수락하고 당사국총회가 제3차 회기에서 합의한 것으로 한다. 이러한 방법론이 사용되지 아니하는 경우에는, 이 의정서의 당사자회의의 역할을 수행하는 당사국총회가 제1차 회기에서 합의한 방법론에 따른 적절한 조정이 적용된다. 이 의정서의 당사자회의의 역할을 수행하는 당사국총회는, 특히 기후변화에 관한 정부간 패널의 작업과 과학·기술자문 보조기관의 자문에 기초하고 당사국총회의 관련 결정들을 충분히 고려하여, 이러한 방법론과 조정을 정기적으로 검토하고 적절한 경우에는 이를 수정한다. 이러한 방법론과 조정에 대한 수정은 그러한 수정 이후에 채택되는 제3조상의 공약의 준수를 확인하기 위하여만 사용된다.

3. The global warming potentials used to calculate the carbon dioxide equivalence

3. 부속서 가에 규정된 온실가스의 배출원에 의한 인위적 배출량과 흡수원에 의한 제거

of anthropogenic emissions by sources and removals by sinks of greenhouse gases listed in Annex A shall be those accepted by the Intergovernmental Panel on Climate Change and agreed upon by the Conference of the Parties at its third session. Based on the work of, inter alia, the Intergovernmental Panel on Climate Change and advice provided by the Subsidiary Body for Scientific and Technological Advice, the Conference of the Parties serving as the meeting of the Parties to this Protocol shall regularly review and, as appropriate, revise the global warming potential of each such greenhouse gas, taking fully into account any relevant decisions by the Conference of the Parties. Any revision to a global warming potential shall apply only to commitments under Article 3 in respect of any commitment period adopted subsequent to that revision.

량에 대하여 이산화탄소를 기준으로 한 환산치를 계산하는 데 사용되는 지구온난화지수는 기후변화에 관한 정부간 패널이 수락하고 당사국총회가 제3차 회기에서 합의한 것으로 한다. 이 의정서의 당사자회의의 역할을 수행하는 당사국총회는, 특히 기후변화에 관한 정부간 패널의 작업과 과학·기술자문 보조기관의 자문에 기초하고 당사국총회의 관련 결정들을 충분히 고려하여, 각 온실가스의 지구온난화지수를 정기적으로 검토하고 적절한 경우에는 이를 수정한다. 지구온난화지수에 대한 수정은 그러한 수정 이후에 채택되는 제3조상의 공약에 대하여만 적용된다.

Article 6

1. For the purpose of meeting its commitments under Article 3, any Party included in Annex I may transfer to, or acquire from, any other such Party emission reduction units resulting from projects aimed at reducing anthropogenic emissions by sources or enhancing anthropogenic removals by sinks of greenhouse gases in any sector of the economy, provided that:

(a) Any such project has the approval of the Parties involved;

(b) Any such project provides a reduction in emissions by sources, or an en-

제6조

1. 부속서 1의 당사자는 제3조상의 공약을 이행하기 위하여, 모든 경제 부문에서 온실가스의 배출원에 의한 인위적 배출량의 감축이나 흡수원에 의한 인위적 제거량의 증대를 목표로 하는 사업으로부터 발생하는 배출량의 감축단위를 다른 부속서 1의 당사자에게 이전하거나 그들로부터 취득할 수 있다. 이 경우, 다음 각목의 요건을 충족하여야 한다.

가. 이러한 사업에 대하여 관련 당사자들의 승인이 있을 것

나. 이러한 사업은 그 사업이 시행되지 아니하는 경우와 대비하여, 배출원에 의한 배

hancement of removals by sinks, that is additional to any that would otherwise occur;

(c) It does not acquire any emission reduction units if it is not in compliance with its obligations under Articles 5 and 7; and

(d) The acquisition of emission reduction units shall be supplemental to domestic actions for the purposes of meeting commitments under Article 3.

2. The Conference of the Parties serving as the meeting of the Parties to this Protocol may, at its first session or as soon as practicable thereafter, further elaborate guidelines for the implementation of this Article, including for verification and reporting.

3. A Party included in Annex I may authorize legal entities to participate, under its responsibility, in actions leading to the generation, transfer or acquisition under this Article of emission reduction units.

4. If a question of implementation by a Party included in Annex I of the requirements referred to in this Article is identified in accordance with the relevant provisions of Article 8, transfers and acquisitions of emission reduction units may continue to be made after the question has been identified, provided that any such units may not be used by a Party to meet its commitments under Article 3 until any issue of compliance is resolved.

출량의 추가적 감축이나 흡수원에 의한 제거량의 추가적 증대를 제공할 것

다. 당사자가 제5조 및 제7조상의 의무를 준수하지 아니하는 경우, 그 당사자는 배출량의 감축단위를 취득하지 못하도록 할 것

라. 배출량의 감축단위의 취득은 제3조상의 공약의 이행을 위한 국내 조치의 보조수단으로 활용되어야 할 것

2. 이 의정서의 당사자회의의 역할을 수행하는 당사국총회는 제1차 회기 또는 그 이후에 가능한 한 조속히 이 조의 검증·보고 및 이행을 위한 지침을 더욱 발전시킬 수 있다.

3. 부속서 1의 당사자는 자국의 책임 하에 법인이 이 조의 규정에 의한 배출량의 감축단위의 발생·이전 및 취득을 초래하는 활동에 참여하는 것을 허가할 수 있다.

4. 부속서 1의 당사자에 의한 이 조에 규정된 요건의 이행문제가 제8조의 관련 규정에 따라 확인되는 경우, 배출량의 감축단위의 이전과 취득은 그러한 문제가 확인된 이후에도 계속 이루어질 수 있다. 다만, 당사자는 준수에 관한 모든 문제가 해결될 때까지는 이러한 감축단위를 제3조상의 공약을 이행하는 데 사용할 수 없다.

Article 7

1. Each Party included in Annex I shall incorporate in its annual inventory of anthropogenic emissions by sources and removals by sinks of greenhouse gases not controlled by the Montreal Protocol, submitted in accordance with the relevant decisions of the Conference of the Parties, the necessary supplementary information for the purposes of ensuring compliance with Article 3, to be determined in accordance with paragraph 4 below.

2. Each Party included in Annex I shall incorporate in its national communication, submitted under Article 12 of the Convention, the supplementary information necessary to demonstrate compliance with its commitments under this Protocol, to be determined in accordance with paragraph 4 below.

3. Each Party included in Annex I shall submit the information required under paragraph 1 above annually, beginning with the first inventory due under the Convention for the first year of the commitment period after this Protocol has entered into force for that Party. Each such Party shall submit the information required under paragraph 2 above as part of the first national communication due under the Convention after this Protocol has entered into force for it and after the adoption of guidelines as provided for in paragraph 4 below. The frequency of subsequent submission of information required under

제7조

1. 부속서 1의 당사자는 당사국총회의 관련 결정에 따라 제출하는 온실가스(몬트리올 의정서에 의하여 규제되는 것을 제외한다)의 배출원에 의한 인위적 배출량과 흡수원에 의한 제거량에 관한 자국의 연례통계목록에, 제3조의 준수를 보장하기 위하여 필요한 보충정보로서 제4항에 따라 결정되는 것을 포함시킨다.

2. 부속서 1의 당사자는 협약 제12조에 따라 제출하는 자국의 국가보고서에, 이 의정서상의 공약의 준수를 증명하기 위하여 필요한 보충정보로서 제4항에 따라 결정되는 것을 포함시킨다.

3. 부속서 1의 당사자는 이 의정서가 자국에 대하여 발효한 이후의 공약기간의 첫째 연도에 대하여 협약상 제출하여야 하는 제1차 통계목록을 시작으로 제1항에서 요구하는 정보를 매년 제출한다. 동 당사자는 이 의정서가 자국에 대하여 발효하고 제4항에 규정된 지침이 채택된 이후에, 협약상 제출하여야 하는 제1차 국가보고서의 일부로서 제2항에서 요구하는 정보를 제출한다. 이 조에서 요구하는 정보의 후속 제출빈도는 당사국총회에서 결정되는 국가보고서의 제출일정을 고려하여, 이 의정서의 당사자회의의 역할을 수행하는 당사국총회가 결정한다.

this Article shall be determined by the Conference of the Parties serving as the meeting of the Parties to this Protocol, taking into account any timetable for the submission of national communications decided upon by the Conference of the Parties.

4. The Conference of the Parties serving as the meeting of the Parties to this Protocol shall adopt at its first session, and review periodically thereafter, guidelines for the preparation of the information required under this Article, taking into account guidelines for the preparation of national communications by Parties included in Annex I adopted by the Conference of the Parties. The Conference of the Parties serving as the meeting of the Parties to this Protocol shall also, prior to the first commitment period, decide upon modalities for the of assigned amounts.

4. 이 의정서의 당사자회의의 역할을 수행하는 당사국총회는 제1차 회기에서, 당사국총회에서 채택되는 부속서 1의 당사자의 국가보고서 작성을 위한 지침을 고려하여, 이 조에서 요구하는 정보의 작성지침을 채택하고, 그 후 정기적으로 이를 검토한다. 또한 이 의정서의 당사자회의의 역할을 수행하는 당사국총회는 제1차 공약기간 이전에 배출허용량의 계산방식을 결정한다.

Article 8

1. The information submitted under Article 7 by each Party included in Annex I shall be reviewed by expert review teams pursuant to the relevant decisions of the Conference of the Parties and in accordance with guidelines adopted for this purpose by the Conference of the Parties serving as the meeting of the Parties to this Protocol under paragraph 4 below. The information submitted under Article 7, paragraph 1, by each Party included in Annex I shall be reviewed as part of the annual compilation and accounting of emissions inventories and

제8조

1. 부속서 1의 당사자가 제7조에 따라 제출하는 정보에 대하여는 당사국총회의 관련 결정들과 이 의정서의 당사자회의의 역할을 수행하는 당사국총회가 제4항의 규정에 의하여 그 목적을 위하여 채택한 지침에 따라 전문가 검토반이 이를 검토한다. 부속서 1의 당사자가 제7조 제1항에 따라 제출하는 정보는 배출량의 통계목록과 배출허용량의 연례 취합 및 계산의 일부로서 검토된다. 추가적으로, 부속서 1의 당사자가 제7조 제2항에 따라 제출하는 정보는 보고서 검토의 일부로서 검토된다.

assigned amounts. Additionally, the information submitted under Article 7, paragraph 2, by each Party included in Annex I shall be reviewed as part of the review of communications.

2. Expert review teams shall be coordinated by the secretariat and shall be composed of experts selected from those nominated by Parties to the Convention and, as appropriate, by intergovernmental organizations, in accordance with guidance provided for this purpose by the of the Parties.

2. 전문가 검토반은, 당사국총회가 정한 방침에 따라, 사무국에 의하여 조정되며, 협약의 당사자가, 적절한 경우에는 정부간 기구가, 지명하는 인사 중에서 선정되는 전문가로 구성된다.

3. The review process shall provide a thorough and comprehensive technical assessment of all aspects of the implementation by a Party of this Protocol. The expert review teams shall prepare a report to the Conference of the Parties serving as the meeting of the Parties to this Protocol, assessing the implementation of the commitments of the Party and identifying any potential problems in, and factors influencing, the fulfillment of commitments. Such reports shall be circulated by the secretariat to all Parties to the Convention. The secretariat shall list those questions of implementation indicated in such reports for further consideration by the Conference of the Parties serving as the meeting of the Parties to this Protocol.

3. 검토과정에서는 이 의정서의 당사자에 의한 이행의 모든 측면에 대하여 철저하고 포괄적인 기술적 평가가 이루어진다. 전문가 검토반은 당사자의 공약이행을 평가하고, 그 이행과정에 있어서의 모든 잠재적 문제점과 공약의 이행에 영향을 미치는 모든 요소들을 확인하여, 이 의정서의 당사자회의의 역할을 수행하는 당사국총회에 제출할 보고서를 작성한다. 사무국은 이러한 보고서를 협약의 모든 당사자에게 배포하는 한편, 이 의정서의 당사자회의의 역할을 수행하는 당사국총회가 보다 심층적으로 이를 검토할 수 있도록 그 보고서에서 지적된 이행상의 문제점을 목록화 한다.

4. The Conference of the Parties serving as the meeting of the Parties to this Protocol shall adopt at its first session, and review periodically thereafter, guidelines for the review of implementation

4. 이 의정서의 당사자회의의 역할을 수행하는 당사국총회는 제1차 회기에서, 당사국총회의 관련 결정들을 고려하여, 전문가 검토반이 이 의정서의 이행을 검토하기 위한 지침을 채택하고 그 후 정기적으로 이

of this Protocol by expert review teams taking into account the relevant decisions of the Conference of the Parties.

를 검토한다.

5. The Conference of the Parties serving as the meeting of the Parties to this Protocol shall, with the assistance of the Subsidiary Body for Implementation and, as appropriate, the Subsidiary Body for Scientific and Technological Advice, consider:

5. 이 의정서의 당사자회의의 역할을 수행하는 당사국총회는 이행보조기관, 적절한 경우에는 과학·기술자문 보조기관의 지원을 받아 다음 사항을 검토한다.

(a) The information submitted by Parties under Article 7 and the reports of the expert reviews thereon conducted under this Article; and
(b) Those questions of implementation listed by the secretariat under paragraph 3 above, as well as any questions raised by Parties.

가. 당사자가 제7조에 따라 제출한 정보 및 이 조의 규정에 의하여 그 정보에 대하여 행하여진 전문가의 검토보고서
나. 사무국이 제3항에 따라 목록화한 이행상의 문제점 및 당사자가 제기한 모든 문제점

6. Pursuant to its consideration of the information referred to in paragraph 5 above, the Conference of the Parties serving as the meeting of the Parties to this Protocol shall take decisions on any matter required for the implementation of this Protocol.

6. 이 의정서의 당사자회의의 역할을 수행하는 당사국총회는 제5항에 규정된 정보에 대한 검토에 따라 이 의정서의 이행을 위하여 필요한 모든 사항에 관하여 결정한다.

Article 9

제9조

1. The Conference of the Parties serving as the meeting of the Parties to this Protocol shall periodically review this Protocol in the light of the best available scientific information and assessments on climate change and its impacts, as well as relevant technical, social and economic information. Such reviews shall be coordinated with pertinent reviews

1. 이 의정서의 당사자회의의 역할을 수행하는 당사국총회는 기후변화와 그 영향에 대하여 이용 가능한 최선의 과학적 정보·평가와 기술적·사회적·경제적 관련 정보에 비추어 이 의정서를 정기적으로 검토한다. 이러한 검토는 협약상의 관련 검토, 특히 협약 제4조 제2항 라목 및 제7조 제2항 가목에서 요구되는 관련 검토와 조정된다.

under the Convention, in particular those required by Article 4, paragraph 2(d), and Article 7, paragraph 2(a), of the Convention. Based on these reviews, the Conference of the Parties serving as the meeting of the Parties to this Protocol shall take appropriate action.

이 의정서의 당사자회의의 역할을 수행하는 당사국총회는 이러한 검토에 기초하여 적절한 조치를 취한다.

2. The first review shall take place at the second session of the Conference of the Parties serving as the meeting of the Parties to this Protocol. Further reviews shall take place at regular intervals and in a timely manner.

2. 제1차 검토는 이 의정서의 당사자회의의 역할을 수행하는 당사국총회의 제2차 회기에서 이루어진다. 추가적 검토는 적절한 방식에 의하여 정기적으로 이루어진다.

Article 10

제 10 조

All Parties, taking into account their common but differentiated responsibilities and their specific national and regional development priorities, objectives and circumstances, without introducing any new commitments for Parties not included in Annex I, but reaffirming existing commitments under Article 4, paragraph 1, of the Convention, and continuing to advance the implementation of these commitments in order to achieve sustainable development, taking into account Article 4, paragraphs 3, 5 and 7, of the Convention, shall:

모든 당사자는, 공통적이지만 그 정도에는 차이가 있는 각자의 책임과 국가 및 지역에 고유한 개발우선순위·목적·상황을 고려하고, 부속서 1에 포함되지 아니한 당사자에 대하여는 어떠한 새로운 공약도 도입하지 아니하나 협약 제4조 제1항의 기존 공약에 대하여는 이를 재확인하며, 지속가능한 개발을 달성하기 위하여 이들 공약의 이행을 계속 진전시키고, 협약 제4조 제3항·제5항 및 제7항을 고려하여 다음 사항을 수행한다.

교토의정서

(a) Formulate, where relevant and to the extent possible, cost-effective national and, where appropriate, regional programmes to improve the quality of local emission factors, activity data and/or models which reflect the socioeconomic conditions of each Party for the preparation and periodic updating of national inventories of anthropogenic

가. 당사국총회가 채택한 국가보고서의 작성을 위한 지침에 부합하고 당사국총회가 합의한 비교가능한 방법론을 사용하여, 모든 온실가스(몬트리올의정서에 의하여 규제되는 것을 제외한다)의 배출원에 의한 인위적 배출량과 흡수원에 의한 제거량에 관한 국가통계목록을 작성하고 이를 정기적으로 갱신하기 위하여, 각 당사자

emissions by sources and removals by sinks of all greenhouse gases not controlled by the Montreal Protocol, using comparable methodologies to be agreed upon by the Conference of the Parties, and consistent with the guidelines for the preparation of national communications adopted by the Conference of the Parties;

의 사회·경제적 여건을 반영하는 국내배출요소·활동자료 및/또는 모델의 질을 개선하기 위한 비용효율적인 국가적 계획, 적절한 경우에는 지역적 계획을 타당하고 가능한 범위 안에서 수립할 것

(b) Formulate, implement, publish and regularly update national and, where appropriate, regional programmes containing measures to mitigate climate change and measures to facilitate adequate adaptation to climate change:

나. 기후변화를 완화하는 조치와 기후변화에 대한 충분한 적응을 용이하게 하는 조치를 그 내용으로 하는 국가적 계획, 적절한 경우에는 지역적 계획을 수립·실시·공표하고 정기적으로 이를 갱신할 것

(i) programmes would, inter alia, concern the energy, transport and industry sectors as well as agriculture, forestry and waste management. Furthermore, adaptation technologies and methods for improving spatial planning would improve adaptation to climate change; and

(1) 이러한 계획은, 특히 에너지·수송·산업·농업·임업 및 폐기물관리에 관한 것이며, 적응기술 및 국토관리 계획을 개선하기 위한 방법은 기후변화에 대한 적응을 향상시킨다.

(ii) Parties included in Annex I shall submit information on action under this Protocol, including national programmes, in accordance with Article 7; and other Parties shall seek to include in their national communications, as appropriate, information on programmes which contain measures that the Party believes contribute to addressing climate change and its adverse impacts, including the abatement of increases in greenhouse gas emissions, and enhancement of and removals by sinks, capacity building and adaptation measures;

(2) 부속서 1의 당사자는 제7조에 따라 국가적 계획과 이 의정서에 따른 조치에 관한 정보를 제출한다. 그 밖의 당사자는 기후변화 및 그 부정적 영향에 대한 대응에 기여하리라고 생각되는 조치(온실가스 배출량의 증가 완화, 흡수원의 증진 및 흡수원에 의한 제거, 능력형성 및 적응조치를 포함한다)를 내용으로 하는 계획에 관한 정보를 자국의 국가보고서에 적절히 포함시키도록 노력한다.

(c) Cooperate in the promotion of effective modalities for the development, application and diffusion of, and take all practicable steps to promote, facilitate and finance, as appropriate, the transfer of, or access to, environmentally sound technologies, know-how, practices and processes pertinent to climate change, in particular to developing countries, including the formulation of policies and programmes for the effective transfer of environmentally sound technologies that are publicly owned or in the public domain and the creation of an enabling environment for the private sector, to promote and enhance the transfer and access to, environmentally sound technologies;

다. 기후변화와 관련된 환경적으로 건전한 기술·노하우·관행 및 공정의 개발·적용·확산을 위한 효과적인 방식을 증진하는데 협력한다. 특히 개발도상국에 대하여, 기후변화와 관련된 환경적으로 건전한 기술·노하우·관행 및 공정의 이전이나 이에 대한 접근을 적절히 증진·촉진하며, 이에 필요한 재원을 제공하기 위하여 실행가능한 모든 조치를 행한다. 이러한 조치는 공공소유 또는 사적 권리가 소멸된 환경적으로 건전한 기술의 효과적인 이전을 위한 정책 및 계획의 수립과 민간부문으로 하여금 환경적으로 건전한 기술의 이전과 이에 대한 접근을 증진하고 향상시킬 수 있도록 하는 환경의 조성을 포함한다.

(d) Cooperate in scientific and technical research and promote the maintenance and development of systematic observation systems and development of data archives to reduce uncertainties related to the climate system, the adverse impacts of climate change and the economic and social consequences of various response strategies, and promote the development and strengthening of endogenous capacities and capabilities to participate in international and intergovernmental efforts, programmes and networks on research and systematic observation, taking into account Article 5 of the Convention;

라. 협약 제5조를 고려하여, 기후체계 및 기후변화의 부정적 영향이나 다양한 대응전략의 경제적·사회적 영향에 관한 불확실성을 줄이기 위하여 과학적·기술적 연구에서 협력하고, 체계적 관측체제의 유지·발전 및 자료보관제도의 정비를 증진하며, 연구 및 체계적 관측에 관한 국가간 및 정부간 노력·계획 및 협력망에 참여하기 위한 고유한 역량과 능력의 개발·강화를 증진한다.

(e) Cooperate in and promote at the international level, and, where appropriate, using existing bodies, the development and implementation of education and training programmes, including the

마. 국제적 차원에서, 적절한 경우에는 기존기구를 활용하여, 교육·훈련계획(국가적 능력, 특히 인적·제도적 능력형성의 강화, 특히 개발도상국에 있어서 이 분야의 전문가를 양성할 요원의 교류나 파견에

strengthening of national capacity building, in particular human and institutional capacities and the exchange or secondment of personnel to train experts in this field, in particular for developing countries, and facilitate at the national level public awareness of, and public access to information on, climate change. Suitable modalities should be developed to implement these activities through the relevant bodies of the Convention, taking into account Article 6 of the Convention;

관한 것을 포함한다)의 개발·실시에 협력하고 이를 증진한다. 국가적 차원에서 기후변화에 관한 공중의 인식을 제고하고 관련 정보에 대한 공중의 접근을 용이하게 한다. 이러한 활동을 수행하기 위한 적절한 방식은, 협약 제6조를 고려하여, 이 협약의 관련기구를 통하여 개발된다.

(f) Include in their national communications information on programmes and activities undertaken pursuant to this Article in accordance with relevant decisions of the Conference of the Parties; and

바. 당사국총회의 관련 결정들에 따라, 이 조에 의하여 수행한 계획 및 활동에 관한 정보를 자국의 국가보고서에 포함시킨다.

(g) Give full consideration, in implementing the commitments under this Article, to Article 4, paragraph 8 of the Convention.

사. 이 조의 공약을 이행함에 있어서 협약 제4조 제8항을 충분히 고려한다.

Article 11

제11조

1. In the implementation of Article 10, Parties shall take into account the provisions of Article 4, paragraphs 4, 5, 7, 8 and 9, of the Convention.

1. 제10조의 이행에 있어, 당사자는 협약 제4조 제4항·제5항 및 제7항 내지 제9항의 규정을 고려한다.

2. In the context of the implementation of Article 4, paragraph 1, of the Convention, in accordance with the provisions of Article 4, paragraph 3, and Article 11 of the Convention, and through the entity or entities entrusted with the operation of the financial mechanism of the Convention, the developed country Parties and other developed Parties included in Annex II to the Convention shall:

2. 협약 제4조 제1항의 이행과 관련하여, 협약 부속서 2의 선진국인 당사자와 그 밖의 선진당사자는 협약 제4조 제3항 및 제11조와 협약의 재정지원체제의 운영을 위임받은 기구를 통하여 다음을 행한다.

(a) Provide new and additional financial resources to meet the agreed full costs incurred by developing country Parties in advancing the implementation of existing commitments under Article 4, paragraph 1(a), of the Convention that are covered in Article 10, subparagraph (a); and

가. 협약 제4조 제1항가목의 규정에 의한 기존 공약으로서 제10조가목에 규정된 사항의 이행을 진전시키기 위하여 개발도상국인 당사자가 부담하는 합의된 총비용을 충당하기 위하여 신규의 추가적 재원을 제공할 것

(b) Also provide such financial resources, including for the transfer of technology, needed by the developing country Parties to meet the agreed full incremental costs of advancing the implementation of existing commitments under Article 4, paragraph 1, of the Convention that are covered by Article 10 and that are agreed between a developing country Party and the international entity or entities referred to in Article 11 of the Convention, in accordance with that Article.

나. 협약 제4조 제1항의 규정에 의한 기존 공약으로서 제10조에 규정되어 있고 개발도상국인 당사자와 협약 제11조에 규정된 국제기구간에 합의된 사항의 이행을 진전시키는데 소요되는 합의된 총증가비용을 개발도상국인 당사자가 충당하는데 필요한 신규의 추가적 재원(기술이전을 위한 재원을 포함한다)을 제11조에 따라 제공할 것

The implementation of these existing commitments shall take into account the need for adequacy and predictability in the flow of funds and the importance of appropriate burden sharing among developed country Parties. The guidance to the entity or entities entrusted with the operation of the financial mechanism of the Convention in relevant decisions of the Conference of the Parties, including those agreed before the adoption of this Protocol, shall apply mutatis mutandis to the provisions of this paragraph.

이러한 기존 공약의 이행에는 자금 흐름의 적정성 및 예측가능성이 필요하다는 점과 선진국인 당사자 간에 적절한 부담배분이 중요하다는 점이 고려되어야 한다. 이 의정서의 채택 이전에 합의된 결정을 포함하여 당사국총회의 관련 결정에서 협약상의 재정지원체제를 운영하도록 위임받은 기구에 대한 지침은 이 항의 규정에 준용한다.

3. The developed country Parties and other developed Parties in Annex II to the Convention may also provide, and deve-

3. 협약 부속서 2의 선진국인 당사자와 그 밖의 선진당사자는 양자적·지역적 및 그 밖의 다자적 경로를 통하여 제10조의 이행

loping country Parties avail themselves of, financial resources for the implementation of Article 10, through bilateral, regional and other multilateral channels.

을 위한 재원을 제공할 수 있고, 개발도상국인 당사자는 이를 이용할 수 있다.

Article 12

제12조

1. A clean development mechanism is hereby defined.

1. 청정개발체제를 이에 규정한다.

2. The purpose of the clean development mechanism shall be to assist Parties not included in Annex I in achieving sustainable development and in contributing to the ultimate objective of the Convention, and to assist Parties included in Annex I in achieving compliance their quantified emission limitation and reduction commitments under Article

2. 청정개발체제는 부속서 1에 포함되지 아니한 당사자가 지속가능한 개발을 달성하고 협약의 궁극적 목적에 기여할 수 있도록 지원하며, 부속서 1의 당사자가 제3조의 규정에 의한 수량적 배출량의 제한·감축을 위한 공약을 준수할 수 있도록 지원하는 것을 목적으로 한다.

3. Under the clean development mechanism:

(a) Parties not included in Annex I will benefit from project activities resulting in certified emission reductions; and

(b) Parties included in Annex I may use the certified emission reductions accruing from such project activities to contribute to compliance with part of their quantified emission limitation and reduction commitments under Article 3, as determined by the Conference of the serving as the meeting of the Parties to this Protocol.

3. 청정개발체제하에서,

가. 부속서 1에 포함되지 아니한 당사자는 인증받은 배출감축량을 발생시키는 사업활동으로부터 이익을 얻는다.

나. 부속서 1의 당사자는 제3조의 규정에 의한 수량적 배출량의 제한·감축을 위한 공약의 일부 준수에 기여하기 위하여 이러한 사업 활동으로부터 발생하는 인증받은 배출감축량을 이 의정서의 당사자회의의 역할을 수행하는 당사국총회가 결정하는 바에 따라 사용할 수 있다.

4. The clean development mechanism shall be subject to the authority and guidance of the Conference of the Parties serving as the meeting of the Parties to this Pro-

4. 청정개발체제는 이 의정서의 당사자회의의 역할을 수행하는 당사국총회의 권한 및 지도에 따르며, 청정개발체제 집행이사회의 감독을 받는다.

tocol and be supervised by an executive board of the clean development mechanism.

5. Emission reductions resulting from each project activity shall be certified by operational entities to be designated by the Conference of the Parties serving as the meeting of Parties to this Protocol, on the basis of:

5. 각 사업 활동으로부터 발생하는 배출감축량은 다음에 기초하여, 이 의정서의 당사자회의의 역할을 수행하는 당사국총회가 지정하는 운영기구에 의하여 인증받는다.

(a) Voluntary participation approved by each Party involved;
(b) Real, measurable, and long-term benefits related to the mitigation of climate change; and
(c) Reductions in emissions that are additional to any that would occur in the absence of the certified project activity.

가. 관련 각 당사자가 승인한 자발적 참여
나. 기후변화의 완화와 관련되는 실질적이고 측정가능한 장기적 이익
다. 인증받은 사업 활동이 없는 경우에 발생하는 배출량의 감축에 추가적인 배출량의 감축

6. The clean development mechanism shall assist in arranging funding of certified project activities as necessary.

6. 청정개발체제는, 필요한 경우, 인증받은 사업 활동을 위한 재원조달을 지원한다.

7. The Conference of the Parties serving as the meeting of the Parties to this Protocol shall, at its first session, elaborate modalities and procedures with the objective of ensuring transparency, efficiency and accountability through independent auditing and verification of project activities.

7. 이 의정서의 당사자회의의 역할을 수행하는 당사국총회는 제1차 회기에서 사업 활동에 대한 독립적인 감사·검증을 통하여 투명성·효율성 및 책임성을 보장하기 위한 방식 및 절차를 발전시킨다.

8. The Conference of the Parties serving as the meeting of the Parties to this Protocol shall ensure that a share of the proceeds from certified project activities is used to cover administrative expenses as well as to assist developing country

8. 이 의정서의 당사자회의의 역할을 수행하는 당사국총회는 인증받은 사업 활동의 수익 중 일부가 행정경비로 지불되고, 기후변화의 부정적 효과에 특히 취약한 개발도상국인 당사자의 적응비용의 충당을 지원하는 데 사용되도록 보장한다.

Parties that are particularly vulnerable to the adverse effects of climate change to meet the costs of adaptation.

9. Participation under the clean development mechanism, including in activities mentioned paragraph 3(a) above and in the acquisition of certified emission reductions, may private and/or public entities, and is to be subject to whatever guidance may be provided by the executive board of the clean development mechanism.

9. 청정개발체제에의 참여(제3항 가목에 규정된 활동에의 참여 및 인증받은 배출감축량의 취득에의 참여를 포함한다)는 민간 및/또는 공공 기구를 관여시킬 수 있으며, 이러한 참여는 청정개발체제의 집행이사회가 제공하는 지침에 따라 이루어진다.

10. Certified emission reductions obtained during the period from the year 2000 up to the beginning of the first commitment period can be used to assist in achieving compliance in the first commitment period.

10. 2000년부터 제1차 공약기간 개시 전의 기간 동안 취득된 인증받은 배출감축량은 제1차 공약기간동안의 공약준수를 지원하기 위하여 사용될 수 있다.

Article 13

제 13 조

1. The Conference of the Parties, the supreme body of the Convention, shall serve as the meeting of the Parties to this Protocol.

1. 협약의 최고기관인 당사국총회는 이 의정서의 당사자회의의 역할을 수행한다.

2. Parties to the Convention that are not Parties to this Protocol may participate as observers in the proceedings of any session of the Conference of the Parties serving as the meeting of the Parties to this Protocol. When the Conference of the Parties serves as the meeting of the Parties to this Protocol, decisions under this Protocol shall be taken only by those that are Parties to this Protocol.

2. 이 의정서의 당사자가 아닌 협약의 당사자는 이 의정서의 당사자회의의 역할을 수행하는 당사국총회의 모든 회기의 심의에 참관인으로 참여할 수 있다. 당사국총회가 이 의정서의 당사자회의의 역할을 수행하는 경우, 이 의정서에 따른 결정은 이 의정서의 당사자만이 할 수 있다.

3. When the Conference of the Parties serves

3. 당사국총회가 이 의정서의 당사자회의의

as the meeting of the Parties to this Protocol, any member of the Bureau of the Conference of the Parties representing a Party to the Convention but, at that time, not a Party to this Protocol, shall be replaced by an additional to be elected by and from amongst the Parties to this Protocol.

역할을 수행하는 경우, 그 당시 이 의정서의 당사자가 아닌 협약의 당사자를 대표하는 자가 당사국총회의 의장단의 구성원인 때에는, 동 구성원은 이 의정서의 당사자들이 그들 중에서 선출한 추가구성원으로 대체된다.

4. The Conference of the Parties serving as the meeting of the Parties to this Protocol shall keep under regular review the implementation of this Protocol and shall make, within its mandate, the decisions necessary to promote its effective implementation. It shall perform the assigned to it by this Protocol and shall:

4. 이 의정서의 당사자회의의 역할을 수행하는 당사국총회는 이 의정서의 이행상황을 정기적으로 검토하고, 그 권한의 범위 안에서 이 의정서의 효과적 이행의 증진에 필요한 결정을 한다. 당사국총회는 이 의정서에 의하여 부여된 기능을 수행하며 다음을 행한다.

(a) Assess, on the basis of all information made available to it in accordance with the provisions of this Protocol, the implementation of this Protocol by the Parties, the overall effects of the measures taken pursuant to this Protocol, in particular environmental, economic and social effects as well as their cumulative impacts and the extent to which progress towards objective of the Convention is being achieved;

가. 이 의정서의 규정에 따라 제공되는 이용가능한 모든 정보에 입각하여, 당사자의 의정서 이행상황, 이 의정서에 따라 행한 조치의 전반적 효과, 특히 환경적·경제적·사회적 효과 및 이의 누적적 효과와 협약의 목적 성취도를 평가할 것

(b) Periodically examine the obligations of the Parties under this Protocol, giving due consideration to any reviews required by Article 4, paragraph 2(d), and Article 7, paragraph 2, of the Convention, in the light of the objective of the Convention, the experience gained in its implementation and the evolution of scientific and technological knowledge, and in this respect consider and adopt regular reports on the implementation

나. 협약 제4조 제2항 라목 및 제7조 제2항에서 요구되는 모든 검토를 충분히 고려하고, 협약의 목적 및 협약의 이행과정에서 얻은 경험과 과학·기술 지식의 발전에 비추어, 이 의정서에 따른 당사자의 의무를 정기적으로 검토하고, 이러한 측면에서 이 의정서의 이행에 관한 정기보고서를 심의·채택할 것

of this Protocol;

(c) Promote and facilitate the exchange of information on measures adopted by the Parties to address climate change and its effects, taking into account the differing circumstances, responsibilities and capabilities of the Parties and their respective commitments this Protocol;

(d) Facilitate, at the request of two or more Parties, the coordination of measures adopted by them to address climate change and its effects, taking into account the differing circumstances, responsibilities and capabilities of the Parties and their respective commitments this Protocol;

(e) Promote and guide, in accordance with the objective of the Convention and the provisions of this Protocol, and taking fully into account the relevant decisions by the Conference of the Parties, the development and periodic refinement of comparable methodologies for the effective implementation of this Protocol, to be agreed on by the Conference of the Parties serving as the meeting of the Parties to this Protocol;

(f) Make recommendations on any matters necessary for the implementation of this Protocol;

(g) Seek to mobilize additional financial resources in accordance with Article 11, paragraph 2;

(h) Establish such subsidiary bodies as are deemed necessary for the implementation of this Protocol;

(i) Seek and utilize, where appropriate, the services and cooperation of, and information provided by, competent inter-

다. 당사자의 서로 다른 여건·책임 및 능력과 이 의정서상의 각자의 공약을 고려하여, 기후변화와 그 효과에 대응하기 위하여 당사자가 채택한 조치에 관한 정보의 교환을 촉진하고 용이하게 할 것

라. 2 이상의 당사자의 요청이 있는 경우, 각 당사자의 서로 다른 여건·책임 및 능력과 이 의정서상의 각자의 공약을 고려하여, 기후변화와 그 효과에 대응하기 위하여 당사자가 채택한 조치의 조정을 용이하게 할 것

마. 협약의 목적 및 이 의정서의 규정에 따라, 그리고 당사국총회의 관련 결정을 충분히 고려하여, 이 의정서의 당사자회의의 역할을 수행하는 당사국총회가 합의한 방법론으로서 이 의정서의 효과적인 이행을 위한 비교가능한 방법론의 발전과 정기적인 개선을 촉진·지도할 것

바. 이 의정서의 이행에 필요한 사항에 대하여 권고할 것

사. 제11조 제2항에 따라 추가적 재원의 동원을 위하여 노력할 것

아. 이 의정서의 이행에 필요하다고 판단되는 보조기관을 설치할 것

자. 적절한 경우, 권한 있는 국제기구·정부간기구 및 비정부간기구로부터의 지원·협력 및 정보제공을 구하고 이를 활용할 것

national organizations and intergovernmental and non-governmental bodies; and

(j) Exercise such other functions as may be required for the implementation of this and consider any assignment resulting from a decision by the Conference of the Parties.

차. 이 의정서의 이행을 위하여 필요한 그 밖의 기능을 수행하고, 당사국총회의 결정에 의하여 부여되는 모든 과제를 심의할 것

5. The rules of procedure of the Conference of the Parties and financial procedures applied under the Convention shall be applied mutatis mutandis under this Protocol, except as may be otherwise decided by consensus by the Conference of the Parties serving as the meeting of the Parties to this Protocol.

5. 이 의정서의 당사자회의의 역할을 수행하는 당사국총회가 컨센서스로 달리 결정하는 경우를 제외하고는, 당사국총회의 의사규칙 및 협약상 적용되는 재정절차는 이 의정서에 준용한다.

6. The first session of the Conference of the Parties serving as the meeting of the Parties to this Protocol shall be convened by the secretariat in conjunction with the first session of the Conference of the Parties that is scheduled after the date of the entry into force of this Protocol. Subsequent ordinary sessions of the Conference of the Parties serving as the meeting of the Parties to this Protocol shall be held every year and in conjunction with ordinary sessions of the Conference of the Parties, unless otherwise decided by the Conference the Parties serving as the meeting of the Parties to this Protocol.

6. 이 의정서의 당사자회의의 역할을 수행하는 당사국총회의 제1차 회기는 사무국에 의하여 이 의정서의 발효일 이후에 예정되어 있는 당사국총회의 첫째 회기와 함께 소집된다. 이 의정서의 당사자회의의 역할을 수행하는 당사국총회의 후속 정기회기는, 동 당사국총회가 달리 결정하지 아니하는 한, 당사국총회의 정기회기와 함께 매년 개최된다.

교토의정서

7. Extraordinary sessions of the Conference of the Parties serving as the meeting of the Parties to this Protocol shall be held at such other times as may be deemed necessary by the Conference of

7. 이 의정서의 당사자회의의 역할을 수행하는 당사국총회의 특별회기는 동 당사국총회가 필요하다고 인정하거나 당사자의 서면요청이 있는 때에 개최된다. 다만, 이러한 서면요청은 사무국이 이를 당사자들에

the Parties serving as the meeting of the Parties to this Protocol, or at the written request of any Party, provided that, within six months of the request being communicated to the Parties by the secretariat, it is supported by at least one third of the Parties.

게 통보한 후 6월 이내에 최소한 당사자 3분의 1이상의 지지를 받아야 한다.

8. The United Nations, its specialized agencies and the International Atomic Energy Agency, as well as any State member thereof or observers thereto not party to the Convention, may be represented at sessions of the Conference of the Parties serving as the meeting of the Parties to this Protocol as observers. Any body or agency, whether national or international, governmental or non-governmental, which is qualified in matters covered by this Protocol and which has informed the secretariat of its wish to be represented at a session of the Conference of the Parties serving as the meeting of the Parties to this Protocol as an observer, may be so admitted unless at least one third of the Parties present object. The admission and participation of observers shall be subject to the rules of procedure, as referred to in paragraph 5 above.

8. 국제연합·국제연합전문기구·국제원자력기구 및 이들 기구의 회원국이나 참관인인 협약의 비당사자는 이 의정서의 당사자회의의 역할을 수행하는 당사국총회의 회기에 참관인으로 참석할 수 있다. 국내적·국제적 또는 정부간·비정부간 기구나 기관을 불문하고 이 의정서가 규율하는 사항에 대하여 전문성을 갖는 기구나 기관이 이 의정서의 당사자회의의 역할을 수행하는 당사국총회의 회기에 참관인으로 참석하고자 하는 의사를 사무국에 통보하는 경우, 출석당사자의 3분의 1 이상이 반대하지 아니하는 한 그 참석이 허용될 수 있다. 참관인의 참석 허용 및 회의 참가는 제5항에 규정된 의사규칙에 따라 이루어진다.

Article 14

제 14 조

1. The secretariat established by Article 8 of the Convention shall serve as the secretariat of this Protocol.

1. 협약 제8조에 의하여 설치되는 사무국은 이 의정서의 사무국의 역할을 수행한다.

2. Article 8, paragraph 2, of the Convention on the functions of the secretariat, and Article 8, paragraph 3, of the Con-

2. 사무국의 기능에 관하여 규정하고 있는 협약 제8조 제2항 및 사무국의 기능수행에 필요한 준비에 관하여 규정하고 있는 협약

교토의정서

vention on arrangements made for the functioning of the secretariat, shall apply mutatis mutandis to this Protocol. The secretariat shall, in addition, exercise the functions assigned to it under this Protocol.

제8조 제3항은 이 의정서에 준용한다. 또한 사무국은 이 의정서에 의하여 부여된 기능을 수행한다.

Article 15

제15조

1. The Subsidiary Body for Scientific and Technological Advice and the Subsidiary Body for Implementation established by Articles 9 and 10 of the Convention shall serve as, respectively, the Subsidiary Body for Scientific and Technological Advice and the Subsidiary Body for Implementation of this Protocol. The provisions relating to the functioning of these two bodies under the Convention shall apply mutatis mutandis to this Protocol. Sessions of the meetings of the Subsidiary Body for Scientific and Technological Advice and the Subsidiary Body for Implementation of this Protocol shall be held in conjunction with the meetings of, respectively, the Subsidiary Body for Scientific and Technological Advice and the Body for Implementation of the Convention.

1. 협약 제9조 및 제10조에 의하여 설치된 과학·기술자문 보조기관 및 이행을 위한 보조기관은 각각 이 의정서의 과학·기술자문 보조기관 및 이행을 위한 보조기관의 역할을 수행한다. 과학·기술자문 보조기관 및 이행을 위한 보조기관의 기능수행에 관한 협약의 규정은 이 의정서에 준용한다. 이 의정서의 과학·기술자문 보조기관 및 이행을 위한 보조기관 회의의 회기는 각각 협약의 과학·기술 보조기관 및 이행을 위한 보조기관의 회의와 함께 개최된다.

2. Parties to the Convention that are not Parties to this Protocol may participate as observers in the proceedings of any session of the subsidiary bodies. When the subsidiary bodies serve as the subsidiary bodies of this Protocol, decisions under this Protocol shall be taken only by those that are Parties to this Protocol.

2. 이 의정서의 당사자가 아닌 협약의 당사자는 보조기관의 모든 회기의 심의에 참관인으로 참여할 수 있다. 보조기관이 이 의정서의 보조기관의 역할을 수행하는 경우, 이 의정서에 따른 결정은 이 의정서의 당사자만이 할 수 있다.

3. When the subsidiary bodies established by Articles 9 and 10 of the Convention exercise their functions with regard to matters concerning this Protocol, any member of the Bureaux of those subsidiary bodies representing a Party to the Convention but, at that time, not a party to this Protocol, shall be replaced by an additional member to be elected by and from amongst the Parties to this Protocol.

3. 협약 제9조 및 제10조에 의하여 설치된 보조기관이 이 의정서와 관련된 사항에 대하여 그 기능을 수행하는 경우, 그 당시 이 의정서의 당사자가 아닌 협약의 당사자를 대표하는 자가 보조기관의 의장단의 구성원인 때에는 동 구성원은 이 의정서의 당사자들이 그들 중에서 선출한 추가구성원으로 대체된다.

Article 16

The Conference of the Parties serving as the meeting of the Parties to this Protocol shall, as soon as practicable, consider the application to this Protocol of, and modify as appropriate, the multilateral consultative process referred to in Article 13 of the Convention, in the light of any relevant decisions that may be taken by the Conference of the Parties. Any multilateral consultative process that may be applied to this Protocol shall operate without prejudice to the procedures and mechanisms established in accordance with Article 18.

제16조

이 의정서의 당사자회의의 역할을 수행하는 당사국총회는, 당사국총회가 채택한 모든 관련 결정에 비추어 가능한 한 조속히, 협약 제13조에 규정된 다자간 협의절차를 이 의정서에 적용하는 문제를 심의하고, 적절한 경우에는 이를 수정한다. 이 의정서에 적용될 수 있는 모든 다자간 협의절차는 제18조에 따라 마련된 절차 및 체제에 영향을 미치지 아니하도록 운영된다.

Article 17

The Conference of the Parties shall define the relevant principles, modalities, rules and in particular for verification, reporting and accountability for emissions trading. The Parties included in Annex B may participate in emissions trading for the purposes of fulfilling their commitments under Article 3. Any such trading shall be supplemental to domestic actions for the purpose

제17조

당사국총회는, 특히 검증·보고·책임 등에 관한 것을 비롯하여, 배출량거래에 관한 원칙·방식·규칙·지침을 규정한다. 부속서 나의 당사자는 제3조의 규정에 의한 공약을 이행하기 위하여 배출량거래에 참여할 수 있다. 이러한 모든 거래는 제3조의 규정에 의한 수량적 배출량의 제한·감축을 위한 공약의 이행을 위한 국내조치의 보조수단으로 활용되

of meeting quantified emission limitation and commitments under that Article.

어야 한다.

Article 18

The Conference of the Parties serving as the meeting of the Parties to this Protocol shall, at its first session, approve appropriate and effective procedures and mechanisms to determine and to address cases of non-compliance with the provisions of this Protocol, including through the development of an indicative list of consequences, taking into account the cause, type, degree and frequency of noncompliance. Any procedures and mechanisms under this Article entailing binding consequences shall be adopted by means of an amendment to this Protocol.

제18조

이 의정서의 당사자회의의 역할을 수행하는 당사국총회는 제1차 회기에서, 이 의정서가 준수되지 아니하는 원인·형태·정도 및 빈도를 고려하여, 그 결과에 관한 예시목록의 개발 등 그 사례를 결정하고 이에 대응하기 위한 적절하고 효과적인 절차 및 체제를 승인한다. 이 조의 규정에 의한 절차 및 체제로서 기속력 있는 결과를 수반하는 것은 이 의정서의 개정에 의하여 채택된다.

Article 19

The provisions of Article 14 of the Convention on settlement of disputes shall apply mutatis mutandis to this Protocol.

제19조

분쟁해결에 관한 협약 제14조의 규정은 이 의정서에 준용한다.

Article 20

1. Any Party may propose amendments to this Protocol.

2. Amendments to this Protocol shall be adopted at an ordinary session of the Conference of the Parties serving as the meeting of the Parties to this Protocol. The text of any proposed amendment to this Protocol shall be communicated to the Parties by the secretariat at least six months before the meeting at which it is proposed for adoption.

제20조

1. 모든 당사자는 이 의정서의 개정안을 제안할 수 있다.

2. 이 의정서의 개정안은 이 의정서의 당사자회의의 역할을 수행하는 당사국총회의 정기회기에서 채택된다. 사무국은 개정안의 채택여부가 상정되는 정기회기가 개최되기 최소 6월 전에 동 개정안을 당사자들에게 통보하고, 협약의 당사자와 그 서명자에게도 통보하며, 참고용으로 수탁자에게도 통보한다.

The secretariat shall also communicate the text of any proposed amendments to the Parties and signatories to the Convention and, for information, to the Depositary.

3. The Parties shall make every effort to reach agreement on any proposed amendment to this Protocol by consensus. If all efforts at consensus have been exhausted, and no agreement reached, the amendment shall as a last resort be adopted by a three-fourths majority vote of the Parties present and voting at the meeting. The adopted amendment shall be communicated the secretariat to the Depositary, who shall circulate it to all Parties for their acceptance.

3. 당사자는 이 의정서의 개정안에 대하여 컨센서스에 의한 합의에 도달하도록 모든 노력을 다한다. 컨센서스를 위한 모든 노력을 다하였으나 합의에 도달하지 못한 경우, 동 개정안은 최종적으로 회의에 출석하여 투표하는 당사자의 4분의 3 이상의 다수결로 채택된다. 사무국은 채택된 개정안을 수탁자에게 통보하며, 수탁자는 동 개정안의 수락을 위하여 이를 모든 당사자에게 배포한다.

4. Instruments of acceptance in respect of an amendment shall be deposited with the Depositary. An amendment adopted in accordance with paragraph 3 above shall enter into force for those Parties having accepted it on the ninetieth day after the date of receipt by the Depositary of an instrument of acceptance by at least three fourths of the Parties to this Protocol.

4. 개정안에 대한 수락서는 수탁자에게 기탁된다. 제3항에 따라 채택된 개정안은 이 의정서의 당사자중 최소 4분의 3 이상의 수락서가 수탁자에게 접수된 날부터 90일째 되는 날에 수락한 당사자에 대하여 발효한다.

5. The amendment shall enter into force for any other Party on the ninetieth day after the date on which that Party deposits with the Depositary its instrument of acceptance of the said amendment.

5. 그 밖의 당사자가 그 후에 수탁자에게 수락서를 기탁한 경우에는, 그 개정안은 수락서를 기탁한 날부터 90일째 되는 날에 동 당사자에 대하여 발효한다.

Article 21

제21조

1. Annexes to this Protocol shall form an

1. 이 의정서의 부속서는 의정서의 불가분의

integral part thereof and, unless otherwise expressly provided, a reference to this Protocol constitutes at the same time a reference to any annexes thereto. Any annexes adopted after the entry into force of this Protocol shall be restricted to lists, forms and any other material of a descriptive nature that is of a scientific, technical, procedural or administrative character.

일부를 구성하며, 명시적으로 달리 규정하지 아니하는 한, 이 의정서에 관한 언급은 동시에 그 부속서도 언급하는 것으로 본다. 이 의정서의 발효 이후에 채택되는 모든 부속서는 목록·양식이나 과학적·기술적·절차적·행정적 특성을 갖는 서술적 성격의 자료에 국한된다.

2. Any Party may make proposals for an annex to this Protocol and may propose amendments to annexes to this Protocol.

2. 모든 당사자는 이 의정서의 부속서안이나 이 의정서의 부속서의 개정안을 제안할 수 있다.

3. Annexes to this Protocol and amendments to annexes to this Protocol shall be adopted at an ordinary session of the Conference of the Parties serving as the meeting of the Parties to this Protocol. The text of any proposed annex or amendment to an annex shall be communicated to the Parties by the secretariat at least six months before the meeting at which it is proposed for adoption. The secretariat shall also communicate the text of any proposed annex or amendment to an annex to the Parties and signatories to the Convention and, for information, to the Depositary.

3. 이 의정서의 부속서안 및 이 의정서의 부속서의 개정안은 이 의정서의 당사자회의의 역할을 수행하는 당사국총회의 정기회기에서 채택된다. 사무국은 제안된 부속서안 또는 부속서의 개정안의 채택여부가 상정되는 정기회기가 개최되기 최소 6월 전에 동 부속서안 또는 부속서의 개정안을 당사자들에게 통보하고, 협약의 당사자와 그 서명자에게도 통보하며, 참고용으로 수탁자에게도 통보한다.

4. The Parties shall make every effort to reach agreement on any proposed annex or amendment to an annex by consensus. If all efforts at consensus have been exhausted, and no agreement reached, the annex or amendment to an annex shall as a last resort be adopted by a three-

4. 당사자는 부속서안 또는 부속서의 개정안에 대하여 컨센서스에 의한 합의에 도달하도록 모든 노력을 다한다. 컨센서스를 위한 모든 노력을 다하였으나 합의에 도달하지 못한 경우, 부속서안 또는 부속서의 개정안은 최종적으로 회의에 출석하여 투표

fourths majority vote of the Parties present and voting at the meeting. The adopted annex or amendment to an annex shall be communicated by the secretariat to the Depositary, who shall circulate it to all Parties for their acceptance.

하는 당사자의 4분의 3 이상의 다수결로 채택된다. 사무국은 채택된 부속서안 또는 부속서의 개정안을 수탁자에게 통보하며, 수탁자는 수락을 위하여 이를 모든 당사자에게 배포한다.

5. An annex, or amendment to an annex other than Annex A or B, that has been adopted in accordance with paragraphs 3 and 4 above shall enter into force for all Parties to this Protocol six months after the date of the communication by the Depositary to such Parties of the adoption of the annex or adoption of the amendment to the annex, except for those Parties that have notified the Depositary, in writing, within that period of their non-acceptance of the annex or amendment to the annex. The annex or amendment to an annex shall enter into force for Parties which withdraw their notification of nonacceptance on the ninetieth day after the date on which withdrawal of such notification has been received by the Depositary.

5. 제3항과 제4항에 따라 채택된 부속서안 또는 부속서(부속서 가 또는 나를 제외한다)의 개정안은 수탁자가 동 부속서안 또는 부속서의 개정안의 채택을 당사자에게 통보한 날부터 6월 후에 이 의정서의 모든 당사자(동 기간 내에 이를 수락하지 아니함을 수탁자에게 서면으로 통고한 당사자를 제외한다)에 대하여 발효한다. 부속서안 또는 부속서의 개정안을 수락하지 아니한다는 서면통고를 한 당사자가 이를 철회한 경우에는, 동 당사자에 대하여는 그 철회통고가 수탁자에게 접수된 날부터 90일째 되는 날에 발효한다.

6. If the adoption of an annex or an amendment to an annex involves an amendment to this Protocol, that annex or amendment to an annex shall not enter into force until such time as amendment to this Protocol enters into force.

6. 부속서안 또는 부속서의 개정안의 채택이 이 의정서의 개정을 수반하는 경우에는, 그 부속서안 또는 부속서의 개정안은 이 의정서의 개정안이 발효할 때까지 발효하지 아니한다.

7. Amendments to Annexes A and B to this Protocol shall be adopted and enter into force in accordance with the procedure set out in Article 20, provided that any amendment to Annex B shall

7. 이 의정서의 부속서 가 및 나의 개정안은 제20조에 규정된 절차에 따라 채택되고 발효한다. 다만, 부속서 나의 개정안은 관련 당사자의 서면동의가 있는 경우에만 채택된다.

be adopted only with the written consent of the Party concerned.

Article 22

1. Each Party shall have one vote, except as provided for in paragraph 2 below.

2. Regional economic integration organizations, in matters within their competence, shall exercise their right to vote with a number of votes equal to the number of their member States that are Parties to this Protocol. Such an organization shall not exercise its right to vote if any of its member States exercises its right, and vice versa.

제22조

1. 각 당사자는 제2항에 규정된 경우를 제외하고는 하나의 투표권을 가진다.

2. 지역경제통합기구는 그 기구의 권한사항에 대하여 이 의정서의 당사자인 기구 회원국의 수와 동수의 투표권을 행사한다. 기구 회원국 중 어느 한 국가라도 투표권을 행사하는 경우, 기구는 투표권을 행사하지 아니하며, 그 반대의 경우도 또한 같다.

Article 23

The Secretary-General of the United Nations shall be the Depositary of this Protocol.

제23조

국제연합사무총장은 이 의정서의 수탁자가 된다.

Article 24

1. This Protocol shall be open for signature and subject to ratification, acceptance or approval by States and regional economic integration organizations which are Parties to the Convention. It shall be open for signature at United Nations Headquarters in New York from 16 March 1998 to 15 March 1999. This Protocol shall be open for accession from the day after the date on which it is closed for signature. Instruments of ratification, acceptance, approval or accession shall be deposited with the Depositary.

제24조

1. 이 의정서는 협약의 당사자인 국가와 지역경제통합기구의 서명을 위하여 개방되며, 이들에 의하여 비준·수락·승인된다. 이 의정서는 1998년 3월 16일부터 1999년 3월 15일까지 뉴욕의 국제연합본부에서 서명을 위하여 개방되며, 그 서명기간이 종료한 다음 날부터 가입을 위하여 개방된다. 비준서·수락서·승인서·가입서는 수탁자에게 기탁된다.

2. Any regional economic integration organization which becomes a Party to this Protocol without any of its member States being a Party shall be bound by all the obligations under this Protocol. In the case of such organizations, one or more of whose member States is a Party to this Protocol, the organization and its member States shall decide on their respective responsibilities for the performance of their obligations under this Protocol. In such the organization and the member States shall not be entitled to exercise rights under this Protocol concurrently.

2. 이 의정서의 당사자가 되는 지역경제통합기구는, 기구 회원국 중 어느 한 국가도 이 의정서의 당사자가 아닌 경우에도 이 의정서상의 모든 의무에 구속된다. 기구의 1 이상의 회원국이 이 의정서의 당사자인 경우, 기구와 그 회원국은 이 의정서상의 의무를 수행하기 위한 각각의 책임을 결정한다. 이 경우, 기구와 그 회원국은 이 의정서상의 권리를 동시에 행사할 수 없다.

3. In their instruments of ratification, acceptance, approval or accession, regional economic integration organizations shall declare the extent of their competence with respect to the matters governed by this Protocol. These organizations shall also inform the Depositary, who shall in turn inform the Parties, of any substantial modification in the extent of their competence.

3. 지역경제통합기구는 그 비준서·수락서·승인서·가입서에서 이 의정서가 규율하는 사항에 관한 기구의 권한범위를 선언한다. 또한, 기구는 그 권한범위의 실질적 변동에 관하여 수탁자에게 통보하며, 수탁자는 이를 당사자에게 통보한다.

Article 25

제25조

1. This Protocol shall enter into force on the ninetieth day after the date on which not less than 55 Parties to the Convention, incorporating Parties included in Annex I which accounted in total for at least 55 per cent of the total carbon dioxide emissions for 1990 of the Parties included in Annex I, have deposited their instruments of ratification, acceptance, approval or accession.

1. 이 의정서는 부속서 1의 당사자들의 1990년도 이산화탄소 총 배출량 중 55퍼센트 이상을 차지하는 부속서 1의 당사자를 포함하여, 55 이상의 협약의 당사자가 비준서·수락서·승인서·가입서를 기탁한 날부터 90일째 되는 날에 발효한다.

2. For the purposes of this Article, "the total carbon dioxide emissions for 1990 of the Parties included in Annex I" means the amount communicated on or before the date of adoption of this Protocol by the Parties included in Annex I in their first national communications submitted in accordance with Article 12 of the Convention.

2. 이 조의 목적상, "부속서 1의 당사자들의 1990년도 이산화탄소 총 배출량"이라 함은 부속서 1의 당사자들이 이 의정서의 채택일 또는 그 이전에 협약 제12조에 따라 제출한 제1차 국가보고서에서 통보한 양을 말한다.

3. For each State or regional economic integration organization that ratifies, accepts or approves this Protocol or accedes thereto after the conditions set out in paragraph 1 above for entry into force have been fulfilled, this Protocol shall enter into force on the ninetieth day following the date of deposit of its instrument of ratification, acceptance, approval or accession.

3. 발효에 관한 제1항의 조건이 충족된 후 이 의정서를 비준·수락·승인·가입하는 국가 또는 지역경제통합기구의 경우에는, 그 비준서·수락서·승인서·가입서가 기탁된 날부터 90일째 되는 날에 동 국가 또는 기구에 대하여 발효한다.

4. For the purposes of this Article, any instrument deposited by a regional economic integration organization shall not be counted as additional to those deposited by States members of the organization.

4. 이 조의 목적상, 지역경제통합기구가 기탁하는 문서는 기구의 회원국이 기탁하는 문서에 추가되는 것으로 계산되지 아니한다.

Article 26

제26조

No reservations may be made to this Protocol.

이 의정서에 대하여는 어떠한 유보도 행할 수 없다.

Article 27

제27조

1. At any time after three years from the date on which this Protocol has entered into force for a Party, that Party may withdraw from this Protocol by giving written notification to the Depositary.

1. 당사자는 의정서가 자신에 대하여 발효한 날부터 3년이 경과한 후에는 언제나 수탁자에게 서면통고를 함으로써 이 의정서로부터 탈퇴할 수 있다.

2. Any such withdrawal shall take effect upon expiry of one year from the date of receipt by the Depositary of the notification of withdrawal, or on such later date as may be specified in the notification of withdrawal.

2. 탈퇴는 수탁자가 탈퇴 통고를 접수한 날부터 1년이 경과한 날이나 탈퇴통고서에 이보다 더 늦은 날짜가 명시된 경우에는 그 늦은 날에 발효한다.

3. Any Party that withdraws from the Convention shall be considered as also having withdrawn from this Protocol.

3. 협약으로부터 탈퇴한 당사자는 이 의정서로부터도 탈퇴한 것으로 본다.

Article 28

제28조

The original of this Protocol, of which the Arabic, Chinese, English, French, Russian and Spanish texts are equally authentic, shall be deposited with the Secretary-General of the United Nations.

아랍어 · 중국어 · 영어 · 불어 · 러시아어 및 서반아어본이 동등하게 정본인 이 의정서의 원본은 국제연합 사무총장에게 기탁된다.

DONE AT Kyoto this eleventh day of December one thousand nine hundred and ninety-seven.

1997년 12월 11일에 교토에서 작성하였다.

IN WITNESS WHEREOF the undersigned, being duly authorized to that effect, have affixed their signatures to this Protocol on the dates indicated.

이상의 증거로, 정당하게 권한을 위임받은 아래 서명자가 명시된 일자에 이 의정서에 서명하였다.

Annex A

Greenhouse gases

Carbon dioxide(CO_2)
Methane(CH_4)
Nitrous oxide(N_2O)
Hydrofluorocarbons(HFCs)
Perfluorocarbons(PFCs)
Sulphur hexafluoride(SF_6)

Sectors/source categories

Energy
Fuel combustion

Energy industries
Manufacturing industries and construction
Transport
Other sectors
Other

Fugitive emissions from fuels

Solid fuels
Oil and natural gas
Other

Industrial processes

Mineral products
Chemical industry
Metal production
Other production
Production of halocarbons and sulphur hexafluoride
Consumption of halocarbons and sulphur hexafluoride
Other

Solvent and other product use

Agriculture

Enteric fermentation
Manure management
Rice cultivation
Agricultural soils
Prescribed burning of savannas
Field burning of agricultural residues
Other

Waste

Solid waste disposal on land
Wastewater handling
Waste incineration
Other

Annex B

Quantified Emission Limitation or Reduction Commitment
[percentage of base year(1990) or period]

Party	%	Party	%
Australia	108	Liechtenstein	92
Austria	92	Lithuania*	92
Belgium	92	Luxembourg	92
Bulgaria*	92	Monaco	92
Canada	94	Netherlands	92
Croatia*	95	New Zealand	100
Czech Republic*	92	Norway	101
Denmark	92	Poland*	94
Estonia*	92	Portugal	92
European Community	92	Romania*	92
Finland	92	Russian Federation*	100
France	92	Slovakia*	92
Germany	92	Slovenia*	92
Greece	92	Spain	92
Hungary*	94	Sweden	92
Iceland	110	Switzerland	92
Ireland	92	Ukraine*	100
Italy	92	United Kingdom	92
Japan	94	United States	93
Latvia*	92		

* Countries that are undergoing the process of transition to a market economy.

18-2. Paris Agreement (2015)

18-2. 파리협정

Date : 12 December 2015
In force : 4 November 2016
States Party : 189
Korea : 3 November 2016
Link : www.unfccc.int

The Parties to this Agreement,

이 협정의 당사자는,

Being Parties to the United Nations Framework Convention on Climate Change, hereinafter referred to as "the Convention",

「기후변화에 관한 국제연합 기본협약(이하 "협약"이라 한다)」의 당사자로서,

Pursuant to the Durban Platform for Enhanced Action established by decision 1/CP.17 of the Conference of the Parties to the Convention at its seventeenth session,

제17차 협약 당사국총회에서 결정(1/CP.17)으로 수립된 「행동 강화를 위한 더반플랫폼」에 따라,

In pursuit of the objective of the Convention, and being guided by its principles, including the principle of equity and common but differentiated responsibilities and respective capabilities, in the light of different national circumstances,

협약의 목적을 추구하고, 상이한 국내 여건에 비추어 형평의 원칙 및 공통적이지만 그 정도에 차이가 나는 책임과 각자의 능력의 원칙을 포함하는 협약의 원칙에 따라,

Recognizing the need for an effective and progressive response to the urgent threat of climate change on the basis of the best available scientific knowledge,

이용 가능한 최선의 과학적 지식에 기초하여 기후변화라는 급박한 위협에 대하여 효과적이고 점진적으로 대응할 필요성을 인식하며,

Also recognizing the specific needs and special circumstances of developing country Parties, especially those that are particularly vulnerable to the adverse effects of climate change, as provided for in the Convention,

또한, 협약에서 규정된 대로 개발도상국인 당사자, 특히 기후변화의 부정적 영향에 특별히 취약한 개발도상국 당사자의 특수한 필요와 특별한 사정을 인식하고,

Taking full account of the specific needs and special situations of the least developed countries with regard to fund ing and transfer of technology,

자금 제공 및 기술 이전과 관련하여 최빈개도국의 특수한 필요와 특별한 상황을 충분히 고려하며,

Recognizing that Parties may be affected not only by climate change, but also by the impacts of the measures taken in response to it,

당사자들이 기후변화뿐만 아니라 그에 대한 대응 조치에서 비롯된 여파에 의해서도 영향을 받을 수 있음을 인식하고,

Emphasizing the intrinsic relatiohip that climate change actions, responses and impacts have with equitable access to sustainable development and eradication of poverty,

기후변화 행동, 대응 및 영향이 지속가능한 발전 및 빈곤 퇴치에 대한 형평한 접근과 본질적으로 관계가 있음을 강조하며,

Recognizing the fundamental priority of safeguarding food security and ending hunger, and the particular vulnerabilities of food production systems to the adverse impacts of climate change,

식량안보 수호 및 기아 종식이 근본적인 우선 과제이며, 기후변화의 부정적 영향에 식량생산체계가 특별히 취약하다는 점을 인식하고,

Taking into account the imperatives of a just transition of the workforce and the creation of decent work and quality jobs in accordance with nationally defined development priorities,

국내적으로 규정된 개발우선순위에 따라 노동력의 정당한 전환과 좋은 일자리 및 양질의 직업 창출이 매우 필요함을 고려하며,

Acknowledging that climate change is a common concern of humankind, Parties should, when taking action to address climate change, respect, promote and consider their respective obligations on human rights, the right to health, the rights of indigenous peoples, local communities, migrants, children, persons with disabilities and people in vulnerable situations and the right to development, as well as gender equality, empowerment of

기후변화가 인류의 공통 관심사임을 인정하고, 당사자는 기후변화에 대응하는 행동을 할 때 양성평등, 여성의 역량 강화 및 세대간 형평뿐만 아니라, 인권, 보건에 대한 권리, 원주민 · 지역공동체 · 이주민 · 아동 · 장애인 · 취약계층의 권리 및 발전권에 관한 각자의 의무를 존중하고 촉진하며 고려하여야 함을 인정하며,

women and intergenerational equity,

Recognizing the importance of the conservation and enhancement, as appropriate, of sinks and reservoirs of the greenhouse gases referred to in the Convention,

협약에 언급된 온실가스의 흡수원과 저장고의 적절한 보전 및 증진의 중요성을 인식하고,

Noting the importance of ensuring the integrity of all ecosystems, including oceans, and the protection of biodiversity, recognized by some cultures as Mother Earth, and noting the importance for some of the concept of "climate justice", when taking action to address climate change,

기후변화에 대응하는 행동을 할 때, 해양을 포함한 모든 생태계의 건전성을 보장하는 것과 일부 문화에서 어머니 대지로 인식되는 생물다양성의 보존을 보장하는 것의 중요성에 주목하고, 일각에게 "기후 정의"라는 개념이 갖는 중요성에 주목하며,

Affirming the importance of education, training, public awareness, public participation, public access to information and cooperation at all levels on the matters addressed in this Agreement,

이 협정에서 다루어지는 문제에 대한 교육, 훈련, 공중의 인식, 공중의 참여, 공중의 정보 접근, 그리고 모든 차원에서의 협력이 중요함을 확인하고,

Recognizing the importance of the engagements of all levels of government and various actors, in accordance with respective national legislations of Parties, in addressing climate change,

기후변화에 대한 대응에 당사자 각자의 국내 법령에 따라 모든 차원의 정부조직과 다양한 행위자의 참여가 중요함을 인식하며,

Also recognizing that sustainable lifestyles and sustainable patterns of consumption and production, with developed country Parties taking the lead, play an important role in addressing climate change,

또한, 선진국인 당사자가 주도하고 있는 지속가능한 생활양식과 지속가능한 소비 및 생산 방식이 기후변화에 대한 대응에 중요한 역할을 함을 인식하면서,

Have agreed as follows:

다음과 같이 합의하였다.

Article 1

For the purpose of this Agreement, the definitions contained in Article 1 of the Convention shall apply. In addition:

(a) "Convention" means the United Nations Framework Convention on Climate Change, adopted in New York on 9 May 1992;
(b) "Conference of the Parties" means the Conference of the Parties to the Convention;
(c) "Party" means a Party to this Agreement.

제1조

이 협정의 목적상, 협약 제1조에 포함된 정의가 적용된다. 추가로,

가. "협약"이란 1992년 5월 9일 뉴욕에서 채택된 「기후변화에 관한 국제연합 기본협약」을 말한다.

나. "당사국총회"란 협약의 당사국총회를 말한다.

다. "당사자"란 이 협정의 당사자를 말한다.

Article 2

1. This Agreement, in enhancing the implementation of the Convention, including its objective, aims to strengthen the global response to the threat of climate change, in the context of sustainable development and efforts to eradicate poverty, including by:

(a) Holding the increase in the global average temperature to well below 2°C above pre-industrial levels and pursuing efforts to limit the temperature increase to 1.5°C above pre-industrial levels, recognizing that this would significantly reduce the risks and impacts of climate change;
(b) Increasing the ability to adapt to the adverse impacts of climate change and foster climate resilience and low greenhouse gas emissions development, in a manner that does not threaten

제2조

1. 이 협정은, 협약의 목적을 포함하여 협약의 이행을 강화하는 데에, 지속가능한 발전과 빈곤 퇴치를 위한 노력의 맥락에서, 다음의 방법을 포함하여 기후변화의 위협에 대한 전지구적 대응을 강화하는 것을 목표로 한다.

가. 기후변화의 위험 및 영향을 상당히 감소시킬 것이라는 인식하에, 산업화 전 수준 대비 지구 평균 기온 상승을 섭씨 2도 보다 현저히 낮은 수준으로 유지하는 것 및 산업화 전 수준 대비 지구 평균 기온 상승을 섭씨 1.5도로 제한하기 위한 노력의 추구

나. 식량 생산을 위협하지 아니하는 방식으로, 기후변화의 부정적 영향에 적응하는 능력과 기후 회복력 및 온실가스 저배출 발전을 증진하는 능력의 증대, 그리고

food production; and

(c) Making finance flows consistent with a pathway towards low greenhouse gas emissions and climate-resilient development.

다. 온실가스 저배출 및 기후 회복적 발전이라는 방향에 부합하도록 하는 재정 흐름의 조성

2. This Agreement will be implemented to reflect equity and the principle of common but differentiated responsibilities and respective capabilities, in the light of different national circumstances.

2. 이 협정은 상이한 국내 여건에 비추어 형평 그리고 공통적이지만 그 정도에 차이가 나는 책임과 각자의 능력의 원칙을 반영하여 이행될 것이다.

Article 3

As nationally determined contributions to the global response to climate change, all Parties are to undertake and communicate ambitious efforts as defined in Articles 4, 7, 9, 10, 11 and 13 with the view to achieving the purpose of this Agreement as set out in Article 2. The efforts of all Parties will represent a progression over time, while recognizing the need to support developing country Parties for the effective implementation of this Agreement.

제3조

기후변화에 전지구적으로 대응하기 위한 국가별 기여방안으로서, 모든 당사자는 제2조에 규정된 이 협정의 목적을 달성하기 위하여 제4조, 제7조, 제9조, 제10조, 제11조 및 제13조에 규정된 바와 같이 의욕적인 노력을 수행하고 통보하여야 한다. 이 협정의 효과적인 이행을 위해서는 개발도상국 당사자에 대한 지원이 필요함을 인식하면서, 모든 당사자는 시간의 경과에 따라 진전되는 노력을 보여줄 것이다.

Article 4

1. In order to achieve the long-term temperature goal set out in Article 2, Parties aim to reach global peaking of greenhouse gas emissions as soon as possible, recognizing that peaking will take longer for developing country Parties, and to undertake rapid reductions thereafter in accordance with best available science, so as to achieve a balance between anthropogenic emissions by sources and removals by

제4조

1. 형평에 기초하고 지속가능한 발전과 빈곤퇴치를 위한 노력의 맥락에서, 제2조에 규정된 장기 기온 목표를 달성하기 위하여, 개발도상국 당사자에게는 온실가스 배출최대치 달성에 더욱 긴 시간이 걸릴 것임을 인식하면서, 당사자는 전지구적 온실가스 배출최대치를 가능한 한 조속히 달성할 것을 목표로 하고, 그 후에는 이용 가능한 최선의 과학에 따라 급속한 감축을 실시하는 것을 목표로 하여 금세기의

sinks of greenhouse gases in the second half of this century, on the basis of equity, and in the context of sustainable development and efforts to eradicate poverty.

하반기에 온실가스의 배출원에 의한 인위적 배출과 흡수원에 의한 제거 간에 균형을 달성할 수 있도록 한다.

2. Each Party shall prepare, communicate and maintain successive nationally determined contributions that it intends to achieve. Parties shall pursue domestic mitigation measures, with the aim of achieving the objectives of such contributions.

2. 각 당사자는 달성하고자 하는 차기 국가별 기여방안을 준비하고, 통보하며, 유지한다. 당사자는 그러한 국가별 기여방안의 목적을 달성하기 위하여 국내적 완화 조치를 추구한다.

3. Each Party's successive nationally determined contribution will represent a progression beyond the Party's then current nationally determined contribution and reflect its highest possible ambition, reflecting its common but differentiated responsibilities and respective capabilities, in the light of different national circumstances.

3. 각 당사자의 차기 국가별 기여방안은 상이한 국내 여건에 비추어 공통적이지만 그 정도에 차이가 나는 책임과 각자의 능력을 반영하고, 당사자의 현재 국가별 기여방안보다 진전되는 노력을 시현할 것이며 가능한 한 가장 높은 의욕 수준을 반영할 것이다.

4. Developed country Parties should continue taking the lead by undertaking economy-wide absolute emission reduction targets. Developing country Parties should continue enhancing their mitigation efforts, and are encouraged to move over time towards economy-wide emission reduction or limitation targets in the light of different national circumstances.

4. 선진국 당사자는 경제 전반에 걸친 절대량 배출 감축목표를 약속함으로써 주도적 역할을 지속하여야 한다. 개발도상국 당사자는 완화 노력을 계속 강화하여야 하며, 상이한 국내 여건에 비추어 시간의 경과에 따라 경제 전반의 배출 감축 또는 제한 목표로 나아갈 것이 장려된다.

5. Support shall be provided to developing country Parties for the implementation of this Article, in accordance with Articles 9, 10 and 11, recognizing that

5. 개발도상국 당사자에 대한 지원 강화를 통하여 그들이 보다 의욕적으로 행동할 수 있을 것임을 인식하면서, 개발도상국 당사자에게 이 조의 이행을 위하여 제9

enhanced support for developing country Parties will allow for higher ambition in their actions.

조, 제10조 및 제11조에 따라 지원이 제공된다.

6. The least developed countries and small island developing States may prepare and communicate strategies, plans and actions for low greenhouse gas emissions development reflecting their special circumstances.

6. 최빈개도국과 소도서 개발도상국은 그들의 특별한 사정을 반영하여 온실가스 저배출 발전을 위한 전략, 계획 및 행동을 준비하고 통보할 수 있다.

7. Mitigation co-benefits resulting from Parties' adaptation actions and/or economic diversification plans can contribute to mitigation outcomes under this Article.

7. 당사자의 적응 행동 그리고/또는 경제 다변화 계획으로부터 발생하는 완화의 공통이익은 이 조에 따른 완화 성과에 기여할 수 있다.

8. In communicating their nationally determined contributions, all Parties shall provide the information necessary for clarity, transparency and understanding in accordance with decision 1/CP.21 and any relevant decisions of the Conference of the Parties serving as the meeting of the Parties to this Agreement.

8. 국가별 기여방안을 통보할 때, 모든 당사자는 결정 1/CP.21과 이 협정의 당사자회의 역할을 하는 당사국총회의 모든 관련 결정에 따라 명확성, 투명성 및 이해를 위하여 필요한 정보를 제공한다.

9. Each Party shall communicate a nationally determined contribution every five years in accordance with decision 1/CP.21 and any relevant decisions of the Conference of the Parties serving as the meeting of the Parties to this Agreement and be informed by the outcomes of the global stocktake referred to in Article 14.

9. 각 당사자는 결정 1/CP.21과 이 협정의 당사자회의 역할을 하는 당사국총회의 모든 관련 결정에 따라 5년마다 국가별 기여방안을 통보하며, 각 당사자는 제14조에 언급된 전지구적 이행점검의 결과를 통지받는다.

10. The Conference of the Parties serving as the meeting of the Parties to this

10. 이 협정의 당사자회의 역할을 하는 당사국총회는 제1차 회기에서 국가별 기여방

Agreement shall consider common time frames for nationally determined contributions at its first session.

안을 위한 공통의 시간 계획에 대하여 고려한다.

11. A Party may at any time adjust its existing nationally determined contribution with a view to enhancing its level of ambition, in accordance with guidance adopted by the Conference of the Parties serving as the meeting of the Parties to this Agreement.

11. 이 협정의 당사자회의 역할을 하는 당사국총회가 채택하는 지침에 따라, 당사자는 자신의 의욕 수준을 증진하기 위하여 기존의 국가별 기여방안을 언제든지 조정할 수 있다.

12. Nationally determined contributions communicated by Parties shall be recorded in a public registry maintained by the secretariat.

12. 당사자가 통보한 국가별 기여방안은 사무국이 유지하는 공공 등록부에 기록된다.

13. Parties shall account for their nationally determined contributions. In accounting for anthropogenic emissions and removals corresponding to their nationally determined contributions, Parties shall promote environmental integrity, transparency, accuracy, completeness, comparability and consistency, and ensure the avoidance of double counting, in accordance with guidance adopted by the Conference of the Parties serving as the meeting of the Parties to this Agreement.

13. 당사자는 자신의 국가별 기여방안을 산정한다. 자신의 국가별 기여방안에 따른 인위적 배출과 제거를 산정할 때는, 당사자는 이 협정의 당사자회의 역할을 하는 당사국총회가 채택하는 지침에 따라, 환경적 건전성, 투명성, 정확성, 완전성, 비교가능성, 일관성을 촉진하며, 이중계산의 방지를 보장한다.

14. In the context of their nationally determined contributions, when recognizing and implementing mitigation actions with respect to anthropogenic emissions and removals, Parties should take into account, as appropriate, existing methods and guidance under the Convention, in the light of the provi-

14. 국가별 기여방안의 맥락에서, 인위적 배출과 제거에 관한 완화 행동을 인식하고 이행할 때 당사자는, 이 조 제13항에 비추어, 협약상의 기존 방법론과 지침을 적절히 고려하여야 한다.

sions of paragraph 13 of this Article.

15. Parties shall take into consideration in the implementation of this Agreement the concerns of Parties with economies most affected by the impacts of response measures, particularly developing country Parties.

15. 당사자는 이 협정을 이행할 때, 대응조치의 영향으로 인하여 자국 경제가 가장 크게 영향을 받는 당사자, 특히 개발도상국 당사자의 우려사항을 고려한다.

16. Parties, including regional economic integration organizations and their member States, that have reached an agreement to act jointly under paragraph 2 of this Article shall notify the secretariat of the terms of that agreement, including the emission level allocated to each Party within the relevant time period, when they communicate their nationally determined contributions. The secretariat shall in turn inform the Parties and signatories to the Convention of the terms of that agreement.

16. 공동으로 이 조 제2항에 따라 행동할 것에 합의한 지역경제통합기구와 그 회원국을 포함하는 당사자는 자신의 국가별 기여방안을 통보할 때, 관련 기간 내에 각 당사자에 할당된 배출 수준을 포함하는 합의 내용을 사무국에 통고한다. 그 다음 순서로 사무국은 협약의 당사자 및 서명자에게 그 합의 내용을 통지한다.

17. Each party to such an agreement shall be responsible for its emission level as set out in the agreement referred to in paragraph 16 of this Article in accordance with paragraphs 13 and 14 of this Article and Articles 13 and 15.

17. 그러한 합의의 각 당사자는 이 조 제13항 및 제14항 그리고 제13조 및 제15조에 따라 이 조 제16항에서 언급된 합의에 규정된 배출 수준에 대하여 책임을 진다.

18. If Parties acting jointly do so in the framework of, and together with, a regional economic integration organization which is itself a Party to this Agreement, each member State of that regional economic integration organization individually, and together with the regional economic integra-

18. 공동으로 행동하는 당사자들이 이 협정의 당사자인 지역경제통합기구의 프레임워크 안에서 그리고 지역경제통합기구와 함께 공동으로 행동하는 경우, 그 지역경제통합기구의 각 회원국은 개별적으로 그리고 지역경제통합기구와 함께, 이 조 제13항 및 제14항 그리고 제

tion organization, shall be responsible for its emission level as set out in the agreement communicated under paragraph 16 of this Article in accordance with paragraphs 13 and 14 of this Article and Articles 13 and 15.

13조 및 제15조에 따라 이 조 제16항에 따라 통보된 합의에서 명시된 배출 수준에 대하여 책임을 진다.

19. All Parties should strive to formulate and communicate long-term low greenhouse gas emission development strategies, mindful of Article 2 taking into account their common but differentiated responsibilities and respective capabilities, in the light of different national circumstances.

19. 모든 당사자는 상이한 국내 여건에 비추어, 공통적이지만 그 정도에 차이가 나는 책임과 각자의 능력을 고려하는 제2조를 유념하며 장기적인 온실가스 저배출 발전 전략을 수립하고 통보하기 위하여 노력하여야 한다.

Article 5

제5조

1. Parties should take action to conserve and enhance, as appropriate, sinks and reservoirs of greenhouse gases as referred to in Article 4, paragraph 1(d), of the Convention, including forests.

1. 당사자는 협약 제4조제1항라목에 언급된 바와 같이, 산림을 포함한 온실가스 흡수원 및 저장고를 적절히 보전하고 증진하는 조치를 하여야 한다.

2. Parties are encouraged to take action to implement and support, including through results-based payments, the existing framework as set out in related guidance and decisions already agreed under the Convention for: policy approaches and positive incentives for activities relating to reducing emissions from deforestation and forest degradation, and the role of conservation, sustainable management of forests and enhancement of forest carbon stocks in developing countries; and alternative policy approaches, such

2. 당사자는, 협약하 이미 합의된 관련 지침과 결정에서 규정하고 있는 기존의 프레임워크인: 개발도상국에서의 산림 전용과 산림 황폐화로 인한 배출의 감축 관련 활동, 그리고 산림의 보전, 지속가능한 관리 및 산림 탄소 축적 증진 역할에 관한 정책적 접근 및 긍정적 유인과; 산림의 통합적이고 지속가능한 관리를 위한 완화 및 적응 공동 접근과 같은 대안적 정책 접근을, 이러한 접근과 연계된 비탄소 편익에 대하여 적절히 긍정적인 유인을 제공하는 것의 중요성을 재확인하면서, 결과기반지불 등의 방식을 통하여, 이행하고 지원하

as joint mitigation and adaptation approaches for the integral and sustainable management of forests, while reaffirming the importance of incentivizing, as appropriate, non−carbon benefits associated with such approaches.

는 조치를 하도록 장려된다.

Article 6

제6조

1. Parties recognize that some Parties choose to pursue voluntary cooperation in the implementation of their nationally determined contributions to allow for higher ambition in their mitigation and adaptation actions and to promote sustainable development and environmental integrity.

1. 당사자는 일부 당사자가 완화 및 적응 행동을 하는 데에 보다 높은 수준의 의욕을 가능하게 하고 지속가능한 발전과 환경적 건전성을 촉진하도록 하기 위하여, 국가별 기여방안 이행에서 자발적 협력 추구를 선택하는 것을 인정한다.

2. Parties shall, where engaging on a voluntary basis in cooperative approaches that involve the use of internationally transferred mitigation outcomes towards nationally determined contributions, promote sustainable development and ensure environmental integrity and transparency, including in governance, and shall apply robust accounting to ensure, inter alia, the avoidance of double counting, consistent with guidance adopted by the Conference of the Parties serving as the meeting of the Parties to this Agreement.

2. 국가별 기여방안을 위하여 당사자가 국제적으로 이전된 완화 성과의 사용을 수반하는 협력적 접근에 자발적으로 참여하는 경우, 당사자는 지속가능한 발전을 촉진하고 거버넌스 등에서 환경적 건전성과 투명성을 보장하며, 이 협정의 당사자회의 역할을 하는 당사국총회가 채택하는 지침에 따라, 특히 이중계산의 방지 등을 보장하기 위한 엄격한 계산을 적용한다.

3. The use of internationally transferred mitigation outcomes to achieve nationally determined contributions under this Agreement shall be voluntary and authorized by participating Parties.

3. 이 협정에 따라 국가별 기여방안을 달성하기 위하여 국제적으로 이전된 완화 성과는 자발적으로 사용되며, 참여하는 당사자에 의하여 승인된다.

4. A mechanism to contribute to the mitigation of greenhouse gas emissions and support sustainable development is hereby established under the authority and guidance of the Conference of the Parties serving as the meeting of the Parties to this Agreement for use by Parties on a voluntary basis. It shall be supervised by a body designated by the Conference of the Parties serving as the meeting of the Parties to this Agreement, and shall aim:

4. 당사자가 자발적으로 사용할 수 있도록 온실가스 배출 완화에 기여하고 지속가능한 발전을 지원하는 메커니즘을 이 협정의 당사자회의 역할을 하는 당사국총회의 권한과 지침에 따라 설립한다. 이 메커니즘은 이 협정의 당사자회의 역할을 하는 당사국총회가 지정한 기구의 감독을 받으며, 다음을 목표로 한다.

(a) To promote the mitigation of greenhouse gas emissions while fostering sustainable development;

가. 지속가능한 발전 증진 및 온실가스 배출의 완화 촉진

(b) To incentivize and facilitate participation in the mitigation of greenhouse gas emissions by public and private entities authorized by a Party;

나. 당사자가 허가한 공공 및 민간 실체가 온실가스 배출 완화에 참여하도록 유인 제공 및 촉진

(c) To contribute to the reduction of emission levels in the host Party, which will benefit from mitigation activities resulting in emission reductions that can also be used by another Party to fulfil its nationally determined contribution; and

다. 유치당사자 국내에서의 배출 수준 하락에 기여. 유치당사자는 배출 감축으로 이어질 완화 활동으로부터 이익을 얻을 것이며 그러한 배출 감축은 다른 당사자가 자신의 국가별 기여방안을 이행하는 데에도 사용될 수 있다. 그리고

(d) To deliver an overall mitigation in global emissions.

라. 전지구적 배출의 전반적 완화 달성

5. Emission reductions resulting from the mechanism referred to in paragraph 4 of this Article shall not be used to demonstrate achievement of the host Party's nationally determined contribution if used by another Party to demonstrate achievement of its nationally determined contribution.

5. 이 조 제4항에 언급된 메커니즘으로부터 발생하는 배출 감축을 다른 당사자가 자신의 국가별 기여방안 달성을 증명하는 데 사용하는 경우, 그러한 배출 감축은 유치당사자의 국가별 기여방안 달성을 증명하는 데 사용되지 아니한다.

6. The Conference of the Parties serving as the meeting of the Parties to this Agreement shall ensure that a share of the proceeds from activities under the mechanism referred to in paragraph 4 of this Article is used to cover administrative expenses as well as to assist developing country Parties that are particularly vulnerable to the adverse effects of climate change to meet the costs of adaptation.

6. 이 협정의 당사자회의 역할을 하는 당사국총회는 이 조 제4항에 언급된 메커니즘 하에서의 활동 수익 중 일부가 행정 경비로 지불되고, 기후변화의 부정적 영향에 특별히 취약한 개발도상국 당사자의 적응 비용의 충당을 지원하는 데 사용되도록 보장한다.

7. The Conference of the Parties serving as the meeting of the Parties to this Agreement shall adopt rules, modalities and procedures for the mechanism referred to in paragraph 4 of this Article at its first session.

7. 이 협정의 당사자회의 역할을 하는 당사국총회는 제1차 회기에서 이 조 제4항에 언급된 메커니즘을 위한 규칙, 방식 및 절차를 채택한다.

8. Parties recognize the importance of integrated, holistic and balanced non-market approaches being available to Parties to assist in the implementation of their nationally determined contributions, in the context of sustainable development and poverty eradication, in a coordinated and effective manner, including through, inter alia, mitigation, adaptation, finance, technology transfer and capacity-building, as appropriate. These approaches shall aim to:

8. 당사자는 지속가능한 발전과 빈곤퇴치의 맥락에서, 특히 완화, 적응, 금융, 기술 이전 및 역량배양 등을 통하여 적절히 조율되고 효과적인 방식으로 국가별 기여방안의 이행을 지원하기 위하여 당사자가 이용 가능한 통합적이고, 전체적이며, 균형적인 비시장 접근의 중요성을 인식한다. 이러한 접근은 다음을 목표로 한다.

(a) Promote mitigation and adaptation ambition;
(b) Enhance public and private sector participation in the implementation of nationally determined contributions; and
(c) Enable opportunities for coordination

가. 완화 및 적응 의욕 촉진
나. 국가별 기여방안 이행에 공공 및 민간 부문의 참여 강화, 그리고
다. 여러 기제 및 관련 제도적 장치 전반에

across instruments and relevant institutional arrangements.

서 조정의 기회를 마련

9. A framework for non-market approaches to sustainable development is hereby defined to promote the non-market approaches referred to in paragraph 8 of this Article.

9. 지속가능한 발전에 대한 비시장 접근 프레임워크를 이 조 제8항에 언급된 비시장 접근을 촉진하기 위하여 정의한다.

Article 7

제7조

1. Parties hereby establish the global goal on adaptation of enhancing adaptive capacity, strengthening resilience and reducing vulnerability to climate change, with a view to contributing to sustainable development and ensuring an adequate adaptation response in the context of the temperature goal referred to in Article 2.

1. 당사자는 지속가능한 발전에 기여하고 제2조에서 언급된 기온 목표의 맥락에서 적절한 적응 대응을 보장하기 위하여, 적응역량 강화, 회복력 강화 그리고 기후변화에 대한 취약성 경감이라는 전지구적 적응목표를 수립한다.

2. Parties recognize that adaptation is a global challenge faced by all with local, subnational, national, regional and international dimensions, and that it is a key component of and makes a contribution to the long-term global response to climate change to protect people, livelihoods and ecosystems, taking into account the urgent and immediate needs of those developing country Parties that are particularly vulnerable to the adverse effects of climate change.

2. 당사자는 기후변화의 부정적 영향에 특별히 취약한 개발도상국 당사자의 급박하고 즉각적인 요구를 고려하면서, 적응이 현지적, 지방적, 국가적, 지역적 및 국제적 차원에서 모두가 직면한 전지구적 과제라는 점과, 적응이 인간, 생계 및 생태계를 보호하기 위한 장기적이며 전지구적인 기후변화 대응의 핵심 요소이며 이에 기여한다는 점을 인식한다.

3. The adaptation efforts of developing country Parties shall be recognized, in accordance with the modalities to be adopted by the Conference of the

3. 개발도상국 당사자의 적응 노력은 이 협정의 당사자회의 역할을 하는 당사국총회 제1차 회기에서 채택되는 방식에 따라 인정된다.

Parties serving as the meeting of the Parties to this Agreement at its first session.

4. Parties recognize that the current need for adaptation is significant and that greater levels of mitigation can reduce the need for additional adaptation efforts, and that greater adaptation needs can involve greater adaptation costs.

4. 당사자는 현재 적응에 대한 필요성이 상당하고, 더 높은 수준의 완화가 추가적인 적응 노력의 필요성을 줄일 수 있으며, 적응 필요성이 더 클수록 더 많은 적응 비용이 수반될 수 있다는 점을 인식한다.

5. Parties acknowledge that adaptation action should follow a country-driven, gender-responsive, participatory and fully transparent approach, taking into consideration vulnerable groups, communities and ecosystems, and should be based on and guided by the best available science and, as appropriate, traditional knowledge, knowledge of indigenous peoples and local knowledge systems, with a view to integrating adaptation into relevant socioeconomic and environmental policies and actions, where appropriate.

5. 당사자는, 적절한 경우 적응을 관련 사회경제적 및 환경적 정책과 행동에 통합하기 위하여, 취약계층, 지역공동체 및 생태계를 고려하면서 적응 행동이 국가 주도적이고 성 인지적이며 참여적이고 전적으로 투명한 접근을 따라야 한다는 점과, 이용 가능한 최선의 과학, 그리고 적절히 전통 지식, 원주민 지식 및 지역 지식체계에 기반을 두고 따라야 한다는 점을 확인한다.

6. Parties recognize the importance of support for and international cooperation on adaptation efforts and the importance of taking into account the needs of developing country Parties, especially those that are particularly vulnerable to the adverse effects of climate change.

6. 당사자는 적응 노력에 대한 지원과 국제협력의 중요성을 인식하고, 개발도상국 당사자, 특히 기후변화의 부정적 영향에 특별히 취약한 국가의 요구를 고려하는 것의 중요성을 인식한다.

7. Parties should strengthen their cooperation on enhancing action on adaptation, taking into account the Cancun Adaptation Framework, including with

7. 당사자는 다음에 관한 것을 포함하여 「칸쿤 적응 프레임워크」를 고려하면서 적응 행동 강화를 위한 협력을 증진하여야 한다.

regard to:

(a) Sharing information, good practices, experiences and lessons learned, including, as appropriate, as these relate to science, planning, policies and implementation in relation to adaptation actions;

가. 적응 행동과 관련 있는 과학, 계획, 정책 및 이행에 관한 것을 적절히 포함하여, 정보, 모범관행, 경험 및 교훈의 공유

(b) Strengthening institutional arrangements, including those under the Convention that serve this Agreement, to support the synthesis of relevant information and knowledge, and the provision of technical support and guidance to Parties;

나. 관련 정보와 지식의 취합 및 당사자에 대한 기술적 지원 및 지침의 제공을 지원하기 위하여, 이 협정을 지원하는 협약상의 것을 포함한 제도적 장치의 강화

(c) Strengthening scientific knowledge on climate, including research, systematic observation of the climate system and early warning systems, in a manner that informs climate services and supports decision-making;

다. 기후 서비스에 정보를 제공하고 의사결정을 지원하는 방식으로, 연구, 기후체계에 관한 체계적 관측, 조기경보시스템 등을 포함하여 기후에 관한 과학적 지식의 강화

(d) Assisting developing country Parties in identifying effective adaptation practices, adaptation needs, priorities, support provided and received for adaptation actions and efforts, and challenges and gaps, in a manner consistent with encouraging good practices; and

라. 개발도상국 당사자가 효과적인 적응 관행, 적응 요구, 우선순위, 적응 행동과 노력을 위하여 제공하고 제공받은 지원, 문제점과 격차를 파악할 수 있도록, 모범관행 장려에 부합하는 방식으로의 지원, 그리고

(e) Improving the effectiveness and durability of adaptation actions.

마. 적응 행동의 효과성 및 지속성 향상

8. United Nations specialized organizations and agencies are encouraged to support the efforts of Parties to implement the actions referred to in paragraph 7 of this Article, taking into account the provisions of paragraph 5 of this Article.

8. 국제연합 전문기구 및 기관들은 이 조 제5항을 고려하면서 이 조 제7항에서 언급된 행동을 이행하기 위한 당사자의 노력을 지원하도록 장려된다.

9. Each Party shall, as appropriate, engage in adaptation planning processes and the implementation of actions, including the development or enhancement of relevant plans, policies and/or contributions, which may include:

9. 각 당사자는, 관련 계획, 정책 그리고/또는 기여의 개발 또는 강화를 포함하는 적응계획 과정과 행동의 이행에 적절히 참여하며, 이는 다음을 포함할 수 있다.

(a) The implementation of adaptation actions, undertakings and/or efforts;

가. 적응 행동, 조치, 그리고/또는 노력의 이행

(b) The process to formulate and implement national adaptation plans;

나. 국가별 적응계획을 수립하고 이행하는 절차

(c) The assessment of climate change impacts and vulnerability, with a view to formulating nationally determined prioritized actions, taking into account vulnerable people, places and ecosystems;

다. 취약인구, 지역 및 생태계를 고려하면서, 국가별로 결정된 우선 행동을 정하기 위하여 기후변화 영향과 취약성 평가

(d) Monitoring and evaluating and learning from adaptation plans, policies, programmes and actions; and

라. 적응 계획, 정책, 프로그램 및 행동에 대한 모니터링, 평가 및 그로부터의 학습, 그리고

(e) Building the resilience of socioeconomic and ecological systems, including through economic diversification and sustainable management of natural resources.

마. 경제 다변화와 천연자원의 지속가능한 관리 등의 방식을 통하여 사회경제적 그리고 생태계의 회복력 구축

10. Each Party should, as appropriate, submit and update periodically an adaptation communication, which may include its priorities, implementation and support needs, plans and actions, without creating any additional burden for developing country Parties.

10. 각 당사자는 개발도상국 당사자에게 어떤 추가적 부담도 발생시키지 아니하면서 적절히 적응 보고서를 정기적으로 제출하고 갱신하여야 하며, 이 보고서는 당사자의 우선순위, 이행 및 지원 필요성, 계획 및 행동을 포함할 수 있다.

11. The adaptation communication referred to in paragraph 10 of this Article shall be, as appropriate, submitted and updated periodically, as a component of or in conjunction with other

11. 이 조 제10항에 언급된 적응 보고서는 국가별 적응계획, 제4조제2항에 언급된 국가별 기여방안, 그리고/또는 국가별보고서를 포함하여 그 밖의 보고서나 문서의 일부로서 또는 이와 함께 정기적으로

communications or documents, including a national adaptation plan, a nationally determined contribution as referred to in Article 4, paragraph 2, and/or a national communication.

적절히 제출되고 갱신된다.

12. The adaptation communications referred to in paragraph 10 of this Article shall be recorded in a public registry maintained by the secretariat.

12. 이 조 제10항에 언급된 적응 보고서는 사무국이 유지하는 공공 등록부에 기록된다.

13. Continuous and enhanced international support shall be provided to developing country Parties for the implementation of paragraphs 7, 9, 10 and 11 of this Article, in accordance with the provisions of Articles 9, 10 and 11.

13. 제9조, 제10조 및 제11조의 규정에 따라 이 조 제7항, 제9항, 제10항 및 제11항을 이행하기 위하여 지속적이고 강화된 국제적 지원이 개발도상국 당사자에게 제공된다.

14. The global stocktake referred to in Article 14 shall, inter alia:

14. 제14조에 언급된 전지구적 이행점검은 특히 다음의 역할을 한다.

(a) Recognize adaptation efforts of developing country Parties;
(b) Enhance the implementation of adaptation action taking into account the adaptation communication referred to in paragraph 10 of this Article;
(c) Review the adequacy and effectiveness of adaptation and support provided for adaptation; and
(d) Review the overall progress made in achieving the global goal on adaptation referred to in paragraph 1 of this Article.

가. 개발도상국 당사자의 적응 노력 인정

나. 이 조 제10항에 언급된 적응보고서를 고려하며 적응 행동의 이행 강화

다. 적응과 적응을 위하여 제공되는 지원의 적절성과 효과성 검토, 그리고

라. 이 조 제1항에 언급된 전지구적 적응목표를 달성하면서 나타난 전반적인 진전 검토

Article 8

제8조

1. Parties recognize the importance of averting, minimizing and addressing

1. 당사자는 기상이변과 서서히 발생하는 현상을 포함한 기후변화의 부정적 영향과

loss and damage associated with the adverse effects of climate change, including extreme weather events and slow onset events, and the role of sustainable development in reducing the risk of loss and damage.

관련된 손실 및 피해를 방지하고, 최소화하며, 해결해 나가는 것의 중요성과, 그 손실과 피해의 위험을 줄이기 위한 지속가능한 발전의 역할을 인식한다.

2. The Warsaw International Mechanism for Loss and Damage associated with Climate Change Impacts shall be subject to the authority and guidance of the Conference of the Parties serving as the meeting of the Parties to this Agreement and may be enhanced and strengthened, as determined by the Conference of the Parties serving as the meeting of the Parties to this Agreement.

2. 기후변화의 영향과 관련된 손실 및 피해에 관한 바르샤바 국제 메커니즘은 이 협정의 당사자회의 역할을 하는 당사국총회의 권한 및 지침을 따르며, 이 협정의 당사자회의 역할을 하는 당사국총회가 결정하는 바에 따라 증진되고 강화될 수 있다.

3. Parties should enhance understanding, action and support, including through the Warsaw International Mechanism, as appropriate, on a cooperative and facilitative basis with respect to loss and damage associated with the adverse effects of climate change.

3. 당사자는 협력과 촉진을 기반으로, 적절한 경우 바르샤바 국제 메커니즘 등을 통하여 기후변화의 부정적 영향과 관련된 손실 및 피해에 관한 이해, 행동 및 지원을 강화하여야 한다.

4. Accordingly, areas of cooperation and facilitation to enhance understanding, action and support may include:

(a) Early warning systems;
(b) Emergency preparedness;
(c) Slow onset events;
(d) Events that may involve irreversible and permanent loss and damage;
(e) Comprehensive risk assessment and management;
(f) Risk insurance facilities, climate risk pooling and other insurance solutions;

4. 이에 따라, 이해, 행동 및 지원을 강화하기 위한 협력과 촉진 분야는 다음을 포함할 수 있다.

가. 조기경보시스템
나. 비상준비태세
다. 서서히 발생하는 현상
라. 돌이킬 수 없고 영구적인 손실과 피해를 수반할 수 있는 현상
마. 종합적 위험 평가 및 관리
바. 위험 보험 제도, 기후 위험 분산 그리고 그 밖의 보험 해결책

(g) Non-economic losses; and
(h) Resilience of communities, livelihoods and ecosystems.

사. 비경제적 손실, 그리고
아. 공동체, 생계 및 생태계의 회복력

5. The Warsaw International Mechanism shall collaborate with existing bodies and expert groups under the Agreement, as well as relevant organizations and expert bodies outside the Agreement.

5. 바르샤바 국제 메커니즘은 이 협정상의 기존 기구 및 전문가그룹, 그리고 이 협정 밖에 있는 관련 기구 및 전문가 단체와 협력한다.

Article 9

제9조

1. Developed country Parties shall provide financial resources to assist developing country Parties with respect to both mitigation and adaptation in continuation of their existing obligations under the Convention.

1. 선진국 당사자는 협약상의 자신의 기존 의무의 연속선상에서 완화 및 적응 모두와 관련하여 개발도상국 당사자를 지원하기 위하여 재원을 제공한다.

2. Other Parties are encouraged to provide or continue to provide such support voluntarily.

2. 그 밖의 당사자는 자발적으로 그러한 지원을 제공하거나 제공을 지속하도록 장려된다.

3. As part of a global effort, developed country Parties should continue to take the lead in mobilizing climate finance from a wide variety of sources, instruments and channels, noting the significant role of public funds, through a variety of actions, including supporting country-driven strategies, and taking into account the needs and priorities of developing country Parties. Such mobilization of climate finance should represent a progression beyond previous efforts.

3. 전지구적 노력의 일환으로, 선진국 당사자는 다양한 행동을 통하여 국가 주도적 전략 지원을 포함한 공적 재원의 중요한 역할에 주목하고 개발도상국 당사자의 요구와 우선순위를 고려하면서, 다양한 재원, 기제 및 경로를 통하여 기후재원을 조성하는 데 주도적 역할을 지속하여야 한다. 그러한 기후재원 조성은 이전보다 진전되는 노력을 보여주어야 한다.

4. The provision of scaled-up financial

4. 확대된 재원의 제공은 적응을 위한 공적

resources should aim to achieve a balance between adaptation and mitigation, taking into account country-driven strategies, and the priorities and needs of developing country Parties, especially those that are particularly vulnerable to the adverse effects of climate change and have significant capacity constraints, such as the least developed countries and small island developing States, considering the need for public and grant-based resources for adaptation.

증여기반 재원의 필요성을 고려하고, 국가 주도적 전략과 개발도상국, 특히, 최빈개도국, 소도서 개발도상국과 같이 기후변화의 부정적 영향에 특별히 취약하고 그 역량상 상당한 제약이 있는 개발도상국 당사자의 우선순위와 요구를 감안하면서 완화와 적응 간 균형 달성을 목표로 하여야 한다.

5. Developed country Parties shall biennially communicate indicative quantitative and qualitative information related to paragraphs 1 and 3 of this Article, as applicable, including, as available, projected levels of public financial resources to be provided to developing country Parties. Other Parties providing resources are encouraged to communicate biennially such information on a voluntary basis.

5. 선진국 당사자는 가능하다면 개발도상국 당사자에게 제공될 공적 재원의 예상 수준을 포함하여, 이 조 제1항 및 제3항과 관련된 예시적인 성격의 정성적·정량적 정보를 적용 가능한 범위에서 2년마다 통보한다. 재원을 제공하는 그 밖의 당사자는 그러한 정보를 자발적으로 2년마다 통보하도록 장려된다.

6. The global stocktake referred to in Article 14 shall take into account the relevant information provided by developed country Parties and/or Agreement bodies on efforts related to climate finance.

6. 제14조에 언급된 전지구적 이행점검은 기후재원 관련 노력에 관하여 선진국 당사자 그리고/또는 협정상의 기구가 제공하는 관련 정보를 고려한다.

7. Developed country Parties shall provide transparent and consistent information on support for developing country Parties provided and mobilized through public interventions biennially in accordance with the modalities, procedu-

7. 선진국 당사자는, 제13조제13항에 명시된 바와 같이 이 협정의 당사자회의 역할을 하는 당사국총회 제1차 회기에서 채택되는 방식, 절차 및 지침에 따라, 공적 개입을 통하여 제공 및 조성된 개발도상국 당

res and guidelines to be adopted by the Conference of the Parties serving as the meeting of the Parties to this Agreement, at its first session, as stipulated in Article 13, paragraph 13. Other Parties are encouraged to do so.

사자에 대한 지원에 관하여 투명하고 일관된 정보를 2년마다 제공한다. 그 밖의 당사자는 그와 같이 하도록 장려된다.

8. The Financial Mechanism of the Convention, including its operating entities, shall serve as the financial mechanism of this Agreement.

8. 운영 실체를 포함한 협약의 재정메커니즘은 이 협정의 재정메커니즘의 역할을 한다.

9. The institutions serving this Agreement, including the operating entities of the Financial Mechanism of the Convention, shall aim to ensure efficient access to financial resources through simplified approval procedures and enhanced readiness support for developing country Parties, in particular for the least developed countries and small island developing States, in the context of their national climate strategies and plans.

9. 협약의 재정메커니즘의 운영 실체를 포함하여 이 협정을 지원하는 기관은, 국가별 기후 전략과 계획의 맥락에서, 개발도상국 당사자, 특히 최빈개도국 및 소도서 개발도상국이 간소한 승인 절차 및 향상된 준비수준 지원을 통하여 재원에 효율적으로 접근하도록 보장하는 것을 목표로 한다.

Article 10

제10조

1. Parties share a long-term vision on the importance of fully realizing technology development and transfer in order to improve resilience to climate change and to reduce greenhouse gas emissions.

1. 당사자는 기후변화에 대한 회복력을 개선하고 온실가스 배출을 감축하기 위하여 기술 개발 및 이전을 완전히 실현하는 것의 중요성에 대한 장기적 전망을 공유한다.

2. Parties, noting the importance of technology for the implementation of mitigation and adaptation actions under this Agreement and recognizing existing technology deployment and dissemination efforts, shall strengthen coopera-

2. 당사자는, 이 협정상의 완화 및 적응 행동의 이행을 위한 기술의 중요성에 주목하고 기존의 효율적 기술 사용 및 확산 노력을 인식하면서, 기술의 개발 및 이전을 위한 협력적 행동을 강화한다.

tive action on technology development and transfer.

3. The Technology Mechanism established under the Convention shall serve this Agreement.

3. 협약에 따라 설립된 기술메커니즘은 이 협정을 지원한다.

4. A technology framework is hereby established to provide overarching guidance to the work of the Technology Mechanism in promoting and facilitating enhanced action on technology development and transfer in order to support the implementation of this Agreement, in pursuit of the long-term vision referred to in paragraph 1 of this Article.

4. 이 조 제1항에 언급된 장기적 전망을 추구하면서, 이 협정의 이행을 지원하기 위하여 기술 개발 및 이전 행동 강화를 촉진하고 증진하는 데 기술메커니즘의 작업에 포괄적인 지침을 제공하도록 기술에 관한 프레임워크를 설립한다.

5. Accelerating, encouraging and enabling innovation is critical for an effective, long-term global response to climate change and promoting economic growth and sustainable development. Such effort shall be, as appropriate, supported, including by the Technology Mechanism and, through financial means, by the Financial Mechanism of the Convention, for collaborative approaches to research and development, and facilitating access to technology, in particular for early stages of the technology cycle, to developing country Parties.

5. 혁신을 가속화하고 장려하고 가능하게 하는 것은 기후변화에 대한 효과적이고 장기적인 전지구적 대응과 경제 성장 및 지속가능한 발전을 촉진하는 데 매우 중요하다. 그러한 노력은, 연구개발에 대한 협업적 접근을 위하여 그리고 특히 기술 주기의 초기 단계에 개발도상국 당사자가 기술에 쉽게 접근할 수 있도록 하기 위하여, 기술메커니즘 등에 의하여, 그리고 재정적 수단을 통하여 협약의 재정메커니즘 등에 의하여 적절히 지원된다.

6. Support, including financial support, shall be provided to developing country Parties for the implementation of this Article, including for strengthening cooperative action on technology development and transfer at different stages of the technology cycle, with a

6. 이 조의 이행을 위하여 재정적 지원 등의 지원이 개발도상국 당사자에게 제공되며, 이에는 완화와 적응을 위한 지원 간의 균형을 이루기 위하여, 상이한 기술 주기 단계에서의 기술 개발 및 이전에 관한 협력 행동을 강화하기 위한 지원이 포함된다.

view to achieving a balance between support for mitigation and adaptation. The global stocktake referred to in Article 14 shall take into account available information on efforts related to support on technology development and transfer for developing country Parties.

제14조에 언급된 전지구적 이행점검은 개발도상국 당사자를 위한 기술 개발 및 이전 지원 관련 노력에 대한 이용 가능한 정보를 고려한다.

Article 11

제11조

1. Capacity-building under this Agreement should enhance the capacity and ability of developing country Parties, in particular countries with the least capacity, such as the least developed countries, and those that are particularly vulnerable to the adverse effects of climate change, such as small island developing States, to take effective climate change action, including, inter alia, to implement adaptation and mitigation actions, and should facilitate technology development, dissemination and deployment, access to climate finance, relevant aspects of education, training and public awareness, and the transparent, timely and accurate communication of information.

1. 이 협정에 따른 역량배양은, 특히 적응 및 완화 행동의 이행을 포함한 효과적인 기후변화 행동을 위하여 최빈개도국과 같은 역량이 가장 부족한 개발도상국 및 소도서 개발도상국과 같은 기후변화의 부정적 효과에 특별히 취약한 개발도상국 당사자의 역량과 능력을 강화하여야 하고, 기술의 개발·확산 및 효과적 사용, 기후재원에 대한 접근, 교육·훈련 및 공중의 인식과 관련된 측면, 그리고 투명하고 시의적절하며 정확한 정보의 소통을 원활하게 하여야 한다.

2. Capacity-building should be country-driven, based on and responsive to national needs, and foster country ownership of Parties, in particular, for developing country Parties, including at the national, subnational and local levels. Capacity-building should be guided by lessons learned, including those from capacity-building activ-

2. 역량배양은 국가별 필요를 기반으로 반응하는 국가 주도적인 것이어야 하고, 국가적, 지방적 그리고 현지적 차원을 포함하여 당사자, 특히 개발도상국 당사자의 국가 주인의식을 조성하여야 한다. 역량배양은 협약상의 역량배양 활동을 통한 교훈을 포함하여 습득한 교훈을 따라야 하고, 참여적이고 종합적이며 성 인지적인

ities under the Convention, and should be an effective, iterative process that is participatory, cross-cutting and gender-responsive.

효과적 · 반복적 과정이 되어야 한다.

3. All Parties should cooperate to enhance the capacity of developing country Parties to implement this Agreement. Developed country Parties should enhance support for capacity-building actions in developing country Parties.

3. 모든 당사자는 이 협정을 이행하는 개발도상국 당사자의 역량을 강화하기 위하여 협력하여야 한다. 선진국 당사자는 개발도상국에서의 역량배양 행동에 대한 지원을 강화하여야 한다.

4. All Parties enhancing the capacity of developing country Parties to implement this Agreement, including through regional, bilateral and multilateral approaches, shall regularly communicate on these actions or measures on capacity-building. Developing country Parties should regularly communicate progress made on implementing capacity-building plans, policies, actions or measures to implement this Agreement.

4. 지역적 · 양자적 및 다자적 접근 등의 수단을 통하여 이 협정의 이행을 위한 개발도상국 당사자의 역량을 강화하는 모든 당사자는, 역량배양을 위한 그러한 행동이나 조치에 대하여 정기적으로 통보한다. 개발도상국 당사자는 이 협정의 이행을 위한 역량배양 계획, 정책, 행동이나 조치를 이행하면서 얻은 진전을 정기적으로 통보하여야 한다.

5. Capacity-building activities shall be enhanced through appropriate institutional arrangements to support the implementation of this Agreement, including the appropriate institutional arrangements established under the Convention that serve this Agreement. The Conference of the Parties serving as the meeting of the Parties to this Agreement shall, at its first session, consider and adopt a decision on the initial institutional arrangements for capacity-building.

5. 역량배양 활동은, 협약에 따라 설립되어 이 협정을 지원하는 적절한 제도적 장치 등 이 협정의 이행을 지원하기 위한 적절한 제도적 장치를 통하여 강화된다. 이 협정의 당사자회의 역할을 하는 당사국총회는 제1차 회기에서 역량배양을 위한 최초의 제도적 장치에 관한 결정을 고려하고 채택한다.

Article 12

Parties shall cooperate in taking measures, as appropriate, to enhance climate change education, training, public awareness, public participation and public access to information, recognizing the importance of these steps with respect to enhancing actions under this Agreement.

제 12 조

당사자는 이 협정상에서의 행동 강화와 관련하여 기후변화 교육, 훈련, 공중의 인식, 공중의 참여 그리고 정보에 대한 공중의 접근을 강화하기 위한 적절한 조치의 중요성을 인식하면서, 이러한 조치를 할 때 서로 협력한다.

Article 13

1. In order to build mutual trust and confidence and to promote effective implementation, an enhanced transparency framework for action and support, with built-in flexibility which takes into account Parties' different capacities and builds upon collective experience is hereby established.

2. The transparency framework shall provide flexibility in the implementation of the provisions of this Article to those developing country Parties that need it in the light of their capacities. The modalities, procedures and guidelines referred to in paragraph 13 of this Article shall reflect such flexibility.

3. The transparency framework shall build on and enhance the transparency arrangements under the Convention, recognizing the special circumstances of the least developed countries and small island developing States, and be implemented in a facilitative, non-intrusive, non-punitive manner, respectful of national sovereignty, and avoid plac-

제 13 조

1. 상호 신뢰와 확신을 구축하고 효과적 이행을 촉진하기 위하여, 당사자의 상이한 역량을 고려하고 공동의 경험에서 비롯된 유연성을 내재하고 있는, 행동 및 지원을 위하여 강화된 투명성 프레임워크를 설립한다.

2. 투명성 프레임워크는 각자의 역량에 비추어 유연성이 필요한 개발도상국 당사자가 이 조의 규정을 이행하는 데 유연성을 제공한다. 이 조 제13항에 언급된 방식, 절차 및 지침은 그러한 유연성을 반영한다.

3. 투명성 프레임워크는 최빈개도국과 소도서 개발도상국의 특수한 여건을 인식하면서 협약상의 투명성 장치를 기반으로 이를 강화하고, 국가주권을 존중하면서 촉진적·비침해적·비징벌적 방식으로 이행되며, 당사자에게 지나친 부담을 지우지 아니한다.

ing undue burden on Parties.

4. The transparency arrangements under the Convention, including national communications, biennial reports and biennial update reports, international assessment and review and international consultation and analysis, shall form part of the experience drawn upon for the development of the modalities, procedures and guidelines under paragraph 13 of this Article.

4. 국가별보고서, 격년보고서, 격년갱신보고서, 국제 평가 및 검토, 그리고 국제 협의 및 분석을 포함하는 협약상의 투명성 장치는 이 조 제13항에 따른 방식, 절차 및 지침을 개발하기 위하여 얻은 경험의 일부를 구성한다.

5. The purpose of the framework for transparency of action is to provide a clear understanding of climate change action in the light of the objective of the Convention as set out in its Article 2, including clarity and tracking of progress towards achieving Parties' individual nationally determined contributions under Article 4, and Parties' adaptation actions under Article 7, including good practices, priorities, needs and gaps, to inform the global stocktake under Article 14.

5. 행동의 투명성을 위한 프레임워크의 목적은, 제14조에 따른 전지구적 이행점검에 알려주기 위하여, 제4조에 따른 당사자의 국가별 기여방안과 모범관행·우선순위·필요·격차 등 제7조에 따른 당사자들의 적응 행동을 완수하도록 명확성 및 그 진전을 추적하는 것을 포함하여, 협약 제2조에 설정된 목적에 비추어 기후변화 행동에 대한 명확한 이해를 제공하는 것이다.

6. The purpose of the framework for transparency of support is to provide clarity on support provided and received by relevant individual Parties in the context of climate change actions under Articles 4, 7, 9, 10 and 11, and, to the extent possible, to provide a full overview of aggregate financial support provided, to inform the global stocktake under Article 14.

6. 지원의 투명성을 위한 프레임워크의 목적은, 제14조에 따른 전지구적 이행점검에 알려주기 위하여, 제4조, 제7조, 제9조, 제10조 및 제11조에 따른 기후변화 행동의 맥락에서 관련 개별 당사자가 제공하고 제공받은 지원과 관련하여 명확성을 제공하고, 제공된 총 재정지원의 전체적인 개관을 가능한 수준까지 제공하는 것이다.

7. Each Party shall regularly provide the

7. 각 당사자는 다음의 정보를 정기적으로

following information:

(a) A national inventory report of anthropogenic emissions by sources and removals by sinks of greenhouse gases, prepared using good practice methodologies accepted by the Intergovernmental Panel on Climate Change and agreed upon by the Conference of the Parties serving as the meeting of the Parties to this Agreement; and

(b) Information necessary to track progress made in implementing and achieving its nationally determined contribution under Article 4.

8. Each Party should also provide information related to climate change impacts and adaptation under Article 7, as appropriate.

9. Developed country Parties shall, and other Parties that provide support should, provide information on financial, technology transfer and capacity-building support provided to developing country Parties under Articles 9, 10 and 11.

10. Developing country Parties should provide information on financial, technology transfer and capacitybuilding support needed and received under Articles 9, 10 and 11.

11. Information submitted by each Party under paragraphs 7 and 9 of this Article shall undergo a technical ex-

제공한다.

가. 기후변화에 관한 정부 간 패널에서 수락되고 이 협정의 당사자회의 역할을 하는 당사국총회에서 합의된 모범관행 방법론을 사용하여 작성된 온실가스의 배출원에 의한 인위적 배출과 흡수원에 의한 제거에 관한 국가별 통계 보고서, 그리고

나. 제4조에 따른 국가별 기여방안을 이행하고 달성하는 데에서의 진전 추적에 필요한 정보

8. 각 당사자는 또한 제7조에 따라 기후변화의 영향과 적응에 관련된 정보를 적절히 제공하여야 한다.

9. 선진국 당사자는 제9조, 제10조 및 제11조에 따라 개발도상국 당사자에게 제공된 재정지원, 기술 이전 지원 및 역량배양 지원에 관한 정보를 제공하고, 지원을 제공하는 그 밖의 당사자는 이러한 정보를 제공하여야 한다.

10. 개발도상국 당사자는 제9조, 제10조 및 제11조에 따라 필요로 하고 제공받은 재정지원, 기술 이전 지원 및 역량배양 지원에 관한 정보를 제공하여야 한다.

11. 이 조 제7항과 제9항에 따라 각 당사자가 제출한 정보는 결정 1/CP.21에 따라 기술 전문가의 검토를 받는다. 개발도상

pert review, in accordance with decision 1/CP.21. For those developing country Parties that need it in the light of their capacities, the review process shall include assistance in identifying capacity-building needs. In addition, each Party shall participate in a facilitative, multilateral consideration of progress with respect to efforts under Article 9, and its respective implementation and achievement of its nationally determined contribution.

국 당사자의 역량에 비추어 필요한 경우 역량배양 필요를 파악하기 위한 지원을 검토 절차에 포함한다. 또한 각 당사자는 제9조에 따른 노력과 관련하여 그리고 국가별 기여방안에 대한 당사자 각자의 이행 및 달성과 관련하여 그 진전에 대한 촉진적 · 다자적 고려에 참여한다.

12. The technical expert review under this paragraph shall consist of a consideration of the Party's support provided, as relevant, and its implementation and achievement of its nationally determined contribution. The review shall also identify areas of improvement for the Party, and include a review of the consistency of the information with the modalities, procedures and guidelines referred to in paragraph 13 of this Article, taking into account the flexibility accorded to the Party under paragraph 2 of this Article. The review shall pay particular attention to the respective national capabilities and circumstances of developing country Parties.

12. 이 항에 따른 기술 전문가의 검토는, 관련이 있을 경우 당사자가 제공한 지원에 대한 고려와, 국가별 기여방안의 이행 및 달성에 대한 고려로 구성된다. 또한 검토는 당사자를 위한 개선 분야를 파악하고, 이 조 제2항에 따라 당사자에 부여된 유연성을 고려하여 이 조 제13항에 언급된 방식·절차 및 지침과 제출된 정보 간 일관성에 대한 검토를 포함한다. 검토는 개발도상국 당사자 각자의 국가적 능력과 여건에 특별한 주의를 기울인다.

파리협정

13. The Conference of the Parties serving as the meeting of the Parties to this Agreement shall, at its first session, building on experience from the arrangements related to transparency under the Convention, and elaborating

13. 이 협정의 당사자회의 역할을 하는 당사국총회는 제1차 회기에서 협약상의 투명성과 관련된 장치로부터 얻은 경험을 기반으로 이 조의 규정을 구체화하여, 행동과 지원의 투명성을 위한 공통의 방식, 절차 및 지침을 적절히 채택한다.

on the provisions in this Article, adopt common modalities, procedures and guidelines, as appropriate, for the transparency of action and support.

14. Support shall be provided to developing countries for the implementation of this Article.

14. 이 조의 이행을 위하여 개발도상국에 지원이 제공된다.

15. Support shall also be provided for the building of transparency-related capacity of developing country Parties on a continuous basis.

15. 또한 개발도상국 당사자의 투명성 관련 역량배양을 위하여 지속적인 지원이 제공된다.

Article 14

제 14 조

1. The Conference of the Parties serving as the meeting of the Parties to this Agreement shall periodically take stock of the implementation of this Agreement to assess the collective progress towards achieving the purpose of this Agreement and its long-term goals (referred to as the "global stocktake"). It shall do so in a comprehensive and facilitative manner, considering mitigation, adaptation and the means of implementation and support, and in the light of equity and the best available science.

1. 이 협정의 당사자회의 역할을 하는 당사국총회는 이 협정의 목적과 그 장기적 목표의 달성을 위한 공동의 진전을 평가하기 위하여 이 협정의 이행을 정기적으로 점검(이하 "전지구적 이행점검"이라 한다)한다. 이는 완화, 적응 및 이행 수단과 지원 수단을 고려하면서, 형평과 이용 가능한 최선의 과학에 비추어 포괄적이고 촉진적인 방식으로 행하여진다.

2. The Conference of the Parties serving as the meeting of the Parties to this Agreement shall undertake its first global stocktake in 2023 and every five years thereafter unless otherwise decided by the Conference of the Parties serving as the meeting of the Parties to this Agreement.

2. 이 협정의 당사자회의 역할을 하는 당사국총회는 이 협정의 당사자회의 역할을 하는 당사국총회에서 달리 결정하는 경우가 아니면 2023년에 첫 번째 전지구적 이행점검을 실시하고 그 후 5년마다 이를 실시한다.

3. The outcome of the global stocktake shall inform Parties in updating and enhancing, in a nationally determined manner, their actions and support in accordance with the relevant provisions of this Agreement, as well as in enhancing international cooperation for climate action.

3. 전지구적 이행점검의 결과는, 이 협정의 관련 규정에 따라 당사자가 국내적으로 결정한 방식으로 행동과 지원을 갱신하고 강화하도록 또한 기후 행동을 위한 국제협력을 강화하도록 당사자에게 알려준다.

Article 15

제 15 조

1. A mechanism to facilitate implementation of and promote compliance with the provisions of this Agreement is hereby established.

1. 이 협정 규정의 이행을 원활하게 하고 그 준수를 촉진하기 위한 메커니즘을 설립한다.

2. The mechanism referred to in paragraph 1 of this Article shall consist of a committee that shall be expert-based and facilitative in nature and function in a manner that is transparent, non-adversarial and non-punitive. The committee shall pay particular attention to the respective national capabilities and circumstances of Parties.

2. 이 조 제1항에 언급된 메커니즘은 전문가를 기반으로 한 촉진적 성격의 위원회로 구성되고, 이 위원회는 투명하고 비대립적이며 비징벌적인 방식으로 기능한다. 위원회는 당사자 각자의 국가적 능력과 여건에 특별한 주의를 기울인다.

3. The committee shall operate under the modalities and procedures adopted by the Conference of the Parties serving as the meeting of the Parties to this Agreement at its first session and report annually to the Conference of the Parties serving as the meeting of the Parties to this Agreement.

3. 위원회는 이 협정의 당사자회의 역할을 하는 당사국총회 제1차 회기에서 채택되는 방식 및 절차에 따라 운영되며, 매년 이 협정의 당사자회의 역할을 하는 당사국총회에 보고한다.

Article 16

제 16 조

1. The Conference of the Parties, the supreme body of the Convention, shall

1. 협약의 최고기구인 당사국총회는 이 협정의 당사자회의 역할을 한다.

serve as the meeting of the Parties to this Agreement.

2. Parties to the Convention that are not Parties to this Agreement may participate as observers in the proceedings of any session of the Conference of the Parties serving as the meeting of the Parties to this Agreement. When the Conference of the Parties serves as the meeting of the Parties to this Agreement, decisions under this Agreement shall be taken only by those that are Parties to this Agreement.

2. 이 협정의 당사자가 아닌 협약의 당사자는 이 협정의 당사자회의 역할을 하는 당사국총회의 모든 회기 절차에 옵서버로 참석할 수 있다. 당사국총회가 이 협정의 당사자회의 역할을 할 때, 이 협정에 따른 결정권은 이 협정의 당사자만이 갖는다.

3. When the Conference of the Parties serves as the meeting of the Parties to this Agreement, any member of the Bureau of the Conference of the Parties representing a Party to the Convention but, at that time, not a Party to this Agreement, shall be replaced by an additional member to be elected by and from amongst the Parties to this Agreement.

3. 당사국총회가 이 협정의 당사자회의 역할을 할 때, 당사국총회 의장단의 구성원으로서 해당 시점에 이 협정의 당사자가 아닌 협약의 당사자를 대표하는 자는 이 협정의 당사자들이 그들 중에서 선출한 추가 구성원으로 대체된다.

4. The Conference of the Parties serving as the meeting of the Parties to this Agreement shall keep under regular review the implementation of this Agreement and shall make, within its mandate, the decisions necessary to promote its effective implementation. It shall perform the functions assigned to it by this Agreement and shall:

4. 이 협정의 당사자회의 역할을 하는 당사국총회는 이 협정의 이행상황을 정기적으로 검토하고, 그 권한의 범위에서 이 협정의 효과적 이행의 증진에 필요한 결정을 한다. 이 협정의 당사자회의 역할을 하는 당사국총회는 이 협정에 의하여 부여된 기능을 수행하며 다음을 한다.

(a) Establish such subsidiary bodies as deemed necessary for the implementation of this Agreement; and

가. 이 협정의 이행에 필요하다고 간주되는 보조기구의 설립, 그리고

(b) Exercise such other functions as may be required for the implementation of this Agreement.

나. 이 협정의 이행을 위하여 요구될 수 있는 그 밖의 기능의 수행

5. The rules of procedure of the Conference of the Parties and the financial procedures applied under the Convention shall be applied mutatis mutandis under this Agreement, except as may be otherwise decided by consensus by the Conference of the Parties serving as the meeting of the Parties to this Agreement.

5. 이 협정의 당사자회의 역할을 하는 당사국총회가 만장일치로 달리 결정하는 경우를 제외하고는, 당사국총회의 절차규칙 및 협약에 따라 적용되는 재정 절차는 이 협정에 준용된다.

6. The first session of the Conference of the Parties serving as the meeting of the Parties to this Agreement shall be convened by the secretariat in conjunction with the first session of the Conference of the Parties that is scheduled after the date of entry into force of this Agreement. Subsequent ordinary sessions of the Conference of the Parties serving as the meeting of the Parties to this Agreement shall be held in conjunction with ordinary sessions of the Conference of the Parties, unless otherwise decided by the Conference of the Parties serving as the meeting of the Parties to this Agreement.

6. 이 협정의 당사자회의 역할을 하는 당사국총회의 제1차 회기는 이 협정의 발효일 후에 예정되어 있는 당사국총회의 제1차 회기와 함께 사무국에 의하여 소집된다. 이 협정의 당사자회의 역할을 하는 당사국총회의 후속 정기회기는, 이 협정의 당사자회의 역할을 하는 당사국총회가 달리 결정하는 경우가 아니면, 당사국총회의 정기회기와 함께 개최된다.

7. Extraordinary sessions of the Conference of the Parties serving as the meeting of the Parties to this Agreement shall be held at such other times as may be deemed necessary by the Conference of the Parties serving as the meeting of the Parties to this Agreement or at the

7. 이 협정의 당사자회의 역할을 하는 당사국총회의 특별회기는 이 협정의 당사자회의 역할을 하는 당사국총회에서 필요하다고 간주되는 다른 때에 또는 어느 당사자의 서면요청이 있는 때에 개최된다. 다만, 그러한 서면 요청은 사무국에 의하여 당사자들에게 통보된 후 6개월 이내에 최소

written request of any Party, provided that, within six months of the request being communicated to the Parties by the secretariat, it is supported by at least one third of the Parties.

한 당사자 3분의 1의 지지를 받아야 한다.

8. The United Nations and its specialized agencies and the International Atomic Energy Agency, as well as any State member thereof or observers thereto not party to the Convention, may be represented at sessions of the Conference of the Parties serving as the meeting of the Parties to this Agreement as observers. Any body or agency, whether national or international, governmental or non-governmental, which is qualified in matters covered by this Agreement and which has informed the secretariat of its wish to be represented at a session of the Conference of the Parties serving as the meeting of the Parties to this Agreement as an observer, may be so admitted unless at least one third of the Parties present object. The admission and participation of observers shall be subject to the rules of procedure referred to in paragraph 5 of this Article.

8. 국제연합, 국제연합 전문기구, 국제원자력기구 및 이들 기구의 회원국이나 옵서버인 협약의 비당사자는 이 협정의 당사자회의 역할을 하는 당사국총회의 회기에 옵서버로 참석할 수 있다. 이 협정이 다루는 문제와 관련하여 자격을 갖추고 이 협정의 당사자회의 역할을 하는 당사국총회의 회기에 옵서버로 참석하고자 하는 의사를 사무국에 통지한 기구나 기관은, 국내적 또는 국제적, 정부 간 또는 비정부간인지를 불문하고, 출석당사자의 3분의 1 이상이 반대하는 경우가 아니면 참석이 승인될 수 있다. 옵서버의 승인 및 참석은 이 조 제5항에 언급된 절차규칙에 따른다.

Article 17

제 17 조

1. The secretariat established by Article 8 of the Convention shall serve as the secretariat of this Agreement.

1. 협약 제8조에 의하여 설립되는 사무국은 이 협정의 사무국 역할을 한다.

2. Article 8, paragraph 2, of the Convention on the functions of the secretariat, and Article 8, paragraph 3, of the Con-

2. 사무국의 기능에 관한 협약 제8조제2항 및 사무국의 기능 수행에 필요한 장치에 관한 협약 제8조제3항은 이 협정에 준용

vention, on the arrangements made for the functioning of the secretariat, shall apply mutatis mutandis to this Agreement. The secretariat shall, in addition, exercise the functions assigned to it under this Agreement and by the Conference of the Parties serving as the meeting of the Parties to this Agreement.

된다. 또한 사무국은 이 협정에 따라 부여된 기능과 이 협정의 당사자회의 역할을 하는 당사국총회에 의하여 부여된 기능을 수행한다.

Article 18

1. The Subsidiary Body for Scientific and Technological Advice and the Subsidiary Body for Implementation established by Articles 9 and 10 of the Convention shall serve, respectively, as the Subsidiary Body for Scientific and Technological Advice and the Subsidiary Body for Implementation of this Agreement. The provisions of the Convention relating to the functioning of these two bodies shall apply *mutatis mutandis* to this Agreement. Sessions of the meetings of the Subsidiary Body for Scientific and Technological Advice and the Subsidiary Body for Implementation of this Agreement shall be held in conjunction with the meetings of, respectively, the Subsidiary Body for Scientific and Technological Advice and the Subsidiary Body for Implementation of the Convention.

2. Parties to the Convention that are not Parties to this Agreement may participate as observers in the proceedings of any session of the subsidiary bodies. When the subsidiary bodies serve as

제18조

1. 협약 제9조 및 제10조에 의하여 설립된 과학기술자문 보조기구와 이행보조기구는 각각 이 협정의 과학기술자문 보조기구와 이행보조기구의 역할을 한다. 이들 두 기구의 기능 수행에 관한 협약 규정은 이 협정에 준용된다. 이 협정의 과학기술자문 보조기구와 이행보조기구 회의의 회기는 각각 협약의 과학기술 보조기구 및 이행보조기구의 회의와 함께 개최된다.

2. 이 협정의 당사자가 아닌 협약의 당사자는 그 보조기구의 모든 회기의 절차에 옵서버로 참석할 수 있다. 보조기구가 이 협정의 보조기구의 역할을 할 때, 이 협정에 따른 결정권은 이 협정의 당사자만 가진다.

the subsidiary bodies of this Agreement, decisions under this Agreement shall be taken only by those that are Parties to this Agreement.

3. When the subsidiary bodies established by Articles 9 and 10 of the Convention exercise their functions with regard to matters concerning this Agreement, any member of the bureaux of those subsidiary bodies representing a Party to the Convention but, at that time, not a Party to this Agreement, shall be replaced by an additional member to be elected by and from amongst the Parties to this Agreement.

3. 협약 제9조 및 제10조에 의하여 설립된 보조기구가 이 협정에 대한 문제와 관련하여 그 기능을 수행할 때, 보조기구 의장단의 구성원으로서 해당 시점에 이 협정의 당사자가 아닌 협약의 당사자를 대표하는 자는 이 협정의 당사자들이 그들 중에서 선출한 추가 구성원으로 대체된다.

Article 19

1. Subsidiary bodies or other institutional arrangements established by or under the Convention, other than those referred to in this Agreement, shall serve this Agreement upon a decision of the Conference of the Parties serving as the meeting of the Parties to this Agreement. The Conference of the Parties serving as the meeting of the Parties to this Agreement shall specify the functions to be exercised by such subsidiary bodies or arrangements.

2. The Conference of the Parties serving as the meeting of the Parties to this Agreement may provide further guidance to such subsidiary bodies and institutional arrangements.

제19조

1. 이 협정에서 언급되지 아니한, 협약에 의하여 또는 협약에 따라 설립된 보조기구나 그 밖의 제도적 장치는 이 협정의 당사자회의 역할을 하는 당사국총회의 결정에 따라 이 협정을 지원한다. 이 협정의 당사자회의 역할을 하는 당사국총회는 그러한 보조기구나 장치가 수행할 기능을 명확히 한다.

2. 이 협정의 당사자회의 역할을 하는 당사국총회는 그러한 보조기구와 제도적 장치에 추가적인 지침을 제공할 수 있다.

Article 20

1. This Agreement shall be open for signature and subject to ratification, acceptance or approval by States and regional economic integration organizations that are Parties to the Convention. It shall be open for signature at the United Nations Headquarters in New York from 22 April 2016 to 21 April 2017. Thereafter, this Agreement shall be open for accession from the day following the date on which it is closed for signature. Instruments of ratification, acceptance, approval or accession shall be deposited with the Depositary.

2. Any regional economic integration organization that becomes a Party to this Agreement without any of its member States being a Party shall be bound by all the obligations under this Agreement. In the case of regional economic integration organizations with one or more member States that are Parties to this Agreement, the organization and its member States shall decide on their respective responsibilities for the performance of their obligations under this Agreement. In such cases, the organization and the member States shall not be entitled to exercise rights under this Agreement concurrently.

3. In their instruments of ratification, acceptance, approval or accession, regional economic integration organizations shall declare the extent of their competence with respect to the matters

제20조

1. 이 협정은 협약의 당사자인 국가와 지역경제통합기구의 서명을 위하여 개방되며, 이들에 의한 비준, 수락 또는 승인을 조건으로 한다. 이 협정은 뉴욕의 국제연합 본부에서 2016년 4월 22일부터 2017년 4월 21일까지 서명을 위하여 개방된다. 그 후 이 협정은 서명기간이 종료한 날의 다음 날부터 가입을 위하여 개방된다. 비준서, 수락서, 승인서 또는 가입서는 수탁자에게 기탁된다.

2. 그 회원국 중 어느 국가도 이 협정의 당사자가 아니면서 이 협정의 당사자가 되는 모든 지역경제통합기구는, 이 협정상의 모든 의무에 구속된다. 하나 또는 둘 이상의 회원국이 이 협정의 당사자인 지역경제통합기구의 경우, 그 기구와 그 회원국은 이 협정상의 의무를 이행하기 위한 각자의 책임에 관하여 결정한다. 그러한 경우, 그 기구와 그 회원국은 이 협정상의 권리를 동시에 행사하지 아니한다.

3. 지역경제통합기구는 그 비준서, 수락서, 승인서 또는 가입서에서 이 협정이 규율하는 문제에 관한 기구의 권한범위를 선언한다. 또한, 이러한 기구는 그 권한범위의 실질적 변동을 수탁자에게 통지하

governed by this Agreement. These organizations shall also inform the Depositary, who shall in turn inform the Parties, of any substantial modification in the extent of their competence.

며, 수탁자는 이를 당사자에게 통지한다.

Article 21

1. This Agreement shall enter into force on the thirtieth day after the date on which at least 55 Parties to the Convention accounting in total for at least an estimated 55 per cent of the total global greenhouse gas emissions have deposited their instruments of ratification, acceptance, approval or accession.

2. Solely for the limited purpose of paragraph 1 of this Article, "total global greenhouse gas emissions" means the most up-to-date amount communicated on or before the date of adoption of this Agreement by the Parties to the Convention.

3. For each State or regional economic integration organization that ratifies, accepts or approves this Agreement or accedes thereto after the conditions set out in paragraph 1 of this Article for entry into force have been fulfilled, this Agreement shall enter into force on the thirtieth day after the date of deposit by such State or regional economic integration organization of its instrument of ratification, acceptance, approval or accession.

제21조

1. 이 협정은 지구 온실가스 총 배출량 중 최소한 55퍼센트를 차지하는 것으로 추정되는 55개 이상의 협약 당사자가 비준서, 수락서, 승인서 또는 가입서를 기탁한 날부터 30일 후에 발효한다.

2. 오직 이 조 제1항의 제한적 목적상, "지구 온실가스 총 배출량"이란 협약의 당사자가 이 협정의 채택일에 또는 그 전에 통보한 가장 최신의 배출량을 말한다.

3. 발효에 관한 이 조 제1항의 조건이 충족된 후 이 협정을 비준, 수락 또는 승인하거나 이에 가입하는 국가 또는 지역경제통합기구의 경우, 이 협정은 그러한 국가 또는 지역경제통합기구의 비준서, 수락서, 승인서 또는 가입서가 기탁된 날부터 30일 후에 발효한다.

4. For the purposes of paragraph 1 of this Article, any instrument deposited by a regional economic integration organization shall not be counted as additional to those deposited by its member States.

4. 이 조 제1항의 목적상, 지역경제통합기구가 기탁하는 모든 문서는 그 기구의 회원국이 기탁하는 문서에 추가하여 계산되지 아니한다.

Article 22

제22조

The provisions of Article 15 of the Convention on the adoption of amendments to the Convention shall apply mutatis mutandis to this Agreement.

협약의 개정안 채택에 관한 협약 제15조는 이 협정에 준용된다.

Article 23

제23조

1. The provisions of Article 16 of the Convention on the adoption and amendment of annexes to the Convention shall apply mutatis mutandis to this Agreement.

2. Annexes to this Agreement shall form an integral part thereof and, unless otherwise expressly provided for, a reference to this Agreement constitutes at the same time a reference to any annexes thereto. Such annexes shall be restricted to lists, forms and any other material of a descriptive nature that is of a scientific, technical, procedural or administrative character.

1. 협약의 부속서 채택 및 개정에 관한 협약 제16조는 이 협정에 준용된다.

2. 이 협정의 부속서는 이 협정의 불가분의 일부를 구성하며, 명시적으로 달리 규정되는 경우가 아니면, 이 협정을 언급하는 것은 이 협정의 모든 부속서도 언급하는 것으로 본다. 그러한 부속서는 목록, 양식 및 과학적·기술적·절차적 또는 행정적 특성을 갖는 서술적 성격의 그 밖의 자료에 국한된다.

Article 24

제24조

The provisions of Article 14 of the Convention on settlement of disputes shall apply mutatis mutandis to this Agreement.

분쟁해결에 관한 협약 제14조는 이 협정에 준용된다.

Article 25

1. Each Party shall have one vote, except as provided for in paragraph 2 of this Article.

2. Regional economic integration organizations, in matters within their competence, shall exercise their right to vote with a number of votes equal to the number of their member States that are Parties to this Agreement. Such an organization shall not exercise its right to vote if any of its member States exercises its right, and vice versa.

제25조

1. 각 당사자는 이 조 제2항에 규정된 경우를 제외하고는 하나의 투표권을 가진다.

2. 지역경제통합기구는 자신의 권한 범위의 문제에서 이 협정의 당사자인 그 기구 회원국의 수와 같은 수만큼의 투표권을 행사한다. 기구 회원국 중 어느 한 국가라도 투표권을 행사하는 경우, 그러한 기구는 투표권을 행사하지 아니하며, 그 반대의 경우에서도 또한 같다.

Article 26

The Secretary-General of the United Nations shall be the Depositary of this Agreement.

제26조

국제연합 사무총장은 이 협정의 수탁자가 된다.

Article 27

No reservations may be made to this Agreement.

제27조

이 협정에 대해서는 어떤 유보도 할 수 없다.

Article 28

1. At any time after three years from the date on which this Agreement has entered into force for a Party, that Party may withdraw from this Agreement by giving written notification to the Depositary.

2. Any such withdrawal shall take effect upon expiry of one year from the date of receipt by the Depositary of the no-

제28조

1. 당사자는 이 협정이 자신에 대하여 발효한 날부터 3년 후에는 언제든지 수탁자에게 서면통고를 하여 이 협정에서 탈퇴할 수 있다.

2. 그러한 탈퇴는 수탁자가 탈퇴통고서를 접수한 날부터 1년이 경과한 날 또는 탈퇴통고서에 그보다 더 나중의 날짜가 명시

tification of withdrawal, or on such later date as may be specified in the notification of withdrawal.

된 경우에는 그 나중의 날에 효력이 발생한다.

3. Any Party that withdraws from the Convention shall be considered as also having withdrawn from this Agreement.

3. 협약에서 탈퇴한 당사자는 이 협정에서도 탈퇴한 것으로 본다.

Article 29

제29조

The original of this Agreement, of which the Arabic, Chinese, English, French, Russian and Spanish texts are equally authentic, shall be deposited with the Secretary-General of the United Nations.

아랍어, 중국어, 영어, 프랑스어, 러시아어 및 스페인어본이 동등하게 정본인 이 협정의 원본은 국제연합 사무총장에게 기탁된다.

DONE at Paris this twelfth day of December two thousand and fifteen.

2015년 12월 12일에 파리에서 작성되었다.

IN WITNESS WHEREOF, the undersigned, being duly authorized to that effect, have signed this Agreement.

이상의 증거로, 정당하게 권한을 위임받은 아래의 서명자들이 이 협정에 서명하였다.

19. Nagoya protocol on access to genetic resources and the fair and equitable sharing of benefits arising from their utilization to the convention on biological diversity (2010)

19. 유전자원에 대한 접근 및 그 이용으로부터 발생하는 이익의 공정하고 공평한 공유에 관한 생물다양성에 관한 협약 나고야 의정서

Date : 29 October 2010
In force : 12 October 2014
States Party : 124
Korea : 19 May 2017
Link : www.cbd.int

The Parties to this Protocol,

이 의정서의 당사자는,

Being Parties to the Convention on Biological Diversity, hereinafter referred to as the "Convention",

이하 "협약"이라고 지칭되는 「생물다양성에 관한 협약」의 당사자로서,

Recalling that the fair and equitable sharing of benefits arising from the utilization of genetic resources is one of three core objectives of the Convention, and recognizing that this Protocol pursues the implementation of this objective within the Convention,

유전자원의 이용으로부터 발생하는 이익의 공정하고 공평한 공유가 협약의 3대 핵심 목적 중 하나라는 점을 상기하고, 이 의정서가 협약의 범위에서 이 목적의 이행을 추구한다는 점을 인식하며,

Reaffirming the sovereign rights of States over their natural resources and according to the provisions of the Convention,

협약 규정에 따라 자국의 자연 자원에 대한 국가의 주권적 권리를 재확인하고,

Recalling further Article 15 of the Convention,

아울러 협약 제15조를 상기하며,

Recognizing the important contribution to sustainable development made by tech-

협약 제16조와 제19조에 따라, 개발도상국 내 유전자원에 가치를 더하는 연구 및 혁신

nology transfer and cooperation to build research and innovation capacities for adding value to genetic resources in developing countries, in accordance with Articles 16 and 19 of the Convention,

역량 강화를 위한 기술 이전과 협력이 지속가능한 발전에 중요하게 기여한다는 점을 인식하고,

Recognizing that public awareness of the economic value of ecosystems and biodiversity and the fair and equitable sharing of this economic value with the custodians of biodiversity are key incentives for the conservation of biological diversity and the sustainable use of its components,

생태계 및 생물다양성의 경제적 가치에 대한 대중의 인식과 이러한 경제적 가치를 생물다양성의 관리자와 공정하고 공평하게 공유하는 것이 생물다양성 보전 및 그 구성요소의 지속가능한 이용을 위한 핵심 유인이 된다는 점을 인식하며,

Acknowledging the potential role of access and benefit-sharing to contribute to the conservation and sustainable use of biological diversity, poverty eradication and environmental sustainability and thereby contributing to achieving the Millennium Development Goals,

접근 및 이익 공유가 생물다양성 보전 및 지속가능한 이용, 빈곤 퇴치, 환경의 지속가능성에 기여하며, 이를 통하여 새천년개발목표 달성에 기여하는 잠재적 역할을 가졌음을 인정하고,

Acknowledging the linkage between access to genetic resources and the fair and equitable sharing of benefits arising from the utilization of such resources,

유전자원에 대한 접근과 해당 유전자원의 이용으로부터 발생하는 이익의 공정하고 공평한 공유 간의 연계성을 인정하며,

Recognizing the importance of providing legal certainty with respect to access to genetic resources and the fair and equitable sharing of benefits arising from their utilization,

유전자원에 대한 접근 및 그 이용으로부터 발생하는 이익의 공정하고 공평한 공유에 관하여 법적 확실성을 제공하는 것이 중요함을 인식하고,

Further recognizing the importance of promoting equity and fairness in negotiation of mutually agreed terms between providers and users of genetic resources,

아울러 유전자원 제공자와 이용자 간의 상호 합의된 조건 협상에서 형평성과 공정성을 촉진하는 것이 중요함을 인식하며,

Recognizing also the vital role that women play in access and benefit-sharing and affirming the need for the full participation of women at all levels of policy making and implementation for biodiversity conservation,

또한 접근 및 이익 공유에서 여성이 담당하는 중요한 역할을 인식하고, 생물다양성 보전을 위한 정책 수립 및 이행의 모든 단계에서 여성의 완전한 참여가 필요함을 확인하고,

Determined to further support the effective implementation of the access and benefit-sharing provisions of the Convention,

협약의 접근 및 이익 공유 관련 규정의 효과적 이행을 더욱 지원할 것을 다짐하며,

Recognizing that an innovative solution is required to address the fair and equitable sharing of benefits derived from the utilization of genetic resources and traditional knowledge associated with genetic resources that occur in transboundary situations or for which it is not possible to grant or obtain prior informed consent,

월경(越境)성 상황에서 발생하거나 사전통고승인을 부여하거나 취득하는 것이 불가능한 유전자원 및 유전자원 관련 전통지식의 이용으로부터 발생하는 이익을 공정하고 공평하게 공유하기 위하여 혁신적인 해법이 요구된다는 점을 인식하고,

Recognizing the importance of genetic resources to food security, public health, biodiversity conservation, and the mitigation of and adaptation to climate change,

식량 안보, 공중 보건, 생물다양성 보전, 그리고 기후 변화 완화 및 적응에서 유전자원의 중요성을 인식하며,

Recognizing the special nature of agricultural biodiversity, its distinctive features and problems needing distinctive solutions,

농업 생물다양성의 특별한 성격, 독특한 특징, 그리고 특수한 해법이 요구되는 농업 생물다양성의 문제를 인식하고,

Recognizing the interdependence of all countries with regard to genetic resources for food and agriculture as well as their special nature and importance for achieving food security worldwide and for sustainable development of agriculture in the context of poverty alleviation and climate change and acknowledging the fundamen-

빈곤 완화 및 기후 변화의 맥락에서 전 세계적 식량 안보의 달성 및 농업의 지속가능한 발전과 관련하여 유전자원이 갖는 특별한 성격 및 중요성뿐만 아니라 식량과 농업을 위한 유전자원과 관련하여 모든 국가의 상호의존성을 인식하고, 이러한 점에서 「식량 및 농업을 위한 식물 유전자원에 관한 국제

tal role of the International Treaty on Plant Genetic Resources for Food and Agriculture and the FAO Commission on Genetic Resources for Food and Agriculture in this regard,

조약」과 국제연합식량농업기구 식량농업유전자원위원회의 기본적 역할을 인식하며,

Mindful of the International Health Regulations (2005) of the World Health Organization and the importance of ensuring access to human pathogens for public health preparedness and response purposes,

세계보건기구의 「국제보건규칙(2005)」과 공중 보건 준비태세 및 대응 목적으로 인체 병원균에 대한 접근을 보장하는 것이 중요함을 유념하고,

Acknowledging ongoing work in other international forums relating to access and benefit-sharing,

접근 및 이익 공유와 관련하여 다른 국제 포럼에서 진행 중인 작업을 인정하며,

Recalling the Multilateral System of Access and Benefit-sharing established under the International Treaty on Plant Genetic Resources for Food and Agriculture developed in harmony with the Convention,

협약과 조화를 이루어 채택된 「식량 및 농업을 위한 식물 유전자원에 관한 국제조약」에 따라 확립된 접근 및 이익 공유를 위한 다자시스템을 상기하고,

Recognizing that international instruments related to access and benefit-sharing should be mutually supportive with a view to achieving the objectives of the Convention,

접근 및 이익 공유와 관련한 국제 문서들이 협약 목적의 달성을 위하여 상호보완적이어야 함을 인식하며,

Recalling the relevance of Article 8 (j) of the Convention as it relates to traditional knowledge associated with genetic resources and the fair and equitable sharing of benefits arising from the utilization of such knowledge,

협약 제8조차호가 유전자원과 관련된 전통지식 및 그러한 지식의 이용으로부터 발생하는 이익의 공정하고 공평한 공유와 관계된다는 점에서 그 중요성을 상기하고,

Noting the interrelationship between genetic resources and traditional knowledge, their inseparable nature for indigenous

유전자원과 전통지식 간 상호연관성, 토착지역공동체에 대한 양자 간의 불가분적 속성, 생물다양성 보전 및 그 구성요소의 지속가

and local communities, the importance of the traditional knowledge for the conservation of biological diversity and the sustainable use of its components, and for the sustainable livelihoods of these communities,

능한 이용과 이들 공동체의 지속가능한 생활을 위한 전통지식의 중요성에 주목하며,

Recognizing the diversity of circumstances in which traditional knowledge associated with genetic resources is held or owned by indigenous and local communities,

유전자원 관련 전통지식을 토착지역공동체가 보유 또는 소유하는 상황이 다양함을 인식하고,

Mindful that it is the right of indigenous and local communities to identify the rightful holders of their traditional knowledge associated with genetic resources, within their communities,

토착지역공동체 내에서 그들의 유전자원 관련 전통지식의 정당한 보유자를 확인하는 것은 토착지역공동체의 권리임을 유념하며,

Further recognizing the unique circumstances where traditional knowledge associated with genetic resources is held in countries, which may be oral, documented or in other forms, reflecting a rich cultural heritage relevant for conservation and sustainable use of biological diversity,

아울러 유전자원에 관련된 전통지식이, 생물다양성의 보전 및 지속가능한 이용에 관련된 풍부한 문화유산을 반영하여, 구전·문서 또는 그 밖의 형태로 각국에 보유되어 있는 특수한 상황임을 인식하고,

Noting the United Nations Declaration on the Rights of Indigenous Peoples, and

「토착민 권리에 관한 국제연합선언」을 주목하며, 그리고

Affirming that nothing in this Protocol shall be construed as diminishing or extinguishing the existing rights of indigenous and local communities,

이 의정서의 어떠한 규정도 토착지역공동체의 현존하는 권리를 축소하거나 소멸시키는 것으로 해석되지 아니함을 확인하면서,

Have agreed as follows:

아래와 같이 합의하였다.

Article 1
Objective

The objective of this Protocol is the fair and equitable sharing of the benefits arising from the utilization of genetic resources, including by appropriate access to genetic resources and by appropriate transfer of relevant technologies, taking into account all rights over those resources and to technologies, and by appropriate funding, thereby contributing to the conservation of biological diversity and the sustainable use of its components.

제1조
목 적

이 의정서는, 유전자원에 대한 적절한 접근 및 관련 기술의 적절한 이전 등의 방법을 통하여, 그러한 자원 및 기술에 대한 모든 권리를 고려하면서, 그리고 적절한 재원조달을 통하여 유전자원의 이용으로부터 발생하는 이익을 공정하고 공평하게 공유하고, 그럼으로써 생물다양성의 보전 및 그 구성요소의 지속가능한 이용에 기여하는 것을 목적으로 한다.

Article 2
Use of terms

The terms defined in Article 2 of the Convention shall apply to this Protocol. In addition, for the purposes of this Protocol:

(a) "Conference of the Parties" means the Conference of the Parties to the Convention;
(b) "Convention" means the Convention on Biological Diversity;
(c) "Utilization of genetic resources" means to conduct research and development on the genetic and/or biochemical composition of genetic resources, including through the application of biotechnology as defined in Article 2 of the Convention;
(d) "Biotechnology" as defined in Article 2 of the Convention means any technological application that uses biological systems, living organisms, or

제2조
용어 사용

협약 제2조에 정의된 용어가 이 의정서에 적용된다. 이에 더하여, 이 의정서의 목적상,

가. "당사자총회"란 협약 당사자총회를 말한다.

나. "협약"이란 「생물다양성에 관한 협약」을 말한다.

다. "유전자원의 이용"이란, 협약 제2조에 정의된 생명공학기술의 적용 등의 방법으로, 유전자원의 유전적 그리고/또는 생화학적 구성에 관한 연구·개발을 수행하는 것을 말한다.

라. "생명공학기술"이란, 협약 제2조에 정의된 바와 같이, 특정 용도를 위하여 제품이나 제조공정을 개발하거나 변형시키기 위하여 생물학적 체계, 살아있는 유

derivatives thereof, to make or modify products or processes for specific use;

(e) "Derivative" means a naturally occurring biochemical compound resulting from the genetic expression or metabolism of biological or genetic resources, even if it does not contain functional units of heredity.

기체, 또는 그 파생물을 이용하는 모든 기술적 응용을 말한다.

마. "파생물"이란 유전의 기능적 단위를 포함하지 아니하더라도 생물자원 또는 유전자원의 유전자 발현 또는 대사작용으로부터 자연적으로 생성된 생화학적 합성물을 말한다.

Article 3
Scope

This Protocol shall apply to genetic resources within the scope of Article 15 of the Convention and to the benefits arising from the utilization of such resources. This Protocol shall also apply to traditional knowledge associated with genetic resources within the scope of the Convention and to the benefits arising from the utilization of such knowledge.

제3조
범 위

이 의정서는 협약 제15조 범위 내의 유전자원과 해당 자원의 이용으로부터 발생하는 이익에 적용된다. 또한 이 의정서는 협약 범위 내의 유전자원 관련 전통지식과 해당 지식의 이용으로부터 발생하는 이익에 적용된다.

Article 4
Relationship with international agreements and instruments

1. The provisions of this Protocol shall not affect the rights and obligations of any Party deriving from any existing international agreement, except where the exercise of those rights and obligations would cause a serious damage or threat to biological diversity. This paragraph is not intended to create a hierarchy between this Protocol and other international instruments.

2. Nothing in this Protocol shall prevent

제4조
국제 협정 및 국제 문서와의 관계

1. 이 의정서의 규정은, 현존하는 국제 협정에서 발생하는 당사자의 권리 및 의무의 행사가 생물다양성에 심각한 피해나 위협을 초래하는 경우를 제외하고는, 그 당사자의 권리 및 의무에 영향을 미치지 아니한다. 이 항은 이 의정서와 다른 국제 문서들 간의 상하관계 창설을 의도하지 아니한다.

2. 이 의정서의 어떠한 것도 당사자가 접근

the Parties from developing and implementing other relevant international agreements, including other specialized access and benefit-sharing agreements, provided that they are supportive of and do not run counter to the objectives of the Convention and this Protocol.

및 이익 공유에 관한 다른 특별 협정을 포함하여 그 밖의 관련 국제 협정을 도입·이행하는 것을 금지하지 아니한다. 단, 그러한 국제 협정은 협약과 이 의정서의 목적을 지지하여야 하며 이에 배치되어서는 아니 된다.

3. This Protocol shall be implemented in a mutually supportive manner with other international instruments relevant to this Protocol. Due regard should be paid to useful and relevant ongoing work or practices under such international instruments and relevant international organizations, provided that they are supportive of and do not run counter to the objectives of the Convention and this Protocol.

3. 이 의정서는 이 의정서와 관련이 있는 다른 국제 문서와 상호보완적인 방식으로 이행된다. 협약과 이 의정서의 목적을 지지하고 이에 배치되지 아니한다면, 그러한 국제 문서에 따라, 그리고 관련 국제기구하의 유용하고 관련성 있는 진행 중 작업 또는 관행에 대하여 충분한 주의를 기울여야 한다.

4. This Protocol is the instrument for the implementation of the access and benefit-sharing provisions of the Convention. Where a specialized international access and benefit-sharing instrument applies that is consistent with, and does not run counter to the objectives of the Convention and this Protocol, this Protocol does not apply for the Party or Parties to the specialized instrument in respect of the specific genetic resource covered by and for the purpose of the specialized instrument.

4. 이 의정서는 협약상의 접근 및 이익 공유 규정의 이행을 위한 문서이다. 접근 및 이익 공유에 관한 특별 국제 문서가 적용되고 그 문서가 협약과 이 의정서의 목적에 부합하고 배치되지 아니하는 것일 경우, 그 특별 국제 문서에 의하여 그리고 그 특별 국제 문서의 목적상 다루어지는 특정 유전자원과 관련하여, 이 의정서는 해당 특별 문서의 당사자(들)에게 적용되지 아니한다.

Article 5
Fair and equitable benefit-sharing

1. In accordance with Article 15, paragraphs 3 and 7 of the Convention, benefits arising from the utilization of genetic resources as well as subsequent applications and commercialization shall be shared in a fair and equitable way with the Party providing such resources that is the country of origin of such resources or a Party that has acquired the genetic resources in accordance with the Convention. Such sharing shall be upon mutually agreed terms.

2. Each Party shall take legislative, administrative or policy measures, as appropriate, with the aim of ensuring that benefits arising from the utilization of genetic resources that are held by indigenous and local communities, in accordance with domestic legislation regarding the established rights of these indigenous and local communities over these genetic resources, are shared in a fair and equitable way with the communities concerned, based on mutually agreed terms.

3. To implement paragraph 1 above, each Party shall take legislative, administrative or policy measures, as appropriate.

4. Benefits may include monetary and non monetary benefits, including but not limited to those listed in the Annex.

제5조
공정하고 공평한 이익 공유

1. 협약 제15조제3항 및 제7항에 따라, 유전자원의 이용과 후속 활용 및 상업화로부터 발생하는 이익은 그 자원의 원산지 국가로서 그 자원을 제공하는 당사자 또는 협약에 따라 유전자원을 획득한 당사자와 공정하고 공평한 방식으로 공유된다. 그러한 공유는 상호 합의된 조건에 따른다.

2. 각 당사자는 토착지역공동체가 보유한 유전자원에 대한 토착지역공동체의 확립된 권리에 관한 국내 입법에 따라, 토착지역공동체가 보유한 유전자원의 이용으로부터 발생하는 이익이 상호 합의된 조건에 근거하여 해당 공동체와 공정하고 공평하게 공유될 수 있도록 입법적, 행정적 또는 정책적 조치를 적절히 한다.

3. 각 당사자는 위 제1항을 이행하기 위하여 입법적, 행정적 또는 정책적 조치를 적절히 한다.

4. 이익은 금전적·비금전적 이익을 포함할 수 있으며, 부속서에 열거된 것들을 포함하나 이에 한정되지 아니한다.

5. Each Party shall take legislative, administrative or policy measures as appropriate, in order that the benefits arising from the utilization of traditional knowledge associated with genetic resources are shared in a fair and equitable way with indigenous and local communities holding such knowledge. Such sharing shall be upon mutually agreed terms.

5. 각 당사자는 유전자원 관련 전통지식의 이용으로부터 발생하는 이익이 그러한 지식을 보유하는 토착지역공동체와 공정하고 공평하게 공유되도록 입법적, 행정적 또는 정책적 조치를 적절히 한다. 그러한 공유는 상호 합의된 조건에 따른다.

Article 6
Access to genetic resources

제6조
유전자원에 대한 접근

1. In the exercise of sovereign rights over natural resources, and subject to domestic access and benefit-sharing legislation or regulatory requirements, access to genetic resources for their utilization shall be subject to the prior informed consent of the Party providing such resources that is the country of origin of such resources or a Party that has acquired the genetic resources in accordance with the Convention, unless otherwise determined by that Party.

1. 자연자원에 대한 주권적 권리를 행사하는 데에, 그리고 접근 및 이익 공유에 관한 국내 입법 또는 규제상 요건에 따를 것을 조건으로, 유전자원의 이용을 목적으로 하는 유전자원에 대한 접근은 해당 당사자가 달리 결정하는 경우를 제외하고는 그러한 자원의 원산지 국가로서 그러한 자원을 제공하는 당사자 또는 협약에 따라 유전자원을 획득한 당사자의 사전통고승인에 따른다.

2. In accordance with domestic law, each Party shall take measures, as appropriate, with the aim of ensuring that the prior informed consent or approval and involvement of indigenous and local communities is obtained for access to genetic resources where they have the established right to grant access to such resources.

2. 토착지역공동체가 유전자원에 대한 접근을 부여할 확립된 권리를 가진 경우, 각 당사자는 국내법에 따라 그러한 유전자원에 대한 접근을 위하여 토착지역공동체의 사전통고승인 또는 토착지역공동체의 승낙과 참여 확보를 위한 조치를 적절히 한다.

3. Pursuant to paragraph 1 above, each Party requiring prior informed consent

3. 위 제1항에 따라, 사전통고승인을 요구하는 각 당사자는 다음 각 호를 위하여 필

shall take the necessary legislative, administrative or policy measures, as appropriate, to:

요한 입법적, 행정적 또는 정책적 조치를 적절히 한다.

(a) Provide for legal certainty, clarity and transparency of their domestic access and benefit sharing legislation or regulatory requirements;

가. 접근 및 이익 공유에 관한 국내 입법 또는 규제상 요건의 법적 확실성, 명확성, 그리고 투명성 확보

(b) Provide for fair and non-arbitrary rules and procedures on accessing genetic resources;

나. 유전자원 접근에 관한 공정하고 비자의적인 규칙과 절차 확보

(c) Provide information on how to apply for prior informed consent;

다. 사전통고승인 신청 방법에 관한 정보의 제공

(d) Provide for a clear and transparent written decision by a competent national authority, in a cost-effective manner and within a reasonable period of time;

라. 비용효과적인 방법으로 그리고 합리적인 기간 내에 국가책임기관에 의한 명확하고 투명한 서면 결정 보장

(e) Provide for the issuance at the time of access of a permit or its equivalent as evidence of the decision to grant prior informed consent and of the establishment of mutually agreed terms, and notify the Access and Benefit-sharing Clearing-House accordingly;

마. 사전통고승인 부여 결정과 상호 합의된 조건 확립의 증거로서 유전자원에 대한 접근 시 허가증이나 이에 상응하는 것의 발급 및 적절히 접근및이익공유정보공유체계에 대하여 통보

(f) Where applicable, and subject to domestic legislation, set out criteria and/or processes for obtaining prior informed consent or approval and involvement of indigenous and local communities for access to genetic resources; and

바. 적용 가능한 경우, 그리고 국내 입법에 따라, 유전자원에 대한 접근을 위한 토착지역공동체의 사전통고승인 또는 승낙과 참여를 얻기 위한 기준 그리고/또는 절차의 설정, 그리고

(g) Establish clear rules and procedures for requiring and establishing mutually agreed terms. Such terms shall be set out in writing and may include, inter alia:

사. 상호 합의된 조건의 요구 및 확립을 위한 명확한 규칙과 절차의 수립. 그러한 조건은 서면으로 작성되고, 그중에서도 특히 다음 각 목을 포함할 수 있다.

(i) A dispute settlement clause;
(ii) Terms on benefit-sharing, including in relation to intellectual property rights;
(iii) Terms on subsequent third-party use, if any; and
(iv) Terms on changes of intent, where applicable.

1) 분쟁 해결 조항
2) 지식재산권 관련 사항을 포함한 이익 공유에 관한 조건
3) 제3자의 후속 이용에 관한 조건이 있을 경우, 그 조건, 그리고
4) 적용 가능한 경우, 의도 변경에 관한 조건

Article 7
Access to traditional knowledge associated with genetic resources

In accordance with domestic law, each Party shall take measures, as appropriate, with the aim of ensuring that traditional knowledge associated with genetic resources that is held by indigenous and local communities is accessed with the prior and informed consent or approval and involvement of these indigenous and local communities, and that mutually agreed terms have been established.

제7조
유전자원 관련 전통지식에 대한 접근

국내법에 따라, 각 당사자는 토착지역공동체가 보유하는 유전자원 관련 전통지식이 해당 토착지역공동체의 사전에 그리고 통고된 승인 또는 해당 토착지역공동체의 승낙과 참여에 따라 접근되고, 상호 합의된 조건이 확립되었다는 것을 보장하기 위하여 적절한 조치를 한다.

Article 8
Special considerations

In the development and implementation of its access and benefit-sharing legislation or regulatory requirements, each Party shall:

(a) Create conditions to promote and encourage research which contributes to the conservation and sustainable use of biological diversity, particularly in developing countries, including throu-

제8조
특별 고려사항

접근 및 이익 공유 관련 입법 또는 규제상 요건의 도입 및 이행에서 각 당사자는

가. 연구 의도 변경에 대한 대처 필요성을 고려하여, 비상업적 연구 목적의 접근을 위한 조치 간소화 등의 방법으로, 특히 개발도상국에서 생물다양성의 보전 및 지속가능한 이용에 기여하는 연구를 촉

gh simplified measures on access for non-commercial research purposes, taking into account the need to address a change of intent for such research;

진하고 장려하기 위한 여건을 조성한다.

(b) Pay due regard to cases of present or imminent emergencies that threaten or damage human, animal or plant health, as determined nationally or internationally. Parties may take into consideration the need for expeditious access to genetic resources and expeditious fair and equitable sharing of benefits arising out of the use of such genetic resources, including access to affordable treatments by those in need, especially in developing countries;

나. 국내적 또는 국제적으로 결정된 바에 따라, 인간, 동물 또는 식물의 건강을 위협하거나 해치는 것으로서 현존하거나 임박한 비상사태에 적절한 주의를 기울인다. 당사자는, 유전자원에 대한 신속한 접근의 필요성과 특히 개발도상국에서 어려운 처지에 있는 사람들이 적당한 가격으로 치료제에 접근하게 할 수 있는 등 유전자원의 이용으로부터 발생하는 이익을 신속히 공정하고 공평하게 공유할 필요성을 고려할 수 있다.

(c) Consider the importance of genetic resources for food and agriculture and their special role for food security.

다. 식량과 농업을 위한 유전자원의 중요성 그리고 식량 안보에서의 유전자원의 특별한 역할을 고려한다.

Article 9
Contribution to conservation and sustainable use

제9조
보전 및 지속가능한 이용에 대한 기여

The Parties shall encourage users and providers to direct benefits arising from the utilization of genetic resources towards the conservation of biological diversity and the sustainable use of its components.

당사자는 이용자와 제공자가 유전자원의 이용으로부터 발생하는 이익을 생물다양성의 보전과 그 구성요소의 지속가능한 이용에 사용하도록 장려한다.

Article 10
Global multilateral benefit-sharing mechanism

제10조
전 세계 다자간 이익 공유 체제

Parties shall consider the need for and modalities of a global multilateral bene-

당사자는 월경성 상황에서 발생하거나 사전 통고승인의 부여 또는 취득이 불가능한 유

fit-sharing mechanism to address the fair and equitable sharing of benefits derived from the utilization of genetic resources and traditional knowledge associated with genetic resources that occur in transboundary situations or for which it is not possible to grant or obtain prior informed consent. The benefits shared by users of genetic resources and traditional knowledge associated with genetic resources through this mechanism shall be used to support the conservation of biological diversity and the sustainable use of its components globally.

전자원 및 유전자원과 관련된 전통지식의 이용으로부터 발생하는 이익의 공정하고 공평한 공유 문제를 해결하기 위한 전 세계적인 다자간 이익 공유 체제의 필요성과 그 방식을 고려한다. 이러한 체제를 통하여 유전자원 및 유전자원 관련 전통지식의 이용자가 공유하는 이익은 생물다양성 보전 및 그 구성요소의 지속가능한 이용을 전 세계적으로 지원하는 데 사용된다.

Article 11
Transboundary cooperation

1. In instances where the same genetic resources are found in situ within the territory of more than one Party, those Parties shall endeavour to cooperate, as appropriate, with the involvement of indigenous and local communities concerned, where applicable, with a view to implementing this Protocol.

2. Where the same traditional knowledge associated with genetic resources is shared by one or more indigenous and local communities in several Parties, those Parties shall endeavour to cooperate, as appropriate, with the involvement of the indigenous and local communities concerned, with a view to implementing the objective of this Protocol.

제11조
월경성 협력

1. 동일한 유전자원이 둘 이상의 당사자 영역 내에서 현지 내 상태로 발견되는 경우, 이 당사자들은 이 의정서를 이행하기 위하여 가능할 경우 관련 토착지역공동체를 참여시키면서 적절히 협력하도록 노력한다.

2. 유전자원과 관련된 동일한 전통지식을 복수의 당사자 국내에 위치한 하나 이상의 토착지역공동체가 공유하는 경우, 이 당사자들은 이 의정서의 목적을 이행하기 위하여 해당 토착지역공동체를 참여시키면서 적절히 협력하도록 노력한다.

Article 12
Traditional knowledge associated with genetic resources

1. In implementing their obligations under this Protocol, Parties shall in accordance with domestic law take into consideration indigenous and local communities customary laws, community protocols and procedures, as applicable, with respect to traditional knowledge associated with genetic resources.

2. Parties, with the effective participation of the indigenous and local communities concerned, shall establish mechanisms to inform potential users of traditional knowledge associated with genetic resources about their obligations, includeing measures as made available through the Access and Benefit−sharing Clearing−House for access to and fair and equitable sharing of benefits arising from the utilization of such knowledge.

3. Parties shall endeavour to support, as appropriate, the development by indigenous and local communities, including women within these communities, of:

(a) Community protocols in relation to access to traditional knowledge associated with genetic resources and the fair and equitable sharing of benefits arising out of the utilization of such knowledge;
(b) Minimum requirements for mutually agreed terms to secure the fair and

제12조
유전자원 관련 전통지식

1. 이 의정서에 따른 의무를 이행하는 데에, 당사자는 해당될 경우 유전자원 관련 전통지식과 관련된 토착지역공동체의 관습법, 공동체 규약 및 절차를 국내법에 따라 고려한다.

2. 당사자는, 해당 토착지역공동체의 실효적인 참여와 함께, 유전자원과 관련된 전통지식의 잠재적 이용자에게, 그러한 지식에 대한 접근 및 그 지식의 이용으로부터 발생하는 이익의 공정하고 공평한 공유를 위한 접근및이익공유정보공유체계를 통하여 이용할 수 있는 조치 등 이용자의 의무를 통지하는 체제를 수립한다.

3. 당사자는 공동체 내 여성을 포함하여 토착지역공동체가 다음 각 호를 개발하는 데 적절히 지원하도록 노력한다.

가. 유전자원 관련 전통지식에 대한 접근 및 그러한 지식의 이용으로부터 발생하는 이익의 공정하고 공평한 공유에 관한 공동체 규약

나. 유전자원 관련 전통지식의 이용으로부터 발생하는 이익의 공정하고 공평한 공유

equitable sharing of benefits arising from the utilization of traditional knowledge associated with genetic resources; and

를 확보하기 위한 상호 합의된 조건의 최소 요건, 그리고

(c) Model contractual clauses for benefit-sharing arising from the utilization of traditional knowledge associated with genetic resources.

다. 유전자원 관련 전통지식의 이용으로부터 발생하는 이익 공유에 관한 표준계약조항

4. Parties, in their implementation of this Protocol, shall, as far as possible, not restrict the customary use and exchange of genetic resources and associated traditional knowledge within and amongst indigenous and local communities in accordance with the objectives of the Convention.

4. 당사자는 이 의정서의 이행에서 협약의 목적에 따라 토착지역공동체 내 또는 토착지역공동체 간 유전자원 및 유전자원 관련 전통지식의 관습적 이용 및 교환을 가능한 한 제한하지 아니한다.

Article 13
National focal points and competent national authorities

제13조
국가연락기관 및 국가책임기관

1. Each Party shall designate a national focal point on access and benefit-sharing. The national focal point shall make information available as follows:

1. 각 당사자는 접근 및 이익 공유에 관한 국가연락기관을 지정한다. 국가연락기관은 다음 각 호의 정보를 제공한다.

(a) For applicants seeking access to genetic resources, information on procedures for obtaining prior informed consent and establishing mutually agreed terms, including benefit-sharing;

가. 유전자원에 대한 접근 신청자를 위해서는, 사전통고승인 취득, 그리고 이익 공유를 포함한 상호 합의된 조건 확립을 위한 절차에 관한 정보

(b) For applicants seeking access to traditional knowledge associated with genetic resources, where possible, information on procedures for obtaining prior informed consent or ap-

나. 가능한 경우, 유전자원과 관련된 전통지식에 대한 접근 신청자를 위해서는, 토착지역공동체의 사전통고승인을 취득하거나, 적절한 경우, 토착지역공동체의 승인과 참여를 얻는 절차, 그리고 이익 공

proval and involvement, as appropriate, of indigenous and local communities and establishing mutually agreed terms including benefit-sharing; and

(c) Information on competent national authorities, relevant indigenous and local communities and relevant stakeholders.

The national focal point shall be responsible for liaison with the Secretariat.

유를 포함한 상호 합의된 조건을 확립하기 위한 절차에 관한 정보, 그리고

다. 국가책임기관, 관련 토착지역공동체, 그리고 관련 이해관계자에 관한 정보

국가연락기관은 사무국과의 연락을 책임진다.

2. Each Party shall designate one or more competent national authorities on access and benefit sharing. Competent national authorities shall, in accordance with applicable national legislative, administrative or policy measures, be responsible for granting access or, as applicable, issuing written evidence that access requirements have been met and be responsible for advising on applicable procedures and requirements for obtaining prior informed consent and entering into mutually agreed terms.

2. 각 당사자는 접근 및 이익 공유에 대한 하나 이상의 국가책임기관을 지정한다. 적용 가능한 입법적, 행정적 또는 정책적 국내 조치에 따라, 국가책임기관은 접근을 부여하거나 가능할 경우 접근 요건이 충족되었다는 서면 증서를 발급할 책임이 있고, 사전통고승인 취득 및 상호 합의된 조건 체결 시 적용 가능한 절차 및 요건에 대하여 자문할 책임이 있다.

3. A Party may designate a single entity to fulfil the functions of both focal point and competent national authority.

3. 당사자는 국가연락기관 및 국가책임기관 모두의 기능을 수행할 단일 기관을 지정할 수 있다.

4. Each Party shall, no later than the date of entry into force of this Protocol for it, notify the Secretariat of the contact information of its national focal point and its competent national authority or authorities. Where a Party designates more than one competent national au-

4. 각 당사자는 늦어도 이 의정서의 발효일까지 국가연락기관 및 국가책임기관의 연락처를 사무국에 통지하여야 한다. 둘 이상의 국가책임기관을 지정한 경우 당사자는 각 기관의 책임에 관한 관련 정보를 사무국에 통지한다. 적용 가능한 경우, 최

thority, it shall convey to the Secretariat, with its notification thereof, relevant information on the respective responsibilities of those authorities. Where applicable, such information shall, at a minimum, specify which competent authority is responsible for the genetic resources sought. Each Party shall forthwith notify the Secretariat of any changes in the designation of its national focal point or in the contact information or responsibilities of its competent national authority or authorities.

소한 그러한 정보는 대상 유전자원을 관할하는 책임기관을 특정한다. 각 당사자는 국가연락기관 지정이나 국가책임기관의 연락처 또는 책임에 변경 사항이 있을 경우 이를 즉시 사무국에 통지한다.

5. The Secretariat shall make information received pursuant to paragraph 4 above available through the Access and Benefit–sharing Clearing–House.

5. 사무국은 위 제4항에 따라 접수된 정보를 접근및이익공유정보공유체계를 통하여 공개한다.

Article 14
The access and benefit-sharing clearing-house and information sharing

제14조
접근 및 이익공유 정보공유체계와 정보 공유

1. An Access and Benefit–sharing Clearing–House is hereby established as part of the clearing house mechanism under Article 18, paragraph 3, of the Convention. It shall serve as a means for sharing of information related to access and benefit–sharing. In particular, it shall provide access to information made available by each Party relevant to the implementation of this Protocol.

1. 협약 제18조제3항에 따른 정보공유체제의 일환으로 접근 및 이익공유 정보공유체계가 이로써 설치된다. 이 체계는 접근 및 이익 공유와 관련된 정보를 공유하는 역할을 수행한다. 특히, 이 체계는 이 의정서의 이행과 관련하여 각 당사자가 공개하는 정보에 대한 접근을 제공한다.

2. Without prejudice to the protection of confidential information, each Party shall make available to the Access and

2. 비밀정보 보호를 저해하지 아니하면서, 각 당사자는 이 의정서에 의하여 요구되는 모든 정보와 이 의정서의 당사자회의

Benefit-sharing Clearing-House any information required by this Protocol, as well as information required pursuant to the decisions taken by the Conference of the Parties serving as the meeting of the Parties to this Protocol. The information shall include:

역할을 하는 당사자총회의 결정에 따라 요구되는 정보를 접근및이익공유정보공유체계에 제공한다. 그러한 정보는 다음 각 호를 포함한다.

(a) Legislative, administrative and policy measures on access and benefit-sharing;
(b) Information on the national focal point and competent national authority or authorities; and
(c) Permits or their equivalent issued at the time of access as evidence of the decision to grant prior informed consent and of the establishment of mutually agreed terms.

가. 접근 및 이익 공유에 관한 입법적, 행정적, 그리고 정책적 조치

나. 국가연락기관 및 국가책임기관에 관한 정보, 그리고

다. 접근 시 사전통고승인 부여 결정과 상호합의된 조건 확립의 증거로서 발급된 허가증이나 이에 상응하는 것

3. Additional information, if available and as appropriate, may include:

3. 가능하고 적절한 경우, 추가 정보는 다음 각 호를 포함할 수 있다:

(a) Relevant competent authorities of indigenous and local communities, and information as so decided;
(b) Model contractual clauses;
(c) Methods and tools developed to monitor genetic resources; and
(d) Codes of conduct and best practices.

가. 토착지역공동체의 관련 책임기관, 그리고 추가 정보로 결정된 정보

나. 표준계약조항

다. 유전자원 감시를 위하여 개발된 방법 및 수단, 그리고

라. 행동규범 및 모범관행

4. The modalities of the operation of the Access and Benefit-sharing Clearing-House, including reports on its activities, shall be considered and decided upon by the Conference of the Parties serving as the meeting of the Parties to this Protocol at its first meeting, and kept under review thereafter.

4. 접근및이익공유정보공유체계의 활동 보고서를 포함한 운영 방식은 이 의정서의 당사자회의 역할을 하는 당사자총회의 제1차 회의에서 심의되고 결정되며, 이후에도 계속 검토된다.

Article 15
Compliance with domestic legislation or regulatory requirements on access and benefit-sharing

1. Each Party shall take appropriate, effective and proportionate legislative, administrative or policy measures to provide that genetic resources utilized within its jurisdiction have been accessed in accordance with prior informed consent and that mutually agreed terms have been established, as required by the domestic access and benefit−sharing legislation or regulatory requirements of the other Party.

2. Parties shall take appropriate, effective and proportionate measures to address situations of non compliance with measures adopted in accordance with paragraph 1 above.

3. Parties shall, as far as possible and as appropriate, cooperate in cases of alleged violation of domestic access and benefit−sharing legislation or regulatory requirements referred to in paragraph 1 above.

제 15 조
접근 및 이익 공유에 관한 국내 입법 또는 규제상 요건의 준수

1. 각 당사자는, 다른 당사자의 접근 및 이익 공유에 관한 국내 입법 또는 규제상 요건이 요구하는 바에 따라, 자신의 관할 영역 내에서 이용되는 유전자원이 사전통고승인에 따라 접근되었고, 상호 합의된 조건이 확립되도록 규정하는 적절하고 실효적이며 비례적인 입법적, 행정적 또는 정책적 조치를 한다.

2. 당사자는 위 제1항에 따라 채택한 조치의 비준수상황에 대처하기 위한 적절하고 실효적이며 비례적인 조치를 한다.

3. 당사자는 위 제1항에 언급된 접근 및 이익 공유에 관한 국내 입법 또는 규제상 요건 위반이 의심되는 사례에 대하여 가능한 한 그리고 적절히 협력한다.

Article 16
Compliance with domestic legislation or regulatory requirements on access and benefit-sharing for traditional knowledge associated with genetic resources

1. Each Party shall take appropriate, effective and proportionate legislative, administrative or policy measures, as

제 16 조
유전자원 관련 전통지식에 대한 접근 및 이익 공유에 관한 국내 입법 또는 규제상 요건의 준수

1. 각 당사자는, 토착지역공동체가 소재한 다른 당사자의 접근 및 이익 공유에 관한 국내 입법 또는 규제상 요건이 요구하는

appropriate, to provide that traditional knowledge associated with genetic resources utilized within their jurisdiction has been accessed in accordance with prior informed consent or approval and involvement of indigenous and local communities and that mutually agreed terms have been established, as required by domestic access and benefit sharing legislation or regulatory requirements of the other Party where such indigenous and local communities are located.

바에 따라, 자신의 관할 영역 내에서 이용되는 유전자원 관련 전통지식이 토착지역공동체의 사전통고승인 또는 토착지역공동체의 승낙 및 참여에 따라 접근되었고, 상호 합의된 조건이 확립되도록 규정하는 적절하고 실효적이며 비례적인 입법적, 행정적 또는 정책적 조치를 한다.

2. Each Party shall take appropriate, effective and proportionate measures to address situations of non−compliance with measures adopted in accordance with paragraph 1 above.

2. 각 당사자는 위 제1항에 따라 채택한 조치의 비준수상황에 대처하기 위한 적절하고 실효적이며 비례적인 조치를 한다.

3. Parties shall, as far as possible and as appropriate, cooperate in cases of alleged violation of domestic access and benefit−sharing legislation or regulatory requirements referred to in paragraph 1 above.

3. 당사자는 위 제1항에 언급된 접근 및 이익 공유에 관한 국내 입법 또는 규제상 요건 위반이 의심되는 사례에 대하여 가능한 한 그리고 적절히 협력한다.

Article 17
Monitoring the utilization of genetic resources

제 17 조
유전자원의 이용 감시

1. To support compliance, each Party shall take measures, as appropriate, to monitor and to enhance transparency about the utilization of genetic resources. Such measures shall include:

1. 의무준수를 지원하기 위하여, 각 당사자는 유전자원의 이용에 대한 투명성을 감시하고 강화하기 위한 조치를 적절히 한다. 그러한 조치는 다음 각 호를 포함한다.

(a) The designation of one or more checkpoints, as follows:

가. 다음 각 목에 따라 하나 또는 그 이상의 점검기관 지정

(i) Designated checkpoints would collect or receive, as appropriate, relevant information related to prior informed consent, to the source of the genetic resource, to the establishment of mutually agreed terms, and/or to the utilization of genetic resources, as appropriate;

(ii) Each Party shall, as appropriate and depending on the particular characteristics of a designated checkpoint, require users of genetic resources to provide the information specified in the above paragraph at a designated checkpoint. Each Party shall take appropriate, effective and proportionate measures to address situations of non−compliance;

(iii) Such information, including from internationally recognized certificates of compliance where they are available, will, without prejudice to the protection of confidential information, be provided to relevant national authorities, to the Party providing prior informed consent and to the Access and Benefit−sharing Clearing−House, as appropriate;

(iv) Check points must be effective and should have functions relevant to implementation of this subparagraph (a). They should be relevant to the utilization of genetic resources, or to the collection of relevant information at, inter alia, any stage of research, development, innovation, pre−commercia-

1) 지정된 점검기관은, 적절하게, 사전통고승인, 유전자원의 출처, 상호 합의된 조건의 확립, 그리고/또는 유전자원의 이용과 관련한 정보를 적절히 수집하거나 접수한다.

2) 각 당사자는, 적절히 그리고 지정된 점검기관의 고유한 특징에 따라, 유전자원의 이용자에게 위 제1목에 명시된 정보를 지정된 점검기관에 제공할 것을 요구한다. 각 당사자는 비준수상황에 대처하기 위한 적절하고 실효적이며 비례적인 조치를 한다.

3) 국제적으로 인정되는 의무준수 인증서가 있는 경우 이러한 인증서의 내용 등의 정보는, 비밀정보 보호를 저해하지 아니하면서, 관련 국내 기관, 사전통고승인을 제공하는 당사자 그리고 접근및이익공유정보공유체계에 적절히 제공된다.

4) 점검기관은 효과적이어야 하며 이 항 가호의 이행과 관련한 기능을 수행하여야 한다. 점검기관의 기능은 유전자원의 이용이나 특히 연구, 개발, 혁신, 상업화 전 또는 상업화의 각 단계에서 관련된 정보의 수집과 관련이 있어야 한다.

lization or commercialization.

(b) Encouraging users and providers of genetic resources to include provisions in mutually agreed terms to share information on the implementation of such terms, including through reporting requirements; and

나. 유전자원의 이용자와 제공자가, 보고 요건 등의 방법으로, 상호 합의된 조건의 내용에 그러한 조건의 이행에 대한 정보를 공유하기 위한 조항을 포함시키도록 장려, 그리고

(c) Encouraging the use of cost-effective communication tools and systems.

다. 비용효과적인 의사소통 수단 및 체계의 활용 장려

2. A permit or its equivalent issued in accordance with Article 6, paragraph 3 (e) and made available to the Access and Benefit-sharing Clearing-House, shall constitute an internationally recognized certificate of compliance.

2. 제6조제3항마호에 따라 발급되고 접근및이익공유정보공유체계에 제공된 허가증 또는 그에 상응하는 문서는 국제적으로 인정되는 의무준수 인증서를 구성한다.

3. An internationally recognized certificate of compliance shall serve as evidence that the genetic resource which it covers has been accessed in accordance with prior informed consent and that mutually agreed terms have been established, as required by the domestic access and benefit-sharing legislation or regulatory requirements of the Party providing prior informed consent.

3. 국제적으로 인정되는 의무준수 인증서는, 사전통고승인을 제공하는 당사자의 접근 및 이익 공유에 관한 국내 입법 또는 규제상 요건이 요구하는 바에 따라 해당 인증서가 대상으로 하고 있는 유전자원이 사전통고승인에 따라 접근되었고 상호 합의된 조건이 확립되었다는 증거 역할을 한다.

4. The internationally recognized certificate of compliance shall contain the following minimum information when it is not confidential:

4. 국제적으로 인정되는 의무준수 인증서는 다음의 정보가 기밀 정보가 아닌 경우 최소한 다음 각 호의 정보를 포함한다.

(a) Issuing authority;
(b) Date of issuance;
(c) The provider;
(d) Unique identifier of the certificate;

가. 발급 기관
나. 발급일
다. 제공자
라. 인증서 고유 식별 표시

(e) The person or entity to whom prior informed consent was granted;
(f) Subject-matter or genetic resources covered by the certificate;
(g) Confirmation that mutually agreed terms were established;
(h) Confirmation that prior informed consent was obtained; and
(i) Commercial and/or non-commercial use.

마. 사전통고승인이 부여된 자 또는 기관
바. 인증서가 대상으로 하고 있는 사안 또는 유전자원
사. 상호 합의된 조건이 확립되었다는 확인
아. 사전통고승인이 취득되었다는 확인, 그리고
자. 상업적 그리고/또는 비상업적 이용 여부

Article 18
Compliance with mutually agreed terms

1. In the implementation of Article 6, paragraph 3 (g) (i) and Article 7, each Party shall encourage providers and users of genetic resources and/or traditional knowledge associated with genetic resources to include provisions in mutually agreed terms to cover, where appropriate, dispute resolution including:

(a) The jurisdiction to which they will subject any dispute resolution processes;
(b) The applicable law; and/or
(c) Options for alternative dispute resolution, such as mediation or arbitration.

2. Each Party shall ensure that an opportunity to seek recourse is available under their legal systems, consistent with applicable jurisdictional requirements, in cases of disputes arising from mutually agreed terms.

제18조
상호 합의된 조건의 준수

1. 제6조제3항사호제1목과 제7조를 이행하는 데에, 적절한 경우, 각 당사자는 유전자원 그리고/또는 유전자원 관련 전통지식의 제공자 및 이용자가 다음 각 호를 포함하는 분쟁해결을 다루는 조항을 상호 합의된 조건에 포함시키도록 권장한다.

가. 모든 분쟁해결절차에서 제공자 및 이용자가 귀속될 관할권
나. 적용 가능한 법률, 그리고/또는
다. 조정 또는 중재와 같은 대안적 분쟁해결책

2. 각 당사자는 상호 합의된 조건에서 비롯되는 분쟁의 경우, 적용 가능한 관할 요건에 따라 당사자의 법률 체계하에서 소구할 수 있는 기회를 보장한다.

3. Each Party shall take effective measures, as appropriate, regarding:

(a) Access to justice; and
(b) The utilization of mechanisms regarding mutual recognition and enforcement of foreign judgments and arbitral awards.

4. The effectiveness of this article shall be reviewed by the Conference of the Parties serving as the meeting of the Parties to this Protocol in accordance with Article 31 of this Protocol.

3. 적절한 경우, 각 당사자는 다음 각 호에 관하여 실효적인 조치를 한다.

가. 사법제도에 대한 접근, 그리고
나. 외국의 판결 및 중재판정의 상호 승인과 집행에 관한 체제의 이용

4. 이 조의 실효성은 이 의정서의 당사자회의 역할을 하는 당사자총회가 이 의정서 제31조에 따라 검토한다.

Article 19
Model contractual clauses

1. Each Party shall encourage, as appropriate, the development, update and use of sectoral and cross–sectoral model contractual clauses for mutually agreed terms.

2. The Conference of the Parties serving as the meeting of the Parties to this Protocol shall periodically take stock of the use of sectoral and cross–sectoral model contractual clauses.

제19조
표준계약조항

1. 각 당사자는 적절한 경우, 상호 합의된 조건을 위한 부문별 및 부문 간 표준계약조항의 도입, 갱신 및 이용을 권장한다.

2. 이 의정서의 당사자회의 역할을 하는 당사자총회는 주기적으로 부문별 및 부문 간 표준계약조항의 이용현황을 조사한다.

Article 20
Codes of conduct, guidelines and best practices and/or standards

1. Each Party shall encourage, as appropriate, the development, update and use of voluntary codes of conduct, guidelines and best practices and/or standards in relation to access and

제20조
행동규범, 지침 및 모범관행 그리고/또는 기준

1. 각 당사자는 적절한 경우, 접근 및 이익 공유와 관련한 자발적 행동규범, 지침, 모범관행 그리고/또는 기준의 도입, 갱신 및 이용을 권장한다.

benefit-sharing.

2. The Conference of the Parties serving as the meeting of the Parties to this Protocol shall periodically take stock of the use of voluntary codes of conduct, guidelines and best practices and/or standards and consider the adoption of specific codes of conduct, guidelines and best practices and/or standards.

2. 이 의정서의 당사자회의 역할을 하는 당사자총회는 자발적 행동규범, 지침, 모범관행 그리고/또는 기준의 이용현황을 정기적으로 조사하고, 구체적인 행동규범, 지침, 모범관행 그리고/또는 기준의 채택을 심의한다.

Article 21
Awareness-raising

제21조
인식 제고

Each Party shall take measures to raise awareness of the importance of genetic resources and traditional knowledge associated with genetic resources, and related access and benefit sharing issues. Such measures may include, inter alia:

각 당사자는 유전자원 및 유전자원 관련 전통지식의 중요성과, 이와 관련한 접근 및 이익 공유 사안들에 대한 인식을 제고하는 조치를 한다. 그러한 조치에는 특히 다음 각 호의 사항들이 포함될 수 있다.

(a) Promotion of this Protocol, including its objective;
(b) Organization of meetings of indigenous and local communities and relevant stakeholders;
(c) Establishment and maintenance of a help desk for indigenous and local communities and relevant stakholders;
(d) Information dissemination through a national clearing-house;
(e) Promotion of voluntary codes of conduct, guidelines and best practices and/or standards in consultation with indigenous and local communities and relevant stakeholders;
(f) Promotion of, as appropriate, domestic, regional and international ex-

가. 의정서의 목적을 포함하여 이 의정서에 대한 홍보
나. 토착지역공동체 및 관련 이해당사자가 참여하는 회의 조직
다. 토착지역공동체 및 관련 이해관계자를 위한 지원창구의 설치 및 운영
라. 국가 정보공유체계를 통한 정보 전파
마. 토착지역공동체 및 관련 이해당사자와의 협의를 바탕으로 하는 자발적 행동규범, 지침, 모범관행 그리고/또는 기준의 홍보
바. 적절한 경우, 국내적 · 지역적 · 국제적 수준에서 경험공유의 촉진

changes of experience;

(g) Education and training of users and providers of genetic resources and traditional knowledge associated with genetic resources about their access and benefit-sharing obligations;

사. 유전자원과 유전자원 관련 전통지식의 이용자 및 제공자를 대상으로 접근 및 이익 공유 의무에 관한 교육 및 훈련

(h) Involvement of indigenous and local communities and relevant stakeholders in the implementation of this Protocol; and

아. 토착지역공동체 및 관련 이해당사자의 의정서 이행에의 참여, 그리고

(i) Awareness-raising of community protocols and procedures of indigenous and local communities.

자. 토착지역공동체의 공동체 규약 및 절차에 대한 인식 제고

Article 22 Capacity

제22조 역 량

1. The Parties shall cooperate in the capacity-building, capacity development and strengthening of human resources and institutional capacities to effectively implement this Protocol in developing country Parties, in particular the least developed countries and small island developing States among them, and Parties with economies in transition, including through existing global, regional, subregional and national institutions and organizations. In this context, Parties should facilitate the involvement of indigenous and local communities and relevant stakeholders, including non-governmental organizations and the private sector.

1. 당사자는 특히 최빈개도국과 소도서 개발도상국, 그리고 경제전환기에 있는 당사자를 포함하는 개발도상국 당사자 국내에서 이 의정서를 효과적으로 이행하기 위하여 기존의 세계적, 지역적, 소(小)지역적, 국내 기관 및 기구를 통하는 등의 방법으로 역량강화, 역량개발, 인적자원 및 제도적 역량의 강화를 위하여 협력한다. 이러한 맥락에서 당사자는 비정부기구 및 민간부문을 포함하여 토착지역공동체와 관련 이해당사자의 참여를 촉진하여야 한다.

2. The need of developing country Parties, in particular the least developed countries and small island developing States among them, and Parties with

2. 이 의정서의 이행을 위한 역량강화 및 역량개발에서, 협약의 관련 규정에 따른 재정 자원에 대한 개발도상국의 수요, 특히 최빈개도국, 소도서 개발도상국 그리고

economies in transition for financial resources in accordance with the relevant provisions of the Convention shall be taken fully into account for capacity building and development to implement this Protocol.

경제전환기에 있는 당사자의 수요를 충분히 고려한다.

3. As a basis for appropriate measures in relation to the implementation of this Protocol, developing country Parties, in particular the least developed countries and small island developing States among them, and Parties with economies in transition should identify their national capacity needs and priorities through national capacity self-assessments. In doing so, such Parties should support the capacity needs and priorities of indigenous and local communities and relevant stakeholders, as identified by them, emphasizing the capacity needs and priorities of women.

3. 이 의정서의 이행에 관한 적절한 조치의 토대로서, 개발도상국 당사자, 특히 최빈개도국, 소도서 개발도상국 그리고 경제전환기에 있는 당사자는 국가역량 자체평가를 통하여 자국의 국가역량 관련 필요사항과 우선순위를 파악하여야 한다. 그 과정에서 해당 당사자는 여성의 역량 관련 필요사항과 우선순위에 중점을 두면서, 토착지역공동체 및 관련 이해당사자가 파악한 역량 관련 필요사항과 우선순위를 지원하여야 한다.

4. In support of the implementation of this Protocol, capacity-building and development may address, inter alia, the following key areas:

4. 이 의정서의 이행을 지원하면서, 역량강화 및 개발은 특히 다음 각 호와 같은 핵심 분야를 다룰 수 있다.

(a) Capacity to implement, and to comply with the obligations of, this Protocol;

가. 이 의정서의 이행 및 의무 준수 역량

(b) Capacity to negotiate mutually agreed terms;

나. 상호 합의된 조건의 협상 역량

(c) Capacity to develop, implement and enforce domestic legislative, administrative or policy measures on access and benefit-sharing; and

다. 접근 및 이익 공유에 관한 입법적, 행정적, 또는 정책적 국내 조치의 도입, 이행 및 집행 역량, 그리고

(d) Capacity of countries to develop their endogenous research capabilities to

라. 자국의 유전자원에 가치를 더할 수 있는 내생적 연구 능력을 개발하는 각국의 역량

add value to their own genetic resources.

5. Measures in accordance with paragraphs 1 to 4 above may include, inter alia:

(a) Legal and institutional development;
(b) Promotion of equity and fairness in negotiations, such as training to negotiate mutually agreed terms;
(c) The monitoring and enforcement of compliance;
(d) Employment of best available communication tools and Internet-based systems for access and benefit-sharing activities;
(e) Development and use of valuation methods;
(f) Bioprospecting, associated research and taxonomic studies;
(g) Technology transfer, and infrastructure and technical capacity to make such technology transfer sustainable;
(h) Enhancement of the contribution of access and benefit-sharing activities to the conservation of biological diversity and the sustainable use of its components;
(i) Special measures to increase the capacity of relevant stakeholders in relation to access and benefit-sharing; and
(j) Special measures to increase the capacity of indigenous and local communities with emphasis on enhancing the capacity of women within those communities in relation to access to genetic resources and/or traditional

5. 위 제1항부터 제4항까지에 따른 조치는 특히 다음 각 호를 포함할 수 있다.

가. 법적 발전 및 제도적 발전
나. 상호 합의된 조건의 협상을 위한 훈련 등 협상에서의 형평성 및 공정성 촉진
다. 의무준수 감시 및 집행
라. 접근 및 이익 공유 활동을 위하여 적용 가능한 최적의 의사소통 수단 및 인터넷 기반 체계 이용
마. 평가 방법의 개발 및 이용
바. 생물자원탐사, 관련 연구 및 분류학적 연구
사. 기술 이전, 그리고 그러한 기술 이전을 지속가능하게 하기 위한 기반과 기술 역량
아. 생물다양성 보전 및 그 구성요소의 지속가능한 이용에 대한 접근 및 이익 공유 활동의 기여도 향상
자. 접근 및 이익 공유와 관련하여 관련 이해당사자의 역량을 제고하기 위한 특별 조치, 그리고
차. 유전자원 그리고/또는 유전자원 관련 전통지식에 대한 접근과 관련하여 공동체 내 여성의 역량 제고에 중점을 두고 토착지역공동체들의 역량을 강화하기 위한 특별 조치

knowledge associated with genetic resources.

6. Information on capacity-building and development initiatives at national, regional and international levels, undertaken in accordance with paragraphs 1 to 5 above, should be provided to the Access and Benefit-sharing Clearing-House with a view to promoting synergy and coordination on capacity-building and development for access and benefit-sharing.

6. 위 제1항부터 제5항까지에 따라 수행되는 국가적, 지역적 및 국제적 차원의 역량강화 및 개발 계획에 대한 정보는 접근 및 이익 공유를 위한 역량강화 및 개발에서 시너지 및 조율을 촉진하기 위하여 접근및이익공유정보공유체계에 제공되어야 한다.

Article 23
Technology transfer, collaboration and cooperation

In accordance with Articles 15, 16, 18 and 19 of the Convention, the Parties shall collaborate and cooperate in technical and scientific research and development programmes, including biotechnological research activities, as a means to achieve the objective of this Protocol. The Parties undertake to promote and encourage access to technology by, and transfer of technology to, developing country Parties, in particular the least developed countriesand small island developing States among them, and Parties with economies in transition, in order to enable the development and strengthening of a sound and viable technological and scientific base for the attainment of the objectives of the Convention and this Protocol. Where possible and appropriate such collaborative activities shall take place in and with a Party or the Parties

제23조
기술 이전, 협업 및 협력

협약 제15조, 제16조, 제18조 및 제19조에 따라 당사자는 이 의정서의 목적 달성을 위한 수단으로서 생명공학기술적 연구 활동을 포함하여 과학기술 연구 및 개발 프로그램에서 협업하고 협력한다. 당사자는 협약 및 이 의정서의 목적 달성을 위한 견실하고 타당성 있는 기술적 및 과학적 토대의 개발과 강화를 가능하게 하기 위하여 개발도상국 당사자, 특히 최빈개도국과 소도서 개발도상국, 그리고 경제전환기에 있는 당사자의 기술접근 및 이들 당사자에 대한 기술 이전의 촉진과 장려를 약속한다. 가능하고 적절할 경우, 그러한 협업 활동은 해당 자원의 원산국인 유전자원 제공 당사자 또는 협약에 따라 유전자원을 획득한 당사자 국내에서 그리고 이들과 함께 진행된다.

providing genetic resources that is the country or are the countries of origin of such resources or a Party or Parties that have acquired the genetic resources in accordance with the Convention.

Article 24
Non-parties

The Parties shall encourage non-Parties to adhere to this Protocol and to contribute appropriate information to the Access and Benefit-sharing Clearing-House.

제24조
비당사자

당사자는 비당사자가 이 의정서를 준수하고 접근및이익공유정보공유체계에 적절한 정보를 제공하도록 장려한다.

Article 25
Financial mechanism and resources

1. In considering financial resources for the implementation of this Protocol, the Parties shall take into account the provisions of Article 20 of the Convention.

2. The financial mechanism of the Convention shall be the financial mechanism for this Protocol.

3. Regarding the capacity-building and development referred to in Article 22 of this Protocol, the Conference of the Parties serving as the meeting of the Parties to this Protocol, in providing guidance with respect to the financial mechanism referred to in paragraph 2 above, for consideration by the Conference of the Parties, shall take into account the need of developing country Parties, in particular the least developed countries and small island

제25조
재정 지원 체제 및 자원

1. 이 의정서의 이행을 위한 재정적 자원을 고려하는 데에, 각 당사자는 협약 제20조를 고려한다.

2. 협약의 재정 지원 체제는 이 의정서의 재정 지원 체제이다.

3. 이 의정서 제22조에 언급된 역량강화 및 개발과 관련하여, 이 의정서의 당사자회의 역할을 하는 당사자총회는, 위 제2항에 언급된 재정 지원 체제에 관한 지침이 당사자총회의 심의를 위하여 제출될 시, 개발도상국 당사자, 특히 최빈개도국, 소도서 개발도상국, 그리고 경제전환기에 있는 당사자의 재정자원에 대한 수요와, 공동체 내의 여성을 포함하여 토착지역공동체의 역량 관련 필요사항 및 우선순위를 고려한다.

developing States among them, and of Parties with economies in transition, for financial resources, as well as the capacity needs and priorities of indigenous and local communities, including women within these communities.

4. In the context of paragraph 1 above, the Parties shall also take into account the needs of the developing country Parties, in particular the least developed countries and small island developing States among them, and of the Parties with economies in transition, in their efforts to identify and implement their capacity-building and development requirements for the purposes of the implementation of this Protocol.

4. 위 제1항의 맥락에서, 이 의정서를 이행하기 위한 목적으로 자국의 역량강화 및 개발에 필요한 요건을 파악하고 이행하려는 노력에서도 당사자는 개발도상국인 당사자, 특히 최빈개도국, 소도서 개발도상국, 경제전환기에 있는 당사자의 필요사항을 고려한다.

5. The guidance to the financial mechanism of the Convention in relevant decisions of the Conference of the Parties, including those agreed before the adoption of this Protocol, shall apply, mutatis mutandis, to the provisions of this Article.

5. 이 의정서의 채택 전에 합의된 사항을 포함하여, 당사자총회의 관련 결정에 포함된 협약의 재정 지원 체제에 대한 지침은 이 조에 준용된다.

6. The developed country Parties may also provide, and the developing country Parties and the Parties with economies in transition avail themselves of, financial and other resources for the implementation of the provisions of this Protocol through bilateral, regional and multilateral channels.

6. 선진국 당사자는 또한 양자 간 경로, 지역적 경로 및 다자간 경로를 통하여 이 의정서 규정의 이행을 위한 재정자원과 그 밖의 자원을 제공할 수 있고, 개발도상국 당사자와 경제전환기에 있는 당사자는 이를 이용할 수 있다.

Article 26
Conference of the parties serving as the meeting of the parties to this protocol

1. The Conference of the Parties shall serve as the meeting of the Parties to this Protocol.

2. Parties to the Convention that are not Parties to this Protocol may participate as observers in the proceedings of any meeting of the Conference of the Parties serving as the meeting of the Parties to this Protocol. When the Conference of the Parties serves as the meeting of the Parties to this Protocol, decisions under this Protocol shall be taken only by those that are Parties to it.

3. When the Conference of the Parties serves as the meeting of the Parties to this Protocol, any member of the Bureau of the Conference of the Parties representing a Party to the Convention but, at that time, not a Party to this Protocol, shall be substituted by a member to be elected by and from among the Parties to this Protocol.

4. The Conference of the Parties serving as the meeting of the Parties to this Protocol shall keep under regular review the implementation of this Protocol and shall make, within its mandate, the decisions necessary to promote its effective implementation. It shall perform the functions assigned to it by this Protocol and shall:

제26조
이 의정서의 당사자회의 역할을 하는 당사자총회

1. 당사자총회는 이 의정서의 당사자회의 역할을 한다.

2. 이 의정서의 당사자가 아닌 협약 당사자는 이 의정서의 당사자회의 역할을 하는 당사자총회의 모든 회의 절차에 옵서버로 참여할 수 있다. 당사자총회가 이 의정서의 당사자회의 역할을 할 때, 이 의정서에 따른 결정은 이 의정서의 당사자들에 의해서만 이루어진다.

3. 당사자총회가 이 의정서의 당사자회의 역할을 할 때, 그 당시 이 의정서의 당사자가 아닌 협약 당사자를 대표하는 자가 당사자총회 의장단의 구성원일 때, 이 구성원은 의정서 당사자들이 그들 중에서 선출한 구성원으로 대체된다.

4. 이 의정서의 당사자회의 역할을 하는 당사자총회는 이 의정서의 이행을 정기적으로 검토하며, 그 권한의 범위에서 이 의정서의 효과적인 이행을 촉진하는 데 필요한 결정을 한다. 당사자총회는 이 의정서에 의하여 부여된 기능을 수행하며 다음 각 호의 사항을 수행한다.

(a) Make recommendations on any matters necessary for the implementation of this Protocol;

(b) Establish such subsidiary bodies as are deemed necessary for the implementation of this Protocol;

(c) Seek and utilize, where appropriate, the services and cooperation of, and information provided by, competent international organizations and intergovernmental and non-governmental bodies;

(d) Establish the form and the intervals for transmitting the information to be submitted in accordance with Article 29 of this Protocol and consider such information as well as reports submitted by any subsidiary body;

(e) Consider and adopt, as required, amendments to this Protocol and its Annex, as well as any additional annexes to this Protocol, that are deemed necessary for the implementation of this Protocol; and

(f) Exercise such other functions as may be required for the implementation of this Protocol.

5. The rules of procedure of the Conference of the Parties and financial rules of the Convention shall be applied, mutatis mutandis, under this Protocol, except as may be otherwise decided by consensus by the Conference of the Parties serving as the meeting of the Parties to this Protocol.

6. The first meeting of the Conference of the Parties serving as the meeting of

가. 이 의정서의 이행에 필요한 모든 사항들에 관하여 권고

나. 이 의정서의 이행에 필요한 것으로 판단되는 부속기구의 설치

다. 적절할 경우, 책임 있는 국제기구, 정부간 기구 및 비정부기구가 제공하는 지원 및 협력과 이들 기구가 제공하는 정보의 탐색 및 이용

라. 이 의정서 제29조에 따라 제출되는 정보의 전송 형식 및 주기의 결정과 이러한 정보와 모든 부속기구가 제출하는 보고서의 심의

마. 필요한 경우 이 의정서의 이행에 필요한 것으로 간주되는 의정서 및 그 부속서의 개정과 이 의정서의 추가적인 부속서의 심의 및 채택, 그리고

바. 이 의정서의 이행에 필요할 수 있는 그 밖의 기능의 수행

5. 이 의정서의 당사자회의 역할을 하는 당사자총회의 총의로 달리 결정하는 경우를 제외하고, 당사자총회 의사규칙과 협약의 재정규칙이 이 의정서에 따라 준용된다.

6. 이 의정서의 당사자회의 역할을 하는 당사자총회의 첫 회의는 사무국이 소집하

the Parties to this Protocol shall be convened by the Secretariat and held concurrently with the first meeting of the Conference of the Parties that is scheduled after the date of the entry into force of this Protocol. Subsequent ordinary meetings of the Conference of the Parties serving as the meeting of the Parties to this Protocol shall be held concurrently with ordinary meetings of the Conference of the Parties, unless otherwise decided by the Conference of the Parties serving as the meeting of the Parties to this Protocol.

며, 이 의정서 발효일 이후 예정된 첫 당사자총회와 동시에 개최된다. 이 의정서의 당사자회의 역할을 하는 당사자총회의 그 후속 정례 회의는 이 의정서의 당사자회의 역할을 하는 당사자총회가 달리 결정하는 경우를 제외하고는 당사자총회 정례 회의와 동시에 개최된다.

7. Extraordinary meetings of the Conference of the Parties serving as the meeting of the Parties to this Protocol shall be held at such other times as may be deemed necessary by the Conference of the Parties serving as the meeting of the Parties to this Protocol, or at the written request of any Party, provided that, within six months of the request being communicated to the Parties by the Secretariat, it is supported by at least one third of the Parties.

7. 이 의정서의 당사자회의 역할을 하는 당사자총회의 특별 회의는 이 의정서의 당사자회의 역할을 하는 당사자총회에서 필요하다고 판단하거나 당사자가 서면으로 요청하는 때에 개최한다. 다만, 당사자의 서면 요청에 의하는 경우에는 사무국이 그러한 요청을 당사자들에게 전달한 시점부터 6개월 이내에 당사자 3분의 1 이상의 찬성을 얻어야 한다.

8. The United Nations, its specialized agencies and the International Atomic Energy Agency, as well as any State member thereof or observers thereto not party to the Convention, may be represented as observers at meetings of the Conference of the Parties serving as the meeting of the Parties to this Protocol. Any body or agency, whether national or international, gov-

8. 국제연합, 국제연합 전문기구, 국제원자력기구와 협약 당사자가 아닌 이들 기구의 모든 회원국 또는 옵서버는 이 의정서의 당사자회의 역할을 하는 당사자총회에 옵서버로서 참석할 수 있다. 국내 또는 국제, 정부 또는 비정부 기구나 기관을 불문하고, 모든 기구 또는 기관은, 이 의정서가 다루는 사안과 관련하여 자격이 있고 이 의정서의 당사자회의 역할을 하는 당

ernmental or non-governmental, that is qualified in matters covered by this Protocol and that has informed the Secretariat of its wish to be represented at a meeting of the Conference of the Parties serving as a meeting of the Parties to this Protocol as an observer, may be so admitted, unless at least one third of the Parties present object. Except as otherwise provided in this Article, the admission and participation of observers shall be subject to the rules of procedure, as referred to in paragraph 5 above.

사자총회에 옵서버로서 참석할 의사를 사무국에 통보한 경우, 출석한 당사자의 3분의 1 이상이 반대하는 경우를 제외하고는 참석할 수 있다. 옵서버의 참가 허가 및 회의 참석은 이 조에서 달리 규정하는 경우를 제외하고 위 제5항에 언급된 당사자총회 의사규칙에 따른다.

Article 27
Subsidiary bodies

1. Any subsidiary body established by or under the Convention may serve this Protocol, including upon a decision of the Conference of the Parties serving as the meeting of the Parties to this Protocol. Any such decision shall specify the tasks to be undertaken.

2. Parties to the Convention that are not Parties to this Protocol may participate as observers in the proceedings of any meeting of any such subsidiary bodies. When a subsidiary body of the Convention serves as a subsidiary body to this Protocol, decisions under this Protocol shall be taken only by Parties to this Protocol.

3. When a subsidiary body of the Convention exercises its functions with regard to matters concerning this

제27조
부속기구

1. 협약에 의하여 또는 협약에 따라 설치된 모든 부속기구는, 의정서의 당사자회의 역할을 하는 당사자총회의 결정이 있는 경우를 포함하여, 이 의정서를 지원할 수 있다. 그러한 모든 결정은 부속기구가 수행해야 할 업무를 명시한다.

2. 이 의정서의 당사자가 아닌 협약 당사자는 그러한 모든 부속기구의 모든 회의절차에 옵서버로서 참여할 수 있다. 협약 부속기구가 의정서 부속기구로 기능하는 경우, 이 의정서에 따른 결정은 이 의정서의 당사자에 의해서만 이루어진다.

3. 협약 부속기구가 이 의정서에 관한 사안에 관련된 기능을 수행하는 경우, 그 당시 이 의정서의 당사자가 아닌 협약 당사자

Protocol, any member of the bureau of that subsidiary body representing a Party to the Convention but, at that time, not a Party to this Protocol, shall be substituted by a member to be elected by and from among the Parties to this Protocol.

를 대표하는 자가 부속기구 의장단의 구성원인 때에는, 이 구성원은 의정서 당사자들이 그들 중에서 선출한 구성원으로 대체된다.

Article 28
Secretariat

제28조
사무국

1. The Secretariat established by Article 24 of the Convention shall serve as the secretariat to this Protocol.

1. 협약 제24조에 의하여 설치된 사무국은 이 의정서의 사무국 역할을 한다.

2. Article 24, paragraph 1, of the Convention on the functions of the Secretariat shall apply, mutatis mutandis, to this Protocol.

2. 사무국의 기능에 관한 협약 제24조제1항은 이 의정서에 준용한다.

3. To the extent that they are distinct, the costs of the secretariat services for this Protocol shall be met by the Parties hereto. The Conference of the Parties serving as the meeting of the Parties to this Protocol shall, at its first meeting, decide on the necessary budgetary arrangements to this end.

3. 이 의정서를 위한 사무국의 업무 비용은 사무국 업무 수행을 위한 비용임이 명확한 범위에서 이 의정서의 당사자에 의하여 충당된다. 이 의정서의 당사자회의 역할을 하는 당사자총회는 제1차 회의에서 이러한 목적을 위하여 필요한 예산상의 조치에 대하여 결정한다.

Article 29
Monitoring and reporting

제29조
점검과 보고

Each Party shall monitor the implementation of its obligations under this Protocol, and shall, at intervals and in the format to be determined by the Conference of the Parties serving as the meeting of the Parties to this Protocol, report to the Conference of the Parties serving as the

각 당사자는 이 의정서에 따른 각자의 의무 이행을 점검하며, 이 의정서의 당사자회의 역할을 하는 당사자총회가 결정하는 주기와 형식에 따라, 이 의정서의 이행을 위하여 해당 당사자가 한 조치에 관하여 이 의정서의 당사자회의 역할을 하는 당사자총회에 보고한다.

meeting of the Parties to this Protocol on measures that it has taken to implement this Protocol.

Article 30
Procedures and mechanisms to promote compliance with this protocol

The Conference of the Parties serving as the meeting of the Parties to this Protocol shall, at its first meeting, consider and approve cooperative procedures and institutional mechanisms to promote compliance with the provisions of this Protocol and to address cases of non-compliance. These procedures and mechanisms shall include provisions to offer advice or assistance, where appropriate. They shall be separate from, and without prejudice to, the dispute settlement procedures and mechanisms under Article 27 of the Convention.

제30조
이 의정서의 준수를 촉진하기 위한 절차와 체제

이 의정서의 당사자회의 역할을 하는 당사자총회는 제1차 회의에서 이 의정서 규정의 준수를 촉진하고 비준수 사례에 대처하기 위한 협력 절차 및 제도적 체제를 심의하고 승인한다. 이러한 절차와 체제는 적절히, 자문 또는 지원 제공을 위한 규정을 포함한다. 이러한 절차와 체제는 협약 제27조에 따른 분쟁해결절차 및 체제와 구별되며 이를 저해하지 아니한다.

Article 31
Assessment and review

The Conference of the Parties serving as the meeting of the Parties to this Protocol shall undertake, four years after the entry into force of this Protocol and thereafter at intervals determined by the Conference of the Parties serving as the meeting of the Parties to this Protocol, an evaluation of the effectiveness of this Protocol.c

제31조
평가 및 검토

이 의정서의 당사자회의 역할을 하는 당사자총회는 이 의정서의 발효로부터 4년 후, 그리고 그 후 이 의정서의 당사자회의 역할을 하는 당사자총회가 정하는 주기에 따라 이 의정서의 실효성에 관한 평가를 수행한다.

Article 32
Signature

This Protocol shall be open for signature

제32조
서 명

이 의정서는 2011년 2월 2일부터 2012년 2

by Parties to the Convention at the United Nations Headquarters in New York, from 2 February 2011 to 1 February 2012.

월 1일까지 뉴욕 국제연합본부에서 협약 당사자의 서명을 위하여 개방된다.

Article 33
Entry into force

제33조
발 효

1. This Protocol shall enter into force on the ninetieth day after the date of deposit of the fiftieth instrument of ratification, acceptance, approval or accession by States or regional economic integration organizations that are Parties to the Convention.

1. 이 의정서는 협약 당사자인 국가나 지역경제통합기구의 50번째 비준서, 수락서, 승인서 또는 가입서가 기탁된 날부터 90일 후에 발효한다.

2. This Protocol shall enter into force for a State or regional economic integration organization that ratifies, accepts or approves this Protocol or accedes thereto after the deposit of the fiftieth instrument as referred to in paragraph1 above, on the ninetieth day after the date on which that State or regional economic integration organization deposits its instrument of ratification, acceptance, approval or accession, or on the date on which the Convention enters into force for that State or regional economic integration organization, whichever shall be the later.

2. 이 의정서는 위 제1항에 따라 50번째 문서가 기탁된 후에 이 의정서를 비준·수락 또는 승인하거나 이 의정서에 가입하는 국가 또는 지역경제통합기구에 대해서는 그 국가나 지역경제통합기구가 비준서, 수락서, 승인서 또는 가입서를 기탁한 날부터 90일 후, 또는 그 국가나 지역경제통합기구에 대하여 협약이 발효되는 날 중에서 더 나중의 날짜에 발효한다.

3. For the purposes of paragraphs 1 and 2 above, any instrument deposited by a regional economic integration organization shall not be counted as additional to those deposited by member States of such organization.

3. 위 제1항 및 제2항의 목적상, 지역경제통합기구가 기탁하는 모든 문서는 해당 기구의 회원국이 기탁하는 문서에 추가되는 것으로 보지 아니한다.

Article 34
Reservations

No reservations may be made to this Protocol.

제34조
유 보

이 의정서에 대해서는 어떠한 유보도 할 수 없다.

Article 35
Withdrawal

1. At any time after two years from the date on which this Protocol has entered into force for a Party, that Party may withdraw from this Protocol by giving written notification to the Depositary.

2. Any such withdrawal shall take place upon expiry of one year after the date of its receipt by the Depositary, or on such later date as may be specified in the notification of the withdrawal.

제35조
탈 퇴

1. 당사자는 의정서가 자국에 대하여 발효한 날부터 2년이 경과한 후에는 언제든지 수탁자에게 서면으로 통지함으로써 이 의정서로부터 탈퇴할 수 있다.

2. 이러한 탈퇴는 수탁자가 탈퇴 통지를 접수한 날부터 1년이 경과한 때에 효력이 발생하거나, 또는 탈퇴 통지에 그보다 더 늦은 날이 명시된 경우에는 그 날에 효력이 발생한다.

Article 36
Authentic texts

The original of this Protocol, of which the Arabic, Chinese, English, French, Russian and Spanish texts are equally authentic, shall be deposited with the Secretary-General of the United Nations.

IN WITNESS WHEREOF the undersigned, being duly authorized to that effect, have signed this Protocol on the dates indicated.

DONE at Nagoya on this twenty-ninth day of October, two thousand and ten.

제36조
정 본

아랍어 · 중국어 · 영어 · 프랑스어 · 러시아어 및 스페인어본이 동등하게 정본인 이 의정서의 원본은 국제연합 사무총장에게 기탁된다.

이상의 증거로, 아래의 서명자는 그러한 취지로 정당하게 권한을 위임받아 표기된 날짜에 이 의정서에 서명하였다.

2010년 10월 29일 나고야에서 체결되었다.

Annex
Monetary and non-monetary benefits

1. Monetary benefits may include, but not be limited to:

(a) Access fees/fee per sample collected or otherwise acquired;
(b) Up-front payments;
(c) Milestone payments;
(d) Payment of royalties;
(e) Licence fees in case of commercialization;
(f) Special fees to be paid to trust funds supporting conservation and sustainable use of biodiversity;
(g) Salaries and preferential terms where mutually agreed;
(h) Research funding;
(i) Joint ventures;
(j) Joint ownership of relevant intellectual property rights.

2. Non-monetary benefits may include, but not be limited to:

(a) Sharing of research and development results;
(b) Collaboration, cooperation and contribution in scientific research and development programmes, particularly biotechnological research activities, where possible in the Party providing genetic resources;
(c) Participation in product development;
(d) Collaboration, cooperation and contribution in education and training;
(e) Admittance to ex situ facilities of

부속서
금전적 이익과 비금전적 이익

1. 금전적 이익은 다음 각 호를 포함하나 이에 한정되지 아니한다.

가. 수집되었거나 그 밖의 방법으로 획득한 표본에 대한 접근료/표본당 접근료
나. 선급금
다. 이행 단계에 따른 중도금
라. 로열티 지급액
마. 상용화의 경우 면허료
바. 생물다양성의 보전 및 지속가능한 이용을 지원하는 신탁기금에 지급하는 특별부담금
사. 상호 합의된 봉급 및 우대 조건
아. 연구 지원금
자. 합작투자
차. 관련 지식재산권 공동소유

2. 비금전적 이익은 다음 각 호를 포함하나 이에 한정되지 아니한다.

가. 연구 개발 결과의 공유
나. 가능할 경우, 유전자원을 제공하는 당사자 내에서, 과학 연구 개발 프로그램, 특히 생명공학기술 연구활동에서의 협업, 협력 및 기여
다. 제품 개발 참여
라. 교육 및 훈련에서의 협업, 협력 및 기여
마. 현지 외 유전자원 시설 출입 및 데이터

genetic resources and to databases;

(f) Transfer to the provider of the genetic resources of knowledge and technology under fair and most favourable terms, including on concessional and preferential terms where agreed, in particular, knowledge and technology that make use of genetic resources, including biotechnology, or that are relevant to the conservation and sustainable utilization of biological diversity;

(g) Strengthening capacities for technology transfer;

(h) Institutional capacity-building;

(i) Human and material resources to strengthen the capacities for the administration and enforcement of access regulations;

(j) Training related to genetic resources with the full participation of countries providing genetic resources, and where possible, in such countries;

(k) Access to scientific information relevant to conservation and sustainable use of biological diversity, including biological inventories and taxonomic studies;

(l) Contributions to the local economy;

(m) Research directed towards priority needs, such as health and food security, taking into account domestic uses of genetic resources in the Party providing genetic resources;

(n) Institutional and professional relationships that can arise from an access and benefit sharing agreement and subsequent collaborative activities;

(o) Food and livelihood security benefits;

베이스 접근

바. 합의된 양해 및 우대 조건에 의한 것들을 포함하여, 공정하고 가장 유리한 조건으로 유전자원의 제공자에 대한 지식 및 기술의 이전. 특히 생명공학기술을 포함하여, 유전자원을 이용하는 지식과 기술 또는 생물다양성의 보전 및 지속가능한 이용과 관련 있는 지식과 기술의 이전

사. 기술 이전을 위한 역량 증진

아. 제도적 역량강화

자. 접근 규정의 운용 및 집행 역량을 강화하기 위한 인적 및 물적 자원

차. 유전자원 제공 국가가 전면적으로 참여하는, 그리고 가능한 경우 그러한 국가에서 열리는 유전자원 관련 훈련

카. 생물학적 목록 및 분류학적 연구를 포함하여 생물다양성의 보전 및 지속가능한 이용과 관련한 과학 정보에 대한 접근

타. 지역경제에 대한 기여

파. 유전자원 제공 당사자 국내에서의 유전자원 이용을 고려하여 보건 및 식량 안보 등 최우선적 필요에 초점을 맞춘 연구

하. 접근 및 이익 공유 합의 및 후속 협업 활동에서 발생할 수 있는 제도적 및 전문적 관계

거. 식량 안보 및 생계유지의 혜택

나고야 의정서

(p) Social recognition;

(q) Joint ownership of relevant intellectual property rights.

너. 사회적 인식

더. 관련 지식재산권의 공동소유

PART VI

International Trade & Investment

20. Marrakesh Agreement Establishing The World Trade Organization (1995)

20. 세계무역기구 설립을 위한 마라케쉬 협정

Date : 15 April 1994
In force : 1 January 1995
States Party : 164
Korea : 1 January 1995 (조약 제1265호)
Link : www.wto.org

The *Parties* to this Agreement,

이 협정의 당사자들은,

Recognizing that their relations in the field of trade and economic endeavour should be conducted with a view to raising standards of living, ensuring full employment and a large and steadily growing volume of real income and effective demand, and expanding the production of and trade in goods and services, while allowing for the optimal use of the world's resources in accordance with the objective of sustainable development, seeking both to protect and preserve the environment and to enhance the means for doing so in a manner consistent with their respective needs and concerns at different levels of economic development,

상이한 경제발전 단계에서의 각각의 필요와 관심에 일치하는 방법으로 환경을 보호하고 보존하며 이를 위한 수단의 강화를 모색하면서, 지속 가능한 개발이라는 목적에 일치하는 세계 자원의 최적 이용을 고려하는 한편, 생활수준의 향상, 완전고용의 달성, 높은 수준의 실질소득과 유효 수요의 지속적인 양적 증대 및 상품과 서비스의 생산 및 무역의 증대를 목적으로 무역 및 경제활동 분야에서의 상호관계가 이루어져야 한다는 점을 인식하고,

Recognizing further that there is need for positive efforts designed to ensure that developing countries, and especially the least developed among them, secure a share in the growth in international trade commensurate with the needs of their economic development,

개발도상국, 그리고 특히 그 중 최빈개도국이 국제무역의 성장에서 자기 나라의 경제를 발전시키는 데 필요한 만큼의 몫을 확보하는 것을 보장하기 위하여 적극적인 노력을 기울여야 할 필요성이 있다는 점을 인식하고,

Being desirous of contributing to these

관세 및 그 밖의 무역장벽의 실질적인 삭감과

WTO

objectives by entering into reciprocal and mutually advantageous arrangements directed to the substantial reduction of tariffs and other barriers to trade and to the elimination of discriminatory treatment in international trade relations,

국제 무역 관계에 있어서의 차별대우의 폐지를 지향하는 상호 호혜적인 약정의 체결을 통하여 이러한 목적에 기여하기를 희망하며,

Resolved, therefore, to develop an integrated, more viable and durable multilateral trading system encompassing the General Agreement on Tariffs and Trade, the results of past trade liberalization efforts, and all of the results of the Uruguay Round of Multilateral Trade Negotiations,

따라서, 관세 및 무역에 관한 일반협정, 과거의 무역자유화 노력의 결과 및 모든 우루과이라운드 다자간무역협상 결과 전체를 포괄하는 통합되고 보다 존속 가능하고 항구적인 다자 간 무역체제를 발전시켜 나갈 것을 결의하고,

Determined to preserve the basic principles and to further the objectives underlying this multilateral trading system,

이러한 다자 간 무역체제의 기초가 되는 기본원칙을 보존하고 목적을 증진하기로 결정하여,

Agree as follows:

다음과 같이 합의한다.

Article I
Establishment of the Organization

제 1 조
기구의 설립

The World Trade Organization (hereinafter referred to as "the WTO") is hereby established.

이 협정에 따라 세계무역기구가 설립된다.

Article II
Scope of the WTO

제 2 조
세계무역기구의 범위

1. The WTO shall provide the common institutional framework for the conduct of trade relations among its Members in matters related to the agreements and associated legal instruments included in the Annexes to this Agreement.

1. 세계무역기구는 이 협정의 부속서에 포함된 협정 및 관련 법적 문서와 관련된 사항에 있어서 회원국 간의 무역관계의 수행을 위한 공동의 제도적인 틀을 제공한다.

2. The agreements and associated legal instruments included in Annexes 1, 2 and 3 (hereinafter referred to as "Multi-

2. 부속서 1, 2 및 3에 포함된 협정 및 관련 법적 문서(이하 "다자 간 무역협정" 이라 한다)는 이 협정의 불가분의 일부를 구성

lateral Trade Agreements") are integral parts of this Agreement, binding on all Members.

하며, 모든 회원국에 대하여 구속력을 갖는다.

3. The agreements and associated legal instruments included in Annex 4 (hereinafter referred to as "Plurilateral Trade Agreements") are also part of this Agreement for those Members that have accepted them, and are binding on those Members. The Plurilateral Trade Agreements do not create either obligations or rights for Members that have not accepted them.

3. 또한 부속서 4에 포함된 협정 및 관련 법적 문서(이하 "복수국 간 무역협정"이라 한다)는 이를 수락한 회원국에 대하여 이 협정의 일부를 구성하며 이를 수락한 회원국에 대하여 구속력을 갖는다. 복수국 간 무역협정은 이를 수락하지 아니한 회원국에게 의무를 지우거나 권리를 부여하지 아니한다.

4. The General Agreement on Tariffs and Trade 1994 as specified in Annex 1A (hereinafter referred to as "GATT 1994") is legally distinct from the General Agreement on Tariffs and Trade, dated 30 October 1947, annexed to the Final Act Adopted at the Conclusion of the Second Session of the Preparatory Committee of the United Nations Conference on Trade and Employment, as subsequently rectified, amended or modified (hereinafter referred to as "GATT 1947").

4. 부속서 1가에 명시된 1994년도 관세 및 무역에 관한 일반협정(이하 "1994년도 GATT"라 한다)은 국제연합 무역과 고용회의 준비위원회 제2차 회의 종결시 채택된 최종의정서에 부속된 1947년 10월 30일자 관세 및 무역에 관한 일반협정이 그 이후 정정, 개정 또는 수정된 일반협정(이하 "1947년도 GATT"라 한다)과 법적으로 구별된다.

Article III
Functions of the WTO

제 3 조
세계무역기구의 기능

1. The WTO shall facilitate the implementation, administration and operation, and further the objectives, of this Agreement and of the Multilateral Trade Agreements, and shall also provide the framework for the implementation, administration and operation of the Plurilateral Trade Agreements.

1. 세계무역기구는 이 협정 및 다자간무역협정의 이행, 관리 및 운영을 촉진하고 그 목적을 증진하며 또한 복수국 간 무역협정의 이행, 관리 및 운영을 위한 틀을 제공한다.

2. The WTO shall provide the forum for negotiations among its Members concerning their multilateral trade relations in matters dealt with under the agreements in the Annexes to this Agreement. The WTO may also provide a forum for further negotiations among its Members concerning their multilateral trade relations, and a framework for the implementation of the results of such negotiations, as may be decided by the Ministerial Conference.

2. 세계무역기구는 이 협정의 부속서에 포함된 협정에서 다루어지는 사안과 관련된 회원국 간의 다자 간 무역관계에 관하여 그들 간의 협상을 위한 장을 제공한다. 세계무역기구는 또한 각료회의에 의하여 결정되는 바에 따라 회원국 간의 다자 간 무역관계에 관한 추가적인 협상을 위한 토론의 장 및 이러한 협상 결과의 이행을 위한 틀을 제공한다.

3. The WTO shall administer the Understanding on Rules and Procedures Governing the Settlement of Disputes (hereinafter referred to as the "Dispute Settlement Understanding" or "DSU") in Annex 2 to this Agreement.

3. 세계무역기구는 이 협정 부속서 2의 분쟁해결 규칙 및 절차에 관한 양해(이하 "분쟁해결양해"라 한다)를 시행한다.

4. The WTO shall administer the Trade Policy Review Mechanism (hereinafter referred to as the "TPRM") provided for in Annex 3 to this Agreement.

4. 세계무역기구는 이 협정 부속서 3에 규정된 무역정책 검토제도를 시행한다.

5. With a view to achieving greater coherence in global economic policymaking, the WTO shall cooperate, as appropriate, with the International Monetary Fund and with the International Bank for Reconstruction and Development and its affiliated agencies.

5. 세계무역기구는 세계경제정책 결정에 있어서의 일관성 제고를 위하여 적절히 국제통화기금과 국제부흥개발은행 및 관련 산하 기구들과 협력한다.

Article IV
Structure of the WTO

제4조
세계무역기구의 구조

1. There shall be a Ministerial Conference composed of representatives of all the Members, which shall meet at least once every two years. The Ministerial Con-

1. 모든 회원국 대표로 구성되며 최소 2년에 1회 개최되는 각료회의가 설치된다. 각료회의는 세계무역기구의 기능을 수행하며 이를 위하여 필요한 조치를 취한다. 각료

ference shall carry out the functions of the WTO and take actions necessary to this effect. The Ministerial Conference shall have the authority to take decisions on all matters under any of the Multilateral Trade Agreements, if so requested by a Member, in accordance with the specific requirements for decision-making in this Agreement and in the relevant Multilateral Trade Agreement.

회의는 회원국이 요청하는 경우, 이 협정과 다자간무역협정의 구체적인 의사결정 요건에 따라 다자간무역협정의 모든 사항에 대하여 결정을 내릴 권한을 갖는다.

2. There shall be a General Council composed of representatives of all the Members, which shall meet as appropriate. In the intervals between meetings of the Ministerial Conference, its functions shall be conducted by the General Council. The General Council shall also carry out the functions assigned to it by this Agreement. The General Council shall establish its rules of procedure and approve the rules of procedure for the Committees provided for in paragraph 7.

2. 모든 회원국 대표로 구성되며 필요에 따라 개최되는 일반이사회가 설치된다. 일반이사회는 각료회의 비회기중에 각료회의의 기능을 수행한다. 일반이사회는 또한 이 협정에 의하여 부여된 기능을 수행한다. 일반이사회는 자체적인 의사규칙을 제정하고 제7항에 규정된 위원회의 의사규칙을 승인한다.

3. The General Council shall convene as appropriate to discharge the responsibilities of the Dispute Settlement Body provided for in the Dispute Settlement Understanding. The Dispute Settlement Body may have its own chairman and shall establish such rules of procedure as it deems necessary for the fulfillment of those responsibilities.

3. 일반이사회는 분쟁해결양해에 규정된 분쟁해결기구의 임무를 이행하기 위하여 적절히 개최된다. 분쟁해결기구는 자체적인 의장을 둘 수 있으며 동 임무이행을 위하여 필요하다고 판단하는 의사규칙을 제정한다.

4. The General Council shall convene as appropriate to discharge the responsibilities of the Trade Policy Review Body provided for in the TPRM. The Trade Policy Review Body may have its own

4. 일반이사회는 무역정책 검토제도에 규정된 무역정책 검토기구의 임무를 이행하기 위하여 적절히 개최된다. 무역정책 검토기구는 자체적인 의장을 둘 수 있으며 동 임무 이행을 위하여 필요하다고 판단되는 의

chairman and shall establish such rules of procedure as it deems necessary for the fulfillment of those responsibilities.

사규칙을 제정한다.

5. There shall be a Council for Trade in Goods, a Council for Trade in Services and a Council for Trade-Related Aspects of Intellectual Property Rights (hereinafter referred to as the "Council for TRIPS"), which shall operate under the general guidance of the General Council. The Council for Trade in Goods shall oversee the functioning of the Multilateral Trade Agreements in Annex 1A. The Council for Trade in Services shall oversee the functioning of the General Agreement on Trade in Services (hereinafter referred to as "GATS"). The Council for TRIPS shall oversee the functioning of the Agreement on Trade-Related Aspects of Intellectual Property Rights (hereinafter referred to as the "Agreement on TRIPS"). These Councils shall carry out the functions assigned to them by their respective agreements and by the General Council. They shall establish their respective rules of procedure subject to the approval of the General Council. Membership in these Councils shall be open to representatives of all Members. These Councils shall meet as necessary to carry out their functions.

5. 일반이사회의 일반적인 지도에 따라 운영되는 상품무역이사회, 서비스무역이사회 및 무역관련지적재산권이사회가 설치된다. 상품무역이사회는 부속서 1가의 다자간 무역협정의 운영을 감독한다. 서비스무역이사회는 서비스무역에 관한 일반협정의 운영을 감독한다. 무역관련지적재산권이사회는 무역 관련 지적재산권에 관한 협정의 운영을 감독한다. 이들 이사회는 각각의 협정과 일반이사회에 의하여 부여된 기능을 수행한다. 이들 이사회는 일반이사회의 승인에 따라 각각의 의사규칙을 제정한다. 이들 이사회에의 가입은 모든 회원국 대표에게 개방된다. 이들 이사회는 자신의 기능을 수행하기 위하여 필요할 때마다 회합한다.

6. The Council for Trade in Goods, the Council for Trade in Services and the Council for TRIPS shall establish subsidiary bodies as required. These subsidiary bodies shall establish their respective rules of procedure subject to

6. 상품무역이사회, 서비스무역이사회 및 무역관련지적재산권이사회는 필요에 따라 보조기구를 설치한다. 이들 보조기구는 각각의 이사회의 승인에 따라 각각의 의사규칙을 제정한다.

the approval of their respective Councils.

7. The Ministerial Conference shall establish a Committee on Trade and Development, a Committee on Balance-of-Payments Restrictions and a Committee on Budget, Finance and Administration, which shall carry out the functions assigned to them by this Agreement and by the Multilateral Trade Agreements, and any additional functions assigned to them by the General Council, and may establish such additional Committees with such functions as it may deem appropriate. As part of its functions, the Committee on Trade and Development shall periodically review the special provisions in the Multilateral Trade Agreements in favour of the least-developed country Members and report to the General Council for appropriate action. Membership in these Committees shall be open to representatives of all Members.

7. 각료회의는 무역개발위원회, 국제수지제한위원회 및 예산재정관리위원회를 설치하며 이들은 이 협정 및 다자간무역협정에 의하여 자신에게 부여된 기능 및 일반이사회가 자신에게 부여하는 추가적인 기능을 수행하며, 적절하다고 판단되는 기능을 갖는 추가적인 위원회를 설치할 수 있다. 무역개발위원회는 자신의 기능의 일부로서 최빈개도국 회원국을 위한 다자간무역협정의 특별 조항을 정기적으로 검토하고 적절한 조치를 위하여 일반이사회에 보고한다. 이러한 위원회에의 가입은 모든 회원국에게 개방된다.

8. The bodies provided for under the Plurilateral Trade Agreements shall carry out the functions assigned to them under those Agreements and shall operate within the institutional framework of the WTO. These bodies shall keep the General Council informed of their activities on a regular basis.

8. 복수국 간 무역협정에 규정된 기구는 동 협정에 의하여 자신에게 부여되는 기능을 수행하며 세계무역기구의 제도적인 틀 안에서 운용된다. 이들 기구는 일반이사회에 자신의 활동 상황을 정기적으로 통보한다.

Article V
Relations with Other Organizations

제 5 조
그 밖의 국제기구와의 관계

1. The General Council shall make appropriate arrangements for effective cooperation with other intergovernmental

1. 일반이사회는 세계무역기구의 책임과 관련된 책임을 갖는 그 밖의 정부 간 기구와의 효과적인 협력을 위하여 적절한 조치를

organizations that have responsibilities related to those of the WTO.

취한다.

2. The General Council may make appropriate arrangements for consultation and cooperation with non-governmental organizations concerned with matters related to those of the WTO.

2. 일반이사회는 세계무역기구의 소관사항과 관련된 사항과 관계가 있는 비정부 간 기구와의 협의 및 협력을 위하여 적절한 조치를 취할 수 있다.

Article VI
The Secretariat

제6조
사 무 국

1. There shall be a Secretariat of the WTO (hereinafter referred to as "the Secretariat") headed by a Director-General.

1. 사무총장을 최고책임자로 하는 세계무역기구 사무국(이하 "사무국"이라 한다)이 설치된다.

2. The Ministerial Conference shall appoint the Director-General and adopt regulations setting out the powers, duties, conditions of service and term of office of the Director-General.

2. 각료회의는 사무총장을 임명하고 사무총장의 권한, 의무, 근무 조건 및 임기를 명시하는 규정을 채택한다.

3. The Director-General shall appoint the members of the staff of the Secretariat and determine their duties and conditions of service in accordance with regulations adopted by the Ministerial Conference.

3. 사무총장은 각료회의가 채택하는 규정에 따라 사무국 직원을 임명하고 이들의 의무와 근무 조건을 결정한다.

4. The responsibilities of the Director-General and of the staff of the Secretariat shall be exclusively international in character. In the discharge of their duties, the Director-General and the staff of the Secretariat shall not seek or accept instructions from any government or any other authority external to the WTO. They shall refrain from any action which might adversely reflect on their position as international officials. The Members of the WTO shall respect

4. 사무총장 및 사무국 직원의 임무는 전적으로 국제적인 성격을 갖는다. 사무총장과 사무국 직원은 자신의 의무를 수행하는 데 있어서 어떠한 정부나 세계무역기구 밖의 당국으로부터 지시를 구하거나 받아서는 아니 된다. 이들은 국제 관리로서 자신의 지위를 손상시킬 어떠한 행위도 삼가한다. 세계무역기구 회원국은 사무총장 및 사무국 직원의 임무의 국제적인 성격을 존중하며, 이들이 의무를 수행하는 데 있어서 영향력을 행사하려고 하지 아니한다.

the international character of the responsibilities of the Director-General and of the staff of the Secretariat and shall not seek to influence them in the discharge of their duties.

Article VII
Budget and Contributions

제 7 조
예산 및 분담금

1. The Director-General shall present to the Committee on Budget, Finance and Administration the annual budget estimate and financial statement of the WTO. The Committee on Budget, Finance and Administration shall review the annual budget estimate and the financial statement presented by the Director-General and make recommendations thereon to the General Council. The annual budget estimate shall be subject to approval by the General Council.

1. 사무총장은 예산재정관리위원회에 세계무역기구의 연간 예산안 및 재정보고서를 제출한다. 예산재정관리위원회는 사무총장이 제출하는 연간예산안 및 재정보고서를 검토하고 이에 대하여 일반이사회에 권고한다. 연간 예산안은 일반이사회의 승인을 받아야 한다.

2. The Committee on Budget, Finance and Administration shall propose to the General Councilfinancial regulations which shall include provisions setting out:

2. 예산재정관리위원회는 아래 사항을 포함하는 재정규정을 일반이사회에 제안한다.

(a) the scale of contributions apportioning the expenses of the WTO among its Members; and
(b) the measures to be taken in respect of Members in arrears.

가. 세계무역기구의 지출경비를 회원국 간에 배분하는 분담금의 비율, 그리고

나. 분담금 체납 회원국에 대하여 취하여야 할 조치

The financial regulations shall be based, as far as practicable, on the regulations and practices of GATT 1947.

재정 규정은 실행 가능한 한 1947년도 GATT의 규정 및 관행에 기초한다.

3. The General Council shall adopt the financial regulations and the annual budget estimate by a two-thirds majority comprising more than half of the Members

3. 일반이사회는 재정 규정 및 연간 예산안을 세계무역기구 회원국의 반 이상을 포함하는 3분의 2 다수결에 의하여 채택한다.

of the WTO.

4. Each Member shall promptly contribute to the WTO its share in the expenses of the WTO in accordance with the financial regulations adopted by the General Council.

4. 회원국은 일반이사회에서 채택되는 재정규정에 따라 세계무역기구의 지출경비 중 자기 나라의 분담금을 세계무역기구에 신속하게 납부한다.

Article VIII
Status of the WTO

제 8 조
세계무역기구의 지위

1. The WTO shall have legal personality, and shall be accorded by each of its Members such legal capacity as may be necessary for the exercise of its functions.

1. 세계무역기구는 법인격을 가지며, 각 회원국은 세계무역기구에 대하여 이 기구가 자신의 기능을 수행하는 데 필요한 법적 능력을 부여한다.

2. The WTO shall be accorded by each of its Members such privileges and immunities as are necessary for the exercise of its functions.

2. 각 회원국은 세계무역기구에 대하여 이 기구가 자신의 기능을 수행하는 데 필요한 특권과 면제를 부여한다.

3. The officials of the WTO and the representatives of the Members shall similarly be accorded by each of its Members such privileges and immunities as are necessary for the independent exercise of their functions in connection with the WTO.

3. 각 회원국은 또한 세계무역기구의 관리와 이 기구의 회원국 대표에 대하여도 이들이 세계무역기구와 관련하여 자신의 기능을 독자적으로 수행하는 데 필요한 특권과 면제를 부여한다.

4. The privileges and immunities to be accorded by a Member to the WTO, its officials, and the representatives of its Members shall be similar to the privileges and immunities stipulated in the Convention on the Privileges and Immunities of the Specialized Agencies, approved by the General Assembly of the United Nations on 21 November 1947.

4. 회원국이 세계무역기구, 이 기구의 관리 및 이 기구 회원국 대표에게 부여하는 특권과 면제는 1947년 11월 21일 국제연합 총회에서 승인된 전문기구의 특권과 면제에 관한 협약에 규정된 특권과 면제와 유사하여야 한다.

5. The WTO may conclude a headquarters agreement.

5. 세계무역기구는 본부 협정을 체결할 수 있다.

Article IX
Decision-Making

제9조
의사결정

1. The WTO shall continue the practice of decision-making by consensus followed under GATT 1947.[1] Except as otherwise provided, where a decision cannot be arrived at by consensus, the matter at issue shall be decided by voting. At meetings of the Ministerial Conference and the General Council, each Member of the WTO shall have one vote. Where the European Communities exercise their right to vote, they shall have a number of votes equal to the number of their member States[2] which are Members of the WTO. Decisions of the Ministerial Conference and the General Council shall be taken by a majority of the votes cast, unless otherwise provided in this Agreement or in the relevant Multilateral Trade Agreement.[3]

1. 세계무역기구는 1947년도 GATT에서 지켜졌던 컨센서스에 의한 결정의 관행을 계속 유지한다.[1] 달리 규정되지 아니하는 한, 컨센서스에 의하여 결정이 이루어지지 아니하는 경우에는 문제가 된 사안은 표결에 의한다. 각료회의와 일반이사회에서 세계무역기구 각 회원국은 하나의 투표권을 갖는다. 구주공동체가 투표권을 행사할 때는, 세계무역기구의 회원국인 구주공동체 회원국 수와 동일한 수의 투표권을 갖는다.[2] 이 협정 또는 다자 간 무역협정에 달리 규정되어 있는 경우를 제외하고는, 각료회의와 일반이사회의 결정은 투표 과반수에 의한다.[3]

2. The Ministerial Conference and the General Council shall have the exclusive

2. 각료회의와 일반이사회는 이 협정과 다자 간 무역협정의 해석을 채택하는 독점적인

1) The body concerned shall be deemed to have decided by consensus on a matter submitted for its consideration, if no Member, present at the meeting when the decision is taken, formally objects to the proposed decision.

2) The number of votes of the European Communities and their member States shall in no case exceed the number of the member States of the European Communities.

3) Decisions by the General Council when convened as the Dispute Settlement Body shall be taken only in accordance with the provisions of paragraph 4 of Article 2 of the Dispute Settlement Understanding.

1) 관련 기구는 결정을 하는 회의에 참석한 회원국 중 어느 회원국도 공식적으로 반대하지 않는 한 검토를 위하여 제출된 사항에 대하여 컨센서스에 의하여 결정되었다고 간주된다.

2) 구주공동체와 그 회원국의 투표 수는 어떠한 경우에도 구주공동체의 회원국 수를 초과할 수 없다.

3) 분쟁해결기구로서 개최된 일반이사회의 결정은 분쟁해결양해 제2조 제4항에 따라서만 이루어진다.

authority to adopt interpretations of this Agreement and of the Multilateral Trade Agreements. In the case of an interpretation of a Multilateral Trade Agreement in Annex 1, they shall exercise their authority on the basis of a recommendation by the Council overseeing the functioning of that Agreement. The decision to adopt an interpretation shall be taken by a three-fourths majority of the Members. This paragraph shall not be used in a manner that would undermine the amendment provisions in Article X.

권한을 갖는다. 부속서 1의 다자 간 무역협정의 해석의 경우 이들은 동 협정의 운영을 감독하는 이사회의 권고사항에 기초하여 자신의 권한을 행사한다. 해석의 채택에 대한 결정은 회원국 4분의 3 다수결에 의한다. 이 항은 제10조의 개정 규정을 저해하는 방법으로 사용되지 아니한다.

3. In exceptional circumstances, the Ministerial Conference may decide to waive an obligation imposed on a Member by this Agreement or any of the Multilateral Trade Agreements, provided that any such decision shall be taken by three fourths[4)] of the Members unless otherwise provided for in this paragraph.

3. 예외적인 상황에서 각료회의는 이 협정이나 다자간무역협정이 회원국에게 지우는 의무를 면제하기로 결정할 수 있다. 다만, 이러한 결정은 이 항에 달리 규정되어 있는 경우를 제외하고는 세계무역기구 회원국 4분의 3 다수결에 의한다.[4)]

(a) A request for a waiver concerning this Agreement shall be submitted to the Ministerial Conference for consideration pursuant to the practice of decision-making by consensus. The Ministerial Conference shall establish a time-period, which shall not exceed 90 days, to consider the request. If consensus is not reached during the time-period, any decision to grant a waiver shall be taken by three fourths[4)] of the

가. 이 협정과 관련한 면제 요청은 컨센서스에 의한 결정의 관행에 따라 각료회의에 검토를 위하여 제출한다. 각료회의는 동 요청을 검토하기 위하여 90일을 초과하지 아니하는 기간을 설정한다. 동 기간 동안 컨센서스가 도출되지 아니하는 경우, 면제 부여는 회원국의 4분의 3 다수결로 결정한다.[4)]

WTO

4) A decision to grant a waiver in respect of any obligation subject to a transition period or a period for staged implementation that the requesting Member has not performed by the end of the relevant period shall be taken only by consensus.

4) 과도 기간이나 단계별 이행 기간을 조건으로 하는 의무로서 의무면제 요청 회원국이 관련 기간의 종료시까지 이행하지 못한 의무에 대한 면제 부여는 컨센서스에 의하여서만 결정된다.

Members.

(b) A request for a waiver concerning the Multilateral Trade Agreements in Annexes 1A or 1B or 1C and their annexes shall be submitted initially to the Council for Trade in Goods, the Council for Trade in Services or the Council for TRIPS, respectively, for consideration during a time-period which shall not exceed 90 days. At the end of the time-period, the relevant Council shall submit a report to the Ministerial Conference.

나. 부속서 1가, 1나 또는 1다의 다자 간 무역협정과 그들의 부속서와 관련한 면제 요청은 90일 이내의 기간 동안의 검토를 위하여 상품무역이사회, 서비스무역이사회 또는 무역관련지적재산권이사회에 각각 제출된다. 동 기간의 만료시 관련 이사회는 각료회의에 보고서를 제출한다.

4. A decision by the Ministerial Conference granting a waiver shall state the exceptional circumstances justifying the decision, the terms and conditions governing the application of the waiver, and the date on which the waiver shall terminate. Any waiver granted for a period of more than one year shall be reviewed by the Ministerial Conference not later than one year after it is granted, and thereafter annually until the waiver terminates. In each review, the Ministerial Conference shall examine whether the exceptional circumstances justifying the waiver still exist and whether the terms and conditions attached to the waiver have been met. The Ministerial Conference, on the basis of the annual review, may extend, modify or terminate the waiver.

4. 면제를 부여하는 각료회의의 결정은 동 결정을 정당화하는 예외적인 상황, 면제의 적용을 규율하는 제반 조건 및 면제 종료일자를 명시한다. 1년보다 긴 기간 동안 부여되는 면제의 경우 각료회의는 면제 부여 후 1년 이내 및 그 이후 면제 종료시까지 매년 면제를 검토한다. 각료회의는 매 검토시마다 의무면제 부여를 정당화하는 예외적인 상황이 계속 존재하는지 여부 및 면제에 첨부된 조건이 충족되었는지 여부를 조사한다. 각료회의는 연례 검토를 기초로 면제를 연장, 수정 또는 종료할 수 있다.

5. Decisions under a Plurilateral Trade Agreement, including any decisions on interpretations and waivers, shall be governed by the provisions of that Agreement.

5. 해석 및 면제에 관한 모든 결정을 포함하여, 복수국 간 무역협정에 의한 결정은 동 협정의 규정에 따른다.

Article X
Amendments

1. Any Member of the WTO may initiate a proposal to amend the provisions of this Agreement or the Multilateral Trade Agreements in Annex 1 by submitting such proposal to the Ministerial Conference. The Councils listed in paragraph 5 of Article IV may also submit to the Ministerial Conference proposals to amend the provisions of the corresponding Multilateral Trade Agreements in Annex 1 the functioning of which they oversee. Unless the Ministerial Conference decides on a longer period, for a period of 90 days after the proposal has been tabled formally at the Ministerial Conference any decision by the Ministerial Conference to submit the proposed amendment to the Members for acceptance shall be taken by consensus. Unless the provisions of paragraphs 2, 5 or 6 apply, that decision shall specify whether the provisions of paragraphs 3 or 4 shall apply. If consensus is reached, the Ministerial Conference shall forthwith submit the proposed amendment to the Members for acceptance. If consensus is not reached at a meeting of the Ministerial Conference within the established period, the Ministerial Conference shall decide by a two-thirds majority of the Members whether to submit the proposed amendment to the Members for acceptance. Except as provided in paragraphs 2, 5 and 6, the provisions of paragraph 3 shall apply to the proposed amendment, unless the Ministerial Con-

제10조
개 정

1. 세계무역기구 회원국은 각료회의에 개정안을 제출함으로써 이 협정 또는 부속서 1의 다자 간 무역협정에 대한 개정을 발의할 수 있다. 제4조 제5항에 열거된 이사회도 자신이 그 운영을 감독하는 부속서 1의 다자 간 무역협정의 규정에 대한 개정안을 각료회의에 제출할 수 있다. 각료회의가 보다 긴 기간을 결정하지 아니하는 한, 각료회의에 개정안이 공식적으로 상정된 날로부터 90일 동안에 각료회의는 개정안을 회원국의 수락을 위하여 회원국에게 제출할 것인지 여부에 관하여 컨센서스에 의하여 결정한다. 제2항, 제5항 또는 제6항이 적용되지 아니하는 경우, 동 결정은 제3항 또는 제4항의 규정 중 어느 것이 적용될 것인지 명시한다. 컨센서스가 이루어지는 경우, 각료회의는 즉시 동 개정안을 회원국의 수락을 위하여 회원국에게 제출한다. 정해진 기간 내에 각료회의에서 컨센서스가 이루어지지 아니할 경우, 각료회의는 동 개정안을 회원국의 수락을 위하여 회원국에게 제출할 것인지 여부를 회원국 3분의 2 다수결로 결정한다. 각료회의가 회원국 4분의 3 다수결로 제4항의 규정이 적용된다고 결정하지 아니하는 한, 제2항, 제5항 및 제6항에 규정된 경우를 제외하고는 제3항의 규정이 동 개정안에 적용된다.

ference decides by a three-fourths majority of the Members that the provisions of paragraph 4 shall apply.

2. Amendments to the provisions of this Article and to the provisions of the following Articles shall take effect only upon acceptance by all Members:

Article IX of this Agreement;
Articles I and II of GATT 1994;
Article II:1 of GATS;
Article 4 of the Agreement on TRIPS.

3. Amendments to provisions of this Agreement, or of the Multilateral Trade Agreements in Annexes 1A and 1C, other than those listed in paragraphs 2 and 6, of a nature that would alter the rights and obligations of the Members, shall take effect for the Members that have accepted them upon acceptance by two thirds of the Members and thereafter for each other Member upon acceptance by it. The Ministerial Conference may decide by a three-fourths majority of the Members that any amendment made effective under this paragraph is of such a nature that any Member which has not accepted it within a period specified by the Ministerial Conference in each case shall be free to withdraw from the WTO or to remain a Member with the consent of the Ministerial Conference.

4. Amendments to provisions of this Agreement or of the Multilateral Trade Agreements in Annexes 1A and 1C, other than those listed in paragraphs 2

2. 이 규정과 아래 열거된 규정에 대한 개정은 모든 회원국이 수락하는 경우에만 발효한다.

이 협정 제9조,
1994년도 GATT 제1조 및 제2조,
서비스 무역에 관한 일반협정 제2조 제1항,
무역 관련 지적재산권에 관한 협정 제4조

3. 제2항 및 제6항에 열거된 규정을 제외하고, 이 협정이나 부속서 1가 및 부속서 1다의 다자 간 무역협정의 규정에 대한 개정으로서 회원국의 권리와 의무를 변경시키는 성격의 개정은 회원국 3분의 2 수락으로 수락 회원국에 대하여만 발효하며, 그 이후 수락하는 회원국에 대하여는 수락한 때부터 발효한다. 각료회의는 이 항에 따라 발효된 개정의 성격상 각료회의가 각각의 경우에 명시한 기간 내에 이를 수락하지 아니한 회원국이 자유로이 세계무역기구를 탈퇴하거나 또는 각료회의의 동의를 얻어 회원국으로 남아 있을 수 있다고 회원국 4분의 3 다수결로 결정할 수 있다.

4. 제2항 및 제6항에 열거된 규정을 제외하고 이 협정이나 부속서 1가 및 1다의 다자 간 무역협정의 규정에 대한 개정으로서 회원국의 권리와 의무를 변경시키지 아니하는

and 6, of a nature that would not alter the rights and obligations of the Members, shall take effect for all Members upon acceptance by two thirds of the Members.

성격의 개정은 회원국 3분의 2 수락으로 모든 회원국에 대하여 발효한다.

5. Except as provided in paragraph 2 above, amendments to Parts I, II and III of GATS and the respective annexes shall take effect for the Members that have accepted them upon acceptance by two thirds of the Members and thereafter for each Member upon acceptance by it. The Ministerial Conference may decide by a three-fourths majority of the Members that any amendment made effective under the preceding provision is of such a nature that any Member which has not accepted it within a period specified by the Ministerial Conference in each case shall be free to withdraw from the WTO or to remain a Member with the consent of the Ministerial Conference. Amendments to Parts IV, V and VI of GATS and the respective annexes shall take effect for all Members upon acceptance by two thirds of the Members.

5. 제2항에 규정된 것을 제외하고, 서비스 무역에 관한 일반협정의 제1부, 제2부 및 제3부와 각 부속서에 대한 개정은 회원국 3분의 2 수락으로 수락 회원국에 대하여만 발효하며, 그 이후 수락하는 회원국에 대하여는 수락한 때부터 발효한다. 각료회의는 선행 규정에 따라 발효된 개정의 성격상 각료회의가 각각의 경우에 명시한 기간 내에 이를 수락하지 아니한 회원국이 자유로이 세계무역기구를 탈퇴하거나 또는 각료회의의 동의를 얻어 회원국으로 남아 있을 수 있다고 회원국 4분의 3 다수결로 결정할 수 있다. 서비스 무역에 관한 일반협정 제4부, 제5부 및 제6부와 각 부속서에 대한 개정은 회원국 3분의 2 수락으로 모든 회원국에 대하여 발효한다.

6. Notwithstanding the other provisions of this Article, amendments to the Agreement on TRIPS meeting the requirements of paragraph 2 of Article 71 thereof may be adopted by the Ministerial Conference without further formal acceptance process.

6. 이 조의 그 밖의 규정에도 불구하고, 무역관련 지적재산권에 관한 협정에 대한 개정은 동 협정 제71조 제2항의 요건에 합치하는 경우 추가적인 공식 수락절차 없이 각료회의에서 채택될 수 있다.

WTO

7. Any Member accepting an amendment to this Agreement or to a Multilateral Trade Agreement in Annex 1 shall

7. 이 협정 또는 부속서 1의 다자 간 무역협정에 대한 개정을 수락하는 회원국은 각료회의가 명시한 수락 기간 내에 세계무역기

deposit an instrument of acceptance with the Director-General of the WTO within the period of acceptance specified by the Ministerial Conference.

구 사무총장에게 수락서를 기탁한다.

8. Any Member of the WTO may initiate a proposal to amend the provisions of the Multilateral Trade Agreements in Annexes 2 and 3 by submitting such proposal to the Ministerial Conference. The decision to approve amendments to the Multilateral Trade Agreement in Annex 2 shall be made by consensus and these amendments shall take effect for all Members upon approval by the Ministerial Conference. Decisions to approve amendments to the Multilateral Trade Agreement in Annex 3 shall take effect for all Members upon approval by the Ministerial Conference.

8. 세계무역기구 회원국은 각료회의에 개정안을 제출함으로써 부속서 2와 3의 다자 간 무역협정에 대한 개정을 발의할 수 있다. 부속서 2의 다자 간 무역협정에 대한 개정의 승인은 컨센서스에 의하여 결정되며, 이러한 개정은 각료회의의 승인에 따라 모든 회원국에 대하여 발효한다. 부속서 3의 다자 간 무역협정에 대한 개정의 승인 결정은 각료회의의 승인에 따라 모든 회원국에 대하여 발효한다.

9. The Ministerial Conference, upon the request of the Members parties to a trade agreement, may decide exclusively by consensus to add that agreement to Annex 4. The Ministerial Conference, upon the request of the Members parties to a Plurilateral Trade Agreement, may decide to delete that Agreement from Annex 4.

9. 각료회의는 특정 무역협정의 당사자인 회원국들의 요청에 따라 전적으로 컨센서스에 의해서만 동 협정을 부속서 4에 추가하도록 결정할 수 있다. 각료회의는 복수국 간 무역협정의 당사자인 회원국들의 요청에 따라 동 협정을 부속서 4로부터 삭제할 수 있다.

10. Amendments to a Plurilateral Trade Agreement shall be governed by the provisions of that Agreement.

10. 복수국 간 무역협정에 대한 개정은 동 협정의 규정에 따른다.

Article XI
Original Membership

제11조
원회원국

1. The contracting parties to GATT 1947 as of the date of entry into force of this

1. 이 협정 및 다자 간 무역협정을 수락하고, 자기 나라의 양허 및 약속표가 1994년도

Agreement, and the European Communities, which accept this Agreement and the Multilateral Trade Agreements and for which Schedules of Concessions and Commitments are annexed to GATT 1994 and for which Schedules of Specific Commitments are annexed to GATS shall become original Members of the WTO.

GATT에 부속되며 서비스 무역에 관한 일반협정에 자기 나라의 구체적 약속표가 부속된 국가로서 이 협정 발효일 당시 1947년도 GATT 체약 당사자와 구주공동체는 세계무역기구의 원회원국이 된다.

2. The least-developed countries recognized as such by the United Nations will only be required to undertake commitments and concessions to the extent consistent with their individual development, financial and trade needs or their administrative and institutional capabilities.

2. 국제연합이 최빈개도국으로 인정한 국가는 자기 나라의 개별적인 개발, 금융 및 무역의 필요나 행정 및 제도적인 능력에 합치하는 범위 내에서 약속 및 양허를 하도록 요구된다.

Article XII
Accession

제 12 조
가 입

1. Any State or separate customs territory possessing full autonomy in the conduct of its external commercial relations and of the other matters provided for in this Agreement and the Multilateral Trade Agreements may accede to this Agreement, on terms to be agreed between it and the WTO. Such accession shall apply to this Agreement and the Multilateral Trade Agreements annexed thereto.

1. 국가 또는 자신의 대외 무역관계 및 이 협정과 다자 간 무역협정에 규정된 그 밖의 사항을 수행하는 데에 있어서 완전한 자치권을 보유하는 독자적 관세영역은 자신과 세계무역기구 사이에 합의되는 조건에 따라 이 협정에 가입할 수 있다. 이러한 가입은 이 협정 및 이 협정에 부속된 다자 간 무역협정에 대하여 적용된다.

2. Decisions on accession shall be taken by the Ministerial Conference. The Ministerial Conference shall approve the agreement on the terms of accession by a two-thirds majority of the Members of the WTO.

2. 가입은 각료회의가 결정한다. 각료회의는 세계무역기구 회원국 3분의 2 다수결에 의하여 가입 조건에 관한 합의를 승인한다.

3. Accession to a Plurilateral Trade Agreement shall be governed by the provisions of that Agreement.

3. 복수국 간무역협정에의 가입은 동 협정의 규정에 따른다.

Article XIII Non-Application of Multilateral Trade Agreements between Particular Members

제 13 조 특정 회원국 간의 다자 간 무역협정 비적용

1. This Agreement and the Multilateral Trade Agreements in Annexes 1 and 2 shall not apply as between any Member and any other Member if either of the Members, at the time either becomes a Member, does not consent to such application.

1. 특정 회원국이 세계무역기구 회원국이 되는 때에 다른 특정 회원국에 대한 적용에 동의하지 아니하는 경우, 이 협정 및 부속서 1과 2의 다자간무역협정은 이들 양회원국 간에 적용되지 아니한다.

2. Paragraph 1 may be invoked between original Members of the WTO which were contracting parties to GATT 1947 only where Article XXXV of that Agreement had been invoked earlier and was effective as between those contracting parties at the time of entry into force for them of this Agreement.

2. 제1항은 1947년도 GATT 체약 당사자였던 세계무역기구의 원회원국 간에 있어서는 1947년도 GATT 제35조가 이미 원용되었고, 또한 이 협정 발효시에 동 체약당사자에게 효력이 있었던 경우에 한하여 원용될 수 있다.

3. Paragraph 1 shall apply between a Member and another Member which has acceded under Article XII only if the Member not consenting to the application has so notified the Ministerial Conference before the approval of the agreement on the terms of accession by the Ministerial Conference.

3. 특정 회원국과 제12조에 따라 가입한 다른 회원국 간의 관계에 있어서 제1항은 적용에 동의하지 않는 회원국이 각료회의가 가입 조건에 관한 합의 사항을 승인하기 이전에 각료회의에 협정 비적용 의사를 통보한 경우에만 적용된다.

4. The Ministerial Conference may review the operation of this Article in particular cases at the request of any Member and make appropriate recommendations.

4. 각료회의는 회원국의 요청에 따라 특수한 경우에 있어서 이 조의 운영을 검토하고 적절한 권고를 할 수 있다.

5. Non-application of a Plurilateral Trade Agreement between parties to that Agreement shall be governed by the provisions of that Agreement.

5. 복수국 간무역협정의 당사자 간의 동 협정 비적용은 동 협정의 규정에 따른다.

Article XIV Acceptance, Entry into Force and Deposit

제 14 조 수락, 발효 및 기탁

1. This Agreement shall be open for acceptance, by signature or otherwise, by contracting parties to GATT 1947, and the European Communities, which are eligible to become original Members of the WTO in accordance with Article XI of this Agreement. Such acceptance shall apply to this Agreement and the Multilateral Trade Agreements annexed hereto. This Agreement and the Multilateral Trade Agreements annexed hereto shall enter into force on the date determined by Ministers in accordance with paragraph 3 of the Final Act Embodying the Results of the Uruguay Round of Multilateral Trade Negotiations and shall remain open for acceptance for a period of two years following that date unless the Ministers decide otherwise. An acceptance following the entry into force of this Agreement shall enter into force on the 30th day following the date of such acceptance.

1. 이 협정은 서명 또는 다른 방법에 의하여 이 협정 제11조에 따라 세계무역기구의 원회원국이 될 자격이 있는 1947년도 GATT 체약 당사자 및 구주공동체의 수락을 위하여 개방된다. 이러한 수락은 이 협정 및 이 협정에 부속된 다자 간 무역협정에 적용된다. 이 협정과 이 협정에 부속된 다자 간 무역협정은 우루과이라운드 다자 간 무역협상 결과를 구현하는 최종 의정서 제3항에 따라 각료들이 결정하는 날 발효하며, 각료들이 달리 결정하지 아니하는 한 그 날로부터 2년의 기간 동안 수락을 위하여 개방된다. 이 협정 발효 이후의 수락은 수락한 날로부터 30일째 되는 날 발효한다.

2. A Member which accepts this Agreement after its entry into force shall implement those concessions and obligations in the Multilateral Trade Agreements that are to be implemented over a period of time starting with the entry

2. 이 협정 발효 이후 이 협정을 수락하는 회원국은 이 협정 발효와 함께 개시되는 기간에 걸쳐 이행하여야 하는 다자 간 무역협정의 양허 및 의무를 이 협정 발효일에 이 협정을 수락한 것처럼 이행한다.

into force of this Agreement as if it had accepted this Agreement on the date of its entry into force.

3. Until the entry into force of this Agreement, the text of this Agreement and the Multilateral Trade Agreements shall be deposited with the Director-General to the CONTRACTING PARTIES to GATT 1947. The Director-General shall promptly furnish a certified true copy of this Agreement and the Multilateral Trade Agreements, and a notification of each acceptance thereof, to each government and the European Communities having accepted this Agreement. This Agreement and the Multilateral Trade Agreements, and any amendments thereto, shall, upon the entry into force of this Agreement, be deposited with the Director-General of the WTO.

3. 이 협정 발효시까지 이 협정문 및 다자 간 무역협정은 1947년도 GATT 체약 당사자단의 사무총장에게 기탁된다. 동 사무총장은 신속하게 이 협정 및 다자 간 무역협정의 인증등본 및 각 수락 통보문을 이 협정을 수락한 각 국 정부와 구주공동체에 송부한다. 이 협정 및 다자 간 무역협정과 이에 대한 모든 개정은 이 협정 발효시 세계무역기구 사무총장에게 기탁된다.

4. The acceptance and entry into force of a Plurilateral Trade Agreement shall be governed by the provisions of that Agreement. Such Agreements shall be deposited with the Director-General to the CONTRACTING PARTIES to GATT 1947. Upon the entry into force of this Agreement, such Agreements shall be deposited with the Director-General of the WTO.

4. 복수국 간 무역협정의 수락 및 발효는 동 협정의 규정에 따른다. 이러한 협정은 1947년도 GATT 체약 당사자단의 사무총장에게 기탁된다. 이러한 협정은 이 협정 발효시 세계무역기구 사무총장에게 기탁된다.

Article XV
Withdrawal

제 15 조
탈 퇴

1. Any Member may withdraw from this Agreement. Such withdrawal shall apply both to this Agreement and the Multilateral Trade Agreements and shall take

1. 회원국은 이 협정으로부터 탈퇴할 수 있다. 이러한 탈퇴는 이 협정 및 다자 간 무역협정에 대하여 적용되며, 서면 탈퇴 통보가 세계무역기구 사무총장에게 접수된

effect upon the expiration of six months from the date on which written notice of withdrawal is received by the Director-General of the WTO.

날로부터 6월이 경과한 날 발효한다.

2. Withdrawal from a Plurilateral Trade Agreement shall be governed by the provisions of that Agreement.

2. 복수국 간 무역협정으로부터의 탈퇴는 동 협정의 규정에 따른다.

Article XVI
Miscellaneous Provisions

제16조
기타 조항

1. Except as otherwise provided under this Agreement or the Multilateral Trade Agreements, the WTO shall be guided by the decisions, procedures and customary practices followed by the CONTRACTING PARTIES to GATT 1947 and the bodies established in the framework of GATT 1947.

1. 이 협정 또는 다자 간 무역협정에 달리 규정되지 아니하는 한, 세계무역기구는 1947년도 GATT 체약국단 및 1947년도 GATT의 틀 내에서 설립된 기구의 결정, 절차 및 통상적인 관행에 따른다.

2. To the extent practicable, the Secretariat of GATT 1947 shall become the Secretariat of the WTO, and the Director-General to the CONTRACTING PARTIES to GATT 1947, until such time as the Ministerial Conference has appointed a Director-General in accordance with paragraph 2 of Article VI of this Agreement, shall serve as Director-General of the WTO.

2. 실행 가능한 범위 내에서, 1947년도 GATT 사무국이 세계무역기구의 사무국이 되며 이 협정 제6조 제2항에 따라 각료회의가 사무총장을 임명할 때까지 1947년도 GATT 사무총장이 세계무역기구 사무총장이 된다.

3. In the event of a conflict between a provision of this Agreement and a provision of any of the Multilateral Trade Agreements, the provision of this Agreement shall prevail to the extent of the conflict.

3. 이 협정의 규정과 다자 간 무역협정의 규정이 상충하는 경우 상충의 범위 내에서 이 협정의 규정이 우선한다.

4. Each Member shall ensure the conform-

4. 각 회원국은 자기 나라의 법률, 규정 및 행

ity of its laws, regulations and administrative procedures with its obligations as provided in the annexed Agreements.

5. No reservations may be made in respect of any provision of this Agreement. Reservations in respect of any of the provisions of the Multilateral Trade Agreements may only be made to the extent provided for in those Agreements. Reservations in respect of a provision of a Plurilateral Trade Agreement shall be governed by the provisions of that Agreement.

6. This Agreement shall be registered in accordance with the provisions of Article 102 of the Charter of the United Nations.

DONE at Marrakesh this fifteenth day of April one thousand nine hundred and ninety-four, in a single copy, in the English, French and Spanish languages, each text being authentic.

Explanatory Notes:

The terms "country" or "countries" as used in this Agreement and the Multilateral Trade Agreements are to be understood to include any separate customs territory Member of the WTO.

In the case of a separate customs territory Member of the WTO, where an expression in this Agreement and the Multilateral Trade Agreements is qualified by the term "national", such expression shall be read as pertaining to that customs territory, unless otherwise specified.

정절차가 부속 협정에 규정된 자기 나라의 의무에 합치될 것을 보장한다.

5. 이 협정의 어느 규정에 대하여서도 유보를 할 수 없다. 다자 간 무역협정의 규정에 대한 유보는 동 협정에 명시된 범위 내에서만 할 수 있다. 복수국간무역협정의 규정에 대한 유보는 동 협정의 규정에 따른다.

6. 이 협정은 국제연합 헌장 제102조의 규정에 따라 등록된다.

1994년 4월 15일 마라케쉬에서 동등하게 정본인 영어, 불어 및 스페인어로 각 한 부씩 작성하였다.

주 석 :

이 협정과 다자 간 무역협정에 사용된 "국가"나 "국가들"은 세계무역기구의 독자적 관세영역 회원국을 포함하는 것으로 양해된다.

세계무역기구의 독자적 관세영역 회원국의 경우, 이 협정이나 다자 간 무역협정에서의 표현이 "국가"라는 용어로 수식되는 경우 이는 특별히 달리 명시되어 있지 않는 한 동 관세영역에 관한 것으로 해석되어야 한다.

LIST OF ANNEXES

ANNEX 1

ANNEX 1A : Multilateral Agreements on Trade in Goods

General Agreement on Tariffs and Trade 1994

Agreement on Agriculture

Agreement on the Application of Sanitary and Phytosanitary Measures

Agreement on Textiles and Clothing*

Agreement on Technical Barriers to Trade

Agreement on Trade-Related Investment Measures

Agreement on Implementation of Article VI of the General Agreement on Tariffs and Trade 1994

Agreement on Implementation of Article VII of the General Agreement on Tariffs and Trade 1994

Agreement on Preshipment Inspection

Agreement on Rules of Origin

Agreement on Import Licensing Procedures

Agreement on Subsidies and Countervailing Measures

Agreement on Safeguards

ANNEX 1B : General Agreement on Trade in Services and Annexes

ANNEX 1C : Agreement on Trade-Related Aspects of Intellectual Property Rights

ANNEX 2 : Understanding on Rules and Procedures Governing the Settlement of Disputes

ANNEX 3 : Trade Policy Review Mechanism

ANNEX 4 : Plurilateral Trade Agreements

Agreement on Trade in Civil Aircraft

Agreement on Government Procurement

International Dairy Agreement*

International Bovine Meat Agreement*

* expired

20-1. 세계무역기구협정의 이행에 관한 특별법 (1995)

[일부개정 2007. 12. 14 법률 제8681호]

제1조
목 적

이 법은 세계무역기구 설립을 위한 마라케쉬 협정을 이행할 때 세계무역기구 회원국으로서의 우리나라의 권리와 이익을 확보하고 이 협정의 이행으로 인하여 발생할 수 있는 피해를 최소화함으로써 국민경제의 건전한 발전을 보장하는 것을 목적으로 한다.

제2조
경제주권의 보장

세계무역기구 설립을 위한 마라케쉬 협정(이하 "협정"이라 한다)의 어느 조항도 세계 자유무역 체제의 일원으로서의 우리나라의 정당한 경제적 권익을 침해하는 것을 용납하여 인정하는 것으로 해석될 수 없다.

제3조
협정상의 권익 확보

① 정부는 협정의 기본원칙에 따라 권리와 의무를 행한다.
② 정부는 협상의 결과가 협정의 기본원칙에 어긋나거나 협정 의무의 이행으로 인하여 특정 품목의 국내 피해가 클 경우 협정 절차에 따라 이를 수정하기 위한 협상을 추진하여야 한다.

제4조
보조금에 대한 조치

세계무역기구 회원국이 협정에서 허용하지 아니하는 보조금 등에 의하여 수출을 하는 경우에 정부는 협정과 관계 법령으로 정하는 바에 따라 필요하고 적절한 조치를 취하여야 한다.

제5조
민족내부거래

남북한 간의 거래는 민족내부거래로서 협정에 따른 국가 간의 거래로 보지 아니한다.

제6조
특별긴급관세

농림수산물의 수입물량이 급증하거나 국제가격이 뚜렷이 하락하는 경우에 정부는 협정과 관계 법령으로 정하는 바에 따라 양허한 세율을 초과하여 특별긴급관세를 부과할 수 있다.

제7조
농림수산물 관세 및 수입이익금의 용도

협정 이행으로 인한 농림수산물 관세와 수입이익금은 관계 법령에서 정하는 바에 따라 농어민 소득 향상과 농어촌 발전 등을 위하여 사용한다.

제8조
국민건강의 보호

정부는 식품, 그 용기, 그 밖의 수입물품에 검역법 · 식품위생법 · 식물방역법 · 가축전염병예방법 등의 법령으로 정하는 세균 · 병해

충 또는 유해물질 등이 포함되어 있어 국민 건강을 해칠 우려가 있을 경우에는 협정과 관계 법령으로 정하는 바에 따라 다음 각 호의 물품에 대하여 수입을 금지하거나 제한할 수 있다.

1. 그 수입물품
2. 그 수입물품을 원료로 하여 제조·가공된 물품
3. 그 수입물품을 제조·가공한 제조원의 유사 물품

제9조
환경의 보호

특정 물품의 수입으로 인하여 사람·동물의 건강이나 식물의 성장을 해칠 환경오염의 위험이 있을 경우에는 정부는 협정과 관계 법령으로 정하는 바에 따라 그 물품이나 이를 원료로 하여 제조·가공된 물품의 수입을 금지하거나 제한할 수 있다.

제10조
수입 기관의 지정

정부는 농림수산물의 수입으로 인하여 관련 국내 농림수산업이 위축될 위험이 큰 물품에 대하여는 협정과 관계 법령으로 정하는 바에 따라 정부·지방자치단체·공공기관 및 생산자단체 등으로 하여금 수입하게 할 수 있다.

제11조
국내지원 정책의 시행

① 정부는 협정 발효 후 조속한 시일 내에 수출품에 대한 신용보증과 수출시장에 대한 정보 제공 등 협정에서 허용하는 수출시장 개척에 대한 지원제도를 확충하여야 한다.

② 정부는 협정 발효 후 조속한 시일 내에 농림수산업의 생산자를 보호하기 위하여 협정이 허용하는 다음 각 호의 지원조치를 강구하여야 한다.

1. 생산 통제를 목적으로 한 직접지불
2. 영세농 등을 위한 보조
3. 토양 등 환경보전을 위한 유기농, 경종농에 대한 보조
4. 농림수산업 재해에 대한 지원
5. 생산과 연계되지 아니하는 소득보조

제12조
생산자단체의 농림수산물 수급조절사업에 대한 지원

정부는 농림수산물 수급조절 사업을 하는 생산자단체에게 관계 법령으로 정하는 바에 따라 수매·비축·가공 등을 위한 시설에 대하여 지원하여야 한다.

제13조
농림수산업의 구조조정사업의 실시

정부는 협정 이행과 관련하여 농림수산업의 구조조정사업을 시행하여야 하며, 협정 발효 후 사업 시행 내용을 연 1회 국회에 보고하여야 한다.

제14조

삭 제

부칙 <법률 제8681호, 2007. 12. 14>

이 법은 공포한 날부터 시행한다.

21. General Agreement on Tariffs and Trade (1947) 주요 조항

21. 1947년도 관세 및 무역에 관한 일반협정 주요 조항

Date : 30 October 1947
In force : 1 January 1948
States Party : 164
Korea : 14 April 1967
Link : www.wto.org

The Governments of the Commonwealth of Australia, the Kingdom of Belgium, the United States of Brazil, Burma, Canada, Ceylon, the Republic of Chile, the Republic of China, the Republic of Cuba, the Czechoslovak Republic, the French Republic, India, Lebanon, the Grand-Duchy of Luxemburg, the Kingdom of the Netherlands, New Zealand, the Kingdom of Norway, Pakistan, Southern Rhodesia, Syria, the Union of South Africa, the United Kingdom of Great Britain and Northern Ireland, and the United States of America:

호주연방, 벨기에왕국, 브라질합중국, 버마, 캐나다, 실론, 칠레공화국, 중화민국, 쿠바공화국, 체코슬로바키아공화국, 프랑스공화국, 인도, 레바논, 룩셈부르크대공국, 네덜란드왕국, 뉴질랜드, 노르웨이왕국, 파키스탄, 남 로데시아, 시리아, 남아프리카연방, 대영 및 북아일랜드 연합왕국과 미합중국 정부는,

Recognizing that their relations in the field of trade and economic endeavour should be conducted with a view to raising standards of living, ensuring full employment and a large and steadily growing volume of real income and effective demand, developing the full use of the resources of the world and expanding the production and exchange of goods,

무역과 경제활동분야에서의 그들의 관계가 생활수준을 향상시키고, 완전 고용 및 크고 지속적으로 증가하는 실질소득과 유효 수요를 확보하고, 세계자원의 완전한 이용을 발전시키며, 재화의 생산 및 교환의 확대를 위하여 이루어져야 한다는 것을 인정하고,

Being desirous of contributing to these objectives by entering into reciprocal and mutually advantageous arrangements directed to the substantial reduction of tariffs

관세 및 그 밖의 무역장벽을 실질적으로 감축하고 국제 상거래에 있어서의 차별적 대우를 철폐할 것을 지향하는 상호적이고 호혜적인 약정을 체결함으로써 이러한 목적에 기여

GATT 1947

and other barriers to trade and to the elimination of discriminatory treatment in international commerce,

할 수 있기를 바라며,

Have through their Representatives agreed as follows:

그 대표를 통하여 다음과 같이 합의하였다.

PART I

제 1 부

Article I
General Most-Favoured-Nation Treatment

제1조
일반적 최혜국대우

1. With respect to customs duties and charges of any kind imposed on or in connection with importation or exportation or imposed on the international transfer of payments for imports or exports, and with respect to the method of levying such duties and charges, and with respect to all rules and formalities in connection with importation and exportation, and with respect to all matters referred to in paragraphs 2 and 4 of Article III,* any advantage, favour, privilege or immunity granted by any contracting party to any product originating in or destined for any other country shall be accorded immediately and unconditionally to the like product originating in or destined for the territories of all other contracting parties.

1. 수입 또는 수출에 대하여 또는 수입 또는 수출과 관련하여 부과되거나 수입 또는 수출에 대한 지급의 국제적 이전에 대하여 부과되는 관세 및 모든 종류의 과징금에 관하여, 동 관세 및 과징금의 부과 방법에 관하여, 수입 또는 수출과 관련된 모든 규칙 및 절차에 관하여, 그리고 제3조 제2항 및 제4항에 언급된 모든 사항에 관하여 체약 당사자가 타국을 원산지로 하거나 행선지로 하는 상품에 대하여 부여하는 제반 편의, 호의, 특권 또는 면제는 다른 모든 체약 당사자의 영토를 원산지로 하거나 행선지로 하는 동종 상품에 대하여 즉시 그리고 무조건적으로 부여되어야 한다.

2. The provisions of paragraph 1 of this Article shall not require the elimination of any preferences in respect of import duties or charges which do not exceed the levels provided for in paragraph 4

2. 이 조 제1항의 규정은 수입 관세 또는 과징금에 관한 특혜로서 이 조 제4항에 제시된 수준을 초과하지 아니하고 다음 각 호에 해당하는 것의 철폐를 요구하는 것은 아니다.

of this Article and which fall within the following descriptions:

(a) Preferences in force exclusively between two or more of the territories listed in Annex A, subject to the conditions set forth therein;

(a) 부속서 A에 기재된 둘 또는 그 이상의 영토 간에 배타적으로 유효한 것으로서 동 부속서에 명시된 조건에 따르는 특혜

(b) Preferences in force exclusively between two or more territories which on July 1, 1939, were connected by common sovereignty or relations of protection or suzerainty and which are listed in Annexes B, C and D, subject to the conditions set forth therein;

(b) 1939년 7월 1일 현재 공통 주권이나 보호 또는 종주 관계에 의하여 결합되어 있고 부속서 B, C 및 D에 기재된 둘 또는 그 이상의 영토 간에 배타적으로 유효한 것으로서 동 부속서에 명시된 조건에 따르는 특혜

(c) Preferences in force exclusively between the United States of America and the Republic of Cuba;

(c) 미합중국과 쿠바공화국 간에 배타적으로 유효한 특혜

(d) Preferences in force exclusively between neighbouring countries listed in Annexes E and F.

(d) 부속서 E 및 F에 기재된 인접국가 간에 배타적으로 유효한 특혜

3. The provisions of paragraph 1 shall not apply to preferences between the countries formerly a part of the Ottoman Empire and detached from it on July 24, 1923, provided such preferences are approved under paragraph 5[1] of Article XXV, which shall be applied in this respect in the light of paragraph 1 of Article XXIX.

3. 제1항의 규정은 과거 오토만 제국의 일부였다가 1923년 7월 24일 동 제국으로부터 분리된 국가 간의 특혜에는 적용되지 아니한다. 단, 동 특혜는 제25조 제5항[1]에 의하여 승인되어야 하며, 이러한 점에서 이 규정은 제29조 제1항에 비추어 적용된다.

4. The margin of preference* on any product in respect of which a preference is permitted under paragraph 2 of this

4. 이 조 제2항에 의하여 특혜가 허용되었으나 이 협정에 부속된 해당 양허표에 특혜의 최대 폭이 구체적으로 명시되지 않은

1) The authentic text erroneously reads "sub-paragraph 5(a)".

1) 정본은 "제5항(a)"로 잘못 기재함.

GATT 1947

Article but is not specifically set forth as a maximum margin of preference in the appropriate Schedule annexed to this Agreement shall not exceed:

상품에 대한 특혜의 폭은 다음을 초과하지 아니한다.

(a) in respect of duties or charges on any product described in such Schedule, the difference between the most-favoured nation and preferential rates provided for therein; if no preferential rate is provided for, the preferential rate shall for the purposes of this paragraph be taken to be that in force on April 10, 1947, and, if no most-favoured-nation rate is provided for, the margin shall not exceed the difference between the most-favoured-nation and preferential rates existing on April 10, 1947;

(a) 이러한 양허표에 기재된 상품에 대한 관세 또는 과징금에 대하여는, 동 양허표에 제시된 최혜국세율과 특혜 세율 간의 차이, 특혜 세율이 제시되어 있지 아니한 경우 특혜 세율은 이 항의 목적상 1947년 4월 10일 현재 유효한 세율로 하며, 최혜국 세율이 제시되어 있지 않은 경우 특혜의 폭은 1947년 4월 10일 현재의 최혜국 세율과 특혜 세율 간의 차이를 초과하여서는 아니된다.

(b) in respect of duties or charges on any product not described in the appropriate Schedule, the difference between the most-favoured-nation and preferential rates existing on April 10, 1947.

(b) 해당 양허표에 기재되어 있지 않은 상품에 대한 관세 또는 과징금에 대하여는, 1947년 4월 10일 현재 존재하는 최혜국 세율과 특혜 세율 간의 차이

In the case of the contracting parties named in Annex G, the date of April 10, 1947, referred to in subparagraph (a) and (b) of this paragraph shall be replaced by the respective dates set forth in that Annex.

부속서 G에 거명된 체약 당사자의 경우, 이 항 (a)호 및 (b)호에서 언급된 1947년 4월 10일이라는 일자는 동 부속서에 명시된 각 일자로 대체한다.

GATT 1947

Article II
Schedules of Concessions

제2조
양 허 표

1. (a) Each contracting party shall accord to the commerce of the other contract-

1. (a) 각 체약 당사자는 다른 체약 당사자의 상거래에 대하여 이 협정에 부속된 해당

ing parties treatment no less favourable than that provided for in the appropriate Part of the appropriate Schedule annexed to this Agreement.

양허표의 해당 부에 제시된 대우보다 불리하지 아니한 대우를 부여한다.

(b) The products described in Part I of the Schedule relating to any contracting party, which are the products of territories of other contracting parties, shall, on their importation into the territory to which the Schedule relates, and subject to the terms, conditions or qualifications set forth in that Schedule, be exempt from ordinary customs duties in excess of those set forth and provided therein. Such products shall also be exempt from all other duties or charges of any kind imposed on or in connection with the importation in excess of those imposed on the date of this Agreement or those directly and mandatorily required to be imposed thereafter by legislation in force in the importing territory on that date.

(b) 어떤 체약 당사자에 관한 양허표 제1부에 기재된 상품으로서, 다른 체약 당사자 영토의 상품이 동 양허표에 관련된 영토로 수입되는 경우, 동 양허표에 명시된 조건 또는 제한에 따라 동 양허표에 명시되고 제시된 관세를 초과하는 통상적인 관세로부터 면제된다. 이러한 상품은 이 협정일자에 부과되고 있거나 이 협정 일자에 수입 영토에서 유효한 법령에 의하여 이후 부과되도록 직접적이고 의무적으로 요구되는 한도를 초과하여 수입에 대하여 또는 수입과 관련하여 부과되는 모든 그 밖의 관세 및 모든 종류의 과징금으로부터 또한 면제된다.

(c) The products described in Part II of the Schedule relating to any contracting party which are the products of territories entitled under Article I to receive preferential treatment upon importation into the territory to which the Schedule relates shall, on their importation into such territory, and subject to the terms, conditions or qualifications set forth in that Schedule, be exempt from ordinary customs duties in excess of those set forth and provided for in Part II of that

(c) 어떤 체약 당사자에 관한 양허표 제2부에 기재된 상품으로서, 동 양허표에 관련된 영토로 수입될 때 제1조에 의하여 특혜 대우를 받을 권리가 부여된 영토의 상품이 당해 영토로 수입되는 경우, 동 양허표에 명시된 조건 또는 제한에 따르되, 동 양허표 제2부에 명시된 관세를 초과하는 통상적인 관세로부터 면제된다. 이러한 상품은 또한 이 협정 일자에 부과되고 있거나 이 협정 일자에 수입 영토에서 유효한 법령에 의하여 이후 부과되도록 직접적 또는 의무적으로 요구되는 한도

Schedule. Such products shall also be exempt from all other duties or charges of any kind imposed on or in connection with importation in excess of those imposed on the date of this Agreement or those directly or mandatorily required to be imposed thereafter by legislation in force in the importing territory on that date. Nothing in this Article shall prevent any contracting party from maintaining its requirements existing on the date of this Agreement as to the eligibility of goods for entry at preferential rates of duty.

를 초과하여 수입에 대하여 또는 수입과 관련하여 부과되는 모든 그 밖의 관세 및 모든 종류의 과징금으로부터 또한 면제된다. 이 조의 어떠한 규정도 체약 당사자가 특혜 관세율에 의한 수입을 위한 재화의 적격성에 관하여 이 협정 일자에 존재하는 요건을 유지하는 것을 방해하지 아니한다.

2. Nothing in this Article shall prevent any contracting party from imposing at any time on the importation of any product:

2. 이 조의 어떠한 규정도 체약 당사자가 상품의 수입에 대하여 언제든지 다음을 부과하는 것을 방해하지 아니한다.

(a) a charge equivalent to an internal tax imposed consistently with the provisions of paragraph 2 of Article III* in respect of the like domestic product or in respect of an article from which the imported product has been manufactured or produced in whole or in part;

(a) 동종의 국내 상품에 대하여 또는 당해 수입 상품의 제조 또는 생산에 전부 또는 일부 기여한 물품에 대하여 제3조 제2항의 규정에 합치되게 부과하는 내국세에 상당하는 과징금

(b) any anti-dumping or countervailing duty applied consistently with the provisions of Article VI;*

(b) 제6조의 규정에 합치되게 적용되는 반덤핑 또는 상계관세

(c) fees or other charges commensurate with the cost of services rendered.

(c) 제공된 용역의 비용에 상응하는 수수료 및 그 밖의 과징금

GATT 1947

3. No contracting party shall alter its method of determining dutiable value or of converting currencies so as to impair

3. 어떠한 체약 당사자도 이 협정에 부속된 해당 양허표에 제시된 양허의 가치를 침해하도록 관세평가 가격의 결정방법 또는 통

the value of any of the concessions provided for in the appropriate Schedule annexed to this Agreement.

화환산 방법을 변경하여서는 아니된다.

4. If any contracting party establishes, maintains or authorizes, formally or in effect, a monopoly of the importation of any product described in the appropriate Schedule annexed to this Agreement, such monopoly shall not, except as provided for in that Schedule or as otherwise agreed between the parties which initially negotiated the concession, operate so as to afford protection on the average in excess of the amount of protection provided for in that Schedule. The provisions of this paragraph shall not limit the use by contracting parties of any form of assistance to domestic producers permitted by other provisions of this Agreement.*

4. 체약 당사자가 이 협정에 부속된 해당 양허표에 기재된 상품의 수입에 대한 독점을 공식적으로 또는 사실상 설정, 유지 또는 승인하는 경우, 이러한 독점은 동 양허표에 제시되어 있거나 당해 양허를 최초로 협상한 당사자 간에 달리 합의된 경우를 제외하고는, 평균하여 동 양허표에 제시된 보호의 정도를 초과하여 보호를 부여하도록 운영되어서는 아니된다. 이 항의 규정은 체약 당사자가 이 협정의 다른 규정에 의하여 허용되는, 국내 생산자에 대한 제반 형태의 지원을 사용하는 것을 제한하지 아니한다.

5. If any contracting party considers that a product is not receiving from another contracting party the treatment which the first contracting party believes to have been contemplated by a concession provided for in the appropriate Schedule annexed to this Agreement, it shall bring the matter directly to the attention of the other contracting party. If the latter agrees that the treatment contemplated was that claimed by the first contracting party, but declares that such treatment cannot be accorded because a court or other proper authority has ruled to the effect that the product involved cannot be classified under the tariff laws of such contracting party so

5. 체약 당사자는 어떤 상품이 이 협정에 부속된 해당 양허표에 제시된 양허에 의하여 의도되었다고 믿는 대우를 다른 체약 당사자로부터 받지 못하고 있다고 간주하는 경우 동 문제에 대하여 직접 상대 체약 당사자의 주의를 환기한다. 상대 체약 당사자가 상정된 대우가 주의를 환기한 체약 당사자가 주장한 대우라는 점에는 동의하나 법원 또는 그 밖의 관계 당국이 당해 상품은 동 체약 당사자의 관세법 상 이 협정에서 의도된 대우가 허용되도록 분류될 수 없다는 취지로 판정하였기 때문에 동 대우를 부여할 수 없다고 선언하는 경우, 이들 두 체약 당사자는 실질적인 이해관계가 있는 다른 체약 당사자와 함께 동 문제의 보

as to permit the treatment contemplated in this Agreement, the two contracting parties, together with any other contracting parties substantially interested, shall enter promptly into further negotiations with a view to a compensatory adjustment of the matter.

상 조정을 목적으로 추가 협상을 신속히 개시한다.

6. (a) The specific duties and charges included in the Schedules relating to contracting parties members of the International Monetary Fund, and margins of preference in specific duties and charges maintained by such contracting parties, are expressed in the appropriate currency at the par value accepted or provisionally recognized by the Fund at the date of this Agreement. Accordingly, in case this par value is reduced consistently with the Articles of Agreement of the International Monetary Fund by more than twenty per centum, such specific duties and charges and margins of preference may be adjusted to take account of such reduction; *provided* that the CONTRACTING PARTIES (*i.e.*, the contracting parties acting jointly as provided for in Article XXV) concur that such adjustments will not impair the value of the concessions provided for in the appropriate Schedule or elsewhere in this Agreement, due account being taken of all factors which may influence the need for, or urgency of, such adjustments.

6. (a) 국제통화기금의 회원국인 체약 당사자에 관한 양허표에 포함된 종량 관세 및 과징금과 동 체약 당사자가 유지하는 종량 관세 및 과징금에 관한 특혜의 폭은 이 협정일자에 동 기금이 수락하였거나 또는 잠정적으로 인정한 평가(評價)에 따라 해당 통화로 표시된다. 따라서 동 평가(評價)가 국제통화기금협정에 합치되게 20%를 초과하여 인하될 경우, 이러한 종량 관세 및 과징금과 특혜의 폭은 동 인하를 고려하여 조정될 수 있다. 단, 체약 당사자단(즉, 제25조에 제시된 바대로 공동으로 행동하는 체약 당사자들)이 이러한 조정의 필요성 또는 긴급성에 영향을 줄 수 있는 모든 요인을 적절히 고려하여 이러한 조정이 해당 양허표 또는 이 협정의 다른 부분에서 제시된 양허의 가치를 침해하지 아니할 것이라는 데 동의하여야 한다.

GATT 1947

(b) Similar provisions shall apply to any contracting party not a member of the Fund, as from the date on which such

(b) 동 기금의 회원국이 아닌 체약 당사자에게는 동 체약 당사자가 동 기금의 회원국이 되는 일자 또는 제15조에 따라 특별

contracting party becomes a member of the Fund or enters into a special exchange agreement in pursuance of Article XV.

한 협약을 체결하는 일자로부터 유사한 규정이 적용된다.

7. The Schedules annexed to this Agreement are hereby made an integral part of Part I of this Agreement.

7. 이 협정에 부속된 양허표는 이로써 이 협정 제1부의 불가분의 일부가 된다.

PART II

제 2 부

Article III*
National Treatment on Internal Taxation and Regulation

제3조
내국 과세 및 규정에 관한 내국민대우

1. The contracting parties recognize that internal taxes and other internal charges, and laws, regulations and requirements affecting the internal sale, offering for sale, purchase, transportation, distribution or use of products, and internal quantitative regulations requiring the mixture, processing or use of products in specified amounts or proportions, should not be applied to imported or domestic products so as to afford protection to domestic production.*

1. 체약 당사자들은 내국세 및 그 밖의 내국 과징금과 상품의 국내 판매, 판매를 위한 제공, 구매, 운송, 유통 또는 사용에 영향을 주는 법률・규정・요건과 특정 수량 또는 비율로 상품을 혼합하거나 가공 또는 사용하도록 요구하는 내국의 수량적 규정이 국내 생산을 보호하기 위하여 수입 상품 또는 국내 상품에 적용되어서는 아니된다는 것을 인정한다.

2. The products of the territory of any contracting party imported into the territory of any other contracting party shall not be subject, directly or indirectly, to internal taxes or other internal charges of any kind in excess of those applied, directly or indirectly, to like domestic products. Moreover, no contracting party shall otherwise apply internal taxes or other internal charges

2. 다른 체약 당사자의 영토 내로 수입되는 체약 당사자 영토의 상품은 동종의 국내 상품에 직접적 또는 간접적으로 적용되는 내국세 또는 그 밖의 모든 종류의 내국과징금을 초과하는 내국세 또는 그 밖의 모든 종류의 내국과징금의 부과 대상이 직접적으로든 간접적으로든 되지 아니한다. 또한, 어떠한 체약 당사자도 제1항에 명시된 원칙에 반하는 방식으로 수입 또는 국내

to imported or domestic products in a manner contrary to the principles set forth in paragraph 1.*

상품에 내국세 또는 그 밖의 내국과징금을 달리 적용하지 아니한다.

3. With respect to any existing internal tax which is inconsistent with the provisions of paragraph 2, but which is specifically authorized under a trade agreement, in force on April 10, 1947, in which the import duty on the taxed product is bound against increase, the contracting party imposing the tax shall be free to postpone the application of the provisions of paragraph 2 to such tax until such time as it can obtain release from the obligations of such trade agreement in order to permit the increase of such duty to the extent necessary to compensate for the elimination of the protective element of the tax.

3. 제2항의 규정에는 불합치되지만 과세된 상품에 대한 수입 관세를 인상하지 아니하기로 양허한 1947년 4월 10일 현재 유효한 무역협정에 의하여 구체적으로 승인된 현존하는 내국세에 관하여, 이를 부과하는 체약 당사자는 동 내국세의 보호적 요소를 철폐하는 데 대한 보상에 필요한 정도까지 동 수입 관세를 인상할 수 있도록 동 무역협정 상의 의무로부터 해제될 때까지는 동 내국세에 대한 제2항 규정의 적용을 연기할 수 있다.

4. The products of the territory of any contracting party imported into the territory of any other contracting party shall be accorded treatment no less favourable than that accorded to like products of national origin in respect of all laws, regulations and requirements affecting their internal sale, offering for sale, purchase, transportation, distribution or use. The provisions of this para- graph shall not prevent the application of differential internal transportation charges which are based exclusively on the economic operation of the means of transport and not on the nationality of the product.

4. 다른 체약 당사자의 영토 내로 수입되는 체약 당사자 영토의 상품은 그 국내 판매, 판매를 위한 제공, 구매, 운송, 유통 또는 사용에 영향을 주는 모든 법률, 규정, 요건에 관하여 국내 원산의 동종 상품에 부여되는 대우보다 불리하지 않은 대우를 부여받아야 한다. 이 항의 규정은 상품의 국적에 기초하지 아니하고 전적으로 운송수단의 경제적 운영에 기초한 차등적 국내 운임의 적용을 방해하지 아니한다.

5. No contracting party shall establish or

5. 어떠한 체약 당사자도 특정 수량 또는 비

maintain any internal quantitative regulation relating to the mixture, processing or use of products in specified amounts or proportions which requires, directly or indirectly, that any specified amount or proportion of any product which is the subject of the regulation must be supplied from domestic sources. Moreover, no contracting party shall otherwise apply internal quantitative regulations in a manner contrary to the principles set forth in paragraph 1.*

율로 상품을 혼합, 가공 또는 사용하는 것에 관련된 내국의 수량적 규정으로서, 그 적용을 받는 특정 수량 또는 비율의 상품이 국내 공급원으로부터 공급되어야 함을 직접적 또는 간접적으로 요구하는 규정을 설정하거나 유지하지 아니한다. 또한 어떠한 체약 당사자도 제1항에 명시된 원칙에 반하는 방식으로 내국의 수량적 규칙을 달리 적용하지 아니한다.

6. The provisions of paragraph 5 shall not apply to any internal quantitative regulation in force in the territory of any contracting party on July 1, 1939, April 10, 1947, or March 24, 1948, at the option of that contracting party; *Provided* that any such regulation which is contrary to the provisions of paragraph 5 shall not be modified to the detriment of imports and shall be treated as a customs duty for the purpose of negotiation.

6. 제5항의 규정은, 체약 당사자의 선택에 따라 1939년 7월 1일, 1947년 4월 10일 또는 1948년 3월 24일 현재 동 체약 당사자의 영토 내에서 유효한 어떠한 내국의 수량적 규칙에도 적용되지 아니한다. 단, 제5항의 규정에 반하는 이러한 규칙은 수입에 장애가 되도록 수정되어서는 아니되며, 또한 협상의 목적상 관세로 취급된다.

7. No internal quantitative regulation relating to the mixture, processing or use of products in specified amounts or proportions shall be applied in such a manner as to allocate any such amount or proportion among external sources of supply.

7. 특정 수량 또는 비율로 상품을 혼합하거나 가공 또는 사용하는 것에 관련된 어떠한 내국의 수량적 규정도 동 수량 또는 비율을 국외 공급원 간에 할당하는 방식으로 적용되어서는 아니된다.

8. (a) The provisions of this Article shall not apply to laws, regulations or requirements governing the procurement by governmental agencies of products purchased for governmental purposes

8. (a) 이 조의 규정은 상업적 재판매 또는 상업적 판매를 위한 재화의 생산에 사용할 목적이 아닌, 정부기관에 의하여 정부의 목적을 위하여 구매되는 상품의 조달을 규율하는 법률, 규정 또는 요건에는 적용되

and not with a view to commercial resale or with a view to use in the production of goods for commercial sale.

지 아니한다.

(b) The provisions of this Article shall not prevent the payment of subsidies exclusively to domestic producers, including payments to domestic producers derived from the proceeds of internal taxes or charges applied consistently with the provisions of this Article and subsidies effected through governmental purchases of domestic products.

(b) 이 조의 규정은 이 조의 규정에 합치되게 적용된 내국 세금 또는 과징금의 수익으로부터 발생한 국내 생산자에 대한 지급금 및 정부의 국내 상품 구매를 통하여 실현된 보조금을 포함하여 보조금을 국내 생산자에게 배타적으로 지급하는 것을 방해하지 아니한다.

9. The contracting parties recognize that internal maximum price control measures, even though conforming to the other provisions of this Article, can have effects prejudicial to the interests of contracting parties supplying imported products. Accordingly, contracting parties applying such measures shall take account of the interests of exporting contracting parties with a view to avoiding to the fullest practicable extent such prejudicial effects.

9. 체약 당사자들은 내국의 최고 가격 통제조치가 이 조의 다른 규정에는 합치한다 하더라도 수입 상품을 공급하는 체약 당사자의 이익을 저해하는 효과를 가질 수 있다는 것을 인정한다. 따라서 이러한 조치를 적용하는 체약 당사자는 이러한 저해 효과를 가능한 한 최대 한도로 피할 목적으로 수출 체약 당사자의 이익을 고려한다.

10. The provisions of this Article shall not prevent any contracting party from establishing or maintaining internal quantitative regulations relating to exposed cinematograph films and meeting the requirements of Article IV.

10. 이 조의 규정은 체약 당사자가 영화필름에 관한 것으로서 제4조의 요건을 충족하는 내국의 수량적 규정을 설정하거나 유지하는 것을 방해하지 아니한다.

* * *

* * *

Article XI*
General Elimination of Quantitative Restrictions

1. No prohibitions or restrictions other than duties, taxes or other charges, whether made effective through quotas, import or export licences or other measures, shall be instituted or maintained by any contracting party on the importation of any product of the territory of any other contracting party or on the exportation or sale for export of any product destined for the territory of any other contracting party.

2. The provisions of paragraph 1 of this Article shall not extend to the following:

(a) Export prohibitions or restrictions temporarily applied to prevent or relieve critical shortages of foodstuffs or other products essential to the exporting contracting party;

(b) Import and export prohibitions or restrictions necessary to the application of standards or regulations for the classification, grading or marketing of commodities in international trade;

(c) Import restrictions on any agricultural or fisheries product, imported in any form,* necessary to the enforcement of governmental measures which operate:

(i) to restrict the quantities of the like

제11조
수량제한의 일반적 철폐

1. 다른 체약 당사자 영토의 상품의 수입에 대하여 또는 다른 체약 당사자 영토로 향하는 상품의 수출 또는 수출을 위한 판매에 대하여, 쿼타, 수입 또는 수출 허가 또는 그 밖의 조치 중 어느 것을 통하여 시행되는지를 불문하고, 관세, 조세 또는 그 밖의 과징금 이외의 어떠한 금지 또는 제한도 체약 당사자에 의하여 설정되거나 유지되어서는 아니된다.

2. 이 조 제1항의 규정은 다음에 대하여는 적용되지 아니한다.

(a) 식품 또는 수출 체약 당사자에게 불가결한 그 밖의 상품의 중대한 부족을 방지 또는 완화하기 위하여 일시적으로 적용되는 수출의 금지 또는 제한

(b) 국제 무역에 있어서 산품의 분류, 등급 부여 또는 판매를 위한 표준 또는 규정의 적용에 필요한 수입 및 수출의 금지 또는 제한

(c) 다음 목적을 위하여 운영되는 정부조치의 시행에 필요한 것으로서 어떤 형태로든 수입되는 농산물 또는 수산물에 대한 수입의 제한

(i) 판매 또는 생산되도록 허용된 동종 국내

domestic product permitted to be marketed or produced, or, if there is no substantial domestic production of the like product, of a domestic product for which the imported product can be directly substituted; or

상품의 수량, 또는 동종 상품의 실질적인 국내 생산이 없는 경우에는 동 수입 상품이 직접적으로 대체할 수 있는 국내 상품의 수량을 제한하기 위한 것 또는

(ii) to remove a temporary surplus of the like domestic product, or, if there is no substantial domestic production of the like product, of a domestic product for which the imported product can be directly substituted, by making the surplus available to certain groups of domestic consumers free of charge or at prices below the current market level; or

(ii) 동종 국내 상품의 일시적인 과잉상태, 또는 동종 상품의 실질적인 국내 생산이 없는 경우에는 동 수입 상품이 직접적으로 대체할 수 있는 국내 상품의 일시적인 과잉상태를 무상 또는 당시의 시장수준보다 낮은 가격으로 일정한 국내 소비자 집단에 이용 가능하게 함으로써 제거하기 위한 것 또는

(iii) to restrict the quantities permitted to be produced of any animal product the production of which is directly dependent, wholly or mainly, on the imported commodity, if the domestic production of that commodity is relatively negligible.

Any contracting party applying restrictions on the importation of any product pursuant to subparagraph (c) of this paragraph shall give public notice of the total quantity or value of the product permitted to be imported during a specified future period and of any change in such quantity or value. Moreover, any restrictions applied under (i) above shall not be such as will reduce the total of imports relative to the total of domestic production, as compared with the proportion which might rea- sonably be expected to rule between

(iii) 어떤 산품의 국내 생산이 상대적으로 경미한 경우에 생산의 전부 또는 대부분을 그 수입 산품에 직접적으로 의존하는 동물성 상품의 생산이 허용되는 물량을 제한하기 위한 것이 항 (c)호에 따라 상품의 수입에 대한 제한을 적용하는 체약 당사자는 특정한 장래의 기간 중에 수입이 허용될 상품의 총량 또는 총액과 이러한 물량 또는 금액에 있어서의 변경을 공고하여야 한다. 또한, 위 (i)에 의하여 적용되는 제한은, 제한이 없을 경우 양자 간에 성립될 것이 합리적으로 기대되는 총 국내 생산에 대한 총 수입의 비율과 비교하여 동 비율을 감소시키는 것이어서는 아니된다. 체약 당사자는 동 비율을 결정함에 있어서 과거의 대표적인 기간 동안 우세하였던 비율과 당해 상품의 무역에 영향을 주었을 수도 있거나 영향을 주고

the two in the absence of restrictions. In determining this proportion, the contracting party shall pay due regard to the proportion prevailing during a previous representative period and to any special factors* which may have affected or may be affecting the trade in the product concerned.

있을 수도 있는 특별한 요소에 대하여 적절한 고려를 한다.

* * *

Article XX
General Exceptions

Subject to the requirement that such measures are not applied in a manner which would constitute a means of arbitrary or unjustifiable discrimination between countries where the same conditions prevail, or a disguised restriction on international trade, nothing in this Agreement shall be construed to prevent the adoption or enforcement by any contra- cting party of measures:

(a) necessary to protect public morals;

(b) necessary to protect human, animal or plant life or health;

(c) relating to the importations or exportations of gold or silver;

(d) necessary to secure compliance with laws or regulations which are not inconsistent with the provisions of this Agreement, including those relating to customs enforcement, the enforcement of monopolies operated under paragraph 4 of Article II and Article

* * *

제20조
일반적 예외

다음의 조치가 동일한 여건이 지배적인 국가간에 자의적이거나 정당화할 수 없는 차별의 수단을 구성하거나 국제무역에 대한 위장된 제한을 구성하는 방식으로 적용되지 아니한다는 요건을 조건으로, 이 협정의 어떠한 규정도 체약 당사자가 이러한 조치를 채택하거나 시행하는 것을 방해하는 것으로 해석되지 아니한다.

(a) 공중도덕을 보호하기 위하여 필요한 조치

(b) 인간, 동물 또는 식물의 생명 또는 건강을 보호하기 위하여 필요한 조치

(c) 금 또는 은의 수입 또는 수출과 관련된 조치

(d) 통관의 시행, 제2조 제4항 및 제17조 하에서 운영되는 독점의 시행, 특허권·상표권·저작권의 보호, 그리고 기만적 관행의 방지와 관련된 법률 또는 규정을 포함하여 이 협정의 규정에 불합치되지 아니하는 법률 또는 규정의 준수를 확보하기 위하여 필요한 조치

XVII, the protection of patents, trade marks and copyrights, and the prevention of deceptive practices;

(e) relating to the products of prison labour;

(f) imposed for the protection of national treasures of artistic, historic or ar chaeological value;

(g) relating to the conservation of exhaustible natural resources if such measures are made effective in conjunction with restrictions on domestic production or consumption;

(h) undertaken in pursuance of obligations under any intergovernmental commodity agreement which conforms to criteria submitted to the CONTRACTING PARTIES and not disapproved by them or which is itself so submitted and not so disapproved;*

(i) involving restrictions on exports of domestic materials necessary to ensure essential quantities of such materials to a domestic processing industry during periods when the domestic price of such materials is held below the world price as part of a governmental stabilization plan; *Provided* that such restrictions shall not operate to increase the exports of or the protection afforded to such domestic industry, and shall not depart from the provisions of this Agreement relating to non-discrimination;

(e) 교도소 노동상품과 관련된 조치

(f) 예술적·역사적 또는 고고학적 가치가 있는 국보의 보호를 위하여 부과되는 조치

(g) 고갈될 수 있는 천연자원의 보존과 관련된 조치로서 국내 생산 또는 소비에 대한 제한과 결부되어 유효하게 되는 경우

(h) 체약 당사자단에 제출되어 그에 의하여 불승인되지 아니한 기준에 합치되는 정부 간 상품협정 또는 그 자체가 체약 당사자단에 제출되어 그에 의하여 불승인되지 아니한 정부 간 상품협정 하의 의무에 따라 취하여지는 조치

(i) 정부의 안정화계획의 일부로서 국내 원료의 국내 가격이 국제 가격 미만으로 유지되는 기간 동안 국내 가공산업에 필수적인 물량의 국내 원료를 확보하기 위하여 필요한 국내 원료의 수출에 대한 제한을 수반하는 조치. 단, 동 제한은 이러한 국내 산업의 수출 또는 이러한 국내 산업에 부여되는 보호를 증가시키도록 운영되어서는 아니되며 무차별과 관련된 이 협정의 규정으로부터 이탈하여서는 아니된다.

(j) essential to the acquisition or distribution of products in general or local short supply; *Provided* that any such measures shall be consistent with the principle that all contracting parties are entitled to an equitable share of the international supply of such products, and that any such measures, which are inconsistent with the other provisions of the Agreement shall be discontinued as soon as the conditions giving rise to them have ceased to exist. The CONTRACTING PARTIES shall review the need for this subparagraph not later than 30 June 1960.

(j) 일반적 또는 지역적으로 공급이 부족한 상품의 획득 또는 분배에 필수적인 조치. 단, 동 조치는 모든 체약 당사자가 동 상품의 국제적 공급의 공평한 몫에 대한 권리를 가진다는 원칙에 합치되어야 하며, 이 협정의 다른 규정에 불합치되는 동 조치를 야기한 조건이 존재하지 아니하게 된 즉시 중단되어야 한다. 체약 당사자단은 1960년 6월 30일 이전에 이 호의 필요성을 검토한다.

* * *

PART III

Article XXIV
Territorial Application & Frontier Traffic & Customs Unions and Free-Trade Areas

1. The provisions of this Agreement shall apply to the metropolitan customs territories of the contracting parties and to any other customs territories in respect of which this Agreement has been accepted under Article XXVI or is being applied under Article XXXIII or pursuant to the Protocol of Provisional Application. Each such customs territory shall, exclusively for the purposes of the territorial application of this Agreement, be treated as though it were a contracting party; *Provided* that the provisions of this paragraph shall not be

* * *

제 3 부

제24조
영토적 적용, 국경무역, 관세동맹 및 자유무역지역

1. 이 협정의 규정은 체약 당사자의 본토 관세영역에, 그리고 제26조 하에서 이 협정이 수락되었거나 제33조 하에서 또는 잠정 적용 의정서에 따라 이 협정이 적용되고 있는 그 밖의 관세영역에 적용된다. 이러한 각 관세영역은 오직 이 협정의 영토적 적용의 목적을 위하여서만 하나의 체약 당사자인 것처럼 취급된다. 단, 이 항의 규정은 단일 체약 당사자에 의하여 제26조 하에서 이 협정이 수락되었거나 제33조 하에서 또는 잠정 적용 의정서에 따라 이 협정이 적용되고 있는 둘 또는 그 이상의 관세영역 간에 권리 또는 의무를 창설하는

construed to create any rights or obligations as between two or more customs territories in respect of which this Agreement has been accepted under Article XXVI or is being applied under Article XXXIII or pursuant to the Protocol of Provisional Application by a single contracting party.

것으로 해석되지 아니한다.

2. For the purposes of this Agreement a customs territory shall be understood to mean any territory with respect to which separate tariffs or other regulations of commerce are maintained for a substantial part of the trade of such territory with other territories.

2. 이 협정의 목적상 관세영역은 그 영토의 다른 영토와의 무역의 상당한 부분에 대하여 별도의 관세 또는 그 밖의 상거래 규정이 유지되는 영토를 의미하는 것으로 양해한다.

3. The provisions of this Agreement shall not be construed to prevent:

3. 이 협정의 규정은 다음을 방해하는 것으로 해석되지 아니한다.

(a) Advantages accorded by any contracting party to adjacent countries in order to facilitate frontier traffic;

(a) 국경 무역을 원활하게 하기 위하여 체약당사자가 인접 국가에 부여하는 혜택

(b) Advantages accorded to the trade with the Free Territory of Trieste by countries contiguous to that territory, provided that such advantages are not in conflict with the Treaties of Peace arising out of the Second World War.

(b) 트리에스트 자유 영토와의 무역에 대하여 그 영토에 인접한 국가가 부여하는 혜택. 단, 이러한 혜택이 제2차 세계대전의 결과로 체결된 평화조약에 저촉되어서는 아니된다.

4. The contracting parties recognize the desirability of increasing freedom of trade by the development, through voluntary agreements, of closer integration between the economies of the countries parties to such agreements. They also recognize that the purpose of a customs union or of a free-trade area should be

4. 체약 당사자들은 자발적인 협정을 통하여 동 협정 당사국 경제 간의 보다 긴밀한 통합을 발전시킴으로써 무역의 자유를 증진하는 것이 바람직하다는 것을 인정한다. 체약 당사자는 관세동맹 또는 자유무역지역의 목적이 구성 영토 간의 무역을 원활화하는 것이어야 하며 다른 체약 당사자의

to facilitate trade between the constituent territories and not to raise barriers to the trade of other contracting parties with such territories.

동 영토와의 무역에 대한 장벽을 세우는 것이어서는 아니된다는 것을 또한 인정한다.

5. Accordingly, the provisions of this Agreement shall not prevent, as between the territories of contracting parties, the formation of a customs union or of a free-trade area or the adoption of an interim agreement necessary for the formation of a customs union or of a free-trade area; *Provided* that:

5. 따라서, 이 협정의 규정은 체약 당사자 영토 간에 관세동맹 또는 자유무역지역을 형성하거나 관세동맹 또는 자유무역지역의 형성을 위하여 필요한 잠정 협정을 채택하는 것을 방해하지 아니한다. 단,

(a) with respect to a customs union, or an interim agreement leading to a formation of a customs union, the duties and other regulations of commerce imposed at the institution of any such union or interim agreement in respect of trade with contracting parties not parties to such union or agreement shall not on the whole be higher or more restrictive than the general incidence of the duties and regulations of commerce applicable in the constituent territories prior to the formation of such union or the adoption of such interim agreement, as the case may be;

(a) 관세동맹 또는 관세동맹의 형성으로 이어지는 잠정 협정에 관하여는, 동 동맹이나 협정의 당사자가 아닌 체약 당사자와의 무역에 대하여 동 동맹 또는 잠정 협정의 창설시에 부과되는 관세 및 그 밖의 상거래 규정은 동 동맹의 형성 또는 동 잠정 협정의 채택 이전에 구성 영토에서 적용 가능한 관세 및 그 밖의 상거래 규정의 일반적 수준보다 전반적으로 더 높거나 더 제한적이어서는 아니된다.

(b) with respect to a free-trade area, or an interim agreement leading to the formation of a free-trade area, the duties and other regulations of commerce maintained in each if the constituent territories and applicable at the formation of such free-trade area or the adoption of such interim agre-

(b) 자유무역지역 또는 자유무역지역의 형성으로 이어지는 잠정 협정에 관하여는, 각 구성 영토에서 유지되고 또한 동 자유무역지역의 형성 또는 동 잠정 협정의 채택시에, 동 지역에 포함되지 않았거나 동 협정의 당사자가 아닌 체약 당사자의 무역에 대하여 적용 가능한 관세 및 그 밖

ement to the trade of contracting parties not included in such area or not parties to such agreement shall not be higher or more restrictive than the corresponding duties and other regulations of commerce existing in the same constituent territories prior to the formation of the free-trade area, or interim agreement as the case may be; and

의 상거래 규정은 자유무역지역의 형성 또는 잠정 협정 이전에 동일한 구성 영토에서 존재하였던 상응하는 관세 또는 그 밖의 상거래 규정보다 더 높거나 더 제한적이어서는 아니된다.

(c) any interim agreement referred to in subparagraphs (a) and (b) shall include a plan and schedule for the formation of such a customs union or of such a free-trade area within a reasonable length of time.

(c) (a)호 및 (b)호에 언급된 잠정 협정은 합리적인 시간 내에 동 관세동맹 또는 동 자유무역지역의 형성을 위한 계획 및 일정을 포함하여야 한다.

6. If, in fulfilling the requirements of subparagraph 5 (a), a contracting party proposes to increase any rate of duty inconsistently with the provisions of Article II, the procedure set forth in Article XXVIII shall apply. In providing for compensatory adjustment, due account shall be taken of the compensation already afforded by the reduction brought about in the corresponding duty of the other constituents of the union.

6. 제5항 (a)호의 요건을 충족시키는 데 있어서 체약 당사자가 제2조의 규정에 불합치되게 관세율을 인상할 것을 제의하는 경우에는 제28조에 명시된 절차가 적용된다. 보상적 조정을 제시하는 데 있어서는 동 동맹의 나머지 구성 영토들의 상응하는 관세의 인하에 의하여 이미 제공된 보상에 대하여 적절히 고려한다.

7. (a) Any contracting party deciding to enter into a customs union or free-trade area, or an interim agreement leading to the formation of such a union or area, shall promptly notify the CONTRACTING PARTIES and shall make available to them such information regarding the proposed union or area as will enable them to make such reports

7. (a) 관세동맹이나 자유무역지역, 또는 동 동맹이나 지역의 형성으로 이어지는 잠정 협정에 참가하기로 결정하는 체약 당사자는 신속히 체약 당사자단에 통보하고, 체약 당사자단이 적절하다고 인정하는 보고 및 권고를 체약 당사자에게 할 수 있게 할 동 제의된 동맹 또는 지역에 관한 정보를 체약 당사자단에게 이용 가능하게 한다.

and recommendations to contracting parties as they may deem appropriate.

(b) If, after having studied the plan and schedule included in an interim agreement referred to in paragraph 5 in consultation with the parties to that agreement and taking due account of the information made available in accordance with the provisions of subparagraph (a), the CONTRACTING PARTIES find that such agreement is not likely to result in the formation of a customs union or of a free-trade area within the period contemplated by the parties to the agreement or that such period is not a reasonable one, the CONTRACTING PARTIES shall make recommendations to the parties to the agreement. The parties shall not maintain or put into force, as the case may be, such agreement if they are not prepared to modify it in accordance with these recommendations.

(b) 체약 당사자단이 제5항에 언급된 잠정 협정에 포함된 계획 및 일정을 동 협정의 당사자와 협의하여 검토하고 (a)호의 규정에 따라 이용 가능하게 된 정보를 적절하게 고려한 후 동 협정의 당사자들이 의도한 기간 내에 동 협정이 관세동맹 또는 자유무역지역의 형성을 초래할 것 같지 아니하다거나 동 기간이 합리적인 기간이 아니라고 인정하는 경우 체약 당사자단은 동 협정의 당사자들에게 권고를 한다. 동 당사자들은 이러한 권고에 따라 동 협정을 수정할 준비가 되어 있지 아니한 경우 동 협정을 유지하거나 시행하지 아니한다.

(c) Any substantial change in the plan or schedule referred to in paragraph 5 (c) shall be communicated to the CONTRACTING PARTIES, which may request the contracting parties concerned to consult with them if the change seems likely to jeopardize or delay unduly the formation of the customs union or of the free-trade area.

(c) 제5항(c)에 언급된 계획 또는 일정의 실질적인 변경은 체약 당사자단에 전달되어야 하며, 체약 당사자단은 동 변경이 관세동맹 또는 자유무역지역의 형성을 부당하게 위협하거나 지연시킬 것으로 보이는 경우 당해 체약 당사자들에게 체약 당사자단과 협의하도록 요청할 수 있다.

8. For the purposes of this Agreement:

8. 이 협정의 목적상

(a) A customs union shall be understood to mean the substitution of a single

(a) 관세동맹은 다음의 결과가 되도록 둘 또는 그 이상의 관세영역을 단일 관세영역

customs territory for two or more customs territories, so that

(i) duties and other restrictive regulations of commerce (except, where necessary, those permitted under Articles XI, XII, XIII, XIV, XV and XX) are eliminated with respect to substantially all the trade between the constituent territories of the union or at least with respect to substantially all the trade in products originating in such territories, and,

(ii) subject to the provisions of paragraph 9, substantially the same duties and other regulations of commerce are applied by each of the members of the union to the trade of territories not included in the union;

(b) A free-trade area shall be understood to mean a group of two or more customs territories in which the duties and other restrictive regulations of commerce (except, where necessary, those permitted under Articles XI, XII, XIII, XIV, XV and XX) are eliminated on substantially all the trade between the constituent territories in products originating in such territories.

9. The preferences referred to in paragraph 2 of Article I shall not be affected by the formation of a customs union or of a free-trade area but may be eliminated or adjusted by means of ne-

으로 대체한 것을 의미하는 것으로 양해한다.

(i) 동 동맹 구성 영토 간의 실질적으로 모든 무역에 관하여 또는 적어도 동 영토를 원산지로 하는 상품의 실질적으로 모든 무역에 관하여 관세 및 그 밖의 제한적인 상거래 규정(필요한 경우 제11조, 제12조, 제13조, 제14조, 제15조 및 제20조 하에서 허용되는 것은 제외한다)은 철폐된다.

(ii) 제9항의 규정에 따를 것을 조건으로, 실질적으로 동일한 관세 및 그 밖의 상거래 규정이 동 동맹의 각 회원국에 의하여 동 동맹에 포함되지 아니한 영토의 무역에 적용된다.

(b) 자유무역지역은 관세 및 그 밖의 제한적인 상거래 규정(필요한 경우 제11조, 제12조, 제13조, 제14조, 제15조 및 제20조 하에서 허용되는 것은 제외한다)이 구성영토를 원산지로 하는 상품의 동 영토 간의 실질적으로 모든 무역에 대하여 철폐되는 둘 또는 그 이상의 관세영역의 일군을 의미하는 것으로 양해한다.

9. 제1조 제2항에 언급된 특혜는 관세동맹 또는 자유무역지역의 형성에 의하여 영향을 받지는 아니하나 영향을 받는 체약 당사자와의 협상에 의하여 철폐 또는 조정될 수 있다. 영향을 받는 체약 당사자와의 협

gotiations with contracting parties affected.* This procedure of negotiations with affected contracting parties shall, in particular, apply to the elimination of preferences required to conform with the provisions of paragraph 8 (a)(i) and paragraph 8 (b).

상 절차는 제8항(a)(i) 및 제8항(b)의 규정에 합치되도록 요구되는 특혜의 철폐에 특히 적용된다.

10. The CONTRACTING PARTIES may by a two-thirds majority approve proposals which do not fully comply with the requirements of paragraphs 5 to 9 inclusive, provided that such proposals lead to the formation of a customs union or a free-trade area in the sense of this Article.

10. 체약 당사자단은 제5항 내지 제9항의 요건에 완전히 합치되지 않는 제의를 3분의 2의 다수에 의하여 승인할 수 있다. 단, 동 제의는 이 조의 의미에서의 관세동맹 또는 자유무역지역의 형성으로 이어져야 한다.

11. Taking into account the exceptional circumstances arising out of the establishment of India and Pakistan as independent States and recognizing the fact that they have long constituted an economic unit, the contracting parties agree that the provisions of this Agreement shall not prevent the two countries from entering into special arrangements with respect to the trade between them, pending the establishment of their mutual trade relations on a definitive basis.*

11. 체약 당사자들은 인도와 파키스탄이 독립국가로서 수립된 데서 발생하는 예외적인 상황을 고려하고 양국이 오랫동안 하나의 경제단위를 구성하여 온 사실을 인정하여, 그들 상호간의 무역관계가 확정적인 기초 위에 수립될 때까지는 이 협정의 규정은 양국이 양국의 무역에 관하여 특별한 약정을 체결하는 것을 방해하지 아니한다는 데 동의한다.

12. Each contracting party shall take such reasonable measures as may be available to it to ensure observance of the provisions of this Agreement by the regional and local governments and authorities within its territories.

12. 각 체약 당사자는 자신의 영토 내의 지역 및 지방 정부와 당국에 의한 이 협정 규정의 준수를 확보하기 위하여 자신에게 이용 가능할 수 있는 합리적인 조치를 취한다.

* * *

* * *

ANNEX I *(eye)*

Notes and Supplementary Provisions

Ad Article I

Paragraph 1

The obligations incorporated in paragraph 1 of Article I by reference to paragraphs 2 and 4 of Article III and those incorporated in paragraph 2 (b) of Article II by reference to Article VI shall be considered as falling within Part II for the purposes of the Protocol of Provisional Application.

The cross-references, in the paragraph immediately above and in paragraph 1 of Article I, to paragraphs 2 and 4 of Article III shall only apply after Article III has been modified by the entry into force of the amendment provided for in the Protocol Modifying Part II and Article XXVI of the General Agreement on Tariffs and Trade, dated September 14, 1948.[2)]

Paragraph 4

The term "margin of preference" means the absolute difference between the most-favoured-nation rate of duty and the preferential rate of duty for the like product, and not the proportionate relation between those rates. As examples:

(1) If the most-favoured-nation rate were 36 per cent *ad valorem* and the pre-

2) This Protocol entered into force on 14 December 1948.

부속서 I

주(註)와 보충적 규정

제 1 조에 관하여

제 1 항

제3조 제2항 및 제4항에 대한 언급에 의하여 제1조 제1항에 포함된 의무와 제6조에 대한 언급에 의하여 제2조 제2항 (b)에 포함된 의무는 잠정 적용 의정서의 목적상 제2부에 속하는 것으로 간주된다.

바로 위 항에서의 그리고 제1조 제1항에서의 제3조 제2항 및 제4항에 대한 상호참조는 1948년 9월 14일을 일자로 하는 관세와 무역에 관한 일반협정의 제2부 및 제26조를 수정하는 의정서[2)]에 제시된 개정의 발효에 의하여 제3조가 수정된 후에만 적용된다.

제 4 항

"특혜의 폭"이라는 용어는 동종 상품에 대한 최혜국 관세율과 특혜 관세율 간의 절대적 차이를 의미하며, 그들 세율 간의 비례적 관계를 의미하지 아니한다. 예를 들어

(1) 최혜국 관세율이 종가 36%이고 특혜 관세율이 종가 24%인 경우 특혜의 폭은

2) 동 의정서는 1948년 12월 14일에 발효됨.

GATT 1947

ferential rate were 24 per cent *ad valorem*, the margin of preference would be 12 per cent *ad valorem*, and not one−third of the most−favoured−nation rate;

종가 12%이며 최혜국 관세율의 3분의 1이 아니다.

(2) If the most−favoured−nation rate were 36 per cent *ad valorem* and the preferential rate were expressed as two−thirds of the most−favoured−nation rate, the margin of preference would be 12 per cent *ad valorem*

(2) 최혜국 관세율이 종가 36%이고 특혜 관세율이 최혜국 관세율의 3분의 2로 표현된 경우 특혜의 폭은 종가 12%이다.

(3) If the most−favoured−nation rate were 2 francs per kilogramme and the preferential rate were 1.50 francs per kilogramme, the margin of preference would be 0.50 franc per kilogramme.

(3) 최혜국 관세율이 kg당 2프랑이고 특혜 관세율이 kg당 1.50프랑인 경우 특혜의 폭은 kg당 0.50프랑이다.

The following kinds of customs action, taken in accordance with established uniform procedures, would not be contrary to a general binding of margins of preference:

확립된 획일적 절차에 따라 취하여지는 다음과 같은 종류의 관세조치는 특혜폭의 일반적 한도 설정에 반하지 아니한다.

(i) The re−application to an imported product of a tariff classification or rate of duty, properly applicable to such product, in cases in which the application of such classification or rate to such product was temporarily suspended or inoperative on April 10, 1947; and

(i) 수입 상품에 대한 관세 분류 또는 관세율의 적용이 1947년 4월 10일 현재 일시적으로 정지되었거나 운영되고 있지 아니한 경우 동 상품에 대하여 적절하게 적용 가능한 동 분류 또는 율의 동 상품에 대한 재적용

(ii) The classification of a particular product under a tariff item other than that under which importations of that product were classified on April 10, 1947, in cases in which the tariff law clearly contemplates that such product

(ii) 관세법이 특정 상품이 하나보다 많은 관세 항목 하에서 분류될 수 있음을 명백히 상정하는 경우 1947년 4월 10일 현재 그 상품의 수입이 분류된 관세 항목 이외의 관세 항목 하에서의 동 상품의 분류

GATT 1947

may be classified under more than one tariff item.

Ad Article II

Paragraph 2 (a)

The cross-reference, in paragraph 2 (a) of Article II, to paragraph 2 of Article III shall only apply after Article III has been modified by the entry into force of the amendment provided for in the Protocol Modifying Part II and Article XXVI of the General Agreement on Tariffs and Trade, dated September 14, 1948.[3)]

Paragraph 2 (b)

See the note relating to paragraph 1 of Article I.

Paragraph 4

Except where otherwise specifically agreed between the contracting parties which initially negotiated the concession, the provisions of this paragraph will be applied in the light of the provisions of Article 31 of the Havana Charter.

Ad Article III

Any internal tax or other internal charge, or any law, regulation or requirement of the kind referred to in paragraph 1 which applies to an imported product and to the like domestic product and is collected or

3) This Protocol entered into force on 14 December 1948.

제 2 조에 관하여

제 2 항 (a)

제2조 제2항 (a)에서의 제3조 제2항에 대한 상호참조는 1948년 9월 14일자 관세와 무역에 관한 일반협정의 제2부 및 제26조를 수정하는 의정서[3)]에 제시된 개정의 발효에 의하여 제3조가 수정된 후에만 적용된다.

제 2 항 (b)

제1조 제1항에 관련된 주를 볼 것.

제 4 항

당해 양허를 최초로 협상한 체약 당사자 간에 달리 구체적으로 합의된 경우를 제외하고는, 이 항의 규정은 하바나 헌장 제31조의 규정에 비추어 적용된다.

제 3 조에 관하여

내국세 또는 그 밖의 내국과징금, 또는 제1항에 언급된 종류의 법률, 규정 또는 요건으로서 수입 상품에 대하여 그리고 동종 국내 상품에 대하여 적용되고 수입 상품의 경우에는

3) 동 의정서는 1948년 12월 14일에 발효됨.

enforced in the case of the imported product at the time or point of importation, is nevertheless to be regarded as an internal tax or other internal charge, or a law, regulation or requirement of the kind referred to in paragraph 1, and is accordingly subject to the provisions of Article III.

수입 시점 또는 지점에서 징수되거나 시행되는 것은, 그럼에도 불구하고 내국세 또는 그 밖의 내국과징금, 또는 제1항에 언급된 종류의 법률, 규정 또는 요건으로 간주되어야 하며, 이에 따라 제3조의 규정의 대상이 된다.

Paragraph 1

The application of paragraph 1 to internal taxes imposed by local governments and authorities with the territory of a contracting party is subject to the provisions of the final paragraph of Article XXIV. The term "reasonable measures" in the last-mentioned paragraph would not require, for example, the repeal of existing national legislation authorizing local governments to impose internal taxes which, although technically inconsistent with the letter of Article III, are not in fact inconsistent with its spirit, if such repeal would result in a serious financial hardship for the local governments or authorities concerned. With regard to taxation by local governments or authorities which is inconsistent with both the letter and spirit of Article III, the term "reasonable measures" would permit a contracting party to eliminate the inconsistent taxation gradually over a transition period, if abrupt action would create serious administrative and financial difficulties.

제 1 항

체약 당사자 영토 내의 지방 정부 및 당국에 의하여 부과되는 내국세에 대한 제1항의 적용은 제24조 마지막 항의 규정의 대상이 된다. 동 마지막 항에서 "합리적인 조치"라는 용어는 예를 들어, 비록 기술적으로는 제3조의 자구에는 불합치되나 사실 그 정신에는 불합치되지 아니하는 내국세를 지방 정부가 부과하는 것을 승인하는 기존 국내 법령의 폐지가 당해 지방 정부 또는 당국에 대하여 심각한 재정적 어려움을 초래할 경우에는 이러한 폐지를 요구하지 아니한다. 지방 정부 또는 당국에 의한 과세로서 제3조의 자구와 정신 모두에 불합치되는 것에 관하여는, "합리적인 조치"라는 용어는 갑작스러운 조치가 심각한 행정적 및 재정적 어려움을 야기할 경우 체약 당사자가 과도 기간에 동 불합치되는 과세를 점차 철폐하는 것을 허용한다.

GATT 1947

Paragraph 2

제 2 항

A tax conforming to the requirements of

제2항 첫번째 문장의 요건에 합치되는 조세

the first sentence of paragraph 2 would be considered to be inconsistent with the provisions of the second sentence only in cases where competition was involved between, on the one hand, the taxed product and, on the other hand, a directly competitive or substitutable product which was not similarly taxed.

는 과세된 상품을 일방으로 하고 유사하게 과세되지 아니한 직접적으로 경쟁적이거나 대체 가능한 상품을 타방으로 하여 양자 간에 경쟁이 수반된 경우에만 두번째 문장의 규정에 불합치되는 것으로 간주된다.

Paragraph 5

제 5 항

Regulations consistent with the provisions of the first sentence of paragraph 5 shall not be considered to be contrary to the provisions of the second sentence in any case in which all of the products subject to the regulations are produced domestically in substantial quantities. A regulation cannot be justified as being consistent with the provisions of the second sentence on the ground that the proportion or amount allocated to each of the products which are the subject of the regulation constitutes an equitable relationship between imported and domestic products.

제5항 첫번째 문장의 규정에 합치되는 규정은 동 규정의 적용 대상인 모든 상품이 상당한 물량으로 국내에서 생산되는 경우에는 두번째 문장의 규정에 반하는 것으로 간주되지 아니한다. 어떠한 규정도 동 규정의 대상인 각 상품에 배분된 비율 또는 양이 수입된 상품과 국내 상품 간의 공평한 관계를 구성한다는 것을 근거로 두번째 문장의 규정에 합치되는 것으로 정당화될 수 없다.

* * *

* * *

Ad Article XI

제 11 조에 관하여

Paragraph 2 (c)

제 2 항 (c)

The term "in any form" in this paragraph covers the same products when in an early stage of processing and still perishable, which compete directly with the fresh product and if freely imported would tend to make the restriction on the fresh product ineffective.

이 항에서 "어떠한 형태로든"이라는 용어는 가공의 초기 단계에 있고 아직 부패하기 쉬운 때에는 신선한 상품과 직접적으로 경쟁하며, 자유로이 수입되는 경우 신선한 상품에 대한 제한을 효과 없게 만드는 경향이 있는 동일한 상품에 적용된다.

Paragraph 2, last subparagraph

The term "special factors" includes changes in relative productive efficiency as between domestic and foreign producers, or as between different foreign producers, but not changes artificially brought about by means not permitted under the Agreement.

제 2 항, 마지막 호

"특별한 요소"라는 용어는 국내 생산자와 외국 생산자간 또는 다른 외국 생산자 간의 상대적 생산능률의 변동을 포함하나, 이 협정 하에서 허용되지 아니하는 수단에 의하여 인위적으로 초래된 변동은 포함하지 아니한다.

* * *

Ad Article XX

subparagraph (h)

The exception provided for in this subparagraph extends to any commodity agreement which conforms to the principles approved by the Economic and Social Council in its resolution 30 (IV) of 28 March 1947.

제 20 조에 관하여

(h)호

이 호에 제시된 예외는 1947년 3월 28일의 결의 30(IV)로 경제사회이사회에 의하여 승인된 원칙에 합치되는 상품협정에 적용된다.

* * *

Ad Article XXIV

Paragraph 9

It is understood that the provisions of Article I would require that, when a product which has been imported into the territory of a member of a customs union or free-trade area at a preferential rate of duty is re-exported to the territory of another member of such union or area, the latter member should collect a duty equal to the difference between the duty already paid and any higher duty that would be payable if the product were being imported directly into its territory.

제 24 조에 관하여

제 9 항

특혜 관세율로 관세동맹 또는 자유무역지역 회원국의 영토로 수입된 상품이 동 동맹 또는 지역의 다른 회원국의 영토로 재수출되는 때에는, 제1조의 규정은 후자의 회원국이, 이미 지급된 관세와 동 상품이 직접 그 영토로 수입되고 있는 경우 지급할 더 높은 관세 간의 차액과 동일한 관세를 징수하여야 한다는 것을 요구하는 것으로 양해한다.

Paragraph 11

Measures adopted by India and Pakistan in order to carry out definitive trade arrangements between them, once they have been agreed upon, might depart from particular provisions of this Agreement, but these measures would in general be consistent with the objectives of the Agreement.

제11항

인도와 파키스탄 간의 확정적인 무역 약정을 시행하기 위하여 채택되는 조치는 그것이 일단 합의된 때에는 이 협정의 특정 규정으로부터 이탈할 수 있으나, 이러한 조치는 이 협정의 목적에 일반적으로 합치되어야 한다.

22. Understanding on Rules and Procedures Governing the Settlement of Disputes (1995)

22. 분쟁해결규칙 및 절차에 관한 양해

Date : 15 April 1994
In force : 1 January 1995
States Party : 164
Korea : 1 January 1995 (조약 제1265호)
Link : www.wto.org

Members hereby *agree* as follows:

회원국은 다음과 같이 합의한다.

Article 1
Coverage and Application

제 1 조
대상 범위 및 적용

1. The rules and procedures of this Understanding shall apply to disputes brought pursuant to the consultation and dispute settlement provisions of the agreements listed in Appendix 1 to this Understanding (referred to in this Understanding as the "covered agreements"). The rules and procedures of this Understanding shall also apply to consultations and the settlement of disputes between Members concerning their rights and obligations under the provisions of the Agreement Establishing the World Trade Organization (referred to in this Understanding as the "WTO Agreement") and of this Understanding taken in isolation or in combination with any other covered agreement.

1. 이 양해의 규칙 및 절차는 이 양해의 부록 1에 연결된 협정(이하 "대상협정"이라 한다)의 협의 및 분쟁해결 규정에 따라 제기된 분쟁에 적용된다. 또한 이 양해의 규칙 및 절차는 세계무역기구설립을 위한 협정(이하 "세계무역기구협정"이라 한다) 및 이 양해만을 고려하거나 동 협정 및 양해를 다른 대상협정과 함께 고려하여 세계무역기구협정 및 이 양해의 규정에 따른 회원국의 권리·의무에 관한 회원국 간의 협의 및 분쟁해결에 적용된다.

2. The rules and procedures of this Understanding shall apply subject to such special or additional rules and proce-

2. 이 양해의 규칙 및 절차는 이 양해의 부록 2에 명시된 대상협정에 포함된 분쟁해결에 관한 특별 또는 추가적인 규칙과 절차

dures on dispute settlement contained in the covered agreements as are identified in Appendix 2 to this Understanding. To the extent that there is a difference between the rules and procedures of this Understanding and the special or additional rules and procedures set forth in Appendix 2, the special or additional rules and procedures in Appendix 2 shall prevail. In disputes involving rules and procedures under more than one covered agreement, if there is a conflict between special or additional rules and procedures of such agreements under review, and where the parties to the dispute cannot agree on rules and procedures within 20 days of the establishment of the panel, the Chairman of the Dispute Settlement Body provided for in paragraph 1 of Article 2 (referred to in this Understanding as the "DSB"), in consultation with the parties to the dispute, shall determine the rules and procedures to be followed within 10 days after a request by either Member. The Chairman shall be guided by the principle that special or additional rules and procedures should be used where possible, and the rules and procedures set out in this Understanding should be used to the extent necessary to avoid conflict.

에 따를 것을 조건으로 하여 적용된다. 이 양해의 규칙 및 절차가 부록 2에 명시된 대상협정의 특별 또는 추가적인 규칙 및 절차와 상이한 경우 부록 2의 특별 또는 추가적인 규칙 및 절차가 우선한다. 2개 이상의 대상협정상의 규칙 및 절차가 관련되는 분쟁에 있어서, 검토 대상이 되고 있는 이러한 대상협정들의 특별 또는 추가적인 규칙 및 절차가 서로 상충하고, 분쟁 당사자가 패널 설치로부터 20일 이내에 적용할 규칙 및 절차에 대하여 합의에 이르지 못하는 경우, 제2조 제1항에 규정된 분쟁해결기구의 의장은 분쟁 당사자와 협의하여 일방 분쟁 당사자의 요청 후 10일 이내에 적용할 규칙 및 절차를 확정한다. 분쟁해결기구 의장은 가능한 한 특별 또는 추가적인 규칙 및 절차를 이용해야 하며, 이 양해의 규칙 및 절차는 상충을 피하기 위하여 필요한 범위 안에서 이용해야 한다는 원칙에 따른다.

Article 2
Administration

제2조
실 시

1. The Dispute Settlement Body is hereby established to administer these rules and procedures and, except as otherwise provided in a covered agreement, the con-

1. 이 규칙과 절차를 실시하기 위하여, 그리고 대상협정에 달리 규정되어 있지 아니하는 한, 대상협정의 협의 및 분쟁해결규정을 실시하기 위하여 분쟁해결기구가 설치

sultation and dispute settlement provisions of the covered agreements. Accordingly, the DSB shall have the authority to establish panels, adopt panel and Appellate Body reports, maintain surveillance of implementation of rulings and recommendations, and authorize suspension of concessions and other obligations under the covered agreements. With respect to disputes arising under a covered agreement which is a Plurilateral Trade Agreement, the term "Member" as used herein shall refer only to those Members that are parties to the relevant Plurilateral Trade Agreement. Where the DSB administers the dispute settlement provisions of a Plurilateral Trade Agreement, only those Members that are parties to that Agreement may participate in decisions or actions taken by the DSB with respect to that dispute.

된다. 이에 따라 분쟁해결기구는 패널을 설치하고, 패널 및 상소기구 보고서를 채택하며, 판정 및 권고의 이행 상황을 감독하고, 대상협정에 따른 양허 및 그 밖의 의무의 정지를 허가하는 권한을 갖는다. 복수국 간 무역협정인 대상협정에 따라 발생하는 분쟁과 관련, 이 양해에서 회원국이라는 용어는 당해 복수국 간 무역협정의 당사자인 회원국만을 지칭한다. 분쟁해결기구가 복수국 간 무역협정의 분쟁해결 규정을 집행하는 경우 오직 그 협정의 당사자인 회원국만이 그 분쟁에 관하여 분쟁해결기구가 취하는 결정이나 조치에 참여할 수 있다.

2. The DSB shall inform the relevant WTO Councils and Committees of any developments in disputes related to provisions of the respective covered agreements.

2. 분쟁해결기구는 세계무역기구의 관련 이사회 및 위원회에 각각의 소관 대상협정의 규정과 관련된 분쟁의 진전 상황을 통보한다.

3. The DSB shall meet as often as necessary to carry out its functions within the time-frames provided in this Understanding.

3. 분쟁해결기구는 이 양해에 규정된 시한 내에 자신의 기능을 수행하기 위하여 필요할 때마다 회의를 개최한다.

4. Where the rules and procedures of this Understanding provide for the DSB to take a decision, it shall do so by consensus.[1)]

4. 이 양해의 규칙 및 절차에 따라 분쟁해결기구가 결정을 하여야 하는 경우 컨센서스에 의한다.[1)]

1) The DSB shall be deemed to have decided by consensus on a matter submitted for its consideration, if no Member, present at the meeting of the DSB when the decision is taken, formally objects to the proposed decision.

1) 결정 채택시 분쟁해결기구 회의에 참석한 회원국 중 어떠한 회원국도 그 결정에 대하여 공식적인 반대를 하지 않을 경우, 분쟁해결기구는 검토를 위해 제출된 사안에 대하여 컨센서스로 결정하였다고 간주된다.

Article 3
General Provisions

1. Members affirm their adherence to the principles for the management of disputes heretofore applied under Articles XXII and XXIII of GATT 1947, and the rules and procedures as further elaborated and modified herein.

2. The dispute settlement system of the WTO is a central element in providing security and predictability to the multilateral trading system. The Members recognize that it serves to preserve the rights and obligations of Members under the covered agreements, and to clarify the existing provisions of those agreements in accordance with customary rules of interpretation of public international law. Recommendations and rulings of the DSB cannot add to or diminish the rights and obligations provided in the covered agreements.

3. The prompt settlement of situations in which a Member considers that any benefits accruing to it directly or indirectly under the covered agreements are being impaired by measures taken by another Member is essential to the effective functioning of the WTO and the maintenance of a proper balance between the rights and obligations of Members.

4. Recommendations or rulings made by the DSB shall be aimed at achieving a satisfactory settlement of the matter in accordance with the rights and obligations under this Understanding and un-

제3조
일반 규정

1. 회원국은 지금까지 1947년도 관세 및 무역에 관한 일반협정 제22조와 제23조에 따라 적용되어 온 분쟁관리 원칙과 이 양해에 의하여 더욱 발전되고 수정된 규칙 및 절차를 준수할 것을 확인한다.

2. 세계무역기구의 분쟁해결제도는 다자 간 무역체제에 안전과 예견 가능성을 부여하는 데 있어서 중심적인 요소이다. 세계무역기구의 회원국은 이 제도가 대상협정에 따른 회원국의 권리와 의무를 보호하고 국제공법의 해석에 관한 관례적인 규칙에 따라 대상협정의 현존 조항을 명확히 하는 데 기여함을 인정한다. 분쟁해결기구의 권고와 판정은 대상협정에 규정된 권리와 의무를 증가시키거나 축소시킬 수 없다.

3. 회원국이 대상협정에 따라 직접적 또는 간접적으로 자신에게 발생하는 이익이 다른 회원국의 조치로 인하여 침해되고 있다고 간주하는 상황을 신속히 해결하는 것이 세계무역기구의 효과적인 기능 수행과 회원국의 권리와 의무 간의 적절한 균형의 유지에 필수적이다.

4. 분쟁해결기구의 권고나 판정은 이 양해 및 대상협정 상의 권리와 의무에 따라 사안의 만족스러운 해결을 달성하는 것을 목표로 한다.

der the covered agreements.

5. All solutions to matters formally raised under the consultation and dispute settlement provisions of the covered agreements, including arbitration awards, shall be consistent with those agreements and shall not nullify or impair benefits accruing to any Member under those agreements, nor impede the attainment of any objective of those agreements.

5. 중재판정을 포함하여 대상협정의 협의 및 분쟁해결 규정에 따라 공식적으로 제기된 사안에 대한 모든 해결책은 그 대상협정에 합치되어야 하며, 그 협정에 따라 회원국에게 발생하는 이익을 무효화 또는 침해하거나 그 협정의 목적 달성을 저해하여서는 아니 된다.

6. Mutually agreed solutions to matters formally raised under the consultation and dispute settlement provisions of the covered agreements shall be notified to the DSB and the relevant Councils and Committees, where any Member may raise any point relating thereto.

6. 대상협정의 협의 및 분쟁해결 규정에 따라 공식적으로 제기된 사안에 대하여 상호 합의된 해결책은 분쟁해결기구, 관련 이사회 및 위원회에 통지되며, 여기에서 회원국은 그 해결책과 관련된 문제점을 제기할 수 있다.

7. Before bringing a case, a Member shall exercise its judgment as to whether action under these procedures would be fruitful. The aim of the dispute settlement mechanism is to secure a positive solution to a dispute. A solution mutually acceptable to the parties to a dispute and consistent with the covered agreements is clearly to be preferred. In the absence of a mutually agreed solution, the first objective of the dispute settlement mechanism is usually to secure the withdrawal of the measures concerned if these are found to be inconsistent with the provisions of any of the covered agreements. The provision of compensation should be resorted to only if the immediate withdrawal of the measure is impracticable and as a temporary measure pending the withdrawal

7. 제소하기 전에 회원국은 이 절차에 따른 제소가 유익할 것인지에 대하여 스스로 판단한다. 분쟁해결제도의 목표는 분쟁에 대한 긍정적인 해결책을 확보하는 것이다. 분쟁 당사자가 상호 수락할 수 있으며 대상협정과 합치하는 해결책이 명백히 선호되어야 한다. 상호 합의된 해결책이 없을 때에는 분쟁해결제도의 첫 번째 목표는 통상 그 조치가 대상협정에 대한 위반으로 판정이 내려진 경우 동 조치의 철회를 확보하는 것이다. 그러한 조치의 즉각적인 철회가 비현실적일 경우에만 대상협정에 대한 위반 조치의 철회시까지 잠정 조치로서 보상의 제공에 의지할 수 있다. 이 양해가 분쟁해결절차에 호소하는 회원국에게 부여하는 최후의 구제수단은 분쟁해결기구의 승인에 따르는 것을 조건으로 다른 회원국에 대하여 차별적으로 대상협정 상

of the measure which is inconsistent with a covered agreement. The last resort which this Understanding provides to the Member invoking the dispute settlement procedures is the possibility of suspending the application of concessions or other obligations under the covered agreements on a discriminatory basis vis-à-vis the other Member, subject to authorization by the DSB of such measures.

의 양허 또는 그 밖의 의무의 적용을 정지할 수 있다는 것이다.

8. In cases where there is an infringement of the obligations assumed under a covered agreement, the action is considered *prima facie* to constitute a case of nullification or impairment. This means that there is normally a presumption that a breach of the rules has an adverse impact on other Members parties to that covered agreement, and in such cases, it shall be up to the Member against whom the complaint has been brought to rebut the charge.

8. 대상협정에 따라 부담해야 하는 의무에 대한 위반이 있는 경우, 이러한 행위는 일견 명백한 무효화 또는 침해 사례를 구성하는 것으로 간주된다. 이는 일반적으로 규칙 위반이 동 대상협정의 당사국인 다른 회원국에 대하여 부정적인 영향을 미친다고 추정됨을 의미하며, 이 경우 피소국이 제소국의 협정 의무 위반 주장에 대하여 반박하여야 한다.

9. The provisions of this Understanding are without prejudice to the rights of Members to seek authoritative interpretation of provisions of a covered agreement through decision-making under the WTO Agreement or a covered agreement which is a Plurilateral Trade Agreement.

9. 이 양해의 규정은 세계무역기구협정 또는 복수국 간 무역협정인 대상협정에 따른 결정을 통하여 대상협정의 규정에 대한 유권해석을 구할 수 있는 회원국의 권리를 저해하지 아니한다.

10. It is understood that requests for conciliation and the use of the dispute settlement procedures should not be intended or considered as contentious acts and that, if a dispute arises, all Members will engage in these procedures in good faith in an effort to

10. 조정의 요청 및 분쟁해결절차의 활용이 투쟁적인 행위로 의도되거나 간주되어서는 아니되며, 또한 분쟁이 발생하는 경우 모든 회원국은 분쟁해결을 위하여 성실하게 이 절차에 참여하는 것으로 양해된다. 또한 별개의 사안에 대한 제소 및 반소는 연계되어서는 아니 되는 것으로 양

resolve the dispute. It is also understood that complaints and counter-complaints in regard to distinct matters should not be linked.

해된다.

11. This Understanding shall be applied only with respect to new requests for consultations under the consultation provisions of the covered agreements made on or after the date of entry into force of the WTO Agreement. With respect to disputes for which the request for consultations was made under GATT 1947 or under any other predecessor agreement to the covered agreements before the date of entry into force of the WTO Agreement, the relevant dispute settlement rules and procedures in effect immediately prior to the date of entry into force of the WTO Agreement shall continue to apply.[2)]

11. 이 양해는 대상협정의 협의 규정에 따라 세계무역기구협정의 발효일 또는 그 이후에 이루어진 새로운 협의 요청에 대해서만 적용된다. 세계무역기구협정의 발효일 이전에 1947년도 관세 및 무역에 관한 일반협정이나 대상협정의 선행 협정에 따라 협의 요청이 이루어진 분쟁의 경우 세계무역기구협정의 발효일 직전에 유효한 관련 분쟁해결규칙 및 절차가 계속 적용된다.[2)]

12. Notwithstanding paragraph 11, if a complaint based on any of the covered agreements is brought by a developing country Member against a developed country Member, the complaining party shall have the right to invoke, as an alternative to the provisions contained in Articles 4, 5, 6 and 12 of this Understanding, the corresponding provisions of the Decision of 5 April 1966 (BISD 14S/18), except that where the Panel considers that the time-frame provided for in paragraph 7 of that Decision is

12. 제11항에도 불구하고 대상협정에 기초하여 개발도상 회원국이 선진국 회원국에 대하여 제소하는 경우, 이러한 제소국은 이 양해의 제4조, 제5조, 제6조, 및 제12조에 포함된 규정 대신 1966년 4월 5일자 결정(BISD 14S/18)의 상응하는 규정에 호소할 수 있는 권리를 갖는다. 다만, 패널이 그 결정 제7항에 규정된 시한이 보고서를 마련하는 데 부족하다고 판단하고 또한 제소국과 합의된 경우 그 시한은 연장될 수 있다. 제4조, 제5조, 제6조 및 제12조의 규칙 및 절차와 동 결정의 상

2) This paragraph shall also be applied to disputes on which panel reports have not been adopted or fully implemented.

2) 이 항은 그 분쟁에 대한 패널 보고서가 채택되지 못하거나 완전히 집행되지 못한 분쟁에도 적용된다.

insufficient to provide its report and with the agreement of the complaining party, that time-frame may be extended. To the extent that there is a difference between the rules and procedures of Articles 4, 5, 6 and 12 and the corresponding rules and procedures of the Decision, the latter shall prevail.

응하는 규칙 및 절차 간에 차이가 있는 경우 후자가 우선한다.

Article 4
Consultations

제4조
협 의

1. Members affirm their resolve to strengthen and improve the effectiveness of the consultation procedures employed by Members.

1. 회원국은 회원국이 활용하는 협의절차의 효율성을 강화하고 개선하려는 결의를 확인한다.

2. Each Member undertakes to accord sympathetic consideration to and afford adequate opportunity for consultation regarding any representations made by another Member concerning measures affecting the operation of any covered agreement taken within the territory of the former.[3)]

2. 각 회원국은 자기 나라의 영토 안에서 취하여진 조치로서 대상협정의 운영에 영향을 미치는 조치에 관하여 다른 회원국이 표명한 입장에 대하여 호의적인 고려를 할 것과 적절한 협의 기회를 부여할 것을 약속한다.[3)]

3. If a request for consultations is made pursuant to a covered agreement, the Member to which the request is made shall, unless otherwise mutually agreed, reply to the request within 10 days after the date of its receipt and shall enter into consultations in good faith within a period of no more than 30 days after the

3. 협의 요청이 대상협정에 따라 이루어지는 경우 그 요청을 접수한 회원국은 달리 상호 합의하지 아니하는 한 요청 접수일로부터 10일 이내에 답변하며, 요청 접수일로부터 30일 이내의 기간 내에 상호 만족할 만한 해결책에 도달하기 위하여 성실하게 협의에 응한다. 회원국이 요청 접수일로부

3) Where the provisions of any other covered agreement concerning measures taken by regional or local governments or authorities within the territory of a Member contain provisions different from the provisions of this paragraph, the provisions of such other covered agreement shall prevail.

3) 회원국의 영토 안에서 지역 또는 지방 정부나 당국에 의하여 취해진 조치와 관련하여 다른 대상협정의 규정이 이 항의 규정과 상이한 규정을 포함하고 있는 경우, 그러한 다른 대상협정의 규정이 우선한다.

date of receipt of the request, with a view to reaching a mutually satisfactory solution. If the Member does not respond within 10 days after the date of receipt of the request, or does not enter into consultations within a period of no more than 30 days, or a period otherwise mutually agreed, after the date of receipt of the request, then the Member that requested the holding of consultations may proceed directly to request the establishment of a panel.

터 10일 내에 답변하지 아니하거나 30일 이내의 기간 내에 또는 달리 상호 합의한 기간 내에 협의에 응하지 아니하는 경우, 협의 개최를 요청한 회원국은 직접 패널의 설치를 요구 할 수 있다.

4. All such requests for consultations shall be notified to the DSB and the relevant Councils and Committees by the Member which requests consultations. Any request for consultations shall be submitted in writing and shall give the reasons for the request, including identification of the measures at issue and an indication of the legal basis for the complaint.

4. 이러한 모든 협의 요청은 협의 요청 회원국에 의하여 분쟁해결기구 및 관련 이사회와 위원회에 통보된다. 모든 협의 요청은 서면으로 제출되며, 협의 요청시 문제가 되고 있는 조치의 명시 및 제소에 대한 법적 근거의 제시를 포함한 협의 요청 사유를 제시한다.

5. In the course of consultations in accordance with the provisions of a covered agreement, before resorting to further action under this Understanding, Members should attempt to obtain satisfactory adjustment of the matter.

5. 대상협정의 규정에 따른 협의 과정에서 이 양해에 의거하여 다음 단계의 조치를 취한기 전에 회원국은 사안의 만족할 만한 조정을 시도하여야 한다.

6. Consultations shall be confidential, and without prejudice to the rights of any Member in any further proceedings.

6. 협의는 비공개이며 다음 단계에서의 당사국의 권리를 저해하지 아니한다.

7. If the consultations fail to settle a dispute within 60 days after the date of receipt of the request for consultations, the complaining party may request the establishment of a panel. The complain-

7. 협의 요청 접수일로부터 60일 이내에 협의를 통한 분쟁해결에 실패하는 경우, 제소국은 패널의 설치를 요청할 수 있다. 협의 당사자가 협의를 통한 분쟁해결에 실패했

ing party may request a panel during the 60-day period if the consulting parties jointly consider that consultations have failed to settle the dispute.

다고 공동으로 간주하는 경우, 제소국은 위의 60일 기간중에 패널의 설치를 요청할 수 있다.

8. In cases of urgency, including those which concern perishable goods, Members shall enter into consultations within a period of no more than 10 days after the date of receipt of the request. If the consultations have failed to settle the dispute within a period of 20 days after the date of receipt of the request, the complaining party may request the establishment of a panel.

8. 부패성 상품에 관한 분쟁을 포함하여 긴급한 경우, 회원국은 요청 접수일로부터 10일 이내에 협의를 개시한다. 협의 요청 접수일로부터 20일 이내에 협의를 통하여 분쟁이 해결되지 아니하는 경우 제소국은 패널의 설치를 요청할 수 있다.

9. In cases of urgency, including those which concern perishable goods, the parties to the dispute, panels and the Appellate Body shall make every effort to accelerate the proceedings to the greatest extent possible.

9. 부패성 상품에 관한 분쟁을 포함하여 긴급한 경우, 분쟁 당사자와 패널 및 상소기구는 가능한 한 최대한 절차의 진행을 가속화하기 위하여 모든 노력을 기울인다.

10. During consultations Members should give special attention to the particular problems and interests of developing country Members.

10. 협의 과정에서 회원국은 개발도상 회원국의 특별한 문제점과 이익에 대하여 특별한 고려를 하여야 한다.

11. Whenever a Member other than the consulting Members considers that it has a substantial trade interest in consultations being held pursuant to paragraph 1 of Article XXII of GATT 1994, paragraph 1 of Article XXII of GATS, or the corresponding provisions in other covered agreements,[4] such

11. 협의 회원국이 아닌 회원국이 1994년 GATT 제22조 제1항, 서비스 무역에 관한 일반협정 제22조 제1항 또는 그 밖의 대상협정의 상응하는 규정[4]에 따라 개최되는 협의에 대하여 실질적인 무역상의 이해관계를 갖고 있다고 간주하는 경우, 그러한 회원국은 위의 조항에 따른 협의

4) The corresponding consultation provisions in the covered agreements are listed hereunder: Agreement on Agriculture, Article 19: Agreement on the Application of Sanitary and Phy-

4) 대상협정의 상응하는 협의 규정은 다음과 같다. 농업에 관한 협정 제19조, 위생 및 식물위생 조치의 적용에 관한 협정 제11조 제1항, 섬유 및 의류

Member may notify the consulting Members and the DSB, within 10 days after the date of the circulation of the request for consultations under said Article, of its desire to be joined in the consultations. Such Member shall be joined in the consultations, provided that the Member to which the request for consultations was addressed agrees that the claim of substantial interest is well-founded. In that event they shall so inform the DSB. If the request to be joined in the consultations is not accepted, the applicant Member shall be free to request consultations under paragraph 1 of Article XXII or paragraph 1 of Article XXIII of GATT 1994, paragraph 1 of Article XXII or paragraph 1 of Article XXIII of GATS, or the corresponding provisions in other covered agreements.

요청 문서가 배포된 날로부터 10일 이내에 협의 회원국 및 분쟁해결기구에 협의에 참여할 의사를 통보할 수 있다. 이러한 회원국은, 협의 요청을 받은 회원국이 실질적인 이해관계에 대한 주장에 충분한 근거가 있다고 동의하는 경우, 협의에 동참한다. 이 경우 이들은 동 사실을 분쟁해결기구에 통보한다. 협의에 동참하기 위한 요청이 수락되지 아니하는 경우, 협의 참여를 요청한 회원국은 1994년도 GATT 제22조 제1항 또는 제23조 제1항, 서비스 무역에 관한 일반 협정 제22조 제1항 또는 제23조 제1항, 또는 그 밖의 대상협정의 상응하는 규정에 따라 협의를 요청할 수 있다.

---

tosanitary Measures, paragraph 1 of Article 11: Agreement on Textiles and Clothing, paragraph 4 of Article 8: Agreement on Technical Barriers to Trade, paragraph 1 of Article 14: Agreement on Trade-Related Investment Measures, Article 8: Agreement on Implementation of Article VI of GATT 1994, paragraph 2 of Article 17: Agreement on Implementation of Article VII of GATT 1994, paragraph 2 of Article 19: Agreement on Preshipment Inspection, Article 7: Agreement on Rules of Origin, Article 7: Agreement on Import Licensing Procedures, Article 6: Agreement on Subsidies and Countervailing Measures, Article 30: Agreement on Safeguards, Article 14: Agreement on Trade-Related Aspects of Intellectual Property Rights, Article 64.1: and any corresponding consultation provisions in Plurilateral Trade Agreements as determined by the competent bodies of each Agreement and as notified to the DSB.

에 관한 협정 제8조 제4항, 무역에 대한 기술 장벽에 관한 협정 제14조 제1항, 무역 관련 투자조치에 관한 협정 제8조, 1994년도 GATT 제6조의 이행에 관한 협정 제17조 제2항, 1994년도 GATT 제7조의 이행에 관한 협정 제19조 제2항, 선적 전 검사에 관한 협정 제7조, 원산지 규정에 관한 협정 제7조, 수입 허가 절차에 관한 협정 제6조, 보조금 및 상계 조치에 관한 협정 제30조, 긴급수입제한 조치에 관한 협정 제14조, 무역 관련 지적재산권에 관한 협정 제64조 제1항, 그리고 각 협정의 소관기구가 결정하고 분쟁해결기구에 통보되는 모든 복수국 간 무역협정 상의 상응하는 협의 조항.

Article 5
Good Offices, Conciliation and Mediation

1. Good offices, conciliation and mediation are procedures that are undertaken voluntarily if the parties to the dispute so agree.

2. Proceedings involving good offices, conciliation and mediation, and in particular positions taken by the parties to the dispute during these proceedings, shall be confidential, and without prejudice to the rights of either party in any further proceedings under these procedures.

3. Good offices, conciliation or mediation may be requested at any time by any party to a dispute. They may begin at any time and be terminated at any time. Once procedures for good offices, conciliation or mediation are terminated, a complaining party may then proceed with a request for the establishment of a panel.

4. When good offices, conciliation or mediation are entered into within 60 days after the date of receipt of a request for consultations, the complaining party must allow a period of 60 days after the date of receipt of the request for consultations before requesting the establishment of a panel. The complaining party may request the establishment of a panel during the 60-day period if the parties to the dispute jointly consider that the good offices, conciliation or mediation process has failed to settle the dispute.

제5조
주선, 조정 및 중개

1. 주선, 조정 및 중개는 분쟁 당사자가 합의하는 경우 자발적으로 취해지는 절차이다.

2. 주선, 조정 및 중개의 절차, 특히 이러한 절차의 과정에서 분쟁 당사자가 취한 입장은 공개되지 아니하며, 이러한 절차에 따른 다음 단계의 과정에서의 분쟁 당사자의 권리를 저해하지 아니한다.

3. 분쟁 당사자는 언제든지 주선, 조정 또는 중개를 요청할 수 있다. 주선, 조정 또는 중개는 언제든지 개시되고 종료될 수 있다. 일단 주선, 조정 또는 중개 절차가 종료되면 제소국은 패널의 설치를 요청할 수 있다.

4. 협의 요청 접수일로부터 60일 이내에 주선, 조정 또는 중개 절차가 개시되는 경우, 제소국은 협의 요청 접수일로부터 60일의 기간을 허용한 후에 패널의 설치를 요청할 수 있다. 분쟁 당사자가 공동으로 주선, 조정 또는 중개 과정이 분쟁을 해결하는 데 실패하였다고 판단하는 경우, 제소국은 위의 60일의 기간 중에 패널의 설치를 요청할 수 있다.

5. If the parties to a dispute agree, procedures for good offices, conciliation or mediation may continue while the panel process proceeds.

6. The Director-General may, acting in an *ex officio* capacity, offer good offices, conciliation or mediation with the view to assisting Members to settle a dispute.

Article 6
Establishment of Panels

1. If the complaining party so requests, a panel shall be established at the latest at the DSB meeting following that at which the request first appears as an item on the DSB's agenda, unless at that meeting the DSB decides by consensus not to establish a panel.[5)]

2. The request for the establishment of a panel shall be made in writing. It shall indicate whether consultations were held, identify the specific measures at issue and provide a brief summary of the legal basis of the complaint sufficient to present the problem clearly. In case the applicant requests the establishment of a panel with other than standard terms of reference, the written request shall include the proposed text of special terms of reference.

5) If the complaining party so requests, a meeting of the DSB shall be convened for this purpose within 15 days of the request, provided that at least 10 days' advance notice of the meeting is given.

5. 분쟁 당사자가 합의하는 경우, 주선, 조정 또는 중개 절차는 패널 과정이 진행되는 동안 계속될 수 있다.

6. 사무총장은 회원국이 분쟁을 해결하는 것을 돕기 위하여 직권으로 주선, 조정 또는 중개를 제공할 수 있다.

제 6 조
패널 설치

1. 제소국이 요청하는 경우, 패널 설치 요청이 의제로 상정되는 첫 번째 분쟁해결기구 회의에서 컨센서스로 패널을 설치하지 아니하기로 결정하지 아니하는 한, 늦어도 그 분쟁해결기구 회의의 다음 번에 개최되는 분쟁해결기구 회의에서 패널이 설치된다.[5)]

2. 패널 설치는 서면으로 요청된다. 이러한 요청은 협의가 개최되었는지 여부를 명시하고, 문제가 된 특정 조치를 명시하며, 문제를 분명하게 제시하는 데 충분한 제소의 법적 근거에 대한 간략한 요약문을 제시한다. 제소국이 표준 위임 사항과 상이한 위임 사항을 갖는 패널의 설치를 요청하는 경우, 서면 요청서에는 제안하고자 하는 특별 위임 사항의 문안이 포함한다.

5) 제소국이 요청시, 최소한 10일의 사전 공고 후, 요청으로부터 15일 이내에 분쟁해결기구 회의가 동 목적을 위하여 개최된다.

Article 7
Terms of Reference of Panels

1. Panels shall have the following terms of reference unless the parties to the dispute agree otherwise within 20 days from the establishment of the panel:

"To examine, in the light of the relevant provisions in (name of the covered agreement(s) cited by the parties to the dispute), the matter referred to the DSB by (name of party) in document ... and to make such findings as will assist the DSB in making the recommendations or in giving the rulings provided for in that/those agreement(s)."

2. Panels shall address the relevant provisions in any covered agreement or agreements cited by the parties to the dispute.

3. In establishing a panel, the DSB may authorize its Chairman to draw up the terms of reference of the panel in consultation with the parties to the dispute, subject to the provisions of paragraph 1. The terms of reference thus drawn up shall be circulated to all Members. If other than standard terms of reference are agreed upon, any Member may raise any point relating thereto in the DSB.

제7조
패널의 위임 사항

1. 패널은 분쟁 당사자가 패널 설치로부터 20일 이내에 달리 합의하지 아니하는 한, 다음의 위임 사항을 부여받는다.

"(분쟁 당사자가 인용하는 대상협정명)의 관련 규정에 따라 (당사자 국명)이 문서 번호...... 으로 분쟁해결기구에 제기한 문제를 조사하고, 분쟁해결기구가 동 협정에 규정된 권고나 판정을 내리는 데 도움이 되는 조사 결과를 작성한다."

2. 패널은 분쟁 당사자가 인용하는 모든 대상 협정의 관련 규정을 검토한다.

3. 패널 설치시 분쟁해결기구는 분쟁해결기구 의장에게 제1항의 규정에 따를 것을 조건으로 분쟁 당사자와의 협의를 거쳐 패널의 위임 사항을 작성하는 권한을 부여할 수 있다. 이와 같이 작성된 패널의 위임 사항은 모든 회원국에게 배포된다. 표준 위임 사항이 아닌 다른 위임 사항에 대한 합의가 이루어지는 경우, 회원국은 분쟁해결기구에서 이와 관련된 모든 문제를 제기할 수 있다.

Article 8
Composition of Panels

1. Panels shall be composed of well-qualified governmental and/or non-governmental individuals, including persons who have served on or presented a case

제8조
패널 구성

1. 패널은 패널에서 일한 경력이 있거나 패널에 자기 나라의 입장을 개진한 경력이 있는 자, 세계무역기구 회원국의 대표나 1947년도 GATT 체약 당사자의 대표로

to a panel, served as a representative of a Member or of a contracting party to GATT 1947 or as a representative to the Council or Committee of any covered agreement or its predecessor agreement, or in the Secretariat, taught or published on international trade law or policy, or served as a senior trade policy official of a Member.

근무한 경력이 있는 자, 또는 대상협정이나 그 협정의 선행 협정의 이사회나 위원회에서 대표로 근무한 경력이 있는 자, 사무국에서 근무한 경력이 있는 자, 국제무역법이나 국제무역정책에 대하여 가르치거나 저술한 경력이 있는 자, 또는 회원국의 고위급 무역정책 관리로서 근무한 경력이 있는 자 등 충분한 자격을 갖춘 정부 및/또는 비정부인사로 구성된다.

2. Panel members should be selected with a view to ensuring the independence of the members, a sufficiently diverse background and a wide spectrum of experience.

2. 패널 위원은 패널 위원의 독립성과 충분히 다양한 배경 및 광범위한 경험이 확보될 수 있도록 선정되어야 한다.

3. Citizens of Members whose governments[6] are parties to the dispute or third parties as defined in paragraph 2 of Article 10 shall not serve on a panel concerned with that dispute, unless the parties to the dispute agree otherwise.

3. 자기 나라 정부가 분쟁 당사자인[6] 회원국의 국민 또는 제10조 제2항에 규정된 제3자의 국민은 분쟁 당사자가 달리 합의하지 아니하는 한 그 분쟁을 담당하는 패널의 위원이 되지 아니한다.

4. To assist in the selection of panelists, the Secretariat shall maintain an indicative list of governmental and non-governmental individuals possessing the qualifications outlined in paragraph 1, from which panelists may be drawn as appropriate. That list shall include the roster of nongovernmental panelists established on 30 November 1984 (BISD 31S/9), and other rosters and indicative lists established under any of the covered agreements, and shall retain the names of persons on those rosters and

4. 패널 위원의 선정을 돕기 위하여 사무국은 제1항에 기술된 자격 요건을 갖춘 정부 및 비정부인사의 명부를 유지하며, 동 명부로부터 적절히 패널 위원이 선정될 수 있다. 명부는 1984년 11월 30일 작성된 비정부 패널 위원 명부(BISD 31S/9) 및 대상협정에 따라 작성된 그 밖의 명부 및 목록을 포함하며, 세계무역기구협정의 발효시의 명부 및 목록에 등재된 인사들의 이름을 유지한다. 회원국은 명부에 포함시킬 정부 및 비정부인사의 이름을 이들의 국제무역에 대한 지식 및 대상협정의 분야 또는 주

6) In the case where customs unions or common markets are parties to a dispute, this provision applies to citizens of all member countries of the customs unions or common markets.

6) 관세동맹이나 공동 시장이 분쟁의 일방 당사자인 경우, 이 조항은 관세동맹이나 공동 시장의 모든 회원국의 국민에게 적용된다.

indicative lists at the time of entry into force of the WTO Agreement. Members may periodically suggest names of governmental and non-governmental individuals for inclusion on the indicative list, providing relevant information on their knowledge of international trade and of the sectors or subject matter of the covered agreements, and those names shall be added to the list upon approval by the DSB. For each of the individuals on the list, the list shall indicate specific areas of experience or expertise of the individuals in the sectors or subject matter of the covered agreements.

제에 대한 지식에 관한 정보와 함께 정기적으로 제시할 수 있으며, 이들의 이름은 분쟁해결기구의 승인을 얻은 후 명부에 추가로 등재된다. 명부에는 등재된 각 인사별로 구체적인 경험 분야 또는 대상협정의 분야나 주제에 관한 전문 지식이 명시된다.

5. Panels shall be composed of three panelists unless the parties to the dispute agree, within 10 days from the establishment of the panel, to a panel composed of five panelists. Members shall be informed promptly of the composition of the panel.

5. 패널은 분쟁 당사자가 패널 설치로부터 10일 이내에 5인의 패널 위원으로 패널을 구성하는 데 합의하지 아니하는 한 3인의 패널 위원으로 구성된다. 패널 구성은 회원국에게 신속히 통보된다.

6. The Secretariat shall propose nominations for the panel to the parties to the dispute. The parties to the dispute shall not oppose nominations except for compelling reasons.

6. 사무국은 분쟁 당사자에게 패널 위원 후보자를 제의한다. 분쟁 당사자는 불가피한 사유를 제외하고는 동 패널 위원 후보자를 거부하지 아니하다.

7. If there is no agreement on the panelists within 20 days after the date of the establishment of a panel, at the request of either party, the Director-General, in consultation with the Chairman of the DSB and the Chairman of the relevant Council or Committee, shall determine the composition of the panel by appointing the panelists whom the Director-

7. 패널 설치일로부터 20일 이내에 패널 위원 구성에 대한 합의가 이루어지지 아니하는 경우, 사무총장은 일방 분쟁 당사자의 요청에 따라 분쟁해결기구 의장 및 관련 위원회 또는 이사회의 의장과의 협의를 거쳐 분쟁에서 문제가 되고 있는 대상협정의 특별 또는 추가적인 규칙이나 절차에 따라 분쟁 당사국과 협의 후 가장 적합하다고

General considers most appropriate in accordance with any relevant special or additional rules or procedures of the covered agreement or covered agreements which are at issue in the dispute, after consulting with the parties to the dispute. The Chairman of the DSB shall inform the Members of the composition of the panel thus formed no later than 10 days after the date the Chairman receives such a request.

생각되는 패널 위원을 임명함으로써 패널의 구성을 확정한다. 분쟁해결기구 의장은 이러한 요청을 받은 날로부터 10일 이내에 회원국에게 이와 같이 이루어진 패널의 구성을 통보한다.

8. Members shall undertake, as a general rule, to permit their officials to serve as panelists.

8. 회원국은 일반적으로 자기 나라의 관리가 패널 위원으로 임명되는 것을 허가할 것을 약속한다.

9. Panelists shall serve in their individual capacities and not as government representatives, nor as representatives of any organization. Members shall therefore not give them instructions nor seek to influence them as individuals with regard to matters before a panel.

9. 패널 위원은 정부 대표나 기구 대표가 아닌 개인 자격으로 임무를 수행한다. 따라서 회원국은 패널에 계류중인 사안과 관련하여 패널 위원에게 지시를 내리지 아니하며, 개인 자격인 패널 위원에 대하여 영향력을 행사하지 아니한다.

10. When a dispute is between a developing country Member and a developed country Member the panel shall, if the developing country Member so requests, include at least one panelist from a developing country Member.

10. 선진국 회원국과 개발도상 회원국 간의 분쟁시 개발도상 회원국이 요청하는 경우, 패널 위원 중 적어도 1인은 개발도상 회원국의 인사를 포함하여야 한다.

11. Panelists' expenses, including travel and subsistence allowance, shall be met from the WTO budget in accordance with criteria to be adopted by the General Council, based on recommendations of the Committee on Budget, Finance and Administration.

11. 여행 경비 및 일당을 포함한 패널 위원의 경비는 세계무역기구 일반이사회가 예산, 재정 및 관리위원회의 권고에 기초하여 채택한 기준에 따라 세계무역기구의 예산으로 충당된다.

DSU

Article 9
Procedures for Multiple Complainants

1. Where more than one Member requests the establishment of a panel related to the same matter, a single panel may be established to examine these complaints taking into account the rights of all Members concerned. A single panel should be established to examine such complaints whenever feasible.

2. The single panel shall organize its examination and present its findings to the DSB in such a manner that the rights which the parties to the dispute would have enjoyed had separate panels examined the complaints are in no way impaired. If one of the parties to the dispute so requests, the panel shall submit separate reports on the dispute concerned. The written submissions by each of the complainants shall be made available to the other complainants, and each complainant shall have the right to be present when any one of the other complainants presents its views to the panel.

3. If more than one panel is established to examine the complaints related to the same matter, to the greatest extent possible the same persons shall serve as panelists on each of the separate panels and the timetable for the panel process in such disputes shall be harmonized.

제9조
복수 제소자를 위한 절차

1. 2개 이상의 회원국이 동일한 사안과 관련된 패널의 설치를 요청하는 경우, 이러한 복수의 제소 내용을 조사하기 위하여 모든 관련 회원국의 권리를 고려하여 단일 패널을 설치할 수 있다. 이러한 복수의 제소 내용을 조사하기 위하여 가능할 경우에는 언제나 단일 패널이 설치되어야 한다.

2. 단일 패널은 별도의 패널이 설치되어 제소 내용을 조사하였을 경우에 분쟁 당사국이 향유하였을 권리가 침해되지 아니하도록 조사 작업을 체계화하고 조사 결과를 분쟁해결기구에 제시한다. 일방 분쟁 당사자가 요청하는 경우, 패널은 관련 분쟁에 관한 별도의 보고서를 제출한다. 각 제소국은 다른 제소국의 서면 입장을 입수할 수 있으며, 각 제소국은 다른 제소국이 패널에 자기 나라의 입장을 제시하는 때 참석할 권리를 갖는다.

3. 동일한 사안과 관련된 복수의 제소 내용을 조사하기 위하여 2개 이상의 패널이 구성되는 경우, 가능한 한 최대 한도로 동일한 패널 위원이 각각의 패널에서 패널 위원이 되며 이러한 분쟁에서의 패널 과정을 위한 일정은 조화된다.

Article 10
Third Parties

1. The interests of the parties to a dispute and those of other Members under a covered agreement at issue in the dispute shall be fully taken into account during the panel process.

2. Any Member having a substantial interest in a matter before a panel and having notified its interest to the DSB (referred to in this Understanding as a "third party") shall have an opportunity to be heard by the panel and to make written submissions to the panel. These submissions shall also be given to the parties to the dispute and shall be reflected in the panel report.

3. Third parties shall receive the submissions of the parties to the dispute to the first meeting of the panel.

4. If a third party considers that a measure already the subject of a panel proceeding nullifies or impairs benefits accruing to it under any covered agreement, that Member may have recourse to normal dispute settlement procedures under this Understanding. Such a dispute shall be referred to the original panel wherever possible.

Article 11
Function of Panels

The function of panels is to assist the DSB in discharging its responsibilities under this Understanding and the covered agreements.

제 10 조
제 3 자

1. 분쟁 당사자의 이해관계와 분쟁에서 문제가 되고 있는 대상협정 상의 다른 회원국의 이해관계는 패널 과정에서 충분히 고려된다.

2. 패널에 회부된 사안에 실질적인 이해관계를 갖고 있으며 자기 나라의 이해관계를 분쟁해결기구에 통보한 회원국(이하 "제3자"라 한다)은 패널에 대하여 자신의 입장을 개진하고 서면 입장을 패널에 제출할 기회를 갖는다. 이러한 서면 입장은 분쟁 당사자에게 전달되며 패널 보고서에 반영된다.

3. 제3자는 제1차 패널 회의에 제출되는 분쟁 당사자의 서면 입장을 입수한다.

4. 만일 제3자가 이미 패널 과정의 대상이 되는 조치로 인하여 대상협정에 따라 자기 나라에 발생하는 이익이 무효화 또는 침해되었다고 간주하는 경우, 그 회원국은 이 양해에 따른 정상적인 분쟁해결절차에 호소할 수 있다. 이러한 분쟁은 가능할 경우에는 언제나 원패널에 회부된다.

제 11 조
패널의 기능

패널의 기능은 분쟁해결기구가 이 양해 및 대상협정에 따른 책임을 수행하는 것을 지원하는 것이다. 따라서 패널은 분쟁의 사실 부

Accordingly, a panel should make an objective assessment of the matter before it, including an objective assessment of the facts of the case and the applicability of and conformity with the relevant covered agreements, and make such other findings as will assist the DSB in making the recommendations or in giving the rulings provided for in the covered agreements. Panels should consult regularly with the parties to the dispute and give them adequate opportunity to develop a mutually satisfactory solution.

분에 대한 객관적인 평가, 관련 대상협정의 적용 가능성 및 그 협정과의 합치성을 포함하여 자신에게 회부된 사안에 대하여 객관적인 평가를 내려야 하며, 분쟁해결기구가 대상협정에 규정되어 있는 권고를 행하거나 판정을 내리는 데 도움이 되는 그 밖의 조사 결과를 작성한다. 패널은 분쟁 당사자와 정기적으로 협의하고 분쟁 당사자에게 상호 만족할 만한 해결책을 찾기 위한 적절한 기회를 제공하여야 한다.

Article 12
Panel Procedures

1. Panels shall follow the Working Procedures in Appendix 3 unless the panel decides otherwise after consulting the parties to the dispute.

2. Panel procedures should provide sufficient flexibility so as to ensure high-quality panel reports, while not unduly delaying the panel process.

3. After consulting the parties to the dispute, the panelists shall, as soon as practicable and whenever possible within one week after the composition and terms of reference of the panel have been agreed upon, fix the timetable for the panel process, taking into account the provisions of paragraph 9 of Article 4, if relevant.

4. In determining the timetable for the panel process, the panel shall provide sufficient time for the parties to the

제12조
패널 절차

1. 패널은 분쟁 당사자와의 협의 후 달리 결정하지 아니하는 한 부록 3의 작업 절차를 따른다.

2. 패널 절차는 패널 과정을 부당하게 지연시키지 아니하면서 질이 높은 패널 보고서를 보장할 수 있도록 충분한 융통성을 부여하여야 한다.

3. 분쟁 당사자와의 협의 후 패널 위원은 현실적으로 가장 빠른 시일 내에, 그리고 가능한 언제나 패널의 구성 및 위임 사항에 대하여 합의가 이루어진 후로부터 일주일 이내에 관련이 있는 경우 제4조 제9항의 규정을 고려하여 패널 과정에 관한 일정을 확정한다.

4. 패널 과정에 관한 일정 결정시 패널은 분쟁 당사자에게 자신의 입장을 준비하는 데 필요한 충분한 시간을 부여한다.

dispute to prepare their submissions.

5. Panels should set precise deadlines for written submissions by the parties and the parties should respect those deadlines.

5. 패널은 분쟁 당사자가 서면 입장을 제출하여야 하는 정확한 마감 시한을 설정해야 하며, 분쟁 당사자는 동 마감 시한을 준수하여야 한다.

6. Each party to the dispute shall deposit its written submissions with the Secretariat for immediate transmission to the panel and to the other party or parties to the dispute. The complaining party shall submit its first submission in advance of the responding party's first submission unless the panel decides, in fixing the timetable referred to in paragraph 3 and after consultations with the parties to the dispute, that the parties should submit their first submissions simultaneously. When there are sequential arrangements for the deposit of first submissions, the panel shall establish a firm time-period for receipt of the responding party's submission. Any subsequent written submissions shall be submitted simultaneously.

6. 각 분쟁 당사자는 패널과 그 밖의 분쟁 당사자에게 즉시 전달되도록 자기 나라의 서면 입장을 사무국에 제출한다. 패널이 제3항에 언급된 일정 확정시 분쟁 당사자와 협의 후 분쟁 당사자가 제1차 서면 입장을 동시에 제출하여야 한다고 결정하지 아니하는 한 제소국은 피소국보다 먼저 제1차 서면 입장을 제출한다. 제1차 서면 입장을 순차적으로 기탁하기로 한 경우, 패널은 피소국의 입장 접수 시한을 확고하게 설정한다. 그 후에 제출되는 모든 서면 입장은 동시에 제출된다.

7. Where the parties to the dispute have failed to develop a mutually satisfactory solution, the panel shall submit its findings in the form of a written report to the DSB. In such cases, the report of a panel shall set out the findings of fact, the applicability of relevant provisions and the basic rationale behind any findings and recommendations that it makes. Where a settlement of the matter among the parties to the dispute has been found, the report of the panel shall be confined to a brief description of the

7. 분쟁 당사자가 상호 만족할 만한 해결책을 강구하는 데 실패하는 경우, 패널은 서면 보고서 형식으로 자신의 조사 결과를 분쟁해결기구에 제출한다. 이 경우 패널 보고서는 사실에 관한 조사 결과, 관련 규정의 적용 가능성 및 자신이 내린 조사 결과와 권고에 대한 근본적인 이유를 명시하여야 한다. 분쟁 당사자 간에 해결책이 발견된 경우 패널 보고서는 사안의 간략한 서술과 해결책이 도달되었다는 사실을 보고하는 데 국한된다.

case and to reporting that a solution has been reached.

8. In order to make the procedures more efficient, the period in which the panel shall conduct its examination, from the date that the composition and terms of reference of the panel have been agreed upon until the date the final report is issued to the parties to the dispute, shall, as a general rule, not exceed six months. In cases of urgency, including those relating to perishable goods, the panel shall aim to issue its report to the parties to the dispute within three months.

8. 절차를 보다 더 효율적으로 하기 위하여, 패널의 구성 및 위임 사항에 대하여 합의가 이루어진 날로부터 최종 보고서가 분쟁 당사자에게 제시되는 날까지의 패널이 자신의 검토를 수행하는 기간은 일반적인 규칙으로서 6월을 초과하지 아니한다. 부패성 상품에 관한 분쟁을 포함하여 긴급한 경우, 패널은 3월 이내에 패널 보고서를 분쟁 당사자에게 제시하는 것을 목표로 한다.

9. When the panel considers that it cannot issue its report within six months, or within three months in cases of urgency, it shall inform the DSB in writing of the reasons for the delay together with an estimate of the period within which it will issue its report. In no case should the period from the establishment of the panel to the circulation of the report to the Members exceed nine months.

9. 패널이 6월 이내에 또는 긴급한 경우 3월 이내에 자신의 보고서를 제출하지 못할 것이라고 간주하는 경우, 패널은 지연 사유를 패널 보고서를 제출할 때까지 소요될 것으로 예상되는 기간과 함께 분쟁해결기구에 서면으로 통보한다. 어떠한 경우에도 패널 설치로부터 회원국에게 보고서를 배포할 때까지의 기간이 9월을 초과하여서는 아니된다.

10. In the context of consultations involving a measure taken by a developing country Member, the parties may agree to extend the periods established in paragraphs 7 and 8 of Article 4. If, after the relevant period has elapsed, the consulting parties cannot agree that the consultations have concluded, the Chairman of the DSB shall decide, after consultation with the parties, whether to extend the relevant period and, if so, for how long. In addition, in examining

10. 개발도상 회원국이 취한 조치와 관련된 협의의 경우 분쟁 당사자는 제4조 제7항 및 제8항에 설정된 기간을 연장하는 데 합의할 수 있다. 만일 관련 기간이 경과한 후에도 협의 당사자가 협의 종료에 대하여 합의할 수 없는 경우, 분쟁해결기구 의장은 분쟁 당사자와의 협의 후 관련 기간을 연장할 것인지 여부 및 연장할 경우 얼마만큼 연장할 것인지를 결정한다. 또한 개발도상 회원국에 대한 제소를 검토하는 데 있어서, 패널은 동 개발도상 회

a complaint against a developing country Member, the panel shall accord sufficient time for the developing country Member to prepare and present its argumentation. The provisions of paragraph 1 of Article 20 and paragraph 4 of Article 21 are not affected by any action pursuant to this paragraph.

원국이 자기 나라의 논거를 준비하고 제시하는 데 충분한 시간을 부여한다. 제20조 제1항 및 제21조 제4항의 규정은 이항에 따른 어떠한 조치에 의해서도 영향을 받지 아니한다.

11. Where one or more of the parties is a developing country Member, the panel's report shall explicitly indicate the form in which account has been taken of relevant provisions on differential and more-favourable treatment for developing country Members that form part of the covered agreements which have been raised by the developing country Member in the course of the dispute settlement procedures.

11. 하나 또는 둘 이상의 당사자가 개발도상회원국인 경우, 패널 보고서는 분쟁해결절차의 과정에서 개발도상 회원국이 제기한 대상협정의 일부를 구성하는 개발도상 회원국을 위한 차등적이고 보다 유리한 대우에 관한 관련 규정을 어떤 형태로 고려하였는지를 명시적으로 적시한다.

12. The panel may suspend its work at any time at the request of the complaining party for a period not to exceed 12 months. In the event of such a suspension, the time-frames set out in paragraphs 8 and 9 of this Article, paragraph 1 of Article 20, and paragraph 4 of Article 21 shall be extended by the amount of time that the work was suspended. If the work of the panel has been suspended for more than 12 months, the authority for establishment of the panel shall lapse.

12. 패널은 제소국이 요청하는 경우 언제라도 12월을 초과하지 아니하는 기간 동안 자신의 작업을 정지할 수 있다. 이와 같이 정지하는 경우, 이 조의 제8항 및 제9항, 제20조 제1항 및 제21조 제4항에 명시된 시한은 작업이 정지되는 기간 만큼 연장된다. 패널의 작업이 12월 이상 정지되는 경우에는 동 패널 설치 권한이 소멸된다.

Article 13
Right to Seek Information

제13조
정보 요청 권리

1. Each panel shall have the right to seek information and technical advice from

1. 각 패널은 자신이 적절하다고 판단하는 모든 개인 또는 기관으로부터 정보 및 기술

DSU

any individual or body which it deems appropriate. However, before a panel seeks such information or advice from any individual or body within the jurisdiction of a Member it shall inform the authorities of that Member. A Member should respond promptly and fully to any request by a panel for such information as the panel considers necessary and appropriate. Confidential information which is provided shall not be revealed without formal authorization from the individual, body, or authorities of the Member providing the information.

적 자문을 구할 권리를 갖는다. 그러나 패널은 회원국의 관할권 아래에 있는 개인이나 기관으로부터 이러한 정보나 자문을 구하기 전에 동 회원국의 당국에 통보한다. 패널이 필요하고 적절하다고 간주하는 정보를 요청하는 경우, 회원국은 언제나 신속히 그리고 충실하게 이에 응하여야 한다. 비밀정보가 제공되는 경우, 동 정보는 이를 제공하는 회원국의 개인, 기관 또는 당국으로부터의 공식적인 승인 없이는 공개되지 아니한다.

2. Panels may seek information from any relevant source and may consult experts to obtain their opinion on certain aspects of the matter. With respect to a factual issue concerning a scientific or other technical matter raised by a party to a dispute, a panel may request an advisory report in writing from an expert review group. Rules for the establishment of such a group and its procedures are set forth in Appendix 4.

2. 패널은 모든 관련 출처로부터 정보를 구할 수 있으며, 사안의 특정 측면에 대한 의견을 구하기 위하여 전문가와 협의할 수 있다. 패널은 일방 분쟁 당사자가 제기하는 과학적 또는 그 밖의 기술적 사항과 관련된 사실 문제에 관하여 전문가 검토단에게 서면 자문 보고서를 요청할 수 있다. 이러한 검토단의 설치에 관한 규칙 및 검토단의 절차는 부록 4에 규정되어 있다.

Article 14
Confidentiality

제 14 조
비공개성

1. Panel deliberations shall be confidential.

1. 패널의 심의는 공개되지 아니한다.

2. The reports of panels shall be drafted without the presence of the parties to the dispute in the light of the information provided and the statements made.

2. 패널 보고서는 제공된 정보 및 행하여진 진술 내용에 비추어 분쟁 당사자의 참석 없이 작성된다.

3. Opinions expressed in the panel report by individual panelists shall be anonymous.

3. 개별 패널 위원이 패널 보고서에서 표명한 의견은 익명으로 한다.

Article 15
Interim Review Stage

1. Following the consideration of rebuttal submissions and oral arguments, the panel shall issue the descriptive (factual and argument) sections of its draft report to the parties to the dispute. Within a period of time set by the panel, the parties shall submit their comments in writing.

2. Following the expiration of the set period of time for receipt of comments from the parties to the dispute, the panel shall issue an interim report to the parties, including both the descriptive sections and the panel's findings and conclusions. Within a period of time set by the panel, a party may submit a written request for the panel to review precise aspects of the interim report prior to circulation of the final report to the Members. At the request of a party, the panel shall hold a further meeting with the parties on the issues identified in the written comments. If no comments are received from any party within the comment period, the interim report shall be considered the final panel report and circulated promptly to the Members.

3. The findings of the final panel report shall include a discussion of the arguments made at the interim review stage. The interim review stage shall be conducted within the time-period set out in paragraph 8 of Article 12.

제 15 조
잠정 검토 단계

1. 패널은 반박 서면 입장 및 구두 주장을 심리한 후 자신의 보고서 초안 중 서술적인 부분(사실 및 주장)을 분쟁 당사자에게 제시한다. 패널이 설정한 기간 내에 분쟁 당사자는 서면으로 논평을 제출한다.

2. 분쟁 당사자로부터 논평을 접수하기 위하여 정해진 기간이 경과한 후 패널은 서술 부분과 패널의 조사 결과 및 결론을 모두 포함하는 잠정 보고서를 분쟁 당사자에게 제시한다. 분쟁 당사자는 패널이 정한 기간내에 잠정 보고서의 특정 부분을 최종 보고서가 회원국에게 배포되기 전에 잠정 검토하여 줄 것을 서면으로 요청할 수 있다. 일방 분쟁 당사자가 요청하는 경우, 패널은 분쟁 당사자와 서면 논평에 명시된 문제에 관하여 추가적인 회의를 개최한다. 논평 기간 내에 어떤 분쟁 당사자도 논평을 제출하지 아니하는 경우 잠정 보고서는 최종 패널 보고서로 간주되며 신속히 회원국에게 배포된다.

3. 최종 패널 보고서의 조사 결과는 잠정 검토 단계에서 이루어진 주장에 대한 토의를 포함한다. 잠정 검토 단계는 제12조 제8항에 명시된 기간 내에서 진행된다.

Article 16
Adoption of Panel Reports

1. In order to provide sufficient time for the Members to consider panel reports, the reports shall not be considered for adoption by the DSB until 20 days after the date they have been circulated to the Members.

2. Members having objections to a panel report shall give written reasons to explain their objections for circulation at least 10 days prior to the DSB meeting at which the panel report will be considered.

3. The parties to a dispute shall have the right to participate fully in the consideration of the panel report by the DSB, and their views shall be fully recorded.

4. Within 60 days after the date of circulation of a panel report to the Members, the report shall be adopted at a DSB meeting[7)] unless a party to the dispute formally notifies the DSB of its decision to appeal or the DSB decides by consensus not to adopt the report. If a party has notified its decision to appeal, the report by the panel shall not be considered for adoption by the DSB until after completion of the appeal. This adoption procedure is without prejudice to the right of Members to express their

7) If a meeting of the DSB is not scheduled within this period at a time that enables the requirements of paragraphs 1 and 4 of Article 16 to be met, a meeting of the DSB shall be held for this purpose.

제 16 조
패널 보고서의 채택

1. 회원국에게 패널 보고서를 검토할 충분한 시간을 부여하기 위하여 동 보고서는 회원국에게 배포된 날로부터 20일 이내에는 분쟁해결기구에서 채택을 위한 심의의 대상이 되지 아니한다.

2. 패널 보고서에 이의가 있는 회원국은 적어도 동 패널 보고서가 심의되는 분쟁해결기구 회의가 개최되기 10일 이전에 회원국에게 배포되도록 자신의 이의를 설명하는 이유를 서면으로 제출한다.

3. 분쟁 당사자는 분쟁해결기구의 패널 보고서에 대한 심의 과정에 충분히 참여할 권리를 가지며 그들의 견해는 충실히 기록된다.

4. 일방 분쟁 당사자가 정식으로 분쟁해결기구에 자기 나라의 상소 결정을 통지하지 아니 하거나, 분쟁해결기구가 컨센서스로 패널 보고서를 채택하지 아니 하기로 결정하지 아니하는 한, 패널 보고서는 회원국에게 배포된 날로부터 60일 이내에 분쟁해결기구 회의[7)]에서 채택된다. 일방 분쟁 당사자가 자기 나라의 상소 결정을 통지하는 경우, 패널 보고서는 상소 절차 종료 후까지 분쟁해결기구에서 채택을 위한 논의의 대상이 되지 아니한다. 이러한 채택 절차는 회원국이 패널 보고서에 대하여 자

7) 분쟁해결기구의 회의가 이 기간 내에 제16조 제1항 및 제4항의 요건을 충족시킬 수 있는 시기에 계획되어 있지 아니한 경우, 분쟁해결기구의 회의가 동 목적을 위하여 소집된다.

views on a panel report.

기 나라의 견해를 표명할 수 있는 권리에 아무런 영향을 미치지 아니한다.

Article 17
Appellate Review

제 17 조
상소 심의

Standing Appellate Body

상설 상소기구

1. A standing Appellate Body shall be established by the DSB. The Appellate Body shall hear appeals from panel cases. It shall be composed of seven persons, three of whom shall serve on any one case. Persons serving on the Appellate Body shall serve in rotation. Such rotation shall be determined in the working procedures of the Appellate Body.

1. 분쟁해결기구는 상설 상소기구를 설치한다. 상소기구는 패널 사안으로부터의 상소를 심의한다. 동 기구는 7인으로 구성되며, 이들 중 3인이 하나의 사건을 담당한다. 상소기구 위원은 교대로 업무를 담당한다. 이러한 교대는 상소기구의 작업 절차에 정해진다.

2. The DSB shall appoint persons to serve on the Appellate Body for a four-year term, and each person may be reappointed once. However, the terms of three of the seven persons appointed immediately after the entry into force of the WTO Agreement shall expire at the end of two years, to be determined by lot. Vacancies shall be filled as they arise. A person appointed to replace a person whose term of office has not expired shall hold office for the remainder of the predecessor's term.

2. 분쟁해결기구는 4년 임기의 상소기구 위원을 임명하며 각 상소기구 위원은 1차에 한하여 연임할 수 있다. 다만, 세계무역기구협정 발효 직후 임명되는 7인 중 3인의 임기는 2년 후 만료되며, 이는 추첨으로 결정한다. 결원은 발생할 때마다 충원된다. 임기가 만료되지 아니한 상소기구 위원을 교체하기 위하여 임명된 위원은 전임자의 잔여 임기 동안 상소기구 위원의 직을 수행한다.

3. The Appellate Body shall comprise persons of recognized authority, with demonstrated expertise in law, international trade and the subject matter of the covered agreements generally. They shall be unaffiliated with any govern-

3. 상소기구는 법률, 국제무역 및 대상협정 전반의 주제에 대하여 입증된 전문 지식을 갖춘 인정된 권위자로 구성된다. 상소기구 위원은 어느 정부와도 연관되지 아니한다. 상소기구 위원은 세계무역기구 회원국을

ment. The Appellate Body membership shall be broadly representative of membership in the WTO. All persons serving on the Appellate Body shall be available at all times and on short notice, and shall stay abreast of dispute settlement activities and other relevant activities of the WTO. They shall not participate in the consideration of any disputes that would create a direct or indirect conflict of interest.

폭넓게 대표한다. 모든 상소기구 위원은 어느 때라도 단기간의 통지로 이용 가능해야 하며 세계무역기구의 분쟁해결 활동 및 그 밖의 관련 활동을 계속 숙지하고 있어야 한다. 상소기구 위원은 직접 또는 간접적인 이해의 충돌을 이야기할 수 있는 분쟁의 심의에 참여하지 아니한다.

4. Only parties to the dispute, not third parties, may appeal a panel report. Third parties which have notified the DSB of a substantial interest in the matter pursuant to paragraph 2 of Article 10 may make written submissions to, and be given an opportunity to be heard by, the Appellate Body.

4. 분쟁 당사자만이 패널 보고서에 대하여 상소할 수 있으며 제3자는 상소할 수 없다. 제10조 제2항에 따라 사안에 대한 실질적인 이해관계가 있음을 분쟁해결기구에 통지한 제3자는 상소기구에 서면 입장을 제출하고 상소기구에서 자신의 입장을 개진할 기회를 가질 수 있다.

5. As a general rule, the proceedings shall not exceed 60 days from the date a party to the dispute formally notifies its decision to appeal to the date the Appellate Body circulates its report. In fixing its timetable the Appellate Body shall take into account the provisions of paragraph 9 of Article 4, if relevant. When the Appellate Body considers that it cannot provide its report within 60 days, it shall inform the DSB in writing of the reasons for the delay together with an estimate of the period within which it will submit its report. In no case shall the proceedings exceed 90 days.

5. 일반적으로 일방 분쟁 당사자가 자기 나라의 상소 결정을 공식적으로 통지한 날로부터 상소기구가 자신의 보고서를 배포하는 날까지의 절차는 60일을 초과하지 아니한다. 자신의 일정 확정시 상소기구는 관련되는 경우 제4조 제9항의 규정을 고려한다. 상소기구는 60일 이내에 자신의 보고서를 제출하지 못할 것이라고 간주하는 경우, 지연 사유를 보고서 제출에 소요될 것으로 예상되는 기간과 함께 서면으로 분쟁해결기구에 통보한다. 어떠한 경우에도 그 절차는 90일을 초과할 수 없다.

6. An appeal shall be limited to issues of law covered in the panel report and legal

6. 상소는 패널 보고서에서 다루어진 법률문제 및 패널이 행한 법률해석에만 국한된다.

interpretations developed by the panel.

7. The Appellate Body shall be provided with appropriate administrative and legal support as it requires.

7. 상소기구는 자신이 필요로 하는 적절한 행정적 및 법률적 지원을 제공받는다.

8. The expenses of persons serving on the Appellate Body, including travel and subsistence allowance, shall be met from the WTO budget in accordance with criteria to be adopted by the General Council, based on recommendations of the Committee on Budget, Finance and Administration.

8. 여행 경비 및 수당을 포함하여 상소기구 위원이 업무를 수행하는 데 소요되는 비용은 예산・재정 및 관리위원회의 권고에 근거하여 일반이사회가 채택하는 기준에 따라 세계무역기구의 예산으로 충당한다.

Procedures for Appellate Review

상소 절차

9. Working procedures shall be drawn up by the Appellate Body in consultation with the Chairman of the DSB and the Director-General, and communicated to the Members for their information.

9. 상소기구는 분쟁해결기구 의장 및 사무총장과의 협의를 거쳐 작업 절차를 작성하며, 동 작업 절차는 회원국들이 알 수 있도록 통보된다.

10. The proceedings of the Appellate Body shall be confidential. The reports of the Appellate Body shall be drafted without the presence of the parties to the dispute and in the light of the information provided and the statements made.

10. 상소기구의 심의 과정은 공개되지 아니한다. 상소기구 보고서는 제공된 정보 및 행하여진 진술 내용에 비추어 분쟁 당사자의 참석 없이 작성된다.

11. Opinions expressed in the Appellate Body report by individuals serving on the Appellate Body shall be anonymous.

11. 상소기구 보고서에 표명된 개별 상소 기구 위원의 견해는 익명으로 한다.

12. The Appellate Body shall address each of the issues raised in accordance with paragraph 6 during the appellate proceeding.

12. 상소기구는 제6항에 따라 제기된 각각의 문제를 상소 심의 과정에서 검토한다.

13. The Appellate Body may uphold, modify or reverse the legal findings and

13. 상소기구는 패널의 법률적인 조사 결과와 결론을 확정, 변경 또는 파기할 수 있다.

conclusions of the panel.

Adoption of Appellate Body Reports

14. An Appellate Body report shall be adopted by the DSB and unconditionally accepted by the parties to the dispute unless the DSB decides by consensus not to adopt the Appellate Body report within 30 days following its circulation to the Members.[8] This adoption procedure is without prejudice to the right of Members to express their views on an Appellate Body report.

상소기구 보고서의 채택

14. 상소기구 보고서가 회원국에게 배포된 후 30일 이내에 분쟁해결기구가 컨센서스로 동 보고서를 채택하지 아니 하기로 결정하지 아니 하는 한, 분쟁해결기구는 이를 채택하며 분쟁 당사자는 동 보고서를 무조건 수락한다.[8] 동 채택 절차는 회원국이 상소기구 보고서에 대하여 자기 나라의 견해를 표명할 수 있는 권리를 저해하지 아니한다.

Article 18
Communications with the Panel or Appellate Body

1. There shall be no *ex parte* communications with the panel or Appellate Body concerning matters under consideration by the panel or Appellate Body.

2. Written submissions to the panel or the Appellate Body shall be treated as confidential, but shall be made available to the parties to the dispute. Nothing in this Understanding shall preclude a party to a dispute from disclosing statements of its own positions to the public. Members shall treat as confidential information submitted by another Member to the panel or the Appellate Body which that Member has designated as confidential. A party to a dispute shall also, upon request of a Member, provide a

제 18 조
패널 또는 상소기구와의 의사소통

1. 패널 또는 상소기구가 심의 중인 사안과 관련하여 패널 또는 상소기구와 일방 분쟁 당사자만의 의사소통이 있어서는 아니 된다.

2. 패널이나 상소기구에 제출되는 서면 입장은 비밀로서 취급되나 분쟁 당사자는 이를 입수할 수 있다. 이 양해의 어느 규정도 분쟁 당사자가 자기 나라의 입장에 관한 진술을 공개하는 것을 금지하지 아니한다. 회원국은 다른 회원국이 패널이나 상소기구에 제출한 정보로서 비밀이라고 지정한 경우 이를 비밀로 취급한다. 또한 분쟁 당사자는 회원국이 요청하는 경우 서면 입장에 포함된 공개 가능한 정보의 평문 요약문을 제공한다.

8) If a meeting of the DSB is not scheduled during this period, such a meeting of the DSB shall be held for this purpose.

8) 분쟁해결기구의 회의가 동 기간 중 계획되어 있지 않은 경우, 동 목적을 위하여 분쟁해결기구 회의가 소집된다.

non-confidential summary of the information contained in its written submissions that could be disclosed to the public.

Article 19
Panel and Appellate Body Recommendations

1. Where a panel or the Appellate Body concludes that a measure is inconsistent with a covered agreement, it shall recommend that the Member concerned[9] bring the measure into conformity with that agreement.[10] In addition to its recommendations, the panel or Appellate Body may suggest ways in which the Member concerned could implement the recommendations.

2. In accordance with paragraph 2 of Article 3, in their findings and recommendations, the panel and Appellate Body cannot add to or diminish the rights and obligations provided in the covered agreements.

Article 20
Time-frame for DSB Decisions

Unless otherwise agreed to by the parties to the dispute, the period from the date of establishment of the panel by the DSB until the date the DSB considers the panel or

9) The "Member concerned" is the party to the dispute to which the panel or Appellate Body recommendations are directed.

10) With respect to recommendations in cases not involving a violation of GATT 1994 or any other covered agreement, see Article 26.

제 19 조
패널 및 상소기구의 권고

1. 패널 또는 상소기구는 조치가 대상협정에 일치하지 않는다고 결론짓는 경우, 관련 회원국[9]에게 동 조치를 동 대상협정에 합치시키도록 권고한다.[10] 자신의 권고에 추가하여 패널 또는 상소기구는 관련 회원국이 권고를 이행할 수 있는 방법을 제시할 수 있다.

2. 제3조 제2항에 따라 패널과 상소기구는 자신의 조사 결과와 권고에서 대상협정에 규정된 권리와 의무를 증가 또는 감소시킬 수 없다.

제 20 조
분쟁해결기구의 결정 시한

분쟁 당사자가 달리 합의하지 아니하는 한, 일반적으로 분쟁해결기구가 패널을 설치한 날로부터 패널 또는 상소 보고서의 채택을

9) "관련 회원국"은 패널이나 상소기구 권고의 대상이 되는 분쟁 당사국이다.

10) 1994년도 GATT 또는 다른 대상협정의 위반을 수반하지 아니하는 사건에 대한 권고에 대하여는 제26조를 참조 바람.

appellate report for adoption shall as a general rule not exceed nine months where the panel report is not appealed or 12 months where the report is appealed. Where either the panel or the Appellate Body has acted, pursuant to paragraph 9 of Article 12 or paragraph 5 of Article 17, to extend the time for providing its report, the additional time taken shall be added to the above periods.

심의하는 날까지의 기간은 패널 보고서에 대하여 상소를 제기하지 아니한 경우는 9월을, 상소를 제기한 경우에는 12월을 초과하지 아니한다. 패널이나 상소기구가 제12조 제9항 또는 제17조 제5항에 따라 보고서의 제출 기간을 연장하기로 한 경우, 추가로 소요된 시간은 동 기간에 합산된다.

Article 21
Surveillance of Implementation of Recommendations and Rulings

제21조
권고 및 판정의 이행에 대한 감독

1. Prompt compliance with recommendations or rulings of the DSB is essential in order to ensure effective resolution of disputes to the benefit of all Members.

1. 분쟁해결기구의 권고 또는 판정을 신속하게 이행하는 것이 모든 회원국에게 이익이 되도록 분쟁의 효과적인 해결을 확보하는데 필수적이다.

2. Particular attention should be paid to matters affecting the interests of developing country Members with respect to measures which have been subject to dispute settlement.

2. 분쟁 해결의 대상이 된 조치와 관련하여 개발도상 회원국의 이해관계에 영향을 미치는 문제에 대하여 특별한 주의를 기울여야 한다.

3. At a DSB meeting held within 30 days[11)] after the date of adoption of the panel or Appellate Body report, the Member concerned shall inform the DSB of its intentions in respect of implementation of the recommendations and rulings of the DSB. If it is impracticable to comply immediately with the recommendations and rulings, the Member concerned shall have a reasonable period of time in which to do so. The reasonable period of

3. 패널 또는 상소 보고서가 채택된 날로부터 30일 이내[11)]에 개최되는 분쟁해결기구 회의에서 관련 회원국은 분쟁해결기구의 권고 및 판정의 이행에 대한 자기 나라의 입장을 분쟁해결기구에 통보한다. 권고 및 판정의 즉각적인 준수가 실현 불가능한 경우, 관련 회원국은 준수를 위한 합리적인 기간을 부여받는다. 합리적인 기간은 다음과 같다.

11) If a meeting of the DSB is not scheduled during this period, such a meeting of the DSB shall be held for this purpose.

11) 분쟁해결기구 회의가 이 기간 중 계획되어 있지 아니한 경우, 동 목적을 위하여 분쟁해결기구 회의가 소집된다.

time shall be:

(a) the period of time proposed by the Member concerned, provided that such period is approved by the DSB: or, in the absence of such approval,

가. 분쟁해결기구의 승인을 받는 것을 조건으로, 관련 회원국이 제의하는 기간. 또는 이러한 승인이 없는 경우에는,

(b) a period of time mutually agreed by the parties to the dispute within 45 days after the date of adoption of the recommendations and rulings; or, in the absence of such agreement,

나. 권고 및 판정이 채택된 날로부터 45일 이내에 분쟁 당사자가 상호 합의하는 기간. 또는 이러한 합의가 없을 때에는,

(c) a period of time determined through binding arbitration within 90 days after the date of adoption of the recommendations and rulings.[12)] In such arbitration, a guideline for the arbitrator[13)] should be that the reasonable period of time to implement panel or Appellate Body recommendations should not exceed 15 months from the date of adoption of a panel or Appellate Body report. However, that time may be shorter or longer, depending upon the particular circumstances.

다. 권고 및 판정이 채택된 날로부터 90일 이내에 기속적인 중재를 통하여 확정되는 기간.[12)] 이러한 중재에 있어서 중재인[13)]을 위한 지침은 패널 또는 상소기구 권고 이행을 위한 합리적인 기간이 패널 또는 상소기구 보고서가 채택된 날로부터 15월을 초과하지 아니 하여야 한다는 것이다. 그러나 특별한 사정에 따라 동 기간은 단축되거나 연장될 수 있다.

4. Except where the panel or the Appellate Body has extended, pursuant to paragraph 9 of Article 12 or paragraph 5 of Article 17, the time of providing its report, the period from the date of establishment of the panel by the DSB

4. 패널 또는 상소기구가 제12조 제9항 또는 제17조 제5항에 따라 보고서의 제출 기간을 연장한 경우를 제외하고는, 분쟁해결기구가 패널을 설치한 날로부터 합리적인 기간 확정일까지의 기간은 분쟁 당사자가 달

12) If the parties cannot agree on an arbitrator within 10 days after referring the matter to arbitration, the arbitrator shall be appointed by the Director-General within 10 days, after consulting the parties.

13) The expression "arbitrator" shall be interpreted as referring either to an individual or a group.

12) 사안을 중재에 회부한 날로부터 10일 이내에 분쟁 당사자가 중재인에 합의하지 못하는 경우, 사무총장은 당사국과 협의한 후 10일 이내에 중재인을 임명한다.

13) "중재인"이라는 표현은 개인 혹은 집단을 지칭하는 것으로 해석된다.

until the date of determination of the reasonable period of time shall not exceed 15 months unless the parties to the dispute agree otherwise. Where either the panel or the Appellate Body has acted to extend the time of providing its report, the additional time taken shall be added to the 15-month period; provided that unless the parties to the dispute agree that there are exceptional circumstances, the total time shall not exceed 18 months.

리 합의하지 아니하는 한 15월을 초과하지 아니한다. 패널 또는 상소기구가 보고서 제출 기간을 연장하기로 한 경우, 추가적으로 소요된 기간은 동 15월의 기간에 합산된다. 다만, 분쟁 당사자가 예외적인 사정이 존재한다고 합의하지 아니하는 한 총 기간은 18월을 초과하지 아니한다.

5. Where there is disagreement as to the existence or consistency with a covered agreement of measures taken to comply with the recommendations and rulings such dispute shall be decided through recourse to these dispute settlement procedures, including wherever possible resort to the original panel. The panel shall circulate its report within 90 days after the date of referral of the matter to it. When the panel considers that it cannot provide its report within this time frame, it shall inform the DSB in writing of the reasons for the delay together with an estimate of the period within which it will submit its report.

5. 권고 및 판정의 준수를 위한 조치가 취해지고 있는 지 여부 또는 동 조치가 대상협정에 합치하는지 여부에 대하여 의견이 일치하지 아니하는 경우, 이러한 분쟁은 가능한 한 원패널에 회부하는 것을 포함하여 이러한 분쟁해결절차의 이용을 통하여 결정된다. 패널은 사안이 회부된 날로부터 90일 이내에 보고서를 배포한다. 패널이 동 시한 내에 보고서를 제출할 수 없다고 판단하는 경우, 지연 사유를 패널 보고서 제출에 필요하다고 예상되는 기간과 함께 서면으로 분쟁해결기구에 통보한다.

6. The DSB shall keep under surveillance the implementation of adopted recommendations or rulings. The issue of implementation of the recommendations or rulings may be raised at the DSB by any Member at any time following their adoption. Unless the DSB decides otherwise, the issue of implementation of the recommendations or rulings shall be placed on the agenda of the DSB meet-

6. 분쟁해결기구는 채택된 권고 또는 판정의 이행 상황을 지속적으로 감시한다. 모든 회원국은 권고 또는 판정이 채택된 후 언제라도 그 이행 문제를 분쟁해결기구에 제기할 수 있다. 분쟁해결기구가 달리 결정하지 아니하는 한, 권고나 판정의 이행 문제는 제21조 제3항에 따라 합리적 이행 기간이 확정된 날로부터 6월 이후에 분쟁해결기구 회의의 의제에 상정되며, 동 문제

ing after six months following the date of establishment of the reasonable period of time pursuant to paragraph 3 and shall remain on the DSB's agenda until the issue is resolved. At least 10 days prior to each such DSB meeting, the Member concerned shall provide the DSB with a status report in writing of its progress in the implementation of the recommendations or rulings.

가 해결될 때까지 계속 분쟁해결기구의 의제에 남는다. 이러한 분쟁해결기구 회의가 개최되기 최소한 10일 전까지 관련 회원국은 권고 또는 판정의 이행에 있어서의 진전 상황에 관한 서면 보고서를 분쟁해결기구에 제출한다.

7. If the matter is one which has been raised by a developing country Member, the DSB shall consider what further action it might take which would be appropriate to the circumstances.

7. 개발도상 회원국이 제소국인 경우, 분쟁해결기구는 상황에 비추어 적절한 어떠한 추가적인 조치를 취할 것인 지를 검토한다.

8. If the case is one brought by a developing country Member, in considering what appropriate action might be taken, the DSB shall take into account not only the trade coverage of measures complained of, but also their impact on the economy of developing country Members concerned.

8. 개발도상 회원국이 제소국인 경우, 분쟁해결기구는 어떠한 적절한 조치를 취할 것인지를 고려할 때 제소 대상 조치가 무역에 있어서 차지하는 비중뿐만 아니라 동 조치가 관련 개발도상 회원국의 경제에 미치는 영향도 고려한다.

Article 22
Compensation and the Suspension of Concessions

제22조
보상 및 양허의 정지

1. Compensation and the suspension of concessions or other obligations are temporary measures available in the event that the recommendations and rulings are not implemented within a reasonable period of time. However, neither compensation nor the suspension of concessions or other obligations is preferred to full implementation of a recommendation to bring a measure into conform-

1. 보상 및 양허 또는 그 밖의 의무의 정지는 권고 및 판정이 합리적인 기간내에 이행되지 아니하는 경우 취할 수 있는 잠정적인 조치이다. 그러나 보상이나 양허 또는 그 밖의 의무의 정지는 관련 조치를 대상협정에 합치시키도록 하는 권고의 완전한 이행에 우선하지 아니한다. 보상은 자발적인 성격을 띠며, 이를 행하는 경우 대상협정과 합치하여야 한다.

ity with the covered agreements. Compensation is voluntary and, if granted, shall be consistent with the covered agreements.

2. If the Member concerned fails to bring the measure found to be inconsistent with a covered agreement into compliance therewith or otherwise comply with the recommendations and rulings within the reasonable period of time determined pursuant to paragraph 3 of Article 21, such Member shall, if so requested, and no later than the expiry of the reasonable period of time, enter into negotiations with any party having invoked the dispute settlement procedures, with a view to developing mutually acceptable compensation. If no satisfactory compensation has been agreed within 20 days after the date of expiry of the reasonable period of time, any party having invoked the dispute settlement procedures may request authorization from the DSB to suspend the application to the Member concerned of concessions or other obligations under the covered agreements.

2. 관련 회원국이 제21조 제3항에 의거하여 확정된 합리적인 기간 내에 대상협정 위반으로 판정이 난 조치를 동 협정에 합치시키지 아니 하거나 달리 권고 및 판정을 이행하지 아니하는 경우, 동 회원국은 요청을 받는 경우 합리적인 기간이 종료되기 전에 분쟁해결절차에 호소한 분쟁 당사자와 상호 수락할 수 있는 보상의 마련을 위하여 협상을 개시한다. 합리적인 기간이 종료된 날로부터 20일 이내에 만족할 만한 보상에 대하여 합의가 이루어지지 아니하는 경우, 분쟁해결절차에 호소한 분쟁 당사자는 대상협정에 따른 양허 또는 그 밖의 의무를 관련 회원국에 대해 적용을 정지하기 위한 승인을 분쟁해결기구에 요청할 수 있다.

3. In considering what concessions or other obligations to suspend, the complaining party shall apply the following principles and procedures:

3. 어떠한 양허 또는 그 밖의 의무를 정지할 것인지를 검토하는 데 있어서 제소국은 다음의 원칙과 절차를 적용한다.

(a) the general principle is that the complaining party should first seek to suspend concessions or other obligations with respect to the same sector(s) as that in which the panel or Appellate Body has found a violation or other

가. 일반적인 원칙은 제소국은 패널 또는 상소기구가 위반 또는 그 밖의 무효화 또는 침해가 있었다고 판정을 내린 분야와 동일한 분야에서의 양허 또는 그 밖의 의무의 정지를 우선 추구하여야 한다는 것이다.

nullification or impairment;

(b) if that party considers that it is not practicable or effective to suspend concessions or other obligations with respect to the same sector(s), it may seek to suspend concessions or other obligations in other sectors under the same agreement;

(c) if that party considers that it is not practicable or effective to suspend concessions or other obligations with respect to other sectors under the same agreement, and that the circumstances are serious enough, it may seek to suspend concessions or other obligations under another covered agreement;

(d) in applying the above principles, that party shall take into account:

(i) the trade in the sector or under the agreement under which the panel or Appellate Body has found a violation or other nullification or impairment, and the importance of such trade to that party;

(ii) the broader economic elements related to the nullification or impairment and the broader economic consequences of the suspension of concessions or other obligations;

(e) if that party decides to request authorization to suspend concessionsor other obligations pursuant to subparagraphs (b) or (c), it shall state the reasons therefor in its request. At the same time as the request is forwarded to the DSB, it also shall be forwarded

나. 동 제소국이 동일 분야에서 양허 또는 그 밖의 의무를 정지하는 것이 비현실적 또는 비효과적이라고 간주하는 경우, 동일 협정 상의 다른 분야에서의 양허 또는 그 밖의 의무의 정지를 추구할 수 있다.

다. 동 제소국이 동일 협정 상의 다른 분야에서의 양허 또는 그 밖의 의무를 정지하는 것이 비현실적 또는 비효과적이며 상황이 충분히 심각하다고 간주하는 경우, 다른 대상협정 상의 양허 또는 그 밖의 의무의 정지를 추구할 수 있다.

라. 위의 원칙을 적용하는 데 있어서 동 제소국은 다음 사항을 고려한다.

(1) 패널 또는 상소기구가 위반 또는 그 밖의 무효화 또는 침해가 있었다고 판정을 내린 분야 또는 협정 상의 무역, 그리고 동 무역이 제소국에서 차지하는 중요성

(2) 무효화 또는 침해에 관련된 보다 더 광범위한 경제적 요소와 양허 또는 그 밖의 의무의 정지가 초래할 보다 더 광범위한 경제적 파급효과

마. 동 제소국이 나호 또는 다호에 따라 양허 또는 그 밖의 의무를 정지하기 위한 승인을 요청하기로 결정하는 경우, 요청서에 그 사유를 명시한다. 분쟁해결기구에 요청서를 제출함과 동시에 제소국은 관련 이사회, 그리고 또한 나호에 따른 요청의 경우에는 관련 분야 기구에도 요청서를

to the relevant Councils and also, in the case of a request pursuant to subparagraph (b), the relevant sectoral bodies;

송부한다.

(f) for purposes of this paragraph, "sector" means:

(i) with respect to goods, all goods;

(ii) with respect to services, a principal sector as identified in the current "Services Sectoral Classification List" which identifies such sectors;[14]

(iii) with respect to trade-related intellectual property rights, each of the categories of intellectual property rights covered in Section 1, or Section 2, or Section 3, or Section 4, or Section 5, or Section 6, or Section 7 of Part II, or the obligations under Part III, or Part IV of the Agreement on TRIPS;

바. 이 항의 목적 상 "분야"란 다음을 의미한다.

(1) 상품과 관련해서는, 모든 상품

(2) 서비스와 관련해서는, 주요 분야를 명시하고 있는 현행 "서비스 분야별 분류표"에 명시된 이러한 분야[14]

(3) 무역 관련 지적재산권과 관련해서는, 무역 관련 지적재산권에 관한 협정 제2부 제1절, 또는 제2절, 또는 제3절, 또는 제4절, 또는 제5절, 또는 제6절, 또는 제7절에 규정된 각 지적재산권의 범주, 또는 제3부 또는 제4부 상의 의무

(g) for purposes of this paragraph, "agreement" means:

(i) with respect to goods, the agreements listed in Annex 1A of the WTO Agreement, taken as a whole as well as the Plurilateral Trade Agreements in so far as the relevant parties to the dispute are parties to these agreements;

(ii) with respect to services, the GATS;

(iii) with respect to intellectual property rights, the Agreement on TRIPS.

사. 이 항의 목적 상 "협정"이란 다음을 의미한다.

(1) 상품과 관련, 세계무역기구협정 부속서 1가에 열거된 협정 전체와 관련 분쟁 당사자가 그 회원국인 경우 복수국 간 무역협정

(2) 서비스와 관련, 서비스 무역에 관한 일반협정

(3) 지적재산권과 관련, 무역 관련 지적재산권에 관한 협정

4. The level of the suspension of concessions or other obligations authorized by the DSB shall be equivalent to the level of the nullification or impairment.

4. 분쟁해결기구가 승인하는 양허 또는 그 밖의 의무 정지의 수준은 무효화 또는 침해의 수준에 상응한다.

---

14) The list in document MTN.GNS/W/120 identifies 11 sectors.

14) MTN.GNS/W/120 문서 상의 목록은 11개 분야를 명시하고 있다.

5. The DSB shall not authorize suspension of concessions or other obligations if a covered agreement prohibits such suspension.

5. 분쟁해결기구는 대상협정이 양허 또는 그 밖의 의무의 정지를 금지하는 경우, 이를 승인하지 아니한다.

6. When the situation described in paragraph 2 occurs, the DSB, upon request, shall grant authorization to suspend concessions or other obligations within 30 days of the expiry of the reasonable period of time unless the DSB decides by consensus to reject the request. However, if the Member concerned objects to the level of suspension proposed, or claims that the principles and procedures set forth in paragraph 3 have not been followed where a complaining party has requested authorization to suspend concessions or other obligations pursuant to paragraph 3(b) or (c), the matter shall be referred to arbitration. Such arbitration shall be carried out by the original panel, if members are available, or by an arbitrator[15] appointed by the Director-General and shall be completed within 60 days after the date of expiry of the reasonable period of time. Concessions or other obligations shall not be suspended during the course of the arbitration.

6. 제2항에 규정된 상황이 발생할 때에 분쟁해결기구는 요청이 있는 경우, 분쟁해결기구가 콘센서스로 동 요청을 거부하기로 결정하지 아니하는 한, 합리적 기간의 종료로부터 30일 이내에 양허 또는 그 밖의 의무의 정지를 승인한다. 그러나 관련 당사국이 제안된 정지의 수준에 대하여 이의를 제기하거나, 제소국이 제3항 나호 또는 다호에 따라 양허 또는 그 밖의 의무의 정지에 대한 승인을 요청했을 때 제3항에 명시된 원칙 및 절차가 준수되지 아니 하였다고 주장하는 경우, 동 사안은 중재에 회부된다. 이러한 중재는 원패널 위원의 소집이 가능한 경우 원패널, 또는 사무총장이 임명하는 중재인[15]에 의하여 수행되며 합리적인 기간의 만료일로부터 60일 이내에 완결된다. 양허 또는 그 밖의 의무는 중재의 진행중에는 정지되지 아니한다.

7. The arbitrator[16] acting pursuant to paragraph 6 shall not examine the nature of the concessions or other obligations to be suspended but shall determine whe-

7. 제6항에 따라 행동하는 중재인은[16] 정지의 대상인 양허 또는 그 밖의 의무의 성격을 검토하지 아니하며, 이러한 정지의 수

15) The expression "arbitrator" shall be interpreted as referring either to an individual or a group.

16) The expression "arbitrator" shall be interpreted as referring either to an individual or a group or to the members of the original panel when serving in the capacity of arbitrator.

15) "중재인"이라는 표현은 개인 또는 집단을 지칭하는 것으로 해석된다.

16) "중재인"이라는 표현은 개인 또는 집단, 또는 원패널이 중재인 역할을 맡은 경우 동 패널의 구성원을 지칭하는 것으로 해석된다.

ther the level of such suspension is equivalent to the level of nullification or impairment. The arbitrator may also determine if the proposed suspension of concessions or other obligations is allowed under the covered agreement. However, if the matter referred to arbitration includes a claim that the principles and procedures set forth in paragraph 3 have not been followed, the arbitrator shall examine that claim. In the event the arbitrator determines that those principles and procedures have not been followed, the complaining party shall apply them consistent with paragraph 3. The parties shall accept the arbitrator's decision as final and the parties concerned shall not seek a second arbitration. The DSB shall be informed promptly of the decision of the arbitrator and shall upon request, grant authorization to suspend concessions or other obligations where the request is consistent with the decision of the arbitrator, unless the DSB decides by consensus to reject the request.

준이 무효화 또는 침해의 수준에 상응하는지를 판정한다. 중재인은 또한 제안된 양허 또는 그 밖의 의무의 정지가 대상협정에 따라 허용되는지 여부를 판정할 수 있다. 그러나 중재에 회부된 사안이 제3항에 명시된 원칙 및 절차가 준수되지 아니하였다는 주장을 포함하는 경우, 중재인은 동 주장을 검토한다. 중재인이 동 원칙 및 절차가 준수되지 아니하였다고 판정하는 경우, 제소국은 제3항에 합치하도록 동 원칙 및 절차를 적용한다. 당사국은 중재인의 판정을 최종적인 것으로 수락하며, 관련 당사자는 제2차 중재를 추구하지 아니한다. 분쟁해결기구는 중재인의 판정을 조속히 통보받으며, 요청이 있는 경우 그 요청이 중재인의 판정에 합치하면 분쟁해결기구가 컨센서스로 동 요청을 거부하기로 결정하지 아니하는 한 양허 또는 그 밖의 의무의 정지를 승인한다.

8. The suspension of concessions or other obligations shall be temporary and shall only be applied until such time as the measure found to be inconsistent with a covered agreement has been removed, or the Member that must implement recommendations or rulings provides a solution to the nullification or impairment of benefits, or a mutually satisfactory solution is reached. In accordance with paragraph 6 of Article 21, the DSB shall continue to keep under surveillance the implementation of adopt-

8. 양허 또는 그 밖의 의무의 정지는 잠정적이며, 대상협정 위반 판정을 받은 조치가 철폐되거나 권고 또는 판정을 이행하여야 하는 회원국이 이익의 무효화 또는 침해에 대한 해결책을 제시하거나 상호 만족할 만한 해결에 도달하는 등의 시점까지만 적용된다. 제21조 제6항에 따라 분쟁해결기구는 보상이 제공되었거나 양허 또는 그 밖의 의무가 정지되었으나 조치를 대상협정에 합치시키도록 한 권고가 이행되지 아니한 경우를 포함하여 채택된 권고 또는 판정의 이행을 계속해서 감독한다.

ed recommendations or rulings, including those cases where compensation has been provided or concessions or other obligations have been suspended but the recommendations to bring a measure into conformity with the covered agreements have not been implemented.

9. The dispute settlement provisions of the covered agreements may be invoked in respect of measures affecting their observance taken by regional or local governments or authorities within the territory of a Member. When the DSB has ruled that a provision of a covered agreement has not been observed, the responsible Member shall take such reasonable measures as may be available to it to ensure its observance. The provisions of the covered agreements and this Understanding relating to compensation and suspension of concessions or other obligations apply in cases where it has not been possible to secure such observance.17)

9. 대상협정의 분쟁해결 규정은 회원국 영토 안의 지역 또는 지방 정부나 당국이 취한 조치로서 대상협정의 준수에 영향을 미치는 조치에 대하여 호소될 수 있다. 분쟁해결기구가 대상협정의 규정이 준수되지 아니하였다고 판정을 내리는 경우, 이에 대한 책임이 있는 회원국은 협정 준수를 확보하기 위하여 취할 수 있는 합리적인 조치를 취한다. 보상 및 양허 또는 그 밖의 의무의 정지에 관한 대상협정 및 이 양해의 규정은 이러한 준수를 확보하는 것이 불가능한 경우에 적용된다.17)

Article 23
Strengthening of the Multilateral System

1. When Members seek the redress of a violation of obligations or other nullification or impairment of benefits under the covered agreements or an impedi-

제 23 조
다자 간 체제의 강화

1. 회원국은 대상협정 상의 의무 위반, 이익의 무효화 또는 침해, 또는 대상협정의 목적 달성에 대한 장애의 시정을 추구하는 경우 이 양해의 규칙 및 절차에 호소하고

17) Where the provisions of any covered agreement concerning measures taken by regional or local governments or authorities within the territory of a Member contain provisions different from the provisions of this paragraph, the provisions of such covered agreement shall prevail.

17) 회원국의 영토 안의 지역 또는 지방 정부나 당국이 취한 조치와 관련된 대상협정의 규정이 이 항의 규정과 상이한 규정을 포함하고 있는 경우, 대상협정의 규정이 우선 적용된다.

ment to the attainment of any objective of the covered agreements, they shall have recourse to, and abide by, the rules and procedures of this Understanding.

또한 이를 준수한다.

2. In such cases, Members shall:

(a) not make a determination to the effect that a violation has occurred, that benefits have been nullified or impaired or that the attainment of any objective of the covered agreements has been impeded, except through recourse to dispute settlement in accordance with the rules and procedures of this Understanding, and shall make any such determination consistent with the findings contained in the panel or Appellate Body report adopted by the DSB or an arbitration award rendered under this Understanding;

(b) follow the procedures set forth in Article 21 to determine the reasonable period of time for the Member concerned to implement the recommendations and rulings; and

(c) follow the procedures set forth in Article 22 to determine the level of suspension of concessions or other obligations and obtain DSB authorization in accordance with those procedures before suspending concessions or other obligations under the covered agreements in response to the failure of the Member concerned to implement the recommendations and rulings within that reasonable period of time.

2. 이러한 경우 회원국은 다음과 같이 한다.

가. 이 협정의 규칙 및 절차에 따른 분쟁해결에 호소하지 아니하고는 위반이 발생하였다거나 이익이 무효화 또는 침해되었다거나 대상협정의 목적 달성이 저해되었다는 취지의 판정을 내리지 아니하며, 분쟁해결기구가 채택한 패널 보고서나 상소기구 보고서에 포함된 조사 결과 또는 이 양해에 따라 내려진 중재판정에 합치되도록 그러한 판정을 내린다.

나. 관련 회원국이 권고 및 판정을 이행하기 위한 합리적인 기간을 확정하는 데 있어서 제21조에 명시된 절차를 따른다.

다. 관련 회원국이 합리적인 기간내에 권고 및 판정을 이행하지 아니하는 데 대한 대응으로서 대상협정 상의 양허 또는 그 밖의 의무를 정지하기 전에 양허 또는 그 밖의 의무의 정지의 수준을 정하는 데 있어서 제22조에 명시된 절차를 따르며 동 절차에 따라 분쟁해결기구의 승인을 얻는다.

Article 24 Special Procedures Involving Least-Developed Country Members

1. At all stages of the determination of the causes of a dispute and of dispute settlement procedures involving a least-developed country Member, particular consideration shall be given to the special situation of least-developed country Members. In this regard, Members shall exercise due restraint in raising matters under these procedures involving a least-developed country Member. If nullification or impairment is found to result from a measure taken by a least-developed country Member, complaining parties shall exercise due restraint in asking for compensation or seeking authorization to suspend the application of concessions or other obligations pursuant to these procedures.

2. In dispute settlement cases involving a least-developed country Member, where a satisfactory solution has not been found in the course of consultations the Director-General or the Chairman of the DSB shall, upon request by a least-developed country Member offer their good offices, conciliation and mediation with a view to assisting the parties to settle the dispute, before a request for a panel is made. The Director-General or the Chairman of the DSB, in providing the above assistance, may consult any source which either deems appropriate.

제 24 조 최빈개도국 회원국에 대한 특별 절차

1. 최빈개도국 회원국이 관련된 분쟁의 원인 판정 및 분쟁해결절차의 모든 단계에서 최빈개도국 회원국의 특수 사정이 특별히 고려된다. 이와 관련하여 회원국은 최빈개도국 회원국이 관련되는 분쟁의 해결절차에 따라 문제를 제기함에 있어서 적절히 자제한다. 무효화 또는 침해가 최빈개도국 회원국의 조치에 의하여 초래된 것으로 판정이 내려지는 경우, 제소국은 동 절차에 따라 보상을 요청하거나 양허 또는 그 밖의 의무를 정지시키기 위한 승인을 추구함에 있어서 적절히 자제한다.

2. 최빈개도국 회원국이 관련된 분쟁의 해결에 있어서 만족할 만한 해결책이 협의 과정에서 발견되지 아니하는 경우, 사무총장 또는 분쟁해결기구 의장은 최빈개도국 회원국이 요청하는 때에는 당사자가 문제를 해결하는 것을 지원하기 위하여 패널 설치 요청이 이루어지기 전에 주선, 조정 및 중재를 제의한다. 사무총장 또는 분쟁해결기구 의장은 이러한 지원을 제공함에 있어서 자신이 적절하다고 판단하는 어떠한 출처와도 협의할 수 있다.

Article 25
Arbitration

1. Expeditious arbitration within the WTO as an alternative means of dispute settlement can facilitate the solution of certain disputes that concern issues that are clearly defined by both parties.

2. Except as otherwise provided in this Understanding, resort to arbitration shall be subject to mutual agreement of the parties which shall agree on the procedures to be followed. Agreements to resort to arbitration shall be notified to all Members sufficiently in advance of the actual commencement of the arbitration process.

3. Other Members may become party to an arbitration proceeding only upon the agreement of the parties which have agreed to have recourse to arbitration. The parties to the proceeding shall agree to abide by the arbitration award. Arbitration awards shall be notified to the DSB and the Council or Committee of any relevant agreement where any Member may raise any point relating thereto.

4. Articles 21 and 22 of this Understanding shall apply *mutatis mutandis* to arbitration awards.

제25조
중 재

1. 분쟁해결의 대체적 수단으로서 세계무역기구 안에서의 신속한 중재는 쌍방 당사자가 명백하게 규정한 문제와 관련된 특정 분쟁의 해결을 촉진할 수 있다.

2. 이 양해에 달리 규정되어 있는 경우를 제외하고는, 중재에의 회부는 당사자의 상호합의에 따르며, 이 경우 당사자는 따라야 할 절차에 합의한다. 중재에 회부하기로 한 합의 사항은 중재절차가 실제로 개시되기 전에 충분한 시간을 두고 모든 회원국에게 통지된다.

3. 다른 회원국은 중재에 회부하기로 합의한 당자자의 동의를 얻은 경우에만 중재절차의 당사자가 될 수 있다. 중재절차의 당사자는 중재판정을 준수하기로 합의한다. 중재판정은 분쟁해결기구 및 관련 협정의 이사회 또는 위원회에 통보되며, 회원국은 분쟁해결기구, 이사회 또는 위원회에서 중재판정에 관련된 어떠한 문제도 제기할 수 있다.

4. 이 양해 제21조 및 제22조는 중재판정에 준용된다.

Article 26

1. Non−Violation Complaints of the Type Described in Paragraph 1(b) of Article XXIII of GATT 1994

제26조

1. 1994년도 GATT 제23조 제1항 (b)에 규정된 형태의 비위반 제소

Where the provisions of paragraph 1(b) of Article XXIII of GATT 1994 are applicable to a covered agreement, a panel or the Appellate Body may only make rulings and recommendations where a party to the dispute considers that any benefit accruing to it directly or indirectly under the relevant covered agreement is being nullified or impaired or the attainment of any objective of that Agreement is being impeded as a result of the application by a Member of any measure, whether or not it conflicts with the provisions of that Agreement. Where and to the extent that such party considers and a panel or the Appellate Body determines that a case concerns a measure that does not conflict with the provisions of a covered agreement to which the provisions of paragraph 1(b) of Article XXIII of GATT 1994 are applicable, the procedures in this Understanding shall apply, subject to the following:

1994년도 GATT 제23조 제1항 (b)의 규정이 특정 대상협정에 적용될 수 있는 경우, 패널 또는 상소기구는 일방 분쟁 당사자가 특정 회원국의 조치의 결과로 인하여 동 조치의 특정 대상협정의 규정에 대한 위반 여부에 관계 없이, 특정 대상협정에 따라 직접적 또는 간접적으로 자기 나라에 발생하는 이익이 무효화 또는 침해되고 있다고 간주하거나 동 대상협정의 목적 달성이 저해되고 있다고 간주하는 경우에만 판정 및 권고를 내릴 수 있다. 이러한 당사자가 특정 사안이 1994년도 GATT 제23조 제1항 (b)의 규정이 적용될 수 있는 대상협정의 규정과 상충하지 아니하는 조치에 관한 것이라고 간주하고, 또한 패널이나 상소기구가 그렇게 판정하는 경우에 이 양해의 절차가 다음에 따를 것을 조건으로 적용된다.

(a) the complaining party shall present a detailed justification in support of any complaint relating to a measure which does not conflict with the relevant covered agreement;

가. 제소국은 관련 대상협정과 상충하지 아니하는 조치에 관한 제소를 변호하는 상세한 정당한 사유를 제시한다.

(b) where a measure has been found to nullify or impair benefits under, or impede the attainment of objectives, of the relevant covered agreement without violation thereof, there is no obligation to withdraw the measure. However, in such cases, the panel or the Appellate Body shall recommend that the Member concerned make a mutually satis-

나. 특정 조치가 관련 대상협정을 위반하지 아니 하면서 동 협정에 따른 이익을 무효화 또는 침해하거나 동 협정의 목적 달성을 저해한다고 판정이 내려지는 경우, 동 조치를 철회할 의무는 없다. 그러나 이러한 경우 패널 또는 상소기구는 관련 회원국에게 상호 만족할 만한 조정을 행하도록 권고한다.

factory adjustment;

(c) notwithstanding the provisions of Article 21, the arbitration provided for in paragraph 3 of Article 21, upon request of either party, may include a determination of the level of benefits which have been nullified or impaired, and may also suggest ways and means of reaching a mutually satisfactory adjustment; such suggestions shall not be binding upon the parties to the dispute;

(d) notwithstanding the provisions of paragraph 1 of Article 22, compensation may be part of a mutually satisfactory adjustment as final settlement of the dispute.

다. 제21조의 규정에도 불구하고 제21조 제3항에 규정된 중재는 일방 당사자의 요청이 있는 경우 무효화 또는 침해된 이익의 수준에 대한 결정을 포함할 수 있으며, 또한 상호 만족할 만한 조정에 이르기 위한 수단 및 방법을 제의할 수 있다. 이러한 제의는 분쟁 당사자에 대하여 구속력을 갖지 아니한다.

라. 제22조 제1항의 규정에도 불구하고 보상은 분쟁의 최종적인 해결로서의 상호 만족할 만한 조정의 일부가 될 수 있다.

2. Complaints of the Type Described in Paragraph 1(c) of Article XXIII of GATT 1994

Where the provisions of paragraph 1(c) of Article XXIII of GATT 1994 are applicable to a covered agreement, a panel may only make rulings and recommendations where a party considers that any benefit accruing to it directly or indirectly under the relevant covered agreement is being nullified or impaired or the attainment of any objective of that Agreement is being impeded as a result of the existence of any situation other than those to which the provisions of paragraphs 1(a) and 1(b) of Article XXIII of GATT 1994 are applicable. Where and to the extent that such party considers and a panel determines that the matter is covered by this paragraph, the procedures of this Understanding

2. 1994년도 GATT 제23조 제1항 (c)에 규정된 형태의 제소

1994년도 GATT 제23조 제1항 (c)의 규정이 대상협정에 적용될 수 있는 경우, 패널은 1994년도 GATT 제23조 제1항 (a) 및 (b)가 적용될 수 있는 상황과 상이한 상황이 존재하는 결과로 인하여 일방 분쟁 당사국이 대상협정에 따라 직접적 또는 간접적으로 자기 나라에 발생하는 이익이 무효화 또는 침해되고 있다고 간주하거나 동 협정의 목적 달성이 저해되고 있다고 간주하는 경우에만 판정 및 권고를 내릴 수 있다. 이러한 일방 분쟁 당사자가 그 사안이 이 항의 적용을 받는다고 간주하고 패널이 그렇게 판정을 내리는 경우에 한하여 이 양해의 절차는 패널 보고서가 회원국에게 배포되는 시점을 포함하여 배포된 시점까지 적용된다. 1989년 4월 12일자 결정

shall apply only up to and including the point in the proceedings where the panel report has been circulated to the Members. The dispute settlement rules and procedures contained in the Decision of 12 April 1989 (BISD 36S/61−67) shall apply to consideration for adoption, and surveillance and implementation of recommendations and rulings. The following shall also apply:

(BISD 36S/61−67)에 포함된 분쟁해결규칙 및 절차는 보고서의 채택을 위한 논의와 권고와 판정의 감독 및 이행에 적용된다. 아울러 다음 사항이 적용된다.

(a) the complaining party shall present a detailed justification in support of any argument made with respect to issues covered under this paragraph;

가. 제소국은 이 항의 적용 대상이 되는 사안에 관하여 행하여진 논거를 변호하는 상세한 정당한 사유를 제시한다.

(b) in cases involving matters covered by this paragraph, if a panel finds that cases also involve dispute settlement matters other than those covered by this paragraph, the panel shall circulate a report to the DSB addressing any such matters and a separate report on matters falling under this paragraph.

나. 이 항의 적용 대상이 되는 사안이 관련된 분쟁에 있어서, 패널이 그 분쟁에 이 항의 적용 대상이 되는 분쟁해결 사항 이외의 사항이 포함되어 있다고 판정을 내리는 경우, 패널은 이러한 사항을 다루는 보고서와 이 항의 적용 대상이 되는 사항에 관한 별도의 보고서를 분쟁해결기구에 배포한다.

Article 27
Responsibilities of the Secretariat

제 27 조
사무국의 책임

1. The Secretariat shall have the responsibility of assisting panels, especially on the legal, historical and procedural aspects of the matters dealt with, and of providing secretarial and technical support.

1. 사무국은 특히 패널이 다루는 사안의 법적, 역사적 및 절차적 측면에 관하여 패널을 지원할 책임을 지며, 또한 사무 및 기술 지원을 제공할 책임을 진다.

2. While the Secretariat assists Members in respect of dispute settlement at their request, there may also be a need to provide additional legal advice and assist-

2. 사무국이 회원국의 요청에 따라 분쟁해결에 관하여 회원국을 지원하는 것과 별도로 개발도상 회원국에게 분쟁해결과 관련한 추가적인 법률 자문 및 지원을 제공할 필

ance in respect of dispute settlement to developing country Members. To this end, the Secretariat shall make available a qualified legal expert from the WTO technical cooperation services to any developing country Member which so requests. This expert shall assist the developing country Member in a manner ensuring the continued impartiality of the Secretariat.

요성이 있을 수 있다. 이를 위하여 사무국은 지원을 요청하는 개발도상 회원국에게 세계무역기구의 기술협력부서의 유자격 법률 전문가의 이용이 가능하도록 한다. 동 전문가는 사무국의 계속적인 불편부당성을 확보하는 방법으로 개발도상 회원국을 지원한다.

3. The Secretariat shall conduct special training courses for interested Members concerning these dispute settlement procedures and practices so as to enable Members' experts to be better informed in this regard.

3. 사무국은 회원국의 전문가가 분쟁해결절차 및 관행을 보다 더 잘 알 수 있도록 하기 위하여 관심 있는 회원국을 위해 이에 관한 특별 연수 과정을 실시한다.

APPENDIX 1 AGREEMENTS COVERED BY THE UNDERSTANDING

부 록 1 이 양해의 대상이 되는 협정

(A) Agreement Establishing the World Trade Organization

가. 세계무역기구 설립을 위한 협정

(B) Multilateral Trade Agreements

나. 다자 간 무역협정

Annex 1A : Multilateral Agreements on Trade in Goods

부속서 1가 : 상품무역에 관한 다자 간 협정

Annex 1B : General Agreement on Trade in Services

부속서 1나 : 서비스 무역에 관한 일반협정

Annex 1C : Agreement on Trade-Related Aspects of Intellectual Property Rights

부속서 1다 : 무역 관련 지적재산권에 관한 협정

Annex 2 : Understanding on Rules and Procedures Governing the Settlement of Disputes

부속서 2 : 분쟁 해결 규칙 및 절차에 관한 양해

DSU

(C) Plurilateral Trade Agreements

Annex 4 : Agreement on Trade in Civil Aircraft
Agreement on Government Procurement
International Dairy Agreement
International Bovine Meat Agreement

The applicability of this Understanding to the Plurilateral Trade Agreements shall be subject to the adoption of a decision by the parties to each agreement setting out the terms for the application of the Understanding to the individual agreement, including any special or additional rules or procedures for inclusion in Appendix 2, as notified to the DSB.

다. 복수국 간 무역협정

부속서 4 : 민간 항공기무역에 관한 협정
정부조달에 관한 협정
국제낙농협정
국제우육협정

복수국 간 무역협정에 대한 이 양해의 적용가능성은 부록2에 포함되는 모든 특별 또는 추가적인 규칙 또는 절차를 포함하여 이 양해가 개별 협정에 적용되기 위한 조건을 명시하는 각 협정 회원국의 결정으로서 분쟁해결기구에 통지되는 결정의 채택에 따른다.

APPENDIX 2
SPECIAL OR ADDITIONAL RULES AND PROCEDURES CONTAINED IN THE COVERED AGREEMENTS

Agreement / Rules and Procedures

Agreement on the Application of Sanitary and Phytosanitary Measures / 11.2

Agreement on Textiles and Clothing / 2.14, 2.21, 4.4, 5.2, 5.4, 5.6, 6.9, 6.10, 6.11, 8.1 through 8.12

Agreement on Technical Barriers to Trade / 14.2 through 14.4, Annex 2

Agreement on Implementation of Article VI of GATT 1994 / 17.4 through 17.7

부 록 2
대상협정에 포함된 특별 또는 추가적인 규칙 및 절차

협정 / 규칙 및 절차

위생 및 식물위생 조치의 적용에 관한 협정 / 제11조 제2항

섬유 및 의류에 관한 협정 / 제2조 제14항 및 제21항, 제4조 제14항, 제5조 제2항, 제4항 및 제6항, 제6조 제9항부터 제11항까지, 제8조 제1항부터 제12항까지

무역에 대한 기술장벽에 관한 협정 / 제14조 제2항부터 제4항까지, 부속서 2

1994년도 GATT 제6조의 이행에 관한 협정 / 제17조 제4항부터 제7항까지

Agreement on Implementation of Article VII of GATT 1994 / 19.3 through 19.5, Annex II.2(f), 3, 9, 21

1994년도 GATT 제7조의 이행에 관한 협정 / 제19조 제3항부터 제5항까지, 부속서 2의 제2항 바호, 제3항, 제9항 및 제21항

Agreement on Subsidies and Countervailing Measures / 4.2 through 4.12, 6.6, 7.2 through 7.10, 8.5, footnote 35, 24.4, 27.7, Annex V

보조금 및 상계조치에 관한 협정 / 제4조 제2항부터 제12항까지, 제6조 제6항, 제7조 제2항부터 제10항까지, 제8조 제5항 주석35, 제24조 제14항, 제27조 제7항 부속서 5

General Agreement on Trade in Services / XXII:3, XXIII:3

서비스 무역에 관한 일반협정 / 제22조 제3항, 제23조 제3항

Annex on Financial Services / 4

금융 서비스에 관한 부속서 / 제4항

Annex on Air Transport Services / 4

항공 운송 서비스에 관한 부속서 / 제4항

Decision on Certain Dispute Settlement Procedures for the GATS / 1 through 5

서비스 무역에 관한 일반 협정을 위한 특정 분쟁 해결 절차에 관한 결정 / 제1항부터 제5항까지

The list of rules and procedures in this Appendix includes provisions where only a part of the provision may be relevant in this context.

이 부록 상의 규칙 및 절차의 목록에는 그 규정의 일부만이 문맥상 적절한 조항들이 포함되어 있다.

Any special or additional rules or procedures in the Plurilateral Trade Agreements as determined by the competent bodies of each agreement and as notified to the DSB.

복수국 간 무역협정에 포함된 특별 또는 추가적인 규칙이나 절차로서 각 협정의 관할 기구에 의하여 결정되고 분쟁해결기구에 통보된 규칙 또는 절차

APPENDIX 3
WORKING PROCEDURES

부 록 3
작업 절차

1. In its proceedings the panel shall follow the relevant provisions of this Understanding. In addition, the following working procedures shall apply.

1. 패널은 그 절차에 있어서 이 양해의 관련 규정을 따른다. 이에 추가하여 다음의 작업 절차가 적용된다.

2. The panel shall meet in closed session. The parties to the dispute, and in-

2. 패널은 비공개 회의로 개최된다. 분쟁 당사자와 이해 당사자는 패널의 출두 요청을

terested parties, shall be present at the meetings only when invited by the panel to appear before it.

받는 경우에 한하여 회의에 참석한다.

3. The deliberations of the panel and the documents submitted to it shall be kept confidential. Nothing in this Understanding shall preclude a party to a dispute from disclosing statements of its own positions to the public. Members shall treat as confidential information submitted by another Member to the panel which that Member has designated as confidential. Where a party to a dispute submits a confidential version of its written submissions to the panel, it shall also, upon request of a Member, provide a non-confidential summary of the information contained in its submissions that could be disclosed to the public.

3. 패널의 논의와 패널에 제출된 서류는 비밀로 유지된다. 이 양해의 어느 조항도 일방 분쟁 당사자가 자신의 입장에 관한 성명을 공표하는 것을 방해하지 아니한다. 회원국은 다른 회원국이 비밀로 지정하여 패널에 제출한 정보를 비밀로 취급한다. 일방 분쟁 당사자가 자신의 서면 입장을 비밀문서로 패널에 제출하는 경우, 동 분쟁 당사자는 또한 회원국의 요청이 있을 때에는 제출 문서 중 일반에 공개될 수 있는 정보의 평문 요약본을 제공한다.

4. Before the first substantive meeting of the panel with the parties, the parties to the dispute shall transmit to the panel written submissions in which they present the facts of the case and their arguments.

4. 패널이 당사자와 최초의 실질 회의를 개최하기 전에 분쟁 당사자는 사안의 사실과 논거를 제시하는 서면 입장을 패널에 전달한다.

5. At its first substantive meeting with the parties, the panel shall ask the party which has brought the complaint to present its case. Subsequently, and still at the same meeting, the party against which the complaint has been brought shall be asked to present its point of view.

5. 당사자와의 최초의 실질 회의에서 패널은 제소국에게 자신의 입장을 개진하도록 요청한다. 이어서 동일한 회의에서 피소국은 자신의 의견을 제시하도록 요청된다.

6. All third parties which have notified their interest in the dispute to the DSB shall be invited in writing to present their views during a session of the first

6. 분쟁에 대한 자기 나라의 이해관계를 분쟁해결기구에 통지한 모든 제3자는 패널의 최초의 실질 회의 기간 중 제3자의 의견 개진을 위하여 별도로 마련된 회의에서 의

substantive meeting of the panel set aside for that purpose. All such third parties may be present during the entirety of this session.

견을 제시하도록 서면으로 요청받는다. 이러한 모든 제3자는 동 회의에 처음부터 끝까지 참석할 수 있다.

7. Formal rebuttals shall be made at a second substantive meeting of the panel. The party complained against shall have the right to take the floor first to be followed by the complaining party. The parties shall submit, prior to that meeting, written rebuttals to the panel.

7. 공식적인 반박은 패널의 제2차 실질 회의에서 행하여진다. 피소국은 제소국보다 먼저 발언할 권리를 갖는다. 당사자는 동 회의가 개최되기 전에 서면 반박서를 패널에 제출한다.

8. The panel may at any time put questions to the parties and ask them for explanations either in the course of a meeting with the parties or in writing.

8. 패널은 언제라도 당사자에게 질문할 수 있으며 당사자와의 회의 도중에 또는 서면으로 설명을 요구할 수 있다.

9. The parties to the dispute and any third party invited to present its views in accordance with Article 10 shall make available to the panel a written version of their oral statements.

9. 분쟁 당사자와 제10조에 따라 의견 제시를 요청받은 제3자는 자신의 구두 진술을 서면으로 패널에 제출한다.

10. In the interest of full transparency, the presentations, rebuttals and statements referred to in paragraphs 5 to 9 shall be made in the presence of the parties. Moreover, each party's written submissions, including any comments on the descriptive part of the report and responses to questions put by the panel, shall be made available to the other party or parties.

10. 충분한 투명성을 위하여 위의 제5항부터 제9항까지에서 언급된 입장 표명, 반박 및 진술은 당사자가 참석한 가운데 행하여진다. 또한 보고서의 서술 부분에 대한 논평과 패널의 질문에 대한 답변을 포함한 각 당사자의 서면 입장은 다른 당사자가 입수할 수 있도록 한다.

11. Any additional procedures specific to the panel.

11. 패널에 특정된 추가적인 절차

12. Proposed timetable for panel work:

12. 패널의 작업을 위한 제안된 일정표

(a) Receipt of first written submissions of

가. 당사자의 제1차 서면 입장의 접수

DSU

the parties:

(1) complaining Party: _______ 3-6 weeks	(1) 제소국 : 3-6주
(2) Party complained against: _______ 2-3 weeks	(2) 피소국 : 2-3주
(b) Date, time and place of first substantive meeting with the parties: third party session: _______ 1-2 weeks	나. 당사자와의 최초의 실질 회의 일자, 시간 및 장소, 그리고 제3자를 위한 회의 : 1-2주
(c) Receipt of written rebuttals of the parties: _______ 2-3 weeks	다. 당사자의 서면 반박서 접수 : 2-3주
(d) Date, time and place of second substantive meeting with the parties: _______ 1-2 weeks	라. 당사자와의 제2차 실질 회의 일자, 시간 및 장소 : 1-2주
(e) Issuance of descriptive part of the report to the parties: _______ 2-4 weeks	마. 보고서 서술 부분의 당사자에 대한 제시 : 2-4주
(f) Receipt of comments by the parties on the descriptive part of the report: _______ 2 weeks	바. 보고서 서술 부분에 대한 당사자의 논평 접수 : 2주
(g) Issuance of the interim report, including the findings and conclusions, to the parties: _______ 2-4 weeks	사. 조사 결과와 결론을 포함하는 잠정 보고서의 당사자에 대한 제시 : 2-4주
(h) Deadline for party to request review of part(s) of report: _______ 1 week	아. 보고서 일부에 대한 당사자의 검토 요청 마감 시한 : 1주
(i) Period of review by panel, including possible additional meeting with parties: _______ 2 weeks	자. 분쟁 당사국들과의 추가적인 회의 가능성을 포함한 패널의 재검토 기간 : 2주
(j) Issuance of final report to parties to dispute: _______ 2 weeks	차. 분쟁 당사국들에 대한 최종 보고서 제시 : 2주
(k) Circulation of the final report to the Members: _______ 3 weeks	카. 회원국에 대한 최종 보고서의 배포 : 3주

The above calendar may be changed in the light of unforeseen developments. Additional meetings with the parties shall be scheduled if required.

위에 제시된 일정은 예측하지 못한 상황에 비추어 변경될 수 있다. 분쟁 당사국들과의 추가 회의는 필요시 소집된다.

APPENDIX 4
EXPERT REVIEW GROUPS

부 록 4
전문가 검토단

The following rules and procedures shall apply to expert review groups established in accordance with the provisions of paragraph 2 of Article 13.

다음의 규칙 및 절차는 제13조 제2항의 규정에 따라서 설치된 전문가 검토단에 적용된다.

1. Expert review groups are under the panel's authority. Their terms of reference and detailed working procedures shall be decided by the panel, and they shall report to the panel.

1. 전문가 검토단은 패널의 권한 아래 있다. 동 검토단의 위임 사항과 상세한 작업 절차는 패널에 의하여 결정되며, 동 검토단은 패널에 보고한다.

2. Participation in expert review groups shall be restricted to persons of professional standing and experience in the field in question.

2. 전문가 검토단에의 참여는 당해 분야에서 전문가로서의 명성과 경험을 가진 사람에 한정된다.

3. Citizens of parties to the dispute shall not serve on an expert review group without the joint agreement of the parties to the dispute, except in exceptional circumstances when the panel considers that the need for specialized scientific expertise cannot be fulfilled otherwise. Government officials of parties to the dispute shall not serve on an expert review group. Members of expert review groups shall serve in their individual capacities and not as government representatives, nor as representatives of any organization. Governments or organizations shall therefore not give them instructions with regard to matters before an expert review group.

3. 분쟁 당사자의 국민은 패널이 전문적 과학 지식에 대한 필요가 달리 충족될 수 없다고 간주하는 예외적인 상황을 제외하고는 분쟁 당사자의 공동 합의 없이는 전문가검토단의 업무를 담당할 수 없다. 분쟁 당사자와의 정부관리는 전문가 검토단의 업무를 담당할 수 없다. 전문가 검토단의 구성원은 정부대표나 기구의 대표로서가 아니고 개인 자격으로 참여한다. 따라서 정부나 기구는 전문가 검토단에 회부된 사안에 대하여 전문가에게 지시를 내리지 아니한다.

4. Expert review groups may consult and seek information and technical advice from any source they deem appropriate. Before an expert review group seeks such information or advice from a source within the jurisdiction of a Member, it shall inform the government of that Member. Any Member shall respond promptly and fully to any request by an expert review group for such information as the expert review group considers necessary and appropriate.

4. 전문가 검토단은 적절하다고 판단되는 어떠한 출처와도 협의하고 또한 이로부터 정보 및 기술적 조언을 구할 수 있다. 전문가 검토단은 회원국의 관할권 안에 있는 출처로부터 정보 또는 조언을 구하기 전에 그 회원국 정부에 통보한다. 회원국은 전문가 검토단이 필요하고 적절하다고 간주하는 정보의 요청에 대하여 신속하고 충분하게 대응한다.

5. The parties to a dispute shall have access to all relevant information provided to an expert review group, unless it is of a confidential nature. Confidential information provided to the expert review group shall not be released without formal authorization from the government, organization or person providing the information. Where such information is requested from the expert review group but release of such information by the expert review group is not authorized, a non-confidential summary of the information will be provided by the government, organization or person supplying the information.

5. 분쟁 당사자는 비밀이 아닌 한 전문가 검토단에 제공되는 모든 관련 정보에 대해 접근 할 수 있다. 전문가 검토단에 제공된 비밀정보는 동 정보를 제공한 정부, 기구 또는 사람으로부터 공식 승인을 받지 아니하고서는 공개되지 아니한다. 전문가 검토단이 이러한 정보를 요청하였으나 전문가 검토단에 의한 동 정보의 공개가 승인되지 아니한 경우, 동 정보를 제공하는 정부, 기구 또는 사람은 동 정보의 평문 요약본을 제공한다.

6. The expert review group shall submit a draft report to the parties to the dispute with a view to obtaining their comments, and taking them into account, as appropriate, in the final report, which shall also be issued to the parties to the dispute when it is submitted to the panel. The final report of the expert review group shall be advisory only.

6. 전문가 검토단은 논평을 구하기 위하여 분쟁 당사자에게 보고서 초안을 제시하며, 동 논평을 최종 보고서에 적절히 고려한 후 최종 보고서를 패널에 제출할 때 분쟁 당사자에게도 제시한다. 전문가 검토단의 최종 보고서는 권고적 성격만을 갖는다.

23. Convention on the Settlement of Investment Disputes Between States and Nationals of Other States (1965)

23. 국가와 타방국가 국민간의 투자분쟁의 해결에 관한 협약

Date : 18 March 1965
In force : 14 October 1966
States Party : 154
Korea : 23 March 1967 (조약 제234호)
Link : icsid.worldbank.org

PREAMBLE

The Contracting States,

Considering the need for international co-operation for economic development, and the role of private international investment therein;

Bearing in mind the possibility that from time to time disputes may arise in connection with such investment between Contracting States and nationals of other Contracting States;

Recognizing that while such disputes would usually be subject to national legal processes, international methods of settlement may be appropriate in certain cases;

Attaching particular importance to the availability of facilities for international conciliation or arbitration to which Contracting States and nationals of other Contracting States may submit such disputes if they so desire;

전 문

체약국은,

경제발전을 위한 국제적 협력의 필요와 그에 대한 국제적인 민간투자의 역할을 고려하고,

이러한 투자와 관련하여 일방 국가와 타방 체약국 국민간에 분쟁이 수시로 야기될 수 있는 가능성에 유의하고,

이러한 분쟁이 통상적으로 국내의 법적 절차에 따라야 하는 반면 경우에 따라서는 국제적인 해결 방법이 적절한 것임을 인정하고,

체약국과 타방 체약국 국민이 원한다면 이러한 분쟁을 회부할 수 있는 국제조정이나 국제중재의 기관의 유용성을 특히 중요시하고,

Desiring to establish such facilities under the auspices of the International Bank for Reconstruction and Development;

국제부흥개발은행의 주관하에 이러한 기관을 설치할 것을 희망하고,

Recognizing that mutual consent by the parties to submit such disputes to conciliation or to arbitration through such facilities constitutes a binding agreement which requires in particular that due consideration be given to any recommendation of conciliators, and that any arbitral award be complied with;

이러한 분쟁을 그 기관에 의한 조정 또는 중재에 회부한다는 당사국간의 상호 동의는 구속력있는 합의를 구성하며, 이 합의는 조정자의 어떠한 건의에 대하여서도 적절한 고려를 하여야 할 것과 또한 어떠한 중재판정도 준수되어야 한다는 것을 특히 요구하는 것임을 인정하고,

and Declaring that no Contracting State shall by the mere fact of its ratification, acceptance or approval of this Convention and without its consent be deemed to be under any obligation to submit any particular dispute to conciliation or arbitration,

어떠한 체약국도 본 협약의 비준, 수락 또는 승인이라는 단순한 사실만으로써 그들의 동의없이 어느 특별한 분쟁을 조정이나 중재에 회부하여야 한다는 의무를 지우는 것으로 간주하지 아니함을 선언하며,

Have agreed as follows:

다음과 같이 합의하였다.

CHAPTER I INTERNATIONAL CENTRE FOR SETTLEMENT OF INVESTMENT DISPUTES

제 1 장 투자분쟁의 해결을 위한 국제본부

SECTION 1 ESTABLISHMENT AND ORGANIZATION

제 1 절 설치와 기구

Article 1

제 1 조

1. There is hereby established the International Centre for Settlement of Investment Disputes (hereinafter called the Centre).

1. 투자분쟁의 해결을 위한 국제본부(이하 본부라 한다)를 이에 설치한다.

2. The purpose of the Centre shall be to provide facilities for conciliation and arbitration of investment disputes be-

2. 본부의 목적은 본 협약의 규정에 따라 체약국과 타방체약국 국민간의 투자분쟁의 조정과 중재를 위한 기관을 마련함에

tween Contracting States and nationals of other Contracting States in accordance with the provisions of this Convention.

있다.

Article 2

The seat of the Centre shall be at the principal office of the International Bank for Reconstruction and Development(hereinafter called the Bank). The seat may be moved to another place by decision of the Administrative Council adopted by a majority of two-thirds of its members.

제 2 조

본부의 소재지는 국제부흥개발은행(이하 은행이라 한다)의 주 사무소의 소재지로 한다. 그 소재지는 이사의 3분의 2 이상 다수결에 의하여 채택한 운영이사회의 결정으로 다른 장소로 이를 이전할 수 있다.

Article 3

The Centre shall have an Administrative Council and a Secretariat and shall maintain a Panel of Conciliators and a Panel of Arbitrators.

제 3 조

본부에는 운영이사회와 사무국을 두고, 1개의 조정위원단과 1개의 중재위원단을 상설한다.

SECTION 2 THE ADMINISTRATIVE COUNCIL

제 2 절 운영이사회

Article 4

1. The Administrative Council shall be composed of one representative of each Contracting State. An alternate may act as representative in case of his principal's absence from a meeting or inability to act.
2. In the absence of a contrary designation, each governor and alternate governor of the Bank appointed by a Contracting State shall be ex officio its representative and its alternate respectively.

제 4 조

1. 운영이사회는 각 체약국의 대표 1명으로써 구성된다. 교체대표는 수석대표가 회의에 결석하거나 또는 행동할 수 없는 경우에는 대표의 자격으로 행동할 수 있다.
2. 별단의 지명이 없는 경우, 각 체약국이 임명하는 은행의 각 위원과 대리 위원은 직권상 각각 당해 체약국의 대표 및 교체대표가 된다.

Article 5

The President of the Bank shall be ex officio Chairman of the Administrative Council (hereinafter called the Chairman) but shall have no vote. During his absence or inability to act and during any vacancy in the office of President of the Bank, the person for the time being acting as President shall act as Chairman of the Administrative Council.

제5조

은행의 총재는 직권상 운영이사회의 의장(이하 의장이라 한다)이 되나 투표권은 가지지 아니한다. 총재가 결석하거나 또는 행동할 수 없는 때와 총재직에 궐원이 있는 때에는 그 당시의 총재의 대리권자가 운영이사회의 의장으로서 행동한다.

Article 6

1. Without prejudice to the powers and functions vested in it by other provisions of this Convention, the Administrative Council shall:

(a) adopt the administrative and financial regulations of the Centre;
(b) adopt the rules of procedure for the institution of conciliation and arbitration proceedings;
(c) adopt the rules of procedure for conciliation and arbitration proceedings (hereinafter called the Conciliation Rules and the Arbitration Rules);
(d) approve arrangements with the Bank for the use of the Bank's administrative facilities and services;
(e) determine the conditions of service of the Secretary-General and of any Deputy Secretary-General;
(f) adopt the annual budget of revenues and expenditures of the Centre;
(g) approve the annual report on the operation of the Centre.

The decisions referred to in sub-para-

제6조

1. 본 협약의 다른 규정에 의하여 운영이사회에 부여한 권한과 기능을 침해함이 없이, 운영이사회는,

가. 본부의 행정규칙과 재정규칙을 채택하고,
나. 조정 및 중재 절차 재정을 위한 의사규칙을 채택하고,
다. 조정 및 중재 절차를 위한 규칙(이하 조정규칙 및 중재규칙이라 한다)을 채택하고,
라. 은행의 행정적 시설과 용역을 이용하기 위한 은행과의 약정을 승인하고,
마. 사무총장 및 사무차장의 복무조건을 결정하고,
바. 본부의 수입, 지출의 연간 예산을 채택하며,
사. 본부의 활동에 관한 연간 보고서를 승인한다.

상기 (가), (나), (다) 및 (바)에 규정된 결

graphs (a), (b), (c) and (f) above shall be adopted by a majority of two-thirds of the members of the Administrative Council.

2. The Administrative Council may appoint such committees as it considers necessary.

3. The Administrative Council shall also exercise such other powers and perform such other functions as it shall determine to be necessary for the implementation of the provisions of this Convention.

정은 운영이사회 이사의 3분지 2 이상의 다수결로 채택한다.

2. 운영이사회는 필요하다고 인정하는 위원회를 임명할 수 있다.

3. 운영이사회는 본 협약의 제 규정을 이행하기 위하여 필요하다고 결정하는 기타 권한을 행사하고 또한 기타 기능을 행한다.

Article 7

1. The Administrative Council shall hold an annual meeting and such other meetings as may be determined by the Council, or convened by the Chairman, or convened by the Secretary-General at the request of not less than five members of the Council.

2. Each member of the Administrative Council shall have one vote and, except as otherwise herein provided, all matters before the Council shall be decided by a majority of the votes cast.

3. A quorum for any meeting of the Administrative Council shall be a majority of its members.

4. The Administrative Council may establish, by a majority of two-thirds of its members, a procedure whereby the Chairman may seek a vote of the Council without convening a meeting of the

제7조

1. 운영이사회는 연례회의와 이사회가 결정하거나 의장이 소집하거나 또는 이사회 이사 5명 이상의 요구에 의하여 사무총장이 소집하는 기타 회의를 개최한다.

2. 운영이사회의 각 이사는 1개의 투표권을 가지며, 달리 규정한 경우를 제외하고는 이사회에 제의되는 모든 문제는 과반수 투표로써 이를 결정한다.

3. 운영이사회의 회의 정족수는 그 구성원의 과반수로 한다.

4. 운영이사회는 동 이사회 이사 3분지 2 다수결로써 의장이 동 이사회를 소집하지 아니하고 동 이사회의 투표를 구할 수 있는 절차를 제정할 수 있다. 그 투표는 전기 절차에 의하여 지정된 기간 내에 이사

Council. The vote shall be considered valid only if the majority of the members of the Council cast their votes within the time limit fixed by the said procedure.

회의 과반수 이사가 투표를 할 때에만 유효한 것으로 간주한다.

Article 8

제8조

Members of the Administrative Council and the Chairman shall serve without remuneration from the Centre.

운영이사회 이사와 의장은 본부로부터 보수를 받지 아니하고 근무한다.

SECTION 3 THE SECRETARIAT

제3절 사 무 국

Article 9

제9조

The Secretariat shall consist of a Secretary-General, one or more Deputy Secretaries-General and staff.

사무국은 1명의 사무총장과 1명 또는 그 이상의 사무차장 및 직원을 둔다.

Article 10

제10조

1. The Secretary-General and any Deputy Secretary-General shall be elected by the Administrative Council by a majority of two-thirds of its members upon the nomination of the Chairman for a term of service not exceeding six years and shall be eligible for re-election. After consulting the members of the Administrative Council, the Chairman shall propose one or more candidates for each such office.

2. The offices of Secretary-General and Deputy Secretary-General shall be incompatible with the exercise of any political function. Neither the Secretary-General nor any Deputy Secretary-

1. 사무총장과 사무차장은 운영이사회가 의장의 지명에 의하여 동 이사회 이사 3분지 2 이상의 다수결에 의하여 6년을 초과하지 아니하는 임기로 선출되고 또한 그들은 재선될 수 있다. 의장은 운영이사회 이사와 협의한 후에 이러한 직위에 1명 또는 그 이상의 후보자를 제의하여야 한다.

2. 사무총장과 사무차장의 직무는 어느 정치적 기능의 행사와 양립될 수 없다. 사무총장이나 사무차장은 운영이사회의 승인 없이는 다른 직무를 가지지 못하며 또한 다른 직업에 종사하지 못한다.

General may hold any other employment or engage in any other occupation except with the approval of the Administrative Council.

3. During the Secretary-General's absence or inability to act, and during any vacancy of the office of Secretary-General, the Deputy Secretary-General shall act as Secretary-General. If there shall be more than one Deputy Secretary-General, the Administrative Council shall determine in advance the order in which they shall act as Secretary-General.

3. 사무총장이 결석하거나 권한을 행사할 수 없을 때 또는 사무총장의 직에 결원이 있을 때 사무차장이 사무총장으로서 활동한다.

Article 11

The Secretary-General shall be the legal representative and the principal officer of the Centre and shall be responsible for its administration, including the appointment of staff, in accordance with the provisions of this Convention and the rules adopted by the Administrative Council. He shall perform the function of registrar and shall have the power to authenticate arbitral awards rendered pursuant to this Convention, and to certify copies thereof.

제11조

사무총장은 본부의 법적 대표이며 본부의 수석 직원이며, 또한 본 협약의 제 규정과 운영이사회가 채택한 규칙에 따라 직원의 임명을 포함한 본부의 운영에 대하여 책임을 진다. 사무총장은 동 기관의 기능을 이행하며 본 협약에 따라 부여한 중재의 판정서를 인증하고 또한 상기 판정 사본을 인증할 권한을 가진다.

SECTION 4 THE PANELS

Article 12

The Panel of Conciliators and the Panel of Arbitrators shall each consist of qualified persons, designated as hereinafter provided, who are willing to serve thereon.

제4절 위 원 단

제12조

조정위원단과 중재위원단은 다음에 규정한 바에 따라 지명된 자로서 당해 위원단에 복무할 의사를 가진 유자격자로써 각각 구성된다.

Article 13

1. Each Contracting State may designate to each Panel four persons who may but need not be its nationals.

2. The Chairman may designate ten persons to each Panel. The persons so designated to a Panel shall each have a different nationality.

제 13 조

1. 각 체약국은 자국민일 수는 있으나 자국민임을 요하지 아니하는 자 4명을 각 위원단에 지명한다.

2. 의장은 각 위원단에 10명을 지명한다. 이와 같이 지명된 자는 각각 상이한 국적을 가진다.

Article 14

1. Persons designated to serve on the Panels shall be persons of high moral character and recognized competence in the fields of law, commerce, industry or finance, who may be relied upon to exercise independent judgment. Competence in the field of law shall be of particular importance in the case of persons on the Panel of Arbitrators.

2. The Chairman, in designating persons to serve on the Panels, shall in addition pay due regard to the importance of assuring representation on the Panels of the principal legal systems of the world and of the main forms of economic activity.

제 14 조

1. 위원단에 복무하기로 지명된 자는 높은 덕망이 있고 법률, 상업, 산업이나 재정의 분야에 있어서 공인된 자격이 있으며, 독립하여 판결할 수 있다고 신뢰를 받는 자라야 한다. 법률분야에 있어서의 자격은 중재위원단에 종사하는 경우에 특히 중요하다.

2. 의장은 위원단에 복무할 자를 지명함에 있어서 이에 부가하여 세계의 주요한 법제도와 경제활동의 주요 형태를 위원단에 대표하도록 보장하는 중요성에 대하여 적절한 고려를 하여야 한다.

Article 15

1. Panel members shall serve for renewable periods of six years.

2. In case of death or resignation of a member of a Panel, the authority which designated the member shall have the right to designate another person to

제 15 조

1. 위원단의 위원은 6년 임기로 복무하거나 재임될 수 있다.

2. 위원단의 위원의 사망이나 사직의 경우에는 그 위원을 지명한 당국은 그 위원의 잔여 임기 동안 복무할 다른 자를 지명할 권한을 가진다.

serve for the remainder of that member's term.

3. Panel members shall continue in office until their successors have been designated.

3. 위원단의 위원은 그 후임자가 지명될 때까지 계속 복무한다.

Article 16

제16조

1. A person may serve on both Panels.

2. If a person shall have been designated to serve on the same Panel by more than one Contracting State, or by one or more Contracting States and the Chairman, he shall be deemed to have been designated by the authority which first designated him or, if one such authority is the State of which he is a national, by that State.

3. All designations shall be notified to the Secretary-General and shall take effect from the date on which the notification is received.

1. 1위원이 양 위원단에 복무할 수 있다.

2. 1위원이 1 이상의 체약국에 의하거나 또는 1 이상의 체약국과 의장에 의하여 동일한 위원단에 복무하기로 지명되었을 경우, 그는 최초로 그를 지명한 기관에 의하여 그러한 기관이 그가 국민인 국가인 때에는 당해국에 의하여 지명된 것으로 간주된다.

3. 모든 지명은 사무총장에게 이를 통고하여야 하며, 이는 통고가 접수된 날로부터 효력이 발생한다.

SECTION 5
FINANCING THE CENTRE

제5절 본부에 대한 재정 부담

Article 17

제17조

If the expenditure of the Centre cannot be met out of charges for the use of its facilities, or out of other receipts, the excess shall be borne by Contracting States which are members of the Bank in proportion to their respective subscriptions to the capital stock of the Bank, and by Contracting States which are not mem-

본부의 경비가 본부 시설의 이용에 대한 과징금이나 기타 수입금으로써 충족되지 못한 때, 그 초과액은 은행의 회원인 체약국의 경우는 은행자본에 대한 각자의 분담금에 비례하여 그리고 은행의 회원이 아닌 체약국의 경우는 운영이사회가 채택한 규칙에 따라 부담한다.

bers of the Bank in accordance with rules adopted by the Administrative Council.

SECTION 6 STATUS, IMMUNITIES AND PRIVILEGES

제 6 절 지위, 면제 및 특권

Article 18

The Centre shall have full international legal personality. The legal capacity of the Centre shall include the capacity:

(a) to contract;
(b) to acquire and dispose of movable and immovable property;
(c) to institute legal proceedings.

제 18 조

본부는 완전한 국제법인격을 가진다. 본부의 법적 권능은 다음의 권능을 포함한다.

가. 계약의 체결
나. 동산과 부동산의 취득 및 처분
다. 소송의 제기

Article 19

To enable the Centre to fulfil its functions, it shall enjoy in the territories of each Contracting State the immunities and privileges set forth in this Section.

제 19 조

본부가 그의 권능을 수행할 수 있도록 하기 위하여 본부는 각 체약국의 영역 안에서 본절에 규정된 면제와 특권을 가진다.

Article 20

The Centre, its property and assets shall enjoy immunity from all legal process, except when the Centre waives this immunity.

제 20 조

본부 및 그의 재산과 자산은 모두 소송으로부터 면제를 받는다. 다만, 그 면제를 포기한 때에는 그러하지 아니하다.

Article 21

The Chairman, the members of the Administrative Council, persons acting as conciliators or arbitrators or members of a Committee appointed pursuant to paragraph (3) of Article 52, and the officers

제 21 조

의장, 운영이사회 이사, 조정관이나 또는 중재관으로서 행동하는 자, 또는 제52조 제3항에 따라 임명된 위원회의 위원과 사무국의 직원 및 고용원은,

and employees of the Secretariat:

(a) shall enjoy immunity from legal process with respect to acts performed by them in the exercise of their functions, except when the Centre waives this immunity;

(b) not being local nationals, shall enjoy the same immunities from immigration restrictions, alien registration requirements and national service obligations, the same facilities as regards exchange restrictions and the same treatment in respect of travelling facilities as are accorded by Contracting States to the representatives, officials and employees of comparable rank of other Contracting States.

가. 본부가 이러한 면제를 포기하지 아니하는 한 그들의 직무행사로서 수행한 행동에 관하여 소송으로부터 면제된다.

나. 현지의 국민이 아닌 때에는 일방체약국이 타방체약국의 이에 상응하는 계급의 대표, 직원 및 고용원에 부여하는 것과 동일한 출입국 제한, 외국인등록요건 및 국내 제 용역으로부터의 면제와 환 제한에 있어서의 동일한 편의제공과 아울러 여행편의 제공에 있어서의 동일한 대우를 향유한다.

Article 22

The provisions of Article 21 shall apply to persons appearing in proceedings under this Convention as parties, agents, counsel, advocates, witnesses or experts; provided, however, that sub-paragraph (b) thereof shall apply only in connection with their travel to and from, and their stay at, the place where the proceedings are held.

제22조

제21조의 규정은 본 협약에 따라 당사자, 대리인, 법률자문관, 변호인, 증인 또는 전문가로서 소송에 출석하는 자에게 적용된다. 다만, 동조 (나)항은 소송이 진행되고 있는 곳에 대한 출입을 위한 여행과 그곳에 체류하는 것에 관하여서만 적용된다.

Article 23

1. The archives of the Centre shall be inviolable, wherever they may be.

2. With regard to its official communications, the Centre shall be accorded by each Contracting State treatment not less favourable than that accorded to other international organizations.

제23조

1. 본부의 문서보관소는 소재의 여하를 불문하고 불가침이다.

2. 공용통신에 관하여 본부는 각 체약국이 기타 국제기구에 부여하는 것보다 불리하지 아니하는 대우를 부여받는다.

Article 24

1. The Centre, its assets, property and income, and its operations and transactions authorized by this Convention shall be exempt from all taxation and customs duties. The Centre shall also be exempt from liability for the collection or payment of any taxes or customs duties.

2. Except in the case of local nationals, no tax shall be levied on or in respect of expense allowances paid by the Centre to the Chairman or members of the Administrative Council, or on or in respect of salaries, expense allowances or other emoluments paid by the Centre to officials or employees of the Secretariat.

3. No tax shall be levied on or in respect of fees or expense allowances received by persons acting as conciliators, or arbitrators, or members of a Committee appointed pursuant to paragraph (3) of Article 52, in proceedings under this Convention, if the sole jurisdictional basis for such tax is the location of the Centre or the place where such proceedings are conducted or the place where such fees or allowances are paid.

제24조

1. 본부, 그의 자산, 재산 및 소득과 본 협약에 의하여 인정된 그의 운영과 거래는 모든 조세와 관세로부터 면제된다. 본부는 또한 어떠한 조세 또는 관세의 징수와 납부의 의무로부터 면제된다.

2. 현지의 국민인 경우를 제외하고는 어떠한 조세도 본부가 운영이사회의 의장이나 위원에게 지급한 소요경비에 대하여 또는 그와 관련하여 또는 본부가 사무국의 직원이나 고용원에게 지급한 봉급, 소요경비나 기타 수당에 대하여 또는 그와 관련하여 부과되지 아니한다.

3. 어느 조세에 대한 유일한 과세권의 기초가 본부의 위치에 의한 것이거나 이러한 소송이 행하여진 곳이거나 또는 이러한 수수료나 수당이 지급된 곳인 경우에는 어떠한 조세도 본 협정상의 소송에 있어서 제52조 제3항에 따라 임명된 조정관, 중재관 또는 위원회의 위원으로서 행동하는 자가 받은 수수료나 소요경비 수당에 대하거나 또는 이에 관련하여 부과되지 아니한다.

CHAPTER II
JURISDICTION OF THE CENTRE

제2장 본부의 관할권

Article 25

1. The jurisdiction of the Centre shall ex-

제25조

1. 본부의 관할권은 분쟁 당사자가 본부에

tend to any legal dispute arising directly out of an investment, between a Contracting State (or any constituent subdivision or agency of a Contracting State designated to the Centre by that State) and a national of another Contracting State, which the parties to the dispute consent in writing to submit to the Centre. When the parties have given their consent, no party may withdraw its consent unilaterally.

제소할 것을 서면상으로 동의한 분쟁으로서 체약국(또는 당해 체약국에 의하여 본부에 대하여 지정한 동 체약국의 하부조직이나 기관)과 타방체약국 국민간의 투자로부터 직접적으로 발생하는 모든 법적 분쟁에 미친다. 당사자가 그러한 동의를 한 경우에는 어떠한 당사자도 그 동의를 일방적으로 철회할 수 없다.

2. "National of another Contracting State" means:

2. "타방체약국 국민"이라 함은 다음의 자를 말한다.

(a) any natural person who had the nationality of a Contracting State other than the State party to the dispute on the date on which the parties consented to submit such dispute to conciliation or arbitration as well as on the date on which the request was registered pursuant to paragraph (3) of Article 28 or paragraph (3) of Article 36, but does not include any person who on either date also had the nationality of the Contracting State party to the dispute; and

가. 제28조 제3항 또는 제36조 제3항에 따라 요청서가 등록된 일자 및 당사자가 어느 분쟁을 조정이나 중재에 회부하기로 동의한 일자에 그러한 분쟁 당사국 이외의 체약국의 국적을 가진 자연인. 다만, 이상의 어느 일자에 분쟁 당사국의 국적을 가진 자는 이에 포함되지 아니한다.

(b) any juridical person which had the nationality of a Contracting State other than the State party to the dispute on the date on which the parties consented to submit such dispute to conciliation or arbitration and any juridical person which had the nationality of the Contracting State party to the dispute on that date and which, because of foreign control, the parties have agreed should be treated as a national

나. 당사자가 어느 분쟁을 조정이나 중재에 회부하기로 동의한 일자에 그러한 분쟁 당사국 이외의 체약국의 국적을 가진 법인 및 전기일자에 분쟁 체약당사국의 국적을 가지고 또한 외국인의 지배로 인하여 당사국이 본 협정의 목적을 위하여 타 체약국의 국민으로서 취급할 것으로 합의한 법인.

of another Contracting State for the purposes of this Convention.

3. Consent by a constituent subdivision or agency of a Contracting State shall require the approval of that State unless that State notifies the Centre that no such approval is required.

3. 체약국의 하부조직이나 기관이 행하는 동의는 체약국의 승인을 요한다. 다만, 당해 국가가 이러한 승인이 필요하지 아니하다고 통고한 경우에는 그러하지 아니하다.

4. Any Contracting State may, at the time of ratification, acceptance or approval of this Convention or at any time thereafter, notify the Centre of the class or classes of disputes which it would or would not consider submitting to the jurisdiction of the Centre. The Secretary-General shall forthwith transmit such notification to all Contracting States. Such notification shall not constitute the consent required by paragraph (1).

4. 체약국은 본 협약의 비준, 수락 또는 승인하는 때나 또는 그 이후의 어느 때에 있어서 본부의 관할에 제기하는 것으로 고려한다거나 또는 고려하지 아니할 분쟁의 종류 및 제 종류를 본부에 통고한다. 사무총장은 즉시 이러한 통고를 모든 체약국에 전달한다. 이러한 통고는 제1항이 요구하는 동의를 구성하는 것이다.

Article 26

Consent of the parties to arbitration under this Convention shall, unless otherwise stated, be deemed consent to such arbitration to the exclusion of any other remedy. A Contracting State may require the exhaustion of local administrative or judicial remedies as a condition of its consent to arbitration under this Convention.

제26조

본 협약에 따라 당사자가 중재에 동의하는 것은 달리 규정한 바가 없으면 다른 어떠한 구제수단도 배제하고 그러한 중재에 동의한 것으로 간주된다. 체약국은 본 협약에 따른 중재에의 동의조건으로서 행정적 또는 사법적인 지역적 구제수단을 다 거칠 것을 요청할 수 있다.

Article 27

1. No Contracting State shall give diplomatic protection, or bring an international claim, in respect of a dispute which one of its nationals and another Contracting State shall have consented

제27조

1. 어떠한 체약국도 1명의 당해국 국민과 타체약국이 본 협약에 따라 중재에 회부하기로 동의하였거나 또는 회부하였던 분쟁에 관하여 외교적 보호를 부여하거나 또는 국제적인 청구로서 제기하여서는 아니

to submit or shall have submitted to arbitration under this Convention, unless such other Contracting State shall have failed to abide by and comply with the award rendered in such dispute.

된다. 다만, 관계체약국이 이러한 분쟁에 있어서 내린 판정에 불복하고 이를 이행하지 못한 경우에는 그러하지 아니하다.

2. Diplomatic protection, for the purposes of paragraph (1), shall not include informal diplomatic exchanges for the sole purpose of facilitating a settlement of the dispute.

2. 제1항의 적용상 외교적 보호라 함은 분쟁의 해결을 촉진할 목적만을 위한 비공식적인 외교조치를 포함하지 아니한다.

CHAPTER Ⅲ CONCILIATION

제3장 조 정

SECTION 1 REQUEST FOR CONCILIATION

제1절 조정 요청

Article 28

제28조

1. Any Contracting State or any national of a Contracting State wishing to institute conciliation proceedings shall address a request to that effect in writing to the Secretary-General who shall send a copy of the request to the other party.

1. 조정 절차를 제거하고자 하는 어느 체약국이나 어느 체약국의 국민은 이러한 취지의 요청서를 서면으로 사무총장에게 제출하여야 하며 사무총장은 요청서의 사본을 타방당사자에게 송부하여야 한다.

2. The request shall contain information concerning the issues in dispute, the identity of the parties and their consent to conciliation in accordance with the rules of procedure for the institution of conciliation and arbitration proceedings.

2. 요청서에는 분쟁중의 문제, 당사자의 신원사항과 조정 및 중재 절차를 제기하기 위한 규칙에 따라서 조정 제기에 대한 동의 등에 관한 제 정보가 포함되어야 한다.

3. The Secretary-General shall register the request unless he finds, on the basis of the information contained in the request, that the dispute is manifestly

3. 사무총장은 요청서에 포함된 정보에 의하여 그 분쟁이 명백히 본부의 관할권외라고 인정하는 경우가 아닌 한 요청서를 등록하여야 한다. 그는 즉시 당사자에게 등

outside the jurisdiction of the Centre. He shall forthwith notify the parties of registration or refusal to register.

록이나 등록의 거부를 통고하여야 한다.

SECTION 2 CONSTITUTION OF THE CONCILIATION COMMISSION

제 2 절 조정위원회의 구성

Article 29

1. The Conciliation Commission (hereinafter called the Commission) shall be constituted as soon as possible after registration of a request pursuant to Article 28.

2. (a) The Commission shall consist of a sole conciliator or any uneven number of conciliators appointed as the parties shall agree.

(b) Where the parties do not agree upon the number of conciliators and the method of their appointment, the Commission shall consist of three conciliators, one conciliator appointed by each party and the third, who shall be the president of the Commission, appointed by agreement of the parties.

제 29 조

1. 조정위원회(이하 위원회라 한다)는 제28조에 따라 요청서가 등록된 후 가능한 한 조속히 구성되어야 한다.

2. 가. 위원회는 당사자가 합의한 바에 따라 임명된 1명의 또는 기수의 조정관으로서 구성된다.

나. 당사자가 조정관의 수와 그의 임명방법에 관하여 합의하지 아니한 경우에는, 위원회는 각 당사자가 임명하는 1명의 조정관과 그 위원회의 위원장이 될 자로서 당사자의 합의에 의하여 임명될 제3의 조정관의 3명의 조정관으로써 구성된다.

Article 30

If the Commission shall not have been constituted within 90 days after notice of registration of the request has been dispatched by the Secretary-General in accordance with paragraph (3) of Article 28, or such other period as the parties may agree, the Chairman shall, at the request

제 30 조

요청서의 등록 통고가 제28조 제3항에 따라 사무총장에 의하여 발송된 후 90일 이내에 또는 당사자가 합의하는 기타 기간 내에 위원회가 구성되지 아니한다면, 의장은 일방당사자의 요청에 의하여 가능한 한 광범위하게 양 당사자와 상의한 후에 아직 임명되

of either party and after consulting both parties as far as possible, appoint the conciliator or conciliators not yet appointed.

지 아니한 조정관 또는 조정관들을 임명하여야 한다.

Article 31

1. Conciliators may be appointed from outside the Panel of Conciliators, except in the case of appointments by the Chairman pursuant to Article 30.

2. Conciliators appointed from outside the Panel of Conciliators shall possess the qualities stated in paragraph (1) of Article 14.

제31조

1. 조정관은 조정위원단의 외부로부터 임명될 수도 있다. 다만, 제30조에 따라 의장이 임명하는 경우에는 그러하지 아니하다.

2. 조정위원단의 외부로부터 임명된 조정관은 제14조 제1항에 규정된 자격을 가져야 한다.

SECTION 3 CONCILIATION PROCEEDINGS

제 3 절 조정 절차

Article 32

1. The Commission shall be the judge of its own competence.

2. Any objection by a party to the dispute that dispute is not within the jurisdiction of the Centre, or for other reasons is not within the competence of the Commission, shall be considered by the Commission which shall determine whether to deal with it as a preliminary question or to join it to the merits of the dispute.

제32조

1. 위원회는 그 자신의 권한을 결정하여야 한다.

2. 분쟁이 본부의 관할권내에 있지 아니하거나 또는 기타 이유로 위원회의 권한 내에 있지 아니하다는 어느 분쟁 당사자의 이의는 위원회에 의하여 고려되며 또한 그 이의를 예비문제로 취급할 것인지 또는 그 이의를 분쟁의 본안에 결합시킬 것인지의 여부를 위원회가 결정하여야 한다.

Article 33

Any conciliation proceeding shall be conducted in accordance with the provisions of this Section and, except as the parties otherwise agree, in accordance with the

제33조

어떠한 조정 절차도 본 절의 제 규정에 의거하여 진행되어야 하며 또한 분쟁 당사자가 별도로 합의하는 경우를 제외하고는 당사자가 조정에 부의할 것을 동의한 당시에 유효

Conciliation Rules in effect on the date on which the parties consented to conciliation. If any question of procedure arises which is not covered by this Section or the Conciliation Rules or any rules agreed by the parties, the Commission shall decide the question.

하던 조정규칙에 의거하여 진행되어야 한다. 본절에 의하여서나 조정규칙 또는 분쟁 당사자가 합의하는 어떠한 규칙에 의하여서도 망라되지 아니한 어떠한 절차상의 문제가 제기되는 경우 위원회는 그 문제를 결정하여야 한다.

Article 34

1. It shall be the duty of the Commission to clarify the issues in dispute between the parties and to endeavour to bring about agreement between them upon mutually acceptable terms. To that end, the Commission may at any stage of the proceedings and from time to time recommend terms of settlement to the parties. The parties shall cooperate in good faith with the Commission in order to enable the Commission to carry out its functions, and shall give their most serious consideration to its recommendations.

2. If the parties reach agreement, the Commission shall draw up a report noting the issues in dispute and recording that the parties have reached agreement. If, at any stage of the proceedings, it appears to the Commission that there is no likelihood of agreement between the parties, it shall close the proceedings and shall draw up a report noting the submission of the dispute and recording the failure of the parties to reach agreement. If one party fails to appear or participate in the proceedings, the Commission shall close the

제 34 조

1. 위원회의 의무는 당사자간에 분쟁중인 문제를 명백히 하고 상호간에 수락할 수 있는 조건으로 당사자간의 합의를 성립시키도록 노력하는 것이다. 이러한 목적을 위하여 심리절차의 어느 단계에서든지 또는 수시로 당사자에게 해결 조건을 건의할 수 있다. 분쟁 당사자는 위원회가 그의 기능을 수행할 수 있도록 성실히 위원회와 협력하여야 하며, 이의 건의에 대하여는 분쟁 당사자는 가장 진지한 고려를 하여야 한다.

2. 분쟁 당사자가 합의에 도달하면 위원회는 분쟁중의 문제를 기술하고 또한 분쟁 당사자가 합의에 도달한 사실을 기록한 보고서를 작성하여야 한다. 심리절차의 어느 단계에 있어서든지 만일 분쟁 당사자간에 합의에 도달할 가능성이 없다고 위원회가 인정하는 경우에는 위원회는 그 심리절차를 종결하고 분쟁의 제기 사실을 기술하고 또한 당사자가 합의도달에 실패하였음을 기록한 보고서를 작성하여야 한다.

proceedings and shall draw up a report noting that party's failure to appear or participate.

Article 35

Except as the parties to the dispute shall otherwise agree, neither party to a conciliation proceeding shall be entitled in any other proceeding, whether before arbitrators or in a court of law or otherwise, to invoke or rely on any views expressed or statements or admissions or offers of settlement made by the other party in the conciliation proceedings, or the report or any recommendations made by the Commission.

제35조

분쟁 당사자가 달리 합의하는 바를 제외하고는 조정중의 어느 당사자도 중재재판이거나 법정 또는 기타 어떠한 경우를 막론하고 다른 어떠한 심리절차에 있어서도 조정심리 도중에 타방 분쟁 당사자가 표명한 의견, 성명, 또는 해결을 위한 조건의 용인 또는 제시 등이거나 또는 위원회가 작성한 보고서나 권고안 등을 원용하거나 또는 이에 의뢰할 권리가 없다.

CHAPTER Ⅳ ARBITRATION

제4장 중 재

SECTION 1 REQUEST FOR ARBITRATION

제1절 중재요청

Article 36

1. Any Contracting State or any national of a Contracting State wishing to institute arbitration proceedings shall address a request to that effect in writing to the Secretary-General who shall send a copy of the request to the other party.
2. The request shall contain information concerning the issues in dispute, the identity of the parties and their consent to arbitration in accordance with the rules of procedure for the institution of

제36조

1. 중재소송절차를 제기하고자 하는 체약국이나 체약국의 국민은 서면으로 이와 같은 취지로 사무총장에게 요청서를 송부하여야 하며 사무총장은 동 요청서의 사본을 타방당사자에게 송부하여야 한다.
2. 요청서에는 분쟁중의 문제, 당사자의 신원사항 및 조정과 중재소송절차를 제기하기 위한 규칙에 따라서 중재 제기에 대한 동의 등에 관한 제 정보가 포함되어야 한다.

conciliation and arbitration proceedings.

3. The Secretary-General shall register the request unless he finds, on the basis of the information contained in the request, that the dispute is manifestly outside the jurisdiction of the Centre. He shall forthwith notify the parties of registration or refusal to register.

3. 사무총장은 요청서에 포함된 정보에 의하여 그 분쟁이 명백히 본부의 관할권외라고 인정하는 경우가 아닌 한 그 요청서를 등록하여야 한다. 그는 즉시 당사자에게 등록이나 등록의 거부를 통고하여야 한다.

SECTION 2 CONSTITUTION OF THE TRIBUNAL

제 2 절 재판소의 구성

Article 37

제 37 조

1. The Arbitral Tribunal (hereinafter called the Tribunal) shall be constituted as soon as possible after registration of a request pursuant to Article 36.

1. 중재재판소(이하 재판소라 한다)는 제36조에 따라 요청서의 등록 후 가급적 신속히 구성되어야 한다.

2. (a) The Tribunal shall consist of a sole arbitrator or any uneven number of arbitrators appointed as the parties shall agree.
(b) Where the parties do not agree upon the number of arbitrators and the method of their appointment, the Tribunal shall consist of three arbitrators, one arbitrator appointed by each party and the third, who shall be the president of the Tribunal, appointed by agreement of the parties.

2. 가. 재판소는 당사자가 합의하는 1명의 또는 기수의 중재관으로써 구성되어야 한다.
나. 당사자가 중재관의 수와 그의 임명방법에 관하여 합의하지 아니한 경우에는, 재판소는 각 당사자가 임명하는 1명의 중재관과 재판장이 될 자로서 당사자의 합의에 의하여 임명될 제3의 중재관의 3명의 중재관으로서 구성되어야 한다.

Article 38

제 38 조

If the Tribunal shall not have been constituted within 90 days after notice of registration of the request has been dis-

요청서의 등록통지가 제36조 제3항에 따라 사무총장에 의하여 발송된 후 90일 이내에 또는 당사자가 합의하는 기타 기간 내에 재

patched by the Secretary-General in accordance with paragraph (3) of Article 36, or such other period as the parties may agree, the Chairman shall, at the request of either party and after consulting both parties as far as possible, appoint the arbitrator or arbitrators not yet appointed. Arbitrators appointed by the Chairman pursuant to this Article shall not be nationals of the Contracting State party to the dispute or of the Contracting State whose national is a party to the dispute.

판소가 구성되지 아니한다면 의장은 일방 당사자의 요청에 의하여 가능한 한 광범위하게 양 당사자와 상의한 후에 아직 임명되지 아니한 중재관 또는 중재관들을 임명하여야 한다. 본조에 따라 의장이 임명하는 중재관은 분쟁 당사자인 체약국의 국민이거나 또는 그의 국민이 분쟁 당사자인 체약국의 국민이어서는 아니된다.

Article 39

The majority of the arbitrators shall be nationals of States other than the Contracting State party to the dispute and the Contracting State whose national is a party to the dispute; provided, however, that the foregoing provisions of this Article shall not apply if the sole arbitrator or each individual member of the Tribunal has been appointed by agreement of the parties.

제39조

중재관의 과반수 이상은 분쟁 당사자인 체약국 및 그의 국민이 분쟁 당사자인 체약국 이외의 국가의 국민이어야 한다. 그러나, 본조의 전기 규정은 1명의 중재관이나 재판소의 각 재판관이 당사자의 합의에 따라 임명된 때에는 적용되지 아니한다.

Article 40

1. Arbitrators may be appointed from outside the Panel of Arbitrators, except in the case of appointments by the Chairman pursuant to Article 38.

2. Arbitrators appointed from outside the Panel of Arbitrators shall possess the qualities stated in paragraph (1) of Article 14.

제40조

1. 중재관은 중재위원단의 외부로부터 임명될 수도 있다. 다만, 제38조에 따라 의장이 임명하는 경우에는 그러하지 아니하다.

2. 중재위원단의 외부로부터 임명되는 중재관은 제14조 제1항에 규정된 능력을 소유하여야 한다.

SECTION 3 POWERS AND FUNCTIONS OF THE TRIBUNAL

제 3 절 재판소의 권한과 기능

Article 41

1. The Tribunal shall be the judge of its own competence.
2. Any objection by a party to the dispute that dispute is not within the jurisdiction of the Centre, or for other reasons is not within the competence of the Tribunal, shall be considered by the Tribunal which shall determine whether to deal with it as a preliminary question or to join it to the merits of the dispute.

제 41 조

1. 재판소는 그 자신의 권한을 결정하여야 한다.
2. 분쟁이 본부의 관할권내에 있지 아니하거나, 또는 기타 이유로 재판소의 권한 내에 있지 아니하다는 어느 분쟁 당사자의 이의는 재판소에 의하여 고려되며 또한 그 이의를 예비문제로 취급할 것인지 또는 그 이의를 분쟁 본안에 결합시킬 것인지의 여부를 재판소가 결정하여야 한다.

Article 42

1. The Tribunal shall decide a dispute in accordance with such rules of law as may be agreed by the parties. In the absence of such agreement, the Tribunal shall apply the law of the Contracting State party to the dispute (including its rules on the conflict of laws) and such rules of international law as may be applicable.
2. The Tribunal may not bring in a finding of non liquet on the ground of silence or obscurity of the law.
3. The provisions of paragraphs (1) and (2) shall not prejudice the power of the Tribunal to decide a dispute *ex aequo et bono* if the parties so agree.

제 42 조

1. 재판소는 당사자가 합의하는 법률의 규칙에 따라 분쟁을 해결하여야 한다. 이러한 합의가 없는 때에는 분쟁 체약당사국의 법률(법률의 충돌에 관한 동국의 규칙을 포함한다) 및 적용할 수 있는 국제법의 규칙을 그 분쟁에 적용하여야 한다.
2. 재판소는 법의 부존재나 불명을 이유로 명확하지 않다는 판결을 내릴 수 없다.
3. 제1항과 제2항의 규정은 분쟁 당사자가 합의하는 경우 형평과 선의 원칙에 따라 분쟁을 결정할 재판소의 권한을 침해하여서는 아니 된다.

Article 43

Except as the parties otherwise agree, the

제 43 조

당사자가 달리 합의하는 경우를 제외하고는

Tribunal may, if it deems it necessary at any stage of the proceedings,

(a) call upon the parties to produce documents or other evidence, and
(b) visit the scene connected with the dispute, and conduct such inquiries there as it may deem appropriate.

소송절차의 어느 단계에 있어서라도 재판소가 필요하다고 인정한다면 재판소는,

가. 당사자에게 문서나 기타 증거를 제출하도록 요구할 수 있고,
나. 분쟁과 관련되는 현장을 임검하고 재판소가 적절하다고 인정하는 그 곳의 조사를 실시할 수 있다.

Article 44

Any arbitration proceeding shall be conducted in accordance with the provisions of this Section and, except as the parties otherwise agree, in accordance with the Arbitration Rules in effect on the date on which the parties consented to arbitration. If any question of procedure arises which is not covered by this Section or the Arbitration Rules or any rules agreed by the parties, the Tribunal shall decide the question.

제44조

어떠한 중재소송절차도 본절의 제 규정에 의거하여 진행되어야 하며 또한 분쟁 당사자가 별도로 합의하는 경우를 제외하고는 당사자가 중재에 부의할 것을 동의한 당시의 유효하던 중재규칙에 따라 진행되어야 한다. 본절에 의하여서나 또는 중재규칙이나 분쟁 당사자가 합의하는 어떠한 규칙에 의하여 망라되지 아니한 어떠한 절차상의 문제가 제기되는 경우 재판소는 그 문제를 결정하여야 한다.

Article 45

1. Failure of a party to appear or to present his case shall not be deemed an admission of the other party's assertions.
2. If a party fails to appear or to present his case at any stage of the proceedings the other party may request the Tribunal to deal with the questions submitted to it and to render an award. Before rendering an award, the Tribunal shall notify, and grant a period of grace to, the party failing to appear or to present its case, unless it is satisfied that that party does not intend to do so.

제45조

1. 일방당사자가 출석하지 못하거나 그의 사건을 제기 못한 것은 타방당사국의 주장을 인용한 것으로 간주되지 아니한다.
2. 일방당사자가 출석하지 못하거나 그의 사건을 제기하지 못하는 경우 타방당사자는 재판소에 제출한 문제를 취급하고 판정을 내리도록 요청할 수 있다. 판정을 내리기 전에 재판소는 출석하지 못하거나 그의 사건을 제기하지 못한 당사자에게 통고하고 유예기간을 허용하여야 한다. 다만, 당해 당사자가 그와 같이 행동할 의사가 없음을 재판소가 납득한 경우에는 그러하지 아니하다.

Article 46

Except as the parties otherwise agree, the Tribunal shall, if requested by a party, determine any incidental or additional claims or counterclaims arising directly out of the subject-matter of the dispute provided that they are within the scope of the consent of the parties and are otherwise within the jurisdiction of the Centre.

제46조

당사자가 달리 합의하는 경우를 제외하고는 일방당사자의 요청이 있으면 재판소는 어떠한 부수적이거나 부가적인 소 또는 분쟁의 본 안으로부터 직접적으로 발생한 반소를 결정하여야 한다. 다만, 그러한 소가 당사자가 합의한 범위 내의 것이고 또한 당사자가 합의한 것이 본부의 관할내에 있어야 한다.

Article 47

Except as the parties otherwise agree, the Tribunal may, if it considers that the circumstances so require, recommend any provisional measures which should be taken to preserve the respective rights of either party.

제47조

당사자가 달리 합의하는 경우를 제외하고는, 재판소는, 그가 사정이 그와같이 요청한다고 인정하는 경우에는, 각 당사자의 상호의 권리를 보전하기 위하여 취하여야 할 잠정적 조치를 권고할 수 있다.

SECTION 4 THE AWARD

제4절 판 정

Article 48

1. The Tribunal shall decide questions by a majority of the votes of all its members.
2. The award of the Tribunal shall be in writing and shall be signed by the members of the Tribunal who voted for it.
3. The award shall deal with every question submitted to the Tribunal, and shall state the reasons upon which it is based.
4. Any member of the Tribunal may attach his individual opinion to the award,

제48조

1. 재판소는 모든 재판관의 다수결 투표에 의하여 문제를 결정하여야 한다.
2. 재판소의 판정은 서면으로 작성되어야 하며 그것에 찬성 투표한 재판소의 재판관이 이에 서명하여야 한다.
3. 판정은 재판소에 제출된 모든 문제를 취급하여야 하고 또한 판정의 근거가 되는 이유를 명시하여야 한다.
4. 재판소의 재판관은 그가 다수 의견과 의견을 달리하거나 아니 하거나를 불문하고

whether he dissents from the majority or not, or a statement of his dissent.

5. The Centre shall not publish the award without the consent of the parties.

판정에 대한 개인 의견을 부가하거나 또는 불찬성에 대한 진술을 첨부할 수 있다.

5. 본부는 당사자의 동의없이는 그 판정서를 발급하여서는 아니된다.

Article 49

1. The Secretary-General shall promptly dispatch certified copies of the award to the parties. The award shall be deemed to have been rendered on the date on which the certified copies were dispatched.

2. The Tribunal upon the request of a party made within 45 days after the date on which the award was rendered may after notice to the other party decide any question which it had omitted to decide in the award, and shall rectify any clerical, arithmetical or similar error in the award. Its decision shall become part of the award and shall be notified to the parties in the same manner as the award. The periods of time provided for under paragraph (2) of Article 51 and paragraph (2) of Article 52 shall run from the date on which the decision was rendered.

제49조

1. 사무총장은 판정서의 인증 등본을 신속히 당사자에게 송부한다. 판정은 그 판정서의 인증 등본이 송달되는 날에 내려진 것으로 간주된다.

2. 판정이 내려진 날로부터 45일 이내에 행한 일방당사자의 요청에 따라 재판소는 일방 당사자에게 통고한 후 판정에서 결정이 누락된 문제점을 결정할 수 있고, 또한 판정서 상의 어떠한 오기, 오산 또는 기타 이에 유사한 오류를 정정하여야 한다. 재판소의 결정은 판정의 일부를 구성하며 판정서와 동일한 방법으로 당사자에게 통고되어야 한다. 제51조 제2항 및 제52조 제2항에 규정된 기간은 결정이 행하여진 날로부터 가산되어야 한다.

SECTION 5
INTERPRETATION, REVISION AND ANNULMENT OF THE AWARD

Article 50

1. If any dispute shall arise between the parties as to the meaning or scope of

제5절
판정의 해석, 개정 및 무효

제50조

1. 판정의 의미 또는 범위에 관하여 당사자간에 분쟁이 제기되는 경우에는 어느 일

an award, either party may request interpretation of the award by an application in writing addressed to the Secretary-General.

방 당사자는 사무총장 앞으로 신청서를 제출하여 판정서의 해석을 요청할 수 있다.

2. The request shall, if possible, be submitted to the Tribunal which rendered the award. If this shall not be possible, a new Tribunal shall be constituted in accordance with Section 2 of this Chapter. The Tribunal may, if it considers that the circumstances so require, stay enforcement of the award pending its decision.

2. 요청서는 가능하다면 판정을 내린 재판소에 제출되어야 한다. 이것이 불가능하다면 새로운 재판소가 본장 제2절에 따라 구성되어야 한다. 재판소는 사정이 그와 같이 요구한다고 인정하는 경우에는 그의 결정이 있을 때까지 판정의 집행을 유예할 수 있다.

Article 51

제51조

1. Either party may request revision of the award by an application in writing addressed to the Secretary-General on the ground of discovery of some fact of such a nature as decisively to affect the award, provided that when the award was rendered that fact was unknown to the Tribunal and to the applicant and that the applicant's ignorance of that fact was not due to negligence.

1. 어느 일방 당사자가 판정에 결정적으로 영향을 미치는 그러한 성질의 어느 사실을 발견하였음을 이유로 사무총장 앞으로 신청서를 제출하여 판정서의 수정을 요청할 수 있다. 다만, 판정이 내려졌을 당시에 이러한 사실이 재판소 및 신청인에게 알려지지 아니하였고 또한 이러한 사실을 신청인이 알지 못하였음이 과실에 기인하지 아니한 때에 한한다.

2. The application shall be made within 90 days after the discovery of such fact and in any event within three years after the date on which the award was rendered.

2. 신청은 이러한 사실을 발견한 후, 30일 이내에 행하여져야 하고 어떠한 경우라 할지라도 판정이 내려진 날로부터 3년 이내에 이를 행하여야 한다.

3. The request shall, if possible, be submitted to the Tribunal which rendered the award. If this shall not be possible, a new Tribunal shall be constituted in accordance with Section 2 of this Chapter.

3. 요청서는 가능하다면 판정을 내린 재판소에 제출되어야 한다. 이것이 불가능하다면 새로운 재판소는 본장 제2절에 따라 구성되어야 한다.

4. The Tribunal may, if it considers that the circumstances so require, stay enforcement of the award pending its decision. If the applicant requests a stay of enforcement of the award in his application, enforcement shall be stayed provisionally until the Tribunal rules on such request.

4. 재판소는 사정이 그와 같이 요구한다고 인정한다면 그의 결정이 있을 때까지 판정의 집행을 유예할 수 있다. 신청인이 그의 신청서에서 판정집행의 유예를 요청한다면 집행은 재판소가 이러한 요청에 대한 결정을 할 때까지 잠정적으로 유예되어야 한다.

Article 52

제52조

1. Either party may request annulment of the award by an application in writing addressed to the Secretary-General on one or more of the following grounds:

(a) that the Tribunal was not properly constituted;
(b) that the Tribunal has manifestly exceeded its powers;
(c) that there was corruption on the part of a member of the Tribunal;
(d) that there has been a serious departure from a fundamental rule of procedure; or
(e) that the award has failed to state the reasons on which it is based.

1. 각 당사자는 다음의 1 또는 2 이상의 사유로서 사무총장 앞으로 신청서를 제출하여 판정의 무효를 요청할 수 있다.

가. 재판소가 적절히 구성되지 아니하였을 때,
나. 재판소가 명백히 그의 권한을 이탈하였을 때,
다. 재판소의 재판관에 독직이 있을 때,
라. 기본적인 심리 규칙으로부터 중대한 이탈이 있었을 때, 또는
마. 판정서에 그의 근거되는 이유를 명시하지 아니하였을 때.

2. The application shall be made within 120 days after the date on which the award was rendered except that when annulment is requested on the ground of corruption such application shall be made within 120 days after discovery of the corruption and in any event within three years after the date on which the award was rendered.

2. 신청은 판정이 내려진 날로부터 120일 이내에 이를 하여야 한다. 다만, 독직을 이유로 무효를 요청한 때에는 독직을 발견한 날로부터 120일 이내에 그리고 어떠한 경우라 할지라도 판정이 행하여진 날로부터 3년 이내에 이러한 신청을 하여야 한다.

3. On receipt of the request the Chairman shall forthwith appoint from the Panel

3. 요청서를 접수하면 의장은 즉시 3명으로 구성된 특별위원회를 중재위원단으로부

of Arbitrators an ad hoc Committee of three persons. None of the members of the Committee shall have been a member of the Tribunal which rendered the award, shall be of the same nationality as any such member, shall be a national of the State party to the dispute or of the State whose national is a party to the dispute, shall have been designated to the Panel of Arbitrators by either of those States, or shall have acted as a conciliator in the same dispute. The Committee shall have the authority to annul the award or any part thereof on any of the grounds set forth in paragraph (1).

터 임명하여야 한다. 위원회의 어느 위원도 판정을 내린 재판소의 재판관이어서는 아니되며, 분쟁 당사국이나 그의 국민이 분쟁 당사자인 국가의 국민이어서도 아니되며, 이들의 어느 국가에 의하여서도 중재위원단에 지명되지 아니하였어야 하며 또는 동일한 분쟁의 조정자로서 활동하지 아니하였어야 한다. 위원회는 제1항에 규정된 이유에 의하여 판정서 또는 그의 어느 부분을 무효하게 하는 권능을 가진다.

4. The provisions of Articles 41−45, 48, 49, 53 and 54, and of Chapters VI and VII shall apply mutatis mutandis to proceedings before the Committee.

4. 제41조 내지 제45조, 제48조, 제49조, 제53조 및 제54조와 제6장 및 제7장의 규정은 위원회의 절차에 준용한다.

5. The Committee may, if it considers that the circumstances so require, stay enforcement of the award pending its decision. If the applicant requests a stay of enforcement of the award in his application, enforcement shall be stayed provisionally until the Committee rules on such request.

5. 위원회는 사정이 그와 같이 요구한다고 인정한다면 그의 결정이 있을 때까지 판정의 집행을 유예할 수 있다. 신청인이 그의 신청에서 판정집행의 유예를 요청한다면 집행은 위원회가 이러한 요청에 대한 결정을 할 때까지 잠정적으로 유예되어야 한다.

6. If the award is annulled the dispute shall, at the request of either party, be submitted to a new Tribunal constituted in accordance with Section 2 of this Chapter.

6. 판정이 무효로 된다면 그 분쟁은 어느 일방 당사자의 요청에 따라 본장 제2절의 규정에 따라 구성되는 새로운 재판소에 제출되어야 한다.

SECTION 6 RECOGNITION AND ENFORCEMENT OF THE AWARD

Article 53

1. The award shall be binding on the parties and shall not be subject to any appeal or to any other remedy except those provided for in this Convention. Each party shall abide by and comply with the terms of the award except to the extent that enforcement shall have been stayed pursuant to the relevant provisions of this Convention.

2. For the purposes of this Section, "award" shall include any decision interpreting, revising or annulling such award pursuant to Articles 50, 51 or 52.

Article 54

1. Each Contracting State shall recognize an award rendered pursuant to this Convention as binding and enforce the pecuniary obligations imposed by that award within its territories as if it were a final judgment of a court in that State. A Contracting State with a federal constitution may enforce such an award in or through its federal courts and may provide that such courts shall treat the award as if it were a final judgment of the courts of a constituent state.

2. A party seeking recognition or enforcement in the territories of a Contracting State shall furnish to a competent court

제 6 절 판정의 승인과 집행

제53조

1. 판정은 당사자를 구속하며 본 협정에 규정된 바를 제외하고는 어떠한 상소나 또는 기타 어떠한 구제수단에도 그 대상으로 되지 아니한다. 각 당사자는 본 협약의 관계조항에 따라 집행이 유예되어 있는 범위를 제외하고는 판정의 조건을 준수하고 이를 따라야 한다.

2. 본절의 적용상, 판정이라 함은 제50조, 제51조 또는 제52조에 따라 이러한 판정을 해석, 수정 또는 무효케 하는 어떠한 결정도 포함한다.

제54조

1. 각 체약국은 본 협약에 따라 내려진 판정은 구속력 있는 것으로 승인하고 그것이 당해 국가의 법원의 최종판결인 것과 같이 동국의 영역 안에서 이러한 판정에 의하여 과하여진 금전상의 의무를 집행하여야 한다. 연방헌법을 가진 체약국은 그의 연방법원안에서 또는 이를 통하여 이러한 판정을 집행하여야 하며 또한 이러한 법원은 그 판정을 마치 주 법원의 최종판결인 것과 같이 취급할 것을 정하여야 한다.

2. 체약국의 영역 안에서 승인이나 집행을 구하는 당사자는 이러한 국가가 이 목적을 위하여 지정한 법원이나 기타 당국에

or other authority which such State shall have designated for this purpose a copy of the award certified by the Secretary-General. Each Contracting State shall notify the Secretary-General of the designation of the competent court or other authority for this purpose and of any subsequent change in such designation.

사무총장이 인증한 판정서의 등본을 제공하여야 한다. 각 체약국은 이 목적을 위한 관계법원이나 기타 당국의 지정 및 그 후의 이러한 지정의 변경을 사무총장에게 통고하여야 한다.

3. Execution of the award shall be governed by the laws concerning the execution of judgments in force in the State in whose territories such execution is sought.

3. 판정의 집행은 그의 영토 안에서 이러한 집행이 요구된 국가에서 유효한 재판의 집행에 관한 법률에 의하여 규율되어야 한다.

Article 55

제 55 조

Nothing in Article 54 shall be construed as derogating from the law in force in any Contracting State relating to immunity of that State or of any foreign State from execution.

제54조의 어떠한 규정도 당해국 또는 어느 외국의 집행으로부터의 면제에 관한 어느 체약국의 유효한 법률을 훼손하는 것으로 해석되지 아니한다.

CHAPTER V REPLACEMENT AND DISQUALIFICATION OF CONCILIATORS AND ARBITRATORS

제 5 장 중재관 및 조정관의 대체 및 자격상실

Article 56

제 56 조

1. After a Commission or a Tribunal has been constituted and proceedings have begun, its composition shall remain unchanged; provided, however, that if a conciliator or an arbitrator should die, become incapacitated, or resign, the resulting vacancy shall be filled in ac-

1. 위원회나 재판소가 구성되고 심리절차가 시작된 후에는 그 구성을 변경하지 못한다. 그러나 중재관이나 조정관이 사망, 능력상실, 또는 사직하는 경우 이 결과로 초래된 결원은 제3장 제2절 또는 제4장 제2절의 규정에 따라 충원되어야 한다.

cordance with the provisions of Section 2 of Chapter III or Section 2 of Chapter IV.

2. A member of a Commission or Tribunal shall continue to serve in that capacity notwithstanding that he shall have ceased to be a member of the Panel.

3. If a conciliator or arbitrator appointed by a party shall have resigned without the consent of the Commission or Tribunal of which he was a member, the Chairman shall appoint a person from the appropriate Panel to fill the resulting vacancy.

2. 위원회 또는 재판소의 위원이나 재판관은 그가 위원단의 위원직을 상실하였음에도 불구하고 위원 또는 재판관자격으로 계속 복무하여야 한다.

3. 일방당사자가 임명한 중재관이나 조정관이 그가 위원인 위원회나 재판소의 동의 없이 사직하게 되는 경우에는 의장은 이 결과로 초래된 결원을 충원하기 위하여 관계위원단으로부터 인원을 임명하여야 한다.

Article 57

A party may propose to a Commission or Tribunal the disqualification of any of its members on account of any fact indicating a manifest lack of the qualities required by paragraph (1) of Article 14. A party to arbitration proceedings may, in addition, propose the disqualification of an arbitrator on the ground that he was ineligible for appointment to the Tribunal under Section 2 of Chapter IV.

제57조

일방당사자는 제14조 제1항에 요구된 자격의 명백한 결격을 나타내는 사실 때문에 어느 위원의 자격상실을 위원회나 재판소에 제의할 수 있다. 중재소송의 일방당사자는 이에 추가하여 그가 제4장 제2절에 따라 임명이 될 자격이 없다는 이유로 중재관의 자격상실을 제의할 수 있다.

Article 58

The decision on any proposal to disqualify a conciliator or arbitrator shall be taken by the other members of the Commission or Tribunal as the case may be, provided that where those members are equally divided, or in the case of a proposal to disqualify a sole conciliator or arbitrator, or a majority of the conciliators or arbi-

제58조

조정관이나 중재관을 자격 상실시키는 제의에 대한 결정은 그 경우에 따라 위원회나 재판소의 기타 위원이나 재판관으로서 이를 행하여야 한다. 그러나, 이와 같은 위원이나 재판관이 동수로 분립하거나 또는 1명의 조정관이나 중재관이 또는 다수의 조정관이나 중재관을 자격 상실시키는 제의의 경우에는

trators, the Chairman shall take that decision. If it is decided that the proposal is well-founded the conciliator or arbitrator to whom the decision relates shall be replaced in accordance with the provisions of Section 2 of Chapter III or Section 2 of Chapter IV.

의장이 그 결정을 한다. 제의에 충분한 이유가 있다고 결정한 경우에는 그 결정에 관련되는 조정관이나 중재관은 제3장 제2절 또는 제4장 제2절의 규정에 따라 대체되어야 한다.

CHAPTER VI COST OF PROCEEDINGS

제 6 장 소송비용

Article 59

The charges payable by the parties for the use of the facilities of the Centre shall be determined by the Secretary-General in accordance with the regulations adopted by the Administrative Council.

제 59 조

당사자가 본부시설의 이용에 대하여 지불하여야 할 부담액은 운영이사회가 채택한 규정에 따라 사무총장이 이를 결정하여야 한다.

Article 60

1. Each Commission and each Tribunal shall determine the fees and expenses of its members within limits established from time to time by the Administrative Council and after consultation with the Secretary-General.
2. Nothing in paragraph (1) of this Article shall preclude the parties from agreeing in advance with the Commission or Tribunal concerned upon the fees and expenses of its members.

제 60 조

1. 각 위원회 및 각 재판소는 운영이사회가 수시로 설정하는 범위 내에서 또는 사무총장과 상의한 후에 그 위원이나 재판관의 수수료와 경비를 결정하여야 한다.
2. 본조 제1항의 어떠한 규정도 당사자가 위원회나 재판소의 위원이나 재판관의 수수료와 경비에 관하여 관계위원이나 재판소와 사전에 합의하는 것을 배제하지 아니한다.

Article 61

1. In the case of conciliation proceedings the fees and expenses of members of

제 61 조

1. 조정절차의 경우에 있어서 본부시설의 이용을 위한 과징금과 아울러 위원회 위원

the Commission as well as the charges for the use of the facilities of the Centre, shall be borne equally by the parties. Each party shall bear any other expenses it incurs in connection with the proceedings.

2. In the case of arbitration proceedings the Tribunal shall, except as the parties otherwise agree, assess the expenses incurred by the parties in connection with the proceedings, and shall decide how and by whom those expenses, the fees and expenses of the members of the Tribunal and the charges for the use of the facilities of the Centre shall be paid. Such decision shall form part of the award.

의 수수료 및 경비는 당사자가 균등히 이를 분담한다. 각 당사자는 그 절차와 관련하여 당사자가 부담하는 기타 경비를 부담하여야 한다.

2. 중재소송의 경우에 있어서 달리 합의하는 바를 제외하고는 소송과 관련하여 당사자에 의하여 부담될 경비를 재판소는 산정하여야 하며 또한 재판소의 경비, 재판소의 재판관의 수수료와 경비 및 본부시설의 이용을 위한 과징금이 어떻게 지불되어야 하며 누가 지불하는가를 재판소가 결정하여야 한다. 이러한 결정은 판정의 일부를 이룬다.

CHAPTER VII
PLACE OF PROCEEDINGS

Article 62

Conciliation and arbitration proceedings shall be held at the seat of the Centre except as hereinafter provided.

Article 63

Conciliation and arbitration proceedings may be held, if the parties so agree,

(a) at the seat of the Permanent Court of Arbitration or of any other appropriate institution, whether private or public, with which the Centre may make arrangements for that purpose; or

제 7 장
조정 및 중재의 장소

제62조

조정과 중재의 절차는 이하에서 달리 규정하는 경우를 제외하고는 본부의 소재지에서 행하여져야 한다.

제63조

조정과 중재의 절차는 당사자가 합의한다면 다음의 장소에서 행하여질 수 있다.

가. 상설 중재재판소의 소재지 또는 민간기구와 공공기구를 불문하고 본부가 그 목적을 위하여 약정할 수 있는 기타 적당한 기구의 소재지.

(b) at any other place approved by the Commission or Tribunal after consultation with the Secretary-General.

나. 위원회나 재판소가 사무총장과 상의한 후에 승인한 기타 장소.

CHAPTER Ⅷ DISPUTES BETWEEN CONTRACTING STATES

제 8 장 체약국간의 분쟁

Article 64

제 64 조

Any dispute arising between Contracting States concerning the interpretation or application of this Convention which is not settled by negotiation shall be referred to the International Court of Justice by the application of any party to such dispute, unless the States concerned agree to another method of settlement.

본 협약의 해석이나 적용에 관하여 체약국간에 발생하는 분쟁으로서 교섭에 의하여 해결되지 아니하는 것은 관계국가가 다른 해결방법에 합의한 경우를 제외하고는 어느 분쟁 당사자의 신청에 의하여 국제사법재판소에 회부되어야 한다.

CHAPTER Ⅸ AMENDMENT

제 9 장 개 정

Article 65

제 65 조

Any Contracting State may propose amendment of this Convention. The text of a proposed amendment shall be communicated to the Secretary-General not less than 90 days prior to the meeting of the Administrative Council at which such amendment is to be considered and shall forthwith be transmitted by him to all the members of the Administrative Council.

어느 체약국이든 본 협약의 개정을 제의할 수 있다. 개정안은 이러한 개정안을 검토할 운용이사회의 회기에 앞서 90일 전에 사무총장에게 송부되어야 하며 또한 사무총장은 운영이사회의 전 위원에게 이를 즉시 전달하여야 한다.

Article 66

제 66 조

1. If the Administrative Council shall so decide by a majority of two-thirds of its members, the proposed amendment shall be circulated to all Contracting

1. 운영이사회가 그 위원의 3분지 2 이상의 다수결로써 가결한다면 개정안은 비준, 수락 또는 승인을 위하여 모든 체약국에 배부되어야 한다. 각각의 개정은 모든 체

States for ratification, acceptance or approval. Each amendment shall enter into force 30 days after dispatch by the depositary of this Convention of a notification to Contracting States that all Contracting States have ratified, accepted or approved the amendment.

2. No amendment shall affect the rights and obligations under this Convention of any Contracting State or of any of its constituent subdivisions or agencies, or of any national of such State arising out of consent to the jurisdiction of the Centre given before the date of entry into force of the amendment.

약국이 그 개정을 비준, 수락 또는 승인하였다는 통고를 본 협약의 기탁기관에 의하여 체약국에 발송된 후 30일 만에 효력을 발생한다.

2. 어떠한 개정도 개정의 효력발생 이전에 본부의 관할권에 동의함으로써 발생한 어느 체약국 또는 그의 하부조직이나 기관 또는 이러한 국가의 국민의 본 협정상의 권리의무에 영향을 미치지 아니한다.

CHAPTER X FINAL PROVISIONS

Article 67

This Convention shall be open for signature on behalf of States members of the Bank. It shall also be open for signature on behalf of any other State which is a party to the Statute of the International Court of Justice and which the Administrative Council, by a vote of two-thirds of its members, shall have invited to sign the Convention.

Article 68

1. This Convention shall be subject to ratification, acceptance or approval by the signatory States in accordance with their respective constitutional procedures.

2. This Convention shall enter into force

제 10 장 최종 조항

제 67 조

본 협약은 은행의 회원국가의 서명을 위하여 개방된다. 그것은 또한 국제사법재판소 규정의 당사국이며 또한 운영이사회가 그 이사회의 3분지 2 이상의 투표로서 협약에 서명하도록 초청할 기타 국가의 서명을 위하여 개방된다.

제 68 조

1. 본 협약은 서명국 각각의 헌법상의 절차에 따라 당해국에 의하여 비준, 수락 또는 승인되어야 한다.

2. 본 협약은 비준서, 수락서 또는 승인서가

30 days after the date of deposit of the twentieth instrument of ratification, acceptance or approval. It shall enter into force for each State which subsequently deposits its instrument of ratification, acceptance or approval 30 days after the date of such deposit.

20번째로 기탁된 후 30일 만에 효력을 발생한다. 본 협정은 그 후에 비준서, 수락서 또는 승인서를 기탁한 각 국가에 대하여서는 이러한 기탁을 한 날로부터 30일만에 효력을 발생한다.

Article 69

Each Contracting State shall take such legislative or other measures as may be necessary for making the provisions of this Convention effective in its territories.

제69조

각 체약국은 당해국의 영역내에서 본 협약의 규정을 유효케 하는데 필요한 입법적인 또는 기타 필요하다고 인정되는 조치를 취하여야 한다.

Article 70

This Convention shall apply to all territories for whose international relations a Contracting State is responsible, except those which are excluded by such State by written notice to the depositary of this Convention either at the time of ratification, acceptance or approval or subsequently.

제70조

본 협약은 체약국의 국제관계에 있어서 책임을 지는 모든 영역에 대하여 적용되어야 한다. 다만, 이러한 국가가 비준, 수락 또는 승인하는 어느 때에나 본 협약의 기탁기관에 서면통고로써 제외시킨 영역에 대하여서는 그러하지 아니하다.

Article 71

Any Contracting State may denounce this Convention by written notice to the depositary of this Convention. The denunciation shall take effect six months after receipt of such notice.

제71조

모든 체약국은 본 협약의 기탁기관에 서면통고함으로써 본 협약을 폐기할 수 있다. 폐기는 이러한 통고를 받은 날로부터 6개월 후에 효력을 발생한다.

Article 72

Notice by a Contracting State pursuant to Articles 70 or 71 shall not affect the rights or obligations under this Conven-

제72조

제70조 또는 제71조에 의거한 체약국의 통고는 기탁기관이 이러한 통고를 받기 전에 본부의 관할권에 동의한 것으로부터 발생한

tion of that State or of any of its constituent subdivisions or agencies or of any national of that State arising out of consent to the jurisdiction of the Centre given by one of them before such notice was received by the depositary.

어느 체약국, 그의 하부조직이나 또는 기관 또는 이러한 국가의 국민이 지고 있는 본 협정상의 권리의무에 영향을 미치지 아니한다.

Article 73

Instruments of ratification, acceptance or approval of this Convention and of amendments thereto shall be deposited with the Bank which shall act as the depositary of this Convention. The depositary shall transmit certified copies of this Convention to States members of the Bank and to any other State invited to sign the Convention.

제73조

본 협약 및 그 개정 협약에 대한 비준서, 수락서 또는 승인서는 본 협약의 기탁 기관으로서 행동할 은행에 기탁되어야 한다. 기탁기관은 회원국과 협약에 서명하도록 초청받은 기타 국가에 인증 등본을 송부하여야 한다.

Article 74

The depositary shall register this Convention with the Secretariat of the United Nations in accordance with Article 102 of the Charter of the United Nations and the Regulations thereunder adopted by the General Assembly.

제74조

기탁기관은 국제연합헌장 제102조 및 총회가 채택한 그에 관한 규정에 따라 국제연합 사무국에 본 협약을 등록하여야 한다.

Article 75

The depositary shall notify all signatory States of the following:

(a) signatures in accordance with Article 67;

(b) deposits of instruments of ratification, acceptance and approval in accordance with Article 73;

(c) the date on which this Convention enters into force in accordance with

제75조

기탁기관은 모든 체약국에 대하여 다음의 사항을 통고하여야 한다.

가. 제67조에 따른 서명.

나. 제73조에 따른 비준서, 수락서 및 승인서의 기탁.

다. 제68조에 따른 본 협약의 효력 발생 일자.

Article 68;

(d) exclusions from territorial application pursuant to Article 70;

(e) the date on which any amendment of this Convention enters into force in accordance with Article 66; and

(f) denunciations in accordance with Article 71.

라. 제70조에 따른 영역의 본 협약 적용으로부터의 제외.

마. 제66조에 따른 본 협약의 개정의 효력발생 일자.

바. 제71조에 따른 폐기.

DONE AT Washington, in the English, French and Spanish languages, all three texts being equally authentic, in a single copy which shall remain deposited in the archives of the International Bank for Reconstruction and Development, which has indicated by its signature below its agreement to fulfil the functions with which it is charged under this Convention.

동등히 정본인 영어, 불어 및 서반아어로 각각 1통씩을 워싱톤에서 작성하였으며, 국제부흥개발은행의 문서국에 이를 기탁하여야 한다. 동 은행은 아래에 서명함으로써 동 은행에 본 협약에 의하여 부과된 기능을 수행하는데 대한 동의를 표명하였다.

Part VII

International Criminal Law & Use of Force

24. Convention on the Prevention and Punishment of the Crime of Genocide (1948)

Date : 1 January 1948
In force : 12 January 1951
States Party : 152
Korea : 12 January 1951 (조약 제1382호)
Link:www.ohchr.org/english/law/genocide.htm

The Contracting Parties,

Having considered the declaration made by the General Assembly of the United Nations in its resolution 96 (I) dated 11 December 1946 that genocide is a crime under international law, contrary to the spirit and aims of the United Nations and condemned by the civilized world,

Recognizing that at all periods of history genocide has inflicted great losses on humanity, and Being convinced that, in order to liberate mankind from such an odious scourge, international co-operation is required,

Hereby agree as hereinafter provided :

Article 1

The Contracting Parties confirm that genocide, whether committed in time of peace or in time of war, is a crime under international law which they undertake to prevent and to punish.

Article 2

In the present Convention, genocide means

24. 집단살해죄의 방지와 처벌에 관한 협약

체약국은,

집단살해는 국제연합의 정신과 목적에 반하며 또한 문명세계에서 죄악으로 단정한 국제법상의 범죄라고 국제연합총회가 1947년 12월 11일부 결의 96(1)에서 행한 선언을 고려하고,

역사상의 모든 시기에서 집단살해가 인류에게 막대한 손실을 끼쳤음을 인지하고, 인류를 이와 같은 고뇌로부터 해방시키기 위하여는 국제협력이 필요함을 확신하고,

이에 하기에 규정된 바와 같이 동의한다.

제1조

체약국은 집단살해가 평시에 행하여졌든가 전시에 행하여졌든가를 불문하고 이것을 방지하고 처벌할 것을 약속하는 국제법상의 범죄임을 확인한다.

제2조

본 협약에서 집단살해라 함은 국민적, 인종

any of the following acts committed with intent to destroy, in whole or in part, a national, ethnical, racial or religious group, as such:

(a) Killing members of the group;
(b) Causing serious bodily or mental harm to members of the group;
(c) Deliberately inflicting on the group conditions of life calculated to bring about its physical destruction in whole or in part;
(d) Imposing measures intended to prevent births within the group;
(e) Forcibly transferring children of the group to another group.

적, 민족적 또는 종교적 집단을 전부 또는 일부 파괴할 의도로서 행하여진 아래의 행위를 말한다.

(a) 집단구성원을 살해하는 것
(b) 집단구성원에 대하여 중대한 육체적 또는 정신적인 위해를 가하는 것
(c) 전부 또는 부분적으로 육체적 파괴를 초래할 목적으로 의도된 생활조건을 집단에게 고의로 과하는 것
(d) 집단 내에 있어서의 출생을 방지하기 위하여 의도된 조치를 과하는 것
(e) 집단의 아동을 강제적으로 타 집단에 이동시키는 것

Article 3

The following acts shall be punishable:

(a) Genocide;
(b) Conspiracy to commit genocide;
(c) Direct and public incitement to commit genocide;
(d) Attempt to commit genocide;
(e) Complicity in genocide.

제3조

다음의 제 행위는 이를 처벌한다.

(a) 집단살해
(b) 집단살해를 범하기 위한 공모
(c) 집단살해를 범하기 위한 직접 또는 공연한 교사
(d) 집단살해의 미수
(e) 집단살해의 공범

Article 4

Persons committing genocide or any of the other acts enumerated in article III shall be punished, whether they are constitutionally responsible rulers, public officials or private individuals.

제4조

집단살해 또는 제3조에 열거된 기타 행위의 어떤 것이라도 이를 범하는 자는 헌법상으로 책임있는 통치자이거나 또는 사인이거나를 불문하고 처벌한다.

Article 5

The Contracting Parties undertake to en-

제5조

체약국은 각자의 헌법에 따라서 본 협약의

act, in accordance with their respective Constitutions, the necessary legislation to give effect to the provisions of the present Convention, and, in particular, to provide effective penalties for persons guilty of genocide or any of the other acts enumerated in article III.

규정을 실시하기 위하여 특히 집단살해 또는 제3조에 열거된 기타의 행위의 어떤 것에 대하여도 죄가 있는 자에 대한 유효한 형벌을 규정하기 위하여 필요한 입법을 제정할 것을 약속한다.

Article 6

Persons charged with genocide or any of the other acts enumerated in article III shall be tried by a competent tribunal of the State in the territory of which the act was committed, or by such international penal tribunal as may have jurisdiction with respect to those Contracting Parties which shall have accepted its jurisdiction.

제6조

집단살해 또는 제3조에 열거된 기타 행위의 어떤 것이라도 이로 인하여 고소된 자는 행위가 그 영토내에서 범행된 국가의 당해재판소에 의하여 또는 국제형사재판소의 관할권을 수락하는 체약국에 관하여 관할권을 가지는 동재판소에 의하여 심리된다.

Article 7

Genocide and the other acts enumerated in article III shall not be considered as political crimes for the purpose of extradition. The Contracting Parties pledge themselves in such cases to grant extradition in accordance with their laws and treaties in force.

제7조

집단살해 또는 제3조에 열거된 기타 행위는 범죄인 인도의 목적으로 정치적 범죄로 인정치 않는다. 체약국은 이러한 경우에 실시중인 법률 또는 조약에 따라서 범죄인 인도를 허가할 것을 서약한다.

Article 8

Any Contracting Party may call upon the competent organs of the United Nations to take such action under the Charter of the United Nations as they consider appropriate for the prevention and suppression of acts of genocide or any of the other acts enumerated in article III.

제8조

체약국은 국제연합의 당해 기관이 집단살해 또는 제3조에 열거한 기타 행위의 어떤 것이라도 이를 방지 또는 억압하기 위하여 적당하다고 인정하는 국제연합헌장에 기한 조치를 취하도록 요구할 수 있다.

Article 9

Disputes between the Contracting Parties relating to the interpretation, application or fulfillment of the present Convention, including those relating to the responsibility of a State for genocide or for any of the other acts enumerated in article III, shall be submitted to the International Court of Justice at the request of any of the parties to the dispute.

제9조

본 협약의 해석 적용 또는 이행에 관한 체약국간의 분쟁은 집단살해 또는 제3조에 열거된 기타 행위의 어떤 것이라도 이에 대한 국가책임에 관한 분쟁을 포함하여 분쟁 당사국 요구에 의하여 국제사법재판소에 부탁한다.

Article 10

The present Convention, of which the Chinese, English, French, Russian and Spanish texts are equally authentic, shall bear the date of 9 December 1948.

제10조

본 협약은 중국어, 영어, 불어, 노어, 서반아어의 원문을 동등히 정본으로 하며 1948년 12월 9일자로 한다.

Article 11

The present Convention shall be open until 31December 1949 for signature on behalf of any Member of the United Nations and of any non-member State to which an invitation to sign has been addressed by the General Assembly.

The present Convention shall be ratified, and the instruments of ratification shall be deposited with the Secretary-General of the United Nations.

After 1 January 1950, the present Convention may be acceded to on behalf of any Member of the United Nations and of any non-member State which has received an invitation as aforesaid.

제11조

본 협약은 국제연합의 가맹국과 총회로부터 서명 초청을 받은 비가맹국을 위하여 1949년 12월 31일까지 개방된다.

본 협약은 비준을 받아야 한다. 비준서는 국제연합사무총장에게 기탁한다.

1950년 1월 1일 이후 본 협약은 국제연합의 가맹국과 전기한 초청을 받은 비가맹국을 위하여 가입되어질 수 있다.

Instruments of accession shall be deposited with the Secretary-General of the United Nations.

가입서는 국제연합사무총장에게 기탁한다.

Article 12

Any Contracting Party may at any time, by notification addressed to the Secretary-General of the United Nations, extend the application of the present Convention to all or any of the territories for the conduct of whose foreign relations that Contracting Party is responsible.

제 12 조

체약국은 국제연합사무총장 앞으로의 통고로써 자국이 외교관계의 수행에 책임을 지고 있는 지역의 전부 또는 일부에 대하여 하시라도 본 협약의 적용을 확장할 수 있다.

Article 13

On the day when the first twenty instruments of ratification or accession have been deposited, the Secretary-General shall draw up a procès-verbal and transmit a copy thereof to each Member of the United Nations and to each of the non-member States contemplated in article XI.

The present Convention shall come into force on the ninetieth day following the date of deposit of the twentieth instrument of ratification or accession.

Any ratification or accession effected subsequent to the latter date shall become effective on the ninetieth day following the deposit of the instrument of ratification or accession.

제 13 조

최초의 20통의 비준서 또는 가입서가 기탁된 일자에 사무총장은 경위서를 작성하여 그 사본을 국제연합의 각 가맹국과 제11조에 규정된 비가맹 각국에 송부한다.

본 협약은 20통째의 비준서 또는 가입서가 기탁된 90일 후에 발효한다.

전기일 이후에 행하여진 비준이나 가입은 비준서 또는 가입서 기탁 90일 후에 효력을 발생한다.

Article 14

The present Convention shall remain in effect for a period of ten years as from the date of its coming into force.

제 14 조

본 협약은 발효일로부터 10년 간 계속하여 효력을 갖는다.

It shall thereafter remain in force for successive periods of five years for such Contracting Parties as have not denounced it at least six months before the expiration of the current period.

전기 기간의 적어도 만료 6개월 전에 본 조약을 폐기하지 아니한 체약국에 대하여는 본 협약은 그 후 5연간씩 계속하여 효력을 가진다.

Denunciation shall be effected by a written notification addressed to the Secretary-General of the United Nations.

폐기는 국제연합사무총장 앞으로의 통고서에 의하여 행한다.

Article 15

제 15 조

If, as a result of denunciations, the number of Parties to the present Convention should become less than sixteen, the Convention shall cease to be in force as from the date on which the last of these denunciations shall become effective.

폐기의 결과 본 협약에의 가맹국수가 16이하일 때에는 본 협약은 폐기의 최후의 것이 효력이 발생하는 날로부터 효력이 중지된다.

Article 16

제 16 조

A request for the revision of the present Convention may be made at any time by any Contracting Party by means of a notification in writing addressed to the Secretary-General.

본 협약의 개정요청은 체약국이 사무총장 앞으로의 통고서에 의하여 언제나 행할 수 있다.

The General Assembly shall decide upon the steps, if any, to be taken in respect of such request.

총회는 전기 요청에 관하여 취한 조치가 있을 때에는 이를 결정한다.

Article 17

제 17 조

The Secretary-General of the United Nations shall notify all Members of the United Nations and the non-member States contemplated in article XI of the following:

국제연합사무총장은 국제연합의 모든 가맹국과 제11조에 규정된 비가맹국에 대하여 다음 사항을 통고한다.

(a) Signatures, ratifications and accessions received in accordance with article XI;

(a) 제11조에 의하여 수령한 서명 비준 또는 가입

(b) Notifications received in accordance with article XII;
(c) The date upon which the present Convention comes into force in accordance with article XIII;
(d) Denunciations received in accordance with article XIV;
(e) The abrogation of the Convention in accordance with article XV;
(f) Notifications received in accordance with article XVI.

(b) 제12조에 의하여 수령한 통고
(c) 제13조에 의하여 본 협약이 발효하는 일자
(d) 제14조에 의하여 수령한 폐기
(e) 제15조에 의한 협약의 폐지
(f) 제16조에 의하여 수령한 통고

Article 18

The original of the present Convention shall be deposited in the archives of the United Nations. A certified copy of the Convention shall be transmitted to each Member of the United Nations and to each of the non-member States contemplated in article XI.

제 18 조

본 협약의 원안은 국제연합의 문서보관소에 기탁한다. 본 협약의 인증등본은 국제연합의 모든 가맹국과 제11조에 규정된 비가맹국에 송부한다.

Article 19

The present Convention shall be registered by the Secretary-General of the United Nations on the date of its coming into force.

제 19 조

본 협약은 발효일자에 국제연합사무총장이 등록한다.

25. The Treaty on the Non-Proliferation of Nuclear Weapons (NPT) (1968)

25. 핵무기의 비확산에 관한 조약

Date : 1 July 1968
In force : 5 March 1970
States Party : 191
Korea : 23 April 1975 (조약 제533호)
Link : www.disarmament.un.org

The States concluding this Treaty, hereinafter referred to as the Parties to the Treaty,

본 조약을 체결하는 국가들(이하 "조약당사국"이라 칭한다)은,

Considering the devastation that would be visited upon all mankind by a nuclear war and the consequent need to make every effort to avert the danger of such a war and to take measures to safeguard the security of peoples,

핵전쟁이 모든 인류에게 엄습하게 되는 참해와 그러한 전쟁의 위험을 회피하기 위하여 모든 노력을 경주하고 제 국민의 안전을 보장하기 위한 조치를 취하여야 할 필연적 필요성을 고려하고,

Believing that the proliferation of nuclear weapons would seriously enhance the danger of nuclear war,

핵무기의 확산으로 핵전쟁의 위험이 심각하게 증대할 것임을 확신하며,

In conformity with resolutions of the United Nations General Assembly calling for the conclusion of an agreement on the prevention of wider dissemination of nuclear weapons,

핵무기의 광범한 확산방지에 관한 협정의 체결을 요구하는 국제연합총회의 제결의에 의거하며,

Undertaking to co-operate in facilitating the application of International Atomic Energy Agency safeguards on peaceful nuclear activities,

평화적 원자력 활동에 대한 국제원자력기구의 안전조치 적용을 용이하게 하는데 협조할 것임을 약속하며,

Expressing their support for research,

어떠한 전략적 장소에서의 기재 및 기타 기

development and other efforts to further the application, within the framework of the International Atomic Energy Agency safeguards system, of the principle of safeguarding effectively the flow of source and special fissionable materials by use of instruments and other techniques at certain strategic points,

술의 사용에 의한 선원물질 및 특수분열성 물질의 이동에 대한 효과적 안전조치 적용 원칙을 국제원자력기구의 안전조치제도의 테두리 내에서, 적용하는 것을 촉진하기 위한 연구개발 및 기타의 노력에 대한 지지를 표명하며,

Affirming the principle that the benefits of peaceful applications of nuclear technology, including any technological by-products which may be derived by nuclear-weapon States from the development of nuclear explosive devices, should be available for peaceful purposes to all Parties to the Treaty, whether nuclear-weapon or non-nuclear-weapon States,

핵폭발장치의 개발로부터 핵무기 보유국이 인출하는 기술상의 부산물을 포함하여 핵기술의 평화적 응용의 이익은, 평화적 목적을 위하여 핵무기 보유국이거나 또는 핵무기 비보유국이거나를 불문하고 본 조약의 모든 당사국에 제공되어야 한다는 원칙을 확인하며,

Convinced that, in furtherance of this principle, all Parties to the Treaty are entitled to participate in the fullest possible exchange of scientific information for, and to contribute alone or in co-operation with other States to, the further development of the applications of atomic energy for peaceful purposes,

상기원칙을 촉진함에 있어서 본 조약의 모든 당사국은 평화적 목적을 위한 원자력의 응용을 더욱 개발하기 위한 과학정보의 가능한 한 최대한의 교환에 참여할 권리를 가지며 또한 단독으로 또는 다른 국가와 협조하여 동 응용의 개발에 가일층 기여할 수 있음을 확신하며,

Declaring their intention to achieve at the earliest possible date the cessation of the nuclear arms race and to undertake effective measures in the direction of nuclear disarmament,

가능한 한 조속한 일자에 핵무기 경쟁의 중지를 성취하고 또한 핵군비축소의 방향으로 효과적인 조치를 취하고자 하는 당사국의 의사를 선언하며,

Urging the co-operation of all States in the attainment of this objective, Recalling the determination expressed by the Parties to the 1963 Treaty banning nuclear weapons tests in the atmosphere, in outer space and under water in its Preamble to

이러한 목적을 달성함에 있어 모든 국가의 협조를 촉구하며, 대기권, 외기권 및 수중에서의 핵무기 실험을 금지하는 1963년 조약 당사국들이, 핵무기의 모든 폭발실험을 영원히 중단하도록 노력하고 또한 이러한 목적으로 교섭을 계속하고자 동 조약의 전문에서

seek to achieve the discontinuance of all test explosions of nuclear weapons for all time and to continue negotiations to this end,

표명한 결의를 상기하며,

Desiring to further the easing of international tension and the strengthening of trust between States in order to facilitate the cessation of the manufacture of nuclear weapons, the liquidation of all their existing stockpiles, and the elimination from national arsenals of nuclear weapons and the means of their delivery pursuant to a Treaty on general and complete disarmament under strict and effective international control,

엄격하고 효과적인 국제감시 하의 일반적 및 완전한 군축에 관한 조약에 따라 핵무기의 제조 중지, 모든 현존 핵무기의 비축 해소 및 국내 병기고로부터의 핵무기와 핵무기 운반수단의 제거를 용이하게 하기 위하여 국제적 긴장완화와 국가간의 신뢰증진을 촉진하기를 희망하며,

Recalling that, in accordance with the Charter of the United Nations, States must refrain in their international relations from the threat or use of force against the territorial integrity or political independence of any State, or in any other manner inconsistent with the Purposes of the United Nations, and that the establishment and maintenance of international peace and security are to be promoted with the least diversion for armaments of the world's human and economic resources,

국제연합헌장에 따라 제국가는, 그들의 국제관계에 있어서 어느 국가의 영토보전과 정치적 독립에 대하여 또는 국제연합의 목적과 일치하지 아니하는 여하한 방법으로 무력의 위협 또는 무력사용을 삼가해야 하며 또한 국제평화와 안전의 확립 및 유지는 세계의 인적 및 경제적 자원의 군비목적에의 전용을 최소화함으로써 촉진될 수 있다는 것을 상기하여,

Have agreed as follows:

다음과 같이 합의하였다.

Article 1

제 1 조

Each nuclear-weapon State Party to the Treaty undertakes not to transfer to any recipient whatsoever nuclear weapons or other nuclear explosive devices or control over such weapons or explosive devices

핵무기보유 조약당사국은 여하한 핵무기 또는 기타의 핵폭발장치 또는 그러한 무기 또는 폭발장치에 대한 관리를 직접적으로 또는 간접적으로 어떠한 수령자에 대하여도 양도하지 않을 것을 약속하며, 또한 핵무기

directly, or indirectly; and not in any way to assist, encourage, or induce any non-nuclear-weapon State to manufacture or otherwise acquire nuclear weapons or other nuclear explosive devices, or control over such weapons or explosive devices.

비보유국이 핵무기 또는 기타의 핵폭발장치를 제조하거나 획득하며 또는 그러한 무기 또는 핵폭발장치를 관리하는 것을 여하한 방법으로도 원조, 장려 또는 권유하지 않을 것을 약속한다.

Article 2

Each non-nuclear-weapon State Party to the Treaty undertakes not to receive the transfer from any transferor whatsoever of nuclear weapons or other nuclear explosive devices or of control over such weapons or explosive devices directly, or indirectly; not to manufacture or otherwise acquire nuclear weapons or other nuclear explosive devices; and not to seek or receive any assistance in the manufacture of nuclear weapons or other nuclear explosive devices.

제2조

핵무기 비보유 조약당사국은 여하한 핵무기 또는 기타의 핵폭발장치 또는 그러한 무기 또는 폭발장치의 관리를 직접적으로 또는 간접적으로 어떠한 양도자로부터도 양도받지 않을 것과, 핵무기 또는 기타의 핵폭발장치를 제조하거나 또는 다른 방법으로 획득하지 않을 것과 또한 핵무기 또는 기타의 핵폭발장치를 제조함에 있어서 어떠한 원조를 구하거나 또는 받지 않을 것을 약속한다.

Article 3

1. Each non-nuclear-weapon State Party to the Treaty undertakes to accept safeguards, as set forth in an agreement to be negotiated and concluded with the International Atomic Energy Agency in accordance with the Statute of the International Atomic Energy Agency and the Agency's safeguards system, for the exclusive purpose of verification of the fulfillment of its obligations assumed under this Treaty with a view to preventing diversion of nuclear energy from peaceful uses to nuclear weapons or other nuclear explosive devices. Procedures for the safeguards required by

제3조

1. 핵무기 비보유 조약당사국은 원자력을, 평화적 이용으로부터 핵무기 또는 기타의 핵폭발장치로 전용하는 것을 방지하기 위하여 본 조약에 따라 부담하는 의무이행의 검증을 위한 전속적 목적으로 국제원자력기구규정 및 동 기구의 안전조치제도에 따라 국제원자력기구와 교섭하여 체결할 합의사항에 열거된 안전조치를 수락하기로 약속한다. 본조에 의하여 요구되는 안전조치의 절차는 선원물질 또는 특수분열성 물질이 주요 원자력시설 내에서 생산처리 또는 사용되고 있는가 또는 그러한 시설 외에서 그렇게 되고 있는가를 불문하고, 동 물질에 관하여 적용되어야 한

this Article shall be followed with respect to source or special fissionable material whether it is being produced, processed or used in any principal nuclear facility or is outside any such facility. The safeguards required by this Article shall be applied on all source or special fissionable material in all peaceful nuclear activities within the territory of such State, under its jurisdiction, or carried out under its control anywhere.

다. 본조에 의하여 요구되는 안전조치는 전기당사국 영역 내에서나 그 관할권 하에서나 또는 기타의 장소에서 동 국가의 통제 하에 행하여지는 모든 평화적 원자력 활동에 있어서의 모든 선원물질 또는 특수분열성 물질에 적용되어야 한다.

2. Each State Party to the Treaty undertakes not to provide: (a) source or special fissionable material, or (b) equipment or material especially designed or prepared for the processing, use or production of special fissionable material, to any non-nuclear-weapon State for peaceful purposes, unless the source or special fissionable material shall be subject to the safeguards required by this Article.

2. 본 조약 당사국은, 선원물질 또는 특수분열성 물질이 본조에 의하여 요구되고 있는 안전조치에 따르지 아니하는 한, (가) 선원물질 또는 특수분열성 물질 또는 (나) 특수분열성 물질의 처리사용 또는 생산을 위하여 특별히 설계되거나 또는 준비되는 장비 또는 물질을 평화적 목적을 위해서 여하한 핵무기보유국에 제공하지 아니하기로 약속한다.

3. The safeguards required by this Article shall be implemented in a manner designed to comply with Article IV of this Treaty, and to avoid hampering the economic or technological development of the Parties or international cooperation in the field of peaceful nuclear activities, including the international exchange of nuclear material and equipment for the processing, use or production of nuclear material for peaceful purposes in accordance with the provisions of this Article and the principle of safeguarding set forth in

3. 본조에 의하여 요구되는 안전조치는, 본 조약 제4조에 부응하는 방법으로, 또한 본조의 규정과 본 조약 전문에 규정된 안전조치 적용원칙에 따른 평화적 목적을 위한 핵물질의 처리사용 또는 생산을 위한 핵물질과 장비의 국제적 교환을 포함하여 평화적 원자력 활동분야에 있어서의 조약당사국의 경제적 또는 기술적 개발 또는 국제협력에 대한 방해를 회피하는 방법으로 시행되어야 한다.

the Preamble of the Treaty.

4. Non-nuclear-weapon States Party to the Treaty shall conclude agreements with the International Atomic Energy Agency to meet the requirements of this Article either individually or together with other States in accordance with the Statute of the International Atomic Energy Agency. Negotiation of such agreements shall commence within 180 days from the original entry into force of this Treaty. For States depositing their instruments of ratification or accession after the 180-day period, negotiation of such agreements shall commence not later than the date of such deposit. Such agreements shall enter into force not later than eighteen months after the date of initiation of negotiations.

4. 핵무기 비보유 조약당사국은 국제원자력기구규정에 따라 본조의 요건을 충족하기 위하여 개별적으로 또는 다른 국가와 공동으로 국제원자력기구와 협정을 체결한다. 동 협정의 교섭은 본 조약의 최초 발효일로부터 180일 이내에 개시되어야 한다. 전기의 180일 후에 비준서 또는 가입서를 기탁하는 국가에 대해서는 동 협정의 교섭이 동 기탁일자 이전에 개시되어야 한다. 동 협정은 교섭개시일로부터 18개월 이내에 발효하여야 한다.

Article 4

1. Nothing in this Treaty shall be interpreted as affecting the inalienable right of all the Parties to the Treaty to develop research, production and use of nuclear energy for peaceful purposes without discrimination and in conformity with Articles I and II of this Treaty.

2. All the Parties to the Treaty undertake to facilitate, and have the right to participate in, the fullest possible exchange of equipment, materials and scientific and technological information for the peaceful uses of nuclear energy. Parties to the Treaty in a position to do

제4조

1. 본 조약의 어떠한 규정도 차별 없이 또한 본 조약 제1조 및 제2조에 의거한 평화적 목적을 위한 원자력의 연구생산 및 사용을 개발시킬 수 있는 모든 조약당사국의 불가양의 권리에 영향을 주는 것으로 해석되어서는 아니 된다.

2. 모든 조약당사국은 원자력의 평화적 이용을 위한 장비 물질 및 과학기술적 정보의 가능한 한 최대한의 교환을 용이하게 하기로 약속하고, 또한 동 교환에 참여할 수 있는 권리를 가진다. 상기의 위치에 처해 있는 조약당사국은, 개발도상지역의 필요성을 적절히 고려하여, 특히 핵무기 비보

so shall also co-operate in contributing alone or together with other States or international organizations to the further development of the applications of nuclear energy for peaceful purposes, especially in the territories of non-nuclear-weapon States Party to the Treaty, with due consideration for the needs of the developing areas of the world.

유 조약당사국의 영역 내에서, 평화적 목적을 위한 원자력 응용을 더욱 개발하는데 단독으로 또는 다른 국가 및 국제기구와 공동으로 기여하도록 협력한다.

Article 5

Each Party to the Treaty undertakes to take appropriate measures to ensure that, in accordance with this Treaty, under appropriate international observation and through appropriate international procedures, potential benefits from any peaceful applications of nuclear explosions will be made available to non-nuclear-weapon States Party to the Treaty on a non-discriminatory basis and that the charge to such Parties for the explosive devices used will be as low as possible and exclude any charge for research and development. Non-nuclear-weapon States Party to the Treaty shall be able to obtain such benefits, pursuant to a special international agreement or agreements, through an appropriate international body with adequate representation of non-nuclear-weapon States. Negotiations on this subject shall commence as soon as possible after the Treaty enters into force. Non-nuclear-weapon States Party to the Treaty so desiring may also obtain such benefits pursuant to bilateral agreements.

제5조

본 조약 당사국은 본 조약에 의거하여 적절한 국제감시 하에 또한 적절한 국제적 절차를 통하여 핵폭발의 평화적 응용으로부터 발생하는 잠재적 이익이 무차별의 기초 위에 핵무기 비보유 조약당사국에 제공되어야 하며, 또한 사용된 폭발장치에 대하여 핵무기 비보유 조약당사국이 부담하는 비용은 가능한 한 저렴할 것과 연구 및 개발을 위한 어떠한 비용도 제외할 것을 보장하기 위한 적절한 조치를 취하기로 약속한다. 핵무기 비보유 조약당사국은 핵무기 비보유국을 적절히 대표하는 적당한 국제기관을 통하여 특별한 국제협정에 따라 그러한 이익을 획득할 수 있어야 한다. 이 문제에 관한 교섭은 본 조약이 발효한 후 가능한 한 조속히 개시되어야 한다. 핵무기 비보유 조약당사국이 원하는 경우에는 양자협정에 따라 그러한 이익을 획득할 수 있다.

Article 6

Each of the Parties to the Treaty undertakes to pursue negotiations in good faith on effective measures relating to cessation of the nuclear arms race at an early date and to nuclear disarmament, and on a treaty on general and complete disarmament under strict and effective international control.

제6조

조약당사국은 조속한 일자 내에 핵무기 경쟁중지 및 핵군비 축소를 위한 효과적 조치에 관한 교섭과 엄격하고 효과적인 국제적 통제하의 일반적 및 완전한 군축에 관한 조약 체결을 위한 교섭을 성실히 추구하기로 약속한다.

Article 7

Nothing in this Treaty affects the right of any group of States to conclude regional treaties in order to assure the total absence of nuclear weapons in their respective territories.

제7조

본 조약의 어떠한 규정도 국가의 집단이 각자의 영역 내에서 핵무기의 전면적 부재를 보장하기 위하여 지역적 조약을 체결할 수 있는 권리에 영향을 주지 아니한다.

Article 8

1. Any Party to the Treaty may propose amendments to this Treaty. The text of any proposed amendment shall be submitted to the Depositary Governments which shall circulate it to all Parties to the Treaty. Thereupon, if requested to do so by one-third or more of the Parties to the Treaty, the Depositary Governments shall convene a conference, to which they shall invite all the Parties to the Treaty, to consider such an amendment.
2. Any amendment to this Treaty must be approved by a majority of the votes of all the Parties to the Treaty, including the votes of all nuclear-weapon States Party to the Treaty and all other Parties which, on the date the amendment is

제8조

1. 조약당사국은 어느 국가나 본 조약에 대한 개정안을 제의할 수 있다. 제의된 개정문안은 기탁국 정부에 제출되며 기탁국 정부는 이를 모든 조약당사국에 배부한다. 동 개정안에 대하여 조약당사국의 3분의 1 또는 그 이상의 요청이 있을 경우에, 기탁국 정부는 동 개정안을 심의하기 위하여 모든 조약당사국을 초청하는 회의를 소집하여야 한다.
2. 본 조약에 대한 개정안은, 모든 핵무기 보유 조약당사국과 동 개정안이 배부된 당시의 국제원자력기구 이사국인 조약당사국 전체의 찬성을 포함한 모든 조약당사국의 과반수의 찬성투표로써 승인되어야 한다. 동 개정안은 개정안에 대한 비준서

NPT

circulated, are members of the Board of Governors of the International Atomic Energy Agency. The amendment shall enter into force for each Party that deposits its instrument of ratification of the amendment upon the deposit of such instruments of ratification by a majority of all the Parties, including the instruments of ratification of all nuclear-weapon States Party to the Treaty and all other Parties which, on the date the amendment is circulated, are members of the Board of Governors of the International Atomic Energy Agency. Thereafter, it shall enter into force for any other Party upon the deposit of its instrument of ratification of the amendment.

3. Five years after the entry into force of this Treaty, a conference of Parties to the Treaty shall be held in Geneva, Switzerland, in order to review the operation of this Treaty with a view to assuring that the purposes of the Preamble and the provisions of the Treaty are being realised. At intervals of five years thereafter, a majority of the Parties to the Treaty may obtain, by submitting a proposal to this effect to the Depositary Governments, the convening of further conferences with the same objective of reviewing the operation of the Treaty.

를 기탁하는 당사국에 대하여, 모든 핵무기 보유 조약당사국과 동 개정안이 배부된 당시의 국제원자력기구 이사국인 조약당사국 전체의 비준서를 포함한 모든 조약당사국 과반수의 비준서가 기탁된 일자에 효력을 발생한다. 그 이후에는 동 개정안에 대한 비준서를 기탁하는 일자에 동 당사국에 대하여 효력을 발생한다.

3. 본 조약의 발효일로부터 5년이 경과한 후에 본 조약 전문의 목적과 조약규정이 실현되고 있음을 보증할 목적으로 본 조약의 실시를 검토하기 위하여 스위스 제네바에서 조약당사국회의를 개최한다. 그 이후에는 5년마다 조약당사국 과반수가 동일한 취지로 기탁국 정부에 제의함으로써 본 조약의 실시를 검토하기 위해 동일한 목적의 추후 회의를 소집할 수 있다.

Article 9

1. This Treaty shall be open to all States for signature. Any State which does not sign the Treaty before its entry into

제9조

1. 본 조약은 서명을 위하여 모든 국가에 개방된다. 본조 3항에 의거하여 본 조약의 발효전에 본 조약에 서명하지 아니한 국

force in accordance with paragraph 3 of this Article may accede to it at any time.

가는 언제든지 본 조약에 가입할 수 있다.

2. This Treaty shall be subject to ratification by signatory States. Instruments of ratification and instruments of accession shall be deposited with the Governments of the United Kingdom of Great Britain and Northern Ireland, the Union of Soviet Socialist Republics and the United States of America, which are hereby designated the Depositary Governments.

2. 본 조약은 서명국에 의하여 비준되어야 한다. 비준서 및 가입서는 기탁국 정부로 지정된 미합중국, 영국 및 소련 정부에 기탁된다.

3. This Treaty shall enter into force after its ratification by the States, the Governments of which are designated Depositaries of the Treaty, and forty other States signatory to this Treaty and the deposit of their instruments of ratification. For the purposes of this Treaty, a nuclear-weapon State is one which has manufactured and exploded a nuclear weapon or other nuclear explosive device prior to 1 January 1967.

3. 본 조약은 본 조약의 기탁국 정부로 지정된 국가 및 본 조약의 다른 40개 서명국에 의한 비준과 동 제국에 의한 비준서 기탁일자에 발효한다. 본 조약상 핵무기 보유국이라 함은 1967년 1월 1일 이전에 핵무기 또는 기타의 핵폭발장치를 제조하고 폭발한 국가를 말한다.

4. For States whose instruments of ratification or accession are deposited subsequent to the entry into force of this Treaty, it shall enter into force on the date of the deposit of their instruments of ratification or accession.

4. 본 조약의 발효 후에 비준서 또는 가입서를 기탁하는 국가에 대해서는 동 국가의 비준서 또는 가입서 기탁일자에 발효한다.

5. The Depositary Governments shall promptly inform all signatory and acceding States of the date of each signature, the date of deposit of each instrument of ratification or of accession, the date of the entry into force of this Treaty,

5. 기탁국 정부는 본 조약에 대한 서명일자, 비준서 또는 가입서 기탁일자, 본 조약의 발효일자 및 회의소집 요청 또는 기타의 통고접수일자를 모든 서명국 및 가입국에 즉시 통보하여야 한다.

and the date of receipt of any requests for convening a conference or other notices.

6. This Treaty shall be registered by the Depositary Governments pursuant to Article 102 of the Charter of the United Nations.

6. 본 조약은 국제연합헌장 제102조에 따라 기탁국 정부에 의하여 등록된다.

Article 10

제 10 조

1. Each Party shall in exercising its national sovereignty have the right to withdraw from the Treaty if it decides that extraordinary events, related to the subject matter of this Treaty, have jeopardized the supreme interests of its country. It shall give notice of such withdrawal to all other Parties to the Treaty and to the United Nations Security Council three months in advance. Such notice shall include a statement of the extraordinary events it regards as having jeopardized its supreme interests.

1. 각 당사국은, 당사국의 주권을 행사함에 있어서, 본 조약상의 문제에 관련되는 비상사태가 자국의 지상이익을 위태롭게 하고 있음을 결정하는 경우에는 본 조약으로부터 탈퇴할 수 있는 권리를 가진다. 각 당사국은 동 탈퇴 통고를 3개월 전에 모든 조약당사국과 국제연합 안전보장이사회에 행한다. 동 통고에는 동 국가의 지상이익을 위태롭게 하고 있는 것으로 그 국가가 간주하는 비상사태에 관한 설명이 포함되어야 한다.

2. Twenty-five years after the entry into force of the Treaty, a conference shall be convened to decide whether the Treaty shall continue in force indefinitely, or shall be extended for an additional fixed period or periods. This decision shall be taken by a majority of the Parties to the Treaty. 1

2. 본 조약의 발효일로부터 25년이 경과한 후에 본 조약이 무기한으로 효력을 지속할 것인가 또는 추후의 일정기간 동안 연장될 것인가를 결정하기 위하여 회의를 소집한다. 동 결정은 조약당사국 과반수의 찬성에 의한다.

Article 11

제 11 조

This Treaty, the English, Russian, French, Spanish and Chinese texts of which are

동등히 정본인 영어, 노어, 불어, 서반아어 및 중국어로 된 본 조약은 기탁국 정부의 문

equally authentic, shall be deposited in the archives of the Depositary Governments. Duly certified copies of this Treaty shall be transmitted by the Depositary Governments to the Governments of the signatory and acceding States.

서보관소에 기탁된다. 본 조약의 인증등본은 기탁국 정부에 의하여 서명국과 가입국 정부에 전달된다.

IN WITNESS WHEREOF the undersigned, duly authorized, have signed this Treaty.

이상의 증거로서 정당히 권한을 위임받은 하기 서명자는 본 조약에 서명하였다.

DONE IN triplicate, at the cities of London, Moscow and Washington, the first day of July, one thousand nine hundred and sixty-eight.

1968년 7월 1일 워싱턴, 런던 및 모스크바에서 본 협정문 3부를 작성하였다.

26. Rome Statute of the International Criminal Court (1998)

26. 국제형사재판소에 관한 로마규정

Date : 17 July 1998
In force : 1 July 2002
States Party : 123
Korea : 1 February 2003 (조약 제1619호)
Link : www.icc-cpi.int

PREAMBLE

전 문

The States Parties to this Statute,

이 규정의 당사국들은,

Conscious that all peoples are united by common bonds, their cultures pieced together in a shared heritage, and concerned that this delicate mosaic may be shattered at any time,

모든 국민들은 공동의 유대로 결속되어 있으며, 그들의 문화는 공유의 유산으로 서로 결합되어 있다는 점을 의식하고, 이러한 섬세한 모자이크는 어느 때라도 깨질 수 있음을 우려하며,

Mindful that during this century millions of children, women and men have been victims of unimaginable atrocities that deeply shock the conscience of humanity,

금세기 동안 수백만의 아동·여성 및 남성이 인류의 양심에 깊은 충격을 주는 상상하기 어려운 잔학 행위의 희생자가 되어 왔음에 유념하며,

Recognizing that such grave crimes threaten the peace, security and well-being of the world,

그러한 중대한 범죄가 세계의 평화·안전과 복지를 위협하고 있음을 인식하며,

Affirming that the most serious crimes of concern to the international community as a whole must not go unpunished and that their effective prosecution must be ensured by taking measures at the national level and by enhancing international cooperation,

국제공동체 전체의 관심사인 가장 중대한 범죄는 처벌되지 않아서는 안 되며, 그러한 범죄에 대한 실효적 기소는 국내적 수준에서 조치를 취하고 국제협력을 제고함으로써 확보되어야 함을 확인하며,

Determined to put an end to impunity for the perpetrators of these crimes and thus to contribute to the prevention of such crimes,

이러한 범죄를 범한 자들이 처벌받지 않는 상태를 종식시키고, 이를 통하여 그러한 범죄의 예방에 기여하기로 결정하며,

Recalling that it is the duty of every State to exercise its criminal jurisdiction over those responsible for international crimes,

국제범죄에 책임이 있는 자들에 대하여 형사관할권을 행사함이 모든 국가의 의무임을 상기하며,

Reaffirming the Purposes and Principles of the Charter of the United Nations, and in particular that all States shall refrain from the threat or use of force against the territorial integrity or political independence of any State, or in any other manner inconsistent with the Purposes of the United Nations,

국제연합헌장의 목적과 원칙, 특히 모든 국가는 다른 국가의 영토보전이나 정치적 독립을 저해하거나 또는 국제연합의 목적과 양립하지 아니하는 다른 어떠한 방식으로도 무력의 위협이나 무력의 사용을 삼가야 한다는 것을 재확인하며,

Emphasizing in this connection that nothing in this Statute shall be taken as authorizing any State Party to intervene in an armed conflict or in the internal affairs of any State,

이와 관련하여 이 규정의 어떠한 조항도 어느 국가의 국내문제 또는 무력충돌에 간섭할 권한을 당사국에게 부여하는 것으로 해석되어서는 안 된다는 점을 강조하며,

Determined to these ends and for the sake of present and future generations, to establish an independent permanent International Criminal Court in relationship with the United Nations system, with jurisdiction over the most serious crimes of concern to the international community as a whole,

이러한 목적과 그리고 현재와 미래의 세대를 위하여, 국제연합 체제와의 관계 속에서 국제공동체 전체의 관심사인 가장 중대한 범죄에 대하여 관할권을 갖는 독립적인 상설 국제형사재판소를 설립하기로 결정하며,

Emphasizing that the International Criminal Court established under this Statute shall be complementary to national criminal jurisdictions,

이 규정에 따라 설립되는 국제형사재판소는 국가의 형사관할권을 보충하는 것임을 강조하며,

Resolved to guarantee lasting respect for

국제정의에 대한 지속적인 존중과 그 집행

and the enforcement of international justice,

을 보장할 것을 결의하며,

Have agreed as follows

다음과 같이 합의하였다.

PART I ESTABLISHMENT OF THE COURT

제1부 재판소의 설립

Article 1 The Court

제1조 재판소

An International Criminal Court ("the Court") is hereby established. It shall be a permanent institution and shall have the power to exercise its jurisdiction over persons for the most serious crimes of international concern, as referred to in this Statute, and shall be complementary to national criminal jurisdictions. The jurisdiction and functioning of the Court shall be governed by the provisions of this Statute.

국제형사재판소(이하 "재판소"라 한다)를 이에 설립한다. 재판소는 상설적 기구이며, 이 규정에 정한 바와 같이 국제적 관심사인 가장 중대한 범죄를 범한 자에 대하여 관할권을 행사하는 권한을 가지며, 국가의 형사관할권을 보충한다. 재판소의 관할권과 기능은 이 규정에 정한 바에 의하여 규율된다.

Article 2 Relationship of the Court with the United Nations

제2조 재판소와 국제연합과의 관계

The Court shall be brought into relationship with the United Nations through an agreement to be approved by the Assembly of States Parties to this Statute and thereafter concluded by the President of the Court on its behalf.

재판소는 이 규정의 당사국총회가 승인하고 그 후 재판소를 대표하여 재판소장이 체결하는 협정을 통하여 국제연합과 관계를 맺는다.

Article 3 Seat of the Court

제3조 재판소의 소재지

1. The seat of the Court shall be established at The Hague in the Nether-

1. 재판소의 소재지는 네덜란드(이하 "소재지국"이라 한다)의 헤이그로 한다.

lands ("the host State").

2. The Court shall enter into a headquarters agreement with the host State, to be approved by the Assembly of States Parties and thereafter concluded by the President of the Court on its behalf.

2. 재판소는 당사국총회가 승인하고 그 후 재판소를 대표하여 재판소장이 체결하는 본부 협정을 소재지국과 맺는다.

3. The Court may sit elsewhere, whenever it considers it desirable, as provided in this Statute.

3. 재판소는 이 규정에 정한 바에 따라 재판소가 바람직하다고 인정하는 때에는 다른 장소에서 개정할 수 있다.

Article 4
Legal status and powers of the Court

제4조
재판소의 법적 지위와 권한

1. The Court shall have international legal personality. It shall also have such legal capacity as may be necessary for the exercise of its functions and the fulfillment of its purposes.

1. 재판소는 국제적 법인격을 가진다. 또한 재판소는 그 기능의 행사와 목적 달성에 필요한 법적 능력을 가진다.

2. The Court may exercise its functions and powers, as provided in this Statute, on the territory of any State Party and, by special agreement, on the territory of any other State.

2. 재판소는 모든 당사국의 영역에서는 이 규정에 정한 바와 같이, 그리고 다른 여하한 국가의 영역에서는 특별협정에 의하여 자신의 기능과 권한을 행사할 수 있다.

PART II
JURISDICTION, ADMISSIBILITY AND APPLICABLE LAW

제2부
관할권, 재판적격성 및 적용법규

Article 5
Crimes within the jurisdiction of the Court

제5조
재판소의 관할범죄

1. The jurisdiction of the Court shall be limited to the most serious crimes of concern to the international community as a whole. The Court has jurisdiction

1. 재판소의 관할권은 국제공동체 전체의 관심사인 가장 중대한 범죄에 한정된다. 재판소는 이 규정에 따라 다음의 범죄에 대하여 관할권을 가진다.

ICC

in accordance with this Statute with respect to the following crimes:

(a) The crime of genocide;
(b) Crimes against humanity;
(c) War crimes;
(d) The crime of aggression.

가. 집단살해죄
나. 인도에 반한 죄
다. 전쟁범죄
라. 침략범죄

2. The Court shall exercise jurisdiction over the crime of aggression once a provision is adopted in accordance with articles 121 and 123 defining the crime and setting out the conditions under which the Court shall exercise jurisdiction with respect to this crime. Such a provision shall be consistent with the relevant provisions of the Charter of the United Nations.

2. 제121조 및 제123조에 따라 침략범죄를 정의하고 재판소의 관할권 행사 조건을 정하는 조항이 채택된 후, 재판소는 침략범죄에 대한 관할권을 행사한다. 그러한 조항은 국제연합헌장의 관련 규정과 부합되어야 한다.

Article 6
Genocide

제 6 조
집단살해죄

For the purpose of this Statute, "genocide" means any of the following acts committed with intent to destroy, in whole or in part, a national, ethnical, racial or religious group, as such:

이 규정의 목적상 "집단살해죄"라 함은 국민적, 민족적, 인종적 또는 종교적 집단의 전부 또는 일부를 그 자체로서 파괴할 의도를 가지고 범하여진 다음의 행위를 말한다.

(a) Killing members of the group;
(b) Causing serious bodily or mental harm to members of the group;
(c) Deliberately inflicting on the group conditions of life calculated to bring about its physical destruction in whole or in part;
(d) Imposing measures intended to prevent births within the group;
(e) Forcibly transferring children of the group to another group.

가. 집단 구성원의 살해
나. 집단 구성원에 대한 중대한 신체적 또는 정신적 위해의 야기
다. 전부 또는 부분적인 육체적 파괴를 초래할 목적으로 계산된 생활조건을 집단에게 고의적으로 부과
라. 집단 내의 출생을 방지하기 위하여 의도된 조치의 부과
마. 집단의 아동을 타집단으로 강제 이주

Article 7
Crimes against humanity

1. For the purpose of this Statute, "crime against humanity" means any of the following acts when committed as part of a widespread or systematic attack directed against any civilian population, with knowledge of the attack:

(a) Murder;
(b) Extermination;
(c) Enslavement;
(d) Deportation or forcible transfer of population;
(e) Imprisonment or other severe deprivation of physical liberty in violation of fundamental rules of international law;
(f) Torture;
(g) Rape, sexual slavery, enforced prostitution, forced pregnancy, enforced sterilization, or any other form of sexual violence of comparable gravity;
(h) Persecution against any identifiable group or collectivity on political, racial, national, ethnic, cultural, religious, gender as defined in paragraph 3, or other grounds that are universally recognized as impermissible under international law, in connection with any act referred to in this paragraph or any crime within the jurisdiction of the Court;
(i) Enforced disappearance of persons;
(j) The crime of apartheid;
(k) Other inhumane acts of a similar character intentionally causing great suffering, or serious injury to body or to

제7조
인도에 반한 죄

1. 이 규정의 목적상 "인도에 반한 죄"라 함은 민간인 주민에 대한 광범위하거나 체계적인 공격의 일부로서 그 공격에 대한 인식을 가지고 범하여진 다음의 행위를 말한다.

가. 살해
나. 절멸
다. 노예화
라. 주민의 추방 또는 강제이주
마. 국제법의 근본원칙을 위반한 구금 또는 신체적 자유의 다른 심각한 박탈
바. 고문
사. 강간, 성적 노예화, 강제매춘, 강제임신, 강제불임, 또는 이에 상당하는 기타 중대한 성폭력
아. 이 항에 규정된 어떠한 행위나 재판소 관할범죄와 관련하여, 정치적·인종적·국민적·민족적·문화적 및 종교적 사유, 제3항에 정의된 성별 또는 국제법상 허용되지 않는 것으로 보편적으로 인정되는 다른 사유에 근거하여 어떠한 동일시될 수 있는 집단이나 집합체에 대한 박해
자. 사람들의 강제실종
차. 인종차별범죄
카. 신체 또는 정신적·육체적 건강에 대하여 중대한 고통이나 심각한 피해를 고의적으로 야기하는 유사한 성격의 다른 비

mental or physical health.

인도적 행위

2. For the purpose of paragraph 1:

(a) "Attack directed against any civilian population" means a course of conduct involving the multiple commission of acts referred to in paragraph 1 against any civilian population, pursuant to or in furtherance of a State or organizational policy to commit such attack;

(b) "Extermination" includes the intentional infliction of conditions of life, inter alia the deprivation of access to food and medicine, calculated to bring about the destruction of part of a population;

(c) "Enslavement" means the exercise of any or all of the powers attaching to the right of ownership over a person and includes the exercise of such power in the course of trafficking in persons, in particular women and children;

(d) "Deportation or forcible transfer of population" means forced displacement of the persons concerned by expulsion or other coercive acts from the area in which they are lawfully present, without grounds permitted under international law;

(e) "Torture" means the intentional infliction of severe pain or suffering, whether physical or mental, upon a person in the custody or under the control of the accused; except that torture shall not include pain or suffering arising only from, inherent in or incidental to, lawful sanctions;

(f) "Forced pregnancy" means the unlaw-

2. 제1항의 목적상,

가. "민간인 주민에 대한 공격"이라 함은 그러한 공격을 행하려는 국가나 조직의 정책에 따르거나 이를 조장하기 위하여 민간인 주민에 대하여 제1항에 규정된 행위를 다수 범하는 것에 관련된 일련의 행위를 말한다.

나. "절멸"이라 함은 주민의 일부를 말살하기 위하여 계산된, 식량과 의약품에 대한 접근 박탈과 같이 생활조건에 대한 고의적 타격을 말한다.

다. "노예화"라 함은 사람에 대한 소유권에 부속된 어떠한 또는 모든 권한의 행사를 말하며, 사람 특히 여성과 아동을 거래하는 과정에서 그러한 권한을 행사하는 것을 포함한다.

라. "주민의 추방 또는 강제이주"라 함은 국제법상 허용되는 근거 없이 주민을 추방하거나 또는 다른 강요적 행위에 의하여 그들이 합법적으로 거주하는 지역으로부터 강제적으로 퇴거시키는 것을 말한다.

마. "고문"이라 함은 자신의 구금 하에 있거나 통제 하에 있는 자에게 고의적으로 신체적 또는 정신적으로 고통이나 괴로움을 가하는 것을 말한다. 다만, 오로지 합법적 제재로부터 발생하거나, 이에 내재되어 있거나 또는 이에 부수하는 고통이나 괴로움은 포함되지 아니한다.

바. "강제임신"이라 함은 주민의 민족적 구

ful confinement of a woman forcibly made pregnant, with the intent of affecting the ethnic composition of any population or carrying out other grave violations of international law. This definition shall not in any way be interpreted as affecting national laws relating to pregnancy;

성에 영향을 미치거나 또는 국제법의 다른 중대한 위반을 실행할 의도로 강제적으로 임신시킨 여성의 불법적 감금을 말한다. 이러한 정의는 임신과 관련된 각국의 국내법에 어떠한 영향을 미치는 것으로 해석되지 아니한다.

(g) "Persecution" means the intentional and severe deprivation of fundamental rights contrary to international law by reason of the identity of the group or collectivity;

사. "박해"라 함은 집단 또는 집합체와의 동일성을 이유로 국제법에 반하는 기본권의 의도적이고 심각한 박탈을 말한다.

(h) "The crime of apartheid" means inhumane acts of a character similar to those referred to in paragraph 1, committed in the context of an institutionalized regime of systematic oppression and domination by one racial group over any other racial group or groups and committed with the intention of maintaining that regime;

아. "인종차별범죄"라 함은 한 인종집단의 다른 인종집단에 대한 조직적 억압과 지배의 제도화된 체제의 맥락에서 그러한 체제를 유지시킬 의도로 범하여진, 제1항에서 언급된 행위들과 유사한 성격의 비인도적인 행위를 말한다.

(i) "Enforced disappearance of persons" means the arrest, detention or abduction of persons by, or with the authorization, support or acquiescence of, a State or a political organization, followed by a refusal to acknowledge that deprivation of freedom or to give information on the fate or whereabouts of those persons, with the intention of removing them from the protection of the law for a prolonged period of time.

자. "사람들의 강제실종"이라 함은 국가 또는 정치조직에 의하여 또는 이들의 허가·지원 또는 묵인을 받아 사람들을 체포·구금 또는 유괴한 후, 그들을 법의 보호로부터 장기간 배제시키려는 의도하에 그러한 자유의 박탈을 인정하기를 거절하거나 또는 그들의 운명이나 행방에 대한 정보의 제공을 거절하는 것을 말한다.

3. For the purpose of this Statute, it is understood that the term "gender" refers to the two sexes, male and female, within the context of society. The term

3. 이 규정의 목적상, "성별"이라는 용어는 사회적 상황에서 남성과 여성의 양성을 지칭하는 것으로 이해된다. "성별"이라는 용어는 위와 다른 어떠한 의미도 표시하

"gender" does not indicate any meaning different from the above.

지 아니한다.

Article 8
War crimes

제8조
전쟁범죄

1. The Court shall have jurisdiction in respect of war crimes in particular when committed as part of a plan or policy or as part of a large-scale commission of such crimes.

1. 재판소는 특히 계획이나 정책의 일부로서 또는 그러한 범죄의 대규모 실행의 일부로서 범하여진 전쟁범죄에 대하여 관할권을 가진다.

2. For the purpose of this Statute, "war crimes" means:

2. 이 규정의 목적상 "전쟁범죄"라 함은 다음을 말한다.

(a) Grave breaches of the Geneva Conventions of 12 August 1949, namely, any of the following acts against persons or property protected under the provisions of the relevant Geneva Convention:

(i) Wilful killing;

(ii) Torture or inhuman treatment, including biological experiments;

(iii) Wilfully causing great suffering, or serious injury to body or health;

(iv) Extensive destruction and appropriation of property, not justified by military necessity and carried out unlawfully and wantonly;

(v) Compelling a prisoner of war or other protected person to serve in the forces of a hostile Power;

(vi) Wilfully depriving a prisoner of war or other protected person of the rights of fair and regular trial;

(vii) Unlawful deportation or transfer or unlawful confinement;

(viii) Taking of hostages.

가. 1949년 8월 12일자 제네바협약의 중대한 위반, 즉 관련 제네바협약의 규정 하에서 보호되는 사람 또는 재산에 대한 다음의 행위 중 어느 하나

(1) 고의적 살해

(2) 고문 또는 생물학적 실험을 포함한 비인도적인 대우

(3) 고의로 신체 또는 건강에 커다란 괴로움이나 심각한 위해의 야기

(4) 군사적 필요에 의하여 정당화되지 아니하며 불법적이고 무분별하게 수행된 재산의 광범위한 파괴 또는 징수

(5) 포로 또는 다른 보호인물을 적국의 군대에 복무하도록 강요하는 행위

(6) 포로 또는 다른 보호인물로부터 공정한 정식 재판을 받을 권리를 고의적으로 박탈

(7) 불법적인 추방이나 이송 또는 불법적인 감금

(8) 인질행위

(b) Other serious violations of the laws and customs applicable in international armed conflict, within the established framework of international law, namely, any of the following acts:

(i) Intentionally directing attacks against the civilian population as such or against individual civilians not taking direct part in hostilities;

(ii) Intentionally directing attacks against civilian objects, that is, objects which are not military objectives;

(iii) Intentionally directing attacks against personnel, installations, material, units or vehicles involved in a humanitarian assistance or peace keeping mission in accordance with the Charter of the United Nations, as long as they are entitled to the protection given to civilians or civilian objects under the international law of armed conflict;

(iv) Intentionally launching an attack in the knowledge that such attack will cause incidental loss of life or injury to civilians or damage to civilian objects or widespread, long-term and severe damage to the natural environment which would be clearly excessive in relation to the concrete and direct overall military advantage anticipated;

(v) Attacking or bombarding, by whatever means, towns, villages, dwellings or buildings which are unde-

나. 확립된 국제법 체제 내에서 국제적 무력충돌에 적용되는 법과 관습에 대한 기타 중대한 위반, 즉 다음 행위 중 어느 하나

(1) 민간인 주민 자체 또는 적대행위에 직접 참여하지 아니하는 민간인 개인에 대한 고의적 공격

(2) 민간 대상물, 즉 군사 목표물이 아닌 대상물에 대한 고의적 공격

(3) 국제연합헌장에 따른 인도적 원조나 평화유지임무와 관련된 요원, 시설, 자재, 부대 또는 차량이 무력충돌에 관한 국제법에 따라 민간인 또는 민간 대상물에게 부여되는 보호를 받을 자격이 있는 한도에서 그들에 대한 고의적 공격

(4) 예상되는 구체적이고 직접적인 제반 군사적 이익과의 관계에 있어서 명백히 과도하게 민간인에 대하여 부수적으로 인명의 살상이나 상해를, 민간 대상물에 대하여 손해를, 또는 자연환경에 대하여 광범위하고 장기간의 중대한 피해를 야기한다는 것을 인식하고서도 의도적인 공격의 개시

(5) 어떤 수단에 의하든, 방어되지 않고 군사 목표물이 아닌 마을·촌락·거주지 또는 건물에 대한 공격이나

fended and which are not military objectives;

(vi) Killing or wounding a combatant who, having laid down his arms or having no longer means of defence, has surrendered at discretion;

(vii) Making improper use of a flag of truce, of the flag or of the military insignia and uniform of the enemy or of the United Nations, as well as of the distinctive emblems of the Geneva Conventions, resulting in death or serious personal injury;

(viii) The transfer, directly or indirectly, by the Occupying Power of parts of its own civilian population into the territory it occupies, or the deportation or transfer of all or parts of the population of the occupied territory within or outside this territory;

(ix) Intentionally directing attacks against buildings dedicated to religion, education, art, science or charitable purposes, historic monuments, hospitals and places where the sick and wounded are collected, provided they are not military objectives;

(x) Subjecting persons who are in the power of an adverse party to physical mutilation or to medical or scientific experiments of any kind which are neither justified by the medical, dental or hospital treatment of the person concerned nor carried out in his or her interest, and which cause death

폭격

(6) 무기를 내려놓았거나 더 이상 방어수단이 없이 항복한 전투원을 살해하거나 부상시키는 행위

(7) 사망 또는 심각한 신체적 상해를 가져오는, 제네바협약상의 식별표장뿐만 아니라 휴전 깃발, 적이나 국제연합의 깃발 또는 군사표식 및 제복의 부적절한 사용

(8) 점령국이 자국의 민간인 주민의 일부를 직접적 또는 간접적으로 점령지역으로 이주시키거나, 피점령지 주민의 전부 또는 일부를 피점령지 내 또는 밖으로 추방시키거나 이주시키는 행위

(9) 군사 목표물이 아닌 것을 조건으로, 종교·교육·예술·과학 또는 자선 목적의 건물, 역사적 기념물, 병원, 병자와 부상자를 수용하는 장소에 대한 고의적 공격

(10) 적대 당사자의 지배하에 있는 자를 당해인의 의학적·치과적 또는 병원적 치료로서 정당화되지 아니하며 그의 이익을 위하여 수행되지 않는 것으로서, 당해인의 사망을 초래하거나 건강을 심각하게 위태롭게 하는 신체의 절단 또는 여하한 종류의 의학적 또는 과학적 실험을 받게

to or seriously endanger the health of such person or persons;

하는 행위

(xi) Killing or wounding treacherously individuals belonging to the hostile nation or army;

(11) 적대국 국가나 군대에 속한 개인을 배신적으로 살해하거나 부상시키는 행위

(xii) Declaring that no quarter will be given;

(12) 항복한 적에 대하여 구명을 허락하지 않겠다는 선언

(xiii) Destroying or seizing the enemy's property unless such destruction or seizure be imperatively demanded by the necessities of war;

(13) 전쟁의 필요에 의하여 반드시 요구되지 아니하는 적의 재산의 파괴 또는 몰수

(xiv) Declaring abolished, suspended or inadmissible in a court of law the rights and actions of the nationals of the hostile party;

(14) 적대 당사국 국민의 권리나 소송행위가 법정에서 폐지, 정지 또는 불허된다는 선언

(xv) Compelling the nationals of the hostile party to take part in the operations of war directed against their own country, even if they were in the belligerent's service before the commencement of the war;

(15) 비록 적대 당사국 국민이 전쟁개시 전 교전국에서 복무하였을지라도, 그를 자신의 국가에 대한 전쟁 수행에 참여하도록 강요하는 행위

(xvi) Pillaging a town or place, even when taken by assault;

(16) 습격에 의하여 점령되었을 때라도, 도시 또는 지역의 약탈

(xvii) Employing poison or poisoned weapons;

(17) 독이나 독성 무기의 사용

(xviii) Employing asphyxiating, poisonous or other gases, and all analogous liquids, materials or devices;

(18) 질식가스, 유독가스 또는 기타 가스와 이와 유사한 모든 액체·물질 또는 장치의 사용

(xix) Employing bullets which expand or flatten easily in the human body, such as bullets with a hard envelope which does not entirely cover the core or is pierced with incisions;

(19) 총탄의 핵심부를 완전히 감싸지 않았거나 또는 절개되어 구멍이 뚫린 단단한 외피를 가진 총탄과 같이, 인체 내에서 쉽게 확장되거나 펼쳐지는 총탄의 사용

(xx) Employing weapons, projectiles and material and methods of warfare which are of a nature to cause superfluous injury or unnecessary

(20) 과도한 상해나 불필요한 괴로움을 야기하는 성질을 가지거나 또는 무력충돌에 관한 국제법에 위반되는 무차별적 성질의 무기, 발사체, 장비

suffering or which are inherently indiscriminate in violation of the international law of armed conflict, provided that such weapons, projectiles and material and methods of warfare are the subject of a comprehensive prohibition and are included in an annex to this Statute, by an amendment in accordance with the relevant provisions set forth in articles 121 and 123;

및 전투방식의 사용. 다만, 그러한 무기, 발사체, 장비 및 전투방식은 포괄적 금지의 대상이어야 하며, 제121조와 제123조에 규정된 관련 조항에 따른 개정에 의하여 이 규정의 부속서에 포함되어야 한다.

(xxi) Committing outrages upon pernal dignity, in particular humiliating and degrading treatment;

(21) 인간의 존엄성에 대한 유린행위, 특히 모욕적이고 품위를 손상시키는 대우

(xxii) Committing rape, sexual slavery, enforced prostitution, forced pregnancy, as defined in article 7, paragraph 2 (f), enforced sterilization, or any other form of sexual violence also constituting a grave breach of the Geneva Conventions;

(22) 강간, 성적 노예화, 강제매춘, 제7조 제2항 바호에 정의된 강제임신, 강제불임 또는 제네바협약의 중대한 위반에 해당하는 여하한 다른 형태의 성폭력

(xxiii) Utilizing the presence of a civilian or other protected person to render certain points, areas or military forces immune from military operations;

(23) 특정한 지점, 지역 또는 군대를 군사작전으로부터 면하도록 하기 위하여 민간인 또는 기타 보호인물의 존재를 이용하는 행위

(xxiv) Intentionally directing attacks against buildings, material, medical units and transport, and personnel using the distinctive emblems of the Geneva Conventions in conformity with international law;

(24) 국제법에 따라 제네바협약의 식별표장을 사용하는 건물, 장비, 의무부대와 그 수송수단 및 요원에 대한 고의적 공격

(xxv) Intentionally using starvation of civilians as a method of warfare by depriving them of objects indispensable to their survival, including wilfully impeding relief

(25) 제네바협약에 규정된 구호품 공급의 고의적 방해를 포함하여, 민간인들의 생존에 불가결한 물건을 박탈함으로써 기아를 전투수단으로 이용하는 행위

supplies as provided for under the Geneva Conventions;

(xxvi) Conscripting or enlisting children under the age of fifteen years into the national armed forces or using them to participate actively in hostilities.

(26) 15세 미만의 아동을 군대에 징집 또는 모병하거나 그들을 적대행위에 적극적으로 참여하도록 이용하는 행위

(c) In the case of an armed conflict not of an international character, serious violations of article 3 common to the four Geneva Conventions of 12 August 1949, namely, any of the following acts committed against persons taking no active part in the hostilities, including members of armed forces who have laid down their arms and those placed hors de combat by sickness, wounds, detention or any other cause:

(i) Violence to life and person, in particular murder of all kinds, mutilation, cruel treatment and torture;

(ii) Committing outrages upon personal dignity, in particular humiliating and degrading treatment;

(iii) Taking of hostages;

(iv) The passing of sentences and the carrying out of executions without previous judgement pronounced by a regularly constituted court, affording all judicial guarantees which are generally recognized as indispensable.

다. 비국제적 성격의 무력충돌의 경우 1949년 8월 12일자 제네바 4개 협약 공통 제3조의 중대한 위반, 즉 무기를 버린 군대 구성원과 질병·부상·억류 또는 기타 사유로 전투능력을 상실한 자를 포함하여 적대행위에 적극적으로 가담하지 않은 자에 대하여 범하여진 다음의 행위 중 어느 하나

(1) 생명 및 신체에 대한 폭행, 특히 모든 종류의 살인, 신체절단, 잔혹한 대우 및 고문

(2) 인간의 존엄성에 대한 유린행위, 특히 모욕적이고 품위를 손상키는 대우

(3) 인질행위

(4) 일반적으로 불가결하다고 인정되는 모든 사법적 보장을 부여하는 정규로 구성된 법원의 판결없는 형의 선고 및 형의 집행

(d) Paragraph 2 (c) applies to armed conflicts not of an international character an thus does not apply to situations of internal disturbances and tensions, such as riots, isolated and sporadic acts of

라. 제2항 다호는 비국제적 성격의 무력충돌에 적용되며, 따라서 폭동이나 국지적이고 산발적인 폭력행위 또는 이와 유사한 성격의 다른 행위와 같은 국내적 소요나

violence or other acts of a similar nature.

긴장사태에는 적용되지 아니한다.

(e) Other serious violations of the laws and customs applicable in armed conflicts not of an international character, within the established framework of international law, namely, any of the following acts:

마. 확립된 국제법 체제 내에서 비국제적 성격의 무력충돌에 적용되는 법과 관습에 대한 여타의 중대한 위반으로 다음의 행위중 어느 하나

(i) Intentionally directing attacks against the civilian population as such or against individual civilians not taking direct part in hostilities;

(1) 민간인 주민 자체 또는 적대행위에 직접 참여하지 않는 민간인 개인에 대한 고의적 공격

(ii) Intentionally directing attacks against buildings, material, medical units and transport, and personnel using the distinctive emblems of the Geneva Conventions in conformity with international law;

(2) 국제법에 따라 제네바협약의 식별표장을 사용하는 건물, 장비, 의무부대와 그 수송수단 및 요원에 대한 고의적 공격

(iii) Intentionally directing attacks against personnel, installations, material, units or vehicles involved in a humanitarian assistance or peace keeping mission in accordance with the Charter of the United Nations, as long as they are entitled to the protection given to civilians or civilian objects under the international law of armed conflict;

(3) 국제연합헌장에 따른 인도적 원조나 평화유지임무와 관련된 요원, 시설, 자재, 부대 또는 차량이 무력충돌에 관한 국제법에 따라 민간인 또는 민간 대상물에 대하여 부여되는 보호를 받을 자격이 있는 한도에서 그들에 대한 고의적 공격

(iv) Intentionally directing attacks against buildings dedicated to religion, education, art, science or charitable purposes, historic monuments, hospitals and places where the sick and wounded are collected, provided they are not military objectives;

(4) 군사 목표물이 아닌 것을 조건으로 종교·교육·예술·과학 또는 자선목적의 건물, 역사적 기념물, 병원, 병자와 부상자를 수용하는 장소에 대한 고의적 공격

(v) Pillaging a town or place, even

(5) 습격에 의하여 점령되었을 때라도,

when taken by assault;

도시 또는 지역의 약탈

(vi) Committing rape, sexual slavery, enforced prostitution, forced pregnancy, as defined in article 7, paragraph 2 (f), enforced sterilization, and any other form of sexual violence also constituting a serious violation of article 3 common to the four Geneva Conventions

(6) 강간, 성적 노예화, 강제매춘, 제7조 제2항 바호에서 정의된 강제임신, 강제불임 또는 제네바 4개 협약 공통 제3조의 중대한 위반에 해당하는 여하한 다른 형태의 성폭력

(vii) Conscripting or enlisting children under the age of fifteen years into armed forces or groups or using them to participate actively in hostilities;

(7) 15세 미만의 아동을 군대 또는 무장집단에 징집 또는 모병하거나 그들을 적대행위에 적극적으로 참여하도록 이용하는 행위

(viii) Ordering the displacement of the civilian population for reasons related to the conflict, unless the security of the civilians involved or imperative military reasons so demand;

(8) 관련 민간인의 안전이나 긴요한 군사적 이유상 요구되지 않음에도 불구하고, 충돌과 관련된 이유로 민간인 주민의 퇴거를 명령하는 행위

(ix) Killing or wounding treacherously a combatant adversary;

(9) 상대방 전투원을 배신적으로 살해하거나 부상시키는 행위

(x) Declaring that no quarter will be given;

(10) 항복한 적에 대하여 구명을 허락하지 않겠다는 선언

(xi) Subjecting persons who are in the power of another party to the conflict to physical mutilation or to medical or scientific experiments of any kind which are neither justified by the medical, dental or hospital treatment of the person concerned nor carried out in his or her interest, and which cause death to or seriously endanger the health of such person or persons;

(11) 충돌의 타방당사자의 지배하에 있는 자를 당해인의 의학적·치과적 또는 병원적 치료로서 정당화되지 아니하며 그의 이익을 위하여 수행되지도 않는 것으로서, 당해인의 사망을 초래하거나 건강을 심각하게 위태롭게 하는 신체의 절단이나 또는 여하한 종류의 의학적 또는 과학적 실험을 받게 하는 행위

(xii) Destroying or seizing the property of an adversary unless such destruction or seizure be imper-

(12) 충돌의 필요에 의하여 반드시 요구되지 않는 적의 재산의 파괴 또는 몰수

atively demanded by the necessities of the conflict;

(f) Paragraph 2 (e) applies to armed conflicts not of an international character and thus does not apply to situations of internal disturbances and tensions, such as riots, isolated and sporadic acts of violence or other acts of a similar nature. It applies to armed conflicts that take place in the territory of a State when there is protracted armed conflict between governmental authorities and organized armed groups or between such groups.

3. Nothing in paragraph 2 (c) and (e) shall affect the responsibility of a Government to maintain or re-establish law and order in the State or to defend the unity and territorial integrity of the State, by all legitimate means.

바. 제2항 마호는 비국제적 성격의 무력충돌에 적용되며, 따라서 폭동이나 국지적이고 산발적인 폭력행위 또는 이와 유사한 성격의 다른 행위와 같은 국내적 소요나 긴장사태에는 적용되지 아니한다. 제2항 마호는 정부당국과 조직화된 무장집단간 또는 무장집단들 간에 장기적인 무력충돌이 존재할 때, 그 국가의 영역에서 발생하는 무력충돌에 적용된다.

3. 제2항 다호와 마호의 어떠한 조항도 모든 합법적 수단에 의하여 그 국가 내에서 법과 질서를 유지 또는 재확립하거나 또는 그 국가의 통일과 영토적 일체성을 보호하려는 정부의 책임에 영향을 미치지 아니한다.

Article 9
Elements of Crimes

1. Elements of Crimes shall assist the Court in the interpretation and application of articles 6, 7 and 8. They shall be adopted by a two-thirds majority of the members of the Assembly of States Parties.

2. Amendments to the Elements of Crimes may be proposed by:

(a) Any State Party;
(b) The judges acting by an absolute majority;
(c) The Prosecutor.

제9조
범죄구성요건

1. 범죄구성요건은 재판소가 제6조, 제7조 및 제8조를 해석하고 적용하는 것을 보조한다. 이는 당사국총회 회원국의 3분의 2의 다수결에 의하여 채택된다.

2. 범죄구성요건에 대한 개정은 다음에 의하여 제안될 수 있다.

가. 당사국
나. 절대과반수의 재판관
다. 소추관

Such amendments shall be adopted by a two-thirds majority of the members of the Assembly of States Parties.

3. The Elements of Crimes and amendments thereto shall be consistent with this Statute.

그러한 개정은 당사국총회 회원국의 3분의 2의 다수결에 의하여 채택된다.

3. 범죄구성요건과 그 개정은 이 규정에 부합되어야 한다.

Article 10

Nothing in this Part shall be interpreted as limiting or prejudicing in any way existing or developing rules of international law for purposes other than this Statute.

제10조

이 부의 어느 조항도 이 규정과 다른 목적을 위한 기존의 또는 발전중인 국제법 원칙을 결코 제한하거나 침해하는 것으로 해석되지 아니한다.

Article 11
Jurisdiction ratione temporis

1. The Court has jurisdiction only with respect to crimes committed after the entry into force of this Statute.
2. If a State becomes a Party to this Statute after its entry into force, the Court may exercise its jurisdiction only with respect to crimes committed after the entry into force of this Statute for that State, unless that State has made a declaration under article 12, paragraph 3.

제11조
시간적 관할권

1. 재판소는 이 규정의 발효 후에 범하여진 범죄에 대하여만 관할권을 가진다.
2. 어느 국가가 이 규정의 발효 후에 규정의 당사국이 되는 경우, 그 국가가 제12조 제3항에 따른 선언을 하지 않는 한, 재판소는 이 규정이 당해 국가에 대하여 발효된 이후에 범하여진 범죄에 대하여만 관할권을 행사할 수 있다.

Article 12
Preconditions to the exercise of jurisdiction

1. A State which becomes a Party to this Statute thereby accepts the jurisdiction of the Court with respect to the crimes referred to in article 5.

제12조
관할권 행사의 전제조건

1. 이 규정의 당사국이 된 국가는 이에 의하여 제5조에 규정된 범죄에 대하여 재판소의 관할권을 수락한다.

ICC

2. In the case of article 13, paragraph (a) or (c), the Court may exercise its jurisdiction if one or more of the following States are Parties to this Statute or have accepted the jurisdiction of the Court in accordance with para graph 3:

2. 제13조 가호 또는 다호의 경우, 다음중 1개국 또는 그 이상의 국가가 이 규정의 당사국이거나 또는 제3항에 따라 재판소의 관할권을 수락하였다면 재판소는 관할권을 행사할 수 있다.

(a) The State on the territory of which the conduct in question occurred or, if the crime was committed on board a vessel or aircraft, the State of registration of that vessel or aircraft;

(b) The State of which the person accused of the crime is a national.

가. 당해 행위가 발생한 영역국, 또는 범죄가 선박이나 항공기에서 범하여진 경우에는 그 선박이나 항공기의 등록국

나. 그 범죄 혐의자의 국적국

3. If the acceptance of a State which is not a Party to this Statute is required under paragraph 2, that State may, by declaration lodged with the Registrar, accept the exercise of jurisdiction by the Court with respect to the crime in question. The accepting State shall cooperate with the Court without any delay or exception in accordance with Part 9.

3. 제2항에 따라 이 규정의 당사국이 아닌 국가의 수락이 요구되는 경우, 그 국가는 사무국장에게 제출되는 선언에 의하여 당해 범죄에 대한 재판소의 관할권 행사를 수락할 수 있다. 그 수락국은 제9부에 따라 어떠한 지체나 예외도 없이 재판소와 협력한다.

Article 13
Exercise of jurisdiction

The Court may exercise its jurisdiction with respect to a crime referred to in article 5 in accordance with the provisions of this Statute if:

(a) A situation in which one or more of such crimes appears to have been committed is referred to the Prosecutor by a State Party in accordance with

제 13 조
관할권의 행사

재판소는 다음의 경우 이 규정이 정한 바에 따라 제5조에 규정된 범죄에 대하여 관할권을 행사할 수 있다.

가. 1개 또는 그 이상의 범죄가 범하여진 것으로 보이는 사태가 제14조에 따라 당사국에 의하여 소추관에게 회부된 경우

article 14;

(b) A situation in which one or more of such crimes appears to have been committed is referred to the Prosecutor by the Security Council acting under Chapter VII of the Charter of the United Nations; or

(c) The Prosecutor has initiated an investigation in respect of such a crime in accordance with article 15.

나. 1개 또는 그 이상의 범죄가 범하여진 것으로 보이는 사태가 국제연합헌장 제7장에 따라 행동하는 안전보장이사회에 의하여 소추관에게 회부된 경우

다. 소추관이 제15조에 따라 그러한 범죄에 대하여 수사를 개시한 경우

Article 14
Referral of a situation by a State Party

1. A State Party may refer to the Prosecutor a situation in which one or more crimes within the jurisdiction of the Court appear to have been committed requesting the Prosecutor to investigate the situation for the purpose of determining whether one or more specific persons should be charged with the commission of such crimes.

2. As far as possible, a referral shall specify the relevant circumstances and be accompanied by such supporting documentation as is available to the State referring the situation.

제14조
당사국에 의한 사태의 회부

1. 당사국은 재판소 관할권에 속하는 하나 또는 그 이상의 범죄의 범행에 대하여 1인 또는 그 이상의 특정인이 책임이 있는지 여부를 결정하기 위하여 그러한 범죄가 범하여진 것으로 보이는 사태를 수사하도록 소추관에게 요청하여, 재판소 관할권에 속하는 하나 또는 그 이상의 범죄가 범하여진 것으로 보이는 사태를 소추관에게 회부할 수 있다.

2. 회부시에는 가능한 한 관련 정황을 명시하고 그 사태를 회부한 국가가 입수할 수 있는 증빙문서를 첨부한다.

Article 15
Prosecutor

1. The Prosecutor may initiate investigations proprio motu on the basis of information on crimes within the jurisdiction of the Court.

2. The Prosecutor shall analyse the seriousness of the information received.

제15조
소 추 관

1. 소추관은 재판소 관할범죄에 관한 정보에 근거하여 독자적으로 수사를 개시할 수 있다.

2. 소추관은 접수된 정보의 중대성을 분석한다. 이러한 목적을 위하여 소추관은 국가,

For this purpose, he or she may seek additional information from States, organs of the United Nations, intergovernmental or non-governmental organizations, or other reliable sources that he or she deems appropriate, and may receive written or oral testimony at the seat of the Court.

국제연합의 기관, 정부간 또는 비정부간 기구, 또는 소추관이 적절하다고 여기는 다른 믿을 만한 출처로부터 추가 정보를 구할 수 있으며, 재판소의 소재지에서 서면 또는 구두의 증언을 접수할 수 있다.

3. If the Prosecutor concludes that there is a reasonable basis to proceed with an investigation, he or she shall submit to the Pre-Trial Chamber a request for authorization of an investigation, together with any supporting material collected. Victims may make representations to the Pre-Trial Chamber, in accordance with the Rules of Procedure and Evidence.

3. 소추관이 수사를 진행시킬 만한 합리적인 근거가 있다고 판단하는 경우, 수집된 증빙자료와 함께 수사허가요청서를 전심재판부에 제출한다. 피해자는 절차및증거규칙에 따라 전심재판부에서 진술할 수 있다.

4. If the Pre-Trial Chamber, upon examination of the request and the supporting material, considers that there is a reasonable basis to proceed with an investigation, and that the case appears to fall within the jurisdiction of the Court, it shall authorize the commencement of the investigation, without prejudice to subsequent determinations by the Court with regard to the jurisdiction and admissibility of a case.

4. 전심재판부가 수사허가요청서와 증빙자료를 검토한 후, 수사를 진행시킬만한 합리적인 근거가 있고 당해 사건이 재판소의 관할권에 속한다고 판단하는 경우, 동 재판부는 수사의 개시를 허가한다. 다만, 이 허가는 사건의 관할권과 재판적격성에 관한 재판소의 추후 결정에 영향을 미치지 아니한다.

5. The refusal of the Pre-Trial Chamber to authorize the investigation shall not preclude the presentation of a subsequent request by the Prosecutor based on new facts or evidence regarding the same situation.

5. 전심재판부의 수사허가 거부는 소추관이 동일한 사태에 관한 새로운 사실이나 증거에 근거하여 추후 요청서를 제출하는 것을 배제하지 아니한다.

6. If, after the preliminary examination re-

6. 제1항과 제2항에 규정된 예비조사 후 제

ferred to in paragraphs 1 and 2, the Prosecutor concludes that the information provided does not constitute a reasonable basis for an investigation, he or she shall inform those who provided the information. This shall not preclude the Prosecutor from considering further information submitted to him or her regarding the same situation in the light of new facts or evidence.

공된 정보가 수사를 위한 합리적인 근거를 구성하지 않는다고 결론짓는 경우, 소추관은 정보를 제공한 자에게 이를 통지한다. 이는 소추관이 동일한 사태에 관하여 자신에게 제출된 추가 정보를 새로운 사실이나 증거로 검토하는 것을 배제하지 아니한다.

Article 16
Deferral of investigation or prosecution

No investigation or prosecution may be commenced or proceeded with under this Statute for a period of 12 months after the Security Council, in a resolution adopted under Chapter VII of the Charter of the United Nations, has requested the Court to that effect; that request may be renewed by the Council under the same conditions.

제16조
수사 또는 기소의 연기

안전보장이사회가 국제연합헌장 제7장에 따라 채택하는 결의로 재판소에 수사 또는 기소의 연기를 요청하는 경우 12개월의 기간 동안은 이 규정에 따른 어떠한 수사나 기소도 개시되거나 진행되지 아니한다. 그러한 요청은 동일한 조건하에서 안전보장이사회에 의하여 갱신될 수 있다.

Article 17
Issues of admissibility

1. Having regard to paragraph 10 of the Preamble and article 1, the Court shall determine that a case is inadmissible where:

(a) The case is being investigated or prosecuted by a State which has jurisdiction over it, unless the State is unwilling or unable genuinely to carry out the investigation or prosecution;

(b) The case has been investigated by a State which has jurisdiction over it and the State has decided not to pro-

제17조
재판적격성의 문제

1. 전문 제10항과 제1조를 고려하여 재판소는 다음의 경우 사건의 재판적격성이 없다고 결정한다.

가. 사건이 그 사건에 대하여 관할권을 가지는 국가에 의하여 수사되고 있거나 또는 기소된 경우. 단, 그 국가가 진정으로 수사 또는 기소를 할 의사가 없거나 능력이 없는 경우에는 그러하지 아니하다.

나. 사건이 그 사건에 대하여 관할권을 가지는 국가에 의하여 수사되었고, 그 국가가 당해인을 기소하지 아니하기로 결정한

secute the person concerned, unless the decision resulted from the unwillingness or inability of the State genuinely to prosecute;

(c) The person concerned has already been tried for conduct which is the subject of the complaint, and a trial by the Court is not permitted under article 20, paragraph 3;

(d) The case is not of sufficient gravity to justify further action by the Court.

2. In order to determine unwillingness in a particular case, the Court shall consider, having regard to the principles of due process recognized by international law, whether one or more of the following exist, as applicable:

(a) The proceedings were or are being undertaken or the national decision was made for the purpose of shielding the person concerned from criminal responsibility for crimes within the jurisdiction of the Court referred to in article 5;

(b) There has been an unjustified delay in the proceedings which in the circumstances is inconsistent with an intent to bring the person concerned to justice;

(c) The proceedings were not or are not being conducted independently or impartially, and they were or are being conducted in a manner which, in the circumstances, is inconsistent with an intent to bring the person concerned to justice.

3. In order to determine inability in a par-

경우. 단, 그 결정이 진정으로 기소하려는 의사 또는 능력의 부재에 따른 결과인 경우에는 그러하지 아니하다.

다. 당해인이 제소의 대상인 행위에 대하여 이미 재판을 받았고, 제20조 제3항에 따라 재판소의 재판이 허용되지 않는 경우

라. 사건이 재판소의 추가적 조치를 정당화하기에 충분한 중대성이 없는 경우

2. 특정 사건에서의 의사부재를 결정하기 위하여, 재판소는 국제법에 의하여 인정되는 적법절차의 원칙에 비추어 적용 가능한 다음 중 어느 하나 또는 그 이상의 경우가 존재하는지 여부를 고려한다.

가. 제5조에 규정된 재판소 관할범죄에 대한 형사책임으로부터 당해인을 보호할 목적으로 절차가 취해졌거나, 진행중이거나 또는 국내적 결정이 내려진 경우

나. 상황에 비추어, 당해인을 처벌하려는 의도와 부합되지 않게 절차의 부당한 지연이 있었던 경우

다. 절차가 독립적이거나 공정하게 수행되지 않았거나 수행되지 않고 있으며, 상황에 비추어 당해인을 처벌하려는 의도와 부합되지 않는 방식으로 절차가 진행되었거나 또는 진행중인 경우

3. 특정 사건에서의 능력부재를 결정하기 위

ticular case, the Court shall consider whether, due to a total or substantial collapse or unavailability of its national judicial system, the State is unable to obtain the accused or the necessary evidence and testimony or otherwise unable to carry out its proceedings.

하여, 재판소는 당해 국가가 그 국가의 사법제도의 전반적 또는 실질적 붕괴나 이용불능으로 인하여 피의자나 필요한 증거 및 증언을 확보할 수 없는지 여부 또는 달리 절차를 진행할 수 없는지 여부를 고려한다.

Article 18
Preliminary rulings regarding admissibility

제 18 조
재판적격성에 관한 예비결정

1. When a situation has been referred to the Court pursuant to article 13 (a) and the Prosecutor has determined that there would be a reasonable basis to commence an investigation, or the Prosecutor initiates an investigation pursuant to articles 13 (c) and 15, the Prosecutor shall notify all States Parties and those States which, taking into account the information available, would normally exercise jurisdiction over the crimes concerned. The Prosecutor may notify such States on a confidential basis and, where the Prosecutor believes it necessary to protect persons, prevent destruction of evidence or prevent the absconding of persons, may limit the scope of the information provided to States.

1. 사태가 제13조 가호에 따라 재판소에 회부되어 소추관이 수사를 개시할 합리적인 근거가 있다고 결정하였거나 소추관이 제13조 다호와 제15조에 따라 수사를 개시한 경우, 소추관은 모든 당사국과 이용 가능한 정보에 비추어 당해 범죄에 대하여 통상적으로 관할권을 행사할 국가에게 이를 통지한다. 소추관은 그러한 국가에게 비밀리에 통지할 수 있으며 또한 소추관이 어느 자를 보호하거나 증거의 인멸을 방지하거나 또는 어느 자의 도주를 방지하기 위하여 필요하다고 믿는 경우, 국가에게 제공되는 정보의 범위를 제한할 수 있다.

2. Within one month of receipt of that notification, a State may inform the Court that it is investigating or has investigated its nationals or others within its jurisdiction with respect to criminal acts which may constitute crimes referred to in article 5 and which relate to the

2. 그러한 통지를 접수한 후 1개월 내에, 국가는 제5조에 규정된 범죄를 구성하며 자국에 대한 통지에서 제공된 정보와 관련된 범죄행위에 대하여, 자국의 관할권 내에 있는 자국민 또는 기타의 자를 수사하고 있다거나 수사하였음을 재판소에 통지할 수 있다. 전심재판부가 소추관의 신청

information provided in the notification to States. At the request of that State, the Prosecutor shall defer to the State's investigation of those persons unless the Pre-Trial Chamber, on the application of the Prosecutor, decides to authorize the investigation.

에 따라 수사를 허가하기로 결정하지 아니하는 한, 소추관은 당해 국가의 요청이 있으면 당해인에 대한 그 국가의 수사를 존중한다.

3. The Prosecutor's deferral to a State's investigation shall be open to review by the Prosecutor six months after the date of deferral or at any time when there has been a significant change of circumstances based on the State's unwillingness or inability genuinely to carry out the investigation.

3. 국가의 수사 존중에 따른 소추관의 보류는 보류일로부터 6개월 후 또는 그 국가의 수사를 수행할 의사 또는 능력의 부재에 근거한 중대한 사정변경이 있는 때에는 언제든지 소추관에 의하여 재검토된다.

4. The State concerned or the Prosecutor may appeal to the Appeals Chamber against a ruling of the Pre-Trial Chamber, in accordance with article 82. The appeal may be heard on an expedited basis.

4. 당해 국가 또는 소추관은 전심재판부의 결정에 대하여 제82조에 따라 상소심재판부에 상소할 수 있다. 상소는 신속하게 심리될 수 있다.

5. When the Prosecutor has deferred an investigation in accordance with paragraph 2, the Prosecutor may request that the State concerned periodically inform the Prosecutor of the progress of its investigations and any subsequent prosecutions. States Parties shall respond to such requests without undue delay.

5. 소추관이 제2항에 따라 수사를 보류한 경우, 소추관은 당해 국가가 정기적으로 수사 및 후속 기소의 진전상황에 대하여 통지하여 줄 것을 요청할 수 있다. 당사국은 부당한 지체 없이 그 요청에 응하여야 한다.

6. Pending a ruling by the Pre-Trial Chamber, or at any time when the Prosecutor has deferred an investigation under this article, the Prosecutor may, on an exceptional basis, seek authority from the Pre-Trial Chamber to pursue necessary

6. 전심재판부의 결정이 계류중이거나 또는 소추관이 이 조에 따라 수사를 보류한 때에는 언제든지, 소추관은 중요한 증거를 확보할 유일한 기회가 있는 경우 또는 그러한 증거를 이후에는 입수할 수 없게 될 중대한 위험이 있는 경우에는 예외적으로

investigative steps for the purpose of preserving evidence where there is a unique opportunity to obtain important evidence or there is a significant risk that such evidence may not be subsequently available.

증거를 보전하기 위하여 필요한 수사상의 조치를 취하기 위한 허가를 전심재판부에 요청할 수 있다.

7. A State which has challenged a ruling of the Pre-Trial Chamber under this article may challenge the admissibility of a case under article 19 on the grounds of additional significant facts or significant change of circumstances.

7. 이 조에 따른 전심재판부의 결정에 이의를 제기한 국가는 추가적인 중대한 사실 또는 중대한 사정변경을 근거로 제19조에 따라 사건의 재판적격성에 대한 이의를 제기할 수 있다.

Article 19
Challenges to the jurisdiction of the Court or the admissibility of a case

제 19 조
재판소의 관할권 또는 사건의 재판적격성에 대한 이의제기

1. The Court shall satisfy itself that it has jurisdiction in any case brought before it. The Court may, on its own motion, determine the admissibility of a case in accordance with article 17.

1. 재판소는 자신에게 회부된 모든 사건에 대하여 재판소가 관할권을 가지고 있음을 확인하여야 한다. 재판소는 직권으로 제17조에 따라 사건의 재판적격성을 결정할 수 있다.

2. Challenges to the admissibility of a case on the grounds referred to in article 17 or challenges to the jurisdiction of the Court may be made by:

(a) An accused or a person for whom a warrant of arrest or a summons to appear has been issued under article 58;
(b) A State which has jurisdiction over a case, on the ground that it is investigating or prosecuting the case or has investigated or prosecuted; or
(c) A State from which acceptance of jurisdiction is required under article 12.

2. 제17조의 규정에 근거한 사건의 재판적격성에 대한 이의제기 또는 재판소의 관할권에 대한 이의제기는 다음에 의하여 이루어질 수 있다.

가. 피의자 또는 제58조에 따라 체포영장이나 소환장이 발부된 자

나. 사건을 수사 또는 기소하고 있거나 또는 수사 또는 기소하였음을 근거로 그 사건에 대하여 관할권을 갖는 국가

다. 제12조에 따라 관할권의 수락이 요구되는 국가

3. The Prosecutor may seek a ruling from the Court regarding a question of jurisdiction or admissibility. In proceedings with respect to jurisdiction or admissibility, those who have referred the situation under article 13, as well as victims, may also submit observations to the Court.

3. 소추관은 관할권 또는 재판적격성의 문제에 관하여 재판소의 결정을 구할 수 있다. 관할권 또는 재판적격성에 관한 절차에 있어서는 피해자 뿐만 아니라 제13조에 따라 사태를 회부한 자도 재판소에 의견을 제출할 수 있다.

4. The admissibility of a case or the jurisdiction of the Court may be challenged only once by any person or State referred to in paragraph 2. The challenge shall take place prior to or at the commencement of the trial. In exceptional circumstances, the Court may grant leave for a challenge to be brought more than once or at a time later than the commencement of the trial. Challenges to the admissibility of a case, at the commencement of a trial, or subsequently with the leave of the Court, may be based only on article 17, paragraph 1 (c).

4. 사건의 재판적격성 또는 재판소의 관할권에 대한 이의는 제2항에 규정된 자 또는 국가에 의하여 1회에 한하여 제기될 수 있다. 이의제기는 재판이 시작되기 전 또는 시작되는 시점에 이루어져야 한다. 예외적인 상황에서 재판소는 1회 이상 또는 재판 시작 이후의 이의제기를 허가할 수 있다. 재판이 시작되는 시점에서 또는 재판소의 허가를 받아 그 후에 행하는 사건의 재판적격성에 대한 이의제기는 오직 제17조 제1항 다호에 근거하여 할 수 있다.

5. A State referred to in paragraph 2 (b) and (c) shall make a challenge at the earliest opportunity.

5. 제2항 나호와 다호에 규정된 국가는 가능한 한 신속하게 이의제기를 한다.

6. Prior to the confirmation of the charges, challenges to the admissibility of a case or challenges to the jurisdiction of the Court shall be referred to the Pre-Trial Chamber. After confirmation of the charges, they shall be referred to the Trial Chamber. Decisions with respect to jurisdiction or admissibility may be appealed to the Appeals Chamber in accordance with article 82.

6. 공소사실의 확인 이전에는 사건의 재판적격성 또는 재판소의 관할권에 대한 이의제기는 전심재판부에 회부된다. 공소사실의 확인 이후에는 이의제기가 1심재판부에 회부된다. 관할권 또는 재판적격성에 관한 결정에 대하여 제82조에 따라 상소심재판부에 상소할 수 있다.

7. If a challenge is made by a State referred to in paragraph 2 (b) or (c), the Prosecutor shall suspend the investigation until such time as the Court makes a determination in accordance with article 17.

7. 제2항 나호 또는 다호에 규정된 국가가 이의제기를 한 경우, 소추관은 재판소가 제17조에 따라 결정을 내릴 때까지 수사를 정지한다.

8. Pending a ruling by the Court, the Prosecutor may seek authority from the Court:

(a) To pursue necessary investigative steps of the kind referred to in article 18, paragraph 6;
(b) To take a statement or testimony from a witness or complete the collection and examination of evidence which had begun prior to the making of the challenge; and
(c) In cooperation with the relevant States, to prevent the absconding of persons in respect of whom the Prosecutor has already requested a warrant of arrest under article 58.

8. 재판소의 결정이 계류중인 동안, 소추관은 재판소로부터 다음의 허가를 구할 수 있다.

가. 제18조 제6항에 규정된 종류의 필요한 수사 조치의 수행

나. 증인으로부터의 진술이나 증언의 취득 또는 이의제기를 하기 전에 시작된 증거의 수집 또는 조사의 완료

다. 관련 국가들과 협력하여, 소추관이 제58조에 따라 이미 체포영장을 신청한 자의 도주 방지 조치

9. The making of a challenge shall not affect the validity of any act performed by the Prosecutor or any order or warrant issued by the Court prior to the making of the challenge.

9. 이의제기는 이의제기 이전에 소추관이 수행한 여하한 행위 또는 재판소가 발부한 여하한 명령이나 영장의 효력에 영향을 미치지 아니한다.

10. If the Court has decided that a case is inadmissible under article 17, the Prosecutor may submit a request for a review of the decision when he or she is fully satisfied that new facts have arisen which negate the basis on which the case had previously been found inadmissible under article 17.

10. 재판소가 제17조에 따라 사건의 재판적격성이 없다고 결정하였더라도, 소추관은 그 사건이 제17조에 따라 재판적격성이 없다고 판단되었던 근거를 부정하는 새로운 사실이 발생하였음을 충분히 확인한 때에는 그 결정에 대한 재검토 요청서를 제출할 수 있다.

11. If the Prosecutor, having regard to the matters referred to in article 17, defers an investigation, the Prosecutor may request that the relevant State make available to the Prosecutor information on the proceedings. That information shall, at the request of the State concerned, be confidential. If the Prosecutor thereafter decides to proceed with an investigation, he or she shall notify the State to which deferral of the proceedings has taken place.

11. 소추관이 제17조에 규정된 사항을 고려하여 수사를 보류하는 경우, 소추관은 관련국이 절차 진행에 관한 정보를 제공하여 줄 것을 요청할 수 있다. 그 정보는 관련 국가의 요청이 있으면 비밀로 한다. 소추관이 그 후 수사를 진행하기로 결정하는 경우, 소추관은 자신이 보류하였던 절차에 관하여 해당 국가에게 통지한다.

Article 20
Ne bis in idem

제20조
일사부재리

1. Except as provided in this Statute, no person shall be tried before the Court with respect to conduct which formed the basis of crimes for which the person has been convicted or acquitted by the Court.

1. 이 규정에 정한 바를 제외하고, 누구도 재판소에 의하여 유죄 또는 무죄판결을 받은 범죄의 기초를 구성하는 행위에 대하여 재판소에서 재판받지 아니한다.

2. No person shall be tried by another court for a crime referred to in article 5 for which that person has already been convicted or acquitted by the Court.

2. 누구도 재판소에 의하여 이미 유죄 또는 무죄판결을 받은 제5조에 규정된 범죄에 대하여 다른 재판소에서 재판받지 아니한다.

3. No person who has been tried by another court for conduct also proscribed under article 6, 7 or 8 shall be tried by the Court with respect to the same conduct unless the proceedings in the other court:

3. 제6조, 제7조 또는 제8조상의 금지된 행위에 대하여 다른 재판소에 의하여 재판을 받은 자는 누구도, 그 다른 재판소에서의 절차가 다음에 해당하지 않는다면 동일한 행위에 대하여 재판소에 의하여 재판받지 아니한다.

(a) Were for the purpose of shielding the person concerned from criminal responsibility for crimes within the jurisdiction of the Court; or

가. 재판소 관할범죄에 대한 형사책임으로부터 당해인을 보호할 목적이었던 경우

(b) Otherwise were not conducted inde-

나. 그 밖에 국제법에 의하여 인정된 적법절

pendently or impartially in accordance with the norms of due process recognized by international law and were conducted in a manner which, in the circumstances, was inconsistent with an intent to bring the person concerned to justice.

차의 규범에 따라 독립적이거나 공정하게 수행되지 않았으며, 상황에 비추어 당해인을 처벌하려는 의도와 부합하지 않는 방식으로 수행된 경우

Article 21
Applicable law

제21조
적용법규

1. The Court shall apply:

(a) In the first place, this Statute, Elements of Crimes and its Rules of Procedure and Evidence;

(b) In the second place, where appropriate, applicable treaties and the principles and rules of international law, includeing the established principles of the international law of armed conflict;

(c) Failing that, general principles of law derived by the Court from national laws of legal systems of the world including, as appropriate, the national laws of States that would normally exercise jurisdiction over the crime, provided that those principles are not inconsistent with this Statute and with international law and internationally recognized norms and standards.

1. 재판소는 다음을 적용한다.

가. 첫째, 이 규정, 범죄구성요건 및 절차 및 증거 규칙

나. 둘째, 적절한 경우 무력충돌에 관한 확립된 국제법 원칙을 포함하여 적용 가능한 조약과 국제법상의 원칙 및 규칙

다. 이상이 없는 경우 적절하다면 범죄에 대하여 통상적으로 관할권을 행사하는 국가의 국내법을 포함하여 세계의 법체제의 국내법들로부터 재판소가 도출한 법의 일반원칙. 다만, 그러한 원칙은 이 규정, 국제법 및 국제적으로 승인된 규범 및 기준과 저촉되어서는 아니된다.

2. The Court may apply principles and rules of law as interpreted in its previous decisions.

2. 재판소는 재판소의 기존 결정속에서 해석된 법의 원칙과 규칙을 적용할 수 있다.

3. The application and interpretation of law pursuant to this article must be consistent with internationally recogn-

3. 이 조에 따른 법의 적용과 해석은 국제적으로 승인된 인권과 부합되어야 하며, 제7조 제3항에서 정의된 성별, 연령, 인종,

ized human rights, and be without any adverse distinction founded on grounds such as gender as defined in article 7, paragraph 3, age, race, colour, language, religion or belief, political or other opinion, national, ethnic or social origin, wealth, birth or other status.

피부색, 언어, 종교 또는 신념, 정치적 또는 기타 견해, 국민적·민족적 또는 사회적 출신, 부, 출생 또는 기타 지위와 같은 사유에 근거한 어떠한 불리한 차별도 없어야 한다.

PART Ⅲ GENERAL PRINCIPLES OF CRIMINAL LAW

제 3 부 형법의 일반원칙

Article 22 Nullum crimen sine lege

제 22 조 범죄법정주의

1. A person shall not be criminally responsible under this Statute unless the conduct in question constitutes, at the time it takes place, a crime within the jurisdiction of the Court.

1. 누구도 문제된 행위가 그것이 발생한 시점에 재판소 관할범죄를 구성하지 않는 경우에는 이 규정에 따른 형사책임을 지지 아니한다.

2. The definition of a crime shall be strictly construed and shall not be extended by analogy. In case of ambiguity, the definition shall be interpreted in favour of the person being investigated, prosecuted or convicted.

2. 범죄의 정의는 엄격히 해석되어야 하며 유추에 의하여 확장되어서는 아니된다. 범죄의 정의가 분명하지 않은 경우, 정의는 수사·기소 또는 유죄판결을 받는 자에게 유리하게 해석되어야 한다.

3. This article shall not affect the characterization of any conduct as criminal under international law independently of this Statute.

3. 이 조는 이 규정과는 별도로 어떠한 행위를 국제법상 범죄로 성격지우는 데 영향을 미치지 아니한다.

Article 23 Nulla poena sine lege

제 23 조 형벌법정주의

A person convicted by the Court may be punished only in accordance with this Statute.

재판소에 의하여 유죄판결을 받은 자는 이 규정에 따라서만 처벌될 수 있다.

Article 24
Non-retroactivity ratione personae

1. No person shall be criminally responsible under this Statute for conduct prior to the entry into force of the Statute.

2. In the event of a change in the law applicable to a given case prior to a final judgement, the law more favourable to the person being investigated, prosecuted or convicted shall apply.

제24조
소급효 금지

1. 누구도 이 규정이 발효하기 전의 행위에 대하여 이 규정에 따른 형사책임을 지지 아니한다.

2. 확정판결 전에 당해 사건에 적용되는 법에 변경이 있는 경우, 수사중이거나 기소중인 자 또는 유죄판결을 받은 자에게 보다 유리한 법이 적용된다.

Article 25
Individual criminal responsibility

1. The Court shall have jurisdiction over natural persons pursuant to this Statute.

2. A person who commits a crime within the jurisdiction of the Court shall be individually responsible and liable for punishment in accordance with this Statute.

3. In accordance with this Statute, a person shall be criminally responsible and liable for punishment for a crime within the jurisdiction of the Court if that person:

(a) Commits such a crime, whether as an individual, jointly with another or through another person, regardless of whether that other person is criminally responsible;
(b) Orders, solicits or induces the commission of such a crime which in fact occurs or is attempted;
(c) For the purpose of facilitating the commission of such a crime, aids,

제25조
개인의 형사책임

1. 재판소는 이 규정에 따라 자연인에 대하여 관할권을 갖는다.

2. 재판소의 관할범죄를 범한 자는 이 규정에 따라 개인적으로 책임을 지며 처벌을 받는다.

3. 다음의 경우에 해당하는 자는 재판소의 관할범죄에 대하여 이 규정에 따른 형사책임을 지며 처벌을 받는다.

가. 개인적으로, 또는 다른 사람이 형사책임이 있는지 여부와는 관계없이 다른 사람과 공동으로 또는 다른 사람을 통하여 범죄를 범한 경우
나. 실제로 일어났거나 착수된 범죄의 실행을 명령·권유 또는 유인한 경우
다. 범죄의 실행을 용이하게 할 목적으로 범행수단의 제공을 포함하여 범죄의 실행

ICC

abets or otherwise assists in its commission or its attempted commission, including providing the means for its commission;

(d) In any other way contributes to the commission or attempted commission of such a crime by a group of persons acting with a common purpose. Such contribution shall be intentional and shall either:

(i) Be made with the aim of furthering the criminal activity or criminal purpose of the group, where such activity or purpose involves the commission of a crime within the jurisdiction of the Court; or

(ii) Be made in the knowledge of the intention of the group to commit the crime;

(e) In respect of the crime of genocide, directly and publicly incites others to commit genocide;

(f) Attempts to commit such a crime by taking action that commences its execution by means of a substantial step, but the crime does not occur because of circumstances independent of the person's intentions. However, a person who abandons the effort to commit the crime or otherwise prevents the completion of the crime shall not be liable for punishment under this Statute for the attempt to commit that crime if that person completely and voluntarily gave up the criminal purpose.

4. No provision in this Statute relating to individual criminal responsibility shall

이나 실행의 착수를 방조, 교사 또는 달리 조력한 경우

라. 공동의 목적을 가지고 활동하는 집단에 의한 범죄의 실행 또는 실행의 착수에 기타 여하한 방식으로 기여한 경우. 그러한 기여는 고의적이어야 하며, 다음 중 어느 하나에 해당하여야 한다.

(1) 집단의 범죄활동 또는 범죄목적이 재판소 관할범죄의 실행과 관련되는 경우, 그러한 활동 또는 목적을 촉진시키기 위하여 이루어진 것

(2) 집단이 그 범죄를 범하려는 의도를 인식하고서 이루어진 것

마. 집단살해죄와 관련하여 집단살해죄를 범하도록 직접적으로 그리고 공공연하게 타인을 선동한 경우

바. 실질적인 조치에 의하여 범죄의 실행에 착수하는 행위를 함으로써 범죄의 실행을 기도하였으나 본인의 의도와는 무관한 사정으로 범죄가 발생하지 아니한 경우. 그러나 범행의 실시를 포기하거나 또는 달리 범죄의 완성을 방지한 자는 자신이 범죄 목적을 완전히 그리고 자발적으로 포기하였다면 범죄미수에 대하여 이 규정에 따른 처벌을 받지 아니한다.

4. 개인의 형사책임과 관련된 이 규정의 어떠한 조항도 국제법상의 국가책임에 영향

affect the responsibility of States under international law.

을 미치지 아니한다.

Article 26
Exclusion of jurisdiction over persons under eighteen

The Court shall have no jurisdiction over any person who was under the age of 18 at the time of the alleged commission of a crime.

제26조
18세 미만자에 대한 관할권 배제

재판소는 범행 당시 18세 미만자에 대하여 관할권을 가지지 아니한다.

Article 27
Irrelevance of official capacity

1. This Statute shall apply equally to all persons without any distinction based on official capacity. In particular, official capacity as a Head of State or Government, a member of a Government or parliament, an elected representative or a government official shall in no case exempt a person from criminal responsibility under this Statute, nor shall it, in and of itself, constitute a ground for reduction of sentence.

2. Immunities or special procedural rules which may attach to the official capacity of a person, whether under national or international law, shall not bar the Court from exercising its jurisdiction over such a person.

제27조
공적 지위의 무관련성

1. 이 규정은 공적 지위에 근거한 어떠한 차별없이 모든 자에게 평등하게 적용되어야 한다. 특히 국가 원수 또는 정부 수반, 정부 또는 의회의 구성원, 선출된 대표자 또는 정부 공무원으로서의 공적 지위는 어떠한 경우에도 그 개인을 이 규정에 따른 형사책임으로부터 면제시켜 주지 아니하며, 또한 그 자체로서 자동적인 감형사유를 구성하지 아니한다.

2. 국내법 또는 국제법상으로 개인의 공적 지위에 따르는 면제나 특별한 절차규칙은 그 자에 대한 재판소의 관할권 행사를 방해하지 아니한다.

Article 28
Responsibility of commanders and other superiors

In addition to other grounds of criminal responsibility under this Statute for crimes

제28조
지휘관 및 기타 상급자의 책임

재판소의 관할범죄에 대하여 이 규정에 따른 형사책임의 다른 근거에 추가하여,

within the jurisdiction of the Court:

(a) A military commander or person effectively acting as a military commander shall be criminally responsible for crimes within the jurisdiction of the Court committed by forces under his or her effective command and control, or effective authority and control as the case may be, as a result of his or her failure to exercise control properly over such forces, where:

(i) That military commander or person either knew or, owing to the circumstances at the time, should have known that the forces were committing or about to commit such crimes; and

(ii) That military commander or person failed to take all necessary and reasonable measures within his or her power to prevent or repress their commission or to submit the matter to the competent authorities for investigation and prosecution.

(b) With respect to superior and subordinate relationships not described in paragraph (a), a superior shall be criminally responsible for crimes within the jurisdiction of the Court committed by subordinates under his or her effective authority and control, as a result of his or her failure to exercise control properly over such subordinates, where:

(i) The superior either knew, or consciously disregarded information which clearly indicated, that the

가. 다음과 같은 경우, 군지휘관 또는 사실상 군지휘관으로서 행동하는 자는 자신의 실효적인 지휘와 통제 하에 있거나 또는 경우에 따라서는 실효적인 권위와 통제 하에 있는 군대가 범한 재판소 관할범죄에 대하여 그 군대를 적절하게 통제하지 못한 결과로서의 형사책임을 진다.

(1) 군지휘관 또는 사실상 군지휘관으로서 행동하는 자가 군대가 그러한 범죄를 범하고 있거나 또는 범하려 한다는 사실을 알았거나 또는 당시 정황상 알았어야 하고,

(2) 군지휘관 또는 사실상 군지휘관으로서 역할을 하는 자가 범행을 방지하거나 억제하기 위하여 또는 그 사항을 수사 및 기소의 목적으로 권한 있는 당국에 회부하기 위하여 자신의 권한 내의 모든 필요하고 합리적인 조치를 취하지 아니한 경우

나. 가호에 기술되지 않은 상급자와 하급자의 관계와 관련하여 다음의 경우 상급자는 자신의 실효적인 권위와 통제 하에 있는 하급자가 범한 재판소 관할범죄에 대하여 하급자를 적절하게 통제하지 못한 결과로서의 형사책임을 진다.

(1) 하급자가 그러한 범죄를 범하고 있거나 또는 범하려 한다는 사실을 상급자가 알았거나 또는 이를 명백히

subordinates were committing or about to commit such crimes;

(ii) The crimes concerned activities that were within the effective responsibility and control of the superior and

(iii) The superior failed to take all necessary and reasonable measures within his or her power to prevent or repress their commission or to submit the matter to the competent authorities for investigation and prosecution.

보여주는 정보를 의식적으로 무시하였고,

(2) 범죄가 상급자의 실효적인 책임과 통제 범위 내의 활동과 관련된 것이었으며,

(3) 상급자가 하급자의 범행을 방지하거나 억제하기 위하여 또는 그 문제를 수사 및 기소의 목적으로 권한 있는 당국에 회부하기 위하여 자신의 권한 내의 모든 필요하고 합리적인 조치를 취하지 아니한 경우

Article 29
Non-applicability of statute of limitations

The crimes within the jurisdiction of the Court shall not be subject to any statute of limitations.

제 29 조
시효의 부적용

재판소의 관할범죄에 대하여는 어떠한 시효도 적용되지 아니한다.

Article 30
Mental element

1. Unless otherwise provided, a person shall be criminally responsible and liable for punishment for a crime within the jurisdiction of the Court only if the material elements are committed with intent and knowledge.

2. For the purposes of this article, a person has intent where:

(a) In relation to conduct, that person means to engage in the conduct;

(b) In relation to a consequence, that person means to cause that consequence or is aware that it will occur in the

제 30 조
주관적 요소

1. 달리 규정되지 않는 한, 사람은 고의와 인식을 가지고 범죄의 객관적 요소를 범한 경우에만 재판소 관할범죄에 대하여 형사책임을 지며 처벌을 받는다.

2. 이 조의 목적상 다음의 경우 고의를 가진 것이다.

가. 행위와 관련하여, 사람이 그 행위에 관여하려고 의도한 경우

나. 결과와 관련하여, 사람이 그 결과를 야기하려고 의도하였거나 또는 사건의 통상적인 경과에 따라 그러한 결과가 발생할

ordinary course of events.

3. For the purposes of this article, "knowledge" means awareness that a circumstance exists or a consequence will occur in the ordinary course of events. "Know" and "knowingly" shall be construed accordingly.

것을 알고 있는 경우

3. 이 조의 목적상 "인식"이라 함은 어떠한 상황이 존재한다는 것 또는 사건의 통상적인 경과에 따라 어떠한 결과가 발생할 것이라는 것을 알고 있음을 말한다. "인식하다" 및 "인식하고서"는 이에 따라 해석된다.

Article 31 Grounds for excluding criminal responsibility

1. In addition to other grounds for excluding criminal responsibility provided for in this Statute, a person shall not be criminally responsible if, at the time of that person's conduct:

(a) The person suffers from a mental disease or defect that destroys that person's capacity to appreciate the unlawfulness or nature of his or her conduct, or capacity to control his or her conduct to conform to the requirements of law;

(b) The person is in a state of intoxication that destroys that person's capacity to appreciate the unlawfulness or nature of his or her conduct, or capacity to control his or her conduct to conform to the requirements of law, unless the person has become voluntarily intoxicated under such circumstances that the person knew, or disregarded the risk, that, as a result of the intoxication, he or she was likely to engage in conduct constituting a crime within the jurisdiction of the Court;

제31조 형사책임 조각사유

1. 이 규정에서 정한 여타의 형사책임 조각사유에 더하여, 행위시 다음의 경우에 해당되면 형사책임을 지지 아니한다.

가. 사람이 자신의 행위의 불법성이나 성격을 평가할 수 있는 능력이나 자신의 행위를 법의 요건에 따르도록 통제할 수 있는 능력을 훼손시키는 정신적 질환 또는 결함을 겪고 있는 경우

나. 사람이 자신의 행위의 불법성이나 성격을 평가할 수 있는 능력이나 자신의 행위를 법의 요건에 따르도록 통제할 수 있는 능력을 훼손시키는 중독 상태에 있는 경우. 다만, 중독의 결과로서 자신이 재판소 관할범죄를 구성하는 행위에 관여하게 될 것임을 인식하였거나 또는 그 위험을 무시하고 자발적으로 중독된 경우는 그러하지 아니하다.

(c) The person acts reasonably to defend himself or herself or another person or, in the case of war crimes, property which is essential for the survival of the person or another person or property which is essential for accomplishing a military mission, against an imminent and unlawful use of force in a manner proportionate to the degree of danger to the person or the other person or property protected. The fact that the person was involved in a defensive operation conducted by forces shall not in itself constitute a ground for excluding criminal responsibility under this subparagraph;

다. 사람이 급박하고 불법적인 무력사용으로부터 자신이나 다른 사람을 방어하기 위하여 또는 전쟁범죄의 경우 자신이나 다른 사람의 생존을 위하여 필수적인 재산이나 군사적 임무를 달성하는데 필수적인 재산을 방어하기 위하여 자신이나 다른 사람 또는 보호되는 재산에 대한 위험의 정도에 비례하는 방식으로 합리적으로 행동한 경우. 군대가 수행하는 방어작전에 그 자가 관여되었다는 사실 자체만으로는 이 호에 따른 형사책임 조각사유를 구성하지 아니한다.

(d) The conduct which is alleged to constitute a crime within the jurisdiction of the Court has been caused by duress resulting from a threat of imminent death or of continuing or imminent serious bodily harm against that person or another person, and the person acts necessarily and reasonably to avoid this threat, provided that the person does not intend to cause a greater harm than the one sought to be avoided. Such a threat may either be:

(i) Made by other persons; or

(ii) Constituted by other circumstances beyond that person's control.

라. 재판소의 관할범죄를 구성하는 것으로 주장된 행위가 자신 또는 다른 사람에 대한 급박한 사망 또는 계속적이거나 급박한 중대한 신체적 위해의 위협으로부터 비롯된 강박에 의하여 야기되었고, 그러한 위협을 피하기 위하여 합리적으로 행동한 경우. 다만, 그 자가 피하고자 하는 것보다 더 큰 위해를 초래하려고 의도하지 않아야 한다. 그러한 위협은,

(1) 다른 사람에 의한 것이거나, 또는

(2) 그 사람의 통제범위를 넘어서는 기타 상황에 의하여 형성된 것일 수도 있다.

2. The Court shall determine the applicability of the grounds for excluding criminal responsibility provided for in this Statute to the case before it.

2. 재판소는 이 규정에 정한 형사책임 조각사유가 재판소에 제기된 사건에 적용되는지 여부를 결정한다.

3. At trial, the Court may consider a

3. 재판소는 제1항에 규정된 것 이외의 형사

ground for excluding criminal responsibility other than those referred to in paragraph 1 where such a ground is derived from applicable law as set forth in article 21. The procedures relating to the consideration of such a ground shall be provided for in the Rules of Procedure and Evidence.

책임 조각사유라도 그 사유가 제21조에 규정된 적용 가능한 법에 의하여 도출된 경우, 재판에서 이를 고려할 수 있다. 그러한 사유의 고려에 관한 절차는 절차 및 증거규칙에 규정된다.

Article 32
Mistake of fact or mistake of law

1. A mistake of fact shall be a ground for excluding criminal responsibility only if it negates the mental element required by the crime.

2. A mistake of law as to whether a particular type of conduct is a crime within the jurisdiction of the Court shall not be a ground for excluding criminal responsibility. A mistake of law may, however, be a ground for excluding criminal responsibility if it negates the mental element required by such a crime, or as provided for in article 33.

제32조
사실의 착오 또는 법률의 착오

1. 사실의 착오는 그것이 범죄성립에 요구되는 주관적 요소를 흠결시키는 경우에만 형사책임 조각사유가 된다.

2. 특정 유형의 행위가 재판소의 관할범죄인지 여부에 관한 법률의 착오는 형사책임 조각사유가 되지 아니한다. 그러나 법률의 착오가 범죄성립에 요구되는 주관적 요소를 흠결시키는 경우나 제33조에 규정된 바와 같은 경우에는 형사책임 조각사유가 될 수 있다.

Article 33
Superior orders and prescription of law

1. The fact that a crime within the jurisdiction of the Court has been committed by a person pursuant to an order of a Government or of a superior, whether military or civilian, shall not relieve that person of criminal responsibility unless:

(a) The person was under a legal obligation to obey orders of the Government or the superior in question;

제33조
상급자의 명령과 법률의 규정

1. 어떠한 자가 정부의 명령이나 군대 또는 민간인 상급자의 명령에 따라 재판소 관할범죄를 범하였다는 사실은, 다음의 경우를 제외하고는 그 자의 형사책임을 면제시켜 주지 아니한다.

가. 그 자가 정부 또는 관련 상급자의 명령에 따라야 할 법적 의무 하에 있었고,

(b) The person did not know that the order was unlawful; and
(c) The order was not manifestly unlawful.

나. 그 자가 명령이 불법임을 알지 못하였으며,
다. 명령이 명백하게 불법적이지는 않았던 경우

2. For the purposes of this article, orders to commit genocide or crimes against humanity are manifestly unlawful.

2. 이 조의 목적상, 집단살해죄 또는 인도에 반한 죄를 범하도록 하는 명령은 명백하게 불법이다.

PART IV COMPOSITION AND ADMINISTRATION OF THE COURT

제 4 부 재판소의 구성과 행정

Article 34 Organs of the Court

제 34 조 재판소의 기관

The Court shall be composed of the following organs:

(a) The Presidency;
(b) An Appeals Division, a Trial Division and a Pre-Trial Division;
(c) The Office of the Prosecutor;
(d) The Registry.

재판소는 다음 기관으로 구성된다.

가. 소장단
나. 상소심부, 1심부 및 전심부
다. 소추부
라. 사무국

Article 35 Service of judges

제 35 조 재판관의 복무

1. All judges shall be elected as full-time members of the Court and shall be available to serve on that basis from the commencement of their terms of office.

1. 모든 재판관은 재판소의 전임 구성원으로 선출되며, 그들의 임기가 개시되는 때로부터 그러한 방식으로 근무할 수 있어야 한다.

2. The judges composing the Presidency shall serve on a full-time basis as soon as they are elected.

2. 소장단을 구성하는 재판관들은 선출된 때로부터 전임으로 근무한다.

3. The Presidency may, on the basis of the workload of the Court and in con-

3. 소장단은 재판소의 업무량을 기초로 구성원들과의 협의를 거쳐, 수시로 나머지 재

ICC

sultation with its members, decide from time to time to what extent the remaining judges shall be required to serve on a full-time basis. Any such arrangement shall be without prejudice to the provisions of article 40.

판관들의 어느 정도를 전임으로 근무하도록 할 것인가를 결정할 수 있다. 그러한 조치는 제40조의 규정을 해하지 아니한다.

4. The financial arrangements for judges not required to serve on a full-time basis shall be made in accordance with article 49.

4. 전임으로 근무할 필요가 없는 재판관에 대한 재정적 조치는 제49조에 따라 이루어진다.

Article 36 Qualifications, nomination and election of judges

제 36 조 재판관의 자격요건, 추천 및 선거

1. Subject to the provisions of paragraph 2, there shall be 18 judges of the Court.

1. 제2항의 규정을 조건으로 재판소에는 18인의 재판관을 둔다.

2. (a) The Presidency, acting on behalf of the Court, may propose an increase in the number of judges specified in paragraph 1, indicating the reasons why this is considered necessary and appropriate. The Registrar shall promptly circulate any such proposal to all States Parties.

(b) Any such proposal shall then be considered at a meeting of the Assembly of States Parties to be convened in accordance with article 112. The proposal shall be considered adopted if approved at the meeting by a vote of two thirds of the members of the Assembly of States Parties and shall enter into force at such time as decided by the Assembly of States Parties.

(c) (i) Once a proposal for an increase in the number of judges has been adopted under subparagraph (b), the elec-

2. 가. 재판소를 대표하여 행동하는 소장단은 증원이 필요하고 적절하다는 사유를 적시하여 제1항에 명시된 재판관의 증원을 제안할 수 있다. 사무국장은 이러한 제안을 신속히 모든 당사국에 회람한다.

나. 그러한 제안은 제112조에 따라 소집되는 당사국총회의 회의에서 심의된다. 제안은 당사국총회 회원국의 3분의 2의 투표에 의하여 승인되면 채택된 것으로 간주하며, 당사국총회가 결정하는 시점에 발효한다.

다. (1) 나호에 따라 재판관의 증원을 위한 제안이 채택된 경우, 추가되는 재판관의 선거는 제3항 내지 제8항 및 제37조 제

tion of the additional judges shall take place at the next session of the Assembly of States Parties in accordance with paragraphs 3 to 8, and article 37, paragraph 2;

(ii) Once a proposal for an increase in the number of judges has been adopted and brought into effect under subparagraphs (b) and (c) (i), it shall be open to the Presidency at any time thereafter, if the workload of the Court justifies it, to propose a reduction in the number of judges, provided that the number of judges shall not be reduced below that specified in paragraph 1. The proposal shall be dealt with in accordance with the procedure laid down in subparagraphs (a) and (b). In the event that the proposal is adopted, the number of judges shall be progressively decreased as the terms of office of serving judges expire, until the necessary number has been reached.

3. (a) The judges shall be chosen from among persons of high moral character, impartiality and integrity who possess the qualifications required in their respective States for appointment to the highest judicial offices.

(b) Every candidate for election to the Court shall:

(i) Have established competence in criminal law and procedure, and the necessary relevant experience, whether as judge, prosecutor, advocate or in other similar capacity, in criminal proceedings; or

2항에 따라 당사국총회의 다음 회기에서 실시된다.

(2) 나호와 다호 (1)에 따라 재판관의 증원을 위한 제안이 채택되고 발효한 경우, 소장단은 재판소의 업무량이 이를 정당화할 경우 그 후 언제든지 재판관의 감원을 제안할 수 있다. 다만, 재판관의 수는 제1항에 명시된 수 미만으로 감원되어서는 아니 된다. 제안은 가호 및 나호에 정하여진 절차에 따라 처리된다. 제안이 채택된 경우, 재판관의 수는 필요한 수에 도달될 때까지 재직 중인 재판관의 임기가 만료됨에 맞추어 점진적으로 감소시킨다.

3. 가. 재판관은 각 국에서 최고 사법직에 임명되기 위해 필요한 자격을 갖추고, 높은 도덕성과 공정성 및 성실성을 가진 자 중에서 선출된다.

나. 재판관 선거 후보자는 다음을 갖추어야 한다.

(1) 형법과 형사절차에서의 인정된 능력과 판사, 검사, 변호사 또는 이와 유사한 다른 자격으로서 형사소송에서의 필요한 관련 경력. 또는,

(ii) Have established competence in relevant areas of international law such as international humanitarian law and the law of human rights, and extensive experience in a professional legal capacity which is of relevance to the judicial work of the Court;

(2) 국제인도법 및 인권법과 같은 국제법 관련 분야에서의 인정된 능력과 재판소의 사법업무와 관련되는 전문적인 법률 직위에서의 풍부한 경험

(c) Every candidate for election to the Court shall have an excellent knowledge of and be fluent in at least one of the working languages of the Court.

다. 재판관 선거 후보자는 재판소의 실무언어 중 최소한 하나의 언어에 탁월한 지식을 갖고 이를 유창하게 구사하여야 한다.

4. (a) Nominations of candidates for election to the Court may be made by any State Party to this Statute, and shall be made either:

(i) By the procedure for the nomination of candidates for appointment to the highest judicial offices in the State in question; or

(ii) By the procedure provided for the nomination of candidates for the International Court of Justice in the Statute of that Court.

Nominations shall be accompanied by a statement in the necessary detail specifying how the candidate fulfills the requirements of paragraph 3.

4. 가. 재판관 선거 후보자의 추천은 이 규정의 어떠한 당사국도 할 수 있으며, 다음 중 어느 절차에 따라야 한다.

(1) 당해 국가에서 최고 사법직의 임명을 위한 후보자 추천 절차

(2) 국제사법재판소규정상 국제사법재판소에 대한 후보 추천을 정한 절차

추천에는 후보자가 제3항의 요건을 어떻게 충족하는지를 반드시 상세하게 명시하는 설명이 첨부되어야 한다.

(b) Each State Party may put forward one candidate for any given election who need not necessarily be a national of that State Party but shall in any case be a national of a State Party.

나. 각 당사국은 모든 선거에서 꼭 자국민일 필요는 없으나 반드시 당사국의 국민인 1인의 후보자를 추천할 수 있다.

(c) The Assembly of States Parties may decide to establish, if appropriate, an Advisory Committee on nominations. In that event, the Committee's com-

다. 당사국총회는 적절한 경우 추천에 관한 자문위원회를 설치하기로 결정할 수 있다. 그러한 경우 위원회의 구성과 임무는 당사국총회가 정한다.

position and mandate shall be established by the Assembly of States Parties.

5. For the purposes of the election, there shall be two lists of candidates:
List A containing the names of candidates with the qualifications specified in paragraph 3 (b) (i); and
List B containing the names of candidates with the qualifications specified in paragraph 3 (b) (ii).
A candidate with sufficient qualifications for both lists may choose on which list to appear. At the first election to the Court, at least nine judges shall be elected from list A and at least five judges from list B. Subsequent elections shall be so organized as to maintain the equivalent proportion on the Court of judges qualified on the two lists.

5. 선거의 목적상 다음과 같은 두 가지 후보자 명부를 둔다.
제3항 나호 (1)에 명시된 자격요건을 갖춘 후보자의 명단을 포함하는 A명부

제3항 나호 (2)에 명시된 자격요건을 갖춘 후보자의 명단을 포함하는 B명부

두 개 명부 모두에 해당하는 충분한 자격요건을 갖춘 후보자는 등재될 명부를 선택할 수 있다. 최초의 재판관 선거시 A명부로부터는 최소한 9인의 재판관이, 그리고 B명부로부터는 최소한 5인의 재판관이 선출되어야 한다. 그 후의 선거는 양 명부상의 자격요건을 갖춘 재판관들이 재판소에서 상응하는 비율을 유지하도록 이루어져야 한다.

6. (a) The judges shall be elected by secret ballot at a meeting of the Assembly of States Parties convened for that purpose under article 112. Subject to paragraph 7, the persons elected to the Court shall be the 18 candidates who obtain the highest number of votes and a two-thirds majority of the States Parties present and voting.
(b) In the event that a sufficient number of judges is not elected on the first ballot, successive ballots shall be held in accordance with the procedures laid down in subparagraph (a) until the remaining places have been filled.

6. 가. 재판관은 제112조에 따라 재판관 선거를 위하여 소집되는 당사국총회의 회의에서 비밀투표로 선출된다. 제7항을 조건으로, 재판관으로 선출되는 자는 출석하여 투표한 당사국의 3분의 2 이상의 최다득표를 한 18인의 후보자로 한다.
나. 제1차 투표에서 충분한 수의 재판관이 선출되지 아니한 경우, 충원될 때까지 가호에 정해진 절차에 따라 계속 투표를 실시한다.

7. No two judges may be nationals of the

7. 어떠한 2인의 재판관도 동일한 국가의 국

same State. A person who, for the purposes of membership of the Court, could be regarded as a national of more than one State shall be deemed to be a national of the State in which that person ordinarily exercises civil and political rights.

민이어서는 아니 된다. 재판소 구성의 목적상 2개 이상의 국가의 국민으로 인정될 수 있는 자는 그가 통상적으로 시민적 및 정치적 권리를 행사하는 국가의 국민으로 간주된다.

8. (a) The States Parties shall, in the selection of judges, take into account the need, within the membership of the Court, for:
   (i) The representation of the principal legal systems of the world;
   (ii) Equitable geographical representation; and
   (iii) A fair representation of female and male judges.
(b) States Parties shall also take into account the need to include judges with legal expertise on specific issues, including, but not limited to, violence against women or children.

8. 가. 당사국들은 재판관의 선출에 있어서 재판소 구성원 내에서 다음의 필요성을 고려한다.
   (1) 세계의 주요 법체계의 대표성
   (2) 공평한 지역적 대표성
   (3) 여성 및 남성 재판관의 공정한 대표성
나. 당사국들은 여성이나 아동에 대한 폭력을 포함하되 이에 국한되지 아니하는 특수한 문제에 대하여 법률 전문지식을 가진 재판관을 포함시킬 필요성도 고려한다.

9. (a) Subject to subparagraph (b), judges shall hold office for a term of nine years and, subject to subparagraph (c) and to article 37, paragraph 2, shall not be eligible for re-election.
(b) At the first election, one third of the judges elected shall be selected by lot to serve for a term of three years; one third of the judges elected shall be selected by lot to serve for a term of six years; and the remainder shall serve for a term of nine years.
(c) A judge who is selected to serve for a term of three years under subparagraph (b) shall be eligible for re-election for a full term.

9. 가. 재판관은 나호를 조건으로 9년간 재직하며, 다호 및 제37조 제2항을 조건으로 재선될 수 없다.
나. 첫 번째 선거에서, 선출된 재판관의 3분의 1은 추첨으로 3년의 임기 동안 복무하도록 선정되며, 또 다른 3분의 1의 재판관은 추첨으로 6년의 임기 동안 복무하도록 선정되며, 나머지 재판관은 9년의 임기 동안 복무한다.
다. 나호에 따라 3년의 임기 동안 복무하도록 선정된 재판관은 완전한 임기로 재선될 수 있다.

10. Notwithstanding paragraph 9, a judge assigned to a Trial or Appeals Chamber in accordance with article 39 shall continue in office to complete any trial or appeal the hearing of which has already commenced before that Chamber.

10. 제9항의 규정에도 불구하고 제39조에 따라 1심부 또는 상소심부에 배정된 재판관은 그 재판부에서 이미 심리가 개시된 1심 또는 상소심이 종결될 때까지 계속 재직하여야 한다.

* * *

PART V INVESTIGATION AND PROSECUTION

제 5 부 수사 및 기소

Article 53 Initiation of an investigation

제 53 조 수사의 개시

1. The Prosecutor shall, having evaluated the information made available to him or her, initiate an investigation unless he or she determines that there is no reasonable basis to proceed under this Statute. In deciding whether to initiate an investigation, the Prosecutor shall consider whether:

(a) The information available to the Prosecutor provides a reasonable basis to believe that a crime within the jurisdiction of the Court has been or is being committed;

(b) The case is or would be admissible under article 17; and

(c) Taking into account the gravity of the crime and the interests of victims, there are nonetheless substantial reasons to believe that an investigation would not serve the interests of justice.

If the Prosecutor determines that there is no reasonable basis to proceed and

1. 소추관은 자신에게 이용 가능한 정보를 평가한 후, 이 규정에 따른 절차를 진행할 합리적 근거가 없다고 판단하지 않는 한 수사를 개시하여야 한다. 수사 개시 여부를 결정함에 있어 소추관은 다음을 고려한다.

가. 소추관에게 이용 가능한 정보가 재판소 관할범죄가 범하여졌거나 범하여지고 있다고 믿을 만한 합리적 근거를 제공하는지 여부

나. 사건이 제17조에 따른 재판적격성이 있는지 또는 있게 될지 여부

다. 범죄의 중대성 및 피해자의 이익을 고려하더라도, 수사가 정의에 도움이 되지 않을 것이라고 믿을 만한 상당한 이유가 있는지 여부

소추관이 절차를 진행할 합리적 근거가 없다고 결정하고 그 결정이 오직 다호만

his or her determination is based solely on subparagraph (c) above, he or she shall inform the Pre-Trial Chamber.

을 근거로 한 경우, 소추관은 이를 전심재판부에 통지한다.

ICC

2. If, upon investigation, the Prosecutor concludes that there is not a sufficient basis for a prosecution because:

(a) There is not a sufficient legal or factual basis to seek a warrant or summons under article 58;

(b) The case is inadmissible under article 17; or

(c) A prosecution is not in the interests of justice, taking into account all the circumstances, including the gravity of the crime, the interests of victims and the age or infirmity of the alleged perpetrator, and his or her role in the alleged crime;

The Prosecutor shall inform the Pre-Trial Chamber and the State making a referral under article 14 or the Security Council in a case under article 13, paragraph (b), of his or her conclusion and the reasons for the conclusion.

2. 수사 후 소추관이 다음과 같은 이유로 기소할 충분한 근거가 없다고 결정하는 경우,

가. 제58조에 따른 영장 또는 소환장을 청구할 법적 또는 사실적 근거가 충분하지 않은 경우

나. 사건이 제17조에 따라 재판적격성이 없는 경우

다. 범죄의 중대성, 피해자의 이익, 피의자의 연령 또는 쇠약 정도 및 범죄에 있어서 피의자의 역할을 포함한 모든 정황을 고려할 때, 기소가 정의에 부합하지 아니하는 경우

소추관은 전심재판부 및 제14조에 따라 회부한 국가 또는 제13조 나호에 따른 사건의 경우 안전보장이사회에 자신의 결정과 그 이유를 통지한다.

3. (a) At the request of the State making a referral under article 14 or the Security Council under article 13, paragraph (b), the Pre-Trial Chamber may review a decision of the Prosecutor under paragraph 1 or 2 not to proceed and may request the Prosecutor to reconsider that decision.

(b) In addition, the Pre-Trial Chamber may, on its own initiative, review a decision of the Prosecutor not to pro-

3. 가. 제14조에 따른 사건 회부국 또는 제13조 나호에 따른 안전보장이사회의 요청이 있으면, 전심재판부는 제1항 또는 제2항에 따른 소추관의 절차종결 결정을 재검토할 수 있으며, 소추관에게 그 결정을 재고할 것을 요청할 수 있다.

나. 또한 소추관의 절차종결 결정이 오직 제1항 다호 또는 제2항 다호만을 근거로 한 경우, 전심재판부는 직권으로 그 결정

ceed if it is based solely on paragraph 1 (c) or 2 (c). In such a case, the decision of the Prosecutor shall be effective only if confirmed by the Pre-Trial Chamber.

4. The Prosecutor may, at any time, reconsider a decision whether to initiate an investigation or prosecution based on new facts or information.

* * *

Article 55 Rights of persons during an investigation

1. In respect of an investigation under this Statute, a person:

(a) Shall not be compelled to incriminate himself or herself or to confess guilt;
(b) Shall not be subjected to any form of coercion, duress or threat, to torture or to any other form of cruel, inhuman or degrading treatment or punishment;
(c) Shall, if questioned in a language other than a language the person fully understands and speaks, have, free of any cost, the assistance of a competent interpreter and such translations as are necessary to meet the requirements of fairness; and
(d) Shall not be subjected to arbitrary arrest or detention, and shall not be deprived of his or her liberty except on such grounds and in accordance with such procedures as are established in this Statute.

을 재검토할 수 있다. 그러한 경우 소추관의 결정은 전심재판부의 확인을 받아야만 유효하다.

4. 소추관은 새로운 사실이나 정보를 근거로 수사 또는 기소의 개시 여부에 대한 결정을 언제든지 재고할 수 있다.

* * *

제55조 수사 중 개인의 권리

1. 이 규정에 따른 수사와 관련하여 개인은,

가. 스스로 복죄하거나 자신의 유죄를 시인하도록 강요받지 아니한다.
나. 어떠한 형태의 강요, 강박 또는 위협, 고문, 또는 다른 어떠한 형태의 잔혹하거나 비인도적이거나 굴욕적인 대우나 처벌을 받지 아니한다.
다. 자신이 충분히 이해하고 말하는 언어 이외의 언어로 신문받는 경우, 무료로 유능한 통역과 공정성의 요건을 충족시키는데 필요한 번역의 도움을 받는다.
라. 자의적인 체포 또는 구금을 당하지 아니하며, 이 규정에서 정한 근거와 절차에 따른 경우를 제외하고는 자유를 박탈당하지 아니한다.

2. Where there are grounds to believe that a person has committed a crime within the jurisdiction of the Court and that person is about to be questioned either by the Prosecutor, or by national authorities pursuant to a request made under Part 9, that person shall also have the following rights of which he or she shall be informed prior to being questioned:

(a) To be informed, prior to being questioned, that there are grounds to believe that he or she has committed a crime within the jurisdiction of the Court;

(b) To remain silent, without such silence being a consideration in the determination of guilt or innocence;

(c) To have legal assistance of the person's choosing, or, if the person does not have legal assistance, to have legal assistance assigned to him or her, in any case where the interests of justice so require, and without payment by the person in any such case if the person does not have sufficient means to pay for it; and

(d) To be questioned in the presence of counsel unless the person has voluntarily waived his or her right to counsel.

2. 개인이 재판소 관할범죄를 범하였다고 믿을 만한 근거가 있고, 그 자가 소추관 또는 이 규정 제9부에 의한 요청에 따라 국가 당국의 신문을 받게 될 경우, 그는 신문에 앞서 자신에게 고지되어야 할 다음의 권리를 가진다.

가. 신문에 앞서 그가 재판소 관할범죄를 범하였다고 믿을 만한 근거가 있음을 고지받을 권리

나. 침묵이 유죄 또는 무죄를 결정함에 있어서 참작됨이 없이 진술을 거부할 권리

다. 자신이 선택하는 법적 조력을 받을 권리, 또는 자신이 법적 조력을 받지 못하고 있다면 정의를 위하여 요구되는 경우에 자신에게 지정된 법적 조력을 받을 권리, 그리고 자신이 비용을 지불할 충분한 수단이 없는 경우에는 이를 무료로 제공받을 권리

라. 자신이 자발적으로 변호인의 조력을 받을 권리를 포기하지 아니하는 한 변호인의 참석하에 신문을 받을 권리

* * *

Article 57
Functions and powers of the Pre-Trial Chamber

제 57 조
전심재판부의 기능 및 권한

1. Unless otherwise provided in this Statute, the Pre-Trial Chamber shall exer-

1. 이 규정에서 달리 정하지 않는 한, 전심재판부는 이 조의 규정에 따라 기능을 행사

cise its functions in accordance with the provisions of this article.

한다.

2. (a) Orders or rulings of the Pre-Trial Chamber issued under articles 15, 18, 19, 54, paragraph 2, 61, paragraph 7, and 72 must be concurred in by a majority of its judges.
(b) In all other cases, a single judge of the Pre-Trial Chamber may exercise the functions provided for in this Statute, unless otherwise provided for in the Rules of Procedure and Evidence or by a majority of the Pre-Trial Chamber.

2. 가. 제15조, 제18조, 제19조, 제54조 제2항, 제61조 제7항 및 제72조에 따른 전심재판부의 명령 또는 결정은 그 재판부 재판관들의 과반수의 동의가 있어야 한다.
나. 그 외의 모든 경우에 절차 및 증거규칙에 달리 규정되어 있거나 또는 전심재판부의 과반수에 의하여 달리 결정되지 않는 한, 전심재판부의 단독 재판관이 이 규정에 따른 기능을 행사할 수 있다.

3. In addition to its other functions under this Statute, the Pre-Trial Chamber may:

3. 전심재판부는 이 규정에 따른 다른 기능 외에도,

(a) At the request of the Prosecutor, issue such orders and warrants as may be required for the purposes of an investigation;

가. 소추관의 요청에 따라, 수사를 위하여 필요한 명령을 하고 영장을 발부할 수 있다.

(b) UCon the request of a person who has been arrested or has appeared pursuant to a summons under article 58, issue such orders, including measures such as those described in article 56, or seek such cooperation pursuant to Part 9 as may be necessary to assist the person in the preparation of his or her defence;

나. 체포된 자 또는 제58조에 따른 소환에 응하여 출석한 자의 요청이 있는 경우, 제56조에 규정된 것과 같은 조치를 포함하는 명령을 하거나 또는 자신의 방어준비를 하는 자를 지원하는데 필요한 협력을 제9부에 따라 구할 수 있다.

(c) Where necessary, provide for the protection and privacy of victims and witnesses, the preservation of evidence, the protection of persons who have been arrested or appeared in response to a summons, and the protection of national security information;

다. 필요한 경우, 피해자 및 증인의 보호와 그들의 사생활 보호, 증거 보전, 체포된 자 또는 소환에 응하여 출석한 자의 보호 그리고 국가안보 정보의 보호를 제공할 수 있다.

(d) Authorize the Prosecutor to take spe-

라. 전심재판부는 가능한 경우 언제나 당해

cific investigative steps within the territory of a State Party without having secured the cooperation of that State under Part 9 if, whenever possible having regard to the views of the State concerned, the Pre-Trial Chamber has determined in that case that the State is clearly unable to execute a request for cooperation due to the unavailability of any authority or any component of its judicial system competent to execute the request for cooperation under Part 9.

국의 의견을 고려한 후, 당해국이 제9부에 따른 협력 요청을 이행할 권한 있는 사법당국이나 그 구성기관을 이용할 수 없음으로 인하여 협력 요청을 이행할 수 없음이 그 사건의 경우에 명백하다고 결정하는 경우, 소추관으로 하여금 제9부에 따른 당해국의 협력을 확보함이 없이 그 국가의 영역 안에서 특정한 수사조치를 취하도록 권한을 줄 수 있다.

(e) Where a warrant of arrest or a summons has been issued under article 58, and having due regard to the strength of the evidence and the rights of the parties concerned, as provided for in this Statute and the Rules of Procedure and Evidence, seek the cooperation of States pursuant to article 93, paragraph 1 (k), to take protective measures for the purpose of forfeiture, in particular for the ultimate benefit of victims.

마. 제58조에 따라 체포영장 또는 소환장이 발부된 경우, 이 규정과 절차 및 증거규칙에서 정한 바와 같이 증거가치 및 당해 당사자의 권리를 적절히 고려하여, 피해자의 궁극적 이익을 위하여 몰수 목적의 보호조치를 취하도록 제93조 제1항 카호에 따라 당해국의 협조를 구할 수 있다.

Article 58
Issuance by the Pre-Trial Chamber of a warrant of arrest or a summons to appear

제58조
전심재판부의 체포영장 또는 소환장 발부

1. At any time after the initiation of an investigation, the Pre-Trial Chamber shall, on the application of the Prosecutor, issue a warrant of arrest of a person if, having examined the application and the evidence or other information submitted by the Prosecutor, it is satisfied that:

1. 전심재판부는 수사 개시 후 언제라도 소추관의 신청에 따라 소추관이 제출한 신청서 및 증거 또는 기타 정보를 검토한 후 다음이 확인되면 체포영장을 발부한다.

(a) There are reasonable grounds to be-

가. 당해인이 재판소 관할범죄를 범하였다고

lieve that the person has committed a crime within the jurisdiction of the Court; and

(b) The arrest of the person appears necessary:

(i) To ensure the person's appearance at trial,

(ii) To ensure that the person does not obstruct or endanger the investigation or the court proceedings, or

(iii) Where applicable, to prevent the person from continuing with the commission of that crime or a related crime which is within the jurisdiction of the Court and which arises out of the same circumstances.

믿을 만한 합리적 근거가 있으며,

나. 당해인의 체포가 다음을 위하여 필요하다고 판단되는 경우

(1) 재판 출석을 보장하기 위한 경우

(2) 수사 또는 재판소 절차를 방해하거나 위태롭게 하지 못하도록 보장하기 위한 경우

(3) 적용 가능한 경우, 당해 범행의 계속 또는 그와 동일한 상황에서 발생하는 재판소의 관할권내에 속하는 관련범행의 계속을 방지하기 위한 경우

2. The application of the Prosecutor shall contain:

(a) The name of the person and any other relevant identifying information;

(b) A specific reference to the crimes within the jurisdiction of the Court which the person is alleged to have committed;

(c) A concise statement of the facts which are alleged to constitute those crimes;

(d) A summary of the evidence and any other information which establish reasonable grounds to believe that the person committed those crimes; and

(e) The reason why the Prosecutor believes that the arrest of the person is necessary.

2. 소추관의 신청서는 다음을 포함한다.

가. 당해인의 성명 및 기타 관련 신원 정보

나. 당해인이 범행의 혐의를 받는 재판소 관할범죄에 대한 구체적 언급

다. 그러한 범죄를 구성하는 것으로 주장되는 사실에 대한 간결한 설명

라. 당해인이 그러한 범죄를 범하였다고 믿을 만한 합리적 근거를 형성하는 증거 및 기타 정보의 요약

마. 소추관이 당해인의 체포가 필요하다고 믿는 이유

3. The warrant of arrest shall contain:

(a) The name of the person and any other

3. 체포영장은 다음을 포함한다.

가. 당해인의 성명 및 기타 관련 신원 정보

relevant identifying information;

(b) A specific reference to the crimes within the jurisdiction of the Court for which the person's arrest is sought; and

나. 당해인의 체포사유가 되는 재판소 관할 범죄에 대한 구체적 언급

(c) A concise statement of the facts which are alleged to constitute those crimes.

다. 그러한 범죄를 구성하는 것으로 주장되는 사실에 대한 간결한 설명

4. The warrant of arrest shall remain in effect until otherwise ordered by the Court.

4. 체포영장은 재판소가 달리 명령할 때까지 효력을 지속한다.

5. On the basis of the warrant of arrest, the Court may request the provisional arrest or the arrest and surrender of the person under Part 9.

5. 체포영장을 근거로 재판소는 제9부에 따라 당해인의 긴급인도구속 또는 체포 및 인도를 청구할 수 있다.

6. The Prosecutor may request the Pre-Trial Chamber to amend the warrant of arrest by modifying or adding to the crimes specified therein. The Pre-Trial Chamber shall so amend the warrant if it is satisfied that there are reasonable grounds to believe that the person committed the modified or additional crimes.

6. 소추관은 전심재판부에 대하여 체포영장에 명시된 범죄를 수정하거나 그에 추가함으로써 체포영장을 수정할 것을 요청할 수 있다. 전심재판부는 당해인이 수정되거나 추가된 범죄를 범하였다고 믿을 만한 합리적 근거가 있다고 확인되는 경우 체포영장을 그와 같이 수정한다.

7. As an alternative to seeking a warrant of arrest, the Prosecutor may submit an application requesting that the Pre-Trial Chamber issue a summons for the person to appear. If the Pre-Trial Chamber is satisfied that there are reasonable grounds to believe that the person committed the crime alleged and that a summons is sufficient to ensure the person's appearance, it shall issue the summons, with or without conditions restricting liberty (other than detention) if provided for by national law, for the person to appear. The summons shall contain:

7. 체포영장 신청에 대한 대안으로 소추관은 당해인에 대해 소환장을 발부하도록 요청하는 신청서를 전심재판부에 제출할 수 있다. 전심재판부는 당해인이 범행의 혐의를 받는 범죄를 범하였다고 믿을 만한 합리적 근거가 있으며 소환장이 그의 출석을 확보하는데 충분하다고 확인하는 경우, 국내법에 규정된 (구금 이외의) 자유를 제한하는 조건을 부가하거나 부가하지 않으면서 당해인이 출석하도록 소환장을 발부한다. 소환장은 다음을 포함한다.

(a) The name of the person and any other relevant identifying information;
(b) The specified date on which the person is to appear;
(c) A specific reference to the crimes within the jurisdiction of the Court which the person is alleged to have committed; and
(d) A concise statement of the facts which are alleged to constitute the crime.

The summons shall be served on the person.

가. 당해인의 성명 및 기타 관련 신원 정보
나. 당해인이 출석하여야 하는 구체적 일자
다. 당해인이 범행의 혐의를 받는 재판소 관할범죄에 대한 구체적 언급
라. 그러한 범죄를 구성하는 것으로 주장되는 사실에 대한 간결한 설명

소환장은 당해인에게 송달된다.

Article 59 Arrest proceedings in the custodial State

1. A State Party which has received a request for provisional arrest or for arrest and surrender shall immediately take steps to arrest the person in question in accordance with its laws and the provisions of Part 9.
2. A person arrested shall be brought promptly before the competent judicial authority in the custodial State which shall determine, in accordance with the law of that State, that:

(a) The warrant applies to that person;
(b) The person has been arrested in accordance with the proper process; and
(c) The person's rights have been respected.

3. The person arrested shall have the right to apply to the competent authority in the custodial State for interim release pending surrender.

제59조 구금국에서의 체포절차

1. 긴급인도구속 또는 체포 및 인도 요청을 접수한 당사국은 즉시 자국법 및 제9부의 규정에 따라 당해인을 체포하기 위한 조치를 취한다.
2. 체포된 자는 신속히 구금국의 권한 있는 사법당국에 인치되어야 하며, 그 사법당국은 자국법에 따라 다음을 결정한다.

가. 영장이 당해인에 적용되는지 여부
나. 당해인이 적절한 절차에 따라 체포되었는지 여부
다. 당해인의 권리가 존중되었는지 여부

3. 체포된 자는 인도될 때까지 구금국의 권한 있는 당국에 임시석방을 신청할 권리를 가진다.

ICC

4. In reaching a decision on any such application, the competent authority in the custodial State shall consider whether, given the gravity of the alleged crimes, there are urgent and exceptional circumstances to justify interim release and whether necessary safeguards exist to ensure that the custodial State can fulfil its duty to surrender the person to the Court. It shall not be open to the competent authority of the custodial State to consider whether the warrant of arrest was properly issued in accordance with article 58, paragraph 1 (a) and (b).

4. 그러한 신청에 대하여 결정함에 있어 구금국의 권한 있는 당국은 범행의 혐의를 받는 범죄의 중대성에 비추어 임시석방을 정당화하는 긴급하고 예외적인 상황이 있는지 여부 및 구금국이 그를 재판소에 인도할 의무를 이행할 수 있도록 보장하는 필요한 안전장치가 존재하는지 여부를 검토한다. 구금국의 권한있는 당국은 체포영장이 제58조 제1항 가호 및 나호에 따라 적절하게 발부되었는지 여부를 검토할 수 없다.

5. The Pre-Trial Chamber shall be notified of any request for interim release and shall make recommendations to the competent authority in the custodial State. The competent authority in the custodial State shall give full consideration to such recommendations, including any recommendations on measures to prevent the escape of the person, before rendering its decision.

5. 여하한 임시석방 신청도 전심재판부에 통지되어야 하며, 전심재판부는 구금국의 권한 있는 당국에 권고를 행한다. 구금국의 권한 있는 당국은 결정을 내리기 전에 당해인의 도주를 방지하기 위한 조치에 관한 권고를 포함한 전심재판부의 권고를 충분히 고려한다.

6. If the person is granted interim release, the Pre-Trial Chamber may request periodic reports on the status of the interim release.

6. 당해인에 대한 임시석방이 허가된 경우, 전심재판부는 임시석방의 상황에 대한 정기적인 보고를 요청할 수 있다.

7. Once ordered to be surrendered by the custodial State, the person shall be delivered to the Court as soon as possible.

7. 구금국의 인도명령이 내려지면 당해인은 가능한 한 신속히 재판소로 인도되어야 한다.

* * *

* * *

Article 61
Confirmation of the charges before trial

1. Subject to the provisions of paragraph 2, within a reasonable time after the person's surrender or voluntary appearance before the Court, the Pre-Trial Chamber shall hold a hearing to confirm the charges on which the Prosecutor intends to seek trial. The hearing shall be held in the presence of the Prosecutor and the person charged, as well as his or her counsel.

2. The Pre-Trial Chamber may, upon request of the Prosecutor or on its own motion, hold a hearing in the absence of the person charged to confirm the charges on which the Prosecutor intends to seek trial when the person has:

(a) Waived his or her right to be present; or

(b) Fled or cannot be found and all reasonable steps have been taken to secure his or her appearance before the Court and to inform the person of the charges and that a hearing to confirm those charges will be held.

In that case, the person shall be represented by counsel where the Pre-Trial Chamber determines that it is in the interests of justice.

3. Within a reasonable time before the hearing, the person shall:

(a) Be provided with a copy of the document containing the charges on which the Prosecutor intends to bring the person to trial; and

제61조
재판 전 공소사실의 확인

1. 제2항의 규정을 조건으로, 당해인의 인도 또는 자발적 재판소 출석 후 합리적인 기간 내에 전심재판부는 소추관이 재판을 구하고자 하는 공소사실을 확인하기 위한 심리를 행한다. 심리는 소추관과 피의자 및 피의자 변호인의 출석 하에 이루어진다.

2. 전심재판부는 다음의 경우 소추관의 요청에 따라 또는 직권으로 피의자가 출석하지 않은 상태에서 소추관이 재판을 구하고자 하는 공소사실을 확인하기 위한 심리를 할 수 있다.

가. 당해인이 출석할 권리를 포기한 경우

나. 당해인이 도주하였거나 소재를 알 수 없고, 그의 재판소 출석을 확보하고 그에게 공소사실 및 그 공소사실을 확인하기 위한 심리의 개시를 통지하기 위해 모든 합리적인 조치를 취한 경우

그러한 경우, 전심재판부가 정의에 합당하다고 결정하는 경우, 변호인이 당해인을 대리한다.

3. 당해인은 심리 전 합리적인 기간 내에,

가. 소추관이 그를 재판에 회부하려는 공소사실을 기재한 문서의 사본을 제공받는다.

(b) Be informed of the evidence on which the Prosecutor intends to rely at the hearing.
The Pre-Trial Chamber may issue orders regarding the disclosure of information for the purposes of the hearing.

나. 소추관이 심리에서 근거로 삼고자 하는 증거를 통지받는다.

전심재판부는 심리 목적으로 정보의 공개에 관하여 명령을 내릴 수 있다.

4. Before the hearing, the Prosecutor may continue the investigation and may amend or withdraw any charges. The person shall be given reasonable notice before the hearing of any amendment to or withdrawal of charges. In case of a withdrawal of charges, the Prosecutor shall notify the Pre-Trial Chamber of the reasons for the withdrawal.

4. 심리가 시작되기 전에 소추관은 수사를 계속할 수 있으며 공소사실을 수정 또는 철회할 수 있다. 당해인은 심리전에 여하한 공소사실의 변경 또는 철회에 대하여 합리적인 통지를 받는다. 공소사실 철회의 경우, 소추관은 전심재판부에 철회의 사유를 통지한다.

5. At the hearing, the Prosecutor shall support each charge with sufficient evidence to establish substantial grounds to believe that the person committed the crime charged. The Prosecutor may rely on documentary or summary evidence and need not call the witnesses expected to testify at the trial.

5. 심리시 소추관은 당해인이 기소대상인 범죄를 범하였다고 믿을 만한 상당한 근거를 형성하는 충분한 증거로써 각 공소사실을 증빙하여야 한다. 소추관은 서면 증거 또는 약식 증거에 의존할 수 있으며, 재판에서 증언할 것으로 예상되는 증인을 소환할 필요는 없다.

6. At the hearing, the person may:

(a) Object to the charges;
(b) Challenge the evidence presented by the Prosecutor; and
(c) Present evidence.

6. 심리시 당해인은,

가. 공소사실을 부인할 수 있다.
나. 소추관이 제출한 증거에 대하여 이의를 제기할 수 있다.
다. 증거를 제출할 수 있다.

7. The Pre-Trial Chamber shall, on the basis of the hearing, determine whether there is sufficient evidence to establish substantial grounds to believe that the person committed each of the crimes charged. Based on its determination, the Pre-Trial Chamber shall:

7. 전심재판부는 심리를 근거로 당해인이 기소대상인 각각의 범죄를 범하였다고 믿을 만한 상당한 근거를 형성하는 충분한 증거가 있는지를 결정한다. 그 결정에 근거하여 전심재판부는,

(a) Confirm those charges in relation to which it has determined that there is sufficient evidence, and commit the person to a Trial Chamber for trial on the charges as confirmed;

가. 충분한 증거가 있다고 결정한 관련 공소사실을 확인하고, 확인된 공소사실에 대한 재판을 위하여 당해인을 1심재판부에 회부한다.

(b) Decline to confirm those charges in relation to which it has determined that there is insufficient evidence;

나. 증거가 불충분하다고 결정한 공소사실에 대하여는 확인을 거절한다.

(c) Adjourn the hearing and request the Prosecutor to consider:

(i) Providing further evidence or conducting further investigation with respect to a particular charge; or

(ii) Amending a charge because the evidence submitted appears to establish a different crime within the jurisdiction of the Court.

다. 심리를 연기하고 소추관에게 다음을 고려하도록 요청한다.

(1) 특정한 공소사실과 관련하여 추가 증거를 제공하거나 또는 추가 수사를 행할 것, 또는

(2) 제출된 증거가 재판소의 다른 관할범죄를 구성하는 것으로 보이므로 공소사실을 수정할 것

8. Where the Pre-Trial Chamber declines to confirm a charge, the Prosecutor shall not be precluded from subsequently requesting its confirmation if the request is supported by additional evidence.

8. 전심재판부가 공소사실의 확인을 거절하는 경우에도, 추가 증거가 보강되면 소추관이 추후 다시 확인을 요청함에는 지장이 없다.

9. After the charges are confirmed and before the trial has begun, the Prosecutor may, with the permission of the Pre-Trial Chamber and after notice to the accused, amend the charges. If the Prosecutor seeks to add additional charges or to substitute more serious charges, a hearing under this article to confirm those charges must be held. After commencement of the trial, the Prosecutor may, with the permission of the Trial Chamber, withdraw the charges.

9. 공소사실이 확인된 후 재판이 시작되기 전, 소추관은 전심재판부의 허가를 받고 또한 피의자에게 통지한 후 공소사실을 수정할 수 있다. 소추관이 공소사실을 추가하려고 하거나 보다 중한 공소사실로 대체하려고 하는 경우, 이 조에 따라 공소사실을 확인하기 위한 심리를 열어야 한다. 재판이 시작된 후에는, 소추관은 1심재판부의 허가를 얻어 공소사실을 철회할 수 있다.

10. Any warrant previously issued shall cease to have effect with respect to any charges which have not been confirmed by the Pre-Trial Chamber or which

10. 전심재판부에 의하여 확인되지 아니한 공소사실이나 소추관이 철회한 공소사실에 대하여 전에 발부된 영장은 효력을 상실한다.

ICC

have been withdrawn by the Prosecutor.

11. Once the charges have been confirmed in accordance with this article, the Presidency shall constitute a Trial Chamber which, subject to paragraph 9 and to article 64, paragraph 4, shall be responsible for the conduct of subsequent proceedings and may exercise any function of the Pre-Trial Chamber that is relevant and capable of application in those proceedings.

11. 이 조에 따라 공소사실이 확인되면 소장단은 1심재판부를 구성한다. 동 재판부는 제9항 및 제64조 제4항을 조건으로 그 후의 절차에 책임을 지며, 그 절차와 관련되는 적용 가능한 전심재판부의 모든 기능을 행사할 수 있다.

PART Ⅵ THE TRIAL

제6부 재 판

* * *

* * *

Article 63
Trial in the presence of the accused

제63조
피고인 출석하의 재판

1. The accused shall be present during the trial.

1. 피고인은 재판하는 동안 출석하여야 한다.

2. If the accused, being present before the Court, continues to disrupt the trial, the Trial Chamber may remove the accused and shall make provision for him or her to observe the trial and instruct counsel from outside the courtroom, through the use of communications technology, if required. Such measures shall be taken only in exceptional circumstances after other reasonable alternatives have proved inadequate, and only for such duration as is strictly required.

2. 재판소에 출석한 피고인이 계속하여 재판을 방해하는 경우, 1심재판부는 그를 퇴정시킬 수 있으며 필요한 경우 통신기술을 이용하여 피고인이 재판정 밖에서 재판을 관찰하고 변호인에게 지시할 수 있도록 피고인을 위하여 조치를 취한다. 그러한 조치는 다른 합리적인 대안이 부적절한 것으로 확인된 후, 오직 예외적인 상황에서 엄격히 필요한 기간 동안만 취해져야 한다.

* * *

* * *

Article 67
Rights of the accused

1. In the determination of any charge, the accused shall be entitled to a public hearing, having regard to the provisions of this Statute, to a fair hearing conducted impartially, and to the following minimum guarantees, in full equality:

(a) To be informed promptly and in detail of the nature, cause and content of the charge, in a language which the accused fully understands and speaks;

(b) To have adequate time and facilities for the preparation of the defence and to communicate freely with counsel of the accused's choosing in confidence;

(c) To be tried without undue delay;

(d) Subject to article 63, paragraph 2, to be present at the trial, to conduct the defence in person or through legal assistance of the accused's choosing, to be informed, if the accused does not have legal assistance, of this right and to have legal assistance assigned by the Court in any case where the interests of justice so require, and without payment if the accused lacks sufficient means to pay for it;

(e) To examine, or have examined, the witnesses against him or her and to obtain the attendance and examination of witnesses on his or her behalf under the same conditions as witnesses against him or her. The accused shall also be entitled to raise defences and to present other evidence admissible under this Statute;

제67조
피고인의 권리

1. 공소사실의 확인에 있어서 피고인은 이 규정에 정한 바에 따른 공개 심리, 공평하게 진행되는 공정한 심리 그리고 완전히 평등하게 다음과 같은 최소한의 보장을 받을 권리를 가진다.

가. 공소사실의 성격, 근거 및 내용에 대하여 피고인이 완전히 이해하고 말하는 언어로 신속하고 상세하게 통지받는다.

나. 방어 준비를 위하여 적절한 시간과 편의를 받으며, 피고인이 선택한 변호인과 비공개로 자유로이 통신한다.

다. 부당한 지체 없이 재판을 받는다.

라. 제63조 제2항을 조건으로 재판에 출석하고 스스로 또는 자신이 선택하는 법적 조력을 통하여 변호하며, 피고인이 법적 조력을 받지 못하고 있다면 정의를 위하여 요구되는 경우에 재판소가 지정한 법적 조력을 받으며 자신의 비용을 지불할 충분한 수단이 없는 경우에는 이를 무료로 제공받는다는 것을 통지받고 이러한 조력을 제공받는다.

마. 자신에게 불리한 증인을 신문하거나 또는 신문받게 하고, 자신에게 불리한 증인과 동등한 조건하에 자신에게 유리한 증인의 출석 및 신문을 확보한다. 피고인은 또한 항변을 제기하고 이 규정에 따라 증거능력이 있는 다른 증거를 제출할 권리를 가진다.

(f) To have, free of any cost, the assistance of a competent interpreter and such translations as are necessary to meet the requirements of fairness, if any of the proceedings of or documents presented to the Court are not in a language which the accused fully understands and speaks;

(g) Not to be compelled to testify or to confess guilt and to remain silent, without such silence being a consideration in the determination of guilt or innocence;

(h) To make an un sworn oral or written statement in his or her defence; and

(i) Not to have imposed on him or her any reversal of the burden of proof or any onus of rebuttal.

2. In addition to any other disclosure provided for in this Statute, the Prosecutor shall, as soon as practicable, disclose to the defence evidence in the Prosecutor's possession or control which he or she believes shows or tends to show the innocence of the accused, or to mitigate the guilt of the accused, or which may affect the credibility of prosecution evidence. In case of doubt as to the application of this paragraph, the Court shall decide.

바. 재판소의 절차나 재판소에 제출된 문서가 피고인이 완전히 이해하고 말하는 언어로 되어 있지 않은 경우, 유능한 통역자의 조력이나 그러한 번역을 무상으로 제공받는다.

사. 증언하거나 또는 유죄를 시인하도록 강요받지 아니하며, 침묵이 유죄 또는 무죄의 결정에 참작됨이 없이 진술을 거부할 수 있다.

아. 자신의 변호를 위하여 선서 없이 구두 또는 서면으로 진술한다.

자. 입증책임의 전환이나 반증 책임을 부과받지 아니한다.

2. 이 규정에 정한 다른 공개에 추가하여, 소추관은 자신이 보유하거나 통제하고 있는 증거로서 피고인이 무죄임을 보여주거나 보일 수 있다고 믿는 증거, 피고인의 죄를 감경시킬 수 있는 증거, 또는 소추관측 증거의 신빙성에 영향을 미칠 수 있는 증거를 가능한 한 신속히 피고인측에 공개한다. 이 항의 적용에 관하여 의문이 있는 경우 재판소가 결정한다.

Article 68
Protection of the victims and witnesses and their participation in the proceedings

1. The Court shall take appropriate measures to protect the safety, physical and psychological well-being, dignity and

제68조
피해자 및 증인의 보호와 절차 참여

1. 재판소는 피해자와 증인의 안전, 신체적·정신적 안녕, 존엄성 및 사생활을 보호하기 위한 적절한 조치를 취한다. 그렇게 함

privacy of victims and witnesses. In so doing, the Court shall have regard to all relevant factors, including age, gender as defined in article 7, paragraph 3, and health, and the nature of the crime, in particular, but not limited to, where the crime involves sexual or gender violence or violence against children. The Prosecutor shall take such measures particularly during the investigation and prosecution of such crimes. These measures shall not be prejudicial to or inconsistent with the rights of the accused and a fair and impartial trial.

에 있어서 연령, 제7조 제3항에 정의된 바와 같은 성별, 건강 및 범죄의 성격을 포함한 모든 관련 요소를 고려하며, 범죄의 성격을 고려함에 있어서는 성폭력, 성별 폭력 또는 아동에 대한 폭력이 관련된 범죄의 경우에 유의하되, 이에 한정되는 것은 아니다. 소추관은 특히 이러한 범죄를 수사하고 기소하는 동안에 이러한 조치를 취한다. 이 조치들은 피고인의 권리와 공정하고 공평한 재판을 침해하거나 이에 저촉되어서는 아니된다.

2. As an exception to the principle of public hearings provided for in article 67, the Chambers of the Court may, to protect victims and witnesses or an accused, conduct any part of the proceedings in camera or allow the presentation of evidence by electronic or other special means. In particular, such measures shall be implemented in the case of a victim of sexual violence or a child who is a victim or a witness, unless otherwise ordered by the Court, having regard to all the circumstances, particularly the views of the victim or witness.

2. 제67조에 규정된 공개 심리의 원칙에 대한 예외로서, 재판부는 피해자와 증인 또는 피고인을 보호하기 위하여 절차의 일정 부분을 비공개로 진행하거나 전자적 또는 기타 특수한 수단에 의한 증거 제출을 허용할 수 있다. 특히 이러한 조치는 재판소가 모든 상황 특히 피해자나 증인의 의견을 고려하여 달리 명령하지 않는 한, 성폭력의 피해자 또는 아동이 피해자나 증인인 경우에 실행된다.

3. Where the personal interests of the victims are affected, the Court shall permit their views and concerns to be presented and considered at stages of the proceedings determined to be appropriate by the Court and in a manner which is not prejudicial to or inconsis-

3. 피해자의 개인적 이해가 영향을 받는 경우, 재판소는 재판소가 적절하다고 결정하는 절차의 단계에서 피고인의 권리와 공정하고 공평한 재판을 침해하거나 이에 저촉되지 않는 방식으로 피해자의 견해와 관심이 제시될 수 있도록 허용한다. 그러한 견해와 관심은 재판소가 적절하다고

ICC

tent with the rights of the accused and a fair and impartial trial. Such views and concerns may be presented by the legal representatives of the victims where the Court considers it appropriate, in accordance with the Rules of Procedure and Evidence.

판단하는 경우 절차 및 증거규칙에 따라 피해자의 법적 대리인에 의하여 제시될 수 있다.

4. The Victims and Witnesses Unit may advise the Prosecutor and the Court on appropriate protective measures, security arrangements, counselling and assistance as referred to in article 43, paragraph 6.

4. 피해자·증인 담당부는 제43조 제6항에 규정된 적절한 보호조치, 안전조치, 상담 및 지원에 관하여 소추관 및 재판소에 조언할 수 있다.

5. Where the disclosure of evidence or information pursuant to this Statute may lead to the grave endangerment of the security of a witness or his or her family, the Prosecutor may, for the purposes of any proceedings conducted prior to the commencement of the trial, withhold such evidence or information and instead submit a summary thereof. Such measures shall be exercised in a manner which is not prejudicial to or inconsistent with the rights of the accused and a fair and impartial trial.

5. 이 규정에 따른 증거 또는 정보의 공개가 증인이나 그 가족의 안전에 중대한 위험을 초래할 수 있는 경우, 소추관은 재판이 시작되기 전에 진행되는 절차에서는 그러한 증거 또는 정보를 공개하지 아니하고 대신 그 요약을 제출할 수 있다. 이러한 조치는 피고인의 권리와 공정하고 공평한 재판을 침해하거나 이와 저촉되지 않는 방식으로 실행된다.

6. A State may make an application for necessary measures to be taken in respect of the protection of its servants or agents and the protection of confidential or sensitive information.

6. 국가는 자국의 공무원 또는 고용인의 보호와 비밀 또는 민감한 정보의 보호에 관하여 필요한 조치가 취해지도록 신청할 수 있다.

Article 69
Evidence

제69조
증 거

1. Before testifying, each witness shall, in

1. 증언하기 전, 증인은 절차 및 증거규칙에

accordance with the Rules of Procedure and Evidence, give an undertaking as to the truthfulness of the evidence to be given by that witness.

따라 자신이 제공할 증거의 진실성에 대하여 선서한다.

2. The testimony of a witness at trial shall be given in person, except to the extent provided by the measures set forth in article 68 or in the Rules of Procedure and Evidence. The Court may also permit the giving of viva voce(oral) or recorded testimony of a witness by means of video or audio technology, as well as the introduction of documents or written transcripts, subject to this Statute and in accordance with the Rules of Procedure and Evidence. These measures shall not be prejudicial to or inconsistent with the rights of the accused.

2. 재판에서 증인의 증언은 제68조 또는 절차 및 증거규칙에 열거된 조치에 정하여진 범위를 제외하고는 자신이 직접 하여야 한다. 재판소는 이 규정을 조건으로 절차 및 증거규칙에 따라 비디오 또는 오디오 기술에 의한 증인의 구두 또는 녹음증언 및 문서나 녹취록의 제출을 허용할 수 있다. 이 조치들이 피고인의 권리를 침해하거나 이에 저촉되어서는 아니된다.

3. The parties may submit evidence relevant to the case, in accordance with article 64. The Court shall have the authority to request the submission of all evidence that it considers necessary for the determination of the truth.

3. 당사자는 제64조에 따라 사건에 관련된 증거를 제출할 수 있다. 재판소는 진실의 결정을 위하여 필요하다고 판단하는 모든 증거의 제출을 요구할 권한을 가진다.

4. The Court may rule on the relevance or admissibility of any evidence, taking into account, inter alia, the probative value of the evidence and any prejudice that such evidence may cause to a fair trial or to a fair evaluation of the testimony of a witness, in accordance with the Rules of Procedure and Evidence.

4. 재판소는 절차 및 증거규칙에 따라, 특히 증거의 증명력 및 그 증거가 공정한 재판이나 증인의 증언에 대한 공정한 평가에 미칠 수 있는 모든 침해를 고려하여 증거의 관련성 또는 증거능력에 대하여 결정할 수 있다.

5. The Court shall respect and observe privileges on confidentiality as provided

5. 재판소는 절차 및 증거규칙에 규정된 비밀유지에 관한 특권을 존중하고 준수한다.

for in the Rules of Procedure and Evidence.

6. The Court shall not require proof of facts of common knowledge but may take judicial notice of them.

6. 재판소는 공지의 사실에 대한 입증을 필요로 하지 않으며, 그 사실의 존재를 바로 인정할 수 있다.

7. Evidence obtained by means of a violation of this Statute or internationally recognized human rights shall not be admissible if:

7. 이 규정 또는 국제적으로 승인된 인권을 위반하여 취득된 증거는 다음의 경우 증거능력이 없다.

(a) The violation casts substantial doubt on the reliability of the evidence; or

(b) The admission of the evidence would be antithetical to and would seriously damage the integrity of the proceedings.

가. 그 위반이 증거의 신빙성에 대하여 상당한 의심을 야기 시키는 경우

나. 그 증거의 인정이 절차의 일체성에 반하거나 또는 이를 중대하게 침해하는 경우

8. When deciding on the relevance or admissibility of evidence collected by a State, the Court shall not rule on the application of the State's national law.

8. 국가가 수집한 증거의 관련성 또는 증거능력을 판단함에 있어, 재판소는 그 국가의 국내법의 적용에 관하여 판단하지 아니한다.

Article 70
Offences against
the administration of justice

제70조
사법운영을 침해하는 범죄

1. The Court shall have jurisdiction over the following offences against its administration of justice when committed intentionally:

1. 재판소는 사법운영을 침해하는 다음 범죄들이 고의적으로 범하여진 경우 이에 대하여 관할권을 가진다.

(a) Giving false testimony when under an obligation pursuant to article 69, paragraph 1, to tell the truth;

(b) Presenting evidence that the party knows is false or forged;

(c) Corruptly influencing a witness, obstructing or interfering with the at-

가. 제69조 제1항에 따라 진실을 말할 의무가 있는 경우의 허위 증언

나. 허위 또는 위조된 것임을 아는 증거의 제출

다. 증인에게 부정하게 영향을 미치거나, 증인의 출석이나 증언을 저지 또는 방해하

tendance or testimony of a witness, retaliating against a witness for giving testimony or destroying, tampering with or interfering with the collection of evidence;

거나, 증인의 증언에 대하여 보복하거나 또는 증거를 인멸·조작하거나 증거의 수집 방해

(d) Impeding, intimidating or corruptly influencing an official of the Court for the purpose of forcing or persuading the official not to perform, or to perform improperly, his or her duties;

라. 재판소의 직원이 자신의 임무를 수행하지 않도록 하거나 부적절하게 수행하도록 강제하거나 설득할 목적으로, 그 직원을 방해하거나 협박하거나 또는 부정하게 영향을 행사

(e) Retaliating against an official of the Court on account of duties performed by that or another official;

마. 재판소의 직원 또는 다른 직원이 수행한 임무를 이유로 한 재판소 직원에 대한 보복

(f) Soliciting or accepting a bribe as an official of the Court in connection with his or her official duties.

바. 재판소의 직원으로서 자신의 공적 임무와 관련하여 뇌물의 요구 또는 수령

2. The principles and procedures governing the Court's exercise of jurisdiction over offences under this article shall be those provided for in the Rules of Procedure and Evidence. The conditions for providing international cooperation to the Court with respect to its proceedings under this article shall be governed by the domestic laws of the requested State.

2. 이 조의 범죄에 대한 재판소의 관할권 행사에 적용되는 원칙과 절차는 절차 및 증거규칙에 규정된다. 이 조에 따른 재판소의 절차와 관련하여 재판소에 국제협력을 제공하는 조건에 관하여는 피요청국의 국내법에 따른다.

3. In the event of conviction, the Court may impose a term of imprisonment not exceeding five years, or a fine in accordance with the Rules of Procedure and Evidence, or both.

3. 유죄판결의 경우, 재판소는 절차 및 증거규칙에 따라 5년 이하의 징역 또는 벌금을 부과하거나 이를 병과할 수 있다.

4. (a) Each State Party shall extend its criminal laws penalizing offences against the integrity of its own investigative or judicial process to offences against the administration of justice referred to in

4. 가. 각 당사국은 이 조에 규정된 사법운영을 침해하는 범죄가 자국의 영역 안에서 또는 자국민에 의하여 범하여진 경우, 자국의 수사 또는 사법절차의 일체성을 침해하는 범죄행위를 처벌하는 자국의 형법

this article, committed on its territory, or by one of its nationals;

(b) Upon request by the Court, whenever it deems it proper, the State Party shall submit the case to its competent authorities for the purpose of prosecution. Those authorities shall treat such cases with diligence and devote sufficient resources to enable them to be conducted effectively.

* * *

Article 72
Protection of national security information

1. This article applies in any case where the disclosure of the information or documents of a State would, in the opinion of that State, prejudice its national security interests. Such cases include those falling within the scope of article 56, paragraphs 2 and 3, article 61, paragraph 3, article 64, paragraph 3, article 67, paragraph 2, article 68, paragraph 6, article 87, paragraph 6 and article 93, as well as cases arising at any other stage of the proceedings where such disclosure may be at issue.

2. This article shall also apply when a person who has been requested to give information or evidence has refused to do so or has referred the matter to the State on the ground that disclosure would prejudice the national security interests of a State and the State concerned confirms that it is of the opinion that disclosure would prejudice its

을 동 범죄행위에 확장·적용한다.

나. 당사국은 재판소의 요청에 따라 적절하다고 판단하는 경우 언제든지 당해 사건을 소추하기 위하여 자국의 권한있는 당국에 회부한다. 권한있는 당국은 그 사건을 성실하게 취급하며, 그 사건을 효과적으로 처리하기에 충분한 자원을 투입한다.

* * *

제72조
국가안보 정보의 보호

1. 이 조는 국가의 정보 또는 문서의 공개가 당해국의 판단으로 자국의 국가안보 이익을 침해할 수 있는 모든 경우에 적용된다. 이러한 경우에는 제56조 제2항 및 제3항, 제61조 제3항, 제64조 제3항, 제67조 제2항, 제68조 제6항, 제87조 제6항 및 제93조의 범위에 해당하는 경우뿐만 아니라 절차의 기타 어느 단계에서 발생하는 경우이건 위와 같은 공개가 쟁점이 되는 때를 포함한다.

2. 이 조는 또한 정보 또는 증거를 제출하도록 요청받은 자가 정보의 공개가 국가안보 이익을 침해할 수 있다는 이유로 이를 거절하거나 또는 그 사항을 당해 국가로 회부하고, 당해 국가도 정보의 공개가 자국의 국가안보 이익을 침해할 수 있다는 의견임을 확인한 경우에도 적용된다.

national security interests.

3. Nothing in this article shall prejudice the requirements of confidentiality applicable under article 54, paragraph 3 (e) and (f), or the application of article 73.

3. 이 조의 어떠한 규정도 제54조 제3항 마호 및 바호에 따라 적용 가능한 비밀유지의 요건이나 제73조의 적용을 침해하지 아니한다.

4. If a State learns that information or documents of the State are being, or are likely to be, disclosed at any stage of the proceedings, and it is of the opinion that disclosure would prejudice its national security interests, that State shall have the right to intervene in order to obtain resolution of the issue in accordance with this article.

4. 국가가 자국의 정보 또는 문서가 절차의 어느 단계에서 공개되고 있거나 공개될 것 같다는 사실을 알고 그 공개가 자국의 국가안보 이익을 침해할 수 있다고 판단하는 경우, 당해 국가는 이 조에 따라 그 문제의 해결을 위하여 개입할 권리를 가진다.

5. If, in the opinion of a State, disclosure of information would prejudice its national security interests, all reasonable steps will be taken by the State, acting in conjunction with the Prosecutor, the defence or the Pre-Trial Chamber or Trial Chamber, as the case may be, to seek to resolve the matter by cooperative means. Such steps may include:

(a) Modification or clarification of the request;

(b) A determination by the Court regarding the relevance of the information or evidence sought, or a determination as to whether the evidence, though relevant, could be or has been obtained from a source other than the requested State;

(c) Obtaining the information or evidence from a different source or in a different form; or

5. 어느 국가가 정보의 공개로 자국의 국가안보 이익이 침해될 수 있다고 판단하는 경우, 그 국가는 협력적 방식에 의한 문제의 해결을 모색하기 위하여 경우에 따라 소추관, 피고인측 또는 전심재판부나 1심재판부와 협력하여 모든 합리적인 조치를 취한다. 이러한 조치는 다음을 포함할 수 있다.

가. 요청의 변경 또는 명료화

나. 요청된 정보 또는 증거의 관련성에 관한 재판소의 결정, 또는 그 증거가 관련성이 있더라도 피요청국 이외의 출처로부터 취득될 수 있거나 또는 이미 취득되었는지 여부에 대한 결정

다. 다른 출처로부터 또는 다른 형태의 정보 또는 증거의 취득

(d) Agreement on conditions under which the assistance could be provided including, among other things, providing summaries or redactions, limitations on disclosure, use of in camera or ex parte proceedings, or other protective measures permissible under the Statute and the Rules of Procedure and Evidence.

라. 요약 또는 편집본의 제공, 공개의 제한, 비공개 또는 일방적 참가 절차의 활용 또는 이 규정 및 절차 및 증거규칙상 허용되는 기타의 보호조치 등을 포함하여 조력이 제공될 수 있는 조건에 관한 합의

6. Once all reasonable steps have been taken to resolve the matter through cooperative means, and if the State considers that there are no means or conditions under which the information or documents could be provided or disclosed without prejudice to its national security interests, it shall so notify the Prosecutor or the Court of the specific reasons for its decision, unless a specific description of the reasons would itself necessarily result in such prejudice to the State's national security interests.

6. 협력적 방식으로 문제를 해결하기 위한 모든 합리적인 조치를 취하였고, 국가가 자국의 국가안보 이익을 침해함이 없이 정보 또는 문서를 제공하거나 공개할 수 있는 수단이나 조건이 없다고 판단하는 경우, 당해 국가는 그 이유를 구체적으로 설명하는 것 자체가 필연적으로 자국의 국가안보 이익을 침해하게 되는 경우를 제외하고는 소추관 또는 재판소에 자국의 결정의 구체적 이유를 통지한다.

7. Thereafter, if the Court determines that the evidence is relevant and necessary for the establishment of the guilt or innocence of the accused, the Court may undertake the following actions:

7. 그 후 재판소는 증거가 피고인의 유죄 또는 무죄를 입증하는데 관련되고 필요하다고 판단하는 경우, 다음 조치를 취할 수 있다.

(a) Where disclosure of the information or document is sought pursuant to a request for cooperation under Part 9 or the circumstances described in paragraph 2, and the State has invoked the ground for refusal referred to in article 93, paragraph 4:

가. 정보 또는 문서의 공개가 제9부의 협력요청 또는 제2항에 규정된 상황에 따라 요청되었으며, 당해 국가가 제93조 제4항에 규정된 거절사유를 원용한 경우,

(i) The Court may, before making any conclusion referred to in subpar-

(1) 재판소는 제7항 가호 (2)에 규정된 결정을 내리기 전 그 국가의 주장을

agraph 7 (a) (ii), request further consultations for the purpose of considering the State's representations, which may include, as appropriate, hearings in camera and ex parte

(ii) If the Court concludes that, by invoking the ground for refusal under article 93, paragraph 4, in the circumstances of the case, the requested State is not acting in accordance with its obligations under this Statute, the Court may refer the matter in accordance with article 87, paragraph 7, specifying the reasons for its conclusion; and

(iii) The Court may make such inference in the trial of the accused as to the existence or non−existence of a fact, as may be appropriate in the circumstances; or

(b) In all other circumstances:

(i) Order disclosure; or

(ii) To the extent it does not order disclosure, make such inference in the trial of the accused as to the existence or non−existence of a fact, as may be appropriate in the circumstances.

검토하기 위한 목적으로 추가 협의를 요청할 수 있으며, 이는 적절한 경우 비공개 및 일방적 참가방식의 심리를 포함할 수 있다.

(2) 피요청국이 당해 사건의 상황에서 제93조 제4항의 거절사유를 원용함으로써 이 규정상의 의무에 따라 행동하지 않는다고 재판소가 판단하는 경우, 재판소는 판단의 이유를 명시하여 제87조 제7항에 따라 그 문제를 회부할 수 있다.

(3) 재판소는 경우에 따라 적절하게 피고인에 대한 재판에서 사실의 존재 또는 부존재에 관하여 추정할 수 있다.

나. 기타의 모든 경우,

(1) 공개를 명령할 수 있다.

(2) 공개를 명령하지 않는 한도에서는 피고인에 대한 재판에서 상황에 따라 적절한 대로 사실의 존재 또는 부존재에 관하여 추정할 수 있다.

* * *

Article 75
Reparations to victims

1. The Court shall establish principles relating to reparations to, or in respect of, victims, including restitution, compensation and rehabilitation. On this

제75조
피해자에 대한 배상

1. 재판소는 원상회복, 보상 및 사회복귀를 포함하여 피해자에 대한 또는 피해자에 관한 배상의 원칙을 수립한다. 이를 근거로 재판소는 그 판결에서 피해자에 관한

basis, in its decision the Court may, either upon request or on its own motion in exceptional circumstances, determine the scope and extent of any damage, loss and injury to, or in respect of, victims and will state the principles on which it is acting.

또는 피해자에 대한 손해·손실 및 피해의 범위와 정도를 신청에 의하여 또는 예외적인 상황에서는 직권으로 결정할 수 있으며, 이때 재판소가 근거로 삼은 원칙을 명시한다.

2. The Court may make an order directly against a convicted person specifying appropriate reparations to, or in respect of, victims, including restitution, compensation and rehabilitation. Where appropriate, the Court may order that the award for reparations be made through the Trust Fund provided for in article 79.

2. 재판소는 원상회복, 보상 및 사회복귀 등을 포함하여 피해자에 대한 또는 피해자에 관한 적절한 배상을 명시하는 명령을 유죄판결을 받은 자에게 직접 내릴 수 있다. 적절한 경우, 재판소는 제79조에 규정된 신탁기금을 통하여 배상이 이루어지도록 명령할 수 있다.

3. Before making an order under this article, the Court may invite and shall take account of representations from or on behalf of the convicted person, victims, other interested persons or interested States.

3. 이 조에 따른 명령을 내리기 전에 재판소는 유죄판결을 받은 자, 피해자, 기타 이해관계자 또는 이해관계국으로부터의 또는 이들을 대리한 의견 제시를 요청할 수 있으며 제시된 의견들을 참작한다.

4. In exercising its power under this article, the Court may, after a person is convicted of a crime within the jurisdiction of the Court, determine whether, in order to give effect to an order which it may make under this article, it is necessary to seek measures under article 93, paragraph 1.

4. 이 조에 따른 권한을 행사함에 있어 재판소는, 재판소의 관할범죄에 대한 유죄판결 후에, 이 조에 따라 재판소가 내린 명령을 실행하기 위하여 제93조 제1항에 따른 조치를 요구하는 것이 필요한지 여부를 결정할 수 있다.

5. A State Party shall give effect to a decision under this article as if the provisions of article 109 were applicable to this article.

5. 당사국은 이 조에 따른 결정을 제109조의 규정이 이 조에 적용되는 것처럼 이행한다.

6. Nothing in this article shall be interpreted as prejudicing the rights of vic-

6. 이 조의 어떠한 규정도 국내법 또는 국제법에 따른 피해자의 권리를 침해하는 것

tims under national or international law.

으로 해석되지 아니한다.

* * *

PART Ⅶ PENALTIES

제7부 형 벌

Article 77 Applicable penalties

제77조 적용 가능한 형벌

1. Subject to article 110, the Court may impose one of the following penalties on a person convicted of a crime referred to in article 5 of this Statute:

1. 제110조를 조건으로, 재판소는 이 규정 제5조에 규정된 범죄로 유죄판결을 받은 자에 대하여 다음의 형 중 하나를 부과할 수 있다.

(a) Imprisonment for a specified number of years, which may not exceed a maximum of 30 years; or

(b) A term of life imprisonment when justified by the extreme gravity of the crime and the individual circumstances of the convicted person.

가. 최고 30년을 초과하지 아니하는 유기징역

나. 범죄의 극도의 중대성과 유죄판결을 받은 자의 개별적 정황에 의하여 정당화될 경우에는 무기징역

2. In addition to imprisonment, the Court may order:

2. 징역에 추가하여 재판소는 다음을 명할 수 있다.

(a) A fine under the criteria provided for in the Rules of Procedure and Evidence;

(b) A forfeiture of proceeds, property and assets derived directly or indirectly from that crime, without prejudice to the rights of bona fide third parties.

가. 절차 및 증거규칙에 규정된 기준에 따른 벌금

나. 선의의 제3자의 권리를 침해함이 없이, 당해 범죄로부터 직접적 또는 간접적으로 발생한 수익·재산 및 자산의 몰수

* * *

Article 79 Trust Fund

제79조 신탁기금

1. A Trust Fund shall be established by decision of the Assembly of States Parties for the benefit of victims of crimes within the jurisdiction of the Court, and

1. 재판소 관할범죄의 피해자와 그 가족을 위하여 당사국총회의 결정으로 신탁기금을 설립한다.

of the families of such victims.

2. The Court may order money and other property collected through fines or forfeiture to be transferred, by order of the Court, to the Trust Fund.

3. The Trust Fund shall be managed according to criteria to be determined by the Assembly of States Parties.

2. 재판소는 벌금 또는 몰수를 통하여 징수한 현금 및 기타 재산을 재판소의 명령에 따라 신탁기금으로 귀속되도록 명령할 수 있다.

3. 신탁기금은 당사국총회가 결정하는 기준에 따라 운영된다.

* * *

PART Ⅷ APPEAL AND REVISION

Article 81
Appeal against decision of acquittal or conviction or against sentence

1. A decision under article 74 may be appealed in accordance with the Rules of Procedure and Evidence as follows:

(a) The Prosecutor may make an appeal on any of the following grounds:
 (i) Procedural error,
 (ii) Error of fact, or
 (iii) Error of law;

(b) The convicted person, or the Prosecutor on that person's behalf, may make an appeal on any of the following grounds:
 (i) Procedural error,
 (ii) Error of fact,
 (iii) Error of law, or
 (iv) Any other ground that affects the fairness or reliability of the proceedings or decision.

* * *

제 8 부 상소 및 재심

제 81 조
유·무죄 판결이나 양형에 대한 상소

1. 제74조에 따른 판결에 대하여 절차 및 증거규칙에 따라 다음과 같이 상소할 수 있다.

가. 소추관은 다음 이유를 근거로 상소할 수 있다.
 (1) 절차상의 하자
 (2) 사실의 오인
 (3) 법령 위반

나. 유죄판결을 받은 자 또는 그 자를 대신한 소추관은 다음 이유를 근거로 상소할 수 있다.
 (1) 절차상의 하자
 (2) 사실의 오인
 (3) 법령 위반
 (4) 절차 또는 판결의 공정성 또는 신뢰성에 영향을 주는 기타 여하한 근거

2. (a) A sentence may be appealed, in accordance with the Rules of Procedure and Evidence, by the Prosecutor or the convicted person on the ground of disproportion between the crime and the sentence;

(b) If on an appeal against sentence the Court considers that there are grounds on which the conviction might be set aside, wholly or in part, it may invite the Prosecutor and the convicted person to submit grounds under article 81, paragraph 1 (a) or (b), and may render a decision on conviction in accordance with article 83;

(c) The same procedure applies when the Court, on an appeal against conviction only, considers that there are grounds to reduce the sentence under paragraph 2 (a).

3. (a) Unless the Trial Chamber orders otherwise, a convicted person shall remain in custody pending an appeal;

(b) When a convicted person's time in custody exceeds the sentence of imprisonment imposed, that person shall be released, except that if the Prosecutor is also appealing, the release may be subject to the conditions under subparagraph (c) below;

(c) In case of an acquittal, the accused shall be released immediately, subject to the following:

(i) Under exceptional circumstances, and having regard, inter alia, to the concrete risk of flight, the seriousness of the offence charged and the probability of success on appeal, the Trial Chamber, at the request of the Pro-

2. 가. 소추관 또는 유죄판결을 받은 자는 범죄와 양형 사이의 불균형을 이유로 절차 및 증거규칙에 따라 양형에 대하여 상소할 수 있다.

나. 양형에 대한 상소에서 재판소가 유죄판결의 전부 또는 일부를 파기하여야 할 근거가 있다고 판단하는 경우, 재판소는 소추관 또는 유죄판결을 받은 자에게 제81조 제1항 가호 또는 나호에 따른 근거를 제출하도록 요청하고, 제83조에 따라 유죄판결을 내릴 수 있다.

다. 재판소가 오직 유죄판결에 대한 상소에서 제2항 가호에 따라 형을 감경할 근거가 있다고 판단하는 경우에 동일한 절차가 적용된다.

3. 가. 1심재판부가 달리 명령하지 아니하는 한, 유죄판결을 받은 자는 상소심 계류 중 계속 구금된다.

나. 유죄판결을 받은 자의 구금기간이 부과된 징역 형기를 초과하는 경우, 그 자는 소추관 역시 상소하여 아래 다호의 조건이 적용되는 경우를 제외하고는 석방된다.

다. 무죄 판결시 피고인은 다음을 조건으로 즉시 석방된다.

(1) 예외적인 상황에서 구체적인 도주의 위험, 기소된 범죄의 중대성 및 상소심의 성공 가능성을 고려하여, 1심재판부는 소추관의 요청에 따라 상소심 계류 중 그 자의 구금을 유

secutor, may maintain the detention of the person pending appeal;

(ii) A decision by the Trial Chamber under subparagraph (c) (i) may be appealed in accordance with the Rules of Procedure and Evidence.

지할 수 있다.

(2) 다호 (1)에 따른 1심재판부의 결정에 대하여 절차 및 증거규칙에 따라 상소할 수 있다.

4. Subject to the provisions of paragraph 3 (a) and (b), execution of the decision or sentence shall be suspended during the period allowed for appeal and for the duration of the appeal proceedings.

4. 제3항 가호 및 나호의 규정을 조건으로, 판결 또는 형의 집행은 상소를 위하여 허용된 기간 및 상소절차 동안 정지된다.

* * *

PART IX INTERNATIONAL COOPERATION AND JUDICIAL ASSISTANCE

제 9 부 국제적 협력과 사법공조

Article 86 General obligation to cooperate

제 86 조 일반적 협력의무

States Parties shall, in accordance with the provisions of this Statute, cooperate fully with the Court in its investigation and prosecution of crimes within the jurisdiction of the Court.

당사국은 이 규정에 정한 바에 따라 재판소 관할범죄의 수사 및 기소에 있어서 재판소에 최대한 협력한다.

Article 87 Requests for cooperation: general provisions

제 87 조 협력요청: 일반규정

1. (a) The Court shall have the authority to make requests to States Parties for cooperation. The requests shall be transmitted through the diplomatic channel or any other appropriate channel as may be designated by each State Party upon ratification, acceptance, approval or accession.

1. 가. 재판소는 당사국에 협력을 요청할 권한을 가진다. 요청은 외교경로 또는 각 당사국이 비준, 수락, 승인 또는 가입시 지정한 기타 적절한 경로를 통하여 전달된다. 그 지정에 대한 당사국의 추후의 변경은 절차 및 증거규칙에 따라 이루어진다.

Subsequent changes to the designation shall be made by each State Party in accordance with the Rules of Procedure and Evidence.

(b) When appropriate, without prejudice to the provisions of subparagraph (a), requests may also be transmitted through the International Criminal Police Organization or any appropriate regional organization.

나. 적절한 경우 가호의 규정을 침해함이 없이 요청은 국제형사경찰기구 또는 적절한 지역기구를 통하여도 전달될 수 있다.

2. Requests for cooperation and any documents supporting the request shall either be in or be accompanied by a translation into an official language of the requested State or one of the working languages of the Court, in accordance with the choice made by that State upon ratification, acceptance, approval or accession. Subsequent changes to this choice shall be made in accordance with the Rules of Procedure and Evidence.

2. 협력요청 및 이를 증빙하는 문서는 피요청국이 비준, 수락, 승인 또는 가입시 행한 선택에 따라 피요청국의 공식 언어로 작성되거나, 공식 언어의 번역본이 첨부되거나 또는 재판소의 실무언어 중의 하나로 작성되어야 한다. 이 선택에 대한 추후의 변경은 절차 및 증거규칙에 따라 이루어진다.

3. The requested State shall keep confidential a request for cooperation and any documents supporting the request, except to the extent that the disclosure is necessary for execution of the request.

3. 피요청국은 공개가 협력요청의 이행에 필요한 정도 외에는 협력요청과 이를 증빙하는 문서를 비밀로 유지한다.

4. In relation to any request for assistance presented under this Part, the Court may take such measures, including measures related to the protection of information, as may be necessary to ensure the safety or physical or psychological well-being of any victims, potential witnesses and their families. The Court may request that any information that is made available under

4. 이 부에 따라 제출된 협력요청과 관련, 재판소는 정보의 보호와 관련된 조치를 포함하여 피해자, 잠재적 증인 및 그 가족의 안전 또는 신체적·정신적 안녕을 보장하는데 필요한 조치를 취할 수 있다. 재판소는 이 부에 따라 입수된 모든 정보를 피해자, 잠재적 증인과 그 가족의 안전 및 신체적·정신적 안녕을 보호하는 방식으로 제공되고 처리되도록 요청할 수 있다.

this Part shall be provided and handled in a manner that protects the safety and physical or psychological well-being of any victims, potential witnesses and their families.

5. (a) The Court may invite any State not party to this Statute to provide assistance under this Part on the basis of an ad hoc arrangement, an agreement with such State or any other appropriate basis.
(b) Where a State not party to this Statute, which has entered into an ad hoc arrangement or an agreement with the Court, fails to cooperate with requests pursuant to any such arrangement or agreement, the Court may so inform the Assembly of States Parties or, where the Security Council referred the matter to the Court, the Security Council.

5. 가. 재판소는 이 규정의 당사국이 아닌 국가에게 그 국가와의 특별약정, 협정 또는 기타 적절한 근거에 기초하여 이 부에 따른 조력을 제공하도록 요청할 수 있다.
나. 재판소와 특별약정 또는 협정을 체결한 이 규정의 당사국이 아닌 국가가 그러한 약정 또는 협정에 따른 요청에 협력하지 않는 경우, 재판소는 이를 당사국총회에 또는 안전보장이사회가 그 사태를 재판소에 회부한 경우에는 안전보장이사회에 통지할 수 있다.

6. The Court may ask any intergovernmental organization to provide information or documents. The Court may also ask for other forms of cooperation and assistance which may be agreed upon with such an organization and which are in accordance with its competence or mandate.

6. 재판소는 정부간 기구에 정보나 문서의 제공을 요청할 수 있다. 또한 재판소는 그러한 기구와 합의되는 그 기구의 권한과 임무에 따른 기타 형태의 협력과 지원을 요청할 수 있다.

7. Where a State Party fails to comply with a request to cooperate by the Court contrary to the provisions of this Statute, thereby preventing the Court from exercising its functions and powers under this Statute, the Court may make a finding to that effect and refer the matter to the Assembly of States

7. 당사국이 이 규정에 정한 바에 반하여 재판소의 협력요청을 이행하지 않고 이로 인하여 재판소가 이 규정에 따른 기능과 권한을 행사하지 못하게 된 경우, 재판소는 그러한 취지의 결정을 하고 그 사안을 당사국총회에 회부하거나 또는 안전보장이사회가 그 사태를 재판소에 회부한 경우에는 안전보장이사회에 회부할

Parties or, where the Security Council referred the matter to the Court, to the Security Council.

수 있다.

Article 88
Availability of procedures under national law

States Parties shall ensure that there are procedures available under their national law for all of the forms of cooperation which are specified under this Part.

제88조
국내법상 절차의 이용가능성

당사국은 이 부에 명시된 모든 형태의 협력에 이용 가능한 절차가 국내법에 포함되도록 한다.

Article 89
Surrender of persons to the Court

1. The Court may transmit a request for the arrest and surrender of a person, together with the material supporting the request outlined in article 91, to any State on the territory of which that person may be found and shall request the cooperation of that State in the arrest and surrender of such a person. States Parties shall, in accordance with the provisions of this Part and the procedure under their national law, comply with requests for arrest and surrender.

2. Where the person sought for surrender brings a challenge before a national court on the basis of the principle of ne bis in idem as provided in article 20, the requested State shall immediately consult with the Court to determine if there has been a relevant ruling on admissibility. If the case is admissible, the requested State shall proceed with the execution of the request. If an admissibility ruling is pending, the re-

제89조
재판소에의 인도

1. 재판소는 어떤 자에 대한 체포 및 인도청구서를 제91조에 기재된 증빙자료와 함께 그 영역 안에서 그 자가 발견될 수 있는 국가에 송부할 수 있으며, 그 자의 체포 및 인도에 관하여 그 국가의 협력을 요청한다. 당사국은 이 부의 규정과 자국 국내법상의 절차에 따라 체포 및 인도청구를 이행한다.

2. 인도청구된 자가 제20조에 규정된 일사부재리의 원칙에 근거하여 국내법원에 이의를 제기한 경우, 피청구국은 재판적격성에 대한 관련 결정이 있었는지 여부를 확정하기 위하여 재판소와 즉시 협의한다. 그 사건이 재판적격성이 있는 경우, 피청구국은 그 요청을 이행한다. 재판적격성에 관한 결정이 계류중인 경우, 피청구국은 재판소가 재판적격성에 대한 결정을 내릴 때까지 인도청구의 이행을 연기

quested State may postpone the execution of the request for surrender of the person until the Court makes a determination on admissibility.

할 수 있다.

ICC

3. (a) A State Party shall authorize, in accordance with its national procedural law, transportation through its territory of a person being surrendered to the Court by another State, except where transit through that State would impede or delay the surrender.

(b) A request by the Court for transit shall be transmitted in accordance with article 87. The request for transit shall contain:

(i) A description of the person being transported;

(ii) A brief statement of the facts of the case and their legal characterization; and

(iii) The warrant for arrest and surrender;

(c) A person being transported shall be detained in custody during the period of transit;

(d) No authorization is required if the person is transported by air and no landing is scheduled on the territory of the transit State;

(e) If an unscheduled landing occurs on the territory of the transit State, that State may require a request for transit from the Court as provided for in subparagraph (b). The transit State shall detain the person being transported until the request for transit is received and the transit is effected, provided that detention for purposes

3. 가. 자국을 통한 통과가 인도를 방해하거나 지연시키게 될 경우를 제외하고, 당사국은 다른 국가가 재판소로 인도중인 자가 자국의 영역을 통하여 이송되는 것을 자국의 국내절차법에 따라 허가한다.

나. 재판소의 통과요청서는 제87조에 따라 전달된다. 통과요청서는 다음을 포함한다.

(1) 이송될 자에 대한 설명

(2) 사건의 사실 및 그 법적 성격에 대한 간략한 서술

(3) 체포 및 인도영장

다. 이송되는 자는 통과기간 동안 구금된다.

라. 항공편으로 이송되고 통과국의 영역에 착륙이 예정되지 아니한 경우, 허가를 받도록 요구되지 아니한다.

마. 통과국의 영역에서 예정되지 아니한 착륙이 이루어지는 경우, 통과국은 나호에 규정된 통과요청서를 재판소에 요구할 수 있다. 통과국은 통과요청서가 접수되고 통과가 이루어질 때까지 이송중인 자를 구금한다. 다만 이 호의 목적을 위한 구금은 96시간 내에 요청서가 접수되는 경우를 제외하고는, 예정되지 아니한 착

of this subparagraph may not be extended beyond 96 hours from the unscheduled landing unless the request is received within that time.

륙으로부터 96시간을 초과하여 연장될 수 없다.

4. If the person sought is being proceeded against or is serving a sentence in the requested State for a crime different from that for which surrender to the Court is sought, the requested State, after making its decision to grant the request, shall consult with the Court.

4. 인도청구된 자가 재판소가 인도를 구하는 범죄와 다른 범죄로 피청구국에서 절차가 진행 중이거나 형을 복역하고 있는 경우, 그 청구를 허가하기로 결정한 피청구국은 재판소와 협의한다.

Article 90
Competing requests

제90조
청구의 경합

1. A State Party which receives a request from the Court for the surrender of a person under article 89 shall, if it also receives a request from any other State for the extradition of the same person for the same conduct which forms the basis of the crime for which the Court seeks the person's surrender, notify the Court and the requesting State of that fact.

1. 제89조에 따라 재판소로부터 인도청구를 접수한 당사국이 재판소가 인도를 구하는 자의 범죄의 기초를 구성하는 것과 동일한 행위에 대하여 다른 국가로부터 범죄인인도 청구를 접수한 경우, 그 당사국은 재판소와 그 청구국에 그 사실을 통지한다.

2. Where the requesting State is a State Party, the requested State shall give priority to the request from the Court if:

(a) The Court has, pursuant to article 18 or 19, made a determination that the case in respect of which surrender is sought is admissible and that determination takes into account the investigation or prosecution conducted by the requesting State in respect of its request for extradition; or

(b) The Court makes the determination described in subparagraph (a) pursuant

2. 청구국이 당사국인 경우, 피청구국은 다음의 경우에 재판소의 청구에 우선권을 준다.

가. 재판소가 제18조 또는 제19조에 따라 인도가 청구된 사건에 대하여 재판적격성이 있다는 결정을 내렸고, 그 결정이 청구국이 범죄인인도 청구와 관련하여 수행한 수사 또는 기소를 고려한 경우

나. 재판소가 제1항에 따른 피청구국의 통지에 따라 가호에 기술된 결정을 내린

to the requested State's notification under paragraph 1.

3. Where a determination under paragraph 2 (a) has not been made, the requested State may, at its discretion, pending the determination of the Court under paragraph 2 (b), proceed to deal with the request for extradition from the requesting State but shall not extradite the person until the Court has determined that the case is inadmissible. The Court's determination shall be made on an expedited basis.

4. If the requesting State is a State not Party to this Statute the requested State, if it is not under an international obligation to extradite the person to the requesting State, shall give priority to the request for surrender from the Court, if the Court has determined that the case is admissible.

5. Where a case under paragraph 4 has not been determined to be admissible by the Court, the requested State may, at its discretion, proceed to deal with the request for extradition from the requesting State.

6. In cases where paragraph 4 applies except that the requested State is under an existing international obligation to extradite the person to the requesting State not Party to this Statute, the requested State shall determine whether to surrender the person to the Court or extradite the person to the requesting State. In making its decision, the requested State shall consider all the re-

경우

3. 제2항 가호에 따른 결정이 내려지지 아니한 경우, 피청구국은 제2항 나호에 따른 재판소의 결정이 계류 중인 동안 재량에 따라 청구국의 범죄인인도 청구의 처리를 진행할 수는 있으나, 재판소가 그 사건에 재판적격성이 없다고 결정할 때까지 범죄인인도를 하여서는 아니 된다. 재판소의 결정은 신속히 이루어져야 한다.

4. 청구국이 이 규정의 당사국이 아닌 경우, 피청구국은 자신이 청구국에 범죄인인도를 하여야 할 국제적 의무를 부담하지 않는다면, 재판소가 그 사건이 재판적격성이 있다고 결정한 경우 재판소의 인도청구에 우선권을 준다.

5. 제4항에서 재판소가 사건에 재판적격성이 있다고 결정하지 아니한 경우, 피청구국은 재량으로 청구국으로부터의 범죄인인도 청구에 대한 처리를 진행할 수 있다.

6. 피청구국이 이 규정의 당사국이 아닌 청구국에 범죄인인도를 하여야 할 기존의 국제적 의무를 부담하고 있다는 점을 제외하고는 제4항이 적용되는 경우, 피청구국은 그 자를 재판소에 인도할 것인지 또는 청구국에 인도할 것인지를 결정한다. 결정을 함에 있어서 피청구국은 다음 사항을 포함하나 이에 국한되지 않는 모든 관련 요소를 고려한다.

levant factors, including but not limited to:

(a) The respective dates of the requests;
(b) The interests of the requesting State including, where relevant, whether the crime was committed in its territory and the nationality of the victims and of the person sought; and
(c) The possibility of subsequent surrender between the Court and the requesting State.

가. 각 청구일자
나. 관련되는 경우, 범죄가 청구국의 영역 안에서 범하여졌는지 여부 및 피해자와 인도청구된 자의 국적을 포함한 청구국의 이해관계
다. 재판소와 청구국간의 추후 인도 가능성

7. Where a State Party which receives a request from the Court for the surrender of a person also receives a request from any State for the extradition of the same person for conduct other than that which constitutes the crime for which the Court seeks the person's surrender:

7. 재판소로부터 인도청구를 받은 당사국이 다른 국가로부터 재판소가 인도를 구하는 범죄를 구성하는 행위 이외의 행위로 동일한 자에 대한 범죄인인도 청구를 받는 경우,

(a) The requested State shall, if it is not under an existing international obligation to extradite the person to the requesting State, give priority to the request from the Court;
(b) The requested State shall, if it is under an existing international obligation to extradite the person to the requesting State, determine whether to surrender the person to the Court or to extradite the person to the requesting State. In making its decision, the requested State shall consider all the relevant factors, including but not limited to those set out in paragraph 6, but shall give special consideration to the relative nature and gravity of the conduct in question.

가. 피청구국이 청구국에 범죄인인도를 하여야 할 기존의 국제적 의무를 부담하지 않는 경우, 재판소의 청구에 우선권을 준다.

나. 피청구국이 청구국에 범죄인인도를 하여야 할 기존의 국제적 의무를 부담하고 있는 경우, 재판소에 인도할 것인지 또는 청구국에 범죄인인도를 할 것인지를 결정한다. 그 결정을 함에 있어서 피청구국은 제6항에 열거된 사항을 포함하나 이에 국한되지 않는 모든 관련 요소를 고려하되, 관련 행위의 상대적 성격과 중대성을 특별히 고려한다.

8. Where pursuant to a notification under this article, the Court has determined a case to be inadmissible, and subsequently extradition to the requesting State is refused, the requested State shall notify the Court of this decision.

8. 이 조에 따른 통지로 재판소가 사건이 재판적격성이 없다는 결정을 내리고 그 후 청구국에 대한 범죄인인도가 거절된 경우, 피청구국은 그 결정을 재판소에 통지한다.

* * *

Article 93
Other forms of cooperation

제93조
기타 형태의 협력

1. States Parties shall, in accordance with the provisions of this Part and under procedures of national law, comply with requests by the Court to provide the following assistance in relation to investigations or prosecutions:

(a) The identification and whereabouts of persons or the location of items;
(b) The taking of evidence, including testimony under oath, and the production of evidence, including expert opinions and reports necessary to the Court;
(c) The questioning of any person being investigated or prosecuted;
(d) The service of documents, including judicial documents;
(e) Facilitating the voluntary appearance of persons as witnesses or experts before the Court;
(f) The temporary transfer of persons as provided in paragraph 7;
(g) The examination of places or sites, including the exhumation and examination of grave sites;
(h) The execution of searches and seizures;

1. 당사국은 이 부의 규정과 국내법상의 절차에 따라 수사 또는 기소와 관련하여 다음 지원을 제공하도록 하는 재판소의 요청을 이행한다.

가. 사람의 신원과 소재지 또는 물건의 소재지
나. 선서된 증언을 포함한 증거의 수집과 재판소에 필요한 감정인의 의견 및 보고서를 포함한 증거의 제출
다. 수사 또는 기소 중인 자의 신문
라. 재판서류를 포함한 서류의 송달
마. 증인 또는 감정인으로서의 자발적 재판소 출석에 대한 편의 제공
바. 제7항에 규정된 자의 일시적 이송
사. 매장장소의 발굴과 조사를 포함하여 장소나 현장의 조사
아. 수색 및 압수의 집행

(i) The provision of records and documents, including official records and documents;

(j) The protection of victims and witnesses and the preservation of evidence;

(k) The identification, tracing and freezing or seizure of proceeds, property and assets and instrumentalities of crimes for the purpose of eventual forfeiture, without prejudice to the rights of bona fide third parties; and

(l) Any other type of assistance which is not prohibited by the law of the requested State, with a view to facilitating the investigation and prosecution of crimes within the jurisdiction of the Court.

2. The Court shall have the authority to provide an assurance to a witness or an expert appearing before the Court that he or she will not be prosecuted, detained or subjected to any restriction of personal freedom by the Court in respect of any act or omission that preceded the departure of that person from the requested State.

3. Where execution of a particular measure of assistance detailed in a request presented under paragraph 1, is prohibited in the requested State on the basis of an existing fundamental legal principle of general application, the requested State shall promptly consult with the Court to try to resolve the matter. In the consultations, consideration should be given to whether the assistance can be rendered in another manner or subject to conditions. If after consultations

자. 공적 기록 및 공문서를 포함한 기록과 서류의 제공

차. 피해자 또는 증인의 보호 및 증거의 보전

카. 선의의 제3자의 권리를 침해함이 없이, 궁극적으로 몰수를 위한 수익·재산·자산 및 범행도구의 확인, 추적 및 동결 또는 압수

타. 재판소 관할범죄의 수사와 기소를 용이하게 하기 위한 것으로서 피요청국의 법에 금지되지 아니한 기타 형태의 지원

2. 재판소는 재판소에 출석하는 증인 또는 감정인이 피요청국을 떠나기 전에 행한 작위 또는 부작위에 관하여 재판소에 의하여 기소되거나 구금되거나 또는 어떠한 개인적 자유를 제한받지 않는다는 점을 보증할 권한을 가진다.

3. 제1항에 따라 제출된 요청에 기술된 특별한 지원조치의 이행이 피요청국에서 일반적으로 적용되는 기존의 근본적 법원칙상 금지되는 경우, 피요청국은 그 문제를 해결하기 위하여 신속히 재판소와 협의한다. 협의시 그 지원이 다른 방식으로 또는 조건부로 제공될 수 있는지를 검토한다. 협의 후에도 그 문제가 해결될 수 없는 경우, 재판소는 필요한 만큼 그 요청을 수정한다.

the matter cannot be resolved, the Court shall modify the request as necessary.

4. In accordance with article 72, a State Party may deny a request for assistance, in whole or in part, only if the request concerns the production of any documents or disclosure of evidence which relates to its national security.

4. 당사국은 요청이 당사국의 국가안보와 관련된 문서의 제출 또는 증거의 공개와 관련되는 경우에만 제72조에 따라 요청의 전부 또는 일부를 거절할 수 있다.

5. Before denying a request for assistance under paragraph 1 (l), the requested State shall consider whether the assistance can be provided subject to specified conditions, or whether the assistance can be provided at a later date or in an alternative manner, provided that if the Court or the Prosecutor accepts the assistance subject to conditions, the Court or the Prosecutor shall abide by them.

5. 제1항 타호에 따른 지원요청을 거절하기 전, 피요청국은 지원이 특정한 조건부로 제공될 수 있는지 또는 지원이 추후에 또는 대체적인 방식으로 제공될 수 있는지를 검토한다. 단, 재판소 또는 소추관이 조건부 지원을 수락하는 경우, 재판소 또는 소추관은 그 조건을 준수한다.

6. If a request for assistance is denied, the requested State Party shall promptly inform the Court or the Prosecutor of the reasons for such denial.

6. 지원요청이 거절된 경우, 피요청국은 신속히 재판소 또는 소추관에게 그 이유를 통지한다.

7. (a) The Court may request the temporary transfer of a person in custody for purposes of identification or for obtaining testimony or other assistance. The person may be transferred if the following conditions are fulfilled:
   (i) The person freely gives his or her informed consent to the transfer; and
   (ii) The requested State agrees to the transfer, subject to such conditions as that State and the Court may agree.
(b) The person being transferred shall

7. 가. 재판소는 신원확인을 목적으로 또는 증언이나 기타 지원을 얻기 위하여 구금중인 자의 일시적 이송을 요청할 수 있다. 그 자는 다음 조건이 충족되는 경우 이송될 수 있다.
   (1) 그 자가 내용을 알고 자유로이 이송에 대하여 동의하고,
   (2) 피요청국과 재판소가 합의하는 조건에 따라 피요청국이 이송에 동의한 경우
나. 이송되는 자는 이송 중 구금된다. 이송의

remain in custody. When the purposes of the transfer have been fulfilled, the Court shall return the person without delay to the requested State.

목적이 달성된 경우, 재판소는 그 자를 지체 없이 피요청국으로 송환한다.

8. (a) The Court shall ensure the confidentiality of documents and information, except as required for the investigation and proceedings described in the request.

(b) The requested State may, when necessary, transmit documents or information to the Prosecutor on a confidential basis. The Prosecutor may then use them solely for the purpose of generating new evidence.

(c) The requested State may, on its own motion or at the request of the Prosecutor, subsequently consent to the disclosure of such documents or information. They may then be used as evidence pursuant to the provisions of Parts 5 and 6 and in accordance with the Rules of Procedure and Evidence.

8. 가. 재판소는 요청에 기재된 수사 및 절차에 필요한 경우를 제외하고는 문서 및 정보의 비밀을 보장한다.

나. 피요청국은 필요한 경우 문서 또는 정보를 비공개를 조건으로 소추관에게 전달할 수 있다. 이 경우 소추관은 오직 새로운 증거를 산출할 목적으로만 그것을 사용할 수 있다.

다. 피요청국은 스스로 또는 소추관의 요청에 따라 추후 그러한 문서나 정보의 공개에 동의할 수 있다. 이 경우 그것은 제5부 및 제6부의 규정과 절차 및 증거규칙에 따라 증거로 사용될 수 있다.

9. (a) (i) In the event that a State Party receives competing requests, other than for surrender or extradition, from the Court and from another State pursuant to an international obligation, the State Party shall endeavour, in consultation with the Court and the other State, to meet both requests, if necessary by postponing or attaching conditions to one or the other request.

(ii) Failing that, competing requests shall be resolved in accordance with the principles established in article 90.

(b) Where, however, the request from the

9. 가. (1) 당사국이 인도청구나 범죄인인도청구가 아닌 다른 경합되는 요청을 재판소와 자신의 국제적 의무에 따라 다른 국가로부터 받는 경우, 당사국은 재판소 및 다른 국가와 협의하여 필요한 경우 그 중 하나의 요청을 연기시키거나 또는 그 요청에 조건을 첨부함으로써 두 요청 모두를 충족시키도록 노력한다.

(2) 그렇게 할 수 없는 경우, 경합되는 요청은 제90조에 규정된 원칙에 따라 해결한다.

나. 그러나 재판소의 요청이 국제협정에 의

ICC

Court concerns information, property or persons which are subject to the control of a third State or an international organization by virtue of an international agreement, the requested States shall so inform the Court and the Court shall direct its request to the third State or international organization.

하여 제3국 또는 국제기구의 통제 하에 있는 정보·재산 또는 사람과 관계된 경우, 피요청국은 재판소에 이를 통지하며 재판소는 그 제3국 또는 국제기구에 요청을 행한다.

10. (a) The Court may, upon request, cooperate with and provide assistance to a State Party conducting an investigation into or trial in respect of conduct which constitutes a crime within the jurisdiction of the Court or which constitutes a serious crime under the national law of the requesting State.

10. 가. 재판소는 요청이 있는 경우, 재판소 관할범죄를 구성하는 행위 또는 요청국의 국내법상 중대한 범죄를 구성하는 행위에 대하여 수사 또는 재판을 수행하는 당사국에 협력하거나 지원을 제공할 수 있다.

(b) (i) The assistance provided under subparagraph (a) shall include, inter alia:

나. (1) 가호에 따라 수행하는 지원은 특히 다음을 포함한다.

a. The transmission of statements, documents or other types of evidence obtained in the course of an investigation or a trial conducted by the Court; and

(가) 재판소가 수행하는 수사 또는 재판 과정에서 얻은 진술, 문서 또는 다른 형태의 증거의 송부

b. The questioning of any person detained by order of the Court

(나) 재판소의 명령으로 구금된 자에 대한 신문

(ii) In the case of assistance under subparagraph (b) (i) a:

(2) 나호 (1) (가)에 따른 지원의 경우,

a. If the documents or other types of evidence have been obtained with the assistance of a State, such transmission shall require the consent of that State;

(가) 문서 또는 다른 형태의 증거가 국가의 지원으로 획득된 경우, 송부는 그 국가의 동의를 필요로 한다.

b. If the statements, documents or other types of evidence have been provided by a witness or expert, such transmission shall be subject to the provisions of article 68.

(나) 진술, 문서 또는 다른 형태의 증거가 증인 또는 감정인에 의하여 제공된 경우, 송부는 제68조의 규정에 따른다.

(c) The Court may, under the conditions set out in this paragraph, grant a request for assistance under this paragraph from a State which is not a Party to this Statute.

다. 재판소는 규정 비당사국으로부터의 이 항에 따른 지원요청을 이 항에 열거된 조건으로 허가할 수 있다.

* * *

Article 98
Cooperation with respect to waiver of immunity and consent to surrender

제98조
면제의 포기 및 인도 동의에 관한 협력

1. The Court may not proceed with a request for surrender or assistance which would require the requested State to act inconsistently with its obligations under international law with respect to the State or diplomatic immunity of a person or property of a third State, unless the Court can first obtain the cooperation of that third State for the waiver of the immunity.

1. 재판소가 먼저 제3국으로부터 면제의 포기를 위한 협력을 얻을 수 없는 한, 재판소는 피요청국이 제3국의 사람 또는 재산에 대하여 국가면제 또는 외교면제에 관한 국제법상의 의무에 부합되지 않게 행동하도록 하는 인도청구 또는 지원요청을 진행시켜서는 아니 된다.

2. The Court may not proceed with a request for surrender which would require the requested State to act inconsistently with its obligations under international agreements pursuant to which the consent of a sending State is required to surrender a person of that State to the Court, unless the Court can first obtain the cooperation of the sending State for the giving of consent for the surrender.

2. 재판소가 먼저 파견국으로부터 인도동의를 주기 위한 협력을 얻을 수 없는 한, 재판소는 피청구국이 파견국의 사람을 재판소에 인도하기 위하여는 파견국의 동의를 요하는 국제협정상의 의무에 부합되지 않게 행동하도록 하는 인도청구를 진행시켜서는 아니 된다.

* * *

Article 101
Rule of speciality

1. A person surrendered to the Court under this Statute shall not be proceeded against, punished or detained for any conduct committed prior to surrender, other than the conduct or course of conduct which forms the basis of the crimes for which that person has been surrendered.

2. The Court may request a waiver of the requirements of paragraph 1 from the State which surrendered the person to the Court and, if necessary, the Court shall provide additional information in accordance with article 91. States Parties shall have the authority to provide a waiver to the Court and should endeavour to do so.

제 101 조
특정성의 원칙

1. 이 규정에 따라 재판소에 인도된 자는 인도되게 된 범죄의 기초를 이루는 행위 또는 행위의 과정이 아닌, 인도전에 범한 행위에 대하여 절차가 취해지거나 처벌 또는 구금되지 아니한다.

2. 재판소는 재판소에 인도를 행한 국가에 대해 제1항의 요건을 포기하도록 요청할 수 있으며, 필요한 경우 제91조에 따라 추가 정보를 제공할 수 있다. 당사국은 위 요건에 관하여 재판소에 포기할 권한을 가지며, 그렇게 하도록 노력한다.

Article 102
Use of terms

For the purposes of this Statute:

(a) "surrender" means the delivering up of a person by a State to the Court, pursuant to this Statute.
(b) "extradition" means the delivering up of a person by one State to another as provided by treaty, convention or national legislation.

제 102 조
용어의 사용

이 규정의 목적상,

가. "인도"라 함은 이 규정에 따라 국가가 어떠한 사람을 재판소에 넘겨주는 것을 말한다.
나. "범죄인인도"라 함은 조약, 협약 또는 국내법에 규정된 바에 따라 어떠한 사람을 한 국가에서 다른 국가로 넘겨주는 것을 말한다.

PART X ENFORCEMENT

Article 103
Role of States in enforcement of sentences of imprisonment

1. (a) A sentence of imprisonment shall be served in a State designated by the Court from a list of States which have indicated to the Court their willingness to accept sentenced persons.
(b) At the time of declaring its willingness to accept sentenced persons, a State may attach conditions to its acceptance as agreed by the Court and in accordance with this Part.
(c) A State designated in a particular case shall promptly inform the Court whether it accepts the Court's designation.

2. (a) The State of enforcement shall notify the Court of any circumstances, including the exercise of any conditions agreed under paragraph 1, which could materially affect the terms or extent of the imprisonment. The Court shall be given at least 45 days' notice of any such known or foreseeable circumstances. During this period, the State of enforcement shall take no action that might prejudice its obligations under article 110.
(b) Where the Court cannot agree to the circumstances referred to in subparagraph (a), it shall notify the State of enforcement and proceed in accordance with article 104, paragraph 1.

3. In exercising its discretion to make a

제10부 집 행

제103조
징역형 집행에서 국가의 역할

1. 가. 징역형은 재판소가 재판소에 대하여 수형자 인수 의사를 표시한 국가의 명단 중에서 지정된 국가에서 집행된다.
나. 수형자 인수 의사를 표시할 때, 국가는 재판소가 동의하고 이 부에 부합되는 인수 조건을 첨부할 수 있다.
다. 특정 사건에서 지정된 국가는 재판소의 지정을 수락하는지 여부를 신속히 재판소에 통지한다.

2. 가. 집행국은 제1항에 따라 합의된 조건의 시행을 포함하여 징역형의 조건 또는 정도에 현저히 영향을 줄 수 있는 모든 상황을 재판소에 통지한다.
재판소는 그러한 알려지거나 예측 가능한 상황을 최소한 45일 전에 통지받는다. 그 기간 동안 집행국은 제110조에 따른 의무를 저해할 수 있는 어떠한 조치도 취하지 아니한다.
나. 재판소가 가호에 규정된 상황에 합의할 수 없는 경우, 재판소는 이를 집행국에 통보하고 제104조 제1항에 따라 처리한다.

3. 재판소는 제1항에 따른 지정의 재량을 행

designation under paragraph 1, the Court shall take into account the following:

(a) The principle that States Parties should share the responsibility for enforcing sentences of imprisonment, in accordance with principles of equitable distribution, as provided in the Rules of Procedure and Evidence;

(b) The application of widely accepted international treaty standards governing the treatment of prisoners;

(c) The views of the sentenced person;

(d) The nationality of the sentenced person;

(e) Such other factors regarding the circumstances of the crime or the person sentenced, or the effective enforcement of the sentence, as may be appropriate in designating the State of enforcement.

4. If no State is designated under paragraph 1, the sentence of imprisonment shall be served in a prison facility made available by the host State, in accordance with the conditions set out in the headquarters agreement referred to in article 3, paragraph 2. In such a case, the costs arising out of the enforcement of a sentence of imprisonment shall be borne by the Court.

* * *

사함에 있어서 다음을 고려한다.

가. 절차 및 증거규칙에 규정된 바와 같이, 형평한 분배의 원칙에 따라 당사국들이 징역형의 집행 책임을 분담한다는 원칙

나. 수형자의 처우에 관하여 광범위하게 수락된 국제조약상의 기준 적용

다. 수형자의 의견

라. 수형자의 국적

마. 범죄 및 수형자의 정황 또는 형의 효율적 집행에 관한 집행국의 지정에 적절한 기타 요소

4. 제1항에 따라 지정된 국가가 없는 경우, 징역형은 제3조 제2항에 기술된 본부협정에 규정된 조건에 따라 소재지국이 제공하는 수형시설에서 집행된다. 이 경우 징역형의 집행에서 발생하는 비용은 재판소가 부담한다.

* * *

PART XI ASSEMBLY OF STATES PARTIES

제 11 부 당사국총회

Article 112 Assembly of States Parties

제 112 조 당사국총회

1. An Assembly of States Parties to this Statute is hereby established. Each State Party shall have one representative in the Assembly who may be accompanied by alternates and advisers. Other States which have signed this Statute or the Final Act may be observers in the Assembly.

1. 이 규정의 당사국총회가 이에 설치된다. 각 당사국은 총회에서 교체대표와 자문을 동반할 수 있는 1인의 대표를 가진다. 이 규정 또는 최종의정서에 서명한 기타 국가는 총회에서 옵저버가 될 수 있다.

2. The Assembly shall:

(a) Consider and adopt, as appropriate, recommendations of the Preparatory Commission;

(b) Provide management oversight to the Presidency, the Prosecutor and the Registrar regarding the administration of the Court;

(c) Consider the reports and activities of the Bureau established under paragraph 3 and take appropriate action in regard thereto;

(d) Consider and decide the budget for the Court;

(e) Decide whether to alter, in accordance with article 36, the number of judges;

(f) Consider pursuant to article 87, paragraphs 5 and 7, any question relating to non-cooperation;

(g) Perform any other function consistent with this Statute or the Rules of Procedure and Evidence.

2. 당사국총회는,

가. 적절한 대로, 준비위원회의 권고를 심의하고 채택한다.

나. 재판소의 행정에 관하여 소장단, 소추관 및 사무국장의 운영을 감독한다.

다. 제3항에 따라 설치된 이사회의 보고서와 활동을 심의하고, 이에 관하여 적절한 조치를 취한다.

라. 재판소 예산을 심의하고 결정한다.

마. 제36조에 따라 재판관 수의 변경 여부를 결정한다.

바. 제87조 제5항과 제7항에 따라 협력불응과 관련된 모든 문제를 심의한다.

사. 이 규정 또는 절차 및 증거규칙과 부합하는 다른 모든 기능을 수행한다.

3. (a) The Assembly shall have a Bureau

3. 가. 총회는 총회에서 3년 임기로 선출된 1

consisting of a President, two Vice-Presidents and 18 members elected by the Assembly for three-year terms.

인의 의장, 2인의 부의장 및 18인의 위원으로 구성되는 이사회를 둔다.

(b) The Bureau shall have a representative character, taking into account, in particular, equitable geographical distribution and the adequate representation of the principal legal systems of the world.

나. 이사회는 특히 공평한 지역적 배분과 세계의 주요한 법체계의 적절한 대표성을 고려한 대의적 성격을 가진다.

(c) The Bureau shall meet as often as necessary, but at least once a year. It shall assist the Assembly in the discharge of its responsibilities.

다. 이사회는 최소한 1년에 1회 이상, 필요할 때마다 회합한다. 이사회는 총회가 책임을 이행하는데 조력한다.

4. The Assembly may establish such subsidiary bodies as may be necessary, including an independent oversight mechanism for inspection, evaluation and investigation of the Court, in order to enhance its efficiency and economy.

4. 총회는 재판소의 효율성과 경제성을 제고하기 위하여, 재판소의 감사·평가 및 조사를 위한 독립적인 감독 장치를 포함하여 필요한 보조기관을 둘 수 있다.

5. The President of the Court, the Prosecutor and the Registrar or their representatives may participate, as appropriate, in meetings of the Assembly and of the Bureau.

5. 재판소장, 소추관 및 사무국장 또는 그 대리인들은 적절한 대로 총회 및 이사회의 회의에 참석할 수 있다.

6. The Assembly shall meet at the seat of the Court or at the Headquarters of the United Nations once a year and, when circumstances so require, hold special sessions. Except as otherwise specified in this Statute, special sessions shall be convened by the Bureau on its own initiative or at the request of one third of the States Parties.

6. 총회는 재판소 소재지 또는 국제연합 본부에서 1년에 1회 회합하며, 필요한 경우 특별회기를 가진다. 이 규정에 달리 정한 경우를 제외하고, 특별회기는 이사회가 스스로 발의하거나 당사국 3분의 1의 요청에 따라 소집된다.

7. Each State Party shall have one vote. Every effort shall be made to reach decisions by consensus in the Assembly and in the Bureau. If consensus cannot

7. 각 당사국은 1표의 투표권을 가진다. 총회와 이사회는 컨센서스로 결정에 도달하기 위하여 모든 노력을 다하여야 한다. 컨센서스에 도달할 수 없는 경우, 이 규정에

be reached, except as otherwise provided in the Statute:

(a) Decisions on matters of substance must be approved by a two-thirds majority of those present and voting provided that an absolute majority of States Parties constitutes the quorum for voting;

(b) Decisions on matters of procedure shall be taken by a simple majority of States Parties present and voting.

8. A State Party which is in arrears in the payment of its financial contributions towards the costs of the Court shall have no vote in the Assembly and in the Bureau if the amount of its arrears equals or exceeds the amount of the contributions due from it for the preceding two full years. The Assembly may, nevertheless, permit such a State Party to vote in the Assembly and in the Bureau if it is satisfied that the failure to pay is due to conditions beyond the control of the State Party.

9. The Assembly shall adopt its own rules of procedure.

10. The official and working languages of the Assembly shall be those of the General Assembly of the United Nations.

달리 정한 경우를 제외하고 다음과 같이 결정한다.

가. 실질문제에 대한 결정은 당사국의 절대과반수를 투표정족수로 하여, 출석하여 투표한 당사국의 3분의 2의 다수결로 승인되어야 한다.

나. 절차문제에 대한 결정은 출석하여 투표한 당사국들의 단순다수결로 행한다.

8. 재판소 비용에 대한 재정적 분담금의 지불을 연체한 당사국은 연체금액이 연체 이전의 만 2년 동안 부담해야 할 분담금액과 같거나 이를 초과하는 경우, 총회 및 이사회에서 투표권을 가지지 못한다. 그럼에도 불구하고 총회는 연체가 그 당사국이 통제할 수 없는 사정에 기인한다고 판단하는 경우, 그 당사국의 총회 및 이사회에서의 투표를 허용할 수 있다.

9. 총회는 그 자체의 절차규칙을 채택한다.

10. 총회의 공식 언어 및 실무언어는 국제연합 총회의 언어로 한다.

PART XII FINANCING

* * *

Article 114
Payment of expenses

Expenses of the Court and the Assembly

제12부 재 정

* * *

제114조
비용의 지출

재판소와 이사회 및 보조기관을 포함한 당

of States Parties, including its Bureau and subsidiary bodies, shall be paid from the funds of the Court.

사국총회의 비용은 재판소의 기금에서 지출된다.

Article 115
Funds of the Court and of the Assembly of States Parties

The expenses of the Court and the Assembly of States Parties, including its Bureau and subsidiary bodies, as provided for in the budget decided by the Assembly of States Parties, shall be provided by the following sources:

(a) Assessed contributions made by States Parties;

(b) Funds provided by the United Nations, subject to the approval of the General Assembly, in particular in relation to the expenses incurred due to referrals by the Security Council.

제115조
재판소 및 당사국총회의 기금

재판소와 이사회 및 보조기관을 포함한 당사국총회의 비용은 당사국총회가 결정한 예산에 규정된 바에 따라 다음 수입원에 의하여 충당된다.

가. 당사국이 납부한 산정된 분담금

나. 특히 안전보장이사회에 의한 회부로 인하여 발생된 비용에 관하여는 국제연합총회의 승인을 조건으로 국제연합이 제공한 기금

Article 116
Voluntary contributions

Without prejudice to article 115, the Court may receive and utilize, as additional funds, voluntary contributions from Governments, international organizations, individuals, corporations and other entities, in accordance with relevant criteria adopted by the Assembly of States Parties.

* * *

제116조
자발적 기여금

제115조를 침해함이 없이, 재판소는 당사국총회가 채택한 관련 기준에 따라 정부·국제기구·개인·기업 및 기타 단체로부터의 자발적 기여금을 추가기금으로 받아 사용할 수 있다.

* * *

PART XIII FINAL CLAUSES

Article 119
Settlement of disputes

1. Any dispute concerning the judicial functions of the Court shall be settled by the decision of the Court.

2. Any other dispute between two or more States Parties relating to the interpretation or application of this Statute which is not settled through negotiations within three months of their commencement shall be referred to the Assembly of States Parties. The Assembly may itself seek to settle the dispute or may make recommendations on further means of settlement of the dispute, including referral to the International Court of Justice in conformity with the Statute of that Court.

Article 120
Reservations

No reservations may be made to this Statute.

Article 121
Amendments

1. After the expiry of seven years from the entry into force of this Statute, any State Party may propose amendments thereto. The text of any proposed amendment shall be submitted to the Secretary-General of the United Nations, who shall promptly circulate it to all States Parties.

제 13 부 최종조항

제 119 조
분쟁의 해결

1. 재판소의 사법적 기능에 관한 모든 분쟁은 재판소의 결정에 의하여 해결된다.

2. 이 규정의 해석과 적용에 관하여 분쟁 개시 후 3개월 내에 교섭을 통하여 해결되지 아니하는 2개국 이상의 당사국간의 기타 모든 분쟁은 당사국총회에 회부된다. 총회는 스스로 그 분쟁을 해결하려고 노력하거나 또는 국제사법재판소규정에 따라 동 재판소에 회부를 포함하는 추가적 분쟁해결수단에 관하여 권고할 수 있다.

제 120 조
유 보

이 규정에 대하여 어떠한 유보도 할 수 없다.

제 121 조
개 정

1. 이 규정의 발효로부터 7년 후 당사국은 이 규정의 개정을 제안할 수 있다. 제안된 모든 개정안은 국제연합 사무총장에게 제출되며, 국제연합 사무총장은 이를 신속히 모든 당사국에 회람한다.

2. No sooner than three months from the date of notification, the Assembly of States Parties, at its next meeting, shall, by a majority of those present and voting, decide whether to take up the proposal. The Assembly may deal with the proposal directly or convene a Review Conference if the issue involved so warrants.

2. 통보일로부터 최소한 3개월 이후의 차기 회의에서 당사국총회는 참석하여 투표한 당사국의 과반수로 그 제안을 다룰 것인지 여부를 결정한다. 총회는 그 제안을 직접 다루거나, 관련 쟁점상 필요한 경우 검토회의를 소집할 수 있다.

3. The adoption of an amendment at a meeting of the Assembly of States Parties or at a Review Conference on which consensus cannot be reached shall require a two-thirds majority of States Parties.

3. 당사국총회의 회의 또는 검토회의에서 컨센서스에 도달할 수 없는 경우, 개정안의 채택은 당사국의 3분의 2의 다수결을 요한다.

4. Except as provided in paragraph 5, an amendment shall enter into force for all States Parties one year after instruments of ratification or acceptance have been deposited with the Secretary-General of the United Nations by seven-eighths of them.

4. 제5항에 규정된 경우를 제외하고, 개정은 당사국의 8분의 7의 비준서 또는 수락서가 국제연합 사무총장에게 기탁된 때로부터 1년 후에 모든 당사국에 대하여 발효한다.

5. Any amendment to articles 5, 6, 7 and 8 of this Statute shall enter into force for those States Parties which have accepted the amendment one year after the deposit of their instruments of ratification or acceptance. In respect of a State Party which has not accepted the amendment, the Court shall not exercise its jurisdiction regarding a crime covered by the amendment when committed by that State Party's nationals or on its territory.

5. 이 규정 제5조, 제6조, 제7조 및 제8조에 대한 개정은 그 개정을 수락한 당사국에 대하여 비준서 또는 수락서가 기탁된 지 1년 후에 발효한다. 개정을 수락하지 아니한 당사국의 국민에 의하여 또는 그 국가의 영역에서 개정으로 포함된 범죄가 범해진 경우, 재판소는 그 범죄에 대하여 관할권을 행사하지 아니한다.

6. If an amendment has been accepted by seven-eighths of States Parties in accordance with paragraph 4, any State

6. 제4항에 따라 개정이 당사국의 8분의 7에 의하여 수락된 경우, 그 개정을 수락하지 아니한 모든 당사국은 제127조 제1항

Party which has not accepted the amendment may withdraw from this Statute with immediate effect, notwithstanding article 127, paragraph 1, but subject to article 127, paragraph 2, by giving notice no later than one year after the entry into force of such amendment.

에도 불구하고 그러나 제127조 제2항을 조건으로, 개정의 발효 후 1년 이내에 통보함으로써, 이 규정에서 탈퇴할 수 있으며 탈퇴는 통보 즉시 효력을 발생한다.

7. The Secretary-General of the United Nations shall circulate to all States Parties any amendment adopted at a meeting of the Assembly of States Parties or at a Review Conference.

7. 국제연합 사무총장은 당사국총회의 회의 또는 검토회의에서 채택된 모든 개정을 전 당사국에 회람한다.

Article 122
Amendments to provisions of an institutional nature

제 122 조
제도적 성격의 규정에 대한 개정

1. Amendments to provisions of this Statute which are of an exclusively institutional nature, namely, article 35, article 36, paragraphs 8 and 9, article 37, article 38, article 39, paragraphs 1 (first two sentences), 2 and 4, article 42, paragraphs 4 to 9, article 43, paragraphs 2 and 3, and articles 44, 46, 47 and 49, may be proposed at any time, notwithstanding article 121, paragraph 1, by any State Party. The text of any proposed amendment shall be submitted to the Secretary-General of the United Nations or such other person designated by the Assembly of States Parties who shall promptly circulate it to all States Parties and to others participating in the Assembly.

1. 오로지 제도적 성격만을 지닌 이 규정의 조항, 즉 제35조, 제36조 제8항과 제9항, 제37조, 제38조, 제39조 제1항(처음 2문), 제2항과 제4항, 제42조 제4항 내지 제9항, 제43조 제2항과 제3항, 제44조, 제46조, 제47조 및 제49조의 개정은 제121조 제1항에도 불구하고 모든 당사국이 언제든지 제안할 수 있다. 제안된 개정안은 국제연합 사무총장이나 당사국총회가 지정한 자에게 제출되며, 이들은 이를 모든 당사국과 당사국총회에 참석한 다른 자들에게 신속히 회람한다.

2. Amendments under this article on which consensus cannot be reached shall be

2. 컨센서스에 도달할 수 없는 이 조에 따른 개정은 당사국총회 또는 검토회의에서 당

adopted by the Assembly of States Parties or by a Review Conference, by a two-thirds majority of States Parties. Such amendments shall enter into force for all States Parties six months after their adoption by the Assembly or, as the case may be, by the Conference.

사국의 3분의 2의 다수결로 채택된다. 그러한 개정은 당사국총회 또는 경우에 따라서는 검토회의에서 채택된 지 6개월 후 모든 당사국에 대하여 발효한다.

Article 123
Review of the Statute

제123조
규정의 재검토

1. Seven years after the entry into force of this Statute the Secretary-General of the United Nations shall convene a Review Conference to consider any amendments to this Statute. Such review may include, but is not limited to, the list of crimes contained in article 5. The Conference shall be open to those participating in the Assembly of States Parties and on the same conditions.

1. 이 규정이 발효한 지 7년 후, 국제연합 사무총장은 이 규정에 대한 개정을 심의하기 위한 재검토회의를 소집한다. 그러한 재검토는 제5조에 포함된 범죄목록을 포함할 수 있으나 이에 국한되지 아니한다. 재검토회의는 당사국총회에 참석하는 자에게 동일한 조건하에 개방된다.

2. At any time thereafter, at the request of a State Party and for the purposes set out in paragraph 1, the Secretary-General of the United Nations shall, upon approval by a majority of States Parties, convene a Review Conference.

2. 그 후 언제라도 국제연합 사무총장은 당사국의 요청에 따라 제1항에 규정된 목적을 위하여 당사국 과반수의 승인으로 재검토회의를 소집한다.

3. The provisions of article 121, paragraphs 3 to 7, shall apply to the adoption and entry into force of any amendment to the Statute considered at a Review Conference.

3. 제121조 제3항 내지 제7항의 규정은 재검토회의에서 심의된 이 규정에 대한 개정의 채택 및 발효에 적용된다.

Resolution RC/Res.6

Adopted at the 13th plenary meeting, on 11 June 2010, by consensus

RC/Res.6
The Crime of Aggression

The Review Conference,

Recalling paragraph 1 of article 12 of the Rome Statute,

Recalling paragraph 2 of article 5 of the Rome Statute,

Recalling also paragraph 7 of resolution F, adopted by the United Nations Diplomatic Conference of Plenipotentiaries on the Establishment of an International Criminal Court on 17 July 1998,

Recalling further resolution ICC-ASP/1/Res.1 on the continuity of work in respect of the crime of aggression, and expressing its appreciation to the Special Working Group on the Crime of Aggression for having elaborated proposals on a provision on the crime of aggression,

Taking note of resolution ICC-ASP/8/Res.6, by which the Assembly of States Parties forwarded proposals on a provision on the crime of aggression to the Review Conference for its consideration,

Resolved to activate the Court's jurisdiction over the crime of aggression as early as possible,

1. Decides to adopt, in accordance with article 5, paragraph 2, of the Rome Statute of the International Criminal Court (hereinafter: "the Statute") the amendments to the Statute contained in annex I of the present resolution, which are subject to ratification or acceptance and shall enter into force in accordance with article 121, paragraph 5; and notes that any State Party may lodge a declaration referred to in article 15 bis prior to ratification or acceptance;

2. Also decides to adopt the amendments to the Elements of Crimes contained in annex II of the present resolution;

3. Also decides to adopt the understandings regarding the interpretation of the above-mentioned amendments contained in annex III of the present resolution;

4. Further decides to review the amendments on the crime of aggression seven years after the beginning of the Court's exercise of jurisdiction;

5. Calls upon all States Parties to ratify or accept the amendments contained in annex I.

Annex I

Amendments to the Rome Statute of the International Criminal Court on the Crime of Aggression

Article 5, paragraph 2, of the Statute is deleted.

The following text is inserted after article 8 of the Statute:

Article 8 bis
Crime of aggression

1. For the purpose of this Statute, "crime of aggression" means the planning, preparation, initiation or execution, by a person in a position effectively to exercise control over or to direct the political or military action of a State, of an act of aggression which, by its character, gravity and scale, constitutes a manifest violation of the Charter of the United Nations.

2. For the purpose of paragraph 1, "act of aggression" means the use of armed force by a State against the sovereignty, territorial integrity or political independence of another State, or in any other manner inconsistent with the Charter of the United Nations. Any of the following acts, regardless of a declaration of war, shall, in accordance with United Nations General Assembly resolution 3314 (XXIX) of 14 December 1974, qualify as an act of aggression:

(a) The invasion or attack by the armed forces of a State of the territory of another State, or any military occupation, however temporary, resulting from such invasion or attack, or any annexation by the use of force of the territory of another State or part thereof;
(b) Bombardment by the armed forces of a State against the territory of another State or the use of any weapons by a State against the territory of another State;
(c) The blockade of the ports or coasts of a State by the armed forces of another State;
(d) An attack by the armed forces of a State on the land, sea or air forces, or marine and air fleets of another State;
(e) The use of armed forces of one State which are within the territory of another State with the agreement of the receiving State, in contravention of the conditions provided for in the agreement or any extension of their presence in such territory beyond the termination of the agreement;
(f) The action of a State in allowing its territory, which it has placed at the disposal of another State, to be used by that other State for perpetrating an act of aggression against a third State;
(g) The sending by or on behalf of a State of armed bands, groups, irregulars or mercenaries, which carry out acts of armed force against another State of such gravity as to amount to the acts listed above, or its substantial involvement therein.

The following text is inserted after article 15 of the Statute:

Article 15 bis
Exercise of jurisdiction over the crime of aggression (State referral, proprio motu)

1. The Court may exercise jurisdiction over the crime of aggression in accord-

ance with article 13, paragraphs (a) and (c), subject to the provisions of this article.

2. The Court may exercise jurisdiction only with respect to crimes of aggression committed one year after the ratification or acceptance of the amendments by thirty States Parties.

3. The Court shall exercise jurisdiction over the crime of aggression in accordance with this article, subject to a decision to betaken after 1 January 2017 by the same majority of States Parties as is required for the adoption of an amendment to the Statute.

4. The Court may, in accordance with article 12, exercise jurisdiction over a crime of aggression, arising from an act of aggression committed by a State Party, unless that State Party has previously declared that it does not accept such jurisdiction by lodging a declaration with the Registrar. The withdrawal of such a declaration may be effected at any time and shall be considered by the State Party within three years.

5. In respect of a State that is not a party to this Statute, the Court shall not exercise its jurisdiction over the crime of aggression when committed by that State's nationals or on its territory.

6. Where the Prosecutor concludes that there is a reasonable basis to proceed with an investigation in respect of a crime of aggression, he or she shall first ascertain whether the Security Council has made a determination of an act of aggression committed by the State concerned. The Prosecutor shall notify the Secretary-General of the United Nations of the situation before the Court, including any relevant information and documents.

7. Where the Security Council has made such a determination, the Prosecutor may proceed with the investigation in respect of a crime of aggression.

8. Where no such determination is made within six months after the date of notification, the Prosecutor may proceed with the investigation in respect of a crime of aggression, provided that the Pre-Trial Division has authorized the commencement of the investigation in respect of a crime of aggression in accordance with the procedure contained in article 15, and the Security Council has not decided otherwise in accordance with article 16.

9. Adetermination of an act of aggression by an organ outside the Court shall be without prejudice to the Court's own findings under this Statute.

10. This article is without prejudice to the provisions relating to the exercise of jurisdiction with respect to other crimes referred to in article 5.

The following text is inserted after article 15 bis of the Statute:

ICC

ICC

Article 15 ter
Exercise of jurisdiction over the crime of aggression (Security Council referral)

1. The Court may exercise jurisdiction over the crime of aggression in accordance with article 13, paragraph (b), subject to the provisions of this article.

2. The Court may exercise jurisdiction only with respect to crimes of aggression committed one year after the ratification or acceptance of the amendments by thirty States Parties.

3. The Court shall exercise jurisdiction over the crime of aggression in accordance with this article, subject to a decision to be taken after 1 January 2017 by the same majority of States Parties as is required for the adoption of an amendment to the Statute.

4. A determination of an act of aggression by an organ outside the Court shall be without prejudice to the Court's own findings under this Statute.

5. This article is without prejudice to the provisions relating to the exercise of jurisdiction with respect to other crimes referred to in article 5.

The following text is inserted after article 25, paragraph 3, of the Statute:

3 bis. In respect of the crime of aggression, the provisions of this article shall apply only to persons in a position effectively to exercise control over or to direct the political or military action of a State.

The first sentence of article 9, paragraph 1, of the Statute is replaced by the following sentence:

1. Elements of Crimes shall assist the Court in the interpretation and application of articles 6, 7, 8 and 8 bis.

The chapeau of article 20, paragraph 3, of the Statute is replaced by the following paragraph; the rest of the paragraph remains unchanged:

3. No person who has been tried by another court for conduct also proscribed under article 6, 7, 8 or 8 bis shall be tried by the Court with respect to the same conduct unless the proceedings in the other court:

Annex Ⅱ
Amendments to the Elements of Crimes

Article 8 bis
Crime of aggression

Introduction

1. It is understood that any of the acts referred to in article 8 bis, paragraph 2, qualify as an act of aggression.

2. There is no requirement to prove that the perpetrator has made a legal evaluation as to whether the use of armed force was inconsistent with the Charter of the United Nations.

3. The term "manifest" is an objective qualification.

4. There is no requirement to prove that the perpetrator has made a legal evaluation as to the "manifest" nature of the violation of the Charter of the United Nations.

Elements

1. The perpetrator planned, prepared, initiated or executed an act of aggression.

2. The perpetrator was a person[1)] in a position effectively to exercise control over or to direct the political or military action of the State which committed the act of aggression.

3. The act of aggression — the use of armed force by a State against the sovereignty, territorial integrity or political independence of another State, or in any other manner inconsistent with the Charter of the United Nations — was committed.

4. The perpetrator was aware of the factual circumstances that established that such a use of armed force was inconsistent with the Charter of the United Nations.

5. The act of aggression, by its character, gravity and scale, constituted a manifest violation of the Charter of the United Nations.

6. The perpetrator was aware of the factual circumstances that established such a manifest violation of the Charter of the United Nations.

Annex Ⅲ Understandings regarding the amendments to the Rome Statute of the International Criminal Court on the Crime of Aggression

Referrals by the Security Council

1. It is understood that the Court may exercise jurisdiction on the basis of a Security Council referral in accordance with article 13, paragraph (b), of the Statute only with respect to crimes of aggression committed after a decision in accordance with article 15 ter, paragraph 3, is taken, and one year after the ratification or acceptance of the amendments by thirty States Parties, whichever is later.

2. It is understood that the Court shall exercise jurisdiction over the crime of aggression on the basis of a Security Council referral in accordance with article 13, paragraph (b), of the Statute irrespective of whether the State concerned has accepted the Court's jurisdiction in this regard.

Jurisdiction ratione temporis

3. It is understood that in case of article 13, paragraph (a) or (c), the Court may exercise its jurisdiction only with respect to crimes of aggression commit-

1) With respect to an act of aggression, more than one person may be in a position that meets these criteria.

ted after a decision in accordance with article 15 bis, paragraph 3, is taken, and one year after the ratification or acceptance of the amendments by thirty States Parties, whichever is later.

Domestic jurisdiction over the crime of aggression

4. It is understood that the amendments that address the definition of the act of aggression and the crime of aggression do so for the purpose of this Statute only. The amendments shall, in accordance with article 10 of the Rome Statute, not be interpreted as limiting or prejudicing in any way existing or developing rules of international law for purposes other than this Statute.

5. It is understood that the amendments shall not be interpreted as creating the right or obligation to exercise domestic jurisdiction with respect to an act of aggression committed by another State.

Other understandings

6. It is understood that aggression is the most serious and dangerous form of the illegal use of force; and that a determination whether an act of aggression has been committed requires consideration of all the circumstances of each particular case, including the gravity of the acts concerned and their consequences, in accordance with the Charter of the United Nations.

7. It is understood that in establishing whether an act of aggression constitutes a manifest violation of the Charter of the United Nations, the three components of character, gravity and scale must be sufficient to justify a "manifest" determination. No one component can be significant enough to satisfy the manifest standard by itself.

27. Extradition Treaty Between the Government of the Republic of Korea and the Government of the United States of America (1998)

27. 한미 범죄인인도조약

Date : 9 June 1998
In force : 20 December 1999

The Government of the Republic of Korea and the Government of the United States of America,

대한민국 정부와 미합중국 정부는,

Desiring to provide for more effective cooperation between the two States in the prevention and suppression of crime, and to facilitate relations between the two States in the area of extradition by concluding a treaty for the extradition of offenders,

범죄인인도조약을 체결함으로써 범죄의 예방과 억제에 있어 양국간에 보다 효율적인 협력을 제공하고, 범죄인인도 분야에서 양국간의 관계를 증진하기를 희망하여,

Have agreed as follows:

다음과 같이 합의하였다.

Article 1
Obligation to Extradite

The Contracting States agree to extradite to each other, pursuant to the provisions of this Treaty, any person who is wanted in the Requesting State for prosecution, trial, or imposition or execution of punishment for an extraditable offense.

제 1 조
인도의무

체약당사국은 청구국에서 인도대상범죄에 대한 기소, 재판 또는 형의 부과나 집행을 위하여 수배된 자를 이 조약의 규정에 따라 상호 인도하기로 합의한다.

Article 2
Extraditable Offenses

1. An offense shall be an extraditable offense if, at the time of the request, it is punishable under the laws in both

제 2 조
인도대상범죄

1. 인도대상범죄는 인도청구시에 양 체약당사국의 법률에 의하여 1년 이상의 자유형 또는 그 이상의 중형으로 처벌할 수 있는

Contracting States by deprivation of liberty for a period of more than one year, or by a more severe penalty.

범죄로 한다.

2. An offense shall also be an extraditable offense if it consists of an attempt or a conspiracy to commit, or participation in the commission of, an offense described in paragraph 1, provided that the requirements of paragraph 1 are fulfilled.

2. 제1항에 규정된 범죄의 미수범, 음모범 또는 공범도 제1항의 요건이 충족되는 한 인도대상범죄로 한다.

3. For the purposes of this Article, the totality of the conduct alleged against the person whose extradition is sought shall be taken into account, and an offense shall be an extraditable offense:

3. 이 조의 목적상 인도가 청구된 자에 대한 혐의행위는 총체적으로 고려되어야 하며, 다음에는 관계없이 인도대상범죄가 된다.

(a) whether or not the laws in the Contracting States place the offense within the same category of offenses or describe the offense by the same terminology;

(b) whether or not the constituent elements of the offense differ under the laws in the Contracting States, provided that the offenses under the laws of both States are substantially analogous; and

(c) whether or not the offense is one for which United States federal law requires the showing of such matters as interstate transportation, or use of the mails or of other facilities affecting interstate or foreign commerce, such matters being merely for the purpose of establishing jurisdiction in a United States federal court.

가. 체약당사국의 법률이 그 범죄를 같은 범죄유형으로 분류하거나 같은 죄명으로 규정하는지 여부

나. 양 체약당사국의 법률상 본질적으로 유사한 범죄인 경우 양국의 법률상 그 범죄 구성요건이 상이한지 여부, 그리고

다. 미합중국 연방법이 당해범죄에 대하여 단지 미합중국 연방법원의 재판권을 성립시킬 목적으로 요구되는 것에 불과한 주간 교통수단의 제시 또는 다른 주간 통상이나 외국과의 통상에 영향을 미치는 우편이나 다른 시설의 이용 등을 요건으로 하고 있는지 여부

4. If the offense was committed outside of the territory of the Requesting State, extradition shall be granted in accordance with this Treaty if the laws of the Requested State provide for punishment of an offense committed outside of its territory in similar circumstances or if the offense has been committed by a national of the Requesting State. If the laws in the Requested State do not so provide, the executive authority of the Requested State may, in its discretion, grant extradition, provided that the requirements of this Treaty are met. Extradition may be refused when the offense for which extradition is sought is regarded under the law of the Requested State as having been committed in whole or in part in its territory and a prosecution in respect of that offense is pending in the Requested State.

4. 당해범죄가 청구국의 영토 밖에서 발생한 때에는, 피청구국의 법률상 자국 영토 밖에서 그와 유사한 상황하에서 발생한 범죄에 대하여 처벌을 규정하고 있거나 또는 그 범죄가 청구국의 국민에 의하여 행하여진 경우라면, 이 조약에 따라 범죄인인도가 허용되어야 한다. 피청구국의 법률상 그와 같은 규정이 없는 경우에는 피청구국의 행정당국은 이 조약상의 요건이 충족되는 한 재량에 의하여 범죄인인도를 허용할 수 있다. 인도청구의 대상이 된 범죄의 일부 또는 전부가 피청구국의 법에 의하여 피청구국의 영토내에서 발생한 것으로 판단되고 피청구국에서 그 범죄에 대한 기소가 계속중인 경우에는 범죄인인도를 거절할 수 있다.

5. If extradition has been granted for an extraditable offense, it shall also be granted for any other offense specified in the request even if the latter offense is punishable by deprivation of liberty for a period of one year or less, provided that all other requirements for extradition are met.

5. 특정의 인도범죄에 대하여 인도가 이루어진 경우에는 청구서에 명기된 다른 범죄가 1년 이하의 자유형으로 처벌되는 것이라 하더라도 인도에 관한 다른 요건이 충족되면 그 범죄에 대하여도 범죄인인도가 이루어져야 한다.

6. When extradition of a person is sought for an offense against a law relating to taxation, customs duties, foreign exchange control, or other revenue matter, extradition may not be refused on the ground that the law of the Requested State does not contain a tax,

6. 조세, 관세, 외국환관리 또는 다른 재정에 관한 법률을 위반한 범죄에 대하여 범죄인인도가 청구되는 경우 피청구국의 법률이 청구국의 법률과 동일한 종류의 조세, 관세 또는 외국환규정을 두고 있지 아니하다는 이유로 인도가 거절되어서는 아니

duty, customs, or exchange regulation of the same kind as the law of the Requesting State.

된다.

7. Where the request for extradition relates to a person sentenced to deprivation of liberty by a court of the Requesting State for any extraditable offense, extradition may be denied if a period of less than four months remains to be served.

7. 범죄인인도 요청이 청구국의 법원에서 인도가능한 범죄로 자유형을 받은 자에 관련된 경우 잔여형기가 4월 이하이면 이를 거절할 수 있다.

Article 3
Nationality

제3조
국 적

1. Neither Contracting State shall be bound to extradite its own nationals, but the Requested State shall have the power to extradite such person if, in its discretion, it be deemed proper to do so.

1. 어느 체약당사국도 자국민을 인도할 의무는 없으나 피청구국은 재량에 따라 인도하는 것이 적합하다고 판단되는 경우 자국민을 인도할 권한을 가진다.

2. If extradition is refused solely on the basis of the nationality of the person sought, the Requested State shall, at the request of the Requesting State, submit the case to its authorities for prosecution.

2. 단지 국적만을 이유로 인도청구된 자의 인도를 거절하는 때에는, 피청구국은 청구국의 요청에 따라 자국의 기소당국에 사건을 회부하여야 한다.

3. Nationality shall be determined at the time of the commission of the offense for which extradition is requested.

3. 국적은 인도청구된 범죄의 행위시를 기준으로 판단한다.

Article 4
Political and Military Offenses

제4조
정치적 범죄 및 군사적 범죄

1. Extradition shall not be granted if the Requested State determines that the offense for which extradition is requested is a political offense.

1. 피청구국이 인도청구범죄를 정치적 범죄라고 판단하는 경우 인도는 허용되지 아니한다.

2. For the purposes of this Treaty, the following offenses shall not be considered to be political offenses:

2. 이 조약의 목적상 다음과 같은 범죄는 정치적 범죄로 간주되지 아니한다.

(a) a murder or other willful violent crime against the person of a Head of State of one of the Contracting States, or of a member of the Head of State's family;

가. 체약당사국중 일방의 국가원수 또는 그의 가족에 대한 살인 또는 기타 고의적 폭력범죄

(b) an offense for which both Contracting States have the obligation to extradite the person sought or to submit the case to their competent authorities for decision as to prosecution pursuant to a multilateral international agreement, including but not limited to such agreements relating to genocide, terrorism, or kidnapping; and

나. 양 체약당사국이 집단살해, 테러 또는 납치에 관한 협정 등을 포함한 다자간 국제협정에 따라 당해 범죄인을 인도하거나 기소여부의 결정을 위하여 관할당국에 사건을 회부할 의무가 있는 범죄, 그리고

(c) a conspiracy or attempt to commit, or participation in, any of the foregoing offenses.

다. 위에 기재한 범죄에 대한 음모범, 미수범 또는 공범

3. Surrender shall not be granted if the executive authority of the Requested State determines:

3. 피청구국의 행정당국이 다음과 같이 결정하는 경우 인도는 허용되지 아니한다.

(a) that the request for surrender, though purporting to be made on account of an offense for which surrender may be granted, was in fact made for the primary purpose of prosecuting or punishing the person sought on account of his race, religion, nationality or political opinion; or

가. 인도가 허용될 수 있는 범죄를 사유로 인도청구를 한 경우라도 청구된 자의 인종, 종교, 국적 또는 정치적 의견을 이유로 당해인을 기소 또는 처벌할 것을 주요목적으로 사실상 인도가 청구된 경우, 또는

(b) that extradition has been requested for political purposes.

나. 정치적 목적을 위하여 범죄인인도가 청구된 경우

4. The executive authority of the Requested State may refuse extradition

4. 피청구국의 행정당국은 일반 형사법상의 범죄가 아닌 군법상의 범죄에 대하여는

for offenses under military law which are not offenses under ordinary criminal law.

인도를 거절할 수 있다.

Article 5
Prior Prosecution

Extradition shall not be granted when the person sought has been convicted or acquitted in the Requested State for the offense for which extradition is requested.

제5조
이전의 기소

인도청구된 자가 인도청구된 범죄에 관하여 피청구국에서 이미 유죄 또는 무죄선고를 받은 경우 인도는 허용되지 아니한다.

Article 6
Lapse of Time

Extradition may be denied under this Treaty when the prosecution or the execution of punishment of the offense for which extradition is requested would have been barred because of the statute of limitations of the Requested State had the same offense been committed in the Requested State. The period during which a person for whom extradition is sought fled from justice does not count towards the running of the statute of limitations. Acts or circumstances that would suspend the expiration of the statute of limitations of either State shall be given effect by the Requested State, and in this regard the Requesting State shall provide a written statement of the relevant provisions of its statute of limitations, which shall be conclusive.

제6조
시 효

인도청구된 범죄와 동일한 범죄가 피청구국에서 발생하였다면 피청구국의 공소시효의 규정에 의하여 인도청구된 범죄에 대한 기소 또는 처벌이 금지된다고 인정되는 때에는 이 조약에 의거하여 인도를 거절할 수 있다. 인도청구된 자가 법집행을 면하기 위하여 도피한 기간 동안에는 공소시효가 진행되지 아니한다. 일방당사국에서 공소시효의 만료를 정지시키는 행위 또는 사유는 피청구국에 의하여 효력이 부여되어야 한다. 이 점과 관련하여 청구국은 공소시효 관련규정에 대한 설명을 서면으로 제공하여야 하며, 이에 대하여는 다툴 수 없다.

Article 7
Capital Punishment

1. When the offense for which extradition is sought is punishable by death under the laws in the Requesting State and is not punishable by death under the laws in the Requested State, the Requested State may refuse extradition unless:

(a) the offense constitutes murder under the laws in the Requested State; or
(b) the Requesting State provides such assurances as the Requested State considers sufficient that the death penalty will not be imposed or, if imposed, will not be carried out.

2. In instances in which a Requesting State provides an assurance in accordance with paragraph 1, the death penalty, if imposed by the courts of the Requesting State, shall not be carried out.

제7조
사 형

1. 인도청구된 범죄가 청구국 법률상 사형에 처해질 수 있으나 피청구국 법률상 사형에 처할 수 없는 경우 피청구국은 다음의 경우를 제외하고는 인도를 거절할 수 있다.

가. 당해범죄가 피청구국의 법률상 살인죄를 구성하는 경우, 또는
나. 사형이 선고되지 아니하거나 또는 사형선고가 있는 경우에도 이를 집행하지 아니한다는 청구국의 보증이 있고 피청구국이 이를 충분하다고 인정하는 경우

2. 청구국이 제1항에 의한 보증을 하는 경우, 청구국 법원에 의하여 선고된 사형은 집행되어서는 아니된다.

Article 8
Extradition Procedures and Required Documents

1. All requests for extradition shall be submitted in writing through the diplomatic channel.

2. All requests shall be supported by:

(a) documents, statements, or other types of information which describe the identity, including nationality, and probable location of the person sought;
(b) information describing the facts of

제8조
인도절차 및 필요서류

1. 모든 인도청구는 외교경로를 통하여 서면으로 이루어져야 한다.

2. 인도청구에는 다음이 첨부되어야 한다.

가. 청구된 자의 국적을 포함한 신원과 추정소재지를 기재한 서류, 설명 또는 다른 형태의 정보
나. 범죄사실 및 그 사건에 대하여 진행된

the offense and the procedural history of the case;

절차의 과정을 기재한 정보

(c) the text of the law describing the essential elements of the offense for which extradition is requested;

다. 인도청구된 범죄의 구성요건이 기재된 법령

(d) the text of the law prescribing punishment for the offense;

라. 인도청구된 범죄에 대한 형벌이 기재된 법령

(e) the documents, statements, or other types of information specified in paragraph 3 or paragraph 4 of this Article, as applicable; and

마. 상당한 경우 이 조 제3항 또는 제4항에 규정된 서류, 진술 또는 다른 형태의 정보, 그리고

(f) a statement of the relevant provisions of its statute of limitations on the prosecution or the execution of punishment of the offense.

바. 당해범죄에 대한 기소 또는 형의 집행에 관한 시효규정에 대한 관련규정의 설명

3. A request for extradition of a person who is sought for prosecution shall also be supported by:

3. 인도청구가 기소를 위한 것인 경우에는 다음이 첨부되어야 한다.

(a) a copy of the warrant or order of arrest issued by a judge or other competent authority;

가. 법관 또는 다른 권한 있는 당국이 발부한 구속 또는 체포영장의 사본

(b) a copy of the charging document, if any; and

나. 기소관련 서류가 있는 경우 그 사본, 그리고

(c) such information as would provide reasonable grounds to believe that the person sought has committed the offense for which extradition is requested.

다. 인도청구된 자가 청구된 범죄를 행하였다고 믿을 만한 상당한 근거를 제공하는 정보

4. A request for extradition relating to a person who has been found guilty of the offense for which extradition is sought shall also be supported by:

4. 청구된 범죄에 관하여 유죄판결을 받은 자에 대한 청구가 있는 경우에는 다음이 첨부되어야 한다.

(a) a copy of the judgment of conviction or, if such copy is not available, a statement by a judicial authority that the person has been found guilty;

가. 판결문 사본 또는 사본을 발급받을 수 없는 경우 그 자가 유죄판결을 받은 자라는 사법당국의 설명

(b) information establishing that the person sought is the person to whom the finding of guilt refers;

(c) a copy of the sentence imposed, if the person sought has been sentenced, and a statement establishing to what extent the sentence has been carried out; and

(d) in the case of a person who has been found guilty in absentia, the documents required by paragraph 3.

5. If the Requested State considers that the information furnished in support of the request is not sufficient to fulfill the requirements of this Treaty, that State may request that additional information be furnished within such reasonable time as it specifies.

6. All documents submitted by the Requesting State shall be translated into the language of the Requested State.

나. 청구된 자가 유죄판결을 받은 자와 동일하다는 것을 입증하는 자료

다. 청구된 자가 형의 선고를 받은 경우 선고형량을 기재한 서류의 사본 및 그 선고가 어느 정도 집행되었는지를 기재한 설명, 그리고

라. 당해인이 유죄의 궐석재판을 받은 경우 제3항에 의하여 요구되는 서류

5. 피청구국은 청구를 위하여 제출된 정보가 이 조약의 요건을 충족하기에 불충분하다고 판단되는 경우 피청구국이 상당한 기간을 특정하여 추가자료를 제출할 것을 요구할 수 있다.

6. 청구국이 제출하는 모든 서류는 피청구국의 언어로 번역되어야 한다.

Article 9
Admissibility of Documents

The documents which accompany an extradition request shall be received and admitted as evidence in extradition proceedings if:

(a) they are certified by the principal diplomatic or consular officer of the Requested State resident in the Requesting State; or

(b) they are certified or authenticated in any other manner accepted by the law of the Requested State.

제9조
서류의 적격성

범죄인인도청구에 첨부되는 서류는 다음의 경우에 인도절차에서 증거로 접수되고 인정되어야 한다.

가. 동 서류가 청구국에 주재하고 있는 피청구국의 주요 외교관이나 영사관원에 의하여 확인된 경우, 또는

나. 동 서류가 피청구국의 법에 의하여 인정되는 기타 방식으로 확인 또는 인증된 경우

범죄인인도

Article 10
Provisional Arrest

1. In case of urgency, a Contracting State may request the provisional arrest of the person sought pending presentation of the request for extradition. A request for provisional arrest may be transmitted through the diplomatic channel or directly between the Ministry of Justice in the Republic of Korea and the Department of Justice in the United States.

2. The application for provisional arrest shall be in writing and contain:

(a) a description of the person sought, including information concerning the person's nationality;
(b) the location of the person sought, if known;
(c) a brief statement of the facts of the case, including, if possible, the time and location of the offense;
(d) a description of the laws violated;
(e) a statement of the existence of a warrant of arrest or a finding of guilt or judgment of conviction against the person sought; and
(f) a statement that a request for extradition for the person sought will follow.

3. The Requesting State shall be notified without delay of the disposition of its application and the reasons for any denial.

4. A person who is provisionally arrested

제 10 조
긴급인도구속

1. 긴급한 경우 체약당사국은 인도청구서를 송부하기 전에 범죄인에 대한 긴급인도구속을 청구할 수 있다. 긴급인도구속 청구서는 대한민국 법무부와 미합중국 법무부 간에 외교경로를 통하여 또는 직접 송부될 수 있다.

2. 긴급인도구속에 대한 청구는 서면으로 이루어져야 하며 다음 사항이 포함되어야 한다.

가. 청구된 자의 국적에 관한 정보를 포함한 동인에 대한 설명
나. 청구된 자의 소재지를 알고 있는 경우 그 소재지
다. 가능한 경우 범행의 시간과 장소를 포함한 사건의 사실에 대한 간략한 설명
라. 위반한 법령에 대한 설명
마. 청구된 자에 대한 구속영장이나 유죄판결이 있는지에 대한 설명, 그리고
바. 당해인에 대한 범죄인인도청구가 추후 이루어질 것이라는 설명

3. 청구국에 대하여 긴급인도구속청구의 처리내용과 청구 거절의 경우에는 그 이유를 지체없이 통지하여야 한다.

4. 이 조약에 의하여 긴급인도구속된 자에

may be discharged from custody upon the expiration of two months from the date of provisional arrest pursuant to this Treaty if the executive authority of the Requested State has not received the formal request for extradition and the supporting documents required in Article 8.

대하여 피청구국의 행정당국이 긴급인도구속일부터 2월이 경과할 때까지 정식인도청구서 및 제8조에 의하여 요구되는 첨부서류를 받지 못하면 석방할 수 있다.

5. The fact that the person sought has been discharged from custody pursuant to paragraph 4 of this Article shall not prejudice the subsequent rearrest and extradition of that person if the extradition request and supporting documents are delivered at a later date.

5. 청구된 자가 이 조 제4항에 따라 석방되었다는 사실은 정식 인도청구서 및 첨부서류가 추후에 접수된 경우에 그 사람에 대한 재구속과 인도를 방해하지 아니한다.

Article 11
Decision and Surrender

제11조
결정 및 인도

1. The Requested State shall promptly notify the Requesting State, in writing through the diplomatic channel, of its decision on the request for extradition.

1. 피청구국은 범죄인인도 청구에 대한 결정을 외교경로를 통하여 청구국에 신속히 서면으로 통지하여야 한다.

2. If the request is denied in whole or in part, the Requested State shall provide an explanation of the reasons for the denial. In cases in which decisions are made by judicial authorities, the Requested State shall, upon request, provide copies of pertinent judicial decisions.

2. 인도청구의 전부 또는 일부가 거절되었을 경우 피청구국은 거절사유에 대한 설명을 제공하여야 한다. 사법당국에 의하여 결정이 이루어지는 경우 피청구국은 요청이 있을 경우 관련 사법결정의 사본을 제공하여야 한다.

3. If the request for extradition is granted, the authorities of the Contracting States shall agree on the time and place for the surrender of the person sought.

3. 범죄인인도가 허용되는 경우 체약당사국들의 각 주무당국은 청구된 자의 인도일시와 장소에 대하여 합의하여야 한다.

4. If the person sought is not removed from the territory of the Requested State within the time prescribed by the law of that State, that person may be discharged from custody, and the Requested State may subsequently refuse extradition for the same offense.

4. 청구된 자가 피청구국의 법에 규정된 기간내에 피청구국의 영토 밖으로 이송되지 아니하는 경우 당해인을 석방할 수 있고 피청구국은 동일한 범죄에 대한 추후 인도청구를 거부할 수 있다.

Article 12
Temporary and Deferred Surrender

제 12 조
일시인도 및 인도연기

1. If the extradition request is granted in the case of a person who is being proceeded against or is serving a sentence in the Requested State for an offense other than that for which extradition is requested, the Requested State may temporarily surrender the person sought to the Requesting State for the purpose of prosecution. The person so surrendered shall be kept in custody in the Requesting State and shall be returned to the Requested State after the conclusion of the proceedings against that person, in accordance with conditions to be determined by mutual agreement of the Contracting States.

1. 인도청구된 범죄 이외의 다른 범죄로 피청구국에서 재판중이거나 형을 복역하고 있는 자에 대한 인도청구가 허용되는 경우 피청구국은 기소를 위하여 당해인을 청구국으로 일시 인도할 수 있다. 이와 같이 인도되는 자는 체약당사국의 상호합의에 의하여 결정되는 조건에 따라 청구국에서 계속 구금되어야 하며 재판절차가 종결된 후 피청구국으로 송환되어야 한다.

2. The Requested State may postpone the extradition proceedings against a person who is serving a sentence in that State for an offense other than that for which extradition is requested or who is being prosecuted in that State. The postponement may continue until the prosecution of the person sought has been concluded or until such person has served any sentence imposed.

2. 피청구국은 인도청구된 범죄 이외의 범죄로 자국에서 형을 복역하고 있거나 기소된 자에 대한 인도절차를 연기할 수 있다. 청구된 자에 대한 기소가 완결될 때까지 또는 당해인이 선고된 형의 복역을 마칠 때까지 인도를 연기할 수 있다.

Article 13
Requests for Extradition Made by Several States

If the Requested State receives requests from the other Contracting State and from any other State or States for the extradition of the same person, either for the same offense or for different offenses, the executive authority of the Requested State shall determine to which State it will surrender the person. In making its decision, the Requested State shall consider all relevant factors, including but not limited to:

(a) whether the requests were made pursuant to treaty;
(b) the time and place where each offense was committed;
(c) the respective interests of the Requesting States;
(d) the gravity of the offenses;
(e) the nationality of the victim;
(f) the possibility of further extradition between the Requesting States; and
(g) the respective dates of the requests.

제13조
범죄인 인도청구

피청구국이 타방체약국과 여타의 다른 국가 또는 국가들로부터 동일인에 대하여 동일한 범죄 또는 동일하지 아니한 범죄와 관련하여 인도청구를 받은 경우, 피청구국의 행정당국은 당해인을 인도할 국가를 결정하여야 한다. 동 결정을 함에 있어 피청구국은 다음의 사항을 포함한 모든 관련요소를 고려하여야 한다.

가. 인도청구가 조약에 의거한 것인지 여부
나. 각 범죄가 발생한 일시와 장소
다. 각 청구국의 이해관계
라. 범죄의 중함
마. 피해자의 국적
바. 청구국들간의 추후 인도 가능성, 그리고
사. 각 인도청구 일자

Article 14
Seizure and Surrender of Property

1. To the extent permitted under its law, the Requested State may seize and surrender to the Requesting State all articles, documents, and evidence connected with the offense in respect of which extradition is granted. The items mentioned in this Article may be surrendered even when the extradition cannot be effected due to the death,

제14조
물건의 압수 및 인도

1. 피청구국은 자국법률이 허용하는 범위내에서 인도가 허용된 범죄와 관련된 모든 물건, 서류 및 증거를 압수하여 청구국에 인도할 수 있다. 피청구국은 인도청구된 자의 사망, 실종 또는 도피로 인하여 인도가 이루어질 수 없는 경우라 하더라도 이 조에 언급된 것들을 인도할 수 있다.

범죄인인도

disappearance, or escape of the person sought.

2. The Requested State may condition the surrender of the property upon satisfactory assurances from the Requesting State that the property will be returned free of charge to the Requested State as soon as practicable. The Requested State may also defer the surrender of such property if it is needed as evidence in the Requested State.

2. 피청구국은 물건을 인도함에 있어 청구국이 실무적으로 가능한 한 신속히 이를 무상 반환할 것을 충분히 보증할 것을 조건으로 할 수 있다. 피청구국은 그 물건이 자국 내에서 증거로 필요한 경우 그 인도를 연기할 수 있다.

3. The rights of third parties in such property shall be duly respected.

3. 그와 같은 물건에 대한 제3자의 권리는 적절히 존중되어야 한다.

Article 15
Rule of Speciality

제 15 조
특정성의 원칙

1. A person extradited under this Treaty may not be detained, tried, or punished in the Requesting State except for:

(a) the offense for which extradition has been granted or a differently denominated offense based on the same facts on which extradition was granted, provided such offense is extraditable, or is a lesser included offense;

(b) an offense committed after the extradition of the person; or

(c) an offense for which the executive authority of the Requested State consents to the person's detention, trial, or punishment for an offense; For the purpose of this subparagraph:

(i) the Requested State may require the submission of the docu-

1. 이 조약에 따라 인도되는 자는 다음 범죄 이외의 범죄로 청구국에서 구금되거나 재판받거나 처벌될 수 없다.

가. 인도가 허용된 범죄, 또는 다른 죄명으로 규정되어 있으나 인도의 근거가 된 범죄사실과 같은 사실에 기초한 범죄로서 인도범죄이거나 인도가 허용된 범죄의 일부를 이루는 범죄

나. 당해인의 인도 이후에 발생한 범죄, 그리고

다. 피청구국의 행정당국이 당해인의 구금, 재판 또는 처벌에 동의하는 범죄. 본호의 목적상

(1) 피청구국은 제8조에 의하여 요구되는 서류의 제출을 요구할 수 있다.

ments called for in Article 8

(ii) a legal record of statements made by the extradited person with respect to the offense, if any, shall be submitted to the Requested State; and

(iii) the person extradited may be detained by the Requesting State for such period of time as the Requested State may authorize, while the request is being processed.

(2) 인도되는 자가 범죄와 관련하여 진술한 법적 기록이 있는 경우 그 기록은 피청구국에 제출되어야 한다. 그리고,

(3) 인도되는 자는 청구가 처리되는 중에 피청구국이 허가하는 기간동안 청구국에 의하여 구금될 수 있다.

2. A person extradited under this Treaty may not be extradited to a third State for an offense committed prior to his surrender unless the surrendering State consents.

2. 이 조약에 따라 인도되는 자는 인도하는 국가가 동의하지 아니하는 한 그 인도 이전에 범한 범죄로 인하여 제3국으로 인도될 수 없다.

3. Paragraphs 1 and 2 of this Article shall not prevent the detention, trial, or punishment of an extradited person, or the extradition of that person to a third State, if:

(a) that person leaves the territory of the Requesting State after extradition and voluntarily returns to it; or

(b) that person does not leave the territory of the Requesting State within 25 days of the day on which that person is free to leave.

3. 이 조의 제1항 및 제2항은 다음의 경우에 있어 인도된 자의 구금, 재판 및 처벌이나 제3국으로의 인도를 방해하지 아니한다.

가. 당해인이 인도된 후 청구국의 영토를 떠났다가 자발적으로 청구국에 재입국한 경우, 또는

나. 당해인이 자유로이 청구국을 떠날 수 있게 된 날부터 25일 이내에 청구국의 영토를 떠나지 아니한 경우

Article 16
Simplified Extradition

If the person sought consents to surrender to the Requesting State, the Requested State may surrender the person as expeditiously as possible without

제16조
약식인도

인도청구된 자가 청구국으로의 인도에 대하여 동의하는 경우 피청구국은 자국 법률상 허용되는 범위내에서 추가적 절차없이 가능한 한 신속하게 당해인을 인도할 수 있다.

further proceedings, to the extent permitted under its law. In such cases, Article 15 of this Treaty shall not apply.

그러한 경우에 이 조약 제15조는 적용되지 아니한다.

Article 17
Transit

1. Either Contracting State may authorize transportation through its territory of a person surrendered to the other State by a third State. A request for transit shall be transmitted through the diplomatic channel or directly between the Ministry of Justice in the Republic of Korea and the Department of Justice in the United States. It shall contain a description of the person being transported and a brief statement of the facts of the case. A person in transit may be detained in custody during the period of transit.

2. Authorization to transit shall not be required when air transport is used and no landing is scheduled in the territory of the State of transit. If an unscheduled landing occurs in the territory of that party, it may require the other party to furnish a request for transit as provided in paragraph 1 of this Article. The State of transit shall detain the person to be transported until the transportation is continued provided that the request is received within ninety-six (96) hours of the unscheduled landing.

3. Permission for the transit of a person surrendered shall include authorization for accompanying officials to obtain

제17조
통 과

1. 어느 체약당사국도 제3국에 의하여 타방 체약당사국으로 인도되는 자가 자국의 영역을 통과하여 호송되는 것을 허가할 수 있다. 통과의 요청은 대한민국 법무부와 미합중국 법무부간에 외교경로를 통하여 또는 직접 이루어져야 한다. 통과요청서에는 호송되는 자에 대한 설명과 사건사실에 대한 간략한 진술이 포함되어야 한다. 호송되는 자는 통과기간동안 구금될 수 있다.

2. 항공수송이 이용되고 통과당사국의 영역 내에 착륙이 예정되지 아니하는 경우에는 통과허가를 받지 않아도 된다. 그 통과당사국의 영토 안에서 예정되지 아니한 착륙이 이루어지는 경우 그 국가는 타방당사국에 대하여 이 조 제1항에 규정된 통과요청서의 제출을 요구할 수 있다. 통과당사국은 예정되지 아니한 착륙으로부터 96시간 내에 요청서가 접수되는 것을 조건으로 호송재개 때까지 호송될 자를 구금하여야 한다.

3. 인도되는 자에 대한 통과허가에는 호송관이 통과국 관련기관으로부터 그 구금상태를 유지함에 있어서 필요한 지원을 얻기

assistance from authorities in the State of transit in maintaining custody.

위한 허가가 포함되어야 한다.

4. Where a person is being held in custody pursuant to paragraph 3 of this Article, the Contracting State in whose territory the person is being held may direct that the person be released if transportation is not continued within a reasonable time.

4. 이 조 제3항의 규정에 의하여 구금된 자가 자국 영역 내에 있는 체약당사국은 상당한 기간 내에 호송이 재개되지 아니하는 때에는 그의 석방을 지시할 수 있다.

Article 18
Representation and Expenses

제18조
대표 및 비용

1. The Requested State shall advise, assist, appear in court on behalf of the Requesting State, and represent the interests of the Requesting State, in any proceedings arising out of a request for extradition.

1. 피청구국은 인도청구로부터 발생하는 모든 절차에 있어 청구국을 대표하여 조언과 조력을 제공하고 법원에 출석하며 청구국의 이익을 대변하여야 한다.

2. The Requesting State shall bear the expenses related to the translation of documents and the transportation of the person surrendered from the Requested State to the Requesting State. The Requested State shall pay all other expenses incurred in that State by reason of the extradition proceedings.

2. 청구국은 서류의 번역과 피청구국으로부터 청구국으로 인도되는 자의 호송관련 비용을 부담하여야 한다. 피청구국은 인도절차로 인하여 자국 내에서 발생하는 모든 다른 비용을 부담하여야 한다.

3. Neither State shall make any pecuniary claim against the other State arising out of the arrest, detention, examination, or surrender of persons sought under this Treaty.

3. 체결당사국은 이 조약에 따라 청구되는 자의 체포, 구금, 심문 또는 인도와 관련하여 타방당사국에게 어떠한 금전적 청구도 할 수 없다.

Article 19
Consultation

제19조
협 의

1. The Contracting States shall consult, at

1. 어느 일방당사국의 요청에 따라 체약당사

the request of either, concerning the interpretation and the application of this Treaty.

국은 이 조약의 해석과 적용에 관하여 협의하여야 한다.

2. The Republic of Korea Ministry of Justice and the United States Department of Justice may consult with each other directly in connection with the processing of individual cases and in furtherance of maintaining and improving procedures for the implementation of this Treaty.

2. 대한민국 법무부와 미합중국 법무부는 개별사건의 처리와 관련하여 또한 이 조약을 이행하기 위한 절차의 유지 및 개선을 촉진하기 위하여 직접 협의할 수 있다.

Article 20
Application

제20조
적 용

This Treaty shall apply to offenses committed before as well as after the date it enters into force.

이 조약은 발효후 발생한 범죄뿐만 아니라 발효 이전에 발생한 범죄에도 적용된다.

Article 21
Ratification, Entry into Force and Termination

제21조
비준, 발효 및 종료

1. This Treaty shall be subject to ratification; the instruments of ratification shall be exchanged as soon as possible.

1. 이 조약은 비준되어야 한다. 비준서는 가능한 한 신속히 교환되어야 한다.

2. This Treaty shall enter into force upon the exchange of the instruments of ratification.

2. 이 조약은 비준서의 교환으로 발효한다.

3. Either Contracting State may terminate this Treaty at any time by giving written notice to the other Contracting State, and the termination shall be effective six months after the date of such notice.

3. 어느 체약당사국도 타방 체약당사국에 대한 서면 통고로써 언제든지 이 조약을 종료할 수 있으며 그 통고일로부터 6월 후에 종료한다.

IN WITNESS WHEREOF, the undersigned, being duly authorized by their re-

이상의 증거로, 하기 서명자는 그들 각자의 정부로부터 정당히 권한을 위임받아 이 조

spective Governments have signed this Treaty.

약에 서명하였다.

DONE at Washington, D.C., in duplicate, this 9th day of June, 1998 in the Korean and English languages, both texts being equally authentic.

1998년 6월 9일 워싱턴에서 동등히 정본인 한국어와 영어로 각 2부를 작성하였다.

FOR THE GOVERNMENT OF THE REPUBLIC OF KOREA

대한민국 정부를 위하여

FOR THE GOVERNMENT OF THE UNITED STATES OF AMERICA

미합중국 정부를 위하여

27-1. 범죄인 인도법 (1988)

[법률 제10202호, 2010. 3. 31, 일부개정]

제1장 총칙

제1조 목 적

이 법은 범죄인 인도(引渡)에 관하여 그 범위와 절차 등을 정함으로써 범죄 진압 과정에서의 국제적인 협력을 증진함을 목적으로 한다.

제2조 정 의

이 법에서 사용하는 용어의 뜻은 다음과 같다.

1. "인도조약"이란 대한민국과 외국 간에 체결된 범죄인의 인도에 관한 조약·협정 등의 합의를 말한다.
2. "청구국"이란 범죄인의 인도를 청구한 국가를 말한다.
3. "인도범죄"란 범죄인의 인도를 청구할 때 그 대상이 되는 범죄를 말한다.
4. "범죄인"이란 인도범죄에 관하여 청구국에서 수사나 재판을 받고 있는 사람 또는 유죄의 재판을 받은 사람을 말한다.
5. "긴급인도구속"이란 도망할 염려가 있는 경우 등 긴급하게 범죄인을 체포·구금(拘禁)하여야 할 필요가 있는 경우에 범죄인 인도청구가 뒤따를 것을 전제로 하여 범죄인을 체포·구금하는 것을 말한다.

제3조 범죄인 인도사건의 전속관할

이 법에 규정된 범죄인의 인도심사 및 그 청구와 관련된 사건은 서울고등법원과 서울고등검찰청의 전속관할로 한다.

제3조의2 인도조약과의 관계

범죄인 인도에 관하여 인도조약에 이 법과 다른 규정이 있는 경우에는 그 규정에 따른다.

제4조 상호주의

인도조약이 체결되어 있지 아니한 경우에도 범죄인의 인도를 청구하는 국가가 같은 종류 또는 유사한 인도범죄에 대한 대한민국의 범죄인 인도청구에 응한다는 보증을 하는 경우에는 이 법을 적용한다.

제2장 외국으로의 범죄인 인도

제1절 인도의 사유와 인도의 제한

제5조 인도에 관한 원칙

대한민국 영역에 있는 범죄인은 이 법에서 정하는 바에 따라 청구국의 인도청구에 의하여 소추(訴追), 재판 또는 형의 집행을 위하여 청구국에 인도할 수 있다.

제6조 인도범죄

대한민국과 청구국의 법률에 따라 인도범죄

가 사형, 무기징역, 무기금고, 장기(長期) 1년 이상의 징역 또는 금고에 해당하는 경우에만 범죄인을 인도할 수 있다.

제7조
절대적 인도거절 사유

다음 각 호의 어느 하나에 해당하는 경우에는 범죄인을 인도하여서는 아니 된다.

1. 대한민국 또는 청구국의 법률에 따라 인도범죄에 관한 공소시효 또는 형의 시효가 완성된 경우
2. 인도범죄에 관하여 대한민국 법원에서 재판이 계속(係屬) 중이거나 재판이 확정된 경우
3. 범죄인이 인도범죄를 범하였다고 의심할 만한 상당한 이유가 없는 경우. 다만, 인도범죄에 관하여 청구국에서 유죄의 재판이 있는 경우는 제외한다.
4. 범죄인이 인종, 종교, 국적, 성별, 정치적 신념 또는 특정 사회단체에 속한 것 등을 이유로 처벌되거나 그 밖의 불리한 처분을 받을 염려가 있다고 인정되는 경우

제8조
정치적 성격을 지닌 범죄 등의 인도거절

① 인도범죄가 정치적 성격을 지닌 범죄이거나 그와 관련된 범죄인 경우에는 범죄인을 인도하여서는 아니 된다. 다만, 인도범죄가 다음 각 호의 어느 하나에 해당하는 경우에는 그러하지 아니하다.
   1. 국가원수(國家元首)·정부수반(政府首班) 또는 그 가족의 생명·신체를 침해하거나 위협하는 범죄
   2. 다자간 조약에 따라 대한민국이 범죄인에 대하여 재판권을 행사하거나 범죄인을 인도할 의무를 부담하고 있는 범죄
   3. 여러 사람의 생명·신체를 침해·위협하거나 이에 대한 위험을 발생시키는 범죄

② 인도청구가 범죄인이 범한 정치적 성격을 지닌 다른 범죄에 대하여 재판을 하거나 그러한 범죄에 대하여 이미 확정된 형을 집행할 목적으로 행하여진 것이라고 인정되는 경우에는 범죄인을 인도하여서는 아니 된다.

제9조
임의적 인도거절 사유

다음 각 호의 어느 하나에 해당하는 경우에는 범죄인을 인도하지 아니할 수 있다.

1. 범죄인이 대한민국 국민인 경우
2. 인도범죄의 전부 또는 일부가 대한민국 영역에서 범한 것인 경우
3. 범죄인의 인도범죄 외의 범죄에 관하여 대한민국 법원에 재판이 계속 중인 경우 또는 범죄인이 형을 선고받고 그 집행이 끝나지 아니하거나 면제되지 아니한 경우
4. 범죄인이 인도범죄에 관하여 제3국(청구국이 아닌 외국을 말한다. 이하 같다)에서 재판을 받고 처벌되었거나 처벌받지 아니하기로 확정된 경우
5. 인도범죄의 성격과 범죄인이 처한 환경 등에 비추어 범죄인을 인도하는 것이 비인도적(非人道的)이라고 인정되는 경우

제10조
인도가 허용된 범죄 외의 범죄에 대한 처벌 금지에 관한 보증

인도된 범죄인이 다음 각 호의 어느 하나에

해당하는 경우를 제외하고는 인도가 허용된 범죄 외의 범죄로 처벌받지 아니하고 제3국에 인도되지 아니한다는 청구국의 보증이 없는 경우에는 범죄인을 인도하여서는 아니 된다.

1. 인도가 허용된 범죄사실의 범위에서 유죄로 인정될 수 있는 범죄 또는 인도된 후에 범한 범죄로 범죄인을 처벌하는 경우
2. 범죄인이 인도된 후 청구국의 영역을 떠났다가 자발적으로 청구국에 재입국한 경우
3. 범죄인이 자유롭게 청구국을 떠날 수 있게 된 후 45일 이내에 청구국의 영역을 떠나지 아니한 경우
4. 대한민국이 동의하는 경우

제 10 조의 2
동의 요청에 대한 법무부장관의 조치

법무부장관은 범죄인을 인도받은 청구국으로부터 인도가 허용된 범죄 외의 범죄로 처벌하거나 범죄인을 제3국으로 다시 인도하는 것에 관한 동의 요청을 받은 경우 그 요청에 타당한 이유가 있다고 인정될 때에는 이를 승인할 수 있다. 다만, 청구국이나 제3국에서 처벌하려는 범죄가 제7조 각 호 또는 제8조에 해당되는 경우에는 그 요청을 승인하여서는 아니 된다.

제 2 절 인도심사 절차

제 11 조
인도청구를 받은 외교통상부장관의 조치

외교통상부장관은 청구국으로부터 범죄인의 인도청구를 받았을 때에는 인도청구서와 관련 자료를 법무부장관에게 송부하여야 한다.

제 12 조
법무부장관의 인도심사청구명령

① 법무부장관은 외교통상부장관으로부터 제11조에 따른 인도청구서 등을 받았을 때에는 이를 서울고등검찰청 검사장(檢事長)에게 송부하고 그 소속 검사로 하여금 서울고등법원(이하 "법원"이라 한다)에 범죄인의 인도허가 여부에 관한 심사(이하 "인도심사"라 한다)를 청구하도록 명하여야 한다. 다만, 인도조약 또는 이 법에 따라 범죄인을 인도할 수 없거나 인도하지 아니하는 것이 타당하다고 인정되는 경우에는 그러하지 아니하다.

② 법무부장관은 제1항 단서에 따라 인도심사청구명령을 하지 아니하는 경우에는 그 사실을 외교통상부장관에게 통지하여야 한다.

제 13 조
인도심사청구

① 검사는 제12조 제1항에 따른 법무부장관의 인도심사청구명령이 있을 때에는 지체 없이 법원에 인도심사를 청구하여야 한다. 다만, 범죄인의 소재(所在)를 알 수 없는 경우에는 그러하지 아니하다.

② 범죄인이 제20조에 따른 인도구속영장에 의하여 구속되었을 때에는 구속된 날부터 3일 이내에 인도심사를 청구하여야 한다.

③ 인도심사의 청구는 관계 자료를 첨부하여 서면으로 하여야 한다.

④ 검사는 인도심사를 청구하였을 때에는 그 청구서의 부본(副本)을 범죄인에게 송부하여야 한다.

제 14 조
법원의 인도심사

① 법원은 제13조에 따른 인도심사의 청구를 받았을 때에는 지체 없이 인도심사를 시작하여야 한다.
② 법원은 범죄인이 인도구속영장에 의하여 구속 중인 경우에는 구속된 날부터 2개월 이내에 인도심사에 관한 결정(決定)을 하여야 한다.
③ 범죄인은 인도심사에 관하여 변호인의 도움을 받을 수 있다.
④ 제3항의 경우에는 「형사소송법」 제33조를 준용한다.
⑤ 법원은 인도심사에 관한 결정을 하기 전에 범죄인과 그의 변호인에게 의견을 진술할 기회를 주어야 한다. 다만, 인도심사청구 각하결정(却下決定) 또는 인도거절 결정을 하는 경우에는 그러하지 아니하다.
⑥ 법원은 인도심사를 하면서 필요하다고 인정할 때에는 증인을 신문(訊問)할 수 있고, 감정(鑑定)·통역 또는 번역을 명할 수 있다.
⑦ 제6항의 경우에는 심사청구의 성질에 반하지 아니하는 범위에서 「형사소송법」 제1편 제12장부터 제14장까지 및 제16장을 준용한다.

제 15 조
법원의 결정

① 법원은 인도심사의 청구에 대하여 다음 각 호의 구분에 따라 결정을 하여야 한다.
  1. 인도심사의 청구가 적법하지 아니하거나 취소된 경우: 인도심사청구 각하 결정
  2. 범죄인을 인도할 수 없다고 인정되는 경우: 인도거절 결정
  3. 범죄인을 인도할 수 있다고 인정되는 경우: 인도허가 결정
② 제1항에 따른 결정에는 그 이유를 구체적으로 밝혀야 한다.
③ 제1항에 따른 결정은 그 주문(主文)을 검사에게 통지함으로써 효력이 발생한다.
④ 법원은 제1항에 따른 결정을 하였을 때에는 지체 없이 검사와 범죄인에게 결정서의 등본을 송달하고, 검사에게 관계 서류를 반환하여야 한다.

제 15 조의 2
범죄인의 인도 동의

① 범죄인이 청구국으로 인도되는 것에 동의하는 경우 법원은 신속하게 제15조에 따른 결정을 하여야 한다. 이 경우 제9조에 해당한다는 이유로 인도거절 결정을 할 수 없다.
② 제1항에 따른 동의는 서면으로 법원에 제출되어야 하며, 법원은 범죄인의 진의(眞意) 여부를 직접 확인하여야 한다.
③ 제1항에 따른 결정이 있는 경우 법무부장관은 제34조 제1항에 따른 명령 여부를 신속하게 결정하여야 한다.

제 16 조
인도청구의 경합

① 법무부장관은 둘 이상의 국가로부터 동일 또는 상이한 범죄에 관하여 동일한 범죄인에 대한 인도청구를 받은 경우에는 범죄인을 인도할 국가를 결정하여야 하며, 필요한 경우 외교통상부장관과 협의

할 수 있다.

② 제1항에 따른 결정을 할 때에는 인도범죄의 발생일시, 발생장소, 중요성, 인도청구 날짜, 범죄인의 국적 및 거주지 등을 고려하여야 한다.

제 17 조
물건의 양도

① 법원은 인도범죄로 인하여 생겼거나 인도범죄로 인하여 취득한 물건 또는 인도범죄에 관한 증거로 사용될 수 있는 물건 중 대한민국 영역에서 발견된 것은 검사의 청구에 의하여 청구국에 양도할 것을 허가할 수 있다. 범죄인의 사망 또는 도망으로 인하여 범죄인 인도가 불가능한 경우에도 또한 같다.

② 제1항에 따라 청구국에 양도할 물건에 대한 압수·수색은 검사의 청구로 서울고등법원 판사(이하 "판사"라 한다)가 발부하는 압수·수색영장에 의하여 한다.

③ 제2항의 경우에는 그 성질에 반하지 아니하는 범위에서 「형사소송법」 제1편 제10장을 준용한다.

제 18 조
인도심사청구명령의 취소

① 외교통상부장관은 제11조에 따른 서류를 송부한 후에 청구국으로부터 범죄인의 인도청구를 철회한다는 통지를 받았을 때에는 그 사실을 법무부장관에게 통지하여야 한다.

② 법무부장관은 제12조 제1항 본문에 따른 인도심사청구명령을 한 후에 외교통상부장관으로부터 제1항에 따른 통지를 받거나 제12조 제1항 단서에 해당하게 되었을 때에는 인도심사청구명령을 취소하여야 한다.

③ 검사는 제13조 제1항에 따른 인도심사청구를 한 후에 인도심사청구명령이 취소되었을 때에는 지체 없이 인도심사청구를 취소하고 범죄인에게 그 내용을 통지하여야 한다.

④ 제3항에 따른 인도심사청구의 취소는 서면으로 하여야 한다.

제 3 절 범죄인의 인도구속

제 19 조
인도구속영장의 발부

① 검사는 제12조 제1항에 따른 법무부장관의 인도심사청구명령이 있을 때에는 인도구속영장에 의하여 범죄인을 구속하여야 한다. 다만, 범죄인이 주거가 일정하고 도망할 염려가 없다고 인정되는 경우에는 그러하지 아니하다.

② 인도구속영장은 검사의 청구에 의하여 판사가 발부한다.

③ 인도구속영장에는 다음 각 호의 사항을 적고 판사가 서명날인하여야 한다.
1. 범죄인의 성명·주거·국적
2. 청구국의 국명(國名)
3. 인도범죄명
4. 인도범죄 사실의 요지
5. 인치구금(引致拘禁)할 장소
6. 영장 발부일 및 그 유효기간과 그 기간이 지나면 집행에 착수하지 못하며 영장을 반환하여야 한다는 취지

제 20 조
인도구속영장의 집행

① 인도구속영장은 검사의 지휘에 따라 사

법경찰관리가 집행한다.

② 검사는 범죄인이 군복무 중인 경우에는 군검찰관에게 인도구속영장의 집행을 촉탁(囑託)할 수 있다. 이 경우 인도구속영장은 군검찰관의 지휘에 따라 군사법경찰관리가 집행한다.

③ 인도구속영장을 집행할 때에는 반드시 범죄인에게 이를 제시하여야 한다.

④ 사법경찰관리 등이 범죄인을 구속할 때에는 구속의 이유와 변호인을 선임(選任)할 수 있음을 알려주고, 신속히 범죄인 소재지를 관할하는 지방검찰청 또는 그 지청(支廳)의 소속 검사에게 범죄인을 인치하여야 한다.

⑤ 인도구속영장에 의한 구속에 관하여는 「형사소송법」 제83조, 제85조 제3항·제4항, 제86조, 제87조, 제89조, 제90조, 제137조 및 제138조를 준용한다.

제21조
교도소 등에의 구금

검사는 인도구속영장에 의하여 구속된 범죄인을 인치받으면 인도구속영장에 기재된 사람과 동일인인지를 확인한 후 지체 없이 교도소, 구치소 또는 그 밖에 인도구속영장에 기재된 장소에 구금하여야 한다.

제22조
인도구속의 적부심사

① 인도구속영장에 의하여 구속된 범죄인 또는 그 변호인, 법정대리인, 배우자, 직계친족, 형제자매, 가족이나 동거인 또는 고용주는 법원에 구속의 적부심사(適否審査)를 청구할 수 있다.

② 인도구속의 적부심사에 관하여는 그 성질에 반하지 아니하는 범위에서 「형사소송법」 제214조의2 제2항부터 제14항까지, 제214조의3 및 제214조의4를 준용한다.

제23조
인도구속의 집행정지와 효력 상실

① 검사는 타당한 이유가 있을 때에는 인도구속영장에 의하여 구속된 범죄인을 친족, 보호단체 또는 그 밖의 적당한 자에게 맡기거나 범죄인의 주거를 제한하여 구속의 집행을 정지할 수 있다.

② 검사는 범죄인이 다음 각 호의 어느 하나에 해당할 때에는 구속의 집행정지를 취소할 수 있다.

1. 도망하였을 때
2. 도망할 염려가 있다고 믿을 만한 충분한 이유가 있을 때
3. 주거의 제한이나 그 밖에 검사가 정한 조건을 위반하였을 때

③ 검사는 법무부장관으로부터 범죄인에 대하여 제36조에 따른 인도장(引渡狀)이 발부되었을 때에는 지체 없이 구속의 집행정지를 취소하여야 한다.

④ 검사는 제2항이나 제3항에 따라 구속의 집행정지를 취소하였을 때에는 사법경찰관리로 하여금 범죄인을 구속하게 하여야 한다.

⑤ 검사는 제3항에 따른 구속의 집행정지 취소로 인하여 범죄인을 구속하였을 때에는 법무부장관에게 그 내용을 보고하여야 한다.

⑥ 다음 각 호의 어느 하나에 해당하는 경우에는 인도구속영장은 효력을 잃는다.

1. 제15조 제1항 제1호 또는 제2호에 따라 인도심사청구 각하결정 또는 인도

범죄인인도

거절 결정이 있는 경우
2. 제18조 제3항에 따라 인도심사청구가 취소된 경우
3. 제34조 제3항에 따른 통지가 있는 경우

제24조
긴급인도구속의 청구를 받은 외교통상부장관의 조치

외교통상부장관은 청구국으로부터 범죄인의 긴급인도구속을 청구받았을 때에는 긴급인도구속 청구서와 관련 자료를 법무부장관에게 송부하여야 한다.

제25조
긴급인도구속에 관한 법무부장관의 조치

법무부장관은 제24조에 따른 서류를 송부받은 경우에 범죄인을 긴급인도구속하는 것이 타당하다고 인정할 때에는 그 서류를 서울고등검찰청 검사장에게 송부하고 그 소속 검사로 하여금 범죄인을 긴급인도구속하도록 명하여야 한다. 다만, 다음 각 호의 어느 하나에 해당하는 경우에는 긴급인도구속을 명할 수 없다.
1. 청구국에서 범죄인을 구속하여야 할 뜻의 영장이 발부되었거나 형의 선고가 있었다고 믿을 만한 상당한 이유가 없는 경우
2. 청구국에서 범죄인의 인도청구를 하겠다는 뜻의 보증이 있다고 믿을 만한 상당한 이유가 없는 경우

제26조
긴급인도구속영장에 의한 구속

① 검사는 제25조에 따른 법무부장관의 긴급인도구속명령이 있을 때에는 긴급인도구속영장에 의하여 범죄인을 구속하여야 한다.
② 긴급인도구속영장의 발부 및 그 영장에 의한 구속에 대하여는 제19조 제2항·제3항, 제20조부터 제22조까지 및 제23조 제1항부터 제4항까지의 규정을 준용한다.

제27조
긴급인도구속된 범죄인의 석방

① 법무부장관은 긴급인도구속영장에 의하여 구속된 범죄인에 대하여 제12조 제1항 단서에 따라 인도심사청구명령을 하지 아니하는 경우에는 서울고등검찰청 검사장에게 그 소속 검사로 하여금 범죄인을 석방하도록 명함과 동시에 외교통상부장관에게 그 사실을 통지하여야 한다.
② 검사는 제1항에 따른 법무부장관의 석방명령이 있을 때에는 지체 없이 범죄인에게 그 내용을 통지하고 그를 석방하여야 한다.

제28조
범죄인에 대한 통지

① 검사는 긴급인도구속영장에 의하여 구속된 범죄인에 대하여 제12조 제1항에 따른 법무부장관의 인도심사청구명령을 받았을 때에는 지체 없이 범죄인에게 그 사실을 서면으로 통지하여야 한다.
② 긴급인도구속영장에 의하여 구속된 범죄인에 대하여 제1항에 따른 통지가 있은 때에는 그 구속은 인도구속영장에 의한 구속으로 보고, 제13조 제2항과 제14조 제2항을 적용할 때에는 그 통지가 있은 때에 인도구속영장에 의하여 범죄인이 구속된 것으로 본다.

제 29 조
인도 불청구 통지 시의 석방

① 외교통상부장관은 제24조에 따른 서류를 송부한 후에 청구국으로부터 범죄인의 인도청구를 하지 아니한다는 통지를 받았을 때에는 지체 없이 법무부장관에게 그 사실을 통지하여야 한다.
② 법무부장관은 제1항에 따른 통지를 받았을 때에는 서울고등검찰청 검사장에게 그 소속 검사로 하여금 범죄인을 석방하도록 명하여야 한다.
③ 검사는 제2항에 따른 법무부장관의 석방명령이 있을 때에는 지체 없이 범죄인에게 그 내용을 통지하고 그를 석방하여야 한다.

제 30 조
검사의 조치사항

검사는 긴급인도구속영장에 의하여 구속된 범죄인에 대하여 그가 구속된 날부터 2개월 이내에 법무부장관의 인도심사청구명령이 없을 때에는 범죄인을 석방하고, 법무부장관에게 그 내용을 보고하여야 한다.

제 31 조
긴급인도구속에 대한 인도구속의 준용

① 긴급인도구속영장에 의하여 구속된 후 그 구속의 집행이 정지된 범죄인에 대하여 제28조 제1항에 따른 통지가 있는 경우에 긴급인도구속영장에 의한 구속의 집행정지는 제23조 제1항에 따른 구속의 집행정지로 본다.
② 다음 각 호의 어느 하나에 해당하는 경우에는 긴급인도구속영장은 효력을 잃는다.
  1. 범죄인에 대하여 제27조 제2항 또는 제29조 제3항에 따른 통지가 있는 경우
  2. 범죄인이 긴급인도구속영장에 의하여 구속된 날부터 2개월 이내에 제28조 제1항에 따른 통지가 없는 경우

제 4 절 범죄인의 인도

제 32 조
범죄인의 석방

① 검사는 다음 각 호의 어느 하나에 해당하는 경우에는 지체 없이 구속 중인 범죄인을 석방하고, 법무부장관에게 그 내용을 보고하여야 한다.
  1. 제18조 제2항에 따라 법무부장관의 인도심사청구명령의 취소가 있는 경우
  2. 법원의 인도심사청구 각하결정이 있는 경우
  3. 법원의 인도거절 결정이 있는 경우
② 법무부장관은 제1항에 따라 범죄인이 석방되었을 때에는 외교통상부장관에게 그 사실을 통지하여야 한다.

제 33 조
결정서 등본 등의 송부

검사는 제15조 제4항에 따른 결정서 등본을 송달받았을 때에는 지체 없이 그 결정서 등본에 관계 서류를 첨부하여 법무부장관에게 송부하여야 한다.

제 34 조
인도에 관한 법무부장관의 명령 등

① 법무부장관은 제15조 제1항 제3호에 따

른 인도허가 결정이 있는 경우에는 서울고등검찰청 검사장에게 그 소속 검사로 하여금 범죄인을 인도하도록 명하여야 한다. 다만, 청구국이 인도청구를 철회하였거나 대한민국의 이익 보호를 위하여 범죄인의 인도가 특히 부적당하다고 인정되는 경우에는 그러하지 아니하다.

② 법무부장관은 제1항 단서에 따라 범죄인을 인도하지 아니하는 경우에는 서울고등검찰청 검사장에게 그 소속 검사로 하여금 구속 중인 범죄인을 석방하도록 명함과 동시에 외교통상부장관에게 그 사실을 통지하여야 한다.

③ 검사는 제2항에 따른 법무부장관의 석방명령이 있을 때에는 지체 없이 범죄인에게 그 내용을 통지하고 그를 석방하여야 한다.

④ 법무부장관은 제3항에 따른 통지가 있은 후에는 해당 인도청구에 대한 범죄인의 인도를 명할 수 없다. 다만, 제9조 제3호의 경우에 관하여 인도조약에 특별한 규정이 있는 경우에 대한민국에서 인도범죄 외의 사건에 관한 재판 또는 형의 집행이 끝나지 아니하였음을 이유로 범죄인 불인도 통지를 한 후 그에 해당하지 아니하게 되었을 때에는 그러하지 아니하다.

제 35 조
인도장소와 인도기한

① 법무부장관의 인도명령에 따른 범죄인의 인도는 범죄인이 구속되어 있는 교도소, 구치소 또는 그 밖에 법무부장관이 지정하는 장소에서 한다.

② 인도기한은 인도명령을 한 날부터 30일로 한다.

③ 제2항에도 불구하고 인도명령을 할 당시 범죄인이 구속되어 있지 아니한 경우의 인도기한은 범죄인이 인도집행장(引渡執行狀)에 의하여 구속되었거나 구속의 집행정지 취소에 의하여 다시 구속된 날부터 30일로 한다.

제 36 조
인도장과 인수허가장의 송부

① 법무부장관은 제34조 제1항에 따른 인도명령을 할 때에는 인도장을 발부하여 서울고등검찰청 검사장에게 송부하고, 인수허가장(引受許可狀)을 발부하여 외교통상부장관에게 송부하여야 한다.

② 인도장과 인수허가장에는 다음 각 호의 사항을 적고, 법무부장관이 서명날인하여야 한다.

1. 범죄인의 성명·주거·국적
2. 청구국의 국명
3. 인도범죄명
4. 인도범죄 사실의 요지
5. 인도장소
6. 인도기한
7. 발부날짜

제 37 조
인도를 위한 구속

① 검사는 법무부장관으로부터 제36조에 따른 인도장을 받았을 때에는 범죄인이 구속되어 있거나 구속의 집행이 정지될 때까지 구속되어 있던 교도소·구치소 또는 그 밖에 인도구속영장에 기재된 구금장소의 장에게 인도장을 교부하고 범죄인을 인도할 것을 지휘하여야 한다.

② 제1항의 경우 범죄인이 구속되어 있지 아

니하면 검사는 인도집행장을 발부하여 범죄인을 구속하여야 한다.

③ 인도집행장에는 다음 각 호의 사항을 적고, 검사가 서명날인하여야 한다.

1. 범죄인의 성명·주거·국적
2. 청구국의 국명
3. 인도범죄명
4. 인도범죄 사실의 요지
5. 인치구금할 장소
6. 발부날짜

④ 인도집행장에 의한 범죄인의 구속에 관하여는 제20조와 제21조를 준용한다.

⑤ 검사는 범죄인이 인도집행장에 의하여 교도소, 구치소 또는 그 밖에 인도집행장에 기재된 구금장소에 구속되었을 때에는 지체 없이 그 교도소 등의 장에게 인도장을 교부하여 범죄인을 인도할 것을 지휘하고 법무부장관에게 그 내용을 보고하여야 한다.

제38조
법무부장관의 통지

법무부장관은 제23조 제5항 또는 제37조 제5항에 따른 보고를 받았을 때에는 지체 없이 외교통상부장관에게 범죄인을 인도할 장소에 구속하였다는 사실과 인도할 기한을 통지하여야 한다.

제39조
청구국에의 통지

① 외교통상부장관은 법무부장관으로부터 제36조에 따른 인수허가장을 송부받았을 때에는 지체 없이 청구국에 이를 송부하여야 한다.

② 외교통상부장관은 법무부장관으로부터 제38조에 따른 통지를 받았을 때에는 지체 없이 그 내용을 청구국에 통지하여야 한다.

제40조
교도소장 등의 인도

① 제37조 제1항 또는 제5항에 따라 범죄인의 인도 지휘를 받은 교도소·구치소 등 인도구속영장 또는 인도집행장에 기재된 구금장소의 장은 청구국의 공무원이 인수허가장을 제시하면서 범죄인 인도를 요청하는 경우에는 범죄인을 인도하여야 한다.

② 검사는 범죄인의 인도기한까지 제1항에 따른 인도 요청이 없는 경우에는 범죄인을 석방하고, 법무부장관에게 그 내용을 보고하여야 한다.

제41조
청구국의 범죄인 호송

제40조 제1항에 따라 범죄인을 인도받은 청구국의 공무원은 지체 없이 범죄인을 청구국으로 호송하여야 한다.

제3장 외국에 대한 범죄인 인도청구

제42조
법무부장관의 인도청구 등

① 법무부장관은 대한민국 법률을 위반한 범죄인이 외국에 있는 경우 그 외국에 대하여 범죄인 인도 또는 긴급인도구속을 청구할 수 있다.

② 법무부장관은 외국에 대한 범죄인 인도청구 또는 긴급인도구속청구 등과 관련

하여 필요하다고 판단할 때에는 적절하다고 인정되는 검사장·지청장 등에게 필요한 조치를 명할 수 있다.

제 42 조의 2
검사장 등의 조치

① 제42조 제2항에 따른 명령을 받은 검사장·지청장 등은 소속 검사에게 관련 자료의 검토·작성·보완 등 필요한 조치를 하도록 명하여야 한다.
② 제1항에 따른 명령을 받은 검사는 그 명령을 신속히 이행하고 관련 자료를 첨부하여 그 결과를 법무부장관에게 보고하여야 한다.

제 42 조의 3
검사의 범죄인 인도청구 등의 건의

① 검사는 외국에 대한 범죄인 인도청구 또는 긴급인도구속청구가 타당하다고 판단할 때에는 법무부장관에게 외국에 대한 범죄인 인도청구 또는 긴급인도구속청구를 건의할 수 있다.
② 제1항의 경우 검사는 인도조약 및 법무부장관이 지정한 사항을 적은 서면과 관련 자료를 첨부하여야 한다.

제 42 조의 4
외국에 대한 동의 요청

① 법무부장관은 외국으로부터 인도받은 범죄인을 인도가 허용된 범죄 외의 범죄로도 처벌할 필요가 있다고 판단하는 경우에는 그 외국에 대하여 처벌에 대한 동의를 요청할 수 있다.
② 검사는 제1항에 따른 동의 요청이 필요하다고 판단하는 경우에는 법무부장관에게 동의 요청을 건의할 수 있다. 이 경우 제42조의3 제2항을 준용한다.

제 43 조
인도청구서 등의 송부

법무부장관은 제42조 및 제42조의4에 따라 범죄인 인도청구, 긴급인도구속청구, 동의 요청 등을 결정한 경우에는 인도청구서 등과 관계 자료를 외교통상부장관에게 송부하여야 한다.

제 44 조
외교통상부장관의 조치

외교통상부장관은 법무부장관으로부터 제43조에 따른 인도청구서 등을 송부받았을 때에는 이를 해당 국가에 송부하여야 한다.

제 4 장 보칙

제 45 조
통과호송 승인

① 법무부장관은 외국으로부터 외교기관을 거쳐 그 외국의 공무원이 다른 외국에서 인도받은 사람을 대한민국 영역을 통과하여 호송하기 위한 승인을 요청하는 경우에 그 요청에 타당한 이유가 있다고 인정되는 경우에는 이를 승인할 수 있다. 다만, 다음 각 호의 어느 하나에 해당되는 경우에는 그 요청을 승인하여서는 아니 된다.
1. 청구대상자의 인도 원인이 된 행위가 대한민국의 법률에 따라 죄가 되지 아니하는 경우

2. 청구대상자의 인도 원인이 된 범죄가 정치적 성격을 지닌 경우 또는 인도청구가 청구대상자가 범한 정치적 성격을 지닌 다른 범죄에 관하여 재판을 하거나 그러한 범죄에 대하여 이미 확정된 형을 집행할 목적으로 행하여진 것이라고 인정되는 경우
3. 청구가 인도조약에 의하지 아니한 경우에 그 청구대상자가 대한민국 국민인 경우

② 법무부장관은 제1항에 따른 승인을 할 것인지에 관하여 미리 외교통상부장관과 협의하여야 한다.

제45조의2
통과호송 승인 요청

① 법무부장관은 외국으로부터 국내로 범죄인을 호송할 때 제3국의 영토를 통과하여야 할 필요가 있는 경우에는 그 제3국에 대하여 통과호송에 관한 승인을 요청할 수 있다.

② 제1항의 승인 요청에 관하여는 제43조와 제44조를 준용한다.

제46조
비 용

범죄인의 인도에 드는 비용에 관하여 청구국과 특별한 약정이 없는 경우 청구국의 공무원에게 범죄인을 인도할 때까지 범죄인의 구속 등으로 인하여 대한민국의 영역에서 발생하는 비용은 대한민국이 부담하고, 청구국의 공무원이 범죄인을 대한민국으로부터 인도받은 후에 발생하는 비용은 청구국이 부담한다.

제47조
검찰총장 경유

이 법에 따라 법무부장관이 검사장 등에게 하는 명령과 검사장·지청장 또는 검사가 법무부장관에게 하는 건의·보고 또는 서류 송부는 검찰총장을 거쳐야 한다.

범죄인인도

제48조
인도조약 효력 발생 전의 범죄에 관한 인도청구

인도조약에 특별한 규정이 없는 경우에는 인도조약의 효력 발생 전에 범한 범죄에 관한 범죄인의 인도청구에 대하여도 이 법을 적용한다.

제49조
대법원규칙

법원의 인도심사 절차와 인도구속영장 및 긴급인도구속영장의 발부 절차 등에 관하여 필요한 사항은 대법원규칙으로 정한다.

제50조
시 행 령

제49조에 따라 대법원규칙으로 정하는 사항 외에 이 법 시행에 필요한 사항은 대통령령으로 정한다.

제51조
출입국에 관한 특칙

① 법무부장관은 범죄인이 유효한 여권을 소지하지 아니하거나 제시하지 아니하는 등의 경우에 범죄인 인도의 목적을 달성하기 위하여 특히 필요하다고 판단될 때

에는 「출입국관리법」 제3조 · 제6조 제1항 · 제7조 · 제12조 · 제13조 및 제28조에도 불구하고 이 법 제36조에 따른 인도장 · 인수허가장 또는 외국정부가 발행한 범죄인 인도명령장 등 범죄인 인도 관련 서류로 출입국심사를 하고 입국 또는 출국하게 할 수 있다.

② 법무부장관은 외국으로 인도할 범죄인이 대한민국 국민으로서 「병역법」 제70조에 따른 국외여행 허가대상 병역의무자인 경우에는 제1항의 출국조치를 하기 전에 국방부장관과 협의하여야 한다.

부칙 <제10202호, 2010. 3. 31>

이 법은 공포한 날부터 시행한다.

PART VIII

United Nations Resolutions on Korea

28. UN General Assembly "Uniting for Peace" Resolution 377 (1950)

A

The General Assembly,

Recognizing that the first two stated Purposes of the United Nations are:

"To maintain international peace and security, and to that end: to take effective collective measures for the prevention and removal of threats to the peace, and for the suppression of acts of aggression or other breaches of the peace, and to bring about by peaceful means, and in conformity with the principles of justice and international law, adjustment or settlement of international disputes or situations which might lead to a breach of the peace", and

"To develop friendly relations among nations based on respect for the principle of equal rights and self determination of peoples, and to take other appropriate measures to strengthen universal peace",

Reaffirming that it remains the primary duty of all Members of the United Nations, when involved in an international dispute, to seek settlement of such a dispute by peaceful means through the procedures laid down in Chapter VI of the Charter, and recalling the, successful achievements of the United Nations in this regard on a number of previous occasions,

Finding that international tension exists on a dangerous scale,

Recalling its resolution 290 (IV) entitled "Essentials of peace", which states that disregard of the Principles of the Charter of the United Nations is primarily responsible for the continuance of international tension, and desiring to contribute further that resolution,

Reaffirming the importance of the exercise by the Security Council of its primary responsibility for the maintenance of international peace and security, and the duty of the permanent members to seek unanimity and to exercise restraint in the use of the veto,

Reaffirming that the initiative in negotiating the agreements for armed forces provided for in Article 43 of the Charter belongs to the Security Council, and desiring to ensure that, pending the conclusion of such agreements, the United Nations has at its disposal means for maintaining international peace and security,

Conscious that failure of the Security Council to discharge its responsibilities on behalf of all the Member States, particularly those responsibilities referred to in the two preceding paragraphs, does not relieve Member States of their obligations or the United Nations of its responsibility under the Charter to maintain international peace and security,

Recognizing in particular that such failure does not deprive the General Assembly of its rights or relieve it of its responsibili-

SC 377

ties under the Charter in regard to the maintenance of international peace and security,

Recognizing that discharge by the General Assembly of its responsibilities in these respects calls for possibilities of observation which would ascertain the facts and expose aggressors; for the existence of armed forces which could be used collectively; and for the possibility of timely recommendation by the General Assembly to Members of the United Nations for collective action which, to be effective, should be prompt,

A

1. Resolves that if the Security Council, because of lack of unanimity of the permanent members, fails to exercise its primary responsibility for the maintenance of international peace and security in any case where there appears to be a threat to the peace, breach of the peace, or act of aggression, the General Assembly shall consider the matter immediately with a view to making appropriate recommendations to Members for collective measures, including in the case of a breach of the peace or act of aggression the use of armed force when necessary, to maintain or restore international peace and security. If not in session at the time, the General Assembly may meet in emergency special session within twenty-four hours of the request therefor. Such emergency special session shall be called if requested by the Security Council on the vote of any seven members, or by a majority of the Members of the United Nations;

2. Adopts for this purpose the amendments to its rules of procedure set forth in the annex to the present resolution;

B

3. Establishes a Peace Observation Commission which, for the calendar years 1951 and 1952, shall be composed of fourteen Members, namely: China, Colombia, Czechoslovakia, France, India, Iraq, Israel, New Zealand, Pakistan, Sweden, the Union of Soviet Socialist Republics, the United Kingdom of Great Britain and Northern Ireland, the United States of America and Uruguay, and which could observe and report on the situation in any area where there exists international tension the continuance of which is likely to endanger the maintenance of international peace and security. Upon the invitation or with the consent of the State into whose territory the Commission would go, the General Assembly, or the Interim Committee when the Assembly is not in session, may utilize the Commission if the Security Council is not exercising the functions assigned to it by the Charter with respect to the matter in question. Decisions to utilize the Commission shall be made on the affirmative vote of two-thirds of the members present and voting. The Security Council may also utilize the Commis-

sion in accordance with its authority under the Charter;

4. Decides that the Commission shall have authority in its discretion to appoint sub-commissions and to utilize the services of observers to assist it in the performance of its functions;

5. Recommends to all governments and authorities that they co-operate with the Commission and assist it in the performance of its functions;

6. Requests the Secretary-General to provide the necessary staff and facilities, utilizing, where directed by the Commission, the United Nations Panel of Field Observers envisaged in General Assembly resolution 297 B (IV);

C

7. Invites each Member of the United Nations to survey its resources in order to determine the nature and scope of the assistance it may be in a position to render in support of any recommendations of the Security Council or of the General Assembly for the restoration of international peace and security;

8. Recommends to the States Members of the United Nations that each Member maintain within its national armed forces elements so trained, organized and equipped that they could promptly be made available, in accordance with its constitutional processes, for service as a United Nations unit or units, upon recommendation by the Security Council or the General Assembly, without prejudice to the use of such elements in exercise of the right of individual or collective self-defence recognized in Article 51 of the Charter;

9. Invites the Members of the United Nations to inform the Collective Measures Committee provided for in paragraph 11 as soon as possible of the measures taken in implementation of the preceding paragraph;

10. Requests the Secretary-General to appoint, with the approval of the Committee provided for in paragraph 11, a panel of military experts who could be made available, on request, to Member States wishing to obtain technical advice regarding the organization, training, and equipment for prompt service as United Nations units of the elements referred to in paragraph 8

D

11. Establishes a Collective Measures Committee consisting of fourteen Members, namely: Australia, Belgium, Brazil, Burma, Canada, Egypt, France, Mexico, Philippines, Turkey, the United Kingdom of Great Britain and Northern Ireland, the United States of America, Venezuela and Yugoslavia, and directs the Committee, in consultation with the Secretary-General and with such Member States as the Committee finds appropriate, to study and make a report to the Security Council and the General Assembly, not later than 1 September 1951, on

SC 377

methods, including those in section C of the present resolution, which might be used to maintain and strengthen international peace and security in accordance with the Purposes and Principles of the Charter, taking account of collective self-defence and regional arrangements (Articles 51 and 52 of the Charter);

12. Recommends to all Member States that they cooperate with the Committee and assist it in the performance of its functions;

13. Requests the Secretary-General to furnish the staff and facilities necessary for the effective accomplishment of the purposes set forth in sections C and D of the present resolution;

E

14. Is fully conscious that, in adopting the proposals set forth above, enduring peace will not be secured solely by collective security arrangements against breaches of international peace and acts of aggression, but that a genuine and lasting peace depends also upon the observance of all the Principles and Purposes established in the Charter of the United Nations, upon the implementation of the resolutions of the Security Council, the General Assembly and other principal organs of the United Nations intended to achieve the maintenance of international peace and security, and especially upon respect for and observance of human rights and fundamental freedoms for all and on the establishment and maintenance of conditions of economic and social well-being in all countries; and accordingly

15. Urges Member States to respect fully, and to intensify, joint action, in co-operation with the United Nations, to develop and stimulate universal respect for and observance of human Tights and fundamental freedoms, and to intensify individual and collective efforts to achieve conditions of economic stability and social progress, particularly through the development of under-developed countries and areas.

ANNEX

The rules of procedure of the General Assembly are amended in the following respects:

1. The present text of rule 8 shall become paragraph (a) of that rule, and a new paragraph (b) shall be added to read as follows:
"Emergency special sessions pursuant to resolution 377 A (V) shall be convened within twenty-four hours of the receipt by the Secretary-General of a request for such a session from the Security Council, on the vote of any seven members thereof, or of a request from a majority of the Members of the United Nations expressed by vote in the Interim Committee or otherwise, or of the concurrence of a majority of Members as provided in rule

9."

2. The present text of rule 9 shall become paragraph (a) of that rule and a new paragraph (b) shall be added to read as follows: "This rule shall apply also to a request by any Member for an emergency special session pursuant to resolution 377 A (V). In such a case the Secretary-General shall communicate with other Members by the most expeditious means of communication available."

3. Rule 10 is amended by adding at the end thereof the following:
"… In the case of an emergency special session convened pursuant to rule 8 (b), the Secretary-General shall notify the Members of the United Nations at least twelve hours in advance of the opening of the session."

4. Rule 16 is amended by adding at the end thereof the following:
"… The provisional agenda of an emergency special session shall be communicated to the Members of the United Nations simultaneously with the communication summoning the session."

5. Rule 19 is amended by adding at the end thereof the following:
"… During an emergency special session additional items concerning the matters dealt with in resolution 377 A (V) may be added to the agenda by a two-thirds majority of the Members present and voting)."

6. There is added a new rule to precede rule G5 to read as follows:
"Notwithstanding the provisions of any other rule and unless the General Assembly decides otherwise, the Assembly, in case of an emergency special session, I shall convene in plenary session only and proceed directly to consider the item proposed for consideration in the request for the holding of the session, without previous reference to the General Committee or to any other Committee; the President and Vice-Presidents for such emergency Special sessions shall be, respectively, the chairman of those delegations from which were elected the President and Vice-Presidents of the previous session."

302nd plenary meeting,
3 November 1950.

SC 377

B

For the purpose of maintaining international peace and security, in accordance with the Charter of the United Nations, and, in particular, with Chapters V, VI and VII of the Charter, The General Assembly Recommends to the Security Council:

That it should take the necessary steps to ensure that the action provided for under the Charter is taken with respect to threats to the peace, breaches of the peace or acts of aggression and with respect to the peaceful settlement of disputes or situations likely to endanger the mainte-

nance of international peace and security;
That it should devise measures for the earliest application of Articles 43, 45, 46 and 47 of the Charter of the United Nations regarding the placing of armed forces at the disposal of the Security Council by the States Members of the United Nations and the effective functioning of the Military Staff Committee;

The above dispositions should in no manner prevent the General Assembly from fulfilling its functions under resolution 377 A (V).

302nd Plenary meeting,
3 November 1950.

C

The General Assembly,

Recognizing that the primary function of the United Nations Organization is to maintain and promote peace, security and justice among all nations,

Recognizing the responsibility of all Member States to promote the cause of international peace in accordance with their obligations as provided in the Charter,

Recognizing that the Charter charges the Security Council with the primary responsibility for maintaining international peace and security,

Reaffirming the importance of unanimity among the permanent members of the Security Council on all problems which are likely to threaten world peace,

Recalling General Assembly resolution 190 (Ⅲ) entitled "Appeal to the Great Powers to renew their efforts to compose their differences and establish a lasting peace",

Recommends to the permanent members of the Security Council that:

(a) They meet and discuss, collectively or otherwise, and, if necessary, with other States concerned! All problems which are likely to threaten international peace and hamper the activities of the United Nations, with a view to their resolving fundamental differences and reaching agreement in accordance with the spirit and letter of the Charter;
(b) They advise the General Assembly and, when it is not in session, the Members of the United Nations, as soon as appropriate, of the results of their consultations.

302nd plenary meeting,
3 November 1950.

29. UN Security Council Resolution 1540 (2004)

Adopted by the Security Council
at its 4956th meeting,
on 28 April 2004

The Security Council,

Affirming that proliferation of nuclear, chemical and biological weapons, as well as their means of delivery,* constitutes a threat to international peace and security,

Reaffirming, in this context, the Statement of its President adopted at the Council's meeting at the level of Heads of State and Government on 31 January 1992 (S/23500), including the need for all Member States to fulfil their obligations in relation to arms control and disarmament and to prevent proliferation in all its aspects of all weapons of mass destruction,

Recalling also that the Statement underlined the need for all Member States to resolve peacefully in accordance with the Charter any problems in that context threatening or disrupting the maintenance of regional and global stability,

Affirming its resolve to take appropriate and effective actions against any threat to international peace and security caused by the proliferation of nuclear, chemical and biological weapons and their means of delivery, in conformity with its primary responsibilities, as provided for in the United Nations Charter,

Affirming its support for the multilateral treaties whose aim is to eliminate or prevent the proliferation of nuclear, chemical or biological weapons and the importance for all States parties to these treaties to implement them fully in order to promote international stability,

SC 1540

* Definitions for the purpose of this resolution only:

Means of delivery: missiles, rockets and other unmanned systems capable of delivering nuclear, chemical, or biological weapons, that are specially designed for such use.

Non-State actor: individual or entity, not acting under the lawful authority of any State in conducting activities which come within the scope of this resolution.

Related materials: materials, equipment and technology covered by relevant multilateral treaties and arrangements, or included on national control lists, which could be used for the design, development, production or use of nuclear, chemical and biological weapons and their means of delivery.

Welcoming efforts in this context by multilateral arrangements which contribute to non-proliferation,

Affirming that prevention of proliferation of nuclear, chemical and biological weapons should not hamper international cooperation in materials, equipment and technology for peaceful purposes while goals of peaceful utilization should not be used as a cover for proliferation,

Gravely concerned by the threat of terrorism and the risk that non-State actors* such as those identified in the United Nations list established and maintained by the Committee established under Security Council resolution 1267 and those to whom resolution 1373 applies, may acquire, develop, traffic in or use nuclear, chemical and biological weapons and their means of delivery,

Gravely concerned by the threat of illicit trafficking in nuclear, chemical, or biological weapons and their means of delivery, and related materials,* which adds a new dimension to the issue of proliferation of such weapons and also poses a threat to international peace and security,

Recognizing the need to enhance coordination of efforts on national, subregional, regional and international levels in order to strengthen a global response to this serious challenge and threat to international security,

Recognizing that most States have undertaken binding legal obligations under treaties to which they are parties, or have made other commitments aimed at preventing the proliferation of nuclear, chemical or biological weapons, and have taken effective measures to account for, secure and physically protect sensitive materials, such as those required by the Convention on the Physical Protection of Nuclear Materials and those recommended by the IAEA Code of Conduct on the Safety and Security of Radioactive Sources,

Recognizing further the urgent need for all States to take additional effective measures to prevent the proliferation of nuclear, chemical or biological weapons and their means of delivery,

Encouraging all Member States to implement fully the disarmament treaties and agreements to which they are party,

Reaffirming the need to combat by all means, in accordance with the Charter of the United Nations, threats to international peace and security caused by terrorist acts,

Determined to facilitate henceforth an effective response to global threats in the area of non-proliferation,

Acting under Chapter VII of the Charter of the United Nations,

1. Decides that all States shall refrain from providing any form of support to non-State actors that attempt to develop, acquire, manufacture, possess, transport, transfer or use nuclear, chemical or biological weapons and their means of delivery;

2. Decides also that all States, in accordance with their national procedures, shall adopt and enforce appropriate effective laws which prohibit any non-State actor to manufacture, acquire, possess, develop, transport, transfer or use

nuclear, chemical or biological weapons and their means of delivery, in particular for terrorist purposes, as well as attempts to engage in any of the foregoing activities, participate in them as an accomplice, assist or finance them;

3. Decides also that all States shall take and enforce effective measures to establish domestic controls to prevent the proliferation of nuclear, chemical, or biological weapons and their means of delivery, including by establishing appropriate controls over related materials and to this end shall:

(a) Develop and maintain appropriate effective measures to account for and secure such items in production, use, storage or transport;
(b) Develop and maintain appropriate effective physical protection measures;
(c) Develop and maintain appropriate effective border controls and law enforcement efforts to detect, deter, prevent and combat, including through international cooperation when necessary, the illicit trafficking and brokering in such items in accordance with their national legal authorities and legislation and consistent with international law;
(d) Establish, develop, review and maintain appropriate effective national export and trans-shipment controls over such items, including appropriate laws and regulations to control export, transit, trans-shipment and re-export and controls on providing funds and services related to such export and trans-shipment such as financing, and transporting that would contribute to proliferation, as well as establishing end-user controls; and establishing and enforcing appropriate criminal or civil penalties for violations of such export control laws and regulations;

4. Decides to establish, in accordance with rule 28 of its provisional rules of procedure, for a period of no longer than two years, a Committee of the Security Council, consisting of all members of the Council, which will, calling as appropriate on other expertise, report to the Security Council for its examination, on the implementation of this resolution, and to this end calls upon States to present a first report no later than six months from the adoption of this resolution to the Committee on steps they have taken or intend to take to implement this resolution;

5. Decides that none of the obligations set forth in this resolution shall be interpreted so as to conflict with or alter the rights and obligations of State Parties to the Nuclear Non-Proliferation Treaty, the Chemical Weapons Convention and the Biological and Toxin Weapons Convention or alter the responsibilities of the International Atomic Energy Agency or the Organization for the Prohibition of Chemical Weapons;

6. Recognizes the utility in implementing this resolution of effective national control lists and calls upon all Member States, when necessary, to pursue at the

earliest opportunity the development of such lists;

7. Recognizes that some States may require assistance in implementing the provisions of this resolution within their territories and invites States in a position to do so to offer assistance as appropriate in response to specific requests to the States lacking the legal and regulatory infrastructure, implementation experience and/or resources for fulfilling the above provisions;

8. Calls upon all States:

(a) To promote the universal adoption and full implementation, and, where necessary, strengthening of multilateral treaties to which they are parties, whose aim is to prevent the proliferation of nuclear, biological or chemical weapons;

(b) To adopt national rules and regulations, where it has not yet been done, to ensure compliance with their commitments under the key multilateral nonproliferation treaties;

(c) To renew and fulfil their commitment to multilateral cooperation, in particular within the framework of the International Atomic Energy Agency, the Organization for the Prohibition of Chemical Weapons and the Biological and Toxin Weapons Convention, as important means of pursuing and achieving their common objectives in the area of non-proliferation and of promoting international cooperation for peaceful purposes;

(d) To develop appropriate ways to work with and inform industry and the public regarding their obligations under such laws;

9. Calls upon all States to promote dialogue and cooperation on nonproliferation so as to address the threat posed by proliferation of nuclear, chemical, or biological weapons, and their means of delivery;

10. Further to counter that threat, calls upon all States, in accordance with their national legal authorities and legislation and consistent with international law, to take cooperative action to prevent illicit trafficking in nuclear, chemical or biological weapons, their means of delivery, and related materials;

11. Expresses its intention to monitor closely the implementation of this resolution and, at the appropriate level, to take further decisions which may be required to this end;

12. Decides to remain seized of the matter.

29-1. UN Security Council Resolution 1718 (2006)

Adopted by the Security Council
at its 5551st meeting,
on 14 October 2006

The Security Council,

Recalling its previous relevant resolutions, including resolution 825(1993), resolution 1540(2004) and, in particular, resolution 1695(2006), as well as the statement of its President of 6 October 2006 (S/PRST/2006/41),

Reaffirming that proliferation of nuclear, chemical and biological weapons, as well as their means of delivery, constitutes a threat to international peace and security,

Expressing the gravest concern at the claim by the Democratic People's Republic of Korea (DPRK) that it has conducted a test of a nuclear weapon on 9 October 2006, and at the challenge such a test constitutes to the Treaty on the Non-Proliferation of Nuclear Weapons and to international efforts aimed at strengthening the global regime of non-proliferation of nuclear weapons, and the danger it poses to peace and stability in the region and beyond,

Expressing its firm conviction that the international regime on the non-proliferation of nuclear weapons should be maintained and recalling that the DPRK cannot have the status of a nuclear-weapon state in accordance with the Treaty on the Non-Proliferation of Nuclear Weapons,

Deploring the DPRK's announcement of withdrawal from the Treaty on the Non-Proliferation of Nuclear Weapons and its pursuit of nuclear weapons, Deploring further that the DPRK has refused to return to the Six-Party talks without precondition,

SC 1718

Endorsing the Joint Statement issued on 19 September 2005 by China, the DPRK, Japan, the Republic of Korea, the Russian Federation and the United States,

Underlining the importance that the DPRK respond to other security and humanitarian concerns of the international community,

Expressing profound concern that the test claimed by the DPRK has generated increased tension in the region and beyond, and determining therefore that there is a clear threat to international peace and security,

Acting under Chapter VII of the Charter of the United Nations, and taking measures under its Article 41,

1. Condemns the nuclear test proclaimed by the DPRK on 9 October 2006 in flagrant disregard of its relevant resolutions, in particular resolution 1695 (2006), as well as of the statement of its President of 6 October 2006 (S/PRST/2006/41), including that such a test would bring universal condemnation of the international community and would represent a clear threat to international

peace and security;

2. Demands that the DPRK not conduct any further nuclear test or launch of a ballistic missile;

3. Demands that the DPRK immediately retract its announcement of withdrawal from the Treaty on the Non-Proliferation of Nuclear Weapons;

4. Demands further that the DPRK return to the Treaty on the Non-Proliferation of Nuclear Weapons and International Atomic Energy Agency (IAEA) safeguards, and underlines the need for all States Parties to the Treaty on the Non-Proliferation of Nuclear Weapons to continue to comply with their Treaty obligations;

5. Decides that the DPRK shall suspend all activities related to its ballistic missile programme and in this context re-establish its pre-existing commitments to a moratorium on missile launching;

6. Decides that the DPRK shall abandon all nuclear weapons and existing nuclear programmes in a complete, verifiable and irreversible manner, shall act strictly in accordance with the obligations applicable to parties under the Treaty on the Non-Proliferation of Nuclear Weapons and the terms and conditions of its International Atomic Energy Agency (IAEA) Safeguards Agreement (IAEA INFCIRC/403) and shall provide the IAEA transparency measures extending beyond these requirements, including such access to individuals, documentation, equipments and facilities as may be required and deemed necessary by the IAEA;

7. Decides also that the DPRK shall abandon all other existing weapons of mass destruction and ballistic missile programme in a complete, verifiable and irreversible manner;

8. Decides that:

(a) All Member States shall prevent the direct or indirect supply, sale or transfer to the DPRK, through their territories or by their nationals, or using their flag vessels or aircraft, and whether or not originating in their territories, of:

(i) Any battle tanks, armoured combat vehicles, large calibre artillery systems, combat aircraft, attack helicopters, warships, missiles or missile systems as defined for the purpose of the United Nations Register on Conventional Arms, or related materiel including spare parts, or items as determined by the Security Council or the Committee established by paragraph 12 below (the Committee);

(ii) All items, materials, equipment, goods and technology as set out in the lists in documents S/2006/814 and S/2006/815, unless within 14 days of adoption of this resolution the Committee has amended or completed their provisions also taking into account the list in document S/2006/816, as well as other items, materials, equipment, goods and technology, determined by the Security Council or the Committee, which could contribute to DPRK's nuclear-related, ballistic missile-related or other weapons of mass destruction related programmes;

(iii) Luxury goods;

(b) The DPRK shall cease the export of all items covered in sub paragraphs (a) (i) and (a) (ii) above and that all Member States shall prohibit the procurement of such items from the DPRK by their nationals, or using their flagged vessels or aircraft, and whether or not originating in the territory of the DPRK;

(c) All Member States shall prevent any transfers to the DPRK by their nationals or from their territories, or from the DPRK by its nationals or from its territory, of technical training, advice, services or assistance related to the provision, manufacture, maintenance or use of the items in sub paragraphs (a) (i) and (a) (ii) above;

(d) All Member States shall, in accordance with their respective legal processes, freeze immediately the funds, other financial assets and economic resources which are on their territories at the date of the adoption of this resolution or at any time thereafter, that are owned or controlled, directly or indirectly, by the persons or entities designated by the Committee or by the Security Council as being engaged in or providing support for, including through other illicit means, DPRK's nuclear-related, other weapons of mass destruction-related and ballistic missile related programmes, or by persons or entities acting on their behalf or at their direction, and ensure that any funds, financial assets or economic resources are prevented from being made available by their nationals or by any persons or entities within their territories, to or for the benefit of such persons or entities;

(e) All Member States shall take the necessary steps to prevent the entry into or transit through their territories of the persons designated by the Committee or by the Security Council as being responsible for, including through supporting or promoting, DPRK policies in relation to the DPRK's nuclear-related, ballistic missile-related and other weapons of mass destruction-related programmes, together with their family members, provided that nothing in this paragraph shall oblige a state to refuse its own nationals entry into its territory;

(f) In order to ensure compliance with the requirements of this paragraph, and thereby preventing illicit trafficking in nuclear, chemical or biological weapons, their means of delivery and related materials, all Member States are called upon to take, in accordance with their national authorities and legislation, and consistent with international law, cooperative action including through inspection of cargo to and from the DPRK, as necessary;

9. Decides that the provisions of paragraph 8 (d) above do not apply to financial or other assets or resources that have been determined by relevant States:

(a) To be necessary for basic expenses, including payment for foodstuffs, rent or mortgage, medicines and medical treatment, taxes, insurance premiums, and public utility charges, or exclusively for payment of reasonable professional fees and reimbursement of incurred expenses associated with the provision of legal services, or fees or service charges, in accordance with national laws, for routine holding or maintenance of frozen funds, other financial assets and economic resources, after notification by the relevant States to the Committee of the intention to authorize, where appropriate, access to such funds, other financial assets and economic resources and in the absence of a negative decision by the Committee within five working days of such notification;
(b) To be necessary for extraordinary expenses, provided that such determination has been notified by the relevant States to the Committee and has been approved by the Committee; or

10. Decides that the measures imposed by paragraph 8 (e) above shall not apply where the Committee determines on a case-by-case basis that such travel is justified on the grounds of humanitarian need, including religious obligations, or where the Committee concludes that an exemption would otherwise further the objectives of the present resolution;

11. Calls upon all Member States to report to the Security Council within thirty days of the adoption of this resolution on the steps they have taken with a view to implementing effectively the provisions of paragraph 8 above;

12. Decides to establish, in accordance with rule 28 of its provisional rules of procedure, a Committee of the Security Council consisting of all the members of the Council, to undertake the following tasks:

(a) To seek from all States, in particular those producing or possessing the items, materials, equipment, goods and technology referred to in paragraph 8 (a) above, information regarding the actions taken by them to implement effectively the measures imposed by paragraph 8 above of this resolution and whatever further information it may consider useful in this regard;
(b) To examine and take appropriate action on information regarding alleged violations of measures imposed by paragraph 8 of this resolution;
(c) To consider and decide upon requests for exemptions set out in paragraphs 9 and 10 above;
(d) To determine additional items, materials, equipment, goods and technology to be specified for the purpose of paragraphs 8 (a) (i) and 8 (a) (ii) above;

(e) To designate additional individuals and entities subject to the measures imposed by paragraphs 8 (d) and 8 (e) above;
(f) To promulgate guidelines as may be necessary to facilitate the implementation of the measures imposed by this resolution;
(g) To report at least every 90 days to the Security Council on its work, with its observations and recommendations, in particular on ways to strengthen the effectiveness of the measures imposed by paragraph 8 above;

13. Welcomes and encourages further the efforts by all States concerned to intensify their diplomatic efforts, to refrain from any actions that might aggravate tension and to facilitate the early resumption of the Six-Party Talks, with a view to the expeditious implementation of the Joint Statement issued on 19 September 2005 by China, the DPRK, Japan, the Republic of Korea, the Russian Federation and the United States, to achieve the verifiable denuclearization of the Korean Peninsula and to maintain peace and stability on the Korean Peninsula and in north-east Asia;

14. Calls upon the DPRK to return immediately to the Six-Party Talks without precondition and to work towards the expeditious implementation of the Joint Statement issued on 19 September 2005 by China, the DPRK, Japan, the Republic of Korea, the Russian Federation and the United States;

15. Affirms that it shall keep DPRK's actions under continuous review and that it shall be prepared to review the appropriateness of the measures contained in paragraph 8 above, including the strengthening, modification, suspension or lifting of the measures, as may be needed at that time in light of the DPRK's compliance with the provisions of the resolution;

16. Underlines that further decisions will be required, should additional measures be necessary;

17. Decides to remain actively seized of the matter.

29-2. UN Security Council Resolution 1874 (2009)

Adopted by the Security Council
at its 6141st meeting,
on 12 June 2009

The Security Council,

Recalling its previous relevant resolutions, including resolution 825 (1993), resolution 1540 (2004), resolution 1695 (2006), and, in particular, resolution 1718 (2006), as well as the statements of its President of 6 October 2006 (S/PRST/2006/41) and 13 April 2009 (S/PRST/2009/7),

Reaffirming that proliferation of nuclear, chemical and biological weapons, as well as their means of delivery, constitutes a threat to international peace and security,

Expressing the gravest concern at the nuclear test conducted by the Democratic People's Republic of Korea ("the DPRK") on 25 May 2009 (local time) in violation of resolution 1718 (2006), and at the challenge such a test constitutes to the Treaty on Non-Proliferation of Nuclear Weapons ("the NPT") and to international efforts aimed at strengthening the global regime of non-proliferation of nuclear weapons towards the 2010 NPT Review Conference, and the danger it poses to peace and stability in the region and beyond,

Stressing its collective support for the NPT and commitment to strengthen the Treaty in all its aspects, and global efforts towards nuclear non-proliferation and nuclear disarmament, and recalling that the DPRK cannot have the status of a nuclear-weapon state in accordance with the NPT in any case,

Deploring the DPRK's announcement of withdrawal from the NPT and its pursuit of nuclear weapons,

Underlining once again the importance that the DPRK respond to other security and humanitarian concerns of the international community,

Underlining also that measures imposed by this resolution are not intended to have adverse humanitarian consequences for the civilian population of the DPRK,

Expressing its gravest concern that the nuclear test and missile activities carried out by the DPRK have further generated increased tension in the region and beyond, and determining that there continues to exist a clear threat to international peace and security,

Reaffirming the importance that all Member States uphold the purposes and principles of the Charter of the United Nations,

Acting under Chapter VII of the Charter of the United Nations, and taking measures under its Article 41,

1. Condemns in the strongest terms the nuclear test conducted by the DPRK on

25 May 2009 (local time) in violation and flagrant disregard of its relevant resolutions, in particular resolutions 1695 (2006) and 1718 (2006), and the statement of its President of 13 April 2009 (S/PRST/2009/7);

2. Demands that the DPRK not conduct any further nuclear test or any launch using ballistic missile technology;

3. Decides that the DPRK shall suspend all activities related to its ballistic missile programme and in this context re-establish its pre-existing commitments to a moratorium on missile launches;

4. Demands that the DPRK immediately comply fully with its obligations under relevant Security Council resolutions, in particular resolution 1718 (2006);

5. Demands that the DPRK immediately retract its announcement of withdrawal from the NPT;

6. Demands further that the DPRK return at an early date to the NPT and International Atomic Energy Agency (IAEA) safeguards, bearing in mind the rights and obligations of States Parties to the NPT, and underlines the need for all States Parties to the NPT to continue to comply with their Treaty obligations;

7. Calls upon all Member States to implement their obligations pursuant to resolution 1718 (2006), including with respect to designations made by the Committee established pursuant to resolution 1718 (2006) ("the Committee") pursuant to the statement of its President of 13 April 2009 (S/PRST/2009/7);

8. Decides that the DPRK shall abandon all nuclear weapons and existing nuclear programs in a complete, verifiable and irreversible manner and immediately cease all related activities, shall act strictly in accordance with the obligations applicable to parties under the NPT and the terms and conditions of the IAEA Safeguards Agreement (IAEA INFCIRC/403) and shall provide the IAEA transparency measures extending beyond these requirements, including such access to individuals, documentation, equipment and facilities as may be required and deemed necessary by the IAEA;

9. Decides that the measures in paragraph 8 (b) of resolution 1718 (2006) shall also apply to all arms and related materiel, as well as to financial transactions, technical training, advice, services or assistance related to the provision, manufacture, maintenance or use of such arms or materiel;

10. Decides that the measures in paragraph 8 (a) of resolution 1718 (2006) shall also apply to all arms and related materiel, as well as to financial transactions, technical training, advice, services or assistance related to the provision, manufacture, maintenance or use of such arms, except for small arms and light weapons and their re-

lated material, and calls upon States to exercise vigilance over the direct or indirect supply, sale or transfer to the DPRK of small arms or light weapons, and further decides that States shall notify the Committee at least five days prior to selling, supplying or transferring small arms or light weapons to the DPRK;

11. Calls upon all States to inspect, in accordance with their national authorities and legislation, and consistent with international law, all cargo to and from the DPRK, in their territory, including seaports and airports, if the State concerned has information that provides reasonable grounds to believe the cargo contains items the supply, sale, transfer, or export of which is prohibited by paragraph 8 (a), 8 (b), or 8 (c) of resolution 1718 or by paragraph 9 or 10 of this resolution, for the purpose of ensuring strict implementation of those provisions;

12. Calls upon all Member States to inspect vessels, with the consent of the flag State, on the high seas, if they have information that provides reasonable grounds to believe that the cargo of such vessels contains items the supply, sale, transfer, or export of which is prohibited by paragraph 8 (a), 8 (b), or 8 (c) of resolution 1718 (2006) or by paragraph 9 or 10 of this resolution, for the purpose of ensuring strict implementation of those provisions;

13. Calls upon all States to cooperate with inspections pursuant to paragraphs 11 and 12, and, if the flag State does not consent to inspection on the high seas, decides that the flag State shall direct the vessel to proceed to an appropriate and convenient port for the required inspection by the local authorities pursuant to paragraph 11;

14. Decides to authorize all Member States to, and that all Member States shall, seize and dispose of items the supply, sale, transfer, or export of which is prohibited by paragraph 8 (a), 8 (b), or 8 (c) of resolution 1718 or by paragraph 9 or 10 of this resolution that are identified in inspections pursuant to paragraph 11, 12, or 13 in a manner that is not inconsistent with their obligations under applicable Security Council resolutions, including resolution 1540 (2004), as well as any obligations of parties to the NPT, the Convention on the Prohibition of the Development, Production, Stockpiling and Use of Chemical Weapons and on Their Destruction of 29 April 1997, and the Convention on the Prohibition of the Development, Production and Stockpiling of Bacteriological (Biological) and Toxin Weapons and on Their Destruction of 10 April 1972, and decides further that all States shall cooperate in such efforts;

15. Requires any Member State, when it undertakes an inspection pursuant to

paragraph 11, 12, or 13, or seizes and disposes of cargo pursuant to paragraph 14, to submit promptly reports containing relevant details to the Committee on the inspection, seizure and disposal;

16. Requires any Member State, when it does not receive the cooperation of a flag State pursuant to paragraph 12 or 13 to submit promptly to the Committee a report containing relevant details;

17. Decides that Member States shall prohibit the provision by their nationals or from their territory of bunkering services, such as provision of fuel or supplies, or other servicing of vessels, to DPRK vessels if they have information that provides reasonable grounds to believe they are carrying items the supply, sale, transfer, or export of which is prohibited by paragraph 8 (a), 8 (b), or 8 (c) of resolution 1718 (2006) or by paragraph 9 or 10 of this resolution, unless provision of such services is necessary for humanitarian purposes or until such time as the cargo has been inspected, and seized and disposed of if necessary, and underlines that this paragraph is not intended to affect legal economic activities;

18. Calls upon Member States, in addition to implementing their obligations pursuant to paragraphs 8 (d) and (e) of resolution 1718 (2006), to prevent the provision of financial services or the transfer to, through, or from their territory, or to or by their nationals or entities organized under their laws (including branches abroad), or persons or financial institutions in their territory, of any financial or other assets or resources that could contribute to the DPRK's nuclear-related, ballistic missile-related, or other weapons of mass destruction-related programs or activities, including by freezing any financial or other assets or resources on their territories or that hereafter come within their territories, or that are subject to their jurisdiction or that hereafter become subject to their jurisdiction, that are associated with such programs or activities and applying enhanced monitoring to prevent all such transactions in accordance with their national authorities and legislation;

19. Calls upon all Member States and international financial and credit institutions not to enter into new commitments for grants, financial assistance, or concessional loans to the DPRK, except for humanitarian and developmental purposes directly addressing the needs of the civilian population, or the promotion of denuclearization, and also calls upon States to exercise enhanced vigilance with a view to reducing current commitments;

20. Calls upon all Member States not to provide public financial support for

trade with the DPRK (including the granting of export credits, guarantees or insurance to their nationals or entities involved in such trade) where such financial support could contribute to the DPRK's nuclear-related or ballistic missile-related or other WMD-related programs or activities;

21. Emphasizes that all Member States should comply with the provisions of paragraphs 8 (a) (iii) and 8 (d) of resolution 1718 (2006) without prejudice to the activities of the diplomatic missions in the DPRK pursuant to the Vienna Convention on Diplomatic Relations;

22. Calls upon all Member States to report to the Security Council within forty-five days of the adoption of this resolution and thereafter upon request by the Committee on concrete measures they have taken in order to implement effectively the provisions of paragraph 8 of resolution 1718 (2006) as well as paragraphs 9 and 10 of this resolution, as well as financial measures set out in paragraphs 18, 19 and 20 of this resolution;

23. Decides that the measures set out at paragraphs 8 (a), 8 (b) and 8 (c) of resolution 1718 (2006) shall also apply to the items listed in INFCIRC/254/Rev.9/Part 1a and INFCIRC/254/Rev.7/Part 2a;

24. Decides to adjust the measures imposed by paragraph 8 of resolution 1718 (2006) and this resolution, including through the designation of entities, goods, and individuals, and directs the Committee to undertake its tasks to this effect and to report to the Security Council within thirty days of adoption of this resolution, and further decides that, if the Committee has not acted, then the Security Council will complete action to adjust the measures within seven days of receiving that report;

25. Decides that the Committee shall intensify its efforts to promote the full implementation of resolution 1718 (2006), the statement of its President of 13 April 2009 (S/PRST/2009/7) and this resolution, through a work programme covering compliance, investigations, outreach, dialogue, assistance and cooperation, to be submitted to the Council by 15 July 2009, and that it shall also receive and consider reports from Member States pursuant to paragraphs 10, 15, 16 and 22 of this resolution;

26. Requests the Secretary-General to create for an initial period of one year, in consultation with the Committee, a group of up to seven experts ("Panel of Experts"), acting under the direction of the Committee to carry out the following tasks:

(a) assist the Committee in carrying out its mandate as specified in resolution 1718 (2006) and the functions specified in paragraph 25 of this resolution;

(b) gather, examine and analyze information from States, relevant United Nations bodies and other interested parties regarding the implementation of the measures imposed in resolution 1718 (2006) and in this resolution, in particular incidents of non-compliance;

(c) make recommendations on actions the Council, or the Committee or Member States, may consider to improve implementation of the measures imposed in resolution 1718 (2006) and in this resolution; and

(d) provide an interim report on its work to the Council no later than 90 days after adoption of this resolution, and a final report to the Council no later than 30 days prior to termination of its mandate with its findings and recommendations;

27. Urges all States, relevant United Nations bodies and other interested parties, to cooperate fully with the Committee and the Panel of Experts, in particular by supplying any information at their disposal on the implementation of the measures imposed by resolution 1718 (2006) and this resolution;

28. Calls upon all Member States to exercise vigilance and prevent specialized teaching or training of DPRK nationals within their territories or by their nationals, of disciplines which could contribute to the DPRK's proliferation sensitive nuclear activities and the development of nuclear weapon delivery systems;

29. Calls upon the DPRK to join the Comprehensive Nuclear-Test-Ban Treaty at the earliest date;

30. Supports peaceful dialogue, calls upon the DPRK to return immediately to the Six Party Talks without precondition, and urges all the participants to intensify their efforts on the full and expeditious implementation of the Joint Statement issued on 19 September 2005 and the joint documents of 13 February 2007 and 3 October 2007, by China, the DPRK, Japan, the Republic of Korea, the Russian Federation and the United States, with a view to achieving the verifiable denuclearization of the Korean Peninsula and to maintain peace and stability on the Korean Peninsula and in northeast Asia;

31. Expresses its commitment to a peaceful, diplomatic and political solution to the situation and welcomes efforts by Council members as well as other Member States to facilitate a peaceful and comprehensive solution through dialogue and to refrain from any actions that might aggravate tensions;

32. Affirms that it shall keep the DPRK's actions under continuous review and that it shall be prepared to review the appropriateness of the measures con-

tained in paragraph 8 of resolution 1718 (2006) and relevant paragraphs of this resolution, including the strengthening, modification, suspension or lifting of the measures, as may be needed at that time in light of the DPRK's compliance with relevant provisions of resolution 1718 (2006) and this resolution;

33. Underlines that further decisions will be required, should additional measures be necessary;

34. Decides to remain actively seized of the matter.

Part IX

Korea, Japan and the United States

30. 대한민국 헌법 주요 조항

30. Constitution of the Republic of Korea 주요 조항

전 문

유구한 역사와 전통에 빛나는 우리 대한국민은 3·1운동으로 건립된 대한민국 임시정부의 법통과 불의에 항거한 4·19민주이념을 계승하고, 조국의 민주개혁과 평화적 통일의 사명에 입각하여 정의·인도와 동포애로써 민족의 단결을 공고히 하고, 모든 사회적 폐습과 불의를 타파하며, 자율과 조화를 바탕으로 자유민주적 기본질서를 더욱 확고히 하여 정치·경제·사회·문화의 모든 영역에 있어서 각인의 기회를 균등히 하고, 능력을 최고도로 발휘하게 하며, 자유와 권리에 따르는 책임과 의무를 완수하게 하여, 안으로는 국민생활의 균등한 향상을 기하고 밖으로는 항구적인 세계평화와 인류공영에 이바지함으로써 우리들과 우리들의 자손의 안전과 자유와 행복을 영원히 확보할 것을 다짐하면서 1948년 7월 12일에 제정되고 8차에 걸쳐 개정된 헌법을 이제 국회의 의결을 거쳐 국민투표에 의하여 개정한다.

1987. 10. 29.

PREAMBLE

We, the people of Korea, proud of a resplendent history and traditions dating from time immemorial, upholding the cause of the Provisional Republic of Korea Government born of the March First Independence Movement of 1919 and the democratic ideals of the April Nineteenth Uprising of 1960 against injustice, having assumed the mission of democratic reform and peaceful unification of our homeland and having determined to consolidate national unity with justice, humanitarianism and brotherly love, and To destroy all social vices and injustice, and To afford equal opportunities to every person and provide for the fullest development of individual capabilities in all fields, including political, economic, social and cultural life by further strengthening the basic free and democratic order conducive to private initiative and public harmony, and To help each person discharge those duties and responsibilities concomitant to freedoms and rights, and To elevate the quality of life for all citizens and contribute to lasting world peace and the common prosperity of mankind and thereby to ensure security, liberty and happiness for ourselves and our posterity forever, Do hereby amend, through national referendum following a resolution by the National Assembly, the Constitution, ordained and established on the Twelfth Day of July anno Domini Nineteen hundred and forty-eight, and amended eight times subsequently.

October. 29, 1987

제1조

① 대한민국은 민주공화국이다.

② 대한민국의 주권은 국민에게 있고, 모든 권력은 국민으로부터 나온다.

Article 1

① The Republic of Korea shall be a democratic republic.

② The sovereignty of the Republic of Korea shall reside in the people, and all state authority shall emanate from the people.

제2조

① 대한민국의 국민이 되는 요건은 법률로 정한다.

② 국가는 법률이 정하는 바에 의하여 재외국민을 보호할 의무를 진다.

Article 2

① Nationality in the Republic of Korea shall be prescribed by Act.

② It shall be the duty of the State to protect citizens residing abroad as prescribed by Act.

제3조

대한민국의 영토는 한반도와 그 부속도서로 한다.

Article 3

The territory of the Republic of Korea shall consist of the Korean peninsula and its adjacent islands.

제4조

대한민국은 통일을 지향하며, 자유민주적 기본질서에 입각한 평화적 통일 정책을 수립하고 이를 추진한다.

Article 4

The Republic of Korea shall seek unification and shall formulate and carry out a policy of peaceful unification based on the principles of freedom and democracy.

제5조

① 대한민국은 국제평화의 유지에 노력하고 침략적 전쟁을 부인한다.

② 국군은 국가의 안전보장과 국토방위의 신성한 의무를 수행함을 사명으로 하며, 그 정치적 중립성은 준수된다.

Article 5

① The Republic of Korea shall endeavor to maintain international peace and shall renounce all aggressive wars.

② The Armed Forces shall be charged with the sacred mission of national security and the defense of the land and their political neutrality shall be maintained.

제6조

① 헌법에 의하여 체결·공포된 조약과 일반적으로 승인된 국제법규는 국내법과 같은 효력을 가진다.

② 외국인은 국제법과 조약이 정하는 바에 의하여 그 지위가 보장된다.

Article 6

① Treaties duly concluded and promulgated under the Constitution and the generally recognized rules of international law shall have the same effect as the domestic laws of the Republic of Korea.

② The status of aliens shall be guaranteed as prescribed by international law and treaties.

* * *

제23조

① 모든 국민의 재산권은 보장된다. 그 내용과 한계는 법률로 정한다.

② 재산권의 행사는 공공복리에 적합하도록 하여야 한다.

③ 공공필요에 의한 재산권의 수용·사용 또는 제한 및 그에 대한 보상은 법률로써 하되, 정당한 보상을 지급하여야 한다.

* * *

Article 23

① The right of property of all citizens shall be guaranteed. The contents and limitations thereof shall be determined by Act.

② The exercise of property rights shall conform to the public welfare.

③ Expropriation, use or restriction of private property from public necessity and compensation therefor shall be governed by Act: Provided, That in such a case, just compensation shall be paid.

* * *

제59조

조세의 종목과 세율은 법률로 정한다.

* * *

Article 59

Types and rates of taxes shall be determined by Act.

* * *

제60조

① 국회는 상호원조 또는 안전보장에 관한 조약, 중요한 국제조직에 관한 조약, 우호통상항해조약, 주권의 제약에 관한 조약, 강화조약, 국가나 국민에게 중대한 재정적 부담을 지우는 조약 또는 입법사항에 관한 조약의 체결·비준에 대한 동의권을 가진다.

② 국회는 선전포고, 국군의 외국에의 파견 또는 외국군대의 대한민국 영역안에서의 주류에 대한 동의권을 가진다.

* * *

Article 60

① The National Assembly shall have the right to consent to the conclusion and ratification of treaties pertaining to mutual assistance or mutual security; treaties concerning important international organizations; treaties of friendship, commerce and navigation; treaties pertaining to any restriction in sovereignty; peace treaties; treaties which will burden the State or people with an important financial obligation; or treaties related to legislative matters.

② The National Assembly shall also have the right to consent to the declaration of war, the dispatch of armed forces to foreign states, or the stationing of alien forces in the territory of the Republic of Korea.

* * *

제73조

대통령은 조약을 체결·비준하고, 외교사절을 신임·접수 또는 파견하며, 선전포고와 강화를 한다.

* * *

Article 73

The President shall conclude and ratify treaties; accredit, receive or dispatch diplomatic envoys; and declare war and conclude peace.

* * *

제 111 조

① 헌법재판소는 다음 사항을 관장한다.

1. 법원의 제청에 의한 법률의 위헌여부 심판
2. 탄핵의 심판
3. 정당의 해산 심판
4. 국가기관 상호간, 국가기관과 지방자치단체간 및 지방자치단체 상호간의 권한쟁의에 관한 심판
5. 법률이 정하는 헌법소원에 관한 심판

② 헌법재판소는 법관의 자격을 가진 9인의 재판관으로 구성하며, 재판관은 대통령이 임명한다.

③ 제2항의 재판관중 3인은 국회에서 선출하는 자를, 3인은 대법원장이 지명하는 자를 임명한다.

④ 헌법재판소의 장은 국회의 동의를 얻어 재판관 중에서 대통령이 임명한다.

* * *

Article 111

① The Constitutional Court shall have jurisdiction over the following matters:

1. The constitutionality of a law upon the request of the courts;
2. Impeachment;
3. Dissolution of a political party;
4. Competence disputes between State agencies, between State agencies and local governments, and between local governments; and
5. Constitutional complaint as prescribed by Act.

② The Constitutional Court shall be composed of nine Justices qualified to be court judges, and they shall be appointed by the President.

③ Among the Justices referred to in paragraph ②, three shall be appointed from persons selected by the National Assembly, and three appointed from persons nominated by the Chief Justice of the Supreme Court.

④ The president of the Constitutional Court shall be appointed by the President from among the Justices with the consent of the National Assembly.

* * *

제 125 조

국가는 대외무역을 육성하며, 이를 규제·조정할 수 있다.

Article 125

The State shall foster foreign trade, and may regulate and coordinate it.

* * *

부 칙

ADDENDA

* * *

제 5 조

이 헌법 시행 당시의 법령과 조약은 이 헌법에 위배되지 아니하는 한 그 효력을 지속한다.

Article 5

Acts, decrees, ordinances and treaties in force at the time this Constitution enters into force, shall remain valid unless they are contrary to this Constitution.

* * *

31. Constitution of the United States of America 주요 조항

PREAMBLE

We the People of the United States, in order to form a more perfect union, establish justice, insure domestic tranquility, provide for the common defense, promote the general welfare, and secure the blessings of liberty to ourselves and our posterity, do ordain and establish this Constitution for the United States of America.

Article 1

Section 1

All legislative powers herein granted shall be vested in a Congress of the United States, which shall consist of a Senate and House of Representatives.

* * *

Section 8

The Congress shall have power to lay and collect taxes, duties, imposts and excises, to pay the debts and provide for the common defense and general welfare of the United States; but all duties, imposts and excises shall be uniform throughout the United States;

To borrow money on the credit of the United States;

To regulate commerce with foreign nations, and among the several states, and with the Indian tribes;

To establish an uniform rule of naturalization, and uniform laws on the subject of bankruptcies throughout the United States;

To coin money, regulate the value thereof, and of foreign coin, and fix the standard of weights and measures;

To provide for the punishment of counterfeiting the securities and current coin of the United States;

To establish post offices and post roads;

To promote the progress of science and useful arts, by securing for limited times to authors and inventors the exclusive right to their respective writings and discoveries;

To constitute tribunals inferior to the Supreme Court;

To define and punish piracies and felonies committed on the high seas, and offences against the law of nations

To declare war, grant letters of marque and reprisal, and make rules concerning captures on land and water;

To raise and support armies, but no appropriation of money to that use shall be for a longer term than two years;

To provide and maintain a navy;

To make rules for the government and regulation of the land and naval forces;

To provide for calling forth the militia to execute the laws of the union, suppress insurrections and repel invasions;

To provide for organizing, arming, and disciplining, the militia, and for governing such part of them as may be employed in the service of the United States, reserving to the states respectively, the appointment of the officers, and the authority of training the militia according to the discipline prescribed by Congress;

To exercise exclusive legislation in all cases whatsoever, over such District (not exceeding ten miles square) as may, by cession of particular states, and the acceptance of Congress, become the seat of the government of the United States, and to exercise like authority over all places purchased by the consent of the legislature of the state in which the same shall be, for the erection of forts, magazines, arsenals, dock-yards, and other needful buildings; And
To make all laws which shall be necessary and proper for carrying into execution the foregoing powers, and all other powers vested by this constitution in the govern- ment of the United States, or in any de- partment or officer thereof.

* * *

Article 2

* * *

Section 2

The President shall be commander in chief of the Army and Navy of the United States, and of the militia of the several states, when called into the actual service of the United States; he may require the opinion, in writing, of the principal officer in each of the executive departments, upon any subject relating to the duties of their respective offices, and he shall have power to grant reprieves and pardons for offences against the United States, except in cases of impeachment.

He shall have power, by and with the advice and consent of the Senate, to make treaties, provided two thirds of the Senators present concur; and he shall nominate, and by and with the advice and consent of the Senate, shall appoint ambassadors, other public ministers and consuls, judges of the Supreme Court, and all other officers of the United States, whose appointments are not herein otherwise provided for, and which shall be established by law: but the Congress may by law vest the appointment of such inferior officers, as they think proper, in the President alone, in the courts of law, or in the heads of departments.

* * *

Article 4

Section 1

Full faith and credit shall be given in each state to the public acts, records, and judicial proceedings of every other state. And the Congress may by general laws prescribe the manner in which such acts, records and proceedings shall be proved, and the effect thereof.

Section 2

The citizens of each state shall be entitled to all privileges and immunities of citizens in the several states.

A person charged in any state with treason, felony, or other crime, who shall flee from justice, and be found in another state, shall on demand of the executive authority of the state from which he fled, be delivered up, to be removed to the state having jurisdiction of the crime.

No person held to service or labor in one state, under the laws thereof, escaping into another, shall, in consequence of any law or regulation therein, be discharged from such service or labor, but shall be de- livered up on claim of the party to whom such service or labor may be due.

* * *

Article 6

* * *

This Constitution, and the laws of the United States which shall be made in pursuance thereof; and all treaties made, or which shall be made, under the authority of the United States, shall be the supreme law of the land; and the judges in every state shall be bound thereby, any thing in the Constitution or laws of any State to the contrary notwithstanding.

* * *

Amendment 14

[Ratified July 9, 1868]

Section 1

All persons born or naturalized in the United States, and subject to the jurisdiction thereof, are citizens of the United States and of the state wherein they reside. No state shall make or enforce any law which shall abridge the privileges or immunities of citizens of the United States; nor shall any state deprive any person of life, liberty, or property, without due process of law; nor deny to any person within its jurisdiction the equal protection of the laws.

* * *

32. 대한민국과 일본국간의 기본관계에 관한 조약

1965년 6월 22일 작성
1965년 12월 18일 발효

대한민국과 일본국은,

양국 국민관계의 역사적 배경과, 선린관계와 주권상호존중의 원칙에 입각한 양국 관계의 정상화에 대한 상호 희망을 고려하며,

양국의 상호 복지와 공통 이익을 증진하고 국제평화와 안전을 유지하는데 있어서 양국이 국제연합 헌장의 원칙에 합당하게 긴밀히 협력함이 중요하다는 것을 인정하며,

또한 1951.9.8 샌프란시스코시에서 서명된 일본국과의 평화조약의 관계규정과 1948.12.12 국제연합 총회에서 채택된 결의 제195호(III)을 상기하며,

본 기본관계에 관한 조약을 체결하기로 결정하여, 이에 다음과 같이 양국간의 전권위원을 임명하였다.

대한민국

대한민국 외무부장관 이동원
대한민국 특명전권대사 김동조

일본국

일본국 외무대신 시이나 에쓰부로(椎名悅三郞), 다카스끼 신이치(高杉晋一)

32. 日本国と大韓民国との間の基本関係に関する条約

1965年 6月 22日 作成
1965年 12月 18日 發効

日本国及び大韓民国は、

両国民間の関係の歴史的背景と、善隣関係及び主権の相互尊重の原則に基づく両国間の関係の正常化に対する相互の希望とを考慮し、

両国の相互の福祉及び共通の利益の増進のため並びに国際の平和及び安全の維持のために、両国が国際連合憲章の原則に適合して緊密に協力することが重要であることを認め、

千九百五十一年九月八日にサン・フランシスコ市で署名された日本国との平和条約の関係規定及び千九百四十八年十二月十二日に国際連合総会で採択された決議第百九十五号 (III) を想起し、

この基本関係に関する条約を締結することに決定し、よつて、その全権委員として次のとおり任命した。

日本国

日本国外務大臣 椎名悦三郎
高杉晋一

大韓民国

大韓民国外務部長官 李東元
大韓民国特命全権大使 金東祚

이들 전권위원은 그들의 전권위임장을 상호 제시하고 그것이 상호 타당하다고 인정한 후 다음의 제 조항에 합의하였다.

これらの全権委員は、互いにその全権委任状を示し、それが良好妥当であると認められた後、次の諸条を協定した。

제1조

양 체약 당사국간에 외교 및 영사관계를 수립한다. 양 체약 당사국은 대사급 외교사절을 지체없이 교환한다. 양 체약 당사국은 또한 양국 정부에 의하여 합의되는 장소에 영사관을 설치한다.

第一條

両締約国間に外交及び領事関係が開設される。両締約国は、大使の資格を有する外交使節を遅滞なく交換するものとする。また、両締約国は、両国政府により合意される場所に領事館を設置する。

제2조

1910년 8월 22일 및 그 이전에 대한제국과 대일본제국간에 체결된 모든 조약 및 협정이 이미 무효임을 확인한다.

第二條

千九百十年八月二十二日以前に大日本帝国と大韓帝国との間で締結されたすべての条約及び協定は、もはや無効であることが確認される。

제3조

대한민국 정부가 국제연합 총회의 결정 제195호(III)에 명시된 바와 같이 한반도에 있어서의 유일한 합법정부임을 확인한다.

第三條

大韓民国政府は、国際連合総会決議第百九十五号 (III) に明らかに示されているとおりの朝鮮にある唯一の合法的な政府であることが確認される。

제4조

(가) 양 체약 당사국은 양국 상호간의 관계에 있어서 국제연합 헌장의 원칙을 지침으로 한다.

(나) 양 체약 당사국은 양국의 상호의 복지와 공통의 이익을 증진함에 있어서 국제연합 헌장의 원칙에 합당하게 협력한다.

第四條

(a) 両締約国は、相互の関係において、国際連合憲章の原則を指針とするものとする。

(b) 両締約国は、その相互の福祉及び共通の利益を増進するに当たつて、国際連合憲章の原則に適合して協力するものとする。

제5조

양 체약 당사국은 양국의 무역, 해운 및 기타 통상상의 관계를 안정되고 우호적인 기초 위에 두기 위하여 조약 또는 협정을 체결하기 위한 교섭을 실행 가능한 한 조속히 시작한다.

第五條

両締約国は、その貿易、海運その他の通商の関係を安定した、かつ、友好的な基礎の上に置くために、条約又は協定を締結するための交渉を実行可能な限りすみやかに開始するものとする。

제6조

양 체약 당사국은 민간항공 운수에 관한 협정을 체결하기 위하여 실행 가능한 한 조속히 교섭을 시작한다.

第六條

両締約国は、民間航空運送に関する協定を締結するための交渉を実行可能な限りすみやかに開始するものとする。

제7조

본 조약은 비준되어야 한다. 비준서는 가능한 한 조속히 서울에서 교환한다. 본 조약은 비준서가 교환된 날로부터 효력을 발생한다.

第七條

この条約は、批准されなければならない。批准書は、できる限りすみやかにソウルで交換されるものとする。この条件は、批准書の交換の日に効力を生ずる。

이상의 증거로써 각 전권위원은 본 조약에 서명 날인한다.

以上の証拠として、それぞれの全権委員は、この条約に署名調印した。

1965년 6월 22일 동경에서 동등히 정본인 한국어, 일본어 및 영어로 2통을 작성하였다. 해석에 상위가 있을 경우에는 영어본에 따른다.

千九百六十五年六月二十二日に東京で、ひとしく正文である日本語、韓国語及び英語により本書二通を作成した。解釈に相違がある場合には、英語の本文による。

대한민국을 위하여 이동원 김동조

일본국을 위하여 椎名悦三郎 高杉晋一

日本国のために 椎名悦三郎 高杉晋一

大韓民国のために 李東元 金東祚

33. Agreement Between Japan and the Republic of Korea Concerning the Settlement of Problems in Regard to Property and Claims and Economic Cooperation

33. 대한민국과 일본국간의 재산 및 청구권에 관한 문제의 해결과 경제협력에 관한 협정

1965年 6月 22日 作成
1965年 12月 18日 發効

1965년 6월 22일 동경에서 서명
1965년 12월 18일 발효

Japan and the Republic of Korea,

대한민국과 일본국은,

Desiring to settle problems regarding the property of both countries and their peoples and the claims between both countries and between their peoples; and

양국 및 양국 국민의 재산과 양국 및 양국 국민간의 청구권에 관한 문제를 해결할 것을 희망하고,

Desiring to promote economic cooperation between the two countries,

양국간의 경제협력을 증진할 것을 희망하여,

Have agreed as follows:

다음과 같이 합의하였다.

Article I

제 1 조

1 Japan shall supply the Republic of Korea with:

1. 일본국은 대한민국에 대하여

(a) Products of Japan and the services of Japanese people, free of charge, the total value of which will be so much in yen as shall be equivalent to three hundred million United States dollars ($ 300,000,000), at present computed at one hundred and eight billion yen (￥108,000,000,000), within a period of ten years of the date on which the

(a) 현재에 있어서 1천8십억 일본 엔(￥108,000,000,000)으로 환산되는 3억 아메리카합중국 달러($ 300,000,000)와 동등한 일본 엔의 가치를 가지는 일본국의 생산물 및 일본인의 용역을 본 협정의 효력발생일로부터 10년기간에 걸쳐 무상으로 제공한다.

present Agreement enters into force. The supply of products and services each year shall be limited to so much in yen as shall be equivalent to thirty million United States dollars ($ 30,000,000), at present computed at ten billion eight hundred million yen (¥10,800,000,000); when the supply of any one year falls short of this amount, the remainder shall be added to the amount for the next and subsequent years. However, the maximum amount supplied for any one year may be increased by agreement between the Governments of the High Contracting Parties.

매년의 생산물 및 용역의 제공은 현재에 있어서 1백8억 일본 엔(¥10,800,000,000)으로 환산되는 3천만 아메리카합중국 달러($ 30,000,000)와 동등한 일본 엔의 액수를 한도로 하고 매년의 제공이 본 액수에 미달되었을 때에는 그 잔액은 차년 이후의 제공액에 가산된다. 단, 매년의 제공 한도액은 양 체약국 정부의 합의에 의하여 증액될 수 있다.

(b) Long-term and low-interest loans up to so much in yen as shall be equivalent to two hundred million United States dollars ($ 200,000,000), at present computed at seventy-two billion yen (¥72,000,000,000), which are requested by the Government of the Republic of Korea and which will be covered by procuring the products of Japan and the services of Japanese people necessary for implementing the enterprises to be decided upon in accordance with arrangements to be concluded under paragraph 3 within a period of ten years of the date on which the present Agreement enters into force. These loans shall be extended by the Overseas Economic Cooperation Fund of Japan, and the Government of Japan shall take the necessary measures to enable the Fund to secure the funds for equal

(b) 현재에 있어서 7백20억 일본 엔(¥ 72,000,000,000)으로 환산되는 2억 아메리카합중국 달러($ 200,000,000)와 동등한 일본엔의 액수에 달하기까지의 장기 저리의 차관으로서, 대한민국 정부가 요청하고 또한 3항의 규정에 근거하여 체결될 약정에 의하여 결정되는 사업의 실시에 필요한 일본국의 생산물 및 일본인의 용역을 대한민국이 조달하는데 있어 충당될 차관을 본 협정의 효력 발생일로부터 10년 기간에 걸쳐 행한다.

본 차관은 일본국의 해외경제협력기금에 의하여 행하여지는 것으로 하고, 일본국 정부는 동 기금이 본 차관을 매년 균등하게 이행할 수 있는데 필요한 자금을 확보할 수 있도록 필요한 조치를 취한다. 앞에서 말한 제공 및 차관은 대

annual loans. The aforesaid supply and loans must serve the economic development of the Republic of Korea.

한민국의 경제발전에 유익한 것이 아니면 아니된다.

2 There shall be established a Joint Committee composed of representatives of the two Governments as an organ for consultation between them, with the power to make recommendations on matters concerning the implementation of the present Agreement.

2. 양 체약국 정부는 본조의 규정의 실시에 관한 사항에 대하여 권고를 행할 권한을 가지는 양 정부간의 협의기관으로서 양 정부의 대표자로 구성될 합동위원회를 설치한다.

3 The two Governments of the High Contracting Parties shall take measures necessary for the implementation of this Article.

3. 양 체약국 정부는 본조의 규정의 실시를 위하여 필요한 약정을 체결한다.

Article II

제2조

1 The High Contracting Parties confirm that the problems concerning property, rights, and interests of the two High Contracting Parties and their peoples (including juridical persons) and the claims between the High Contracting Parties and between their peoples, including those stipulated in Article IV(a) of the Peace Treaty with Japan signed at the city of San Francisco on September 8, 1951, have been settled completely and finally.

1. 양 체약국은 양 체약국 및 그 국민(법인을 포함함)의 재산, 권리 및 이익과 양 체약국 및 그 국민간의 청구권에 관한 문제가 1951년 9월 8일에 샌프란시스코시에서 서명된 일본국과의 평화조약 제4조(a)에 규정된 것을 포함하여 완전히 그리고 최종적으로 해결된 것이 된다는 것을 확인한다.

2 The provisions of this Article shall not affect the following (excluding those which become the objects of special measures taken by either of the High Contracting Parties prior to the date of the signing of the present Agreement):

2. 본조의 규정은 다음의 것(본 협정의 서명일까지 각기 체약국이 취한 특별조치의 대상이 된 것을 제외한다)에 영향을 미치는 것이 아니다.

(a) The property, rights, and interests of the people of either High Contracting Party who have ever resided in the territory of the other High Contracting Party in the period between August 15, 1947, and the date of the signing of the present Agreement; and

(b) The property, rights, and interests of either High Contracting Party and its people which were acquired or brought under the control of the other High Contracting Party in the course of ordinary contacts after August 15, 1945.

3 As a condition to comply with the provisions of paragraph 2 above, no claims shall be made with respect to the measures relating to the property, rights, and interests of either High Contracting Party and its people which were brought under the control of the other High Contracting Party on the date of the signing of the present Agreement, or to all the claims of either High Contracting Party and its people arising from the causes which occurred prior to that date.

(a) 일방체약국의 국민으로서 1947년 8월 15일부터 본 협정의 서명일까지 사이에 타방체약국에 거주한 일이 있는 사람의 재산, 권리 및 이익

(b) 일방체약국 및 그 국민의 재산, 권리 및 이익으로서 1945년 8월 15일 이후에 있어서의 통상의 접촉의 과정에 있어 취득되었고 또는 타방체약국의 관할하에 들어오게 된 것

3. 2항의 규정에 따르는 것을 조건으로 하여 일방체약국 및 그 국민의 재산, 권리 및 이익으로서 본 협정의 서명일에 타방체약국의 관할하에 있는 것에 대한 조치와 일방체약국 및 그 국민의 타방체약국 및 그 국민에 대한 모든 청구권으로서 동일자 이전에 발생한 사유에 기인하는 것에 관하여는 어떠한 주장도 할 수 없는 것으로 한다.

Article III

1 Any dispute between the High Contracting Parties concerning the interpretation or the implementation of this Agreement shall be settled primarily through diplomatic channels.

2 Any dispute which cannot be settled under the provision of paragraph 1 above

제3조

1. 본 협정의 해석 및 이행에 관한 양 체약국간의 분쟁은 우선 외교상의 경로를 통하여 해결한다.

2. 1항의 규정에 의하여 해결할 수 없었던 분쟁은 어느 일방체약국의 정부가 타방체약

shall be submitted for decision to an arbitral commission of three arbitrators; one to be appointed by the Government of each High Contracting Party within a period of thirty days from the date of receipt by the Government of either High Contracting Party from that of the other High Contracting Party of a note requesting arbitration of the dispute; and the third to be agreed upon by the two arbitrators so chosen or to be nominated by the Government of a third power as agreed upon by the two arbitrators within a further period of thirty days. However, the third arbitrator must not be a national of either High Contracting Party.

국의 정부로부터 분쟁의 중재를 요청하는 공한을 접수한 날로부터 30일의 기간내에 각 체약국 정부가 임명하는 1인의 중재위원과 이와 같이 선정된 2인의 중재위원이 당해 기간 후의 30일의 기간내에 합의하는 제3의 중재위원 또는 당해 기간내에 이들 2인의 중재위원이 합의하는 제3국의 정부가 지명하는 제3의 중재위원과의 3인의 중재위원으로 구성되는 중재위원회에 결정을 위하여 회부한다. 단, 제3의 중재위원은 양 체약국중의 어느편의 국민이어서는 아니된다.

3 If, within the periods respectively referred to, the Government of either High Contracting Party fails to appoint an arbitrator, or the third arbitrator or the third nation is not agreed upon, the arbitral commission shall be composed of one arbitrator to be nominated by the Government of each of two nations respectively chosen by the Government of each High Contracting Party within a period of thirty days, and the third arbitrator to be nominated by the Government of a third power decided upon by agreement between the Governments so chosen.

3. 어느 일방체약국의 정부가 당해 기간내에 중재위원을 임명하지 아니하였을 때 또는 제3의 중재위원 혹은 제3국에 대하여 당해 기간내에 합의하지 못하였을 때에는 중재위원회는 양 체약국 정부가 각각 30일의 기간내에 선정하는 국가의 정부가 지명하는 각 1인의 중재위원과 이들 정부가 협의에 의하여 결정하는 제3국의 정부가 지명하는 제3의 중재위원으로 구성한다.

4 The Governments of the High Contracting Parties shall accept decisions rendered by the arbitral commission established in accordance with the provisions of this Article.

4. 양 체약국 정부는 본조의 규정에 의거한 중재위원회의 결정에 따른다.

Article IV

The present Agreement shall be ratified. The instruments of ratification shall be exchanged at Seoul as soon as possible. The present Agreement shall enter into force as from the date on which the instruments of ratification are exchanged.

IN WITNESS WHEREOF, the undersigned, duly authorized thereto by their respective Governments, have signed the present Agreement.

DONE in duplicate at Tokyo, this twenty-second day of June of the year one thousand nine hundred and sixty-five in the Japanese and Korean languages, each text being equally authentic.

FOR JAPAN
Etsusaburo Shiina Shinichi Takasugi

FOR THE REPUBLIC OF KOREA
Tong Won Lee Dong Jo Kim

제4조

본 협정은 비준되어야 한다. 비준서는 가능한 한 조속히 서울에서 교환한다.

본 협정은 비준서가 교환된 날로부터 효력을 발생한다.

이상의 증거로서, 하기 대표는 각자의 정부로부터 정당한 위임을 받아 본 협정에 서명하였다.

1965년 6월 22일 도쿄에서 동등히 정본인 한국어 및 일본어로 본서 2통을 작성하였다.

대한민국을 위하여
(서명) 이동원 김동조

일본국을 위하여
(서명) 시이나 에쓰사부로오
다까스기 싱이찌

34. 한미상호방위조약 및 한미 SOFA 주요 조항

MUTUAL DEFENSE TREATY BETWEEN THE REPUBLIC OF KOREA AND THE UNITED STATES OF AMERICA

대한민국과 미합중국간의 상호방위조약

Signed at Washington October 1, 1953
Entered into force November 18, 1954

The Parties to this Treaty,

본 조약의 당사국은,

Reaffirming their desire to live in peace with all governments, and desiring to strengthen the fabric of peace in the Pacific area,

모든 국민과 모든 정부가 평화적으로 생활하고자 하는 희망을 재확인하며 또한 태평양 지역에 있어서의 평화기구를 공고히 할 것을 희망하고,

Desiring to declare publicly and formally their common determination to defend themselves against external armed attack so that no potential aggressor could be under the illusion that either of them stands alone in the Pacific area,

회원국 중 어느 1국이 태평양 지역에 있어서 고립하여 있다는 환각을 어떠한 잠재적 침략자도 가지지 않도록 외부로부터의 무력공격에 대하여 자신을 방위하고자 하는 공통의 결의를 공공연히 또한 정식으로 선언할 것을 희망하고,

Desiring further to strengthen their efforts for collective defense for the preservation of peace and security pending the development of a more comprehensive and effective system of regional security in the Pacific area,

또한 태평양 지역에 있어서 더욱 포괄적이고 효과적인 지역적 안전보장조직이 발달될 때까지 평화와 안전을 유지하고자 집단적 방위를 위한 노력을 공고히 할 것을 희망하여

Have agreed as follows:

다음과 같이 동의한다.

Article 1

제1조

The Parties undertake to settle any international disputes in which they may be involved by peaceful means in such a man-

당사국은 관련될지도 모르는 어떠한 국제적 분쟁이라도 국제적 평화와 안전과 정의를 위태롭게 하지 않는 방법으로 평화적 수단

SOFA

ner that international peace and security and justice are not endangered and to refrain in their international relations from the threat or use of force in any manner inconsistent with the purposes of the United Nations, or obligations assumed by any Party toward the United Nations.

에 의하여 해결하고 또한 국제관계에 있어서 국제연합의 목적이나 당사국이 국제연합에 대하여 부담한 의무에 배치되는 방법으로 무력으로 위협하거나 무력을 행사함을 삼가할 것을 약속한다.

Article 2

The Parties will consult together whenever, in the opinion of either of them, the political independence or security of either of the Parties is threatened by external armed attack. Separately and jointly, by self-help and mutual aid, the Parties will maintain and develop appropriate means to deter armed attack and will take suitable measures in consultation and agreement to implement this Treaty and to further its purposes.

제2조

회원국 중 어느 1국의 정치적 독립 또는 안전이 외부로부터의 무력공격에 의하여 위협을 받고 있다고 어느 당사국이든지 인정할 때에는 언제든지 당사국은 서로 협의한다. 당사국은 단독적으로나 공동으로나 자조와 상호원조에 의하여 무력공격을 저지하기 위한 적절한 수단을 지속하며 강화시킬 것이며 본 조약을 이행하고 그 목적을 추진할 적절한 조치를 협의와 합의하에 취할 것이다.

SOFA

Article 3

Each Party recognizes that an armed attack in the Pacific area on either of the Parties in territories now under their respective administrative control, or hereafter recognized by one of the Parties as lawfully brought under the administrative control of the other, would be dangerous to its own peace and safety and declares that it would act to meet the common danger in accordance with its constitutional processes.

제3조

각 당사국은 타 당사국의 행정 지배하에 있는 영토와 각 당사국이 타 당사국의 행정 지배하에 합법적으로 들어갔다고 인정하는 금후의 영토에 있어서 타 당사국에 대한 태평양 지역에 있어서의 무력공격을 자국의 평화와 안전을 위태롭게 하는 것이라고 인정하고 공통한 위험에 대처하기 위하여 각자의 헌법상의 수속에 따라 행동할 것을 선언한다.

Article 4

The Republic of Korea grants, and the United States of America accepts, the right

제4조

상호적 합의에 의하여 미합중국의 육군, 해군과 공군을 대한민국의 영토 내와 그 부근

to dispose United States land, air and sea forces in and about the territory of the Republic of Korea as determined by mutual agreement.

에 배치하는 권리를 대한민국은 이를 허여하고 미합중국은 이를 수락한다.

Article 5

This Treaty shall be ratified by the United States of America and the Republic of Korea in accordance with their respective constitutional processes and will come into force when instruments of ratification thereof have been exchanged by them at Washington.

제5조

본 조약은 대한민국과 미합중국에 의하여 각자의 헌법상의 수속에 따라 비준되어야 하며 그 비준서가 양국에 의하여 워싱턴에서 교환되었을 때에 효력을 발생한다.

Article 6

This Treaty shall remain in force indefinitely. Either party may terminate it one year after notice has been given to the other Party.

제6조

본 조약은 무기한으로 유효하다. 어느 당사국이든지 타 당사국에 통고한 후 1년 후에 본 조약을 종지시킬 수 있다.

IN WITNESS WHEREOF the undersigned plenipotentiaries have signed this Treaty.

이상의 증거로서 하기 전권위원은 본 조약에 서명한다.

DONE in duplicate at Washington, in the Korean and English languages, this first day of October 1953.

본 조약은 1953년 10월 1일에 워싱턴에서 한국문과 영문으로 두벌로 작성됨

FOR THE REPUBLIC OF KOREA:
/s/ Y. T. Pyun

대한민국을 위해서 변 영 태

FOR THE UNITED STATES OF AMERICA:
/s/ John Foster Dulles

미합중국을 위해서 존 포스터 덜레스

SOFA

AGREEMENT UNDER ARTICLE 4 OF THE MUTUAL DEFENSE TREATY BETWEEN THE REPUBLIC OF KOREA AND THE UNITED STATES OF AMERICA, REGARDING FACILITIES AND AREAS AND THE STATUS OF UNITED STATES ARMED FORCES IN THE REPUBLIC OF KOREA

Signed at Seoul July 9, 1966
Entered into force February 9, 1967

Whereas the United States of America has disposed its armed forces in and about the territory of the Republic of Korea pursuant to the resolutions of the United Nations Security Council of June 25, 1950, June 27, 1950, and July 7, 1950, and pursuant to Article 4 of the Mutual Defense Treaty between the Republic of Korea and the United States of America, signed on October 1, 1953;
Therefore, the Republic of Korea and the United States of America, in order to strengthen the close bonds of mutual interest between their two countries, have entered into this Agreement regarding facilities and areas and the status of United States armed forces in the Republic of Korea in terms as set forth below:

Article 1 Definitions

In this Agreement the expression:

(a) "members of the United States armed forces" means the personnel on active duty belonging to the land, sea, or air

대한민국과 아메리카합중국간의 상호방위조약 제4조에 의한 시설과 구역 및 대한민국에서의 합중국 군대의 협정(SOFA)

(일부 발췌)

1966년 7월 9일 서울에서 서명
1967년 2월 9일 발효

아메리카합중국은 1950년 6월 25일, 1950년 6월 27일 및 1950년 7월 7일의 국제연합 안전보장이사회의 제 결의와 1953년 10월 1일에 서명된 대한민국과 아메리카 합중국간의 상호방위조약 제4조에 따라, 대한민국의 영역안 및 그 부근에 동 군대를 배치하였음에 비추어, 대한민국과 아메리카합중국은 양 국가간의 긴밀한 상호 이익의 유대를 공고히 하기 위하여, 시설과 구역 및 대한민국에서의 합중국 군대의 지위에 관한 본 협정을 아래와 같이 체결하였다.

제 1 조 정 의

본 협정에 있어서,

(가) "합중국 군대의 구성원"이라 함은 대한민국의 영역 안에 있는 아메리카합중국의 육군, 해군 또는 공군에 속하는

armed services of the United States of America when in the territory of the Republic of Korea except for personnel of the United States armed forces attached to the United States Embassy and personnel for whom status has been provided in the Military Advisory Group Agreement of January 26, 1950, as amended;

(b) "civilian component" means the civilian persons of the United States nationality who are in the employ of, serving with, or accompanying the United States armed forces in the Republic of Korea, but excludes persons who are ordinarily resident in the Republic of Korea or who are mentioned in paragraph 1 of Article 15; for the purposes of this Agreement only, dual nationals; i.e., persons having the nationality of both the Republic of Korea and the United States, who are brought into the Republic of Korea by the United States shall be considered United States nationals;

(c) "dependents" means

(i) spouse and children under 21;

(ii) parents, children over 21, or other relatives dependent for over half their support upon a member of the United States armed forces or civilian component

인원으로서 현역에 복무하고 있는 자를 말한다. 다만, 합중국 대사관에 부속된 합중국 군대의 인원과 개정된 1950년 1월 26일자 군사고문단협정에 그 신분이 규정된 인원은 제외한다.

(나) "군속"이라 함은 합중국의 국적을 가진 민간인으로서 대한민국에 있는 합중국 군대에 고용되거나 동 군대에 근무하거나 또는 동반하는 자를 말하나, 통상적으로 대한민국에 거주하는 자, 또는 제15조 제1항에 규정된 자는 제외한다. 본 협정의 적용에 관한 한 대한민국 및 합중국의 이중 국적자로서 합중국에 의하여 대한민국에 들어온 자는 합중국 국민으로 간주한다.

(다) "가족"이라 함은 다음의 자를 말한다.

(1) 배우자 및 21세 미만의 자녀

(2) 부모 및 21세 이상의 자녀 또는 기타 친척으로서 그 생계비의 반액 이상을 합중국 군대의 구성원 또는 군속에 의존하는 자

Article 2
Facilities and Areas-Grant and Return

1. (a) The United States is granted, under Article 4 of the Mutual Defense Treaty, the use of facilities and areas in the Republic of Korea. Agreements as to

제2조
시설과 구역-공여와 반환

1. (가) 합중국은 상호방위조약 제4조에 따라 대한민국안의 시설과 구역의 사용을 공여 받는다. 개개의 시설과 구역에 관한 제협정은 본 협정 제28조에 규정된 합동

SOFA

specific facilities and areas shall be concluded by the two Governments through the Joint Committee provided for in Article 28 of this Agreement. "Facilities and areas" include existing furnishings, equipment, and fixtures, Wherever located, used in the operation of such facilities and areas.

위원회를 통하여 양 정부가 이를 체결하여야 한다. "시설과 구역"은 소재의 여하를 부문하고, 그 시설과 구역의 운영에 사용되는 현존의 설비, 비품 및 정착물을 포함한다.

(b) The facilities and areas of which the United States armed forces have the use at the effective date of this Agreement together with those facilities and areas which the United States armed forces have returned to the Republic of Korea with the reserved right of re-entry, when these facilities and areas have been re-entered by the United States armed forces, shall be considered as the facilities and areas agreed upon between the two Governments in accordance with subparagraph (a) above. Records of facilities and areas of which the United States armed forces have the use or the right of re-entry shall be maintained through the Joint Committee after this Agreement comes into force.

(나) 본 협정의 효력발생시에 합중국 군대가 사용하고 있는 시설과 구역 및 합중국 군대가 이러한 시설과 구역을 재사용할 때에 합중국 군대가 이를 재사용한다는 유보권을 가진 채 대한민국에 반환한 시설과 구역은 전기 (가)항에 따라 양 정부간에 합의된 시설과 구역으로 간주한다. 합중국 군대가 사용하고 있거나 재사용권을 가지고 있는 시설과 구역에 관한 기록은 본 협정의 효력발생 후에도 합동위원회를 통하여 이를 보존한다.

SOFA

2. At the request of either Government, the Governments of the Republic of Korea and the United States shall review such agreements and may agree that such facilities and areas or portions thereof shall be returned to the Republic of Korea or that additional facilities and areas may be provided.

2. 대한민국 정부와 합중국정부는 어느 일방정부의 요청이 있을 때에는 이러한 협정을 재검토하여야 하며 또한 이러한 시설과 구역이나 그 일부를 대한민국에 반환하여야 할 것인지의 여부 또는 새로이 시설과 구역을 제공하여야 할 것인지의 여부에 대하여 합의할 수 있다.

3. The facilities and areas used by the United States shall be returned to the Republic of Korea under such conditions as may be agreed through the Joint

3. 합중국이 사용하는 시설과 구역은 본 협정의 목적을 위하여 필요가 없게 되는 때에는 언제든지 합동위원회를 통하여 합의되는 조건에 따라 대한민국에 반환되어야

Committee whenever they are no longer needed for the purposes of this Agreement and the United States agrees to keep the needs for facilities and areas under continual observation with a view toward such return.

하며, 합중국은 그와 같이 반환한다는 견지에서 동 시설과 구역의 필요성을 계속 검토할 것에 동의한다.

4. (a) When facilities and areas are temporarily not being used and the Government of the Republic of Korea is so advised, the Government of the Republic of Korea may make, or permit nationals of the Republic of Korea to make, interim use of such facilities and areas provided that it is agreed between the two Governments through the Joint Committee that such use would not be harmful to the purposes for which the facilities and areas are normally used by the United States armed forces.

(b) With respect to facilities and areas which are to be used by the United States Armed forces for limited periods of time, the Joint Committee shall specify in the agreements covering such facilities and areas the extent to which the provisions of this Agreement shall not apply.

4. (가) 시설과 구역이 일시적으로 사용되지 않고 또한 대한민국 정부가 이러한 통고를 받을 때에는 대한민국 정부는 잠정적으로 이러한 시설과 구역을 사용할 수 있거나 또는 대한민국 국민으로 하여금 사용시킬 수 있다. 다만, 이러한 사용은 합중국 군대에 의한 동 시설과 구역의 정상적인 사용목적에 유해하지 않을 것이라는 것이 합동위원회에 의하여 양 정부간에 합의되는 경우에 한한다.

(나) 합중국 군대가 일정한 기간에 한하여 사용할 시설과 구역에 관하여는 합동위원회는 이러한 시설과 구역에 관한 협정 중에 본 협정의 규정이 적용되지 아니하는 한도를 명기하여야 한다.

SOFA

Article 3
Facilities and Areas-Security Measures

1. Within the facilities and areas, the United States may take all the measures necessary for their establishment, operation, safeguarding and control. In order to provide access for the United States armed forces to the facilities and areas for their support, safeguarding, and control, the Government of the Republic of

제3조
시설과 구역-보안 조치

1. 합중국은 시설과 구역 안에서 이러한 시설과 구역의 설정, 운영, 경호 및 관리에 필요한 모든 조치를 취할 수 있다. 대한민국 정부는 합중국 군대의 지원, 경호 및 관리를 위하여 동 시설과 구역에의 합중국 군대의 출입의 편의를 도모하기 위하여 합중국 군대의 요청과 합동위원회를 통한 양 정부간의 협의에 따라 동 시설과

Korea shall, at the request of the United States armed forces and upon consultation between the two Governments through the Joint Committee, take necessary measures, within, the scope of applicable laws and regulations, with respect to land, territorial waters and airspace adjacent to, or in the vicinities of the facilities and areas. The United States may also take necessary measures for such purposes upon consultation between the two Governments through the Joint Committee.

구역에 인접한 또는 그 주변의 토지, 영해 및 영공에 대하여 관계법령의 범위 내에서 필요한 조치를 취하여야 한다. 합중국은 또한 합동위원회를 통한 양 정부간의 협의에 따라 전기의 목적상 필요한 조치를 취할 수 있다.

2. (a) The United States agrees not to take the measures referred to in paragraph 1 in such a manner as to interfere unnecessarily with navigation, aviation, communication, or land travel, to, from, or within the territories of the Republic of Korea.

(b) All questions relating to telecommunications including radio frequencies for electromagnetic radiating devices, or like matters, shall continue to be resolved expeditiously in the utmost spirit of coordination and cooperation by arrangement between the designated communications authorities of the two Governments.

(c) The Government of the Republic of Korea shall, within the scope of applicable laws, regulations and agreements, take all reasonable measures to avoid or eliminate interference with electromagnetic radiation sensitive devices, telecommunications devices, or other apparatus required by the United States armed forces.

2. (가) 합중국은 대한민국의 영역으로의, 영역으로부터의 또는 영역 안의 항해, 항공, 통신 및 육상 교통을 불필요하게 방해하는 방법으로 제1항에 규정된 조치를 취하지 아니할 것에 동의한다.

(나) 전자파 방사장치용 「라디오」 주파수 또는 이에 유사한 사항을 포함한 전기통신에 관한 모든 문제는 양 정부의 지정 통신 당국간의 약정에 따라 최대의 조정과 협력의 정신으로 신속히 계속 해결하여야 한다.

(다) 대한민국 정부는 관계법령과 협정의 범위 내에서 전자파방사에 민감한 장치, 전기통신 장치 또는 합중국 군대가 필요로 하는 기타 장치에 대한 방해를 방지하거나 제거시키기 위한 모든 합리적인 조치를 취하여야 한다.

SOFA

3. Operations in the facilities and areas in use by the Government of the United States shall be carried on with due regard to the public safety.

3. 합중국 군대가 사용하고 있는 시설과 구역에서의 운영은 공공 안전을 적절히 고려하여 수행되어야 한다.

Article 4
Facilities and Areas-Return of Facilities

제4조
시설과 구역-시설의 반환

1. The Government of the United States is not obliged, when it returns facilities and areas to the Government of the Republic of Korea on the expiration of this Agreement or at an earlier date, to restore the facilities and areas to the condition in which they were at the time they became available to the United States armed forces, or to compensate the Government of the Republic of Korea in lieu of such restoration.

1. 합중국 정부는 본 협정의 종료시나 그 이전에 대한민국 정부에 시설과 구역을 반환할 때에 이들 시설과 구역이 합중국 군대에 제공되었던 당시의 상태로 동 시설과 구역을 원상회복하여야 할 의무를 지지 아니하며, 또한 이러한 원상회복 대신으로 대한민국 정부에 보상하여야 할 의무도 지지 아니한다.

2. The Government of the Republic of Korea is not obliged to make any compensation to the Government of the United States for any improvements made in facilities and areas or for the buildings and structures left thereon on the expiration of this Agreement or the earlier return of the facilities and areas.

2. 대한민국 정부는 본 협정의 종료시나 그 이전의 시설과 구역의 반환에 있어서, 동 시설과 구역에 가하여진 어떠한 개량에 대하여 또는 시설과 구역에 잔유한 건물 및 공작물에 대하여 합중국 정부에 어떠한 보상도 행할 의무를 지지 아니한다.

3. The foregoing provisions shall not apply to any construction which the Government of the United States may undertake under special arrangements with the Government of the Republic of Korea.

3. 전 2항의 규정은 합중국 정부가 대한민국 정부와의 특별한 약정에 의거하여 행할 수 있는 건설공사에는 적용되지 아니한다.

Article 7
Respect for Local Law

제7조
접수국 법령의 존중

It is the duty of members of the United States armed forces, the civilian compo-

합중국 군대의 구성원, 군속과 제15조에 따라 대한민국에 거주하고 있는 자 및 그들의

SOFA

nent, the persons who are present in the Republic of Korea pursuant to Article 15, and their dependents, to respect the law of the Republic of Korea and to abstain from any activity inconsistent with the spirit of this Agreement, and, in particular, from any political activity in the Republic of Korea.

가족은 대한민국 안에 있어서 대한민국의 법령을 존중하여야 하고, 또한 본 협정의 정신에 위배되는 어떠한 활동 특히 정치적 활동을 하지 아니하는 의무를 진다.

Article 9
Customs and Duties

제9조
통관과 관세

1. Save as provided in this Agreement, members of the United States armed forces, the civilian component, and their dependents shall be subject to the laws and regulations administered by the customs authorities of the Republic of Korea.

1. 합중국 군대의 구성원, 군속 및 그들의 가족은 본 협정에서 규정된 경우를 제외하고는, 대한민국 세관당국이 집행하고 있는 법령에 따라야 한다.

2. All materials, supplies and equipment imported by the United States armed forces (including their authorized procurement agencies and their non-appropriated fund organizations provided for in Article 13), for the official use of the United States armed forces or for the use of the members of the United States armed forces, the civilian component, and their dependents, and materials, supplies and equipment which are to be used exclusively by the United States armed forces or are ultimately to be incorporated into articles or facilities used by such forces, shall be permitted entry into the Republic of Korea; such entry shall be free from customs duties and other such charges. Appropriate certification shall be made that such materials,

2. 합중국 군대(동 군대의 공인 조달기관과 제13조에 규정된 비세출자금기관을 포함한다)가 합중국 군대의 공용을 위하거나 또는 합중국 군대, 군속 및 그들의 가족의 사용을 위하여 수입하는 모든 자재, 수용품 및 비품과, 합중국 군대가 전용할 자재, 수용품 및 비품 또는 합중국 군대가 사용하는 물품이나 시설에 최종적으로 합체될 자재, 수용품 및 비품은 대한민국에의 반입이 허용된다. 이러한 반입에는 관세 및 기타의 과징금이 부과되지 아니한다. 전기의 자재, 수용품 및 비품은 합중국 군대(동 군대의 공인 조달기관과 제13조에 규정된 비세출자금기관을 포함한다)가 수입한 것이라는 뜻의 적당한 증명서를 필요로 하거나, 또는 합중국 군대가 전용할 자재, 수용품 및 비품 또는 동 군대가 사용하는 물품이나 시설에 최종적으

supplies and equipment are being imported by the United States armed forces (including their authorized procurement agencies and their non-appropriated fund organizations provided for in Article 13), or, in the case of materials, supplies and equipment to be used exclusively by the United States armed forces or ultimately to be incorporated into articles or facilities used by such forces, that delivery thereof is to be taken by the United States armed forces for the purposes specified above. The exemptions provided in this paragraph shall extend to materials, supplies and equipment imported by the United States armed forces for the use of other armed forces in the Republic of Korea under the Unified Command which receive logistical support from the United States armed forces.

로 합체될 자재, 수용품 및 비품에 있어서는 합중국 군대가 전기의 목적을 위하여 수령할 뜻의 적당한 증명서를 필요로 한다. 본항에서 규정된 면제는 합중국 군대가 동 군대로부터 군수지원을 받는 통합사령부 산하 주한 외국군대의 사용을 위하여 수입한 자재, 수용품 및 비품에도 적용한다.

3. Property consigned to and for the personal use of members of the United States armed forces, the civilian component, and their dependents, shall be subject to customs duties and other such charges, except that no duties or charges shall be paid with respect to:

3. 합중국 군대의 구성원, 군속 및 그들의 가족에게 탁송되고 또한 이러한 자들의 사용에 제공되는 재산에는 관세 및 기타의 과징금을 부과한다. 다만, 다음의 경우에는 관세 및 기타의 과징금을 부과하지 아니한다.

(a) furniture, household goods, and personal effects for their private use imported by the members of the United States armed forces or civilian component, when they first arrive to serve in the Republic of Korea or by their dependents when they first arrive for reunion with members of such forces or civilian component;

(가) 합중국 군대의 구성원이나 군속이 대한민국에서 근무하기 위하여 최초로 도착한 때에, 또한 그들의 가족이 이러한 군대의 구성원이나 군속과 동거하기 위하여 최초로 도착한 때에 사용을 위하여 수입한 가구, 가정용품 및 개인용품

(b) vehicles and parts imported members

(나) 합중국 군대의 구성원이나 군속이 자

of the United States armed forces or civilian component for the private use of themselves or their dependents;

기 또는 그들의 가족의 사용을 위하여 수입하는 차량과 부속품

(c) reasonable quantities of personal effects and household goods of a type which would ordinarily be purchased in the United States for the private use of members of the United States armed forces, civilian component, and their dependents, which are mailed into the Republic of Korea through United States military post offices.

(다) 합중국 군대의 구성원, 군속 및 그들의 가족의 사용을 위하여 합중국 안에서 통상적으로 구입되는 종류의 합리적인 양의 개인용품 및 가정용품으로서 합중국 군사 우편국을 통하여 대한민국에 우송되는 것

4. The exemptions granted in paragraphs 2 and 3 shall apply only to cases of importation of goods and shall not be interpreted as refunding customs duties and domestic excises collected by the customs authorities at the time of entry in cases of purchase of goods on which such duties and excises have already been collected.

4. 제2항 및 제3항에서 허용한 면제는 물품 수입의 경우에만 적용되며, 또한 당해 물품의 반입시에 관세와 내국소비세가 이미 징수된 물품을 구입하는 경우에는 세관당국이 징수한 관세와 내국소비세를 환불하는 것으로 해석되지 아니한다.

5. Customs examination shall not be made in the following cases:

5. 세관검사는 다음의 경우에는 이를 행하지 아니한다.

(a) members of the United States armed forces under orders, other than leave orders, entering or leaving the Republic of Korea;

(가) 휴가명령이 아닌 명령에 따라 대한민국에 입국하거나 대한민국으로부터 출국하는 합중국 군대의 구성원

(b) official documents under official seal and First Class letter mail in the United States military postal channels under official postal seal;

(나) 공용의 봉인이 있는 공문서 및 공용의 우편 봉인이 있고 합중국 군사 우편 경로에 있는 제1종 서장

(c) military cargo consigned to the United States armed forces.

(다) 합중국 군대에 탁송된 군사화물

6. Except as such disposal may be authorized by the authorities of the Republic of Korea and of the United States armed

6. 관세의 면제를 받고 대한민국에 수입된 물품은 대한민국 당국과 합중국 당국이 상호 합의하는 조건에 따라 처분을 인정

in accordance with mutually agreed conditions, goods imported into the Republic of Korea free of duty shall not be disposed of in the Republic of Korea to persons not entitled to import such goods free of duty.

하는 경우를 제외하고는 관세의 면제로 당해 물품을 수입하는 권리를 가지지 아니하는 자에 대하여 대한민국 안에서 이를 처분하여서는 아니된다.

7. Goods imported into the Republic of Korea free from customs duties and other such charges pursuant to paragraphs 2 and 3, may be re-exported free from customs duties and other such charges.

7. 제2항 및 제3항에 의거하여 관세 및 기타의 과징금의 면제를 받고 대한민국에 수입된 물품은 관세 및 기타의 과징금의 면제를 받고 이를 재수출할 수 있다.

8. The United States armed forces, in cooperation with the authorities of the Republic of Korea, shall take such steps as are necessary to prevent abuse of privileges granted to the United States armed forces, members of such forces, the civilian component, and their dependents in accordance with this Article.

8. 합중국 군대는 대한민국 당국과 협력하여 본조의 규정에 따라 합중국 군대, 동 군대의 구성원, 군속 및 그들의 가족에게 부여된 특권의 남용을 방지하기 위하여 필요한 조치를 취하여야 한다.

SOFA

9. (a) In order to prevent offenses against laws and regulations administered by the customs authorities of the Government of the Republic of Korea, the authorities of the Republic of Korea and the United States armed forces shall assist each other in the conduct of inquiries and the collection of evidence.

(b) The United States armed forces shall render all assistance within their power to ensure that articles liable to seizure by, or on behalf of, the customs authorities of the Government of the Republic of Korea are handed over to those authorities.

(c) The United States armed forces shall render all assistance within their power to ensure the payment of duties, taxes,

9. (가) 대한민국 당국과 합중국 군대는 대한민국 정부의 세관당국이 집행하는 법령에 위반하는 행위를 방지하기 위하여 조사의 실시 및 증거의 수집에 있어서 상호 협조하여야 한다.

(나) 합중국 군대는 대한민국 정부의 세관당국에 의하여 또는 이에 대신하여 행하여지는 압류될 물품을 인도하도록 확보하기 위하여 그의 권한 내의 모든 원조를 제공하여야 한다.

(다) 합중국 군대는 합중국 군대의 구성원이나 군속 또는 그들의 가족이 납부할 관세, 조세 및 벌금의 납부를 확보하기

and penalties payable by members of such forces or of the civilian component, or their dependents.

(d) The authorities of the United States armed forces shall provide all practicable assistance to the customs officials dispatched to military controlled piers and airports for the purpose of customs inspection.

(e) Vehicles and articles belonging to the United States armed forces seized by the customs authorities of the Government of the Republic of Korea in connection with an offense against its customs or fiscal laws or regulations shall be handed over to the appropriate authorities of such forces.

위하여 그의 권한 내의 모든 원조를 제공하여야 한다.

(라) 합중국 군대당국은 세관검사의 목적으로 군사상 통제하는 부두와 비행장에 파견된 세관 직원에게 가능한 모든 원조를 제공하여야 한다.

(마) 합중국 군대에 속하는 차량 및 물품으로서 대한민국 정부의 관세 또는 재무에 관한 법령에 위반하는 행위에 관련하여 대한민국 정부의 세관당국이 압류한 것은, 관계 부대당국에 인도하여야 한다.

Article 17
Labor

1. In this Article the expression:

(a) "employer" refers to the United States armed forces (including non-appropriated fund organizations) and the persons referred to in the first paragraph of Article 15;

(b) "employee" refers to any civilian (other than a member of the civilian component or a contractor employee under Article 15) employed by an employer, except (1) a member of the Korean service Corps and (2) a domestic employed by an individual member of the United States armed forces, the civilian component or dependent thereof. Such employees shall be nationals of the Republic of Korea.

제17조
노　무

1. 본조에 있어서

(가) "고용주"라 함은 합중국 군대(비세출자금기관을 포함한다) 및 제15조 제1항에 규정된 자를 말한다.

(나) "고용원"이라 함은 고용주가 고용한 군속이나 제15조에 규정된 계약자의 고용원이 아닌 민간인을 말한다. 다만, (1) 한국노무단(「케이·에스·씨」)의 구성원 및 (2) 합중국 군대의 구성원, 군속 또는 그들의 가족의 개인이 고용한 가사사용인은 제외된다. 이러한 고용원은 대한민국 국민이어야 한다.

2. Employers may recruit, employ and administer their personnel. Recruitment services of the Government of the Republic of Korea will be utilized insofar as is practicable. In case employers accomplish direct recruitment of employees, employers will provide such relevant information as may be required for labor administration to the Office of Labor Affairs of the Republic of Korea.

3. To the extent not inconsistent with the provisions of this Article or the military requirements of the United States armed forces, the conditions of employment, compensation, and labor-management relations established by the United States armed forces for their employees shall conform with provisions of labor legislation of the Republic of Korea.

4. (a) In consideration of provision for collective action in labor legislation of the Republic of Korea, any dispute between employers and employees or any recognized employee organization, which cannot be settled through grievance or labor relations procedures of the United States armed forces, shall be settled as follows:
   (i) The dispute shall be referred to the Office of Labor Affairs of the Republic of Korea for conciliation.
   (ii) In the event that the dispute is not settled by the procedure described in (i) above, the matter will be referred to the Joint Committee, which may refer the matter to a special committee designated by the Joint Committee for further conciliation

2. 고용주는 그들의 인원을 모집하고 고용하며 관리할 수 있다. 대한민국 정부의 모집사무기관은 가능한 한 이용된다. 고용주가 고용원을 직접 모집하는 경우에는 고용주는 노동행정상 필요한 적절한 정보를 대한민국 노동청에 제공한다.

3. 본조의 규정과 합중국 군대의 군사상 필요에 배치되지 아니하는 한도 내에서 합중국 군대가 그들의 고용원을 위하여 설정한 고용조건, 보상 및 노사관계는 대한민국의 노동법령의 제 규정에 따라야 한다.

4. (가) 고용주와 고용원이나 승인된 고용원 단체간의 쟁의로서, 합중국 군대의 불평처리 또는 노동관계 절차를 통하여 해결될 수 없는 것은 대한민국 노동법령 중 단체행동에 관한 규정을 고려하여 다음과 같이 해결되어야 한다.
   (1) 쟁의는 조정을 위하여 대한민국 노동청에 회부되어야 한다.
   (2) 그 쟁의가 전기 (1)에 규정된 절차에 의하여 해결되지 아니한 경우에는 그 문제는 합동위원회에 회부되며, 또한 합동위원회는 새로운 조정에 노력하고저 그가 지정하는 특별위원회에 그 문제를 회부할 수 있다.

SOFA

efforts.

(iii) In the event that the dispute is not settled by the procedures outlined above, the Joint Committee will resolve the dispute, assuring that expeditious procedures are followed. The decisions of the Joint Committee shall be binding.

(iv) Failure of any recognized employee organization or employee to abide by the decision of the Joint Committee on any dispute, or engaging in practices disruptive of normal work requirements during settlement procedures, shall be considered just cause for the withdrawal of recognition of that organization and the discharge of that employee.

(v) Neither employee organizations nor employees shall engage in any practices disruptive of normal work requirements unless a period of at least 70 days has elapsed after the dispute is referred to the Joint Committee, as stipulated in subparagraph (ii), above.

(b) Employees or any employee organization shall have the right of further collective action in the event a labor dispute is not resolved by the foregoing procedures except in cases where the Joint Committee determines such action seriously hampers military operations of the United States armed forces for the joint defense of the Republic of Korea. In the event an agreement cannot be reached on this question in the Joint Committee, it may be made the subject of review through discussions be-

(3) 그 쟁의가 전기의 절차에 의하여 해결되지 아니한 경우에는 합동위원회는 신속한 절차가 뒤따를 것이라는 확증하에 그 쟁의를 해결한다. 합동위원회의 결정은 구속력을 가진다.

(4) 어느 승인된 고용원 단체 또는 고용원이 어느 쟁의에 대한 합동위원회의 결정에 불복하거나, 또는 해결절차의 진행중 정상적인 업무요건을 방해하는 행동에 종사함은 전기 단체의 승인철회 및 그 고용원의 해고에 대한 정당한 사유로 간주된다.

(5) 고용원단체나 고용원은 쟁의가 전기 (2)에 규정된 합동위원회에 회부된 후 적어도 70일의 기간이 경과되지 아니하는 한 정상적인 업무요건을 방해하는 어떠한 행동에도 종사하여서는 아니된다.

(나) 고용원 또는 고용원단체는 노동쟁의가 전기 절차에 의하여 해결되지 아니하는 경우에는 계속 단체행동권을 가진다. 다만, 합동위원회가 이러한 행동이 대한민국의 공동방위를 위한 합중국 군대의 군사작전을 심히 방해한다고 결정하는 경우에는 제외한다. 합동위원회에서 이 문제에 관하여 합의에 도달할 수 없을 경우에는 그 문제는 대한민국 정부의 관계관과 아메리카합중국 외교사절간의 토의를 통한 재검토의 대상이 될 수 있다.

tween appropriate officials of the Government of the Republic of Korea and the diplomatic mission of the United States of America.

(c) In the event of a national emergency, such as war, hostilities, or situations where war or hostilities may be imminent, the application of this Article shall he limited in accordance with emergency measures taken by the Government of the Republic of Korea in consultation with the military authorities of the United States.

(다) 본조의 적용은 전쟁, 적대행위 또는 전쟁이나 적대행위가 절박한 상태와 같은 국가 비상시에는 합중국 군 당국과의 협의하에 대한민국 정부가 취하는 비상조치에 따라 제한된다.

5. (a) Should the Republic of Korea adopt measures allocating labor, the United States armed forces shall be accorded allocation privileges no less favorable than those enjoyed by the armed forces of the Republic of Korea.

(b) In the event of a national emergency, such as war, hostilities, or situations where war or hostilities may be imminent, employees who have acquired skills essential to the mission of the United States armed forces shall, upon request of the United States armed forces, be deferred through mutual consultation from Republic of Korea military service or other compulsory service. The United States armed forces shall furnish in advance to the Republic of Korea lists of those employees deemed essential.

5. (가) 대한민국이 노동력을 배정할 경우에는 합중국 군대는 대한민국 국군이 가지는 것보다 불리하지 아니한 배정 특권이 부여되어야 한다.

(나) 전쟁, 적대행위 또는 전쟁이나 적대행위가 절박한 상태와 같은 국가 비상시에는 합중국 군대의 임무에 긴요한 기술을 습득한 고용원은 합중국 군대의 요청에 따라 상호 협의를 통하여 대한민국의 병역이나 또는 기타 강제복무가 연기되어야 한다. 합중국 군대는 긴요하다고 인정되는 고용원의 명단을 대한민국에 사전에 제공하여야 한다.

6. Members of the civilian component shall not be subject to laws or regulations of the Republic of Korea with respect to their terms and condition of employment.

6. 군속은 그들의 임용과 고용조건에 관하여 대한민국의 제 법령에 따르지 아니한다.

Article 22
Criminal Jurisdiction

1. Subject to the provisions o.f this Article,

(a) the military authorities of the United States shall have the right to exercise within the Republic of Korea all criminal and disciplinary jurisdiction conferred on them by the law of the United States over members of the United States armed forces or civilian component, and their dependents;

(b) the authorities of the Republic of Korea shall have jurisdiction over the members of the United States armed forces or civilian component, and their dependents, with respect to offenses committed within the territory of the Republic of Korea and punishable by the law of the Republic of Korea.

2. (a) The military authorities of the United States shall have the right to exercise exclusive jurisdiction over members of the United States armed forces or civilian component, and their dependents, with respect to offenses, including offenses relating to its security, punishable by the law of the United States, but not by the law of the Republic of Korea.

(b) The authorities of the Republic of Korea shall have the right to exercise exclusive jurisdiction over members of the United States armed forces or civilian component, and their dependents, with respect to offenses, including offenses relating to the security of the Republic of Korea, punishable by its law

제22조
형사재판권

1. 본조의 규정에 따를 것을 조건으로,

(가) 합중국 군 당국은 합중국 군대의 구성원, 군속 및 그들의 가족에 대하여 합중국 법령이 부여한 모든 형사재판권 및 징계권을 대한민국 안에서 행사할 권리를 가진다.

(나) 대한민국 당국은 합중국 군대의 구성원, 군속 및 그들의 가족에 대하여 대한민국의 영역 안에서 범한 범죄로서 대한민국 법령에 의하여 처벌할 수 있는 범죄에 관하여 재판권을 가진다.

2. (가) 합중국 군 당국은 합중국 군대의 구성원이나 군속 및 그들의 가족에 대하여 합중국 법령에 의하여서는 처벌할 수 있으나 대한민국 법령에 의하여서는 처벌할 수 없는 범죄(합중국의 안전에 관한 범죄를 포함한다)에 관하여 전속적 재판권을 행사할 권리를 가진다.

(나) 대한민국 당국은 합중국 군대의 구성원이나 군속 및 그들의 가족에 대하여, 대한민국 법령에 의하여서는 처벌할 수 있으나 합중국 법령에 의하여서는 처벌할 수 없는 범죄(대한민국의 안전에 관한 범죄를 포함한다)에 관하여 전속적 재판권을 행사할 권리를 가

SOFA

but not by the law of the United States.

(c) For the purpose of this paragraph and of paragraph 3 of this Article, a security offense against a State shall include:

(i) treason against the State;

(ii) Sabotage, espionage or violation of any law relating to official secrets of that State, or secrets relating to the national defense of that State.

진다.

(다) 본조 제2항 및 제3항의 적용상, 국가의 안전에 관한 범죄라 함은 다음의 것을 포함한다.

(1) 당해국에 대한 반역

(2) 방해 행위(「사보타아지」), 간첩행위 또는 당해국의 공무상 또는 국방상의 비밀에 관한 법령의 위반

3. In cases where the right to exercise jurisdiction is concurrent the following rules shall apply:

(a) The military authorities of the United States shall have the primary right to exercise jurisdiction over members of the United States armed forces or civilian component, and their dependents, in relation to:

(i) offenses solely against the property or security of the United States, or offenses solely against the person or property of another member of the United States armed forces or civilian component or of a dependent;

(ii) offenses arising out of any act or omission done in the performance of official duty.

(b) In the case of any other offense, the authorities of the Republic of Korea shall have the primary right to exercise jurisdiction.

(c) If the State having the primary right decides not to exercise jurisdiction, it shall notify the authorities of the other State as soon as practicable. The authorities of the State having the primary right shall give sympathetic consideration

3. 재판권을 행사할 권리가 경합하는 경우에는 다음의 규정이 적용된다.

(가) 합중국 군 당국은 다음의 범죄에 관하여는 합중국 군대의 구성원이나 군속 및 그들의 가족에 대하여 재판권을 행사할 제1차적 권리를 가진다.

(1) 오로지 합중국의 재산이나 안전에 대한 범죄, 또는 오로지 합중국 군대의 타 구성원이나 군속 또는 그들의 가족의 신체나 재산에 대한 범죄

(2) 공무집행중의 작위 또는 부작위에 의한 범죄

(나) 기타의 범죄에 관하여는 대한민국 당국이 재판권을 행사할 제1차적 권리를 가진다.

(다) 제1차적 권리를 가지는 국가가 재판권을 행사하지 아니하기로 결정한 때에는 가능한 한 신속히 타방 국가당국에 그 뜻을 통고하여야 한다. 제1차적 권리를 가지는 국가의 당국은 타방국가

to a request from the authorities of the other State for a waiver of its right in cases where that other State considers such waiver to be of particular importance.

가 이러한 권리포기를 특히 중요하다고 인정하는 경우에 있어서 그 타방국가의 당국으로부터 그 권리포기의 요청이 있으면 그 요청에 대하여 호의적 고려를 하여야 한다.

4. The foregoing provisions of this Article shall not imply any right for the military authorities of the United States to exercise jurisdiction over persons who are nationals of or ordinarily resident in the Republic of Korea, unless they are members of the United States armed forces.

4. 본조의 전기 제 규정은 합중국 군 당국이 대한민국의 국민인 자 또는 대한민국에 통상적으로 거주하고 있는 자에 대하여 재판권을 행사할 권리를 가진다는 것을 뜻하지 아니한다. 다만, 그들이 합중국 군대의 구성원인 경우에는 그러하지 아니하다.

5. (a) The authorities of the Republic of Korea and the military authorities of the United States shall assist each other in the arrest of members of the United States armed forces, the civilian component, or their dependents in the territory of the Republic of Korea and in handing them over to the authority which is to have custody in accordance with the following provisions.

5. (가) 대한민국 당국과 합중국 군 당국은 대한민국 영역 안에서 합중국 군대의 구성원, 군속 또는 그들의 가족을 체포함에 있어서 그리고 다음의 규정에 따라 그들을 구금할 당국에 인도함에 있어서 상호 조력하여야 한다.

(b) The authorities of the Republic of Korea shall notify promptly the military authorities of the United States of the arrest of any member of the United States armed forces, or civilian component, or a dependent. The military authorities of the United States shall promptly notify the authorities of the Republic of Korea of the arrest of a member of the United States armed forces, the civilian component, or a dependent in any case in which the Republic of Korea has the primary right to exercise jurisdiction.

(나) 대한민국 당국은 합중국 군 당국에 합중국 군대의 구성원, 군속 또는 그들의 가족의 체포를 즉시 통고하여야 한다. 합중국 군 당국은 대한민국이 재판권을 행사할 제1차적 권리를 가지는 경우에 있어서 합중국 군대의 구성원, 군속 또는 그들의 가족의 체포를 대한민국 당국에 즉시 통고하여야 한다.

(c) The custody of an accused member of the United States armed forces or civilian component, or of a dependent, over whom the Republic of Korea is to exercise jurisdiction shall, if he is in the hands of the military authorities of the United States, remain with the military authorities of the United States pending the conclusion of all judicial proceedings and until custody is requested by the authorities of the Republic of Korea. If he is in the hands of the Republic of Korea, he shall, on request, be handed over to the military authorities of the United States and remain in their custody pending completion of all judicial proceedings and until custody is requested by the authorities of the Republic of Korea. When an accused has been in the custody of the military authorities of the United States, the military authorities of United States may transfer custody to the authorities of the Republic of Korea at any time, and shall give sympathetic consideration to any request for the transfer of custody which may be made by the authorities of the Republic of Korea in specific cases. The military authorities of the United States shall promptly make any such accused available to the authorities of the Republic of Korea upon their request for purposes of investigation and trial, and shall take all appropriate measures to that end and to prevent any prejudice to the course of justice. They shall take full account of any special request regarding custody made by the authorities

(다) 대한민국이 재판권을 행사할 합중국 군대의 구성원, 군속 또는 그들의 가족인 피의자의 구금은 그 피의자가 합중국 군 당국의 수중에 있는 경우에는 모든 재판절차가 종결되고 또한 대한민국 당국이 구금을 요청할 때까지 합중국 군 당국이 계속 이를 행한다. 그 피의자가 대한민국의 수중에 있는 경우에는 그 피의자는 요청이 있으면 합중국 군 당국에 인도되어야 하며 모든 재판절차가 종결되고 또한 대한민국 당국이 구금을 요청할 때까지 합중국 군 당국이 계속 구금한다. 피의자가 합중국 군 당국의 구금하에 있는 경우에는 합중국 군 당국은 어느 때든지 대한민국 당국에 구금을 인도할 수 있으며, 또한 특정사건에 있어서 대한민국 당국이 행할 수 있는 구금 인도의 요청에 대하여 호의적 고려를 하여야 한다. 합중국 군 당국은 수사와 재판을 위한 요청이 있으면 즉시 대한민국 당국으로 하여금 이러한 피의자 또는 피고인에 대한 수사와 재판을 할 수 있게 하여야 하며, 또한 이러한 목적을 위하고 사법절차의 진행에 대한 장애를 방지하기 위하여 모든 적절한 조치를 취하여야 한다. 합중국 군 당국은 대한민국 당국이 행한 구금에 관한 특별한 요청에 대하여 충분히 고려하여야 한다. 대한민국 당국은 합중국 군 당국이 합중국 군대의 구성원, 군속 또는 가족인 피의자의 구금을 계속함에 있어서 동 당국으로부터 조력을 요청하면 이 요청에 대하여 호의적 고려를 하여야 한다.

of the Republic of Korea. The authorities of the Republic of Korea shall give sympathetic consideration to a request from the military authorities of the United States for assistance in maintaining custody of an accused member of the United States armed forces, the civilian component, or a dependent.

(d) In respect of offenses solely against the security of the Republic of Korea provided in paragraph 2 (c), an accused shall be in the custody of the authorities of the Republic of Korea.

(라) 제2항 (다)에 규정된 오로지 대한민국의 안전에 대한 범죄에 관한 피의자는 대한민국 당국의 구금하에 두어야 한다.

6. (a) The authorities of the Republic of Korea and the military authorities of the United States shall assist each other in the carrying out of all necessary investigations into offenses, and in the collection and production of evidence, including the seizure and, in proper cases, the handing over of objects connected with an offense. The handing over of such objects may, however, be made subject to their return within the time specified by the authority delivering them.

6. (가) 대한민국 당국과 합중국 군 당국은 범죄에 대한 모든 필요한 수사의 실시 및 증거의 수집과 제출(범죄에 관련된 물건의 압수 및 상당한 경우에는 그의 인도를 포함한다)에 있어서 상호 조력하여야 한다. 그러나, 이러한 물건은 인도를 하는 당국이 정하는 기간 내에 환부할 것을 조건으로 인도할 수 있다.

(b) The authorities of the Republic of Korea and the military authorities of the United States shall notify each other of the disposition of all cases in which there are concurrent rights to exercise jurisdiction.

(나) 대한민국 당국과 합중국 군 당국은 재판권을 행사할 권리가 경합하는 모든 사건의 처리를 상호 통고하여야 한다.

7. (a) A death sentence shall not be carried out in the Republic of Korea by the military authorities of the United States if the legislation of the Republic of Korea does not provide for such punishment

7. (가) 사형의 판결은 대한민국의 법령이 같은 경우에 사형을 규정하고 있지 아니한 때에는 합중국 군 당국이 대한민국 안에서 이를 집행하여서는 아니된다.

SOFA

in a similar case.

(b) The authorities of the Republic of Korea shall give sympathetic consideration to a request from the military authorities of the United States for assistance in carrying out a sentence of imprisonment pronounced by the military authorities of the United States under the provisions of this Article within the territory of the Republic of Korea. The authorities of the Republic of Korea shall also give sympathetic consideration to a request from the authorities of the United States for the custody of any member of the United States armed forces or civilian component or a dependent, who is serving a sentence of confinement imposed by a court of the Republic of Korea. If such custody is released to the military authorities of the United States, the United States shall be obligated to continue the confinement of the individual in an appropriate confinement facility of the United States until the sentence to confinement shall have been served in full or until release from such confinement shall be approved by competent authorities of the Republic of Korea. In such cases, the authorities of the United States shall furnish relevant information on a routine basis to the authorities of the Republic of Korea, and a representative of the Government of the Republic of Korea shall have the right to have access to a member of the United States armed forces, the civilian component, or a dependent who is serving a sentence

(나) 대한민국 당국은 합중국 군 당국이 본조의 규정에 따라 선고한 자유형을 대한민국 영역 안에서 집행함에 있어서 합중국 군 당국으로부터 조력을 요청하면 이 요청에 대하여 호의적 고려를 하여야 한다. 대한민국 당국은 또한 대한민국 법원이 선고한 구금형에 복역하고 있는 합중국 군대의 구성원, 군속 또는 그들의 가족의 구금인도를 합중국 당국이 요청하면 이 요청에 대하여 호의적 고려를 하여야 한다. 이와 같이 구금이 합중국 군 당국에 인도된 경우에는 합중국은 구금형의 복역이 종료되거나 또는 이러한 구금으로부터의 석방이 대한민국 관계당국의 승인을 받을 때까지 합중국의 적당한 구금시설 안에서 그 개인의 구금을 계속할 의무를 진다. 이러한 경우에 합중국 당국은 대한민국 당국에 관계 정보를 정규적으로 제공하여야 하며, 또한 대한민국 정부의 대표는 대한민국 법원이 선고한 형을 합중국의 구금시설 안에서 복역하고 있는 합중국 군대의 구성원, 군속 또는 가족과 접견할 권리를 가진다.

SOFA

imposed by a court of the Republic of Korea in confinement facilities of the United States.

8. Where an accused has been tried in accordance with the provisions of this Article either by the authorities of the Republic of Korea or the military authorities of the United States and has been acquitted, or has been convicted and is serving, or has served, his sentence, or his sentence has been remitted or suspended, or he has been pardoned, he may not be tried again for the same offense within the territory of the Republic of Korea by the authorities of the other State. However, nothing in this paragraph shall prevent the military authorities of the United States from trying a member of its armed forces for any violation of rules of discipline arising from an act or omission which constituted an offense for which he was tried by the authorities of the Republic of Korea.

8. 피고인이 본조의 규정에 따라 대한민국 당국이나 합중국 군 당국 중의 어느 일방 당국에 의하여 재판을 받은 경우에 있어서, 무죄판결을 받았을 때 또는 유죄판결을 받고 복역중에 있거나 복역을 종료하였을 때 또는 그의 형이 감형되었거나 집행정지되었을 때 또는 사면되었을 때에는 그 피고인은 타방국가 당국에 의하여 대한민국의 영역 안에서 동일한 범죄에 대하여 이중으로 재판받지 아니한다. 그러나, 본항의 어떠한 규정도 합중국 군 당국이 합중국 군대의 구성원을, 그 자가 대한민국 당국에 의하여 재판을 받은 범죄를 구성한 행위나 부작위에 의한 군기위반에 대하여 재판하는 것을 막는 것은 아니다.

9. Whenever a member of the United Stales armed forces or civilian component or a dependent is prosecuted under the jurisdiction of the Republic of Korea he shall be entitled:

(a) a prompt and speedy trial:

(b) to be informed, in advance of trial, of the specific charge or charges made against him;

(c) to be confronted with the witnesses against him;

(d) to have compulsory process for obtaining witnesses in his favor, if they

9. 합중국 군대의 구성원, 군속 또는 그들의 가족은 대한민국의 재판권에 의하여 공소가 제기되는 때에는 언제든지 다음의 권리를 가진다.

(가) 지체없이 신속한 재판을 받을 권리

(나) 공판 전에 자신에 대한 구체적인 공소사실의 통지를 받을 권리

(다) 자신에 불리한 증인과 대면하고 그를 신문할 권리

(라) 증인이 대한민국의 관할 내에 있는 때에는 자신을 위하여 강제적 절차에 의

are within the jurisdiction of the Republic of Korea;

하여 증인을 구할 권리

(e) to have legal representation of his own choice for his defense or to have free or assisted legal representation under the conditions prevailing for the time being in the Republic of Korea;

(마) 자신의 변호를 위하여 자기가 선택하는 변호인을 가질 권리 또는 대한민국에서 그 당시에 통상적으로 행하여지는 조건에 따라 비용을 요하지 아니하거나 또는 비용의 보조를 받는 변호인을 가질 권리

(f) if he considers it necessary, to have the services of a competent interpreter; and

(바) 피고인이 필요하다고 인정하는 때에는 유능한 통역인의 조력을 받을 권리

(g) to communicate with a representative of the Government of the United States and to have such a representative present at his trial.

(사) 합중국의 정부대표와 접견 교통할 권리 및 자신의 재판에 그 대표를 입회시킬 권리

10. (a) Regularly constituted military units or formations of the United States armed forces shall have the right to police any facilities or areas which they use under Article 2 of this Agreement. The military police of such forces may take all appropriate measures to ensure the maintenance of order and security within such facilities and areas.

10. (가) 합중국 군대의 정규 편성부대 또 편성대는 본 협정 제2조에 따라 사용하는 시설이나 구역에서 경찰권을 행사할 권리를 가진다. 합중국 군대의 군사경찰은 동 시설 및 구역 안에서 질서 및 안전의 유지를 보장하기 위하여 모든 적절한 조치를 취할 수 있다.

(b) Outside these facilities and areas, such military police shall be employed only subject to arrangements with the authorities of the Republic of Korea and in liaison with those authorities, and insofar as such employment is necessary to maintain discipline and order among the members of the United States armed forces, or ensure their security.

(나) 이러한 시설 및 구역 밖에서는 전기의 군사경찰은 반드시 대한민국 당국과의 약정에 따를 것을 조건으로 하고 또한 대한민국 당국과의 연락하에 행사되어야 하며, 그 행사는 합중국 군대의 구성원간의 규율과 질서의 유지 및 그들의 안전보장을 위하여 필요한 범위 내에 국한된다.

11. In the event of hostilities to which the provisions of Article 2 of the Mutual Defense Treaty apply, the provisions of this Agreement pertaining to criminal

11. 상호방위조약 제2조가 적용되는 적대행위가 발생한 경우에는 형사재판권에 관한 본 협정의 규정은 즉시 그 적용이 정지되고 합중국 군 당국은 합중국 군대의 구성

SOFA

jurisdiction shall be immediately suspended and the military authorities of the United States shall have the right to exercise exclusive jurisdiction over members of the United States armed forces, the civilian component, and their dependents.

원, 군속 및 그들의 가족에 대한 전속적 재판권을 행사할 권리를 가진다.

12. The provisions of this Article shall not apply to any offenses committed before the entry into force of this Agreement. Such cases shall be governed by the provisions of the Agreement between the Republic of Korea and the United States of America effected by an exchange of notes at Taejon on July 12, 1950.

12. 본조의 규정은 본 협정의 효력발생 전에 범한 어떠한 범죄에도 적용되지 아니한다. 이러한 사건에 대하여는 1950년 7월 12일자 대전에서 각서 교환으로 효력이 발생된 대한민국과합중국간의협정의 규정을 적용한다.

Article 23
Claims

제23조
청 구 권

1. Each Party waives all its claims against the other Party for damage to any property owned by it and used by its armed forces, if such damage—

1. 각 당사국은 자국이 소유하고 자국의 군대가 사용하는 재산에 대한 손해에 관하여 다음의 경우에는 타방당사국에 대한 모든 청구권을 포기한다.

(a) was caused by a member or an employee of the armed forces of the other Party, in performance of his official duties: or

(b) arose from the use of any vehicle, vessel or aircraft owned by the other Party and used by its armed forces, provided either that the vehicle, vessel or aircraft causing the damage was being used for official purposes or that the damage was caused to property being so used.

Claims for maritime salvage by one Party against the other Party shall be waived,

(가) 손해가 타방당사국 군대의 구성원 또는 고용원에 의하여 그의 공무집행 중에 일어난 경우, 또는

(나) 손해가 타방당사국이 소유하고 동국의 군대가 사용하는 차량, 선박 또는 항공기의 사용으로부터 일어난 경우. 다만, 손해를 일으킨 차량, 선박 또는 항공기가 공용을 위하여 사용되고 있었을 때, 또는 손해가 공용을 위하여 사용되고 있는 재산에 일어났을 때에만 한한다.

해난 구조에 관한 일방당사국의 타방당사국에 대한 청구권은 이를 포기한

provided that the vessel or cargo salved was owned by the other Party and being used by its armed forces for official purposes.

다. 다만, 구조된 선박이나 선하가 타방당사국이 소유하고 동국의 군대가 공용을 위하여 사용중이던 경우에 한한다.

2. (a) In the case of damage caused or arising as stated in paragraph 1 to other property owned by either Party, the issue of liability of the other Party shall be determined and the amount of damage shall be assessed, unless the two Governments agree otherwise, by a sole arbitrator selected in accordance with subparagraph (b) of this paragraph. The arbitrator shall also decide any counterclaims arising out of the same incident.

2. (가) 제1항에 규정된 손해가 어느 일방당사국이 소유하는 기타 재산에 일어난 경우에는 양 정부가 달리 합의하지 아니하는 한 본항 (나)의 규정에 따라 선정되는 일인의 중재인이 타방당사국의 책임문제를 결정하고 또한 손해액을 사정한다. 이 중재인은 또한 동일 사건으로부터 발생하는 어떠한 반대의 청구도 재정한다.

(b) The arbitrator referred to in subparagraph (a) above shall he selected agreement between the two Governments from among the nationals of the Republic of Korea who hold or have held high judicial office.

(나) 전기 (가)에 규정된 중재인은 양 정부간의 합의에 의하여, 사법관계의 상급지위에 있거나 또는 있었던 대한민국 국민 중에서 이를 선정한다.

(c) Any decision taken by the arbitrator shall be binding and conclusive upon the Parties.

(다) 중재인이 행한 재정은 양 당사국에 대하여 구속력이 있는 최종적인 것이다.

(d) The amount of any compensation awarded by the arbitrator shall be distributed in accordance with the provisions of paragraph 5 (e) (i), (ii) and (iii) of this Article.

(라) 중재인이 재정한 모든 배상금은 본조 제5항 (마)의 (1), (2) 및 (3)의 규정에 따라 이를 분담한다.

(e) The compensation of the arbitrator shall be fixed by agreement between the two Governments and shall, together with the necessary expenses incidental to the performance of his duties, be defrayed in equal proportions by them.

(마) 중재인의 보수는 양 정부간의 합의에 의하여 정하여지며, 양 정부가 중재인의 임무수행에 따르는 필요한 비용과 함께 균등한 비율로 분담하여 이를 지급한다.

(f) Each Party waives its claim in any such case up to the amount of 1,400

(바) 각 당사국은 이러한 어떠한 경우에도 일천사백 합중국 불($ 1,400) 또는 대

SOFA

United States dollars or its equivalent in Korean currency at the rate of exchange provided for in the Agreed Minute to Article 18 at the time the claim is filed.

3. For the purpose of paragraphs 1 and 2 of this Article the expression "owned by a Party" in the case of a vessel includes a vessel on bare boat charter to that Party or requisitioned by it on bare boat terms or seized by it in prize (except to the extent that the risk of loss or liability is borne by some person other than such Party).

4. Each Party waives all its claims against the other Party for injury or death suffered by any member of its armed forces while such member was engaged in the performance of his official duties.

5. Claims (other than contractual claims and those to which paragraph 6 or 7 of this Article apply) arising out of acts or omissions of members or employees of the United States armed forces, including those employees who are nationals of or ordinarily resident in the Republic of Korea, done in the performance of official duty, or out of any other act, omission or occurrence for which the United States armed forces are legally responsible, and causing damage in the Republic of Korea to third Parties, other than the Government of the Republic of Korea, shall be dealt with by the Republic of Korea in accordance with the following provisions:

(a) Claims shall be filed, considered and

한민국 통화로 이에 해당되는 액수(청구가 제기된 때에 제18조의 합의의사록에 규정된 환율에 의한다)이하의 금액에 대하여는 각기 청구권을 포기한다.

3. 본조 제1항 및 제2항의 적용상, 선박에 관하여 "당사국이 소유…"라 함은 그 당사국이 나용선계약에 의하여 임차한 선박, 나선조건으로 징발한 선박 또는 나포한 선박을 포함한다.
(다만, 손실의 위험 또는 책임이 당해 당사국 이외의 자에 의하여 부담되는 한에 있어서는 그러하지 아니하다)

4. 각 당사국은 자국 군대의 구성원이 그의 공무 집행에 종사하고 있었을 때에 입은 부상이나 사망에 관한 타방당사국에 대한 모든 청구권을 포기한다.

5. 공무집행중의 합중국 군대의 구성원이나 고용원(대한민국 국민이거나 대한민국에 통상적으로 거주하는 고용원을 포함한다)의 작위 또는 부작위 또는 합중국 군대가 법률상 책임을 지는 기타의 작위, 부작위 또는 사고로서, 대한민국 안에서 대한민국 정부 이외의 제3자에 손해를 가한 것으로부터 발생하는 청구권(계약에 의한 청구권 및 본조 제6항이나 제7항의 적용을 받는 청구권은 제외된다)은, 대한민국이 다음의 규정에 따라 이를 처리한다.

(가) 청구는 대한민국 군대의 행동으로부터

SOFA

settled or adjudicated in accordance with the laws and regulations of the Republic of Korea with respect to the claims arising from the activities of its own armed forces.

발생하는 청구권에 관한 대한민국의 법령에 따라 제기하고 심사하며 해결하거나 또는 재판한다.

(b) The Republic of Korea may settle any such claims, and payment of the amount, agreed upon or determined by adjudication shall be made by the Republic of Korea in won.

(나) 대한민국은 전기한 어떠한 청구도 해결할 수 있으며, 또한 합의되거나 재판에 의하여 결정된 금액의 지급은 대한민국이 "원"화로써 이를 행한다.

(c) Such payment, whether made pursuant to a settlement or to adjudication of the case by a competent tribunal of the Republic of Korea, or the final adjudication by such a tribunal denying payment, shall be binding and conclusive upon the Parties.

(다) 이러한 지급(합의에 의한 해결에 따라 행하여지거나 또는 대한민국의 관할법원에 의한 판결에 따라 행하여지거나를 부문한다)이나 또는 지급을 인정하지 아니한다는 전기 법원에 의한 최종적 판결은 양 당사국에 대하여 구속력이 있는 최종적인 것이다.

(d) Every claim paid by the Republic of Korea shall be communicated to the appropriate United States authorities together with full particulars and a proposed distribution in conformity with subparagraph (e) (i) and (ii) below. In default of a reply within two months, the proposed distribution shall be regarded as accepted.

(라) 대한민국이 지급한 각 청구는 그 명세 및 하기 (마)의 (1) 및 (2)의 규정에 의한 분담안과 함께 합중국의 관계당국에 통지한다. 2개월 이내에 회답이 없는 경우에는 그 분담안은 수락된 것으로 간주한다.

SOFA

(e) The cost incurred in satisfying claims pursuant to the preceding subparagraph and paragraph 2 of this Article shall be distributed between the Parties as follows:

(마) 전기 (가) 내지 (라)의 규정 및 제2항의 규정에 따라 청구를 충족시키는데 소요된 비용은 양 당사국이 다음과 같이 이를 분담한다.

(i) Where the United States alone is responsible, the amount awarded or adjudged shall be distributed in the proportion of 25 percent chargeable to the Republic of Korea and 75 percent chargeable to the United States.

(1) 합중국만이 책임이 있는 경우에는 재정되어 합의되거나 또는 재판에 의하여 결정된 금액은 대한민국이 그의 25 「퍼센트」를, 합중국이 그의 75 「퍼센트」를 부담하는 비율로 이를 분담한다.

(ii) Where the Republic of Korea and

(2) 대한민국과 합중국이 손해에 대하여

the United States are responsible for the damage, the amount awarded or adjudged shall be distributed equally between them. Where the damage was caused by the armed forces of the Republic of Korea or of the United States and it is not possible to attribute it specifically to one or both of those armed forces, the amount awarded or adjudged shall be distributed equally between the Republic of Korea and the United States.

책임이 있는 경우에는 재정되어 합의되거나 또는 재판에 의하여 결정된 금액은 양 당사국이 균등히 이를 분담한다. 손해가 대한민국 군대나 합중국 군대에 의하여 일어나고 그 손해를 이들 군대의 어느 일방 또는 쌍방의 책임으로 특정할 수 없는 경우에는 재정되어 합의되거나 또는 재판에 의하여 결정된 금액은 대한민국과 합중국이 균등히 이를 분담한다.

(iii) Every half year, a statement of the sums paid by the Republic of Korea in the course of the half-yearly period in respect of every case regarding which the liability, amount, and proposed distribution on a percentage basis has been approved by both Governments shall be sent to the appropriate authorities of the United States, together with a request for reimbursement. Such reimbursement shall be made in won within the shortest possible time. The approval by both Governments as referred to in this subparagraph shall not prejudice any decision taken by the arbitrator or adjudication by a competent tribunal of the Republic of Korea as set forth in paragraphs 2 (c) and 5 (c) respectively.

(3) 손해배상책임, 배상금액 및 비율에 의한 분담안에 대하여 양국 정부가 승인한 각 사건에 관하여 대한민국이 6개월 기간에 지급할 금액의 명세서는 변상요구서와 함께 매 6개월마다 합중국 관계당국에 이를 송부한다. 이러한 변상은 가능한 최단시일 내에 "원"화로써 하여야 한다. 본항에 규정된 양국 정부의 승인은 제2항 (다) 및 제5항 (다)에 각각 규정되어 있는 중재인에 의한 어떠한 결정이나 또는 대한민국의 관할법원에 의한 판결을 침해하여서는 아니된다.

SOFA

(f) Members or employees of the United States armed forces, including those employees who are nationals of or ordinarily resident in the Republic of Korea, shall not be subject to any proceedings

(바) 합중국 군대 구성원이나 고용원(대한민국의 국적을 가지거나 대한민국에 통상적으로 거주하는 고용원을 포함한다)은 그들의 공무집행으로부터 일어난 사항에 있어서는 대한민국 안에서

for the enforcement of any judgment given against them in the Republic of Korea in a matter arising from the performance of this official duties.

그들에 대하여 행하여진 판결의 집행 절차에 따르지 아니한다.

(g) Except insofar as subparagraph (e) of this paragraph applies to claims covered by paragraph 2 of this Article, the provisions of this paragraph shall not apply to any claim arising out of or in connection with the navigation or operation of a ship or the loading, carriage, or discharge of a cargo, other than claims for death or personal injury to which paragraph 4 of this Article does not apply.

(사) 본항의 규정은 전기 (마)의 규정이 본조 제2항에 규정된 청구권에 적용되는 범위를 제외하고는 선박의 항해나 운용 또는 화물의 선적, 운송이나 양륙에서 발생하거나 또는 이와 관련하여 발생하는 청구권에 대하여는 적용되지 아니한다. 다만, 본조 제4항이 적용되지 아니하는 사망이나 부상에 대한 청구권에 관하여는 그러하지 아니하다.

6. Claims against members or employees of the United States armed forces (except employees who are nationals of or ordinarily resident in the Republic of Korea) arising out of tortious acts or omissions in the Republic of Korea not done in the performance of official duty shall be dealt with in the following manner:

6. 대한민국 안에서 불법한 작위 또는 부작위로서 공무집행 중에 행하여진 것이 아닌 것으로부터 발생한 합중국 군대의 구성원 또는 고용원(대한민국의 국민인 고용원 또는 대한민국에 통상적으로 거주하는 고용원을 제외한다)에 대한 청구권은, 다음의 방법으로 이를 처리한다.

(a) The authorities of the Republic of Korea shall consider the claim and assess compensation to the claimant in a fair and just manner, taking into account all the circumstances of the case, including the conduct of the injured person, and shall prepare a report on the matter.

(가) 대한민국 당국은 피해자의 행동을 포함한 당해 사건에 관한 모든 사정을 고려하여, 공평하고 공정한 방법으로 청구를 심사하고 청구인에 대한 배상금을 사정하며, 그 사건에 관한 보고서를 작성한다.

(b) The report shall be delivered to the appropriate United States authorities, who shall then decide without delay whether they will offer an exgratia payment, and if so, of what amount.

(나) 그 보고서는 합중국 관계당국에 송부되며, 합중국 당국은 지체없이 보상금 지급의 제의 여부를 결정하고, 또한 제의를 하는 경우에는 그 금액을 결정한다.

(c) If an offer of exgratia payment is made, and accepted by the claimant in

(다) 보상금 지급의 제의가 행하여진 경우 청구인이 그 청구를 완전히 충족하는

SOFA

full satisfaction of his claim, the United States authorities shall make the payment themselves and inform the authorities of the Republic of Korea of their decision and of the sum paid.

(d) Nothing in this paragraph shall affect the jurisdiction of the courts of the Republic of Korea to entertain an action against a member or employee of the United States armed forces unless and until there has been payment in full satisfaction of the claim.

것으로서 이를 수락하는 때에는 합중국 당국은 직접 지급하여야 하며 또한 그 결정 및 지급한 금액을 대한민국 당국에 통고한다.

(라) 본항의 규정은 청구를 완전히 충족시키는 지급이 행하여지지 아니하는 한, 합중국 군대의 구성원 또는 고용원에 대한 소송을 수리할 대한민국 법원의 재판권에 영향을 미치는 것은 아니다.

7. Claims arising out of the unauthorized use of any vehicle of the United States armed forces shall be dealt with in accordance with paragraph 6 of this Article, except insofar as the United States armed forces are legally responsible.

7. 합중국 군대 차량의 허가받지 아니한 사용으로부터 발생하는 청구권은 합중국 군대가 법률상 책임을 지는 경우를 제외하고는 본조 제6항에 따라 이를 처리한다.

8. If a dispute arises as to whether a tortious act or omission of a member or an employee of the United States armed forces was done in the performance of official duty or as to whether the use of any vehicle of the United States armed forces was unauthorized, the question shall be submitted to an arbitrator appointed in accordance with paragraph 2 (b) of this Article, whose decision on this point shall be final and conclusive.

8. 합중국 군대의 구성원 또는 고용원의 불법적인 작위나 부작위가 공무집행중에 행하여진 것인지의 여부 또는 합중국 군대의 차량사용이 허가받지 아니한 것인지의 여부에 관하여 분쟁이 발생한 경우에는 그 문제는 본조 제2항 (나)의 규정에 따라 선임된 중재인에게 회부하며, 이 점에 관한 동 중재인의 재정은 최종적이며 확정적이다.

9. (a) The United States shall not claim immunity from the jurisdiction of the courts of the Republic of Korea for members or employees of the United States armed forces in respect of the

9. (가) 합중국은 대한민국 법원의 민사재판권에 관하여 합중국 군대의 구성원 또는 고용원의 공무집행으로부터 발생하는 문제에 있어서 대한민국 안에서 그들에 대하여 행하여진 판결의 집행절차에 관한

civil jurisdiction of the courts of the Republic of Korea except in respect of proceedings for the enforcement of any judgement given against them in the Republic of Korea in a matter arising from the performance of their official duties or except after payment in full satisfaction of a claim.

경우 또는 청구를 완전히 충족시키는 지급을 한 후의 경우를 제외하고는 합중국 군대의 구성원 또는 고용원에 대한 대한민국 법원의 재판권으로부터의 면제를 주장하여서는 아니된다.

(b) In the case of any private movable property, excluding that in use by the United States armed forces, which is subject to compulsory execution under the law of the Republic of Korea, and is within the facilities and areas in use by the United States armed forces, the authorities of the United States shall, upon the request of the courts of the Republic of Korea, render all assistance within their power to see that such property is turned over to the authorities of the Republic of Korea.

(나) 합중국 군대가 사용하고 있는 시설과 구역 안에 대한민국 법률에 의거한 강제집행에 따를 사유동산(합중국 군대가 사용하고 있는 동산을 제외한다)이 있을 때에는 합중국 당국은 대한민국 법원의 요청에 따라 이러한 재산이 대한민국 당국에 인도되도록 그의 권한 내의 모든 원조를 제공한다.

(c) The authorities of the Republic of Korea and the United States shall cooperate in the procurement of evidence for a fair disposition of claims under this Article.

(다) 대한민국 당국과 합중국 당국은 본조의 규정에 의거한 청구의 공평한 처리를 위한 증거의 수집에 있어서 협력하여야 한다.

10. Disputes arising out of contracts concerning the procurement of materials, supplies, equipment, or services by or for the United States armed forces, which are not resolved by the Parties to the contract concerned, may be submitted to the Joint Committee for conciliation, provided that the provisions of this paragraph shall not prejudice any right, which Parties to the contract may have, to file a civil suit.

10. 합중국 군대에 의한 또는 동 군대를 위한 자재, 수용품, 비품 및 용역의 조달에 관한 계약으로부터 발생하는 분쟁으로서, 그 계약당사자에 의하여 해결되지 아니하는 것은 조정을 위하여 합동위원회에 회부할 수 있다. 다만, 본항의 규정은 계약당사자가 가질 수 있는 민사소송을 제기할 권리를 침해하지 아니한다.

11. Paragraph 2 and 5 of this Article shall

11. 본조 제2항 및 제5항의 규정은 비전투행

SOFA

apply only to claims arising incident to non-combat activities.

위에 부수하여 발생한 청구에 대하여서만 적용한다.

12. For the purposes of this Article, members of the Korean Augmentation to the United States Army (KATUSA) shall be considered as members of the United States armed forces.

12. 합중국 군대에 파견근무하는 대한민국 증원군대(「카츄샤」)의 구성원은 본조의 적용상 합중국 군대의 구성원으로 간주한다.

13. The provisions of this Article shall not apply to any claims which arose before the entry into force of this Agreement. Such claims shall be processed and settled by the authorities of the United States.

13. 본조의 규정은 본 협정의 효력발생 전에 발생한 청구권에는 적용하지 아니한다. 이러한 청구권은 합중국 당국이 이를 처리하고 해결한다.

IN WITNESS WHEREOF the undersigned, being duly authorized by their respective Governments, have signed this Agreement.

이상의 증거로서 하기 서명자는 그들 각자의 정부로부터 정당한 권한을 위임받아 본 협정에 서명하였다.

DONE in duplicate, in the Korean and English languages. Both texts shall have equal authenticity, but in case of divergence the English text shall prevail.

한국어와 영어로 본서 2통을 작성하였다. 양본은 동등히 정문이나 해석에 상위가 있을 경우에는 영어본에 따른다.

DONE at Seoul this ninth day of July, 1966.

1966년 7월 9일 서울에서 작성하였다.

For the Republic of Korea;
/s/ Tong Won Lee
/s/ Bok Kee Min
For the United States of America;
/s/ Dean Rusk
/s/ Winthrop G. Brown

대한민국을 위하여
이동원
민복기
아메리카합중국을 위하여
「딘 · 러스크」
「윈드롭 · 지 · 브라운」

AGREED MINUTES TO THE AGREEMENT UNDER ARTICLE 4 OF THE MUTUAL DEFENSE TREATY BETWEEN THE REPUBLIC OF KOREA AND THE UNITED STATES OF AMERICA, REGARDING FACILITIES AND AREAS AND THE STATUS OF UNITED STATES ARMED FORCES IN THE REPUBLIC OF KOREA

The Plenipotentiaries of the Republic of Korea and the United States of America wish to record the following understanding which they have reached during the negotiations for the Agreement under Article 4 of the Mutual Defense Treaty between the Republic of Korea and the United States of America, Regarding Facilities and Areas and the Status of United States Armed Forces in the Republic of Korea, signed today:

Article 17

1. It is understood that the Government of the Republic of Korea shall be reimbursed for direct costs incurred in providing assistance requested pursuant to paragraph 2.

2. The undertaking of the Government. of the United States to conform to the provisions of labor legislation of the Republic of Korea does not imply any waiver by the Government of the United States of its immunities under international law. The Government of the United States may terminate employment at any

대한민국과 아메리카합중국간의 상호방위조약 제4조에 의한 시설과 구역 및 대한민국에서의 합중국군대의 지위에 관한 협정의 합의의사록

(일부 발췌)

대한민국 전권위원과 아메리카합중국 전권위원은 오늘 서명된 대한민국과 아메리카합중국간의 상호방위조약 제4조에 의한 시설과 구역 및 대한민국에서의 합중국군대의 지위에 관한 협정의 교섭에 있어서 이루어진 다음의 양해사항을 기록한다.

제 17 조

1. 대한민국 정부는 제2항에 따라 요청받은 원조를 제공함에 있어서 소요된 직접 경비에 대하여 변상을 받아야 하는 것으로 양해한다.

2. 합중국 정부가 대한민국 노동관계법령을 따른다는 약속은 합중국 정부가 국제법상의 동 정부의 면제를 포기하는 것을 의미하지 아니한다. 합중국 정부는 고용을 계속하는 것이 합중국 군대의 군사상의 필요에 배치되는 경우에는 어느때든지 이러한 고용을 종료시킬 수 있다.

time the continuation of such employment is inconsistent with the military requirements of the United States armed forces.

3. Employers will withhold from the pay of their employees, and pay over to the Government of the Republic of Korea, withholdings required by the income tax legislation of the Republic of Korea.

3. 고용주는 대한민국 소득세 법령이 정하는 원천과세액을 그의 고용원의 급료로부터 공제하여 대한민국 정부에 납부한다.

4. When employers cannot conform with provisions of labor legislation of the Republic of Korea applicable under this Article on account of the military requirements of the United States armed forces, the matter shall be referred, in advance, to the Joint Committee for consideration and appropriate action. In the event mutual agreement cannot be reached in the Joint Committee regarding appropriate action, the issue may be made the subject of review through discussions between appropriate officials of the Government of the Republic of Korea and the diplomatic mission of the United States of America.

4. 고용주가 합중국 군대의 군사상 필요 때문에 본조에 따라 적용되는 대한민국 노동법령을 따를 수 없을 경우에는 그 문제는 사전에 검토와 적당한 조치를 위하여 합동위원회에 회부되어야 한다. 합동위원회에서 적당한 조치에 관하여 상호합의가 이루어질 수 없을 경우에는 그 문제는 대한민국 정부의 관계관과 아메리카합중국의 외교사절간의 토의를 통한 재검토의 대상이 될 수 있다.

5. A union or other employee group shall be recognized by the employers unless its objectives are inimical to the common interests of the Republic of Korea and the United States. Membership or non-membership in such groups shall not be a factor in employment or other actions affecting employees.

5. 조합 또는 기타 고용원 단체는 그의 목적이 대한민국과 합중국의 공동이익에 배치되지 아니하는 한 고용주에 의하여 승인되어야 한다. 이러한 단체에의 가입 또는 불가입은 고용이나 또는 고용원에게 영향을 미치는 기타조치의 요인이 되어서는 아니된다.

Article 22

제22조

The provisions of this Article shall not

본조의 규정은 합중국 군대 이외의 대한민

affect existing agreements, arrangements, or practices, relating to the exercise of jurisdiction over personnel of the United Nations forces present in the Republic of Korea other than forces of the United States.

국에 있는 국제연합 군대의 인원에 대한 재판권의 행사에 관한 현행의 협정, 약정 또는 관행에는 영향을 미치지 아니한다.

Re Paragraph 1 (a)

제1항 (가)에 관하여

It is understood that under the present state of United States law, the military authorities of the United States have no effective criminal jurisdiction in peacetime over members of the civilian component or dependents. If the scope of United States military jurisdiction changes as a result of subsequent legislation, constitutional amendment, or decision by appropriate authorities of the United States, the Government of the United States shall inform the Government of the Republic of Korea through diplomatic channels.

합중국 법률의 현 상태하에서 합중국 군 당국은 평화시에는 군속 및 가족에 대하여 유효한 형사재판권을 가지지 아니한다. 추후의 입법, 헌법개정 또는 합중국 관계당국에 의한 결정의 결과로서 합중국 군사재판권의 범위가 변경된다면, 합중국 정부는 외교경로를 통하여 대한민국 정부에 통고하여야 한다.

SOFA

Re Paragraph 1 (b)

제1항 (나)에 관하여

1. In the event that martial law is declared by the Republic of Korea, the provisions of this Article shall be immediately suspended in the part of the Republic of Korea under martial law, and the military authorities of the United States shall have the right to exercise exclusive jurisdiction over members of the United States armed forces or civilian component, and their dependents, in such part until martial law is ended.

1. 대한민국이 계엄령을 선포한 경우에는 본조의 규정은 계엄령하에 있는 대한민국의 지역에 있어서는 그 적용이 즉시 정지되며, 합중국 군 당국은 계엄령이 해제될 때까지 이러한 지역에서 합중국 군대의 구성원, 군속 및 그들의 가족에 대하여 전속적 재판권을 행사할 권리를 가진다.

2. The jurisdiction of the authorities of the Republic of Korea over members of the United States armed forces or civilian

2. 합중국 군대의 구성원, 군속 및 그들의 가족에 대한 대한민국 당국의 재판권은 대한민국 영역 밖에서 범한 어떠한 범죄에

component, and their dependents, shall not extend to any offenses committed outside the Republic of Korea.

도 미치지 아니한다.

Re Paragraph 2

The Republic of Korea, recognizing the effectiveness in appropriate cases of the administrative and disciplinary sanctions which may be imposed by the United States authorities over members of the United States armed forces or civilian component, and their dependents, may, at the request of the military authorities of the United States, waive its right lo exercise jurisdiction under paragraph 2.

제2항에 관하여

대한민국은 합중국 당국이 적당한 경우에 합중국 군대의 구성원, 군속 및 그들의 가족에 대하여 과할 수 있는 행정적 및 징계적 제재의 유효성을 인정하여, 합중국 군 당국의 요청에 의하여 제2항에 따라 재판권을 행사할 권리를 포기할 수 있다.

Re Paragraph 2(c)

Each Government shall inform the other of the details of all security offenses mentioned in this subparagraph, and of the provisions regarding such offenses in its legislation.

제2항 (다)에 관하여

각 정부는 본 세항에 규정된 안전에 관한 모든 범죄의 명세와 자국법령상의 이러한 범죄에 관한 규정을 통고하여야 한다.

Re Paragraph 3(a)

1. Where a member of the United States armed forces or civilian component is charged with an offense, a certificate issued by competent military authorities of the United States stating that the alleged offense, if committed by him, arose out of an act or omission done in the performance of official duty shall be sufficient evidence of the fact for the purpose of determining primary jurisdiction. The term "official duty" as used in this Article and Agreed Minute is not meant to include all acts by

제3항 (가)에 관하여

1. 합중국 군대의 구성원 또는 군속이 어느 범죄로 입건된 경우에 있어서 그 범죄가 그 자에 의하여 범하여진 것이라면, 그 범죄가 공무집행중의 행위나 부작위에 의한 것이라는 뜻을 기재한 증명서로서 합중국의 주무군당국이 발행한 것은 제1차적 재판권을 결정하기 위한 사실의 충분한 증거가 된다. 본조 및 본 합의의사록에서 사용된 "공무"라 함은 합중국 군대의 구성원 및 군속이 공무집행 기간중에 행한 모든 행위를 포함하는 것을 말하는 것이 아니고 그 자가 집행하고 있는 공무의 기능

members of the United States armed forces and the civilian component during periods when they are on duty, but is meant to apply only to acts which are required to be done as functions of those duties which the individuals are performing.

으로서 행하여질 것이 요구되는 행위에만 적용되는 것을 말한다.

2. In those exceptional cases where the Chief Prosecutor for the Republic of Korea considers that there is proof contrary to a certificate of official duty, it shall be made the subject of review through discussions between appropriate officials of the Government of the Republic of Korea and the diplomatic mission of the United States in the Republic of Korea.

2. 대한민국의 검찰총장이 공무집행증명서에 대한 반증이 있다고 인정하는 예외적인 경우에 있어서는 그 반증은 대한민국 관계관과 주한합중국 외교사절간의 토의를 통한 재검토의 대상이 되어야 한다.

Re Paragraph 3(b).

제3항 (나)에 관하여

1. The authorities of the Republic of Korea, recognizing that it is the primary responsibility of the military authorities of the United States to maintain good order and discipline where persons subject to United States military laws are concerned, will, upon the request of the military authorities of the United States pursuant to paragraph 3 (c), waive their primary right to exercise jurisdiction under paragraph 3 (b) except when they determine that it is of particular importance that jurisdiction be exercised by the authorities of the Republic of Korea.

1. 대한민국 당국은 합중국 군법에 복하는 자에 관하여 질서와 규율을 유지함이 합중국 군 당국의 주된 책임임을 인정하여, 제3항 (다)에 의한 합중국 군 당국의 요청이 있으면 대한민국 당국이 재판권을 행사함이 특히 중요하다고 결정하는 경우를 제외하고 제3항 (나)에 의한 재판권을 행사할 그의 제1차적 권리를 포기한다.

2. With the consent of the competent authorities of the Republic of Korea, the military authorities of the United States

2. 합중국 군 당국은 대한민국 관계당국의 동의를 얻어 수사, 심리 및 재판을 위하여 합중국이 재판권을 가지는 특정 형사사건

may transfer to the courts or authorities of the Republic of Korea for investigation, trial and decision, particular criminal cases in which jurisdiction rests with the United States. With the consent of the military authorities of the United States, the competent authorities of the Republic of Korea may transfer to the military authorities of the United States for investigation, trial and decision, particular criminal cases in which jurisdiction rests with the Republic of Korea.

을 대한민국의 법원이나 당국에 이송할 수 있다. 대한민국 관계당국은 합중국 군 당국의 동의를 얻어 수사, 심리 및 재판을 위하여 대한민국이 재판권을 가지는 특정 형사사건을 합중국 군 당국에 이송할 수 있다.

3. (a) Where a member of the United States armed forces or civilian component, or a dependent, is arraigned before a court of the United States, for an offense committed in the Republic of Korea against Korean interests, the trial shall be held within the Republic of Korea,
   (i) except where the law of the United States requires otherwise, or
   (ii) except where, in cases of military exigency or in the interests of justice, the military authorities of the United States intend to hold the trial outside the Republic of Korea. In this event they shall afford the authorities of the Republic of Korea timely opportunity to comment on such intention and shall give due consideration to any comments the latter may make.
   (b) Where the trial is held outside of the Republic of Korea the military authorities of the United States shall inform the authorities of the Republic of Korea

3. (가) 합중국 군대의 구성원, 군속 또는 가족이 대한민국 안에서 대한민국의 이익에 반하여 범한 범죄 때문에 합중국 법원에 소추되었을 경우에는 그 재판은 대한민국 안에서 행하여야만 한다.
   (1) 다만, 합중국의 법률이 달리 요구하는 경우, 또는
   (2) 군사상 긴급사태의 경우 또는 사법상의 이익을 위한 경우에 합중국 군 당국이 대한민국 영역 밖에서 재판을 행할 의도가 있는 경우에는 제외된다. 이러한 경우 합중국 군 당국은 대한민국 당국에 이러한 의도에 대한 의견을 진술할 수 있는 기회를 적시에 부여하여야 하며 대한민국 당국이 진술하는 의견에 대하여 충분한 고려를 하여야 한다.
   (나) 재판이 대한민국 영역 밖에서 행하여질 경우에는 합중국 군 당국은 대한민국 당국에 재판의 장소와 일자를 통고하여야 한다. 대한민국 대표는 그 재판

SOFA

of the place and date of the trial. A representative of the Republic of Korea shall be entitled to be present at the trial. The authorities of the United States shall inform the authorities of the Republic of Korea of the judgment and final outcome of the proceedings.

에 입회할 권리를 가진다. 합중국 당국은 재판과 소송의 최종결과를 대한민국 당국에 통고하여야 한다.

4. In the implementation of the provisions of this Article, and to facilitate the expeditious disposal of offenses, arrangements may be made between the competent authorities of the Republic of Korea and the military authorities of the United States.

4. 본조의 규정의 시행과 범죄의 신속한 처리를 위하여, 대한민국 관계당국과 합중국 군 당국은 약정을 체결할 수 있다.

Re Paragraph 6

제6항에 관하여

1. The authorities of the Republic of Korea and the military authorities of the United States shall assist each other in obtaining the appearance of witnesses necessary for the proceedings conducted by such authorities within the Republic of Korea.

1. 대한민국 당국과 합중국 군 당국은 대한민국 안에서 이러한 당국이 행하는 소송절차에 필요한 증인을 출석하도록 상호 조력하여야 한다.

When a member of the United States armed forces in the Republic of Korea is summoned to appear before a court of the Republic of Korea as a witness or as a defendant, United States military authorities shall, unless military exigency requires otherwise, secure his attendance provided such attendance is compulsory under the law of the Republic of Korea. If military exigency prevents such attendance, the military authorities of the United States shall furnish a certificate stating the estimated duration of such disability. Service of process upon a member of the United

대한민국에 있는 합중국 군대의 구성원이 증인이나 피고인으로서 대한민국의 법정에 출석하도록 소환을 받는 때에는 합중국 군 당국은 군사상의 긴급사태로 인하여 달리 요구되지 아니하는 한 이러한 출석이 대한민국 법률상 강제적인 것을 조건으로 그를 출석하도록 하여야 한다. 군사상의 긴급사태로 인하여 그가 출석할 수 없을 때에는 합중국 군 당국은 출석불능의 예정기간을 기재한 증명서를 제출하여야 한다. 증인이나 피고인인 합중국 군대의 구성원, 군속 또는 가족에 대하여 발부되는 소송서류는 영어로 작성하여 직접 송달되어야 한다. 소송서류의

States armed forces or civilian component, or a dependent required as a witness or a defendant must be personal service in the English language. Where the service of process is to be effected by a process server of the Republic of Korea upon any person who is inside a military installation or area, the military authorities of the United States shall take all measures necessary to enable the process server to effect such service.

송달이 군사 시설이나 구역 안에 있는 자에 대하여 대한민국 송달인에 의하여 집행될 경우에는 합중국 군 당국은 대한민국 송달인이 이러한 송달을 집행하도록 하는데 필요한 모든 조치를 취하여야 한다.

In addition, the authorities of the Republic of Korea shall promptly give copies of all criminal writs (including warrants, summonses, indictments, and subpoenas) to an agent designated by the United States military authorities to receive them in all cases of criminal proceedings of the Republic of Korea involving a member of the United States armed forces or civilian component, or a dependent.

이에 부가하여, 대한민국 당국은 합중국 군대의 구성원, 군속 또는 가족이 관련된 대한민국 형사소송의 모든 단계에 있어서 즉시 모든 형사상의 영장(구속 영장, 소환장, 공소장 및 강제소환장을 포함한다)의 사본을 전기 영장을 영수할 합중국 군 당국이 지정한 대리인에게 송달하여야 한다.

When citizens or residents of the Republic of Korea are required as witnesses or experts by the military authorities of the United States, the courts and authorities of the Republic of Korea shall, in accordance with law of the Republic of Korea, secure the attendance of such persons. In these cases the military authorities of the United States shall act through the Attorney General of the Republic of Korea, or such other agency as is designated by the authorities of the Republic of Korea.

대한민국의 법원과 당국은 합중국 군 당국이 대한민국의 국민이나 거주자를 증인이나 감정인으로서 필요로 할 때에는, 대한민국 법령에 따라 이러한 자를 출석하도록 하여야 한다. 이러한 경우에는 합중국 군 당국은 대한민국 법무부장관 또는 대한민국 당국이 지정하는 기타기관을 통하여 행한다.

Fees and other payments for witnesses shall be determined by the Joint Committee established under Article 28.

증인에 대한 비용과 보수는 제28조에 의하여 설치된 합동위원회에서 이를 결정한다.

2. The privileges and immunities of witnesses shall be those accorded by the law of the court, tribunal or authority before which they appear. In no event shall a witness be required to provide testimony which may tend to incriminate him.

2. 증인의 특권과 면제는 그가 출석하는 법원, 재판부 또는 기타 당국의 법률의 정하는 바에 따른다. 어떠한 경우에도 자기부죄의 우려가 있는 증언을 하도록 요구되지 아니한다.

3. If, in the course of criminal proceedings before authorities of the Republic of Korea or the United States, the disclosure of an official secret of either of these States or the disclosure of any information which may prejudice the security of either appears necessary for the just disposition of the proceedings, the authorities concerned shall seek written permission to make such disclosure from the appropriate authority of the State concerned.

3. 대한민국이나 합중국 당국의 형사소송의 진행중에 어느 일방국가의 공무상의 비밀의 진술 또는 어느 일방국가의 안전을 침해할 우려가 있는 정보의 진술이 소송절차의 정당한 처리상 필요한 경우에는 관계당국은 이러한 진술에 대한 서면상의 승낙을 관계국가의 당국으로부터 얻어야 한다.

Re Paragraph 9 (a)

제9항 (가)에 관하여

The right to a prompt and speedy trial by the courts of the Republic of Korea shall include public trial by an impartial tribunal composed exclusively of judges who have completed their probationary period. A member of the United States armed forces, or civilian component, or a dependent, shall not be tried by a military tribunal of the Republic of Korea.

대한민국 법원에 의한 지체없이 신속한 재판을 받을 권리는 수습기간을 마친 법관으로써 전적으로 구성된 공정한 재판부에 의한 공개재판을 포함한다. 합중국 군대의 구성원, 군속 또는 가족은 대한민국의 군법회의에 의한 재판을 받지 아니한다.

Re Paragraph 9 (b)

제9항 (나)에 관하여

A member of the United States armed forces or civilian component, or a dependent, shall not be arrested or detained by the authorities of the Republic of Korea without adequate cause, and he shall be

합중국 군대의 구성원, 군속 또는 가족은 정당한 사유가 없는 한 대한민국 당국에 의하여 체포 또는 구금되지 아니하며, 또한 그는 자신과 그의 변호인이 참여한 공개법정에서 그러한 사유가 밝혀져야 하는 지체없는 심

entitled to an immediate hearing at which such cause must be shown in open court in his presence and the presence of his counsel. His immediate release shall be ordered if adequate cause is not shown. Immediately upon arrest or detention he shall be informed of the charges against him in a language which he understands. He shall also be informed a reasonable time prior to trial of the nature of the evidence that is to be used against him. Counsel for the accused shall, upon request, be afforded the opportunity before trial to examine and copy the statements of witnesses obtained by authorities of the Republic of Korea which are included in the file forwarded to the court of the Republic of Korea scheduled to try the ease.

리를 받을 권리가 있다. 정당한 사유가 밝혀지지 않을 때에는 즉시 석방을 명하여야 한다. 그는 체포되거나 구금되었을 때에는 즉시 그가 이해하는 언어로서 그에 대한 피의사실을 통지받아야 한다. 그는 재판에 앞서 상당한 기간 전에 그에게 불리하게 이용될 증거의 내용을 통지받아야 한다. 당해 피의자 또는 피고인의 변호인은 그가 청구하면 당해 사건의 재판을 담당할 대한민국 법원에 송부된 서류 중 대한민국 당국이 수집한 증인의 진술서를 공판 전에 조사하고 녹취할 기회가 부여되어야 한다.

Re Paragraph 9(c) and (d)

A member of the United States armed forces or civilian component, or a dependent, who is prosecuted by the authorities of the Republic of Korea shall have the right to be present throughout the testimony of all witnesses, for and against him, in all judicial examinations, pretrial hearings, the trial itself, and subsequent proceedings, and shall be permitted full opportunity to examine the witnesses.

제9항 (다) 및 (라)에 관하여

대한민국 당국에 의하여 소추된 합중국 군대의 구성원, 군속 또는 가족은 모든 소송상의 조사, 재판 전의 심리, 재판 자체 및 재판 후의 절차에 있어서 모든 증인이 유리하거나 불리한 증언을 하는 모든 과정에 참여할 권리를 가지며, 또한 증인을 신문할 수 있는 충분한 기회를 부여받아야 한다.

Re Paragraph 9(e)

The right to legal representation shall exist from the moment of arrest or detention and shall include the right to have counsel present, and to consult confidentially with such counsel, at all preliminary investigations, examinations, pretrial hearings, the

제9항 (마)에 관하여

변호인의 조력을 받을 권리는 체포 또는 구금되는 때로부터 존재하며 피의자 또는 피고인이 참여하는 모든 예비수사, 조사, 재판 전의 심리, 재판자체 및 재판 후의 절차에 변호인을 참여하게 하는 권리와 이러한 변

trial itself, and subsequent proceedings, at which the accused is present

호인과 비밀히 상의할 권리를 포함한다.

Re Paragraph 9(f)

The right to have the services of a competent interpreter shall exist from the moment of arrest or detention.

제9항 (바)에 관하여

유능한 통역인의 조력을 받는 권리는 체포 또는 구금되는 때로부터 존재한다.

Re Paragraph 9(g)

The right to communicate with a representative of the Government of the United States shall exist from the moment of arrest or detention, and no statement of the accused taken in the absence of such a representative shall be admissible as evidence in support of the guilt of the accused. Such representative shall be entitled to be present at all preliminary investigations, examinations, pretrial hearings, the trial itself, and subsequent proceedings, at which the accused is present.

제9항 (사)에 관하여

합중국의 정부대표와 접견 교통하는 권리는 체포 또는 구금되는 때로부터 존재하며, 또한 동 대표가 참여하지 아니한 때에 피의자 또는 피고인이 한 진술은 피의자 또는 피고인에 대한 유죄의 증거로서 채택되지 아니한다. 동 대표는 피의자 또는 피고인이 출석하는 모든 예비수사, 조사, 재판 전의 심리, 재판자체 및 재판 후의 절차에 참여할 수 있는 권리를 가진다.

SOFA

Re Paragraph 9

A member of the United States armed forces or civilian component, or a dependent, tried by the authorities of the Republic of Korea shall be accorded every procedural and substantive right granted by law to the citizens of the Republic of Korea. If it should appear that an accused has been, or is likely to be, denied any procedural or substantive right granted by law to the citizens of the Republic of Korea, representatives of the two Governments shall consult in the Joint Committee on the measures necessary to prevent or cure such denial of rights. In addition to the rights enumerated in items (a) through

제9항에 관하여

대한민국 당국에 의하여 재판을 받는 합중국 군대의 구성원, 군속 또는 가족은 대한민국 국민에게 법률상 부여한 모든 절차상 및 실체상의 권리가 보장되어야 한다. 대한민국 국민에게 법률상 부여한 어떠한 절차상 또는 실체상 권리가 당해 피의자 또는 피고인에게 거부되었거나 거부될 우려가 있는 것으로 인정되는 경우에는 양 정부의 대표는 그러한 권리의 거부를 방지하거나 시정하기 위하여 필요한 조치에 관하여 합동위원회에서 협의한다. 본조 본항 (가) 내지 (사)에 열거된 권리에 부가하여 대한민국 당국에 의하여 소추된 합중국 군대의 구성원, 군속 또는 가족은 다음의 권리를 가진다.

(g) of paragraph 9 of this Article, a member of the United States armed forces or civilian component, or a dependent, who is prosecuted by the authorities of the Republic of Korea:

(a) shall have the right to appeal a conviction or sentence;

(가) 유죄판결 또는 형의 선고에 대하여 상소할 권리

(b) shall have credited to any sentence of confinement his period of pretrial confinement in a confinement facility of the Republic of Korea or the United States;

(나) 대한민국이나 합중국의 구금 시설에서의 판결 선고 전의 구금기간을 구금형에 산입받을 권리

(c) shall not be held guilty of a criminal offense on account of any act or omission which did not constitute a criminal offense under the law of the Republic of Korea at the time it was committed:

(다) 행위시 대한민국 법률에 의하여 범죄를 구성하지 아니하는 행위 또는 부작위로 인하여 유죄로 선고받지 아니하는 권리

(d) shall not be subject to a heavier penalty than the one that was applicable at the time the alleged criminal offense was committed or was adjudged by the court of first instance as the original sentence;

(라) 혐의 받는 범죄의 범행시 또는 제1번 법원의 원판결선고시에 적용되는 형보다도 중한 형을 받지 아니하는 권리

(e) shall not be held guilty of an offense on the basis of rules of evidence or requirements of proof which have been altered to his prejudice since the date of the commission of the offense;

(마) 범죄의 범행 후 피고인에게 불리하게 변경된 증거법칙이나 증명요건에 의하여 유죄로 선고받지 아니하는 권리

(f) shall not be compelled to testify against or otherwise incriminate himself;

(바) 자기에게 불리한 증언을 강제당하거나 또는 달리 자기 부죄를 강제당하지 아니하는 권리

(g) shall not be subject to cruel or unusual punishment;

(사) 참혹하거나 비정상적인 처벌을 받지 아니하는 권리

(h) shall not be subject to prosecution or punishment by legislative or executive act;

(아) 입법행위나 행정행위에 의하여 소추를 받거나 처벌을 받지 아니하는 권리

(i) shall not be prosecuted or punished more than once for the same offense;

(자) 동일범죄에 대하여 이중으로 소추를 받거나 처벌을 받지 아니하는 권리

(j) shall not be required to stand trial if

(차) 심판에 출석하거나 자신의 변호에 있

he is physically or mentally unfit to stand trial and participate in his defense;

어서 육체적으로나 정신적으로 부적당한 때에는 심판에 출석하도록 요청받지 아니하는 권리

(k) shall not be subject to trial except under conditions consonant with the dignity of the United States armed forces, including appearing in appropriate military or civilian attire and unmanacled.

(카) 적절한 군복이나 민간복으로 수갑을 채우지 아니할 것을 포함하여 합중국 군대의 위신과 합당하는 조건이 아니면 심판을 받지 아니하는 권리

No confession, admission or other statement, obtained by torture, violence, threat, deceit, or after prolonged arrest, or detention, or which has been made involuntarily, and no real evidence which has been obtained by torture, violence, threat, deceit, or as a result of an unreasonable search and seizure without a warrant, will be considered by the courts of the Republic of Korea as evidence in support of the guilt of the accused under this Article.

고문, 폭행, 협박이나 기망에 의하거나 신체구속의 장기화에 의하여 수집되거나 또는 임의로 행하여지지 아니한 자백, 자인 또는 기타 진술 및 고문, 폭행 협박이나 기망에 의하거나 영장없이 불합리하게 행한 수색 및 압수의 결과로서 수집된 물적증거는 대한민국 법원에 의하여 본조하에서 피고인의 유죄의 증거로 인정되지 아니한다.

SOFA

In any case prosecuted by the authorities of the Republic of Korea under this Article no appeal will be taken by the prosecution from a judgment of not guilty or an acquittal nor will an appeal be taken by the prosecution from any judgment which the accused does not appeal, except upon grounds of errors of law.

본조에 의하여 대한민국 당국이 소추하는 어떠한 경우에도 검찰측에서 유죄가 아니거나 무죄석방의 판결에 대하여 상소하지 못하며, 피고인이 상소하지 아니한 판결에 대하여 상소하지 못한다. 다만, 법령의 착오를 이유로 하는 경우에는 그러하지 아니하다.

The military authorities of the United States shall have the right to inspect any confinement facility of the Republic of Korea in which a member of the United States armed forces, civilian component, or a dependent is confined, or in which it is proposed to confine such an individual.

합중국 군 당국은 합중국 군대의 구성원, 군속 또는 가족이 구금되었거나 그러한 개인이 구금될 구금시설을 시찰할 권리를 가진다. 적대행위의 경우에는 대한민국은 재판이전이거나 대한민국 법원이 선고한 형의 복역중이거나를 부문하고 대한민국 구금시설에 구금되어 있는 합중국 군대의 구성원, 군속 및 가족을 보호하기 위한 모든 가능한 조치를 취한다.

In the event of hostilities, the Republic of Korea will take all possible measures to safeguard members of the United States armed forces, members of the civilian component, and their dependents who are confined in confinement facilities of the Republic of Korea, whether awaiting trial or serving a sentence imposed by the courts of the Republic of Korea. The Republic of Korea shall give sympathetic consideration to requests for release of these persons to the custody of responsible United States military authorities. Necessary implementing provisions shall be agreed upon between the two Governments through the Joint Committee. Facilities utilized for the execution of a sentence to death or a period of confinement, imprisonment, or penal servitude, or for the detention of members of the United States armed forces or civilian component or dependents, will meet minimum standards as agreed by the Joint Committee. The military authorities of the United States shall have the right upon request to have access at any time to members of the United States armed forces, the civilian component, or their dependents who are confined or detained by authorities of the Republic of Korea. During the visit of these persons at confinement facilities of the Republic of Korea, military authorities of the United States shall be authorized to provide supplementary care and provisions for such persons, such as clothing, food, bedding, and medical and dental treatment.

대한민국은 이러한 자를 책임있는 합중국 군 당국의 구금하에 둘 것을 합중국 군 당국이 요청하면 이 요청에 대하여 호의적 고려를 하여야 한다. 시행에 필요한 규정은 합동위원회를 통하여 양 정부가 이를 합의한다. 합중국 군대의 구성원, 군속 또는 가족에 대한 사형의 집행 또는 구금, 금고나 징역형의 집행 기간중 또는 유치를 위하여 이용되는 시설은 합동위원회에서 합의된 최소한도의 수준을 충족시켜야 한다. 합중국 군 당국은 요청하면 대한민국 군 당국에 의하여 구금되거나 유치된 합중국 군대의 구성원, 군속 또는 그들의 가족과 언제든지 접견할 권리를 가진다. 합중국 군 당국은 대한민국의 구금시설에 유치되고 있는 피구금자와 접견하는 동안 의류, 음식, 침구, 의료 및 치아 치료 등 보조적인 보호와 물건을 공여할 수 있다.

SOFA

Re Paragraph 10 (a) and (b)

제10항 (가) 및 제10항 (나)항에 관하여

1. The military authorities of the United

1. 합중국 군 당국은 합중국 군대가 사용하

States will normally make all arrests within facilities and areas in use by the United States armed forces. This shall not preclude the authorities of the Republic of Korea from making arrests within facilities and areas in cases where the competent authorities of the United States armed forces have given consent, or in cases of pursuit of a flagrant offender who has committed a serious crime.

는 시설과 구역 안에서 통상 모든 체포를 행한다. 이 규정은 합중국 군대의 관계당국이 동의한 경우 또는 중대한 범죄를 범한 현행범을 추적하는 경우에 대한민국 당국이 시설과 구역 안에서 체포를 행하는 것을 막는 것은 아니다.

Where persons whose arrest is desired by the authorities of the Republic of Korea, and who are not members of the United States armed forces or civilian component or dependents, are within facilities and areas in use by the United States armed forces, the military authorities of the United States will undertake, upon request, to arrest such persons. Any person arrested by the military authorities of the United States who is not a member of the United States armed forces or a civilian component or a dependent shall immediately be turned over to the authorities of the Republic of Korea.

대한민국 당국이 체포하고자 하는 자로서 합중국 군대의 구성원, 군속 또는 가족이 아닌 자가 합중국 군대가 사용하는 시설과 구역 안에 있는 경우에는 합중국 군 당국은 대한민국 당국의 요청에 따라 그 자를 체포할 것을 약속한다. 합중국 군 당국에 의하여 체포된 자로서 합중국 군대의 구성원, 군속 또는 가족이 아닌 자는 즉시 대한민국 당국에 인도되어야 한다.

The military authorities of the United States may arrest or detain in the vicinity of a facility or area any person in the commission or attempted commission of an offense against the security of that facility or area. Any such person who is not a member of the United States armed forces or civilian component or a dependent shall immediately be turned over to the authorities of the Republic of Korea.

합중국 군 당국은 시설이나 구역의 주변에서 동 시설이나 구역의 안전에 대한 범죄의 기수 또는 미수의 현행범을 체포 또는 유치할 수 있다. 합중국 군대의 구성원, 군속 또는 가족이 아닌 자는 즉시 대한민국 당국에 인도되어야 한다.

2. The authorities of the Republic of Korea will normally not exercise the right of search, seizure, or inspection with respect to any person or property within facilities and areas in use by the United States armed forces or with respect to property of the United States wherever situated, except in cases where the competent military authorities of the United States consent to such search, seizure, or inspection by the authorities of the Republic of Korea of such persons or property.

Where search, seizure, or inspection with respect to persons or property within facilities and areas in use by the United States armed forces or with respect to property of the United States in the Republic of Korea is desired by the authorities of the Republic of Korea, the military authorities of the United States will undertake, upon request, to make such search, seizure, or inspection. In the event of a judgment concerning such property, except property owned or utilized by the Government of the United States or its instrumentalities, the United States will in accordance with its laws turn over such property to the authorities of the Republic of Korea for disposition in accordance with the judgment.

Seoul, July 9, 1966

/Initial/ /Initial/
T.W.L, W.G.B

2. 대한민국 당국은 합중국 군대가 사용하는 시설과 구역 안에서 사람이나 재산에 관하여 또는 소재 여하를 부문하고 합중국의 재산에 관하여 수색, 압수 또는 검증할 권리를 통상 행사하지 아니한다. 다만, 합중국의 관계 군 당국이 대한민국 당국의 이러한 사람이나 재산에 대한 수색, 압수 또는 검증에 동의한 때에는 그러하지 아니하다.

대한민국 당국이 합중국 군대가 사용하는 시설과 구역 안에 있는 사람이나 재산 또는 대한민국 안에 있는 합중국의 재산에 관하여 수색, 압수 또는 검증을 하고자 할 때에는 합중국 군 당국은 대한민국 군 당국의 요청에 따라 수색, 압수 또는 검증을 행할 것을 약속한다. 전기 재산에 관하여 재판을 하는 경우에는 합중국 정부나 그 부속기관이 소유하거나 사용하는 재산을 제외하고는 합중국은 합중국 법률의 정하는 바에 따라 대한민국 당국에 재판에 의한 처리를 위하여 그 재산을 인도한다.

서울에서, 1966년 7월 9일

/이니시알/ /이니시알/
이동원 「윈드롭 · 지 · 브라운」

SOFA

AGREED UNDERSTANDINGS TO THE AGREEMENT UNDER ARTICLE 4 OF THE MUTUAL DEFENSE TREATY BETWEEN THE REPUBLIC OF KOREA AND THE UNITED STATES OF AMERICA, REGARDING FACILITIES AND AREAS AND THE STATUS OF UNITED STATES ARMED FORCES IN THE REPUBLIC OF KOREA AND RELATED AGREED MINUTES

대한민국과 아메리카 합중국간의 상호 방위조약 제4조에 의한 시설과 구역 및 대한민국에서의 합중국 군대의 지위에 관한 협정 및 관계 합의의사록에 대한 합의양해사항

(일부 발췌)

Article 22

제22조

AGREED MINUTE RE PARAGRAPH 1(a)

The Government of the Republic of Korea agrees that, upon notification under the second sentence of the Agreed Minute Re Paragraph 1(a), the military authorities of the United States may exercise jurisdiction over such persons in accordance with the terms of the Criminal Jurisdiction Article.

제1항 (가)에 관한 합의 의사록

대한민국 정부는 제1항 (가)에 관한 합의의사록의 후단에 의한 통고가 있으면 합중국 군 당국은 형사재판권 조항의 규정에 의거하여 그러한 자에 대하여 재판권을 행사할 수 있다는 것에 합의한다.

PARAGRAPH 1(b)

The civil authorities of the Republic of Korea will retain full control over the arrest, investigation and trial of a member of the United States armed forces or civilian component or a dependent.

제1항 (나)

대한민국 민간당국은 합중국 군대 구성원, 군속 또는 가족의 예포, 수사 및 재판에 관한 완전한 통할권을 보유한다.

AGREED MINUTE RE PARAGRAPH 2

It is understood that the United States authorities shall exercise utmost restraint in requesting waivers of exclusive jurisdiction as provided for in the Agreed Minute Re Paragraph 2 of this Article.

제2항에 관한 합의의사록

합중국 당국은 본조 제2항에 관한 합의의사록에 규정된 전속적 재판권의 포기를 요청함에 있어서 최대한으로 자제할 것을 양해한다.

AGREED MINUTE RE PARAGRAPH 3(a)

1. With regard to the Agreed Minute Re Paragraph 3(a), a substantial departure from the acts a person is required to perform in an particular duty usually will indicate an act outside of his "official duty."

2. A duty certificate shall be issued only upon the advice of a Staff Judge advocate, and the competent authority issuing the duty certificate shall be a general grade officer.

3. (a) The certificate will be conclusive unless modification is agreed upon. The United States authorities shall give due consideration to any objection which may be raised by the Chief Prosecutor for the Republic of Korea.

(b) The accused should not be deprived of his entitlement to a prompt and speedy trial as a result of protracted reconsideration of the duty certificate.

AGREED MINUTE RE PARAGRAPH 3(b)

1. It is understood that the term "of particular importance" has reference to those cases in which, after a careful examination of each specific case, the exercise of jurisdiction by the Republic of Korea is deemed essential, and the term has reference, in general but not exclusively, to the following types of offense:

(a) security offenses against the Republic of Korea;

(b) offenses causing the death of a human

제3항 (가)에 관한 합의 의사록

1. 제3항 (가)에 관한 합의 의사록에 관하여, 어떤 자가 특정 공무에 있어서 행할 것이 요구되는 행위로부터의 실질적 이탈은, 통상 그의 "공무" 밖의 행위를 뜻한다.

2. 공무집행 증명서는 법무참모의 권고에 의하여서만 발급되어야 하며, 공무집행 증명서를 발급하는 주무 당국자는 장성급 장교라야 한다.

3. (가) 수정이 합의되지 아니하는 한, 증명서는 결정적이다. 합중국 당국은 대한민국을 대신하여 검찰총장이 제기하는 여하한 이의에 대하여도 정당한 고려를 해야 한다.

(나) 피의자는 공무증명서의 지연된 재고 결과 즉각적이고도 신속한 재판에 대한 그의 권리가 박탈되어서는 아니된다.

제3항 (나)에 관한 합의의사록

1. "특히 중요하다"는 용어는 개개의 특정 사건을 신중히 조사한 후 대한민국이 재판권을 행사함이 긴요하다고 생각되는 사건에 관련되며 또한 이 용어는 일반적으로 다음과 같은 종류의 범죄에 관련되나 그와 같은 종류의 범죄에만 한정되는 것이 아니라고 양해한다:

(가) 대한민국의 안전에 관한 범죄,

(나) 사람을 죽음에 이르게 한 범죄, 강도죄

being, robbery, and rape, except where the offenses are directed against a member of the United States armed forces, the civilian component, or a dependent; and

(c) attempts to commit such offenses or participation therein.

및 강간죄, 다만, 그 범죄가 합중국 군대의 구성원, 군속 또는 가족에 대하여 행하여진 경우에는 그러하지 아니하다, 및

(다) 전기 각범죄의 미수 또는 공범

2. In respect of the offenses referred to in the above paragraph, the authorities concerned shall proceed in particularly close cooperation from the beginning of the preliminary investigation in order to provide the mutual assistance envisaged in paragraph 6 of Article 22.

3. In cases where, in the view of the United States authorities, any question arises concerning the determination that a case is one "of particular importance", the United States diplomatic mission reserves the right and expects to be afforded an opportunity to confer with the proper authorities of the Republic of Korea.

2. 전항에 규정된 범죄에 관하여, 관계 당국은 제22조 제6항에 규정된 상호간 조력을 제공하기 위하여 예비수사를 개시할 때부터 특히 긴밀하게 협력하면서 절차를 취하여야 한다. 합중국 당국의 견지에서 사건이 특히 중요한 것이라는 결정에 관한 의문이 제기될 경우에는 합중국 외교사절은 대한민국의 관계당국과 상의할 수 있는 기회가 부여될 권리를 보유하며 또한 그러한 기회가 부여되기를 기대한다.

SOFA

PARAGRAPH 5

With regard to the custody of the accused in the hands of the authorities of the Republic of Korea in connection with security offenses:

1. There must be mutual Republic of Korea-United States agreement as to the circumstances in which such custody is appropriate.

제5항

안전에 관한 범죄에 관련하여 한국 당국의 수중에 이는 피의자의 구금에 관하여:

1. 그러한 구금을 하기에 적절한 환경에 관하여 대한민국과 합중국간에 상호합의가 있어야 한다.

2. Confinenment facilities of the Republic of Korea must be adequate by the United States standards.

2. 대한민국의 구금시설은 합중국 수준으로 적합하여야 한다.

AGREED MINUTE RE PARAGRAPH 9, SUB-PARAGRAPH (a) OF SECOND UNNUMBERED PARAGRAPH

제9항 (가) 후반에 관한 합의 의사록

Under the appellate procedure of the courts of the Republic of Korea, the accused may request a re-examination of the evidence, including new evidence and witnesses, as a basis for new findings of fact by the appellate court.

대한민국 법원의 항소 절차에 의거하여, 피고인은 항소 법원에 의한 새로운 사실의 발견을 위한 근거로서 새로운 증거와 증인을 포함한 증거의 재조사를 요청할 수 있다.

35. 남북기본합의서 및 관련법률

남북기본합의서 (1991. 12. 13)

남과 북은 분단된 조국의 평화적 통일을 염원하는 온 겨레의 뜻에 따라 7·4 남북공동성명에서 천명된 조국통일 3대원칙을 재확인하고, 정치군사적 대결상태를 해소하여 민족적 화해를 이룩하고, 무력에 의한 침략과 충돌을 막고 긴장완화와 평화를 보장하며, 다각적인 교류·협력을 실현하여 민족공동의 이익과 번영을 도모하며, 쌍방 사이의 관계가 나라와 나라 사이의 관계가 아닌 통일을 지향하는 과정에서 잠정적으로 형성되는 특수관계라는 것을 인정하고 평화통일을 성취하기 위한 공동의 노력을 경주할 것을 다짐하면서 다음과 같이 합의하였다.

제 1 장
남 북 화 해

제 1 조 남과 북은 서로 상대방의 체제를 인정하고 존중한다.

제 2 조 남과 북은 상대방의 내부문제에 간섭하지 아니한다.

제 3 조 남과 북은 상대방에 대한 비방·중상을 하지 아니한다.

제 4 조 남과 북은 상대방을 파괴·전복하려는 일체행위를 하지 아니한다.

제 5 조 남과 북은 현 정전상태를 남북 사이의 공고한 평화 상태로 전환시키기 위하여 공동으로 노력하며 이러한 평화상태가 이룩될 때까지 현 군사정전협정을 준수한다.

제 6 조 남과 북은 국제무대에서 대결과 경쟁을 중지하고 서로 협력하며 민족의 존엄과 이익을 위하여 공동으로 노력한다.

제 7 조 남과 북은 서로의 긴밀한 연락과 협의를 위하여 이 합의서 발효 후 3개월 안에 판문점에 남북연락사무소를 설치·운영한다.

제 8 조 남과 북은 이 합의서 발효 후 1개월 안에 본회담 테두리 안에서 남북 정치분과위원회를 구성하여 남북화해에 관한 합의의 이행과 준수를 위한 구체적 대책을 합의한다.

제 2 장
남 북 불 가 침

제 9 조 남과 북은 상대방에 대하여 무력을 사용하지 않으며 상대방을 무력으로 침략하지 아니한다.

제10조 남과 북은 의견대립과 분쟁문제들을 대화와 협상을 통하여 평화적으로 해결한다.

제11조 남과 북의 불가침 경계선과 구역은 1953년 7월 27일자 군사정전에 관한 협정에 규정된 군사분계선과 지금까지 쌍방이 관할하여 온 구역으로 한다.

제12조 남과 북은 불가침의 이행과 보장을 위하여 이 합의서 발효 후 3개월 안에 남북 군사공동위원회를 구성·운영한다. 남북군사공동위원회에서는 대규모 부대이동과 군사연습의 통보

및 통제문제, 비무장지대의 평화적 이용문제, 군인사 교류 및 정보교환 문제, 대량살상무기와 공격능력의 제거를 비롯한 단계적 군축실현문제, 검증문제 등 군사적 신뢰 조성과 군축을 실현하기 위한 문제를 협의·추진한다.

제13조 남과 북은 우발적인 무력충돌과 그 확대를 방지하기 위하여 쌍방 군사당국자 사이에 직통전화를 설치·운영한다.

제14조 남과 북은 이 합의서 발효 후 1개월 안에 본회담 테두리 안에서 남북 군사분과위원회를 구성하여 불가침에 관한 합의의 이행과 준수 및 군사적 대결상태를 해소하기 위한 구체적 대책을 협의한다.

제 3 장
남북교류·협력

제15조 남과 북은 민족경제의 통일적이며 균형적인 발전과 민족전체의 복리향상을 도모하기 위하여 자원의 공동개발, 민족내부교류로서의 물자교류, 합작투자 등 경제교류와 협력을 실시한다.

제16조 남과 북은 과학·기술, 교육, 문학·예술, 보건, 체육, 환경과 신문, 라디오, 텔레비전 및 출판물을 비롯한 출판. 보도 등 여러 분야에서 교류와 협력을 실시한다.

제17조 남과 북은 민족구성원들의 자유로운 왕래와 접촉을 실현한다.

제18조 남과 북은 흩어진 가족·친척들의 자유로운 서신거래와 왕래와 상봉 및 방문을 실시하고 자유의사에 의한 재결합을 실현하며, 기타 인도적으로 해결할 문제에 대한 대책을 강구한다.

제19조 남과 북은 끊어진 철도와 도로를 연결하고 해로, 항로를 개설한다.

제20조 남과 북은 우편과 전기통신교류에 필요한 시설을 설치·연결하며, 우편·전기통신 교류의 비밀을 보장한다.

제21조 남과 북은 국제무대에서 경제와 문화 등 여러 분야에서 서로 협력하며 대외에 공동으로 진출한다.

제22조 남과 북은 경제와 문화 등 각 분야의 교류와 협력을 실현하기 위한 합의의 이행을 위하여 이 합의서 발효 후 3개월 안에 남북 경제교류·협력공동위원회를 비롯한 부문별 공동위원회들을 구성·운영한다.

제23조 남과 북은 이 합의서 발효 후 1개월 안에 본회담 테두리 안에서 남북 교류·협력분과위원회를 구성하여 남북교류·협력에 관한 합의의 이행과 준수를 위한 구체적 대책을 협의한다.

제 4 장
수정 및 발효

제24조 이 합의서는 쌍방의 합의에 의하여 수정 보충할 수 있다.

제25조 이 합의서는 남과 북이 각기 발효에 필요한 절차를 거쳐 그 문본을 서로 교환한 날부터 효력을 발생한다.

1991년 12월 13일

남북고위급 회담 남측대표단 수석대표 대한민국 국무총리 정원식

북남고위급 회담 북측대표단 단장 조선민주주의인민공화국 정무원총리 연형묵

남북관계 발전에 관한 법률

[제정 2005.12.29 법률 7763호]

제1장 총 칙

제1조 목 적

이 법은 「대한민국헌법」이 정한 평화적 통일을 구현하기 위하여 남한과 북한의 기본적인 관계와 남북관계의 발전에 관하여 필요한 사항을 규정함을 목적으로 한다.

제2조 기본원칙

① 남북관계의 발전은 자주·평화·민주의 원칙에 입각하여 남북공동번영과 한반도의 평화통일을 추구하는 방향으로 추진되어야 한다.

② 남북관계의 발전은 국민적 합의를 바탕으로 투명과 신뢰의 원칙에 따라 추진되어야 하며, 남북관계는 정치적·파당적 목적을 위한 방편으로 이용되어서는 아니된다.

제3조 남한과 북한의 관계

① 남한과 북한의 관계는 국가간의 관계가 아닌 통일을 지향하는 과정에서 잠정적으로 형성되는 특수관계이다.

② 남한과 북한간의 거래는 국가간의 거래가 아닌 민족내부의 거래로 본다.

제4조 정 의

이 법에서 사용하는 용어의 정의는 다음과 같다.

1. "남북회담대표"라 함은 특정한 목적을 위하여 정부를 대표하여 북한과의 교섭 또는 회담에 참석하거나 남북합의서에 서명 또는 가서명하는 권한을 가진 자를 말한다.
2. "대북특별사절"이라 함은 북한에서 행하여지는 주요 의식에 참석하거나 특정한 목적을 위하여 정부의 입장과 인식을 북한에 전하거나 이러한 행위와 관련하여 남북합의서에 서명 또는 가서명하는 권한을 가진 자를 말한다.
3. "남북합의서"라 함은 정부와 북한 당국간에 문서의 형식으로 체결된 모든 합의를 말한다.

제5조 다른 법률과의 관계

이 법 중 남북회담대표, 대북특별사절 및 파견공무원에 관한 규정은 다른 법률에 우선하여 적용한다.

제2장 남북관계 발전과 정부의 책무

제6조 한반도 평화증진

① 정부는 남북화해와 한반도의 평화를 증진시키기 위하여 노력한다.

② 정부는 한반도 긴장완화와 남한과 북한간 정치·군사적 신뢰구축을 위한 시책을 수립·시행한다.

제7조
남북경제공동체 구현

① 정부는 민족경제의 균형적 발전을 통하여 남북경제공동체를 건설하도록 노력한다.
② 정부는 남북경제협력을 활성화하고 이를 위한 제도적 기반을 구축하는 등 남한과 북한 공동의 경제적 이익을 증진시키기 위한 시책을 수립·시행한다.

제8조
민족동질성 회복

① 정부는 사회문화분야의 교류협력을 활성화함으로써 민족동질성을 회복하도록 노력한다.
② 정부는 지방자치단체 및 민간단체 등의 교류협력을 확대·발전시켜 남한과 북한간 상호이해를 도모하고 민족의 전통문화 창달을 위한 시책을 수립·시행한다.

제9조
인도적 문제 해결

① 정부는 한반도 분단으로 인한 인도적 문제해결과 인권개선을 위하여 노력한다.
② 정부는 이산가족의 생사·주소확인, 서신교환 및 상봉을 활성화하고 장기적으로 자유로운 왕래와 접촉이 가능하도록 시책을 수립·시행한다.

제10조
북한에 대한 지원

① 정부는 인도주의와 동포애 차원에서 필요한 경우 북한에 대한 지원을 할 수 있다.
② 정부는 북한에 대한 지원이 효율적이고 체계적이며 투명하게 이루어질 수 있도록 종합적인 시책을 수립·시행한다.

제11조
국제사회에서의 협력증진

정부는 국제기구나 국제회의 등을 통하여 국제사회에서 남북공동의 이익을 증진시킬 수 있도록 노력한다.

제12조
재정상의 책무

정부는 이 법에 규정된 정부의 책무를 이행하기 위하여 필요한 재원을 안정적으로 확보하기 위하여 노력한다.

제13조
남북관계발전기본계획의 수립

① 정부는 남북관계발전에관한기본계획(이하 "기본계획"이라 한다)을 5년마다 수립하여야 한다.
② 기본계획은 통일부장관이 남북관계발전위원회의 심의를 거쳐 이를 확정한다. 다만, 예산이 수반되는 기본계획은 국회의 동의를 얻어야 한다.
③ 기본계획에는 다음 각 호의 사항이 포함되어야 한다.
1. 남북관계 발전의 기본방향
2. 한반도 평화증진에 관한 사항
3. 남한과 북한간 교류·협력에 관한 사항
4. 그 밖에 남북관계발전에 필요한 사항
④ 통일부장관은 관계중앙행정기관의 장과 협의를 거쳐 기본계획에 따른 연도별 시행계획을 수립하여야 한다.

⑤ 기본계획 및 연도별 시행계획을 수립한 경우 통일부장관은 이를 국회에 보고하여야 한다.

제 14 조
남북관계발전위원회

① 기본계획, 그 밖에 남북관계 발전을 위한 중요사항을 심의하기 위하여 통일부에 남북관계발전위원회(이하 "위원회"라 한다)를 둔다.
② 위원회는 위원장 1인을 포함하여 25인 이내의 위원으로 구성하며, 제3항 제2호의 위원의 임기는 2년으로 한다.
③ 위원장은 통일부장관이 되고, 위원은 다음 각 호의 자가 된다. 다만, 제2호의 위원 중 7인은 국회의장이 추천하는 자로 한다.
  1. 대통령령이 정하는 관계중앙행정기관의 차관급 공무원
  2. 남북관계에 대한 전문지식 및 경험이 풍부한 자 중에서 위원장이 위촉하는 자
④ 위원회에 간사 1인을 두되, 간사는 통일부 소속 공무원 중에서 위원장이 지명하는 자가 된다.
⑤ 위원회의 구성·운영 등에 관하여 필요한 사항은 대통령령으로 정한다.

제 3 장 남북회담대표 등

제 15 조
남북회담대표의 임명 등

① 북한과 중요사항에 관하여 교섭 또는 회담에 참석하거나 중요한 남북합의서에 서명 또는 가서명하는 남북회담대표의 경우에는 통일부장관이 관계기관의 장과 협의한 후 제청하고 국무총리를 거쳐 대통령이 임명한다.
② 통일부장관은 북한과의 교섭 또는 회담 참석, 남북합의서의 서명 또는 가서명에 있어 남북회담대표가 된다.
③ 제1항 및 제2항의 경우를 제외한 남북회담대표는 통일부장관이 임명한다.
④ 대북특별사절은 대통령이 임명한다.
⑤ 2인 이상의 남북회담대표 또는 대북특별사절을 임명할 경우에는 서열을 정하고 수석남북회담대표 또는 수석대북특별사절을 지정하여야 한다.
⑥ 그 밖에 남북회담대표 및 대북특별사절의 임명 등에 관하여 필요한 사항은 대통령령으로 정한다.

제 16 조
공무원의 파견

① 정부는 남북관계의 발전을 위하여 필요한 경우 공무원을 일정기간 북한에 파견하여 근무하도록 할 수 있다.
② 공무원의 파견과 근무 등에 관하여 필요한 사항은 대통령령으로 정한다.

제 17 조
정부를 대표하는 행위금지

이 법에 의하지 아니하고는 누구든지 정부를 대표하여 다음 각 호의 어느 하나에 해당하는 행위를 할 수 없다.
  1. 북한과 교섭 또는 회담하는 행위
  2. 북한의 주요 의식에 참석하는 행위
  3. 북한에 정부의 입장과 인식을 전달하는 행위
  4. 남북합의서에 서명 또는 가서명 하는 행위

제18조
지휘·감독 등

① 통일부장관은 남북회담대표 및 파견공무원의 임무수행, 남북회담 운영에 관하여 필요한 지휘·감독을 한다.
② 남북회담대표 및 파견공무원의 임무수행, 남북회담 운영 등 그 밖에 필요한 사항은 대통령령으로 정한다.

제19조
공무원이 아닌
남북회담대표 등에 대한 예우

정부는 공무원이 아닌 자를 남북회담대표 또는 대북특별사절로 임명한 때에는 대통령령에 의하여 예우를 하고 수당을 지급할 수 있다.

제20조
벌칙 적용에 있어서의 공무원 의제

공무원이 아닌 자가 남북회담대표 또는 대북특별사절로 임명되어 이 법에 의한 직무를 수행하는 때에는 「형법」 제127조 및 제129조 내지 제132조의 적용에 있어서는 이를 공무원으로 본다.

제4장 남북합의서 체결

제21조
남북합의서의 체결·비준

① 대통령은 남북합의서를 체결·비준하며, 통일부장관은 이와 관련된 대통령의 업무를 보좌한다.
② 대통령은 남북합의서를 비준하기에 앞서 국무회의의 심의를 거쳐야 한다.
③ 국회는 국가나 국민에게 중대한 재정적 부담을 지우는 남북합의서 또는 입법사항에 관한 남북합의서의 체결·비준에 대한 동의권을 가진다.
④ 대통령이 이미 체결·비준한 남북합의서의 이행에 관하여 단순한 기술적·절차적 사항만을 정하는 남북합의서는 남북회담대표 또는 대북특별사절의 서명만으로 발효시킬 수 있다.

제22조
남북합의서의 공포

제21조의 규정에 의하여 국회의 동의 또는 국무회의의 심의를 거친 남북합의서는 「법령 등 공포에 관한 법률」의 규정에 따라 대통령이 공포한다.

제23조
남북합의서의 효력범위 등

① 남북합의서는 남한과 북한 사이에 한하여 적용한다.
② 대통령은 남북관계에 중대한 변화가 발생하거나 국가안전보장, 질서유지 또는 공공복리를 위하여 필요하다고 판단될 경우에는 기간을 정하여 남북합의서 효력의 전부 또는 일부를 정지시킬 수 있다.
③ 대통령은 국회의 체결·비준 동의를 얻은 남북합의서에 대하여 제2항의 규정에 따라 그 효력을 정지시키고자 하는 때는 국회의 동의를 얻어야 한다.

부칙<제07763호, 2005. 12. 29>

① (시행일) 이 법은 공포 후 6월이 경과한 날부터 시행한다.
② (경과조치) 이 법 시행 전에 국회의 동의를 받아 체결·비준한 남북합의서는 이

법에 의한 남북합의서로 본다.

남북관계 발전에 관한 법률 시행령

[타법개정 2008. 2. 29 대통령령 제20721호]

제1장 총 칙

제1조 목 적

이 영은 「남북관계 발전에 관한 법률」에서 위임된 사항과 그 시행에 관하여 필요한 사항을 규정함을 목적으로 한다.

제2조 기본계획에 대한 동의 요청

통일부장관은 「남북관계 발전에 관한 법률」(이하 "법"이라 한다) 제13조 제2항 단서에 따라 남북관계발전에관한기본계획(이하 "기본계획"이라 한다)에 대하여 국회의 동의를 얻고자 하는 때에는 법 제14조에 따른 남북관계발전위원회(이하 "위원회"라 한다)의 심의를 거친 날부터 45일 안에 국회에 동의를 요청하여야 한다.

제3조 기본계획 및 연도별시행계획의 고시 등

① 통일부장관은 법 제13조 제2항에 따라 확정된 기본계획 및 법 제13조 제4항에 따라 수립된 연도별 시행계획(이하 "연도별시행계획"이라 한다)을 지체 없이 고시하고, 필요하다고 인정하는 경우에는 신문, 방송, 인터넷 홈페이지 및 간행물 등에 이를 게재할 수 있다. 다만, 국가안전보장 또는 남북관계의 특수성 등을 고려하여 공개하지 아니할 필요성이 있다고 인정하는 사항에 대하여는 그러하지 아니하다.

② 통일부장관은 법 제13조 제5항에 따라 국회에 보고된 기본계획과 연도별시행계획을 관계 중앙행정기관의 장에게 통보하여야 한다.

제4조 관계 중앙행정기관에의 협조요청

통일부장관은 기본계획 및 연도별시행계획의 수립을 위하여 필요하다고 인정하는 경우에는 관계 중앙행정기관의 장에게 관련 자료의 제출을 요청할 수 있다. 이 경우 관계 중앙행정기관의 장은 특별한 사유가 없는 한 이에 응하여야 한다.

제5조 연도별시행계획의 수립에 대한 의견통보

관계 중앙행정기관의 장은 법 제13조 제4항에 따라 통일부장관으로부터 연도별시행계획의 수립을 위한 협의의 요청을 받은 경우에는 특별한 사유가 없는 한 협의 요청일로부터 30일 안에 통일부장관에게 그 의견을 통보하여야 한다.

제6조 연도별시행계획의 점검 등

① 관계 중앙행정기관의 장은 연도별시행계획에 대한 추진실적을 다음 해 3월 말까지 통일부장관에게 제출하여야 한다. 이 경우 이행되지 아니한 사업이 있는 경우에는 그 사유와 대책을 연도별시행계획

의 추진실적에 포함하여야 한다.

② 통일부장관은 제1항에 따라 제출된 추진실적을 종합적으로 점검하고, 점검을 한 날부터 30일 안에 그 결과를 관계 중앙행정기관의 장에게 통보하여야 한다.

③ 통일부장관은 제2항에 따른 점검을 위하여 확인이 필요한 사항이 있는 때에는 관계 중앙행정기관의 장에게 관련 자료의 제출을 요청할 수 있다.

④ 통일부장관은 제1항 내지 제3항에 따라 추진실적을 점검한 결과 이행되지 아니한 사항이 있을 경우에는 관계 중앙행정기관의 장에게 그 이행을 위하여 필요한 조치를 요청할 수 있다.

제2장 위원회 등

제7조
남북관계발전위원회 심의사항

법 제14조에 따른 남북관계발전위원회는 다음 각 호의 사항을 심의한다.

1. 기본계획 및 연도별시행계획의 수립 및 변경에 관한 사항
2. 법 제6조 내지 제12조의 이행을 위하여 필요한 사항
3. 남북관계의 발전과 관련하여 예산이 수반되거나 법률의 제정·개정 또는 폐지가 필요한 중요정책에 관한 사항
4. 그 밖에 남북관계의 발전을 위한 중요사항으로서 위원장이 필요하다고 인정하여 위원회에 부의하는 사항

제8조
위원회 위원

법 제14조 제3항 제1호에서 "대통령령이 정하는 관계 중앙행정기관의 차관급 공무원"이라 함은 다음 각 호의 공무원을 말한다.

1. 기획재정부
2. 통일부차관
3. 외교통상부차관
4. 법무부차관
5. 국방부차관
6. 문화체육관광부차관
7. 농림수산식품부차관
8. 지식경제부차관
9. 국토해양부차관
10. 삭제 <2008. 2. 29>
11. 국가정보원차장
12. 그 밖에 위원회의 심의사항과 관련하여 위원장이 지정하는 4인 이내의 관계 중앙행정기관의 차관급 공무원

제9조
위원회의 운영

① 위원장은 위원회를 소집하며, 그 의장이 된다.

② 위원장이 회의를 소집하고자 하는 때에는 일시·장소 및 상정안건을 정하여 회의 개최 5일 전까지 각 위원에게 서면으로 통지하여야 한다. 다만, 긴급을 요하거나 부득이한 사유가 있는 때에는 그러하지 아니하다.

③ 위원장이 부득이한 사유로 직무를 수행할 수 없는 때에는 위원장이 미리 지정한 위원이 위원장의 직무를 대행한다.

④ 위원회의 회의는 재적위원 과반수의 출석과 출석위원 과반수의 찬성으로 의결한다.

⑤ 위원회의 회의에 출석하는 위원에 대하여는 예산의 범위 안에서 수당과 여비를 지급할 수 있다. 다만, 공무원이 그 소관

업무와 직접 관련되어 출석한 경우에는 그러하지 아니하다.

⑥ 위원장은 위원회에 회의록을 작성·비치하여야 한다.

제 10 조
의견청취 등

① 위원장은 위원회의 업무수행을 위하여 필요하다고 인정하는 때에는 관계 공무원 또는 전문가 등에게 서면으로 자료 또는 의견의 제출을 요청하거나 위원회의 회의에 출석하게 하여 의견을 들을 수 있다.

② 제1항에 따라 서면으로 자료 또는 의견을 제출하거나 위원회의 회의에 출석하여 의견을 진술한 자에 대하여는 예산의 범위 안에서 수당과 여비를 지급할 수 있다. 다만, 공무원이 그 소관 업무와 직접 관련되어 제출 또는 진술한 경우에는 그러하지 아니하다.

제 11 조
실무위원회의 구성 등

① 위원장은 다음 각 호의 사항을 심의하기 위하여 위원회에 실무위원회를 둘 수 있다.
  1. 제7조에 따른 위원회의 심의사항에 대한 사전 검토
  2. 위원회로부터 위임받은 사무
  3. 그 밖에 위원회의 위원장 또는 실무위원회의 위원장이 위원회 의안의 사전 검토·조정과 관련하여 부의하는 사항

② 실무위원회는 위원장 1인을 포함한 15인 이내의 위원으로 구성하되, 실무위원회의 위원장은 통일부차관이 되고, 위원은 제8조에 따른 관계 중앙행정기관의 장이 소속 고위공무원단에 속하는 공무원(이에 상당하는 외교통상부 및 국가정보원 소속 공무원을 포함한다) 중에서 지명하는 자 각 1인이 된다.

③ 실무위원회의 위원장은 필요하다고 인정하는 경우 위원회의 민간위원을 실무위원회에 참석시킬 수 있다.

④ 제9조 및 제10조는 실무위원회에 관하여 이를 준용한다.

제 12 조
운영세칙

이 영에서 규정된 사항 외에 위원회의 운영에 관하여 필요한 사항은 위원회의 의결을 거쳐 위원장이 정한다.

제 3 장 남북회담대표 등

제 13 조
정부의 지침에 따른 임무수행

법 제15조 제5항에 따른 수석남북회담대표 또는 수석대북특별사절은 남북회담기간 또는 대북특별사절의 북한방문기간 동안 임무의 원활한 수행을 위하여 필요하다고 인정하는 경우에는 통일부장관에게 필요한 정부의 지침을 요청하여 그 지침에 따라 임무를 수행하여야 한다.

제 14 조
남북회담대표 등에 대한 지원

① 통일부장관은 남북회담대표 또는 대북특별사절을 보좌하기 위하여 필요하다고 인정되는 경우에는 수행원·자문위원 및 지원인력(이하 "수행원등"이라 한다) 등을 지원할 수 있다.

② 통일부장관은 남북회담대표 · 대북특별사절 또는 수행원등의 원활한 직무수행을 위하여 예산의 범위 안에서 일정액의 활동비를 지급할 수 있다.

③ 통일부장관은 법 제15조 제4항에 따라 대통령이 대북특별사절을 임명하고자 하는 때에는 임명절차 및 임무수행에 관하여 필요한 지원을 하여야 한다.

④ 법 제19조에 따라 공무원이 아닌 자를 남북회담대표 또는 대북특별사절로 임명한 때에는 공무원인 남북회담대표 또는 대북특별사절에 준하여 예우하고, 예산의 범위 안에서 회담의 성격, 회담기간 및 임명된 자의 직책 등에 따라 수당을 지급할 수 있으며, 예우 및 수당 지급 등에 관하여 필요한 사항은 통일부장관이 별도로 정한다.

제 15 조
신임장 발급

법 제15조에 따라 임명된 남북회담대표 및 대북특별사절에게 신임장을 발급할 수 있다. 이 경우 법 제15조 제1항에 따라 대통령이 임명하는 남북회담대표와 대북특별사절의 신임장에는 대통령이 서명하고 국무총리 및 통일부장관(필요한 경우에 한한다)이 부서하고, 법 제15조 제3항에 따라 통일부장관이 임명하는 남북회담대표의 신임장에는 통일부장관이 서명한다.

제 16 조
대북특별사절 등의 임기

① 대북특별사절 및 공무원이 아닌 남북회담대표의 임기는 다른 법령에 특별한 규정이 있는 경우를 제외하고는 그가 담당한 임무가 종료된 때까지로 한다.

② 공무원인 남북회담대표의 임기는 남북회담대표로 임명될 당시의 직위가 변경되는 때까지로 한다. 다만, 남북회담기간 중 그 직위가 변경되는 경우에는 그 회담기간이 종료될 때까지 남북회담대표로서의 임무를 유지하게 할 수 있다.

③ 제2항에 따라 남북회담대표의 임무가 종료된 경우에는 새로운 남북회담대표가 임명될 때까지 그 직위를 승계한 자로 하여금 남북회담대표의 임무를 수행하게 할 수 있다.

제 17 조
남북회담의 운영 등을 위한 협의

① 통일부장관은 남북정상회담 등 중요한 남북회담의 운영 또는 대북특별사절의 파견 등에 관한 사항을 협의하기 위하여 필요한 경우에는 관계 중앙행정기관의 장 또는 차관급 공무원 등이 참여하는 협의체를 운영할 수 있다.

② 통일부장관은 남북회담 그 밖에 남북한이 공동으로 개최하는 행사의 운영을 위하여 관계 기관의 장 등에게 필요한 협조를 요청할 수 있다. 이 경우 관계 기관의 장 등은 특별한 사유가 없는 한 이에 응하여야 한다.

제 18 조
공무원의 북한지역 파견

① 통일부장관은 다음 각 호의 경우 법 제16조 제1항에 따라 통일부 소속 공무원이나 다른 국가기관의 장 또는 지방자치단체의 장으로부터 파견받은 공무원을 일정기간 북한지역에 파견하여 근무하게 할 수 있다.

1. 남북간에 합의한 남북공동기구를 북한

지역에 설치·운영하는 경우
2. 북한지역에서 활동하는 남한의 민간기구 및 단체에 대한 국가적 지원을 위하여 특히 필요한 경우
3. 그 밖에 통일부장관이 남북관계의 발전을 위하여 일정기간 북한지역의 근무가 필요하다고 인정하는 경우

② 통일부장관은 제1항에 따라 북한지역에 공무원을 파견하는 경우에는 관련 업무의 원활한 수행을 위하여 정부조직법이 정하는 바에 따라 필요한 기관을 설치할 수 있다.

③ 통일부장관은 제1항에 따른 업무를 수행하기 위하여 필요한 경우에는 다른 국가기관의 장 또는 지방자치단체의 장에게 직무내용·인원 및 직급 등을 명시하여 통일부로 파견할 공무원의 추천을 요청할 수 있다.

④ 통일부장관은 제3항에 따라 추천을 받은 공무원이 북한지역에서의 임무수행에 적절하지 아니하다고 판단되는 경우에는 다른 공무원의 추천을 요청할 수 있다.

제 19 조
북한지역의 파견근무기간 등

① 북한지역의 파견근무기간은 원칙적으로 3년을 초과할 수 없다. 다만, 업무수행을 위하여 특히 필요하다고 인정되는 경우에는 2년의 범위 안에서 이를 연장할 수 있다.

② 통일부장관은 파견공무원의 근무기간 중 해당 기관의 장 등의 요청이 있거나 그 밖의 부득이한 사유로 인하여 더 이상 업무수행이 불가능하다고 인정되는 경우에는 해당 공무원을 복귀시킬 수 있다.

제 4 장 남북합의서의 공포 등

제 20 조
남북합의서안에 대한 법제처 심사

① 통일부장관은 남북합의서안에 대하여 국무회의에 상정하기 전에 법제처장에게 심사를 요청하여야 한다.

② 법제처장은 제1항에 따라 심사를 요청받은 남북합의서안의 내용이 「헌법」에 위반될 소지가 있거나 법리적으로 명백한 문제가 있다고 인정되는 경우에는 그 사유를 명시하여 이를 반려할 수 있다.

제 21 조
남북합의서의 공포

① 법 제21조에 따라 체결·비준된 남북합의서 공포문의 전문에는 국회의 동의 또는 국무회의의 심의를 거친 뜻을 기재하고, 대통령이 서명한 후 대통령인을 날인하고 그 일자를 명기하여 국무총리와 관계 국무위원이 부서한다.

② 남북합의서는 제1항 제3호의 대통령 서명일자에 따라 번호를 붙여 공포한다.

제 22 조
남북합의서의 관리

통일부장관은 법 제22조에 따라 공포된 남북합의서의 원본을 관리하되, 남북합의서의 관리에 관하여 필요한 사항은 통일부장관이 정한다.

제 23 조
남북합의서의 효력정지

① 대통령이 법 제23조 제2항에 따라 남북

합의서의 효력을 정지시키고자 하는 때에는 국무회의의 심의를 거치고, 북한에 이를 통보하여야 한다. 다만, 법 제23조 제3항에 따라 국회의 동의를 얻어야 하는 경우에는 이를 행한 후에 북한에 통보하여야 한다.

남북관계 발전에 관한 법률 시행규칙

[제정 2006. 11. 17 통일부령 제40호]

제1조
목 적

이 규칙은 「남북관계 발전에 관한 법률」 및 동법 시행령의 시행에 필요한 사항을 규정함을 목적으로 한다.

제2조
남북회담대표 등의 임명장 등

① 대통령이 임명하는 남북회담대표 또는 대북특별사절에 대한 임명장은 별지 제1호 서식에 의한다.
② 통일부장관이 임명하는 남북회담대표에 대한 임명장은 별지 제2호 서식에 의한다.
③ 통일부장관은 영 제14조 제1항에 따라 남북회담대표 또는 대북특별사절을 보좌하는 수행원·자문위원 및 지원인력을 지원함에 있어 필요한 경우에는 위촉장을 수여한다.
④ 남북회담대표·대북특별사절·수행원·자문위원 및 지원인력은 남북회담 그 밖에 남북한이 공동으로 개최하는 행사기간 중에는 별표의 표지를 착용한다.
⑤ 보도인력 등 제4항에 따른 인력을 제외한 그 밖의 인원이 부착하는 표지는 남북한 간의 합의 등을 통하여 별도로 정한다.

제3조
신임장의 발급

① 법 제15조 제1항 및 제4항에 따라 대통령이 임명하는 남북회담대표와 대북특별사절의 신임장은 별지 제3호 서식에 의한다.
② 법 제15조 제3항에 따라 통일부장관이 임명하는 남북회담대표의 신임장은 별지 제4호 서식에 의한다.

제4조
남북회담관련 입장발표 등

통일부장관·수석남북회담대표 또는 수석대북특별사절은 남북회담대표 또는 대북특별사절의 임명·파견 및 임무수행에 관한 사항, 남북회담의 내용 및 결과에 관한 사항 등과 관련된 정부입장을 발표하고, 보도자료 등을 작성·배포하기 위하여 남북회담대표 또는 대북특별사절 중에서 대변인을 지정할 수 있다.

부칙 <제40호, 2006. 11. 17>

이 규칙은 공포한 날부터 시행한다.

편저자 약력

박덕영

연세대학교 법과대학 졸업
연세대학교 대학원 법학석사, 법학박사
영국 캠브리지 대학교 법학석사(LL.M)
영국 에든버러 대학교 박사과정 마침
교육부 국비유학시험 합격

(현) 연세대학교 법학전문대학원 교수
(현) 대한국제법학회 회장
(현) 외교부 정책자문위원, 국회 입법자문위원
(현) 연세대학교 기후변화와 국제법 연구센터 소장
한국국제경제법학회 회장
산업통상자원부 통상교섭 민간자문위원
법제처 정부 입법자문위원
연세대 법학연구원장
연세대 외교통상학 연계전공 책임교수

국제사회와 법이야기 / 국제환경법 (개정판)
파리협정의 이해 / 기후변화와 국제법, 이상 박영사, 2020
Essential Documents in International Environmental Law, 박영사, 2020
기후변화와 법적 대응, 박영사, 2019
EU 통상법 / EU란 무엇인가, 이상 박영사, 2018
미국법과 법률영어 (수정판), 박영사, 2017
Legal Issues on Climate Change and International Trade Law, Springer, 2016
국제경제법 기본조약집, 박영사, 2016 / 국제투자법과 환경문제, 박영사, 2016
중국의 기후변화대응과 외교협상 / 일본의 환경외교, 한국학술정보, 2016
국제환경법 주요판례, 박영사, 2016
국제경제법의 쟁점, 박영사, 2014 / 국제투자법, 박영사, 2012 외
국제통상법, 국제환경법 분야 국내외 저서와 논문 다수

제 4 판

국제법 기본조약집

초판발행 2007년 3월 15일
개정판발행 2011년 1월 15일
제 3 판발행 2017년 3월 22일
제 4 판발행 2020년 9월 1일

편저자 박덕영
펴낸이 안종만 · 안상준

편 집 배근하
기획/마케팅 장규식
표지디자인 조아라
제 작 우인도 · 고철민

펴낸곳 (주) 박영사
서울특별시 종로구 새문안로3길 36, 1601
등록 1959. 3. 11. 제300-1959-1호(倫)
전 화 02)733-6771
f a x 02)736-4818
e-mail pys@pybook.co.kr
homepage www.pybook.co.kr
ISBN 979-11-303-3685-5 93360

정 가 49,000원